Praxiskommentar
**Beschaffung im Verteidigungs- und Sicherheitsbereich**

# Praxiskommentar
# Beschaffung im Verteidigungs- und Sicherheitsbereich

herausgegeben von:

**Norbert Dippel,**
HIL Heeresinstandsetzungslogistik GmbH, Bonn

**Dr. Frank Sterner,** Rechtsanwalt und Syndikusanwalt
Diehl Stiftung & Co. KG, Überlingen

**Prof. Dr. Christopher Zeiss,** Professor für Staats- und Europarecht,
Fachhochschule für öffentliche Verwaltung NRW, Bielefeld

bearbeitet von:

**Florian Albrecht,**
Akademischer Rat, Passau

**Dr. Corinna Contag,**
Rechtsanwältin, Berlin

**Dr. Marc Gabriel, LL.M.,**
Rechtsanwalt, Berlin

**Monika Prell,**
Rechtsanwältin, Berlin

**Stephan Rechten,**
Rechtsanwalt, Berlin

**Prof. Dr. Jan Dirk Roggenkamp,**
Polizeiakademie Niedersachsen,
Nienburg/Weser

**Julia Schulte,**
Rechtsanwältin, Berlin

**Maximilian Voll,**
Rechtsanwalt, Berlin

**Dr. Christian-David Wagner,**
Rechtsanwalt, Leipzig

**Dr. Katharina Weiner,**
Rechtsanwältin, Düsseldorf

**Dr. Mark von Wietersheim,**
Rechtsanwalt, Geschäftsführer
forum vergabe e.V., Berlin

**Bibliografische Information der Deutschen Nationalbibliothek** Die Deutsche Nationalbibliothek verzeichnet diese Publikation in der Deutschen Nationalbibliografie; detaillierte bibliografische Daten sind im Internet über http://dnb.d-nb.de abrufbar.

Bundesanzeiger Verlag GmbH
Amsterdamer Straße 192
50735 Köln
Tel.: +49 221 97668-200
Fax: +49 221 97668-278
E-Mail: vertrieb@bundesanzeiger.de
Internet: www.bundesanzeiger-verlag.de

Weitere Informationen finden Sie auch in unserem Themenportal unter www.biv-portal.de

Kostenlose Bestellhotline:
Tel.: +49 800-12 34 33 9

ISBN: 978-3-89817-941-6

© 2013 Bundesanzeiger Verlag GmbH, Köln

Alle Rechte vorbehalten. Das Werk einschließlich seiner Teile ist urheberrechtlich geschützt. Jede Verwertung außerhalb der Grenzen des Urheberrechtsgesetzes bedarf der vorherigen Zustimmung des Verlags. Dies gilt auch für die fotomechanische Vervielfältigung (Fotokopie/Mikrokopie) und die Einspeicherung und Verarbeitung in elektronischen Systemen. Hinsichtlich der in diesem Werk ggf. enthaltenen Texte von Normen weisen wir darauf hin, dass rechtsverbindlich allein die amtlich verkündeten Texte sind.

© Umschlagabbildungen:

Bild links: Onkelchen/fotolia.com

Bild rechts: Gerhard Seybert/fotolia.com

Herstellung: Günter Fabritius
Satz: media-dp gbr, Sankt Augustin

Druck und buchbinderische Verarbeitung: Media-Print Paderborn

Printed in Germany

# Vorwort

Durch die neue Vergabeverordnung für die Bereiche Verteidigung und Sicherheit (VSVgV) ist der Regelungsdschungel im Vergaberecht noch ein wenig unübersichtlicher geworden. Dies fängt schon bei der Frage des Anwendungsbereichs an und setzt sich bei zahlreichen Verfahrensbesonderheiten (z.B. Geheimhaltung, Versorgungssicherheit, Unteraufträge) fort.

Sicher haben auch Sie schon einmal vor der Aufgabe gestanden, zu einem juristischen Problem die passende Literatur, den „richtigen" Kommentar zu finden. Verschiedene Kommentare, Handbücher und Internetangebote konkurrieren. Auch für die VSVgV ist es nicht anders. Mit dem vorliegenden Werk machen wir Ihnen die Entscheidung leicht. Die Idee hinter diesem Kommentar ist nämlich ganz einfach: Von Praktikern für Praktiker geschrieben. Wir haben den Kommentar verfasst, mit dem wir selbst arbeiten wollen!

Wir haben mit einem Team ausgewiesener Experten und erfahrener Praktiker aus dem Umfeld verteidigungs- und sicherheitsrelevanter Beschaffungen ein Nachschlagewerk geschaffen, das mit klaren Worten sowie zahlreichen Praxisbeispielen und -tipps das bietet, was wir uns selbst von einem Kommentar wünschen: Praxisbezug, Verständlichkeit, klare Systematik – und wo dies erforderlich ist – ggf. auch wissenschaftliche Vertiefung und Hinweise über den Tellerrand des Vergaberechts hinaus, um auch komplexe Fragen in einem Vergabenachprüfungsverfahren oder mit dem Rechnungshof klären zu können.

Wir wünschen Ihnen, dass der Praxiskommentar Ihnen bei Ihrer Arbeit hilft und sind für Anregungen, Lob und Kritik immer dankbar. Ihre Anregungen helfen uns, den Kommentar weiter zu verbessern und auf Ihre Bedürfnisse auszurichten. Bitte nehmen Sie Kontakt zu uns auf!

Dem Verlag und unseren Autoren danken wir für die hervorragende Zusammenarbeit, ihr Engagement und ihre Ideen.

Bonn, Überlingen und Bielefeld im März 2013

*Norbert Dippel*

*Frank Sterner*

*Christopher Zeiss (christopher.zeiss@gmail.com)*

# Inhaltsverzeichnis

| | |
|---|---|
| Vorwort | 5 |
| Inhaltsverzeichnis | 7 |
| Herausgeber | 9 |
| Autoren | 10 |
| Abkürzungsverzeichnis | 15 |
| Literaturverzeichnis | 21 |

A. Einleitung *(Zeiss)* ............ 25

B. Vergabeverordnung für die Bereiche Verteidigung und Sicherheit – VSVgV

### Teil 1 Allgemeine Bestimmungen

| | | |
|---|---|---|
| § 1 | Anwendungsbereich *(Dippel)* | 35 |
| § 2 | Anzuwendende Vorschriften für Liefer-, Dienstleistungs- und Bauaufträge *(Zeiss)* | 43 |
| § 3 | Schätzung des Auftragswertes *(Rechten)* | 47 |
| § 4 | Begriffsbestimmungen *(Zeiss)* | 63 |
| § 5 | Dienstleistungsaufträge *(Zeiss)* | 67 |
| § 6 | Wahrung der Vertraulichkeit *(Contag)* | 77 |
| § 7 | Anforderungen an den Schutz von Verschlusssachen durch Unternehmen *(Contag)* | 85 |
| § 8 | Versorgungssicherheit *(Sterner)* | 99 |
| § 9 | Unteraufträge *(Gabriel/Weiner)* | 111 |

### Teil 2 Vergabeverfahren

| | | |
|---|---|---|
| § 10 | Grundsätze des Vergabeverfahrens *(Sterner)* | 127 |
| § 11 | Arten der Vergabe von Liefer- und Dienstleistungsaufträgen *(Dippel)* | 141 |
| § 12 | Verhandlungsverfahren ohne Teilnahmewettbewerb *(Sterner)* | 157 |
| § 13 | Wettbewerblicher Dialog *(Zeiss)* | 171 |
| § 14 | Rahmenvereinbarungen *(Zeiss)* | 185 |
| § 15 | Leistungsbeschreibung und technische Anforderungen *(Roggenkamp/Albrecht)* | 199 |
| § 16 | Vergabeunterlagen *(Prell)* | 223 |
| § 17 | Vorinformation *(Rechten)* | 243 |
| § 18 | Bekanntmachung von Vergabeverfahren *(Rechten)* | 257 |
| § 19 | Informationsübermittlung *(Roggenkamp/Albrecht)* | 289 |
| § 20 | Fristen für den Eingang von Anträgen auf Teilnahme und Eingang der Angebote *(Contag)* | 299 |
| § 21 | Eignung und Auswahl der Bewerber *(Wagner)* | 315 |
| § 22 | Allgemeine Vorgaben zum Nachweis der Eignung *(Wagner)* | 329 |
| § 23 | Zwingender Ausschluss mangels Eignung *(Wagner)* | 336 |
| § 24 | Fakultativer Ausschluss mangels Eignung *(Dippel)* | 347 |
| § 25 | Nachweis der Erlaubnis zur Berufsausübung *(Wagner)* | 361 |
| § 26 | Nachweis der wirtschaftlichen und finanziellen Leistungsfähigkeit *(Wagner)* | 365 |
| § 27 | Nachweis der fachlichen und technischen Leistungsfähigkeit *(Sterner)* | 371 |

# Inhaltsverzeichnis

| | | |
|---|---|---|
| § 28 | Nachweis für die Einhaltung von Normen des Qualitäts- und Umweltmanagements *(Wagner)* | 383 |
| § 29 | Aufforderung zur Abgabe eines Angebots *(Albrecht)* | 387 |
| § 30 | Öffnung der Angebote *(Albrecht)* | 401 |
| § 31 | Prüfung der Angebote *(Schulte/Voll)* | 411 |
| § 32 | Nebenangebote *(v. Wietersheim)* | 431 |
| § 33 | Ungewöhnlich niedrige Angebote *(Gabriel)* | 441 |
| § 34 | Wertung der Angebote und Zuschlag *(Gabriel/Wagner)* | 451 |
| § 35 | Bekanntmachung über die Auftragserteilung *(Rechten)* | 471 |
| § 36 | Unterrichtung der Bewerber und Bieter *(v. Wietersheim)* | 483 |
| § 37 | Aufhebung und Einstellung des Vergabeverfahrens *(Sterner)* | 491 |

### Teil 3  Unterauftragsvergabe

| | | |
|---|---|---|
| § 38 | Allgemeine Vorgaben zur Unterauftragsvergabe *(Gabriel/Weiner)* | 503 |
| § 39 | Bekanntmachung *(Gabriel/Weiner)* | 511 |
| § 40 | Kriterien zur Auswahl der Unterauftragsnehmer *(Gabriel/Weiner)* | 515 |
| § 41 | Unteraufträge aufgrund einer Rahmenvereinbarung *(Gabriel/Weiner)* | 519 |

### Teil 4  Besondere Bestimmungen

| | | |
|---|---|---|
| § 42 | Ausgeschlossene Personen *(Dippel)* | 523 |
| § 43 | Dokumentations- und Aufbewahrungspflichten *(Contag)* | 533 |
| § 44 | Melde- und Berichtspflichten *(Contag)* | 545 |

### Teil 5  Übergangs- und Schlussbestimmungen

| | | |
|---|---|---|
| § 45 | Übergangsbestimmung *(Contag)* | 549 |
| § 46 | Inkrafttreten *(Contag)* | 555 |

**C. Rechtsschutz im Vergaberecht** *(Weiner)* ................................................. 557

**D. Gesetz gegen Wettbewerbsbeschränkungen – GWB**

| | | |
|---|---|---|
| § 99 GWB | Öffentliche Aufträge *(Contag)* | 579 |
| Vor §§ 100–100c GWB | *(Dippel)* | 595 |
| § 100 GWB | Anwendungsbereich *(Dippel)* | 596 |
| § 100a GWB | Besondere Ausnahmen für nicht sektorspezifische und nicht verteidigungs- und sicherheitsrelevante Aufträge *(Dippel)* | 625 |
| § 100c GWB | Besondere Ausnahmen in den Bereichen Verteidigung und Sicherheit *(Dippel)* | 631 |
| § 110a GWB | Aufbewahrung vertraulicher Unterlagen *(Contag)* | 641 |
| § 127 GWB | Ermächtigungen *(Zeiss)* | 647 |
| § 131 GWB | Übergangsbestimmungen *(Zeiss)* | 649 |

**Stichwortverzeichnis** ................................................................................ 651

**Anhang**
Text VSVgV ................................................................................................ 669

# Herausgeber

### Norbert Dippel

ist seit 2005 Leiter der Abteilung Recht und Vergabe der HIL Heeresinstandsetzungslogistik GmbH. Davor war er jeweils drei Jahre in einer vergaberechtlich spezialisierten Kanzlei in Bonn sowie bei einem eVergabe-Anbieter tätig. Norbert Dippel ist Mitherausgeber der Zeitschrift Vergabenavigator, Mitautor des juris Praxiskommentars zum Vergaberecht sowie des im Bundesanzeiger Verlag erschienenen Kommentars zum Kartellvergaberecht. Er hatte mehrere Jahre einen Lehrauftrag für europäisches Vergaberecht an einer Fachhochschule inne und hält regelmäßig Seminare zu vergaberechtlichen Themen.

### Dr. Frank Sterner

ist Rechtsanwalt und seit 2001 als Syndikusanwalt in der Diehl Gruppe tätig. Er hat sich auf das Vergabe- und Vertragsrecht im Verteidigungsbereich spezialisiert. Dr. Frank Sterner berät bei Geschäften mit der Bundeswehr, Systemherstellern, Lieferanten und Kooperationspartnern sowie zu Fragen des Außenwirtschaftsrechts. Nach dem Studium der Rechtswissenschaften an der Universität Marburg studierte er Europarecht an der Université Libre de Bruxelles (Licence spéciale en droit européen) und promovierte zum Thema „Rechtsbindungen und Rechtsschutz bei der Vergabe öffentlicher Aufträge" an der Universität Mannheim.

### Prof. Dr. Christopher Zeiss

Professor für Staats- und Europarecht, Fachhochschule für öffentliche Verwaltung NRW (FHöV NRW) Bielefeld und Lehrbeauftragter an der Universität Potsdam

Herr Dr. Zeiss ist Vergaberechtler und Beschaffungspraktiker der ersten Stunde. Er ist spezialisiert auf Beschaffungen im Verteidigungs- und Sicherheitsbereich. Zuvor hat er als Referent im Bundesministerium der Justiz (BMJ) u.a. Gesetzgebungsverfahren des Bundes in den Bereichen Verteidigungs- und Sicherheit, IKT-, Vergabe- und Kartellrecht begleitet und die Energieeffizienzregelungen in Vergabe- und Sektorenverordnung mitgestaltet. Die Beschaffungspraxis kennt Herr Dr. Zeiss auch aus seiner mehrjährigen Tätigkeit als Rechtsanwalt und Richter. Herr Dr. Zeiss ist Herausgeber und Autor vergaberechtlicher Standardwerke, u.a. eines Praxislehrbuchs zur sicheren Vergabe unterhalb der Schwellenwerte.

# Autoren

## Florian Albrecht

Studium der Rechtswissenschaften an den Universitäten in Heidelberg, Graz und Frankfurt a.M. (1. Juristisches Staatsexamen). Juristisches Referendariat am Landgericht Darmstadt (2. Juristisches Staatsexamen). Danach Aufbaustudium an der Ruhr-Universität Bochum (M.A.). Seit 2007 Rechtsanwalt und Teilnehmer zahlreicher Fortbildungsveranstaltungen. Von 2007 bis 2009 Syndikusanwalt der STRABAG SE. Von 2009 bis 2010 wissenschaftlicher Mitarbeiter am Lehrstuhl für Öffentliches Recht, Sicherheitsrecht und Internetrecht (Universität Passau). Seit 2010 ebenda Akademischer Rat a.Z. und Geschäftsführer der Forschungsstelle für IT-Recht und Netzpolitik sowie Lehrbeauftragter an der Hochschule Landshut. Herr Albrecht ist Major d.R. und Mitglied im Arbeitskreis Rechtsberaterstabsoffiziere.

## Dr. Corinna Contag, LL.M.

ist Rechtsanwältin in der Sozietät Müller-Wrede & Partner in Berlin. Nach Abschluss des Studiums der Rechtswissenschaften an der Universität des Saarlandes erwarb sie einen Master (LL.M. Eur.) und promovierte zu einem aktuellen völkerrechtlichen Thema.

Nach einem Einstieg im Außenwirtschaftsrecht liegt der Tätigkeitsschwerpunkt von Dr. Contag im Vergabe- und öffentlichen Preisrecht. Dr. Contag berät die öffentliche Hand und Unternehmen in allen Fragen um die Beschaffung von Dienstleistungen und Lieferungen, einschließlich der dazugehörigen Schnittstellen ins Europa- und Haushaltsrecht.

## Dr. Marc Gabriel, LL.M.

Dr. Marc Gabriel, LL.M. ist Rechtsanwalt, Fachanwalt für Verwaltungsrecht und Partner im Berliner Büro der internationalen Rechtsanwaltskanzlei Baker & McKenzie. Er leitet die europäische Vergaberechtsgruppe der Sozietät. Seine Tätigkeitsschwerpunkte liegen im deutschen und europäischen Vergaberecht sowie im öffentlichen Wirtschaftsrecht einschließlich der Privatisierung öffentlicher Unternehmen. Er berät und vertritt Auftraggeber und Unternehmen insbesondere in den Bereichen militärischer Beschaffungen und Technologien, Gesundheitswesen sowie Verkehr und Infrastruktur. Herr Dr. Gabriel ist Autor zahlreicher Fachpublikationen und regelmäßig als Referent tätig.

# Autoren

## Monika Prell

Studium der Rechtswissenschaften in Erlangen und anschließendes Referendariat beim OLG Nürnberg mit Wahlstationen in New York und Berlin. 1994 bis 2004 Justitiarin bei SGE Olympia Bau Union GmbH, 2004 bis 2010 bei EUROVIA Services GmbH, Bereich privates Bau- und Vergaberecht. Seit Januar 2010 Leitung des Bereichs „BITKOM Consult – Vergaberecht", seit November 2012 Leitung des Bereichs „Öffentliches Auftragswesen und Vergaberecht" beim BITKOM e.V. Neben zahlreichen Publikationen zu IT-vergaberechtlichen Themen bei BITKOM regelmäßige Veröffentlichung von Fachbeiträgen u.a. im vergabeblog.

## Stephan Rechten

Rechtsanwalt und Partner im Berliner Büro der BEITEN BURKHARDT Rechtsanwaltsgesellschaft mbH (www.bblaw.de). Seine Tätigkeitsschwerpunkte liegen im Vergaberecht (einschließlich Public-Private-Partnerships) sowie im Zuwendungs- und Beihilfenrecht. Zuvor war er im Bundesverband der Deutschen Industrie verantwortlich für die Bereiche Öffentliches Auftragswesen und Verteidigungswirtschaft und als ehrenamtlicher Beisitzer der Vergabekammern des Bundes tätig.

## Prof. Dr. Jan Dirk Roggenkamp

Herr Dr. Roggenkamp hat an der Humboldt-Universität zu Berlin sowie der Universidad de Salamanca (Spanien) studiert. Nach dem Referendariat am Kammergericht (Berlin) war er drei Jahre als Wiss. Mitarbeiter am LS Heckmann an der Uni Passau u.a. im Bereich Vergaberecht tätig. 2008 wechselte er zur internationalen Anwaltssozietät Bird & Bird (Information Technology). Im gleichen Zeitraum war er als „Junior Expert" für IT-Sicherheit im Rahmen eines gemeinsamen Projektes der EU und China aktiv. 2010 und 2011 war er Referent im BMJ. Seit 2012 lehrt er Öffentliches Recht an der Polizeiakademie Niedersachsen.

# Autoren

## Julia Schulte

Julia Schulte ist Rechtsanwältin im Berliner Büro der internationalen Rechtsanwaltskanzlei Baker & McKenzie mit Tätigkeitsschwerpunkt im Vergaberecht. Sie studierte Rechtswissenschaften an den Universitäten in Augsburg und Madrid und absolvierte anschließend ihr Referendariat im Bezirk des Kammergerichts Berlin mit einer Station im Berliner Büro von Baker & McKenzie in der Praxisgruppe Öffentliches Recht. Sie publiziert regelmäßig zu vergaberechtlichen Themen.

## Maximilian Voll

Maximilian Voll ist wissenschaftlicher Mitarbeiter im Berliner Büro der internationalen Rechtsanwaltskanzlei Baker & McKenzie mit Tätigkeitsschwerpunkt im Vergaberecht. Er studierte Rechtswissenschaften an der Georg-August-Universität Göttingen und widmet sich gegenwärtig einem vergaberechtlichen Promotionsvorhaben am Lehrstuhl für Öffentliches Recht, insbesondere Verwaltungsrecht, bei Prof. Dr. Thomas Mann, wo er bereits als studentische und wissenschaftliche Hilfskraft tätig war. Er publiziert regelmäßig zu vergaberechtlichen Themen.

## Dr. Christian-David Wagner

Dr. Christian-David Wagner ist Rechtsanwalt in eigener Kanzlei und Lehrbeauftragter für Beschaffungswesen und Vergaberecht an der Hochschule Harz, Bereich Verwaltungswissenschaften.

Dr. Wagner ist seit Beginn seiner Berufstätigkeit auf das Vergaberecht spezialisiert. Er begleitet seitdem Auftraggeber sowie international agierende Unternehmen in sämtlichen Phasen des Vergabeverfahrens mit besonderer Expertise im Bereich IT und Telekommunikation. Ein weiterer Schwerpunkt seiner Tätigkeit ist die vertragsrechtliche Beratung bei IT- und TK-Projekten, insb. im Zusammenhang mit den Regelungen der EVB-IT.

# Autoren

## Dr. Katharina Weiner

Dr. Katharina Weiner ist Rechtsanwältin im Düsseldorfer Büro der internationalen Rechtsanwaltskanzlei Baker&McKenzie. Sie berät deutsche und ausländische Unternehmen sowie die öffentliche Hand in allen Fragen des öffentlichen Wirtschaftsrechts, insbesondere im Bereich des deutschen und europäischen Vergaberechts einschließlich der Privatisierung öffentlicher Unternehmen. Ihre Tätigkeitsschwerpunkte liegen in den Bereichen militärischer Beschaffungen und Technologien sowie des Gesundheitswesens. Frau Dr. Weiner ist Autorin zahlreicher Fachpublikationen und regelmäßig als Referentin tätig. Sie ist Mitglied der Steering Group des International Procurement Committee der American Bar Association.

## Dr. Mark von Wietersheim

Dr. Mark von Wietersheim ist Rechtsanwalt in Berlin und Geschäftsführer des forum vergabe e. V. Als Anwalt und als Syndikusanwalt für den DB-Konzern hat er eine Vielzahl von Bau- und Infrastrukturprojekten sowie die damit zusammenhängenden Vergaben und vertragsrechtlichen Fragen betreut. Er hat einen Lehrauftrag an der Hochschule Osnabrück inne. In den Bereichen Vergaberecht und Privates Baurecht hat Herr Dr. von Wietersheim eine Vielzahl von Vorträgen und Seminaren gehalten. Zu seinen Veröffentlichungen zählen Bücher und Kommentierungen sowie zahlreiche Artikel.

# Abkürzungsverzeichnis

| | |
|---|---|
| a. A. | anderer Ansicht |
| a. a. O. | am angegebenen Ort |
| abl. | ablehnend |
| ABl. | Amtsblatt |
| Abs. | Absatz |
| a. E. | am Ende |
| a. F. | alte Fassung |
| AEntG | Arbeitnehmer-Entsendegesetz |
| AG | Aktiengesellschaft, Amtsgericht, Ausführungsgesetz |
| AGB | Allgemeine Geschäftsbedingungen |
| AktG | Aktiengesetz |
| allg. | allgemein |
| Alt. | Alternative |
| a. M. | anderer Meinung |
| Anh. | Anhang |
| Anm. | Anmerkung |
| Art. | Artikel |
| Aufl. | Auflage |
| Az. | Aktenzeichen |
| BAAINBw | Bundesamt für Ausrüstung, Informationstechnik und Nutzung der Bundeswehr |
| BAnz. | Bundesanzeiger |
| BauR | Zeitschrift für das gesamte öffentliche und zivile Baurecht |
| BayObLG | Bayerisches Oberstes Landesgericht |
| BBauBl. | Bundesbaublatt |
| BBauG | Bundesbaugesetz |
| Bbg | Brandenburg |
| Bd. | Band |
| Begr. | Begründung |
| Beschl. | Beschluss |
| bestr. | bestritten |
| BGB | Bürgerliches Gesetzbuch |
| BGBl. | Bundesgesetzblatt Teile I, II, III |
| BGH | Bundesgerichtshof |

# Abkürzungsverzeichnis

| | |
|---|---|
| BGHZ | Amtliche Sammlung von Entscheidungen des Bundesgerichtshofes in Zivilsachen |
| BHO | Bundeshaushaltsordnung |
| Bl. | Blatt |
| BMF | Bundesminister (ium) der Finanzen |
| BMJ | Bundesminister(ium) der Justiz |
| BMVg | Bundesministerium der Verteidigung und den Verteidigungsminister |
| BMWi | Bundesministerium für Wirtschaft und Technologie |
| BR | Bundesrat |
| BR-Drucks. | Bundesrats-Drucksache |
| BReg | Bundesregierung |
| bspw. | beispielsweise |
| BT | Bundestag |
| BT-Drucks. | Drucksache des Deutschen Bundestages |
| Buchst. | Buchstabe |
| BVerfG | Bundesverfassungsgericht |
| BVerfGE | Entscheidungen des Bundesverfassungsgerichts |
| BVerwG | Bundesverwaltungsgericht |
| BVerwGE | Entscheidungen des Bundesverwaltungsgerichts |
| BW | Bundeswehr |
| BWB | Bundesamt für Wehrtechnik und Beschaffung |
| bzgl. | bezüglich |
| bzw. | beziehungsweise |
| c. i. c. | culpa in contrahendo |
| ca. | circa |
| CPV | Common Procurement Vocabulary |
| d. h. | das heißt |
| DIN | Deutsche Industrienorm |
| DNotZ | Deutsche Notarzeitung |
| DÖV | Die öffentliche Verwaltung (Zeitschrift) |
| DVA | Deutscher Vergabe- und Vertragsausschuss für Bauleistungen |
| DVAL | Deutscher Vergabe- und Vertragsausschuss für Lieferungen und Dienstleistungen |
| DVBl. | Deutsches Verwaltungsblatt |
| E | Entwurf |

# Abkürzungsverzeichnis

| | |
|---|---|
| EG | Europäische Gemeinschaft; Einführungsgesetz |
| EGBGB | Einführungsgesetz zum BGB |
| Einl. | Einleitung |
| EStG | Einkommensteuergesetz |
| etc. | et cetera |
| EU | Europäische Union |
| EuGH | Europäischer Gerichtshof |
| EuGHE | Sammlung der Rechtsprechung des Gerichtshofs der Europäischen Gemeinschaften |
| EuR | Europarecht (Zeitschrift) |
| EUV | Vertrag über die Europäische Union |
| EuZW | Europäische Zeitschrift für Wirtschaftsrecht |
| e.V. | eingetragener Verein |
| evtl. | eventuell |
| EWG | Europäische Wirtschaftsgemeinschaft |
| EWR | Europäischer Wirtschaftsraum |
| f./ff. | folgende/fortfolgende |
| Fn. | Fußnote |
| GA | Generalanwalt |
| GbR | Gesellschaft bürgerlichen Rechts |
| g.e.e.b. | Gesellschaft für Entwicklung, Beschaffung und Betrieb mbH |
| gem. | gemäß |
| GesR | Gesellschaftsrecht |
| GewStG | Gewerbesteuergesetz |
| GG | Grundgesetz |
| ggf. | gegebenenfalls |
| GKG | Gerichtskostengesetz |
| GmbH | Gesellschaft mit beschränkter Haftung |
| GmbHG | Gesetz betreffend die Gesellschaften mit beschränkter Haftung |
| GMBl. | Gemeinsames Ministerialblatt |
| GO | Gemeindeordnung |
| GPA | General Procurement Agreement |
| grds. | grundsätzlich |
| GRUR | Zeitschrift für gewerblichen Rechtsschutz und Urheberrecht |
| GVBl. | Gesetz- und Verordnungsblatt |

# Abkürzungsverzeichnis

| | |
|---|---|
| GVG | Gerichtsverfassungsgesetz |
| GWB | Gesetz gegen Wettbewerbsbeschränkungen |
| HIL | Heeresinstandsetzungslogistik GmbH |
| HGB | Handelsgesetzbuch |
| h. L. | herrschende Lehre |
| h. M. | herrschende Meinung |
| hrsg. | herausgegeben |
| Hs. | Halbsatz |
| IBR | Immobilien- & Baurecht (Zeitschrift) |
| i. d. F. | in der Fassung |
| i. d. R. | in der Regel |
| IKT | Informations- und Kommunikationstechnologie |
| ILO | International Labour Organization |
| insb. | insbesondere |
| InsO | Insolvenzordnung |
| i. S. d. | im Sinne des/der |
| IT | Informationstechnologie |
| IT-AmtBw | Bundesamt für Informationsmanagement und Informationstechnik der Bundeswehr |
| i. Ü. | im Übrigen |
| i. V. m. | in Verbindung mit |
| Kap. | Kapitel |
| KG | Kammergericht, Kommanditgesellschaft |
| krit. | kritisch |
| LG | Landgericht |
| LHO | Landeshaushaltsordnung |
| lit. | litera (Buchstabe) |
| LKV | Landes- und Kommunalverwaltung (Zeitschrift) |
| LT-Drucks. | Landtags-Drucksache |
| LuftSiG | Luftsicherheitsgesetz |
| LuftVZO | Luftverkehrs-Zulassung-Ordnung |
| m.w.N. | mit weiteren Nachweisen |
| n. F. | neue Fassung oder Folge |
| NJW | Neue Juristische Wochenschrift |
| Nr. | Nummer(n) |

# Abkürzungsverzeichnis

| | |
|---|---|
| NRW | Nordrhein-Westfalen |
| NVwZ | Neue Zeitschrift für Verwaltungsrecht |
| NZBau | Neue Zeitschrift für Baurecht und Vergaberecht |
| o. g. | oben genannte |
| OHG | Offene Handelsgesellschaft |
| OLG | Oberlandesgericht |
| OLGZ | Entscheidungssammlung der Oberlandesgerichte |
| OVG | Oberverwaltungsgericht |
| PM | Pressemitteilung |
| PPP | Public Private Partnership |
| Rn. | Randnummer |
| RegE | Regierungsentwurf |
| RL | Richtlinie |
| RL-VS | Richtlinie 2009/81/EG |
| Rs. | Rechtssache |
| Rspr. | Rechtsprechung |
| RVG | Rechtsanwaltsvergütungsgesetz |
| s. | siehe |
| S. | Satz, Seite |
| sog. | sogenannte(r) |
| SektVO | Sektorenverordnung |
| SKR | Sektorenkoordinierungsrichtlinie |
| Slg. | Sammlung der Rechtsprechung des Europäischen Gerichtshofs |
| StGB | Strafgesetzbuch |
| st. Rspr. | ständige Rechtsprechung |
| s. u. | siehe unten, siehe unter |
| u. a. | unter anderem; und andere |
| UAbs. | Unterabsatz |
| UWG | Gesetz gegen den unlauteren Wettbewerb |
| u. s. w. | und so weiter |
| u. U. | unter Umständen |
| Var. | Variante |
| VergabeR | Zeitschrift für das gesamte Vergaberecht |
| VG | Verwaltungsgericht |
| VGH | Verwaltungsgerichtshof |

# Abkürzungsverzeichnis

| | |
|---|---|
| vgl. | vergleiche |
| VgRÄG | Gesetz zur Änderung der Rechtsgrundlagen für die Vergabe öffentlicher Aufträge (Vergaberechtsänderungsgesetz) |
| VgV | Verordnung über die Vergabe öffentlicher Aufträge (Vergabeverordnung) |
| VK | Vergabekammer |
| VO | Verordnung |
| VOB | Vergabe und Vertragsordnung für Bauleistungen |
| VOF | Vergabeordnung für freiberufliche Dienstleistungen |
| VOL | Vergabe- und Vertragsordnung für Leistungen |
| Vorbem. | Vorbemerkung |
| VS | Verschlusssachen |
| VSA | Verschlusssachenanweisung |
| VSVgV | Vergabeverordnung Verteidigung und Sicherheit |
| VV | Vergütungsverzeichnis |
| VwGO | Verwaltungsgerichtsordnung |
| VwVfG | Verwaltungsverfahrensgesetz |
| VwVG | Verwaltungsvollstreckungsgesetz |
| WTO | World Trade Organization |
| WuW | Wirtschaft und Wettbewerb (Zeitschrift) |
| z. B. | zum Beispiel |
| ZDv | Zentrale Dienstvorschrift |
| ZfBR | Zeitschrift für deutsches und internationales Bau- und Vergaberecht |
| Ziff. | Ziffer |
| ZIP | Zeitschrift für Wirtschaftsrecht und Insolvenzrecht |
| ZPO | Zivilprozessordnung |
| z. T. | zum Teil |
| zust. | zustimmend |
| ZuStVO NpV | Zuständigkeitsverordnung Nachprüfungsverfahren |

# Literaturverzeichnis

*Antweiler*, Die Berücksichtigung von Mittelstandsinteressen im Vergabeverfahren – Rechtliche Rahmenbedingungen, VergabeR 2006, 637 ff.

*Baumbach/Hopt,* Handelsgesetzbuch, 35. Aufl., München 2012
*Bechthold*, Kartellgesetz: GWB, 6. Aufl. 2010
*Berrisch/Nehl*, Doppelmandate, Neutralitätsgebot und „böser Schein", WuW 2001, 944
*Beschaffungsamt des Bundesministeriums des Innern*, Unterlage für Ausschreibung und Bewertung von IT-Leistungen (UfAB V – Version 2.0)
*Boesen*, Getrennt oder zusammen? – Losaufteilung und Gesamtvergabe nach der Reform des GWB in der Rechtsprechung, VergabeR 2011, 364 ff.
*Boesen*, Vergaberecht, Kommentar zum 4. Teil des GWB, 2000
*Braun*, Zivilrechtlicher Rechtsschutz bei Vergaben unterhalb der Schwellenwerte, NZBau 2008, 160
*Bungenberg*, Vergaberecht im Wettbewerb der Systeme, 2007
*Burbulla*, Die Beteiligung von Objektgesellschaften an Vergabeverfahren, NZBau 2010, 145
*Burgi*, Die Vergabe von Dienstleistungskonzessionen: Verfahren, Vergabekriterien, Rechtsschutz, NZBau 2005, 610
*Burgi*, Nachunternehmerschaft und wettbewerbliche Untervergabe
*Burgi*, Vergaberechtsschutz unterhalb der Schwellenwerte aus der Hand des Bundesgesetzgebers?, NVwZ 2011, 1217
*Byok*, Reformierter Regelungsrahmen für Beschaffungen im Sicherheits- und Verteidigungssektor, NVwZ 2012, 70
*Byok/Jaeger,* Kommentar zum Vergaberecht, 3. Aufl. 2011

*Conrad*, Die vergaberechtliche Unterscheidung zwischen Nachunternehmereinsatz und Eignungsleihe, VergabeR 2012, 15
*Cornelius,* Verstößt eine fehlerhaft klassifizierte öffentliche europaweite Ausschreibung gegen die EU-Regeln zum öffentlichen Auftragswesen und ist damit vergaberechtlich angreifbar?, iwp 2012, 87

*Danckwerts*, Widerlegbarkeit der Befangenheitsvermutung; Hat der Bundesrat bei der letzten Änderung des § 16 VgV die Lehren aus der „Flughafen – Schönefeld" – Entscheidung des OLG Brandenburg schon wieder vergessen? NZBau 2001, 242
*Daub/Eberstein,* Kommentar zur VOL/A, 5. Aufl., München 2000
*Daub/Eberstein,* Kommentar zur VOL/B, 5. Aufl., München 2003
*Dicks*, Mehrfachbeteiligungen von Unternehmen am Ausschreibungswettbewerb, VergabeR 2013, 1
*Dicks*, Nochmals: Primärrechtsschutz bei Aufträgen unterhalb der Schwellenwerte, VergabeR 2012, 531
*Dieck-Bogatzke*, Probleme der Aufhebung der Ausschreibung, VergabeR 2008, 392 ff.
*Diercks*, Beschaffung von Spezialbedarf, VergabeR 2003, 518 ff.
*Diringer*, Die Beteiligung sog. Projektanten am Vergabeverfahren, VergabeR 2010, 361 ff.
*Dirkens/Schellenberg*, Mehrfachbeteiligungen auf Nachunternehmerebene, VergabeR 2010, 17
*Doerry,* Festschrift für Wolfgang Heiermann zum 60. Geburtstag, Berlin 1995

# Literaturverzeichnis

*Dreher*, Vergaberechtsschutz unterhalb der Schwellenwerte, NZBau 2002, 419
*Düsterdieck/Röwekamp*, VOL/A und VOL/B : Kurzerläuterungen für die Praxis, 6. Aufl., Stuttgart 2010

*Ebisch/Gottschalk/Hoffjan/Müller/Waldmann*, Preise und Preisprüfungen bei öffentlichen Aufträgen, 8. Aufl., München 2010
*Ehrig*, Die Doppelbeteiligung im Vergabeverfahren, VergabeR 2010, 11

*Fett*, Die Hauptsacheentscheidung durch die Vergabekammer, NZBau 2005, 141
*Frenz*, Handbuch Europarecht, Band 3: Beihilfe- und Vergaberecht, 2007

*Gabriel*, Bietergemeinschaftsgründung unter Prüfungsvorbehalt: Strengere kartellrechtliche Zulässigkeitsprüfung qua neuer Rechtsprechungstendenz, VergabeR 2012, 555
*ders.*, Neues zum Ausschluss von Bietern und Bietergemeinschaften wegen Mehrfachbeteiligungen: Einzelfallprüfung statt Automatismus, NZBau 2010, 225
*Gabriel/Benecke/Geldsetzer*, Die Bietergemeinschaft, 2007
*Ganten/Jansen/Voit*, Beck'scher VOB- und Vergaberechts-Kommentar, 2. Aufl. 2008
*Göhler*, Gesetz über Ordnungswidrigkeiten, 16. Aufl., München 2012
*Graef*, Rechtsfragen zur Kommunikation und Informationsübermittlung im neuen Vergaberecht, NZBau 2008, 34
*Graf*, Strafprozessordnung: mit Gerichtsverfassungsgesetz und Nebengesetzen, 2. Aufl., München 2012
*Graf/Jäger/Wittig*, Wirtschafts- und Steuerstrafrecht, München 2011
*Guckelberger*, Bundeswehr und Vergaberecht, ZfBR 2005, 34

*Hausmann*, Die Pflicht des öffentlichen Auftraggebers zur Neuausschreibung bei Austausch des Nachunternehmers, LKV 2010, 550
*Heiermann/Zeiss/Blaufuß*, juris-PraxisKommentar Vergaberecht GWB – VgV – SektVO – VOB/A, 3. Aufl., Saarbrücken 2011
*Heiermann/Zeiss/Kullack/Blaufuß*, juris PraxisKommentar Vergaberecht, 2. Aufl., Saarbrücken 2008
*Hertel/Schöning*, Der neue Rechtsrahmen für die Auftragsvergabe im Rüstungssektor, NZBau 2009, 684
*Herten-Koch/Demmel*, Informations- und Schutzpflichten bei der elektronischen Vergabe, NZBau 2002, 482
*Heuvels*, Rechtsschutz unterhalb der Schwellenwerte, NZBau 2005, 570
*Heuvels/Höß/Kuß/Wagner (Hrsg.)*, Vergaberecht, Gesamtkommentar zum Recht der öffentlichen Auftragsvergabe, Stuttgart 2013
*Höfler*, Die elektronische Vergabe öffentlicher Aufträge, NZBau 2000, 449
*Huerkamp/Kühling*, Primärrechtsschutz für Unterschwellenvergaben aus Luxemburg? Zu den Folgen aus den Äquivalenz- und Effektivitätsforderungen des EuGH, NVwZ 2011, 1409

*Immenga/Mestmäcker*, Wettbewerbsrecht: Band 2 GWB, 4. Aufl. 2007
*Ingenstau/Korbion/Vygen/Kratzenberg*, VOB Teile A und B, 17. Aufl. 2010

*Jasper/Pooth*, Möglichkeiten der Berücksichtigung von Umweltbelangen bei der Vergabe öffentlicher Aufträge, NZBau 2003, 261

*Kapellmann/Messerschmidt*, VOB Teile A und B, 3. Aufl., München 2010
*Kolpatzik*, „Berater als Bieter" vs. „Bieter als Berater", VergabeR 2007, 279 ff.
*Kopp/Schenke*, VwGO, 17. Aufl. 2011
*Kulartz/Kus/Portz*, Kommentar zum GWB-Vergaberecht, 2. Aufl., Köln 2009
*Kulartz/Marx/Portz/Prieß*, Kommentar zur VOL/A, 2. Aufl., Köln 2011

*Lange*, Der Begriff des „eingeschalteten Unternehmens" i.S. des § 16 I Nr. 3 lit. b VgV, NZBau 2008, 422
*Leinemann*, Das neue Vergaberecht, 2010
*Leinemann/Kirch*, Der Angriff auf die Kalkulationsfreiheit, VergabeR 2005, 563
*Loewenheim/Meessen/Riesenkampff*, Kartellrecht, 2. Aufl. 2009
*Lott*, Die elektronische Auftragsvergabe in Deutschland, JurPC Web-Dok. 36/2006
*Luger*, Der formalistische Angebotsausschluss, das Wettbewerbsprinzip und der Grundsatz der sparsamen Mittelverwendung im Vergaberecht, VergabeR 2009, 14

*Michaelis/Rhösa*, Preisbildung bei öffentlichen Aufträgen, Loseblattsammlung, Heidelberg, Stand: Juli 2012
*Michallik*, Problemfelder bei der Berücksichtigung mittelständischer Interessen im Vergaberecht, VergabeR 2011, 683 ff.
*Motzke/Pietzcker/Prieß (Hrsg.)*, Beck'scher VOB-Kommentar, VOB/A, München 2001
*Müller*, Preisgestaltung bei Bundeswehraufträgen, Rheinbreitbach 1991
*Müller-Wrede*, GWB-Vergaberecht, Taschenkommentar, 1. Aufl., Köln 2009
*ders.*, Die Behandlung von Mischkalkulationen unter besonderer Berücksichtigung der Darlegungs- und Beweislast, NZBau 2006, 73
*ders.*, Kompendium des Vergaberechts, 1. Aufl., Köln 2008
*ders.*, Vergabe- und Vertragsordnung für Lieferungen und Dienstleistungen – VOL/A Kommentar, 3. Aufl., Köln 2010
Münchener Kommentar zum Europäischen und Deutschen Wettbewerbsrecht (Kartellrecht), Band 3: Beihilfenrecht und Vergaberecht, München 2011

*Noch*, Vergaberecht kompakt, 5. Aufl., Köln 2011

*Ortner*, Das Gebot der Berücksichtigung mittelständischer Interessen im Vergaberecht, VergabeR 2011, 677 ff.
*Otting/Tresselt*, Grenzen der Loslimitierung, VergabeR 2009, 585

*Palandt*, Bürgerliches Gesetzbuch, 71. Aufl. 2012
*Pauka/Chrobot*, Öffentliches Preisrecht und Vergaberecht, VergabeR 2011, 405 ff.
*Pietzker*, Die neue Gestalt des Vergaberechts, ZHR 162 (1998), 427
*Prieß*, Die Leistungsbeschreibung – Kernstück des Vergabeverfahrens (Teil 1), NZBau 2004, 20
*ders.*, Handbuch des europäischen Vergaberechts, 3. Aufl., Köln 2005
*Prieß/Gabriel*, Die Bildung und Beteiligung von Bietergemeinschaften in Vergabe- und Nachprüfungsverfahren, WuW 2006, 385
*Pünder/Schellenberg*, Vergaberecht Handkommentar, Baden-Baden 2011

# Literaturverzeichnis

*Rechten/Röbcke*, Divide et impara – die losweise Vergabe, Jahrbuch forum vergabe 2012, S. 149 ff.
*Reidt/Stickler/Glahs*, Vergaberecht, 3. Aufl. 2011
*Renner/Rubach-Larsen/Sterner*, Rechtsschutz bei der Vergabe von Rüstungsaufträgen, NZBau 2007, 407
*Roßnagel/Paul*, Die Form des Bieterangebots in der elektronischen Vergabe, NZBau 2007, 74
*Roth*, Änderung der Zusammensetzung von Bietergemeinschaften und Austausch von Nachunternehmern im laufenden Vergabeverfahren, NZBau 2005, 316
ders., Methodik und Bekanntgabe von Wertungsverfahren zur Ermittlung des wirtschaftlichsten Angebots, NZBau 2011, 75

*Schaller*, VOL A und B, 4. Aufl. 2008
*Scharen*, Aufhebung der Ausschreibung und Vergaberechtsschutz, NZBau 2003, 585 ff.
ders., Rechtsschutz bei Vergaben unterhalb der Schwellenwerte, VergabeR 2011, 653
ders., Vertragslaufzeit und Vertragsverlängerung als vergaberechtliche Herausforderung?, NZBau 2009, 679
*Schlette*, Der Begriff des „öffentlichen Auftraggebers" im EG-Vergaberecht – Zur Entscheidung des EuGH in den Fällen Mannesmann Anlagenbau Austria AG und Gemeente Arnhem, EuR 2000, 119
*Schönke/Schröder*, Strafgesetzbuch, 28. Auflage, München 2010
*Schröder*, Der Ausschluss voreingenommener Personen im Vergabeverfahren nach § 16 VgV, NVwZ 2004, 168
*Schulte/Voll*, Das Bietergemeinschaftskartell im Vergaberecht – Drum prüfe wer sich (ewig) bindet, ZfBR 2013, Heft 3
*Schütte*, Verhandlungen im Vergabeverfahren, ZfBR 2004, 237

*Wagner/Bauer*, Grundzüge des zukünftigen Vergaberegimes in den Bereichen Verteidigung und Sicherheit, VergabeR 2009, 856
*Wagner/Jürschik*, Die Vergaberechtswidrigkeit von Verträgen wegen wesentlicher Vertragsänderung und deren Folgen, VergabeR 2012, 401
*Weiner*, Das Ende einer Ära? – Die Auswirkungen der Richtlinie 2009/81/EG auf die Vergabe von Aufträgen im Verteidigungsbereich und insbesondere Offsets, EWS 2011, 401
*Weyand*, Vergaberecht, 4. Aufl. 2013
*Weyand*, Vergaberecht, 3. Aufl. 2011
*Willenbruch/Wieddekind*, Vergaberecht Kompaktkommentar, 2. Aufl. 2011

*Zeiss*, Sichere Vergabe unterhalb der Schwellenwerte, 2. Aufl. 2012
*Ziekow*, Die vergaberechtlich zulässige Vertragslaufzeit bei komplexen PPP-Modellen, VergabeR 2006, 702
ders., Die Wirkung von Bereichsausnahmen vom Vergaberecht, VergabeR 2007, 711
*Ziekow/Völlink*, Vergaberecht, München 2011

# A. Einleitung

## Übersicht

|     |     | Rn. |
| --- | --- | --- |
| I.   | Wirtschaftliche Bedeutung von Beschaffungen im Verteidigungs- und Sicherheitsbereich | 1 |
| II.  | Entstehungsgeschichte der vergaberechtlichen Regelungen zu Beschaffungen im Verteidigungs- und Sicherheitsbereich | 3 |
|      | 1. Europäische Ebene | 3 |
|      | 2. Verspätete nationale Umsetzung | 9 |
| III. | Regelungen des deutschen Vergaberechts für verteidigungs- und sicherheitsrelevante Beschaffungen | 11 |
| IV.  | Unterhalb der Schwellenwerte | 15 |
| V.   | Agreement on Government Procurement (GPA) | 22 |
|      | 1. Wesentlicher Inhalt | 22 |
|      | 2. Regelungen für Beschaffungen im Verteidigungs- und Sicherheitsbereich | 25 |
| VI.  | Gegenseitigkeit / Reziprozität | 28 |
|      | 1. Im GPA | 28 |
|      | 2. In Deutschland und der EU | 29 |
|      | 3. Ausblick | 31 |

## I. Wirtschaftliche Bedeutung von Beschaffungen im Verteidigungs- und Sicherheitsbereich

Die EU-Mitgliedstaaten geben insgesamt jährlich mehr als 200 Mrd. € für Verteidigung aus.[1] Davon werden etwa 50% für Personalausgaben aufgebracht. Die weiteren 50% der Ausgaben können in öffentliche Aufträge münden: Die Ausgaben entfallen nämlich auf militärische Einsätze, Wartung, Unterhaltung und Investitionen in neue Ausstattung. Nach aktuellen Zahlen geben die EU-Staaten allein für die Beschaffung neuer Geräte und Ausrüstung ca. 34 Mrd. €/Jahr aus.[2] Zum Anwendungsbereich der VSVgV gehören aber nicht bloß Verteidigungsbeschaffungen, sondern auch sicherheitsrelevante Beschaffungen, z.B. der Polizeibehörden und Geheimdienste. Diese Ausgaben sind bei den vorstehenden Zahlen noch nicht berücksichtigt. Die wirtschaftliche Bedeutung von Beschaffungen im Verteidigungs- und Sicherheitsbereich ist also immens.

Es ist auch zu prognostizieren, dass die wirtschaftliche Bedeutung von Beschaffungen im Verteidigungs- und Sicherheitsbereich weiter wachsen wird. Wegen des derzeitigen strategischen (z.B. asymmetrische und länderübergreifende Bedrohungen)[3], organisatori-

---

[1] *Europäische Verteidigungsagentur*, Publikation vom 31.3.2011 –. http://www.eda.europa.eu/Libraries/Documents/National_Data_Breakdown_Publication_pMS_1.sflb.ashx [Auf der Basis von Daten aus Jahren 2008/2009 – Stand 9.8.2012].

[2] *Europäische Verteidigungsagentur*, Publikation vom 1.2.2012 – http://www.eda.europa.eu/Libraries/Documents/Defence_Data_2010_fact_sheet.sflb.ashx [Auf der Basis von Daten aus Jahren 2010 – Stand 9.8.2012].

[3] RL 2009/81, Erwägungsgrund 7.

schen (z.B. Personalabbau)[4] und technologischen Umbruchs (z.B. Drohnen, autonome Waffensysteme) werden in den nächsten Jahren – trotz stagnierender Verteidigungsetats – anteilig größere Investitionsausgaben für die Beschaffung von Geräten und Ausrüstung sowie Logistik anfallen.

## II. Entstehungsgeschichte der vergaberechtlichen Regelungen zu Beschaffungen im Verteidigungs- und Sicherheitsbereich

### 1. Europäische Ebene

3 Zwar gab es auch in der Vergangenheit bei Beschaffungen im Verteidigungs- und Sicherheitsbereich in den EU-Ländern wettbewerbliche Verfahren. In Deutschland haben dafür in der Regel schon die Vorgaben des Haushaltsrechts gesorgt (siehe unten Rn. 16 ff.), in kleineren EU-Ländern der Mangel an eigenen Anbietern. In der Tendenz aber war der Wettbewerb im Verteidigungs- und Sicherheitsbereich in der EU unterentwickelt und von separierten nationalen Beschaffungsmärkten geprägt.[5] Zu dem fehlenden Wettbewerb tragen häufig auch Eigenarten der Beschaffungsgegenstände bei. So werden komplexe Waffensysteme in der Regel durch Systemanbieter geliefert, die zudem auf eine feste Kette von Zulieferungsunternehmen zurückgreifen.

4 Nach **alter Rechtslage** gab es bei verteidigungs- und sicherheitsrelevanten Aufträgen grundsätzlich nur zwei Möglichkeiten für die Auftraggeber:[6]

- Entweder es wurde das **allgemeine Vergaberecht** (in Deutschland: insbesondere GWB, VgV, VOL/A, VOB/A, VOF) angewendet oder

- es wurde unter Berufung auf Art. 296 EGV (= Art. 346 AEUV)[7] **kein Vergaberecht** angewendet.

5 Für die Mitgliedstaaten gab es gute Gründe die **Ausnahmevorschrift Art. 296 EGV (= Art. 346 AEUV)** weit zu interpretieren und verteidigungs- und sicherheitsrelevante Beschaffungen völlig vom Vergaberecht auszunehmen:

- Bedenken wegen der fehlenden Berücksichtigung besonderer Anforderungen, die sich aus der Natur der verteidigungs- und sicherheitsrelevanten Beschaffungen ergeben (insbesondere **Geheimhaltung** und **Versorgungssicherheit**)[8] oder

- schlicht **sicherheits- und industriepolitische Erwägungen** (Erhaltung von „**wehrtechnischen Kernfähigkeiten**"[9]).

---

4   Z.B. Personalabbau, *Europäische Verteidigungsagentur*, Publikation vom 1.2.2012 – http://www.eda.europa.eu/Libraries/Documents/Defence_Data_2010_fact_sheet.sflb.ashx [Auf der Basis von Daten aus Jahren 2010 – Stand 9.8.2012].
5   Vgl. *Europäische Kommission*, Mitteilung vom 5.12.2007 „Strategie für eine stärkere und wettbewerbsfähigere europäische Verteidigungsindustrie" (KOM (2007) 764 endg.
6   Übersicht nach: *Zeiss*, in: *Heiermann / Zeiss*, jurisPK-VergR, 3. Aufl. 2011, § 99 Rn. 1.2 [Online-Fassung, Stand 10.8.2012].
7   In Deutschland dazu: § 100 Abs. 2 d) und e) GWB a.F.
8   RL 2009/81, Erwägungsgrund 9.
9   Gemeinsame Erklärung des Bundesministerium der Verteidigung und des Ausschusses für Verteidigungswirtschaft im BDI v. 20.11.2007; abgedruckt in: *Zeiss*, in: *Heiermann / Zeiss*, jurisPK-VergR, 3. Aufl. 2011, § 99 Rn. 1.7 [Online-Fassung, Stand 28.12.2011].

Dass die Ausnahmevorschriften teilweise zu weit interpretiert wurden, macht insbesondere der **„Augusta"-Fall** deutlich. Italien hat jahrelang ohne Ausschreibung Hubschrauber vom italienischen Hersteller Augusta erworben, die sowohl militärisch als auch zivil einsetzbar waren („Dual Use"). Der EuGH hat klargestellt, dass dies gegen das Vergaberecht verstößt und nicht auf Art. 296 EGV (= Art. 346 AEUV) gestützt werden kann.[10]

Nicht zuletzt vor dem Hintergrund der „Augusta"-Entscheidung des EuGH wurde die RL 2009/81[11] geschaffen, um den Auftraggebern die Chance zu geben, mehr Beschaffungen im Wettbewerb zu vergeben und dabei – trotz Verwendung eines wettbewerblichen Verfahrens – gleichzeitig staatliche Sicherheits- und Geheimhaltungsinteressen wahren zu können.[12]

Die RL 2009/81 ist Teil des **EU-Verteidigungspakets**, zu dem auch die Richtlinie 2009/43/EG zur Vereinfachung der Bedingungen für die **innergemeinschaftliche Verbringung von Verteidigungsgütern** gehört.[13] Ziel des Verteidigungspakets ist es schrittweise einen europäischen Markt für Verteidigungs- und Sicherheitsausrüstungen mit gleichen Wettbewerbsbedingungen für Anbieter aus den EU-Mitgliedstaaten aufzubauen („Level playing field") und nationale Beschaffungsmärkte zugunsten von Anbietern aus anderen EU-Mitgliedstaaten zu öffnen.[14] Gleichzeitig soll der europäische Zusammenhalt[15] und die europäische verteidigungstechnologische und industrielle Basis („Defence Technology Industry Base" – DTIB) als Fundament der europäischen Sicherheits- und Verteidigungspolitik gestärkt werden.[16]

## 2. Verspätete nationale Umsetzung

Die Umsetzungsfrist der Richtlinie 2009/81 endete am 21. August 2011 (Art. 72 Abs. 1 RL 2009/81). In Deutschland gelang die rechtzeitige Umsetzung jedoch nicht und die EU-Kommission leitete ein Vertragsverletzungsverfahren gegen Deutschland ein.[17] Vertragsverletzungsverfahren wurden auch gegen zahlreiche andere EU-Staaten eingeleitet[18], wobei die Verzögerungen dort zum Teil auch auf grundsätzlichen Vorbehalten gegenüber der RL 2009/81 beruhen mögen. Gerade EU-Staaten ohne eine ausgeprägte

---

10 EuGH, Urt. v. 8.4.2008 – C-337/05 – Augusta.
11 Richtlinie 2009/81/EG des Europäischen Parlaments und des Rates v. 13.7.2009 über die Koordinierung der Verfahren zur Vergabe bestimmter Bau-, Liefer- und Dienstleistungsaufträge in den Bereichen Verteidigung und Sicherheit und zur Änderung der Richtlinien 2004/17/EG und 2004/18/EG (ABl. L 216 v. 20.8.2009).
12 Zeiss, in: Heiermann / Zeiss, jurisPK-VergR, 3. Aufl. 2011, § 99 Rn. 1.7 [Online-Fassung, Stand 10.8.2012].
13 Vgl. Hertel/Schöning: Der neue Rechtsrahmen für die Auftragsvergabe im Rüstungssektor, NZBau 2009, S. 684 (885).
14 Europäische Kommission, Mitteilung vom 5.12.2007 „Strategie für eine stärkere und wettbewerbsfähigere europäische Verteidigungsindustrie" (KOM (2007) 764 endg.; Begründung zur VSVgV, BRat- Drs. 321/12, Seite 34.
15 RL 2009/81, Erwägungsgrund 5.
16 Europäische Kommission, Mitteilung vom 5.12.2007 „Strategie für eine stärkere und wettbewerbsfähigere europäische Verteidigungsindustrie" (KOM (2007) 764 endg.
17 Vgl. Europäische Kommission, Pressemitteilung vom 26.1.2012, http://europa.eu/rapid/pressReleasesAction.do?reference=IP/12/76&format=HTML&aged=0&language=de&guiLanguage=de [Stand: 10.8.2012].
18 Vgl. Europäische Kommission, Pressemitteilung vom 31.5.2012 (betreffend Polen und Österreich), http://europa.eu/rapid/pressReleasesAction.do?reference=IP/12/533&format=HTML&aged=0&language=de&guiLanguage=de [Stand: 10.8.2012]; Europäische Kommission, Pressemitteilung vom 22.3.2012 (betreffend Bulgarien und Luxemburg )http://europa.eu/rapid/pressReleasesAction.do?reference=IP/12/290&format=HTML&aged=0&language=de&guiLanguage=de [Stand: 10.8.2012].

eigene Rüstungsindustrie möchten nämlich auf „Offsets"[19], also Forderungen nach Kompensationsgeschäften, nur ungern verzichten. Die EU-Kommission hat daher angekündigt, auf derartige Offset-Forderungen mit Vertragsverletzungsverfahren zu reagieren.[20]

10 Demgegenüber waren die Umsetzungsverzögerungen in Deutschland jedoch nicht in grundlegenden Vorbehalten gegenüber der RL 2009/81 begründet. Vielmehr beruhen die Verzögerungen insbesondere darauf, dass sich die rechtssystematische Einordnung in das bestehende Vergaberecht als sehr komplex darstellte (siehe unten Rn. 11 ff.). Der Zeitraum bis zum Inkrafttreten der nationalen Umsetzungsakte wurde durch **Erlasse des BMWi (für Liefer- und Dienstleistungen) sowie des BMVBS (für Bauleistungen)** überbrückt („Interimslösung"). Diese Erlasse sollten den zuständigen Vergabestellen als Handreichung bei der richtlinienkonformen Auslegung des geltenden Vergaberechts bzw. der unmittelbaren Richtlinienanwendung dienen (siehe § 45 VSVgV, Rn. 5 ff.).

## III. Regelungen des deutschen Vergaberechts für verteidigungs- und sicherheitsrelevante Beschaffungen

11 Bei der Umsetzung der RL 2009/81 hat sich der Gesetzgeber für ein zweistufiges Vorgehen entschieden, um die Regelungen in das bestehende deutsche Vergaberecht einzupassen:[21]

- *Stufe 1 – 14. Dezember 2011*: Die Umsetzung grundlegender Vorgaben der RL 2009/81 – insbesondere zum Anwendungsbereich und zum Rechtsschutz – erfolgte im **GWB**.[22]

- *Stufe 2 – 19. Juli 2012*: Die Umsetzung der Vorschriften zum Vergabeverfahren erfolgt in der **VSVgV**.[23]

12 Im Anwendungsbereich der VSVgV – also bei verteidigungs- und sicherheitsrelevanten Beschaffungen oberhalb der Schwellenwerte – sind alle Regelungen für die Beschaffung von Liefer- und Dienstleistungen in der VSVgV enthalten; lediglich für Bauaufträge wird das Kaskadenprinzip grundsätzlich aufrecht erhalten. Zu einigen allgemeinen Regelungen in der VSVgV tritt ergänzend der neue dritte Abschnitt der VOB/A (VS-Paragrafen).

---

19 Vgl. Zum Begriff „offset" im Vergaberecht die Definition in Art. 1 lit. l des Government procurement Agreement (GPA) in der Fassung vom 30. März 2012: „offset means any condition or undertaking that encourages local development or improves a Party's balance-of-payments accounts, such as the use of domestic content, the licensing of technology, investment, counter-trade and similar action or requirement; http://www.wto.org/english/tratop_e/gproc_e/gp_gpa_e.htm [Stand 11.8.2012].
20 Vgl. Äußerung eines Kommissionsmitarbeiters bei den forum vergabe-Gesprächen am 23.4.2012, http://www.behoerden-spiegel.de/icc/Internet/sub/9ad/9ad302ba-a0fd-d631-a18c-759107b988f2_aaaaaaaa-aaaa-aaaa-bbbb-000000000003&uMen=2ff50726-d0a0-b331-76b8-d77407b988f2.htm [Stand: 10.8.2012].
21 Begründung zur VSVgV, BR-Drs. 321/12, S. 34 f.
22 Gesetz zur Änderung des Vergaberechts für die Bereiche Verteidigung und Sicherheit v. 7. Dezember 2011 (BGBl I 2011, 2570), in Kraft getreten am 14.12.2011.
23 Vergabeverordnung Verteidigung und Sicherheit vom 12. Juli 2012 (BGBl. I S. 1509), in Kraft getreten am 19.7.2012.

## Übersicht Vergaberecht
### - oberhalb der Schwellenwerte -

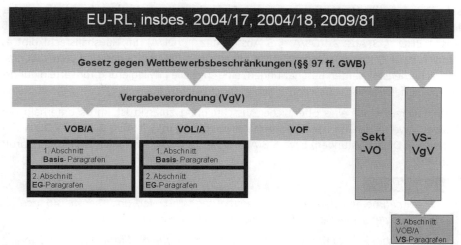

*Übersicht Vergaberecht*
*Regelwerke des Vergaberecht*

Die neue Rechtslage bietet dem Auftraggeber – in Abhängigkeit vom konkreten Beschaffungsgegenstand – grundsätzlich drei Möglichkeiten zur Beschaffung:[24]

- *Variante 1*: Es wird das **allgemeine Vergaberecht** angewendet (insbesondere GWB, VgV, VOL/A, VOB/A, VOF).

- *Variante 2*: Es wird das **sektorspezifische Vergaberecht** für verteidigungs- und sicherheitsrelevante Beschaffungen angewendet (insbesondere § 99 Abs. 7 GWB, VSVgV, 3. Abschnitt der VOB/A) oder

- *Variante 3*: Es wird unter Berufung auf § 100 Abs. 6 GWB i.V.m. Art. 346 AEUV (= Art. 296 EGV) **kein Vergaberecht** angewendet (siehe § 1 VSVgV, Rn. 7; § 100 GWB, Rn. 30 ff.).

**PRAXISHINWEIS**

*Die Anwendung der VSVgV bringt eine besondere Verfahrenserleichterung für die Auftraggeber:* ***In der VSVgV ist das offene Verfahren nicht vorgesehen****. Gemäß § 101 Abs. 7 Satz 3 GWB, § 11 VSVgV dürfen die Auftraggeber bei der Vergabe von verteidigungs- und sicherheitsrelevanten Aufträgen zwischen dem nicht offenen Verfahren und dem Verhandlungsverfahren wählen (siehe § 11 VSVgV, Rn. 2 ff.).*

---

24   Übersicht nach: *Zeiss*, in: *Heiermann/Zeiss*, jurisPK-VergR, 3. Aufl. 2011, § 99 Rn. 1.3 [Online-Fassung, Stand 10.8.2012].

## IV. Unterhalb der Schwellenwerte

**15** Die Regelungen der VSVgV – und damit auch Flexibilisierung bei der Wahl der Verfahrensart (siehe oben Rn. 15) – gelten nur oberhalb der Schwellenwerte (§ 100 Abs. 1 Nr. 3 GWB, § 1 Abs. 2 VSVgV). **Unterhalb der Schwellenwerte gelten auch für Beschaffungen im Verteidigungs- und Sicherheitsbereich die Vorschriften des Haushaltsrechts**[25] und damit der **Vorrang der öffentlichen Ausschreibung** (vgl. § 55 Abs. 1 BHO, § 3 Abs. 2 VOB/A, § 3 Abs. 2 Satz 1 VOL/A. Im Haushaltsrecht gibt es nämlich keine Differenzierung zwischen allgemeinen Beschaffungen und verteidigungs- und sicherheitsrelevanten Beschaffungen; eine spezielle Privilegierung für verteidigungs- und sicherheitsrelevante Beschaffungen ist (noch) nicht vorgesehen.[26]

**16** Ob ein Verzicht auf eine öffentliche Ausschreibung zulässig ist, muss unterhalb der Schwellenwerte anhand der **Ausnahmetatbestände in § 3 Abs. 3 bis 6 VOL/A** (für Liefer- und Dienstleistungen) bzw. § 3 Abs. 3 bis 5 VOB/A (für Bauleistungen) überprüft werden.

**17**

> **PRAXISHINWEIS**
>
> *Als Ausnahmetatbestände für die Beschaffung von Liefer- und Dienstleistungen unterhalb der Schwellenwerte kommen dabei besonders in Betracht:*[27]
>
> – *§ 3 Abs. 3 lit. a) und b) VOL/A:* „**außergewöhnliche Eignung**" *bzw.* „**Geheimhaltung**"*, insbesondere zum* **Schutz von Verschlusssachen***.*
>
> – *§ 3 Abs. 5 VOL/A, lit. f)* (**Geheimhaltung**)*, i)* (**Wertgrenzenerlasse**) *und l)* (*unter bestimmten Bedingungen* **Systemanbieter**)*.*

**18** Auch eine Entsprechung zu der generellen Ausnahme vom Vergaberecht nach § 100 Abs. 6 GWB i.V.m Art. 346 AEUV (= Art. 296 EGV) gibt es unterhalb der Schwellenwerte nicht. Auch hier müssen die Auftraggeber mit den in § 3 Abs. 3 bis 6 VOL/A (für Bauleistungen: § 3 Abs. 3 bis 5 VOB/A) genannten Ausnahmebestimmungen arbeiten. Es ist aber **gerechtfertigt, die Ausnahmevorschriften grundsätzlich extensiv auszulegen**. Schließlich belegt der Umstand, dass diese Aufträge sich unter Art. 346 AEUV (= Art. 296 EGV) subsumieren lassen, dass ein wettbewerbliches Verfahren – selbst bei Binnenmarktrelevanz – nicht notwendig ist.

**19** Entsprechend der neuen Gefährdungslage haben **Auslandseinsätze außerhalb der EU** zugenommen. In vielen Auslandseinsatzgebieten außerhalb der EU (z.B. Horn von Afrika, Afghanistan) gibt es in der Regel keinen mit der EU vergleichbaren Infrastruktur-, Sicherheits- und Rechtsstandard. Daher sind die europäischen Sicherheits- und Verteidigungskräfte häufig auf ortsansässige Dienstleister angewiesen, die *auf dem kurzen Dienstweg und ohne viel Aufheben* beauftragt werden müssen, um nicht die Gefahr von Diebstahl,

---

25 Vgl. Begründung zur VSVgV, BR-Drs. 321/12, Seite 34.
26 Vgl. § 55 Abs. 1 BHO: „Dem Abschluss von Verträgen über Lieferungen und Leistungen muss eine öffentliche Ausschreibung vorausgehen, sofern nicht die Natur des Geschäfts oder besondere Umstände eine Ausnahme rechtfertigen." Allgemeine Verwaltungsvorschrift Ziffer 2.1 zu § 55 BHO (AVV-BHO): „Lieferungen und Leistungen sind vorrangig öffentlich auszuschreiben, damit die verfügbaren Haushaltsmittel im Rahmen des Wettbewerbs wirtschaftlich verwendet werden."/Ziffer 2.1.2, 2.2., 2.2.1. und 2.2.2.: „In welchen Fällen von einer öffentlichen Ausschreibung nach der Natur des Geschäfts oder wegen besonderer Umstände abgesehen werden kann, ist in den nachfolgend genannten Vorschriften geregelt. (...) VOB/A, 1. Abschnitt, VOL/A, 1. Abschnitt".
27 Ausführlich zu den Ausnahmetatbeständen: Zeiss, Sichere Vergabe unterhalb der Schwellenwerte, 2. Aufl. 2012, S. 88 f.

Sabotage oder terroristischen Anschlägen zu erhöhen. Oberhalb der Schwellenwerte trägt dieser Situation § 100c Abs. 3 VSVgV Rechnung. Unterhalb der Schwellenwerte fehlt eine entsprechende Regelung.

Auch für Beschaffungen unterhalb der Schwellenwerte außerhalb der EU muss auf die Ausnahmetatbestände in § 3 Abs. 3 bis 6 VOL/A (für Liefer- und Dienstleistungen) bzw. § 3 Abs. 3 bis 5 VOB/A (für Bauleistungen) zurückgegriffen werden.

> **PRAXISHINWEIS**
>
> Als Ausnahmetatbestände für die Beschaffung von Liefer- und Dienstleistungen im Ausland außerhalb der EU kommen dabei besonders in Betracht:[28]
>
> – § 3 Abs. 3 lit. b VOL/A: *„unzweckmäßig"*, insbesondere wegen **Geheimhaltung**.
>
> – § 3 Abs. 4 lit. b VOL/A: **unverhältnismäßiger Aufwand**, weil es in dem betreffenden Land weder eine Publikationsinfrastruktur (z.B. Zeitungen, Veröffentlichungsblätter) noch eine Praxis der öffentlichen Ausschreibung gibt und das „Einfliegen" deutscher oder europäischer Anbieter unverhältnismäßig teuer wäre
>
> – § 3 Abs. 5 VOL/A, lit. f (**Geheimhaltung**) und lit. i (**Wertgrenzenerlasse**).

## V. Agreement on Government Procurement (GPA)

### 1. Wesentlicher Inhalt

Das Agreement on Government Procurement (GPA) ist ein plurilateraler Staatsvertrag. Es legt für die Vertragsstaaten (derzeit u.a. die EU mit ihren Mitgliedstaaten, USA, Canada, Japan, Korea, Israel, Norwegen, Hongkong und die Schweiz) einen Mindeststandard an **Nichtdiskriminierung**[29] und **Transparenz**[30] fest.[31] Durch die Neufassung vom 30. März 2012 kam ausdrücklich hinzu, dass **Interessenkonflikte** vermieden[32] und **Korruption** vorgebeugt werden soll.[33]

> **PRAXISHINWEIS**
>
> Im Anwendungsbereich des GPA sind Forderungen nach **Offsets ausdrücklich verboten**.[34]

Weitere Einzelheiten zum Anwendungsbereich ergeben sich aus den Anhängen (Annexen) zum GPA.[35] Hier wird klargestellt, für welche Auftraggeber (persönlicher Anwendungsbereich – Annexe 1 bis 3) und für welche Beschaffungen (sachlicher Anwendungsbereich – Annexe 4 bis 6) das GPA jeweils konkret gilt.

---

28 Ausführlich zu den Ausnahmevorschriften: Zeiss, Sichere Vergabe unterhalb der Schwellenwerte, 2. Aufl. 2012, Seite 88 f.
29 Art. IV §§ 1 und 2 GPA.
30 Art. IV § 4, Art. XVI GPA.
31 Vgl. Zeiss, in: jurisPK-VergR, 3. Aufl. 2011, VT 2 zu Einleitung VergR Rn. 3.
32 Art. 4 § 4 lit. b GPA.
33 Art. 4 § 4 lit. c GPA.
34 Art. 4 § 6 GPA: „With regard to covered procurement, a Party, including its procuring entities, shall not seek, take account of, impose or enforce any offset.
35 Überblick dazu bei Zeiss, in: jurisPK-VergR, 3. Aufl. 2011, VT 2 zu Einleitung VergR Rn. 7 ff.

## 2. Regelungen für Beschaffungen im Verteidigungs- und Sicherheitsbereich

25 Die Regelungen des GPA gelten jedoch gemäß Art. 3 § 1 des GPA in der Fassung vom 30. März 2012[36] dann nicht, wenn die Offenlegung von Informationen bei der Beschaffung von Waffen, Munition und Kriegsmaterial wesentliche Sicherheitsinteressen der Vertragsstaaten gefährden kann.[37]

26 Der Begriff der **„wesentlichen Sicherheitsinteressen"** („essential security interests") in Art. 3 § 1 GPA darf nicht mit dem Begriff der „wesentlichen Sicherheitsinteressen" in Art. 346 AEUV (= Art. 296 EGV) verwechselt werden.[38] Der Begriff der wesentlichen Sicherheitsinteressen in Art. 3 § 1 GPA stellt ausdrücklich auf die Beurteilung durch die Vertragsstaaten ab („that it considers necessary"). Demgegenüber ist die Auslegung des Art. 346 AEUV (= Art. 296 EGV) gerichtlich – letztverbindlich durch den EuGH[39] – überprüfbar. Vor diesem Hintergrund gewährleistet Art. 3 § 1 GPA den Mitgliedstaaten einen deutlich weiteren **souveränen Gestaltungsspielraum** betreffend den Begriff der wesentlichen Sicherheitsinteressen als dies in Art. 346 AEUV (= Art. 296 EGV) der Fall ist.[40]

27 Darüber hinaus stellen einige Vertragsstaaten in den Annexen mit **Positivlisten** klar, welche Beschaffungen im Verteidigungs- und Sicherheitsbereich erfasst werden sollen.[41]

## VI. Gegenseitigkeit / Reziprozität

### 1. Im GPA

28 Im GPA gilt das Prinzip der Gegenseitigkeit (Reziprozität). D.h., die Vertragsstaaten öffnen ihre Beschaffungsmärkte für ein Unternehmen aus einem anderen Vertragsstaat, wenn der Heimatstaat des Unternehmens seine Beschaffungsmärkte öffnet. Das Prinzip der Gegenseitigkeit liegt auch zahlreichen bilateralen Handelsverträgen zu Grunde.[42]

### 2. In Deutschland und der EU

29 Deutschland hat seine Beschaffungsmärkte bereits im Jahr 1960 – weit vor Inkrafttreten der ersten Fassungen der EU-Vergaberichtlinien im Jahr 1971[43] – für Anbieter aus Drittstaaten geöffnet.[44] Diese von Deutschland exemplarisch vorgegebene Linie wurde auch

---

36 Art. III – Security and General Exceptions: „1. Nothing in this Agreement shall be construed to prevent any Party from taking any action or not disclosing any information that it considers necessary for the protection of its essential security interests relating to the procurement of arms, ammunition or war materials, or to procurement indispensable for national security or for national defence purposes.
37 RL 2009/81, Erwägungsgrund 18 – mit Ausführungen zur inhaltlich insoweit identischen alten Fassung des GPA.
38 RL 2009/81, Erwägungsgrund 18.
39 Z.B. EuGH, 8.4.2008 – C-337/05 – Augusta.
40 Vgl. RL 2009/81, Erwägungsgrund 18.
41 Beispielsweise Canada Annex 4 (GPA 113, Seite 72).
42 Vgl. die Liste in der Bekanntmachung des Bundeswirtschaftministeriums vom 8. April 2003, BAnz Nr. 77 vom 24.4.2003, S. 8529.
43 RL 71/204/EWG zur Aufhebung der Beschränkungen des freien Dienstleistungsverkehrs auf dem Gebiet der öffentlichen Bauaufträge und bei öffentlichen Bauaufträgen, die an die Auftragnehmer über ihre Agenturen und Zweigniederlassungen vergeben werden, ABl. 1971, L 185, S. 1; RL 71/305 über die Koordinierung der Verfahren zur Vergabe öffentlicher Bauaufträge, ABl. 1971, L 185, S. 5 ff.
44 Gemeinsames Rundschreiben des Bundesministers für wirtschaftlichen Besitz des Bundes, des Bundesministers für Wirtschaft und des Auswärtigen Amtes v. 29. April 1960, BWBl. 1960, S. 269 – „Drei-Minister-Erlass"; vgl. *Bungenberg*, Vergaberecht im Wettbewerb der Systeme, 2007, S. 157.

in den EU-Vergaberichtlinien übernommen. Regelungen zur Gegenseitigkeit gibt es daher derzeit ausschließlich im Sektorenbereich Energie, Wasser und Verkehr.[45]

**PRAXISHINWEIS**

*Im Anwendungsbereich der VSVgV genießen daher auch Anbieter aus Drittstaaten vollen und gleichberechtigten Marktzugang* – unabhängig davon, ob die Heimatstaaten der Unternehmen ihre Beschaffungsmärkte auch für deutsche Anbieter geöffnet haben. Es kommt daher nicht darauf an, ob die Heimatstaaten der Unternehmen Vertragsstaaten des GPA sind oder bilaterale Handelsübereinkommen bestehen.

### 3. Ausblick

Auf EU-Ebene wird derzeit darüber diskutiert, das Prinzip der Gegenseitigkeit (Reziprozität) breiter im EU-Vergaberecht zu verankern. Dabei sollen Unternehmen aus Drittstaaten, die nicht Vertragsstaat des GPA sind, von Vergabeverfahren ausgeschlossen werden können. Auf diese Weise sollen Drittstaaten einen verstärkten Anreiz erhalten dem GPA beizutreten. Zwar wird dieses Projekt euphemistisch als „**Marktzugangsinstrument**" bezeichnet. Faktisch handelt es sich jedoch um ein Projekt zur **Marktabschottung**. Nach den bisherigen Erfahrungen mit derartigen handelspolitischen Regelungen werden die Drittstaaten mit Handelssanktionen, insbesondere auch dem Ausschluss von Unternehmen aus der EU, reagieren. Dies würde die exportstarke deutsche Wirtschaft überproportional stark belasten. Vor diesem Hintergrund lehnt die Bundesregierung die entsprechenden Bestrebungen der EU aus guten Gründen ab.[46]

---

45 Art. 58 RL 2004/17; § 28 SektVO; dazu *Summa*, in: Heiermann / Zeiss: jurisPK-VergR, 3. Aufl. 2011, § 28 SektVO.
46 Vgl. *Bundesregierung*, Stellungnahme zum Grünbuch der Europäischen Kommission zur Modernisierung des Vergaberechts vom 18. Mai 2011, http://www.bmwi.de/BMWi/Redaktion/PDF/S-T/stellungnahme-der-bundesregierung-zum-gruenbuch,property=pdf,bereich=bmwi2012,sprache=de,rwb=true. [Stand: 13.8.2012]; *Bundesministerium für Wirtschaft und Technologie*, Pressemitteilung zum Gespräch von BM Rösler mit EU-Kommissar Michel Barnier vom 27.3.2012 http://www.bmwi.de/DE/Presse/pressemitteilungen,did=483418.html [Stand 13.8.2012].

# B. Vergabeverordnung für die Bereiche Verteidigung und Sicherheit – VSVgV

## Teil 1
## Allgemeine Bestimmungen

### § 1
### Anwendungsbereich

(1) Diese Verordnung gilt für die Vergabe von verteidigungs- und sicherheitsrelevanten Aufträgen im Sinne des § 99 Absatz 7 des Gesetzes gegen Wettbewerbsbeschränkungen durch öffentliche Auftraggeber im Sinne des § 98 des Gesetzes gegen Wettbewerbsbeschränkungen, soweit diese Aufträge nicht gemäß § 100 Absatz 3 bis 6 oder § 100c des Gesetzes gegen Wettbewerbsbeschränkungen dem Anwendungsbereich des Vierten Teils des Gesetzes gegen Wettbewerbsbeschränkungen entzogen sind.

(2) Erfasst sind Aufträge, deren geschätzter Auftragswert ohne Umsatzsteuer die Schwellenwerte erreicht oder überschreitet, die in Artikel 8 der Richtlinie 2009/81/EG des Europäischen Parlaments und des Rates vom 13. Juli 2009 über die Koordinierung der Verfahren zur Vergabe bestimmter Bau-, Liefer- und Dienstleistungsaufträge in den Bereichen Verteidigung und Sicherheit und zur Änderung der Richtlinien 2004/17/EG und 2004/18/EG (ABl. L 216 vom 20.8.2009, S. 76) in der jeweils geltenden Fassung festgelegt werden (EU-Schwellenwerte). Das Bundesministerium für Wirtschaft und Technologie gibt die geltenden Schwellenwerte unverzüglich nach der Veröffentlichung im Amtsblatt der Europäischen Union im Bundesanzeiger bekannt.

## Übersicht[*]

| | | Rn. |
|---|---|---|
| I. | Allgemeines | 1 |
| II. | Europarechtlicher Hintergrund | 3 |
| III. | Sachlicher Anwendungsbereich | 7 |
| IV. | Persönlicher Anwendungsbereich | 10 |
| | 1. Der Auftraggeberbegriff | 12 |
| | 2. § 98 Nr. 1 GWB: Gebietskörperschaften und deren Sondervermögen | 13 |
| | 3. § 98 Nr. 2 GWB: Andere juristische Personen des öffentlichen und privaten Rechts | 14 |
| | 4. § 98 Nr. 3 GWB: Verbände, deren Mitglieder unter Nr. 1 oder 2 fallen | 17 |

---

[*] Der Beitrag gibt ausschließlich die Meinung des Verfassers wieder.

## I. Allgemeines

**1** § 1 VSVgV definiert den **Anwendungsbereich** der VSVgV.

Im Hinblick auf den **sachlichen Anwendungsbereich** wird die Vergabe verteidigungs- und sicherheitsrelevanter Aufträge i.S.d. § 99 Abs. 7 GWB erfasst, soweit nicht ein Ausnahmefall gem. §§ 100 Abs. 3 bis 6 oder 100c GWB vorliegt und der relevante Schwellenwert überschritten wird.

Der **persönliche Anwendungsbereich** wird durch einen Verweis auf öffentliche Auftraggeber i.S.d. § 98 GWB definiert.

**2** Mit der VSVgV hat der Verordnungsgeber im Hinblick auf **Dienst- und Lieferaufträge** ein **abgeschlossenes Regelwerk** für die Aufträge im Bereich der Verteidigung und Sicherheit geschaffen. Entgegen dem Votum verschiedener Verbände wurde nicht auf das bestehende System von GWB, VGV und VOL/A zurückgegriffen, sondern eine eigenständige Rechtsverordnung verabschiedet.[1]

Im Hinblick auf die Vergabe von sicherheits- und verteidigungsrelevanten **Bauaufträgen** sind gem. § 2 Abs. 2 VSVgV lediglich die §§ 1 bis 4, 6 bis 9 und 38 bis 42 sowie 44 bis 46 der VSVgV und im Übrigen der 3. Abschnitt der VOB/A anzuwenden **(siehe dazu Einleitung, Rn. 12, auch mit grafischer Übersicht)**.

## II. Europarechtlicher Hintergrund

**3** § 1 Abs. 1 VSVgV setzt im Hinblick auf den sachlichen Anwendungsbereich Art. 2 der Richtlinie 2009/81 um. Demnach gilt die Richtlinie vorbehaltlich der Art. 30, 45, 46, 55 und 296 des AEUV für Aufträge im Bereich der Verteidigung und Sicherheit, die Folgendes zum Gegenstand haben:

a) Die Lieferung von Militärausrüstung, einschließlich dazugehöriger Teile, Bauteile und/oder Bausätze;

b) die Lieferung von sensibler Ausrüstung, einschließlich dazugehöriger Teile, Bauteile und/oder Bausätze;

c) Bauleistungen, Lieferungen und Dienstleistungen in unmittelbarem Zusammenhang mit der in den Buchstaben a) und b) genannten Ausrüstung in allen Phasen ihres Lebenszyklus;

d) Bau- und Dienstleistungen speziell für militärische Zwecke oder sensible Dienstleistungen.

**4** Der in der zitierten Richtlinienbestimmung definierte Anwendungsbereich ist das Ergebnis eines langen Findungsprozesses, wobei die nationalstaatlichen Sicherheits- und Wirtschaftsinteressen mit den marktöffnenden europäischen Ansätzen in Einklang gebracht werden mussten. Wesentlicher Schritt der jüngeren Vergangenheit waren insbesondere

---

[1] S. hierzu: Stellungnahme des BDI zum Referentenentwurf einer Vergabeverordnung für die Bereiche Verteidigung und Sicherheit VSVgV, Dokument Nr. D 0519 v. 25.4.2012, im Internet abrufbar unter: http://www.bdi.eu/beschaffung-von-verteidigungsguetern.htm; Stellungnahme des BDSV zur Vergaberichtlinie 2009/81 vom 12 Juli 2010, im Internet abrufbar unter: http://www.bdsv.eu/de/Presse/Positionen.htm.

das 2004 verfasste Grünbuch der Europäischen Kommission zur Beschaffung von Verteidigungsgütern[2] (ergänzend Einleitung Rn. 3 ff.).

Eines der Haupthindernisse zur Schaffung eines europäischen Rüstungsmarkts lag und liegt nach Ansicht der Kommission in der exzessiven Berufung auf nationale Sicherheitsinteressen i.S.d. Art. 346 AEUV (ehemals Art. 296 EG-Vertrag). In einer Mitteilung zu Auslegungsfragen hat die Kommission 2006 Hinweise zur Anwendung des Art. 296 EG-Vertrag gegeben, die oftmals im Widerspruch zur bisherigen Beschaffungspraxis standen.[3] Als Kernaussage der Kommission war es für ein Absehen von der Vergabe nicht mehr ausreichend, dass es sich bei dem Beschaffungsgegenstand um Kriegsmaterial i.S.d. Kriegswaffenliste handelt. Vielmehr ist ein Absehen von den EU-Vergaberegeln nur dann gestattet, wenn das nationale Sicherheitsinteresse nicht anders gewahrt werden kann.[4]

Die Richtlinie spiegelt diesen Spagat zwischen der Marktöffnung im Bereich der Verteidigung und Sicherheit auf der einen Seite und der Wahrung der nationalen Sicherheitsinteressen auf der anderen Seite wider. Einerseits werden, wie der oben zitierte Katalog des Art. 2 der RL 2009/81/EG zeigt, Aufträge im Bereich der Verteidigung und Sicherheit umfänglich erfasst. Gleichzeitig wird aber auf die gleichzeitige Wahrung der nationalen Sicherheitsinteressen i.S.d. Art. 296 EG-Vertrag (Art. 346 AEUV) verwiesen.

§ 1 Abs. 2 VSVgV verweist wiederum auf Art. 8 der RL 2009/81 und die dort ausgewiesenen Schwellenwerte.

Die Schwellenwerte werden regelmäßig angepasst. Entsprechend der Bekanntmachung vom 25. Juli 2012 gelten die Vorgaben der VSVgV für

a) verteidigungs- und sicherheitsrelevante Liefer- und Dienstleistungsaufträge, deren geschätzter Wert ohne Umsatzsteuer den Schwellenwert von 400 000 € und

b) für verteidigungs- und sicherheitsrelevante Bauaufträge, deren geschätzter Wert ohne Umsatzsteuer den Schwellenwert von 5 Mio. € erreicht oder überschreitet.[5]

## III. Sachlicher Anwendungsbereich

Im Hinblick auf den **sachlichen Anwendungsbereich** verweist § 1 VSVgV zunächst auf die Legaldefinition verteidigungs- und sicherheitsrelevanter Aufträge gem. § 99 Abs. 7 GWB, die wortgleich mit der oben zitierten Bestimmung des Art. 2 der RL 2009/81 ist. Der Anwendungsbereich wird sachlich durch den Verweis auf die Ausnahmebestimmungen des § 100 Abs. 3 bis 6 GWB oder § 100c GWB eingeschränkt.[6]

Die vorstehenden Ausnahmetatbestände lassen sich dabei in zwei Gruppen unterteilen. § 100 Abs. 3 bis 6 GWB betreffen Ausnahmetatbestände, die für alle Aufträge, also auch für Aufträge im Bereich der Verteidigung und Sicherheit, gelten. Dies sind:

---

2   Grünbuch Beschaffung von Verteidigungsgütern v. 23.9.2004, KOM (2004) 608 endgültig.
3   S. hierzu: Mitteilung zu Auslegungsfragen bezüglich der Anwendung des Artikels 296 des Vertrags zur Gründung der Europäischen Gemeinschaft (EGV) auf die Beschaffung von Verteidigungsgüter (KOM (2006) 779, S. 2.
4   S. hierzu im Einzelnen die Kommentierung zu § 100 Abs. 6 GWB.
5   Bekanntmachung der geltenden EU-Schwellenwerte für Vergaben in den Bereichen Verteidigung und Sicherheit gemäß § 1 Abs. 2 Satz 2 der Vergabeverordnung für die Bereiche Verteidigung und Sicherheit vom 25. Juli 2012, BAnz AT vom 2.8.2012, S. 1.
6   BR-Drs. 321/12, Vergabeverordnung für die Bereiche Verteidigung und Sicherheit zur Umsetzung der Richtlinie 2009/81/EG (...), Begründung zu § 1 Abs. 1 S. 36.

- Arbeitsverträge (§ 100 Abs. 3 GWB),[7]
- Schiedsgerichts- und Schlichtungsleistungen[8], Forschungs- und Entwicklungsleistungen (§ 100 Abs. 4 Nr. 1 und 2 GWB)[9]
- Verträge über den Immobilienerwerb bzw. die Miete von Immobilien und Rechten an Immobilien (§ 100 Abs. 5 GWB)[10]
- Aufträge, die Art. 346 Abs. 1 lit. a oder lit b AEUV unterliegen (§ 100 Abs. 6 Nr. 1 und 2 GWB).

Demgegenüber gelten die Ausnahmetatbestände des § 100c GWB lediglich für Aufträge im Bereich der Verteidigung und Sicherheit und nicht für andere Beschaffungsgegenstände.[11]

**8** § 1 Abs. 2 VSVgV begrenzt den Anwendungsbereich der VSVgV auf diejenigen Aufträge, deren prognostizierten Beschaffungsvolumen die für die Bereiche Verteidigung und Sicherheit europarechtlich festgelegten Schwellenwerte für Liefer- und Dienstleistungsaufträge bzw. Bauaufträge erreichen oder überschreiten. Der Verordnungsgeber ist dabei den Weg der dynamischen Verweisung gegangen. Ein etwaiger Anpassungsbedarf der VSVgV entfällt somit bei Neufestsetzung der in Art. 8 der RL 2009/81/EG geregelten Schwellenwerte gem. Art. 68 RL/2009/81/EG.[12]

**9** Unterschreitet das prognostizierte Auftragsvolumen diesen Wert, greifen lediglich über die Verweisungen des Haushaltsrechts die 1. Abschnitte der VOL/A bzw. der VOB/A. Eine Verpflichtung zur Anwendung des 2. Abschnitts der VOB/A bzw. VOL/A für diejenigen Aufträge, die den Schwellenwert der allgemeinen EU-Vergaberichtlinie RL 2009/81 erreichen oder überschreiten, gibt es nicht, soweit es sich sachlich um Militäraufträge handelt. Dies folgt aus § 100 Abs. 1 GWB, wonach der Vierte Abschnitt des GWB nur für Aufträge i.S.d. § 99 Abs. 7 GWB gilt, die den jeweiligen Schwellenwert für die Anwendung der VSVgV erreichen oder überschreiten. Im Falle des Unterschreitens gilt damit der gesamte Vierte Abschnitt nicht.

---

7  § 100 Abs. 3 GWB (§ 100 Abs. 2 GWB a.F.); u.a. Umsetzung von Art. 13 lit. i) RL 2009/81/EG.
8  § 100 Abs. 4 Nr. 1 GWB (§ 100 Abs. 2 lit. l) GWB a.F.); u.a. Umsetzung von Art. 13 lit. g) RL 2009/81/EG.
9  § 100 Abs. 4 Nr. 2 GWB (§ 100 Abs. 2 lit. n) GWB a.F.); u.a. Umsetzung von Art. 13 lit. j) RL 2009/81/EG.
10 § 100 Abs. 5 GWB (§ 100 Abs. 2 lit. h) GWB a.F., wobei der bisherige Text zum besseren Verständnis in drei Fallgruppen unterteilt wurde); u.a. Umsetzung von Art. 13 lit. e) RL 2009/81/EG.
11 S. zu den Ausnahmetatbeständen die Kommentierung bei § 100c.
12 BR-Drs. 321/12, Vergabeverordnung für die Bereiche Verteidigung und Sicherheit zur Umsetzung der Richtlinie 2009/81/EG (...), Begründung zu § 1 Abs. 1 S. 36.

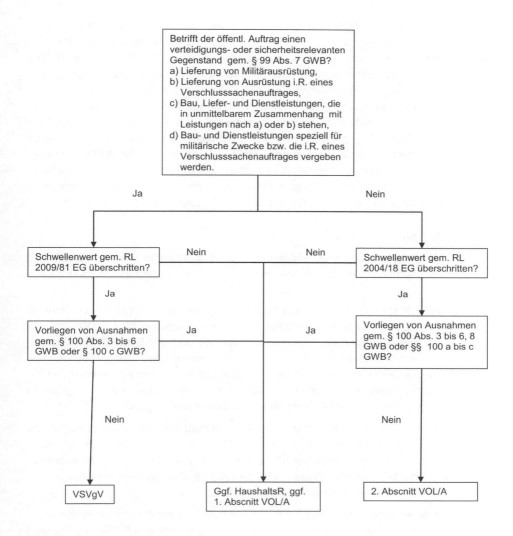

## IV. Persönlicher Anwendungsbereich

Im Hinblick auf den persönlichen Anwendungsbereich verweist § 1 Abs. 1 VSVgV auf den Begriff des **öffentlichen Auftraggebers** gem. § 98 GWB. Daraus folgt, dass die VSVgV ausschließlich bei öffentlichen Auftraggebern zur Anwendung kommt. § 98 GWB definiert abschließend den Begriff des öffentlichen Auftraggebers. Stellen, die unter eine der in Nr. 1 bis 6 aufgezählten Fallgruppen fallen, sind öffentliche Auftraggeber und müssen **per Gesetz** das Vergaberecht (4. Teil des GWB nebst dazugehörige Verordnungen, also auch VSVgV) anwenden.

10

Bei Auftragsvergaben **unterhalb** der für die Anwendung der VSVgV relevanten europäischen Schwellenwerte erfolgt die Bindung an den 1. Abschnitt der Vergabe- und Vertragsordnungen VOL/A bzw. VOB/A über haushaltsrechtliche Bestimmungen. Als Ausfluss des Grundsatzes der wirtschaftlichen und sparsamen Mittelverwendung schrei-

11

ben diese vor, dass dem Abschluss von Verträgen über Lieferungen und Leistungen eine öffentliche Ausschreibung vorangehen muss, sofern nicht die Natur des Geschäfts oder besondere Umstände eine Ausnahme rechtfertigen (s. z.B. § 55 BHO oder § 55 LHO NRW). Verwaltungsinterne Ausführungsvorschriften zu den Haushaltsordnungen schreiben die Anwendung des 1. Abschnitts der VOL/A bzw. VOB/A vor. Die Anwendung der vergaberechtlichen Bestimmungen hängt somit im Unterschwellenbereich nicht vom Begriff des öffentlichen Auftraggebers, sondern von der haushaltsrechtlichen Bindung ab. Diese Unterscheidung kann beispielsweise bei gemischtwirtschaftlichen Unternehmen relevant sein, die als öffentlicher Auftraggeber i.S.d. Nr. 2 zwar an das Vergaberecht gebunden sind. Da sie aufgrund etwaiger Minderheitsbeteiligungen der öffentlichen Hand keinen haushaltsrechtlichen Bindungen unterliegen, müssen sie für Auftragsvergaben unterhalb der Schwellenwerte die VOL/A bzw. VOB/A 1. Abschnitt nicht anwenden.

### 1. Der Auftraggeberbegriff

Nach einer grundlegenden Entscheidung des EuGH im Jahre 1988 ist der Begriff des öffentlichen Auftraggebers nicht mehr nur institutionell, sondern **funktional** zu verstehen:[13]

„Der in dieser Bestimmung verwendete Begriff des Staates ist im funktionellen Sinne zu verstehen. Das Ziel der Richtlinie [Anm.: Baukoordinierungsrichtlinie 71/305/EWG], die die tatsächliche Verwirklichung der Niederlassungsfreiheit und des freien Dienstleistungsverkehrs auf dem Gebiet der öffentlichen Bauaufträge anstrebt, wäre gefährdet, wenn sie allein deswegen unanwendbar wäre, weil ein öffentlicher Bauauftrag von einer Einrichtung vergeben wird, die geschaffen wurde, um ihr durch Gesetz zugewiesene Aufgaben zu erfüllen, die jedoch nicht förmlich in die staatliche Verwaltung eingegliedert ist."

12 Der europäische Richtliniengeber hat diesen Wandel berücksichtigt und den Begriff des öffentlichen Auftraggebers in der Folge erweitert[14] und diese Definition der 2004 in Kraft getretenen Vergabekoordinierungsrichtlinie (Richtlinie 2004/18/EG) zugrunde gelegt. Art. 1 Nr. 17 der Vergabeverteidigungsrichtlinie (2009/81/EG) verweist ihrerseits auf die dortigen Definitionen des öffentlichen Auftraggebers.

Art. 1 Abs. 9 der Vergabekoordinierungsrichtlinie bestimmt den Begriff des öffentlichen Auftraggebers, der dann letztlich vom deutschen Gesetzgeber in § 98 GWB umgesetzt wurde.

### 2. § 98 Nr. 1 GWB: Gebietskörperschaften und deren Sondervermögen

13 Im Sicherheits- und Verteidigungsbereich dürfte wohl am häufigsten der öffentliche Auftraggeber gem. § 98 Nr. 1 GWB anzutreffen sein.

Nach Nr. 1 zählen Gebietskörperschaften sowie deren Sondervermögen zum Kreis der öffentlichen Auftraggeber. Die Zuordnung dürfte in der Praxis aufgrund des klaren Rahmens kaum Schwierigkeiten bereiten. Diese öffentlichen Auftraggeber waren schon als sogenannte institutionelle Auftraggeber durch das Haushaltsrecht zur Anwendung des Vergaberechts verpflichtet.

---

13 EuGH, 20.9.1988, Rs. 31/87 – „Gebroeders Beentjes BV ./. Niederländischer Staat", Rn. 11.
14 zur Geschichte s. *Pietzcker*, ZHR 162 (1988), 427, 444; *Schlette*, EuR 2000, 119.

Zu den öffentlichen Auftraggebern nach § 98 Nr. 1 GWB zählen beispielsweise:

- das Bundesamt für Ausrüstung, Informationstechnik und Nutzung der Bundeswehr (BAAINBw, ehemals Bundesamt für Wehrtechnik und Beschaffung),
- das Beschaffungsamt des Bundesministeriums des Innern,
- die Beschaffungsbehörden der Länder, wie z.B. das Logistikzentrum Baden-Württemberg (LZBW).

### 3. § 98 Nr. 2 GWB: Andere juristische Personen des öffentlichen und privaten Rechts

Neben den klassischen institutionellen öffentlichen Auftraggebern finden sich gerade im Bereich der Verteidigung und Sicherheit auch vermehrt sog. **funktionale öffentliche Auftraggeber** gem. § 98 Nr. 2 GWB, die im Rahmen von (Teil-)Privatisierungen oder der Bildung gemischtwirtschaftlicher Gesellschaften nunmehr in privater Rechtsform die öffentlichen Aufgaben erledigen.

§ 98 Nr. 2 GWB wirft mit seiner komplexen Definition der funktionalen Auftraggeber die in der Praxis wohl größten Anwendungs- und Abgrenzungsprobleme auf. Demnach sind öffentliche Auftraggeber – verkürzt formuliert

- juristische Personen des öffentlichen und des privaten Rechts (eigene Rechtspersönlichkeit),
- die zu dem besonderen Zweck gegründet wurden, im Allgemeininteresse liegende Aufgaben nichtgewerblicher Art zu erfüllen (besonderer Gründungszweck),
- wenn Stellen, die unter Nr. 1 oder 3 fallen, sie einzeln oder gemeinsam beherrschen oder finanzieren (besondere Staatsnähe).

Die vorstehenden Voraussetzungen müssen kumulativ vorliegen.[15] Nr. 2 erfasst mithin einerseits juristische Personen des Privatrechts, die öffentliche Aufgaben wahrnehmen, schließt es aber andererseits nicht aus, dass juristische Personen des öffentlichen Rechts erwerbswirtschaftlich handeln und daher nicht als öffentlicher Auftraggeber gelten.[16] In der Praxis zeichnet sich die Entwicklung ab, die einzelnen Tatbestandsmerkmale eher weit auszulegen.

Im Bereich der Verteidigung und Sicherheit wurde beispielsweise entschieden, dass die HIL Heeresinstandsetzungslogistik GmbH[17] und die LH Bekleidungsgesellschaft mbH (LHBw)[18] öffentliche Auftraggeber nach § 98 Nr. 2 GWB sind.

In beiden Fällen ist trotz einer mehrheitlich privaten Beteiligung[19] davon ausgegangen worden, dass es sich um öffentliche Auftraggeber handelt.

Die „Aufgabe der unmittelbaren Deckung des Sachbedarfs der Streitkräfte" wurde als eine „im Allgemeininteresse liegende Aufgabe" angesehen, weil sie staatlich ist und der

---

15 EuGH, 16.10.2003 – C-283/00 – „Kommission ./. Königreich Spanien" Rn. 69.
16 OLG Rostock, 15.6.2005 – 17 Verg 3/05.
17 3. VK Bund, 23.7.2012 – VK 3 – 81/12.
18 OLG Düsseldorf, 30.4.2003 – Verg 67/02.
19 LHBw ist ein PPP, getragen von den Mehrheitsgesellschaftern Lion Apparel Inc. und Hellmann Worldwide Logistics GmbH & Co KG und mit einer Bundesbeteiligung von 25,1 %. An der HIL Heeresinstandsetzungslogistik GmbH waren bis zur vollständigen Übernahme der Gesellschaftsanteile durch den Bund im Januar 2013 die Firmen KMW, RLS und IWS mittelbar über eine Holdingstruktur zu 51% und der Bund zu 49 % an der Gesellschaft beteiligt.

Aufrechterhaltung der Verteidigungsbereitschaft i.S.d. Art. 87 a Abs. 1 GG dient. Diese besondere Eigenschaft der Aufgabe ändert sich nicht durch Übertragung auf eine juristische Person des privaten Rechts.

Die staatliche Aufsicht und Einwirkungsmöglichkeiten wurde u.a. aus den vertraglichen Bestimmungen zu den Put- und Call-Optionen abgeleitet, wonach dem Bund unter bestimmten Voraussetzungen das Recht zugestanden wird, die Gesellschaftsanteile wieder an sich zu ziehen. Im Übrigen wurde eine überwiegende Finanzierung durch eine staatliche Stelle unterstellt, weil durch die Bereitstellung von Liegenschaft und die Beistellung von Personal letztlich erhebliche geldwerten Beiträge geleistet würden.

### 4. § 98 Nr. 3 GWB: Verbände, deren Mitglieder unter Nr. 1 oder 2 fallen

17  Nach Nr. 3 sind auch Verbände öffentliche Auftraggeber, deren Mitglieder unter Nr. 1 oder 2 fallen. Zwar dürfte der Regelfall, die Gründung eines Zweckverbandes im Bereich der Beschaffung von verteidigungs- oder sicherheitsrelevanter Güter und Dienstleistungen, eher selten sein. Dafür dürfte aber ein weiterer Anwendungsfall, nämlich die gemeinsame Beschaffung mehrerer Auftraggeber nach Nr. 1 und 2 praxisrelevant sein. Vergeben beispielsweise der Bund und die Bundesländer gemeinsam einen Auftrag, so handeln diese als Verband.[20] Sollten diese Verbände rechtlich selbstständige Rechtssubjekte sein, werden sie oftmals selbst die Tatbestandsvoraussetzungen der Nr. 2 erfüllen; diese Norm gilt vorrangig. Nr. 3 stellt lediglich einen Auffangtatbestand dar, der eingreift, wenn die Verbände nicht eigene Auftraggeberqualität haben.[21]

---

20  OLG Brandenburg, 3.8.1999 – 6 Verg 1/99.
21  VK Düsseldorf, 18.4.2002 – VK 5/2002.

## § 2
## Anzuwendende Vorschriften für Liefer-, Dienstleistungs- und Bauaufträge

(1) Für die Vergabe von sicherheits- und verteidigungsrelevanten Liefer- und Dienstleistungsaufträgen sind die Vorschriften dieser Verordnung anzuwenden.

(2) Für die Vergabe von sicherheits- und verteidigungsrelevanten Bauaufträgen sind die §§ 1 bis 4, 6 bis 9 und 38 bis 42 sowie 44 bis 46 anzuwenden. Im Übrigen ist Abschnitt 3 der Vergabe- und Vertragsordnung für Bauleistungen (VOB/A) in der Fassung der Bekanntmachung vom 24. Oktober 2011 (BAnz. Nr. 182a vom 2. Dezember 2011; BAnz AT 7.5.2012 B1) anzuwenden.

## Übersicht

|     |     | Rn. |
| --- | --- | --- |
| I. | Bedeutung für die Beschaffungspraxis | 1 |
| II. | Liefer- und Dienstleistungen (Absatz 1) | 3 |
| III. | Bauleistungen (Absatz 2) | 7 |
|  | 1. Statische Verweisung | 7 |
|  | 2. VOB/A Abschnitt 3 – „VS-Paragrafen" | 9 |
|  | a) Unterschiede zwischen VS-Paragrafen und EG-Paragrafen | 11 |
|  | b) Wichtige Neuerungen in der VOB/A 2012 | 12 |
| IV. | Rechtsschutz | 15 |

## I. Bedeutung für die Beschaffungspraxis

In § 2 VSVgV zeigt sich die komplexe Regelungsstruktur der VSVgV. Der Verordnungsgeber hat sich für eine Mischung aus abschließender Rechtsverordnung des Bundes und dem klassischen Kaskadenprinzip entschieden (siehe Einleitung, Rn. 12).

- Für **Liefer- und Dienstleistungen** sind in der VSVgV abschließende Regelungen enthalten (§ 2 Abs. 1 VSVgV).

- Für **Bauleistungen** gelten gemäß § 2 Abs. 2 VSVgV die allgemeinen Regelungen der VSVgV und der dritte Abschnitt der VOB/A (VS-Paragrafen).

Für § 2 VSVgV gibt es kein Vorbild in der Verteidigungsvergabe-RL 2009/81. § 6 Abs. 1 VgV ist die Parallelnorm für § 2 Abs. 2 VSVgV, da beide Regelungen einen statischen Verweis auf die VOB/A enthalten und so das Kaskadenprinzip im deutschen Vergaberecht verankern.

## II. Liefer- und Dienstleistungen (Absatz 1)

3  Gemäß § 2 Abs. 1 VSVgV regelt die VSVgV für verteidigungs- und sicherheitsrelevante Liefer- und Dienstleistungsaufträge das Vergabeverfahren abschließend. Daher wurde im Anwendungsbereich der VSVgV ein wichtiger Schritt zur Vereinfachung des Vergaberechts gegangen und das vergaberechtliche Kaskadenprinzip zumindest für Liefer- und Dienstleistungen (einschließlich freiberuflicher Leistungen) abgelöst. Soweit die VSVgV anwendbar ist, bleibt kein Raum für die Anwendung von VOL/A und VOF. VOL/A und VOF wurden also – ähnlich wie im Anwendungsbereich der SektVO – durch ein in sich geschlossenes Regelwerk, nämlich die VSVgV, ersetzt.[1] **Für Liefer- und Dienstleistungen sind in der VSVgV abschließende Regelungen enthalten** (§ 2 Abs. 1 VSVgV).

4  **PRAXISHINWEIS**

*Der Begriff der Dienstleistungsaufträge im Sinne der VSVgV umfasst* **Dienstleistungen im Sinne der VOL/A und freiberufliche Dienstleistungen im Sinne der VOF**.[2]

5  Für diese weite Interpretation des Dienstleistungsbegriffs spricht (neben der ausdrücklichen Verordnungsbegründung)[3], dass in der Verteidigungsvergabe-RL – ebenso wie auch sonst im EU-Vergaberecht – nicht zwischen allgemeinen Dienstleistungen und freiberuflichen Dienstleistungen unterschieden wird. Die Sonderkategorie der freiberuflichen Dienstleistung ist eine deutsche Besonderheit. Zudem wird auch in der SektVO nicht zwischen allgemeinen Dienstleistungen und freiberuflichen Dienstleistungen differenziert.[4]

6  Was verteidigungs- und sicherheitsrelevant ist, wird durch § 99 Abs. 7 GWB bestimmt (siehe § 99 GWB, Rn. 16 ff.; siehe § 1 VSVgV, Rn. 7).

## III. Bauleistungen (Absatz 2)

### 1. Statische Verweisung

7  § 2 Abs. 2 VSVgV folgt dem Vorbild des § 6 Abs. 1 VgV und nutzt im Anwendungsbereich der VSVgV für Bauleistungen das Kaskadenprinzip (siehe Einleitung, Rn. 12).[5] Daher werden die „VS-Paragrafen" des dritten Abschnitts der VOB/A erst durch die **statische Verweisung** in § 2 Abs. 2 VSVgV inkorporiert und daher verbindlich.[6] Sollte eine neuere Fassung der VOB/A veröffentlicht werden, ist diese unbeachtlich, solange nicht auch der Verweis in § 2 Abs. 2 VSVgV geändert wird.

8  Die Schwierigkeiten für den Rechtsanwender werden dadurch erhöht, dass – anders als bei der Kaskade VgV/VOB/A – nicht (fast)[7] alle Verfahrensregelungen in der VOB/A kon-

---

1  *Zeiss*, in: jurisPK-VergR, 3. Aufl. 2011, Vorbemerkung Abschnitt 3 VOB/A Rn. 3 (Online-Fassung Stand 27.7.2012).
2  Verordnungsbegründung zu § 2 Abs. 1 VSVgV (BR-Drs. 321/12, S. 37).
3  Verordnungsbegründung zu § 2 Abs. 1 VSVgV (BR-Drs. 321/12, S. 37).
4  *Zeiss*, in: jurisPK-VergR, 3. Aufl. 2011, § 1 SektVO Rn. 3.2. (Online-Fassung Stand 30.7.2012).
5  *Zeiss*, in: jurisPK-VergR, 3. Aufl. 2011, Vorbemerkung Abschnitt 3 VOB/A Rn. 3 (Online-Fassung Stand 27.7.2012).
6  *Zeiss*, in: jurisPK-VergR, 3. Aufl. 2011, Vorbemerkung Abschnitt 3 VOB/A Rn. 4 (Online-Fassung Stand 27.7.2012).
7  Die VgV enthält mit den Energieeffizienzregelungen in § 6 Abs. 2 bis 6 VgV und den Inkompatibiltätsregelungen in § 16 VgV auch vereinzelte Verfahrensregelungen.

zentriert sind. Vielmehr finden sich im Anwendungsbereich der VSVgV auch für **Bauleistungen** die allgemeinen und grundsätzlichen Regelungen mit besonderer Bedeutung für verteidigungs- und sicherheitsrelevante Beschaffungen (z.B. zum Schutz von Verschlusssachen gemäß § 7 VSVgV) in der VSVgV.[8] Hinsichtlich der weiteren Verfahrensregelungen für den Beschaffungsvorgang wird durch § 2 Abs. 2 VSVgV auf den neuen Abschnitt 3 der VOB/A verwiesen.

## 2. VOB/A Abschnitt 3 – „VS-Paragrafen"

Abschnitt 3 der VOB/A 2012 („VS-Paragrafen") ist ein vollständig neues Regelwerk für Bauaufträge im Anwendungsbereich der VSVgV. Keinesfalls darf man den Abschnitt 3 der VOB/A 2012 mit dem dritten Abschnitt der VOB/A 2006 („b-Paragrafen") verwechseln.[9] Die Regelungsinhalte der „b-Paragrafen" betreffen den Sektorenbereich (Energie, Verkehr, Wasser) und sind nun in der SektVO zu finden.[10] Der neue dritte Abschnitt der VOB/A 2012 hingegen dient der Umsetzung der EU-Verteidigungsvergabe-RL 2009/81 für Bauaufträge. Daher wurden die Regelungen durch den Buchstabenzusatz „VS" (für Verteidigung und Sicherheit) kenntlich gemacht.[11]

> **PRAXISHINWEIS**
>
> Korrekt zitiert wird nach dem Schema: Paragraf, Buchstabenzusatz VS, Absatz, Satz VOB/A, also z.B. § 3 VS Abs. 1 VOB/A.

### a) Unterschiede zwischen VS-Paragrafen und EG-Paragrafen

Im Regelungsinhalt entspricht der Abschnitt 3 der VOB/A („VS-Paragrafen") weitestgehend dem Abschnitt 2 der VOB/A 2012 („EG-Paragrafen"). Die wichtigsten inhaltlichen Unterschiede sollen hier kurz genannt werden:[12]

- Das **offene Verfahren ist nicht vorgesehen** (§ 101 Abs. 7 Satz 3 GWB, § 3 VS Abs. 1 VOB/A); der Grundsatz vom Vorrang des offenen Verfahrens gilt nicht (§ 101 Abs. 7 Satz 3 GWB).

- Es sind zusätzliche Regelungen zum **Schutz von Verschlusssachen** (vgl. §§ 2 VS Abs. 6, 8 VS Abs. 3 VOB/A) und der **Versorgungssicherheit** (§ 8 VS Abs. 3 VOB/A) enthalten.

- Über die bereits im allgemeinen Vergaberecht erforderliche Zuverlässigkeit hinaus kann – um Gefahren für die nationale Sicherheit auszuschließen – im Anwendungsbereich des dritten Abschnitts der VOB/A auch eine **besondere Vertrauenswürdigkeit** geprüft werden (§ 16 VS Abs. 1 Nr. 2 f) VOB/A), wobei auch **besondere Beweisregeln** gelten.

- **Baukonzessionen sind nicht vorgesehen**.

---

8 Zeiss, in: jurisPK-VergR, 3. Aufl. 2011, Vorbemerkung Abschnitt 3 VOB/A Rn. 3 (Online-Fassung Stand 27.7.2012).
9 Zeiss, in: jurisPK-VergR, 3. Aufl. 2011, Vorbemerkung Abschnitt 3 VOB/A Rn. 1 (Online-Fassung Stand 27.7.2012).
10 Zeiss, in: jurisPK-VergR, 3. Aufl. 2011, Vorbemerkung Abschnitt 3 VOB/A Rn. 1 (Online-Fassung Stand 27.7.2012).
11 Zeiss, in: jurisPK-VergR, 3. Aufl. 2011, Vorbemerkung Abschnitt 3 VOB/A Rn. 1 (Online-Fassung Stand 27.7.2012).
12 Zusammengefasst nach Zeiss, in: jurisPK-VergR, 3. Aufl. 2011, Vorbemerkung Abschnitt 3 VOB/A Rn. 5 ff. (Online-Fassung Stand 27.7.2012).

### b) Wichtige Neuerungen in der VOB/A 2012

**12** Nicht nur der dritte Teil der VOB/A (VS-Paragrafen) ist neu, generell gibt es wichtige Neuerungen in der VOB/A 2012, die auch für verteidigungs- und sicherheitsrelevante Beschaffungen gelten. Hervorzuheben sind besonders:[13]

- Die **aktuellen Standardformulare** für die Veröffentlichung von Vergabebekanntmachungen sind nicht mehr Anhang zur VOB/A.[14] Die Standardformulare sind unmittelbar der jeweils aktuellen EU-Durchführungsverordnung zu entnehmen.[15]

- Während noch nach der VOB/A 2009 **Nebenangebote** auch oberhalb der Schwellenwerte zulässig waren (vgl. § 16 Abs. 1 Nr. 1 lit. e VOB/A 2009) sind sie nunmehr **grundsätzlich unzulässig** (vgl. § 16 EG Abs. 1 Nr. 1 lit. e; § 16 VS Abs. 1 Nr. 1 lit. e VOB/A 2012).

**13** > **PRAXISHINWEIS**
>
> *Die Änderungen durch die VOB/A 2012 betreffen nur den zweiten und dritten Abschnitt der VOB/A (EG-Paragrafen und VS-Paragrafen).* **Unterhalb der Schwellenwerte** *ändert sich auch durch die VOB/A 2012 nichts. Es gilt weiterhin der erste Abschnitt der VOB/A 2009, nunmehr ohne inhaltliche Änderung als VOB/A 2012 bezeichnet.[16] In der Folge unterscheidet sich jetzt die Rechtslage oberhalb und unterhalb der Schwellenwerte erheblich: Unterhalb der Schwellenwerte bleiben Nebenangebote grundsätzlich zulässig, da die §§ 8 Abs. 2 Nr. 3 a), 16 Abs. 1 Nr. 1 e), Abs. 8 VOB/A 2009 dort weiter gelten.[17] Allgemein zu verteidigungs- und sicherheitsrelevanten Beschaffungen unterhalb der Schwellenwerte siehe Einleitung, Rn. 15 ff.*

**14** Wenn Nebenangebote zugelassen werden, müssen in den Vergabeunterlagen die **Mindestanforderungen** festgelegt werden, die von den Nebenangeboten erfüllt werden müssen (§ 8 VS Abs. 2 Nr. 3 b) VOB/A).

## IV. Rechtsschutz

**15** § 2 VSVgV ist eine Vorschrift über das Vergabeverfahren i.S.d. § 97 Abs. 7 GWB. Daher kann die Verletzung der Regelungen des § 2 VSVgV durch Rüge und im Vergabenachprüfungsverfahren (vgl. § 107 Abs. 2 GWB) angegriffen werden.

---

13 Zusammengefasst nach *Zeiss*, in: jurisPK-VergR, 3. Aufl. 2011, Vorbemerkung Abschnitt 2 VOB/A Rn. 6 ff. (Online-Fassung Stand 27.7.2012).
14 Bekanntmachung der Vergabe- und Vertragsordnung für Bauleistungen Teil A (VOB/A) Abschnitte 2 und 3 Ausgabe 2012 vom 24.10.2011 (BAnz. v. 2.12.2011, Nr. 182a), Amtliche Hinweise.
15 Derzeit gilt: DURCHFÜHRUNGSVERORDNUNG (EU) Nr. 842/2011 DER KOMMISSION vom 19.8.2011 zur Einführung von Standardformularen für die Veröffentlichung von Vergabebekanntmachungen auf dem Gebiet der öffentlichen Aufträge und zur Aufhebung der Verordnung (EG) Nr. 1564/2005 (ABl. L 222 v. 27.8.2011, S. 1).
16 *Zeiss*, in: jurisPK-VergR, 3. Aufl. 2011, § 6 VgV Rn. 16.1 (Online-Fassung Stand 27.7.2012).
17 *Zeiss*, in: jurisPK-VergR, 3. Aufl. 2011, Vorbemerkung Abschnitt 2 VOB/A Rn. 7 (Online-Fassung Stand 27.7.2012).

## § 3
## Schätzung des Auftragswertes

(1) Bei der Schätzung des Auftragswertes ist von der voraussichtlichen Gesamtvergütung ohne Umsatzsteuer für die vorgesehene Leistung einschließlich etwaiger Prämien oder Zahlungen an Bewerber oder Bieter auszugehen. Dabei sind alle Optionen und etwaige Vertragsverlängerungen zu berücksichtigen.

(2) Der Wert eines beabsichtigten Auftrags darf nicht in der Absicht geschätzt oder aufgeteilt werden, den Auftrag der Anwendung dieser Verordnung zu entziehen.

(3) Bei regelmäßig wiederkehrenden Aufträgen oder Daueraufträgen über Liefer- oder Dienstleistungen ist der Auftragswert zu schätzen

1. entweder auf der Grundlage des tatsächlichen Gesamtwertes entsprechender aufeinander folgender Aufträge aus dem vorangegangenen Haushaltsjahr; dabei sind voraussichtliche Änderungen bei Mengen oder Kosten möglichst zu berücksichtigen, die während der zwölf Monate zu erwarten sind, die auf den ursprünglichen Auftrag folgen, oder

2. auf der Grundlage des geschätzten Gesamtwertes aufeinander folgender Aufträge, die während der auf die erste Lieferung folgenden zwölf Monate oder während des auf die erste Lieferung folgenden Haushaltsjahres, wenn dieses länger als zwölf Monate ist, vergeben werden.

(4) Bei Aufträgen über Liefer- oder Dienstleistungen, für die kein Gesamtpreis angegeben wird, ist Berechnungsgrundlage für den geschätzten Auftragswert

1. bei zeitlich begrenzten Aufträgen mit einer Laufzeit von bis zu 48 Monaten der Gesamtwert für die Laufzeit dieser Aufträge;

2. bei Aufträgen mit unbestimmter Laufzeit oder mit einer Laufzeit von mehr als 48 Monaten der 48-fache Monatswert.

(5) Bei Bauleistungen ist neben dem Auftragswert der Bauaufträge der geschätzte Wert aller Lieferleistungen zu berücksichtigen, die für die Ausführungen der Bauleistungen erforderlich sind und von Auftraggebern zur Verfügung gestellt werden.

(6) Der Wert einer Rahmenvereinbarung wird auf der Grundlage des geschätzten Gesamtwertes aller Einzelaufträge berechnet, die während deren Laufzeit geplant sind.

(7) Besteht die beabsichtigte Beschaffung aus mehreren Losen, für die jeweils ein gesonderter Auftrag vergeben wird, ist bei der Schätzung der Wert aller Lose zugrunde zu legen. Bei Lieferaufträgen gilt dies nur für Lose über gleichartige Lieferungen. Soweit eine freiberufliche Leistung im Sinne des § 5 der Vergabeverordnung beschafft werden soll und in mehrere Teilaufträge derselben freiberuflichen Leistung aufgeteilt wird, müssen die Werte der Teilaufträge zur Berechnung des geschätzten Auftragswertes addiert werden. Erreicht oder überschreitet der Gesamtwert den maßgeblichen EU-Schwellenwert, gilt diese Ver-

ordnung für die Vergabe jedes Loses. Dies gilt nicht bis zu einer Summe der Werte dieser Lose von 20 Prozent des Gesamtwertes ohne Umsatzsteuer für

1. Liefer- oder Dienstleistungsaufträge mit einem Wert unter 80.000 Euro und

2. Bauaufträge mit einem Wert unter 1.000.000 Euro.

(8) Maßgeblicher Zeitpunkt für die Schätzung des Auftragswertes ist der Tag, an dem die Bekanntmachung der beabsichtigten Auftragsvergabe abgesendet oder das Vergabeverfahren auf andere Weise eingeleitet wird.

## Übersicht

| | | Rn. |
|---|---|---|
| I. | Allgemeines | 1 |
| II. | Grundsätze für die Auftragswertschätzung | 7 |
| | 1. Anforderung an die Schätzung | 8 |
| | 2. Gegenstand der Schätzung | 14 |
| | 3. Zeitpunkt der Schätzung | 20 |
| | 4. Verbot der Umgehung | 23 |
| | 5. Fehlerhafte Schätzung, nachträgliche Änderungen | 30 |
| | 6. Dokumentation | 33 |
| III. | Auftragsspezifische Sonderregelungen | 34 |
| | 1. Liefer- und Dienstleistungsaufträge | 35 |
| |    a) Regelmäßig wiederkehrende Aufträge/Daueraufträge | 36 |
| |    b) Laufzeitverträge | 39 |
| |    c) Rahmenvereinbarungen | 43 |
| | 2. Bauleistungen | 45 |
| IV. | Besonderheiten bei losweiser Vergabe | 47 |
| | 1. Grundsätze | 48 |
| | 2. Bagatelllose | 52 |
| |    a) Berechnung | 55 |
| |    b) Verfahrensrechtliche Aspekte | 56 |

## I. Allgemeines

1 § 3 VSVgV regelt im Einzelnen, wie der Wert des zu vergebenden Auftrags ermittelt wird. Kern dieses Verfahrens ist eine Schätzung (Absatz 1 und 8), die durch eine Reihe flankierender Vorgaben konkretisiert wird (Absätze 3 bis 7) und einem ausdrücklichen Missbrauchsverbot unterliegt (Absatz 2).

Die Schätzung des Auftragswerts ist von hoher Bedeutung für das durchzuführende Vergabeverfahren. Allein an ihrem Ergebnis entscheidet sich, ob der einschlägige Schwellenwert[1] erreicht bzw. überschritten wird oder nicht. Nur dann, wenn der Schwellenwert erreicht oder überschritten wird, findet der 4. Teil des GWB (einschließlich des dort in den §§ 102 ff. geregelten Primärrechtsschutzes) und die VSVgV sowie bei Bauaufträgen des 3. Abschnitt der VOB/A Anwendung. Erreicht der geschätzte Auftragswert den einschlägigen Schwellenwert hingegen nicht, gilt lediglich das nationale Haushaltsvergaberecht.[2]

Darüber hinaus ist der Auftragswert auch für § 37 VSVgV von Bedeutung. Bei der Entscheidung, ob ein Vergabeverfahren mangels wirtschaftlicher Angebote aufgehoben werden kann (§ 37 Abs. 1 Nr. 3 VSVgV), ist die Auftragswertschätzung Maßstab für diese Wirtschaftlichkeitsbetrachtung.

§ 3 VSVgV setzt Art. 9 der Richtlinie 2009/81/EG nahezu vollständig um. Einzelne Formulierungen dieser EU-rechtlichen Vorgabe, die keinen Eingang in § 3 VSVgV gefunden haben, können für eine (richtlinienkonforme) Auslegung herangezogen werden.[3]

Weitgehende Übereinstimmung ergibt sich auch zwischen § 3 VSVgV einerseits und § 3 VgV sowie § 2 SektVO andererseits, die die Auftragswertschätzung für klassische Auftragsvergaben bzw. Auftragsvergaben im Sektorenbereich regeln. Wie die SektVO enthält auch die VSVgV die Besonderheiten der Bagatellosvergabe[4] in der Vorschrift über die Auftragswertschätzung. Im Anwendungsbereich der VgV ist diese Regelung in schwer verständlicher Form in § 2 enthalten, die die Schwellenwerte bestimmt.

§ 3 VSVgV und der sich hieraus ergebenden Pflicht zur ordnungsgemäßen Schätzung des Auftragswerts kommt bieterschützender Charakter zu.[5] Unternehmen, die in einer fehlerhaften Auftragswertschätzung einen ihnen entstandenen oder drohenden Schaden sehen, können insofern hiergegen ein Nachprüfungsverfahren anstrengen.[6]

## II. Grundsätze für die Auftragswertschätzung

Bei der Bestimmung des Auftragswerts befindet sich der Auftraggeber in einem Dilemma: der tatsächliche Wert ergibt sich belastbar erst aus der Vergütung, die der Auftragnehmer für die Erbringung der Leistung verlangt. Aufgrund der Systematik des Vergaberechts muss allerdings bereits vor Einleitung des Vergabeverfahrens anhand dieses Auftragswerts das einschlägige Regelungsregime bestimmt und das Vergabeverfahren ent-

---

[1] § 1 Abs. 2 VSVgV verweist auf die Schwellenwerte in Art. 8 der Richtlinie 2009/81/EG „in der jeweils geltenden Fassung". Während in Art. 8 noch die bis Ende 2011 geltenden Werte von 412.000 € für Liefer- und Dienstleistungsaufträge und von 5.150.000 € für Bauaufträge genannt sind, gelten für die Jahre 2012 und 2013 die in Art. 3 der Verordnung(EU) 1251/2011 vom 30.11.2011 (ABl. EU Nr. L 319, S. 43) bekannt gemachten Schwellenwerte von 400.000 € für Liefer- und Dienstleistungsaufträge und von 5.000.000 € für Bauaufträge.
[2] § 55 der Bundes- und Landeshaushaltsordnungen sowie die Abschnitte 1 von VOL/A und VOB/A, soweit sie durch entsprechende Erlasse eingeführt wurden. Dass für öffentliche Auftraggeber nach § 98 GWB für Liefer- und Dienstleistungsaufträge zwischen einem geschätzten Auftragswert von 130.000 bzw. 200.000 € (Schwellenwert des § 2 Nr. 1 und 2 VgV) und 400.000 € nicht das „klassische" Kartellvergaberecht (GWB, VgV, VOL/A-EG, VOB/A-EG, VOF) gilt, ergibt sich aus § 100 Abs. 1 Satz 2 Nr. 3 GWB und deutlicher noch aus Art. 71 der Richtlinie 2009/81/EG.
[3] Vgl. dazu unten Rn. 15 und 40.
[4] Vgl. hierzu unter IV.2 (Rn. 52).
[5] OLG Frankfurt a.M., 8.5.2012 – 11 Verg 2/12; VK Arnsberg, 4.11.2008 – VK 23/08.
[6] Dies kommt in der Praxis regelmäßig dann vor, wenn der Auftraggeber aufgrund einer fehlerhaften Schätzung des Auftragswerts von einem Unterschwellenauftrag ausgeht und kein EU-weites Vergabeverfahren einleitet, vgl. hierzu zuletzt OLG Dresden, 24.7.2012 – Verg 2/12, sowie die Kommentierung unter II.5.

sprechend vorbereitet werden. Daher wird die Entscheidung, welche Vergabevorschriften zur Anwendung kommen – hier also, ob der 4. Teil des GWB und die VSVgV zu beachten sind oder nicht – auf Grundlage einer **Schätzung des Auftragswerts** getroffen. Maßstab für den Auftraggeber bei dieser **Prognose** ist daher nicht die Frage, ob der hierbei ermittelte Wert später tatsächlich auch zutrifft. Erforderlich ist vielmehr, dass es sich um eine seriöse, sorgfältige und realitätsnahe Schätzung handelt, die das zu erwartende Ergebnis des bevorstehenden Vergabeverfahrens im Blick hat und auf einer belastbaren Sachkenntnis des Auftraggebers basiert.

### 1. Anforderung an die Schätzung

8  Der Auftraggeber darf sich bei seiner Schätzung nicht von sachfremden Kriterien beeinflussen oder leiten lassen, sondern muss anhand eines rein **objektiven Maßstabs** vorgehen.

9  In der vergaberechtlichen Rechtsprechung hat sich herausgebildet, dass maßgeblich derjenige Auftragswert ist, den ein umsichtiger und sachkundiger öffentlicher Auftraggeber nach sorgfältiger Prüfung des relevanten Marktsegments und im Einklang mit den Erfordernissen betriebswirtschaftlicher Finanzplanung veranschlagen würde.[7]

10  Der Auftraggeber muss insofern bei der Schätzung gewissenhaft und umsichtig vorgehen. Fehlt dem Auftraggeber die erforderliche Sachkenntnis, so muss er sich das notwendige Wissen soweit verschaffen, wie es ihm zumutbar ist.[8] Auf welche Quellen und Erkenntnisse er dabei zurückgreift, bleibt ihm überlassen. Grundsätzlich bieten sich an:

- eigene Erkenntnisse und Erfahrungen, beispielsweise aus Beschaffungen derselben Leistungen in der Vergangenheit;
- Erkenntnisse und Erfahrungen anderer Auftraggeber mit identischen oder vergleichbaren Beschaffungen;
- Ergebnisse eigener Marktrecherchen durch Befragung mehrerer relevanter Marktteilnehmer[9];
- Durchführung eines offenen Markterkundungsverfahrens[10];
- Sachverständigengutachten.

11  Insbesondere bei Rückgriff auf frühere Beschaffungsvorhaben sind die zwischenzeitlichen Kostenentwicklungen zu berücksichtigen.[11]

12  An die Sorgfalt bei der Schätzung dürfen keine übertriebenen Anforderungen gestellt werden.[12] Dem Auftraggeber steht ein weiter **Beurteilungsspielraum** zu, der nur eingeschränkt durch die Nachprüfungsinstanzen überprüft werden kann. Diese haben die Schätzung schon dann hinzunehmen, wenn sie auf Grundlage vorliegender und erkennbarer Daten als **vertretbar** erscheint.[13] Der Auftraggeber muss den Auftragswert auch

---

7  OLG Koblenz, 6.7.2000 – 1 Verg 1/99.
8  OLG Dresden, 24.7.2012 – Verg 2/12.
9  VK Brandenburg, 3.11.2008 – VK 33/08.
10  Hierbei ist § 10 Abs. 4 VSVgV zu beachten. Vgl. zur Abgrenzung einer Markterkundung zu einem Vergabeverfahren OLG München, 19.7.2012 – Verg 8/12.
11  Dies ergibt sich für wiederkehrende Aufträge und Daueraufträge ausdrücklich aus § 3 Abs. 3 Nr. 1 VSVgV.
12  OLG Brandenburg, 20.8.2002 – Verg W 4/02.
13  VK Baden-Württemberg, 16.3.2012 – 1 VK 5/12.

nicht vorsichtig schätzen. Er braucht seiner Schätzung weder einen Sicherheitszuschlag hinzuzufügen noch muss er aus Sicherheitsgründen das zu erwartende teuerste Angebot zu Grunde zu legen. Vielmehr darf er sich an den zu erwartenden **Mittelpreisen** orientieren und kann unter Umständen sogar rechtsfehlerfrei besonders günstige Angebote zugrunde legen, wenn eine solche Angebotsstruktur in dem anstehenden Vergabeverfahren sicher erwartet werden darf.[14]

Allerdings steigen die Anforderungen an die Genauigkeit der Wertermittlung und der Dokumentation, je mehr sich der Auftragswert an den relevanten Schwellenwert annähert.[15]

## 2. Gegenstand der Schätzung

§ 3 Abs. 1 Satz 1 VSVgV bestimmt als Gegenstand für die Schätzung des Auftragswerts die voraussichtliche **Gesamtvergütung** für die zu beschaffende Leistung. Sie umfasst auch diejenigen Zahlungen, die zwar in der ausgeschriebenen Leistung angelegt sind, sich aber nicht unbedingt realisieren müssen.

§ 3 Abs. 1 Satz 1 VSVgV nennt diesbezüglich zunächst etwaige **Prämien oder Zahlungen**. Da diese ausdrücklich an die Bewerber oder Bieter gerichtet sind und sich aus Art. 9 Abs. 1 UAbs. 2 der Richtlinie 2009/81/EG zudem ergibt, dass die Prämien und Zahlungen vom Auftraggeber vorgesehen sind, kommen hier in erster Linie finanzielle Anreize in Betracht, die der Auftraggeber für die Teilnahme am Vergabeverfahren vorgesehen hat. Das ist beispielsweise die angemessene **Kostenerstattung**, die der Auftraggeber nach § 13 Abs. 2 Nr. 6 VSVgV im wettbewerblichen Dialog für die Ausarbeitung von Entwürfen, Plänen, Zeichnungen, Berechnungen oder andere Unterlagen gewähren muss. Die Rechtsprechung hat diese Regelung allerdings auch auf **sonstige Vergütungselemente** ausgeweitet, die der Auftragnehmer im Rahmen der Leistungserbringung – auch von Dritten – erhält. Dies sind beispielsweise Erlöse des Auftragnehmers durch die Verwertung und den Verkauf von Altpapier im Rahmen eines vergebenen Auftrags über die Sammlung dieses Altpapiers.[16] Allerdings müssen diese Erlöse auch im wirtschaftlichen Sinne beim Auftragnehmer verbleiben und dürfen dort nicht nur durchlaufende Posten sein.[17]

Nach § 3 Abs. 1 Satz 2 VSVgV sind auch sämtliche **Optionen** und **Vertragsverlängerungen** zu berücksichtigen. Optionen betreffen zusätzliche Leistungen, die der Bieter anbieten und im Falle der Auftragserteilung an ihn vorhalten muss, die jedoch erst durch einseitige Erklärung des Auftraggebers beauftragt werden. Sofern auch die Vertragsverlängerungen aufgrund der vertraglichen Gestaltung einseitig vom Auftraggeber abgerufen werden können, handelt es sich auch hierbei um eine Option. Ihre ausdrückliche Erwähnung in § 3 Abs. 1 Satz 2 VSVgV spricht insofern eher dafür, dass hiermit eine zwischen den Vertragsparteien übereinstimmend zu erklärende (zeitliche) Erweiterung des Auftrags gemeint ist.

---

14 VK Lüneburg, 27.4.2007 – VgK 15/2007; VK Düsseldorf, 10.4.2008 – VK-05/2008-B.
15 OLG Celle, 19.8.2009 – 13 Verg 4/09; VK Bund, 6.8.2010 – VK 3 – 72/10.
16 OLG Celle, 5.2.2004 – 13 Verg 26/03.
17 VK Detmold, 24.1.2003 – VK.21-42/02.

17  Voraussetzung für die Berücksichtigung von Optionen und Vertragsverlängerungen bei der Schätzung des Auftragswerts ist deren ausdrückliche Erwähnung im Rahmen des Vergabeverfahrens, etwa in der Bekanntmachung.[18]

18  Darüber hinaus sind – soweit vorhanden – auch **Eventual- und Bedarfspositionen** bei der Schätzung des Auftragswerts zu berücksichtigen.[19]

19  Nicht zu berücksichtigen ist hingegen die **Umsatzsteuer**, da die maßgeblichen Schwellenwerte EU-weit einheitlich gelten, die Mehrwertsteuer innerhalb der einzelnen Mitgliedsstaaten jedoch unterschiedlich hoch ist. Gleiches dürfte aus demselben Grund für weitere Steuern gelten, die auftragsspezifisch zusätzlich oder ggf. anstelle der Umsatzsteuer anfallen.[20]

### 3. Zeitpunkt der Schätzung

20  Der maßgebliche Zeitpunkt für die Schätzung des Auftragswerts wird von § 3 Abs. 8 präzise terminiert: In allen Vergabeverfahren, die mit einer Bekanntmachung eingeleitet werden (also im nicht offenen Verfahren, im Verhandlungsverfahren mit Teilnahmewettbewerb sowie im wettbewerblichen Dialog) ist dies der Tag, an dem diese **Bekanntmachung abgesendet** wird.

21  Soweit eine solche Bekanntmachung nicht erforderlich ist (z.B. bei einem Verhandlungsverfahren ohne Teilnahmewettbewerb nach § 12 VSVgV oder bei der Vergabe nichtprioritärer Dienstleistungen nach § 5 Abs. 2 VSVgV) ist der Zeitpunkt relevant, zu dem ein solches Vergabeverfahren **„auf andere Weise eingeleitet wird"**. Zwar hat sich in der vergaberechtlichen Rechtsprechung die Ansicht durchgesetzt, dass ein Vergabeverfahren im materiellen Sinne regelmäßig deutlich früher beginnt als mit der Bekanntmachung, nämlich bereits dann, wenn der Auftraggeber den internen Beschaffungsbeschluss getroffen hat, seinen Bedarf am Markt (und nicht durch Eigenleistung) zu decken und nach außen hin über interne Überlegungen hinaus geeignete Maßnahmen ergreift, um den Auftragnehmer mit dem Ziel eines Vertragsabschlusses zu ermitteln oder bereits zu bestimmen.[21] Für die Bestimmung des Auftragswerts wird allerdings in den Fällen, in denen eine Bekanntmachung nicht vorgesehen ist, im Sinne des Gleichlaufs auf einen mit der Absendung der Bekanntmachung vergleichbaren Zeitpunkt abzustellen sein. Dabei bietet sich der Tag an, an dem der Auftraggeber das oder die ausgewählten Unternehmen anspricht und zur Abgabe eines Angebots auffordert.

22  Da zu diesem für die Schätzung des Auftragswerts maßgeblichen Zeitpunkt zugleich auch das Vergabeverfahren eingeleitet wird und es hierzu auf der Grundlage der Entscheidung über die anzuwendenden Vorschriften bereits geplant und vorbereitet sein muss, ist die Schätzung selbst bereits einige Zeit früher durchzuführen. Dabei müssen bereits erkennbare vergütungsrelevante Veränderungen berücksichtigt werden, die sich zwischen der Schätzung selbst und dem Zeitpunkt, der für die Schätzung relevant ist, ergeben können (z.B. Erhöhung von Rohstoff- oder Lohnkosten).

---

18  Vgl. die in diesem Fall in dem Bekanntmachungsmuster unter II.2.1) bzw. II.2.2) aufzunehmenden Angaben.
19  Vgl. *Alexander*, in Pünder/Schellenberg, Vergaberecht Handkommentar, § 3 VgV Rn. 26 m.w.N.; zur Berücksichtigung von Eventualpositionen VK Baden-Württemberg, 27.6.2003 – 1 VK 29/03.
20  Zur Frage der Berücksichtigungsfähigkeit der Versicherungssteuer bei der Vergabe von Versicherungsdienstleistungen OLG Celle, 18.12.2003 – 13 Verg 22/03. Die Gegenansicht geht davon aus, dass nur die Umsatzsteuer bei der Schätzung des Auftragswerts außer Acht bleibt, da nur sie ausdrücklich in § 3 Abs. 1 VSVgV genannt ist.
21  OLG Düsseldorf, 1.8.2012 – Verg 10/12 unter Verweis auf EuGH, 11.1.2005 – C-26/03 „Stadt Halle".

## 4. Verbot der Umgehung

Durch die aktive Rolle des Auftraggebers bei der Auftragswertschätzung, dem nicht unbeträchtlichen Beurteilungsspielraum, den er hierbei hat, und der Tragweite des Auftragswerts für die Gestaltung – und damit u.U. den Aufwand – des Vergabeverfahrens könnte dieser versucht sein, den zu vergebenden Auftrag dem strengen GWB-Vergaberegime zu entziehen und stattdessen eine (oder mehrere) Auftragsvergabe(n) im Unterschwellenbereich durchzuführen. Dem tritt § 3 Abs. 2 VSVgV klar entgegen. Die Regelung **untersagt**, den Auftragswert in der Absicht zu schätzen, den Auftrag dem Anwendungsbereich der VSVgV (und auch dem 4. Teil des GWB einschließlich des dort vorgesehenen Bieterrechtsschutzes) **zu entziehen**. Gleiches gilt auch für die Absicht, den Auftrag mit demselben Ziel aufzuteilen. § 3 Abs. 2 VSVgV verbietet damit jede Manipulation, die sich direkt oder indirekt auf die Höhe des Auftragswerts auswirkt.

23

Ein missbräuchliches Vorgehen erfordert zunächst eine **objektiv sachwidrige Handlung** durch den Auftraggeber. Diese ist in der Regel dann gegeben, wenn für das Vorgehen des Auftraggebers auch unter Berücksichtigung des ihm zustehenden Ermessens- und Beurteilungsspielraums keine sachlichen Gründe erkennbar sind.[22]

24

Weiterhin muss der Auftraggeber auch **absichtlich** vorgegangen sein. Als höchster Grad schuldhaften Handelns muss der Missbrauch gerade zielgerichtet gewollt worden sein. Die Umgehung des Vergaberechts muss das **Leitmotiv** des Auftraggebers sein, um die Missbrauchsabsicht zu begründen.

25

Hat der Auftraggeber also bewusst und gewollt den Wert des beabsichtigten Auftrags so niedrig geschätzt, dass der einschlägige Schwellenwert nicht erreicht wird und der Auftrag damit dem Anwendungsbereich des bieterrechtschutzbewehrten Kartellvergaberechts entzogen wird, liegt ein Verstoß gegen § 3 Abs. 2 VSVgV vor.

26

Subtiler sind hingegen die Fälle, in denen der Auftraggeber den Auftragswert zunächst **„zurechtstutzt"**, um im Anschluss auf Grundlage einer objektiv richtigen und belastbaren Schätzung auf einen Auftragswert unterhalb des Schwellenwerts zu kommen. Dieses „Zurechtstutzen" kann entweder durch **Aufteilung** eines Auftrags in mehrere kleine Aufträge erfolgen oder durch eine bewusste **Reduzierung des Leistungsumfangs** (etwa eine kurze Laufzeit eines Dienstleistungsauftrags). Liegen für ein solches Vorgehen keine sachlichen Gründe vor und geht der Auftraggeber dabei auch in der Absicht vor, das Vergaberecht zu umgehen, greift § 3 Abs. 2 VSVgV auch hier ein.

27

Die Rechtsprechung überträgt die **Beweislast** dem Auftraggeber dafür, nicht absichtlich falsch geschätzt oder aufgeteilt zu haben, wenn Anhaltspunkte für eine nicht ordnungsgemäße Auftragswertbestimmung vorliegen.[23] So wird er trotz eines weiten Leistungsbestimmungsrechts[24] u.U. sachliche Gründe dafür vortragen müssen, wenn er einen bislang wiederholt mehrjährigen Dienstleistungsauftrag, der jeweils den Schwellenwert überschritten hat, nunmehr nur noch einjährig ausschreibt und der geschätzte Auftragswert dabei den Schwellenwert nicht mehr erreicht.[25] Die Umgehungsabsicht kann sich hierbei noch dadurch verfestigen, wenn der geschätzte Auftragswert im Ergebnis knapp

28

---

22 *Alexander*, in: Pünder/Schellenberg, Vergaberecht Handkommentar, § 3 VgV Rn. 14.
23 Kritisch zu dieser Praxis *Greb*, in: Ziekow/Völlink, Vergaberecht Kommentar, § 3 VgV Rn. 23.
24 Vgl. hierzu VK Bund, 21.6.2012 – VK 3-57/12.
25 So auch VK Münster, 17.1.2002 – VK 23/01 bei einer unüblich kurzen Laufzeit.

unterhalb des Schwellenwerts liegt und – im vorgenannten Beispiel – die Dienstleistung auch nach Ablauf des zu vergebenden Auftrags weiterhin benötigt wird.

29 Kann der Auftraggeber andererseits sachliche und rechtlich tragfähige Gründe für sein Vorgehen (insb. die Aufteilung eines Auftrags oder ein reduzierter Leistungsumfang) angeben, ist ein Verstoß gegen § 3 Abs. 2 VSVgV auch dann nicht anzunehmen, wenn er sich dabei auch von der Überlegung leiten lässt, ein finanziell aufwändiges Vergabeverfahren vermeiden zu können.[26]

### 5. Fehlerhafte Schätzung, nachträgliche Änderungen

30 Da es sich bei der Schätzung des Auftragswerts um eine dem Vergabeverfahren vorgelagerte Prognose handelt, ist es nicht unwahrscheinlich, dass sich später in Ansehung der angebotenen Preise bzw. dem Ergebnis des Vergabeverfahrens ein anderer Wert ergibt. Dies führt beim Auftraggeber insbesondere dann zur Verunsicherung, wenn er im Ergebnis der Schätzung von einem Unterschwellenauftrag ausging und auf eine EU-weite Bekanntmachung des Vergabeverfahrens und die Anwendung der Vorschriften von GWB und VSVgV verzichtet hat, im Rahmen der Angebotsabgabe jedoch feststellen muss, dass einige, etliche oder sogar sämtliche Angebote nicht nur den geschätzten Auftragswert, sondern auch den einschlägigen Schwellenwert (deutlich) überschreiten.

31 Da Ausgangspunkt für die Festlegung, welche Vergabevorschriften zur Anwendung kommen, ausschließlich die Schätzung des Auftragswerts im Zeitpunkt der Einleitung des Vergabeverfahrens ist (§ 100 Abs. 1 Satz 2 Nr. 3 GWB i.V.m. § 1 Abs. 2 und § 3 VSVgV), sind nachträgliche Erkenntnisse und tatsächliche Entwicklungen dann **unerheblich**, wenn die Auftragswertschätzung den Anforderungen des § 3 VSVgV entsprach und damit richtig war. Auf der anderen Seite führt eine fehlerhafte Schätzung stets zu Konsequenzen. Dazu einige Beispiele:

**BEISPIELE**

> **Beispiel 1:** Entsprach die Schätzung den Anforderungen des § 3 VSVgV und ergab einen Auftragswert oberhalb des Schwellenwerts, so ändern Angebote, die unterhalb des Schwellenwerts bleiben, hieran nichts. Der 4. Teil des GWB und die VSVgV bleiben relevante Verfahrensvorschriften; dies gilt auch für die §§ 102 ff. GWB und den Primärrechtsschutz im Nachprüfungsverfahren.[27]
>
> **Beispiel 2:** Führt das Ergebnis einer den Ansprüchen des § 3 VSVgV genügenden Schätzung hingegen zu einem relevanten Auftragswert unterhalb des Schwellenwerts, begründet sich nicht nachträglich die Pflicht zu einer europaweiten Ausschreibung, wenn die eingegangenen Angebote über dem Schwellenwert liegen.[28] In diesem Fall werden die Anforderungen an die bei der Auftragswertschätzung angewandte Sorgfalt allerdings umso höher sein und umso genauer betrachtet werden, je mehr und/oder je deutlicher die Angebote tatsächlich über dem Schwellenwert liegen. In diesen Fällen kann die angerufene Vergabekammer die Kostenschätzung des Auftraggebers überprüfen. Unabhängig davon ist die Überschreitung des maßgeblichen

---

[26] OLG Frankfurt a.M., 7.9.2004 – 11 Verg 11/04.
[27] OLG Brandenburg, 17.5.2011 – W Verg 16/10, VK Baden-Württemberg, 21.6.2005 – 1 VK 33/05.
[28] OLG Bremen, 26.6.2009 – Verg 3/2005.

Schwellenwerts eine Anwendungsvoraussetzung des Nachprüfungsverfahrens selbst (§ 100 Abs. 1 Satz 1 GWB) und daher von der Kammer stets von Amts wegen zu prüfen.[29]

**Beispiel 3:** Führt eine im Ergebnis fehlerhafte Schätzung des Auftragswerts dazu, dass ein Auftraggeber ein europaweites Vergabeverfahren einleitet, obwohl der richtige Auftragswert (deutlich) unterhalb des Schwellenwerts lag, und stellt die wegen eines behaupteten Vergabeverstoßes angerufene Vergabekammer die Unzulässigkeit des Nachprüfungsantrags mangels Erreichens des Schwellenwerts fest, so sind dem Auftraggeber nach Ansicht des OLG Rostock die Verfahrenskosten aufzuerlegen.[30]

**Beispiel 4:** Führt eine fehlerhafte Auftragswertschätzung zur Durchführung eines Unterschwellenverfahrens, obwohl richtigerweise eine europaweite Ausschreibung hätte erfolgen müssen, so liegt hierin ein schwerwiegender Verfahrensfehler, der zur Aufhebung des eingeleiteten Unterschwellenvergabeverfahrens und zur Neuausschreibung mittels EU-weiter Bekanntmachung verpflichtet. Ein solcher Fehler bei der Auftragswertschätzung liegt auch dann vor, wenn er auf einem Mangel an Sachkenntnis beruht und der Auftraggeber sich das notwendige Wissen in zumutbarer Weise hätte verschaffen können.[31]

**Nachträgliche Änderungen des Auftragsgegenstands**, etwa durch Teileinstellungen des Vergabeverfahrens oder der Aufhebung von einzelnen Losen[32], wirken sich auch dann nicht auf die Auftragswertschätzung im Sinne des § 3 VSVgV aus, wenn hierdurch eine ursprünglich EU-weite Ausschreibung nunmehr den einschlägigen Schwellenwert unterschreitet. Mit Blick auf die Relevanz des geschätzten Auftragswerts als Maßstab für die Wirtschaftlichkeit der eingehenden Angebote und damit für einen möglichen Aufhebungsgrund nach § 37 Abs. 1 Nr. 3 VSVgV ist allerdings eine Angleichung bzw. Fortschreibung erforderlich.[33]

## 6. Dokumentation

Das Ergebnis seiner Auftragswertschätzung hat der Auftraggeber **ordnungsgemäß zu dokumentieren**. Dies ergibt sich auch ausdrücklich aus § 43 Abs. 2 Nr. 1 VSVgV. Dabei sind die Anforderungen an den Umfang und die Intensität der Auseinandersetzung sowohl mit den Aspekten, die der Schätzung zugrunde liegen, als auch mit dem geschätzten Auftragswert selbst umso höher, je näher dieser an dem einschlägigen Schwellenwert liegt. Eine nachvollziehbare Dokumentation kann maßgeblich dazu beitragen, den Vorwurf einer missbräuchlichen Schätzung in der Absicht einer Umgehung der Vergabevorschriften zu entkräften.

## III. Auftragsspezifische Sonderregelungen

Während sich die allgemeingültigen Grundlagen für die Schätzung des Auftragswerts aus den Absätzen 1, 2 und 8 von § 3 VSVgV ergeben, finden sich in den Absätzen 3 bis 7

---
29  VK Lüneburg, 10.10.2006 – VgK-23/2006.
30  OLG Rostock, 20.9.2006 – 17 Verg 8/06.
31  OLG Dresden, 24.7.2012 – Verg 0002/12.
32  Vgl. hierzu § 37 Abs. 1 VSVgV.
33  So auch *Greb*, in: Ziekow/Völlink, Vergaberecht, § 3 VgV Rn. 4 m.w.N.

dieser Vorschrift ergänzende Sonderregelungen für spezifische Aufträge oder Vertragsarten.

### 1. Liefer- und Dienstleistungsaufträge

35 Auf Liefer- und Dienstleistungsaufträge finden – soweit einschlägig – die Absätze 3 und 4 ergänzend Anwendung. Während Absatz 3 die Auftragswertschätzung bei **wiederkehrenden Aufträgen** und **Daueraufträgen** konkretisiert, geht es in Absatz 4 um **Laufzeitverträge** bzw. Verträge mit unbestimmter Laufzeit. In beiden Fällen werden dem Auftraggeber situationsspezifische Methoden bzw. Maßstäbe für die Schätzung an die Hand gegeben.

#### a) Regelmäßig wiederkehrende Aufträge/Daueraufträge

36 § 3 Abs. 3 VSVgV betrifft regelmäßig wiederkehrende Aufträge sowie Daueraufträge, die jeweils Liefer- oder Dienstleistungen zum Gegenstand haben.

**Regelmäßig wiederkehrende Aufträge** sind für sich betrachtet jeweils Einzelaufträge, die jedoch aufgrund ihres ständigen Wiederkehrens als Einheit angesehen und vergaberechtlich auch so behandelt werden. Eine solche Situation liegt beispielsweise vor, wenn sich ein öffentlicher Auftraggeber nicht vertraglich an einen Dienstleister gebunden hat, der für ihn Postdienstleistungen durchführen soll, sondern vielmehr werktäglich neu über deren Vergabe entscheidet.[34]

37 Bei **Daueraufträgen** handelt es sich um Dauerschuldverhältnisse. Sie zeichnen sich dadurch aus, dass sie nicht durch eine einmalige Handlung erfüllt werden, sondern der Schuldner zu wiederkehrenden Handlungen verpflichtet ist. Insoweit unterscheidet sich der Dauerauftrag von der regelmäßig wiederkehrenden Leistung durch den hier existierenden vertraglichen Rahmen.

38 In beiden Fällen kann die Auftragswertschätzung durch einen **Blick zurück** oder einen **Blick nach vorne** erfolgen:

- Bei der Schätzung nach § 3 Abs. 3 Nr. 1 VSVgV wird als Grundlage der tatsächliche Gesamtwert entsprechender aufeinanderfolgender Aufträge aus dem **vorangegangenen Haushaltsjahr** herangezogen. Dabei sind allerdings die für die kommenden zwölf Monate zu erwartende Änderungen sowohl bei der Menge der Leistung als auch bei den Kosten zu berücksichtigen.

- Die alternativ mögliche Schätzung nach § 3 Abs. 3 Nr. 2 VSVgV orientiert sich an dem geschätzten Gesamtwert aufeinanderfolgender zukünftiger Aufträge, die während des auf die erste Lieferung folgenden Zeitraums von **zwölf Monaten** folgen. Sollte das auf die erste Lieferung folgende erste Haushaltsjahr länger als zwölf Monate dauern, so sind die zukünftigen Aufträge innerhalb dieses Haushaltsjahres maßgeblich.

---

34  OLG Brandenburg, 6.3.2012 – Verg W 15/11.

### b) Laufzeitverträge

§ 3 Abs. 4 VSVgV gibt eine Berechnungsmethode für Liefer- und Dienstleistungsaufträge mit **begrenzter oder unbegrenzter Laufzeit**, bei denen **kein Gesamtpreis** angegeben wird.

39

Dies dürfte bei Dienstleistungsaufträgen regelmäßig der Fall sein. Bei der Lieferung von Waren wird dagegen auch dann eher ein Gesamtpreis angegeben, wenn sich der Vertrag über einen längeren Zeitraum streckt. Maßstab ist dabei dann der Wert der zu liefernden Produkte. Wird ein Gesamtpreis angegeben, so ist allein dieser relevant für die Schätzung des Auftragswerts; § 3 Abs. 4 VSVgV findet dann keine Anwendung. Allerdings kommen in der Beschaffungspraxis immer wieder auch Laufzeitverträge über Waren vor, für die kein Gesamtpreis, sondern ein Preis pro Lieferung oder pro Zeitabschnitt fixiert wird, etwa bei der Lieferung von Lebensmitteln und sonstigen Verbrauchsgütern. Gleiches ergibt sich, wenn die zu beschaffende Ware nicht gekauft, sondern gemietet, gepachtet oder geleast werden soll.[35]

40

Wird kein Gesamtpreis angegeben, so ist Maßstab für die Schätzung des Auftragswerts die Laufzeit dieser Verträge, begrenzt durch eine **Kappung bei 48 Monaten**:

41

- Bei zeitlich begrenzten Aufträgen mit einer Laufzeit von bis zu 48 Monaten ist der Gesamtwert für die Laufzeit dieser Aufträge relevant für die Auftragswertschätzung. „Berechnungseinheit" ist in diesen Fällen regelmäßig die monatliche Vergütung („Monatswert").

- Haben solche Aufträge eine Laufzeit von mehr als 48 Monaten, so ist Berechnungsgrundlage für den geschätzten Auftragswert das 48-fache des Monatswerts. Die geschätzte monatliche Vergütung wird hier also mit 48 multipliziert und ergibt den relevanten Auftragswert. Gleiches gilt auch für Aufträge mit einer unbestimmten Laufzeit, die auch **unbefristete Verträge** umfassen.[36]

Warum das EU-Vergaberecht bei der Berechnung dieser Auftragswerte als Bezugsgrößen bzw. Kappungsgrenze gerade zwölf Monate bzw. 48 Monate wählt, lässt sich weder den nationalen Vergabevorschriften noch den ihnen zugrunde liegenden EU-Regelungen[37] entnehmen. Insofern kann nur vermutet werden, dass eine entsprechende Praxiserfahrung vorlag.

42

### c) Rahmenvereinbarungen

Mit dem Abschluss einer **Rahmenvereinbarung** strebt der Auftraggeber in der Regel eine gewisse Flexibilität bei seiner Beschaffung an. Die Rahmenvereinbarung berechtigt ihn, sich während der Laufzeit aus ihr durch Einzelabrufe oder der (erleichterten) Vergabe von Einzelaufträgen zu bedienen. Dabei ist die Rahmenvereinbarung aber regelmäßig nicht nur durch ihre **Laufzeit**, sondern auch ein **maximales Abrufkontingent** begrenzt.

43

Da es wie bei der Option alleine vom Auftraggeber abhängt, ob bzw. inwieweit er die mittels der Rahmenvereinbarung beauftragte Leistung abruft, ist bei der Schätzung des Auftragswerts einer solchen Rahmenvereinbarung nach § 3 Abs. 6 VSVgV der **ge-**

44

---

35  Hierauf verweist Art. 9 Abs. 6 der Richtlinie 2009/81/EG.
36  Zur grundsätzlichen Vergaberechtskonformität unbefristeter Verträge siehe EuGH, 19.6.2008 – C-454/06 „pressetext".
37  Art. 9 Abs. 6 bis 8 der Richtlinie 2009/81/EG, die in § 3 VSVgV umgesetzt ist, deckt sich mit Art. 9 Abs. 6 bis 8 der Richtlinie 2004/18/EG (für klassische Auftraggeber; umgesetzt in § 3 VgV) und mit Art. 17 Abs. 7, 9 und 11 der Richtlinie 2004/17/EG (für Aufträge im Sektorenbereich, umgesetzt in § 2 SektVO).

schätzte **Gesamtwert aller Einzelaufträge** zugrunde zu legen, die während der Laufzeit der Rahmenvereinbarung geplant, also möglich sind.

## 2. Bauleistungen

45 Für die Schätzung des Werts eines Bauauftrags gelten zunächst keine Besonderheiten. Ein Bauauftrag ist gem. § 99 Abs. 3 GWB ein Vertrag über die Ausführung oder die gleichzeitige Planung und Ausführung eines Bauvorhabens oder eines Bauwerks für den öffentlichen Auftraggeber, das Ergebnis von Tief- oder Hochbauarbeiten ist und eine wirtschaftliche oder technische Funktion erfüllen soll, oder einer dem Auftraggeber unmittelbar wirtschaftlich zugutekommende Bauleistung durch Dritte gemäß den vom Auftraggeber genannten Erfordernissen. § 1 VS Abs. 1 VOB/A wiederholt diese Definition und übernimmt in Abs. 2 die Auftragswertregelung des § 3 Abs. 5 VSVgV. In der Terminologie unterscheiden sich die Regelungen allerdings deutlich: während § 3 Abs. 5 VSVgV von „Bauleistungen" und „Bauaufträgen" spricht, redet § 1 VS Abs. 2 VOB/A von „Baumaßnahme" und „Bauwerk", wobei letztgenannter Begriff als „alle Bauaufträge für eine bauliche Anlage" definiert wird.

46 Als Besonderheit sieht § 3 Abs. 5 VSVgV vor, dass bei der Schätzung des Auftragswerts einer Bauleistung der Wert aller für die Ausführung dieser Bauleistung erforderlichen Lieferleistungen (auch dann) berücksichtigt werden muss, wenn diese vom Auftraggeber zur Verfügung gestellt werden. Damit soll verhindert werden, dass der Auftraggeber durch eine **Gestellung von Material** den Wert für eine Bauleistung absenken kann und so ggf. den Schwellenwert unterläuft. § 1 VS Abs. 2 Nr. 1 VOB/A konkretisiert diese „Lieferleistungen" als beigestellte Stoffe, Bauteile und Leistungen. Im Sinne der Einheitlichkeit ist es irrelevant, ob diese Lieferleistungen zuvor im Rahmen eines eigenen Vergabeverfahrens beschafft worden sind oder nicht. Soweit die Lieferleistungen zu Beginn eines solchen eigenen Vergabeverfahrens allerdings Gegenstand einer Auftragswertschätzung sind, ist dort der Wert des Bauauftrags, in dem sie später Verwendung finden sollen, nicht zu berücksichtigen.[38]

## IV. Besonderheiten bei losweiser Vergabe

47 § 3 Abs. 7 VSVgV enthält in Bezug auf eine losweise Ausschreibung[39] drei Regelungen: erstens zur Schätzung des Werts der beabsichtigen Beschaffung, zweitens zur Geltung der VSVgV für die einzelnen Lose und drittens für die Ausnahme so genannter Bagatelllose vom Anwendungsbereich der VSVgV.

### 1. Grundsätze

48 § 3 Abs. 7 Satz 1 VSVgV hält zunächst fest, dass die vergaberechtlich gebotene Aufteilung von öffentlichen Aufträgen in Lose **keine Auswirkung** auf den zu schätzenden (Gesamt-) Auftragswert hat. Bei der Schätzung ist vielmehr der Wert aller Lose zu addieren. In wie viele Lose der Auftrag hierbei unterteilt wird, ist für die Auftragswertschätzung ebenso unerheblich wie die Frage nach dem Wert des jeweiligen Einzelloses.

---

[38] OLG München, 28.9.2005 – Verg 19/05.
[39] Vgl. zum Vorrang der Losvergabe § 97 Abs. 3 GWB sowie § 10 Abs. 1 VSVgV.

Daher sind auch diejenigen Lose zu berücksichtigen, deren Wert die in Abs. 7 Satz 5 genannten „Bagatellschwellen" nicht erreichen und die daher bis zu einer Grenze von 20% des Gesamtauftragswerts aus dem Anwendungsbereich der VSVgV entlassen werden (vgl. hierzu sogleich unter 2.). Mit dieser Regelung wird auch klargestellt, dass es sich bei der losweisen Vergabe eines Auftrags nicht um eine Umgehung im Sinne des § 3 Abs. 2 VSVgV handelt, die nach dieser Regelung untersagt ist.

Bei einem **Bauauftrag** wird der Wert sämtlicher Fach- und Teillose[40] für die Schätzung des Gesamtauftragswerts zusammengefasst. Dies gilt auch für Lose über Lieferungen (z.B. von Baustoffen) oder Planungsleistungen, soweit diese im Verständnis des § 99 Abs. 3 GWB das Bauvorhaben betreffen und daher Gegenstand des Bauauftrags sind.

49

Bei einem in Lose unterteilten **Lieferauftrag** werden nach § 3 Abs. 7 Satz 2 VSVgV für die Schätzung des Gesamtauftragswerts hingegen nur Lose über **gleichartige Lieferungen** berücksichtigt. Hintergrund dieser Ausnahme ist, dass bei der Beschaffung von verschiedenen Produkten oder Produktgruppen, die der Auftraggeber aus ökonomischen Gründen in ein Vergabeverfahren zusammenfasst, vollkommen unterschiedliche Märkte und Unternehmenskreise angesprochen werden. Damit handelt es sich letztlich um unterschiedliche Vergabeverfahren, bei denen im Ergebnis nur dann eine Pflicht zur EU-weiten Ausschreibung bestehen soll, wenn der geschätzte Wert der Lose über gleichartige Waren den einschlägigen Schwellenwert (§ 1 Abs. 2 VSVgV; derzeit 400.000 €) erreicht oder überschreitet. Besteht ein öffentlicher Lieferauftrag aus Losen über verschiedenartige Waren und erreicht oder überschreitet der kumulierte Wert der Lose über gleichartige Leistungen den einschlägigen Schwellenwert, so müssen unter Beachtung des Umgehungsverbots in § 3 Abs. 2 VSVgV auch sämtliche Lose dieser Ausschreibung, die andersartige Lieferungen betreffen, in ihrer Summe den Schwellenwert aber nicht überschreiten, ebenfalls in der EU-weiten Bekanntmachung mit veröffentlicht werden, soweit sie vom Auftraggeber nicht zuvor in eine eigene Ausschreibung separiert worden sind. Die sonstigen Vorschriften des GWB und der VSVgV gelten für diese Lose über andersartige Lieferungen allerdings nicht, wenn die Summe ihrer Werte den Schwellenwert nicht erreicht.

**Untergeordnete Nebenleistungen**, die ein Produkt ergänzen bzw. vervollständigen, sind keine andersartigen Leistungen. Das OLG Karlsruhe hat dies für die Montage von Achsen und Rädern an Altpapiertonnen und die Auslieferung dieser Tonnen als Lose des Gesamtauftrags „Beschaffung von kompletten Altpapiertonnen" entschieden.[41] Unter Bezugnahme auf § 99 Abs. 2 Satz 2 GWB handle es sich hierbei um untergeordnete Nebenleistungen.

50

Für die Vergabe von **freiberuflichen Leistungen** sieht § 3 Abs. 7 Satz 3 VSVgV vor, dass die Werte mehrerer Teilaufträge derselben freiberuflichen Leistung zur Berechnung des geschätzten Auftragswerts addiert werden müssen. Vom Regelungsgehalt ergibt sich im

51

---

40 § 5 VS Abs. 2 VOB/A.
41 OLG Karlsruhe, 12.11.2008 – 15 Verg 4/08.

Ergebnis dasselbe, wie es Satz 2 dieser Norm für Lieferaufträge negativ formuliert: inhaltlich zusammengehörige Teilleistungen werden – auch mit Blick auf das Umgehungsverbot – im Wert zusammengefasst.[42] Betreffen die Lose eines Auftrags über freiberufliche Dienstleistungen hingegen andersartige Dienstleistungen, so sind diese für die Auftragswertberechnung nicht zu addieren.[43]

## 2. Bagatelllose

52  Der zweite Teil von Absatz 7 regelt, wann der 4. Teil des GWB und die VSVgV auf einzelne Lose Anwendung finden und wann nicht.

53  Im **Grundsatz** bestimmt § 3 Abs. 7 Satz 4 VSVgV, dass die VSVgV (und der 4. Teil des GWB) für jedes einzelne Los gilt, wenn der geschätzte Gesamtwert der in Lose unterteilten Beschaffungsmaßnahme unter Anwendung der Berechnungsmethoden der Sätze 1 bis 3 von Absatz 7 den maßgeblichen EU-Schwellenwert erreicht oder überschreitet.

54  Eine **Ausnahme** hiervon bilden die in Satz 5 genannten **Bagatelllose**. Sie tragen zwar ebenfalls zur Bestimmung des Gesamtauftragswerts bei (vgl. § 3 Abs. 7 Satz 1 VSVgV – „alle Lose"), können aber ohne Beachtung von GWB und VSVgV national vergeben werden, wenn und soweit sie die in Satz 5 aufgeführten Anforderungen erfüllen. Hintergrund ist, dass auch bei großvolumigen Aufträgen, die aufgrund des Auftragswerts EU-weit ausgeschrieben werden müssen, kleinere Teilleistungen, für die kein EU-weites Interesse bestehen dürfte, nationalen Bietern vorbehalten bleiben.

### a) Berechnung

55  Lose, die dieser Regelung unterfallen und daher nicht europaweit ausgeschrieben werden müssen, müssen kumulativ **zwei Voraussetzungen** erfüllen:

- Sie dürfen zunächst einen bestimmten absoluten Wert nicht erreichen. Dieser liegt für Lose von Bauaufträgen bei 1.000.000 € pro Los und für Lose von Liefer- oder Dienstleistungsaufträgen bei 80.000 € pro Los. Die Schätzung der betreffenden Lose erfolgt nach denselben Grundlagen, wie es § 3 VSVgV für die Aufträge vorsieht. Im Ergebnis der ersten Prüfungsstufe scheiden daher sämtliche Lose aus, die diese Werte erreichen oder überschreiten.

- Von den Losen, deren Wert unterhalb der vorgenannten Bagatellgrenze liegt, dürfen dann nur so viele vom Anwendungsbereich des EU-Vergaberechts (4. Teil GWB, VSVgV) ausgenommen werden, bis ein addierter Wert dieser Bagatelllose die Grenze von 20% des Gesamtauftragswerts erreicht.

---

[42] Bei der Vergabe von freiberuflichen Architektenleistungen im Rahmen einer Gebäudesanierung müssen diese Architektenleistungen auch dann bei der Schätzung des Auftragswerts zusammengefasst werden, wenn die betreffende Baumaßnahme zeitlich gestreckt und ihrerseits in verschiedene Bauabschnitte unterteilt ist. Vgl. hierzu EuGH, 15.3.2012 – C-574/10 „Gemeinde Niedernhausen"; diese Entscheidung war Anlass für die Ergänzung von § 3 VgV um die in § 3 Abs. 7 Satz 3 VSVgV von Anbeginn enthaltene Regelung (BR-Drs. 70/11, S. 21).
[43] OLG Frankfurt a.M., 8.5.2012 – 11 Verg 2/12 für unterschiedliche juristische Beratungsleistungen.

Ein Beispiel soll diese Berechnungsmethode verdeutlichen:

**BEISPIEL**

Der geschätzte Wert eines Lieferauftrags beträgt 500.000 €. Er ist unterteilt in vier Teillose à 100.000 €, ein Teillos à 50.000 € und fünf Teillose à 10.000 €.

Als Bagatelllose im Sinne von § 3 Abs. 7 Satz 5 Nr. 1 VSVgV kommen zunächst das Teillos über 50.000 € und alle Teillose über 10.000 € in Betracht, da sie jeweils den absoluten Wert von 80.000 € nicht überschreiten. Da das 20%-Kontingent des Gesamtauftragswerts von 500.000 € bei 100.000 € endet, könnte der Auftraggeber das Teillos über 50.000 € und die fünf Teillose über 10.000 € vom Anwendungsbereich der VSVgV ausnehmen. Damit wäre in der Summe der Teillose die Schwelle von 20% genau erreicht. Zwar ist § 3 Abs. 7 sprachlich ungenau, da er nur Ausnahmen **bis zu** einer Summe von 20% zulässt. Allerdings regelt Art. 9 Abs. 5a) der Richtlinie 2009/81/EG eindeutig, dass der 20 %-Korridor voll ausgeschöpft werden kann.

Bei sämtlichen Werten des § 3 Abs. 7 VSVgV ist die Umsatzsteuer ebenfalls nicht zu berücksichtigen.

### b) Verfahrensrechtliche Aspekte

Welche Bagatelllose der Auftraggeber in das ihm zur Verfügung stehende 20%-Kontingent aufnimmt, ist ihm überlassen. Es besteht auch kein Erfordernis einer bestimmten zeitlichen Reihenfolge. Er muss also nicht zuerst das Kontingent von 80% der EU-weit auszuschreibenden Lose ausschöpfen, bevor er von der Bagatellklausel Gebrauch machen und die restlichen Lose national vergeben kann.[44]

Um eine Umgehung des Vergaberechts zu vermeiden, verlangen Teile der Rechtsprechung allerdings, dass die **Festlegung** derjenigen Lose, die unter Beachtung des § 3 Abs. 7 Satz 5 VSVgV dem Anwendungsbereich des EU-Vergaberechts entzogen werden sollen, bereits **zu Beginn des Vergabeverfahrens getroffen wird** und diese Festlegung auch **bindend** ist.[45] Dies ist im Sinne der Transparenz und Rechtssicherheit für die Bieter zu begrüßen. Anderenfalls könnten sämtliche Bagatelllose nachträglich noch dem Rechtsschutz entzogen werden.[46]

Eine ausdrückliche Erwähnung der Bagatelllose in der EU-Bekanntmachung fordern weder die spezifischen Vorschriften (insb. § 12 VSVgV) noch das Transparenzgebot (§ 97 Abs. 1 GWB). Die Entscheidung zu den Bagatelllosen sowie deren Festlegung sollten allerdings sorgfältig begründet und dokumentiert werden.

(Noch) nicht entschieden ist, ob Bagatelllose, für die das EU-Vergaberecht (GWB, VSVgV) nach ordnungsgemäßer Anwendung von § 3 Abs. 7 Satz 5 VSVgV nicht gilt, gleichwohl den Ausschreibungspflichten des **Haushaltsrechts** unterfallen. *Greb*[47] spricht sich mit überzeugenden Gründen dagegen aus, da Aufträge im Anwendungsbereich des Kartellvergaberechts dem Haushaltsrecht entzogen sind und Teilausnahmen vom Anwen-

---

[44] BayObLG, 27.4.2001 – Verg 5/01.
[45] OLG Düsseldorf, 11.2.2009 – VII-Verg 69/08.
[46] So auch *Reider*, in Münchener Kommentar zum Europäischen und Deutschen Wettbewerbsrecht (Band 3), § 3 VgV Rn. 9 m.w.N.
[47] in: Ziekow/Völlink, Vergaberecht, § 3 VgV Rn. 18 f.

dungsbereich des Kartellvergaberechts (wie hier über § 3 Abs. 7 Satz 5 VSVgV) nicht dazu führen können, dass in diesen Fällen das Haushaltsvergaberecht wieder auflebt.

## § 4
## Begriffsbestimmungen

(1) Krise ist jede Situation in einem Mitgliedstaat der Europäischen Union oder einem Drittland, in der ein Schadensereignis eingetreten ist, das deutlich über die Ausmaße von Schadensereignissen des täglichen Lebens hinausgeht und

1. dabei Leben und Gesundheit zahlreicher Menschen erheblich gefährdet oder einschränkt,

2. eine erhebliche Auswirkung auf Sachwerte hat oder

3. lebensnotwendige Versorgungsmaßnahmen für die Bevölkerung erforderlich macht.

    Eine Krise liegt auch vor, wenn konkrete Umstände dafür vorliegen, dass ein solches Schadensereignis unmittelbar bevorsteht. Bewaffnete Konflikte und Kriege sind Krisen im Sinne dieser Verordnung.

(2) Rahmenvereinbarung ist eine Vereinbarung zwischen einem oder mehreren Auftraggebern und einem oder mehreren Unternehmen, welche die Bedingungen für Einzelaufträge festlegt, die im Laufe eines bestimmten Zeitraums vergeben werden sollen. Dies umfasst insbesondere Angaben zum Preis und gegebenenfalls Angaben zur voraussichtlichen Abnahmemenge.

(3) Unterauftrag ist ein zwischen einem erfolgreichen Bieter und einem oder mehreren Unternehmen geschlossener entgeltlicher Vertrag über die Ausführung des betreffenden Auftrags oder von Teilen des Auftrags.

(4) Verbundenes Unternehmen ist ein Unternehmen,

1. auf das der Auftragnehmer unmittelbar oder mittelbar einen beherrschenden Einfluss ausüben kann und das seinerseits einen beherrschenden Einfluss auf den erfolgreichen Bieter ausüben kann oder

2. das ebenso wie der erfolgreiche Bieter dem beherrschenden Einfluss eines dritten Unternehmens unterliegt, sei es durch Eigentum, finanzielle Beteiligung oder sonstige Bestimmungen, die die Tätigkeit des Unternehmens regeln.

    Ein beherrschender Einfluss wird vermutet, wenn ein Unternehmen unmittelbar oder mittelbar die Mehrheit des gezeichneten Kapitals eines anderen Unternehmens besitzt, über die Mehrheit der mit den Anteilen eines anderen Unternehmens verbundenen Stimmrechte verfügt oder mehr als die Hälfte der Mitglieder des Verwaltungs-, Leitungs- oder Aufsichtsorgans eines anderen Unternehmens bestellen kann.

(5) Forschung und Entwicklung sind alle Tätigkeiten, die Grundlagenforschung, angewandte Forschung und experimentelle Entwicklung umfassen, wobei letztere die Herstellung von technologischen Demonstrationssystemen einschließen kann. Technologische Demonstrationssysteme sind Vorrichtungen zur Demonstration der Leistungen eines neuen Konzepts oder einer neuen Technologie in einem relevanten oder repräsentativen Umfeld.

# Übersicht

Rn.

I. Bedeutung für die Praxis .................................................................. 1
II. Regelungsinhalt ............................................................................... 5
    1. Krise (Absatz 1) ......................................................................... 5
    2. Rahmenvereinbarung (Absatz 2) ............................................. 6
    3. Unterauftrag (Absatz 3) ............................................................ 7
    4. Verbundenes Unternehmen (Absatz 4) ................................... 8
    5. Forschung und Entwicklung (Absatz 5) ................................... 10

## I. Bedeutung für die Praxis

**1** Erstmals im deutschen Vergaberecht werden in § 4 VSVgV für ein vergaberechtliches Regelwerk zentral **Begriffsbestimmungen** (Definitionen bzw. Legaldefinitionen) zusammengefasst.

**2** Zwar entsprechen die Begriffsbestimmungen in § 4 VSVgV inhaltlich voll ihren Vorbildern in Art. 1 der RL 2009/81:

*Synopse § 4 VSVgV – Art. 1 RL 2009/81*

| Definition | § 4 VSVgV | Art. 1 der RL 2009/81 |
|---|---|---|
| Krise | Abs. 1 | Nr. 10 |
| Rahmenvereinbarung | Abs. 2 | Nr. 11 |
| Unterauftrag | Abs. 3 | Nr. 22 |
| verbundenes Unternehmen | Abs. 4 | Nr. 23 |
| Forschung und Entwicklung | Abs. 5 | Nr. 27 |

**3** Die für Beschaffungen im Verteidigungs- und Sicherheitsbereich relevanten Definitionen sind jedoch **nicht vollständig** in § 4 VSVgV konzentriert.

**4**   **PRAXISHINWEIS**

> *Maßgebliche Legaldefinitionen für Beschaffungen im Verteidigungs- und Sicherheitsbereich enthält § 99 GWB (z.B. § 99 Abs. 7 GWB zu verteidigungs- und sicherheitsrelevanten Aufträgen) und § 101 GWB (z.B. § 101 Abs. 3 GWB zum nicht offenen Verfahren).*

## II. Regelungsinhalt

### 1. Krise (Absatz 1)

**5** In § 4 Abs. 1 VSVgV wird der Begriff „Krise" definiert, der bei Regelungen zur **Versorgungssicherheit** verwendet wird (vgl. § 8 Abs. 2 Nr. 4 und 5, § 12 Abs. 1 Nr. 1 b) aa., § 27 Abs. 1 Nr. 1 i) und § 27 Abs. 1 Nr. 2 i) VSVgV).

## 2. Rahmenvereinbarung (Absatz 2)

§ 4 Abs. 2 VSVgV enthält die Definition der Rahmenvereinbarung, die **insbesondere in § 14 VSVgV vorausgesetzt** wird (siehe § 14, Rn. 7). Außer in § 14 VSVgV wird der Begriff der Rahmenvereinbarung in den §§ 3 Abs. 6, 17 Abs. 1 und 2, 18, 22 Abs. 4 Nr. 3, 35, 36 Abs. 1 Nr. 3 und Abs. 2, 41 sowie 43 verwendet.

## 3. Unterauftrag (Absatz 3)

§ 4 Abs. 3 VSVgV enthält den Begriff des Unterauftrags, der in den §§ 7, 9 und 38 bis 41 verwendet wird.

## 4. Verbundenes Unternehmen (Absatz 4)

Durch § 4 Abs. 4 VSVgV wird der Begriff des verbundenen Unternehmens für die VSVgV definiert. Der Begriff des „verbundenen Unternehmens" wird im Zusammenhang mit den Vorschriften über die Unterauftragsvergabe in § 38 Abs. 2 VSVgV verwendet.

> **PRAXISHINWEIS**
>
> Eine gute Orientierung dazu, ob es sich um ein verbundenes Unternehmen handelt, bietet eine **Prüfung anhand der bewährten Maßstäbe von § 271 Abs. 2 HGB und § 15 AktG**.

## 5. Forschung und Entwicklung (Absatz 5)

§ 4 Abs. 5 VSVgV enthält die Begriffsbestimmung für Forschungs- und Entwicklungsleistungen. Diese ist von erheblicher praktischer Bedeutung, da gemäß § 12 Abs. 1 Nr. 1 d) und e) VSVgV Forschungs- und Entwicklungsleistungen unter bestimmten Bedingungen im Verhandlungsverfahren ohne vorgeschalteten Teilnahmewettbewerb vergeben werden dürfen (siehe § 12, Rn. 12 f.). Grund für die besondere Bedeutung der Forschungs- und Entwicklungsleistungen ist der **technologische Umbruch der Verteidigungs- und Sicherheitstechnik**. Der Trend geht schließlich zu unbemannten teil- und vollautonomen Waffen- und Hilfssystemen (z.B. Drohnen, Kampf-, Überwachungs- und Unterstützungsroboter).

> **PRAXISHINWEIS**
>
> Bevor geprüft wird, ob eine Forschungs- und Entwicklungsleistung i.S.d. § 12 Abs. 1 Nr. 1 d) und e) VSVgV i.V.m. § 4 Abs. 5 VSVgV vorliegt, müssen Sie prüfen, ob die Forschungs- und Entwicklungsleistungen **nicht ohnehin gem. § 100 Abs. 4 Nr. 2 GWB oder § 100c Abs. 2 Nr. 3 GWB vom Anwendungsbereich des Vergaberechts ausgenommen** sind (siehe § 12, Rn. 12).

## § 5
## Dienstleistungsaufträge

(1) Aufträge über Dienstleistungen gemäß Anhang I der Richtlinie 2009/81/EG unterliegen den Vorschriften dieser Verordnung.

(2) Aufträge über Dienstleistungen gemäß Anhang II der Richtlinie 2009/81/EG unterliegen ausschließlich den §§ 15 und 35.

(3) Aufträge, die sowohl Dienstleistungen gemäß Anhang I als auch solche des Anhangs II der Richtlinie 2009/81/EG umfassen, unterliegen den Vorschriften dieser Verordnung, wenn der Wert der Dienstleistungen nach Anhang I der Richtlinie 2009/81/EG überwiegt. Überwiegt der Wert der Dienstleistungen nach Anhang II der Richtlinie 2009/81/EG, unterliegen diese Aufträge ausschließlich den §§ 15 und 35.

## Übersicht

|      |                                                      | Rn. |
|------|------------------------------------------------------|-----|
| I.   | Bedeutung in der Beschaffungspraxis                  | 1   |
| II.  | Inhalt                                               | 5   |
|      | 1. Vorrangige Dienstleistungen (Abs. 1)              | 5   |
|      | 2. Nachrangige Dienstleistungen (Abs. 2)             | 7   |
|      | 3. Gemischte Aufträge (Abs. 3)                       | 11  |
| III. | Anwendung in der Beschaffungspraxis                  | 12  |
| IV.  | Unterschiede zum allgemeinen Vergaberecht            | 18  |
|      | 1. Wach- und Sicherheitsdienstleistungen             | 19  |
|      | 2. Transporte mit Eisenbahn und Schiff               | 21  |
|      | 3. Logistikleistung                                  | 23  |
| V.   | Rechtsschutz                                         | 29  |
| VI.  | Ausblick                                             | 30  |

## I. Bedeutung in der Beschaffungspraxis

Dienstleistungen werden in der VSVgV – wie auch sonst im EU-Vergaberecht – nach der **Binnenmarktrelevanz** in „vorrangige" (bzw. „prioritäre") und „nachrangige" (bzw. „nichtprioritäre") Dienstleistungen unterschieden. Vorrangige Dienstleistungen sind in Anhang I aufgezählt, nachrangige Dienstleistungen in Anhang II der Verteidigungsvergabe-RL 2009/81. 1

Der **Grad der Bindung an das Vergaberecht** hängt gemäß § 5 VSVgV davon ab, ob eine Dienstleistung als vorrangige oder nachrangige Dienstleistung einzuordnen ist. Bei vorrangigen Dienstleistungen (hohe Binnenmarktrelevanz) besteht gemäß § 5 Abs. 1 VSVgV eine strenge Bindung an die Verfahrensregelungen der VSVgV. Bei nachrangigen Dienstleistungen (geringe Binnenmarktrelevanz) besteht gemäß § 5 Abs. 1 VSVgV eine 2 gelockerte Bindung an die Verfahrensregelungen der VSVgV. Daher kann man diese Dienstleistungen auch als „privilegiert" bezeichnen.

**BEISPIELE für priviligierte nachrangige Dienstleistungen gemäß § 5 Abs. 2 VSVgV:**

- Hotelbuchung: Anhang II zur RL 2009/81 Kategorie 21, CPV-Code 55110000-4[1] (Hotel-Übernachtung)
- Logistikleistung (soweit außerhalb der EU)[2]: Anhang II zur RL 2009 Kategorie 22, CPV Codes 63110000-3 (Frachtumschlag und -lagerung), 63111000-0 (Containerumschlag), 63523000-1 (Dienstleistungen von Hafenspediteuren und anderen Spediteuren)
- Rechtsberatung: Anhang II zur RL 2009 Kategorie 23, CPV Code 79110000-8 (Juristische Beratung und Vertretung)
- Versorgung im Krankenhaus und ärztliche Behandlungen: Anhang II zur RL 2009/81, CPV-Codes 85111200-2 (Ärztliche Versorgung im Krankenhaus), 85111000-0 (Dienstleistungen von Krankenhäusern), 85111100-1 (Chirurgische Eingriffe im Krankenhaus)

3  Durch § 5 VSVgV werden Art. 15 bis 17 der RL 2009/81 umgesetzt.

4  Ähnliche Regelungen sind im allgemeinen Vergaberecht in § 4 Abs. 2 VgV, § 5 Abs. 1 VgV, § 4 SektVO, § 1 EG Abs. 2 und 3 VOL/A sowie § 1 Abs. 3 VOF zu finden. Dabei ist jedoch zu beachten, dass sich die Kataloge betreffend vorrangige und nachrangige Dienstleistungen zwischen dem allgemeinen Vergaberecht und der VSVgV in wichtigen Details deutlich unterscheiden (dazu unten Rn. 19 ff.).

## II. Inhalt

### 1. Vorrangige Dienstleistungen (Abs. 1)

5  Gemäß § 5 Abs. 1 VSVgV ist die Beschaffung vorrangiger Dienstleistungen (Anhang I zur RL 2009/81) in vollem Umfang an die Verfahrensregelungen der VSVgV gebunden.

6  Vorrangige Dienstleistungen nach Anhang I zur RL 2009/81 sind[3]:

| Kat. | Bezeichnung | CPV-Referenznummern |
|---|---|---|
| 1 | Instandhaltung und Reparatur | 50000000-5, 50100000-6 bis 50884000-5 (außer 50310000-1 bis 50324200-4 und 50116510-9, 50190000-3, 50229000-6, 50243000-0) und 51000000-9 bis 51900000-1 |
| 2 | Militärhilfe für das Ausland | 75211300-1 |

---

1  CPV: Common Procurement Vocabulary; Anhang I der Verordnung (EG) Nr. 213/2008 der Kommission vom 28.11.2007. Zum CPV-Code und seiner Bedeutung noch unten Rn. 13 ff.
2  Zu der Differenzierung innerhalb/außerhalb der EU noch unten Rn 26 f.
3  Zur Anwendung siehe unten Rn. 13 ff.

| Kat. | Bezeichnung | CPV-Referenznummern |
|---|---|---|
| 3 | Verteidigung, militärische Verteidigung und zivile Verteidigung | 75220000-4, 75221000-1, 75222000-8 |
| 4 | Detekteien sowie Wach- und Sicherheitsdienste | 79700000-1 bis 79720000-7 |
| 5 | Landverkehr | 60000000-8, 60100000-9 bis 60183000-4 (außer 60160000-7, 60161000-4) und 64120000-3 bis 64121200-2 |
| 6 | Fracht- und Personenbeförderung im Flugverkehr, ohne Postverkehr | 60400000-2, 60410000-5 bis 60424120-3 (außer 60411000-2, 60421000-5), 60440000-4 bis 604450000-9 und 60500000-3 |
| 7 | Postbeförderung im Landverkehr sowie Luftpostbeförderung | 60160000-7, 60161000-4, 60411000-2, 60421000-5 |
| 8 | Eisenbahnen | 60200000-0 bis 60220000-6 |
| 9 | Schifffahrt | 60600000-4 bis 60653000-0 und 63727000-1 bis 63727200-3 |
| 10 | Neben- und Hilfstätigkeiten des Verkehrs | 63100000-0 bis 63111000-0, 63120000-6 bis 63121100-4, 63122000-0, 63512000-1 und 63520000-0 bis 6370000-6 |
| 11 | Fernmeldewesen | 64200000-8 bis 64228200-2, 72318000-7 und 72700000-7 bis 72720000-3 |
| 12 | Finanzielle Dienstleistungen: Versicherungsdienstleistungen | 66500000-5 bis 66720000-3 |
| 13 | Datenverarbeitung und verbundene Tätigkeiten | 50310000-1 bis 50324200-4, 72000000-5 bis 72920000-5 (außer 72318000-7 und 72700000-7 bis 772720000-3), 79342410-4, 9342410-4 |
| 14 | Forschungs- und Entwicklungsdienste[4], Bewertungstests | 73000000-2 bis 73436000-7 |
| 15 | Buchführung, -haltung und -prüfung | 79210000-9 bis 79212500-8 |

---

[4] Ohne Forschungs- und Entwicklungsdienstleistungen gemäß Artikel 13 Buchstabe j. RL 2009/81 (Offizielle Anmerkung aus der RL 2009/81).

| Kat. | Bezeichnung | CPV-Referenznummern |
|---|---|---|
| 16 | Unternehmensberatung[5] und verbundene Tätigkeiten | 73200000-4 bis 73220000-0, 79400000-8 bis 79421200-3 und 79342000-3, 79342100-4, 79342300-6, 79342320-2, 79342321-9, 79910000-6, 79991000-7 und 98362000-8 |
| 17 | Architektur, technische Beratung und Planung, integrierte technische Leistungen, Stadt- und Landschaftsplanung, zugehörige wissenschaftliche und technische Beratung, technische Versuche und Analysen | 71000000-8 bis 71900000-7 (außer 71550000-8) und 79994000-8 |
| 18 | Gebäudereinigung und Hausverwaltung | 70300000-4 bis 70340000-6 und 90900000-6 bis 90924000-0 |
| 19 | Abfall- und Abwasserbeseitigung, sanitäre und ähnliche Dienstleistungen | 90400000-1 bis 90743200-9 (außer 90712200-3), 90910000-9 bis 90920000-2 und 50190000-3, 50229000-6, 50243000-0 |
| 20 | Ausbildungs-, Schulungs- und Simulationsdienstleistungen in den Bereichen Verteidigung und Sicherheit | 80330000-6, 80600000-0, 80610000-3, 80620000-6, 80630000-9, 80640000-2, 80650000-5, 80660000-8 |

## 2. Nachrangige Dienstleistungen (Abs. 2)

7   Nach § 5 Abs. 2 VSVgV ist für nachrangige Dienstleistungen (Anhang II) lediglich die Beachtung der formalen Vorschriften über die Leistungsbeschreibung und technische Anforderungen (§ 15 VSVgV) und der Bekanntmachung der erfolgten Auftragsvergabe (§ 35 VSVgV) vorgeschrieben.

8   **PRAXISHINWEIS**

*Für nachrangige Dienstleistungen besteht aus Sicht der VSVgV (oberhalb der Schwellenwerte) also insbesondere **keine** Pflicht zur Durchführung eines förmlichen Vergabeverfahrens nach der VSVgV und damit auch nicht die Pflicht zur Bekanntmachung im EU-Amtsblatt bzw. der TED-Datenbank![6] Zum Bereich unterhalb der Schwellenwerte siehe Einleitung, Rn. 15 ff.*

9   Zwar brauchen bei nachrangigen Dienstleistungen die Verfahrensvorschriften der VSVgV nicht beachtet zu werden. Wie auch sonst im EU-rechtlich geprägten Vergaberecht wird es grundsätzlich erforderlich sein, die allgemeinen Prinzipien Wettbewerb, Transparenz

---

5   Ohne Schiedsgerichts- und Schlichtungsleistungen (Offizielle Anmerkung aus der RL 2009/81).
6   Vgl. zur Parallelregelung für den Sektorenbereich: *Zeiss*, in: Heiermann/Zeiss/Blaufuß, jurisPK-VergR, 3. Aufl. 2011, § 4 SektVO Rn. 3.

und Gleichbehandlung zu beachten.[7] Daher darf eine Bekanntmachung nicht auf der Homepage eines regionalen Auftraggebers „versteckt" werden.[8] Bei einer Bekanntmachung auf www.bund.de werden aber wegen des Bekanntheitsgrades dieses Portals keine Bedenken bestehen.

Nachrangige Dienstleistungen nach Anhang II zur RL 2009/81 sind[9]:

10

| Kat. | Bezeichnung | CPV-Referenznummern |
| --- | --- | --- |
| 21 | Gaststätten- und Beherbergungsgewerbe | 55100000-1 bis 55524000-9 und 98340000-8 bis 98341100-6 |
| 22 | Hilfs- und Nebentätigkeiten für den Verkehr | 63000000-9 bis 63734000-3 (außer 63711200-8, 63712700-0, 63712710-3), 63727000-1 bis 63727200-3 und 98361000-1 |
| 23 | Rechtsberatung | 79100000-5 bis 79140000-7 |
| 24 | Arbeits- und Arbeitskräftevermittlung[10] | 79600000-0 bis 79635000-4 (außer 79611000-0, 79632000-3, 79633000-0), und 98500000-8 bis 98514000-9 |
| 25 | Gesundheits-, Veterinär- und Sozialwesen | 79611000-0 und 85000000-9 bis 85323000-9 (außer 85321000-5 und 85322000-2) |
| 26 | | Sonstige Dienstleistungen |

### 3. Gemischte Aufträge (Abs. 3)

Bei gemischten Aufträgen sind die Vorschriften desjenigen Auftrags anzuwenden, dessen Auftragswert überwiegt (§ 5 Abs. 3 VSVgV).

11

## III. Anwendung in der Beschaffungspraxis

Zur Klassifizierung der zu beschaffenden Dienstleistung ist – wie in der dritten Spalte der Anhänge I und II zur RL 2009/81 erkennbar – die Nomenklatur (**CPV-Codes/CPV-Referenznummern**) aus der CPV-Verordnung[11] heranzuziehen. Die CPV-Codes legen EU-weit verbindlich ein **einheitliches Vokabular für öffentliche Aufträge** fest. Daher rührt auch die Abkürzung „CPV" für Common Procurement Vocabulary. Dabei wird den verschiedensten Arten von Leistungen (Lieferungen, Arbeiten und Dienstleistungen) jeweils ein aus neun Ziffern bestehender CPV-Code zugeordnet.

12

---

7   Vgl. zum allgemeinen Vergaberecht: OLG München, 10.3.2011 – Verg 1/11 – nuklearmedizinische Behandlung.
8   Vgl. zum allgemeinen Vergaberecht: VK Südbayern, 25.6.2010 – Z3-3-3194-1-30/05/10 – DNA-Analysen.
9   Zur Anwendung siehe unten Rn. 13 ff.
10  Mit Ausnahme von Arbeitsverträgen (Offizielle Anmerkung aus der RL 2009/81).
11  CPV: Common Procurement Vocabulary; Anhang I der Verordnung (EG) Nr. 213/2008 der Kommission vom 28.11.2007.

13 **PRAXISHINWEIS**

> Die **CPV-Codes** sind in verschiedenen Dateiformaten und mit weiteren Erläuterungen jeweils aktuell und gratis verfügbar über http://simap.europa.eu/codes-and-nomenclatures/codes-cpv/codes-cpv_de.htm [Stand 17.1.2013].

14 Bei der Subsumption ist zu beachten, dass der Begriff der Dienstleistungsaufträge im Sinne der VSVgV – und damit auch in § 5 VSVgV – **auch freiberufliche Dienstleistungen im Sinne der VOF umfasst** (siehe § 2, Rn. 4 f.).[12]

15 Es muss jeweils derjenige CPV-Code ausgewählt werden, der die zu beschaffende Dienstleistung oder freiberufliche Leistung **am besten / treffendsten beschreibt**. Sind mehrere Leistungen zu beschaffen, wird für die weiteren Dienstleistungen entsprechend vorgegangen. Von dem so gefundenen CPV-Code (bzw. den CPV-Codes) ausgehend wird die Leistung dann anhand der dritten Spalte der Anhänge I und II zur RL 2009/81 den Kategorien 1 bis 25 zugeordnet.

16 **PRAXISHINWEIS**

> Wenn im CPV-Code keine geeignete Beschreibung der zu beschaffenden Dienstleistung gefunden werden kann, darf die entsprechende Leistung als „**sonstige Dienstleistung**" i.S.d. der Kategorie 26 des Anhangs II zur RL 2009/81 eingeordnet werden. Dies sollte aber ein Ausnahmefall bleiben, da der Katalog der CPV-Codes sehr umfangreich ist. Bei einer extensiven Auslegung der „sonstigen Dienstleistungen" bestünde sonst die Gefahr, die Verfahrensregelungen der VSVgV zu umgehen.

17 Bei **gemischten Aufträgen**, die sowohl Dienstleistungen des Anhangs I als auch des Anhangs II zur RL 2009/81 umfassen, gilt § 5 Abs. 3 VSVgV (siehe oben Rn. 12).

## IV. Unterschiede zum allgemeinen Vergaberecht

18 Die Kataloge betreffend vorrangige und nachrangige Dienstleistungen zwischen dem allgemeinen Vergaberecht und der VSVgV unterscheiden sich in wichtigen Details deutlich. Dazu hier die wichtigsten Beispiele:

### 1. Wach- und Sicherheitsdienstleistungen

19 Im allgemeinen Vergaberecht wären Wach- und Sicherheitsdienste privilegiert, da sie nur gelockerten Verfahrensregelungen unterliegen. Dies ergibt sich aus Anlage 1 Teil B Kategorie 23 zur VgV (Auskunfts- und Schutzdienste), welche beispielsweise folgende CPV-Codes umfassen:

- 79710000-4 Dienstleistungen von Sicherheitsdiensten,
- 79711000-1 Überwachung von Alarmanlagen,
- 79713000-5 Bewachungsdienste und
- 79714000-2 Überwachungsdienste

---

12 Verordnungsbegründung zu § 2 Abs. 1 VSVgV (BR-Drs. 321/12, S. 37).

Im Anwendungsbereich der VSVgV sind die gleichen Wach- und Sicherheitsdienstleistungen gemäß Anhang I Kategorie 4 der RL 2009/81 (Detekteien sowie Wach- und Sicherheitsdienste) als **vorrangige Dienstleistung** allen Verfahrensregelungen der VSVgV unterworfen.

### 2. Transporte mit Eisenbahn und Schiff

Transporte mit Eisenbahn und Schiff wären im allgemeinen Vergaberecht als nachrangige Dienstleistungen nur gelockerten verfahrensrechtlichen Bindungen unterworfen (Kategorien 18 und 19 der Anlage 1 Teil B zur VgV).[13]

Hingegen sind Transporte mit Eisenbahn und Schiff im Anwendungsbereich der VSVgV gemäß Anhang I Kategorien 8 und 9 des Anhangs I der RL 2009/81 als **vorrangige Dienstleistung** voll den Verfahrensregelungen der VSVgV unterworfen.

### 3. Logistikleistung

Im allgemeinen Vergaberecht unterliegen Logistikleistungen als nachrangige Dienstleistung gemäß Anlage 1 Teil B Kategorie 20 zur VgV (Neben- und Hilfstätigkeiten des Verkehrs) gelockerten verfahrensrechtlichen Bindungen. Dies betrifft beispielsweise folgende CPV-Codes:

- 63110000-3 Frachtumschlag und -lagerung,
- 63111000-0 Containerumschlag,
- 63522000-4 Dienstleistungen von Schiffsmaklern und
- 63523000-1 Dienstleistungen von Hafenspediteuren und anderen Spediteuren.

Im Anwendungsbereich der VSVgV ist die Rechtslage erheblich komplexer: Ein weitestgehend identischer Katalog von Logistikleistungen ist nämlich sowohl

- gemäß Anhang I Kategorie 10 zu RL 2009/81 (Neben- und Hilfstätigkeiten des Verkehrs) als **vorrangige Dienstleistung** als auch
- gemäß Anhang II Kategorie 22 zu RL 2009/81 (Hilfs- und Nebentätigkeiten für den Verkehr) als **nachrangige Dienstleistung** zu finden.

Für den Rechtsanwender stellt sich also die Frage, ob eine Logistikleistung, die unter beide Kategorien subsumiert werden kann (z.B. CPV-Code 63110000-3 Frachtumschlag und -lagerung), wie im allgemeinen Vergaberecht nur gelockerten verfahrensrechtlichen Bindungen unterliegt oder – wie Transporte mit Eisenbahn und Schiff im Anwendungsbereich der VSVgV (siehe oben Rn. 21) – allen Verfahrensregelungen unterworfen werden soll.

---

13 Vgl. beispielsweise zum Eisenbahnverkehr im allgemeinen Vergaberecht: BGH, 8.2.2011 – X ZB 4/10 – S-Bahn-Verkehr Rhein-Ruhr.

26 **PRAXISHINWEIS**

> Es wird empfohlen, bei Logistikleistungen, die sowohl gemäß Anhang I Kategorie 10 zu RL 2009/81 als vorrangige Dienstleistung als auch gemäß Anhang II Kategorie 22 zu RL 2009/81 als nachrangige Dienstleistung subsumiert werden können, danach zu differenzieren, ob diese innerhalb oder außerhalb der EU erbracht werden sollen:
>
> – Sollen die Logistikleistungen **innerhalb der EU** erbracht werden, sollten diese als vorrangige Dienstleistungen gemäß Anhang I Kategorie 10 zu RL 2009/81 (Neben- und Hilfstätigkeiten des Verkehrs) behandelt werden.
>
> – Sollen die Logistikleistungen **außerhalb der EU** erbracht werden, muss zunächst überprüft werden, ob nicht die Beschaffung **gemäß § 100c Abs. 3 GWB generell vom Vergaberecht ausgenommen** ist. Soweit die entsprechenden Leistungen nicht bereits generell gemäß § 100 c Abs. 3 GWB vom Vergaberecht ausgenommen sind, sollten diese als nachrangige Dienstleistungen gemäß Anhang II Kategorie 22 zu RL 2009/81 (Hilfs- und Nebentätigkeiten des Verkehrs) behandelt werden.

27 Für die vorgenannte Differenzierung sprechen praktische Erwägungen: In **Auslandseinsatzgebieten außerhalb der EU** (z.B. Horn von Afrika, Afghanistan) gibt es in der Regel auch keinen mit der EU vergleichbaren Infrastruktur-, Sicherheits- und Rechtsstandard. Daher sind die europäischen Sicherheits- und Verteidigungskräfte häufig auf ortsansässige Dienstleister angewiesen, die *auf dem kurzen Dienstweg und ohne viel Aufheben* beauftragt werden müssen, um nicht die Gefahr von Diebstahl, Sabotage oder terroristischen Anschlägen zu erhöhen.

**BEISPIEL**

- Wenn die Deutsche Marine einen **Containerumschlag** im Hafen von **Aden (Jemen)** benötigt, darf dies gemäß Anhang II Kategorie 22 zu RL 2009/81, CPV-Codes 63111000-0 (Containerumschlag) und 63523000-1 (Dienstleistungen von Hafenspediteuren und anderen Spediteuren) als nachrangige Dienstleistung behandelt werden, soweit die entsprechende Leistung nicht bereits generell **gemäß § 100c Abs. 3 GWB vom Vergaberecht ausgenommen** ist.
- Wenn die Deutsche Marine die gleichen Leistungen in **Marseille (Frankreich)** benötigt, sind diese Logistikleistungen nach Anhang I Kategorie 10 zu RL 2009/81 als vorrangige Dienstleistung zu behandeln.

28 Ähnlich wie Beschaffungen in der EU wird man solche Beschaffungen zu behandeln haben, die in einem Land erfolgen sollen, das einen mit der EU vergleichbaren Infrastruktur-, Sicherheits- und Rechtsstandard aufweist.

**BEISPIEL für Staaten mit einem der EU vergleichbaren Standard**
- So wird etwa der **Transport** für Trainingsmaßnahmen und Manöver in den **USA** und **Kanada** im Regelfall als vorrangige Dienstleistung nach Anhang I Kategorie 10 zu RL 2009/81 zu behandeln sein.[14]

## V. Rechtsschutz

Bei § 5 VSVgV handelt es sich um eine Vorschrift über das Vergabeverfahren i.S.d. § 97 Abs. 7 GWB. Daher kann eine fehlerhafte Klassifizierung einer Dienstleistung als nachrangige Dienstleistung i.S.d. Anhangs II zur RL 2009/81 durch Rüge und im Vergabenachprüfungsverfahren (vgl. § 107 Abs. 2 GWB) angegriffen werden. Die fehlerhafte Einordnung als nachrangige Dienstleistung beschneidet nämlich Wettbewerb und ex-ante Transparenz.

**29**

## VI. Ausblick

Gegenwärtig arbeitet die EU an neuen EU-Vergaberichtlinien. Dabei soll die Unterscheidung von vorrangigen und nachrangigen Dienstleistungen grundsätzlich aufgegeben werden. Der Anwendungsbereich der RL 2009/81 ist von diesen Plänen jedoch ausgenommen.

**30**

Auch in Zukunft sind Anpassungen des CPV-Codes an neue Entwicklungen zu erwarten.

**31**

---

14  Die Regelungen des GPA gelten für verteidigungs- und sicherheitsrelevante Beschaffungen nicht, siehe Einleitung, Rn. 25 ff.

# § 6
# Wahrung der Vertraulichkeit

(1) Auftraggeber, Bewerber, Bieter und Auftragnehmer wahren gegenseitig die Vertraulichkeit aller Angaben und Unterlagen. Für die Anforderungen an den Schutz von Verschlusssachen einschließlich ihrer Weitergabe an Unterauftragnehmer gilt § 7.

(2) Sofern in dieser Verordnung nichts anderes bestimmt ist, dürfen Auftraggeber nach anderen Rechtsvorschriften vorbehaltlich vertraglich erworbener Rechte keine von den Bewerbern, Bietern und Auftragnehmern übermittelte und von diesen als vertraulich eingestufte Information weitergeben. Dies gilt insbesondere für technische Geheimnisse und Betriebsgeheimnisse.

(3) Bewerber, Bieter und Auftragnehmer dürfen keine von den Auftraggebern als vertraulich eingestufte Information an Dritte weitergeben. Dies gilt nicht für die Unterauftragsvergabe, wenn die Weitergabe der als vertraulich eingestuften Information für den Teilnahmeantrag, das Angebot oder die Auftragsausführung erforderlich ist. Bewerber, Bieter und Auftragnehmer müssen die Wahrung der Vertraulichkeit mit den in Aussicht genommenen Unterauftragnehmern vereinbaren. Auftraggeber können an Bewerber, Bieter und Auftragnehmer weitere Anforderungen zur Wahrung der Vertraulichkeit stellen, die mit dem Auftragsgegenstand im sachlichen Zusammenhang stehen und durch ihn gerechtfertigt sind.

## Übersicht

| | Rn. |
|---|---|
| I. Allgemeines | 1 |
| II. Begriffe | 5 |
|    1. Vertraulichkeit | 5 |
|    2. Verschlusssachen | 8 |
| III. Verpflichtung der Auftraggeber (Absatz 2) | 9 |
|    1. Grundsatz: Geheimhaltung | 10 |
|    2. Andere Rechtsvorschriften | 13 |
|       a) Voraussetzungen | 14 |
|       b) Die VSVgV als speziellere Norm? | 20 |
|    3. Ausnahmen zur Gestattung der Weitergabe von Informationen | 27 |
|       a) Ausnahmen der VSVgV | 27 |
|       b) Vertragliche Regelungen: Vertraulichkeitsvereinbarungen | 29 |
| IV. Verpflichtung der beteiligten Unternehmen (Absatz 3) | 32 |
|    1. Grundsatz: keine Weitergabe vertraulicher Informationen | 34 |
|    2. Ausnahme: bedingte Weitergabe an Unterauftragnehmer | 37 |

## I. Allgemeines

1   Die Vorschrift des § 6 VSVgV übernimmt und ergänzt Art. 6 Richtlinie 2009/81/EG.

2   **Parallelvorschriften** existieren im Vergaberecht bisher nicht; auch die VOB/A VS enthält keine entsprechende Regelung.

3   Gerichtet ist § 6 VSVgV an alle Beteiligten eines Vergabeverfahrens in jedem seiner Stadien: Auftraggeber, Bewerber, Bieter und Auftragnehmer.

4   Die Vorschrift regelt eine **gegenseitige, allgemeine Schutzpflicht** im Umgang mit den zwischen ihnen ausgetauschten, vertraulichen Informationen zwischen allen am Vergabeverfahren beteiligten Parteien. Für die Anforderungen an die Behandlung von Verschlusssachen findet nicht diese Regelung, sondern die Sonderregelung des § 7 VSVgV Anwendung.

## II. Begriffe

### 1. Vertraulichkeit

5   Die Vorschrift regelt den Umgang mit Unterlagen, die zwar „vertraulich" sind, aber keine offizielle Einstufung als Verschlusssache haben.

6   **Vertraulich** sind solche **Informationen**, die nach der Verkehrsanschauung nicht nach außen dringen dürfen und deren Offenlegung zu benennende, nachteilige Auswirkungen hätten.[1] Beispielhaft werden technische Geheimnisse und Betriebsgeheimnisse genannt, aber auch Geschäftsgeheimnisse sind gemeint.[2]

7   Eine bloß als „vertraulich" eingestufte Information im Sinne dieser Vorschrift unterfällt damit nicht den Kategorien der Verschlusssache. Der Umgang mit Verschlusssachen wird in § 7 VSVgV geregelt.

Eine Klausel, die die interessierten Unternehmen zur vertraulichen Behandlung der Vergabeunterlagen verpflichtet, ist bei öffentlichen Ausschreibungen allgemein üblich. Ziel der Klausel ist es sicherzustellen, dass die Unterlagen nur denjenigen Unternehmen zugänglich gemacht werden, die ein Interesse an dem Auftrag haben.[3]

### 2. Verschlusssachen

8   **Verschlusssachen** sind gem. § 4 Gesetz über die Voraussetzungen und das Verfahren von Sicherheitsüberprüfungen des Bundes (SÜG) im öffentlichen Interesse geheimhaltungsbedürftige Tatsachen, Gegenstände oder Erkenntnisse, unabhängig von ihrer Darstellungsform, die entsprechend ihrer Schutzbedürftigkeit von einer amtlichen Stelle oder auf deren Veranlassung eingestuft werden, vgl. § 4 Abs. 1, 8 Abs. 1 SÜG. Die Sicherheitsüberprüfungsgesetze der Länder haben diese Definition übernommen. Zu den Einzelheiten siehe Kommentierung zu § 99 GWB, Rn. 44 ff.

---

1   OVG Nordrhein-Westfalen, 5.6.2012 – 13a F 17/11.
2   Zu den Begrifflichkeiten vgl. OLg Düsseldorf, 28.12.2007 – Verg 40/07.
3   VK Bund, 8.11.2011 – VK 3 – 134/11.

## III. Verpflichtung der Auftraggeber (Absatz 2)

§ 6 Abs. 2 VSVgV übernimmt den Inhalt des Art. 6 Richtlinie 2009/81/EG. 9

Die Vorschrift verpflichtet Auftraggeber grundsätzlich zur Geheimhaltung von als vertraulich gekennzeichneten Informationen der Bewerber, Bieter und des Auftragnehmers.

### 1. Grundsatz: Geheimhaltung

Nach § 6 Abs. 2 VSVgV dürfen Auftraggeber grundsätzlich keine von den weiteren Beteiligten des Vergabeverfahrens bzw. dem späteren Auftragnehmer übermittelte und von diesen als vertraulich eingestufte Information weitergeben. Geheimhaltung in diesem Sinne bedeutet die Unterlagen durch besondere Sicherheitsmaßnahmen vor dem Zugriff von Unbefugten zu schützen. 10

Dies gilt insbesondere für technische Geheimnisse und Betriebsgeheimnisse, aber auch weitere vertrauliche Informationen, wie bspw. Referenzen. 11

**PRAXISTIPP** 12

*Die sich am Verfahren beteiligenden Unternehmen sollten die in ihren Unterlagen enthaltenen Betriebs- und Geschäftsgeheimnisse sowie alle weiteren vertraulichen Informationen sorgfältig als solche kennzeichnen, um eine – auch versehentliche – Weitergabe zu unterbinden.*

*Dies gilt nicht nur für das Verhältnis zum Auftraggeber, sondern im Rahmen eines möglichen Nachprüfungsverfahrens auch für die Vergabekammer, die die Vergabeakte regelmäßig in Gänze – und damit mit allen Angeboten, soweit diese bereits vorliegen – erhält.*

### 2. Andere Rechtsvorschriften

Auskunftsansprüche aus anderen Rechtsvorschriften gegen den Auftraggeber können sich bspw. aus den Informationsfreiheitsgesetzen des Bundes oder der Länder ergeben, soweit der Auftraggeber Behörde im Sinne des jeweiligen Anwendungsbereichs des Gesetzes ist. 13

#### a) Voraussetzungen

Nach § 1 Gesetz zur Regelung des Zugangs zu Informationen des Bundes (IFG Bund) betrifft diese Auskunftsverpflichtung 14

- Behörden des Bundes;
- sonstige Bundesorgane und -einrichtungen, soweit sie öffentlich-rechtliche Verwaltungsaufgaben wahrnehmen;
- natürliche oder juristische Personen des Privatrechts, soweit eine Behörde sich dieser Person zur Erfüllung ihrer öffentlich-rechtlichen Aufgaben bedient.

Grundsätzlich gibt es einen **unbedingten Anspruch auf Zugang zu amtlichen Informationen** (vgl. § 2 Nr. 1 IFG Bund) gegenüber diesen Behörden, § 1 Abs. 1 IFG Bund. Amtliche Informationen beinhalten auch Informationen über Beschaffungen und deren 15 vertragliche Grundlagen, soweit diese im Zusammenhang mit einer der Behörde zugewiesenen behördlichen Aufgabe (bspw. Materialbeschaffung) stehen.

16 Die Weitergabe der begehrten amtlichen Information kann zum Schutz von besonderen öffentlichen Belangen aus den in § 3 IFG Bund genannten Gründen versagt werden. Derartige Gründe sind unter anderem

- *militärische und sonstige sicherheitsempfindliche Belange der Bundeswehr* (§ 3 Nr. 1 lit. b) IFG Bund)
- *Belange der inneren oder äußeren Sicherheit* (§ 3 Nr. 1 lit. c) IFG Bund)
- *vertraulich erhobene oder übermittelte Informationen, soweit das Interesse des Dritten an einer vertraulichen Behandlung im Zeitpunkt des Antrags auf Informationszugang noch fortbesteht* (§ 3 Nr. 7 IFG Bund).

17 Außerdem kann der Zugang zu Informationen, denen der Schutz geistigen Eigentums entgegensteht, gem. § 6 Satz 1 IFG Bund verwehrt werden. Der Zugang zu Betriebs- oder Geschäftsgeheimnissen darf nur gewährt werden, soweit der Betroffene eingewilligt hat, vgl. § 6 Satz 2 IFG Bund.

18 Um seinen Verpflichtungen aus § 6 Abs. 2 VSVgV nachzukommen, muss der Auftraggeber sich im Falle eines Auskunftsverlangens nach IFG wenigstens auf einen anwendbaren Grund zur Verweigerung der Auskunft – wie bspw. § 3 Nr. 7 IFG Bund oder § 6 Satz 2 IFG Bund – berufen, es sei denn, es liegt eine der unter unten Nr. III genannten Ausnahmen vor.

19 Dabei kann ein ggf. angerufenes Gericht die grundsätzlich im Beurteilungsspielraum der Behörde liegende Einstufung einer Information als dem Anspruch auf Informationsherausgabe entgegenstehend zwar überprüfen. Diese Überprüfung hat aber enge Grenzen. Das Gericht kann nur nachprüfen, ob die Behörde von einem zutreffend und vollständig ermittelten Sachverhalt ausgegangen ist, ihre Beurteilung einleuchtend begründet und keine offensichtlich fehlerhafte, insbesondere in sich widersprüchliche Einschätzung getroffen hat.[4]

### b) Die VSVgV als speziellere Norm?

20 Ob eine Berufung auf § 6 Abs. 2 VSVgV als Rechtfertigung der Auskunftsverweigerung im Sinne des § 1 Abs. 3 IFG Bund anerkannt werden würde, ist nach der bisherigen Rechtsprechung zum IFG Bund nicht (abschließend) entschieden.

21 § 1 Abs. 3 IFG Bund regelt, dass das IFG gegenüber Regelungen in anderen Rechtsvorschriften über den Zugang zu amtlichen Informationen subsidiär anzuwenden ist. Sollte die VSVgV daher als speziellere Norm einzustufen sein, könnte sie als Rechtfertigung der Auskunftsverweigerung herangezogen werden. Dann wäre der Anwendungsbereich des IFG bereits nicht eröffnet und ein Anspruch könnte daraus nicht hergeleitet werden.

22 Für die VOL/A wurde dies in der Rechtsprechung nicht anerkannt, da diese den Informationszugang in Bezug auf die dem Auftraggeber innerhalb und außerhalb eines Vergabeverfahrens zugehenden Unterlagen weder vollumfänglich noch abschließend regelt.[5]

---

4 VG Berlin, 10.2.2011 – 2 K 23.10 m.V.a. BVerwG, 29.10.2009 – 7 C 22.08.
5 VG Stuttgart, 17.5.2011 – 13 K 3505/09 m.V.a. BVerwG, 9.11.2010 – 7 B 43/10.

Für die VSVgV trifft diese Aussage jedoch so gerade nicht zu. § 6 Abs. 2 VSVgV regelt – anders als der zeitlich und inhaltlich auf bestimmte Dokumente begrenzte § 14 Abs. 3 VOL/A – eine zeitlich unbegrenzte und inhaltlich nicht auf bestimmte Dokumente begrenzte Regelung zur Weitergabe vertraulicher Informationen.

Jedoch muss berücksichtigt werden, dass nach der restriktiven Rechtsprechung des Bundesverwaltungsgerichts das IFG nur durch Normen verdrängt wird, die einen mit § 1 Abs. 1 IFG identischen sachlichen Regelungsgegenstand aufweisen.[6]

§ 6 VSVgV regelt die Weitergabe von Informationen und kann insofern den Zugang zu amtlichen Informationen betreffen. Jedoch wird gerade die Vertraulichkeit der Unterlagen – und mithin eine Einschränkung des Zugangs – geregelt, nicht aber der Anspruch auf Zugang selbst. Zudem bestimmt das IFG die einzuwendenden Schutztatbestände, wie die Vertraulichkeit von Informationen aufgrund enthaltener Betriebs- und Geschäftsgeheimnisse oder Verschlusssachen, bereits selbst, so dass für die Notwendigkeit einer vorrangigen Geltung eines Fachgesetzes kein Raum verbleibt.

Die VSVgV ist daher nicht geeignet als gegenüber dem IFG speziellere Rechtsvorschrift einen Auskunftsanspruch nach dem IFG zu verhindern.

### 3. Ausnahmen zur Gestattung der Weitergabe von Informationen

#### a) Ausnahmen der VSVgV

Ausnahmen von dem Grundsatz der Geheimhaltung des § 6 Abs. 2 VSVgV gelten, soweit sie in der VSVgV bestimmt sind. Dies betrifft insbesondere die Vorschriften der §§ 35 und 36 VSVgV und die darin enthaltenen Pflichten des Auftraggebers über die Information über vergebene Aufträge.

**PRAXISTIPP**

*Der Auftraggeber muss dies insbesondere bei der Erstellung und Veröffentlichung der ex-post Bekanntmachung (vgl. § 35 VSVgV) bedenken. Hier kann bspw. im Einzelfall die Angabe im DE Standardformular 18 in Nr. II.2) Endgültiger Gesamtauftragswert als Weitergabe eines Geschäftsgeheimnisses eingestuft werden. Es ist in diesen Fällen ratsam, stattdessen die im Standardformular vorgesehene Möglichkeit zu nutzen, den Wert des niedrigsten und höchsten Angebots, das berücksichtigt wurde, anzugeben.*

#### b) Vertragliche Regelungen: Vertraulichkeitsvereinbarungen

Die Verpflichtung zur Unterlassung der Weitergabe vertraulicher Informationen gilt gem. § 6 Abs. 2 VSVgV „vorbehaltlich vertraglich erworbener Rechte".

Der Auftraggeber kann daher durch die Schließung einer Vertraulichkeitsvereinbarung (auch Geheimhaltungsvereinbarung oder Non-Disclosure-Agreement genannt) bereits vor Übersendung der Vergabeunterlagen regeln, welche Informationen ggf. an wen in welcher Form weiter gegeben werden dürfen und welche nicht.

---

6   BVerwG, 3.11.2011 – 7 C 4.11.

**31** > **PRAXISTIPP**
>
> Der Auftraggeber kann zu seiner Absicherung eine Vertraulichkeitsvereinbarung von den Unternehmen unterzeichnen lassen, in der die Einzelheiten des Umgangs mit vertraulichen Informationen ausdrücklich für das gesamte Vergabeverfahren geregelt werden.
>
> In dieser Vereinbarung sollte vor allem
>
> - eine ausdrückliche und klare Definition der davon umfassten „vertraulichen Informationen",
>
> - eine ausdrückliche und klare Regelung, was „Vertraulichkeit" umfasst, bspw. eine Beschränkung des Zugangs zu vertraulichen Informationen auf Mitarbeiter, für die dies zur Erstellung des Teilnahmeantrags und des Angebots sowie die Durchführung der notwendigen Verhandlungen notwendig ist,
>
> - der Umgang mit übergebenen Papierunterlagen bzw. elektronischen Daten, die Art der Speicherung bzw. Vervielfältigung und deren Rückgabe bzw. deren datenschutzgerechte Löschung/Vernichtung,
>
> - die Vereinbarungsdauer,
>
> geregelt sein.

## IV. Verpflichtung der beteiligten Unternehmen (Absatz 3)

**32** Die Vorschrift verpflichtet die am Vergabeverfahren – sei es als Bewerber, Bieter oder Auftragnehmer – beteiligten Unternehmen zur grundsätzlich vertraulichen Behandlung von Informationen der Auftraggeber.

**33** § 6 Abs. 3 VSVgV hat keine Basis in Richtlinie 2009/81/EG.

### 1. Grundsatz: keine Weitergabe vertraulicher Informationen

**34** Nach § 6 Abs. 3 VSVgV dürfen am Vergabeverfahren beteiligte Unternehmen grundsätzlich keine vom Auftraggeber übermittelten und von diesen als vertraulich eingestuften Informationen weitergeben.

**35** Die förmlichen Verfahren, die Unternehmen zur Schaffung, Aufrechterhaltung und Abwicklung sämtlicher Maßnahmen, die für den Schutz von Informationen, dem so genannten Geheimschutz, vorgegeben werden können, sind im Wesentlichen für den Schutz von Verschlusssachen entwickelt worden.

**36** Ein Unternehmen muss indes nicht die Aufnahme in die Geheimschutzbetreuung des Bundes beantragen, um die Vertraulichkeit der ihm vom Auftraggeber überlassenen Angaben und Unterlagen sicherzustellen und zu beweisen. Es muss aber die Informationssicherheit gewährleisten, das heißt insbesondere eine Weitergabe der erhaltenen Informationen an Dritte, deren anderweitige Verwendung oder Verwertung effektiv verhindern und ggf. interne Betriebsabläufe dahingehend anpassen.

## BEISPIELE

- Implementierung des Grundschutz-Konzepts des Bundesamtes für Sicherheit in der Informationstechnik
- Implementierung und ggf. Zertifizierung eines Informationssicherheit-Managementsystems, bspw. nach ISO/IEC 27002

### 2. Ausnahme: bedingte Weitergabe an Unterauftragnehmer

Eine ausdrückliche Ausnahme sieht § 6 Abs. 3 Satz 1 VSVgV für die Weitergabe von der als vertraulich eingestuften Information an potenzielle Unterauftragnehmer vor, soweit dies für die Erstellung des Teilnahmeantrags, des Angebots oder die Auftragsausführung erforderlich ist. Dabei muss das sich an dem Vergabeverfahren beteiligende Unternehmen den Unterauftragnehmer grundsätzlich in demselben Umfang zur Vertraulichkeit verpflichten, wie es selbst gegenüber dem Auftraggeber verpflichtet ist. 37

Der Auftraggeber kann nach § 6 Abs. 3 VSVgV im Einzelfall weitergehende Anforderungen zur Wahrung der Vertraulichkeit in der Informationsweitergabe an Unterauftragnehmer stellen, soweit diese mit dem Auftragsgegenstand im sachlichen Zusammenhang stehen und durch ihn gerechtfertigt sind. 38

## § 7
## Anforderungen an den Schutz von Verschlusssachen durch Unternehmen

(1) Im Falle eines Verschlusssachenauftrags im Sinne des § 99 Absatz 9 des Gesetzes gegen Wettbewerbsbeschränkungen müssen Auftraggeber in der Bekanntmachung oder den Vergabeunterlagen die erforderlichen Maßnahmen, Anforderungen und Auflagen benennen, die ein Unternehmen als Bewerber, Bieter oder Auftragnehmer sicherstellen oder erfüllen muss, um den Schutz von Verschlusssachen entsprechend dem jeweiligen Geheimhaltungsgrad zu gewährleisten. Auftraggeber müssen in der Bekanntmachung oder den Vergabeunterlagen auch die erforderlichen Maßnahmen, Anforderungen und Auflagen benennen, die Unterauftragnehmer sicherstellen müssen, um den Schutz von Verschlusssachen entsprechend dem jeweiligen Geheimhaltungsgrad zu gewährleisten, und deren Einhaltung der Bewerber, Bieter oder Auftragnehmer mit dem Unterauftragnehmer vereinbaren muss.

(2) Auftraggeber müssen insbesondere verlangen, dass der Teilnahmeantrag oder das Angebot folgende Angaben enthält:

1. Wenn der Auftrag Verschlusssachen des Geheimhaltungsgrades „VS-VERTRAULICH" oder höher umfasst, Erklärungen des Bewerbers oder Bieters und der bereits in Aussicht genommenen Unterauftragnehmer,

    - ob und in welchem Umfang für diese Sicherheitsbescheide des Bundesministeriums für Wirtschaft und Technologie oder entsprechender Landesbehörden bestehen oder

    - dass sie bereit sind, alle notwendigen Maßnahmen und Anforderungen zu erfüllen, die zum Erhalt eines Sicherheitsbescheids zum Zeitpunkt der Auftragsausführung vorausgesetzt werden.

2. Verpflichtungserklärungen

des Bewerbers oder Bieters und

der bereits in Aussicht genommenen Unterauftragnehmer

während der gesamten Vertragsdauer sowie nach Kündigung, Auflösung oder Ablauf des Vertrags den Schutz aller in ihrem Besitz befindlichen oder ihnen zur Kenntnis gelangter Verschlusssachen gemäß den einschlägigen Rechts- und Verwaltungsvorschriften zu gewährleisten;

3. Verpflichtungserklärungen des Bewerbers oder Bieters, von Unterauftragnehmern, an die er im Zuge der Auftragsausführung Unteraufträge vergibt, Erklärungen und Verpflichtungserklärungen gemäß den Nummern 1 und 2 einzuholen und vor der Vergabe des Unterauftrags den Auftraggebern vorzulegen.

(3) Muss einem Bewerber, Bieter oder bereits in Aussicht genommenen Unterauftragnehmern für den Teilnahmeantrag oder das Erstellen eines Angebotes der

Zugang zu Verschlusssachen des Geheimhaltungsgrades „VS-VERTRAULICH" oder höher gewährt werden, verlangen Auftraggeber bereits vor Gewährung dieses Zugangs einen Sicherheitsbescheid vom Bundesministerium für Wirtschaft und Technologie oder von entsprechenden Landesbehörden und die Verpflichtungserklärungen nach Absatz 2 Nummer 2 und 3. Kann zu diesem Zeitpunkt noch kein Sicherheitsbescheid durch das Bundesministerium für Wirtschaft und Technologie oder durch entsprechende Landesbehörden ausgestellt werden und machen Auftraggeber von der Möglichkeit Gebrauch, Zugang zu diesen Verschlusssachen zu gewähren, müssen Auftraggeber die zum Einsatz kommenden Mitarbeiter des Unternehmens überprüfen und ermächtigen, bevor diesen Zugang gewährt wird.

(4) Muss einem Bewerber, Bieter oder bereits in Aussicht genommenen Unterauftragnehmern für den Teilnahmeantrag oder das Erstellen eines Angebots der Zugang zu Verschlusssachen des Geheimhaltungsgrades „VS-NUR FÜR DEN DIENSTGEBRAUCH" gewährt werden, verlangen Auftraggeber bereits vor Gewährung dieses Zugangs die Verpflichtungserklärungen nach Absatz 2 Nummer 2 und 3.

(5) Kommt der Bewerber oder Bieter dem Verlangen des Auftraggebers nach den Absätzen 3 und 4 nicht nach, die Verpflichtungserklärungen vorzulegen, oder können auch im weiteren Verfahren weder ein Sicherheitsbescheid vom Bundesministerium für Wirtschaft und Technologie oder von entsprechenden Landesbehörden ausgestellt noch Mitarbeiter zum Zugang ermächtigt werden, müssen Auftraggeber den Bewerber oder Bieter von der Teilnahme am Vergabeverfahren ausschließen.

(6) Auftraggeber können Bewerbern, Bietern oder bereits in Aussicht genommenen Unterauftragnehmern, die noch nicht in der Geheimschutzbetreuung des Bundesministeriums für Wirtschaft und Technologie oder entsprechender Landesbehörden sind oder deren Personal noch nicht überprüft und ermächtigt ist, zusätzliche Zeit gewähren, um diese Anforderungen zu erfüllen. In diesem Fall müssen Auftraggeber diese Möglichkeit und die Frist in der Bekanntmachung mitteilen.

(7) Das Bundesministerium für Wirtschaft und Technologie erkennt Sicherheitsbescheide und Ermächtigungen anderer Mitgliedstaaten an, wenn diese den nach den Bestimmungen des Sicherheitsüberprüfungsgesetzes und des § 21 Absatz 4 und 6 der Allgemeinen Verwaltungsvorschrift des Bundesministeriums des Innern zum materiellen und organisatorischen Schutz von Verschlusssachen[1] erforderlichen Sicherheitsbescheiden und Ermächtigungen gleichwertig sind. Auf begründetes Ersuchen der auftraggebenden Behörde hat das Bundesministerium für Wirtschaft und Technologie weitere Untersuchungen zur Sicherstellung des Schutzes von Verschlusssachen zu veranlassen und deren Ergebnisse zu berücksichtigen. Das Bundesministerium für Wirtschaft und Technologie kann im Einvernehmen mit der Nationalen Sicherheitsbehörde für den Geheimschutz von weiteren Ermittlungen absehen.

---

1  VS-Anweisung – VSA vom 31.3.2006 in der Fassung vom 26. April 2010 (GMBl 2010 S. 846).

(8) Das Bundesministerium für Wirtschaft und Technologie kann die Nationale Sicherheitsbehörde des Landes, in dem der Bewerber oder Bieter oder bereits in Aussicht genommene Unterauftragnehmer ansässig ist, oder die Designierte Sicherheitsbehörde dieses Landes ersuchen, zu überprüfen, ob die voraussichtlich genutzten Räumlichkeiten und Einrichtungen, die vorgesehenen Produktions- und Verwaltungsverfahren, die Verfahren zur Behandlung von Informationen oder die persönliche Lage des im Rahmen des Auftrags voraussichtlich eingesetzten Personals den einzuhaltenden Sicherheitsvorschriften entsprechen.

## Übersicht

| | | Rn. |
|---|---|---|
| I. | Allgemeines | 1 |
| II. | Begriffe und Voraussetzungen | 8 |
| | 1. Verschlusssachen | 8 |
| | 2. Sicherheitsbescheid | 10 |
| |    a) Vorlagefähigkeit | 11 |
| |    b) Voraussetzungen | 12 |
| |       aa) Sicherheitsbevollmächtigter | 13 |
| |       bb) Materieller Geheimschutz | 15 |
| |       cc) Personeller Geheimschutz | 19 |
| |    c) Ermächtigung von Mitarbeitern | 25 |
| III. | Anforderungen im Einzelnen | 26 |
| | 1. Veröffentlichungspflicht (Absatz 1) | 26 |
| | 2. Verschlusssache VS-VERTRAULICH oder höher (Absatz 2, 3) | 33 |
| |    a) Zugang zu Verschlusssachen für den Teilnahmewettbewerb (Absatz 3) | 36 |
| |    b) Zugang zu Verschlusssachen zur Auftragsdurchführung (Absatz 2) | 40 |
| | 3. VS-NUR FÜR DEN DIENSTGEBRAUCH (Absatz 4) | 45 |
| | 4. Rechtsfolge der Nichtvorlage: zwingender Ausschluss (Absatz 5) | 51 |
| | 5. Zusätzliche Zeit für Unternehmen ohne Sicherheitsbescheid (Absatz 6) | 56 |
| | 6. Anerkennung ausländischer Nachweise (Absatz 7) | 61 |
| | 7. Überprüfung ausländischer Unternehmen (Absatz 8) | 65 |

## I. Allgemeines

§ 7 VSVgV beruht auf Art. 7 und 22 Richtlinie 2009/81/EG. Die Umsetzung beschränkt sich auf den Schutz von Verschlusssachen zum Zwecke des Geheimschutzes. Sonstige Aspekte der Informationssicherheit werden in § 6 Abs. 1 und 3 VSVgV geregelt.   **1**

**Parallelnormen** sind im allgemeinen Vergaberecht nicht ersichtlich, aber für Bauleistungen in § 2 VS Abs. 6, § 6 Abs.3 Nr. 7 und § 8 VS Abs. 3 VOB/A enthalten.   **2**

Die Vorschrift richtet sich ausdrücklich an alle Beteiligten eines Vergabeverfahrens, seien es Auftraggeber, Bewerber, Bieter oder Auftragnehmer, vgl. § 7 Abs. 1 VSVgV. Es werden   **3** zudem spezifisch zur Sicherstellung der Informationssicherheit erforderliche Eignungskriterien aufgestellt.

4 Die Anforderungen an den Schutz von Verschlusssachen durch Unternehmen, die aufgrund ihrer Beauftragung Zugang zu Verschlusssachen erhalten können, sind im „Handbuch für den Geheimschutz in der Wirtschaft" (**Geheimschutzhandbuch**) des Bundesministeriums für Wirtschaft und Technologie (BMWi) geregelt.[1]

5 Die Regelungen des Geheimschutzhandbuchs sind – unabhängig davon, dass das Geheimschutzhandbuch vom VS-„Auftragnehmer" spricht – bereits im Rahmen eines Vergabeverfahrens durch alle Beteiligten zu berücksichtigen.

6 Gem. Nr. 1.8.1 Abs. 2 Geheimschutzhandbuch sind die Pflichten zum Schutz von Verschlusssachen jedoch bereits unabhängig vom Zustandekommen eines Vertrages ab dem Zeitpunkt der Möglichkeit der Kenntnisnahme von Verschlusssachen (bspw. im Rahmen von Bewerbungen, Verhandlungen, Angebotsausarbeitungen) anzuwenden.

7 Nicht in der VSVgV geregelt ist die Verpflichtung des Auftraggebers zur Sicherstellung der Informationssicherheit auch nach Vertragsschluss. Diese ergibt sich aber aus Nr. 1.3 Abs. 3 Geheimschutzhandbuch, der die Aufnahme einer **Geheimschutzklausel**[2] in den Vertrag vorsieht.

## II. Begriffe und Voraussetzungen

### 1. Verschlusssachen

8 Zur Definition von **Verschlusssachen** (VS) siehe Kommentierung zu § 99 GWB, Rn. 41 ff. Verschlusssachen können in verschiedenen Darstellungsformen – als Dokumente und Informationen jeglicher Art (bspw. Papier – Niederschriften, Mitteilungen Skizzen, Karten etc. – Filme, Fotos, elektronische Dateien) sowie Geräte und IT-System (komponenten) vorliegen.

9 Zur Definition eines **Verschlusssachenauftrags** im Sinne des § 99 Abs. 9 GWB siehe Kommentierung zu § 99 GWB, Rn. 42.

### 2. Sicherheitsbescheid

10 Einen **Sicherheitsbescheid** erhalten Unternehmen, wenn sie das Verfahren zur Aufnahme in die Geheimschutzbetreuung durchlaufen und sie die erforderlichen materiellen und personellen Sicherheitsmaßnahmen im Unternehmen umgesetzt haben.[3]

#### a) Vorlagefähigkeit

11 Das Geheimschutzhandbuch regelt zwar, dass der Sicherheitsbescheid nicht kopiert oder Dritten zugänglich gemacht werden darf.[4] Diese Verbote können im Rahmen der Teilnahme an einem Vergabeverfahren nicht aufrechterhalten werden, da die Erstellung eines Originals für jede Bewerbung wohl kaum gewollt sein kann.

---

[1] Für dessen Zuständigkeit vgl. § 25 Abs. 1 SÜG.
[2] Wortlaut in Anlage 2 zum Geheimschutzhandbuch.
[3] Vgl. zu den Voraussetzungen Nr. 2.4.1.1 Geheimschutzhandbuch.
[4] Vgl. Nr. 2.4.1.1 Geheimschutzhandbuch.

## b) Voraussetzungen

Grundsätzlich werden die Unternehmen überprüft und müssen sich zertifizieren lassen, die für die Erstellung eines Teilnahmeantrags oder Angebots oder die Durchführung eines Auftrags Zugang zu VS, die als STRENG GEHEIM, GEHEIM oder VS-VERTRAULICH eingestuft sind, erhalten müssen.

### aa) Sicherheitsbevollmächtigter

Für die Erteilung eines Sicherheitsbescheids für Unternehmen ist zunächst die Benennung eines geeigneten Unternehmensangehörigen als Sicherheitsbevollmächtigter (= zentrales Sicherheitsorgan des Unternehmens[5]) erforderlich und die Bestellung mindestens eines Vertreters.[6]

Der Sicherheitsbevollmächtigte ist abschließend für die Planung, Genehmigung, Durchführung und Überwachung aller Maßnahmen zum Schutz von VS bei VS-Aufträgen, VS-Unteraufträgen und sonstigen Anlässen verantwortlich.[7]

### bb) Materieller Geheimschutz

In materieller Hinsicht müssen für die Erteilung eines Sicherheitsbescheids die erforderlichen materiellen Geheimschutzmaßnahmen realisiert worden sein.

Der materielle Geheimschutz umfasst alle Maßnahmen technischer und organisatorischer Art, die bewirken sollen, dass unter Beachtung des Grundsatzes „Kenntnis nur, wenn nötig" ausschließlich ausreichend VS-Ermächtigte Kenntnis von VS erhalten bzw. erhalten können.[8] Ziel aller dieser Maßnahmen ist es zu verhindern, dass Unbefugte Zugang zu VS erlangen können.

Dabei trägt jede Person, der eine VS anvertraut oder zugänglich gemacht worden ist, die persönliche Verantwortung für ihre sichere Verwahrung und vorschriftsmäßige Behandlung.

Zur Sicherstellung des materiellen Geheimschutzes sind insbesondere folgende thematisch sortierten Absicherungsmaßnahmen zu beachten:

- **Erstellung von VS**[9] und **Vervielfältigung**[10]: Die Vervielfältigung (Erstellung von Druckerzeugnissen und sonstigen Abdrucken, Fotokopien, Abschriften, Auszügen oder Vervielfältigungen von VS-Schriftgut (einschließlich VS-Zeichnungen o.ä.);[11] und die Herstellung so genannten VS-Zwischenmaterials (wie Vorentwürfe, Tonträger, Schablonen, Folien, Fehldrucke, Ausdrucke der Datenverarbeitung, soweit sie bereits zu schützende Informationen enthalten) gelten als Erstellung von VS.
  Dabei müssen Bürogeräte (z.B. Kopier-, IT- und Kommunikations-Geräte, Aktenvernichter), die zur Erstellung und Bearbeitung (einschließlich Vernichtung) von VS eingesetzt werden, besonderen Sicherheitsanforderungen des BMWi entsprechen.

---

5   Vgl. Nr. 3.1 des Geheimschutzhandbuchs.
6   Vgl. Nr. 2.4.1.1 Geheimschutzhandbuch.
7   Vgl. Nr. 3.3.1 Geheimschatzhandbuch.
8   Vgl. Nr. 6.1 Geheimschutzhandbuch.
9   Vgl. Nr. 6.3 Geheimschutzhandbuch und Anlage 45 zum Geheimschutzhandbuch.
10  Vgl. Nr. 6.5 Geheimschutzhandbuch.
11  Für elektronisch gespeicherte VS siehe Anlage 37 zum Geheimschutzhandbuch.

- Sofern Menge, Art und Umfang der VS es erfordern: Einrichtung von VS-**Kontrollzonen**[12], das heißt einzelne oder mehrere zusammenhängende Räume, Gebäude oder Gebäudegruppen zur Bearbeitung von VS.

- **Kennzeichnung**[13]: VS sind mit ihrem amtlich festgelegten Geheimhaltungsgrad ungekürzt und gut sichtbar zu kennzeichnen. Es sind unternehmensinterne VS-Vervielfältigungsanweisungen zu erstellen.[14]

- **Verwaltung**[15]: Die Verwaltung der VS muss alle VS eines Unternehmens erfassen, die in das VS-Bestandsverzeichnis (VS-Tagebuch[16], VS-Ausfertigungs- und Vervielfältigungsnachweis[17] in Buchform) aufzunehmen sind.

- Änderung des Geheimhaltungsgrades, Rückgabe und **Vernichtung**.[18]

- **Verwahrung von VS**[19]: VS sind zentral in technisch oder personell bewachten VS-Verwahrgelassen[20] oder VS-Sperrzonen[21] zu verwahren.

- **Sicherung** der Schlüssel und Zahlenkombinationen.[22]

- **Weitergabe, Versendung und Beförderung** von VS.[23]

- **VS auf IT-Systemen**[24]: Die Verarbeitung von VS auf IT-Systemen bedarf der Einwilligung des BMWi. Zum Schutz von VS auf IT-Systemen sind ergänzend zum allgemeinen materiellen Geheimschutz besondere Sicherheitsvorkehrungen erforderlich. Bspw. müssen IT-Systeme, auf denen VS gespeichert oder bearbeitet werden, über ein Zugangs- und Zugriffskontrollsystem verfügen. Dieses muss sicherstellen, dass nur Befugte im Rahmen der ihnen erteilten Zugriffsrechte Zugang erhalten und auf VS zugreifen können.
  Es muss eine unternehmensinterne informationstechnischen Geheimschutzanweisung erstellt werden.[25]

- Vorkehrungen für den Not-, Katastrophen-, Alarm- und Verteidigungsfall.[26]

cc) Personeller Geheimschutz

**19** Zusätzlich sind Maßnahmen des Personellen Geheimschutzes einzuhalten. Diese sind darauf ausgerichtet, Personen, die mit VS arbeiten müssen, zum Zugang zu VS zu ermächtigen. Sie umfasst die Sicherheitsüberprüfung (einschließlich Aktualisierung/Wiederholungsüberprüfung) von bei einem in Deutschland ansässigen Unternehmen beschäftigten Personen, die Zugang zu VS erhalten sollen oder sich im Rahmen ihrer Aufgaben im Unternehmen verschaffen können, und ihre Ermächtigung.[27]

---

12  Vgl. Nr. 6.3 Geheimschutzhandbuch und Anlage 32 zum Geheimschutzhandbuch.
13  Vgl. Nr. 6.4 Geheimschutzhandbuch und Anlagen 42-44 zum Geheimschutzhandbuch.
14  Vgl. Anlage 45 zum Geheimschutzhandbuch.
15  Vgl. Nr. 6.6 Geheimschutzhandbuch.
16  Vgl. Anlage 47 zum Geheimschutzhandbuch.
17  Vgl. Anlagen 46 und 48 zum Geheimschutzhandbuch.
18  Vgl. Nr. 6.7 Geheimschutzhandbuch.
19  Vgl. Nr. 6.8 Geheimschutzhandbuch.
20  Vgl. Anlage 57 zum Geheimschutzhandbuch.
21  Vgl. Anlage 34 zum Geheimschutzhandbuch.
22  Vgl. Nr. 6.9 Geheimschutzhandbuch und Anlage 57 zum Geheimschutzhandbuch.
23  Vgl. Nr. 6.10 Geheimschutzhandbuch und Anlagen 61-60 zum Geheimschutzhandbuch.
24  Vgl. Nr. 6.11 Geheimschutzhandbuch und Anlagen 37, 56, 69 und 70 zum Geheimschutzhandbuch.
25  Vgl. Anlage 69 zum Geheimschutzhandbuch.
26  Vgl. Nr. 6.12 Geheimschutzhandbuch.
27  Vgl. Nr. 4.1.1 Geheimschutzhandbuch.

Hinweise, Erläuterungen und Regelungen zur Ausführung der gesetzlichen Vorschriften zum Personellen Geheimschutz ergeben sich neben dem Geheimschutzhandbuch auch aus der Allgemeinen Verwaltungsvorschrift des BMWi zur Ausführung des Gesetzes über die Voraussetzungen und das Verfahren von Sicherheitsüberprüfungen des Bundes Sicherheitsüberprüfungsgesetz (SÜG) vom 20. April 1994 (BGBl. I S. 867 ff) i.d.F. der Änderungen vom 15. Juni 1998.

Der **Inhalt der Prüfung** variiert dabei nach Geheimschutzstufe der Unterlagen, zu denen Zugang gewährt werden soll:[28]

- einfache Sicherheitsüberprüfung (Ü 1) – Zugang zu VS-VERTRAULICH eingestuften VS,
- erweiterte Sicherheitsüberprüfung (Ü 2) – Zugang zu GEHEIM eingestuften VS, oder
- erweiterte Sicherheitsüberprüfung mit Sicherheitsermittlungen (Ü 3) – zu STRENG GEHEIM eingestuften VS.

**Zu überprüfende Personen** sind:

- Mitarbeiter, die Zugang zu VS erhalten müssen bspw. zur Angebotserstellung, nach dem Grundsatz: „Kenntnis nur, wenn nötig",[29]
- Unternehmensorgane.[30]

**Zuständig für die Beantragung** der Sicherheitsüberprüfung ist der Sicherheitsbeauftragte des Unternehmens.[31]

Besondere Regelungen sind dabei zu beachten für Mitarbeiter von in Deutschland ansässigen Unternehmen, die nicht die deutsche Staatsangehörigkeit besitzen.[32] Zudem kann gem. Nr. 2.3.4 Geheimschutzhandbuch das BMWi im Falle ausländischen Einflusses auf das betreffende Unternehmen, bspw. bei ausländischen Kapitalbeteiligungen oder Gesellschaftern, Geschäftsführern und Mitglieder von Aufsichtsgremien mit fremder Staatsangehörigkeit, u.a. eine VS-Ermächtigung verweigern oder eine Verpflichtungserklärung dieser (natürlichen und juristischen) Personen zum Verzicht des Zugangs zu VS verlangen.

### c) Ermächtigung von Mitarbeitern

Soweit **nicht mehr als 5 Mitarbeiter** zum Umgang mit VS ermächtigt werden sollen, kann in Ausnahmefällen auf die Zertifizierung des geheimschutzbetreuten Unternehmens verzichtet werden. Dies ist vor allem für Unterauftragnehmer gedacht. Dann können – mit Zustimmung des VS-Auftraggebers und des BMWi – VS-Aufträge bei einem nicht amtlichen VS-Auftraggeber durchgeführt werden, indem die betroffenen Mitarbeiter bei dem jeweiligen VS-Auftraggeber geheimschutzmäßig betreut werden.[33] Voraussetzung ist, dass der Sicherheitsbevollmächtigte des Auftraggebers die VS-Ermächtigung der Mit-

---

28 Vgl. Nr. 4.2.1 Geheimschutzhandbuch.
29 Vgl. Nr. 4.1.2 Geheimschutzhandbuch.
30 Vgl. Nr. 4.1.3 Geheimschutzhandbuch.
31 Vgl. Nr. 4.2.3 Geheimschutzhandbuch.
32 Vgl. Nr. 4.2.3 Abs. 5 Geheimschutzhandbuch; Geheimschutzklausel gem. Anlage 2 zum Geheimschutzhandbuch.
33 Vgl. Nr. 2.3.3 Geheimschutzhandbuch.

arbeiter des Auftragnehmers beantragt sowie die personellen Geheimschutzmaßnahmen durchführt.[34]

## III. Anforderungen im Einzelnen

### 1. Veröffentlichungspflicht (Absatz 1)

26 § 7 Abs. 1 VSVgV setzt sowohl Art. 7 als auch Art. 22 UAbs. 1 Richtlinie 2009/81/EG um.

27 Die Bestimmung verpflichtet den Auftraggeber allgemein die im jeweiligen Einzelfall einzuhaltenden Geheimschutzregelungen im Umgang mit VS sicherzustellen.

28 Dafür muss er den an dem Auftrag interessierten Unternehmen mitteilen, welche Auflagen es zu erfüllen hat, um den Schutz der ihm im Rahmen des Vergabeverfahrens und der Auftragsdurchführung überlassenen VS nach der jeweiligen Geheimhaltungsstufe auch in seinem Verantwortungsbereich sicherzustellen. Zudem muss das Unternehmen verpflichtet werden, diesen Schutz auch beim Einsatz von Unterauftragnehmern zu gewährleisten. Das heißt im Regelfall, auch die Unterauftragnehmer zur Einhaltung und Sicherstellung der jeweils anzuwendenden Schutzmaßnahmen zu verpflichten.[35]

29 Diese Information muss bereits **in der Bekanntmachung** veröffentlicht werden, um dem Transparenzgrundsatz zu genügen, vgl. auch Kommentierung zu § 22 VSVgV, Rn. 5 f.

30 Der Auftraggeber muss (Eigen-)Erklärungen bzw. die Vorlage von Nachweisen

- des Bewerbers mit dem Teilnahmeantrag
- des Bieters mit dem Angebot
- deren jeweiligen, bereits in Aussicht genommenen, Unterauftragnehmers

verlangen.

31 Die gemäß § 7 Abs. 1 VSVgV zu benennenden Maßnahmen, Anforderungen und Auflagen werden in § 7 Abs. 2 bis 4 VSVgV konkretisiert.

32 Dabei werden die erforderlichen Maßnahmen, Anforderungen und Auflagen anhand der Sicherheitsstufe der VS differenziert nach

- VS – NUR FÜR DEN DIENSTGEBRAUCH
- VS-VERTRAULICH, GEHEIM, STRENG GEHEIM.

### 2. Verschlusssache VS-VERTRAULICH oder höher (Absatz 2, 3)

33 § 7 Abs. 2 Nr. 1 und Abs. 3 VSVgV bestimmen die vom einem Auftraggeber im Rahmen eines Verschlusssachenauftrags festzulegenden Voraussetzungen der Gewährung des Zugangs zu VS mit dem Geheimhaltungsgrad VS-VERTRAULICH oder höher.

34 Die Norm beinhaltet sowohl Verpflichtungen des Auftraggebers hinsichtlich der notwendigen Maßnahmen zur Sicherstellung der Geheimhaltung für den Fall, dass Unternehmen bereits für die Erstellung des Teilnahmeantrags oder Angebots Zugang zu VS gewährt

---

[34] Vgl. 4.3.5 Geheimschutzhandbuch und Anlage 39 zum Geheimschutzhandbuch.
[35] Vgl. Nr. 1.13 Abs. 1 Geheimschutzhandbuch.

werden muss (Absatz 3) als auch für den Fall, dass dies erst für die Auftragsausführung erforderlich ist (Absatz 2).

Die Frage, unter welchen Voraussetzungen Unterauftragnehmern, die erst nach Abschluss des Vergabeverfahrens feststehen, der Zugang zu VS eröffnet werden darf, ist nicht Gegenstand der VSVgV, sondern des jeweils anzuwendenden Sicherheitsüberprüfungsgesetzes und der VSA.

### a) Zugang zu Verschlusssachen für den Teilnahmewettbewerb (Absatz 3)

§ 7 Abs. 3 VSVgV regelt den Fall, in dem ein Auftraggeber bereits für die Erstellung des Teilnahmeantrags bzw. Angebots Zugang zu VS des Geheimhaltungsgrades „VS-VERTRAULICH" oder höher gewähren muss.

Der Auftraggeber ist dann verpflichtet, sich vor Gewährung dieses Zugangs

- einen Sicherheitsbescheid vom Bundesministerium für Wirtschaft und Technologie oder von entsprechenden Landesbehörden und
- die Verpflichtungserklärung nach § 7 Abs. 2 Nr. 2 VSVgV zur Wahrung der Geheimhaltung der Verschlusssachen auch nach Beendigung der Vertragsbeziehungen und
- die Verpflichtungserklärung nach § 7 Abs. 2 Nr. 3 VSVgV zur Einbeziehung sämtlicher Unterauftragnehmer, die er im Zuge der Vertragsdurchführung beschäftigt zur Einholung und Vorlage der entsprechenden Erklärungen und Verpflichtungserklärungen

vorlegen zu lassen.

Kann zu diesem Zeitpunkt noch kein Sicherheitsbescheid durch das BMWi oder durch entsprechende Landesbehörden ausgestellt werden und machen Auftraggeber von der Möglichkeit Gebrauch, Zugang zu diesen Verschlusssachen zu gewähren, müssen sie die zum Einsatz kommenden Mitarbeiter des Unternehmens überprüfen und ermächtigen, bevor diesen Zugang gewährt wird.

Diese Verpflichtung des Auftraggebers geht über die optionale Fassung des Art. 22 Abs. 2 der Richtlinie 2009/81/EG hinaus, dient jedoch der Absicherung des Auftraggebers, der nach § 21 Abs. 4 und 6 der Verschlusssachenanweisung (VSA Bund) Zugang zu VS-VETRAULICH oder höher nur unter diesen Voraussetzungen gewähren darf.

### b) Zugang zu Verschlusssachen zur Auftragsdurchführung (Absatz 2)

Bei den genannten Angaben handelt es sich um zwingend durch den Auftraggeber zu fordernde Angaben. Die Forderung dieser Nachweise liegt – anders, als bei den sonstigen zur Sicherstellung der Leistungsfähigkeit der Bieter geforderten Eignungsnachweise – daher nicht im Ermessen des Auftraggebers. Bedingt die Vorbereitung des Teilnahmeantrags bzw. des Angebotes bereits den Zugang zu VS, so muss der Auftraggeber diese Angaben und Nachweise fordern und darf nur solche Unternehmen zur Angebotsabgabe auffordern bzw. den Zuschlag erteilen, die diese Nachweise auch vorlegen.

Es handelt sich daher bei den in § 7 Abs. 2 und Abs. 3 VSVgV geforderten Nachweisen um **Mindestanforderungen** im Sinne des § 22 Abs. 3 VSVgV. Denn die Einhaltung der durch die Sicherheitsüberprüfungsgesetze vorgeschriebenen Eignungsvoraussetzungen für den Zugang zu VS können durch den Auftraggeber nicht abbedungen werden. Ein Bieter ist

42 aber nur dann leistungsfähig, wenn er in nicht nur in finanzieller, wirtschaftlicher, fachlicher und technischer Hinsicht, sondern auch rechtlich in der Lage ist, die ausgeschriebene Leistung zu erbringen.[36]

42 § 7 Abs. 2 VSVgV regelt den Fall, in dem ein Auftraggeber erst im Rahmen der Auftragsdurchführung Zugang zu VS des Geheimhaltungsgrades „VS-VERTRAULICH" oder höher gewähren muss.

43 Der Auftraggeber ist in diesen Fällen verpflichtet, sich eine Eigenerklärung geben zu lassen, in der angegeben wird, ob und in welchem Umfang Sicherheitsbescheide des BMWi – oder entsprechender Landesbehörden – für die Bewerber, Bieter und ggf. in Aussicht genommene Unterauftragnehmer bestehen, oder dass sie bereit sind, alle notwendigen Maßnahmen und Anforderungen zu erfüllen, die zum Erhalt eines Sicherheitsbescheids zum Zeitpunkt der Auftragsausführung vorausgesetzt werden.[37]

44 Zusätzlich sind Verpflichtungserklärungen gem. § 7 Abs. 2 Nr. 2 und 3 VSVgV abzugeben (siehe unten Rn. 47).

### 3. VS-NUR FÜR DEN DIENSTGEBRAUCH (Absatz 4)

45 Auch Aufträge, bei denen Verschlusssachen der Geheimhaltungsstufe VS-NUR FÜR DEN DIENSTGEBRAUCH verwendet werden, werden formal als VS eingestuft.

46 Der Umgang mit VS dieser niedrigsten Geheimhaltungsstufe ist indes privilegiert.

47 Auftraggeber fordern im Vergabeverfahren vor Gewährung des Zugangs zu VS-NUR FÜR DEN DIENSTGEBRAUCH nur die Verpflichtungserklärungen nach § 7 Abs. 2 Nr. 2 und 3 VSVgV, das heißt

- die Verpflichtungserklärung zum zeitlichen Umfang der Wahrung der Geheimhaltung der Verschlusssachen, und

- die Verpflichtungserklärung zur Einbeziehung sämtlicher Unterauftragnehmer, die im Zuge der Vertragsdurchführung beschäftigt werden, in die Geheimhaltung.

48 Erklärungen über Sicherheitsbescheide vom Bundesministerium für Wirtschaft und Technologie oder von entsprechenden Landesbehörden müssen sich Auftraggeber nicht vorlegen lassen. Denn Unternehmen, denen Zugang zu Verschlusssachen dieser Geheimhaltungsstufe gewährt werden soll, müssen kein Geheimschutzverfahren gemäß den Vorschriften des Geheimschutzhandbuchs oder Sicherheitsüberprüfungen durchzuführen.[38]

49 Zu beachten ist indes das Merkblatt für die Behandlung von Verschlusssachen (VS) des Geheimhaltungsgrades VS-NUR FÜR DEN DIENSTGEBRAUCH (VS-NfD).[39] Dieses sollte Vertragsbestandteil werden.[40]

---

36 OLG Karlsruhe, 4.5.2012 - 15 Verg 3/12.
37 Beispiel: Formblatt des BMVg BAAINBw-B 013a/10.2012 - Erklärung zur Informationssicherheit durch Bewerber/Bieter.
38 Vgl. Nr. 1.7 Geheimschutzhandbuch.
39 Anlage 7 zur Allgemeinen Verwaltungsvorschrift des Bundesministeriums des Inneren zum materiellen und organisatorischen Schutz von Verschlusssachen, VS-Anweisung – VSA, vom 31.3.2006 in der Fassung vom 26.4.2010 (GMBl 2010, S. 846)) und Anlage 4 Geheimschutzhandbuch.
40 Vgl. Nr. 2.6.1. Merkblatt für die Behandlung von Verschlusssachen (VS)des Geheimhaltungsgrades VS-NUR FÜR DEN DIENSTGEBRAUCH (VS-NfD) in der Wirtschaft.

Auftraggeber sind aufgefordert, vor der Weitergabe von VS-NUR FÜR DEN DIENSTGEBRAUCH eingestuften VS an ein Unternehmen zu prüfen, ob die VS-Einstufung zwingend beibehalten werden muss.[41]

### 4. Rechtsfolge der Nichtvorlage: zwingender Ausschluss (Absatz 5)

§ 7 Abs. 5 VSVgV setzt Art. 39 Abs. 2 lit. e) Richtlinie 2009/81/EG um. Die Norm regelt die Rechtsfolgen einer Nichtvorlage der vom Auftraggeber gem. § 7 Abs. 3 und 4 VSVgV geforderten Erklärungen und Nachweise.

Demnach muss der Auftraggeber solche Bewerber und Bieter vom weiteren Verfahren ausschließen, die die geforderten Sicherheitsbescheide bzw. Verpflichtungserklärungen nicht vorlegen. Es handelt sich um einen zwingenden Ausschlussgrund im Rahmen der Eignungsprüfung, der – systemwidrig – außerhalb des § 23 VSVgV geregelt ist.

Der Auftraggeber kann ein Unternehmen jederzeit vom laufenden Vergabeverfahren ausschließen, wenn er Kenntnis von der Nichteinhaltung seiner Vorgaben zur Informationssicherheit erhält. Dabei ist – anders als im allgemeinen Vergaberecht – der Ausschluss nicht auf das Erlangen neuer Kenntnisse beschränkt, der Auftraggeber ist also hinsichtlich der Sicherstellung der Informationssicherheit nicht an eine einmal getroffene Entscheidung über die Eignung eines Unternehmens gebunden.

**BEISPIEL**

- Die ursprüngliche Eignungsprüfung ist abgeschlossen. Im weiteren Verfahren ergibt sich – bspw. durch eine Rüge – ein Anlass zur nochmaligen, gründlicheren Durchsicht der zum Eignungsnachweis eingereichten Unterlagen (Wiedereintritt in die Eignungsprüfung).

- Auch ohne, dass dem Auftraggeber neue Tatsachen bekannt werden, kann und muss er im Hinblick auf die Sicherstellung der Einhaltung der Informationssicherheit bei einer sich aus den eingereichten Unterlagen ergebenden – und in der ursprünglichen Prüfung versehentlich übersehenen – Nichteinhaltung bspw. der Anforderungen des § 7 Abs. 2 Nr. 1 VSVgV das betreffende Unternehmen vom weiteren Verfahren ausschließen.

Dies ist auch interessengerecht, da eine Gefährdung von wesentlichen Sicherheitsinteressen diesen Ausschluss auch unter Abwägung des Interesses des betroffenen Bieters an der Teilnahme am Verfahren sowie die Durchbrechung des Grundsatzes der Selbstbindung des Auftraggebers rechtfertigt.

Demgegenüber ist die Verletzung der Pflicht zur Gewährleistung der Informationssicherheit im Rahmen eines früheren Auftrags kein zwingender Ausschlussgrund, sondern steht als fakultativer Ausschlussgrund im Ermessen des Auftraggebers, vgl. § 24 Abs.1 Nr. 4 VSVgV.

---

41   Vgl. Nr. 4.3 Anlage 6 zur Verschlusssachenanweisung des Bundes vom 31. März 2006 mit Erläuterungen.

## 5. Zusätzliche Zeit für Unternehmen ohne Sicherheitsbescheid (Absatz 6)

56 § 7 Abs. 6 VSVgV setzt Art. 42 Abs. 1 UAbs. 3 Richtlinie 2009/81/EG um.

57 Die Norm ermöglicht dem Auftraggeber zur Erweiterung des Wettbewerbs bei der Ausschreibung von Verschlusssachenaufträgen Unternehmen, die noch nicht in der Geheimschutzbetreuung des BMWi oder entsprechender Landesbehörden sind, zusätzliche Zeit gewähren, um diese Anforderungen zu erfüllen.

58 Dies ist keine Ausnahme vom Grundsatz der Gleichbehandlung, Gleiches gleich und Ungleiches ungleich zu behandeln. Eine Diskriminierung von geheimschutzbetreuten Unternehmen, denen keine zusätzliche Zeit bspw. zur Erstellung ihres Teilnahmeantrags gewährt wird, liegt nicht vor. Gegenüber Unternehmen, die nicht geheimschutzbetreut sind, sind diese etwas anderes Ungleiches.

59 Voraussetzung für diese wettbewerbserweiternde Maßnahme ist, dass der Auftraggeber diese Möglichkeit und die den Unternehmen gesetzte Frist in der Bekanntmachung mitteilt, vgl. auch Standardformular DE 17, Nr. III.1.5) Angaben zur Sicherheitsüberprüfung.

60 Ob der Auftraggeber diese Möglichkeit nutzen möchte, steht in seinem – durch die Nachprüfungsinstanzen nur eingeschränkt nachprüfbarem – Ermessen. Im Rahmen dieser Ermessensausübung sollen die Auftraggeber das objektive Interesse an einem Mehr an Wettbewerb gegenüber der Dringlichkeit der Beschaffung im Einzelfall abwägen.[42] Diese Abwägung ist in die Dokumentation aufzunehmen, um sich nicht dem Vorwurf des Ermessensausfalls ausgesetzt zu sehen.

## 6. Anerkennung ausländischer Nachweise (Absatz 7)

61 § 7 Abs. 7 VSVgV setzt Art. 22 Abs. 3 Richtlinie 2009/81/EG um.

62 Die Anerkennung der Sicherheitsbescheide anderer Mitgliedsstaaten der Europäischen Union obliegt dem BMWi. Eine Anerkennung ausländischer Sicherheitsbescheide erfolgt, soweit sie mit den nach deutschem Recht (vgl. die ausdrücklich erwähnten Bestimmungen des Sicherheitsüberprüfungsgesetzes sowie der VSA-Bund) erteilten Sicherheitsbescheiden gleichwertig sind.

63 Eine Einzelprüfung der Anerkennung der Sicherheitsbescheide anderer Mitgliedsstaaten der Europäischen Union wird indes grundsätzlich nicht erforderlich sein. Deutschland hat mit den meisten Mitgliedsstaaten der EU bilaterale Geheimschutzabkommen mit Bestimmungen über die gegenseitige Anerkennung nationaler Sicherheitsbescheide und Ermächtigungen geschlossen. Eine Übersicht der Länder, mit denen bilaterale Geheimschutzabkommen abgeschlossen wurden, ergibt sich aus der Anlage 31 zum Geheimschutzhandbuch (Multilaterale Vergleichbarkeitsgrade). Keine bilateralen Geheimschutzabkommen gibt es derzeit mit Irland, Malta und Zypern.

64 Soweit eine derartige Einzelprüfung erfolgt, muss der Auftraggeber deren Ergebnis abwarten und darf VS nur an solche Unternehmen herausgeben, hinsichtlich derer die Untersuchungen des BMWi zu einer positiven Feststellung der Gleichwertigkeit des jeweiligen ausländischen Sicherheitsbescheids geführt haben.

---

42 Begründung zu § 7 VSVgV in Bundesrat Drs. 321/12, S. 41.

## 7. Überprüfung ausländischer Unternehmen (Absatz 8)

§ 7 Abs. 8 VSVgV setzt Art. 42 Abs. 1 lit. j) UAbs. 4 Richtlinie 2009/81/EG um. 65

Ebenfalls in die Zuständigkeit des BMWi fällt die Kommunikation mit den jeweiligen nationalen bzw. designierten Sicherheitsbehörden, in deren Zuständigkeitsbereich Bewerber oder Bieter oder bereits bekannte Unterauftragnehmer außerhalb des Territoriums der Bundesrepublik Deutschland ansässig sind. Das BMWi kann – auf Ersuchen der Auftraggeber – somit im Rahmen einer Vor-Ort Kontrolle überprüfen lassen, ob 66

- die voraussichtlich genutzten Räumlichkeiten und Einrichtungen,
- die vorgesehenen Produktions- und Verwaltungsverfahren,
- die Verfahren zur Behandlung von Informationen, oder
- die persönliche Lage des im Rahmen des Auftrags voraussichtlich eingesetzten Personals

den einzuhaltenden Sicherheitsvorschriften entsprechen.

Wie auch in der Richtlinie 2009/81/EG fehlt auch in der VSVgV eine Definition der Begriffe „Nationale Sicherheitsbehörde" und der „Designierten Sicherheitsbehörde". Es ist davon auszugehen, dass mit letzterem die jeweils zuständige Behörde gemeint ist, ohne, dass diese in dem betroffenen Staat notwendigerweise als eigenständige Nationale Sicherheitsbehörde eingerichtet ist. 67

# § 8
# Versorgungssicherheit

(1) Auftraggeber legen in der Bekanntmachung oder den Vergabeunterlagen ihre Anforderungen an die Versorgungssicherheit fest.

(2) Auftraggeber können insbesondere verlangen, dass der Teilnahmeantrag oder das Angebot folgende Angaben enthält:

1. eine Bescheinigung oder Unterlagen, die belegen, dass der Bewerber oder Bieter in Bezug auf Güterausfuhr, -verbringung und -durchfuhr die mit der Auftragsausführung verbundenen Verpflichtungen erfüllen kann, wozu auch unterstützende Unterlagen der zuständigen Behörden des oder der betreffenden Mitgliedstaaten zählen;

2. die Information über alle für den Auftraggeber aufgrund von Ausfuhrkontroll- oder Sicherheitsbeschränkungen geltenden Einschränkungen bezüglich der Angabepflicht, Verbringung oder Verwendung der Güter und Dienstleistungen oder über Festlegungen zu diesen Gütern und Dienstleistungen;

3. eine Bescheinigung oder Unterlagen, die belegen, dass Organisation und Standort der Lieferkette des Bewerbers oder Bieters ihm erlauben, die vom Auftraggeber in der Bekanntmachung oder den Vergabeunterlagen genannten Anforderungen an die Versorgungssicherheit zu erfüllen, und die Zusage des Bewerbers oder Bieters, sicherzustellen, dass mögliche Änderungen in seiner Lieferkette während der Auftragsausführung die Erfüllung dieser Anforderungen nicht beeinträchtigen werden;

4. die Zusage des Bewerbers oder Bieters, die zur Deckung möglicher Bedarfssteigerungen des Auftraggebers infolge einer Krise erforderlichen Kapazitäten unter zu vereinbarenden Bedingungen zu schaffen oder beizubehalten;

5. unterstützende Unterlagen bezüglich der Deckung des zusätzlichen Bedarfs des Auftraggebers infolge einer Krise, die durch die für den Bewerber oder Bieter zuständige nationale Behörde ausgestellt worden sind;

6. die Zusage des Bewerbers oder Bieters, für Wartung, Modernisierung oder Anpassung der im Rahmen des Auftrags gelieferten Güter zu sorgen;

7. die Zusage des Bewerbers oder Bieters, den Auftraggeber rechtzeitig über jede Änderung seiner Organisation, Lieferkette oder Unternehmensstrategie zu unterrichten, die seine Verpflichtungen dem Auftraggeber gegenüber berühren könnte;

8. die Zusage des Bewerbers oder Bieters, dem Auftraggeber unter zu vereinbarenden Bedingungen alle speziellen Mittel zur Verfügung zu stellen, die für die Herstellung von Ersatzteilen, Bauteilen, Bausätzen und speziellen Testgeräten erforderlich sind, einschließlich technischer Zeichnungen, Lizenzen und

Bedienungsanleitungen, sofern er nicht mehr in der Lage sein sollte, diese Güter zu liefern.

(3) Von einem Bieter darf nicht verlangt werden, eine Zusage eines Mitgliedstaats einzuholen, welche die Freiheit dieses Mitgliedstaats einschränken würde, im Einklang mit internationalen Verträgen und europarechtlichen Rechtsvorschriften seine eigenen Kriterien für die Erteilung einer Ausfuhr-, Verbringungs- oder Durchfuhrgenehmigung unter den zum Zeitpunkt der Genehmigungsentscheidung geltenden Bedingungen anzuwenden.

## Übersicht

| | Rn. |
|---|---|
| I. Allgemeines | 1 |
| II. Festlegung der Anforderungen in Bekanntmachung und Vergabeunterlagen (Abs. 1) | 5 |
| III. Anforderungen an die Versorgungssicherheit | 6 |
|     1. Zulässige Anforderungen im Allgemeinen | 6 |
|     2. Der Anforderungskatalog gem. Abs. 2 | 7 |
|         a) Erfüllung exportkontrollrechtlicher Verpflichtungen (Nr. 1) | 8 |
|         b) Exportkontroll- und Sicherheitsbeschränkungen (Nr. 2) | 11 |
|         c) Organisation der Lieferkette (Nr. 3) | 12 |
|         d) Bedarfssteigerungen aufgrund einer Krise (Nr. 4, Nr. 5) | 13 |
|         e) Wartung, Modernisierung und Anpassung (Nr. 6) | 14 |
|         f) Organisationsänderungen (Nr. 7) | 15 |
|         g) Produktionsaufgabe (Nr. 8) | 16 |
|     3. Keine exportkontrollrechtlichen Zusagen anderer Mitgliedstaaten (Abs. 3) | 17 |
|     4. Rechtsfolge bei fehlenden oder unzureichenden Angaben | 19 |
| IV. Versorgungssicherheit und Art. 346 AEUV | 20 |

## I. Allgemeines

1   Für Auftraggeber in den Bereichen Verteidigung und Sicherheit ist es von besonderer Bedeutung, dass die bei den Streitkräften bzw. den Sicherheitsbehörden eingeführten, häufig sehr langlebigen und technisch komplexen Ausrüstungsgegenstände von ihren Lieferanten während der gesamten Lebensdauer unterstützt und bei Bedarf Nachlieferungen, Instandsetzungen, Reparaturen und logistische Unterstützungsleistungen erbracht werden. Die Mitgliedstaaten müssen die Versorgung ihrer Streitkräfte auch in Krisenzeiten (→ § 4 Abs. 1 VSVgV) jederzeit uneingeschränkt sicherstellen können. Versorgungsengpässe können die Verfügbarkeit von Waffensystemen und damit die Einsatzfähigkeit der Streitkräfte erheblich beeinträchtigen. Unter **Versorgungssicherheit** ist im Allgemeinen der zeitnahe und effektive Zugriff des Auftraggebers auf Industriekompetenzen und -kapazitäten bezüglich Systembetreuung, Materialerhaltung, Produktverbesserungen und Bedarfssteigerungen zu verstehen.

Die Gewährleistung von Versorgungssicherheit hängt von verschiedenen Faktoren ab. Wichtig ist zunächst die Bereitschaft aller Lieferanten in der Lieferkette, ihre Systeme, Subsysteme, Baugruppen und Bauteile über die gesamte Nutzungsphase hinweg zu betreuen, d.h. die Produktionslinie bei Nachbestellungen wieder zu eröffnen, Wartungs- und Instandsetzungskapazitäten vorzuhalten sowie logistische Unterstützung zu leisten. Hinzu kommt die Bereitschaft, in Krisenzeiten sehr kurzfristig den Mehrbedarf der Streitkräfte zu decken. Bei ausländischen Lieferanten hängt die Versorgungssicherheit zudem von der Bereitschaft des ausländischen Staates ab, die erforderlichen Ausfuhrgenehmigungen zu erteilen. Je verzweigter und internationaler die Lieferkette ist, desto herausfordernder ist es, die Versorgungssicherheit **in der gesamten Lieferkette** sicher zu stellen. Die Versorgungssicherheit hängt nicht zuletzt auch vom Erhalt wehrtechnischer Fähigkeiten generell ab. Fehlende oder rückläufige Aufträge im Verteidigungsbereich gehen mit dem Verlust industrieller und technologischer Fähigkeiten einher, die die Versorgungssicherheit gefährden können. Die Mitgliedstaaten haben deshalb ein legitimes strategisches Interesse an der Aufrechterhaltung eigener industrieller Fähigkeiten in Schlüsselbereichen, in denen keine Abhängigkeit von ausländischen Lieferanten bestehen soll.[1] Im Sicherheitsbereich ist die Versorgungssicherheit generell weniger problematisch, da Ausrüstungsgegenstände und Technologie häufig „dual use" sind und kurzfristige Bedarfssteigerungen infolge einer Krise seltener sind.

§ 8 VSVgV legt fest, welche Anforderungen Auftraggeber zur Sicherstellung ihrer Versorgung mit Militärausrüstung und sensibler Ausrüstung stellen können. Die Vorschrift dient der Umsetzung von Art. 23 der RL 2009/81/EG. Es handelt sich typischerweise um vertragliche Anforderungen an die Ausführung des Auftrags, die der Auftraggeber seinen Lieferanten auferlegt, um die zuverlässige und zeitnahe Belieferung der Streitkräfte mit Ausrüstungsgegenständen, die Verfügbarkeit von Ersatzteilen sowie Wartungs- und Instandsetzungskapazitäten sicherzustellen, und zwar auch in Krisensituationen.[2] In der Systematik des Vergaberechts können die Anforderungen an die Versorgungssicherheit als spezifische Eignungskriterien i.S.d. § 97 Abs. 4 Satz 1 GWB[3] oder als Zuschlagskriterien[4] gefasst werden.[5] Je nach Gewicht und Bedeutung der jeweiligen Anforderung nach den konkreten Umständen des Sachverhalts ist es eine Frage der Verhältnismäßigkeit, ob der Auftraggeber die Anforderung an die Versorgungssicherheit als **Eignungskriterium** gewichten darf oder die Wertung als **Zuschlagskriterium** ausreichend ist.[6] Es kommen nur Anforderungen in Betracht, die einen unmittelbaren Bezug zum Auftragsgegenstand haben und sachlich durch diesen gerechtfertigt sind. Die Gewährleistung von Versorgungssicherheit kann auch selbst Auftragsgegenstand sein, z.B. wenn es darum geht, unter Ausschluss des bestehenden Lieferanten einen „Second Source"-Vertrag für ein Produkt zu vergeben.[7]

---

1 Vgl. EU-Kommission, Directorate General Internal Market and Services, Guidance Note „Security of Supply", Rn. 2–4.
2 Guidance Note „Security of Supply", Rn. 5.
3 Vgl. hierzu Art. 39 Abs. 2 lit. e) der RL 2009/81/EG i.V.m. Erwägungsgrund 67, wonach die Vertrauenswürdigkeit der Bieter und Bewerber insbesondere von ihrer Fähigkeit anhängt, die Anforderungen des Auftraggebers an die Versorgungssicherheit zu erfüllen.
4 Vgl. § 34 Abs. 3 Nr. 9 VSVgV.
5 Vgl. Rundschreiben des Bundesministeriums für Wirtschaft und Technologie zur Anwendung der RL 2009/81/EG, S. 7.
6 Begründung zum Verordnungsentwurf der Bundesregierung, BR-Drucks. 321/12, S.42. Vgl. auch Guidance Note „Security of Supply", Rn. 6.
7 Guidance Note „Security of Supply", Rn. 12.

4 Die in § 8 VSVgV enthaltenen Regelungen bezwecken auch den Schutz der Teilnehmer im Vergabeverfahren. Bewerber und Bieter haben einen **subjektiv-rechtlichen Anspruch** darauf, dass die gestellten Anforderungen an die Versorgungssicherheit nicht gegen den Wettbewerbsgrundsatz und das Diskriminierungsverbot verstoßen. Die Zulässigkeit der gestellten Anforderungen sowie der geforderten Nachweise unterliegen daher der Kontrolle durch die Vergabekammer und den Vergabesenat im Nachprüfungsverfahren.

## II. Festlegung der Anforderungen in Bekanntmachung und Vergabeunterlagen (Abs. 1)

5 Gem. § 8 Abs. 1 VSVgV legt der Auftraggeber seine Anforderungen an die Versorgungssicherheit in der Bekanntmachung (→ § 18 VSVgV) oder in den Vergabeunterlagen (→ § 16 VSVgV) fest. Beim nicht offenen Verfahren und beim Verhandlungsverfahren mit Teilnahmewettbewerb können die Anforderungen an die Versorgungssicherheit bereits in der Bekanntmachung genannt werden. Beim Verhandlungsverfahren ohne Teilnahmewettbewerb kommt nur die Benennung der Anforderungen in den Vergabeunterlagen in Betracht. Die Anforderungen an die Versorgungssicherheit werden in der Bekanntmachung typischerweise als Bedingungen für die Ausführung des Auftrags sowie als Eignungs- oder Zuschlagskriterien gekennzeichnet. Der Auftraggeber muss ferner eindeutig und bestimmt angeben, welche der in § 8 Abs. 2 VSVgV aufgeführten **Bescheinigungen und Unterlagen** vorzulegen sind. Dies können je nach Fallgruppe Bescheinigungen oder unterstützende Unterlagen einer zuständigen Behörde, Zusagen der Unternehmen oder Eigenerklärungen der Unternehmen sein (→ § 22 Abs. 2 VSVgV). Art, Inhalt und Vorlagezeitpunkt der geforderten Erklärungen müssen eindeutig und unmissverständlich angegeben werden.[8] Der jeweils geforderte Nachweis muss durch den Auftragsgegenstand gerechtfertigt sein. Der Auftraggeber darf keine Bescheinigungen oder Unterlagen fordern, die nur mit unverhältnismäßigem Aufwand oder nicht innerhalb der für das Vergabeverfahren geltenden Fristen (→ §§ 20, 22 Abs. 4 VSVgV) zu beschaffen sind. Wenn in der Bekanntmachung oder in den Vergabeunterlagen nicht näher bestimmt ist, wie die Nachweise beschaffen sein sollen, obliegt es dem Bewerber oder Bieter, ob er Eigen- oder Fremdbelege wählt. Wenn der Vorlagezeitpunkt nicht eindeutig angegeben ist, muss der Auftraggeber den betreffenden Bietern Gelegenheit geben, fehlende Nachweise nachzureichen (siehe Rn. 19).

## III. Anforderungen an die Versorgungssicherheit

### 1. Zulässige Anforderungen im Allgemeinen

6 Richtlinie und Verordnung geben keinen abschließenden Katalog der möglichen Anforderungen vor, die der Auftraggeber zur Sicherstellung der Versorgungssicherheit stellen darf. Es obliegt dem Auftraggeber, die im Einzelfall im Hinblick auf den Beschaffungsgegenstand und die erkennbaren Risiken gebotenen Anforderungen zu definieren. Erwägungsgrund 44 der RL 2009/81/EG erwähnt diesbezüglich beispielhaft

---

8 Vgl. BGH, VergabeR 2008, 782 Rn. 10; BGH, 3.4.2012, X ZR 130/10 Rz. 9–11.

das Vorhandensein kritischer Wartungs-, Instandhaltungs- und Überholungskapazitäten zur Gewährleistung der Unterstützung während des Lebenszyklus einer angeschafften Ausrüstung. Die gewählten Anforderungen dürfen nicht gegen das Gebot der Vergabe im Wettbewerb (→ § 97 Abs. 1 GWB) sowie gegen das **Diskriminierungsverbot** (→ § 97 Abs. 2 GWB) verstoßen. Deshalb kommt die Staatsangehörigkeit des Unternehmens oder der Mitgliedstaat, in dem das Unternehmen seinen Sitz hat, nicht als zulässiges Anforderungskriterium in Betracht.[9] Auch mittelbar diskriminierende Anforderungen (wie z.B. die Angabe, ob Ausfuhrgenehmigungen für Verbringungen innerhalb der EU erforderlich sein werden) sind unzulässig, da diese speziell Unternehmen aus anderen Mitgliedstaaten betreffen. Andererseits ist die Angabe des geografischen Standorts der Zulieferer, auf die der Bieter zurückgreifen muss, um den Auftrag auszuführen, eine zulässige Anforderung, sofern die Zulieferer außerhalb der EU ansässig sind.[10] Die gestellten Anforderungen müssen in Bezug auf das zu erreichende Ziel der Versorgungssicherheit **erforderlich** und **verhältnismäßig** sein. Es dürfen keine übertriebenen, sachlich nicht gerechtfertigten Anforderungen gestellt werden. Als Anforderung kommt z.B. die Zusage, bestimmte Stückzahlen eines Produkts in einer bestimmten Zeit liefern zu können oder aber Zugriff auf die gewerblichen Schutzrechte zu haben, in Betracht.[11]

## 2. Der Anforderungskatalog gem. Abs. 2

Gem. § 8 Abs. 2 VSVgV kann der Auftraggeber insbesondere verlangen, dass der Teilnahmeantrag oder das Angebot Angaben zu den in Nr. 1 bis 8 genannten Anforderungen an die Versorgungssicherheit enthält. Die Aufzählung der in Abs. 2 genannten Anforderungen ist **nicht abschließend** („insbesondere"). Der Auftraggeber kann auch andere zulässige Anforderungen stellen und die Vorlage hierfür erforderlicher Nachweise und Zusagen verlangen. Bei den in Abs. 2 genannten Angaben handelt es sich zumeist um Anforderungen an die Auftragsausführung, die mit dem erfolgreichen Bieter vertraglich vereinbart werden müssen. 7

### a) Erfüllung exportkontrollrechtlicher Verpflichtungen (Nr. 1)

§ 8 Abs. 2 Nr. 1 VSVgV betrifft das Spannungsverhältnis zwischen den exportkontrollrechtlichen Genehmigungspflichten, denen ein Lieferant von Militärausrüstung unterliegt, und der Versorgungssicherheit des Auftraggebers. Der Auftraggeber kann Belege dafür verlangen, dass Bewerber oder Bieter in Bezug auf die Ausfuhr, Verbringung und Durchfuhr von Gütern die mit der Auftragsausführung verbundenen Verpflichtungen erfüllen können, wozu auch unterstützende Unterlagen der zuständigen Behörden der betreffenden Mitgliedstaaten zählen. Diese Forderung zielt speziell auf Lieferanten aus anderen Mitgliedstaaten oder aus Drittstaaten außerhalb der EU, die für Lieferungen an die deutschen Streitkräfte oder an staatliche Auftraggeber im Sicherheitsbereich eine **Ausfuhr- oder Verbringungsgenehmigung** ihrer Behörden sowie ggf. eine Durch- 8

---

9   Guidance Note „Security of Supply", Rn. 8.
10  Siehe hierzu § 27 Abs. 1 Nr. 1 lit. i) VSVgV.
11  Guidance Note „Security of Supply", Rn. 11.

fuhrgenehmigung der Behörden des Transitlandes benötigen, sofern der konkrete Liefergegenstand nicht Gegenstand einer **Allgemeingenehmigung** gem. der RL 2009/43/EG[12] ist. Die RL 2009/43/EG sieht für bestimmte Fallgestaltungen, zu denen auch Lieferungen an die Streitkräfte eines Mitgliedstaats zählen, Allgemeingenehmigungen vor, durch die die Versorgungssicherheit für alle Mitgliedstaaten, die Militärausrüstung beschaffen, verbessert werden soll.[13] Mitgliedstaaten können einzelnen Lieferanten auch **Globalgenehmigungen** erteilen, mit denen diese Empfängern in anderen Mitgliedstaaten Verteidigungsgütern liefern dürfen. Soweit die Lieferkette des Bewerbers oder Bieters durch Allgemein- und Globalgenehmigungen abgesichert ist, ist der Nachweis, dass die mit der Auftragsauführung verbundenen Verpflichtungen erfüllt werden können, erbracht.

9 Da die erforderliche Ausfuhrgenehmigung zum Zeitpunkt der Angebotsabgabe – von der Allgemeingenehmigung oder der Globalgenehmigung abgesehen – häufig noch nicht vorliegen wird, können Auftraggeber z.B. Belege dafür fordern, dass Unternehmen nach den für sie geltenden nationalen Vorschriften generell in der Lage sind, Ausfuhrgenehmigungen zu erhalten (z.B. weil sie die erforderliche Zuverlässigkeit besitzen, nicht gesperrt sind oder über die Zertifizierung nach der RL 2009/43/EG verfügen) und die nationalen Behörden in der Vergangenheit bei vergleichbaren Fällen für das angefragte Produkt Genehmigungen erteilt haben. Denkbar ist auch die Vorlage einer im Vorfeld der Angebotsabgabe positiv beschiedenen Voranfrage einer nationalen Genehmigungsbehörde, wobei im Hinblick auf Abs. 3 eine verbindliche Zusage der Genehmigungsbehörde eines anderen Mitgliedstaats nicht gefordert werden darf. Auftraggeber können konkrete Angaben zu den in Bezug auf das ausgeschriebene Produkt bestehenden **Genehmigungspflichten in der gesamten Lieferkette** fordern (z.B. auch speziell zum Drittlandsanteil) und Informationspflichten für den Fall vereinbaren, dass sich die Erteilung von Genehmigungen verzögern sollte. Unzulässig wäre es hingegen, eine Bestätigung zu fordern, dass die zu liefernde Ware „genehmigungsfrei" ist, da dies einer Bevorzugung deutscher Unternehmen gegenüber Lieferanten aus dem EU-Ausland gleichkäme. Um sich gegen das Risiko zu schützen, dass der Lieferant oder dessen Zulieferer im Bedarfsfall keine Genehmigung erhält, kann der Auftraggeber ein Kündigungsrecht vereinbaren, um auf eine andere Bezugsquelle ausweichen zu können. Unzulässig wäre es, von einem Bieter zu verlangen, die Zusage eines Mitgliedstaats einzuholen, die dessen Entscheidungsfreiheit zum Zeitpunkt der späteren Genehmigungsentscheidung einschränken würde (→ Abs. 3).

10 Militärausrüstung unterliegt häufig rechtlichen und praktischen Beschränkungen beim Transport und bei der **Durchfuhr** durch andere Länder (z.B. wenn Explosivstoffe enthalten sind). Diesbezüglich kann der Auftraggeber Belege dafür verlangen, dass die gewählte Transportart (Land-, See- oder Lufttransport) generell genehmigungsfähig ist und eine erforderliche Durchfuhr durch andere Staaten nach dem anwendbaren Recht des Transitstaates dem Grunde nach genehmigungsfähig wäre. Bieter und Bewerber werden diese Gesichtspunkte ohnehin im Rahmen der Angebotserstellung prüfen.

---

12 Richtlinie 2009/43/EG vom 6.5.2009 zur Vereinfachung der Bedingungen für die innergemeinschaftliche Verbringung von Verteidigungsgütern, ABl. L 146/1 vom 10.6.2009.
13 Vgl. Erwägungsgrund 22 der RL 2009/43/EG.

### b) Exportkontroll- und Sicherheitsbeschränkungen (Nr. 2)

Neben der generellen Fähigkeit eines Unternehmens, die in Bezug auf Warenausfuhr, -verbringung und -durchfuhr verbundenen Verpflichtungen erfüllen zu können, hat der Auftraggeber ein legitimes Interesse zu wissen, welche Einschränkungen (z.B. Auflagen, Bedingungen, Vorbehalte) aufgrund anwendbarer Exportkontroll- und Sicherheitsbestimmungen für die zu liefernde Ware zu beachten sind. § 8 Abs. 2 Nr. 2 VSVgV ergänzt die Anforderungen gem. § 8 Abs. 2 Nr. 1 VSVgV. Während der Auftraggeber nach § 8 Abs. 2 Nr. 1 VSVgV Unterlagen fordern kann, die belegen, dass ein Bieter die für die Auftragsdurchführung erforderlichen außenwirtschaftsrechtlichen Anforderungen generell erfüllen kann, geht es bei § 8 Abs. 2 Nr. 2 VSVgV darum, den Auftraggeber frühzeitig auf etwaige Beschränkungen aufgrund von Exportkontroll- und Sicherheitsbestimmungen hinzuweisen.[14] Bewerber und Bieter müssen deshalb über die ihnen bekannten Beschränkungen informieren. In diesem Zusammenhang kann der Auftraggeber z.B. Angaben dazu fordern, ob der Liefergegenstand Bauteile oder Technologie enthält, die den Exportkontrollvorschriften der USA für militärische Güter unterliegen (*ITAR*), wie derartige Bauteile oder Technologie nach der *US Munitions List* klassifiziert sind, welche speziellen Genehmigungspflichten aus der Klassifizierung folgen, ob ggf. ein vom US Department of State genehmigtes *Manufacturing Licence Agreement* oder *Technical Assistance Agreement* vorliegt, welche Laufzeit dieses hat und welche Auflagen der US Behörden (*provisos*) vom US-Ausführer zu beachten sind.

### c) Organisation der Lieferkette (Nr. 3)

Die Organisation der Lieferkette und die Lage der Lieferstandorte sind wichtige Indikatoren für die Beurteilung der Versorgungssicherheit während der Liefer- und Nutzungsphase eines Produkts. Der Auftraggeber darf deshalb Angaben zum *„Supply Chain Management"* des Lieferanten, zu den wesentlichen Zulieferern und deren Produktionsstandorten, Produktionskapazitäten, Lieferzeiten und Transportkapazitäten, zu kritischen Komponenten und *„single source suppliers"* fordern, anhand derer er sich überzeugen kann, dass die Lieferkette zuverlässig und stabil ist. § 8 Abs. 2 Nr. 3 VSVgV betrifft sowohl die Situation der Lieferkette zum Zeitpunkt der Angebotsabgabe also auch spätere Änderungen in der Lieferkette. Der Auftraggeber darf geeignete Unterlagen fordern, die belegen, dass der Bewerber oder Bieter die gemäß Bekanntmachung oder Vergabeunterlagen gestellten Anforderungen an die Versorgungssicherheit erfüllt. Um eine Ungleichbehandlung von Unternehmen innerhalb der EU auszuschließen, müssen die Anforderungen objektiv und leistungsbezogen gestellt werden. So kann die Lage des Produktionsstandortes nur im Hinblick auf Transportkosten, Lieferzeiten und Produktionskapazitäten relevant sein, nicht jedoch im Hinblick auf das Staatsgebiet, in dem sich der Standort befindet.[15] In Bezug auf **Zulieferer aus Drittstaaten** kann der Auftraggeber verlangen, dass Bewerber und Bieter nur auf zuverlässige Zulieferer aus verbündeten Staaten zurückgreifen, sofern dies aus Gründen der Versorgungssicherheit erforderlich ist und die Forderung im Einzelfall verhältnismäßig erscheint.[16] Hinsichtlich möglicher späterer **Änderungen in der Lieferkette** kann der Auftraggeber die Zusage des Bewerbers oder Bieters fordern, dass derartige Änderungen die Versorgungs-

---

14 Guidance Note „Security of Supply", Rn. 36.
15 Guidance Note „Security of Supply", Rn. 38.
16 Guidance Note „Security of Supply", Rn. 38.

sicherheit nicht beeinträchtigen werden. In diesem Zusammenhang ist auch zu berücksichtigen, dass die Organisation der Lieferkette durch die Forderung des Auftraggebers beeinflusst werden kann, einen Teil des Auftrags im Wettbewerb an Dritte zu vergeben (→ § 9 Abs. 3 VSVgV).

### d) Bedarfssteigerungen aufgrund einer Krise (Nr. 4, Nr. 5)

**13** Gem. § 8 Abs. 2 Nr. 4 VSVgV können Auftraggeber die Zusage des Bewerbers oder Bieters fordern, dass er im Falle möglicher Bedarfssteigerungen des Auftraggebers infolge einer Krise die erforderlichen Kapazitäten bereitstellen wird. § 8 Abs. 2 Nr. 5 VSVgV gestattet es dem Auftraggeber zudem, diesbezüglich die Vorlage unterstützender Unterlagen der zuständigen nationalen Behörde zu verlangen. Der Auftraggeber muss von vornherein sicherstellen können, dass seine Lieferanten nicht nur den Erstbedarf an Militärausrüstung und sensibler Ausrüstung liefern, sondern ihn auch bei einem späteren weiteren Bedarf, insbesondere infolge einer Krise (→ § 4 Abs. 1 VSVgV), unterstützen. Ob und wann ein derartiger Folgebedarf tatsächlich besteht, ist zum Zeitpunkt der Auftragsvergabe zumeist noch nicht konkret absehbar. Der Auftraggeber wird deshalb von Bewerbern und Bietern nur die generelle Zusage fordern können, dass diese im Bedarfsfall zu dann zu vereinbarenden Bedingungen (Liefermengen, Lieferzeiten und Preise) Verträge über weitere Lieferungen des betreffenden Produkts schließen werden. Diese Zusage wird regelmäßig zeitlich befristet sein, da der Auftraggeber nicht erwarten kann, dass der Auftragnehmer das Produkt auf unbegrenzte Zeit unterstützt. Wenn der Folgebedarf schon konkret absehbar ist, kann sich der Auftraggeber auch Optionen für zusätzliche Stückzahlen anbieten lassen und diese mit dem erfolgreichen Bieter vertraglich vereinbaren. Als unterstützende Unterlagen, die der Auftraggeber gem. § 8 Abs. 2 Nr. 5 VSVgV fordern kann, kommen nach Auffassung der EU-Kommission insbesondere **„Security of Supply Arrangements"** in Betracht, die Priorisierungsregeln oder die Zusage eines Unternehmen enthalten, der zusätzlichen Nachfrage verbündeter Partner nach besten Kräften nachzukommen.[17] In diesem Zusammenhang ist wiederum zu beachten, dass von Bietern aus dem EU-Ausland nicht die Einholung verbindlicher exportkontrollrechtlicher Zusagen der Behörden eines Mitgliedstaats für den Fall späterer Ausfuhren nach Deutschland verlangt werden kann (→ Abs. 3). Insofern kann der Auftraggeber trotz vom Bieter vertraglich zugesagter Produktionskapazitäten nicht absolut sicherstellen, dass die erforderlichen Ausfuhrgenehmigungen im Krisenfall tatsächlich erteilt werden.

### e) Wartung, Modernisierung und Anpassung (Nr. 6)

**14** Gem. § 8 Abs. 2 Nr. 6 VSVgV kann der Auftraggeber eine Zusage des Bewerbers oder Bieters fordern, für die Wartung, Modernisierung und Anpassung der gelieferten Güter zu sorgen. Streitkräfte und Sicherheitskräfte müssen sicherstellen, dass die bei ihnen eingeführte, häufig sehr langlebige Militärausrüstung und sensible Ausrüstung ordnungsgemäß gewartet, modernisiert und angepasst (z.B. bei technischen Änderungen, Obsoleszenzen, Softwareupdates, etc.) werden kann. Zu diesem Zweck können sie in den Verträgen mit ihren Lieferanten vereinbaren, dass diese aufgrund später abzuschließender Vereinbarungen, die ggf. Gegenstand eines neuen Vergabeverfahrens sind, entsprechende Leistungen erbringen. Die im Einzelnen erforderlichen Leistungen können in den Vergabeunterlagen genauer spezifiziert werden.

---

17  Guidance Note „Security of Supply", Rn. 42.

#### f) Organisationsänderungen (Nr. 7)

Änderungen in der Organisation des Auftragnehmers, seiner Lieferkette sowie seiner Unternehmensstrategie können Einfluss auf die Versorgungssicherheit des Auftraggebers haben. Um insoweit vor überraschenden unternehmerischen Veränderungen auf Lieferantenseite geschützt zu sein und ggf. rechtzeitig andere Bezugsquellen identifizieren zu können, kann der Auftraggeber die Zusage des Bewerbers oder Bieters fordern, ihn rechtzeitig über derartige Veränderungen zu informieren. Hierzu gehören insbesondere Änderungen der Firma, der Rechtsform und der Geschäftsbereiche, in denen das Unternehmen tätig ist. In Bezug auf Änderungen in der Lieferkette ist § 8 Abs. 2 Nr. 3 VSVgV ergänzend zu beachten. 15

#### g) Produktionsaufgabe (Nr. 8)

§ 8 Abs. 2 Nr. 8 VSVgV betrifft den Fall, dass der Auftragnehmer infolge von Geschäfts- oder Produktionsaufgabe nicht mehr in der Lage ist, den Auftraggeber mit Ersatzteilen, Bauteilen, Bausätzen und Prüfgeräten zu beliefern. Der Auftraggeber kann diesbezüglich die Zusage des Bewerbers oder Bieters verlangen, ihm die für die Herstellung dieser Güter erforderlichen Mittel einschließlich technischer Zeichnungen, Lizenzen und Bedienungsanleitungen unter zu vereinbarenden Bedingungen zu liefern. Die konkreten Vertragsbedingungen (wie Preise, Lieferzeiten etc.) können regelmäßig erst zum Zeitpunkt des Eintritts dieses Falles vereinbart werden. 16

### 3. Keine exportkontrollrechtlichen Zusagen anderer Mitgliedstaaten (Abs. 3)

Gem. § 8 Abs. 3 VSVgV darf von Bietern keine Zusage verlangt werden, die die Entscheidungsfreiheit eines Mitgliedstaats bei der Erteilung außenwirtschaftsrechtlicher Genehmigungen einschränken würde. Zweck der Vorschrift ist es, die Freiheit der Mitgliedstaaten zur Entscheidung nach den zum Zeitpunkt der Genehmigungsentscheidung geltenden Bedingungen zu gewährleisten. Auftraggeber dürfen deshalb von einem Bieter nicht verlangen, eine Vorabzusage eines Mitgliedstaats über die Erteilung einer Ausfuhr-, Verbringungs- oder Durchfuhrgenehmigung einzuholen.[18] 17

Diese Vorschrift betrifft in erster Linie Bieter aus anderen EU-Staaten bzw. Bieter mit Zulieferern in anderen Mitgliedstaaten, die insofern nicht gegenüber inländischen Unternehmen, für die derartige Genehmigungsvorschriften nicht gelten, benachteiligt werden sollen. In Bezug auf Bieter aus Drittländern bzw. Bieter, die Zulieferer in Drittländern haben, gilt die Bestimmung nicht. Auftraggeber können also in Bezug auf Leistungsanteile aus Drittstaaten durchaus eine Zusage des Drittstaats einfordern, dass die erforderlichen Genehmigungen erteilt würden. Die Forderung muss im Einzelfall erforderlich und verhältnismäßig sein. 18

### 4. Rechtsfolge bei fehlenden oder unzureichenden Angaben

Hinsichtlich der Rechtsfolgen bei fehlenden oder unzureichenden Angaben ist danach zu unterscheiden, ob der Auftraggeber die Anforderungen an die Versorgungssicherheit als Eignungskriterien oder als Zuschlagskriterien gefasst hat. Stellt sich im Rahmen der Eig- 19

---

18 BR-Drucks. 321/12, S. 43.

nungsprüfung heraus, dass der Teilnahmeantrag oder das Angebot die geforderten Angaben nicht enthält oder nur unzureichend erfüllt, kann der Bewerber oder Bieter wegen unzureichender Eignung ausgeschlossen werden (§ 22 Abs. 3 VSVgV). Der Auftraggeber kann dem Bieter oder Bewerber aber auch eine Nachfrist für die Vorlage der Erklärungen oder Unterlagen setzen.[19] Werden die geforderten Angaben auch innerhalb der Nachfrist nicht gemacht, ist der Bewerber oder Bieter gem. § 22 Abs. 6 VSVgV zwingend auszuschließen. Ist die Anforderung an die Versorgungssicherheit Zuschlagskriterium, sind fehlende oder unzureichende Angaben im Rahmen der Angebotsprüfung und -wertung zu berücksichtigen. Fehlende Zusagen oder Nachweise führen gem. § 31 Abs. 2 Nr. 1 VSVgV zum Angebotsausschluss. Voraussetzung ist stets, dass der Auftraggeber Art, Inhalt und Vorlagezeitpunkt der Angaben und Erklärungen in der Bekanntmachung bzw. den Vergabeunterlagen eindeutig formuliert hat. Ist dies nicht der Fall, muss der Auftraggeber den betreffenden Bietern Gelegenheit geben, fehlende Angaben oder Erklärungen nachzureichen.[20] Der Auftraggeber hat die nicht berücksichtigten Bieter gem. § 36 Abs. 1 Nr. 2 VSVgV auf deren Antrag hin über die Gründe der Ablehnung zu unterrichten. Dies schließt die Angabe der Gründe dafür ein, dass die Anforderungen an die Versorgungssicherheit nicht erfüllt wurden.

## IV. Versorgungssicherheit und Art. 346 AEUV

20  Gem. Erwägungsgrund 16 der RL 2009/81/EG kann die Vergabe verteidigungs- und sicherheitsrelevanter Aufträge ausnahmsweise von der Richtlinie ausgenommen sein, wenn dies zum Schutz der wesentlichen Sicherheitsinteressen eines Mitgliedstaats (Art. 346 AEUV) oder aus Gründen der öffentlichen Sicherheit (Art. 36, 51, 52, 62 AEUV) erforderlich ist. Dies kommt bei Aufträgen in Betracht, die äußerst hohe Anforderungen an die Versorgungssicherheit stellen oder so wichtig für die nationale Souveränität sind, dass selbst die besonderen Bestimmungen der RL 2009/81/EG nicht ausreichen, um die wesentlichen Sicherheitsinteressen des Mitgliedstaats zu schützen.

21  Folgende **Fallgruppen** sind denkbar[21]:

- Die Lieferung oder Dienstleistung ist für den Auftraggeber von so hoher strategischer Bedeutung, dass jede Abhängigkeit von Genehmigungen anderer Mitgliedstaaten ein Risiko für die wesentlichen Sicherheitsinteressen des Staates darstellt. Beispiel: die Beschaffung von Verschlüsselungstechnologie oder CBRN Ausrüstung.

- Die Leistungen können, insbesondere während einer Krise, nur auf dem Staatsgebiet des Auftraggebers und durch einen inländischen Lieferanten erbracht werden. Beispiel: bestimmte Wartungs- und Instandsetzungsarbeiten, sofern der Auftraggeber darlegen kann, dass die Arbeiten nicht durch ausländische Unternehmen mit einer Niederlassung im Inland erbracht werden können.

- Der Auftrag muss an ein inländisches Unternehmen erteilt werden, weil der Auftraggeber ein wesentliches Sicherheitsinteresse an der **Aufrechterhaltung eigener industrieller Fähigkeiten** in dem speziellen Schlüsselbereich hat, in dem

---

19  Guidance Note „Security of Supply", Rn. 28; vgl. § 22 Abs. 6 VSVgV.
20  Vgl. BGH, VergabeR 2008, 782 Rn. 10; BGH, 3.4.2012, X ZR 130/10 Rz. 9–11.
21  Guidance Note „Security of Supply", Rn. 53.

keine Abhängigkeit von ausländischen Zulieferern bestehen soll. In diesem Fall muss das wesentliche Sicherheitsinteresse gerade an der Sicherung rüstungstechnologischer Fähigkeiten auf nationaler Ebene bestehen. Rein wirtschaftliche oder industriepolitische Gründe für die Aufrechterhaltung oder Schaffung inländischer industrieller Fähigkeiten genügen nicht.

Die vorgenannten Maßnahmen müssen im Einzelfall zum Schutz wesentlicher Sicherheitsinteressen erforderlich und verhältnismäßig sein. Rein **wirtschaftliche Erwägungen** genügen nicht, um die Nichtanwendung der Richtlinie zu rechtfertigen. Der Auftraggeber muss im Einzelfall konkret darlegen, dass die Auftragsvergabe an ein inländisches Unternehmen zum Schutz seines wesentlichen Sicherheitsinteresses geboten und es nicht möglich ist, dieses Ziel auf eine andere, weniger einschneidende Weise zu erreichen. Will der Auftraggeber z.B. Instandsetzungs- und Wartungsverträge zur Gewährleistung der Versorgungssicherheit für bestimmte Militärausrüstung unter Berufung auf Art. 346 AEUV an einen nationalen Lieferanten vergeben, muss er die zu sichernde nationale wehrtechnische Fähigkeit konkret definieren und darlegen, warum die Aufrechterhaltung dieser Fähigkeit ein wesentliches Sicherheitsinteresse (und nicht lediglich ein industriepolitisches oder wirtschaftliches Interesse) darstellt und dass der konkrete Auftrag diesem Zweck dient. Für Deutschland sind die **unverzichtbaren nationalen wehrtechnischen Kernfähigkeiten** in einer gemeinsamen Erklärung von BMVg und BDI vom 20.11.2007 niedergelegt, der in diesem Zusammenhang Indizwirkung zukommen kann.[22]

---

[22] Die gemeinsame Erklärung „Wehrtechnische Kernfähigkeiten" ist wiedergegeben unter: http://www.bdsv.eu/de/Taetigkeitsfelder/Themen/Technologien.htm.

## § 9
## Unteraufträge

(1) Auftraggeber können den Bieter auffordern, in seinem Angebot den Teil des Auftrags, den er im Wege von Unteraufträgen an Dritte zu vergeben beabsichtigt, und die bereits vorgeschlagenen Nachunternehmer sowie den Gegenstand der Unteraufträge bekannt zu geben. Sie können außerdem verlangen, dass der Auftragnehmer ihnen jede im Zuge der Ausführung des Auftrags eintretende Änderung auf Ebene der Nachunternehmer mitteilt.

(2) Auftragnehmer dürfen ihre Nachunternehmer für alle Unteraufträge frei wählen, soweit Auftraggeber keine Anforderungen an die Erteilung der Unteraufträge im wettbewerblichen Verfahren gemäß Absatz 3 Nummer 1 und 2 stellen. Von Auftragnehmern darf insbesondere nicht verlangt werden, potenzielle Nachunternehmer anderer EU-Mitgliedstaaten aus Gründen der Staatsangehörigkeit zu diskriminieren.

(3) Folgende Anforderungen können Auftraggeber an die Erteilung von Unteraufträgen im wettbewerblichen Verfahren stellen:

1. Auftraggeber können Auftragnehmer verpflichten, einen Teil des Auftrags an Dritte weiter zu vergeben. Dazu benennen Auftraggeber eine Wertspanne unter Einschluss eines Mindest- und Höchstprozentsatzes. Der Höchstprozentsatz darf 30 Prozent des Auftragswerts nicht übersteigen. Diese Spanne muss im angemessenen Verhältnis zum Gegenstand und zum Wert des Auftrags und zur Art des betroffenen Industriesektors stehen, einschließlich des auf diesem Markt herrschenden Wettbewerbsniveaus und der einschlägigen technischen Fähigkeiten der industriellen Basis. Jeder Prozentsatz der Unterauftragsvergabe, der in die angegebene Wertspanne fällt, gilt als Erfüllung der Verpflichtung zur Vergabe von Unteraufträgen. Auftragnehmer vergeben die Unteraufträge gemäß den §§ 38 bis 41. In ihrem Angebot geben die Bieter an, welchen Teil oder welche Teile ihres Angebots sie durch Unteraufträge zu vergeben beabsichtigen, um die Wertspanne zu erfüllen. Auftraggeber können die Bieter auffordern, den oder die Teile ihres Angebots, den sie über den geforderten Prozentsatz hinaus durch Unteraufträge zu vergeben beabsichtigen, sowie die bereits in Aussicht genommenen Nachunternehmer offen zu legen.

2. Auftraggeber können verlangen, dass Auftragnehmer die Bestimmungen der §§ 38 bis 41 auf alle oder bestimmte Unteraufträge anwenden, die diese an Dritte zu vergeben beabsichtigen.

(4) Die in den Absätzen 1 und 3 genannten Anforderungen geben die Auftraggeber in der Bekanntmachung oder den Vergabeunterlagen an.

(5) Auftraggeber dürfen einen vom Bieter oder Auftragnehmer ausgewählten Nachunternehmer nur auf Grundlage der Kriterien ablehnen, die für den Hauptauftrag gelten und in der Bekanntmachung oder den Vergabeunterlagen angegeben wurden. Lehnen Auftraggeber einen Nachunternehmer ab, müssen sie

dies gegenüber dem betroffenen Bieter oder dem Auftragnehmer schriftlich begründen und darlegen, warum der Nachunternehmer ihres Erachtens die für den Hauptauftrag vorgegebenen Kriterien nicht erfüllt.

(6) Die Haftung des Auftragnehmers gegenüber dem Auftraggeber bleibt von den Vorschriften dieser Verordnung zur Unterauftragsvergabe unberührt.

## Übersicht

Rn.

| | | |
|---|---|---:|
| I. | Allgemeines | 1 |
| II. | Die Systematik der Unterauftragsvergabe nach der VSVgV und die Unterscheidung von „freien" und „wettbewerblichen" Verfahren | 7 |
| III. | Der Begriff des Unterauftrags und des Nachunternehmers und die Abgrenzung zur Eignungsleihe und zum Zulieferer | 15 |
| | 1. Der Begriff des Unterauftrags und des Nachunternehmers | 16 |
| | 2. Die Abgrenzung zur Eignungsleihe | 22 |
| | 3. Die Abgrenzung zum Zulieferer | 23 |
| IV. | Grundsätze der Unterauftragsvergabe gemäß § 9 Abs. 2, 3 VSVgV | 27 |
| | 1. Der Grundsatz der Wahlfreiheit (§ 9 Abs. 2 VSVgV) | 30 |
| | 2. Das Diskriminierungsverbot (§ 9 Abs. 2 Satz 2 VSVgV) | 32 |
| | 3. Die Festlegung des „ob" der Unterauftragsvergabe durch den Auftraggeber (§ 9 Abs. 3 Nr. 1 VSVgV) | 34 |
| | 4. Die Festlegung des Umfangs der Unterauftragsvergabe durch den Auftraggeber (§ 9 Abs. 3 Nr. 1 VSVgV) | 36 |
| | 5. Die Festlegung des Verfahrens im Falle der freiwilligen Unterauftragsvergabe (§ 9 Abs. 3 Nr. 2 VSVgV) | 41 |
| | 6. Die Ablehnung eines Nachunternehmers durch den Auftraggeber (§ 9 Abs. 5 VSVgV) | 42 |
| | 7. Transparenzvorschriften (§ 9 Abs. 1, 4 VSVgV) | 49 |
| | a) Offenlegungs- und Mitteilungspflichten des Auftragnehmers (§ 9 Abs. 1 VSVgV) | 50 |
| | b) Bekanntmachungspflichten des Auftraggebers (§ 9 Abs. 4 VSVgV) | 58 |
| V. | Die Haftung des Auftragnehmers (§ 9 Abs. 6 VSVgV) | 60 |
| VI. | Fragen der Mehrfachbeteiligungen | 61 |
| | 1. Beteiligung eines Unternehmens als Bieter und Nachunternehmer | 64 |
| | 2. Beteiligung als Nachunternehmer in mehreren Angeboten | 65 |
| | 3. Überkreuzbeteiligungen | 66 |
| VII. | Der Austausch von Nachunternehmern | 67 |

## I. Allgemeines

**1** Für Unteraufträge wird auf eine Differenzierung zwischen Liefer- und Dienstleistungen und Bauleistungen verzichtet. Die relevanten Vorschriften der Verteidigungs- und Sicherheitsrichtlinie 2009/81/EG und VSVgV gelten für beide Bereiche.

Während die für Aufträge im zivilen Bereich geltende Vergabekoordinierungsrichtlinie 2004/18/EG die Unterauftragsvergabe nur in geringem Maß regelt und die Organisation der Lieferkette größtenteils dem Auftragnehmer überlässt, formuliert die Verteidigungs- und Sicherheitsrichtlinie 2009/81/EG diesbezüglich genauere Vorgaben. Insbesondere sieht die Richtlinie für Auftraggeber die Möglichkeit vor, Auftragnehmer zur Unterauftragsvergabe zu verpflichten, und sie enthält Vorschriften über das in diesem Fall einzuhaltende Verfahren zur Auswahl der Unterauftragnehmer. Zudem regelt sie in Bezug auf die Unterauftragsvergabe die zu gewährleistende Transparenz.

Mit der Regelung der Unterauftragsvergabe wird die stärkere Einbeziehung kleiner und mittlerer Unternehmen im Verteidigungsbereich bezweckt. Die Richtlinie 2009/81/EG soll den Marktzugang mittelständischer Unternehmen in ganz Europa durch eine Verbesserung des Wettbewerbs in der Zulieferkette fördern. Die Mitgliedsstaaten sollen dazu beitragen, die Diversifizierung der europäischen Zulieferungsbasis im Verteidigungsbereich vertikal auszubauen, indem sie die Beteiligung kleiner und mittlerer Unternehmen und nicht traditioneller Lieferanten an der rüstungstechnologischen und industriellen Basis unterstützen.[1] Ziel ist es, die Beschränkung des Wettbewerbs auf Systemanbieter zu verhindern und Nachunternehmern eine Chance auf Zugang zur Lieferkette der großen Systemanbieter zu gewähren.[2]

Die Richtlinie 2009/81/EG lässt den Mitgliedsstaaten bei der Umsetzung der Vorschriften über die Unterauftragsvergabe in das nationale Recht die Wahl zwischen vier Möglichkeiten.[3] Dabei haben alle Modelle gemein, dass der Auftraggeber den Bieter unter keinen Umständen zur Diskriminierung eines potenziellen Nachunternehmers veranlassen darf.

Das vom deutschen Verordnungsgeber gewählte Modell ermöglicht dem Auftraggeber eine höhere Einflussnahme auf die Unterauftragsvergabe als es in den anderen Modellen vorgesehen ist. Der Auftraggeber kann den Auftragnehmer verpflichten, einen Teil des Auftrags bis zu einem Höchstprozentsatz von 30 Prozent des Auftragswerts weiter zu vergeben, § 9 Abs. 3 Nr. 1 VSVgV. Zusätzlich steht es dem Auftraggeber offen, die Anwendung der spezifischen Verfahrensregeln zur Unterauftragsvergabe des dritten Teils der VSVgV zu verlangen, § 9 Abs. 3 Nr. 2 VSVgV. Nur wenn der Auftraggeber von diesen Möglichkeiten keinen Gebrauch macht, kann der Auftragnehmer den Nachunternehmer frei wählen, § 9 Abs. 2 VSVgV.

§ 9 VSVgV beruht auf Art. 21 RL 2009/81/EG.

## II. Die Systematik der Unterauftragsvergabe nach der VSVgV und die Unterscheidung von „freien" und „wettbewerblichen" Verfahren

Vor Erlass der RL 2009/81/EG war das Verfahren zur Unterauftragsvergabe keinem explizit vergaberechtlichem Regime unterworfen. Jenseits einiger durch die Rechtsprechung ent-

---
1  RL 2009/81/EG, ABl. EG Nr. 6 L 216/7 Erwägungsgrund 3.
2  Vgl. *Europäische Kommission,* Guidance Note „Subcontracting", Ziff. 1 ff.
3  Vgl. dazu *Europäische Kommission,* Guidance Note „Subcontracting", Ziff. 10 ff.

wickelter Vorgaben zur Unterauftragsvergabe konnte der Auftragnehmer seinen Nachunternehmer grundsätzlich nach eigenem Belieben in einem „freien" Verfahren wählen.[4]

8   Mit der VSVgV erfährt die Unterauftragsvergabe erstmals eine umfassende Regelung. Der Schwerpunkt der Regelungen liegt auf der Einführung eines „wettbewerblichen" Verfahrens mit spezifischen Verfahrensvorschriften für die Auswahl des Nachunternehmers – eine Art „Vergaberecht light", die in §§ 38 bis 41 VSVgV enthalten sind. Das bedeutet jedoch nicht, dass durch die VSVgV das „freie" Verfahren komplett verdrängt wird. Beide Verfahren sind nach der Konzeption der VSVgV möglich und es liegt gemäß § 9 Abs. 2 VSVgV in der Hand des Auftraggebers zu bestimmen, ob und in welchem Umfang bei der Unterauftragsvergabe das „freie" oder das „wettbewerbliche" Verfahren Anwendung findet.

9   Es darf jedoch nicht übersehen werden, dass die VSVgV auch für das „freie" Verfahren einige Vorgaben enthält. Verzichtet der Auftraggeber darauf, den Auftragnehmer auf das „wettbewerbliche" Verfahren zu verpflichten, findet die Auswahl des Nachunternehmers trotzdem nicht im vergaberechtsfreien Raum, sondern unter Berücksichtigung einzelner Vorgaben des § 9 VSVgV statt.

10  Während die für das „wettbewerbliche" Verfahren geltenden Vorschriften (§§ 38 ff. VSVgV) nur für den Auftragnehmer, d.h. das Unternehmen, das den Zuschlag erhält, greifen, richten sich die für das „freie" Verfahren geltenden Regelungen an alle Bieter, die sich am Vergabeverfahren beteiligen.

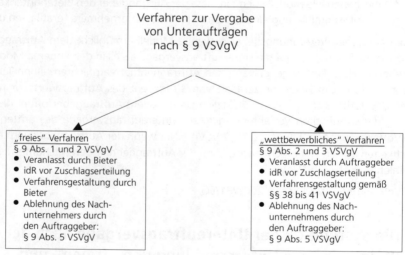

11  Mit Blick auf § 9 VSVgV ergibt sich hinsichtlich der Verfahrensgestaltung folgende Differenzierung:

12  Für das „freie" Verfahren gelten:
- § 9 Abs. 1 VSVgV: Der Auftraggeber hat die Möglichkeit, den Bieter zur Bekanntgabe einer beabsichtigten Unterauftragsvergabe und von Änderungen auf der Ebene des Nachunternehmers während der Auftragsausführung aufzufordern.

---

4   Vgl. dazu Ingenstau/Korbion/*Schranner*, § 2 Rn. 6 ff.

- § 9 Abs. 5 VSVgV: Die Ablehnung eines Nachunternehmers durch den Auftraggeber richtet sich nach den Kriterien, die für den Hauptauftrag gelten. Zudem trifft den Auftraggeber im Falle der Ablehnung eine besondere Begründungspflicht.
- 9 Abs. 6 VSVgV: Die Haftung des Auftragnehmers gegenüber dem Auftraggeber bleibt von den Vorschriften der VSVgV zur Unterauftragsvergabe unberührt.

Dagegen sind die §§ 38 bis 41 VSVgV im „freien" Verfahren nicht anzuwenden.

Für das „wettbewerbliche" Verfahren gelten:

- § 9 Abs. 1 Satz 2 VSVgV: Der Auftragnehmer ist verpflichtet, Änderungen auf der Ebene des Nachunternehmers mitzuteilen.
- § 9 Abs. 2 und 3 i. V. m. §§ 38 bis 41 VSVgV: Das spezifische Verfahren der „wettbewerblichen" Unterauftragsvergabe.
- § 9 Abs. 5 VSVgV: Die Ablehnung eines Nachunternehmers durch den Auftraggeber richtet sich nach den Kriterien, die für den Hauptauftrag gelten. Zudem trifft den Auftraggeber im Falle der Ablehnung eine besondere Begründungspflicht.
- § 9 Abs. 6 VSVgV: Die Haftung des Auftragnehmers gegenüber dem Auftraggeber bleibt von den Vorschriften der VSVgV zur Unterauftragsvergabe unberührt.

## III. Der Begriff des Unterauftrags und des Nachunternehmers und die Abgrenzung zur Eignungsleihe und zum Zulieferer

Von hoher praktischer Relevanz ist die Abgrenzung der Unterauftragsvergabe von der Eignungsleihe und der Zulieferung. Nur wenn der einbezogene Dritte Nachunternehmer ist, finden die Vorschriften des §§ 38 bis 41 VSVgV Anwendung und nur in diesem Fall gelten seine Leistungen als Erfüllung des vom Auftraggeber für die Unterauftragsvergabe vorgegeben Prozentsatzes.[5]

### 1. Der Begriff des Unterauftrags und des Nachunternehmers

Der Unterauftrag ist in § 4 Abs. 3 VSVgV als ein zwischen einem erfolgreichen Bieter und einem oder mehreren Unternehmen geschlossener entgeltlicher Vertrag über die Ausführung des betreffenden Auftrags oder von Teilen des Auftrags legal definiert.

Der Begriff des Nachunternehmers gehörte bereits vor Erlass der Richtlinie 2009/81/EG und deren Umsetzung in das deutsche Recht zu den am kontroversesten diskutierten Fragen des Vergaberechts. Seine Existenz wird im deutschen und europäischen Vergaberecht vorausgesetzt, ohne dass es eine Legaldefinition gibt.

An dieser Praxis hat sich für die öffentliche Beschaffung im Bereich Verteidigung und Sicherheit nichts geändert. Weder die Richtlinie 2009/81/EG noch die VSVgV konkretisieren den Begriff des Nachunternehmers, so dass auf den von Rechtsprechung und Literatur entwickelten Begriff des Nachunternehmers zurückzugreifen ist.

---

5   Siehe dazu die Kommentierung unter IV.4.

19  Nachunternehmer ist danach, wer bei einer Auftragsvergabe nicht selbst Teil des Vertrags ist, aber in einem direkten vertraglichen Verhältnis zum Auftragnehmer steht und für diesen Teile der zu vergebenden Leistung erbringt.[6] Nachunternehmer kann unabhängig von der Rechtsform jede selbständige juristische Person sein. Ein Unterauftrag kann zwar grundsätzlich auch an ein konzernangehöriges Unternehmen vergeben werden,[7] allerdings gelten diese gemäß § 38 Abs. 2 VSVgV nicht als Unterauftragnehmer.[8]

20  Sofern der Auftragnehmer selbst nur wenige Teile der Leistung ausführt, wird er als Generalunternehmer bezeichnet; übernimmt er einzig die Koordination der Nachunternehmerleistungen, ist er Generalübernehmer.[9]

21  Zu beachten ist, dass durch das Abstellen auf die vertraglich zu erbringende Leistung die Einstufung als Nachunternehmer primär in die Hände des Auftraggebers gelegt wird, da dieser in seiner Auftragsbeschreibung die zu erbringenden Leistungen festlegt und so den Bereich konturiert, in dem ein Unterauftrag überhaupt nur in Frage kommt.

## 2. Die Abgrenzung zur Eignungsleihe

22  Die Unterauftragsvergabe ist grundsätzlich auch von der Eignungsleihe abzugrenzen, die für den Bereich der Liefer- und Dienstleistungen in § 26 Abs. 3 VSVgV, für Bauleistungen in § 6 VS Abs. 8 VOB/A verankert ist. Bei der Eignungsleihe kann der Bieter durch den Verweis auf die Kapazität eines Dritten den erforderlichen Eignungsnachweis der eigenen Leistungsfähigkeit erbringen. Sie kommt daher in Betracht, wenn der Bieter selbst nicht leistungsfähig ist. In der Praxis sind beide Gruppen (Dritte, denen sich der Bieter zum Eignungsnachweis bedient, und Unterauftragnehmer, die einen Teil des Auftrags erfüllen sollen) oftmals identisch. Denn der Dritte wird in der Regel den Teil des Auftrags, auf den sich die Eignung, die er dem Bieter „leiht", bezieht, als Unterauftragnehmer erbringen und umgekehrt. Zwingend ist das allerdings nicht. Denn die Eignungsleihe kann sich auch auf die finanzielle und wirtschaftliche Leistungsfähigkeit beziehen, die nicht unmittelbar mit einem konkreten Auftragsteil verknüpft ist. In diesem Fall „leiht" der Dritte dem Bieter lediglich seine Solvenz/Liquidität, ohne einen Teil der Auftragsleistung auch tatsächlich als Unterauftragnehmer zu erbringen.[10] Diese Konstellation ergibt sich häufig zwischen konzernverbundenen Unternehmen. In diesem Fall gelten für den Dritten die Vorschriften über die Unterauftragsvergabe nicht.

## 3. Die Abgrenzung zum Zulieferer

23  Erbringt der Dritte keine auftragsspezifischen Leistungen, sondern wird er nur unterstützend tätig, ist er kein Nachunternehmer und wird im Vergaberecht als Zulieferer bezeichnet. Er übernimmt etwa dadurch, dass er dem Auftragnehmer Infrastruktur, Materialien, Arbeitsmittel- oder Dienste zur Auftragserfüllung zur Verfügung stellt, eine Hilfsfunktion für diesen.

---

6   OLG Naumburg, 2.7.2009 – 1 Verg 2/09; OLG Celle, 5.7.2007 – 13 Verg 8/07; OLG München, 10.9.2009 – Verg 10/09.
7   OLG Düsseldorf, 30.6.2010 – Verg 13/10.
8   Siehe dazu die Kommentierung zu § 38.
9   *Burgi*, NZBau 2010, 593.
10  OLG Düsseldorf, 30.6.2010 – Verg 13/10; ausführlich zur Abgrenzung auch *Conrad*, VergabeR 2012, 15 ff.

Für die Abgrenzung zwischen dem Nachunternehmer und dem Zulieferer verbietet sich eine formale Betrachtung, vielmehr muss die Unterscheidung einzelfallbezogen anhand der aufgeführten Kriterien vorgenommen werden.

24

Die Rechtsprechung zieht häufig den Pflichtenkreis als Abgrenzungskriterium heran: Nachunternehmer ist danach, wer im vertraglich festgelegten Pflichtenkreis des Auftragsnehmers tätig wird.[11] Konsequenterweise ist dann Zulieferer, wer es dem Auftragnehmer ermöglicht, dass dieser seine vertraglichen Leistungspflichten erbringt, ohne diese selbst zu übernehmen. Als zusätzliches Kriterium zieht die Rechtsprechung die Kosten der Dritttätigkeit heran. Übersteigen diese 8-10% des Gesamtpreises, spricht das gegen das Vorliegen einer bloßen Hilfsfunktion des Dritten und damit für einen Nachunternehmer.[12]

25

**PRAXISTIPP**

26

*Für die Abgrenzung des Nachunternehmers vom Zulieferer können demnach folgende Indizien herangezogen werden:*

- *Handelt es sich um einen wesentlichen Teil der Leistung, so dass der Auftraggeber ein wesentliches Interesse an einem Eignungsnachweis des Leistungserbringers hat? Falls ja: Unterauftrag.*

- *Welche Bedeutung hat die Leistung für die Funktionsfähigkeit der Gesamtleistung? Je bedeutender die Leistung ist, desto eher liegt ein Unterauftrag vor.*

- *Setzt die Leistung ein gewisses Maß an Eigenständigkeit voraus bzw. erfordert sie eine besondere fachliche Qualifikation? Falls ja: Unterauftrag.*

- *Sind die Leistung oder die benötigten Materialien nur schwer verfügbar oder zu beschaffen? Falls ja: Unterauftrag.*

## IV. Grundsätze der Unterauftragsvergabe gemäß § 9 Abs. 2, 3 VSVgV

Grundsätzlich dürfen Auftragnehmer ihre Nachunternehmer für alle Unteraufträge gemäß § 9 Abs. 2 Satz 1 VSVgV frei wählen.

27

Dieses Recht besteht jedoch nur, soweit der Auftraggeber keine Anforderungen an die Erteilung der Unteraufträge im wettbewerblichen Verfahren gemäß § 9 Abs. 3 Nr. 1 und Nr. 2 VSVgV stellt.

28

Danach kann der Auftraggeber

29

- den Auftragnehmer verpflichten, einen Teil des Auftrags bis zu einem Höchstsatz von 30 Prozent des Auftragswerts weiter zu vergeben und dabei die Verfahrensvorschriften der §§ 38 bis 41 VSVgV einzuhalten (Nr. 1) oder

---

11 Vgl. VK Bund, 26.5.2008 – VK 2-49/08; OLG München, VergabeR 2010, 266, 274.
12 OLG Celle, 9.12.2004 – 1 Verg 21/04; OLG Naumburg, 9.12.2004 – 1 Verg 21/04.

- vom Auftragnehmer die Einhaltung der spezifischen Verfahrensvorschriften der §§ 38 bis 41 VSVgV bei der Vergabe aller oder bestimmter Unteraufträge verlangen (Nr. 2).

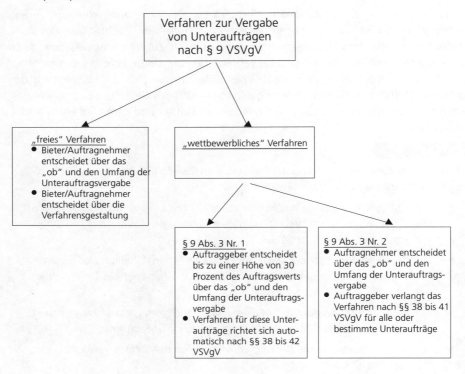

## 1. Der Grundsatz der Wahlfreiheit (§ 9 Abs. 2 VSVgV)

30  Die Wahlfreiheit des Auftragnehmers über den Einsatz von Nachunternehmern ist die Regel. Es existiert kein Selbstausführungsgebot, so dass dem Auftragnehmer grundsätzlich nicht vorgegeben werden kann, einen Teil der Leistung selbst zu erbringen.

31  Der Grundsatz der Wahlfreiheit räumt dem Auftragnehmer eine umfassende Dispositionsbefugnis über die Unterauftragsvergabe ein. Der Auftragnehmer entscheidet daher grundsätzlich über

- das „ob" der Unterauftragsvergabe,
- den Umfang und welche Teile des Auftrags betroffen sein sollen,
- das Verfahren bei der Unterauftragsvergabe,
- die Auswahl des Nachunternehmers.

Allerdings müssen Bieter darauf achten, dass im Zusammenhang mit der Unterauftragsvergabe regelmäßig Erklärungen und Nachweise zu den Nachunternehmern einzureichen sind, die häufig mit der Angebotsabgabe, spätestens aber vor der Zuschlagserteilung vorliegen müssen.

Gem. § 9 Abs. 1 Satz 1 VSVgV können Auftraggeber von den Bietern verlangen, Absichtserklärungen hinsichtlich geplanter Untervergaben abzugeben und dabei die Bezeichnung des jeweiligen Leistungsteils sowie des vorgesehenen Nachunternehmers preiszugeben. Beachtet ein Bieter diese sich aus den Vergabeunterlagen[13] ergebenden Vorgaben nicht, riskiert er, ein unvollständiges Angebot abzugeben, welches nach § 31 Abs. 2 Nr. 1 VSVgV bzw. §§ 13 VS Abs. 1 Nr. 4, 16 VS Abs. 1 Nr. 3 VOB/A auszuschließen wäre. Zu beachten ist jedoch, dass dem BGH zufolge das Verlangen einer frühzeitigen Nachunternehmerbenennung die Bieter unverhältnismäßig belasten kann.[14]

Die Wahlfreiheit des Auftragnehmers wird in § 9 Abs. 2 und 3 VSVgV eingeschränkt. Der Auftraggeber kann danach Vorgaben für die Unterauftragsvergabe des Auftragnehmers machen und damit Einfluss auf die Nachunternehmerauswahl nehmen.

### 2. Das Diskriminierungsverbot (§ 9 Abs. 2 Satz 2 VSVgV)

§ 9 Abs. 2 Satz 2 VSVgV untersagt dem Auftraggeber, vom Auftragnehmer die Diskriminierung potenzieller Nachunternehmer anderer EU-Mitgliedsstaaten aus Gründen der Staatsangehörigkeit zu verlangen. Die Vorschrift bezieht sich auf direkte und indirekte Diskriminierungen und ist Ausdruck des allgemeinen Diskriminierungsverbots des Art. 18 AEUV, das in zahlreichen Einzelvorschriften des Vergaberechts verankert wurde und bereits die Vergaberichtlinien als übergeordneter Grundsatz wie „ein roter Faden" durchzieht.[15] Die Forderung von (direkten) Offsets ist demnach unzulässig.

32

Die Diskriminierung von nicht-europäischen Nachunternehmern ist nicht ausdrücklich untersagt, so dass die Vorgabe, europäische Nachunternehmer zu bevorzugen, durchaus denkbar ist. Allerdings sieht § 38 Abs. 1 Satz 3 VSVgV vor, dass der Auftragnehmer bei der Unterauftragsvergabe alle potenziellen Nachunternehmer gleich und nicht-diskriminierend zu behandeln hat. Jedenfalls im Anwendungsbereich des § 38 VSVgV, d.h. bei Anwendung des wettbewerblichen Verfahrens zur Bestimmung der Nachunternehmer, scheidet demnach eine Bevorzugung europäischer Anbieter aus.

33

### 3. Die Festlegung des „ob" der Unterauftragsvergabe durch den Auftraggeber (§ 9 Abs. 3 Nr. 1 VSVgV)

Gemäß § 9 Abs. 3 Nr. 1 VSVgV kann der Auftraggeber die Entscheidung des „ob" einer Unterauftragsvergabe in gewissem Umfang an sich ziehen und festlegen, dass ein Teil des Auftrags an Dritte weiter zu vergeben ist.

34

Macht der Auftraggeber von dieser Möglichkeit Gebrauch, richtet sich die Vergabe der Unteraufträge, die die Vorgabe des Auftraggebers erfüllen (sollen), gemäß § 9 Abs. 3 Nr. 1 Satz 6 VSVgV automatisch nach §§ 38 bis 41 VSVgV, d.h. die Vergabe der Unteraufträge muss bestimmten Regeln, einer Art „Vergaberecht light", folgen. Der Auftraggeber braucht die Anwendung dieser Verfahrensregeln folglich nicht extra nach § 9 Abs. 3 Nr. 2 VSVgV zu verlangen. Denn der Auftragnehmer kann nicht auf ihre Anwendung verzichten. Die in § 9 Abs. 2 VSVgV verankerte Dispositionsfreiheit über das

35

---
13   Vgl. § 16 Abs. 2 VSVgV, § 8 VS Abs. 2 Nr. 2 VOB/A.
14   BGH, NZBau 2008, 592; zustimmend OLG München, VergabeR 2009, 478, vgl. auch BGH, NZBau 2012, 513 sowie die Kommentierung zu § 9 Abs. 1 VSVgV unten.
15   Vgl. *Noch,* Vergaberecht kompakt, Rn. 11.

Verfahren ist angesichts des eindeutigen Wortlauts der Norm nicht auf § 9 Abs. 3 Nr. 1 Satz 6 VSVgV anwendbar. Zudem legt Art. 21 Abs. 4 UAbs. 6 RL 2009/81/EG fest, dass der erfolgreiche Bieter die vom Auftraggeber verlangten Unteraufträge nach den speziellen Verfahrensvorschriften für die Unterauftragsvergabe vergibt.

### 4. Die Festlegung des Umfangs der Unterauftragsvergabe durch den Auftraggeber (§ 9 Abs. 3 Nr. 1 VSVgV)

**36** Entscheidet sich der Auftraggeber, auf das „ob" der Unterauftragsvergabe Einfluss zu nehmen, muss er zugleich auch den Umfang hierfür festlegen. Gemäß § 9 Abs. 3 Nr. 1 Satz 2 VSVgV benennt der Auftraggeber einen Prozentsatz, den die von ihm verlangten Unteraufträge im Verhältnis zum Auftragswert ausmachen müssen. Dazu kann er eine Wertspanne unter Einschluss eines Mindest- und Höchstprozentsatzes angeben, wobei der Höchstsatz eine Höhe von 30 % des Auftragswerts nicht übersteigen darf. Die vom Auftraggeber geforderte Unterauftragsquote muss in einem angemessenen Verhältnis zum Gegenstand, zum Wert des Auftrags und zur Art des betroffenen Industriesektors stehen, § 9 Abs. 3 Nr. 1 Satz 4 VSVgV. Bei der Frage der Angemessenheit sind das auf diesem Markt herrschende Wettbewerbsniveau und die einschlägigen technischen Fähigkeiten der industriellen Basis zu berücksichtigen.

**BEISPIEL**

- Denkbar ist ein Verstoß gegen die Angemessenheitsklausel, wenn bei einem einfachen Auftragsgegenstand mit einem geringen Auftragswert eine Unterauftragsvergabe im Umfang des oberen Bereichs der Wertspanne verlangt wird.
- Unangemessen kann eine hohe Unterauftragsquote auch dann sein, wenn für den betreffenden Auftragsgegenstand bereits ein funktionierender Wettbewerb mit einer hohen Beteiligung kleiner und mittlerer Unternehmen am Vergabeverfahren existiert und somit nicht die Notwendigkeit besteht, diesen einen Zugang zu den Lieferketten zu verschaffen.
- Gleiches kann gelten, wenn der Auftragnehmer durch den Umfang der Unterauftragsvergabe gezwungen wird, in nicht unerheblichem Maße auf technisch leistungsschwächere Nachunternehmer zurückzugreifen. Das wäre etwa der Fall, wenn der Auftragnehmer selbst über hohe Fertigkeiten für alle Auftragsbereiche verfügt, aufgrund einer hohen Wertspanne aber zwangsläufig auf Nachunternehmer ausweichen muss, die nicht seine Qualifikationen aufweisen und es am Markt ohnehin nur wenige Unternehmen gibt, die als Nachunternehmer geeignet sind.

**37** Legt der Auftraggeber eine Quote i.S d. § 9 Abs. 3 Nr. 1 VSVgV fest, gilt jeder Prozentsatz der Unterauftragsvergabe, der in den angegebenen Bereich fällt, als Erfüllung der Verpflichtung zur Vergabe von Unteraufträgen, § 9 Abs. 3 Nr. 1 Satz 5 VSVgV, sofern die Vergabe im Verfahren nach §§ 38 bis 41 VSVgV erfolgte.

**38** Der Bieter hat bereits in seinem Angebot anzugeben, wie er die vorgegebene Quote erreichen will.[16]

---

16  Vgl. *Europäische Kommission*, Guidance Note „Subcontracting", Ziff. 27.

Es steht dem Bieter frei, dem Auftraggeber einen über die geforderte Quote hinausgehenden Anteil an Unterauftragsvergaben anzubieten. Der deutsche Verordnungsgeber hat auf eine Regelung dieser Vorschlagsmöglichkeit, die in Art. 21 Abs. 4 UAbs. 3 RL 2009/81/EG ausdrücklich enthalten ist, zu Recht verzichtet, da sie nur klarstellende Wirkung besitzt.[17] Im Gegensatz zu der vom Auftraggeber verlangten Quote greift der Automatismus des § 9 Abs. 3 Nr. 1 Satz 6 VSVgV für zusätzlich zur Erfüllung der Quote vergebene Unteraufträge nicht. Die Vorschriften der §§ 38 bis 41 VSVgV sind für den vom Bieter zusätzlich angebotenen Teil nur zu beachten, wenn der Auftraggeber deren Einhaltung gemäß § 9 Abs. 3 Nr. 2 VSVgV verlangt.

39

Zu beachten ist, dass aus dem Recht des Auftraggebers, den Umfang der Unterauftragsvergabe festzulegen, nicht zugleich die Befugnis folgt, auch darüber zu bestimmen, welche Teile des Auftrags weitervergeben werden sollen. D.h. der Auftraggeber kann nur den Prozentsatz vorgeben, den die Unteraufträge im Verhältnis zum Auftragswert ausmachen müssen, nicht aber, welche spezifischen Teile des Auftrags der Unterauftragsvergabe unterliegen sollen.[18]

40

### 5. Die Festlegung des Verfahrens im Falle der freiwilligen Unterauftragsvergabe (§ 9 Abs. 3 Nr. 2 VSVgV)

Verzichtet der Auftraggeber darauf, den Auftragnehmer gemäß § 9 Abs. 3 Nr. 1 VSVgV zur Unterauftragsvergabe zu verpflichten, kann sich der Auftragnehmer aus freien Stücken für eine Unterauftragsvergabe entscheiden. Er kann dann über das „ob" und den Umfang der Unterauftragsvergabe frei disponieren. Der Auftraggeber kann in diesem Fall aber noch auf das Verfahren Einfluss nehmen, das einzuhalten ist, wenn sich der Auftragnehmer zur Unterauftragsvergabe entscheidet. Gemäß § 9 Abs. 3 Nr. 2 VSVgV kann er verlangen, dass vom Auftragnehmer die Bestimmungen der §§ 38 bis 41 VSVgV, eine Art „Vergaberecht light", auf alle oder bestimmte Unteraufträge, die dieser an Dritte zu vergeben beabsichtigt, anzuwenden sind.

41

Will der Auftragnehmer neben der vom Auftraggeber gemäß § 9 Abs. 3 Nr. 1 VSVgV verlangten Unterauftragsvergabe weitere Unteraufträge vergeben, informiert er den Auftraggeber zunächst darüber, (1) welche Teile des Angebots der Erfüllung der verlangten Quote dienen und (2) welche Teile des Angebots er darüber hinaus weitervergeben will.[19] Der Auftraggeber entscheidet dann über die Anwendung der Vorschriften der §§ 38 bis 41 VSVgV auf die Unteraufträge, die über die Quote hinausgehen.[20] Unklar ist, wann der Auftraggeber diese Entscheidung zu treffen hat: im Vergabeverfahren oder erst nach Zuschlagserteilung. § 9 Abs. 3 Nr. 2 VSVgV enthält insofern keine Regelung. In der Regel werden Bieter bereits in ihrem Angebot anzugeben haben, in welchem Umfang und bezüglich welcher Auftragsteile eine Unterauftragsvergabe vorgesehen ist, da Auftraggeber regelmäßig ein hohes Interesse daran haben werden, zu erfahren, wer die einzelnen Leistungsteile des Auftrags ausführt. Da sich der Umstand, ob zur Unterauftragsvergabe eine Art „Vergabeverfahren light" durchzuführen ist oder nicht, auf die Kalkulation der Bieter auswirkt, weil die Durchführung eines solchen Verfahrens in der

---

17 Vgl. *Europäische Kommission*, Guidance Note „Subcontracting", Ziff. 17.
18 *Europäische Kommission*, Guidance Note „Subcontracting", Ziff. 17, 19.
19 *Europäische Kommission*, Guidance Note „Subcontracting", Ziff. 19.
20 *Europäische Kommission*, Guidance Note „Subcontracting", Ziff. 19.

Regel mit zusätzlichen Kosten einhergehen wird, spricht viel dafür, dass der Auftraggeber bereits vor der Abgabe des letztverbindlichen Angebots vorgeben muss, ob und in welchem Umfang er die Anwendung der §§ 38 bis 41 VSVgV gemäß § 9 Abs. 3 Nr. 2 VSVgV verlangt.

### 6. Die Ablehnung eines Nachunternehmers durch den Auftraggeber (§ 9 Abs. 5 VSVgV)

42  § 9 Abs. 5 VSVgV bestimmt, unter welchen materiellen Bedingungen ein vom Bieter ausgewählter Nachunternehmer vom Auftraggeber abgelehnt werden kann. Eine Ablehnung darf nur auf Grundlage der Kriterien erfolgen, die für den Hauptauftrag gelten und in den Bekanntmachungen oder den Vergabeunterlagen angegeben wurden (§ 9 Abs. 5 Satz 1 VSVgV). Zudem trifft den Auftraggeber im Falle einer Ablehnung eine besondere Begründungspflicht. Er muss gegenüber dem betroffenen Bieter oder dem Auftragnehmer schriftlich darlegen, warum der Nachunternehmer seines Erachtens die für den Hauptauftrag vorgegebenen Kriterien nicht erfüllt (§ 9 Abs. 5 Satz 2 VSVgV).

43  Die Regelung knüpft an die allgemeinen Grundsätze der Eignungsprüfung von Nachunternehmern an. Wird ein Nachunternehmer eingesetzt, verlagert sich die Eignungsprüfung vom Bieter auf die Ebene des Nachunternehmers. Der Auftraggeber kann für den Nachunternehmer die gleichen Eignungsnachweise verlangen wie für den Bieter selbst und die Eignung des Nachunternehmers beurteilt sich entsprechend der Maßstäbe, die für den Bieter gelten.[21] Der Nachunternehmer muss in fachlicher, persönlicher und wirtschaftlicher Hinsicht den Eignungsanforderungen genauso genügen wie der Auftragnehmer.[22] Der Umfang der verlangten Nachweisanforderungen ergibt sich dabei aus den Ausschreibungsunterlagen.

44  Indem bei der Eignungsprüfung an die bekanntgemachten Kriterien angeknüpft wird, wird zugleich sichergestellt, dass die Ablehnung des Nachunternehmers durch den Auftraggeber nicht aus willkürlichen Gründen oder nationalen Interessen geschieht.

45  Die Regelung gilt für im Wege des „freien" und des „wettbewerblichen" Verfahrens ausgewählte Nachunternehmer.

46  Dabei ist jedoch zu beachten, dass das wettbewerbliche Verfahren regelmäßig erst nach Zuschlagserteilung vom Auftraggeber durchgeführt wird. Denn von Bietern, die nicht wissen, ob sie den Auftrag überhaupt erhalten, kann die Durchführung des kostenverursachenden, zeitaufwändigen Verfahrens gemäß §§ 38 bis 41 VSVgV grundsätzlich nicht verlangt werden. Regelmäßig werden demnach im Angebot, d.h. vor Zuschlagserteilung, wenn überhaupt[23], lediglich solche Nachunternehmer benannt werden können, die von dem jeweiligen Bieter im freien Verfahren ausgewählt wurden.

47  Wird ein im „wettbewerblichen" Verfahren ausgewählter Nachunternehmer vom Auftraggeber abgelehnt, hat das keine Auswirkungen auf die Stellung des Auftragnehmers. Insbesondere führt das nicht zum Verlust des Auftrags, denn diesen hat der Auftragnehmer bereits zuvor durch Zuschlag erhalten. Die fehlende Eignung des ausgewählten Nachunternehmers hat demnach keinen Einfluss auf die Stellung des Auf-

---

21 Vgl. OLG Düsseldorf, 16. 11. 2011 – Verg 60/11; VK Münster, 13.2.2007 – VK 17/06.
22 Vgl. OLG Düsseldorf, 16.11.2011 – Verg 60/11.
23 Vgl. ablehnend für den Baubereich BGH, NZBau 2008, 592.

tragnehmers, insbesondere schlägt sich der Eignungsmangel grundsätzlich nicht auf ihn durch. Der Auftragnehmer muss vielmehr infolge der Ablehnung des Nachunternehmers einen neuen Nachunternehmer im Rahmen eines wettbewerblichen Verfahrens auswählen. Ein Ausschluss des Auftragnehmers findet nicht statt.

Es spricht viel dafür, dass auch die fehlende Eignung eines im „freien" Verfahren ausgewählten Nachunternehmers nicht zu einem Ausschluss des betroffenen Bieters führt. Denn § 9 Abs. 5 VSVgV sieht den Bieterausschluss nicht als Rechtsfolge vor. Der Regelungsbereich des § 9 Abs. 5 VSVgV bezieht sich nach dem Wortlaut der Norm nur auf die Ablehnung des Nachunternehmers und nicht auf den Ausschluss des Bieters. Negative Folgen für den Bieter sieht die Vorschrift nicht vor. Die Regelung ist daher so zu verstehen, dass nur Kriterien für eine Ablehnung des Nachunternehmers aufgestellt werden, ohne dabei die Grundsätze des Bieterausschlusses zu modifizieren. Bei Ungeeignetheit des Nachunternehmers ist das Angebot des Bieters demnach trotzdem vom Auftraggeber zu würdigen und dem Bieter im Rahmen eines zulässigen Nachverhandelns die Möglichkeit zu geben, für den abgelehnten Nachunternehmer einen neuen Nachunternehmer zu benennen.

### 7. Transparenzvorschriften (§ 9 Abs. 1, 4 VSVgV)

Um die erforderliche Transparenz bei der Unterauftragsvergabe zu gewährleisten, werden in § 9 VSVgV Bekanntmachungs- und Mitteilungspflichten aufgestellt, an die sich Auftraggeber und Auftragnehmer zu halten haben.

#### a) Offenlegungs- und Mitteilungspflichten des Auftragnehmers (§ 9 Abs. 1 VSVgV)

Nach § 9 Abs.1 VSVgV kann der Auftraggeber den Bietern und Auftragnehmern bestimmte Offenlegungs- und Mitteilungspflichten auferlegen.

Vor der Auftragsvergabe kann der Auftraggeber die Bieter auffordern, in ihren Angeboten den Teil des Auftrags bekannt zu geben, den sie im Wege von Unteraufträgen an Dritte zu vergeben beabsichtigen, § 9 Abs. 1 Satz 1 VSVgV.

Hat der Bieter den oder die Nachunternehmer bereits ausgewählt, kann der Auftraggeber zusätzlich verlangen, dass ihm die vorgeschlagenen Nachunternehmer sowie der Gegenstand der Unteraufträge bekannt gegeben werden, § 9 Abs. 1 Satz 1 a. E. VSVgV.

Unklar ist, ob der Auftraggeber von den Bietern verlangen kann, Nachunternehmer im Stadium der Angebotsabgabe bereits ausgewählt zu haben. Nach Rechtsprechung des BGH kann der Auftraggeber das bei Angebotsabgabe zumindest im Baubereich nicht verbindlich verlangen.[24] Zwar ist es dem Bieter in diesem Stadium zumutbar, Auskunft darüber zu geben, ob bestimmte Leistungsteile von einem Nachunternehmer erbracht werden sollen. Allerdings kann den Bietern eine verbindliche Benennung der Nachunternehmer, die diese Teile erfüllen sollen, in diesem Stadium nicht zugemutet werden. Um dazu wahrheitsgemäße Erklärungen abzugeben, müssten sich alle Ausschreibungsteilnehmer die Ausführung der fraglichen Leistungen von den jeweils ins Auge gefassten Nachunternehmern bindend zusagen lassen. Eine solche Handhabung kann die Bieter in Anbetracht des Umstands, dass der Zuschlag naturgemäß nur auf ein Angebot ergeht, in

---

24  BGH, NZBau 2008, 592.

54 einem Maße belasten, das nicht in einem angemessenen Verhältnis zu den Vorteilen dieser Vorgehensweise für die Vergabestellen steht.

54 Zweifelhaft ist, ob die Rechtsprechung in dieser Form auf den Verteidigungs- und Sicherheitsbereich übertragbar ist, da aufgrund der Sensibilität der in diesem Bereich vergebenen Aufträge ein erhöhtes Interesse des Auftraggebers daran besteht, verbindliche Auskünfte über Nachunternehmer zu erhalten.

55 **PRAXISTIPP**

*Auftragnehmer sollten aber die BGH-Rechtsprechung stets im Hinterkopf behalten und eventuell ein entsprechendes verbindliches Auskunftsverlangen des Auftraggebers rügen.*

56 Ist der Auftrag vergeben, kann der Auftraggeber verlangen, dass der Auftragnehmer jede im Zuge der Ausführung des Auftrags eintretende Änderung auf Ebene der Nachunternehmer mitteilt, § 9 Abs. 1 Satz 2 VSVgV. Umfasst sind alle inhaltlichen, organisatorischen und personellen Veränderungen.

57 **PRAXISTIPP**

*Grundsätzlich sollten Bieter daher, soweit nach der Vergabebekanntmachung möglich, mit der Benennung von Nachunternehmern in ihrem Angebot zurückhaltend umgehen, um sich im Fall des Zuschlags größtmögliche Flexibilität zu erhalten.*

### b) Bekanntmachungspflichten des Auftraggebers (§ 9 Abs. 4 VSVgV)

58 Der Auftraggeber hat gemäß § 9 Abs. 4 VSVgV die in den § 9 Abs. 1 bis 3 genannten Anforderungen in der Bekanntmachung oder den Vergabeunterlagen anzugeben.

59 Im Einzelnen erstreckt sich die Bekanntmachungspflicht auf:

- die Pflicht des Bieters, den Teil der beabsichtigten Unterauftragsvergabe anzugeben (§ 9 Abs. 1 Satz 1 VSVgV);
- die Pflicht des Bieters, bereits vorgeschlagene Nachunternehmer sowie den Gegenstand der Unteraufträge bekannt zu geben (§ 9 Abs. 1 Satz 1 VSVgV);
- die Pflicht des Auftragnehmers, Änderungen auf Ebene der Nachunternehmer mitzuteilen (§ 9 Abs. 1 Satz 2 VSVgV);
- die Verpflichtung des Auftragnehmers, einen Teil des Auftrags weiter zu vergeben (§ 9 Abs. 2 i.V.m. Abs. 3 Nr. 1 VSVgV). Die Bekanntmachungspflicht umfasst dabei auch die vom Auftraggeber festgelegte Wertspanne (vgl. § 9 Abs. 3 Nr. 1 Satz 2 VSVgV);
- die Verpflichtung des Auftragnehmers zur Einhaltung der Bestimmungen der §§ 38 bis 41 VSVgV im Falle der freiwilligen Unterauftragsvergabe.

## V. Die Haftung des Auftragnehmers (§ 9 Abs. 6 VSVgV)

§ 9 Abs. 6 VSVgV stellt klar, dass die Vorschriften über die Untervertragsaufgabe die Frage der Haftung des hauptverantwortlichen Unternehmers unberührt lassen. Dieser bleibt dem Auftraggeber gegenüber nach den allgemeinen Regeln verantwortlich.

## VI. Fragen der Mehrfachbeteiligungen

Unter einer Mehrfachbeteiligung versteht man die mehrfache Teilnahme eines Unternehmens an einem Vergabeverfahren und die damit verbundene mehrfache Bewerbung für die Erteilung des Auftrags.[25] Das geschieht typischerweise dadurch, dass ein Unternehmen ein eigenes Angebot abgibt und sich zugleich an einer Bietergemeinschaft beteiligt, die ebenfalls ein Angebot für den identischen Auftrag abgibt.[26]

Bei der mehrfachen Beteiligung eines Unternehmens an derselben Ausschreibung droht im Falle einer Verfälschung des Wettbewerbs der Angebotsausschluss gemäß § 31 Abs. 2 Nr. 6 VSVgV bzw. § 16 VS Abs. 1 Nr. 1 d) VOB/A. Dabei reicht die Tatsache, dass eine Mehrfachbeteiligung vorliegt, nicht für einen Ausschluss aus. Erforderlich ist der Nachweis weiterer Umstände, die auf eine Abrede zwischen den Unternehmen oder auf die Kenntnis von Konkurrenzangeboten und einen Verstoß gegen den Geheimwettbewerb schließen lassen.[27]

Mit Blick auf eine Unterauftragsvergabe sind folgende Konstellationen einer Mehrfachbeteiligung denkbar:

### 1. Beteiligung eines Unternehmens als Bieter und Nachunternehmer

Ein Angebotsausschluss kommt in Betracht, wenn der Nachunternehmer, der zugleich Bieter ist, im Wesentlichen die gesamte Leistung für das entsprechende Gebot bereitstellt und sich der eigentliche Bieter auf eine Steuerungsleistung beschränkt.[28] Es besteht dann die Vermutung, dass der Bieter nur zwischengeschaltet wurde, um eine Doppelbewerbung zu vertuschen.[29]

### 2. Beteiligung als Nachunternehmer in mehreren Angeboten

Ein Ausschluss droht, wenn der Nachunternehmer die Angebote der Bieter über seinen eigenen Beitrag hinaus kennt oder gar die Bieter über das Konkurrenzangebot informiert.

### 3. Überkreuzbeteiligungen[30]

Ein Verstoß gegen den Geheimwettbewerb kommt in Betracht, wenn die Unternehmen sowohl Kenntnis ihrer eigenen Leistung als auch der Nachunternehmerleistung des Mit-

---

25 *Gabriel*, NZBau 2010, 225.
26 *Gabriel*, NZBau 2010, 225.
27 Vgl. *Dirksen/Schellenberg*, VergabeR 2010, 17, 18, OLG Düsseldorf, 13.4.2006, Verg 10/06; vgl. aber OLG Düsseldorf, NZBau 2011, 371, wonach bei einer Beteiligung mehrerer konzernverbundener Unternehmen mit eigenen Angeboten bereits eine widerlegbare Vermutung dafür bestehen soll, dass der Geheimwettbewerb nicht gewahrt ist.
28 *Dirksen/Schellenberg*, VergabeR 2010, 17, 18.
29 *Dirksen/Schellenberg*, VergabeR 2010, 17, 18.
30 Bei einer Überkreuzbeteiligung setzen sich zwei Hauptbieter wechselseitig als Nachunternehmer ein.

bieters haben. Die Vergabekammer des Bundes[31] erkannte bei einer Überkreuzbeteiligung einen Angebotsausschluss für zwingend, als die Bieter sich wechselseitig für jeweils ungefähr die Hälfte des Angebots als Nachunternehmer einsetzten. Anders wird die Überkreuzbeteiligung von der VK Hamburg[32] und dem OLG Düsseldorf[33] beurteilt.[34] Der Umstand der Überkreuzbeteiligung reiche für einen Wettbewerbsausschluss nicht aus, da sich von dieser nicht auf eine positive Kenntnis vom Angebotsinhalt des Wettbewerbers schließen lasse.[35]

## VII. Der Austausch von Nachunternehmern

67  Bei der Frage nach der Zulässigkeit des Austauschs von Nachunternehmern[36] muss hinsichtlich des Zeitpunkts vor und nach dem Zuschlag unterschieden werden.

68  Vor der Zuschlagserteilung ist ein Austausch in der Regel unproblematisch, es sei denn, es liegt ein nicht-offenes Verfahren vor.

69  Im Übrigen ist mit Ablauf der Angebotsabgabefrist der Bieter an die Benennung des Nachunternehmers gebunden.[37] Ein Wechsel stellt eine Änderung des Angebots bzw. ein unzulässiges Nachverhandeln dar.[38] Eine Ausnahme gilt nur im Falle der Ablehnung des Nachunternehmers durch den Auftraggeber gemäß § 9 Abs. 5 VSVgV.

70  **PRAXISTIPP**
*Sofern es die Ausschreibung nicht voraussetzt, empfiehlt es sich, den Nachunternehmer nicht im Angebot zu benennen.*

71  Es spricht viel dafür, dass nach Erteilung des Zuschlags ein Austausch des Nachunternehmers in analoger Anwendung von § 4 Nr. 4 VOL/B und § 4 Abs. 8 VOB/B nur mit schriftlicher Genehmigung des Auftraggebers möglich ist.[39] Der Austausch des Nachunternehmers darf jedoch keine wesentliche Vertragsänderung bewirken, da ansonsten nach der Rechtsprechung des EuGH eine Pflicht zur Neuvergabe besteht.[40] Ein Wechsel des Nachunternehmers stellt eine wesentliche Änderung dar, wenn die Heranziehung eines Nachunternehmers anstelle eines anderen unter Berücksichtigung der besonderen Merkmale der betreffenden Leistung ein ausschlaggebendes Element für den Abschluss der Vertrags war.[41]

72  Fällt ein Nachunternehmers aus, entfällt die Leistungsfähigkeit des Bieters und sein Angebot ist auszuschließen.[42]

---

31  VK Bund, 21.12.2007 – VK3-142/07.
32  VK Hamburg, 23.5.2008 – VK BSU 2/08.
33  OLG Düsseldorf, 9.4.2008 – Verg 2/08.
34  Vgl. dazu *Ehrig,* VergabeR 2010, 11, 14 f.
35  VK Hamburg, 23.5.2008 – VK BSU 2/08.
36  Vgl. dazu *Hausmann,* LKV 2010, 550; *Roth,* NZBau 2005, 316.
37  OLG Düsseldorf, NZBau 2004, 460; a.A. OLG Bremen, BauR 2001, 94, 97.
38  OLG Düsseldorf, NZBau 2004, 460.
39  Vgl. Kapellmann/Messerschmidt/*Merkens,* § 4 Rn. 195.
40  EuGH, 19.6.2008, Rs. C-454/06 (Pressetext) Slg. 2008, I-4401, Rn. 35 ff., NZBau 2008, 518, dazu *Scharen,* NZBau 2009, 679.
41  EuGH, 13.4.2010, Rs. C-91/08 (Wall AG), Slg. 2010, I-2815, Rn. 39, NZBau 2010, 382, 385.
42  OLG Düsseldorf, NZBau 2004, 460, 461.

# Teil 2
# Vergabeverfahren

# § 10
# Grundsätze des Vergabeverfahrens

(1) Für die Berücksichtigung mittelständischer Interessen gilt § 97 Absatz 3 des Gesetzes gegen Wettbewerbsbeschränkungen. Mehrere Teil- oder Fachlose dürfen gemäß § 97 Absatz 3 Satz 3 des Gesetzes gegen Wettbewerbsbeschränkungen zusammen vergeben werden, wenn wirtschaftliche oder technische Gründe dies erfordern, insbesondere weil die Leistungsbeschreibung die Systemfähigkeit der Leistung verlangt und dies durch den Auftragsgegenstand gerechtfertigt ist.

(2) Hat ein Bieter oder Bewerber vor Einleitung des Vergabeverfahrens den Auftraggeber beraten oder sonst unterstützt, so hat der Auftraggeber sicherzustellen, dass der Wettbewerb durch die Teilnahme des Bieters oder Bewerbers nicht verfälscht wird.

(3) Die Allgemeinen Vertragsbedingungen für die Ausführung von Leistungen (VOL/B) sind grundsätzlich zum Vertragsgegenstand zu machen.

(4) Die Durchführung von Vergabeverfahren zur Markterkundung und zum Zwecke der Ertragsberechnung ist unzulässig.

(5) Bei der Vergabe sind die Vorschriften über die Preise bei öffentlichen Aufträgen zu beachten.

## Übersicht

|      |                                                                   | Rn. |
|------|-------------------------------------------------------------------|-----|
| I.   | Allgemeines                                                       | 1   |
| II.  | Berücksichtigung mittelständischer Interessen (Abs. 1)            | 2   |
|      | 1. Mittelstandsschutz im Anwendungsbereich der VSVgV              | 2   |
|      | 2. Vorrang der Losvergabe                                         | 4   |
|      | 3. Gesamtvergabe als Ausnahme                                     | 6   |
|      | 4. Subjektives Bieterrecht                                        | 10  |
| III. | Mitwirkung von Projektanten (Abs. 2)                              | 11  |
| IV.  | Anwendung der VOL/B (Abs. 3)                                      | 14  |
|      | 1. Die VOL/B als Vertragsbestandteil                              | 14  |
|      | 2. Ausnahmen und Zulässigkeit weiterer Vertragsbedingungen        | 16  |
|      | 3. Kein subjektives Bieterrecht                                   | 18  |
| V.   | Markterkundung und Ertragsberechnung (Abs. 4)                     | 19  |
|      | 1. Kein Vergabeverfahren ohne Vergabeabsicht                      | 19  |
|      | 2. Rechtsfolgen bei Verstößen                                     | 21  |

| | | |
|---|---|---|
| VI. | Anwendung des Preisrechts (Abs. 5) | 22 |
| | 1. Anwendungsbereich | 22 |
| | 2. Preisbildung | 25 |
| | 3. Preisprüfung im Verteidigungsbereich | 26 |

## I. Allgemeines

**1** § 10 VSVgV gibt für den Bereich der Vergabe verteidigungs- und sicherheitsrelevanter Aufträge einen Teil der in § 2 VOL/A-EG 2009 enthaltenen Regelungen wieder und konkretisiert das in § 97 Abs. 3 GWB normierte Gebot der Berücksichtigung mittelständischer Interessen für diesen Bereich. Die wesentlichen allgemeinen Grundsätze über das Vergabeverfahren, die uneingeschränkt auch im Anwendungsbereich der VSVgV gelten,[1] sind in § 97 GWB geregelt. Es sind dies:

- der Wettbewerbsgrundsatz (§ 97 Abs. 1 GWB),
- der Transparenzgrundsatz (§ 97 Abs. 1 GWB),
- das Gleichbehandlungsgebot (§ 97 Abs. 2 GWB),
- das Gebot der Berücksichtigung mittelständischer Interessen (§ 97 Abs. 3 GWB) und
- das Eignungsprinzip (§ 97 Abs. 4 GWB).

## II. Berücksichtigung mittelständischer Interessen (Abs. 1)

### 1. Mittelstandsschutz im Anwendungsbereich der VSVgV

**2** Auch im Anwendungsbereich der VSVgV gilt der Grundsatz, dass mittelständische Interessen bei der Vergabe öffentlicher Aufträge vornehmlich zu berücksichtigen sind. Dementsprechend verweist § 10 Abs. 1 Satz 1 VSVgV auf das entsprechende Postulat in § 97 Abs. 3 GWB. Als wichtigstes Instrument zur Berücksichtigung mittelständischer Interessen sieht § 97 Abs. 3 Satz 2 GWB die **Losvergabe** vor, der gegenüber der Generalunternehmervergabe Vorrang einzuräumen ist. Nur ausnahmsweise kommt bei Vorliegen wirtschaftlicher oder technischer Gründe eine Gesamtvergabe in Betracht. Weitere Ausprägungen der Berücksichtigung mittelständischer Interessen sind die Zulassung von Bietergemeinschaften, die Einbindung von Nachunternehmern und die Regelungen zur Unterauftragsvergabe an konzernfremde Dritte (→ §§ 38 ff. VSVgV).

**3** Eine allgemeine vergaberechtliche Definition von **Mittelstand** und mittelständische Interessen gibt es nicht.[2] Nach der allgemein gebräuchlichen, auf einer Empfehlung der EU-Kommission basierenden Definition sind KMU – unabhängig vom Wirtschaftszweig – Unternehmen, die weniger als 250 Personen beschäftigen und entweder einen Jahresumsatz von höchstens 50 Mio. € erzielen oder deren Bilanzsumme höchstens 43 Mio. € beträgt, wobei verbundene Unternehmen einzubeziehen sind.[3] Diese Definition kann

---

1 Vgl. die Begründung zum Regierungsentwurf BR-Drucks. 321/12, S. 45.
2 Vgl. BGH, VergabeR 2011, 452, 462; *Antweiler*, VergabeR 2005, 637, 640 f.
3 Empfehlung der EU-Kommission 2003/361/EG vom 6.5.2003, ABl. L 124, 36. Vgl. OLG Düsseldorf, VergabeR 2005, 107, 110.

aber nur ein erster Anhaltspunkt für das mittelständische Interesse i.S.v. § 97 Abs. 3 GWB sein, das letztlich im Einzelfall unter Berücksichtigung der Struktur des jeweiligen Marktes bestimmt werden muss.[4] Um die mittelständischen Interessen bei der Vergabe verteidigungs- und sicherheitsrelevanter Aufträge berücksichtigen zu können, kommt es deshalb auf die Anzahl, Größe und Leistungsfähigkeit der Unternehmen dieses Wirtschaftszweiges an.[5] Dementsprechend zählen die Verbände der deutschen Sicherheits- und Verteidigungsindustrieunternehmen zum Mittelstand, die bis zu 1 000 Mitarbeiter beschäftigen, einen Jahresumsatz von bis zu 300 Mio. € erzielen und ihre strategische Ausrichtung in den Marktsegmenten Verteidigung und Sicherheit haben.

## 2. Vorrang der Losvergabe

§ 10 Abs. 1 VSVgV stellt durch den Verweis auf § 97 Abs. 3 GWB klar, dass der Vorrang der Losvergabe auch bei der Vergabe von verteidigungs- und sicherheitsrelevanten Aufträgen gilt. Auftraggeber sind verpflichtet, Leistungen vorrangig in der Menge aufgeteilt als **Teillose** und getrennt nach Art und Fachgebiet als **Fachlose** zu vergeben. Teillos ist die Zerlegung einer Leistung in quantitativ abgrenzbare Teilleistungen (wie Stückzahlen oder Gewicht), während Fachlos die Zerlegung in qualitativ abgrenzbare Fachgebiete (wie z.B. Baugruppen) bedeutet.[6] Zielsetzung ist es, dass insbesondere kleinere und mittlere Unternehmen, die aus fachlichen oder Kapazitätsgründen nicht alle Lose anbieten können, eine Chance erhalten, zumindest einzelne Teil- oder Fachlose anzubieten.[7] Die Vorschrift soll den Zugang kleiner und mittlerer Unternehmen zu den Vergabemärkten erleichtern, ohne sie allerdings bei der Auftragerteilung zu bevorzugen. Es geht um Chancengleichheit und nicht um Bevorzugung.[8] Die Losvergabe eröffnet allen Unternehmen unabhängig von ihrer Größe die gleichen Möglichkeiten[9].

4

Trotz des gesetzlichen Vorrangs der Losvergabe haben Bieter keinen Anspruch auf einen bestimmten **Loszuschnitt** und keinen Anspruch auf eine Beschränkung der Losanzahl je Bieter (Loslimitierung). Der Auftraggeber hat diesbezüglich einen Ermessensspielraum, bei dessen Ausübung er das Wettbewerbs- und Wirtschaftlichkeitsgebot gem. § 97 Abs. 1 und 5 GWB einerseits und das Gebot zur Berücksichtigung mittelständischer Interessen andererseits zu berücksichtigen hat.[10] Die Losbildung muss wirtschaftlich und technisch sinnvoll sein und darf nicht in einer Weise erfolgen, dass mittelständische Unternehmen praktisch keine Möglichkeit der Beteiligung haben.[11] Der Auftraggeber kann auch festlegen, dass jeder Bieter nur auf eine bestimmte Anzahl von Losen bieten darf. Eine derartige **Loslimitierung** verbessert die Zuschlagschancen für eine größere Anzahl von Bietern und trägt damit mittelständischen Interessen Rechnung.[12] Sie darf allerdings

5

---

4 Vgl. OLG Düsseldorf, VergabeR 2012, 773, 775; *Wagner*, in: Heuvels/Höß/Luß/Wagner, Vergaberecht, § 97 GWB, Rn. 50.
5 Vgl. hierzu OLG Karlsruhe, VergabeR 2011, 722, 727 f; *Ortner*, VergabeR 2011, 677, 678; *Dreher*, in: Dreher/Stockmann, Kartellvergaberecht, 4. Aufl. 2008, § 97 Rn. 109.
6 *Kus*, in: Kulartz/Marx/Portz/Prieß, Kommentar zur VOL/A, § 2 EG Rn. 24.
7 *Roth*, in: Müller-Wrede, VOL/A-Kommentar, § 2 EG Rn. 80.
8 Vgl. *Michallik*, VergabeR 2011, 683; *Kus*, in: Kulartz/Marx/Portz/Prieß, Kommentar zur VOL/A, § 2 EG Rn. 15.
9 *Müller-Wrede*, in: Müller-Wrede, GWB-Vergaberecht, § 97 Rn. 23.
10 OLG Karlsruhe, VergabeR 2011, 722, 727.
11 Vgl. OLG Düsseldorf, VergabeR 2011, 722, 727; *Ortner*, VergabeR 2011, 677, 680; *Rechten/Rübke*, Jahrbuch Forum Vergabe 2012, 149, 156; OLG Schleswig-Holstein, 30.10.2012 – 1 Verg 5/12.
12 *Roth*, in: Müller-Wrede, VOL/A-Kommentar, § 2 EG Rn. 90; *Antweiler*, VergabeR 2006, 637, 639. A.A. *Otting/Tresselt*, VergabeR 2009, 585; *Michallik*, VergabeR 2011, 683, 686; *Kus*, in: Kulartz/Marx/Portz/Prieß, Kommentar zur VOL/A, § 2 EG Rn. 16.

nicht zu einer Beeinträchtigung des Wettbewerbs führen, was bei einer potenziell kleinen Bieterzahl der Fall sein kann. Losbildung setzt ferner voraus, dass der Auftrag teilbar ist.[13] Die Aufteilung in Lose ist in die Bekanntmachung und in die Vergabeunterlagen aufzunehmen.

### 3. Gesamtvergabe als Ausnahme

6   Vom Grundsatz der Losvergabe macht § 97 Abs. 3 Satz 3 GWB eine Ausnahme: Mehrere Teil- oder Fachlose dürfen zusammen vergeben werden, wenn wirtschaftliche oder technische Gründe dies erfordern. Die Gründe, die für eine zusammenfassende Vergabe mehrerer Lose oder eine Gesamtvergabe sprechen, muss der Auftraggeber im Einzelfall konkret darlegen. Dabei müssen dem Auftraggeber entstehende Nachteile bei der losweisen Vergabe des konkreten Auftrags schwerer wiegen als die Nachteile der Gesamtvergabe für die mittelständischen Teilnehmer. Hier ist der Auftraggeber aufgefordert, eine umfassende Abwägung der widerstreitenden Belange vorzunehmen, als deren Ergebnis die für eine zusammenfassende Vergabe sprechenden Gründe überwiegen müssen.[14] Bei der Entscheidung für eine Gesamtvergabe kommt dem Auftraggeber eine von den Nachprüfungsinstanzen nur beschränkt zu kontrollierende **Einschätzungsprärogative** zu. Die Entscheidung ist lediglich darauf zu prüfen, ob sie auf einer vollständigen und zutreffenden Tatsachengrundlage beruht sowie aus vernünftigen Erwägungen heraus und im Ergebnis vertretbar getroffen worden ist.[15]

7   **Wirtschaftliche Gründe** können eine Gesamtvergabe rechtfertigen, wenn aufgrund der konkreten Umstände des Einzelfalls und der Besonderheiten des Marktes bei einer Aufteilung in Lose unverhältnismäßige, nicht hinnehmbare Kostennachteile für den Auftraggeber entstehen würden (wie z.B. erheblicher zusätzlicher und damit unwirtschaftlicher Koordinierungsaufwand und damit verbundene zusätzliche personelle Ressourcen).[16] Insofern findet das Gebot der Losvergabe am **Wirtschaftlichkeitsgebot** des § 97 Abs. 5 GWB seine Grenze. Vom Auftraggeber wird auch keine marktunübliche Trennung des Auftrags in Einzelteile oder eine unwirtschaftliche **Zersplitterung** verlangt.[17] Nicht ausreichend wäre es hingegen, das Erfordernis der Gesamtvergabe allein mit der Vermeidung des bei einer Losvergabe typischerweise entstehenden höheren Vergabe-, Prüfungs- und Koordinierungsaufwandes zu begründen, weil dieser der Losvergabe immanent ist und nach dem Regelungszweck gerade in Kauf zu nehmen ist.[18] Ein pauschaler Verweis auf die höheren Kosten, die größere Komplexität und Mehraufwand bei der losweisen Vergabe genügt deshalb nicht. Es ist stets auf die konkreten Umstände des Einzelfalls abzustellen.

8   **Technische Gründe** liegen vor, wenn bei getrennter Vergabe das Risiko besteht, dass der Auftraggeber Teilleistungen erhält, die zwar jeweils ausschreibungskonform sind, aber nicht zusammenpassen und deshalb in ihrer Gesamtheit nicht geeignet sind, den Be-

---

13  Siehe hierzu: *Müller-Wrede*, in: Müller-Wrede, GWB-Vergaberecht, § 97 Rn. 24.
14  BR-Drucks. 321/12, S. 45 unter Hinweis auf die Rechtsprechung, z.B. des OLG Düsseldorf, VergabeR 2011, 718, 719.
15  OLG Düsseldorf, 25.4.2012, VII – Verg 100/11.
16  *Ortner*, VergabeR 2011, 677, 682; *Roth*, in: Müller-Wrede, VOL/A-Kommentar, § 2 EG Rn. 95. – Eine Kostenersparnis von 50% gegenüber einer Losvergabe stellt ebenfalls einen wirtschaftlichen Grund dar (OLG Düsseldorf, VergabeR 2012, 193, 195).
17  OLG Düsseldorf, VergabeR 2011, 718, 720; *Boesen*, VergabeR 2011, 364, 368 unter Hinweis auf VK Münster, 7.10.2010 – VK 18/09; OLG Düsseldorf, VergabeR, 2012, 773, 775.
18  OLG Düsseldorf, VergabeR 2011, 718, 720; OLG Düsseldorf, VergabeR 2012, 193, 195.

schaffungsbedarf in der angestrebten Qualität zu befriedigen.[19] Sie können z.B. eine Gesamtvergabe rechtfertigen, wenn hierdurch Schnittstellenprobleme, erhebliche technische Risiken, unverhältnismäßige Komplikationen oder damit verbundenen starke zeitliche Verzögerungen vermieden werden können. Das Erfordernis der zusammenfassenden Vergabe mehrerer Lose kann sich insbesondere aus der besonderen **Komplexität des Auftragsgegenstands** herleiten, wenn dieser die Integration verschiedener Leistungsbeiträge in ein Gesamtsystem vorsieht. Einen solchen Fall spricht die VSVgV in 10 Abs. 1 Satz 2 an. Danach liegt ein Erfordernis der Gesamtvergabe vor, wenn die Leistungsbeschreibung die Systemfähigkeit verlangt und dies durch den Auftragsgegenstand gerechtfertigt ist. **Systemfähigkeit** der Leistung bedeutet, dass der Auftragnehmer Subsysteme und Geräte verschiedener Technologien und unterschiedlicher Hersteller zu einer funktionierenden Einheit zusammen führen muss.[20] Systemfähigkeit umfasst die Fähigkeit zu Systemanalysen und -bewertungen, Systemverträglichkeitsuntersuchungen, die Beherrschung kritischer Technologiebereiche, Systemauslegung, Systemtests und Systemsimulation. Je komplexer der Auftragsgegenstand ist, desto eher wird die Systemfähigkeit gefordert sein und werden die für eine Gesamtvergabe sprechenden Gründe überwiegen.[21] Bei der Beschaffung besonders komplexer Systeme wird der Auftraggeber regelmäßig im Wege der Gesamtvergabe oder der zusammenfassenden Vergabe mehrerer Lose vorgehen können.

## BEISPIELE

- Die Bundeswehr will die Entwicklung und Beschaffung eines Waffensystems beauftragen. Aufgrund der Komplexität der technischen Anforderungen (Integration diverser Subsysteme und Technologien) muss der Auftragnehmer über Systemfähigkeit verfügen, so dass eine Gesamtvergabe gerechtfertigt ist.

- Bestimmte Wartungsarbeiten an dem Waffensystem können von den Lieferanten der jeweiligen Subsysteme, Baugruppen und Geräte vorgenommen werden. Die Arbeiten können losweise vergeben werden.

- Aufgrund spezifischer Systemanforderungen könnte die getrennte Beschaffung von Hardware und Software zu erheblichen technischen Komplikationen führen.[22] Dies spricht für die Zulässigkeit der Gesamtvergabe.

- Bei einer Aufteilung in Lose entstehen dem Auftraggeber schwer beherrschbare Schnittstellenprobleme, so dass bei Fehlfunktionen die Durchsetzung von Sachmängelansprüchen erschwert wäre.[23]

- Bei der Integration unterschiedlicher Hardwarekomponenten und Software in ein System können Kompatibilitätsprobleme, technische Schwierigkeiten und Verzögerungen auftreten, die zu Mehrkosten beim Gebrauch führen. Dies kann eine Gesamtvergabe rechtfertigen.[24]

---

19  OLG Düsseldorf, 4.4.2012, 1 – Verg 2/11.
20  BR-Drucks. 321/12, S. 45.
21  BR-Drucks. 321/12, S. 45.
22  Vgl. *Roth*, in: Müller-Wrede, VOL/A-Kommentar, § 2 EG Rn. 95.
23  Vgl. OLG Düsseldorf, VergabeR 2012, 193, 195.
24  OLG Düsseldorf, 25.4.2012, VII – Verg 100/11.

9   Will der Auftraggeber vom Vorrang der Losvergabe abweichen, muss er im Vergabevermerk die wirtschaftlichen oder technischen Gründe dokumentieren, die eine Gesamtvergabe erfordern (§ 43 Abs. 2 Nr. 8 VSVgV).[25]

### 4. Subjektives Bieterrecht

10  Bei dem Gebot der losweisen Vergabe handelt es sich um eine aus deutscher Sicht zentrale Bestimmung, auf deren Beachtung Unternehmen, die dem Mittelstand zuzurechnen sind, grundsätzlich einen subjektivrechtlichen Anspruch haben.[26] Der Maßstab der rechtlichen Kontrolle ist jedoch eingeschränkt. Bei der Entscheidung für eine Gesamtvergabe oder eine bestimmte Losaufteilung kommt dem Auftraggeber ein von den Nachprüfungsinstanzen nur beschränkt zu kontrollierender Einschätzungsspielraum zu. Die Nachprüfungsinstanzen können die Entscheidung des Auftraggebers nur darauf überprüfen, ob sie tatsachengestützt und plausibel ist.[27] In diesem Zusammenhang ist zu beachten, dass das Vergaberecht nicht nur Bieterrechte eröffnen, sondern auch eine wirtschaftliche Leistungsbeschaffung gewährleisten soll.[28] Der Auftraggeber hat seinen Beschaffungsbedarf und die Art und Weise, wie er gedeckt werden soll, selbst zu bestimmen. Interessierte Unternehmen müssen sich hierauf einstellen und können nicht erwarten, dass die Ausschreibung auf ihre Interessen zugeschnitten wird.[29]

## III.  Mitwirkung von Projektanten (Abs. 2)

11  Es ist häufig unumgänglich, dass sich Auftraggeber bei der Vorbereitung von Vergabeverfahren für die Beschaffung komplexer Systeme der fachlichen Unterstützung Dritter bedienen (z.B. bei der Erstellung der Leistungsbeschreibung, einer Machbarkeitsstudie oder Kostenberechnungen). Beteiligt sich das im Vorfeld für die Vergabestelle tätige Unternehmen später selbst an dem Vergabeverfahren, kann es aufgrund seiner Vorbefassung über einen Wettbewerbsvorteil verfügen. § 10 Abs. 3 VSVgV enthält eine Regelung zu dieser sog. **Projektantenproblematik**, die auf die Rechtsprechung des EuGH in der Sache „Fabricom"[30] zurück geht. Danach hat der Auftraggeber sicherzustellen, dass der Wettbewerb nicht dadurch verfälscht wird, dass Unternehmen als Bewerber oder Bieter an einem Vergabeverfahren teilnehmen, die den Auftraggeber vor Einleitung des Vergabeverfahrens beraten oder unterstützt haben. Es soll vermieden werden, dass sich aus Informationen, die bei der Vorbereitung des Vergabeverfahrens gewonnen wurden, eine den Wettbewerb verfälschende Situation ergibt. Als Ausprägung des Wettbewerbs- und des Gleichbehandlungsgrundsatzes (§ 97 Abs. 1 und 2 GWB) ist die Regelung **bieterschützend**.[31] Ihre Verletzung kann im Nachprüfungsverfahren beanstandet werden. In dem seit dem 1.1.2013 geltenden neuen Ausrüstungs- und Nut-

---

25  Nach der Rechtsprechung des OLG Düsseldorf, VergabeR 2010, 955 können Dokumentationsmängel im Nachprüfungsverfahren noch geheilt werden.
26  *Ortner*, VergabeR 2011, 677, 678 m.w.N.; *Müller-Wrede*, in: Müller-Wrede, GWB-Vergaberecht, § 97 Rn. 28; *Zirbes*, VergabeR 2012, 197; OLG Düsseldorf, VergabeR 2012, 773, 775 (zu Fachlosvergabe).
27  OLG Düsseldorf, 4.4.2012, 1 Verg 2/11; OLG Düsseldorf, VergabeR 2011, 718, 720; OLG Düsseldorf, VergabeR 2012, 193, 195; vgl auch *Boesen*, VergabeR 2011, 364, 366.
28  OLG Düsseldorf, VergabeR 2011, 718, 720.
29  OLG Düsseldorf, VergabeR 2012, 193, 195; OLG Düsseldorf, 25.4.2012, VII – Verg 100/11.
30  EuGH, 3.3.2005, Rs. C-34/03 (Fabricom), VergabeR 2005, 319 mit Anmerkung *Schabel*; OLG Düsseldorf, VergabeR 2012, 193, 195.
31  Vgl. zur Parallelvorschrift in der VOL/A: *Müller-Wrede*, in: Müller-Wrede, VOL/A-Kommentar, § 6 EG Rn. 93; *Hausmann/von Hoff*, in: Kulartz/Marx/Portz/Prieß, VOL/A, § 6 EG Rn. 2.

zungsprozess der Bundeswehr – **CPM 2013** – ist die Einbindung der Industrie ausdrücklich vorgesehen ("wo immer möglich und vergaberechtlich vertretbar"). Zugleich ist festgehalten, dass die beteiligten Unternehmen hierdurch keinen wettbewerbsbeschränkenden Informationsvorsprung erlangen dürfen.[32]

Vorbefasste Unternehmen (Projektanten) sind solche, die den Auftraggeber vor Einleitung des Vergabeverfahrens als externe Dienstleister **„beraten oder sonst unterstützt"** haben und sich nunmehr selbst um den Auftrag bemühen. Die Beratungs- oder Unterstützungsleistung muss nicht zwingend durch das Unternehmen erbracht worden sein, das als Bieter oder Bewerber im Vergabeverfahren teilnimmt. Unternehmen können auch mittelbar vorbefasst sein, indem sie aufgrund personeller oder gesellschaftsrechtlicher Verknüpfungen aus der Vorbefasstheit konzernverbundener Unternehmen Vorteile ziehen (sog. **mittelbare Projektanten**)[33]. Entscheidend ist, dass der Bieter oder Bewerber über wettbewerbsrelevante Informationen des vorbefassten Unternehmens verfügt, die andere Teilnehmer nicht haben.[34] Die abstrakte Möglichkeit einer Vorteilserlangung oder der „böse Schein" genügen nicht.[35] Nicht gemeint sind Interessenkonflikte aufgrund der Beteiligung befangener Personen auf Auftraggeberseite. Diese Fallkonstellation wird von § 42 VSVgV erfasst.

12

Welche **Maßnahmen zur Verhinderung von Wettbewerbsverfälschungen** der Auftraggeber ergreifen muss, hängt von der Art und Schwere potenzieller Wettbewerbsverfälschungen ab.[36] Der Auftraggeber ist verpflichtet, im Einzelfall zu prüfen, ob sich aus der Vorbefasstheit tatsächlich ein Wettbewerbsvorteil ergibt und wie dieser durch geeignete Maßnahmen verhindert werden kann.[37] Nach der „Fabricom"-Rechtsprechung des EuGH[38] wäre ein genereller Ausschluss vorbefasster Unternehmen vom Vergabeverfahren unverhältnismäßig und damit gemeinschaftswidrig. Ein **Ausschluss** kommt nur als ultima ratio in Betracht, wenn eine Wettbewerbsverfälschung auf andere Weise nicht verhindert werden kann. Als geeignete Maßnahmen kommen in Betracht[39]:

13

- Die Ergebnisse der Beratungsleistungen des vorbefassten Unternehmens werden allen Teilnehmern zugänglich gemacht. Hierdurch werden Wissensvorsprünge vollständig ausgeglichen.[40]
- Die Angebotsfrist wird ausreichend lang bemessen, so dass aus einem Informationsvorsprung kein Zeitvorteil bei der Angebotserstellung erwächst.
- Besonders kritische Angebotsprüfung im Hinblick auf Hinweise auf wettbewerbsrelevante Informationsvorsprünge.

---

32  Verfahrensbestimmungen des BMVg für die Bedarfsermittlung, Bedarfsdeckung und Nutzung in der Bundeswehr vom 12.11.2012.
33  Vgl. *Hausmann/von Hoff*, in: Kulartz/Marx/Portz/Prieß, Kommentar zur VOL/A, § 6 EG Rn. 133; *Müller-Wrede*, in: Müller-Wrede, VOL/A-Kommentar, § 6 EG Rn. 67.
34  *Hausmann/von Hoff*, in: Kulartz/Marx/Portz/Prieß, Kommentar zur VOL/A, § 6 EG Rn. 133; *Kolpatzik*, VergabeR 2007, 279, 282.
35  *Noch*, Vergaberecht kompakt, 5. Aufl. 2011, S.440.
36  Vgl. *Hausmann/von Hoff*, in: Kulartz/Marx/Portz/Prieß, Kommentar zur VOL/A, § 6 EG Rn. 134 m.w.N.
37  OLG München, VergabeR 2011, 739, 745.
38  EuGH, 3.3.2005, Rs. C-34/03 (Fabricom), VergabeR 2005, 319.
39  Vgl. *Kolpatzik*, VergabeR 2007, 279, 282; *Diringer*, VergabeR 2010, 361, 365 ff.; *Müller-Wrede*, in: Müller-Wrede, VOL/A-Kommentar, § 6 EG Rn. 89 ff.; *Hausmann/von Hoff*, in: Kulartz/Marx/Portz/Prieß, Kommentar zur VOL/A, § 6 EG Rn. 134.
40  OLG Düsseldorf, 25.4.2012, VII – Verg 100/11.

- Genaue Dokumentation von Art und Umfang der Projektantentätigkeit im Vorfeld der Vergabe sowie Sicherstellung der Vertraulichkeit der Ergebnisse.

Nur wenn derartige Maßnahmen im Einzelfall nicht genügen, um einen unverfälschten Wettbewerb sicherzustellen, kommt ein Ausschluss in Betracht.

## IV. Anwendung der VOL/B (Abs. 3)

### 1. Die VOL/B als Vertragsbestandteil

14 § 10 Abs. 3 VSVgV trifft eine Regelung über die auf das Vertragsverhältnis zwischen Auftraggeber und Auftragnehmer anzuwendenden Vertragsbedingungen. Die Vertragsbedingungen bilden zusammen mit der Leistungsbeschreibung die Vertragsunterlagen (§ 16 Abs. 1 Nr. 3 VSVgV), die Bestandteil der Vergabeunterlagen sind. Mit den Vertragsbedingungen legt der Auftraggeber den rechtlichen Rahmen für den abzuschließenden Vertrag fest. Bieter und Bewerber müssen bereits zu Beginn des Vergabeverfahrens wissen, welche Vertragsbedingungen auf den zu vergebenen Auftrag Anwendung finden, damit sie entscheiden können, ob sie sich an dem Vergabeverfahren beteiligen wollen.[41]

15 Gem. § 10 Abs. 3 VSVgV sind die **„Allgemeinen Vertragsbedingungen für die Ausführung von Leistungen (VOL/B)"** grundsätzlich zum Vertragsgegenstand zu machen. Die Einbeziehung der VOL/A dient der inhaltlichen Ausgewogenheit des Vertrags und stellt zugleich sicher, dass beim Abschluss von Verträgen nach einheitlichen Vorgaben verfahren wird (§ 55 Abs. 2 BHO). Die VOL/B sind die **allgemeinen Einkaufbedingungen** der öffentlichen Hand und damit allgemeine Geschäftsbedingungen i.S.v. §§ 305 ff. BGB, die der Inhaltskontrolle gem. § 307 BGB unterliegen. Sie ist im Deutschen Vergabe- und Vertragsausschuss für Lieferungen und Dienstleistungen (DVAL) von Interessenvertretern der Auftraggeber- und Auftragnehmerseite erarbeitet worden und wird insgesamt als ein ausgewogenes Regelwerk angesehen. Derzeit gilt die VOL/B in der **Fassung 2003**, die im Bundesanzeiger Nr. 178 vom 23.9.2003 veröffentlicht wurde. Um Vertragsgegenstand zu werden, muss die VOL/B in den Vergabeunterlagen ausdrücklich für anwendbar erklärt werden. Zur Vermeidung von Missverständnissen sollte auf die jeweils geltende Fassung Bezug genommen werden („VOL/B Fassung 2003").

### 2. Ausnahmen und Zulässigkeit weiterer Vertragsbedingungen

16 Da nur eine „grundsätzliche" Verpflichtung besteht, die VOL/B zum Vertragsgegenstand zu machen, sind ausweislich der Begründung zu § 10 VSVgV[42] Ausnahmen zulässig. Dabei muss jedoch die Vorgabe des Haushaltsrechts beachtet werden, wonach beim Abschluss von Verträgen nach einheitlichen Vorgaben zu verfahren ist (**§ 55 Abs. 2 BHO**). In der Praxis wird der Auftraggeber schon aus Gründen der Arbeitsökonomie und des Gleichbehandlungsgebots (Art. 3 GG) regelmäßig die VOL/B anzuwenden haben und nur bei Vorliegen besonderer sachlicher Gründe auf **abweichende** Vertragsbedingungen zurückgreifen dürfen. Ein sachlicher Grund könnte z.B. vorliegen, wenn die auf klassische Kauf-, Dienst- und Werkverträge ausgerichtete VOL/B bei bestimmten Finanzierungs-

---

41 Vgl. *Kulartz*, in: Kulartz/Marx/Portz/Prieß, Kommentar zur VOL/A, § 11 EG Rn. 1.
42 BR-Drucks. 321/12, S. 46.

modellen keine passenden Regelungen enthält. Haushaltsrechtlich nicht gebundene Auftraggeber in privater Rechtsform, die bisher nicht an die VOL/A gebunden sind, werden im Anwendungsbereich der VSVgV die VOL/B nunmehr anzuwenden haben.

Die Verpflichtung, die VOL/B grundsätzlich zum Vertragsgegenstand zu machen, bedeutet zugleich, dass die **VOL/B als Ganzes** anzuwenden ist.[43] Dies schließt die Einbeziehung weiterer Vertragsbedingungen nicht aus. Die in § 1 Nr. 2 VOL/B 2003 enthaltene Vorrangregelung geht, entsprechend der Beschaffungspraxis, von der Geltung besonderer, ergänzender, zusätzlicher und allgemeiner technischer Vertragsbedingungen aus und räumt diesen sogar Vorrang gegenüber der VOL/B ein. In der Beschaffungspraxis der **Bundeswehr** spielen insbesondere folgende Vertragsbedingungen eine Rolle:

17

- Zusätzliche Vertragsbedingungen des Bundesministeriums der Verteidigung zur VOL/B (ZVB/BMVg)[44]
- Allgemeine Bedingungen für Forschungsaufträge mit Industriefirmen (ABFI)
- Allgemeine Bedingungen für Entwicklungsverträge mit Industriefirmen (ABEI)
- Allgemeine Bedingungen für Beschaffungsverträge des Bundesministeriums der Verteidigung (ABBV)
- Ergänzende Vertragsbedingungen für die Beschaffung von IT-Leistungen (EVB-IT)
- Besondere Vertragsbedingungen für die Beschaffung von DV-Leistungen (BVB)

Ferner enthält die VOL/B eine Reihe von Öffnungsklauseln („soweit nichts anderes vereinbart ist"), was Spielraum für abweichende vertragliche Regelungen lässt.[45]

### 3. Kein subjektives Bieterrecht

Die Verpflichtung zur Einbeziehung der VOL/B soll eine im Hinblick auf den Gleichbehandlungsgrundsatz (Art. 3 GG) gebotene einheitliche Vertragspraxis der öffentlichen Hand sicherstellen (vgl. § 55 Abs. 2 BHO); in diesem Zusammenhang dient sie auch dem Interessenausgleich von Auftraggeber und Auftragnehmer bei der Vertragsgestaltung. Damit schützt sie mittelbar auch Unternehmen bei Verträgen mit der öffentlichen Hand. Gleichwohl handelt es sich nicht um eine das Vergabeverfahren betreffende Vorschrift, auf deren Einhaltung Unternehmen einen subjektiven Rechtsanspruch i.S.v. § 97 GWB haben. Deshalb kann ein Verstoß gegen § 10 Abs. 3 VgVSV nicht zur Einleitung eines Nachprüfungsverfahrens führen. Die materielle Vertragskontrolle erfolgt über das allgemeine Zivilrecht nach Abschluss des Vertrages.[46]

18

---

43 Gnittke/Hattig/Lux, in: Müller-Wrede, VOL/A-Kommentar, § 11 EG Rn. 9.
44 Vom 28.1.1998 (Bundesanzeiger Nr. 34 vom 19.2.1998) in der Fassung der 1. Änderung vom 10.5.2001 (Bundesanzeiger Nr. 96 vom 23.5.2001).
45 Vgl. Gnittke/Hattig/Lux, in: Müller-Wrede, VOL/A-Kommentar, § 11 EG Rn. 10.
46 Vgl. hierzu zutreffend: Vavra, in: Kulartz/Marx/Portz/Prieß, Kommentar zur VOL/A, § 9 Rn. 21; a.A.: Gnittke/Hattig/Lux, in: Müller-Wrede, VOL/A-Kommentar, § 11 EG Rn. 141.

## V. Markterkundung und Ertragsberechnung (Abs. 4)

### 1. Kein Vergabeverfahren ohne Vergabeabsicht

19 § 10 Abs. 4 VgVSV verbietet Vergabeverfahren zur Markterkundung und zum Zwecke der Ertragsberechnung. Die Bestimmung wendet sich gegen Vergabeverfahren für andere Zwecke als die einer Vergabe. Ein Vergabeverfahren darf nur in der Absicht durchgeführt werden, einen Auftrag über die ausgeschriebene Leistung tatsächlich zu erteilen. Fehlt es an einer solchen Absicht, etwa weil sich die Vergabestelle mittels einer „Testausschreibung" lediglich Informationen über die Marktverhältnisse verschaffen oder Ertragsberechnungen durchführen will, täuscht sie die Bewerber und Bieter, die sich im Vertrauen auf einen echten Bedarf und in der Erwartung, einen Auftrag erhalten zu können, an dem Vergabeverfahren beteiligen.[47] Ein solches auf **vergabefremde Zwecke** gerichtetes Verfahren ist unzulässig. Eine Vergabestelle, die nicht über die erforderlichen Marktkenntnisse für die Beschaffung einer Leistung verfügt, muss sich diese vor Beginn des Vergabeverfahrens beschaffen, z.B. durch Preisabfragen bei geeigneten Unternehmen.

20 Unzulässig ist ein Vergabeverfahren zur **Markterkundung**. Die Markterkundung dient dazu, einer Vergabestelle, die keine ausreichende Marktkenntnis hat, diese zu verschaffen. Sie dient der Vorbereitung einer Vergabe, kann aber nicht Gegenstand eines Vergabeverfahrens sein. **Ertragsberechnungen** dienen dazu, Kosten und Erträge zu errechnen und Wirtschaftlichkeitsvergleiche anzustellen mit dem Ziel, die erforderlichen Haushaltsmittel ermitteln zu können. Auch dies dient der Informationsbeschaffung und hat im Vorfeld einer Vergabe zu erfolgen.[48]

### 2. Rechtsfolgen bei Verstößen

21 Die Bestimmung schützt das Vertrauen der Teilnehmer an einem Vergabeverfahren darauf, dass der Auftraggeber nicht ohne konkrete Vergabeabsicht ausschreibt und sie eine echte Chance auf die Amortisation ihrer Aufwendungen für die Angebotserstellung haben. Ein Verstoß gegen § 10 Abs. 4 VgVSV beeinträchtigt diese Chance und kann im Nachprüfungsverfahren beanstandet werden sowie zu Schadensersatzansprüchen gegen den Auftraggeber wegen **Verschulden bei Vertragsschluss** (§§ 311 Abs.1, 280 Abs. 1 BGB) führen. Der Anspruch ist auf den Ersatz des Vertrauensschadens (negatives Interesse) gerichtet. Die Schadensersatzpflicht tritt nach allgemeinen zivilrechtlichen Grundsätzen nicht ein, wenn die Vergabestelle in den Vergabeunterlagen auf die fehlende Vergabeabsicht klar und deutlich hinweist, so dass Bieter und Bewerber von vornherein wissen, dass das Verfahren nicht auf Erteilung eines Auftrags gerichtet ist. In diesem Fall können Bieter und Bewerber eine Vergütung gem. § 632 Abs. 1 BGB für die Angebotserstellung fordern.[49]

---

47 *Sterner*, in: Beck'scher VOB/A-Kommentar, § 16 Rn. 2 und 20. Vgl. auch *Noch*, Vergaberecht kompakt, S. 375.
48 *Sterner*, in: Beck'scher VOB/A-Kommentar, § 16 Rn. 24 f.
49 *Sterner*, in: Beck'scher VOB/A-Kommentar, § 16 Rn. 29 f.

## VI. Anwendung des Preisrechts (Abs. 5)

### 1. Anwendungsbereich

§ 10 Abs. 5 VSVgV bestimmt, dass bei der Vergabe die Vorschriften über die Preise bei öffentlichen Aufträgen zu beachten sind. Gemeint ist die **VO PR Nr. 30/53 über Preise bei öffentlichen Aufträgen** vom 21.11.1953.[50] Der Hinweis auf die Beachtung des öffentlichen Preisrechts ist lediglich deklaratorischer Natur.[51] Die Anwendbarkeit der preisrechtlichen Vorschriften bestimmt sich ausschließlich nach der VO PR Nr. 30/53 selbst und nicht nach der VSVgV. Das Preisrecht macht verbindliche Vorgaben für Preisbildung und Preisprüfung.[52] Sein Zweck besteht darin, den Auftraggeber bei nicht marktgängigen Leistungen vor überhöhten Preisen zu schützen und den Unternehmen auskömmliche Preise zu sichern. Es spielt insbesondere im Verteidigungsbereich eine große Rolle.

22

Der **Anwendungsbereich** der VO PR Nr. 30/53 ist durch die preisrechtlichen Begriffe des öffentlichen Auftraggebers und des öffentlichen Auftrags definiert, die nicht vollständig mit den vergaberechtlichen Begriffen übereinstimmen.[53] Öffentliche Auftraggeber i.S. der VO PR Nr. 30/53 sind Bund, Länder und Gemeinden sowie juristische Personen des öffentlichen Rechts. Auftraggeber in privater Rechtsform fallen nicht in den Anwendungsbereich der VO PR Nr. 30/53, auch wenn sie öffentliche Auftraggeber gem. § 98 Abs. 2 GWB sind.[54] Allerdings kann ihnen der staatliche Anteilseigner vertraglich auferlegen, seine Lieferanten zur Beachtung der VO PR Nr. 30/53 zu verpflichten.[55] Vom preisrechtlichen Auftragsbegriff sind Bauaufträge ausdrücklich ausgenommen.

23

Die VO PR Nr. 30/53 gilt nur im Verhältnis zwischen dem öffentlichen Auftraggeber und dem von ihm beauftragten Unternehmen. Gegenüber **Unterauftragnehmern** gelten die preisrechtlichen Bestimmungen nur, wenn ihnen die Anwendung der VO PR Nr. 30/53 durch den Hauptauftragnehmer einzelvertraglich auferlegt worden ist. Der öffentliche Auftraggeber wird in den Vertragsbedingungen mit dem Auftragnehmer diesen regelmäßig verpflichten, seinen wesentlichen Unterlieferanten die Beachtung der VO PR Nr. 30/53 aufzuerlegen. Handelt es sich um ausländische Unterlieferanten, kommt nur eine Verpflichtung zur Anwendung des jeweiligen nationalen Preisrechts sowie eine Preisprüfung durch die dortigen nationalen Behörden in Betracht.

24

---

50 Bundesanzeiger Nr. 244 vom 18.12.1953. Zum Preisrecht insgesamt: *Michaelis/Rhösa*, Preisbildung bei öffentlichen Aufträgen, Loseblattsammlung; *Ebisch/Gottschalk/Hoffjan/Müller/Waldmann*, Preise und Preisprüfungen bei öffentlichen Aufträgen, 8. Aufl. 2010; *R. Müller*, Preisgestaltung bei Bundeswehraufträgen, 1987.
51 So auch BR-Drucks. 321/12, S. 52.
52 Einen Überblick über das öffentliche Preisrecht geben *Pauka/Chrobot*, VergabeR 2011, 405; zur Verfassungsmäßigkeit der VO PR Nr. 30/53 siehe *Schafft*, ZVgR 2000, 245, 247 ff.
53 *Pauka/Chrobot*, VergabeR 2011, 405, 406.
54 Vgl. *Pauka/Chrobot*, VergabeR 2011, 405, 406; a.A. *Marx*, in: Kulartz/Marx/Portz/Prieß, Kommentar zur VOL/A, § 2 EG Rn. 53, der offenbar meint, dass privatrechtlich organisierte Auftraggeber nach § 98 Nr. 2 GWB dem Preisrecht unterliegen.
55 *Roth*, in: Müller-Wrede, VOL/A-Kommentar, § 2 EG Rn. 107. Hierzu *Ebisch/Gottschalk/Hoffjan/Müller/Waldmann*, Preise und Preisprüfungen bei öffentlichen Aufträgen, § 2 VO PR Nr. 30/53 Rn. 82 ff.

## 2. Preisbildung

25  Wesentliche Rechtsfolgen der Anwendbarkeit der VO PR Nr. 30/53 sind das Höchstpreisprinzip, die Geltung der sog. Preistreppe und die Zulässigkeit der Preisprüfung.[56] Die Rechtsfolgen sind zwingend und können durch Vertrag nicht abgeändert werden.[57] Das **Höchstpreisprinzip** (§ 1 Abs. 3 VO/PR Nr. 30/53) besagt, dass ein höherer als nach der Verordnung zulässiger Preis nicht vereinbart werden darf und eine hiergegen verstoßende Vereinbarung nichtig ist. Bei der Preisbildung haben Marktpreise Vorrang vor Selbstkostenfestpreisen und diese Vorrang vor Selbstkostenrichtpreisen und Selbstkostenerstattungspreisen (**„Preistreppe"**).[58] Bei Letzterem erhält der Auftragnehmer nur die angemessenen, bei wirtschaftlicher Betriebsführung erforderlichen Kosten zuzüglich eines kalkulatorischen Gewinns erstattet. Hat sich der Preis im Rahmen eines wettbewerblichen Vergabeverfahrens unter Teilnahme mehrerer Bieter gebildet (z.B. im nicht offenen Verfahren oder im Verhandlungsverfahren mit Teilnahmewettbewerb), führt dies regelmäßig zur Bildung eines Marktpreises, der keiner Preisprüfung mehr unterliegt.[59] Für nicht marktgängige Leistungen (z.B. Studien- und Entwicklungsleistungen) kommen Selbstkostenpreise zur Anwendung. Der Auftraggeber fordert die Bewerber und Bieter bereits in den Vergabeunterlagen auf, im Angebot Marktpreise oder Selbstkostenfestpreise anzubieten.

## 3. Preisprüfung im Verteidigungsbereich

26  **Preisprüfung** bedeutet, dass der Auftragnehmer den Preisdienststellen das Zustandekommen des Preises auf Verlangen im Rahmen einer Preisprüfung nachzuweisen hat. Preisdienststellen sind die Preisbildungs- und Preisüberwachungsstellen der Länder, die bei den Wirtschaftsministerien angesiedelt sind.[60] Dem öffentlichen Auftraggeber steht **kein eigenes hoheitliches Prüfrecht**[61] zu. Dies schließt es nicht aus, dass der öffentliche Auftraggeber auf individualvertraglicher Grundlage mit dem Auftragnehmer in begrenztem Umfang Preisprüfrechte zu seinen Gunsten vereinbart.[62] Im Verteidigungsbereich regelt die sog. **Ressortvereinbarung vom 1.2.2010**,[63] in welchen Bereichen das Bundesamt für Ausrüstung, Informationstechnik und Nutzung der Bundeswehr (BAAINBw, vormals: Bundesamt für Wehrtechnik und Beschaffung) auf einzelvertraglicher Grundlage Preisprüfbefugnisse vereinbaren kann. Die Ressortvereinbarung soll dem

---

56  *Pauka/Chrobot*, VergabeR 2011, 405, 407 ff.
57  *Pauka/Chrobot*, VergabeR 2011, 405, 409.
58  Vgl. *Ebisch/Gottschalk/Hoffjan/Müller/Waldmann*, Preise und Preisprüfungen bei öffentlichen Aufträgen, § 1 VO PR Nr. 30/53 Rn. 70 ff.
59  *Roth*, in: Müller-Wrede, VOL/A-Kommentar, § 2 EG Rn. 111 ff.; *Marx*, in: Kulartz/Marx/Portz/Prieß, Kommentar zur VOL/A, § 2 EG Rn. 57; *Schafft*, ZVgR 2000, 245, 246. Enger *Ebisch/Gottschalk/Hoffjan/Müller/Waldmann*, Preise und Preisprüfungen bei öffentlichen Aufträgen, § 4 VO PR Nr. 30/53, Rn. 68 ff., die darauf hinweisen, dass Ausschreibungsergebnisse nicht automatisch zu Marktpreisen führen. Im Vergabeverfahren muss tatsächlich eine marktwirtschaftliche Preisbildung erfolgt sein. Der zustande gekommene Preis darf den verkehrsüblichen Preis nicht überschreiten (vgl. § 4 Abs. 1 VO PR Nr. 30/53).
60  *Roth*, in: Müller-Wrede, VOL/A-Kommentar, § 2 EG Rn. 124 ff.
61  Gem. § 10 VO PR Nr. 30/53 kann das Bundesministerium für Wirtschaft und Technologie einem öffentlichen Auftraggeber ein hoheitliches Feststellungsrecht einräumen.
62  Zur rechtlichen Zulässigkeit privatrechtlich vereinbarter Preisprüfungsbefugnisse siehe die Darstellung des Meinungsstandes bei *Michaelis/Rhösa*, Preisbildung bei öffentlichen Aufträgen, § 10 F.II sowie *Ebisch/Gottschalk/Hoffjan/Müller/Waldmann*, Preise und Preisprüfungen bei öffentlichen Aufträgen, § 10 VO PR Nr. 30/53, Rn. 37 ff.
63  Ressortvereinbarung zwischen dem Bundesministerium der Verteidigung und dem Bundesministerium für Wirtschaft und Technologie über vertragliche Preisprüfrechte des Bundesamtes für Wehrtechnik und Beschaffung, Koblenz vom 1.2.2010. Die Ressortvereinbarung ist wiedergegeben bei *Michaelis/Rhösa*, Preisbildung bei öffentlichen Aufträgen, Teil V 1l und bei *Ebisch/Gottschalk/Hoffjan/Müller/Waldmann*, Preise und Preisprüfungen bei öffentlichen Aufträgen, Anhang 5c.

Bedürfnis Rechnung tragen, im Bereich der Verteidigungsaufträge eine zeitnahe Preisermittlung und damit den zeitnahen Abschluss von Selbstkostenpreisverträgen zu ermöglichen.[64] Sie erlaubt dem BAAINBw unter den in der Ressortvereinbarung genannten Voraussetzungen die Vereinbarung der Befugnis zur vorkalkulatorischen und nachkalkulatorischen Ermittlung von Selbstkostenpreisen sowie zur nachkalkulatorischen Ermittlung von Gemeinkosten. Für die Prüfung von Marktpreisen sind ausschließlich die Preisdienststellen zuständig. Bei Selbstkostenfestpreisen kann sich das BAAINBw im Rahmen von Preisprüfungen mit dem Auftragnehmer davon überzeugen, dass der geforderte Preis auf den angemessenen Kosten des Auftragnehmers beruht und damit der VO PR Nr. 30/53 entspricht. Für die Zwecke dieser vorkalkulatorischen Preisermittlung kann es Einsicht in die Kalkulationsunterlagen des Auftragnehmers nehmen. Eine nachkalkulatorische Preisprüfung von Selbstkostenerstattungspreisen ist nur zulässig, wenn sich die Preisdienststelle schriftlich außerstande erklärt, die Prüfung binnen Jahresfrist nach Zugang des Prüfersuchens und Vorliegen der Prüfvoraussetzungen zu beginnen. Die nachkalkulatorische Prüfung der Gemeinkosten ist nur unter ähnlichen engen Voraussetzungen statthaft, darf aber auch mit Unternehmen vereinbart werden, „die laufende Geschäftsbeziehungen mit dem Verteidigungsbereich unterhalten und bei denen die Kenntnis der Gemeinkosten für vorkalkulatorische Preisbeurteilungen ständig und unabdinglich erforderlich ist."[65]. Die vorgenannten Befugnisse müssen im Einzelfall mit dem Auftragnehmer vertraglich vereinbart werden (was regelmäßig geschieht) und sind damit privatrechtlicher Natur. Das hoheitliche Preisprüfrecht bleibt den Preisdienststellen der Länder vorbehalten. Die Ressortvereinbarung gilt bis zum 31.1.2014.

---

64 Erläuterungen des Bundesministeriums für Wirtschaft und Technologie vom 16.11.2005 zu der vorangegangenen Ressortvereinbarung vom 22.5.2005, wiedergegeben bei *Michaelis/Rhösa*, Preisbildung bei öffentlichen Aufträgen, Teil V 1k und bei *Ebisch/Gottschalk/Hoffjan/Müller/Waldmann*, Preise und Preisprüfungen bei öffentlichen Aufträgen, Anhang 5d.
65 Ziffer 4 Abs. (3) der Ressortvereinbarung.

# § 11
# Arten der Vergabe von Liefer- und Dienstleistungsaufträgen

(1) Die Vergabe von Liefer- und Dienstleistungsaufträgen erfolgt im nicht offenen Verfahren oder im Verhandlungsverfahren mit Teilnahmewettbewerb. In begründeten Ausnahmefällen ist ein Verhandlungsverfahren ohne Teilnahmewettbewerb oder ein wettbewerblicher Dialog zulässig.

(2) Verhandlungen im nicht offenen Verfahren sind unzulässig.

(3) Auftraggeber können vorsehen, dass das Verhandlungsverfahren mit Teilnahmewettbewerb in verschiedenen aufeinander folgenden Phasen abgewickelt wird, um so die Zahl der Angebote, über die verhandelt wird, anhand der in der Bekanntmachung oder den Vergabeunterlagen angegebenen Zuschlagskriterien zu verringern. Wenn Auftraggeber dies vorsehen, geben sie dies in der Bekanntmachung oder den Vergabeunterlagen an. In der Schlussphase des Verfahrens müssen so viele Angebote vorliegen, dass ein echter Wettbewerb gewährleistet ist, sofern eine ausreichende Anzahl geeigneter Bewerber vorhanden ist.

## Übersicht*

|  |  | Rn. |
|---|---|---|
| I. | Einführung | 1 |
| II. | Die Verfahrensarten gem. § 11 Abs. 1 VSVgV | 2 |
| | 1. Hierarchie der Verfahrensarten | 3 |
| | 2. Das nicht offene Verfahren | 6 |
| |    a) Der Teilnahmewettbewerb | 7 |
| |    b) Das Angebotsverfahren | 11 |
| | 3. Das Verhandlungsverfahren | 12 |
| |    a) Bieter/Bewerberauswahl | 14 |
| |    b) Die Verhandlungsphase | 15 |
| | 4. Der wettbewerbliche Dialog | 22 |
| III. | Das Verhandlungsverbot gem. Abs. 2 | 23 |
| | 1. Allgemeines | 23 |
| | 2. Europarechtlicher Rahmen | 25 |
| | 3. Verhandlungsverbot | 26 |
| | 4. Aufklärungsgespräche | 29 |
| |    a) Ermessen | 32 |
| |    b) Form der Aufklärungsgespräche | 34 |
| |    c) Frist | 38 |
| |    d) Rechtsfolgen einer unterbliebenen Aufklärung | 39 |
| | 5. Rechtsfolgen des Verstoßes gegen das Nachverhandlungsverbot | 40 |

---

\* Der Beitrag gibt ausschließlich die Meinung des Verfassers wieder.

|  |  |  |
|---|---|---|
|  | 6. Bieterschützender Charakter | 41 |
| IV. | Abschichtung von Bietern in der Verhandlungsphase | 42 |
|  | 1. Bekanntmachung | 43 |
|  | 2. Entscheidung anhand der Zuschlagskriterien | 45 |
|  | 3. Echter Wettbewerb in der Schlussphase | 47 |

## I. Einführung

**1** § 11 Abs. 1 VSVgV enthält grundlegende Regelungen zu den im Geltungsbereich der VSVgV anzuwendenden Verfahrensarten und deren Anwendungshierarchie. Die Bestimmung setzt Art. 25 Abs. 2, 3 und 4 der RL 2009/81/EG um.

Im Bereich der VSVgV finden das nicht offene Verfahren, das Verhandlungsverfahren mit und ohne vorherigen öffentlichen Teilnahmewettbewerb sowie der wettbewerbliche Dialog Anwendung.

Dem Auftraggeber wird ein Wahlrecht zwischen dem nicht offenen Verfahren und dem Verhandlungsverfahren mit Teilnahmewettbewerb zuerkannt. Die Bestimmung ergänzt damit den im Zuge der Umsetzung der RL 2009/81/EG neu eingefügten § 101 Abs. 7 Satz 3 GWB.

Das Verhandlungsverfahren ohne öffentlichen Teilnahmewettbewerb oder der wettbewerbliche Dialog sind lediglich bei Vorliegen definierter Ausnahmefällen zulässig.

§ 11 Abs. 2 VSVgV verbietet Verhandlungen im nicht offenen Verfahren und entspricht insoweit den Verhandlungsverbot des § 18 EG S. 2 VOL/A.

§ 11 Abs. 3 VSVgV übernimmt den Inhalt des Art. 26 Abs. 3 RL 2009/81/EG, nämlich die Möglichkeit zur Abwicklung des Verhandlungsverfahrens mit Teilnahmewettbewerb in mehreren Phasen, wobei der Bieterkreis sukzessive verkleinert wird. Entsprechend der Vorgabe des Art. 38 RL 2009/81/EG bestimmt § 11 Abs. 3 Satz 3 VSVgV, dass auch bei einer Verringerung des Bieterkreises noch ein echter Wettbewerb gewährleistet sein muss, sofern eine ausreichende Anzahl geeigneter Bewerber vorhanden ist.

## II. Die Verfahrensarten gem. § 11 Abs. 1 VSVgV

**2** Gem. § 11 Abs. 1 VSVgV kommen im Anwendungsbereich der VSVgV die folgenden Vergabearten zur Anwendung:

- nicht offenes Verfahren,
- Verhandlungsverfahren mit Teilnahmewettbewerb,
- Verhandlungsverfahren ohne Teilnahmewettbewerb,
- wettbewerblicher Dialog.

Das offene Verfahren findet im Bereich der VSVgV keine Anwendung, weil dies der Sensibilität der Aufträge im Bereich der Sicherheit und Verteidigung nicht gerecht würde.[1]

---

1 BR-Drs. 321/12 S. 46.

## 1. Hierarchie der Verfahrensarten

§ 11 Abs. 1 VSVgV verleiht dem Auftraggeber ein **Wahlrecht** zwischen dem nicht offenen Verfahren und dem Verhandlungsverfahren mit vorgeschaltetem öffentlichen Teilnahmewettbewerb. Das nicht offene Verfahren und das Verhandlungsverfahren mit Teilnahmewettbewerb stehen somit im Anwendungsbereich der VSVgV auf derselben Hierarchiestufe. Im Gegensatz zu den §§ 3 EG VOL/A bzw. VOB/A wird damit die sonst übliche Hierarchie, wonach grundsätzlich das offene Verfahren zu wählen ist, ausnahmsweise das nicht offene Verfahren und nur in sehr begrenzten Ausnahmefällen das Verhandlungsverfahren statthaft ist, durchbrochen.

Das Verhandlungsverfahren ohne vorgeschalteten Teilnahmewettbewerb und der wettbewerbliche Dialog sind – entsprechend der Regelungssystematik der VOL/A bzw. VOB/A zweiter Abschnitt – lediglich in begründeten Ausnahmefällen anwendbar. Diese Ausnahmefälle sind für das Verhandlungsverfahren ohne vorgeschalteten Teilnahmewettbewerb in § 12 VSVgV und für den wettbewerblichen Dialog in § 13 VSVgV abschließend geregelt.

Die Regelungen zur Hierarchie der Vergabearten im Anwendungsbereich der VSVgV sind **bieterschützend i.S.d. § 97 Abs. 7 GWB.** Dementsprechend haben die Bieter und Bewerber einen im Wege des Nachprüfungsverfahrens durchsetzbaren Anspruch darauf, dass der Auftraggeber dieses Regel-Ausnahme-Verhältnis einhält. Praktisch bedeutsam dürfte dies insbesondere in denjenigen Fällen sein, in denen der Auftraggeber ohne hinreichende Begründung ein Verhandlungsverfahren ohne Teilnahmewettbewerb wählt und damit potenziellen Bietern die Möglichkeit nimmt, an dem Vergabeverfahren teilzunehmen.

## 2. Das nicht offene Verfahren

Bei der Durchführung eines nicht offenen Verfahrens ergeht – entsprechend der Definition des § 101 Abs. 3 GWB – zunächst eine öffentliche Aufforderung zur Teilnahme. Aus dem Bewerberkreis wird sodann eine beschränkte Anzahl von Unternehmen zur Angebotsabgabe aufgefordert. Die Bezeichnung als „nicht offenes Verfahren" beruht auf der im Rahmen des Teilnahmewettbewerbs erfolgenden Beschränkung des Bewerberkreises, der letztlich zur Angebotsabgabe aufgefordert wird.

Das nicht offene Verfahren ist folglich als **zweistufiges Verfahren** angelegt. Als erste Stufe wird ein Teilnahmewettbewerb durchgeführt und anschließend das eigentliche Angebotsverfahren. Teilnahmewettbewerb und Angebotsverfahren sind aber strikt voneinander abzugrenzen.

### a) Der Teilnahmewettbewerb

Der öffentliche Teilnahmewettbewerb ist ein **selbständiges förmliches Verfahren**. Es dient der Ermittlung geeigneter Bewerber, die dann in dem anschließenden Angebotsverfahren zur Angebotsabgabe aufgefordert werden.

Der öffentliche Teilnahmewettbewerb beginnt mit der europaweiten Bekanntmachung des Vergabeverfahrens. Damit werden potentielle Bewerber zur Teilnahme an dem Teilnahmewettbewerb und zur Abgabe des Teilnahmeantrages aufgefordert. In der Vergabebekanntmachung ist u.a. eine kurze Beschreibung des Auftragsgegenstandes enthalten. Ausgehend vom Zweck des Teilnahmewettbewerbs – der Durchführung einer vorgeschalteten Eignungsprüfung – werden in der Bekanntmachung auch die sog. Eignungskriterien angegeben. Gem. § 22 Abs. 1 VSVgV dürfen von den Bewerbern zum Nachweis der Eignung allerdings nur diejenigen Unterlagen und Angaben gefordert werden, die durch den Gegenstand des Auftrags gerechtfertigt sind. Die Vergabestelle hat dabei die Möglichkeit, Eigenerklärungen der Bewerber zuzulassen.[2] Sind die Teilnahmebedingungen komplexer, kann in der Bekanntmachung vorgesehen werden, dass zusätzliche Unterlagen bei dem Auftraggeber angefordert werden.

Auf der Grundlage dieser Bekanntmachung bzw. der weiteren Unterlagen können interessierte Unternehmen innerhalb der regulären Teilnahmefrist von 37 Tagen[3] ihren Teilnahmeantrag stellen und an die in der Bekanntmachung vorgesehene Stelle senden. An die Beachtung der veröffentlichten Teilnahme- bzw. Einsendefrist ist die Vergabestelle gebunden. Aus Gründen der Gleichbehandlung sind bei Überschreitung der Frist die betreffenden Teilnahmeanträge ohne Ermessensspielraum der Vergabestelle **grundsätzlich auszuschließen**.[4]

Nach Ablauf der Teilnahmefrist prüft die Vergabestelle anhand der Teilnahmeanträge die **Eignung der Bewerber** im Hinblick auf Sachkunde, Leistungsfähigkeit und Zuverlässigkeit. Prüfungsmaßstab sind dabei die vorher in der Bekanntmachung veröffentlichten Eignungskriterien. Erbringen Bewerber die an den Nachweis der Eignung gestellten Mindestanforderungen nicht, dürfen sie nicht zur Angebotsabgabe aufgefordert werden (§ 22 Abs. 3 VSVgV).

**8** Erklärungen und sonstige Unterlagen, die im Rahmen des Teilnahmeantrags vorzulegen sind und nicht abgegeben wurden, können seitens der Vergabestelle bis zum Ablauf einer zu bestimmenden Nachfrist nachgefordert werden (§ 22 Abs. 6 VSVgV). Bringt der Bewerber auch daraufhin die Unterlagen nicht bei, ist er zwingend auszuschließen.[5]

Als Ergebnis der Eignungsprüfung hat die Vergabestelle den Kreis der Bewerber ermittelt, die „geeignet" zur Erbringung der ausgeschriebenen Leistung sind.

**9** Es ist zulässig, nicht alle geeigneten Bewerber zur Angebotsabgabe aufzufordern: Voraussetzung ist jedoch, dass der Auftraggeber in seiner Bekanntmachung die zur Anwendung kommenden nicht diskriminierenden Anforderungen und die vorgesehene Mindestzahl und gegebenenfalls auch die Höchstzahl an Bewerbern angibt, die er zur Angebotsabgabe auffordern möchte.[6]

**10** Mit der Durchführung des öffentlichen Teilnahmewettbewerbs bindet sich sowohl der Bewerber als auch der Auftraggeber:

- Bieter bzw. Bewerber können nach erfolgtem Teilnahmewettbewerb und erfolgter Angebotsaufforderung durch den Auftraggeber keine **Bietergemeinschaften** mehr bilden oder bereits zur Angebotsabgabe aufgeforderte Bietergemeinschaften nicht mehr in ihrer Zusammensetzung verändern. Insoweit tritt eine Bindung hinsichtlich der Zusammensetzung bzw. Bildung von Bietergemeinschaften bei vor-

---

2 S. hierzu die Kommentierung bei § 22 Abs. 3.
3 S. zu den Möglichkeiten der Fristverkürzung und -berechnung die Kommentierung bei § 20.
4 *Kulartz*, in: Kulartz/Kus/Portz, GWB-Vergaberecht, § 101 Rz. 9.
5 S. hierzu die Kommentierung bei § 22 Abs. 6.
6 S. hierzu die Kommentierung bei § 21.

geschaltetem Teilnahmewettbewerb mit Ablauf der Teilnahmefrist und Aufforderung zur Angebotsabgabe ein.[7]

- Dem Auftraggeber ist es verwehrt, diejenigen Bieter oder Bietergemeinschaften zu berücksichtigen, die keinen Teilnahmeantrag gestellt haben und **nicht zur Angebotsabgabe aufgefordert** wurden. Ansonsten würden die zur Angebotsabgabe aufgeforderten Teilnehmer benachteiligt und der **Gleichbehandlungsgrundsatz** nach § 97 Abs. 2 GWB wäre verletzt. Denn die ausgewählten Teilnehmer haben ein Recht darauf, sich im nachfolgenden Angebotswettbewerb nur mit Bietern messen zu müssen, die sich zuvor im Teilnahmewettbewerb als geeignete Bieter ausgewählt wurden. Sollte eine nachträglich gebildete Bietergemeinschaft auch aus Unternehmen bestehen, die am Teilnahmewettbewerb selbst nicht oder erfolglos (weil ungeeignet) teilgenommen haben, und damit die Eignung der Bietergemeinschaft in der Regel vollkommen offen ist, würde die erforderliche Nachholung der Eignungsprüfung, die eigentlich Teil des bereits abgeschlossenen Teilnahmewettbewerbs ist, diejenigen Bieter benachteiligen, die sich an die Fristen des Teilnahmewettbewerbs gehalten haben.[8]

### b) Das Angebotsverfahren

Im Anschluss an den Teilnahmewettbewerb werden die geeigneten Bieter **zeitgleich zur Angebotsabgabe aufgefordert** und die Vergabeunterlagen versandt. Teil der Vergabeunterlagen ist eine eindeutige und erschöpfende Leistungsbeschreibung. Das Angebot ist innerhalb einer Regelfrist von 40 Tagen[9] zu erstellen und abzugeben. Bei der Vergabestelle werden die Angebote mit einem Eingangsvermerk versehen und bis zur Öffnung unter Verschluss gehalten.[10] Anschließend werden sie in einem formalen und nichtöffentlichen Angebotsöffnungstermin geöffnet. Die **Prüfung und Wertung** der Angebote erfolgt nach den festgelegten Regeln und Wertungsschritten der §§ 30 bis 34 VSVgV. Dabei ist zu berücksichtigen, dass im nicht offenen Verfahren das Verhandlungsverbot gilt.[11] Die Leistung ist so wie gefordert anzubieten. Inhaltliche Abweichungen von der Leistungsbeschreibung oder anderen Teilen der Vergabeunterlagen sind unzulässig und führen zum Ausschluss (s. § 31 Abs. 2 Nr. 4 VSVgV).

11

Die eigentliche Angebotswertung erfolgt auf der Grundlage der in der Bekanntmachung, spätestens aber in der Angebotsaufforderung, bekannt gemachten Zuschlagskriterien.

Nachdem der Erstplatzierte ermittelt wurde, werden die Bieter, die den Zuschlag nicht erhalten sollen, gem. § 101a GWB informiert. Nach Ablauf der Wartefrist kann der Zuschlag erteilt werden.

### 3. Das Verhandlungsverfahren

Verhandlungsverfahren sind gemäß § 101 Abs. 4 GWB Verfahren, bei denen sich der Auftraggeber mit oder ohne vorherige öffentliche Aufforderung zur Teilnahme an aus-

12

---

[7]  S. hierzu grundlegend: VK Bund, 22.2.2008 – VK 1 – 4/08 unter Berufung auf OLG Hamburg, 2.10.2002 – 1 Verg 1/00; VK Bund, 30.5.2006 – VK 2-29/06; so auch *Roth*, NZBau 2005, 316, 317; *Prieß/Gabriel*, WuW 2006, 385, 388 m.w.N.
[8]  S. hierzu grundlegend: VK Bund, 22.2.2008 – VK 1 – 4/08 unter Berufung auf VK Südbayern, 9.4.2003 – 11-03/03; *Prieß/Gabriel*, WuW 2006, 385, 389.
[9]  S. zur Fristberechnung und den Möglichkeiten der Fristverkürzung die Kommentierung bei § 20.
[10] S. Kommentierung bei § 30.
[11] S. unten die Kommentierung bei § 11 Abs. 2.

gewählte Unternehmen wendet, um mit einem oder mehreren über die Auftragsbedingungen zu verhandeln und auf diesem Wege das wirtschaftlichste Angebot zu ermitteln.

**13** Das **Verhandlungsverfahren** ist gegenüber dem formstrengen nicht offenen Verfahren weniger formalisiert: Im Unterschied zum nicht offenen Verfahren muss der Leistungsgegenstand nicht bereits in der Ausschreibung in allen Einzelheiten festgeschrieben sein. Verhandeln im Sinne des § 101 Abs. 4 GWB heißt mithin, dass Auftraggeber und potenzieller Auftragnehmer Auftragsinhalt und Auftragsbedingungen solange besprechen, bis klar ist, was der Auftraggeber tatsächlich und konkret beschaffen will, zu welchen Konditionen der Auftragnehmer dies leistet und insbesondere, zu welchem Preis geleistet wird.[12] Dementsprechend sind Verhandlungen über Preise oder den Auftragsgegenstand möglich.[13] Dies wäre angesichts des Verhandlungsverbots des § 11 Abs. 2 VSVgV im nicht offenen Verfahren verboten.

### a) Bieter/Bewerberauswahl

**14** Das Verhandlungsverfahren ist **grundsätzlich nur nach vorgeschaltetem öffentlichem Teilnahmewettbewerb** zulässig. (Zum Teilnahmewettbewerb s. oben).

Ausnahmsweise kann unter den Voraussetzungen des § 12 VSVgV auf die Durchführung des Teilnahmewettbewerbs verzichtet und das Verhandlungsverfahren unmittelbar eingeleitet werden. Verschiedene Ausnahmetatbestände ermöglichen dabei den Verzicht auf die Bekanntmachung und Durchführung eines öffentlichen Teilnahmewettbewerbs, weil ohnehin nur ein Unternehmen zur Leistungserbringung in Betracht kommt. Dies ist bspw. gem. § 12 Abs. 1 Nr. 2c VSVgV der Fall, wenn der Auftrag aufgrund des Schutzes von Ausschließlichkeitsrechten (Patent- oder Urheberrecht) nur von **einem bestimmten Unternehmen** durchgeführt werden kann. In diesen Fällen erübrigt sich eine Bewerberauswahl und das betreffende Unternehmen kann unmittelbar zu Verhandlungen aufgefordert werden.[14]

Demgegenüber gibt es auch Ausnahmetatbestände, die einen – wenn auch eingeschränkten – Wettbewerb im Rahmen eines Verhandlungsverfahrens ohne Teilnahmewettbewerb grundsätzlich ermöglichen. Beispielsweise ist es durchaus möglich, dass dringliche Gründe zwar die Durchführung eines Teilnahmewettbewerbs selbst mit verkürzten Fristen verhindern (s. § 12 Abs. 1 Nr. 1 b)), eine formlose Verhandlung **mit mehreren Unternehmen** aber dennoch möglich ist. Dann muss der Auftraggeber entsprechend dem **vergaberechtlichen Wettbewerbsgrundsatz** Verhandlungen grundsätzlich mit mehreren Bietern führen.[15] In diesen Fällen muss der Auftraggeber ohne formalisiertes Auswahlverfahren (Teilnahmewettbewerb) eine Auswahl an potenziellen Bietern treffen, die er zu Verhandlungen auffordert. Es bedarf somit einer informellen Eignungsprüfung unter Heranziehung nachvollziehbarer Auswahlkriterien. Letztlich handelt es sich bei der Auswahlentscheidung um eine Ermessensentscheidung der Vergabestelle, die auf sachlichen Erwägungen beruhen muss. Die tragenden Gründe

---

12 OLG Düsseldorf, 5.7.2006 – VII – Verg 21/06.
13 KG Berlin, 31.5.2000, Kart Verg 1/00; VK Bund, 9.4.2001 – VK 1-7/01.
14 Da hierbei der Wettbewerb faktisch außer Kraft gesetzt wird, müssen die Gründe, die zur Anwendung der Ausnahme führen, detailliert vermerkt werden. S. hierzu auch die Kommentierung bei § 43 Abs. 2 Nr. 6.
15 OLG Düsseldorf, 18.6.2003 – Verg 15/03.

sind zu dokumentieren. Einzelne Unternehmen haben aber keinen Anspruch darauf, von der Vergabestelle berücksichtigt oder zur Angebotsabgabe aufgefordert zu werden.[16]

**b) Die Verhandlungsphase**

Im Hinblick auf die konkrete Verfahrensgestaltung gelten nur wenige formale Anforderungen. Der Auftraggeber kann die Verhandlungsphase flexibel gestalten und so diejenige Gestaltungsform wählen, die letztlich zur Ermittlung des wirtschaftlichsten Angebots führt. Dennoch hat der Auftraggeber die wesentlichen Prinzipien des Vergaberechts, namentlich

- die Grundsätze des Wettbewerbs (§ 97 Abs. 1 GWB),
- der Transparenz (§ 97 Abs. 1 GWB) und
- der Gleichbehandlung (§ 97 Abs. 2 GWB)

einzuhalten.[17]

So gebietet der **Wettbewerbsgrundsatz**, dass Verhandlungen grundsätzlich mit mehreren Bietern geführt werden. Sollen im Zuge der Verhandlungsrunden sukzessive die Anzahl der Teilnehmer im Wettbewerb bzw. deren Angebote verringert werden, muss auch in der letzten Verhandlungsrunde noch ein echter Wettbewerb gewährleistet sein.[18] Letztlich ist das Verhandlungsverfahren so wettbewerblich wie möglich zu führen. Demzufolge darf der Auftraggeber auch keine **lineare Verhandlungsstrategie** verfolgen, sondern muss parallel verhandeln. Im Rahmen einer linearen Verhandlungsstrategie würde der Auftraggeber bspw. auf der Grundlage einer Angebotsrunde den aussichtsreichsten Kandidaten (dem sog. preferred bidder) bzw. dessen Angebot ermitteln und ausschließlich einzig mit ihm weiter verhandeln. Erst, wenn die Verhandlungen gescheitert wären, würden die Verhandlungen mit dem zweitplatzierten Bieter aufgenommen. Damit wäre aber kein echter Wettbewerb mehr in der letzten Angebotsrunde gewährleistet. Dementsprechend dürfen grundsätzlich die Verhandlungen nur so gestaltet werden, dass in den Verhandlungsrunden **parallel** mit verschiedenen Bietern verhandelt wird.

Das **Transparenzangebot** begründet u.a. eine Verpflichtung des öffentlichen Auftraggebers, die in Frage kommenden Bieter über die Verfahrensgestaltung zeitnah zu unterrichten und hiervon nicht überraschend oder willkürlich abzuweichen.[19] Dazu gehört auch die Pflicht, die Wertungskriterien in der Bekanntmachung oder zumindest in den Vergabeunterlagen bekannt zu geben. Sollte ausnahmsweise das Verhandlungsverfahren ohne Vergabebekanntmachung durchgeführt werden, müssen die Wertungskriterien den Verhandlungsteilnehmern zu Beginn des Verfahrens bekannt gegeben werden. Außerdem begründet das Transparenzgebot die Pflicht der Vergabestelle, die wesentlichen Schritte des Verhandlungsverfahrens sowie die tragenden Begründungen und Wertungen zu dokumentieren.[20] Weil nur der ursprüngliche Auftrag ausgeschrieben wurde, sind lediglich Verhandlungen über die ausgeschriebene Leistung zulässig. Grundlegende Än-

---

16  *Knauff*, in: Müller-Wrede GWB-Vergaberecht, 1. Aufl., § 101 Rz.39.
17  OLG Düsseldorf, 18.6.2003 – Verg 15/03; BayObLG, 5.11.2002 – Verg 22/02.
18  S. hierzu unten die Kommentierung bei Absatz 3.
19  OLG Frankfurt, 14.4.2001 – 11 Vergabe 1/01.
20  S. hierzu auch die Kommentierung bei § 43.

derungen, die den ausgeschriebenen Auftrag in seinem Kern verändern, sind damit unzulässig.[21] Andernfalls würden Aufträge vergeben, ohne dass Wettbewerber die Möglichkeit zur Teilnahme an diesem Wettbewerb hatten.

18   Gem. dem **Gleichbehandlungsgrundsatz** muss der Auftraggeber die Bieter gleich behandeln. Er muss allen Bietern dieselben Informationen zukommen lassen und ihnen die Chance geben, innerhalb gleicher Fristen und zu gleichen Anforderungen und Bedingungen Angebote abzugeben.[22] Daraus ergibt sich auch die Pflicht, die jeweiligen Verhandlungsrunden so klar zu strukturieren, dass jeder Bieter zu jeder Zeit weiß, in welchem Stand sich das Verfahren gerade befindet und welchen weiteren Verlauf es nimmt.[23]

Unter Wahrung der vorstehenden vergaberechtlichen Grundsätze ist der Auftraggeber weitgehend frei, wie er sein Verfahren organisiert. Insbesondere kann er auch Leistungsteile oder Bereiche definieren, über die er nicht verhandeln möchte. In der Praxis haben sich insbesondere die folgenden Verfahrensgestaltungen durchgesetzt:

- **Vorschaltung eines indikativen Angebots:**

19   Teilweise fordern Auftraggeber in der ersten Verhandlungsrunde zur Abgabe sog. **indikativer Angebote** auf. Diese sind sowohl für den Bieter als auch für den Auftraggeber **unverbindlich** und können damit auch noch nicht bezuschlagt werden. Die indikativen Angebote dienen lediglich als Grundlage der anschließenden Verhandlungen. Gerade dann, wenn der Leistungsgegenstand im Rahmen der Verhandlungen noch stärker konkretisiert werden soll, bietet dieses Verfahren die Möglichkeit, zu Verfahrensbeginn stark auf die Bieter einzugehen und deren Fachwissen einzubinden. Im Rahmen der anschließenden Verhandlungsrunden wird dann der Leistungsgenstand stärker eingegrenzt, so dass letztlich mit dem Eingang vergleichbarer Angebote zu rechnen ist. Abschließend werden die Verhandlungsteilnehmer nach einer förmlichen Aufforderung zur Abgabe eines (letztverbindlichen) Angebots aufgefordert.

- **Abforderung verbindlicher Angebote**

20   Dem Auftraggeber steht es frei, schon zu Beginn der Verhandlungen **verbindliche Angebote abzufordern**. Oftmals werden dabei schon unverzichtbare Angebotsinhalte definiert und gefordert. Sollte der Auftraggeber dies zulassen, können diese im Rahmen der Verhandlungen abgeändert werden. Dem Auftraggeber steht es aber ebenso frei, Teile der anzubietenden Leistung den Verhandlungen zu entziehen und Angebote auszuschließen, die dagegen verstoßen, indem sie die entsprechende Leistung nicht anbieten.[24] Gerade bei weiteren Verhandlungsrunden ist es durchaus üblich, die Verhandlungen auf bestimmte Aspekte wie Preis oder Servicegrad, Haftungsregelungen etc. zu begrenzen.

Fordert der Auftraggeber verbindliche Angebote an, müssen die Bieter auch in der ersten Runde des Verhandlungsverfahrens damit rechnen, dass ihr Angebot angenommen wird.[25] Es gibt keinen Anspruch auf Durchführung von Verhandlungen. Ansonsten steht es dem Auftraggeber frei, nach einer Angebotsrunde eine weitere Verhandlungsrunde durchzuführen

---

21   Vgl. *Schütte*, ZfBR 2004, S. 237, 240.
22   OLG Düsseldorf, 5.7.2006 – VII – Verg 21/06; OLG Celle, 16.1.2002 – 13 Vergabe 1/02.
23   *Werner*, in: Byok/Jaeger, Kommentar zum Vergaberecht 3. Aufl., § 101 Rz. 96.
24   VK Bund, 23.7.2012, VK 3 – 81/12.
25   OLG Naumburg, 13.5.2008 – 1 Verg 3/08.

und danach erneut zur Abgabe eines Angebots aufzufordern. Die Möglichkeit zur Verhandlung endet allerdings dann, wenn der Auftraggeber explizit zur **letzten Angebotsrunde** auffordert. Begrifflich wird dann bspw. vom „letztverbindlichen Angebot", dem „last call", dem „best and final offer" oder dem „abschließenden Angebot" gesprochen. Diese letztverbindlichen Angebote sind grundsätzlich nicht mehr verhandelbar. Der Auftraggeber muss sich hier an dem von ihm gewählten und bestimmten Verfahrensgang festhalten lassen. Die Bieter haben grundsätzlich einen Anspruch darauf, dass dieser Verfahrensgang auch tatsächlich eingehalten wird. Deshalb müssen besonders außergewöhnliche Umstände vorliegen, um in dieser Situation nochmals eine Verhandlungsrunde zu eröffnen.

In der Praxis werden die Verhandlungsverfahren oftmals so gestaltet, dass der Kreis der Bieter sukzessive abgebaut wird. In der jeweiligen Verhandlungsphase werden diejenigen Bieter nicht weiter berücksichtigt, die – gemessen an den Zuschlagskriterien – keine Chancen auf Erteilung des Zuschlags mehr haben. Dabei sollten aber genug Bieter im Verfahren verbleiben, dass ein echter Wettbewerb auch bei der letzten Verhandlungsrunde gewährleistet ist. Diese Möglichkeit der Abschichtung ist in der VSVgV in Abs. 3 dieser Vorschrift explizit geregelt.[26]

### 4. Der wettbewerbliche Dialog

Der wettbewerbliche Dialog ist eine Verfahrensart, die nur bei Vorliegen einer der in § 13 Abs. 1 VSVgV genannten Voraussetzungen gewählt werden darf. Er ist für besonders komplexe Vergabeverfahren konzipiert und ähnelt dem Verhandlungsverfahren. Einzelheiten zum Verfahrensablauf regelt § 13 VSVgV.[27]

## III. Das Verhandlungsverbot gem. Abs. 2

### 1. Allgemeines

Nach § 11 Abs. 2 VSVgV sind Verhandlungen im nicht offenen Verfahren unzulässig. Mit dieser Bestimmung wird das **Verhandlungsverbot** des § 18 EG S. 2 VOL/A für das nicht offene Verfahren in die VSVgV übernommen.[28]

Das Verhandlungsverbot besagt im Kern, dass die Angebote, so wie sie eingereicht wurden, auch gewertet werden müssen. Jedwede Verhandlungen, die zu einer Änderung oder Ergänzung des Angebotsinhalts führen würden, sind damit unzulässig. Dies betrifft sämtliche inhaltliche Veränderungen der ausgeschriebenen Leistung oder der angebotenen Gegenleistung. Inhaltlich betrifft dies neben dem Preis bspw. auch die Lieferzeit oder andere vertragliche Eckpunkte (Gewährleistung, Garantie etc.).

Das Verhandlungsverbot betrifft in der Praxis insbesondere die besonders sensible Zeit zwischen der Angebotsöffnung und der Bezuschlagung. Mit dem Ablauf der Angebotsfrist kommt der Wettbewerb zum Ruhen. Würden in dieser Phase Verhandlungen durchgeführt, würde automatisch das Wettbewerbsergebnis, das auf Grundlage der eingereichten Angebote zu ermitteln ist, verfälscht. Das Verhandlungsverbot dient somit dem

---

26 S. hierzu unten bei der Kommentierung zu Absatz 3.
27 S. zum wettbewerblichen Dialog die Kommentierung bei § 13.
28 BR Drs. 321/12, S. 46.

**Schutz des ordnungsgemäßen Wettbewerbs**. Verstöße gegen das Verhandlungsverbot können von den Nachprüfungsstellen beanstandet werden.[29]

24  § 18 EG VOL/A und § 15 VOB/A differenzieren zwischen zulässigen Aufklärungsgesprächen in Bezug auf Angebote und der Eignung der Bieter sowie den unzulässigen Verhandlungen. Auch wenn eine entsprechende explizite Regelung in der VSVgV fehlt, dürfte die Ausräumung von Unklarheiten im Rahmen von **Aufklärungsgesprächen** auch im Rahmen der VSVgV zulässig sein.

### 2. Europarechtlicher Rahmen

25  Die RL 2009/81/EG enthält kein explizites Verhandlungsverbot für das nicht offene Verfahren. Die Vorgaben zum nicht offenen Verfahren sowie das Wettbewerbsprinzip führen inhaltlich auf gemeinschaftsrechtlicher Ebene zu einer entsprechenden Beschränkung.[30]

### 3. Verhandlungsverbot

26  § 11 Abs. 2 VSVgV verbietet alles, was man als „Verhandeln" im landläufigen Wortsinn bezeichnen könnte. Grundsätzlich gilt, dass Angebote so, und nur so zu werten sind, wie sie vorgelegt wurden.[31] Damit ist jede inhaltliche Veränderung der Angebote aufgrund späterer Verhandlungen ausgeschlossen.

Insbesondere ist verboten,

- Preise zu verändern,[32]
- wesentliche Preisangaben außerhalb der Grenzen des § 31 Abs. 2 Nr. 8 VSVgV zu ergänzen,
- den Preistyp zu verändern (bspw. Marktpreis hin zu Selbstkostenerstattungspreis),
- Angaben, die einen Ausschlusstatbestand begründen, zu verändern,
- das Angebot durch technische Nachbesserungen bezuschlagungsfähig zu machen.[33]

27  Mit dem Verhandlungsverbot sollen die anderen Bieter davor geschützt werden, dass einem Bieter die Gelegenheit eingeräumt wird, durch Anpassung seines Angebots einen **ungerechtfertigten Wettbewerbsvorteil** zu erzielen.[34] Eine etwaige Befugnis zur Änderung des Angebots nur einzelner Bieter nach Ablauf der Angebotsabgabefrist verletzt den **Gleichbehandlungsgrundsatz** gegenüber anderen Bietern.[35] Es sollen die gleichen Bedingungen für sämtliche Bieter aufrecht erhalten werden. Ebenso ist es auch unzulässig, im Wege der Verhandlung mit sämtlichen Bietern des nicht offenen Verfahrens einvernehmlich die wesentlichen Ausschreibungsbedingungen zu verändern. Zwar würden dann sämtliche Bieter des betreffenden Verfahrens gleich behandelt. Es bliebe aber dennoch bei einem Wettbewerbsverstoß, weil dann nicht mehr der ausgeschriebene Auftrag vergeben würde. Insoweit kann nicht ausgeschlossen werden, dass

---

29  S. hierzu unten: Rechtsfolgen bei Verstößen.
30  S. für die VOL/A: *Gnitttke/Hattig*, in: Müller-Wrede, Kommentar zur VOL/A, 3. Aufl. § 18 EG Rz. 3.
31  Für die VOB/A: OLG Koblenz, 15.7.2008 – 1 Verg 2/08.
32  VK Niedersachsen, 18.1.2011 – VgK – 61/2010.
33  S. für die VOB/A: VK Niedersachsen, 16.3.2009 – VgK – 04/2009.
34  VK Niedersachsen, 18.1.2011 – VgK – 61/2010.
35  Vgl. OLG Düsseldorf, 15.12.2004, Az: 47/04.

sich ein anderes Unternehmen an dem Vergabeverfahren beteiligt hätte, wenn die geänderten Bedingungen bekannt gemacht worden wären.

Gleichwohl kann bei der Prüfung und Wertung der Angebote die Situation auftreten, dass die Vergabestelle mit dem Bieter in Kontakt treten muss, um etwaige Unklarheiten oder Zweifel zu beseitigen. Teilweise ist eine derartige Kontaktaufnahme auch in der VSVgV angelegt, bspw.:

- Im Rahmen des § 22 Abs. 6 VSVgV können Erklärungen und sonstige Unterlagen, die als Nachweis im Teilnahmewettbewerb oder mit dem Angebot einzureichen sind, unter bestimmten Voraussetzungen nachgefordert werden.[36]

- Bevor ein Angebot wegen eines ungewöhnlich niedrigen Preises ausgeschlossen werden kann, ist zunächst vom Bieter gem. § 33 Abs. 1 und 2 VSVgV schriftlich eine Aufklärung über dessen Einzelpositionen zu fordern. Inhaltlich ist dies keine Nachverhandlung, weil der eigentliche Angebotsinhalt nicht mehr verändert wird. Die Kalkulation der Preise wird einer Plausibilitätskontrolle unterzogen; der eigentliche Preis steht dabei aber fest und wird nicht verändert.[37]

## 4. Aufklärungsgespräche

In der VSVgV fehlt – anders als in der VOL/A oder der VOB/A – eine ausdrückliche Bestimmung, wonach „Aufklärungsgespräche" zulässig sind. Soweit sich die Aufklärungsgespräche in einem der VOL/A vergleichbaren Rahmen bewegen, dürften diese aber ebenso zulässig sein. Das Verhandlungsverbot begründet nämlich kein Kontaktverbot, sondern ist im Lichte des Regelungszwecks, des Schutzes des Wettbewerbs und der Gleichbehandlung, auszulegen. Diese Schutzgüter sind nicht betroffen, wenn **Unklarheiten eines Angebotes oder Zweifel** hinsichtlich bestimmter Angaben ausgeräumt werden. Im Sinne eines fairen Verfahrens muss der Vergabestelle die Möglichkeit eingeräumt werden, Unklarheiten aufzuklären. Beispielsweise könnte der Grund für die angeblich bestehenden Unklarheiten auch in einer Fehlvorstellung der Vergabestelle begründet liegen. Würden in dieser Situation Aufklärungsgespräche untersagt, würde der Konflikt zu Lasten des Bieters aufgelöst. Insoweit dient eine begrenzte Aufklärungsbefugnis, die lediglich Unklarheiten aufklärt oder Zweifel ausräumt, sogar der Verfahrenstransparenz.[38]

Die Vergabestelle darf aber grundsätzlich mit Bietern nur Aufklärungsgespräche führen, d.h. ein eigenes Informationsbedürfnis befriedigen, wenn ihr irgendetwas an dem, was ihr vorliegt, unklar ist.[39] Die Informationsgewinnung darf nur dahingehend erfolgen, um sich über die Eignung des Bieters, insbesondere seine technische und wirtschaftliche Leistungsfähigkeit, das Angebot selbst, etwaige Nebenangebote, die Art der geplanten Durchführung oder bspw. die Angemessenheit des Preises zu informieren.[40] Damit muss die grundsätzliche Information schon vorliegen und lediglich noch aufgeklärt werden. Eine **„Nachlieferung" von Unterlagen oder Erklärungen bzw. eine Veränderung**

---

[36] S. hierzu die Kommentierung bei § 22 Abs. 6.
[37] S. hierzu die Kommentierung bei § 31.
[38] VK Niedersachsen, 18.1.2011 – VgK – 61/10.
[39] OLG Koblenz, 15.7.2008 – 1 Verg 2/08.
[40] VK Sachsen, 8.7.2011 – 1 / SVK/027 – 11.

der ursprünglichen Information ist keine „Aufklärung" mehr, sondern überschreitet die Grenze zur verbotenen Nachverhandlung.

31 Die allgemeine Aufklärungsbefugnis besteht zu jedem Zeitpunkt der Wertungsphase.[41] Gespräche nach erfolgter Zuschlagserteilung sind keine Aufklärungsgespräche mehr, sondern betreffen schon die vertragliche Leistungsphase.

### a) Ermessen

32 Die Vergabestelle darf, muss aber nicht aufklären. Eine normierte Pflicht besteht nur, wenn der begründete Verdacht eines unangemessen niedrigen Preises besteht. Ansonsten steht die Aufklärung in ihrem Ermessen, denn schließlich ist es Sache des Bieters, ein vollständiges und zweifelsfreies Angebot abzugeben.[42] Dementsprechend muss die Vergabestelle nicht auf eine vom Bieter ausgehende Aufklärungsinitiative eingehen.[43]

Führt die Vergabestelle mit einem Bieter ein Aufklärungsgespräch, kann es allerdings zu einer **Ermessensreduzierung** kommen. Aus Gründen des **Gleichbehandlungsgebots** muss die Vergabestelle dann die Bieter gleich behandeln und ähnliche Unklarheiten bei sämtlichen Bietern aufklären.

33 Weil eine unterbliebene Aufklärung objektiv vorliegender Unklarheiten i.d.R. zum Ausschluss des Angebotes führt, muss die Entscheidung für oder gegen eine Aufklärung seitens der Vergabestelle dokumentiert werden. Dabei muss deutlich werden, dass sie ihr Ermessen ausgeübt hat.

### b) Form der Aufklärungsgespräche

34 In der Regel geht die Initiative zur Aufklärung von der Vergabestelle aus. Sie erkennt eine Unklarheit oder hat Zweifel an den Angaben des Angebots und bittet um Aufklärung. Um Abgrenzungsschwierigkeiten bspw. zwischen der Nachforderung von Unterlagen gem. § 22 Abs. 6 VSVgV und etwaigen Aufklärungsersuchen zu vermeiden, sollte das Aufklärungsersuchen in den entsprechenden Schriftstücken klar benannt werden. Bspw. empfiehlt sich dies schon in der Überschrift, wie mit dem Hinweis „ Aufklärung über den Angebotsinhalt", zum Ausdruck zu bringen.[44]

Weder für die VSVgV noch im Bereich der VOL/A gibt es Bestimmungen, in welcher Form die Aufklärung zu erfolgen hat. Aus Beweisgründen ist allerdings die **Schriftform vorzuziehen**. Dabei empfiehlt es sich, einen schriftlichen Fragenkatalog zur Beantwortung durch den Bieter zu versenden. Gerade wenn ähnliche Sachverhalte bei verschiedenen Bietern zu klären sind, kann der Nachweis der Gleichbehandlung durch die schriftliche Dokumentation des Fragenkatalogs, des Tags der Absendung und der Angabe einer Frist zur Beantwortung erbracht werden.

35 Werden **Aufklärungsgespräche** geführt, ist es zur Vermeidung von Streitigkeiten üblich,[45] und im Sinne des Transparenzprinzips auch zu fordern, dass diese **protokolliert** werden. Das Protokoll sollte dabei von der Vergabestelle und dem Bieter unterzeichnet werden. Gleiches gilt für die telefonisch durchgeführten Aufklärungsgespräche. Dies-

---

[41] VK Niedersachsen, 18.1.2011 – VgK – 61/10.
[42] Für den Bereich der VOB/A: OLG Koblenz, 15.7.2008 – 1 Verg 2/08.
[43] OLG Koblenz, 15.7.2008 – 1 Verg 2/08.
[44] S. hierzu: OLG Karlsruhe, 23.3.2011 – 15 Verg 2/11.
[45] VK Niedersachsen, 16.3.2009 – VgK – 04/09.

bezüglich empfiehlt es sich schon in dem Telefonat die Formulierungen abzustimmen, die in das Protokoll aufgenommen werden sollen.

Entsprechend dem allgemeinen Grundsatz, dass die Verfahrensdokumentation zeitnah zu erfolgen hat, sollten die entsprechenden Protokolle zeitnah angefertigt werden.

Letztlich kann anhand der Protokolle auch ein etwaiger Vorwurf entkräftet werden, in einem Vergabeverfahren seien unzulässige Nachverhandlungen geführt worden. Über den Inhalt ist gegenüber den übrigen Bietern Vertraulichkeit zu wahren. 36

Sowohl für die schriftliche Aufklärung als auch für das mündliche Aufklärungsgespräch gilt, dass sich die Vergabestelle möglichst auf das Stellen der Fragen beschränken sollte. Um das Risiko der Manipulation zu reduzieren, soll die Aufklärung möglichst passiv erfolgen,[46] also ohne Hinweis auf mögliche Lösungen oder gar Änderungen.[47] Die Fragen sollten dabei ergebnisoffen formuliert werden und den aufzuklärenden Sachverhalt möglichst klar benennen. 37

### c) Frist

Um das Vergabeverfahren stringent und straff führen zu können, kann die Vergabestelle dem Bieter eine Frist zur Aufklärung, d.h. in der Regel zur Beantwortung der Fragen, setzen. Diese **Frist muss angemessen** sein. Bei der Fristsetzung ist zu berücksichtigen, dass es eigentlich Sache des Bieters ist, ein vollumfängliches, selbsterklärendes und zweifelsfreies Angebot abzugeben. Je nach Aufklärungsfrage kann die Frist auch unter einer Woche liegen. 38

Soll nach Ablauf der Frist eine Beantwortung der Fragen abgelehnt werden, muss dies gegenüber dem Bieter klar und eindeutig formuliert werden. Für ihn muss erkennbar sein, dass sein Angebot ausgeschlossen wird, wenn er dem Ansinnen der Vergabestelle nach Aufklärung nicht innerhalb der gesetzten Frist nachkommt. Empfehlenswert aber nicht verpflichtend[48] ist, den Begriff „Ausschlussfrist" zu verwenden.

### d) Rechtsfolgen einer unterbliebenen Aufklärung

Unterbleibt die Aufklärung der objektiv vorliegenden Unklarheiten eines Angebots, liegt kein bezuschlagungsfähiges Angebot vor. Der Vergabestelle ist es nicht zuzumuten, einen Vertrag auf Grundlage eines Angebots abzuschließen, dessen Inhalt unklar ist oder wenn Zweifel hinsichtlich der Eignung des Bieters bestehen.[49] Das Angebot kann ausgeschlossen werden. Dabei ist unerheblich, ob die Vergabestelle es im Rahmen ihres Ermessens unterlässt, die Unklarheiten aufzuklären, oder ob der Bieter die Aufklärung verweigert oder seine Antworten inhaltlich nicht aufklärend sind. Wird die von der Vergabestelle gesetzte Frist zur Beantwortung des Aufklärungsersuchens überschritten, rechtfertigt dies den Ausschluss nur dann, wenn 39

- objektiv ein Aufklärungsbedarf bestand,
- das Aufklärungsersuchen zulässig war (insbes. keine tatsächliche Nachverhandlung) und

---

46 S. für die VOL/A: *Gnitttke/Hattig*, in: Müller-Wrede, Kommentar zur VOL/A, 3. Aufl. § 18 EG Rz. 5.
47 VK Niedersachsen, 18.1.2011 – VgK – 61/10.
48 S. für die VOL/A: *Gnitttke/Hattig*, in: Müller-Wrede, Kommentar zur VOL/A, 3. Aufl. § 18 EG Rz. 18.
49 Vgl.: *Kratzenberg*, in: Ingenstau/Korbion, VOB-Kommentar, 17. Aufl., § 15 Rz. 18.

- die Frist angemessen war.[50]

### 5. Rechtsfolgen des Verstoßes gegen das Nachverhandlungsverbot

40 Wird gegen das Nachverhandlungsverbot verstoßen, führt dies nicht automatisch zu einem Ausschluss des entsprechenden Angebots. Das zu Unrecht Verhandelte muss allerdings unberücksichtigt bleiben und ist der Wertung zu entziehen.[51] Es ist nicht notwendig, den Bieter, der nachverhandelt hat, auszuschließen, wohl aber das nachverhandelte Angebot.[52]

### 6. Bieterschützender Charakter

41 Das Verhandlungsverbot im nicht offenen Verfahren hat bieterschützenden Charakter. In der Praxis können sich Bieter dagegen wenden, dass in dem identischen Vergabeverfahren mit einem Wettbewerber Nachverhandlungen geführt werden.

## IV. Abschichtung von Bietern in der Verhandlungsphase

42 § 11 Abs. 3 VSVgV übernimmt den Inhalt des Art. 26 Abs. 3 RL 2009/81/EG, nämlich die Möglichkeit zur Abwicklung des Verhandlungsverfahrens mit vorgeschaltetem Teilnahmewettbewerb in aufeinander folgenden Phasen.[53] Voraussetzung ist zunächst, dass den Bietern in der Bekanntmachung die für den Ausschluss ihres Angebots maßgeblichen Zuschlagskriterien zur Kenntnis gegeben wurden. Dies dient der Wahrung des **Wettbewerbsgrundsatzes** und des **Transparenzgrundsatzes**.[54] Außerdem müssen in der Schlussphase noch so viele Angebote vorliegen, dass ein **echter Wettbewerb** gewährleistet ist.[55]

Das Abschichten dient insbesondere der Effizienzsteigerung und der Kostenersparnis, weil letztlich die Ressourcen des Auftraggebers nur im Rahmen der Verhandlungen mit den aussichtsreichen Verhandlungspartnern eingesetzt werden.

### 1. Bekanntmachung

43 Will der Auftraggeber die Anzahl der Angebote, über die verhandelt wird, sukzessive abschichten, muss er diese Vorgehensweise in der Bekanntmachung oder in den Vergabeunterlagen angeben. Ein entsprechendes Vorgehen ohne vorherige Bekanntmachung würde gegen den **Transparenzgrundsatz** verstoßen und wäre demnach unzulässig. Um sich dieses Instrument zu erhalten, ist deshalb grundsätzlich anzuraten, sich diese Möglichkeit offen zu halten und einen entsprechenden Hinweis bekannt zu machen oder zumindest in den Vergabeunterlagen darauf hinzuweisen.

44 Von dieser Abschichtung ist allerdings nicht derjenige Fall umfasst, in denen ein Bieter ein auszuschließendes Angebot abgibt, bspw. weil er die Vergabeunterlagen ändert oder er-

---

50 In diesem Fall muss das Aufklärungsersuchen zulässig und die gesetzte Aufklärungsfrist zumutbar sein. Vgl. VK Nordbayern, 4.12.2006 – 21. VK – 3194 – 39/06.
51 S. für die VOL/A: *Gnitttke/Hattig*, in: Müller-Wrede, Kommentar zur VOL/A, 3. Aufl. § 18 EG Rz. 32.
52 Vgl.: BGH, 6.2.2002 – X ZR 185/99.
53 S. auch Erwägungsgrund 62 der RL 2009/81/EG.
54 BR Drs. 321/12, S. 46.
55 S. Art. 38 Abs. 5 S. 2 RL 2009/81/EG.

gänzt (s. § 31 Abs. 2 Nr. 4 VSVgV). Der Vollzug des zwingenden Ausschlusses ist kein Fall der Abschichtung. Dies folgt schon aus dem Umstand, dass die Entscheidung über den Ausschluss nicht zur Disposition des Auftraggebers steht, er also das Angebot nicht in der Wertung belassen kann. Demgegenüber entscheidet der Auftraggeber über die Abschichtung anhand der **Zuschlagskriterien**, also bezogen auf wertbare Angebote.

## 2. Entscheidung anhand der Zuschlagskriterien

Der Ausschluss der Angebote und damit der Verfahrensteilnehmer muss anhand der bekannt gemachten oder zumindest in den Vergabeunterlagen angegebenen **Zuschlagskriterien** erfolgen. Dies bedeutet, dass der Auftraggeber die Angebote im Lichte der Zuschlagskriterien auswertet und auf dieser Grundlage die Entscheidung trifft, ein Angebot und damit letztlich auch den Verfahrensteilnehmer vom weiteren Verfahren auszuschließen. Der Auftraggeber kann die **Anzahl der Runden**, in denen er die Anzahl der Bieter verringert, grundsätzlich frei bestimmen. Oftmals wird sich die Notwendigkeit einer weiteren Verhandlungsrunde erst anhand der eingegangenen Angebote herausstellen. Begrenzt der Auftraggeber die Anzahl der Runden und teilt diese den Teilnehmern der Verhandlungen mit, bindet sich der Auftraggeber selbst. Diese Selbstbindung kann er nur bei Vorliegen besonderer Gründe und nur im Ausnahmefall wieder lösen. 45

In der VSVgV und in den verwandten Bestimmungen des § 3 EG Abs. 6 VOL/A gibt es keine explizite Verpflichtung, die ausgeschlossenen Verhandlungsteilnehmer zeitnah über den erfolgten Ausschluss zu informieren. Aus Gründen der Verfahrenssicherheit ist eine entsprechende Benachrichtigung aber anzuraten. Schließlich greift nach der entsprechenden Mitteilung im Regelfall die Rügeobliegenheit des ausgeschlossenen Verhandlungsteilnehmers. Etwaig bestehende Unstimmigkeiten werden damit zeitnah einer Lösung zugeführt und gefährden nicht zu einem späteren Zeitpunkt das Verfahren. 46

## 3. Echter Wettbewerb in der Schlussphase

In der Schlussphase des Verhandlungsverfahrens muss trotz der erfolgten Abschichtung noch ein **echter Wettbewerb** gewährleistet sein. Für einen Wettbewerb müssen mindestens noch zwei Verhandlungsteilnehmer an dem Verhandlungsverfahren teilnehmen und zur Abgabe des letztverbindlichen Angebots aufgefordert werden. 47

Nur dann, wenn sich im Rahmen der Verhandlungen herausstellt, dass nur ein Lösungsvorschlag den Bedürfnissen des Auftraggebers entspricht und dieser dem Wettbewerb nicht zugänglich ist, kann das Feld der Verhandlungsteilnehmer auf einen begrenzt werden. Ein solcher Fall könnte insbesondere dann eintreten, wenn sich im Laufe der Verhandlungen eine technische Lösung herauskristallisiert, die nur von einem bestimmten Unternehmen realisiert werden kann und man somit von vornherein auch ein Verhandlungsverfahren ohne Teilnahmewettbewerb hätte beginnen können (s. bspw. § 12 Abs. 1 Nr. 1c) VSVgV „technische Besonderheiten" oder „Schutz von Ausschließlichkeitsrechten"). In diesen Fällen würde der Versuch, einen Wettbewerb aufrecht zu halten, sinnentleert.

# § 12
# Verhandlungsverfahren ohne Teilnahmewettbewerb

(1) Ein Verhandlungsverfahren ohne Teilnahmewettbewerb ist zulässig

1. bei Liefer- und Dienstleistungsaufträgen
   a) wenn in einem nicht offenen Verfahren, in einem Verhandlungsverfahren mit Teilnahmewettbewerb oder in einem wettbewerblichen Dialog
      aa) keine oder keine geeigneten Angebote oder keine Bewerbungen abgegeben worden sind, sofern die ursprünglichen Bedingungen des Auftrags nicht grundlegend geändert werden;
      bb) keine ordnungsgemäßen Angebote oder nur Angebote abgegeben worden sind, die nach dem geltenden Vergaberecht oder nach den im Vergabeverfahren zu beachtenden Rechtsvorschriften unannehmbar sind, sofern die ursprünglichen Bedingungen des Auftrags nicht grundlegend geändert werden und wenn alle und nur die Bieter einbezogen werden, die die Eignungskriterien erfüllen und im Verlauf des vorangegangenen Vergabeverfahrens Angebote eingereicht haben, die den formalen Voraussetzungen für das Vergabeverfahren entsprechen;
   b) wenn die Fristen, auch die verkürzten Fristen gemäß § 20 Abs. 2 Satz 2 und Absatz 3 Satz 2, die für das nicht offene Verfahren und das Verhandlungsverfahren mit Teilnahmewettbewerb vorgeschrieben sind, nicht eingehalten werden können, weil
      aa) dringliche Gründe im Zusammenhang mit einer Krise es nicht zulassen, oder
      bb) dringliche, zwingende Gründe im Zusammenhang mit Ereignissen, die die Auftraggeber nicht voraussehen konnten, dies nicht zulassen. Umstände, die die zwingende Dringlichkeit begründen, dürfen nicht dem Verhalten der Auftraggeber zuzuschreiben sein;
   c) wenn der Auftrag wegen seiner technischen Besonderheiten oder aufgrund des Schutzes von Ausschließlichkeitsrechten wie zum Beispiel des Patent- oder Urheberrechts nur von einem bestimmten Unternehmen durchgeführt werden kann;
   d) wenn es sich um Forschungs- und Entwicklungsleistungen handelt;
   e) wenn es sich um Güter handelt, die ausschließlich zum Zwecke von Forschung und Entwicklung hergestellt werden; dies gilt nicht für Serienfertigungen zum Nachweis der Marktfähigkeit oder zur Deckung der Forschungs- und Entwicklungskosten;

2. bei Lieferaufträgen

   a) über zusätzliche Lieferungen eines Auftragnehmers, die entweder zur teilweisen Erneuerung von gelieferten marktüblichen Gütern oder zur Erweiterung von Lieferungen oder bestehenden Einrichtungen bestimmt sind, wenn ein Wechsel des Unternehmers dazu führen würde, dass der Auftraggeber Güter mit unterschiedlichen technischen Merkmalen kaufen müsste und dies zu einer technischen Unvereinbarkeit oder unverhältnismäßigen technischen Schwierigkeiten bei Gebrauch und Wartung führen würde. Die Laufzeit solcher Aufträge oder Daueraufträge darf fünf Jahre nicht überschreiten, abgesehen von Ausnahmefällen, die unter Berücksichtigung der zu erwartenden Nutzungsdauer gelieferter Güter, Anlagen oder Systeme und den durch einen Wechsel des Unternehmens entstehenden technischen Schwierigkeiten bestimmt werden;

   b) bei auf einer Warenbörse notierten und gekauften Ware;

   c) wenn Güter zu besonders günstigen Bedingungen bei Lieferanten, die ihre Geschäftstätigkeit endgültig einstellen, oder bei Insolvenzverwaltern im Rahmen eines Insolvenzverfahrens oder eines in den Vorschriften eines anderen Mitgliedstaates vorgesehenen gleichartigen Verfahrens erworben werden.

3. bei Dienstleistungsaufträgen

   a) für zusätzliche Dienstleistungen, die weder in dem der Vergabe zugrunde liegenden Entwurf noch im ursprünglich geschlossenen Vertrag vorgesehen sind, die aber wegen eines unvorhergesehenen Ereignisses zur Ausführung der darin beschriebenen Dienstleistung erforderlich sind, sofern der Auftrag an den Unternehmer vergeben wird, der diese Dienstleistung erbringt, wenn der Gesamtwert der Aufträge für die zusätzlichen Dienstleistungen 50 Prozent des Wertes des ursprünglichen Auftrags nicht überschreitet und

      aa) sich diese zusätzlichen Dienstleistungen in technischer und wirtschaftlicher Hinsicht nicht ohne wesentlichen Nachteil für den Auftraggeber vom ursprünglichen Auftrag trennen lassen oder

      bb) diese Dienstleistungen zwar von der Ausführung des ursprünglichen Auftrags getrennt werden können, aber für dessen Vollendung unbedingt erforderlich sind.

   b) bei neuen Dienstleistungsaufträgen, welche Dienstleistungen wiederholen, die durch denselben Auftraggeber an denselben Auftragnehmer vergeben wurden, sofern sie einem Grundentwurf entsprechen und dieser Entwurf Gegenstand des ursprünglichen Auftrags war, der in einem nicht offenen Verfahren, einem Verhandlungsverfahren mit Teilnahmewettbewerb oder im wettbewerblichen Dialog vergeben wurde. Der Auftraggeber muss die Möglichkeit der Anwendung dieses Verfahrens bereits beim Aufruf zum Wettbewerb für das erste Vorhaben angeben; der für die Fortführung der Dienstleistungen in Aussicht genommene

Gesamtauftragswert wird vom Auftraggeber bei der Anwendung des § 1 Absatz 2 berücksichtigt. Dieses Verfahren darf nur binnen fünf Jahren nach Abschluss des ursprünglichen Auftrags angewandt werden, abgesehen von Ausnahmefällen, die durch die Berücksichtigung der zu erwartenden Nutzungsdauer gelieferter Güter, Anlagen oder Systeme und den durch einen Wechsel des Unternehmens entstehenden technischen Schwierigkeiten bestimmt werden;

4. für Aufträge im Zusammenhang mit der Bereitstellung von Luft- und Seeverkehrsdienstleistungen für die Streit- oder Sicherheitskräfte, die im Ausland eingesetzt werden oder eingesetzt werden sollen, wenn der Auftraggeber diese Dienste bei Unternehmen beschaffen muss, die die Gültigkeit ihrer Angebote nur für so kurze Zeit garantieren, dass auch die verkürzte Frist für das nicht offene Verfahren oder das Verhandlungsverfahren mit Teilnahmewettbewerb einschließlich der verkürzten Fristen gemäß § 20 Absatz 2 Satz 2 und Absatz 3 Satz 2 nicht eingehalten werden kann.

(2) Die Auftraggeber müssen die Anwendung des Verhandlungsverfahrens ohne Teilnahmewettbewerb in der Bekanntmachung gemäß § 35 begründen.

## Übersicht

| | | Rn. |
|---|---|---|
| I. | Allgemeines | 1 |
| II. | Die einzelnen Fallgruppen (Abs. 1) | 4 |
| | 1. Keine geeigneten Angebote (Nr. 1 lit. a aa) | 4 |
| | 2. Keine ordnungsgemäßen Angebote (Nr. 1 lit. a bb) | 6 |
| | 3. Dringliche Gründe (Nr. 1 lit. b) | 7 |
| | 4. Technische Besonderheiten, Ausschließlichkeitsrechte (Nr. 1 lit. c) | 11 |
| | 5. Forschungs- und Entwicklungsleistungen (Nr. 1 lit. d) | 12 |
| | 6. Für Forschungs- und Entwicklungszwecke hergestellte Güter (Nr. 1 lit. e) | 13 |
| | 7. Zusätzliche Lieferungen (Nr. 2 lit. a) | 14 |
| | 8. Warenbörse (Nr. 2 lit. b) | 16 |
| | 9. Insolvenzkäufe (Nr. 2 lit. c) | 17 |
| | 10. Zusätzliche Dienstleistungen (Nr. 3 lit. a) | 18 |
| | 11. Wiederholung gleichartiger Dienstleistungen (Nr. 3 lit. b) | 19 |
| | 12. Luft- und Seeverkehrsdienstleistungen (Nr. 4) | 21 |
| III. | Begründungspflicht (Abs. 2) | 22 |
| IV. | Rechtsfolgen bei Verstößen | 23 |

## I. Allgemeines

Regelverfahren für die Vergabe verteidigungs- und sicherheitsrelevanter Aufträge sind das nicht offene Verfahren und das Verhandlungsverfahren mit Teilnahmewettbewerb. In begründeten Fällen können Auftraggeber auf das Verhandlungsverfahren ohne Teilnahmewettbewerb zurückgreifen (§ 11 Abs. 1 Satz 2 VSVgV), das der freihändigen Vergabe unterhalb der Schwellenwerte entspricht. § 12 VSVgV regelt, unter welchen Umständen dies gestattet ist. Die Bestimmung dient der Umsetzung des Art. 28 der RL 2009/81/EG.

2 Das Verhandlungsverfahren ohne Teilnahmewettbewerb ist das am wenigsten marktoffene und am wenigsten formalisierte Verfahren. Es unterscheidet sich vom Verhandlungsverfahren mit Teilnahmewettbewerb dadurch, dass eine vorherige Veröffentlichung der Vergabebekanntmachung und ein vorheriger Teilnahmewettbewerb nicht vorgesehen sind. Der Auftraggeber fordert einzelne, von ihm ausgewählte Unternehmen unmittelbar zur Angebotsabgabe auf und verhandelt mit diesen über die unterbreiteten Angebote.[1] Einzelne Unternehmen haben keinen Anspruch darauf, vom Auftraggeber zu einem Angebot aufgefordert zu werden.[2] Die Verhandlungen können sowohl den Auftragsgegenstand als auch die Auftragsbedingungen und die Preise betreffen. In der Ausgestaltung des Verfahrens ist der Auftraggeber weitgehend frei, wobei der Wettbewerbsgrundsatz und das Gleichbehandlungsgebot in jeder Phase zu beachten sind.[3] Gerade im wenig formalisierten Verhandlungsverfahren kommt der Gewährleistung der **allgemeinen Vergabegrundsätze** (→ § 97 Abs. 1 GWB) besondere Bedeutung zu.[4] Der Auftraggeber muss insbesondere die von ihm in den Vergabeunterlagen vorgegebenen Bedingungen einhalten und darf den Auftragsgegenstand nicht nachträglich erweitern. Möglich ist sowohl die parallele Verhandlung mit mehreren Bietern als auch die stufenweise Reduzierung der Anzahl der Bieter.[5] Aufgrund der geringeren Transparenz und Wettbewerbsoffenheit darf der Auftraggeber nur bei Vorliegen einer der in § 12 Abs. 1 VSVgV **abschließend** aufgeführten Ausnahmetatbestände auf diese Vergabeart zurückgreifen. Die einzelnen Ausnahmetatbestände sind **eng auszulegen**.[6] Die Darlegungslast für das Vorliegen der tatbestandlichen Voraussetzungen trägt der Auftraggeber. Trotz des Ausnahmecharakters dieser Vergabeart besteht ein praktisches und legitimes Bedürfnis für die Durchführung eines Verhandlungsverfahrens ohne Teilnahmewettbewerb, wenn es für eine bestimmte Leistung aus tatsächlichen oder rechtlichen Gründen nicht genügend potenzielle Anbieter gibt (so dass sich die Durchführung eines Teilnahmewettbewerbs erübrigt)[7] oder wenn die Anwendung eines Verfahrens mit Teilnahmewettbewerb unter bestimmten Umständen unmöglich oder völlig unangemessen wäre.[8] Die Gründe für die Anwendung des Verhandlungsverfahrens ohne Teilnahmewettbewerb müssen im Vergabevermerk dokumentiert werden (§ 43 Abs. 2 Nr. 6 VSVgV).

3 Die in § 12 Abs. 1 VSVgV aufgeführten Ausnahmetatbestände sind danach gegliedert, ob sie für Liefer- und Dienstleistungsaufträge (→ Nr. 1) oder nur für Lieferaufträge (→ Nr. 2) bzw. nur für Dienstleistungsaufträge (→ Nr. 3) gelten.

---

1 Vgl. Art. 1 Nr. 20 RL 2009/81/EG. Hinsichtlich der Anzahl der zu beteiligenden Bieter genügt es gem. § 101 Abs. 4 GWB, wenn der Auftraggeber mit einem oder mehreren Unternehmen verhandelt.
2 *Knauff*, in: Müller-Wrede, GWB-Vergaberecht, 2009, § 101 Rn. 39.
3 *Knauff*, in: Müller-Wrede, GWB-Vergaberecht, 2009, § 101 Rn. 40 ff. BayObLG, VergabeR 2003, 186, 189; OLG Stuttgart, VergabeR 2004, 384, 385; OLG Brandenburg, VergabeR 2012, 110, 116.
4 OLG Naumburg, NZBau 2003, 628, 630.
5 *Dreher*, in: Dreher/Stockmann, Kartellvergaberecht, 4. Aufl. 2008, § 101 Rn. 29.
6 EuGH, 15.10.2009 – C-275/08 (Kommission ./. Deutschland), VergabeR 2010, 57; EuGH, 14.9.2004, Rs. C-385/02 (Parma), VergabeR 2004, 710, 714.
7 Vgl. *Prieß*, Handbuch des europäischen Vergaberechts, 3. Aufl. 2005, S. 199.
8 Erwägungsgrund 50 der RL 2009/81/EG.

## II. Die einzelnen Fallgruppen (Abs. 1)

### 1. Keine geeigneten Angebote (Nr. 1 lit. a aa)

Auf das Verhandlungsverfahren ohne Teilnahmewettbewerb darf der Auftraggeber zurückgreifen, wenn in dem vorangegangenen Verfahren mit Teilnahmewettbewerb (also im nicht offenen Verfahren, Verhandlungsverfahren oder wettbewerblichen Dialog) keine oder keine geeigneten Angebote oder keine Bewerbungen abgegeben worden sind und die ursprünglichen Bedingungen des Auftrags nicht grundlegend geändert werden. Es sind folgende **Tatbestandsalternativen** zu unterscheiden: (i) Es sind keine Bewerbungen eingegangen; (ii) es sind keine Angebote eingegangen; (iii) keines der eingegangenen Angebote ist geeignet. Jede der genannten Alternativen rechtfertigt den Übergang in das Verhandlungsverfahren ohne Teilnahmewettbewerb. Das vorangegangene Vergabeverfahren mit Teilnahmewettbewerb muss zuvor wirksam gem. § 37 VSVgV aufgehoben worden sein; ein formloser Übergang in das Verhandlungsverfahren ohne Teilnahmewettbewerb ist nicht zulässig. Den Alternativen (i) und (ii) ist gemeinsam, dass die Ausschreibung auf kein Interesse bei den Unternehmen gestoßen ist. Bei der Alternative (iii) sind zwar ein oder mehrere Angebote eingegangen, diese sind aber nicht geeignet. Die **Eignung** des Angebots („geeignet") bezieht sich nicht auf die Fachkunde, Leistungsfähigkeit und Zuverlässigkeit des Bieters, sondern auf die Eignung des Angebots für die Zuschlagserteilung.[9] Die fehlende Eignung der eingegangenen Angebote kann darin begründet sein, dass die betreffenden Bieter bestimmte zusätzliche Anforderungen für die Auftragsausführung nicht erfüllen (→ § 97 Abs. 4 Satz 2 GWB).[10] Diese können z.B. soziale, umweltbezogene oder innovative Aspekte im Zusammenhang mit dem Auftragsgegenstand sein. Eine andere Möglichkeit besteht darin, dass die eingegangenen Angebote unwirtschaftlich sind, so dass der Auftraggeber das Vergabeverfahren gem. § 37 Abs. 1 Nr. 3 GWB (kein wirtschaftliches Ergebnis) aufgehoben hat. Weitere Voraussetzung für den Übergang in das Verhandlungsverfahren ohne Teilnahmewettbewerb ist schließlich, dass die ursprünglichen **Auftragsbedingungen nicht grundlegend geändert** werden. Die Auftragsbedingungen bestehend aus Leistungsbeschreibung und Vertragsbedingungen müssen im Wesentlichen unverändert bleiben. Grundlegend sind Änderungen, durch die ein anderer Bieterkreis angesprochen wird (z.B. weil Art oder Umfang der zu erbringenden Leistung oder die kommerziellen Rahmenbedingungen verändert werden).[11]

4

Auch wenn das Verhandlungsverfahren ohne Teilnahmewettbewerb an ein vorangegangenes Vergabeverfahren anknüpft, ist es rechtlich selbständig.[12] Eignungs- und Zuschlagskriterien des vorangegangenen Verfahrens gelten nicht automatisch auch im nachfolgenden Verhandlungsverfahren ohne Teilnahmewettbewerb.[13] Eine generelle Pflicht zur Einbeziehung der Bieter des vorangegangenen Vergabeverfahrens sieht § 12

5

---

9 *Kaelble*, in: Müller-Wrede, VOL/A-Kommentar, § 3 EG Rn. 117.
10 Vgl. BR-Drucks. 321/12, S. 47.
11 EuGH, 19.6.2008, Rs. C-454/06 (Pressetext), VergabeR 2008, 758. Vgl. *Kulartz*, in: Kulartz/Marx/Portz/Prieß, Kommentar zur VOL/A, § 3 EG Rn. 64.
12 OLG Naumburg, VergabeR 2012, 93.
13 *Kaelble*, in: Müller-Wrede, VOL/A-Kommentar, § 3 EG Rn. 111.

Abs. 1 Nr. 1 lit. a) aa) VSVgV im Gegensatz zu § 12 Abs. 1 Nr. 1 lit. a) bb) VSVgV nicht vor. Gleichwohl kann eine solche Einbeziehung im Einzelfall rechtlich geboten sein.[14]

### 2. Keine ordnungsgemäßen Angebote (Nr. 1 lit. a bb)

6 § 12 Abs. 1 Nr. 1 lit. a) bb) VSVgV betrifft den Fall, dass im Rahmen eines vorangegangenen Vergabeverfahrens mit Teilnahmewettbewerb keine ordnungsgemäßen oder keine annehmbaren Angebote abgegeben worden sind. In diesem Fall kann der Auftraggeber mit allen Bietern, die die Eignungskriterien erfüllen und im vorangegangenen Verfahren formal wertbare Angebote abgegeben haben, in das Verhandlungsverfahren ohne Vergabebekanntmachung übergehen. Voraussetzung ist, dass entweder keine ordnungsgemäßen Angebote oder keine annehmbaren Angebote eingegangen sind. **„Keine ordnungsgemäßen Angebote"** bedeutet, dass alle eingegangenen Angebote gem. § 31 Abs. 2 VSVgV auszuschließen waren. **„Keine annehmbaren Angebote"** bedeutet, dass nur Angebote abgegeben worden sind, die nach den im Vergabeverfahren zu beachtenden Rechtsvorschriften unannehmbar sind. Gemeint sind die Bestimmungen der §§ 9, 21-28 und 32 VSVgV.[15] Weitere Voraussetzung ist, dass der Auftraggeber die ursprünglichen Bedingungen des Auftrags nicht grundlegend ändert (→ Rn. 4) und alle Bieter einbezieht (und nur diese), die die Eignungskriterien erfüllen und im vorangegangenen Verfahren Angebote eingereicht haben, die den formalen Voraussetzungen für das Vergabeverfahren entsprechen, d.h. form- und fristgerecht eingegangen sind. Wenn alle geeigneten Bieter, deren Angebote nicht aus formalen Gründen auszuschließen waren, die Gelegenheit erhalten, mit dem Auftraggeber über ihre Angebote zu verhandeln, ist ein erneuter Teilnahmewettbewerb entbehrlich.

### 3. Dringliche Gründe (Nr. 1 lit. b)

7 § 12 Abs. 1 Nr. 1 b) VSVgV fasst in lit. aa) und lit. bb) die Fallgestaltungen von Art. 28 Nr. 1 lit. c) und d) der RL 2009/81/EG zusammen, bei denen aufgrund von dringlichen Gründen im Zusammenhang mit einer Krise oder einem nicht vorhersehbaren Ereignis die Einhaltung selbst der verkürzten Fristen für den Eingang der Teilnahmeanträge (§ 20 Abs. 2 Satz 2 VSVgV) und der Angebote (§ 20 Abs. 3 Satz 2 VSVgV) nicht gewahrt werden können.[16] Die VSVgV sieht in Fällen besonderer Dringlichkeit bereits eine Verkürzung der Teilnahmefrist auf 15 Tage und eine Verkürzung der Angebotsfrist auf 10 Tage vor. Wenn auch diese verkürzten Fristen aus dringlichen Gründen nicht eingehalten werden können, kann der Auftraggeber das Verhandlungsverfahren ohne Teilnahmewettbewerb wählen.

8 Dringliche Gründe gem. lit. aa) sind Gründe, die zu einem sofortigen, die Einhaltung von Fristen ausschließenden Beschaffungsbedarf im Zusammenhang mit einer **Krise** führen. Unter einer „Krise" ist gem. der Begriffsbestimmung in § 4 Abs. 1 VSVgV ein (auch unmittelbar bevorstehendes) Schadensereignis zu verstehen, das Leben und Gesundheit zahlreicher Menschen erheblich gefährdet oder einschränkt oder erhebliche Auswirkungen auf Sachwerte hat oder lebensnotwendige Versorgungsmaßnahmen für die Bevölkerung erforderlich macht. Derartige Situationen, zu denen insbesondere bewaff-

---

14 Vgl. OLG Dresden, VergabeR 2002, 142, 144; *Kaelble*, in: Müller-Wrede, VOL/A-Kommentar, § 3 EG Rn. 120; siehe auch § 37, Rn. 21.
15 Vgl. Art. 28 Nr. 1 lit. b) der RL 2009/81/EG sowie BR-Drucks. 321/12, S. 47.
16 BR-Drucks. 321/12, S. 47.

nete Konflikte und Kriege zählen, können sowohl innerhalb der EU als auch in einem Drittstaat eintreten. Für Beschaffungen, die in einem Zusammenhang mit derartigen Ereignissen stehen und deshalb unverzüglich umgesetzt werden müssen, steht das Verhandlungsverfahren ohne Teilnahmewettbewerb zur Verfügung. **Beispiele**: Bedarfssteigerungen während eines Auslandseinsatzes der Bundeswehr, Beschaffungen im Zusammenhang mit friedenssichernden Maßnahmen, humanitären Einsätzen oder der Abwehr terroristischer Angriffe und sonstige Notfälle, die eine so rasche Vergabe bestimmter Aufträge erfordern, dass die normalerweise geltenden Fristen nicht eingehalten werden können.[17] Im Unterschied zu lit. bb) kommt es bei lit. aa) nicht darauf an, ob der Auftraggeber den die Dringlichkeit begründenden Umstand vorhersehen konnte oder er seinem Verhalten zuzurechnen ist.

**Dringliche, zwingende Gründe** gem. lit. bb) sind solche, die im Zusammenhang mit Ereignissen stehen, die der Auftraggeber weder vorhersehen konnte noch seinem Verhalten zuzurechnen sind und die sofortiges, die Einhaltung von Fristen ausschließendes Handeln erfordern. Gemeint sind in erster Linie Beschaffungen zur Vermeidung von Schäden für Leben und Gesundheit (z.B. im Zusammenhang mit Notfällen und Katastrophen, die nicht das Ausmaß einer Krise haben) oder zur Abwendung akuter Gefahren für die Sicherheit.[18] Dabei hat der Auftraggeber einen gerichtlich nur begrenzt nachprüfbaren **Beurteilungsspielraum**, welche Beschaffungen mit welchen Prioritäten als Reaktion auf eine bestimmte Gefahrenlage oder Schadenssituation erfolgen sollen.[19] Rein wirtschaftliche Nachteile genügen nicht.[20] Unvorhersehbar sind derartige Ereignisse nur, wenn der Auftraggeber ihren konkreten Eintritt bei verständiger Prüfung nicht erwarten durfte. Die die zwingende Dringlichkeit begründenden Umstände dürfen dem Verhalten des Auftraggebers nicht zuzuschreiben sein. Deshalb begründen zeitliche Engpässe aufgrund von eigenen Versäumnissen, Nachprüfungsverfahren, Behördenabläufen und Mitzeichnungsgängen, Personalmangel oder haushalterischen Zwängen regelmäßig keinen dringlichen zwingenden Grund. Mit derartigen Umständen muss der Auftraggeber rechnen.

9

Sofern ein dringlicher Grund gem. lit. aa) oder lit. bb) vorliegt, ist weitere Voraussetzung, dass der Auftraggeber aufgrund dieses Grundes die Fristen gem. § 20 Abs. 2 und 3 VSVgV für den Eingang der Teilnahmeanträge und der Angebote objektiv nicht einhalten kann. Die geforderte **Kausalität** zwischen dem dringlichen Grund und der Unmöglichkeit der Fristeinhaltung[21] ist nicht gegeben, wenn die Vergabe trotz Vorliegens dringlicher Gründe im beschleunigten Verfahren gem. § 20 Abs. 2 oder Abs. 3 VSVgV erfolgen kann.

10

## 4. Technische Besonderheiten, Ausschließlichkeitsrechte (Nr. 1 lit. c)

Der Auftraggeber kann das Verhandlungsverfahren ohne Teilnahmewettbewerb wählen, wenn der Auftrag aus technischen Gründen oder wegen bestehender Ausschließlichkeitsrechte nur von einem Unternehmen ausgeführt werden kann, so dass sich die Eröffnung eines Teilnahmewettbewerbs erübrigt. **Technische Gründe** liegen vor, wenn nur ein Unternehmen das zur Ausführung der Leistung erforderliche Know-how oder die er-

11

---

17 Erwägungsgrund 54 der RL 2009/81/EG.
18 *Kaelble*, in: Müller-Wrede, VOL/A-Kommentar, § 3 EG Rn. 163; OLG Düsseldorf, VergabeR 2003, 55.
19 OLG Düsseldorf, VergabeR 2003, 55, 57.
20 *Kulartz*, in: Kulartz/Marx/Portz/Prieß, Kommentar zur VOL/A, § 3 EG Rn. 80.
21 EuGH, 15.10.2009, Rs. C-275/08 (Kommission/Deutschland), Rn. 69.

forderliche technische Ausstattung (z.B. Spezialwerkzeug, spezielle Prüfgeräte) besitzt, was der Auftraggeber im Einzelfall nachzuweisen hat (z.B. anhand von Marktuntersuchungen).[22] Dies kann z.B. bei der Änderung oder Nachrüstung besonders komplexer Ausrüstung der Fall sein. Technische Gründe können auch bei speziellen Anforderungen an die Interoperabilität oder speziellen Sicherheitsanforderungen vorliegen.[23] Es genügt nicht, wenn nur ein Unternehmen im Markt das nachgefragte Produkt anbietet, aber andere Unternehmen in der EU grundsätzlich ebenfalls über die technische Befähigung verfügen bzw. in der Lage sind, sie zu erwerben.[24] Bestehende **Ausschließlichkeitsrechte** können ebenfalls ein Grund dafür sein, dass die Leistung nur von einem Unternehmen in der EU erbracht werden kann. Als Schutzrechte kommen insbesondere Patente und Urheberrechte in Betracht. Voraussetzung ist, dass die nachgefragte Leistung durch ein bestehendes ausschließliches Schutzrecht geschützt ist und Dritte nicht im Rahmen eingeräumter Lizenzen zur Nutzung befugt sind.

### 5. Forschungs- und Entwicklungsleistungen (Nr. 1 lit. d)

12  Gem. § 12 Abs. 1 Nr. 1 lit. d) VSVgV können Forschungs- und Entwicklungsleistungen im Verhandlungsverfahren ohne Teilnahmewettbewerb vergeben werden. Die Bedeutung von Forschung und Entwicklung speziell im Bereich von Verteidigung und Sicherheit rechtfertigt ein Maximum an Flexibilität bei der Auftragsvergabe, ohne dass hierdurch der Wettbewerb in späteren Phasen des Produkts eingeschränkt werden soll.[25] Unter **Forschung und Entwicklung** werden Grundlagenforschung, angewandte Forschung und experimentelle Entwicklung verstanden und zwar bis zu der Stufe, auf der die Ausgereiftheit einer Technologie in angemessener Weise beurteilt werden kann.[26] Aufträge, die darüber hinaus gehen und Folgephasen einschließen (wie z.B. die Qualifikation und Serienvorbereitung) müssen in einem der Regelverfahren gem. § 11 Abs. 1 VSVgV vergeben werden.[27] Die Ausnahmebestimmung betrifft von vornherein nur solche Forschungs- und Entwicklungsleistungen, die nicht ohnehin gem. § 100 Abs. 4 Nr. 2 GWB oder § 100 c Abs. 2 Nr. 3 GWB vom Anwendungsbereich des Vergaberechts ausgenommen sind. Dies sind nationale F&E-Aufträge, die vom Auftraggeber vollständig finanziert werden und bei denen sich der Auftraggeber ausschließliche Nutzungsrechte einräumen lässt.[28] Da die Einräumung ausschließlicher **Nutzungsrechte** nach den Vertragsbedingungen des Bundes generell nicht vorgesehen ist, dürften Forschungs- und Entwicklungsaufträge im Verteidigungsbereich regelmäßig bereits gem. § 100 Abs. 4 Nr. 2 GWB vom Kartellvergaberecht ausgenommen sein, so dass der Anwendungsbereich des § 12 Abs. 1 Nr. 1 lit. d) VSVgV im Verteidigungsbereich gering sein dürfte.

### 6. Für Forschungs- und Entwicklungszwecke hergestellte Güter (Nr. 1 lit. e)

13  Das Verhandlungsverfahren ohne Teilnahmewettbewerb ist zulässig, wenn die zu liefernden Güter ausschließlich zum Zwecke der Forschung und Entwicklung (→ § 4 Abs. 5 VSVgV) hergestellt werden. Der Auftraggeber darf neben den Forschungs- und Entwick-

---

22  Erwägungsgrund 52 der RL 2009/81/EG.
23  Erwägungsgrund 52 der RL 2009/81/EG.
24  *Kulartz*, in: Kulartz/Marx/Portz/Prieß, Kommentar zur VOL/A, § 3 Rn. 83.
25  Erwägungsgrund 55 der RL 2009/81/EG.
26  § 4 Abs. 5 VSVgV.
27  EU-Kommission, Guidance Note „Research and Development", Rn. 7.
28  Vgl. *Sterner*, in: Müller-Wrede, GWB-Vergaberecht, § 100 Rn. 46.

lungszwecken keine anderen Zwecke verfolgen, insbesondere keine Gewinn-, Rentabilitäts- und sonstigen kommerziellen Nebenzwecke. Deshalb fallen Serienfertigungen zum Nachweis der Marktfähigkeit oder zur Deckung der Forschungs- und Entwicklungskosten ausdrücklich nicht unter die Ausnahmebestimmung. Der Charakter der Forschungsförderung muss überwiegen. Die zu liefernde Ware muss für die Durchführung bzw. im Rahmen eines F&E-Vorhabens hergestellt worden sein, was z.B. typischerweise auf Messinstrumente, Sonderbetriebsmittel, Versuchsmuster, Prototypen oder Demonstratoren zutrifft.[29] Im Unterschied zu Nr. 1 lit. d), der Forschungs- und Entwicklungsdienstleistungen erfasst, betrifft Nr. 1 lit. e) Lieferaufträge für F&E-Zwecke.[30] Beide Ausnahmetatbestände sind Ausdruck der vergaberechtlichen Privilegierung von F&E-Leistungen (→ Art. 179 ff. AEUV).[31]

### 7. Zusätzliche Lieferungen (Nr. 2 lit. a)

Gem. § 12 Abs. 1 Nr. 2 lit. a) VSVgV kommt das Verhandlungsverfahren ohne Teilnahmewettbewerb unter bestimmten Voraussetzungen bei zusätzlichen Lieferungen des ursprünglichen Unternehmers in Betracht. Diese Fallgruppe trägt der häufig sehr langen Nutzungsdauer und der technischen Komplexität von Militär- und Sicherheitsausrüstung Rechnung, die der Möglichkeit eines – Anbieterwechsels bei der Integration neuer Baugruppen oder Ersatzteile in bestehende Systeme oder bei der Modernisierung bestehender Systeme aus technisch-operationeller Sicht Grenzen setzt.[32] Zur Vermeidung von Inkompatibilitäten oder unverhältnismäßigen technischen Schwierigkeiten bei Nutzung und Wartung kann es geboten sein, den ursprünglichen Lieferanten mit der zusätzlichen Lieferung zu beauftragen. Es müssen folgende Voraussetzungen kumulativ erfüllt sein:

14

a) Die zusätzlichen Lieferungen müssen entweder zur teilweisen Erneuerung von gelieferten marktüblichen Gütern oder zur Erweiterung von Lieferungen oder bestehenden Einrichtungen bestimmt sein. **„Erneuerung"** meint den Austausch von Teilen der gelieferten Güter z.B. zur Reparatur[33] oder zur Anpassung an geänderte Anforderungen. **„Erweiterung"** meint die Lieferung weiterer Güter im Rahmen einer Stückzahlerhöhung.

b) Der Wechsel des Unternehmens würde dazu führen, dass der Auftraggeber Güter mit unterschiedlichen technischen Merkmalen kaufen müsste, was zu einer technischen Unvereinbarkeit oder zu unverhältnismäßigen technischen Schwierigkeiten bei Gebrauch und Wartung führen würde. Diese Voraussetzung betrifft die technische Kompatibilität der zusätzlichen Lieferung mit der ursprünglichen. Nur wenn der Auftraggeber darlegen kann, dass der Wechsel des Unternehmens zu einer technischen Inkompatibilität bzw. zu unverhältnismäßigen technischen Schwierigkeiten führen würde, darf er auf den Teilnahmewettbewerb verzichten. Unverhältnismäßige **technische Schwierigkeiten** können z.B. darin bestehen, dass der

---

29 Vgl. EU-Kommission, Guidance Note „Research and Development", Rn. 18.
30 Wenn der Auftrag sowohl für F&E-Zwecke hergestellte Güter also auch F&E-Dienstleistungen umfasst, kommt es auf den Wert der jeweiligen Leistungsanteile an. Übersteigt der Wert der betreffenden Dienstleistungen den Wert der zu liefernden Güter, ist § 12 Abs. 1 Nr. 1 lit. d) VSVgV einschlägig (vgl. Art. 1 Nr. 5 der RL 2009/81/EG).
31 Vgl. Erwägungsgrund 55 der RL 2009/81/EG; *Kaelble*, in: Müller-Wrede, VOL/A-Kommentar, § 3 EG Rn. 122.
32 Vgl. Erwägungsgrund 51 der RL 2009/81/EG.
33 *Kaelble*, in: Müller-Wrede, VOL/A-Kommentar, § 3 EG Rn. 170.

Auftraggeber seine Mitarbeiter auf unterschiedlichen Gütern schulen oder für Ersatzteile eine aufwändige doppelte Lagerhaltung betreiben müsste.[34] Technische **Inkompatibilität** ist nicht gegeben, wenn ein anderes Unternehmen ebenfalls in der Lage ist, Waren zu liefern, die mit denjenigen der ursprünglichen Lieferung identisch sind.[35]

15 Wenn diese Voraussetzungen erfüllt sind, kann der Auftraggeber den bisherigen Auftragnehmer unmittelbar mit der zusätzlichen Lieferung beauftragen. Die Laufzeit des Auftrags darf **5 Jahre** grundsätzlich nicht überschreiten. Nur in Ausnahmefällen kommt eine längere Laufzeit in Betracht, wobei die zu erwartende Nutzungsdauer der eingeführten Güter oder Systeme einerseits und die durch einen Lieferantenwechsel voraussichtlich entstehenden technischen Schwierigkeiten andererseits zu berücksichtigen sind. Besteht das Risiko technischer Inkompatibilität nach Ablauf des 5-Jahreszeitraums fort, kann die Laufzeit des Auftrags für die zusätzliche Leistung länger als 5 Jahre sein bzw. darf die zusätzliche Leistung nach 5 Jahren erneut im Verhandlungsverfahren ohne Teilnahmewettbewerb in Auftrag gegeben werden.

### 8. Warenbörse (Nr. 2 lit. b)

16 Das Verhandlungsverfahren ohne Teilnahmewettbewerb ist zulässig beim Erwerb von Waren, die auf einer Warenbörse notiert sind und dort gekauft werden. In diesem Fall erfolgt der Erwerb nach den für die Warenbörse geltenden Verfahrensregeln. Im Verteidigungs- und Sicherheitsbereich hat diese Fallgruppe keine praktische Relevanz, da Militär- und Sicherheitsausrüstung nicht auf Warenbörsen gehandelt wird.

### 9. Insolvenzkäufe (Nr. 2 lit. c)

17 Wenn sich dem Auftraggeber die Gelegenheit bietet, Güter bei Lieferanten, die ihre Geschäftstätigkeit endgültig einstellen, oder bei Insolvenzverwaltern im Rahmen eines Insolvenzverfahrens zu erwerben, kann die Beschaffung ohne förmliches Vergabeverfahren unmittelbar bei dem betreffenden Unternehmen oder dem Insolvenzverwalter erfolgen. Voraussetzung ist, dass die Beschaffung zu besonders günstigen Bedingungen erfolgt, d.h. der Preis der Ware unterhalb des marktüblichen Preises liegt.[36] Die praktische Relevanz dieser Fallgruppe ist im Verteidigungs- und Sicherheitsbereich gering.

### 10. Zusätzliche Dienstleistungen (Nr. 3 lit. a)

18 § 12 Abs. 1 Nr. 3 lit. a) VSVgV sieht vor, dass das Verhandlungsverfahren ohne Teilnahmewettbewerb bei der Beauftragung bestimmter zusätzlicher Dienstleistungen gewählt werden kann, wenn deren Ausführung wegen eines unvorhergesehenen Ereignisses erforderlich ist. Es müssen folgende Voraussetzungen kumulativ erfüllt sein:

a) Die zusätzlichen Dienstleistungen sind weder im ursprünglichen Vertrag noch in dem der Vergabe „zugrunde liegenden Entwurf" (d.h. im Vergabeverfahren für den ursprünglichen Vertrag[37]) enthalten.

---

34 *Diercks*, VergabeR 2003, 518, 523.
35 OLG Düsseldorf, NZBau 2004, 175, 176. *Diercks*, VergabeR 2003, 518, 523.
36 *Kaelble*, in: Müller-Wrede, VOL/A-Kommentar, § 3 EG Rn. 196.
37 Vgl. *Kaelble*, in: Müller-Wrede, VOL/A-Kommentar, § 3 EG Rn. 177.

b) Die Ausführung der zusätzlichen Dienstleistung ist wegen eines unvorhergesehenen Ereignisses **erforderlich**. Die Notwendigkeit der zusätzlichen Dienstleistung darf für den Auftraggeber nicht von Anfang an erkennbar gewesen sein.

c) Die Beauftragung erfolgt an den Unternehmer, der die ursprüngliche Dienstleistung erbringt. Nur dieser ist in das Verhandlungsverfahren einzubeziehen.

d) Die zusätzliche Dienstleistung lässt sich entweder in technischer und wirtschaftlicher Sicht nicht ohne wesentlichen Nachteil vom ursprünglichen Auftrag trennen (lit. aa) oder, sofern sie sich trennen lässt, ist für die Vollendung des ursprünglichen Auftrags unbedingt erforderlich (lit. bb). **Wesentliche Nachteile** i.S. der 1. Alternative (lit. aa) sind z.B. aufwändige technische Abstimmungserfordernisse zwischen dem Auftragnehmer der ursprünglichen Dienstleistung und dem der zusätzlichen Dienstleistung, erheblicher zusätzlicher Koordinierungsaufwand für den Auftraggeber oder erhebliche Mehrkosten infolge der Beauftragung von zwei Unternehmen für eine zusammenhängende Dienstleistung. Sofern eine Trennung der zusätzlichen Dienstleistung vom ursprünglichen Auftrag ohne wesentliche Nachteile möglich ist, darf gem. der 2. Alternative (lit. bb) gleichwohl eine Direktbeauftragung des ursprünglichen Unternehmers erfolgen, wenn die zusätzliche Dienstleistung für die Vollendung des ursprünglichen Auftrags **„unbedingt erforderlich"** ist.[38]

e) Der Gesamtwert der Aufträge für die zusätzlichen Dienstleistungen, d.h. die hierfür insgesamt vereinbarte Vergütung, darf 50% des Auftragswerts der ursprünglichen Leistung nicht überschreiten.

## 11. Wiederholung gleichartiger Dienstleistungen (Nr. 3 lit. b)

Gem. § 12 Abs. 1 Nr. 3 lit. b) VSVgV kann das Verhandlungsverfahren ohne Teilnahmewettbewerb bei der Beauftragung von Dienstleistungen, durch die bereits beauftragte Dienstleistungen wiederholt werden, gewählt werden. Es müssen folgende Voraussetzungen kumulativ erfüllt sein:

a) Die zu vergebene neue Dienstleistung muss eine Dienstleistung wiederholen, die der Auftraggeber zuvor an denselben Auftraggeber vergeben hatte.

b) Der Grundentwurf der neuen Dienstleistung muss dem Entwurf der ursprünglichen Dienstleistung entsprechen. Die Dienstleistungen müssen gleichartig (nicht identisch) sein.[39]

c) Die ursprüngliche Dienstleistung wurde in einem förmlichen Vergabeverfahren mit Teilnahmewettbewerb vergeben, bei dem die Möglichkeit einer späteren Wiederholung der Dienstleistung bereits im Aufruf zum Wettbewerb angegeben und bei der Berechnung des Gesamtauftragswerts gem. § 1 Abs. 2 VSVgV berücksichtigt wurde.

---

[38] Die gem. lit. bb) vorgesehene Prüfung der „unbedingten Erforderlichkeit" führt letztlich zu einer doppelten Erforderlichkeitsprüfung, an deren Praktikabilität Zweifel bestehen. Wenn der Auftraggeber die „Erforderlichkeit" der zusätzlichen Dienstleistung für die „Ausführung" der ursprünglichen Dienstleistung schlüssig darlegen kann, wird zugleich die „unbedingte Erforderlichkeit" der zusätzlichen Dienstleistung für die „Vollendung" der ursprünglichen Dienstleistung gegeben sein. Hierdurch werden die als Beschränkungen gemeinten lit. aa) und lit. bb) praktisch hinfällig. Vgl. hierzu auch *Kaelble*, in: Müller-Wrede, VOL/A-Kommentar, § 3 EG Rn. 181.

[39] *Kaelble*, in: Müller-Wrede, VOL/A-Kommentar, § 3 EG Rn. 187.

**20** Wenn diese Voraussetzungen erfüllt sind, kann der Auftraggeber den bisherigen Auftragnehmer unmittelbar mit der Wiederholung der zuvor beauftragten Dienstleistung beauftragen. Das Verhandlungsverfahren ohne Teilnahmewettbewerb darf nur **binnen 5 Jahren** nach Abschluss des ursprünglichen Dienstleistungsauftrags angewendet werden. In Ausnahmefällen darf diese Frist jedoch überschritten werden, wenn dies im Hinblick auf die zu erwartende Nutzungsdauer eingeführter Güter oder Systeme einerseits und die durch einen Wechsel des Dienstleisters voraussichtlich entstehenden technischen Schwierigkeiten andererseits geboten erscheint. Denkbar ist z.B., dass die verbleibende Nutzungsdauer 10 Jahre beträgt und das Risiko technischer Schwierigkeiten auch nach Ablauf des 5-Jahreszeitraums noch besteht. In diesem Fall darf die Dienstleistung auch nach Ablauf der 5-Jahresfrist erneut im Verhandlungsverfahren ohne Teilnahmewettbewerb in Auftrag gegeben werden.

### 12. Luft- und Seeverkehrsdienstleistungen (Nr. 4)

**21** § 12 Abs. 1 Nr. 4 VSVgV übernimmt im Wortlaut die Fallgruppe des Art. 28 Nr. 5 der RL 2009/81/EG und ermöglicht die Wahl des Verhandlungsverfahrens ohne Teilnahmewettbewerb für die Vergabe von Aufträgen im Zusammenhang mit der Bereitstellung von Luft- und Seeverkehrsdienstleistungen für die Streit- oder Sicherheitskräfte. Es müssen folgende Voraussetzungen erfüllt sein:

a) Auftragsgegenstand ist die Bereitstellung von **Luft- und Seeverkehrsdienstleistungen** durch zivile Unternehmen für die im Ausland eingesetzten oder einzusetzenden Streit- oder Sicherheitskräfte. Es geht also um die Beförderung von Versorgungsgütern in die Einsatzgebiete der Streit- oder Sicherheitskräfte.

b) Der Auftraggeber muss die Dienstleistungen bei Unternehmen beschaffen, die die Gültigkeit ihrer Angebote nur für eine so kurze Zeit garantieren, dass die Fristen für die Durchführung eines förmlichen Vergabeverfahrens, auch in Gestalt des beschleunigten Verfahrens gem. § 20 Abs. 2 Satz 2 und Abs. 3 Satz 2 VSVgV, nicht eingehalten werden können. „Muss" bedeutet, dass der Auftraggeber insofern **keine Ausweichmöglichkeiten** hat und die Gegebenheiten des Marktes akzeptieren muss.

## III. Begründungspflicht (Abs. 2)

**22** § 12 Abs. 2 VSVgV regelt in Umsetzung von Art. 28 Abs. 1 RL 2009/81/EG, dass die Wahl des Verhandlungsverfahrens ohne Teilnahmewettbewerb in der **Bekanntmachung über die Auftragsvergabe** nach § 35 VSVgV zu begründen ist. Der Auftraggeber muss in dem Standardformular im Einzelnen darlegen, weshalb er das Verhandlungsverfahren ohne Teilnahmewettbewerb gewählt hat. Die Bestimmung dient der **ex post-Transparenz**, der gerade beim Verhandlungsverfahren ohne Teilnahmewettbewerb besondere Bedeutung zukommt, da dieses Verfahren keine ex ante-Bekanntmachung gem. § 18 VSVgV kennt. Unternehmen, die nicht zur Angebotsabgabe aufgefordert wurden, erfahren häufig erst aufgrund der Bekanntmachung über die erfolgte Auftragserteilung (§ 35 VSVgV) von der Auftragsvergabe. Sie können dann ggf. die Unwirksamkeit des geschlossenen Vertrags gem. **§ 101 b GWB** geltend machen. Die Frist, innerhalb derer die

Unwirksamkeit des Vertrages geltend gemacht werden kann, verkürzt sich bei erfolgter Veröffentlichung einer Bekanntmachung gem. § 35 VSVgV von 6 Monaten nach Vertragsschluss auf 30 Kalendertage nach der Veröffentlichung (§ 101 b Abs. 2 GWB).

## IV. Rechtsfolgen bei Verstößen

§ 12 Abs.1 VSVgV hat **bieterschützenden Charakter** i.S.v. § 97 Abs. 7 GWB. Die unzulässige Wahl eines Verhandlungsverfahrens ohne Teilnahmewettbewerb kann die Zuschlagschancen der am Auftrag interessierten Unternehmen verschlechtern und stellt deshalb einen Verfahrensfehler dar, den diese zum Gegenstand eines Nachprüfungsverfahrens machen können.[40] Sofern die Unzulässigkeit der gewählten Vergabeart bereits aufgrund der Bekanntmachung erkennbar ist, muss der Verstoß spätestens bis zum Ablauf der Angebotsfrist gerügt werden (§ 107 Abs. 3 Nr. 2 GWB). Anderenfalls ist das Nachprüfungsverfahren unzulässig. Die unzulässige Inanspruchnahme des Verhandlungsverfahrens ohne Teilnahmewettbewerb kann sich zudem als **De-Facto-Vergabe** i.S.v. § 101 b Abs. 1 Nr. 2 GWB darstellen mit der Folge, dass im Nachprüfungsverfahren die Unwirksamkeit des geschlossenen Vertrags festgestellt werden kann.

23

---

[40] Vgl. BGH, VergabeR 2010, 210, 213. Wenn der Auftraggeber hingegen das nicht offene Verfahren oder das Verhandlungsverfahren mit Teilnahmewettbewerb anwendet, obwohl die Voraussetzungen für das Verhandlungsverfahren ohne Teilnahmewettbewerb vorliegen, haben Bieter keinen Anspruch darauf, dass der Auftraggeber das Verhandlungsverfahren ohne Teilnahmewettbewerb wählt, da die Gefahr der Verschlechterung der Bieterchancen dann nicht bestehe (OLG Brandenburg, 27.3.2012, Verg W 13/11).

## § 13
## Wettbewerblicher Dialog

(1) Auftraggeber im Sinne des § 98 Nummer 1 bis 3 des Gesetzes gegen Wettbewerbsbeschränkungen können einen wettbewerblichen Dialog gemäß § 101 Absatz 4 Satz 1 des Gesetzes gegen Wettbewerbsbeschränkungen zur Vergabe besonders komplexer Aufträge durchführen, sofern sie objektiv nicht in der Lage sind,

1. die technischen Mittel anzugeben, mit denen ihre Bedürfnisse und Ziele erfüllt werden können oder

2. die rechtlichen oder finanziellen Bedingungen des Vorhabens anzugeben.

(2) Im wettbewerblichen Dialog erfolgen gemäß § 101 Absatz 4 Satz 2 des Gesetzes gegen Wettbewerbsbeschränkungen eine Aufforderung zur Teilnahme und anschließende Verhandlungen mit ausgewählten Unternehmen über alle Einzelheiten des Auftrags. Im Einzelnen gehen die Auftraggeber wie folgt vor:

1. Die Auftraggeber müssen ihre Bedürfnisse und Anforderungen bekannt machen und erläutern. Die Erläuterung erfolgt in der Bekanntmachung oder der Leistungsbeschreibung.

2. Mit den nach §§ 6, 7, 8 und 21 bis 28 ausgewählten geeigneten Unternehmen eröffnen die Auftraggeber einen Dialog, in dem sie ermitteln und festlegen, wie ihre Bedürfnisse am besten erfüllt werden können. Dabei können sie mit den ausgewählten Unternehmen alle Einzelheiten des Auftrags erörtern. Die Auftraggeber müssen alle Unternehmen bei dem Dialog gleich behandeln. Insbesondere enthalten sie sich jeder diskriminierenden Weitergabe von Informationen, durch die bestimmte Bieter gegenüber anderen begünstigt werden können. Der Auftraggeber darf Lösungsvorschläge oder vertrauliche Informationen eines Unternehmens nicht ohne dessen Zustimmung an die anderen Unternehmen weitergeben.

3. Die Auftraggeber können vorsehen, dass der Dialog in verschiedenen aufeinander folgenden Phasen abgewickelt wird, um die Zahl der in der Dialogphase zu erörternden Lösungsvorschläge anhand der in der Bekanntmachung oder in den Vergabeunterlagen angegebenen Zuschlagskriterien zu verringern. In der Bekanntmachung oder in der Leistungsbeschreibung ist anzugeben, ob diese Möglichkeit in Anspruch genommen wird. In der Schlussphase müssen noch so viele Angebote vorliegen, dass ein echter Wettbewerb gewährleistet ist, sofern eine ausreichende Zahl von Lösungen vorhanden ist. Die Unternehmen, deren Lösungen nicht für die nächstfolgende Dialogphase vorgesehen sind, werden darüber informiert.

4. Die Auftraggeber erklären den Dialog für abgeschlossen, wenn eine oder mehrere Lösungen gefunden worden sind, die ihre Bedürfnisse erfüllen oder erkennbar ist, dass keine Lösung gefunden werden kann. Im Fall der ersten Alternative fordern sie die Unternehmen auf, auf der Grundlage der eingereichten und in der Dialogphase näher ausgeführten Lösungen ihr endgültiges Angebot vorzulegen, das alle zur Ausführung des Projekts erforderlichen Einzelheiten enthalten muss. Die Auftraggeber können verlangen, dass Präzisierungen, Klarstellungen und Ergänzungen zu diesen Angeboten gemacht werden. Diese Präzisierungen, Klarstellungen oder Ergänzungen dürfen jedoch keine Änderung der grundlegenden Elemente des Angebots oder der Ausschreibung zur Folge haben, die den Wettbewerb verfälschen oder diskriminierend wirken könnte.

5. Die Auftraggeber müssen die Angebote aufgrund der in der Bekanntmachung oder in den Vergabeunterlagen festgelegten Zuschlagskriterien bewerten. Der Zuschlag darf ausschließlich auf das wirtschaftlichste Angebot erfolgen. Auftraggeber dürfen das Unternehmen, dessen Angebot als das wirtschaftlichste ermittelt wurde, auffordern, bestimmte Einzelheiten des Angebots näher zu erläutern oder im Angebot enthaltene Zusagen zu bestätigen. Dies darf nicht dazu führen, dass wesentliche Aspekte des Angebots oder der Ausschreibung geändert werden, und dass der Wettbewerb verzerrt wird oder andere am Verfahren beteiligte Unternehmen diskriminiert werden.

6. Verlangen die Auftraggeber, dass die am wettbewerblichen Dialog teilnehmenden Unternehmen Entwürfe, Pläne, Zeichnungen, Berechnungen oder andere Unterlagen ausarbeiten, müssen sie einheitlich für alle Unternehmen, die die geforderte Unterlage rechtzeitig vorgelegt haben, eine angemessene Kostenerstattung hierfür gewähren.

## Übersicht

Rn.

| | | |
|---|---|---|
| I. | Anwendung in der Beschaffungspraxis | 1 |
| II. | Anwendungsvoraussetzungen (Absatz 1) | 5 |
| | 1. Persönliche Anwendungsvoraussetzungen | 6 |
| | 2. Sachliche Anwendungsvoraussetzungen | 8 |
| III. | Ablauf (Absatz 2) | 12 |
| | 1. Teilnahmewettbewerb (Abs. 2 Nr. 1) | 14 |
| | 2. Dialog (Abs. 2 Nr. 2 und 3) | 21 |
| | a) Gegenstand der Verhandlungen | 21 |
| | b) Verfahrensregelungen | 24 |
| | c) Verfahrensvarianten | 28 |
| | d) Verfahrensbesonderheiten des abgestuften Dialogs | 29 |
| | aa) Praxistipp Rechtsschutz | 33 |

bb) Praxistipp Unternehmen .......................................................... 35
3. Abschluss des Verfahrens (§ 13 Abs. 2 Nr. 4 VSVgV) ...................... 38
   a) Regelfall: Lösung gefunden – Anforderung verbindlicher Angebote
      (Nr. 4 Satz 1 Alt. 1, Nr. 4 Satz 2 VSVgV) ...................................... 39
   b) Nachverhandlungen (Nr. 4 Satz 3 und 4 VSVgV) ........................ 43
   c) Keine Lösung gefunden (Nr. 4 Satz 1 Alt. 2 VSVgV) .................. 49
4. Wertung und Zuschlag (§ 13 Abs. 2 Nr. 5 VSVgV) ............................ 54
IV. Kostenerstattung (Absatz 2 Nr. 6) .............................................................. 58
V. Rechtsschutz ............................................................................................. 64

## I. Anwendung in der Beschaffungspraxis

Geeignete Verfahrensart für **besonders komplexe Beschaffungen** ist der wettbewerbliche Dialog gemäß § 101 Abs. 4 GWB, § 13 VSVgV. Da sich die Militär- und Sicherheitsausrüstung wegen der weiter zunehmenden Bedeutung sicherer und vernetzter IT- und Kommunikations-Systeme und autonomer Waffensysteme in einem technologischen Umbruch befindet, wird der Anwendungsbereich des wettbewerblichen Dialogverfahrens weiter wachsen.

**BEISPIEL**

- **IT- und Kommunikationssysteme** (wie z.B. das Projekt Herkules), weil systemübergreifende Kompatibilität bei gleichzeitiger Wahrung der im Verteidigungs- und Sicherheitsbereich notwendigen hohen Sicherheitsstandards besonders komplexe Anforderungen stellen kann.
- **Autonome Waffensysteme**. Bei autonomen Waffensystemen (z.B. Drohnen oder Roboter) ist der technische Fortschritt beträchtlich, gleichwohl sind viele technische, rechtliche und ethische Fragen noch nicht gelöst.
- **Logistikleistungen**. Durch Einsätze im entfernten und nicht immer freundlich gesinnten Ausland (z.B. Afghanistan, Horn von Afrika) sind die Anforderungen an die Nachschub- und Rückzugslogistik hochkomplex geworden.

Der wettbewerbliche Dialog beginnt mit einem Teilnahmewettbewerb, anschließend folgen Verhandlungen mit ausgewählten Unternehmen über alle Einzelheiten des Auftrags (vgl. § 101 Abs. 2 Satz 2 GWB, § 13 Abs. 2 Satz 1 VSVgV).

§ 13 VSVgV beruht auf Art. 27 RL 2009/81.

Für **Bauleistungen** im Anwendungsbereich der VSVgV ergeben sich die Regelungen zum wettbewerblichen Dialog aus § 3 VS Abs. 5 VOB/A. **Parallelnorm** außerhalb des Anwendungsbereichs der VSVgV ist § 3 EG Abs. 7 VOL/A.

## II. Anwendungsvoraussetzungen (Absatz 1)

Es besteht **keine Wahlfreiheit** zwischen wettbewerblichem Dialog, nicht offenen Verfahren und Verhandlungsverfahren mit vorgeschaltetem Teilnahmewettbewerb. Vielmehr ist der wettbewerbliche Dialog gemäß § 11 Abs. 1 Satz 2 VSVgV **nur „in begründeten**

**Ausnahmefällen zulässig"**. § 13 Abs. 1 VSVgV bestimmt, unter welchen Voraussetzungen ein wettbewerblicher Dialog zulässig ist.

### 1. Persönliche Anwendungsvoraussetzungen

6 Nur die **klassischen öffentlichen Auftraggeber** nach § 98 Nr. 1 bis 3 GWB (z.B. Bund, Länder, Kommunen) dürfen den wettbewerblichen Dialog anwenden (§ 13 Abs. 1 VSVgV).

7 Von praktischer Bedeutung ist dabei insbesondere eine Ausnahme: **Sektorenauftraggeber** (§ 98 Nr. 4 GWB) werden nicht erfasst. Sicherheitsrelevante Beschaffungen sind nämlich durchaus auch im Sektorenbereich denkbar (z.B. Beschaffungen für Leitstellen der Verkehrsinfrastrukturbetreiber oder Energienetzbetreiber). Sektorenauftraggeber dürfen selbst dann nicht den wettbewerblichen Dialog anwenden, wenn sie staatlich kontrolliert werden (§ 98 Nr. 4 Alt. 2 GWB, z.B. DB AG).[1]

### 2. Sachliche Anwendungsvoraussetzungen

8 Voraussetzung der sachlichen Anwendbarkeit des wettbewerblichen Dialogs ist nach § 13 Abs. 1 VSVgV ferner, dass die Auftraggeber *„objektiv nicht in der Lage"* sind

- die **technischen Mittel** anzugeben, mit denen ihre Bedürfnisse und Ziele erfüllt werden können oder

- die **rechtlichen oder finanziellen Bedingungen** des Vorhabens anzugeben.

9 Die Bedingungen sind alternativ, nicht kumulativ zu verstehen. Es reicht aus, wenn ein Vorhaben technisch **oder** rechtlich oder finanziell besonders komplex ist.[2]

10 Das Merkmal *„objektiv nicht in der Lage"* bedeutet, dass ein (subjektives) Unvermögen wegen fehlenden Willens oder fehlender Kenntnisse bei dem Auftraggeber allein nicht ausreicht. Vorrangig ist der Auftraggeber nämlich dazu verpflichtet, gegebenenfalls externen Sachverstand (z.B. Planungs- und Projektbüros) einzuschalten, um eine hinreichende Vorbereitung und ordnungsgemäße Durchführung des Vergabeverfahrens sicherzustellen.

11 Andererseits dürfen die Anforderungen an die Auswahl des wettbewerblichen Dialogs nicht überspannt werden. Schließlich heißt es in § 13 Abs. 1 VSVgV nicht „objektiv unmöglich", sondern „objektiv nicht in der Lage". Im Zweifelsfall kommt den Auftraggebern ein **Beurteilungsspielraum** zur Frage zu, wann ein Vorhaben besonders komplex ist.[3] Für einen gewissen gerichtlich nur eingeschränkt überprüfbaren Beurteilungsspielraum spricht im Anwendungsbereich der VSVgV insbesondere, dass der wettbewerbliche Dialog – anders als im allgemeinen Vergaberecht (§ 3 EG Abs. 7 VOL/A) – ja nicht mit dem offenen Verfahren konkurriert.

Zu **Beispielen** für besonders komplexe Leistungen, für die sich der wettbewerbliche Dialog eignet, siehe **oben Rn. 1**.

---

1 *Horn/Zeiss*, in: Heiermann / Zeiss, VergR, 3. Aufl. 2011, § 101 GWB Rn. 23.
2 *Horn/Zeiss*, in: Heiermann / Zeiss, VergR, 3. Aufl. 2011, § 101 GWB Rn. 28.
3 So schon *Zeiss*, in: Heiermann/Zeiss, VergR, 2. Aufl. 2008, § 6a VgV Rn. 24 – zu § 6a VgV a.F., einer Parallel- und Vorgängernorm.

## III. Ablauf (Absatz 2)

§ 13 Abs. 2 VSVgV regelt den Ablauf des wettbewerblichen Dialogs. Das Verfahren lässt sich in drei Schritte gliedern:[4]

- Schritt 1: Teilnahmewettbewerb (§ 13 Abs. 2 Nr. 1 VSVgV)
- Schritt 2: Dialog (§ 13 Abs. 2 Nr. 2 und 3 VSVgV)
- Schritt 3: Endgültige Angebote und Wertung (§ 13 Abs. 2 Nr. 4 und 5 VSVgV)

Dabei kann der Dialog sich auch über mehrere Phasen (Dialogphasen) erstrecken.

*Wettbewerblicher Dialog*
*Übersicht über Ablauf eines wettbewerblichen Dialogs mit mehreren Dialogphasen und mehreren Bietern*

### 1. Teilnahmewettbewerb (Abs. 2 Nr. 1)

Ausgangspunkt des Wettbewerblichen Dialogs ist eine **Bekanntmachung** zur Einleitung eines Teilnahmewettbewerbs. Dabei ist § 13 Abs. 2 Nr. 1 VSVgV Ausdruck des allgemeinen vergaberechtlichen Transparenzprinzips (§ 97 Abs. 1 GWB): Die Auftraggeber müssen „Bedürfnisse und Anforderungen" (z.B. technische Standards) gemäß § 13 Abs. 2 Nr. 1 Satz 1 VSVgV bereits in der Bekanntmachung veröffentlichen, die Erläuterung muss spätestens mit der Problembeschreibung übersendet werden (§ 13 Abs. 2 Nr. 1 Satz 2 VSVgV).

Die bewusst offene Formulierung „*Bedürfnisse und Anforderungen*" macht deutlich, dass nicht der hohe inhaltliche Detaillierungsgrad erreicht werden muss, der gemäß § 15 VSVgV z.B. für eine Leistungsbeschreibung im nichtoffenen Verfahren gilt. Während der Schritte eins und zwei des wettbewerblichen Dialogs dürfen die Vergabeunterlagen weniger detailliert sein als eine Leistungsbeschreibung.[5] Eine Problembeschreibung (zu den Begrifflichkeiten Leistungsbeschreibung/Problembeschreibung siehe **unten Rn. 17 f.**) reicht aus.

---

4   Vgl. *Horn/Zeiss*, in: Heiermann / Zeiss, VergR, 3. Aufl. 2011, § 101 GWB Rn. 28.
5   *Horn/Zeiss*, in: Heiermann / Zeiss, VergR, 3. Aufl. 2011, § 101 GWB Rn. 37.

**16** **BEISPIEL**

- Für **Autonome Waffensysteme** und **IT- und Kommunikationssysteme** reicht es aus, wenn beschrieben wird, welches Problem gelöst bzw. welches Ziel erreicht werden soll. Ferner sollten Mindestfunktionen und -standards formuliert werden.
- Für **Logistikleistungen** reicht es aus, das logistische Problem (z.B. Rückzug aus Afghanistan) und das Transportgut und Maximalfristen (z.B. bis Ende 2014) zu beschreiben.

**17** Vor diesem Hintergrund darf das Wort „*Leistungsbeschreibung*" in § 13 Abs. 2 Nr. 1 Satz 2 VSVgV nicht so verstanden werden, dass die im Teilnahmewettbewerb übersendete Problembeschreibung bereits die vollen Anforderungen an eine „eindeutige und vollständige" Leistungsbeschreibung gemäß § 15 Abs. 2 Satz 1 VSVgV erfüllen müsste. Das Gebot der Vollständigkeit und Eindeutigkeit (§ 15 Abs. 2 Satz 1 VSVgV) gilt jedenfalls auf der Stufe des Teilnahmewettbewerbs nicht.[6] Vor diesem Hintergrund bietet es sich an, die Unterlagen nicht als „Leistungsbeschreibung" sondern als *„Problembeschreibung"* zu bezeichnen.

**18** Diese Problembeschreibung sollte auch rechtliche und finanzielle Bestimmungen, Verfahrensbedingungen oder Anforderungen enthalten, die u.a. die Grundlage für den Ablauf des Verfahrens und die Ausarbeitung der Angebote bilden.[7]

**19** Bereits mit der Problembeschreibung (bzw. den Vergabeunterlagen, deren Bestandteil die Problembeschreibung ist) müssen auch die *Zuschlagskriterien* genannt werden (§§ 13 Abs. 2 Nr. 5 Satz 1, 16 Abs. 1 Nr. 2, 34 Abs. 3 Satz 1 VSVgV).[8] Um die für den wettbewerblichen Dialog notwendige Flexibilität zu wahren, braucht allerdings noch keine endgültige Gewichtung der Zuschlagskriterien angegeben zu werden. Ausreichend ist es in dieser Phase des wettbewerblichen Dialogs, wenn mit Gewichtungsmargen gearbeitet wird. In Ausnahmefällen kann sogar auf die Angabe von Gewichtungsmargen zu Gunsten einer Wertung nach Priorität („absteigenden Reihenfolge der diesen Kriterien zuerkannten Bedeutung" i.S.d. § 16 Abs. 1 Nr. 2 VSVgV; „absteigende Reihenfolge der ihnen zuerkannten Gewichtung" i.S.d. § 34 Abs. 3 Satz 1 VSVgV) verzichtet werden.

**20** Zudem wird im Rahmen des Teilnahmewettbewerbs auch die *Eignung der Interessenten* nach den allgemeinen Regeln überprüft (vgl. § 13 Abs. 2 Nr. 2 Satz 1 VSVgV i.V.m. §§ 6 bis 8 und 21 bis 28 VSVgV). Dazu sind insbesondere fachlich-technische Befähigung, wirtschaftliche Leistungsfähigkeit und Zuverlässigkeit entsprechend den in der Vergabebekanntmachung und weiteren Vergabeunterlagen formulierten Anforderungen zu prüfen.[9]

### 2. Dialog (Abs. 2 Nr. 2 und 3)

#### a) Gegenstand der Verhandlungen

**21** Gemäß § 13 Abs. 2 Nr. 2 Satz 1 VSVgV eröffnen die Auftraggeber mit den im Teilnahmewettbewerb ausgewählten Unternehmen „einen *Dialog*, in dem sie ermitteln und

---

[6] *Horn/Zeiss*, in: Heiermann / Zeiss, VergR, 3. Aufl. 2011, § 101 GWB Rn. 37.
[7] Europäische Kommission v. 05.10.2005 – CC/2005/04_rev1, Erläuterungen – Wettbewerblicher Dialog, Fn. 9, S. 4.
[8] *Horn/Zeiss*, in: Heiermann / Zeiss, VergR, 3. Aufl. 2011, § 101 GWB Rn. 37.
[9] *Horn/Zeiss*, in: Heiermann / Zeiss, VergR, 3. Aufl. 2011, § 101 GWB Rn. 37.

festlegen, wie ihre Bedürfnisse am besten erfüllt werden können". Es wird also mit einer *Vielzahl von Unternehmen* mit dem Ziel verhandelt, zu ermitteln und schließlich festzulegen, wie die in der Problembeschreibung dargelegten Bedürfnisse am besten erfüllt werden können.

*Gegenstand der Verhandlungen* können „*alle Einzelheiten des Auftrages*" sein (§ 13 Abs. 2 Nr. 2 Satz 2 VSVgV). Mit „alle Einzelheiten" sind insbesondere folgende Punkte gemeint[10]:

- grundsätzlicher Lösungsansatz für das Beschaffungsproblem,
- Leistungsbeschreibung/Vertrag im Einzelnen,
- rechtliche Ausgestaltung und
- Preis.

Die in der Dialogphase abgegebenen Angebote (= Lösungsvorschläge) sind *unverbindlich*.[11]

### b) Verfahrensregelungen

Der Wettbewerbliche Dialog ist für komplexe Beschaffungen gedacht, für die *starre Verfahrensregelungen ungeeignet* sind. Die Auftraggeber müssen die Dialogphase den Eigenheiten des Beschaffungsgegenstandes und den Besonderheiten ihrer Bedürfnisse anpassen können. Daher wird den Auftraggebern für die Druchführung des Verfahrens ein weitestgehender Gestaltungsspielraum eingeräumt.[12]

### BEISPIEL

In Abhängigkeit vom Beschaffungsgegenstand können die Verhandlungen bzw. die Dialogphasen mit **Präsentationen** (z.B. für Logistiksysteme) oder **Teststellungen** (z.B. für IT- oder Waffensysteme) verbunden werden.

Festzuhalten ist jedoch, dass die Auftraggeber auch in der Dialogphase den allgemeinen Grundsätzen des Vergaberechts und der VSVgV (Wettbewerb, Transparenz, Gleichbehandlung sowie Vertraulichkeit und Schutz von Verschlusssachen) unterliegen (vgl. § 97 Abs. 1 und 2 GWB; §§ 6 und 7 VSVgV). Die Gespräche mit den Bewerbern müssen vom Auftraggeber jeweils getrennt geführt werden (keine „*Bieterkonferenzen*").[13] Jedes andere Vorgehen würde gegen den Grundsatz des Geheimwettbewerbs verstoßen.

Einige Punkte – die sich bereits aus den allgemeinen Regelungen ableiten ließen – werden aber auch in § 13 VSVgV nochmals ausdrücklich geregelt. So wird das *Gleichbehandlungsgebot* nochmals wiederholt (§ 13 Abs. 2 Nr. 2 Satz 3 VSVgV) und die Diskriminierung bei der Informationsweitergabe ausdrücklich verboten (§ 13 Abs. 2 Nr. 2 Satz 4 VSVgV). Auch wird klargestellt, dass Lösungsvorschläge oder vertrauliche Informationen eines Unternehmens nicht an andere Unternehmen weitergegeben werden dürfen (§ 13 Abs. 2 Nr. 2 Satz 4 VSVgV).

---

10  *Horn/Zeiss*, in: Heiermann / Zeiss, VergR, 3. Aufl. 2011, § 101 GWB Rn. 52.
11  *Horn/Zeiss*, in: Heiermann / Zeiss, VergR, 3. Aufl. 2011, § 101 GWB Rn. 45.
12  *Horn/Zeiss*, in: Heiermann / Zeiss, VergR, 3. Aufl. 2011, § 101 GWB Rn. 44.
13  *Horn/Zeiss*, in: Heiermann / Zeiss, VergR, 3. Aufl. 2011, § 101 GWB Rn. 44 – auch Zitat.

27 Da die in der Dialogphase abgegebenen Angebote unverbindlich sind (siehe **oben Rn. 23** können die *formellen Anforderungen* niedriger sein), als für verbindliche Angebote nach den allgemeinen Regeln (§ 19 Abs. 5 VSVgV). So könnte z.B. regelmäßig ein unverbindliches Angebot mit einfacher E-Mail bzw. einfacher elektronischer Signatur i.S.d. § 2 Nr. 1 SigG ausreichen.

### c) Verfahrensvarianten

28 Es gibt zwei Verfahrensvarianten des Wettbewerblichen Dialogs:[14]

- Variante 1: Es wird solange mit allen Bietern verhandelt, bis eine Lösung gefunden ist (§ 13 Abs. 2 Nr. 2 Satz 1 und 2 VSVgV).
- Variante 2: Im sog. „abgestuften Dialog"[15] besteht die Möglichkeit den Dialog in verschiedenen aufeinanderfolgenden Phasen durchzuführen, wobei die Anzahl der verhandelten Lösungsvorschläge schrittweise verringert wird (§ 13 Abs. 2 Nr. 3 Satz 1 VSVgV).

### d) Verfahrensbesonderheiten des abgestuften Dialogs

29 Die Besonderheit des *abgestuften Dialogs* besteht darin, dass zwischen den Dialogphasen (siehe **oben Abbildung – Rn. 13**) einzelne Lösungsvorvorschläge ausgeschlossen werden können. Dies ergibt sich aus der Formulierung „... *Lösungsvorschläge ... verringern ...*" (§ 13 Abs. 2 Nr. 3 Satz 1 VSVgV). Voraussetzung dafür ist aber, dass der Auftraggeber zuvor in der Bekanntmachung oder in der Problembeschreibung[16] transparent gemacht hat, dass er einen abgestuften Dialog anwenden will (§ 13 Abs. 2 Nr. 3 Satz 2 VSVgV).

30 Der *Ausschluss von Lösungsvorschlägen* darf nur anhand der zuvor in der Problembeschreibung mitgeteilten Zuschlagskriterien (siehe **oben Rn. 19**) erfolgen (§ 13 Abs. 2 Nr. 3 Satz 1 VSVgV).

31 Gemäß § 13 Abs. 2 Nr. 3 Satz 3 VSVgV müssen in der Schlussphase noch so viele Angebote vorliegen, dass ein echter Wettbewerb gewährleistet ist. Diese Regel gilt aber nur, wenn auch noch eine *ausreichende Anzahl von Lösungsvorschlägen* vorhanden ist (§ 13 Abs. 2 Nr. 3 Satz 3 VSVgV). Vor diesem Hintergrund kann es also zulässig sein, die Lösungsvorschläge so weit zu reduzieren, dass lediglich eine Lösung und ein geeigneter Bewerber übrig bleibt.[17] Das wettbewerbliche Dialog-Verfahren dürfte auch nur mit diesem letzten Bewerber fortgesetzt werden.[18] Im Hinblick auf das Wettbewerbsprinzip (§ 97 Abs. 1 GWB) dürfen die Auftraggeber es aber nicht darauf „anlegen" den Kreis der Dialogpartner derartig zu verkleinern.

32 Unternehmen, deren Lösungsvorschläge nicht für die folgende Dialogphase vorgesehen sind, müssen unverzüglich mindestens in Textform (§ 126b BGB), also z.B. per E-Mail oder Fax, darüber informiert werden (§ 13 Abs. 2 Nr. 3 Satz 4 VSVgV i.V.m. § 101a Abs. 1 Satz 1 GWB). Zwar ergeben sich weder das „unverzüglich" noch die Formvorschrift „in Textform" unmittelbar aus dem Wortlaut des § 13 Abs. 2 Nr. 3 Satz 4 VSVgV. Diese Er-

---

[14] *Zeiss* in: Heiermann/Zeiss, VergR, 2. Aufl. 2008, § 6a VgV Rn. 64 f.
[15] Zitat nach *Horn/Zeiss*, in: Heiermann / Zeiss, VergR, 3. Aufl. 2011, § 101 GWB Rn. 47.
[16] Zwar verwendet auch § 13 Abs. 2 Nr. 3 Satz 2 VSVgV den Begriff „Leistungsbeschreibung". Gemeint ist hier jedoch wiederum die Problembeschreibung (siehe oben Rn. 17 f.) bzw. die mit dieser übersendeten Vergabeunterlagen.
[17] *Horn/Zeiss*, in: Heiermann / Zeiss, VergR, 3. Aufl. 2011, § 101 GWB Rn. 48.
[18] *Horn/Zeiss*, in: Heiermann / Zeiss, VergR, 3. Aufl. 2011, § 101 GWB Rn. 48.

fordernisse sind aber aus der allgemeinen und normhierarchisch höherrangigen *Informationspflicht* des § 101a Abs. 1 Satz 1 GWB abzuleiten.

aa) Praxistipp Rechtsschutz

Wenn die Auftraggeber bereits bei der Informationspflicht des § 13 Abs. 2 Nr. 3 Satz 4 VSVgV die Anforderungen des § 101a Abs. 1 Satz 1 GWB beachten, soweit dies in diesem Stadium der Verhandlungen möglich ist, dann werden mögliche Nachprüfungsanträge wegen eines etwaigen fehlerhaften Ausschlusses gemäß § 107 Abs. 3 Nr. 1 GWB präkludiert sein.  33

Auch wenn die Auftraggeber sich für die Ausgestaltung der aus § 13 Abs. 2 Nr. 3 Satz 4 VSVgV folgenden Informationspflicht weitestgehend an § 101a Abs. 1 Satz 1 GWB orientieren sollen, bedeutet dies nicht, dass 1:1 die gleichen Informationen übermittelt werden müssten. So können zwar die *„Gründe"* für die Nichtberücksichtigung des Lösungsvorschlags angegeben werden. Naturgemäß kann aber noch nicht der *„Name des Unternehmens, dessen Angebot angenommen werden soll"* mitgeteilt werden. Es dürfen auch nicht etwa die Namen der Unternehmen angegeben werden, deren Lösungsvorschläge noch im Verfahren verbleiben. Dies würde gegen den Grundsatz des Geheimwettbewerbs verstoßen.  34

bb) Praxistipp Unternehmen

Im Falle eines Ausschlusses von Lösungsvorschlägen dürfen sich die betroffenen Unternehmen in den folgenden Dialogphasen weiter beteiligen.[19] Dies lässt sich schon aus dem Wortlaut des § 13 Abs. 2 Nr. 2 Satz 1 VSVgV ableiten. Danach werden *„Lösungsvorschläge ... verringert"*, nicht Unternehmen ausgeschlossen. Die betreffenden Unternehmen müssten dann „umschwenken" und Angebote auf der Basis der verbliebenen Lösungsvorschläge unterbreiten.  35

**BEISPIEL**

> Für **Autonome Waffensysteme** hat das Unternehmen bisher allein Lösungsvorschläge mit Sattelitennavigation und Ultraschallsensoren unterbreitet. Im Dialog sollen aber allein Lösungsvorschläge bleiben, bei denen zusätzlich noch mittels 3-D-Kameras ein räumliches Bild der Umgebung entsteht. In einem solchen Fall darf das Unternehmen, dessen Lösungsvorschläge ausgeschlossen wurden, im Dialog verbleiben und nun auch autonome Waffensysteme anbieten, welche sich mittels Sattelitennavigation, Ultraschallsensoren und 3-D-Kameras orientieren.

Die betroffenen Unternehmen dürfen auch *freiwillig ausscheiden*. Sie können nicht gezwungen werden, über Lösungen weiter zu verhandeln, die nicht ihrem Konzept entsprechen.  36

Dem Auftraggeber ist zu empfehlen, sich vor der Dialogphase ausdrücklich vorzubehalten, ggf. nach der ersten Dialogphase ausgeschiedene Bewerber nachrücken lassen zu dürfen.[20] Dies verhindert ein mögliches Taktieren eines Bewerbers zulasten des Auftraggebers. So könnte ein Bewerber interessante, kostengünstige – aber nicht bindende –  37

---

19 *Horn/Zeiss*, in: Heiermann / Zeiss, VergR, 3. Aufl. 2011, § 101 GWB Rn. 51.
20 *Horn/Zeiss*, in: Heiermann / Zeiss, VergR, 3. Aufl. 2011, § 101 GWB Rn. 49.

Angebote einreichen, um in der Dialogphase voranzukommen. Das endgültige, bindende Angebot könnte er dann aber deutlich unwirtschaftlicher anbieten. Ein solches Vorgehen würde dem Wirtschaftlichkeitsgebot widersprechen. Ggf. könnte in diesem Fall aber auch mit einer Beendigung des Verfahrens gemäß § 37 Abs. 1 Nr. 3 VSVgV reagiert werden (siehe **unten Rn. 52**).

### 3. Abschluss des Verfahrens (§ 13 Abs. 2 Nr. 4 VSVgV)

38 Das Dialogverfahren endet mit einer förmlichen Abschlusserklärung durch den Auftraggeber (§ 13 Abs. 2 Nr. 4 Satz 1 VSVgV). Der Abschluss des Dialogverfahrens darf erklärt werden, wenn

- eine Lösung gefunden wurde, die den Bedürfnissen des Auftraggebers entspricht (§ 13 Abs. 2 Nr. 4 Satz 1 Alt. 1 VSVgV) oder
- erkennbar ist, dass keine Lösung gefunden werden kann (§ 13 Abs. 2 Nr. 4 Satz 1 Alt. 2 VSVgV).

#### a) Regelfall: Lösung gefunden – Anforderung verbindlicher Angebote (Nr. 4 Satz 1 Alt. 1, Nr. 4 Satz 2 VSVgV)

39 Im Regelfall endet die Dialogphase mit dem Auffinden *„einer oder mehrerer Lösungen"* (§ 13 Abs. 2 Nr. 4 Satz 1 Alt. 1 VSVgV). In diesem Fall sind die Unternehmen zur Abgabe von verbindlichen Angeboten auf der Grundlage der in der Dialogphase definierten Lösungen aufzufordern (§ 13 Abs. 2 Nr. 4 Satz 2 VSVgV).

40 Die in der Dialogphase definierten Lösungen haben dabei gemeinsam mit den endgültigen verbindlichen Angeboten die Funktion der Leistungsbeschreibung. Daher müssen die Angebote gemäß § 13 Abs. 2 Nr. 4 Satz 2 VSVgV hinreichend bestimmt sein und alle zur Ausführung des Auftrags erforderlichen Einzelheiten enthalten. Um zu überprüfen, ob nun der notwendige Inhalt enthalten ist, bietet es sich an, sich an den allgemeinen Regelungen für die Leistungsbeschreibung, insbesondere am Gebot der Vollständigkeit und Eindeutigkeit (§ 15 Abs. 2 Satz 1 VSVgV), zu orientieren.

41 Für die beteiligten Unternehmen besteht grundsätzlich keine Verpflichtung, am Ende des Dialogverfahrens ein verbindliches Angebot abzugeben.

42 **PRAXISTIPP**

*Unter bestimmten Bedingungen mag es aber denkbar sein, dass beteiligte Unternehmen sich durch ihr Vorverhalten nach Treu und Glauben zumindest* **schadensersatzpflichtig** *machen, wenn sie zwar den Wettbewerblichen Dialog in eine bestimmte Richtung getrieben haben (was möglicherweise andere Unternehmen aussteigen oder zumindest die Preise erhöhen ließ), dann aber keine verbindlichen (oder überraschend verteuerte) Angebote abgeben.*

#### b) Nachverhandlungen (Nr. 4 Satz 3 und 4 VSVgV)

43 Auch im Zeitraum nach Abgabe der verbindlichen Angebote zeichnet sich der wettbewerbliche Dialog durch ein erhöhtes Maß an Flexibilität aus. Nach § 13 Abs. 2 Nr. 4 Satz 3 VSVgV darf der Auftraggeber im Rahmen des wettbewerblichen Dialogs verlangen, *„dass Präzisierungen, Klarstellungen und Ergänzungen zu den Angeboten gemacht werden"*. Insbesondere mit „Ergänzungen" würde bei den anderen Verfahrens-

arten gegen das Nachverhandlungsverbot verstoßen.[21] Beispielsweise könnte eine Ergänzung ja geänderte Leistungsinhalte oder neue preisrelevante Garantien umfassen.

Grenzen für die Nachverhandlungen enthält § 13 Abs. 2 Nr. 4 Satz 4 VSVgV: Die Nachverhandlungen dürfen *keine Änderungen der grundlegenden Elemente* des Angebots oder der Ausschreibung zur Folge haben, die den Wettbewerb verfälschen oder diskriminierend wirken können.

44

Der Gesetzgeber verwendet hier mit dem Begriff „grundlegende Elemente" einen unbestimmten Rechtsbegriff, so dass gesteigerter Interpretationsbedarf – und damit ein erhöhtes Risiko von Rechtsstreiten – besteht. Vor diesem Hintergrund ist dringend dazu zu raten „Präzisierungen, Klarstellungen und Ergänzungen" möglichst zu vermeiden. Dies sollte bei guter Vorarbeit in der Dialogphase in der Regel möglich sein.

45

Zu den *„grundlegenden Elementen des Angebots oder der Ausschreibung"* sind jedenfalls folgende Punkte zu rechnen:

46

- Problemstellung sowie Zuschlagskriterien aus Vergabebekanntmachung bzw. der ergänzenden Beschreibung in den Vergabeunterlagen,
- im Verlauf des Dialogverfahrens entwickelte Eckpunkte der Lösung,
- Berechnungsbasis und Größenordnung des Preises.

Eine *absolute Grenze* finden „Präzisierungen, Klarstellungen und Ergänzungen" jedenfalls dort, wo eine technische oder finanzielle Lösung wieder in das Vergabeverfahren integriert werden soll, die bereits in den vorangegangenen Dialogphasen ausgeschieden wurde.

47

Wenn einem Unternehmen Gelegenheit zu „Präzisierungen, Klarstellungen und Ergänzungen" gegeben wird, muss diese Chance (als Folge des *Gleichbehandlungsgebots*) auch den anderen Unternehmen eingeräumt werden. Zu diesem Zweck müssen entsprechende Bieterinformationen versendet werden.

48

### c) Keine Lösung gefunden (Nr. 4 Satz 1 Alt. 2 VSVgV)

Nach § 13 Abs. 2 Nr. 4 Satz 1 Alt. 2 VSVgV kann das Verfahren auch *ohne Ergebnis* beendet werden. Diese Regelung muss als Ausnahmebestimmung verstanden werden. Zwar genießt der Auftraggeber (wegen der besonderen Komplexität des Beschaffungsgegenstandes) bei der Durchführung des wettbewerblichen Dialogs die Freiheit sich nicht abschließend über das „Wie" der Leistung informieren zu müssen. Jedoch darf auch der wettbewerbliche Dialog im Anwendungsbereich der VSVgV gemäß § 10 Abs. 4 VSVgV nicht zur Markterkundung missbraucht werden. Daher sollte auch beim wettbewerblichen Dialog bereits im Vorfeld die Frage geklärt sein, „ob" die Leistung – jedenfalls im vorgegebenen Zeitrahmen – überhaupt erbracht werden kann.

49

---

21  Vgl. VK Hessen, 20.10.2004 – 69d VK-61/2004 – Einbringung eigener Vertragsbedingungen als „Präzisierung".

50 **BEISPIEL**

> Der wettbewerbliche Dialog darf also nicht dazu verwendet werden, um herauszufinden, ob autonom operierende **Kampf**- oder **Assistenzroboter** technisch möglich sind, und um dann den Dialog mangels Lösung zu beenden, wenn sich ergibt, dass nach dem derzeitigen Stand der Technik autonomes Operieren nur in beschränktem Umfang möglich ist.

51 Für den Ausnahmecharakter eines Abschlusses „ohne Lösung" spricht auch die *Parallele zur Aufhebung der Ausschreibung* (§ 37 VSVgV).

52 In der Praxis wird eine Einstellung des wettbewerblichen Dialogs „ohne Lösung" insbesondere dann in Betracht kommen, wenn die beteiligten Unternehmen nach Abschluss der Dialogphase (beim Wechsel von unverbindlichen auf verbindliche Angebote) plötzlich deutlich teurer werden oder für die Auftraggeber überraschend wirtschaftlich in sonstiger Weise nachteilige vertragliche Bedingungen anbieten. Ein derartiger Fall ist jedoch nicht über § 13 Abs. 2 Nr. 4 Satz 1 Alt. 2 VSVgV, sondern über die allgemeine Regelung des § 37 VSVgV (hier: § 37 Abs. 1 Nr. 3 VSVgV – kein wirtschaftliches Ergebnis) zu lösen.

53 Die Dialogpartner müssen über den Abschluss des Verfahrens – insbesondere auch den Abschluss des Verfahrens „ohne Lösung" (§ 13 Abs. 2 Nr. 4 Satz 1 Alt. 2 VSVgV) – *informiert* werden (*Transparenz*). Da es sich um eine grundlegende Verfahrensentscheidung im wettbewerblichen Dialog handelt, sind Rüge und Nachprüfungsverfahren möglich. Hierfür spricht auch die Parallele zu den allgemeinen Regelungen zur Aufhebung der Ausschreibung (§ 37 VSVgV). Diese kann schließlich auch mit dem Vergabenachprüfungsverfahren angegriffen werden.[22] Konsequent bestimmt daher auch § 37 Abs. 2 VSVgV, dass die Unternehmen mindestens in Textform (§ 126b BGB) über die Aufhebung und ggf. Neueinleitung des Vergabeverfahrens zu informieren sind. Diese Anforderung gilt für den Abschluss des wettbewerblichen Dialogs „ohne Lösung" entsprechend.

### 4. Wertung und Zuschlag (§ 13 Abs. 2 Nr. 5 VSVgV)

54 § 13 Abs. 2 Nr. 5 VSVgV regelt die Zuschlagsentscheidung. Der Auftrag ist an das Unternehmen zu vergeben, welches das *wirtschaftlichste Angebot* abgegeben hat (§ 13 Abs. 2 Nr. 5 Satz 2 VSVgV). Dabei sind für die Beurteilung der Wirtschaftlichkeit ausdrücklich die Kriterien maßgeblich, die in der Vergabebekanntmachung oder in den Vergabeunterlagen angegeben wurden (§ 13 Abs. 2 Nr. 5 Satz 1 VSVgV).

55 Der Bestbieter darf aufgefordert werden, *„bestimmte Einzelheiten des Angebots näher zu erläutern oder im Angebot enthaltene Zusagen zu bestätigen"* (§ 13 Abs. 2 Nr. 5 Satz 3 VSVgV). Hier besteht ein Unterschied zu dem Fall, der in § 13 Abs. 2 Nr. 4 Satz 3 VSVgV geregelt ist. Echte Verhandlungen („Nachverhandlungen") im Sinne dieser Norm dürfen nicht geführt werden.[23]

56 § 13 Abs. 2 Nr. 5 Satz 3 VSVgV ist enger zu verstehen als die Parallelnorm § 13 Abs. 2 Nr. 4 Satz 3 VSVgV. Die Begriffe *„bestimmte Einzelheiten zu erläutern"* und *„enthaltene Aussagen zu bestätigen"* machen deutlich, dass keine Ergänzungen des

---

22 Ständige Rechtsprechung seit: EuGH, 18.6.2002 – C-93/00; BGH, 18.2.2003 – X ZB 43/02.
23 Vgl. Europäische Kommission v. 5.10.2005 – CC/2005/04_rev1 – Erläuterungen – Wettbewerblicher Dialog, 3.3, S. 10.

Vertragsinhalts, sondern nur das Ausräumen von Zweifelsfragen zulässig ist. Diese Klarstellungen dürfen also nur dazu dienen, späteren *Streitigkeiten über die Vertragsauslegung vorzubeugen*. Durch die Formulierung „enthaltene Aussagen zu bestätigen" wird ausdrücklich klargestellt, dass nicht neue Garantien oder Zusicherungen in den Vertrag aufgenommen werden dürfen, sondern der Bestbieter auf Aussagen aus seinem Angebot zweifelsfrei und ohne Streitpotential für die Zukunft „festgeklopft" werden soll.[24]

Für die enge Interpretation dieser Regelung spricht auch der Umstand, dass nach Abschluss der Wertung die anderen Bieter – anders als bei der korrekten diskriminierungsfreien Anwendung des § 13 Abs. 2 Nr. 4 Satz 3 VSVgV – keine Möglichkeit mehr haben, ihre Angebote ebenfalls entsprechend nachzubessern. Daher betont auch § 13 Abs. 2 Nr. 5 Satz 4 VSVgV nochmals, dass absolute Grenzen für nachträgliche Klarstellungen dort bestehen, wo „*wesentliche Aspekte des Angebots oder der Ausschreibung geändert*", „*der Wettbewerb verzerrt*" oder „*andere am Verfahren beteiligte Unternehmen diskriminiert werden*".

## IV. Kostenerstattung (Absatz 2 Nr. 6)

§ 13 Abs. 2 Nr. 6 VSVgV ist eine Anspruchsgrundlage. Sie gewährt den am Dialog teilnehmenden Unternehmen einen *Anspruch auf Kostenerstattung* für *kostenaufwändige Unterlagen*, die im Verlauf des Dialogverfahrens eingereicht werden.

Die Regelung ist ein Ausgleich dafür, dass die Dialogteilnehmer einen Teil des Marktforschungs- und Vorbereitungsaufwandes mittragen müssen, den normalerweise (bei anderen Vergabeverfahren) der Auftraggeber tragen müsste.

Da auch beim nichtoffenen Verfahren der Aufwand der Angebotserstellung anfällt, muss im Vergleich zum üblichen Aufwand ein *deutlicher Mehraufwand* über die bloße Ausarbeitung eines Angebots hinaus angefallen sein, um die Anspruchsvoraussetzung zu erfüllen. § 13 Abs. 2 Nr. 6 VSVgV gewährt daher nur einen Anspruch, wenn über den üblichen Aufwand der Angebotserstellung hinaus Unterlagen gefordert werden, für deren Erstellung normalerweise ein Entgelt – z.B. auf Grundlage der HOAI – zu zahlen wäre.

Konkrete Regelungen zu *Anspruchsumfang/-höhe* enthält § 13 Abs. 2 Nr. 6 VSVgV nicht. Die Kostenerstattung muss lediglich „einheitlich" für alle Anspruchsberechtigten gewährt werden und „angemessen" sein.

Bei der „*Angemessenheit*" der Kostenerstattung ist zur Orientierung auf *marktübliche Vergütungen* für die Ausarbeitung von Entwürfen, Plänen, Zeichnungen, Berechnungen oder anderen, ähnlich kostenaufwändigen Unterlagen zurückzugreifen. Solche Vergütungsvorschriften sind z.B. der HOAI zu entnehmen.

Dabei ist jedoch zu beachten, dass die Kosten nicht in vollem Umfang nach den marktüblichen Tarifen ersetzt werden müssen, schließlich sind die beteiligten Unternehmen auch im eigenen Interesse tätig. Grund hierfür ist, dass die Einreichung der Unterlagen ja dazu dient, einen Auftrag einzuwerben. Die Unternehmen hätten auch für die Erstellung

---

24 Vgl. zur Parallelnorm § 6a VgV a.F. Zeiss, in: jurisPK-VergR, 2. Aufl 2008, § 6a VgV Rn. 101.

eines „normalen Angebots" Kosten tragen müssen. Für die Unternehmen handelt es sich daher um Werbungskosten. Daher ist ein Abzug von der marktüblichen Vergütung gerechtfertigt.

## V. Rechtsschutz

64 Bei § 13 VSVgV handelt es sich um eine Vorschrift über das Vergabeverfahren i.S.d. § 97 Abs. 7 GWB. Daher kann die Verletzung der Regelungen des § 13 VSVgV durch Rüge und Vergabenachprüfungsverfahren (vgl. § 107 Abs. 2 GWB) angegriffen werden.

## § 14
## Rahmenvereinbarungen

(1) Für den Abschluss einer Rahmenvereinbarung im Sinne des § 4 Absatz 2 befolgen die Auftraggeber die Verfahrensvorschriften dieser Verordnung. Für die Auswahl des Auftragnehmers gelten die Zuschlagskriterien gemäß § 34. Auftraggeber dürfen das Instrument einer Rahmenvereinbarung nicht missbräuchlich oder in einer Weise anwenden, durch die der Wettbewerb behindert, eingeschränkt oder verfälscht wird. Auftraggeber dürfen für dieselbe Leistung nicht mehrere Rahmenvereinbarungen abschließen.

(2) Auftraggeber vergeben Einzelaufträge nach dem in den Absätzen 3 bis 5 vorgesehenen Verfahren. Die Vergabe darf nur erfolgen durch Auftraggeber, die ihren voraussichtlichen Bedarf für das Vergabeverfahren gemeldet haben, an Unternehmen, mit denen die Rahmenvereinbarungen abgeschlossen wurden. Bei der Vergabe der Einzelaufträge dürfen die Parteien keine wesentlichen Änderungen an den Bedingungen dieser Rahmenvereinbarung vornehmen. Dies gilt insbesondere für den Fall, dass die Rahmenvereinbarung mit einem einzigen Unternehmen geschlossen wurde.

(3) Wird eine Rahmenvereinbarung mit einem einzigen Unternehmen geschlossen, so werden die auf dieser Rahmenvereinbarung beruhenden Einzelaufträge entsprechend den Bedingungen der Rahmenvereinbarung vergeben. Vor der Vergabe der Einzelaufträge können die Auftraggeber das an der Rahmenvereinbarung beteiligte Unternehmen schriftlich befragen und dabei auffordern, sein Angebot erforderlichenfalls zu vervollständigen.

(4) Wird eine Rahmenvereinbarung mit mehreren Unternehmen geschlossen, so müssen mindestens drei Unternehmen beteiligt sein, sofern eine ausreichend große Zahl von Unternehmen die Eignungskriterien oder eine ausreichend große Zahl von zulässigen Angeboten die Zuschlagskriterien erfüllt.

(5) Die Vergabe von Einzelaufträgen, die auf einer mit mehreren Unternehmen geschlossenen Rahmenvereinbarung beruhen, erfolgt, sofern

1. alle Bedingungen festgelegt sind, nach den Bedingungen der Rahmenvereinbarung ohne erneuten Aufruf zum Wettbewerb oder

2. nicht alle Bedingungen in der Rahmenvereinbarung festgelegt sind, nach erneutem Aufruf der Parteien zum Wettbewerb zu denselben Bedingungen, die erforderlichenfalls zu präzisieren sind, oder nach anderen in den Vergabeunterlagen zur Rahmenvereinbarung genannten Bedingungen. Dabei ist folgendes Verfahren einzuhalten:

   a) Vor Vergabe jedes Einzelauftrags befragen die Auftraggeber schriftlich die Unternehmen, ob sie in der Lage sind, den Einzelauftrag auszuführen.

   b) Auftraggeber setzen eine angemessene Frist für die Abgabe der Angebote für jeden Einzelauftrag; dabei berücksichtigen sie insbesondere die Komplexität des Auftragsgegenstands und die für die Übermittlung der Angebote erforderliche Zeit.

c) Auftraggeber geben an, in welcher Form die Angebote einzureichen sind, der Inhalt der Angebote ist bis zum Ablauf der Angebotsfrist geheim zu halten.

d) Die Auftraggeber vergeben die einzelnen Aufträge an das Unternehmen, das auf der Grundlage der in der Rahmenvereinbarung aufgestellten Zuschlagskriterien das wirtschaftlichste Angebot abgegeben hat.

**(6) Die Laufzeit einer Rahmenvereinbarung darf sieben Jahre nicht überschreiten. Dies gilt nicht in Sonderfällen, in denen aufgrund der zu erwartenden Nutzungsdauer gelieferter Güter, Anlagen oder Systeme und der durch einen Wechsel des Unternehmens entstehenden technischen Schwierigkeiten eine längere Laufzeit gerechtfertigt ist. Die Auftraggeber begründen die längere Laufzeit in der Bekanntmachung gemäß § 35.**

## Übersicht

| | | Rn. |
|---|---|---|
| I. | Anwendung in der Beschaffungspraxis | 1 |
| II. | Begriff und Inhalt (§ 4 Abs. 2 VSVgV) | 6 |
| | 1. Mindestinhalt | 6 |
| | 2. Preis | 12 |
| | 3. Vertrag mit einer Mehrzahl von Unternehmen | 15 |
| | 4. Mehrzahl von Rahmenvereinbarungen | 18 |
| III. | Mehrzahl von Auftraggebern (Abs. 2 Satz 2) | 20 |
| IV. | Rahmenvereinbarung mit nur einem Unternehmen (Abs. 3, Abs. 2 Satz 3 und 4) | 23 |
| V. | Rahmenvereinbarung mit einer Mehrzahl von Unternehmen (Abs. 4 und 5) | 27 |
| | 1. Mindestzahl von Unternehmen (Abs. 4) | 28 |
| | 2. Verfahren für die Vergabe des Einzelauftrags (Abs. 5) | 31 |
| | a) Kein Konkretisierungsbedarf für den Einzelauftrag (Abs. 5 Nr. 1) | 33 |
| | b) Konkretisierungsbedarf für den Einzelauftrag (Abs. 5 Nr. 2) | 35 |
| | aa) Zuschlagskriterien für den Einzelauftrag | 36 |
| | bb) Ablauf des Verfahrens | 39 |
| | cc) Zuschlag für den Einzelauftrag | 47 |
| VI. | Maximale Vertragslaufzeit (Abs. 6) | 48 |
| VII. | Rechtsschutz | 50 |
| VIII. | Abnahmeverpflichtung? | 51 |

## I. Anwendung in der Beschaffungspraxis

1 Bei vielfach **wiederkehrenden gleichartigen Beschaffungen** sind Rahmenvereinbarungen zu empfehlen. Dabei kommt der Abschluss einer Rahmenvereinbarung insbesondere dann in Betracht, wenn zwar der tatsächliche Bedarf (Auftragsvolumen und Zeitpunkt) noch nicht konkret bekannt ist, sich aber die Größenordnung (maximaler oder

minimaler Umfang der Leistung, Anfang und Ende des Leistungszeitraums) eingrenzen lässt.

**BEISPIEL** 2

- **Wartung** von Fahr- und Flugzeugen, Waffensystemen, Kommunikations- oder EDV-Anlagen
- **Belieferung** mit Ausstattung, Verbrauchsmaterialien und Zubehör (z.B. Treib- und Betriebsstoffe, Munition, Schutzausstattung, Enteisungsmittel, Uniformteile, Medikamente)
- **Beförderungsleistungen** (z.B. Nachschublogistik, Brief- und Paketbeförderung)

Die Rahmenvereinbarung gemäß § 14 VSVgV ist – anders als das nichtoffene Verfahren oder das Verhandlungsverfahren – **keine eigenständige Verfahrensart**. Bei einer Rahmenvereinbarung führt der Weg zum konkreten Einzelauftrag nur über ein **zweistufiges Verfahren**: 3

- Auf der **ersten Stufe** wird die Rahmenvereinbarung in der Regel im nichtoffenen Verfahren nach vorgeschaltetem Teilnahmewettbewerb vergeben.
- Erst auf der **zweiten Stufe** erfolgen die Einzelbeschaffungen.

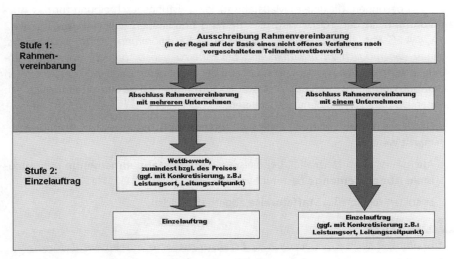

*Von der Rahmenvereinbarung zum Einzelauftrag*
*Übersicht: Ablauf einer Beschaffung auf der Grundlage einer Rahmenvereinbarung*

§ 14 VSVgV beruht auf Art. 29 RL 2009/81. 4

**Parallelnormen** außerhalb des Anwendungsbereichs der VSVgV sind § 4 VOL/A, § 4 EG VOL/A und § 9 SektVO. 5

## II. Begriff und Inhalt (§ 4 Abs. 2 VSVgV)

### 1. Mindestinhalt

6  Nicht § 14 VSVgV, sondern § 4 Abs. 2 VSVgV enthält eine **Legaldefinition** der Rahmenvereinbarung. Nach § 4 Abs. 2 Satz 1 VSVgV ist die Rahmenvereinbarung ein Vertrag zwischen dem Auftraggeber und dem Auftragnehmer (bzw. den Auftraggebern und den Auftragnehmern) darüber, innerhalb eines Zeitraums eine definierte Leistung mit einem soweit wie möglich konkretisierten Volumen (Stückzahl, Umfang) abzunehmen. Daher ist es nicht notwendig, bereits in den Vergabeunterlagen abschließend Folgendes festzulegen:

- Auftragsvolumen,
- Leistungszeitpunkt,
- konkreter Leistungsort.

7  Für die Festlegung des Preises gelten besondere Regelungen (siehe **unten Rn. 12 ff.**).

8  Zwar bestehen bei Rahmenvereinbarungen mehr Freiheiten als bei sonstigen Beschaffungen. Jedoch gilt auch für Rahmenvereinbarungen das **Gebot der eindeutigen und erschöpfenden Leistungsbeschreibung** (§ 15 Abs. 2 Satz 1 VSVgV). Daraus ergeben sich besondere (flexiblere) Maßstäbe für die Leistungsbeschreibung für das **Auftragsvolumen**. In der VOL/A wird dies treffend beschrieben (vgl. § 4 Abs. 1 Satz 2 VOL/A, § 4 EG Abs. 1 Satz 2 VOL/A): *„Das in Aussicht genommene Auftragsvolumen ist so genau wie möglich zu ermitteln und bekannt zu geben, braucht aber nicht abschließend festgelegt zu werden."* Erst anhand der besonderen Umstände des konkreten Beschaffungsvorhabens kann definiert werden, was unter **„so genau wie möglich"** zu verstehen ist. Daraus ist Folgendes abzuleiten:

- Daher müssen auf jeder Stufe des Verfahrens **möglichst konkrete Angaben** gemacht werden.
- Auch müssen im Normalfall beispielsweise **Mindestabnahmemenge** und **maximale Abnahmemenge** bestimmt werden und
- Es sollten regelmäßig **Staffelpreise** abgefragt werden.

9  **PRAXISTIPP**

*Ausnahmsweise kann es ausreichen, **Erfahrungswerte aus einem Referenzzeitraum** zugänglich zu machen. Ein derartiger Ausnahmefall liegt insbesondere vor, wenn der Bedarf von **externen Faktoren** abhängt, auf die der Auftraggeber keinen Einfluss hat. Macht der Auftraggeber von dieser Möglichkeit Gebrauch, müssen den Bietern zumindest möglichst präzise Daten aus der Vergangenheit an die Hand gegeben werden, damit die Bieter eine verlässliche Grundlage für eine Prognose des Auftragsvolumens haben.*[1]

---

[1] Vgl. VK Thüringen, 10.6.2011 – 250-4003.20-2151/2011-E-003-EF – Auftausalz; LSG Nordrhein-Westfalen, 12.2.2010 – L 21 SF 38/10 Verg – Arzneimittelrabattvertrag Grippemittel.

Zur Erläuterung einige Beispiele: 10

- Bei einem Rahmenvertrag über die Belieferung mit **Medikamenten** ist es nicht notwendig, die Mindest- und Maximalabnahmemengen anzugeben, weil der Beschaffungsbedarf von externen Faktoren (z.B. Grippewellen) abhängt, auf den der Auftraggeber keinen Einfluss hat. Daher ist es ausreichend, den Bietern die Verbrauchswerte der letzten drei Grippesaisons zugänglich zu machen.[2]
- Ähnliches dürfte für die Beschaffung von **Enteisungsmittel** für Fluggeräte gelten. Schließlich hängt der tatsächliche Bedarf von der Witterungslage ab, ist aber einer Prognose anhand von Referenzdaten durchaus zugänglich.[3]
- Hingegen reichen bei einem Rahmenvertrag über die Belieferung mit **Munition** oder **Lenkwaffen** für Sicherheitskräfte in einem aktuellen Kriseneinsatz Angaben über vergangene Verbrauchszeiträume nicht aus. Hier müssen grundsätzlich auch Mindest- und Maximalabnahmemengen angegeben und Staffelpreise abgefragt werden. Zwar mag der Einsatz von externen Faktoren abhängen (z.B. Bündnisverpflichtung in der NATO, UN-Mandat). Der Auftraggeber hat jedoch im rechtlichen Sinne Einfluss auf diese externen Faktoren (z.B. durch Mitgliedschaft in der NATO und UN, Verabschiedung entsprechender Einsatzbeschlüsse). Zudem erlauben Angaben über den Munitionsbedarf in vergangenen Krisensituationen keine hinreichend verlässliche Prognose über den gerade jetzt bestehenden Bedarf an Munition und Lenkwaffen.

Es kann bei Rahmenverträgen sogar zulässig sein auch den Auftragsgegenstand erst bei Vergabe des Einzelauftrags im Einzelnen zu definieren. Beispielsweise kann erst bei Ausbruch der Grippeepidemie definiert werden, gegen welchen Erreger die Medikamente wirken sollen, oder bei einem Cyber-Angriff bestimmt werden, gegen welche Schadsoftware das IT-Sicherheitsunternehmen vorgehen soll. 11

## 2. Preis

In einer Rahmenvereinbarung werden gemäß § 4 Abs. 2 Satz 1 VSVgV die „*Bedingungen für Einzelaufträge*" festgelegt. Nach § 4 Abs. 2 Satz 2 VSVgV „*umfasst [dies] insbesondere Angaben zum Preis ...*". Daher braucht nicht in allen Fällen bereits in der Rahmenvereinbarung der Preis für die Einzelleistung festgelegt zu werden. Bei einigen Beschaffungen reicht es aus, die **Berechnungsmethode** zu bestimmen (z.B. Abrechnung nach Stundensatz, Abrechnung nach Einheitspreis – also Preis pro Stück). 12

### BEISPIEL

Es wird eine Rahmenvereinbarung über die **Wartung und Reparatur von Einsatzfahrzeugen** mit mehreren Werkstattbetrieben abgeschlossen. Der Preis einer konkreten Reparatur hängt von so vielen Faktoren ab (u.a. Fahrzeugtyp, Schwere des Schadens), dass es nicht möglich ist, bereits in der Rahmenvereinbarung den Preis des konkreten Einzelauftrags festzulegen. Festgelegt werden können aber Angaben zur Berechnungsmethode (z.B. Abrechnung nach Stunden), ggf. auch schon Stundensätze.

---

2 LSG Nordrhein-Westfalen, 12.2.2010 – L 21 SF 38/10 Verg – Arzneimittelrabattvertrag Grippemittel.
3 VK Thüringen, 10.6.2011 – 250-4003.20-2151/2011-E-003-EF – Auftausalz.

**13** Wird eine Rahmenvereinbarung mit einer **Mehrzahl von Unternehmen** abgeschlossen, kann der Preis der einzelnen Leistung im Rahmenvertrag in der Regel schon deshalb nicht abschließend vereinbart werden, weil die Feststellung des konkreten Preises einem Wettbewerb vorbehalten bleiben muss.

**14** **PRAXISTIPP**

> Es wird die Abfrage von **Staffelpreisen** empfohlen. Dies erschließt dem Auftraggeber bei größerem Auftragsvolumen Mengenrabatte. Anderseits können so auch die Kalkulationsschwierigkeiten aufgefangen werden, die für die Bieter dann entstehen, wenn die Rahmenvereinbarung mit mehreren Unternehmen abgeschlossen wird (siehe **unten Rn. 17, 54**).[4]

### 3. Vertrag mit einer Mehrzahl von Unternehmen

**15** Gemäß § 4 Abs. 2 Satz 1 VSVgV darf eine Rahmenvereinbarung ausdrücklich mit einer Mehrzahl von Unternehmen geschlossen werden. Auf diese Weise kann insbesondere dem Gesichtspunkt der **Versorgungssicherheit** Rechnung getragen werden.

**BEISPIEL**

- Rahmenvereinbarungen über die Versorgung mit Medikamenten[5], Belieferung mit Munition oder Enteisungsmitteln[6] oder über Wartung und Reparatur von Fahrzeugen.

**16** Die Versorgungssicherheit ist im Anwendungsbereich der VSVgV ein anerkannt wichtiges Rechtsgut (vgl. § 8 VSVgV, § 34 Abs. 3 Nr. 9 VSVgV). Gleichwohl darf eine Rahmenvereinbarung grundsätzlich nicht **mit allen potenziellen Auftragnehmern** abgeschlossen werden. Andernfalls würde das Wettbewerbsprinzip leerlaufen. Allerdings gibt es zu diesem Problem noch keine Entscheidung der Vergabenachprüfungsinstanzen auf der Grundlage der VSVgV. Jedoch können zu dieser Frage Entscheidungen aus dem allgemeinen Vergaberecht zu Arzneimittelrabattverträgen entsprechend herangezogen werden. Zwar fehlen im allgemeinen Vergaberecht Parallelnormen zu §§ 8, 34 Abs. 3 Nr. 9 VSVgV, daher ist die Beachtung des Apsekts der Versorgungssicherheit im Vergabeverfahren dort nicht ausdrücklich geregelt. Gleichwohl wird die Versorgungssicherheit auch im allgemeinen Vergaberecht als wichtiges Rechtsgut anerkannt.[7]

**17** **PRAXISTIPP**

> Der Abschluss einer Rahmenvereinbarung mit mehreren Unternehmen hat **Auswirkungen für die Abnahmeverpflichtung** (siehe **unten Rn. 54**). Dem Vorwurf den Unternehmen ein „ungewöhnliches" bzw. „unzumutbares" kalkulatorisches Risiko aufzuerlegen, weil die Abnahme in einem Mehr-Partner-Modell nicht gesichert ist, kann durch die Abfrage von **Staffelpreisen** vorgebeugt werden.[8]

---

4 VK Bund, 24.6.2011 – 2 – 58/11 – Arzneimittelrabattverträge.
5 Vgl. VK Bund, 24.6.2011 – 2 – 58/11 – Arzneimittelrabattverträge.
6 VK Thüringen, 10.6.2011 – 250-4003.20-2151/2011-E-003-EF – Auftausalz.
7 Vgl. VK Bund, 24.6.2011 – 2 – 58/11 – Arzneimittelrabattverträge.
8 Vgl. VK Bund, 24.6.2011 – 2 – 58/11 – Arzneimittelrabattverträge.

## 4. Mehrzahl von Rahmenvereinbarungen

Gemäß § 14 Abs. 1 Satz 4 VSVgV ist es unzulässig, mehrere Rahmenverträge über die gleiche Leistung zu schließen.

**BEISPIEL**

> Es sollen insgesamt 200 **Spähpanzer** gewartet und repariert werden. Nach § 14 Abs. 1 Satz 4 VSVgV ist es nicht zulässig, jeweils einen Rahmenvertrag „über die Reparatur und Wartung von bis zu 100 Spähpanzern" mit zwei Werkstattbetreibern abzuschließen. Wenn es dem Auftraggeber zur Steigerung der Versorgungssicherheit notwendig erscheinen sollte, mehrere Vertragspartner zur Verfügung zu haben, ist es zulässig, **einen** Rahmenvertrag mit mehreren Auftragnehmern über bis zu 200 Spähpanzer abzuschließen.

## III. Mehrzahl von Auftraggebern (Abs. 2 Satz 2)

Zusammen mit der Legaldefinition (§ 4 Abs. 2 Satz 1 VSVgV) stellt § 14 Abs. 2 Satz 2 VSVgV klar, dass auch eine Mehrzahl von Auftraggebern gemeinsam eine Rahmenvereinbarung mit einem oder mehreren Unternehmen abschließen darf.

**BEISPIEL**

> Dies ermöglicht **gemeinschaftliche Beschaffungen**, z.B. von **Munition** oder **Schutzwesten** durch Polizeibehörden aus mehreren Bundesländern.

Gemäß § 14 Abs. 2 Satz 2 VSVgV dürfen nur *„Auftraggeber, die ihren voraussichtlichen Bedarf für das Vergabeverfahren gemeldet haben"*, Einzelaufträge erteilen. Daher **muss jeder Auftraggeber namentlich genannt werden**.

**PRAXISTIPP**

> Schließt eine Mehrzahl von Auftraggebern gemeinschaftlich eine Rahmenvereinbarung, bildet sie eine Einkaufsgemeinschaft. Damit daraus nicht ein verbotenes **Nachfragekartell** entsteht, muss das allgemeine Wettbewerbsrecht (insbesondere §§ 19, 20 GWB, ab 2013 voraussichtlich: §§ 18–20 GWB[9]) beachtet werden.[10]

## IV. Rahmenvereinbarung mit nur einem Unternehmen (Abs. 3, Abs. 2 Satz 3 und 4)

Wird eine Rahmenvereinbarung mit nur einem Unternehmen abgeschlossen, müssen gemäß § 14 Abs. 3 Satz 1 VSVgV alle **Einzelaufträge** grundsätzlich **nach den bereits in der Rahmenvereinbarung festgelegten Bedingungen** vergeben werden. Bei dieser Regelung handelt es sich um eine besondere Ausgestaltung des Wettbewerbs- und

---

9 I.d.F. nach Inkrafttreten der 8. GWB-Novelle.
10 BGH, 12.11.2002, KZR11/01, BGHZ 152, 347 – Feuerlöschzüge.

Transparenzprinzips (§ 97 Abs. 1 GWB). Würde nämlich ein Auftraggeber bei der Vergabe der Einzelaufträge von den bereits in der Rahmenvereinbarung vereinbarten Bedingungen abweichen (z.B. indem ein neuer Preis vereinbart wird), würde dies nicht nur gegen § 14 Abs. 3 Satz 1 VSVgV, sondern auch gegen das Wettbewerbs- und Transparenzprinzip verstoßen.

24 § 14 Abs. 3 Satz 2 VSVgV stellt nochmals klar, was sich bereits aus der Legaldefinition als Regelung zum Mindestinhalt der Rahmenvereinbarung (§ 4 Abs. 2 VSVgV) ableiten lässt: Es kann zulässig sein, das Angebot bezogen auf den konkreten Einzelauftrag zu bestimmten Punkten (insbesondere Auftragsvolumen, Leistungsort und Leistungszeit) zu konkretisieren. Dabei dürfen aber **keine wesentlichen Änderungen an den Bedingungen der Rahmenvereinbarung** vorgenommen werden (§ 14 Abs. 2 Satz 3 und 4 VSVgV).

25 Aus § 14 Abs. 3 Satz 2 VSVgV ergeben sich auch Vorgaben zu dem bei der Angebotskonkretisierung zu beachtenden Verfahren: Der Auftraggeber muss den Auftragnehmer „**schriftlich**" auffordern sein Angebot zu konkretisieren. Dabei ist zu beachten, dass der Begriff „schriftlich" 1:1 aus Art. 29 Abs. 3 UAbs. 2 der RL 2009/81 übernommen wurde. Daher ist damit **nicht die Schriftform i.S.d. § 126 BGB**, sondern „schriftlich" i.S.d. Legaldefinition des Art. 1 Nr. 24 RL 2009/81 gemeint. Da in dieser Legaldefinition ausdrücklich auch „*elektronisch übermittelte und gespeicherte Informationen*" erfasst werden, ist mit dem Begriff „schriftlich" in § 14 Abs. 3 Satz 2 VSVgV eigentlich **Textform i.S.d. § 126 b BGB** gemeint. Auch in der Parallelnorm § 4 EG Abs. 3 Satz 2 VOL/A wird von Textform gesprochen. Für diese Interpretation spricht auch, dass sich in der Beschaffungspraxis bereits seit Jahren E-Mail bewährt hat. Es ist – auch aus der Verordnungsbegründung – nicht erkennbar, dass der Verordnungsgeber die seit Jahren bewährte Praxis beenden will.

26 Gemäß § 126b BGB entspricht der **Textform** jede lesbare, dauerhafte Erklärung („Urkunde"), in welcher der Ersteller genannt wird. Es bedarf also weder einer eigenhändigen Unterschrift (wie bei der Schriftform – § 126 BGB) noch einer qualifizierten elektronischen Signatur (§ 126a BGB). Daher kann die Textform auch durch **E-Mail** (und De-Mail), Computerfax oder maschinell erstellte Briefe gewahrt werden.

## V. Rahmenvereinbarung mit einer Mehrzahl von Unternehmen (Abs. 4 und 5)

27 Wurde die Rahmenvereinbarung mit mehreren Unternehmen abgeschlossen, enthalten § 14 Abs. 4 und 5 VSVgV Regelungen für die Vergabe von Einzelaufträgen.

### 1. Mindestzahl von Unternehmen (Abs. 4)

28 Wenn eine Rahmenvereinbarung mit mehreren Unternehmen geschlossen wird, müssen gemäß § 14 Abs. 4 VSVgV grundsätzlich **mindestens drei Unternehmen** beteiligt sein. Diese Mindestzahl darf nur dann unterschritten werden, wenn keine hinreichend große Zahl von zuschlagsfähigen Angeboten eingereicht wurde.

> **PRAXISTIPP**
>
> Für die Beteiligung von mindestens drei Unternehmen spricht auch die **Versorgungssicherheit**: Es stehen dann mehrere Lieferanten zur Verfügung.

29

Grundsätzlich darf die Rahmenvereinbarung **nicht mit allen** in Betracht kommenden potentiellen Auftragnehmern abgeschlossen werden (dazu **Rn. 16**).

30

### 2. Verfahren für die Vergabe des Einzelauftrags (Abs. 5)

Durch § 14 Abs. 5 VSVgV wird das Verfahren zur Vergabe von Einzelaufträgen geregelt.

31

#### a) Kein Konkretisierungsbedarf für den Einzelauftrag (Abs. 5 Nr. 1)

32

Sind bereits alle Bedingungen (z.B. auch der Stückpreis) in der Rahmenvereinbarung festgelegt, bedarf es selbst bei der Beteiligung mehrerer Unternehmen keines erneuten Wettbewerbs (§ 14 Abs. 5 Nr. 1 VSVgV).

33

Da bei Beschaffungen im Verteidigungs- und Sicherheitsbereich der Versorgungssicherheit häufig herausragende Bedeutung zukommt, sind derartige ins Detail gehende Rahmenvereinbarungen im Anwendungsbereich der VSVgV häufiger zu finden als etwa im allgemeinen Vergaberecht. Gerade **zeitkritischer (eiliger) Beschaffungsbedarf** kann auf diese Weise sicher gedeckt werden, was entscheidend zu Gewährleistung der notwendigen Versorgungssicherheit beiträgt.

34

**BEISPIEL**

> Daher sollten bei der Beschaffung von Munition, Treib- und Schmierstoffen, Arznei- und Verbandmitteln bereits alle Einzelheiten in der Rahmenvereinbarung festgelegt werden.

#### b) Konkretisierungsbedarf für den Einzelauftrag (Abs. 5 Nr. 2)

Vor der Vergabe des Einzelauftrags muss gemäß § 14 Abs. 5 Nr. 2 VSVgV ein erneuter Aufruf zum Wettbewerb stattfinden, wenn noch nicht alle Bedingungen in der Rahmenvereinbarung festgelegt wurden. Der Ablauf des Wettbewerbsverfahrens wird durch § 14 Abs. 5 Nr. 2 a) bis d) VSVgV im Einzelnen geregelt.

35

##### aa) Zuschlagskriterien für den Einzelauftrag

Bereits mit der Rahmenvereinbarung müssen die **Zuschlagskriterien** für den Einzelauftrag festgelegt werden (vgl. § 14 Abs. 5 Nr. 2 d) VSVgV; § 14 Abs. 1 Satz 1 i.V.m. § 16 Abs. 1 Nr. 2 VSVgV; § 14 Abs. 1 Satz 2 i.V.m. § 34 Abs. 3 Satz 1 VSVgV). Wenn der Preis im Rahmen der Wertung der Angebote auf Stufe 1 (Abschluss der Rahmenvereinbarung) noch keine Rolle spielte, sollte spätestens bei Stufe 2, der Entscheidung über die Vergabe der Einzelaufträge, ein Wettbewerb um das wirtschaftlich günstigste Angebot stattfinden. Dies muss nicht unbedingt den Preis betreffen. Ebenso kann beispielsweise bei Verträgen auf Stundenlohnbasis das wirtschaftlichste Angebot auch dasjenige sein, bei dem die niedrigste Stundenzahl angeboten wird.

36

> **BEISPIEL**
>
> Über die Wartung von Hubschraubern und Flugzeugen wurde ein Rahmenvertrag mit mehreren Unternehmen abgeschlossen. Der Stundensatz für jedes Unternehmen ist bereits in der Rahmenvereinbarung festgelegt. Für jeden Einzelauftrag erfolgt ein Aufruf zum Wettbewerb mit genauer Schilderung des Wartungsauftrags, bei dem die Unternehmen aufgefordert werden, die konkret **erforderliche Stundenzahl** (z.B. in Gestalt eines verbindlichen Kostenvoranschlags) zu nennen. Der Einzelauftrag wird an das Unternehmen vergeben, das die niedrigste Stundenzahl anbietet.

37 Im Hinblick auf den überragenden Rang der Versorgungssicherheit gibt es für die Zuschlagskriterien betreffend die Einzelaufträge jedenfalls im Anwendungsbereich der VSVgV einen ganz wesentlichen Unterschied zu den Maßstäben, die allgemein für Zuschlagskriterien gelten. Allgemein gilt nämlich, dass Eignungs- und Zuschlagskriterien nicht vermengt werden dürfen. Der Merksatz dazu lautet: Es gibt **kein „Mehr" an Eignung**.[11] Für die Einzelaufträge aus einer Rahmenvereinbarung kann dieses Prinzip des allgemeinen Vergaberechts ausnahmsweise durchbrochen werden. Gemäß § 14 Abs. 5 a) VSVgV darf nämlich auch auf die aktuelle Leistungs- oder Lieferfähigkeit abgestellt werden (dazu sogleich **Rn. 39**).

38 **PRAXISTIPP**

> Die Abfrage der Leistungs- und Lieferfähigkeit ist gerade bei Rahmenverträgen über die Lieferung von **hochgradig verbrauchsabhängigen Gütern** in besonderem Maße zu empfehlen. So können etwa in einer Krisensituation bereits bei einigen Lieferanten die Vorräte von Munition, Lenkwaffen und Blutplasma erschöpft sein, während andere noch lieferfähig sind.

bb) Ablauf des Verfahrens

39 In § 14 Abs. 5 Nr. 2 a) VSVgV heißt es: „*Vor Vergabe jedes Einzelauftrags befragen die Auftraggeber schriftlich die Unternehmen, ob sie in der Lage sind, den Einzelauftrag auszuführen.*" Die Formulierung als solche scheint zunächst nur auf den Aspekt der **aktuellen Leistungsfähigkeit** bzw. **Lieferfähigkeit** der Auftragnehmer abzustellen: Können die Auftragnehmer derzeit liefern? Zweifelsohne ist die Frage der aktuellen Leistungs- und Lieferfähigkeit im Anwendungsbereich der VSVgV im Hinblick auf den besonderen Rang der Versorgungssicherheit von herausragender Bedeutung. Daher ist diese Frage – wie bei jeder **Eignungsprüfung** – vor jedem Einzelauftrag vorab zu klären.

40 Die Auftraggeber sind nicht auf die Abfrage der Leistungs- und Lieferfähigkeit beschränkt. Vielmehr dürfen auch andere Punkte abgefragt werden. Dies ist schon daraus zu folgern, dass bereits in der Rahmenvereinbarung gemäß § 14 Abs. 5 Nr. 2 d) VSVgV Zuschlagskriterien festgelegt werden dürfen (dazu **oben Rn. 36**). Daher kann der Auftraggeber für die Zuschlagsentscheidung über den Einzelauftrag alles abfragen, was er in der Rahmenvereinbarung als Zuschlagskriterium festgelegt hat. Dies werden in der Regel wirtschaftliche Aspekte sein, wie z.B. Preis oder Stundenzahl. Anders als sonst im Vergaberecht darf der Auftraggeber jedoch auch Fragen zur aktuellen **Leistungs- oder**

---

11 EuGH, 24.1.2008 – C-532/06.

**Lieferfähigkeit** stellen, wenn dies bereits in der Rahmenvereinbarung so festgelegt ist. Der Grundsatz der Trennung von Eignungs- und Zuschlagskriterien gilt insoweit nicht (dazu **oben Rn. 39**).

Mit „*befragen ... schriftlich*" wird 1:1 der Art. 29 Abs. 4 UAbs. 2 Spiegelstrich 2 lit. a RL 2009/81 umgesetzt. Daher ist nicht die Schriftform i.S.d. § 126 BGB sondern die Textform „**befragen in Textform**" gemeint (vgl. **oben Rn. 25 f.**). Da der Auftraggeber den Auftragnehmer gemäß § 14 Abs. 5 Nr. 2 lit. a VSVgV in Textform dazu auffordern muss ein Angebot für den Einzelauftrag abzugeben, sind z.B. Fax oder Email geeignet, dieses Mindestformerfordernis zu erfüllen (dazu **oben Rn. 26**).

41

Mit der Aufforderung zur Angebotsabgabe wird der Auftraggeber zugleich bestimmen, in welcher **Form** die Angebote einzureichen sind (§ 14 Abs. 5 Nr. 2 c) Hs. 1 VSVgV). Bereits im Rahmen der Ausschreibung der Rahmenvereinbarung muss auf die Form der Angebotsabgabe im Rahmen des Einzelabrufs von Leistungen hingewiesen werden.

42

**PRAXISTIPP**

43

*Zwar brauchen nicht zwingend die strengen Formen der „normalen" Angebotsabgabe gemäß* **§ 19 Abs. 5** *VSVgV beachtet zu werden. Daher sind im Regelfall auch Angebote per E-Mail zulässig. Jedoch ist der* **Beweiswert einer Email** *beschränkt. Aus diesem Grunde wird empfohlen, die Angebote in Form eines* **handschriftlich unterzeichneten Fax** *anzufordern. Dies ist ein ähnlich schnelles Kommunikationsmittel wie eine E-Mail. Derzeit jedoch deutlich rechtssicherer.*

Durch § 14 Abs. 5 Nr. 2 b) VSVgV werden zwar keine konkreten **Angebotsfristen** geregelt, sondern es wird lediglich eine „*angemessene Frist*" vorgeschrieben. Bei der Angemessenheit sind „*insbesondere die Komplexität des Auftragsgegenstandes und die für Übermittlung des Angebots erforderliche Zeit*" zu berücksichtigen. Daraus ist für die Angebotsfrist Folgendes zu schließen:

44

- Einerseits muss die Angebotsfrist länger sein, wenn es sich um einen **komplexen Auftragsgegenstand** handelt. Also muss die Angebotsfrist beispielsweise länger sein, wenn ein **konkreter Reparaturaufwand** kalkuliert werden muss.
- Andererseits darf die Angebotsfrist kürzer sein, wenn die Kommunikation zwischen den Rahmenvertragspartnern per **E-Mail** abgewickelt wird. Schließlich können bei Verwendung elektronischer Kommunikationsmittel kürzere Angebotsfristen gesetzt werden, als wenn der Postweg genutzt würde.

**PRAXISTIPP**

45

*Es gilt folgende Faustregel: Eine angemessene Angebotsfrist bei der Vergabe der Einzelaufträge wird in der Regel einen* **Zeitraum von wenigen Tagen** *nicht übersteigen. Schließlich ist zu bedenken, dass durch die Rahmenvereinbarung – im Vergleich zu den üblichen Beschaffungsverfahren – ein Beschleunigungseffekt erzielt werden soll.*

Zwar wird der Aspekt der Dringlichkeit in § 14 Abs. 5 Nr. 2 b) VSVgV nicht genannt. Jedoch kann eine kurze Angebotsfrist auch durch **Dringlichkeit** gerechtfertigt werden. So lässt sich eine besonders kurze Angebotsfrist beispielsweise bei der Versorgung mit

46

wichtigen Versorgungs- und Nachschubgütern, wie Munition, Blutplasma oder Enteisungsmitteln denken.

cc) Zuschlag für den Einzelauftrag

47 Auch bei der Vergabe der Einzelaufträge gilt: Der **Zuschlag** wird auf das **wirtschaftlichste Angebot** erteilt (§ 14 Abs. 5 Nr. 2 d) VSVgV). Maßstab sind dabei die bereits bei der Ausschreibung der Rahmenvereinbarung definierten Kriterien (dazu **oben Rn. 36**).

## VI. Maximale Vertragslaufzeit (Abs. 6)

48 Gemäß § 14 Abs. 6 VSVgV darf in der Regel keine Vertragslaufzeit von mehr als **sieben Jahren** vereinbart werden. Dies weicht deutlich vom allgemeinen Vergaberecht ab, wo die Laufzeitgrenze bei vier Jahren liegt (§ 4 Abs. 1 Satz 4 VOL/A; § 4 EG Abs. 7 VOL/A). Die längere Vertragslaufzeit im Anwendungsbereich der VSVgV beschränkt zwar grundsätzlich den Wettbewerb im Vergleich zu den im allgemeinen Vergaberecht geltenden Regeln. Sie wird aber ausdrücklich durch die RL 2009/81 vorgegeben und lässt sich insbesondere durch den Aspekt der Versorgungssicherheit rechtfertigen.

49 In Ausnahmefällen dürfen **längere Vertragslaufzeiten** vereinbart werden, wenn dies durch den „*Auftragsgegenstand oder besondere Umstände*" gerechtfertigt ist. Vertragslaufzeiten von über sieben Jahren können daher – ähnlich wie im allgemeinen Vergaberecht – ausnahmsweise durch die bei hohen **Investitionskosten** notwendige **Amortisationsdauer** gerechtfertigt werden. Im Anwendungsbereich der VSVgV kann anders als im allgemeinen Vergaberecht – wegen der herausragenden Bedeutung der Versorgungssicherheit – eine längere Vertragsdauer in seltenen Ausnahmefällen auch unter dem Gesichtspunkt der **Versorgungssicherheit** gerechtfertigt sein.

**BEISPIEL**

So werden teure Investitionsgüter und Waffensysteme, wie etwa Flugzeuge, Hubschrauber und Schiffe teilweise jahrzehntelang betrieben. Gleichzeitig ist es für derartige Produkte charakteristisch, dass sie einen erheblichen Bedarf an **proprietären Ersatz- und Verschleißteilen** haben. Daher kommt der Versorgungssicherheit betreffend etwaige proprietäre Ersatz- und Verschleißteile bei derartigen Produkten herausragende Bedeutung zu. Vor diesem Hintergrund kann für die Versorgung mit derartigen proprietären Ersatz- und Verschleißteilen ausnahmsweise auch eine Vertragslaufzeit von über sieben Jahren gerechtfertigt werden.

## VII. Rechtsschutz

50 Bei § 13 VSVgV handelt es sich um eine Vorschrift über das Vergabeverfahren i.S.d. § 97 Abs. 7 GWB. Daher kann die Verletzung der Regelungen des § 13 VSVgV durch Rüge und Vergabenachprüfungsverfahren (vgl. § 107 Abs. 2 GWB) angegriffen werden.

## VIII. Abnahmeverpflichtung?

„*Eine Abnahmeverpflichtung besteht nicht*"[12], solche oder ähnliche Formulierungen finden sich regelmäßig in Vergabeunterlagen. Diese Formulierungen dokumentieren einen grundlegenden Irrtum: Viele Auftraggeber gehen davon aus, dass keine Abnahmeverpflichtung aufgrund eines Rahmenvertrags besteht. In derartig verallgemeinerter Form stimmt dies jedoch nicht.

51

Im Gegenteil, eine **Abnahmeverpflichtung besteht**, wenn die Rahmenvereinbarung mit nur einem Unternehmen abgeschlossen und eine **Mindestabnahmemenge bestimmt** wurde. Der Auftraggeber muss innerhalb der Vertragslaufzeit die Mindestabnahmemenge abnehmen. Sollte der Auftraggeber diese Verpflichtung nicht erfüllen, steht dem Unternehmer ein **Schadensersatzanspruch** zu (§§ 280, 281 BGB).

52

Eine **Abnahmeverpflichtung besteht nicht**, wenn **keine Mindestabnahmemenge definiert** wurde. Dies ist dann denkbar, wenn der Bedarf durch externe Faktoren, z.B. Intensität der Kampfhandlungen (Munitionsverbrauch), Wetter (Enteisungsmittel) oder Grippewellen (Medikamente), bestimmt wird.[13] Nutzt der Auftraggeber allerdings die Freiheit auf die Angabe einer Mindestabnahmeverpflichtung zu verzichten, ist der Auftraggeber im Gegenzug verpflichtet genaue Daten zu den Erfahrungswerten vergangener Referenzzeiträume herauszugeben, um den Bietern eine Prognose des Bedarfs zu ermöglichen (dazu **oben Rn. 9**).

53

Wurde die **Rahmenvereinbarung mit mehreren Unternehmen** abgeschlossen, stellt sich die Rechtslage komplizierter dar. Grundsätzlich besteht auch in einem derartigen „multilateralen" Vertragsverhältnis eine Abnahmeverpflichtung. Innerhalb der Vertragslaufzeit muss der Auftragnehmer in der Summe aller Beschaffungen die Mindestabnahmemenge abnehmen. Dabei besteht jedoch **gegenüber einem einzelnen Unternehmen keine Abnahmeverpflichtung**. Daher kann bei einer Rahmenvereinbarung, die mit mehreren Unternehmen abgeschlossen wird, ein Unternehmen „leer" ausgehen, also keinerlei Auftrag erhalten. Dieses Unternehmen hat grundsätzlich **keine Ansprüche** auf Abnahme oder Schadensersatz wegen Nichterfüllung gegen den Auftraggeber. Es muss jedoch jedes „leer" ausgegangene Unternehmen wissen, warum es jeweils die Einzelaufträge nicht erhalten hat. Daher müssen die Kriterien, nach denen ein Einzelauftrag vergeben wird, nichtdiskriminierend und transparent sein (dazu oben **Rn. 36**).

54

---

12  VK Thüringen, 10.6.2011 – 250-4003.20-2151/2011-E-003-EF – Auftausalz.
13  VK Thüringen, 10.6.2011 – 250-4003.20-2151/2011-E-003-EF – Auftausalz; LSG Nordrhein-Westfalen, 12.2.2010 – L 21 SF 38/10 Verg – Arzneimittelrabattvertrag Grippemittel.

# § 15
# Leistungsbeschreibung und technische Anforderungen

(1) Die Auftraggeber stellen sicher, dass die Leistungsbeschreibung allen Bewerbern und Bietern gleichermaßen zugänglich ist und die Öffnung des nationalen Beschaffungsmarktes für den Wettbewerb durch Anbieter aus anderen EU-Mitgliedstaaten nicht in ungerechtfertigter Weise behindert wird.

(2) Die Leistung ist eindeutig und vollständig zu beschreiben, sodass die Vergleichbarkeit der Angebote gewährleistet ist. Technische Anforderungen im Sinne des Anhangs III Nummer 1 Buchstabe b der Richtlinie 2009/81/EG sind zum Gegenstand der Bekanntmachung oder der Vergabeunterlagen zu machen.

(3) Unbeschadet zwingender technischer Vorschriften einschließlich solcher zur Produktsicherheit und technischer Anforderungen, die laut internationaler Standardisierungsvereinbarungen zur Gewährleistung der in diesen Vereinbarungen geforderten Interoperabilität zu erfüllen sind, sind technischen Anforderungen in der Leistungsbeschreibung wie folgt festzulegen:

1. unter Bezugnahme auf die in Anhang III der Richtlinie 2009/81/EG definierten technischen Anforderungen in folgender Rangfolge, wobei jede dieser Bezugnahmen mit dem Zusatz „oder gleichwertig" zu versehen ist:

   a) zivile Normen, mit denen europäische Normen umgesetzt werden,

   b) europäische technische Zulassungen,

   c) gemeinsame zivile technische Spezifikationen,

   d) zivile Normen, mit denen internationale Normen umgesetzt werden,

   e) andere internationale zivile Normen,

   f) andere technische Bezugssysteme, die von den europäischen Normungsgremien erarbeitet wurden, oder, falls solche Normen und Spezifikationen fehlen, andere nationale zivile Normen, nationale technische Zulassungen oder nationale technische Spezifikationen für die Planung und Berechnung und Ausführungen von Erzeugnissen sowie den Einsatz von Produkten,

   g) zivile technische Spezifikationen, die von der Industrie entwickelt wurden und von ihr allgemein anerkannt werden, oder

   h) wehrtechnische Normen im Sinne des Anhang III Nummer 3 der Richtlinie 2009/81/EG und Spezifikationen für Verteidigungsgüter, die diesen Normen entsprechen.

2. oder in Form von Leistungs- oder Funktionsanforderungen, die auch Umwelteigenschaften umfassen können. Diese Anforderungen müssen so klar formuliert werden, dass sie den Bewerbern und Bietern den Auftragsgegenstand eindeutig und abschließend erläutern und den Auftraggebern die Erteilung des Zuschlags ermöglichen,

3. oder als Kombination der Nummern 1 und 2,

   a) entweder in Form von Leistungs- oder Funktionsanforderungen gemäß Nummer 2 unter Bezugnahme auf die in Anhang III der Richtlinie 2009/81/EG definierten technischen Anforderungen gemäß Nummer 1 als Mittel zur Vermutung der Konformität mit diesen Leistungs- und Funktionsanforderungen oder

   b) hinsichtlich bestimmter Merkmale unter Bezugnahme auf die in Anhang III der Richtlinie 2009/81/EG definierten technischen Anforderungen gemäß Nummer 1 und hinsichtlich anderer Merkmale unter Bezugnahme auf die Leistungs- und Funktionsanforderungen gemäß Nummer 2.

(4) Verweisen die Auftraggeber auf die in Absatz 3 Nummer 1 genannten technischen Anforderungen, dürfen sie ein Angebot nicht mit der Begründung ablehnen, die angebotenen Güter und Dienstleistungen entsprächen nicht den von ihnen herangezogenen Anforderungen, sofern die Unternehmen in ihrem Angebot den Auftraggebern mit geeigneten Mitteln nachweisen, dass die von ihnen vorgeschlagenen Lösungen den technischen Anforderungen, auf die Bezug genommen wurde, gleichermaßen entsprechen. Als geeignetes Mittel gelten insbesondere eine technische Beschreibung des Herstellers oder ein Prüfbericht einer anerkannten Stelle.

(5) Legt der Auftraggeber die technischen Anforderungen nach Absatz 3 Nummer 2 in Form von Leistungs- oder Funktionsanforderungen fest, so darf er ein Angebot, das einer Norm, mit der eine europäische Norm umgesetzt wird, oder einer europäischen technischen Zulassung, einer gemeinsamen technischen Spezifikation, einer internationalen Norm oder einem technischen Bezugssystem, das von den europäischen Normungsgremien erarbeitet wurde, entspricht, nicht zurückweisen, wenn diese Spezifikationen die von ihm geforderten Leistungs- oder Funktionsanforderungen betreffen. Die Bieter müssen in ihren Angeboten dem Auftraggeber mit allen geeigneten Mitteln nachweisen, dass die der Norm entsprechende jeweilige Ware oder Dienstleistung den Leistungs- oder Funktionsanforderungen des Auftraggebers entspricht. Als geeignetes Mittel kann eine technische Beschreibung des Herstellers oder ein Prüfbericht einer anerkannten Stelle gelten.

(6) Schreiben die Auftraggeber Umwelteigenschaften in Form von Leistungs- oder Funktionsanforderungen gemäß Absatz 3 Nummer 2 vor, so können sie ganz- oder teilweise die Spezifikationen verwenden, die in europäischen, multinationalen, nationalen oder anderen Umweltzeichen definiert sind, wenn

1. diese sich zur Definition der Merkmale der Güter oder Dienstleistungen eignen, die Gegenstand des Auftrags sind,

2. die Anforderungen an das Umweltzeichen auf der Grundlage von wissenschaftlich abgesicherten Informationen ausgearbeitet werden,

3. die Umweltzeichen im Rahmen eines Verfahrens erlassen werden, an dem interessierte Kreise teilnehmen können, und

4. das Umweltzeichen für alle Betroffenen zugänglich und verfügbar ist.

Die Auftraggeber können in der Leistungsbeschreibung angeben, dass bei Gütern oder Dienstleistungen, die mit einem Umweltzeichen ausgestattet sind, vermutet wird, dass diese den in der Leistungsbeschreibung festgelegten technischen Anforderungen genügen. Die Auftraggeber müssen jedes andere geeignete Beweismittel wie technische Unterlagen des Herstellers oder Prüfberichte anerkannter Stellen zulassen.

(7) Anerkannte Stellen sind die Prüf- und Eichlaboratorien im Sinne des Eichgesetzes sowie die Inspektions- und Zertifizierungsstellen, die den Anforderungen der jeweils anwendbaren europäischen Normen entsprechen. Die Auftraggeber erkennen Bescheinigungen von in anderen Mitgliedstaaten ansässigen anerkannten Stellen an.

(8) Soweit es nicht durch den Auftragsgegenstand gerechtfertigt ist, darf in der Leistungsbeschreibung nicht auf eine bestimmte Produktion oder Herkunft oder ein besonderes Verfahren oder auf Marken, Patente, Typen, einen bestimmten Ursprung oder eine bestimmte Produktion verwiesen werden, wenn dadurch bestimmte Unternehmen oder bestimmte Güter begünstigt oder ausgeschlossen werden. Solche Verweise sind jedoch ausnahmsweise zulässig, wenn der Auftragsgegenstand nach den Absätzen 2 und 3 nicht eindeutig und vollständig beschrieben werden kann; solche Verweise sind mit dem Zusatz „oder gleichwertig" zu versehen.

## Übersicht

| | | Rn. |
|---|---|---|
| I. | Allgemeines | 1 |
| | 1. Bedeutung der Vorschrift | 1 |
| | 2. Gemeinschaftsrechtliche Bezüge | 7 |
| II. | Zugang zu Leistungsbeschreibung und Wettbewerb (Absatz 1) | 9 |
| | 1. Zugang zur Leistungsbeschreibung (Absatz 1 HS. 1) | 9 |
| | 2. Zugang zum Markt (Absatz 1 HS. 2) | 14 |
| III. | Inhalt der Leistungsbeschreibung (Absatz 2) | 16 |
| | 1. Eindeutige und vollständige Beschreibung der Leistung (Absatz 2 Satz 1) | 16 |
| |    a) Allgemeines | 16 |
| |    b) Spezifische Ausprägung des Gebots | 25 |
| |       aa) Kalkulationsrelevante Umstände | 25 |
| |       bb) Wahl-, Bedarfs- und Eventualpositionen | 30 |
| |       cc) Ungewöhnliche Wagnisse und Anforderungen | 41 |
| |    c) Vergleichbarkeit der Angebote | 44 |
| |    d) Fehlerfolgen | 47 |
| | 2. Besondere technische Anforderungen (Absatz 2 Satz 2) | 51 |
| IV. | Leistungsbeschreibungsarten (Absatz 3) | 53 |
| | 1. Produktsicherheit und technische Anforderungen | 53 |
| | 2. Varianten der Leistungsbeschreibung | 56 |
| |    a) Bezugnahme auf technische Anforderungen (Absatz 3 Nr. 1) | 59 |

   b) Leistungs- oder Funktionsanforderungen (Absatz 3 Nr. 2) .................. 64
   c) Kombinationen (Absatz 3 Nr. 3) ...................................................... 67
 V. Gleichermaßen entsprechende Lösungen (Absätze 4 und 5) ........................... 69
  1. Allgemeines ................................................................................................ 69
  2. Gleichwertigkeit zu technischen Anforderungen (Absatz 4) ..................... 71
  3. Gleichwertigkeit zu Leistungs- und Funktionsanforderungen (Absatz 5) ... 76
 VI. Umweltzeichen (Absatz 6) ............................................................................... 78
 VII. Anerkannte Stellen (Absatz 7) ......................................................................... 80
 VIII. Grundsatz der Produktneutralität (Absatz 8) ..................................................... 81
  1. Grundsatz ................................................................................................... 81
  2. Ausnahmen ................................................................................................ 83
  3. Fehlerfolgen ............................................................................................... 88

## I. Allgemeines

### 1. Bedeutung der Vorschrift

**1** Die Regelung des § 15 VSVgV betrifft die Vorgaben bezüglich der Leistungsbeschreibung und zählt somit zu den zentralen Normen des Vergaberechts im Bereich von verteidigungs- und sicherheitsrelevanten Aufträgen.[1] Sie kann, ähnlich wie § 8 EG VOL/A, als unmittelbarer Ausfluss der in § 97 Abs. 1 und 2 GWB niedergelegten Grundsätze von Wettbewerb, Transparenz und Gleichbehandlung angesehen werden.[2]

**2** Die Leistungsbeschreibung wird als das **Kernstück der Vergabeunterlagen** angesehen. Sie hat zwei wesentliche Funktionen: Einerseits werden durch sie verbindliche Vorgaben hinsichtlich der sachlichen Inhalte der Angebote der Bieter getroffen. Außerdem werden die Pflichten des zukünftigen Auftragnehmers konkretisiert.[3] Mit Hilfe der Leistungsbeschreibung sollen die Bieter in die Lage versetzt werden, **tragende Kalkulationen** aufzustellen[4] und sich in zulässiger Weise am Wettbewerb zu beteiligen.[5] Für den Auftraggeber werden die eingegangenen Angebote vergleichbar.[6]

**3** Die Einhaltung der Bestimmungen ist von „fundamentaler Bedeutung" sowohl für das Vergabeverfahren als auch für die hieran anschließende Vertragsabwicklung.[7]

---

1 Siehe VK Südbayern, 26.6.2008 – Z3-3-3194-1-16-04/08; VK Hessen, 26.4.2007 – 69d-VK-08/2007 für die Regelungen der VOL. Da sich § 15 VSVgV an den Regelungen zur Leistungsbeschreibung in der VOL/A orientiert (siehe BR-Drs. 321/12, S. 50), kann die hierzu ergangene Rechtsprechung und Literatur entsprechend herangezogen werden.
2 VK Hessen, 26.4.2007 – 69d-VK-08/2007.
3 *Roggenkamp/Zimmermann*, in: Heiermann/Zeiss/Blaufuß, jurisPK-Vergaberecht, 3. Aufl. 2011, § 8 EG VOL/A Rn. 2; *Prieß*, in: Kulartz/Marx/Portz/Prieß, VOL/A, 2. Aufl. 2011, § 8 EG Rn. 3 m.w.N. Zum Verhältnis zwischen Leistungsbeschreibung und dem der Ausschreibung zugrunde liegenden Vertrag *Schellenberg*, in: Pünder/Schellenberg, Vergaberecht, 2011, § 8 EG VOL/A Rn. 17 f.
4 Hierdurch soll ein ungewöhnliches Wagnis ausgeschlossen werden; vgl. *Bernhardt*, in: Ziekow/Völlink, Vergaberecht, § 7 VOL/A Rn. 1.
5 *Niestedt/Eichler*, in: MüKo Europäisches und Deutsches Wettbewerbsrecht (Kartellrecht), Band 3: Beihilfen- und Vergaberecht, 2011, Vor §§ 97 ff. GWB Rn. 199.
6 *Niestedt/Eichler*, in: MüKo Europäisches und Deutsches Wettbewerbsrecht (Kartellrecht), Band 3: Beihilfen- und Vergaberecht, 2011, Vor §§ 97 ff. GWB Rn. 199.
7 VK Südbayern, 26.6.2008 – Z3-3-3194-1-16-04/08; *Prieß*, in: Kulartz/Marx/Portz/Prieß, VOL/A, 2. Aufl. 2011, § 8 EG Rn. 1 m.w.N.

> **PRAXISTIPP**
>
> Sämtliche Vorgaben der Leistungsbeschreibung sind bei der Erstellung des Angebots zwingend zu berücksichtigen. Bereits die Nichtbeachtung einer einzigen Anforderung der Leistungsbeschreibung (es genügen schon geringfügige inhaltliche Abweichungen) kann zum Ausschluss des Angebots führen.[8]

4

Durch die Vorgaben zur Beachtung technischer Anforderungen, die europaweit an gemeinsamen Normen und Standards ausgerichtet sein sollen, soll die Offenheit des europäischen Binnenmarkts gesichert werden.[9] Richtig angewandt, kann die Vorschrift als ein **Hilfsmittel für die Vergabestelle** begriffen werden, das eine Systematisierung, Konkretisierung und Kontrolle des Beschaffungsvorganges ermöglicht.[10]

5

> **PRAXISTIPP**
>
> Im Einzelfall wird es vorkommen, dass der Inhalt einer Leistungsbeschreibung nicht auf den ersten Blick ersichtlich ist. In diesem Fall ist der Inhalt mittels Auslegung anhand des Wortlauts der Leistungsbeschreibung sowie der Umstände des Einzelfalles zu ermitteln. Hierbei ist eine Auslegung zu wählen, die den Vorgaben der VSVgV entspricht (vergaberechtskonforme Auslegung).[11]

6

## 2. Gemeinschaftsrechtliche Bezüge

In der RL 2009/81/EG ist – wie auch im übrigen europäischen Vergaberecht – eine Vorschrift, die den Auftraggeber zur Aufstellung einer Leistungsbeschreibung verpflichtet, nicht ausdrücklich vorgesehen.[12] Allerdings finden sich Vorgaben hinsichtlich der zu verwendenden „technischen Spezifikationen" sowie zur Produktneutralität.[13]

7

Mit § 15 VSVgV wird Art. 18 der RL 2009/81/EG, der die „technischen Spezifikationen" und mithin die Anforderungen an die Leistungsbeschreibung regelt, in nationales Vergaberecht überführt.[14] Aufgrund der weitreichenden Überschneidungen des Art. 18 der RL 2009/81/EG mit Art. 23 der RL 2004/18/EG wurde § 15 VSVgV an dessen entsprechender Umsetzung in § 8 EG VOL/A ausgerichtet.[15] Der in § 15 VSVgV verwendete Begriff der „technischen Anforderungen" einer Leistungsbeschreibung entspricht dem der „technischen Spezifikation" des Art. 18 der RL 2009/81 EG. Hierunter versteht man einerseits technische Anforderungen für Liefer- und Dienstleistungsaufträge im Sinne des Anhangs III Nr. 1 lit. b) der RL 2009/81/EG und andererseits technische Anforderungen, die mittels Leistungs- und Funktionsanforderungen festgelegt werden.[16]

8

---

8 Vgl. OLG Karlsruhe, 10.6.2011 – 15 Verg 7/11.
9 *Traupel*, in: Müller-Wrede, VOL/A, 3. Aufl. 2010, § 8 EG Rn. 7.
10 *Traupel*, in: Müller-Wrede, VOL/A, 3. Aufl. 2010, § 8 EG Rn. 3.
11 Vgl. *Niestedt/Eichler*, in: MüKo Europäisches und Deutsches Wettbewerbsrecht (Kartellrecht), Band 3: Beihilfen- und Vergaberecht, 2011, Vor §§ 97 ff. GWB Rn. 200.
12 Vgl. *Schellenberg*, in: Pünder/Schellenberg, Vergaberecht, 2011, § 8 EG VOL/A Rn. 1.
13 Vgl. *Schellenberg*, in: Pünder/Schellenberg, Vergaberecht, 2011, § 8 EG VOL/A Rn. 1.
14 BR-Drs. 321/12, S. 50.
15 BR-Drs. 321/12, S. 50.
16 BR-Drs. 321/12, S. 50; vertiefend zum Begriff der „technischen Spezifikationen" *Weyand*, Vergaberecht, 3. Aufl. 2011, § 8 EG Rn. 11599 f.; *Traupel*, in: Müller-Wrede, VOL/A, 3. Aufl. 2010, § 8 EG Rn. 51 ff. sowie *Schramm*, in: Müller-Wrede, Kompendium des Vergaberechts, 2008, S. 317.

## II. Zugang zu Leistungsbeschreibung und Wettbewerb (Absatz 1)

### 1. Zugang zur Leistungsbeschreibung (Absatz 1 HS. 1)

9   Ausweislich § 15 Abs. 1 HS. 1 VSVgV haben die Auftraggeber sicherzustellen, dass die Leistungsbeschreibung allen Bewerbern gleichermaßen zugänglich ist. Damit wird Art. 18 Abs. 2 RL 2009/81/EG, nach welchem die technischen Spezifikationen allen Bietern gleichermaßen zugänglich sein müssen und die Öffnung der Beschaffungsmärkte für den Wettbewerb nicht in ungerechtfertigter Weise behindern dürfen, auf die gesamte Leistungsbeschreibung ausgeweitet.[17]

10  Die Vorschrift betrifft insbesondere den Versand der Vergabeunterlagen an die interessierten Unternehmen, die diese innerhalb der im Rahmen der Bekanntmachung bestimmten Frist angefordert haben. Diese Verpflichtung soll selbst gegenüber denjenigen Bietern bestehen, die im Rahmen des Vergabeverfahrens Verfehlungen begangen haben.[18] Die Leistungsbeschreibung muss also grundsätzlich jedem zur Verfügung gestellt werden, der sie anfordert.[19]

11  Hinsichtlich der Art und Weise der Zugänglichmachung der Leistungsbeschreibungen ist es erforderlich, dass diese gleichzeitig den am Vergabeverfahren beteiligten Bewerbern übermittelt werden.[20] Dass es genügt, die Leistungsbeschreibung am selben Tag postalisch zu versenden[21], ist angesichts der unterschiedlichen Postlaufzeiten zweifelhaft. Zielsetzung der Vorschrift ist es nämlich, dafür Sorge zu tragen, dass alle Bewerber die Leistungsbeschreibung zum gleichen Zeitpunkt erhalten und innerhalb der gleichen Zeitspanne ihre Angebote erstellen können.[22]

12  **PRAXISTIPP**

*Welche Art der Zugänglichmachung der Auftraggeber wählt, ist grundsätzlich ihm überlassen.[23] In der Praxis kann sich für die Zugänglichmachung der Leistungsbeschreibung aber die Verwendung elektronischer Medien anbieten. Der Zeitpunkt des Versands der Leistungsbeschreibung ist in einem Vergabevermerk festzuhalten.[24]*

13  Unzulässig ist es jedenfalls, den Bietern die Vergabeunterlagen auf unterschiedliche Weise zu übermitteln.[25] Es gilt der **Grundsatz der einheitlichen Übertragungsform**.[26]

---

17  BR-Drs. 321/12, S. 50.
18  Diesen ist ein Anspruch auf sachliche Prüfung und rechtliches Gehör bereits innerhalb des Verfahrens zuzubilligen; *Noch*, Vergaberecht kompakt, 5. Aufl. 2011, Rn. 238.
19  Vgl. *Noch*, Vergaberecht kompakt, 5. Aufl. 2011, Rn. 238.
20  *Niestedt/Eichler*, in: MüKo Europäisches und Deutsches Wettbewerbsrecht (Kartellrecht), Band 3: Beihilfen- und Vergaberecht, 2011, Vor §§ 97 ff. GWB Rn. 247; *Völlink*, in: Ziekow/Völlink, Vergaberecht, 2011, § 12 VOL/A Rn. 21.
21  So aber *Völlink*, in: Ziekow/Völlink, Vergaberecht, 2011, § 12 VOB/A Rn. 41; gleichwohl ist der Postversand zulässig; so *Franzius*, in: Pünder/Schellenberg, Vergaberecht, 2011, § 12 VOB/A Rn. 62 m.w.N.
22  Vgl. *Völlink*, in: Ziekow/Völlink, Vergaberecht, 2011, § 12 VOB/A Rn. 41; vgl. *Weyand*, Vergaberecht, 3. Aufl. 2011, § 12 VOB/A Rn. 7231.
23  Vgl. *Planker*, in: Kapellmann/Messerschmidt, VOB Teil A und B, 3. Auf. 2010, § 12 VOB/A Rn. 40.
24  Vgl. *Völlink*, in: Ziekow/Völlink, Vergaberecht, 2011, § 12 VOB/A Rn. 41.
25  Vgl. *Franzius*, in: Pünder/Schellenberg, Vergaberecht, 2011, § 12 VOB/A Rn. 62.
26  Vgl. *Franzius*, in: Pünder/Schellenberg, Vergaberecht, 2011, § 12 VOB/A Rn. 62.

**BEISPIEL**

Dies bedeutet aber nicht, dass ein Bewerber auf grundsätzliche Übermittlung der Leistungsbeschreibung (also auch an andere Bewerber) auf dem Postweg beharren könnte, nur weil er über die sonst üblichen Empfangseinrichtungen für den vom Auftraggeber festgelegten elektronischen Versand ausnahmsweise nicht verfügt.[27] In diesen Fällen ist ihm eine alternative Versandart anzubieten. Eventuelle Verzögerungen können dem Auftraggeber dann nicht angelastet werden.

### 2. Zugang zum Markt (Absatz 1 HS. 2)

§ 15 Abs. 1 HS. 2 bestimmt des Weiteren, dass im Rahmen der Erstellung der Leistungsbeschreibung die Öffnung des nationalen Beschaffungsmarktes für den Wettbewerb durch Anbieter aus anderen EU-Mitgliedstaaten nicht in ungerechtfertigter Weise behindert werden darf. Die Auslegung der Vorschrift kann in erster Linie mit Blick auf Erwägungsgrund Nr. 38 der RL 2009/81/EG erfolgen. Dieser bestimmt, dass die von den Auftraggebern erarbeiteten technischen Spezifikationen eine Öffnung der Beschaffungsmärkte für den Wettbewerb zum Ziel haben.

14

Damit dieses Ziel verwirklicht werden kann, muss es möglich sein, Angebote abzugeben, die die **Vielfalt technischer Lösungsmöglichkeiten** widerspiegeln.[28] „Damit dies gewährleistet ist, müssen einerseits technische Spezifikationen auf der Grundlage von Leistungs- und Funktionsanforderungen festgelegt werden, andererseits müssen im Fall der Bezugnahme auf eine europäische Norm oder auf internationale oder nationale Normen, einschließlich Normen aus dem Verteidigungsbereich, Angebote auf der Grundlage anderer gleichwertiger Lösungen von den Auftraggebern geprüft werden."[29] Verboten sind diskriminierende Leistungsbeschreibungen.

15

**BEISPIEL**

Der Extremfall einer diskriminierenden Leistungsbeschreibung wäre gegeben, wenn die Leistungsbeschreibung von vornherein auf die Leistungsfähigkeit eines zuvor von der Vergabestelle ausgewählten Bewerbers abgestimmt würde.[30] In diesem Fall spricht man von einer sog. **gelenkten Vergabe**.[31]

## III. Inhalt der Leistungsbeschreibung (Absatz 2)

### 1. Eindeutige und vollständige Beschreibung der Leistung (Absatz 2 Satz 1)

#### a) Allgemeines

§ 15 Abs. 2 Satz 1 VSVgV bestimmt, dass die vom Bewerber geforderte Leistung eindeutig und vollständig zu beschreiben ist. Die Vorschrift übernimmt sinngemäß die bereits

16

---

27 Ähnlich *Planker*, in: Kapellmann/Messerschmidt, VOB Teil A und B, 3. Auf. 2010, § 12 VOB/A Rn. 42.
28 Erwägungsgrund Nr. 38 der RL 2009/81/EG.
29 Erwägungsgrund Nr. 38 der RL 2009/81/EG.
30 Vgl. *Schellenberg*, in: Pünder/Schellenberg, Vergaberecht, 2011, § 8 EG VOL/A Rn. 7.
31 Vgl. *Schellenberg*, in: Pünder/Schellenberg, Vergaberecht, 2011, § 8 EG VOL/A Rn. 7.

durch § 8 EG Abs. 1 VOL/A festgelegten Anforderungen.[32] Obwohl diese Anforderungen in der RL 2009/81/EG nicht ausdrücklich normiert wurden, ist vor dem Hintergrund, dass ausweislich Art. 18 Abs. 2 HS. 2 der RL 2009/81/EG die Öffnung der Beschaffungsmärkte für den Wettbewerb nicht in ungerechtfertigter Weise behindert werden darf, ein sachlicher Grund für einen Verzicht auf das Erfordernis einer eindeutigen und vollständigen Leistungsbeschreibung in den Bereichen Verteidigung und Sicherheit nicht ersichtlich.[33] Hierdurch sah sich der Gesetzgeber zur Aufnahme der Regelung veranlasst.[34]

17 Zielsetzung der Vorschrift ist es, die Leistungsbeschreibung zur „klaren, verlässlichen und konfliktvermeidenden" Grundlage des angestrebten Vertrages werden zu lassen.[35] Im Rahmen der Vorbereitung des Vergabeverfahrens auftretende Unzulänglichkeiten und Mängel dürfen damit auch nicht vom Auftraggeber mittels einer Unbestimmtheit der Leistungsbeschreibung dem Risikobereich des Bieters angelastet werden.[36] Vielmehr ist der Auftraggeber, der eine Ausschreibung durchführen möchte, verpflichtet, einen unklaren Sachverhalt aufzuklären.[37] Diese Aufklärungspflicht betrifft sowohl die Art als auch den Umfang der zu beschaffenden Leistung.[38] Notfalls setzt dies auch die Zuhilfenahme eines externen, unabhängigen Sachverständigen voraus.[39]

18 **PRAXISTIPP**

*Die Anforderungen an die vergaberechtliche Konkretisierung des Bestimmtheitsgrundsatzes sind dann erfüllt, wenn mögliche Bieter aufgrund der Angaben in der Leistungsbeschreibung in die Lage versetzt werden, ohne umfangreiche eigene Vorarbeiten und unter Berücksichtigung aller preisbildender Angaben zu entscheiden, ob und zu welchen Konditionen sie sich mit einem Angebot am Vergabeverfahren beteiligen möchten.*[40]

19 Die Praxis bemüht in diesem Zusammenhang die Binsenweisheit „Je detaillierter, desto besser".[41] Es ist darauf zu achten, dass die Leistungsbeschreibung für alle Bewerber gleich verständlich ist.[42] Entscheidend ist insoweit die Sichtweise eines „fachkundigen und sorgfältigen Bieters".[43] Die Verwendung von auslegungsbedürftigen Formulierun-

---

32 BR-Drs. 321/12, S. 50.
33 BR-Drs. 321/12, S. 50.
34 BR-Drs. 321/12, S. 50.
35 Vgl. *Roggenkamp/Zimmermann*, in: Heiermann/Zeiss/Blaufuß, jurisPK-Vergaberecht, 3. Auf. 2011, § 7 VOL/A Rn. 7.
36 VK Düsseldorf, 4.8.2000 – VK-14/00-L, zitiert nach *Prieß*, in: Kulartz/Marx/Portz/Prieß, VOL/A, 2. Aufl. 2011, § 8 EG Rn. 16.
37 VK Magdeburg, 22.2.2011 – 33-32571/07 VK 15/00 MD; *Prieß*, in: Kulartz/Marx/Portz/Prieß, VOL/A, 2. Aufl. 2011, § 8 EG Rn. 16; *Roggenkamp/Zimmermann*, in: Heiermann/Zeiss/Blaufuß, jurisPK-Vergaberecht, 3. Auf. 2011, § 7 VOL/A Rn.8.
38 Vgl. *Roggenkamp/Zimmermann*, in: Heiermann/Zeiss/Blaufuß, jurisPK-Vergaberecht, 3. Auf. 2011, § 7 VOL/A Rn.8.
39 Vgl. *Prieß*, in: Kulartz/Marx/Portz/Prieß, VOL/A, 2. Aufl. 2011, § 8 EG Rn. 17.
40 Vgl. *Roggenkamp/Zimmermann*, in: Heiermann/Zeiss/Blaufuß, jurisPK-Vergaberecht, 3. Auf. 2011, § 7 VOL/A Rn.8 m.w.N.
41 OLG Koblenz, 5.9.2001 – 1 Verg 2/02, NZBau 2002, 699, 704; *Roggenkamp/Zimmermann*, in: Heiermann/Zeiss/Blaufuß, jurisPK-Vergaberecht, 3. Auf. 2011, § 7 VOL/A Rn.9; *Weyand*, Vergaberecht, 3. Aufl. 2011, § 7 VOL/A Rn. 9382 f.; vgl. *Niestedt/Eichler*, in: MüKo Europäisches und Deutsches Wettbewerbsrecht (Kartellrecht), Band 3: Beihilfen- und Vergaberecht, 2011, Vor §§ 97 ff. GWB Rn. 207.
42 OLG Düsseldorf, 23.3.2005 – Verg 2/05; *Wagner/Bauer*, VergabeR 2009, 856, 867; die Verwendung von Fachbegriffen ist selbstverständlich zulässig; vgl. *Schellenberg*, in: Pünder/Schellenberg, Vergaberecht, 2011, § 8 EG VOL/A Rn. 34.
43 OLG Düsseldorf, 23.3.2005 – Verg 2/05.

gen oder Angaben lediglich allgemeiner Natur hat zur Folge, dass eine Leistungsbeschreibung nicht die notwendige Eindeutigkeit hat.[44]

Mittels der Forderung einer **eindeutigen** Leistungsbeschreibung wird eine quantitative Voraussetzung normiert. Die Leistungsbeschreibung ist eindeutig, wenn sie so gefasst ist, dass aus der Perspektive des Bieters nicht mehrere Auslegungsmöglichkeiten in Erwägung gezogen werden müssen.[45] Ohne Notwendigkeit intensiver Nachforschungen und Überlegungen muss zweifelsfrei feststehen, welche Leistungen seitens des Auftraggebers in welcher Art und Weise gefordert werden.[46]

Ob der ebenfalls durch § 15 Abs. 2 Satz 1 VSVgV aufgestellten Forderung nach einer **vollständigen** Leistungsbeschreibung eine eigenständige Bedeutung zukommt, kann durchaus bezweifelt werden. Der entsprechenden Regelung in § 8 EG Abs. 1 VOL/A, die neben der Eindeutigkeit auch eine „erschöpfende Leistungsbeschreibung"[47] fordert, wird eine eigenständige Relevanz weitgehend abgesprochen.[48]

Letztlich wird das Merkmal der Vollständigkeit aber nicht auf die Verständlichkeit, sondern vielmehr auf die Lückenlosigkeit der Leistungsbeschreibung abzielen.[49] Es handelt sich um ein quantitatives Merkmal, das dann richtig umgesetzt wurde, wenn die Leistungsbeschreibung keine ausfüllungsbedürftigen Lücken oder Restbereiche aufweist, die ihrer **Transparenz** entgegenstehen und zur Ungleichbehandlung der Bieter führen können.[50] Die im Rahmen des Entstehungsprozesses der RL 2009/81/EG diskutierte Möglichkeit, besonders sensible technische Spezifikationen aus der Leistungsbeschreibung ausklammern zu dürfen, konnte sich im Interesse einer weitreichenden Öffnung des Marktes nicht durchsetzen.[51] Dem Auftraggeber ist es demnach also grundsätzlich verwehrt, Informationen, die von Bedeutung für die Auftragsvergabe und die Auftragnehmer sind, als sensibel bzw. vertraulich einzustufen und von der Leistungsbeschreibung auszunehmen.[52]

Ob eine Leistungsbeschreibung eindeutig und vollständig ist, bestimmt sich aus **Sicht eines objektiven und sachverständigen Bieters**. Rechtskonform ist eine Leistungsbeschreibung in diesem Sinne jedenfalls dann, wenn sie von allen Bietern im gleichen Sinne verstanden werden muss und die geforderte Leistung umfassend beschreibt.[53]

---

44 Vgl. VK Sachsen, 10.5.2011 – 1/SVK/009-11; *Roggenkamp/Zimmermann*, in: Heiermann/Zeiss/Blaufuß, jurisPK-Vergaberecht, 3. Auf. 2011, § 7 VOL/A Rn. 9.
45 Vgl. *Roggenkamp/Zimmermann*, in: Heiermann/Zeiss/Blaufuß, jurisPK-Vergaberecht, 3. Auf. 2011, § 7 VOL/A Rn. 10; vgl. *Prieß*, in: Kulartz/Marx/Portz/Prieß, VOL/A, 2. Aufl. 2011, § 8 EG Rn. 18.
46 Vgl. *Roggenkamp/Zimmermann*, in: Heiermann/Zeiss/Blaufuß, jurisPK-Vergaberecht, 3. Auf. 2011, § 7 VOL/A Rn. 10; vgl. *Traupel*, in: Müller-Wrede, VOL/A, 3. Aufl. 2010, § 8 EG VOL/A Rn. 34.
47 Hierzu VK Lüneburg, 12.1.2007 – VgK-33/2006, VgK-33/06.
48 *Traupel* stellt bspw. fest, dass die beiden Tatbestandsmerkmale ineinander übergehen. Soweit eine Leistungsbeschreibung eindeutig ist, sei sie grundsätzlich auch erschöpfend; *Traupel*, in: Müller-Wrede, VOL/A, 3. Aufl. 2010, § 8 EG VOL/A Rn. 34.
49 A.A. wohl *Niestedt/Eichler*, in: MüKo Europäisches und Deutsches Wettbewerbsrecht (Kartellrecht), Band 3: Beihilfen- und Vergaberecht, 2011, Vor §§ 97 ff. GWB Rn. 207, die von Vollständigkeit ausgehen, wenn sich aus der Leistungsbeschreibung „Art und Umfang der Leistung ergeben und sie alle für die Leistungserbringung erforderlichen spezifischen Bedingungen enthält."
50 Vgl. *Traupel*, in: Müller-Wrede, VOL/A, 3. Aufl. 2010, § 8 EG VOL/A Rn. 34; vgl. *Roggenkamp/Zimmermann*, in: Heiermann/Zeiss/Blaufuß, jurisPK-Vergaberecht, 3. Auf. 2011, § 7 VOL/A Rn. 11; vgl. *Prieß*, in: Kulartz/Marx/Portz/Prieß, VOL/A, 2. Aufl. 2011, § 8 EG Rn. 18.
51 *Wagner/Bauer*, VergabeR 2009, 856, 867.
52 *Wagner/Bauer*, VergabeR 2009, 856, 867
53 Vgl. VK Lüneburg, 12.1.2007 – VgK-33/2006, VgK-33/06; vgl. *Weyand*, Vergaberecht, 3. Aufl. 2011, § 7 VOL/A Rn. 9382 f.

**24** > **PRAXISTIPP**
>
> *Gleichwohl verstößt eine auslegungsbedürftige Leistungsbeschreibung nicht per se gegen die Vorgaben des § 15 Abs. 2 Satz 1 VSVgV. Unklarheiten können nämlich nie vollständig ausgeschlossen werden. Es ist daher völlig ausreichend, wenn die Leistungsbeschreibung einer vergaberechtskonformen Interpretation zugänglich ist.[54]*

### b) Spezifische Ausprägung des Gebots
aa) Kalkulationsrelevante Umstände

**25** Auf Grundlage der Leistungsbeschreibung sollen die Bieter die Möglichkeit erhalten, einen angemessenen Preis zu ermitteln und eine verlässliche Kalkulation aufzustellen.[55] Dass aus der Leistungsbeschreibung alle die **Preiskalkulation** beeinflussenden Faktoren ersichtlich werden müssen, ist nicht explizit geregelt.[56] Entsprechende inhaltliche Vorgaben folgen allerdings bereits aus dem Erfordernis einer eindeutigen und vollständigen Leistungsbeschreibung.[57]

**26** Hieraus ergibt sich, dass alle Umstände, die für die Preiskalkulation von Bedeutung sein können, auch ohne eine explizite Vorgabe seitens des Auftraggebers ermittelt und im Rahmen der Leistungsbeschreibung angegeben werden müssen.[58] Entscheidend sind die Umstände des Einzelfalles.[59] Ist dem Auftraggeber eine Benennung der kalkulationsrelevanten Faktoren nicht möglich, so hat er ggf. sachverständige Hilfe einzubeziehen.[60]

**27** Von dieser Verpflichtung kann nur dann ausnahmsweise abgesehen werden, wenn seitens des Bieters die Ermittlung der kalkulationserheblichen Faktoren selbst mit verhältnismäßig geringem Aufwand, jedenfalls geringerem Aufwand als der Auftraggeber zu besorgen hätte, betrieben werden kann und zugleich einer Vergleichbarkeit der erwarteten Angebote nichts entgegensteht.[61]

**28** > **PRAXISTIPP**
>
> *Zu den die Preisermittlung beeinflussenden Faktoren gehören bspw. Angaben zur geforderten Qualität, der Gesamtmenge, der Leistungsorte, der Leistungsfristen, der Lieferung von Teilmengen, Beschränkungen der Liefermöglichkeiten und der Art der einzusetzenden Transportmittel.[62]*

**29** Der Grundsatz der Eindeutigkeit und Vollständigkeit der Leistungsbeschreibung verlangt zudem einen Hinweis des Auftraggebers, sofern dieser eine Aufteilung der zu vergebenden Gesamtleistung beabsichtigt und diese losweise an verschiedene Bieter vergeben möchte. Derartige Angaben sind für die Preisbildung durch den Bieter nämlich

---

54 Vgl. Brandenburgisches OLG, 14.9.2004 – Verg W 5/04; *Weyand*, Vergaberecht, 3. Aufl. 2011, § 7 VOL/A Rn. 9382.
55 Vgl. *Bernhardt*, in: Ziekow/Völlink, Vergaberecht, 2011, § 7 VOL/A Rn. 2.
56 Zu § 8 Nr. 1 Abs. 2 VOL/A-2006, der noch vorsah, dass die Leistungsbeschreibung eine „einwandfreie Preisermittlung" ermöglichen muss, *Roggenkamp/Zimmermann*, in: Heiermann/Zeiss/Blaufuß, jurisPK-Vergaberecht, 3. Auf. 2011, § 7 VOL/A Rn. 12; *Schaller*, VOL Teile A und B, 4. Aufl. 2008, § 8 VOL/A Rn. 3 ff.
57 Vgl. *Roggenkamp/Zimmermann*, in: Heiermann/Zeiss/Blaufuß, jurisPK-Vergaberecht, 3. Auf. 2011, § 7 VOL/A Rn. 12; vgl. *Schaller*, VOL Teile A und B, 4. Aufl. 2008, § 8 VOL/A Rn. 3 ff.
58 Vgl. *Roggenkamp/Zimmermann*, in: Heiermann/Zeiss/Blaufuß, jurisPK-Vergaberecht, 3. Auf. 2011, § 7 VOL/A Rn. 12.
59 Vgl. *Traupel*, in: Müller-Wrede, VOL/A, 3. Aufl. 2010, § 8 EG VOL/A Rn. 35.
60 Vgl. *Traupel*, in: Müller-Wrede, VOL/A, 3. Aufl. 2010, § 8 EG VOL/A Rn. 35.
61 Vgl. OLG Celle, 15.12.2005 – 13 Verg 14/05, NZBau 2007, 62.
62 *Schaller*, VOL Teile A und B, 4. Aufl. 2008, § 8 VOL/A Rn. 9.

besonders wichtig.[63] Folglich müssen alle möglichen Varianten der Losaufteilung in der Leistungsbeschreibung detailliert angeführt werden.[64]

**BEISPIEL**

> Mittels der Nutzung der Möglichkeit einer Losvergabe sollen insbesondere mittelständische Interessen gewahrt werden. Dies wirft bspw. im Kontext der Beschaffung von aufeinander abgestimmten Hard- und Softwarekomponenten erhebliche Probleme auf. Diese dürfen lediglich dann gemeinsam beschafft werden, wenn wirtschaftliche oder technische Gründe dies erfordern.

bb) Wahl-, Bedarfs- und Eventualpositionen

Ausnahmen vom Grundsatz der eindeutigen und vollständigen Leistungsbeschreibung sind bei **Wahl- bzw. Alternativpositionen** möglich. Hierbei handelt es sich um Leistungspositionen, bei denen sich der Auftraggeber, der im Zeitpunkt der Erstellung der Leistungsbeschreibung weiß, dass er die beschriebene Leistung beschaffen möchte, hinsichtlich der Variante der Leistungserbringung erst nach Kenntnisnahme der Angebotsinhalte festlegen möchte.[65]

30

Mittels der Verwendung von Wahlpositionen können die Transparenz des Vergabeverfahrens und die Gleichbehandlung der Bieter in ganz erheblicher Weise beeinträchtigt werden.[66] Sie verschieben einen Teil des **Planungsrisikos** in die Sphäre der Bieter und sind nach zutreffender Auffassung von *Traupel* geeignet, „den Charakter der Leistungsbeschreibung oder gar des Vergabeverfahrens" zu verändern.[67] Das **OLG Düsseldorf** betont, dass es dem öffentlichen Auftraggeber mittels der Verwendung von Wahlpositionen ermöglicht wird, durch seine Entscheidung für oder gegen eine Wahlposition das Wertungsergebnis aus vergaberechtsfremden Erwägungen zu beeinflussen.[68]

31

Gleichwohl ist die Aufnahme von Wahlpositionen in das Leistungsverzeichnis nicht grundsätzlich vergaberechtlich unstatthaft und kann unter engen Voraussetzungen als zulässig angesehen werden.[69] Sie kommt dann in Betracht, wenn und soweit ein „**berechtigtes Bedürfnis**" des öffentlichen Auftraggebers an der Verwendung von Wahl- bzw. Alternativpositionen besteht. Ein berechtigtes Bedürfnis ist dann gegeben, wenn verständliche und gut nachvollziehbare Gründe im Einzelfall dafür sprechen, die entsprechenden Positionen der zu beauftragenden Leistung einstweilen offen zu halten.[70] Allzu hohe Anforderungen werden an das „berechtigte Bedürfnis" demnach also nicht gestellt.[71]

32

---

63 *Schaller*, LKV 2011, 301, 303.
64 *Schaller*, LKV 2011, 301, 303.
65 *Roggenkamp/Zimmermann*, in: Heiermann/Zeiss/Blaufuß, jurisPK-Vergaberecht, 3. Auf. 2011, § 7 VOL/A Rn. 14; *Traupel*, in: Müller-Wrede, VOL/A, 3. Aufl. 2010, § 8 EG VOL/A Rn. 31.
66 *Traupel*, in: Müller-Wrede, VOL/A, 3. Aufl. 2010, § 8 EG VOL/A Rn. 32; so auch OLG Düsseldorf, 13.4.2011 – VII-Verg 58/10, Verg 58/10.
67 Die Leistungsbeschreibung kann in unzulässiger Weise als Instrument zur Markterkundung missbraucht werden; *Traupel*, in: Müller-Wrede, VOL/A, 3. Aufl. 2010, § 8 EG VOL/A Rn. 32.
68 OLG Düsseldorf, 13.4.2011 – VII-Verg 58/10, Verg 58/10.
69 OLG Düsseldorf, 13.4.2011 – VII-Verg 58/10, Verg 58/10; *Roggenkamp/Zimmermann*, in: Heiermann/Zeiss/Blaufuß, jurisPK-Vergaberecht, 3. Auf. 2011, § 7 VOL/A Rn. 15.
70 *Roggenkamp/Zimmermann*, in: Heiermann/Zeiss/Blaufuß, jurisPK-Vergaberecht, 3. Auf. 2011, § 7 VOL/A Rn. 15 m.w.N.
71 *Roggenkamp/Zimmermann*, in: Heiermann/Zeiss/Blaufuß, jurisPK-Vergaberecht, 3. Auf. 2011, § 7 VOL/A Rn. 16.

**BEISPIEL**

> Ein „berechtigtes Bedürfnis" ist bereits dann anzuerkennen, wenn der Auftraggeber mit der Verwendung von Wahl- bzw. Alternativpositionen auf die effiziente und sparsame Verwendung von Haushaltsmitteln abzielt. „Unter diesem Gesichtspunkt [besteht] ein legitimes Interesse [...], mit Hilfe der Ausschreibung und entsprechender Wahlpositionen die Kosten für die verschiedenen Ausführungsvarianten zu erfahren und die kostengünstigste zu bezuschlagen."[72]

33 Obgleich Grenzen für den zahlenmäßigen Anteil von Wahl- bzw. Alternativpositionen am Gesamtauftrag nicht festgelegt werden können, ist von der Aufnahme einer Vielzahl solcher Positionen dringend abzuraten.[73] Zudem sollte die mit der Verwendung von Wahl- bzw. Alternativpositionen einhergehende **Intransparenz** dadurch ausgeglichen werden, dass dem Bieterkreis vorab bekannt gegeben wird, „welche Kriterien für die Inanspruchnahme der ausgeschriebenen Wahlposition maßgebend sein sollen".[74]

34 Grundsätzlich unzulässig ist die Verwendung von Wahl- bzw. Alternativpositionen allerdings dann, wenn sich kein **„berechtigtes Bedürfnis"** des Auftraggebers feststellen lässt. Dies ist bspw. dann gegeben, wenn die Maßnahme primär auf eine Markterkundung abzielt oder Mängel der Planung beheben soll.[75]

35 Von Alternativ- und Wahlpositionen zu unterscheiden sind die **Bedarfs- oder Eventualpositionen**.[76] Solche Positionen liegen vor, wenn sich der Auftraggeber im Zeitpunkt der Erstellung des Leistungsverzeichnisses vorbehält, ob und ggf. in welchem Umfang die Positionen zur Ausführung kommen werden. Es bleibt demnach also zunächst völlig offen, ob von den Bedarfs- oder Eventualpositionen überhaupt Gebrauch gemacht wird.[77] Ob es letztendlich zur Ausführung kommt, orientiert sich an der **konkreten Bedarfslage**. Die diesbezügliche Entscheidung fällt der Auftraggeber erst nach Auftragserteilung und nicht bereits zum Zeitpunkt des Zuschlags.[78] Der Auftraggeber versucht mit diesen Positionen regelmäßig seine Reaktionsfähigkeit im Rahmen der Abwicklung eines Vorhabens zu erhöhen. Mittels der Verwendung von Bedarfs- oder Eventualpositionen soll auch im Fall des Eintretens nicht vorhersehbarer Eventualitäten eine abrufbare Angebotslage gewonnen werden.[79]

---

72 OLG Düsseldorf, 13.4.2011 – VII-Verg 58/10, Verg 58/10.
73 Vgl. *Traupel*, in: Müller-Wrede, VOL/A, 3. Aufl. 2010, § 8 EG VOL/A Rn. 32.
74 OLG Düsseldorf, 13.4.2011 – VII-Verg 58/10, Verg 58/10.
75 *Roggenkamp/Zimmermann*, in: Heiermann/Zeiss/Blaufuß, jurisPK-Vergaberecht, 3. Auf. 2011, § 7 VOL/A Rn. 17 m.w.N.
76 Zur Unterscheidung *Traupel*, in: Müller-Wrede, VOL/A, 3. Aufl. 2010, § 8 EG VOL/A Rn. 31; *Roggenkamp/Zimmermann*, in: Heiermann/Zeiss/Blaufuß, jurisPK-Vergaberecht, 3. Auf. 2011, § 7 VOL/A Rn. 18.
77 *Traupel*, in: Müller-Wrede, VOL/A, 3. Aufl. 2010, § 8 EG VOL/A Rn. 29.
78 *Roggenkamp/Zimmermann*, in: Heiermann/Zeiss/Blaufuß, jurisPK-Vergaberecht, 3. Auf. 2011, § 7 VOL/A Rn. 18 m.w.N.
79 *Roggenkamp/Zimmermann*, in: Heiermann/Zeiss/Blaufuß, jurisPK-Vergaberecht, 3. Auf. 2011, § 7 VOL/A Rn. 18; *Prieß*, NZBau 2004, 20, 25.

> **PRAXISTIPP**
>
> In der Ausschreibung werden Bedarfs- oder Eventualpositionen üblicherweise durch die Zusätze „nur auf Anordnung"[80] oder „nEP"[81] gekennzeichnet. In jedem Fall sind die Bedarfs- oder Eventualpositionen im Leistungsverzeichnis unmissverständlich als solche kenntlich zu machen.[82]

36

Auch die Verwendung von Alternativ- und Wahlpositionen bringt die Gefahr mit sich, dass dem Bieter ein ganz erheblicher Teil des **Planungsrisikos**, das üblicherweise seitens des Auftraggebers zu tragen ist, angelastet wird.[83] Gleichwohl kann ihre Verwendung nach überwiegender Auffassung nicht grundsätzlich ausgeschlossen werden.[84] Allerdings sind hinsichtlich ihrer Zulässigkeit strengere Maßstäbe als bei der Verwendung von Alternativ- oder Wahlpositionen anzulegen.[85]

37

Das **OLG Saarbrücken** stellt bspw. fest, dass die „Abfrage von optionalen Alternativ- oder Eventualpositionen [...] unzulässig [ist], wenn diese Positionen ein solches Gewicht in der Wertung erhalten, dass sie die Haupt- oder Grundpositionen für die Zuschlagsentscheidung geradezu verdrängen. Das folgt zum einen aus dem Gebot, den Zuschlag auf das wirtschaftlichste Angebot zu erteilen (§ 97 Abs. 5 GBW). [...] Zum anderen fehlt es an einer eindeutig und erschöpfend beschriebenen Leistung, wenn ins Gewicht fallende oder gar überwiegende Teile des Auftrags optional – also vom beliebigen Willen des Auftraggebers abhängig – ausgeschrieben werden."[86]

38

> **PRAXISTIPP**
>
> Die Häufung von Bedarfs- oder Eventualpositionen in der Leistungsbeschreibung wird als starkes Indiz für deren vergaberechtswidrige Verwendung gewertet.[87] Nach der Rechtsprechung der **VK Baden-Württemberg** sind zur Abmilderung der durch die Verwendung von Bedarfs- oder Eventualpositionen verursachten Nachteile zudem die Maßstäbe und Kriterien, die für eine Inanspruchnahme maßgebend sein sollen, anzugeben.[88]

39

Die Verwendung von Bedarfs- oder Eventualpositionen ist grundsätzlich unzulässig, wenn der Auftraggeber noch nicht alle zumutbaren Anstrengungen unternommen hat, um sich mittels sachlicher und technischer Erkenntnismöglichkeiten Klarheit darüber zu verschaffen, wie die Leistung unter Verzicht auf Bedarfs- oder Eventualpositionen beschrieben werden kann.[89]

40

---

80 Prieß, NZBau 2004, 20, 25; Traupel, in: Müller-Wrede, VOL/A, 3. Aufl. 2010, § 8 EG VOL/A Rn. 29.
81 Weyand, Vergaberecht, 3. Aufl. 2011, § 7 VOL/A Rn. 9341.
82 VK Baden-Württemberg, 14.10.2011 – 1 VK 51/11, 1 VK 53/11; Roggenkamp/Zimmermann, in: Heiermann/Zeiss/Blaufuß, jurisPK-Vergaberecht, 3. Auf. 2011, § 7 VOL/A Rn. 20.
83 Traupel, in: Müller-Wrede, VOL/A, 3. Aufl. 2010, § 8 EG VOL/A Rn. 29, der betont, dass die Aufnahme von Eventualpositionen in die Leistungsbeschreibung gegen die grundsätzliche Risikoverteilung im Vergabeverfahren verstößt.
84 Traupel, in: Müller-Wrede, VOL/A, 3. Aufl. 2010, § 8 EG VOL/A Rn. 29 m.w.N.
85 Roggenkamp/Zimmermann, in: Heiermann/Zeiss/Blaufuß, jurisPK-Vergaberecht, 3. Auf. 2011, § 7 VOL/A Rn. 19; vertiefend Traupel, in: Müller-Wrede, VOL/A, 3. Aufl. 2010, § 8 EG VOL/A Rn. 30.
86 OLG Saarbrücken, 22.10.1999 – 5 Verg 2/99; problematisch ist demnach insbesondere eine Häufung von Bedarfspositionen; so auch Roggenkamp/Zimmermann, in: Heiermann/Zeiss/Blaufuß, jurisPK-Vergaberecht, 3. Auf. 2011, § 7 VOL/A Rn. 19 m.w.N.
87 Die Obergrenze soll dabei bei 15% des geschätzten Auftragsvolumens anzusetzen sein; Weyand, Vergaberecht, 3. Aufl. 2011, § 7 VOL/A Rn. 9345 m.w.N.
88 VK Baden-Württemberg, 14.10.2011 – 1 VK 51/11, 1 VK 53/11.
89 Roggenkamp/Zimmermann, in: Heiermann/Zeiss/Blaufuß, jurisPK-Vergaberecht, 3. Auf. 2011, § 7 VOL/A Rn. 20.

**BEISPIEL**

- Lieferaufträge, die Massen- oder Standardware (bspw. Bekleidungsgegenstände) betreffen, können unter Berücksichtigung dieser Vorgaben regelmäßig nicht unter Verwendung von Bedarfs- oder Eventualpositionen ausgeschrieben werden. In diesem Fall ist der Auftraggeber vielmehr gehalten, seinen Bedarf zuverlässig zu ermitteln.[90]

cc) Ungewöhnliche Wagnisse und Anforderungen

41  Nachdem sich in § 15 VSVgV (wie auch in § 7 VOL/A) das noch in § 8 Abs. 1 Nr. 3 VOL/A-2006 enthaltene Verbot, wonach dem Auftragnehmer ungewöhnliche Wagnisse nicht aufgebürdet werden dürfen, nicht ausdrücklich normiert findet, stellt sich die Frage, ob es überhaupt zur Anwendung kommen kann. Das **OLG Düsseldorf** hat insoweit entschieden, dass das Verbot einer Überbürdung ungewöhnlicher Wagnisse für den Geltungsbereich der VOL/A nicht mehr existent ist und von den Vergabenachprüfungsinstanzen als solches auch nicht mehr zu prüfen sei.[91] Regelungen, die vergaberechtlich nach früherem Recht als Aufbürdung eines ungewöhnlichen Wagnisses zu tadeln waren, lassen sich nach Auffassung des Gerichts nach derzeit geltender Rechtslage in Einzelfällen allenfalls unter dem Gesichtspunkt der (Un-)Zumutbarkeit einer für Bieter oder Auftragnehmer kaufmännisch vernünftigen Kalkulation beanstanden.[92]

**BEISPIEL**

- Unter Beachtung der Rechtsprechung des **OLG Düsseldorf** kann eine Verlagerung vertragstypischer Risiken unzumutbar sein. Eine solche unzumutbare Risikoverlagerung liegt bspw. dann vor, wenn das die ausgeschriebene Leistung betreffende Verwendungsrisiko auf den Auftragnehmer übergehen soll.[93]

42  Das noch überwiegende Schrifttum setzt sich entgegen der Rechtsprechung für eine Beibehaltung des Verbots der Überbürdung ungewöhnlicher Wagnisse ein.[94] Insoweit wird auf die unveränderte Ausgangssituation verwiesen, wonach die öffentliche Hand als Nachfrager aus einer Position der Stärke heraus ihren Vertragspartnern Wagnisse jeder Art aufbürden könne.[95] Zudem folge das Verbot bereits aus allgemeinen Rechtsgrundsätzen.[96]

*Traupel* stellt hingegen vor allem auf die Wirkung der Grundrechte ab.[97] Die Bindung der öffentlichen Hand an den Gleichheitssatz des Art. 3 GG müsse dazu führen, dass jedem Bewerber die Möglichkeit geboten wird, sich nach Maßgabe der wesentlichen Ver-

---

90  Wenn der Beschaffungsumfang zunächst offen gehalten werden soll, bietet sich ggf. der Abschluss eines Rahmenvertrages an; *Traupel*, in: Müller-Wrede, VOL/A, 3. Aufl. 2010, § 8 EG VOL/A Rn. 29.
91  OLG Düsseldorf, 7.3.2012 – VII-Verg 82/11 m.w.N.
92  OLG Düsseldorf, 7.12.2011 – VII-Verg 97/11 m.w.N.
93  OLG Düsseldorf, 7.12.2011 – VII-Verg 97/11.
94  *Traupel*, in: Müller-Wrede, VOL/A, 3. Aufl. 2010, § 8 EG VOL/A Rn. 18; *Weyand*, Vergaberecht, 3. Aufl. 2011, § 7 VOL/A Rn. 9514 f.; *Schellenberg*, in: Pünder/Schellenberg, Vergaberecht, 2011, § 8 EG VOL/A Rn. 39; einschränkend *Roggenkamp/Zimmermann*, in: Heiermann/Zeiss/Blaufuß, jurisPK-Vergaberecht, 3. Auf. 2011, § 7 VOL/A Rn. 22; a.A. *Prieß*, in: Kulartz/Marx/Portz/Prieß, VOL/A, 2. Aufl. 2011, § 8 EG Rn. 37 ff.
95  *Weyand*, Vergaberecht, 3. Aufl. 2011, § 7 VOL/A Rn. 9514.
96  Dies bezweifelnd *Schellenberg*, in: Pünder/Schellenberg, Vergaberecht, 2011, § 8 EG VOL/A Rn. 39.
97  *Traupel*, in: Müller-Wrede, VOL/A, 3. Aufl. 2010, § 8 EG VOL/A Rn. 18.

gabekriterien in einem fairen Verfahren um den jeweiligen Auftrag zu bewerben.[98] Mittels der Auferlegung ungewöhnlicher Wagnisse würde die Chancengleichheit der Bewerber in nicht hinnehmbarer Weise beeinträchtigt.[99] Das Verbot folge zudem aus dem Willkürverbot.[100]

Zutreffend dürfte wohl eine vermittelnde Ansicht sein, derzufolge eine Aufbürdung ungewöhnlicher Wagnisse nicht unter allen Umständen ausgeschlossen werden muss. Ein absolutes Verbot wäre nämlich mit den Grundsätzen der **Vertragsfreiheit** und der grundsätzlichen **Bestimmungsfreiheit** des Auftraggebers unvereinbar.[101] Die Aufbürdung eines ungewöhnlichen Wagnisses kann nach den Umständen des Einzelfalles daher in Frage kommen, wenn die Maßnahme unter Berücksichtigung der Umstände der zu vergebenden Leistung und des ihr zugrunde liegenden Beschaffungsbedarfs verhältnismäßig scheint.[102] Eine solche einschränkende Zulassung der Aufbürdung ungewöhnlicher Wagnisse scheint jedenfalls sowohl mit dem Gleichbehandlungsgrundsatz des § 97 Abs. 2 GWB als auch mit dem Gleichheitssatz des Art. 3 GG vereinbar.[103]

43

### c) Vergleichbarkeit der Angebote

Ziel der Vorschrift des § 15 Abs. 2 Satz 1 VSVgV ist es, vergleichbare und somit wertungsfähige Angebote zu ermöglichen, damit das Vergabeverfahren transparent und chancengleich durchgeführt werden kann.[104] Zudem soll verhindert werden, dass aufgrund einer uneindeutigen oder unvollständigen Leistungsbeschreibung nach Vertragsschluss Streitigkeiten entstehen.[105] Diese Zielsetzung wird gefährdet, wenn die Leistungsbeschreibung nicht eindeutig oder vollständig ist.

44

Besondere Herausforderungen an die Leistungsbeschreibung stellt die Beschaffung von Leistungen auf dem Gebiet der **Informationstechnologien**.[106] Sofern es sich hierbei nicht um die Beschaffung von Standardsoftware, sondern um komplexe IT-Vorhaben handelt, wird man der Leistungsbeschreibung regelmäßig ein sog. Pflichtenheft beifügen müssen, in dem die Anforderungen des Auftraggebers weitgehend konkretisiert werden.[107]

45

Keine Beachtung muss der Grundsatz der Eindeutigkeit und Vollständigkeit bei Fällen finden, die ihrem Wesen nach im Widerspruch zu diesem Grundprinzip stehen, weil ihnen die Unbestimmtheit immanent ist.[108]

46

---

98 *Traupel*, in: Müller-Wrede, VOL/A, 3. Aufl. 2010, § 8 EG VOL/A Rn. 18.
99 *Traupel*, in: Müller-Wrede, VOL/A, 3. Aufl. 2010, § 8 EG VOL/A Rn. 18.
100 *Traupel*, in: Müller-Wrede, VOL/A, 3. Aufl. 2010, § 8 EG VOL/A Rn. 18.
101 *Roggenkamp/Zimmermann*, in: Heiermann/Zeiss/Blaufuß, jurisPK-Vergaberecht, 3. Auf. 2011, § 7 VOL/A Rn. 22.
102 Vgl. *Prieß*, in: Kulartz/Marx/Portz/Prieß, VOL/A, 2. Aufl. 2011, § 7 Rn. 48; zur Einschränkung des Grundsatzes der eindeutigen und erschöpfenden Leistung durch das Verhältnismäßigkeitsprinzip *Niestedt/Eichler*, in: MüKo Europäisches und Deutsches Wettbewerbsrecht (Kartellrecht), Band 3: Beihilfen- und Vergaberecht, 2011, Vor §§ 97 ff. GWB Rn. 208.
103 Vgl. *Prieß*, in: Kulartz/Marx/Portz/Prieß, VOL/A, 2. Aufl. 2011, § 8 EG Rn 49; *Roggenkamp/Zimmermann*, in: Heiermann/Zeiss/Blaufuß, jurisPK-Vergaberecht, 3. Auf. 2011, § 7 VOL/A Rn. 22.
104 Vgl. *Bernhardt*, in: Ziekow/Völlink, Vergaberecht, 2011, § 7 VOL/A Rn. 5.
105 *Roggenkamp/Zimmermann*, in: Heiermann/Zeiss/Blaufuß, jurisPK-Vergaberecht, 3. Auf. 2011, § 7 VOL/A Rn. 23.
106 Zur Leistungsbeschreibung mit Bezügen zum Cloud-Computing *Bussche/Schelinski*, in: Leupold/Glossner, MAH IT-Recht, 2. Aufl. 2011, Teil 1 Rn. 348 ff.
107 Vgl. *Bernhardt*, in: Ziekow/Völlink, Vergaberecht, 2011, § 7 VOL/A Rn. 4. Allgemeiner zum Pflichtenheft *Moritz*, in: Kilian/Heussen, Computerrechts-Handbuch, Loseblattsammlung, Teil 3 Rn. 15 ff.
108 *Niestedt/Eichler*, in: MüKo Europäisches und Deutsches Wettbewerbsrecht (Kartellrecht), Band 3: Beihilfen- und Vergaberecht, 2011, Vor §§ 97 ff. GWB Rn. 209.

**BEISPIEL**

Im Verhandlungsverfahren ist es nicht erforderlich, dass die geforderte Leistung bereits zum Zeitpunkt der Leistungsbeschreibung im Einzelnen ausgewiesen werden kann. Hier müssen lediglich die bereits bekannten Leistungspositionen eindeutig und vollständig dargestellt werden. Die weitere Ausgestaltung der Leistungsbeziehung (also auch die Details der Leistungsbeschreibung) wird im Verhandlungsverfahren dann zwischen Auftraggeber und potenziellem Auftragnehmer ausgehandelt.[109]

#### d) Fehlerfolgen

47 Eine Leistungsbeschreibung, die uneindeutig und unvollständig ist, kann und sollte nicht zur Grundlage einer Ausschreibung gemacht werden.[110] Es kann nicht davon ausgegangen werden, dass seitens der Bieter vergleichbare Angebote abgegeben werden.[111] Ein echter Wettbewerb ist dann gerade nicht möglich.[112] Das Ziel des Vergabeverfahrens wird verfehlt.

48 Auftraggeber und Bieter sind jedoch gehalten, sich für die Aufrechterhaltung einer echten Wettbewerbssituation einzusetzen. Dies erfordert bspw., dass hinsichtlich der Leistungsbeschreibung aufkommende Zweifelsfragen, die seitens des Bieters erkannt werden, mit dem Auftraggeber geklärt werden, sofern dies für den Bieter keinen unverhältnismäßigen Aufwand bedeuten würde.[113] Dem Auftraggeber soll die Möglichkeit zur Klärung geben werden.[114]

49 Die Aufhebung und Wiederholung des Verfahrens kann nur das letzte Mittel sein, wenn sich die festgestellten Fehler nicht durch Nachbesserungen bzw. eine Zurückversetzung des Vergabeverfahrens beseitigen lassen.[115] Im Rahmen einer Zurückversetzung in ein Stadium vor der Angebotsabgabe können Missverständnisse regelmäßig ausgeräumt, Lücken der Leistungsbeschreibung geschlossen und hierdurch den Bietern die Möglichkeit zur Abgabe eines passenden Angebots gegeben werden.[116]

50 Im seltenen Fall, dass die fehlerhafte Leistungsbeschreibung von allen sich beteiligenden Bietern gleich verstanden wird, also keine Wettbewerbsverzerrung stattfindet, kann die Fehlerhaftigkeit der Leistungsbeschreibung ausnahmsweise unschädlich sein.[117]

---

109 Vgl. *Niestedt/Eichler*, in: MüKo Europäisches und Deutsches Wettbewerbsrecht (Kartellrecht), Band 3: Beihilfen- und Vergaberecht, 2011, Vor §§ 97 ff. GWB Rn. 209; zur Leistungsbeschreibung im Verhandlungsverfahren auch *Prieß*, in: Kulartz/Marx/Portz/Prieß, VOL/A, 2. Aufl. 2011, § 8 EG Rn. 82 f.
110 *Roggenkamp/Zimmermann*, in: Heiermann/Zeiss/Blaufuß, jurisPK-Vergaberecht, 3. Auf. 2011, § 7 VOL/A Rn. 27.
111 *Roggenkamp/Zimmermann*, in: Heiermann/Zeiss/Blaufuß, jurisPK-Vergaberecht, 3. Auf. 2011, § 7 VOL/A Rn. 27.
112 Vgl. VK Sachsen-Anhalt, 29.9.2011 – 2 VK LSA 30/10; *Roggenkamp/Zimmermann*, in: Heiermann/Zeiss/Blaufuß, jurisPK-Vergaberecht, 3. Auf. 2011, § 7 VOL/A Rn. 27.
113 *Weyand*, Vergaberecht, 3. Aufl. 2011, § 7 VOL/A Rn. 9396; *Prieß*, in: Kulartz/Marx/Portz/Prieß, VOL/A, 2. Aufl. 2011, § 8 EG Rn. 34. *Roggenkamp/Zimmermann*, in: Heiermann/Zeiss/Blaufuß, jurisPK-Vergaberecht, 3. Auf. 2011, § 8 EG Rn. 9.
114 *Prieß*, in: Kulartz/Marx/Portz/Prieß, VOL/A, 2. Aufl. 2011, § 8 EG Rn. 34. *Roggenkamp/Zimmermann*, in: Heiermann/Zeiss/Blaufuß, jurisPK-Vergaberecht, 3. Auf. 2011, § 8 EG Rn. 9.
115 *Roggenkamp/Zimmermann*, in: Heiermann/Zeiss/Blaufuß, jurisPK-Vergaberecht, 3. Auf. 2011, § 8 EG Rn. 10; vgl. *Prieß*, in: Kulartz/Marx/Portz/Prieß, VOL/A, 2. Aufl. 2011, § 8 EG Rn. 10.
116 *Roggenkamp/Zimmermann*, in: Heiermann/Zeiss/Blaufuß, jurisPK-Vergaberecht, 3. Auf. 2011, § 8 EG Rn. 10; vgl. *Prieß*, in: Kulartz/Marx/Portz/Prieß, VOL/A, 2. Aufl. 2011, § 8 EG Rn. 35 f.
117 *Weyand*, Vergaberecht, 3. Aufl. 2011, § 7 VOL/A Rn. 9406 m.w.N.

## 2. Besondere technische Anforderungen (Absatz 2 Satz 2)

Mit § 15 Abs. 2 Satz 2 VSVgV werden die Vorgaben des Art. 18 Abs. 1 der RL 2009/81/EG in nationales Vergaberecht überführt. Zudem wird bestimmt, dass auf technische Anforderungen im Sinne des Anhangs III Nummer 1 lit. b der Richtlinie 2009/81/EG in der Bekanntmachung oder den Vergabeunterlagen hinzuweisen ist.[118]

51

Angesichts des Umstandes, dass alle Bieter wissen sollen, was die Anforderungen des Auftraggebers sind, genügt insoweit ein allgemein gehaltener Hinweis (z.B. ein Verweis auf den „aktuellen Stand der Technik") nicht. Vielmehr sind die konkreten technischen Anforderungen gem. § 15 Abs. 2 Satz 2 VSVgV entsprechend den allgemeinen vergaberechtlichen Gepflogenheiten präzise anzugeben.[119]

52

## IV. Leistungsbeschreibungsarten (Absatz 3)

### 1. Produktsicherheit und technische Anforderungen

§ 15 Abs. 3 VSVgV bestimmt zunächst, dass die seitens der Vorschrift aufgestellten Vorgaben hinsichtlich der **technischen Anforderungen** in der Leistungsbeschreibung nur soweit verbindlich sind, als durch sie zwingende technische Vorschriften einschließlich solcher zur Produktsicherheit und zu technischen Anforderungen, die laut internationaler Standardisierungsvereinbarungen zur Gewährleistung der in diesen Vereinbarungen geforderten Interoperabilität zu erfüllen sind, nicht tangiert werden.

53

Die Vorschrift nimmt gem. Erwägungsgrund Nr. 38 der RL 2009/81/EG vor allem Vorgaben auf Grundlage internationaler Normungsübereinkommen, die die **Interoperabilität der Streitkräfte** gewährleisten sollen, in den Blick. Sofern ein solches Übereinkommen einen Beschaffungsvorgang tangiert, kann seitens der Auftraggeber gefordert werden, dass die Angebote den in diesem Übereinkommen enthaltenen Normen entsprechen. Die technischen Spezifikationen sollen allerdings so eindeutig erläutert werden, dass alle Bieter die Anforderungen des Auftraggebers nachvollziehen können. Unter Interoperabilität versteht man im militärischen Bereich vor allem „die Fähigkeit von Systemen, Einheiten und Truppen, andere Systeme, Einheiten oder Truppen durch bestimmte Dienste zu unterstützen und von ihnen durch solche Dienste unterstützt zu werden, sowie die auf diese Weise ausgetauschten Dienste zur Erreichung einer effizienten Zusammenarbeit zu nutzen".[120]

54

Von Relevanz sind insoweit vor allem die Standardisierungsabkommen der NATO-Vertragsstaaten über die Anwendung standardisierter Verfahren oder ähnlicher Ausrüstung. Sie werden von der NATO Standardisation Agency (NSA)[121] herausgegeben und verfolgen die Zielsetzung, eine einheitliche und aufeinander abgestimmte Ausrüstung und Funktionsweise der NATO-Truppen zu erreichen. Mittlerweile sollen bereits mehrere tausend sog. Standardisierungsabkommen (STANAG) existieren.[122]

55

---

118 BR-Drs. 321/12, S. 50 f.
119 Vgl. Erwägungsgrund Nr. 39 der RL 2009/81/EG.
120 *Wenger/Mäder*, in: Spillmann/Wenger (Hrsg.), Bulletin 2000 zur schweizerischen Sicherheitspolitik, Zürich 2000, S. 92 f.
121 http://www.nato.int/cps/en/natolive/stanag.htm.
122 *Wenger/Mäder*, in: Spillmann/Wenger (Hrsg.), Bulletin 2000 zur schweizerischen Sicherheitspolitik, Zürich 2000, S. 101.

## 2. Varianten der Leistungsbeschreibung

**56** § 15 Abs. 3 VSVgV stellt dem Auftraggeber drei gleichrangige Möglichkeiten zur Beschreibung der technischen Anforderungen an die zu beschaffende Leistung zur Verfügung. Demzufolge hat in der Leistungsbeschreibung eine Festlegung zu erfolgen.

**57** Vergleichbar mit § 8 EG VOL/A wird in § 15 Abs. 3 VSVgV die noch bspw. in § 8 Nr. 2 Abs. 1 VOL/A-2006 anzutreffende Unterscheidung zwischen verkehrsüblichen bzw. konventionellen, funktionalen und konstruktiven Leistungsbeschreibungen[123] nicht mehr ausdrücklich erwähnt. Vielmehr beschränkt sich die Vorschrift auf eine Wiedergabe der Vorgaben des Art. 18 Abs. 3 der RL 2009/81/EG hinsichtlich der technischen Spezifikationen.[124] Gleichwohl ist davon auszugehen, dass die in der Praxis bewährte Unterscheidung zwischen verkehrsüblichen bzw. konventionellen, funktionalen und konstruktiven Leistungsbeschreibungen nicht aufgegeben werden soll. Vielmehr sollte die bewährte Systematik beibehalten bleiben.[125] Eine „formfreie Vergabe" bleibt auch angesichts des Umstandes, dass die bekannten Varianten gerade der Gewährleistung der Eindeutigkeit und Vollständigkeit der Leistungsbeschreibung dienen, auch künftig nicht möglich.[126]

**58** Im Einzelfall kann sich zeigen, dass der Auftraggeber angesichts der Vorgaben des § 15 Abs. 2 Satz 1 VSVgV (Eindeutigkeit und Vollständigkeit) von den durch § 15 Abs. 3 VSVgV eröffneten Möglichkeiten zur Festlegung der technischen Anforderungen in der Leistungsbeschreibung nur eingeschränkt Gebrauch machen kann.[127] Seine Wahl muss dann unter Berücksichtigung der konkreten Umstände auf die Wahl einer bestimmten Variante des § 15 Abs. 3 VSVgV fallen.[128]

### a) Bezugnahme auf technische Anforderungen (Absatz 3 Nr. 1)

**59** § 15 Abs. 3 Nr. 1 VSVgV gibt dem Auftraggeber die Möglichkeit, im Rahmen der Festlegung der technischen Spezifikationen der Leistungsbeschreibung auf die in Anhang III der RL 2009/81/EG definierten technischen Anforderungen Bezug zu nehmen. Hierbei ist die durch § 15 Abs. 3 Nr. 1 VSVgV vorgegebene Rangfolge einzuhalten.[129]

**60** Im Anwendungsbereich der VOL/A ist bislang ungeklärt, ob die auf einer NATO-Vorschrift basierenden technischen Vorgaben technische Spezifikationen im Sinne der Vergabe- und Vertragsordnung sein können.[130] Die Problematik wird auch der neue § 15 Abs. 3 Nr. 1 VSVgV keiner eindeutigen Lösung zuführen.

**61** Nach hier vertretener Auffassung kann unter Heranziehung der Definition der „technischen Spezifikation", wie sie sich z.B. im Anhang TS zur VOL/A findet, eine technische Vorgabe, die auf einer NATO-Vorschrift basiert, als technische Spezifikation angesehen werden, wenn es sich um lediglich technische Anforderungen an den Beschaffungs-

---

123 Zu den Arten der Leistungsbeschreibung *Schaller*, VOL Teil A und B 4. Aufl. 2008, § 8 VOL/A Rn. 14 ff.
124 Diese entsprechen in wesentlichen Zügen dem ehemaligen § 8a Nr. 1 VOL/A-2006.
125 Vgl. *Schellenberg*, in: Pünder/Schellenberg, Vergaberecht, 2011, § 8 EG VOL/A Rn. 45.
126 Zudem wird dem Auftraggeber auch unter Beachtung der in der Praxis bewährten Formen der Leistungsbeschreibung ein ausreichender Gestaltungsspielraum belassen; vgl. *Traupel*, in: Müller-Wrede, VOL/A, 3. Aufl. 2010, § 8 EG VOL/A Rn. 41.
127 Vgl. *Prieß*, in: Kulartz/Marx/Portz/Prieß, VOL/A, 2. Aufl. 2011, § 8 EG Rn. 86.
128 Vgl. *Prieß*, in: Kulartz/Marx/Portz/Prieß, VOL/A, 2. Aufl. 2011, § 8 EG Rn. 86; zur in diesem Zusammenhang bestehenden Wahlfreiheit *Traupel*, in: Müller-Wrede, VOL/A, 3. Aufl. 2010, § 8 EG VOL/A Rn. 47.
129 Vgl. *Prieß*, in: Kulartz/Marx/Portz/Prieß, VOL/A, 2. Aufl. 2011, § 8 EG Rn. 87; *Roggenkamp/Zimmermann*, in: Heiermann/Zeiss/Blaufuß, jurisPK-Vergaberecht, 3. Auf. 2011, § 8 EG Rn. 12.
130 *Weyand*, Vergaberecht, 3. Aufl. 2011, § 8 EGVOL/A Rn. 11607; offengelassen von VK Bund 11.11.2003 – VK 1 – 103/03.

gegenstand bzw. den Produktionsprozess handelt. Keine technische Spezifikation wäre eine nicht-technische Anforderung, die an den Produktionsprozess oder die Produktionsmethode gestellt wird (z.B. keine Kinderarbeit bei der Herstellung von zu beschaffenden Uniformteilen).[131]

Soweit sich der Auftraggeber für eine Darstellung gem. § 15 Abs. 3 Nr. 1 VSVgV entscheidet, muss er beachten, dass jeder Bezugnahme der Zusatz „oder gleichwertig" angefügt werden muss, damit im Interesse des Wettbewerbs auch gleichwertige Leistungen im Rahmen der Vergabeentscheidung berücksichtigt werden können.[132]

**62**

Im Gegensatz zu der wohl herrschenden Auffassung sind die Vorgaben des § 15 Abs. 3 Nr. 1 VSVgV **nicht dem Bereich der konstruktiven Leistungsbeschreibung zuzuordnen**.[133] Im Mittelpunkt der konstruktiven Leistungsbeschreibung stehen nämlich die technischen Spezifikationen der zu beschaffenden Leistung.[134] Diese Form der Leistungsbeschreibung findet in der Praxis häufig dann Verwendung, wenn Waren beschafft werden sollen, die sich nicht oder nur unzureichend mit bestimmten Standardbeschreibungen bezeichnen lassen oder die über bestimmte Funktionalitäten verfügen müssen.[135] Dem Bieter wird in diesen Fällen zumeist ein Leistungsverzeichnis vorgelegt, das er abzuarbeiten hat. „Im Gegensatz zur funktionalen Leistungsbeschreibung steht bei der Wahl der konstruktiven Leistungsbeschreibung nicht nur das Leistungsziel fest. Auch der Weg zur Erreichung des Ziels wird durch den Auftraggeber detailliert vorgegeben."[136] Auf einen solchen Detailreichtum zielt die Vorschrift des § 15 Abs. 3 Nr. 1 VSVgV aber gerade nicht ab. Vielmehr sollen auf Grundlage von § 15 Abs. 3 Nr. 1 VSVgV die zu vergebenden Aufträge detailliert nach Teilleistungen aufgeschlüsselt werden, damit eine genaue Berechnung des Angebots möglich ist.[137] Die Vorschrift des 15 Abs. 3 Nr. 1 VSVgV dürfte daher auf eine verkehrsübliche bzw. konventionelle Leistungsbeschreibung abzielen.[138]

**63**

**b) Leistungs- oder Funktionsanforderungen (Absatz 3 Nr. 2)**

Mit § 15 Abs. 3 Nr. 2 VSVgV wird dem Auftraggeber zumindest mittelbar die Möglichkeit einer funktionalen Leistungsbeschreibung eingeräumt.[139] Die funktionale Leistungsbeschreibung ist dann zu wählen, wenn den Bietern Raum zur Kreativität gelassen werden soll und Innovationen bzw. technische Neuerungen Berücksichtigung finden sol-

**64**

---

131  Vgl. *Roggenkamp/Zimmermann*, in: Heiermann/Zeiss/Blaufuß, jurisPK-Vergaberecht, 3. Auf. 2011, Anhang TS VOL/A 2009 Rn. 2-6.
132  Dem Hinweis soll angesichts des im Vergaberecht geltenden Wettbewerbsgrundsatzes lediglich eine klarstellende Funktion zuzubilligen sein; vgl. *Prieß*, in: Kulartz/Marx/Portz/Prieß, VOL/A, 2. Aufl. 2011, § 8 EG Rn. 88.
133  *Roggenkamp/Zimmermann*, in: Heiermann/Zeiss/Blaufuß, jurisPK-Vergaberecht, 3. Auf. 2011, § 8 EG Rn. 12; *Schellenberg*, in: Pünder/Schellenberg, Vergaberecht, 2011, § 8 EG VOL/A Rn. 45; a.A. wohl *Traupel*, in: Müller-Wrede, VOL/A, 3. Aufl. 2010, § 8 EG VOL/A Rn. 42.
134  *Roggenkamp/Zimmermann*, in: Heiermann/Zeiss/Blaufuß, jurisPK-Vergaberecht, 3. Auf. 2011, § 7 VOL/A Rn. 34.
135  *Roggenkamp/Zimmermann*, in: Heiermann/Zeiss/Blaufuß, jurisPK-Vergaberecht, 3. Auf. 2011, § 7 VOL/A Rn. 34.
136  *Roggenkamp/Zimmermann*, in: Heiermann/Zeiss/Blaufuß, jurisPK-Vergaberecht, 3. Auf. 2011, § 7 VOL/A Rn. 34.
137  Vgl. *Traupel*, in: Müller-Wrede, VOL/A, 3. Aufl. 2010, § 8 EG VOL/A Rn. 42.
138  Vgl. *Traupel*, in: Müller-Wrede, VOL/A, 3. Aufl. 2010, § 8 EG VOL/A Rn. 42; a.A. *Schellenberg*, in: Pünder/Schellenberg, Vergaberecht, 2011, § 8 EG VOL/A Rn. 45.
139  Vgl. *Traupel*, in: Müller-Wrede, VOL/A, 3. Aufl. 2010, § 8 EG VOL/A Rn. 44; vgl. *Roggenkamp/Zimmermann*, in: Heiermann/Zeiss/Blaufuß, jurisPK-Vergaberecht, 3. Auf. 2011, § 8 EG VOL/A Rn. 13; vgl. *Schellenberg*, in: Pünder/Schellenberg, Vergaberecht, 2011, § 8 EG VOL/A Rn. 47.

len.¹⁴⁰ Das ist insbesondere im Bereich der Beschaffung von Leistungen im Bereich der Informationstechnologien der Fall.¹⁴¹

65 Der der funktionalen Leistungsbeschreibung innewohnenden Flexibilität steht eine teilweise Verlagerung des **Planungsrisikos** auf den Bieter gegenüber.¹⁴²

66 **PRAXISTIPP**

*Diese Verlagerung des Planungsrisikos muss in der Praxis dadurch reduziert werden, dass seitens des Auftraggebers das Leistungsziel und die wesentlichen Rahmenbedingungen und Einzelheiten der gewünschten Leistung festgelegt werden.¹⁴³*

*Seitens der Bieter muss die besondere Risikolage natürlich im Rahmen der Kalkulation berücksichtigt werden.*

### c) Kombinationen (Absatz 3 Nr. 3)

67 Mit § 15 Abs. 3 Nr. 3 VSVgV wird schließlich eine Vermischung der in Nr. 1 und Nr. 2 der Vorschrift bezeichneten Varianten ermöglicht. Einerseits wird es möglich, Leistungs- oder Funktionsanforderungen unter Bezugnahme auf die in Anhang III der RL 2009/81/EG definierten technischen Anforderungen als Mittel zur Vermutung der Konformität mit diesen Leistungs- und Funktionsanforderungen zu untermauern und andererseits können bestimmte Merkmale unter Bezugnahme auf die in Anhang III der RL 2009/81/EG definierten technischen Anforderungen und hinsichtlich anderer Merkmale unter Bezugnahme auf Leistungs- und Funktionsanforderungen verdeutlicht werden. Zudem ist es möglich, diese beiden Kombinationen ihrerseits wiederum miteinander zu verbinden.¹⁴⁴

68 Die Vorschrift verbindet Elemente der verkehrsüblichen bzw. konventionellen Leistungsbeschreibung mit Elementen der funktionellen Leistungsbeschreibung und schafft damit einen Detailreichtum, der regelmäßig nur in der konstruktiven Leistungsbeschreibung anzutreffen ist.¹⁴⁵

## V. Gleichermaßen entsprechende Lösungen (Absätze 4 und 5)

### 1. Allgemeines

69 Die Vorschriften des § 15 Abs. 4 und Absatz 5 VSVgV tragen dem Umstand Rechnung, dass es Situationen geben kann, in denen das eingereichte Angebot formal nicht den technischen Anforderungen der Leistungsbeschreibung entspricht, obwohl es sich dennoch um eine den Anforderungen gleichermaßen entsprechende Lösung handelt.¹⁴⁶ In

---

140 Vgl. *Roggenkamp/Zimmermann*, in: Heiermann/Zeiss/Blaufuß, jurisPK-Vergaberecht, 3. Auf. 2011, § 7 VOL/A Rn. 32; *Prieß*, in: Kulart/Marx/Portz/Prieß, VOL/A, 2. Aufl. 2011, 97 Rn. 86.
141 Vgl. *Roggenkamp/Zimmermann*, in: Heiermann/Zeiss/Blaufuß, jurisPK-Vergaberecht, 3. Auf. 2011, § 7 VOL/A Rn. 32.
142 Vgl. *Traupel*, in: Müller-Wrede, VOL/A, 3. Aufl. 2010, § 8 EG VOL/A Rn. 44.
143 Vgl. *Traupel*, in: Müller-Wrede, VOL/A, 3. Aufl. 2010, § 8 EG VOL/A Rn. 44.
144 Vertiefend hierzu vgl. *Roggenkamp/Zimmermann*, in: Heiermann/Zeiss/Blaufuß, jurisPK-Vergaberecht, 3. Auf. 2011, § 8 EG VOL/A Rn. 18.
145 Vgl. *Traupel*, in: Müller-Wrede, VOL/A, 3. Aufl. 2010, § 8 EG VOL/A Rn. 45 f., der ausführlich die Besonderheiten der konstruktiven Leistungsbeschreibung erläutert.
146 Vgl. *Roggenkamp/Zimmermann*, in: Heiermann/Zeiss/Blaufuß, jurisPK-Vergaberecht, 3. Auf. 2011, § 8 EG VOL/A Rn. 19.

diesen Fällen soll eine ggf. sinnvolle Alternative nicht ohne sachlichen Grund vom Vergabeverfahren ausgeschlossen werden.

Systematisch handelt es sich bei § 15 Abs. 4 und Absatz 5 VSVgV somit um Wertungsvorgaben und mithin um „systemwidrige Fremdkörper", die mit den Vorgaben zur Erstellung der Leistungsbeschreibung eigentlich nicht in direktem Zusammenhang stehen.[147] Diese Wertungsvorgaben sollen für den Bieter, der ihre Tatbestandsmerkmale erfüllt hat, als Beweiserleichterung dienen.[148]

## 2. Gleichwertigkeit zu technischen Anforderungen (Absatz 4)

Hat der Auftraggeber auf die in § 15 Abs. 3 Nr. 1 genannten technischen Anforderungen verwiesen, darf er ein Angebot nicht mit der Begründung ablehnen, die angebotenen Güter und Dienstleistungen entsprächen nicht den von ihm herangezogenen Anforderungen, wenn seitens des Bieters mit geeigneten Mitteln nachgewiesen wird, dass die von ihm vorgeschlagenen Lösungen den technischen Anforderungen, auf die Bezug genommen wurde, gleichermaßen entsprechen. Die diesbezügliche Beweislast liegt also zunächst einmal beim Bieter.[149]

Als zur Beweisführung geeignetes Mittel gelten insbesondere eine technische Beschreibung des Herstellers oder ein Prüfbericht einer **anerkannten Stelle**.

Anerkannte Stellen sind gem. § 15 Abs. 7 Satz 1 VSVgV die Prüf- und Eichlaboratorien im Sinne des Eichgesetzes sowie die Inspektions- und Zertifizierungsstellen, die den Anforderungen der jeweils anwendbaren europäischen Normen entsprechen. Die Auftraggeber erkennen Bescheinigungen von in anderen Mitgliedstaaten ansässigen anerkannten Stellen an (vgl. § 15 Abs. 7 Satz 2 VSVgV).

Sofern entsprechende Nachweise seitens der Bieter vorgelegt werden, geht die Last der Widerlegung auf den Auftraggeber über.[150] Nach anderer Auffassung soll bereits eine nachvollziehbare Begründung genügen, wenn der Auftraggeber die Nachweise nicht anerkennen möchte.[151]

> **PRAXISTIPP**
>
> *In diesem Zusammenhang gilt es zu beachten, dass insbesondere die Herstellerangaben einer kritischen Prüfung zu unterziehen sind. Diese sind nämlich nicht selten ungeeignet, um die Übereinstimmung des betroffenen Produkts mit dem normierten Produkt nachzuweisen.[152]*

## 3. Gleichwertigkeit zu Leistungs- und Funktionsanforderungen (Absatz 5)

Auch dann, wenn der Auftraggeber die technischen Anforderungen nach § 15 Abs. 3 Nr. 2 in Form von Leistungs- oder Funktionsanforderungen festlegt, darf er ein Angebot, das einer Norm, mit der eine europäische Norm umgesetzt wird, oder einer europäischen

---

147 Vgl. *Schellenberg*, in: Pünder/Schellenberg, Vergaberecht, 2011, § 8 EG VOL/A Rn. 50; vgl. *Roggenkamp/Zimmermann*, in: Heiermann/Zeiss/Blaufuß, jurisPK-Vergaberecht, 3. Auf. 2011, § 8 EG VOL/A Rn. 19.
148 Vgl. *Schellenberg*, in: Pünder/Schellenberg, Vergaberecht, 2011, § 8 EG VOL/A Rn. 51.
149 Vgl. *Traupel*, in: Müller-Wrede, VOL/A, 3. Aufl. 2010, § 8 EG VOL/A Rn. 57.
150 Vgl. *Roggenkamp/Zimmermann*, in: Heiermann/Zeiss/Blaufuß, jurisPK-Vergaberecht, 3. Auf. 2011, § 8 EG VOL/A Rn. 23.
151 Vgl. *Traupel*, in: Müller-Wrede, VOL/A, 3. Aufl. 2010, § 8 EG VOL/A Rn. 57.
152 *Traupel*, in: Müller-Wrede, VOL/A, 3. Aufl. 2010, § 8 EG VOL/A Rn. 57.

technischen Zulassung, einer gemeinsamen technischen Spezifikation, einer internationalen Norm oder einem technischen Bezugssystem, das von den europäischen Normungsgremien erarbeitet wurde, entspricht, nicht zurückweisen, wenn diese Spezifikationen die von ihm geforderten Leistungs- oder Funktionsanforderungen betreffen.

77 Auch in diesem Fall müssen die Bieter dem Auftraggeber in ihren Angeboten mit geeigneten Mitteln nachweisen, dass die der Norm entsprechende jeweilige Ware oder Dienstleistung den Leistungs- oder Funktionsanforderungen des Auftraggebers entspricht. Als geeignetes Mittel kann wiederum eine **technische Beschreibung des Herstellers** oder ein **Prüfbericht einer anerkannten Stelle** gelten.

## VI. Umweltzeichen (Absatz 6)

78 Die Vorschrift des § 15 Abs. 6 VSVgV gestattet es dem Auftraggeber, Umweltzeichen zu verwenden. Die Vorschrift greift allerdings nur dann, wenn die geforderten Umwelteigenschaften in Form von Leistungs- und Funktionsanforderungen gem. § 15 Abs. 3 Nr. 2 VSVgV festgelegt werden.

79 Die in § 15 Abs. 6 VSVgV genannten Voraussetzungen müssen kumulativ erfüllt werden.[153] Liegt nur eines der genannten Merkmale nicht vor, so ist die Vorgabe des Umweltzeichens angreifbar.[154] In der Praxis wird man besonders häufig auf die Umweltzeichen „Blauer Engel", „Energy Star" und „eco label" stoßen.[155] Allerdings sind vor dem Hintergrund des Grundsatzes der Gleichbehandlung auch andere geeignete Beweismittel zum Nachweis der geforderten Umwelteigenschaften zuzulassen. Insoweit kommen insbesondere technische Unterlagen des Herstellers oder Prüfberichte anerkannter Stellen in Betracht.

## VII. Anerkannte Stellen (Absatz 7)

80 Anerkannte Stellen sind regelmäßig Institutionen, deren Aufgabe die Zertifizierung einer bestimmten technischen Spezifikation ist.[156]

## VIII. Grundsatz der Produktneutralität (Absatz 8)

### 1. Grundsatz

81 Der **Grundsatz der Produktneutralität** besagt, dass in den in der Leistungsbeschreibung genannten technischen Anforderungen grundsätzlich nicht auf eine bestimmte Produktion oder Herkunft oder ein besonderes Verfahren oder auf Marken, Patente, Typen oder einen bestimmten Ursprung verwiesen werden darf, wenn hierdurch

---

153 Vgl. *Prieß*, in: Kulartz/Marx/Portz/Prieß, VOL/A, 2. Aufl. 2011, § 8 EG Rn. 98; vgl. *Roggenkamp/Zimmermann*, in: Heiermann/Zeiss/Blaufuß, jurisPK-Vergaberecht, 3. Auf. 2011, § 8 EG Rn. 28; vgl. *Schellenberg*, in: Pünder/Schellenberg, Vergaberecht, 2011, § 8 EG VOL/A Rn. 55.
154 *Roggenkamp/Zimmermann*, in: Heiermann/Zeiss/Blaufuß, jurisPK-Vergaberecht, 3. Auf. 2011, § 8 EG Rn. 29.
155 *Traupel*, in: Müller-Wrede, VOL/A, 3. Aufl. 2010, § 8 EG VOL/A Rn. 63.
156 *Traupel*, in: Müller-Wrede, VOL/A, 3. Aufl. 2010, § 8 EG VOL/A Rn. 64.

bestimmte Unternehmen oder Produkte begünstigt oder ausgeschlossen werden.[157] Ein Verweis auf eine **bestimmte Produktion oder Herkunft** liegt vor, wenn der Auftraggeber ein konkretes Produkt, einen Hersteller, Ursprungsort oder eine konkrete Bezugsquelle vorgibt. Das Tatbestandsmerkmal „besonderes Verfahren" zielt auf den Herstellungsprozess ab.

Begründet wird der Grundsatz der Produktneutralität vor allem mit dem Umstand, dass öffentliche Auftraggeber Beschaffungsvorgänge nicht mit selbst erwirtschafteten Mitteln, sondern vielmehr mit den Mitteln des Steuerzahlers beschaffen.[158] Die Verwendung dieser Mittel muss daher vor dem Hintergrund der durch Art. 3 Abs. 1 GG gewährleisteten Gleichbehandlung möglichst diskriminierungsfrei erfolgen.[159]  82

### 2. Ausnahmen

Vom Grundsatz der Produktneutralität darf abgewichen werden, soweit dies „durch den Auftragsgegenstand gerechtfertigt ist".[160] Eine solche Rechtfertigung bedarf nach Auffassung des **VK Schleswig-Holstein**[161] „objektiver, in der Sache selbst liegender Gründe, die sich zum Beispiel aus der besonderen Aufgabenstellung des Auftraggebers, aus technischen oder gestalterischen Anforderungen oder auch aus der Nutzung der Sache ergeben können."  83

Das **OLG Düsseldorf**[162] stellt fest, dass es insoweit ausreicht, „dass sich die Forderung besonderer Merkmale, bezogen auf die Art der zu vergebenden Leistung, rechtfertigen lässt, mithin sachlich vertretbar ist, womit dem Umstand Rechnung zu tragen ist, dass in die (auch) kaufmännische Entscheidung des Auftraggebers, welche Leistung mit welchen Merkmalen nachgefragt und ausgeschrieben werden soll, regelmäßig eine Vielzahl von Gesichtspunkten einfließt, die sich etwa daraus ergeben, dass sich die auf dem Markt angebotenen Leistungen trotz grundsätzlicher Gleichartigkeit regelmäßig in einer Reihe von Eigenschaften unterscheiden. Eine Differenzierung nach solchen Kriterien, soweit sie auf die Art der zu vergebenden Leistung bezogen sind, kann dem Auftraggeber nicht verwehrt werden, und nach welchen sachbezogenen Kriterien er seine Entscheidung auszurichten hat, ist ihm im Nachprüfungsverfahren nicht vorzuschreiben [...]."  84

Die Beweislast hinsichtlich der Rechtfertigung einer nicht produktneutralen Ausschreibung durch den Auftragsgegenstand trägt im Streitfall der Auftraggeber.[163]  85

> **PRAXISTIPP**  86
>
> Der Auftraggeber ist daher gehalten, sich in jedem Fall einen möglichst breit gefächerten Überblick über die in Betracht kommenden Lösungen zu verschaffen. Er darf alternative Lösungsmöglichkeiten nicht von vornherein ausschließen und muss im Einzelfall auf belastbare Weise prüfen und positiv feststellen, warum eine

---

157 *Roggenkamp/Zimmermann*, in: Heiermann/Zeiss/Blaufuß, jurisPK-Vergaberecht, 3. Auf. 2011, § 8 EG Rn. 34 m.w.N..
158 *Roggenkamp/Zimmermann*, in: Heiermann/Zeiss/Blaufuß, jurisPK-Vergaberecht, 3. Auf. 2011, § 7 Rn. 37.
159 *Roggenkamp/Zimmermann*, in: Heiermann/Zeiss/Blaufuß, jurisPK-Vergaberecht, 3. Auf. 2011, § 7 Rn. 37.
160 Vgl. OLG Frankfurt, 28.10.2003 – 11 Verg 9/03; OLG Saarbrücken, 29.10.2003 – 1 Verg 2/03.
161 VK Schleswig-Holstein, 28.11.2006 – VK-SH 25/06
162 OLG Düsseldorf, 14.3.2011 – Verg 32/00, NJOZ 2003, 2688, 2692.
163 OLG Düsseldorf, 19.1.2010 – VII-Verg 46/09.

> *Lösungsvariante angesichts des zu verwirklichenden Beschaffungszweckes auszuschließen ist.[164] Derartige Überlegungen sind dokumentationspflichtig.[165]*

87 Ausnahmsweise sind die durch § 15 Abs. 8 Satz 1 VSVgV untersagten Verweise auch dann zulässig, wenn der Auftragsgegenstand nicht eindeutig und vollständig beschrieben werden kann. In diesem Fall ist den Verweisen der Zusatz „oder gleichwertig" anzufügen.

### 3. Fehlerfolgen

88 Wenn gegen das Gebot der Produktneutralität verstoßen oder in ungerechtfertigter Weise von dessen Vorgaben abgewichen wurde, stellt das zugleich einen Verstoß gegen den Wettbewerbsgrundsatz, den Grundsatz der Gleichbehandlung und das Diskriminierungsverbot dar. Die betroffene Ausschreibung muss aufgehoben werden, wenn eine Korrektur des Fehlers nicht mittels der Zurückversetzung des Vergabeverfahrens erreicht werden kann.[166]

---

164 *Roggenkamp/Zimmermann*, in: Heiermann/Zeiss/Blaufuß, jurisPK-Vergaberecht, 3. Auf. 2011, § 7 Rn. 39.
165 VK Schleswig-Holstein, 28.11.2006 – VK-SH 25/06.
166 Vgl. *Prieß*, in: Kulartz/Marx/Portz/Prieß, VOL/A, 2. Aufl. 2011, § 8 EG Rn. 117; vgl. *Roggenkamp/Zimmermann*, in: Heiermann/Zeiss/Blaufuß, jurisPK-Vergaberecht, 3. Auf. 2011, § 8 EG Rn. 40.

## § 16
## Vergabeunterlagen

(1) Die Vergabeunterlagen umfassen alle Angaben, die erforderlich sind, um eine Entscheidung zur Teilnahme am Vergabeverfahren oder zur Angebotsabgabe zu ermöglichen. Sie bestehen in der Regel aus

1. dem Anschreiben (Aufforderung zur Teilnahme oder Angebotsabgabe oder Begleitschreiben für die Abgabe der angeforderten Unterlagen),
2. der Beschreibung der Einzelheiten der Durchführung des Verfahrens (Bewerbungsbedingungen), einschließlich der Angabe der Zuschlagskriterien und deren Gewichtung oder der absteigenden Reihenfolge der diesen Kriterien zuerkannten Bedeutung, sofern nicht in der Bekanntmachung bereits genannt,
3. den Vertragsunterlagen, die aus Leistungsbeschreibung und Vertragsbedingungen bestehen, und
4. Name und Anschrift der Vergabekammer, die für die Nachprüfung zuständig ist.

(2) Sofern die Auftraggeber Nachweise verlangen, haben sie diese in einer abschließenden Liste zusammenzustellen.

## Übersicht

|      |                                                                    | Rn. |
|------|--------------------------------------------------------------------|-----|
| I.   | Allgemeines                                                        | 1   |
| II.  | Begriff und Inhalt (§ 16 Abs. 1)                                   | 6   |
|      | 1. Grundsätzliche Bestandteile und Auslegung                       | 6   |
|      |    a) Grundsätzliche Bestandteile                                  | 6   |
|      |    b) Auslegung                                                    | 11  |
|      | 2. Änderungen und Ergänzungen                                      | 17  |
|      | 3. Ziffer 1–4: Die Regelbestandteile                               | 23  |
| III. | Abschließende Liste für Nachweise (§ 16 Abs. 2)                    | 44  |
| IV.  | Rechtsfolgen bei Verstoß                                           | 49  |

## I. Allgemeines

§ 16 VSVgV regelt, welche Bestandteile die vom Auftraggeber zu erstellenden Vergabeunterlagen enthalten müssen, um die erforderliche Transparenz bei Vergabeverfahren im Bereich der Sicherheits- und Verteidigungsrichtlinie zu gewährleisten. In der Ausgestaltung hat sich der **Verordnungsgeber an den Regelungen zu den Vergabeunterlagen in § 9 EG Abs. 1 und Abs. 4 VOL/A orientiert** und diese im Wesentlichen übernommen. Die Vorschrift setzt bei der Angabe der Zuschlagskriterien und der Ge-

1

wichtung Gemeinschaftsrecht nach Art. 34 Abs. 5 lit. e und Art. 47 Abs. 2 RL 2009/81/EG um, ansonsten beruht sie nicht auf gemeinschaftsrechtlichen Vorgaben.

2 **Der Geltungsbereich umfasst die Vergabe von Liefer- und Dienstleistungsaufträgen im Sicherheits- und Verteidigungsbereich**, für die Vergabe von Bauaufträgen sind die Vorgaben zu den Vergabeunterlagen im 3. Abschnitt der VOB/A – VS in § 8 VOB/A – VS umfangreich geregelt.

3 **Vergabeunterlagen** (früher „Verdingungsunterlagen") sind alle erforderlichen, schriftlich fixierten Angaben, die potenziellen Bietern die Entscheidung ermöglichen, ob sie am Vergabeverfahren teilnehmen oder ein Angebot abgeben. In § 16 Abs. 1 S. 2 VSVgV werden die einzelnen erforderlichen Regelbestandteile der Vergabeunterlagen konkretisiert. Abs. 2 verpflichtet die Auftraggeber, eine **abschließende Liste** für Nachweise zusammenzustellen. Die im Zuge der Vergaberechtsreform 2009 neu in § 8 Abs. 3 VOL/A bzw. § 9 EG Abs. 4 VOL/A aufgenommene Regelung wurde wortgleich für die Vergabeverordnung für Verteidigung und Sicherheit übernommen. Die Aufstellung der Liste dient der Transparenz des Vergabeverfahrens und soll dem Bieter die Angebotsabgabe erleichtern, indem er auf einen Blick erkennen kann, welche Nachweise der Auftraggeber fordert.

4 Ergänzt bzw. erweitert im Vergleich zu § 9 Abs. 1 EG VOL/A wurden die in § 16 Abs. 1 S. 2 VSVgV genannten Regelbestandteile: gemäß Nr. 4 ist die für Nachprüfungsverfahren **zuständige Vergabekammer** anzugeben. Weitere bisher in der VOL/A bei den Vergabeunterlagen geregelte Punkte sind in der VSVgV in anderen bzw. **in eigen geregelten Normen** enthalten oder (aufgrund der Besonderheit der Verfahrensarten) **komplett weggefallen**. § 16 Abs. 1 Nr. 2 VSVgV gibt die Angabe der Zuschlagskriterien und deren Gewichtung in den Vergabeunterlagen vor, wobei die Ausführungen zur **Gewichtung der Zuschlagskriterien** nach § 9 EG Abs. 2 VOL/A teilweise in Nr. 2 zusammengefasst wurden und teilweise bei der Aufforderung zur Abgabe eines Angebots **in § 29 Abs. 5 Nr. 5 VSVgV** geregelt sind. **Die Anforderungen an Nebenangebote,** in der VOL/A bei den Vergabeunterlagen (§ 8 Abs. 4 VOL/A und 9 EG Abs. 5) zu finden, sind in **§ 32 VSVgV** enthalten, wobei ebenso für die Vergabeverordnung für Verteidigungs- und Sicherheit gilt: Nebenangebote sind nur dann zu werten bzw. möglich, wenn diese in der **Bekanntmachung ausdrücklich zugelassen** werden, § 32 Abs. 1 S. 3 VSVgV. Wie bei § 9 EG Abs. 5 VOL/A müssen auch die **Mindestanforderungen** angegeben werden, § 32 Abs. 1 S. 2, 3 VSVgV.

5 Eine **Kostenerstattung für die Vervielfältigung** der Vergabeunterlagen ist in § 16 VSVgV nicht vorgesehen, da, im Gegensatz zu § 9 EG Abs. 3 VOL/A, der dies für das offene Verfahren vorsieht, nach § 11 Abs. 1 VSVgV bei Leistungs- und Dienstleistungsaufträgen das offene Verfahren nicht als Verfahrensart innerhalb der VSVgV vorgesehen ist (Art. 25 RL 2009/81/EG). Dass jedoch auch Kosten für die Übersendung von Vergabeunterlagen geltend gemacht werden können, ergibt sich aus § 29 Abs. 3 VSVgV: Sofern eine andere Stelle Unterlagen für die Vergabe bereit hält, muss der Betrag nebst Zahlungsbedingungen vom Auftraggeber in der Aufforderung zur Angebotsabgabe genannt werden, der Bieter erhält die Unterlagen erst nach Zahlung.

## II. Begriff und Inhalt (§ 16 Abs. 1)

### 1. Grundsätzliche Bestandteile und Auslegung

#### a) Grundsätzliche Bestandteile

§ 16 Abs. 1 VSVgV **definiert** in Satz 1 die **Anforderungen an die Vergabeunterlagen** in allgemeiner Form. Sie müssen alle **erforderlichen** Angaben für die Entscheidung der Bieter zur Teilnahme am Vergabeverfahren bzw. zur Ermöglichung der Angebotsabgabe enthalten. Die Vergabeunterlagen konkretisieren die zunächst in der Bekanntmachung (§ 18 VSVgV) zusammengefasst dargestellte geplante Beschaffung, dienen dem Verständnis der gesamten Vergabe und enthalten die bei dem Vergabeverfahren und der Vertragsabwicklung geltenden und zu beachtenden Bedingungen. Umfasst sind davon alle Unterlagen, die der Auftraggeber bis zur Angebotsabgabe zur Verfügung stellt.

In § 16 Abs. 1 S. 2 Nr. 1–4 VSVgV werden die einzelnen **Regelbestandteile** genannt. Diese sind

- das **Anschreiben** (Aufforderung zur Angebotsabgabe oder Begleitschreiben für die Abgabe der angeforderten Unterlagen), **Nr. 1**
- die **Bewerbungsbedingungen** einschließlich der Angabe der **Zuschlagskriterien**, **Nr. 2**
- die **Vertragsunterlagen** (Leistungsbeschreibung, § 15, und Vertragsbedingungen), **Nr. 3** und
- die Angabe der **zuständigen Vergabekammer**, **Nr. 4**.

Die Auflistung ist nach dem Wortlaut **nicht abschließend** („*Sie bestehen in der Regel aus...*"), das heißt Abweichungen, Erweiterungen und Ergänzungen innerhalb vergaberechtlicher Grenzen sind zulässig.[1] Es ist anhand des jeweiligen Einzelfalls zu entscheiden, welche Abweichungen oder zusätzliche Angaben möglich und nötig sind, um das in § 16 Abs. 1 S. 1 VSVgV genannte Merkmal der „**erforderlichen Angaben**" zu gewährleisten. Grundsätzlich ist davon auszugehen, dass von den Regelbestandteilen alle notwendigen Mindestangaben umfasst sind.

Durch die Vorgabe festgelegter Unterlagen bzw. Dokumente mit den Vergabeunterlagen wird eine einheitliche und vergleichbare Wettbewerbssituation geschaffen, die die **Transparenz des Vergabeverfahrens gewährleisten**. Die Standardisierung ermöglicht eine schnelle Erfassung, welche einzelnen Bestandteile die Vergabeunterlagen und damit das Angebot enthalten sollen.

In welcher **Form** die Vergabeunterlagen zur Verfügung gestellt werden, ist nicht vorgeschrieben. Aus § 29 Abs. 2 VSVgV ergibt sich, dass diese elektronisch oder „in sonstiger Weise", also per Post, per Telefax oder per E-Mail zur Verfügung gestellt werden können. Im Falle der elektronischen Bereitstellung hat der Auftraggeber bereits in der Bekanntmachung die Internetadresse anzugeben, unter der die Unterlagen abgerufen werden können (§ 20 Abs. 4 VSVgV).

---

[1] *Verfürth*, in: Kulartz/Marx/Portz/Prieß, Kommentar zur VOL/A, 2. Auflage 2011, § 8 VOL/A, Rn. 15.

### b) Auslegung

**11** Maßgeblich für den Willen des Auftraggebers, was und wie er beschaffen will, sind die Vergabeunterlagen; mit ihnen bringt der Auftraggeber für die Bieter erkennbar zum Ausdruck, auf welche Leistungsmerkmale es ihm wesentlich ankommt. Insofern trifft den Auftraggeber, insbesondere mit Blick auf die Ausschlusssanktion für die Abgabe unvollständiger Angebote die Verpflichtung, die Vergabeunterlagen klar und eindeutig zu formulieren und Widersprüchlichkeiten zu vermeiden. Aus den Vergabeunterlagen muss für die Bieter unmissverständlich hervorgehen, welche Erklärungen von ihnen verlangt werden.[2]

**12** Wenn sich der Inhalt nicht ohne weiteres aus den Unterlagen ergibt bzw. Widersprüche enthalten sind, sind die Vergabeunterlagen als rechtsgeschäftliche Erklärungen der Vergabestelle gemäß §§ 133, 157 BGB nach dem **objektiven Empfängerhorizont der potenziellen Bieter** auszulegen.[3] Die Auslegung orientiert sich am Wortlaut der Vergabeunterlagen, wobei neben dem Wortlaut auch die Umstände des Einzelfalls, die Verkehrssitte sowie Treu und Glauben heranzuziehen sind.[4]

**13** Es ist dabei von der Sicht eines **sach- und fachkundigen Bieters** auszugehen, wobei entscheidend ist, welche Verständnismöglichkeit der durch die Ausschreibung insgesamt angesprochene Empfängerkreis hat. Weder das tatsächliche subjektive Verständnis des Bieters noch die subjektiven Vorstellungen des Auftraggebers sind hierbei ausschlaggebend. Selbst wenn die Auslegung nicht den Vorstellungen des Auftraggebers entsprechen sollte, darf grundsätzlich nur das **objektiv nach außen Erklärte** und nicht das hiervon abweichende subjektiv Gewollte berücksichtigt werden.[5] Auch der Bieter darf die Erklärung nicht einfach nach dem für ihn günstigen Sinn auslegen. Er ist nach Treu und Glauben verpflichtet, unter Berücksichtigung aller erkennbaren Umstände und unter Zugrundelegung seiner Sach- und Fachkenntnis zu prüfen, was die Vergabestelle gemeint hat. Handelt es sich bei dem Bieter um ein im Verteidigungs- und Sicherheitsbereich branchenerfahrenes Unternehmen, müssen die wesentlichen militärischen oder sicherheitsrelevanten Anforderungen auch in technischer Hinsicht erkannt werden.[6] Allerdings ist es nicht zulässig, dem Bieter bei der Ausschreibung umfangreiche Vorarbeiten und Recherchen, die eine Angebotskalkulation erst ermöglichen, abzuverlangen, da es dem Auftraggeber obliegt, die Leistung in den Vergabeunterlagen eindeutig und vollständig nach § 15 Abs. 2 VSVgV zu beschreiben.[7] Bei der Auslegung sind nur solche Umstände zu berücksichtigen, die bei Zugang der Erklärung, also bei Übermittlung der Vergabeunterlagen, für den Empfänger erkennbar waren.[8]

**14** Dabei muss sich der Bieter ernsthaft fragen, was der Auftraggeber aus seiner Interessenlage heraus gewollt hat. Ob die ausgeschriebene Leistung an sich sinnvoll ist, hat er nicht in Frage zu stellen, der Auftraggeber kann dies im Rahmen seiner Beschaffungs-

---

[2] BGH, 3.4.2012, X ZR 130/10 – Ausbau Kreisstraße/VHB; BGH, 10.6.2008 – X ZR 78/07 – Benennung Nachunternehmer; VK Mecklenburg-Vorpommern, 21.2.2012 – 1 VK 07/11 – Neubau Kläranlage.
[3] BGH, 3.4.2012, aaO; BGH, 10.6.2008, aaO; VK Bund, 7.5.2012 – VK 3 33/12 – Fertigungsteile RTM Bauteile.
[4] *Gnittke/Hattig*, in: Müller/Wrede, Kommentar zur VOL/A, 3. Auflage 2010, § 9 EG VOL/A, Rn. 7.
[5] OLG München, 3.11.2011 – Verg 14/11 – Funktionstest bühnentechnische Anlage.
[6] VK Bund, 7.5.2012 – VK 3-33/12 – Fertigungsteile RTM Bauteile.
[7] OLG Düsseldorf, 12.10.2011 – Verg 46/11 – Bereitstellung satellitengestützter Dienste, VK Mecklenburg-Vorpommern, aaO.
[8] OLG Bremen, 6.2.2012 – Verg 5/11 – Klinikneubau; OLG Düsseldorf, 9.2.2009, Verg 66/08 – Betreuungsleistung Bundeswehr.

hoheit frei bestimmen.⁹ Wenn der Bieter Zweifel hat, ob seine Auslegung tatsächlich dem Willen der Vergabestelle entspricht, ist es ihm zumutbar, dies durch **Bieterfragen** zu klären. Der Auftraggeber muss **rechtzeitig angeforderte Bieterfragen** innerhalb der **in § 20 Abs. 5 VSVgV genannten Frist – sechs Tage bei nicht offenen Verfahren und vier Tage bei beschleunigten Verfahren –** beantworten. Wie er die Bieterfragen beantwortet, per Post, per Telefax, per E-Mail oder über eine allgemein zugängliche Bieterplattform, steht dem Auftraggeber frei. Er muss jedoch unter Beachtung der in § 19 VSVgV im Rahmen der Informationsübermittlung genannten Grundsätze in der Bekanntmachung oder den Vergabeunterlagen angeben, welche Kommunikationsmittel er wählt bzw. wie er diese gegebenenfalls kombiniert. Sofern der Auftraggeber eine allgemein zugängliche Bieter- bzw. Ausschreibungsplattform einrichtet, müssen sich die **Bieter laufend über die Beantwortung der Bieterfragen** und den sich hieraus ergebenden ergänzenden Vorgaben für die Auslegung der Vergabeunterlagen bis zur Angebotsabgabe **informieren**.¹⁰

**15** Verbleiben bei der Auslegung aufgrund Nichtbeantwortung oder unzureichender Beantwortung der Bieterfragen Zweifel, muss eine Auslegung wegen der für den Bieter damit verbundenen Nachteile im Zweifel zugunsten des Bieters erfolgen. Der Auftraggeber trägt also das Risiko, wenn die Vergabeunterlagen missverständlich sind.¹¹ **Unklarheiten in den Vergabeunterlagen gehen nicht zu Lasten des Bieters**, ein Angebotsausschluss bei vertretbarer Auslegung durch den Bieter ist nicht zulässig.¹²

**16**

> **PRAXISTIPP**
>
> *Unklare bzw. widersprüchliche Angaben in den Vergabeunterlagen muss der Bieter im Rahmen seiner Fach- und Sachkunde mit Bieterfragen klären. Bei der Formulierung der Fragen sollte der Bieter darauf achten, diese konkret im Hinblick auf die von ihm vorgenommene Einschätzung der Auslegung zu formulieren, um von dem Auftraggeber eine eindeutige Antwort zu erhalten. Ebenso sollte die Bieterfrage dem Auftraggeber eine (allerdings nicht verbindlich geltende) Frist zu Beantwortung vorgeben. Kommt die Vergabestelle ihrer Aufklärungspflicht nicht, nicht genügend oder nicht rechtzeitig innerhalb der Frist von § 20 Abs. 5 VSVgV nach und ist deswegen eine ordnungsgemäße Kalkulation des Angebots nicht möglich, muss der Bieter dies unverzüglich rügen, um seine Rechtsschutzmöglichkeiten zu wahren.*

## 2. Änderungen und Ergänzungen

**17** Der Auftraggeber ist an die von ihm gestellten Anforderungen in den Vergabeunterlagen gebunden. Seine Vorgaben führen zu einer **Selbstbindung**, die er wegen der übergeordneten Grundsätze der Transparenz und Gleichbehandlung grundsätzlich selbst nicht mehr beseitigen kann.¹³ Der Auftraggeber darf daher bei der Ermittlung des wirt-

---

9  OLG Düsseldorf, 27.6.2012 – Verg 7/12 – Anti-Grippeimpfstoff; VK Mecklenburg-Vorpommern, 21.2.2012 – 1 VK 07/11 – Neubau Kläranlage.
10 VK Bund, 23.12.2011 – VK 2-163/11 – Rabattverträge/englische Übersetzung.
11 OLG Düsseldorf, 15.2.2012 – Verg 85/11 – Umsatzsteuer Parlamentsdrucksache.
12 OLG Düsseldorf, 15.2.2012 – Parlamentsdrucksachen; Verg 85/11 OLG Düsseldorf, 3.8.2011 – Verg 30/11 – Bieterliste; OLG Celle, 3.6.2010 – 13 Verg 6/10 – Sanierung Schleuse; VK Hessen, 10.11.2008 – 69d-VK-53/2008 – Abbruchleistungen.
13 VK Sachsen, 16.5.2011 – 1/SVK/016-11 – Zuschlagskriterien Wärmedämmarbeiten.

schaftlichsten Angebots nur solche Angebote berücksichtigen, die seine aufgestellten Anforderungen erfüllen. Auch wenn überschießende Vorgaben in den Vergabeunterlagen zum Beispiel im Bereich der Versorgungssicherheit gefordert werden, greift eine diesbezügliche Selbstbindung. Die Vergabeunterlagen dürfen wegen des **Gleichbehandlungs-, Wettbewerbs- und Transparenzgrundsatzes** nach § 97 Abs.1 und Abs.2 GWB somit grundsätzlich **nicht zugunsten bzw. zu Ungunsten einzelner Bieter während des gesamten Vergabeverfahrens** geändert werden.

18 **Zulässig sind** jedoch Richtigstellungen, Änderungen oder Ergänzungen der Vergabeunterlagen vor Angebotsabgabe in unwesentlichem Umfang. Dies gilt für Korrekturen von Fehlern oder Ungenauigkeiten wie etwa die Berichtigung missverständlicher Formulierungen, die Ausfüllung von Lücken in der Darstellung, die Präzisierung von Angaben wie zum Beispiel Klarstellungen der Vergabestelle im Hinblick auf einen drohenden Vorwurf einer produktspezifischen Ausschreibung.[14] Darüber hinaus sind auch Änderungen und Ergänzungen dann vergaberechtskonform, wenn sie die Grundlagen des jeweiligen Wettbewerbs und der Preisbildung nicht grundlegend verändern und den Entschluss der Unternehmen zur Beteiligung oder zur Nichtbeteiligung am Wettbewerb nicht berühren. Die Frage, ob die **Änderung wesentlich** bzw. grundlegend ist, ist einzelfallbezogen anhand einer wertenden Betrachtung vorzunehmen.[15] Unter Berücksichtigung der aktuellen Rechtsprechung des EuGH sind bei Beachtung des Gleichbehandlungs-, Transparenz- und Wettbewerbsgebots unter folgenden Voraussetzungen Modifikationen zulässig: die Änderung muss inhaltlich an einen Umstand anknüpfen, der **alle und nicht nur einzelne Bewerber bzw. Bieter betrifft**, wobei sich dies auch nicht indirekt begünstigend für nur einzelne Bewerber auswirken darf. Die Abweichung darf wegen des **Vertrauensschutzes der Bieter nicht so erheblich** sein, dass sich potenzielle Bieter wegen einer ursprünglich gestellten (höheren) Anforderung nicht am Vergabeverfahren beteiligt hätten.[16] Ebenso wenig darf die Änderung der Vergabeunterlagen den **Kern des zu vergebenden Auftrags** betreffen. Zu prüfen ist dabei, ob ein Teil der Bedingungen des Auftrages selbst betroffen ist und die – geänderte – Anforderung inhaltlichen Bezug zum Auftragsgegenstand hat. Ist dies der Fall, liegt eine nicht zulässige Änderung „im Kern" vor. Zu den **wesentlichen Bedingungen des Auftrags** gehören die technischen Spezifikationen und die Vergabekriterien, so wie diese Bedingungen im Lastenheft formuliert wurden.[17] Wenn jedoch nur ein Detail dahingehend modifiziert wird, dass ein Teil der Bedingungen des Vergabeverfahrens geändert wird, ohne dass sich dies auf den Auftragsgegenstand auswirkt, kann eine Änderung der Vergabeunterlagen erfolgen.[18] Die vom Oberlandesgericht Düsseldorf vertretene Auffassung, dass der Auftraggeber wegen der ihm zustehenden Beschaffungshoheit während eines laufenden Vergabeverfahrens grundsätzlich berechtigt ist, die Leistungsbeschreibung – gegebenenfalls unter angemessener Frist zur Neukalkulation – zumindest vor Angebotsabgabe zu ändern, wenn er einen anderen Bedarf hat oder er seinen Bedarf besser in anderer Form zu be-

---

14 OLG Düsseldorf, 17.11.2008 – VII-Verg 49/08 – ZStV-Verfahren/Zoom Komponente.
15 EuGH, Urteil vom 10.5.2012 – Rs. C-368/10 – Kaffeeautomaten; 2. VK Bund, 27.3.2007 – VK 2-18/07; VK Sachsen, 21.4.2008 – 1/SVK/021-08 – Änderung EDV Datei.
16 EuGH, aaO, KG Berlin, 20.4.2011 – Verg 2/11 – Lieferung Datenverarbeitungshardware und software.
17 EuGH, aaO.
18 KG Berlin, aaO.

friedigen glaubt, ist unter Berücksichtigung dieser Grundsätze des EuGH für das nicht offene Verfahren zu weitgehend.[19]

**Besonderheiten** gelten für das nach § 11 Abs. 1 S. 1 VSVgV als Verfahrensart grundsätzlich zulässige **Verhandlungsverfahren mit Teilnahmewettbewerb** sowie für das in begründeten Ausnahmefällen zulässige Verhandlungsverfahren ohne Teilnahmewettbewerb und den **wettbewerblichen Dialog**, §§ 11 Abs. 1 S. 2, 12 und 13 VSVgV. Das Verhandlungsverfahren ist gerade dadurch gekennzeichnet ist, dass sich der Auftraggeber und Bieter in seinem Verlauf über den Inhalt der Leistungen, die Vertragsbedingungen und die Höhe bzw. Zahlungsmodalitäten der Vergütung austauschen. **Modifikationen sind hier nicht nur zulässig, sondern erforderlich**, um den Vertragsinhalt, den der Auftraggeber nicht bereits in den Ausschreibungsunterlagen in allen Einzelheiten festschreiben konnte oder wollte, sukzessive zu fixieren.[20] Inbesondere bei komplexen Beschaffungen im Verteidigungs- und Sicherheitsbereich bei der Militärausrüstung oder der Einrichtung von Funknetzen ist der Auftraggeber an die eventuell notwendige Anpassung seiner Unterlagen, die sich erst im Laufe der Verhandlungen mit den Bietern ergibt, angewiesen, um ein seinen Anforderungen entsprechendes Produkt zu erhalten. Wenn sich der Auftraggeber also die Möglichkeit vorbehält, die Vorgaben im Verlauf des Verfahrens anzupassen bzw. Abstand davon zu nehmen, ist dies im Verhandlungsverfahren zulässig. Allerdings müssen solche Änderungen der an die Angebote gerichteten Anforderungen transparent und diskriminierungsfrei erfolgen und allen Bietern gleichzeitig bekannt gemacht werden.[21] Eine Änderung oder Ergänzung der Vergabeunterlagen in der Schlussphase nach der Aufforderung an alle Bieter zum finalen Angebot ist jedoch nicht mehr möglich, da der Auftraggeber damit zu verstehen gibt, dass die Verhandlungsphase und damit die Möglichkeit der Modifikationen beendet ist. Sieht der Auftraggeber im Verhandlungsverfahren mit Teilnahmewettbewerb mehrere Verhandlungsphasen vor, ist dies mit den angegebenen Zuschlagskriterien in der Bekanntmachung oder den Vergabeunterlagen anzugeben, § 11 Abs. 3 VSVgV. Da der **wettbewerbliche Dialog** nach § 13 VSVgV nur dann als Verfahrensart zulässig ist, wenn der Auftraggeber bei besonders komplexen Aufträgen selbst nicht in der Lage ist, die technischen, rechtlichen oder finanziellen Mittel anzugeben, ist dem Verfahren die Erstellung eines Großteils der Vergabeunterlagen und damit die Änderung, Ergänzung und Berichtigung durch den Bieter in der Dialogphase immanent. Auch hier muss jedoch nach Abschluss der Dialogphase gelten: werden die verbleibenden Bieter nach den Verhandlungen in der Angebotsphase zum finalen Angebot aufgefordert, kann eine Änderung bzw. Ergänzung auch hier nicht mehr erfolgen.

Zwingend sind die Regelungen in den Vergabeunterlagen zu korrigieren, die nach erfolgter Rüge bzw. nach Überprüfung im Nachprüfungsverfahren einen gerechtfertigten Vergaberechtsverstoß darstellen.[22] Zur **Änderung der Zuschlagskriterien** wird auf die nachfolgenden Ausführungen unter **Rn. 36** verwiesen.

Wenn zulässige Änderungen und Ergänzungen der Vergabeunterlagen erfolgen, muss der **Auftraggeber dies allen Bietern gleichzeitig mitteilen**, entweder durch Zu-

---
19 OLG Düsseldorf, 13.1.2010 – 27 U 1/09 – Hafen Xanten, EuGH, aaO.
20 OLG Naumburg, 12.4.2012 – 2 Verg 1/12 – Next Generation Network, *Kulartz*, in: Kulartz/ Marx/ Portz/ Prieß, VOL/A, 2. Aufl. 2011 § 3 EG Rn. 42.
21 OLG Düsseldorf, 21.11.2007 – Verg 32/07 – Umstrukturierung Hafen- und Bahnbetrieb.
22 *Gnittke/Hattig*, aaO, Rn. 9.

sendung der Informationen bzw. Änderungen an alle Bieter per Post, per Fax, per E-Mail oder durch Einstellung auf einer für alle Bieter zugänglichen Ausschreibungsplattform. Sofern sich die Änderung oder Ergänzung auf die Angebotserstellung auswirken kann oder die Frist nach § 20 Abs. 5 VSVgV nicht gewahrt werden kann, ist je nach Art und Umfang der Änderung die **Angebotsabgabefrist angemessen zu verlängern**.

22

**PRAXISTIPP**

*Modifikationen der Vergabeunterlagen während eines Vergabeverfahrens müssen im Vergabevermerk unter Angabe des Grundes vom Auftraggeber sowohl im nicht offenen als auch im Verhandlungsverfahren ausführlich dokumentiert werden. Bei Änderungen kurz vor Ablauf der Angebotsabgabefrist sollte grundsätzlich die Angebotsabgabefrist (ggf. auch die Binde- und Zuschlagsfrist) verlängert werden, um Vergabeverstöße zu vermeiden. Denn es ist selten auszuschließen, dass sich Änderungen in den Vergabeunterlagen auf die Angebotserstellung auswirken können. Ob eine Anpassung bzw. Verlängerung der Vertragslaufzeit ebenfalls erforderlich ist, muss wegen eventuell sich hieraus ergebender Schadenersatzforderungen des Auftraggebers im Einzelfall geprüft werden.*

### 3. Nr. 1–4: Die Regelbestandteile

#### a) Nr. 1: Das Anschreiben

23 Das Anschreiben enthält die Aufforderung an die Bieter, ein Angebot für die ausgeschriebene Leistung abzugeben bzw. am Vergabeverfahren teilzunehmen. Die Nennung der beiden Varianten „**Aufforderung zur Teilnahme oder Angebotsabgabe oder Begleitschreiben für die Abgabe der angeforderten Unterlagen**" bezieht sich auf die jeweils gewählte Verfahrensart: Sofern ein Teilnahmewettbewerb vorgesehen ist, erfolgt eine Aufforderung zur Angebotsabgabe. Dies gilt für die nach § 11 Abs. 1 VSVgV vorgesehenen Verfahrensarten des nicht offenen Verfahrens, des Verhandlungsverfahrens, sowie des wettbewerblichen Dialogs. Bei der Aufforderung zur Angebotsabgabe müssen nach § 29 Abs. 2 VSVgV alle Vergabeunterlagen und alle unterstützenden Unterlagen bzw. die Angabe enthalten sein, wie elektronisch darauf zugegriffen werden kann, § 20 Abs. 4 VSVgV.

#### b) Nr. 2: Bewerbungsbedingungen/Zuschlagskriterien/Gewichtung

24 • Bewerbungsbedingungen

Die **Bewerbungsbedingungen beschreiben die Einzelheiten der Durchführung des Vergabeverfahrens und umfassen alle Verfahrensvorgaben**, die bei der Angebotsabgabe bzw. bei der Teilnahme im Rahmen des Vergabeverfahrens vom Bieter einzuhalten sind (die Form der Angebote, zuständige Ansprechpartner; Angabe der Fristen, die Nachforderung von Nachweisen, die Vorlage von Mustern/Proben bzw. das Verfahren bei Teststellungen etc.). Es handelt sich um **reine Verfahrensvorschriften** und keine Vertragsbedingungen.[23] Da der Auftraggeber die **Beschaffungshoheit** hat, bestimmt er, welche Vorgaben im Rahmen der Bewerbungsbedingungen gelten sollen, die der Bieter verbindlich bei der Angebotserstellung bzw. bei seiner Teilnahme zu beachten hat. Wenn kein Angebot eingeht, das den vorgegebenen Bewerbungsbedingungen des

---

23 *Gnittke/Hattig*, aaO, Rn. 12.

Auftraggebers entspricht, ist er nach § 37 Abs. 1 Nr. 1 VSVgV berechtigt, das Vergabeverfahren aufzuheben. Eine Einschränkung der Gültigkeit von Bewerbungsbedingungen ergibt sich wegen des Rechtscharakters von allgemeinen Geschäftsbedingungen nur aus §§ 305 ff. BGB. Für den Auftraggeber bietet sich hier die Möglichkeit, seine Vergabeverfahren bei regelmäßig wiederkehrenden Erfordernissen durch Schaffung einheitlicher Standards im Rahmen der Bewerbungsbedingungen zu rationalisieren.[24] Im Bereich der Bundeswehr finden sich auf der Homepage des Bundesamtes für Ausrüstung, Informationstechnik und Nutzung der Bundeswehr bereits einige standardisierte aktualisierte Vorgaben.[25]

Eine neue Regelung ist bei den Anforderungen für **Unteraufträge** in § 9 VSVgV enthalten. Der Auftraggeber ist nach § 9 Abs. 4 VSVgV verpflichtet, in der Bekanntmachung oder in den Vergabeunterlagen seine Vorgaben an Unteraufträge nach § 9 Abs. 3 VSVgV anzugeben. Dem Bieter kann konkret vorgeschrieben werden, ob er Nachunternehmer einzusetzen hat und wie er bei der Unterauftragsvergabe vorzugehen hat. Für den Fall, dass der Auftraggeber **Anforderungen im Sinne von § 9 Abs. 3 VSVgV** stellt, stellen diese **Bewerbungsbedingungen im Sinne von § 16 Abs. 1 S. 1 Nr. 2 VSVgV** dar. § 9 VSVgV dient dabei der Umsetzung von Art. 21 RL 2009/81/EG und dem Ziel, die Rüstungs- und Sicherheitsmärkte und Lieferkette großer Hauptunternehmer auch zugunsten wehrtechnisch ausgerichteter kleiner und mittelständischer Unternehmen (KMU) zu öffnen und den Wettbewerb zu stärken. § 9 Abs. 3 VSVgV enthält eine komplette Neuerung: die Auftraggeber können die Bieter nicht nur auffordern, die Nachunternehmer sowie den Leistungsteil bekanntzugeben, sondern den Bietern vorschreiben, die Erteilung von Unteraufträgen unter bestimmten Voraussetzungen in einem wettbewerblichen Verfahren zu vergeben. Das heißt, der Bieter ist unter bestimmten Voraussetzungen verpflichtet, seinerseits ein Vergabeverfahren zur Auswahl seines Nachunternehmers durchzuführen (das Verfahren zur Unterauftragsvergabe ist im Einzelnen in §§ 38 ff. VSVgV geregelt).

25

- **Zuschlagskriterien**

Der in § 97 Abs. 1 und Abs. 2 GWB normierte Grundsatz der **Transparenz** des Verfahrens und der **Gleichbehandlung** aller Bieter gebietet es, dass der Auftraggeber den Bietern die maßgeblichen Kriterien der Wertung als wesentliche Grundlage seiner Entscheidung für den Zuschlag ausdrücklich und unmissverständlich mitteilt. Die Angabe der **Zuschlagskriterien sowie deren Gewichtung** muss deshalb **in der Bekanntmachung oder in den Vergabeunterlagen** erfolgen, § 16 Abs. 1 S. 2 Nr. 2 VSVgV. Wenn die Zuschlagskriterien in der Bekanntmachung nicht genannt sind, müssen sie zwingend in den Vergabeunterlagen angegeben werden. Dies gilt für alle Verfahrensarten. Die Auswahlentscheidung ist deswegen auch im Verhandlungsverfahren zur differenzierten Bewertung der Angebote transparent und nachvollziehbar zu gestalten.[26] Für den Bewerber muss anhand der bekanntgegebenen Wertungskriterien klar erkennbar sein, worauf es dem Auftraggeber ankommt, so dass er sein Angebot optimal gestalten kann.[27] Die Angabe **des Kriteriums „Wirtschaftlichkeit"** ohne näher bestimmte Vorgaben ist wegen

26

---

24  OLG Koblenz, 7.7.2004 – 1 Verg 1 und 2/04 – Nachunternehmererklärung.
25  http://www.baain.de/portal.
26  VK Sachsen, 8.1.2010 – 1/SVK/059-09 – Planungsleistungen Eissporthalle.
27  VK Schleswig-Holstein, 14.3.2012 – VK-SH 3/12- Briefpostdienste; VK Nordbayern, 1.12.2010 – 21.VK-3194-38/10 – Projektpersonal, VK Münster, 21.11.2007 – VK 24/07 – Verwertung Altpapier.

der fehlenden Bestimmtheit kein zulässiges Wertungskriterium, da eine vergleichbare Wertung der Angebote nur anhand konkretisierender Unterkriterien vorgenommen werden kann.[28]

27 Bei der Wahl der Zuschlagskriterien ist der Auftraggeber grundsätzlich frei, wobei seine Dispositionsfreiheit bei willkürlichen und damit vergabefremden Zwecken Grenzen findet.[29] **Für den Bereich Verteidigung und Sicherheit sind die Unterkriterien beispielhaft, also nicht abschließend, in § 34 Abs. 3 VSVgV genannt,** sie entsprechen dem in Art. 47 Abs. 1 lit. a) RL 2009/81/EG enthaltenen Katalog der Zuschlagskriterien und umfassen: die Qualität, den Preis, die Zweckmäßigkeit, den technischen Wert, Kundendienst und technische Hilfe, die Betriebskosten, Rentabilität, Lebenszykluskosten, Interoperabilität und Eigenschaften beim Einsatz, Umwelteigenschaften, Lieferfrist oder Ausführungsdauer und die Versorgungssicherheit.

28 Art. 47 RL 2009/81/EG lässt ausdrücklich den Zuschlag auf das Angebot mit dem niedrigsten Preis zu. Der Auftraggeber kann also auch bei der Sicherheits- und Verteidigungsrichtlinie den **Preis als einziges Kriterium** angeben, wenn die Leistungsbeschreibung so detailliert und umfassend erstellt wurde bzw. es sich um eine Standardbeschaffung bei Waffen oder Munition handelt, dass nahe bzw. deckungsgleiche Angebot zu erwarten sind.[30]

29 Neu **als Zuschlagskriterien** für den spezifischen Bereich der Verteidigung und Sicherheit wurden in § 34 Abs. 3 Nr. 6 und Nr. 9 VSVgV **die Interoperabilität und Eigenschaften beim Einsatz sowie die Versorgungssicherheit** aufgenommen. Im Rahmen von § 8 Abs. 2 VSVgV sind die Anforderungen an die Versorgungssicherheit beispielhaft aufgelistet. Sie enthalten unter anderem die Bescheinigung des Bieters, dass er in Bezug auf die Güterausfuhr die mit der Auftragsdurchführung verbundenen Verpflichtungen erfüllen kann, die Information über Ausfuhrkontroll- oder Sicherheitsbeschränkungen, die Zusage der Bedarfssteigerung bei einer Krise und die Zusage für die Wartung, Modernisierung oder Anpassung der gelieferten Güter. Da die Anforderungen an die Versorgungssicherheit angesichts der Sensibilität der unter die RL 2009/81/EG fallenden Ausrüstungsgegenstände von besonderer Bedeutung sind und die gesamte Lieferkette betreffen, hat der Verordnungsgeber klargestellt, dass die **Vorgaben für die Versorgungssicherheit** einzelfallbezogen sehr unterschiedlich gestaltet sein können und im Hinblick auf die konkrete Beschaffung **sowohl bei der Eignung (der Prüfung der Zuverlässigkeit, Fachkunde und Leistungsfähigkeit) als auch bei der Zuschlagswertung berücksichtigt werden können**[31]: Bei der Abgrenzung der **Eignungs- von den Zuschlagskriterien kann es deshalb Überschneidungen** geben. Dabei ist zu beachten, dass nach dem vergaberechtlichen Grundsatz **„kein Mehr an Eignung"** bereits gewertete Eignungskriterien bei der Zuschlagentscheidung nicht nochmals berücksichtigt werden dürfen. Die Eignungsprüfung ist grundsätzlich mit Prüfung der Fachkunde, Leistungsfähigkeit und Zuverlässigkeit (im Rahmen der Wertung auf der zweiten Stufe) abgeschlossen und darf nicht mehr bei der Zuschlagsentscheidung (im Rahmen der Wertung

---

28 OLG Düsseldorf, 11.5.2011 – Verg 64/10 – Ausbau Heizkraftwerk.
29 OLG Stuttgart, Urteil vom 19.5.2011 – 2 U 36/11 – Geschäftsanteil Gesundheitszentren.
30 OLG Frankfurt, 5.6.2012 – 11 Verg 4/12 – Software/Rechnungsprüfung.
31 *Gründe*, Besonderer Teil, Ausführungen zu § 8 (Versorgungssicherheit).

bei der vierten Stufe) eine Rolle spielen.[32] Eine Ausnahme gilt, wenn für die Erfüllung eines konkreten Auftrags leistungsbezogene Wertungskriterien von Bedeutung sind. Im Gegensatz zu den bieterbezogenen Zuschlagskriterien allgemeiner Natur dürfen diese im Rahmen der Zuschlagsentscheidung berücksichtigt werden.[33] Für den Bereich der Versorgungssicherheit hat der Verordnungsgeber klargestellt, dass je nach Gewichtung und Bedeutung der jeweiligen Anforderungen die Versorgungssicherheit nach den konkreten Umständen des Einzelfalls Eignungs- oder Zuschlagskriterium sein kann.[34] Bei der Prüfung oder Auslegung der Verhältnismäßigkeit muss als Maßstab gelten: Wenn bei der konkreten Beschaffung **die Versorgungssicherheit als leistungsbezogenes Kriterium** zur Erfüllung des Auftrags erforderlich ist, ist eine Wertung als Zuschlagskriterium möglich.[35] Die Gründe muss der Auftraggeber ausführlich im Vergabevermerk darstellen.

**PRAXISTIPP**

30

*Der Auftraggeber muss sich bereits vor der Bekanntmachung entscheiden, ob er die Versorgungssicherheit als Eignungs- oder Zuschlagskriterium berücksichtigen will, da bereits in der Bekanntmachung zwingend nach § 18 Abs. 3 Nr. 1 VSVgV sämtliche Anforderungen an die Eignungskriterien abschließend angegeben sein müssen und ein Nachfordern in den Vergabeunterlagen nicht zulässig ist.*

- **Gewichtung**

Neben den Zuschlagskriterien ist nach § 16 Abs. 1 Nr. 2 VSVgV die Gewichtung der Zuschlagskriterien zur Ermittlung des **wirtschaftlichsten Angebots** anzugeben. Dies entspricht den Vorgaben von Art. 47 Abs. 2 RL 2009/81/EG. Gewichtungsregeln bestimmen, wie die (zu erwartenden) Angaben der Bieter zu den einzelnen Kriterien und Unterkriterien zu bewerten sind und wie beispielsweise eine Umrechnung in Wertungspunkte erfolgt. Bei der Wahl ist der Auftraggeber grundsätzlich frei, sofern die vorgegebene Gewichtung für den konkreten Auftragsgegenstand nachvollziehbar ist und keine vergabefremde bzw. willkürliche Gewichtung erfolgt. Die Gewichtung kann mittels einer **Marge** angegeben werden, deren größte Bandbreite angemessen sein muss, Art. 47 Abs. 2 RL 2009/81/EG. Angesichts des Transparenzgrundsatzes muss jedoch anhand der jeweiligen Beschaffung geprüft werden, ob und in welchem Bereich dies zulässig ist. Große Schwankungsbereiche (etwa die Vorgabe des Kriteriums Interoperabilität und Einsatzbereitschaft mit einer Spanne von 20–50%) sind auf jeden Fall wegen der fehlenden Vergleichbarkeit und Transparenz unzulässig. Da nach § 34 Abs. 2 VSVgV auf Grundlage von § 97 Abs. 5 GWB der Zuschlag auf das wirtschaftlichste Angebot zu erfolgen hat, darf der **Preis** nach den Vorgaben der Rechtsprechung keine untergeordnete Rolle spielen. Für den Bereich der VOL/A wird häufig die Grenze von mindestens 30% genannt.[36] Das Oberlandesgericht Düsseldorf lehnt eine grundsätzliche prozentuale Angabe ab und stellt darauf ab, dass der Angebotspreis nicht am Rande der Wertung stehen darf, sondern vom Auftraggeber in ein **angemessenes Verhältnis zu den übrigen Wertungskriterien**

---

32 OLG Düsseldorf, 3.8.2011 – Verg VII – 30/11 – Planung Blockheizkraftwerk; OLG München, 10.2.2011 – Verg 24/10 – Projektsteuerung Psychiatrie.
33 OLG Naumburg, 12.4.2012 – 2 Verg 1/12 – Landesdatennetz Next Generation Network; OLG Celle, 12.1.2012 – 13 Verg 9/11 – Rettungsdienstleistungen.
34 *Gründe*, aaO.
35 OLG Naumburg, aaO.
36 VK Sachsen, 7.5.2007 – Az.: 1/SVK/027-07 – Verkehrszug; Gnitte/Hattig, aaO, Rn. 21.

anhand der konkreten Beschaffung zu bringen ist.[37] Angesichts der Tatsache, dass es sich bei den Grenzfällen im Hinblick auf eine niedrige Wertung des Preises auch im Bereich der Verteidigung und Sicherheit nie um Standardbeschaffungen handeln wird, ist die Ansicht des Oberlandesgerichts Düsseldorf zutreffend, anhand der jeweiligen Beschaffung im Einzelfall abzuwägen und eine generelle Festlegung eines grundsätzlichen Prozentsatzes bei einer niedrigen Gewichtung des Preises abzulehnen.

31 Ist dem Auftraggeber eine Gewichtung der Kriterien aus nachvollziehbaren Gründen aus seiner Sicht nicht möglich, so gibt er die Kriterien in der **absteigenden Reihenfolge ihrer Bedeutung** an. Die Gründe, die ihn veranlasst haben, keine Gewichtung vorzunehmen, muss der Auftraggeber ausführlich im Vergabevermerk darstellen.[38] Eine **Bewertungsmatrix**, d.h. ein Bewertungsschema, das alle Kriterien und Gewichtungspunkte im Detail verzeichnet und darstellt, wie die einzelnen Noten bzw. Bewertungen in Punktwerte umgerechnet werden, ist zwar nicht grundsätzlich verpflichtend.[39] Um jedoch einen nachvollziehbaren und transparenten Bewertungsmaßstab zu haben, empfiehlt sich eine solche Bewertungsmatrix. Wenn der Auftraggeber eine Bewertungsmatrix als Grundlage seiner Wertung nimmt, muss er diese detailliert allen Bietern bekannt machen.[40] Für den Bereich der IT Beschaffung nimmt das Bundesamt für Ausrüstung, Informationstechnik und Nutzung der Bundeswehr (BAAINBw) häufig auf die Unterlage für Ausschreibung und Bewertung von IT Leistungen (UfAB V Version 2) Bezug.[41] Die UfAB ist eine vom Beschaffungsamt des Bundesministeriums des Innern unter anderem in Zusammenarbeit mit dem BAAINBw erstellte Unterlage, in der verschiedene Bewertungsmatrizen erläutert werden. Je nach Gegenstand und Komplexität der Beschaffung wird bei Standardprodukten ein einfaches Bewertungsschema, bei dem letztendlich der günstigste Preis ausschlaggebend ist, bei komplexeren Beschaffungen die Wertung anhand einer Nutzwertanalyse (Richtwertmethode), die die Leistungspunkte in Beziehung zum angebotenen Preis setzt, vorgeschlagen.[42] Ziel es ist, allen IT-Beschaffern praktikable Bewertungsmethoden an die Hand zu geben und die Vorgehensweisen und Methoden zu vereinheitlichen. Zu beachten ist, dass die UfAB keine für den Auftraggeber verbindlich anzuwendende Unterlage ist. Sofern der Auftraggeber sich aber für ein in der UfAB beschriebenes Wertungsmodell entscheidet, muss er die gewählte Bewertungsmethode in den Vergabeunterlagen unter Bezugnahme auf die UfAB konkret angeben.

- **Fehlende Angaben von Zuschlagskriterien oder deren Gewichtung**

32 Wenn der Auftraggeber **weder in der Bekanntmachung noch in den Vergabeunterlagen die Zuschlagskriterien bzw. die Gewichtung angegeben** hat, fehlen wesentliche Informationen für den Bieter zur Gestaltung seines Angebots.

In Rechtsprechung und Schrifttum hat sich teilweise die Auffassung durchgesetzt, dass in den Fällen, in denen der Auftraggeber die Zuschlagskriterien nicht bekannt gemacht hat, nur **der niedrigste Preis** als Zuschlagskriterium angewendet werden darf.[43] Zur Be-

---

37 OLG Düsseldorf, 21.5.2012 – Verg 3/12 – Förderung Deutschlandbild.
38 VK Sachsen-Anhalt, 22.11.2007 – 1 VK LVwA 24/07 – Lieferung von Bordrechnern.
39 *Gnitte/Hattig*, aaO, Rn. 23.
40 OLG Düsseldorf, 5.5.2008 – Verg 5/08 – Wachdienste.
41 Aktuelle Version bei www.cio.bund.de/DE/IT-Beschaffung/UfAB/ufab_node.html.
42 Einzelheiten hierzu bei Kapitel 4.20 der UfAB 2.0.
43 OLG Jena, 18.5.2009 – 9 Verg 4/09 – Betriebssystem; VK Südbayern, 21.4.2009 – Z3-3-3194-1-09-02/09; VK Brandenburg, 13.3.2007 – 1 VK 7/07; *Gnittke/Hattig*, aaO, Rn. 40.

gründung wird angeführt, dass wegen der Rechtsstaatlichkeit, Vorhersehbarkeit und Transparenz des Vergabeverfahrens bei der Wertung von Angeboten nur Zuschlagskriterien zur Anwendung kommen dürfen, die zuvor in der Vergabebekanntmachung oder in den Vergabeunterlagen bekannt gemacht wurden, damit sich die interessierten Bieter darauf einstellen können. Unterlässt der Auftraggeber – auch versehentlich – eine solche Bekanntmachung, kann er allgemeine Gesichtspunkte der Wirtschaftlichkeit bei der Wertung nicht mehr berücksichtigen. Der Zuschlag muss dann auf das Angebot mit dem niedrigsten Preis erteilt werden, andernfalls könnte der Auftraggeber durch die Berücksichtigung nicht bekannt gemachter Zuschlagskriterien im Rahmen der Wertung beliebigen Einfluss auf die Rangfolge der Angebote nehmen.[44]

Eine andere Ansicht stellt dagegen darauf ab, dass **das Vergabeverfahren** ab dem Zeitpunkt **zu wiederholen** ist, zu dem die Zuschlagskriterien vollständig hätten bekannt sein müssen, damit die Bieter etwaige diesbezügliche Mängel ihres Angebots vermeiden können und dadurch eine zweite Chance erhalten.[45] Da letztendlich für die Bieter bei der Erstellung der Angebote entscheidend ist, anhand welcher Kriterien und mit welcher Gewichtung die Wertung erfolgt, müssen diese Vorgaben transparent vor Angebotsabgabe den Bietern bekannt gemacht werden. Sind keine bzw. unzureichende Kriterien genannt, muss ein Bieter nicht zwangsläufig davon ausgehen, dass nur der Preis gilt, so dass er in Kenntnis dieser Tatsache eventuell sein Angebot anders gestaltet hätte. Gerade im Bereich der Vergaben im Verteidigungs- und Sicherheitsbereich, die oft im Sicherheitsbereich oder bei spezifischer Militärausrüstung keine Standardbeschaffungen vorsehen, wäre die alleinige Wertung des Preises nicht sachgerecht. Es ist deswegen in Übereinstimmung mit der letztgenannten Ansicht zutreffend, das Vergabeverfahren anhand der nachträglich von dem Auftraggeber bekannt gegebenen Wertungskriterien mit allen Bietern zu wiederholen und diesen die Möglichkeit zu geben, ihr Angebot an die dann bekannten Wertungskriterien anzupassen.

33

Werden **mehrere Kriterien ohne Gewichtung** genannt, ist fraglich, ob alle Kriterien gleich zu werten sind oder das Verfahren wegen der Unmöglichkeit der Wertung aufzuheben ist. Auch wenn hier die Rechtsprechung teilweise vertritt, dass die Kriterien in diesem Fall gleich zu werten sind,[46] kann aus Gründen der Transparenz und des Wettbewerbs nichts anderes gelten als für die fehlende Angabe: Wegen der Unmöglichkeit der Wertung bzw. der fehlenden Nachvollziehbarkeit für die Bieter ist das Verfahren aufzuheben bzw. unter Angabe der Gewichtung zu wiederholen.[47]

34

- **Widerspruch zwischen Bekanntmachung und Vergabeunterlagen**

Ebenfalls umstritten ist, was bei Widersprüchen zwischen der Bekanntmachung und den Vergabeunterlagen gilt. Sofern bereits **zwingende Angaben in der Bekanntmachung nach § 18 Abs. 3 VSVgV** erfolgen müssen, sind diese Vorgaben maßgeblich. Eignungskriterien sind nach § 18 Abs. 3 Nr. 1 VSVgV vollumfänglich in der Bekanntmachung zu nennen. Ein Nachfordern oder eine Erweiterung in den Vergabeunterlagen (etwa im Hinblick auf ein „Mehr" an Anforderungen an die Referenzen als in der Bekanntmachung

35

---

44  OLG Jena, aaO; VK Südbayern, aaO.
45  OLG Düsseldorf, 11.5.2011 – Verg 64/10 – Heizkraftwerk; OLG Düsseldorf, 5.5.2009 – Verg 14/09 – Ingenieurleistungen.
46  VK Bund, 21.8.2009 – VK 1-148/09.
47  VK Bund, 15.9.2008 – VK 2-91/08.

gefordert) ist nicht zulässig, es gelten die Vorgaben in der Bekanntmachung, wobei Konkretisierungen möglich sind.[48] Hat sich der Auftraggeber zum Beispiel entschieden, die Versorgungssicherheit als Eignungskriterium in der Bekanntmachung zu berücksichtigen, kann er seine Vorgaben dann nicht in den Vergabeunterlagen verschärfen.[49] Sind Angaben sowohl in der Bekanntmachung als auch in den Vergabeunterlagen wie bei den Zuschlagskriterien möglich, ist fraglich, ob bei Widersprüchen vorrangig auf **die Bekanntmachung oder die Vergabeunterlagen** abzustellen ist. Eine ältere Entscheidung der VK Münster sieht hierin einen **Vergabeverstoß, der zur Aufhebung des Vergabeverfahrens führt,** da die Wertungskriterien in den Vergabeunterlagen nicht eindeutig benannt sind.[50] Andere halten die Vergabeunterlagen für vorrangig, da diese die spezifischeren Unterlagen zu der Bekanntmachung darstellen.[51] Die neuere Rechtsprechung stellt jedoch zu Recht darauf ab, dass Entscheidungsgrundlage für einen Bewerber hinsichtlich der Abforderung der Vergabe und damit der voraussichtlichen Teilnahme am Wettbewerb die Bekanntmachung ist. Aus dieser entnimmt der Bieter unter anderem die Kriterien für die Zuschlagserteilung. Wenn die Bekanntmachung also die Entscheidungsgrundlage für einen potenziellen Bewerber bezüglich der Teilnahme am Wettbewerb ist, sind diese von der Vergabestelle gemachten Angaben auch im Vergabeverfahren beizubehalten. Dieses umso mehr, wenn andere Kriterien für die Zuschlagserteilung geeignet wären, beteiligende Bewerber schlechter zu stellen als im Anwendungsfall der Kriterien aus der Bekanntmachung, bzw. im Umkehrfall bei einem Weniger an Kriterien sich unter Umständen ein größerer Bewerberkreis an der Ausschreibung hätte beteiligen können (Wettbewerbseinschränkung durch Abschreckung). Wenn also die Kriterien für die Zuschlagserteilung der Bekanntmachung von den in den Vergabeunterlagen genannten Kriterien abweichen bzw. diesen widersprechen, **gelten vorrangig die Vorgaben der Bekanntmachung**.[52]

- **Änderung der Zuschlagskriterien/Gewichtung**

36   Der Auftraggeber ist **aus Gründen der Rechtsstaatlichkeit, Vorhersehbarkeit und Transparenz** des Wertungsverfahrens an die bekannt gegebenen Wertungskriterien gebunden, d. h. es dürfen nur Zuschlagskriterien bei der Wertung berücksichtigt werden, die zuvor in der Vergabebekanntmachung oder in den Verdingungsunterlagen genannt sind. Die Manipulationsmöglichkeit läge auf der Hand, wenn der Auftraggeber die Auswahl nach seiner Wahl treffen könnte und sich nicht an seine Wertungskriterien halten müsste bzw. sie im Laufe des Vergabeverfahrens beliebig ändern dürfte.[53] Der Auftraggeber ist wegen der Gleichbehandlung und Transparenz an seine einmal getroffene Entscheidung gebunden und darf keine Zuschlagskriterien, Unterkriterien oder Gewichtungsregeln anwenden, die er den am Auftrag interessierten Unternehmen nicht vorher bekannt gegeben hat.[54] Eine nachträgliche Festlegung von Kriterien und ihrer Gewichtung unterliegt nach der Rechtsprechung drei (alternativen) Beschränkungen: Der Auf-

---

48  OLG Düsseldorf, 26.3.2012 – Verg 4/12 – medizinische Hilfsmittel; OLG Koblenz, 13.6.2012 – 1 Verg 2/12 – Entsorgung Bioabfall.
49  S. Rn. 25.
50  VK Münster, 4.10.2000 – VK 10/00 – Gebäudeleittechnik.
51  VK Düsseldorf, 22.7.2002, VK 19/02 – preisgebundene Schulbücher.
52  VK Nordbayern, 14.10.2009 – 21.VK-3194-45/09 – Lieferung von Nahrungsmitteln; VK Schleswig-Holstein, 12.7.2005 – VK-SH 14/05; – Labortechnische Einbauten.
53  Brandenburgisches OLG, 13.9.2011 – Verg W 10/11; OLG Bremen, 6.1.2012 – Verg 5/11.
54  EuGH, 18.11.2010 – Rs.C-226/09 – Dolmetscher; OLG Düsseldorf, 22.12.2010 – Verg 40/10 – Mikrofilmkameras; 10.12.2009 – 21.VK-3194-53/09 – reprografische Dienstleistung.

traggeber darf keine Unterkriterien aufstellen, die bekannt gegebene Hauptkriterien abändern. Die nachträglich festgelegten Kriterien dürfen keine Gesichtspunkte enthalten, die die Vorbereitung der Angebote hätten beeinflussen können, wenn sie im Zeitpunkt der Vorbereitung bekannt gewesen wären. Schließlich darf der Auftraggeber keine Unterkriterien festlegen, die geeignet sind, Bieter zu diskriminieren. Dies gilt auch für Gewichtungsregeln. Unter Unterkriterien werden Kriterien verstanden, die die eigentlichen Zuschlagskriterien genauer ausformen und präziser darstellen, worauf es dem Auftraggeber im Einzelnen ankommt.[55] Sofern zulässige bzw. notwendige Änderungen – etwa bei Überprüfung im Nachprüfungsverfahren oder erfolgter Rüge – der Gewichtung von Kriterien bzw. Unterkriterien von der Vergabestelle vorgenommen werden, müssen diese allen Bietern zu einem Zeitpunkt bekannt gegeben werden, in dem sie diese bei der **Angebotserstellung noch berücksichtigen** können.[56]

### c) Nr. 3: Vertragsunterlagen

Die in Nr. 3 genannten Vertragsunterlagen sind die Leistungsbeschreibung und die Vertragsbedingungen.

- **Leistungsbeschreibung**

Die Leistungsbeschreibung ist der zentrale Bestandteil der Vergabeunterlagen, da hier konkret der Inhalt und der Umfang des ausgeschriebenen Auftrags festgelegt sind. **§ 15 VSVgV enthält für den Bereich der Verteidigung und Sicherheit die Vorgaben für die Leistungsbeschreibung** und setzt damit die Vorgaben von Art. 18 RL 2009/81/EG um. Sinngemäß werden die in § 8 EG VOL/A festgelegten Anforderungen an eine **eindeutige und vollständige Leistungsbeschreibung** in § 15 Abs. 2 VSVgV übernommen. Eine eindeutige und erschöpfende Leistungsbeschreibung dient dazu, dass alle Bieter der Leistungsbeschreibung den gleichen Erklärungswert beimessen und sie allein anhand der Leistungsbeschreibung lückenlos die anzubietenden Leistungsbereiche erkennen und kalkulieren können.[57] Leistungsbeschreibungen sind demnach so klar und eindeutig abzufassen, dass – abgestellt auf einen durchschnittlichen und mit der Art der ausgeschriebenen Leistung vertrauten Empfänger – alle Bewerber sie notwendig in gleichem Sinn verstehen müssen. Die Beschreibung muss den Bietern ermöglichen, die Angebotspreise möglichst sicher zu kalkulieren, und die hierfür nötigen Informationen enthalten.[58]

- **Vertragsbedingungen**

Bei den Vertragsbedingungen werden die wesentlichen Grundlagen festgelegt, die bei der späteren Vertragsabwicklung zwischen den Parteien gelten und die mit Zuschlag Bestandteil des Vertrages werden. **Eine inhaltliche Bindung der Auftraggeber an die Allgemeinen Vertragsbedingungen für die Ausführung von Leistungen (VOL/B) ist in § 10 Abs. 3 VSVgV geregelt**. Diese sind grundsätzlich zum Vertragsgegenstand zu machen. Durch die vorgegebene einheitliche Anwendung der VOL/B in Vergabeverfahren soll das öffentliche Auftragswesen harmonisiert und die inhaltliche Ausgewogenheit der

---

55 OLG Frankfurt, 5.10.2010 – 11 Verg 7/10 – Neubau Stadthalle; VK Nordbayern, 10.2.2010 – 21.VK-3194-01/10 – reprografische Dienstleistungen.
56 OLG Düsseldorf, aaO.
57 OLG Brandenburg, 27.3.2012 – Verg W 13/11 – Biotopkartierung.
58 OLG Düsseldorf, 12.10.2011 – Verg 46/11 – Bereitstellung satellitengestützter Dienste; OLG Dresden, 17.5.2011 – WVerg 0003/11 – Austausch Holzfenster.

Verträge sichergestellt werden.[59] Die Auftraggeber können die Vorgaben der VOL/B durch eigene zusätzliche oder ergänzende Vertragsbedingungen erweitern, aber grundsätzlich nicht abändern. Eine Ausnahme davon ist nur dann zulässig, wenn die Eigenart der Leistung bzw. das Beschaffungsvorhaben es zwingend erfordern.[60]

39 Die **Allgemeinen Geschäftsbedingungen der Bundeswehr** nehmen neben der VOL/B auf die „Zusätzlichen Vertragsbedingungen des Bundesministeriums der Verteidigung" zur VOL/B" (ZVB/BMVg) und die „Ergänzenden Vertragsbedingungen für Nicht-IT-Leistungen" (Allgemeine Bedingungen für Beschaffungsverträge des Bundesministeriums der Verteidigung – ABBV, Allgemeine Bedingungen für Entwicklungsaufträge mit Industriefirmen – ABEI, Allgemeine Bedingungen für Forschungsaufträge mit Industriefirmen – ABFI) Bezug.[61] Für die Beschaffung von IT Leistungen im Bereich der Bundeswehr gelten die „Ergänzenden Vertragsbedingungen für die Beschaffung von IT Leistungen" (EVB -IT) in Ergänzung mit den „Besonderen Vertragsbedingungen für die Beschaffung von DV-Leistungen" (BVB)" oder für den Einzelfall erforderliche eigenständige Vertragsmuster.[62]

40 Die Vertragsbedingungen werden durch den Auftraggeber in den Vergabeunterlagen **abschließend** vorgegeben. Im nicht offenen Verfahren besteht ein absolutes **Verhandlungsverbot** (§ 11 Abs. 2 VSVgV). **Jede Änderung der Vertragsbedingungen durch den Bieter** bzw. die Beifügung der eigenen AGB nach § 31 Abs. 2 Ziffer 4 VSVgV führt zum **zwingenden Ausschluss vom Vergabeverfahren**.[63] Enthält ein Begleitschreiben des Bieters widersprüchliche oder ergänzende Angaben zu den Angebotsunterlagen, führt dies ebenfalls zum zwingenden Ausschluss vom Vergabeverfahren, da es ebenfalls als Bestandteil des Angebots gilt.[64]

41 Mehr Spielraum lässt das in § 11 Abs. 1 VSVgV vorgesehene **Verhandlungsverfahren zu**: Hier ist es zulässig bzw. sogar erforderlich, über einzelne **Vertragsbedingungen zu verhandeln und diese gegebenenfalls zu ändern oder zu ergänzen**. Diese Besonderheit des Verfahrens führt dazu, dass sich der Begriff des Angebots im Verhandlungsverfahren von demjenigen des Angebots im nicht offenen Verfahren unterscheidet: Das Angebot ist hier nicht allein durch den Inhalt der ursprünglichen, oft schriftlich einzureichenden Erklärung des Bieters bestimmt, sondern wird dynamisch entwickelt und in den Verhandlungsrunden aus- und umgestaltet.[65] Es darf und soll abgeändert werden.[66] Allerdings trifft auch bei Verhandlungsverfahren den Bieter die Obliegenheit, bei der Angebotsabgabe die in der Bekanntmachung oder den Vergabeunterlagen aufgestellten Mindestanforderungen zu beachten und sein Angebot gemäß den festgelegten Vorgaben abzugeben.[67]

---

59 *Gnittke/Hattig*, aaO, Rn. 46.
60 *Gnittke/Hatting*, aaO. Rn. 47.
61 „http://www.baain.de.
62 „http://www.cio.bund.de" > IT-Beschaffung > EVB-IT und BVB.
63 VK Lüneburg, 27.8.2009 – VgK-35/2009 – signaltechnische Streckenausrüstung; VK Nordbayern, 27.2.2007 – 21.VK-3194-04/07 – Rückzüge/Harvester.
64 VK Sachsen, 22.6.2011 – 1/SVK/024-11 – Radiologische Geräte/Rabatt.
65 OLG Naumburg, 12.4.2012 – 2 Verg 1/12 – Datennetz Next Generation Network.
66 OLG Naumburg, 13.10.2008, 1 Verg 10/08 – Bordcomputer ÖPNV.
67 VK Nordbayern, 11.7.2011 – 21.VK-3194-17/11 – Entsorgung Sperrmüll; OLG Düsseldorf, 11.5.2011 – Verg 64/10.

> **PRAXISTIPP**
>
> *Die Bieter müssen bei der Kalkulation Ihres Angebotes insbesondere im nicht offenen Verfahren sämtliche vorgegebenen Vertragsbedingungen beachten und diese im Hinblick auf die für die Vertragsausführung und -kalkulation relevanten Punkt wie z.B. Leistungsumfang, Gewährleistung und Haftung prüfen. Dies wird häufig bei Erstellung des Angebots übersehen und führt nach Abschluss des Vergabeverfahrens bei der Vertragsabwicklung zu – berechtigten – Forderungen des Auftraggeber, die der Bieter im Rahmen des Vertrages zu erbringen hat, ohne die Leistung zusätzlich vergütet zu bekommen.*

**Nr. 4: Angabe der zuständigen Vergabekammer**

§ 16 Abs. 1 S. 2 Ziffer 4 VSVgV sieht vor, dass die für das Nachprüfungsverfahren zuständige Vergabekammer in den Vergabeunterlagen anzugeben ist. Da dies in § 18 Abs. 3 Ziffer 4 VSVgV grundsätzlich schon als zwingende Angabe bei der Bekanntmachung zu erfolgen hat, bezieht sich Ziffer 4 auf die in § 11 Abs. 1 VSVgV genannte Verfahrensart des Verhandlungsverfahrens ohne Teilnahmewettbewerb.

## III. Abschließende Liste für Nachweise (§ 16 Abs. 2)

**Sinn und Zweck**

§ 16 Abs. 2 VSVgV bestimmt, dass die Auftraggeber eine **abschließende Liste** für geforderte Nachweise zusammenzustellen müssen. Die Vorschrift entspricht wortgleich § 8 Abs. 3 VOL/A und § 9 EG Abs. 4 VOL/A, die im Zuge der Vergaberechtsreform neu in die VOL/A 2009 aufgenommen wurden. Sinn und Zweck der Regelung ist, dass der Bieter sich die – oft verstreuten – Nachweise nicht in den Vergabeunterlagen zusammensuchen muss, sondern in einer vom Auftraggeber erstellten Unterlage **klar und übersichtlich** erkennen soll, welche Nachweise er insgesamt mit der Angebotsabgabe vorzulegen hat. Welche Nachweise der Auftraggeber verlangt, liegt in seinem Ermessen. Die Nachweise können sich auf die Eignung der Bieter (z.B. Vorgaben für Verschlusssachen, Unbedenklichkeitsbescheinigungen, etc.) beziehen; sie können aber auch leistungsbezogen sein (z.B. Erfüllung von Umweltstandards, Zertifikate eines ausgeschriebenen Produktes).[68]

**Ausgestaltung der Liste**

Wie die Nachweisliste konkret zu gestalten ist, ist nicht vorgegeben. Ob dies in Form einer **„Checkliste"** oder in Form von Angaben, die im textlichen Zusammenhang der Vergabeunterlagen die geforderten Nachweise bezeichnen, geschieht, ist anhand der bisherigen Rechtsprechung noch nicht abschließend geklärt. Das Oberlandesgericht Düsseldorf geht davon aus, dass, unabhängig von der Bezeichnung der Liste, der Auftraggeber **sämtliche geforderten Nachweise** – egal, ob es sich um Eignungsnachweise, Zertifikate oder sonstige leistungsbezogene Nachweise handelt – für den Bieter **auf einen Blick erkennbar** in einer Liste aufführen muss.[69] Entscheidend ist, dass dem Bieter **spätestens mit den Vergabeunterlagen** eine abschließende Liste aller geforderten Nachweise bekannt gegeben wird, auch wenn sich die Nachweise unschwer aus dem Zusammenhang

---

[68] *Verfürth*, aaO. Rn. 50; OLG Düsseldorf, 3.8.2011 – Verg 30/11 – Briefversand.
[69] OLG Düsseldorf, aaO.

der Vergabeunterlagen ergeben. Insofern dürfte nichts gegen die Darstellung aller Nachweise in einer Checkliste sprechen, da dies auch dem Grundsatz gerecht wird, dass der Bieter ohne weiteres erkennt, welche Nachweise der Auftraggeber fordert.

- **Fehlende oder unvollständige Liste**

46 Dem Bieter soll durch die Vorschrift des § 16 Abs. 2 VSVgV die Vorbereitung eines **vollständigen Angebots erleichtert werden,** unnötige Fehlinterpretationen, die zu Angebotsausschlüssen führen können, sollen vermieden werden. Eine fehlende oder eine unvollständige Liste stellt somit einen Verfahrensverstoß dar. **Enthalten die Vergabeunterlagen keine gesonderte abschließende Liste für geforderte Nachweise bzw. enthält diese Liste nicht alle geforderten Nachweise, darf ein Angebot wegen fehlender oder unzureichender Nachweise nicht ausgeschlossen werden.** Der Auftraggeber hat die Nachweise dann nicht wirksam nach § 16 Abs. 2 VSVgV gefordert.[70] Da eine **abschließende** Liste gefordert ist, sind Ergänzungen im Laufe des Vergabeverfahrens nicht zulässig. Nach der aktuellen Rechtsprechung (zu § 19 EG Abs. 4 VOL/A) ist eine fehlende Liste für den Bieter wegen der neuen Regelung ein weder subjektiv noch objektiv für den Bieter erkennbarer Verfahrensverstoß, eine Rügeobliegenheit spätestens bis zur Angebotsabgabe nach § 107 Abs. 3 S. 1 GWB besteht somit zumindest derzeit nicht.[71] Im Hinblick auf eine nicht vollständige Liste hat der Bieter ebenfalls keine Rügepflicht. Ansonsten müsste der Bieters die Vollständigkeit der Nachweisliste bei jeder Ausschreibung anhand der Bekanntmachung und der Vergabeunterlagen prüfen – genau dies ist jedoch mit der Regelung in § 16 Abs. 2 VSVgV nicht bezweckt, es ist allein Aufgabe des Auftraggebers, eine vollständige und abschließende Liste zu erstellen. Der Bieter hat hier weder eine Prüf- noch eine Hinweispflicht.

47 **PRAXISTIPP**

*Da aufgrund der relativ neuen Regelung noch nicht geklärt ist, in welcher Form die Liste zu gestalten ist, sollten Auftraggeber zur Klarstellung die Liste immer ausdrücklich als „Abschließende Liste der Nachweise nach § 16 Abs. 2 VSVgV" benennen und als Checkliste gestalten. Da eine unvollständige Liste nach der aktuellen Rechtsprechung keine abschließende Liste darstellt, muss die Vergabestelle wegen der vergaberechtlichen Konsequenzen genau prüfen, ob alle von ihr in der Bekanntmachung und den Vergabeunterlagen geforderten Nachweise enthalten sind. Für Bieter gilt: Auch wenn zurzeit (noch) von keiner Rügeobliegenheit auszugehen ist, sollten Bieter, sofern sie keine „Checkliste" nach § 16 Abs. 2 VSVgV erhalten, dies vorsorglich unverzüglich rügen. Eine Rügepflicht im Hinblick auf eine nicht vollständige Nachweisliste besteht nicht.*

48

## IV. Rechtsfolgen bei Verstoß

Die am Vergabeverfahren teilnehmenden Bieter haben nach § 97 Abs. 7 GWB einen Anspruch darauf, dass der Auftraggeber die Bestimmungen über das Vergabeverfahren einhält. Wenn also die in § 97 Abs. 1 bis Abs. 5 GWB genannten Grundsätze der Gleich-

---

70 OLG Düsseldorf, aaO., OLG Düsseldorf, 26.3.2012 – Verg 4/12 – medizinische Hilfsmittel.
71 OLG Düsseldorf, aaO.

behandlung, der Transparenz und des Wettbewerbs im Hinblick auf die Anforderungen bei den Vergabeunterlagen bzw. der Nachweisliste verletzt werden, ist § 16 VSVgV bieterschützend. Werden die Zuschlagskriterien oder die Gewichtung nicht oder nicht ausreichend benannt, sind Widersprüche in den Vergabeunterlagen enthalten, erhalten einzelne Bieter die rechtzeitig angeforderten Vergabeunterlagen nicht bzw. zu spät oder nicht vollständig, werden Vergabeunterlagen unzulässig nachträglich geändert oder zulässige Änderungen nicht allen Bietern mitgeteilt, ist dies ein Verstoß gegen § 16 Abs. 1 VSVgV und § 97 Abs.7 GWB. Bekommen die Bieter keine oder eine unvollständige Nachweisliste, liegt – wie unter Rn. 42 ausgeführt – ein Verstoß gegen § 16 Abs. 2 VSVgV vor.

# § 17
# Vorinformation

(1) Auftraggeber können durch Vorinformation, die von der Europäischen Kommission oder von ihnen selbst in ihrem Beschafferprofil veröffentlicht wird, den geschätzten Gesamtwert der Aufträge oder der Rahmenvereinbarungen mitteilen, die sie in den kommenden zwölf Monaten zu vergeben oder abzuschließen beabsichtigen.

1. Lieferaufträge sind nach Warengruppen unter Bezugnahme auf das Gemeinsame Vokabular für öffentliche Aufträge gemäß Verordnung (EG) Nr. 213/2008 der Europäischen Kommission vom 28. November 2007 zur Änderung der Verordnung (EG) Nr. 2195/2002 des Europäischen Parlaments und des Rates über das Gemeinsame Vokabular für öffentliche Aufträge (CPV) und der Vergaberichtlinien des Europäischen Parlaments und des Rates 2004/17/EG und 2004/18/EG im Hinblick auf die Überarbeitung des Vokabulars (ABl. L 74 vom 15.3.2008, S. 1) in der jeweils geltenden Fassung,
2. Dienstleistungsaufträge sind nach den in Anhang I der Richtlinie 2009/81/EG genannten Kategorien

aufzuschlüsseln.

(2) Die Mitteilungen nach Absatz 1 werden unverzüglich nach der Entscheidung über die Genehmigung des Projekts, für das die Auftraggeber beabsichtigen, Aufträge zu erteilen oder Rahmenvereinbarungen abzuschließen, an die Europäische Kommission übermittelt oder im Beschafferprofil veröffentlicht. Veröffentlicht ein Auftraggeber eine Vorinformation in seinem Beschafferprofil, so meldet er dies der Europäischen Kommission unter Beachtung der Muster und Modalitäten für die elektronische Übermittlung von Bekanntmachungen nach Anhang VI Nummer 3 der Richtlinie 2009/81/EG. Die Vorinformationen dürfen nicht in einem Beschafferprofil veröffentlicht werden, bevor die Ankündigung dieser Veröffentlichung an die Europäische Kommission abgesendet wurde. Das Datum der Absendung muss im Beschafferprofil angegeben werden.

(3) Auftraggeber sind zur Veröffentlichung verpflichtet, wenn sie beabsichtigen, von der Möglichkeit einer Verkürzung der Fristen für den Eingang der Angebote gemäß § 20 Absatz 3 Satz 3 und 4 Gebrauch zu machen.

(4) Die Absätze 1, 2 und 3 gelten nicht für das Verhandlungsverfahren ohne Teilnahmewettbewerb.

## Übersicht

| | Rn. |
|---|---|
| I. Einleitung | 1 |
|     1. EU-rechtliche Vorgaben | 4 |
|     2. Vergleich mit VOB/A, VOL/A, VOF und SektVO | 5 |

|  |  | 3. | Bieterschützender Charakter ................................................................. | 8 |
|  | II. | Anwendungsbereich ............................................................................................ | | 9 |
|  | III. | Bekanntmachungsmuster .................................................................................. | | 12 |
|  | IV. | Inhalt und Umfang der Vorinformation .......................................................... | | 17 |
|  |  | 1. | Mindestangaben ........................................................................................... | 18 |
|  |  | 2. | Angaben gemäß Standardformular ......................................................... | 20 |
|  |  |  | a) Abschnitt I: Öffentlicher Auftraggeber .............................................. | 20 |
|  |  |  | b) Abschnitt II: Auftragsgegenstand ..................................................... | 25 |
|  |  |  | c) Abschnitt III: Rechtliche, wirtschaftliche, finanzielle und technische Informationen ................................................................. | 38 |
|  |  |  | d) Abschnitt VI: Weitere Angaben ......................................................... | 41 |
|  |  | 3. | Fehlende Angaben, Ungenauigkeiten, Fehler, Änderungen ..................... | 50 |
|  | V. | Veröffentlichung der Vorinformation ............................................................... | | 53 |
|  |  | 1. | TED ................................................................................................................ | 56 |
|  |  | 2. | Beschafferprofil ........................................................................................... | 62 |

## I. Einleitung

1  Als zentrale Ausprägung des Transparenzgrundsatzes sieht das System des europäischen Vergaberechts vor, Informationen über öffentliche Aufträge, die den einschlägigen Schwellenwert erreichen oder überschreiten, so umfassend, präzise und zeitnah wie möglich für jedermann zugänglich zu veröffentlichen. Mit Tenders Electronic Daily (TED) hat die Europäische Union hierfür die technischen Voraussetzungen in Gestalt einer internetbasierten elektronischen Datenbank geschaffen, die das früher in gedruckter Form veröffentlichte Supplement S zum Amtsblatt der Europäischen Union abgelöst hat. Diese kann in technischer Hinsicht auch für die Veröffentlichung von Informationen über öffentliche Aufträge in den Bereichen Verteidigung und Sicherheit genutzt werden.

2  Innerhalb der VSVgV regeln die §§ 17, 18, 35 sowie 39 die inhaltlichen und formellen Anforderungen an die Nutzung dieses Informationssystems für sicherheitsrelevante Aufträge. Dabei entspricht das gestufte System einer (im Regelfall) freiwilligen Vorinformation, einer obligatorischen Bekanntmachung von Vergabeverfahren sowie einer (regelmäßig) obligatorischen Bekanntmachung über vergebene Aufträge dem für sonstige öffentliche Aufträge nach der Richtlinie 2004/18/EG. Eine Besonderheit ergibt sich für die Bekanntmachung der Absicht des Auftragnehmers, Unteraufträge eines erhaltenen öffentlichen Auftrags zu vergeben (§ 39 VSVgV).

3  § 17 VSVgV normiert in diesem System die Möglichkeit des Auftraggebers, auch im Bereich sicherheitsrelevanter Aufträge seinen Beschaffungsbedarf frühzeitig am Markt bekannt zu machen, ohne hierzu verpflichtet zu sein.[1] Damit sollen den für die Ausführung der jeweiligen Leistung in Frage kommenden Unternehmen bereits sehr zeitig beabsichtigte Beschaffungsvorhaben zur Kenntnis gebracht werden, um sich hierauf einrichten und gegebenenfalls über die für die Ausführung erforderliche Arbeitskräfte, Geräte oder für die Herstellung benötigte Rohstoffe disponieren zu können.

---

1 Zur Obligatorik der Vorinformation bei Nutzung der Möglichkeit einer Verkürzung der Angebotsfrist nach § 20 Abs. 3 VSVgV vgl. die Ausführungen unter IV.3.

## 1. EU-rechtliche Vorgaben

§ 17 VSVgV beruht auf Art. 30 Abs. 1 der Richtlinie 2009/81/EG. Weitere Aspekte, die die Vorinformation betreffen, finden sich in Anhang IV und Anhang VI dieser Richtlinie. Das gem. § 17 Abs. 1 Satz 2 Nr. 1 VSVgV für die Klassifizierung von Lieferleistungen zu verwendende Gemeinsame Vokabular für öffentliche Aufträge wurde zuletzt mit Verordnung (EG) Nr. 213/2008[2] geändert. Hier besteht keine nationale Umsetzung, die aufgrund des Rechtscharakters als EU-Verordnung auch nicht erforderlich ist. Vielmehr ist der CPV-Code auch in Deutschland unmittelbar anwendbar. Die für die Aufschlüsselung von Dienstleistungen relevante Anlage I der Richtlinie 2009/81/EG ist ebenfalls nicht in der VSVgV umgesetzt. Sie gilt durch die ausdrückliche Inbezugnahme in § 17 Abs. 1 Satz 2 Nr. 2 VSVgV unmittelbar.

Das für die Vorinformation zu verwendende Bekanntmachungsmuster „Vorinformation über Aufträge in den Bereichen Verteidigung und Sicherheit"[3] entstammt Anhang XV der Durchführungsverordnung (EU) Nr. 842/2011.[4]

## 2. Vergleich mit VOB/A, VOL/A, VOF und SektVO

Auch der Bereich der „klassischen" Auftragsvergaben kennt – in Umsetzung von Art. 35 Abs. 1 VKR – die Vorinformation über beabsichtigte Vergabeverfahren. Das Instrument ist umgesetzt in § 15 EG Abs. 6 bis 8 VOL/A für den Bereich der Liefer- und Dienstleistungsvergaben und in § 12 EG Abs. 1 VOB/A für Bauvergaben. Die VOF nennt die Vorinformation nicht. Für geplante Auftragsvergaben der Sektorenauftraggeber verweist § 12 Abs. 2 SektVO in Umsetzung von Art. 41 SKR auf die in § 13 SektVO ausgestaltete regelmäßige nicht verbindliche Bekanntmachung.

Sämtliche dieser Regelungen enthalten für die (beabsichtigte) Auftragsvergabe im Bereich von Liefer- und Dienstleistungen einen besonderen Schwellenwert von EUR 750.000 als Untergrenze für die Inanspruchnahme der bzw. die Verpflichtung zur Vorinformation. Hierauf verzichtet die Richtlinie 2009/81/EG und daher auch § 17 VSVgV.

Für die Vergabe von Bauaufträgen im Bereich Verteidigung und Sicherheit setzt § 12 VS Abs. 1 VOB/A die Regelung zur Vorinformation der Richtlinie 2009/81/EG um.

## 3. Bieterschützender Charakter

Den Bekanntmachungsvorschriften kommt wegen ihrer hohen Relevanz zur Umsetzung der Transparenzpflicht zwar grundsätzlich bieterschützender Charakter zu.[5] Für die Vorinformation gilt dies allerdings nur dort, wo sie zwingend ist, also im Falle des § 17 Abs. 3 VSVgV. In allen anderen Fällen ist die Vorinformation nur freiwillig ("Auftraggeber können …", § 17 Abs. 1 Satz 1 VSVgV), so dass das Unterlassen, sie zu veröffentlichen, ebenso wenig angegriffen werden kann wie die spätere Rücknahme der Vorinformation oder eine nachfolgend nicht vorgenommene Umsetzung des Beschaffungsvorhabens. Etwas anderes kann nur gelten, wenn die spätere Rücknahme der Vorinformation oder der anschließende Verzicht auf die Durchführung des Beschaffungsverfahrens auf sachwidrigen

---

2  ABl. EG Nr. L 74 vom 15.3.2008, S. 1.
3  Vgl. herzu sogleich unter III.
4  Vom 19.8.2011, ABl. EU Nr. L 222 vom 27.8.2011, S. 1.
5  Vgl. hierzu die Kommentierung zu § 18 VSVgV unter Rn. 13.

Gründen beruht. Gleiches gilt für den Fall, dass bewusst unrichtige Angaben in der Vorinformation veröffentlicht werden. In diesen Fällen dürfte auch durch die Vorinformation ein Vertrauenstatbestand geschaffen worden sein, dessen Verletzung Grundlage für Schadensersatzansprüche sein kann.

## II. Anwendungsbereich

9   Die Bekanntmachung von Vorinformationen bedeutet für den Auftraggeber zusätzlichen Aufwand. Er muss sich nach der Entscheidung über die Genehmigung des Projekts, in der Regel also zu Beginn jedes Haushaltsjahres, die jeweiligen Beschaffungsvorhaben der kommenden 12 Monate zusammenstellen und diese relativ genau spezifizieren. Anders als im Bereich der klassischen Auftragsvergabe sieht § 17 VSVgV keinen erhöhten Mindestauftragswert als Untergrenze für die Vorinformation vor, mit dem dort eine Limitierung auf diese sehr großvolumigen Aufträge erfolgt und damit der Aufwand begrenzt wird. Andererseits ist zu konstatieren, dass das Instrument der Vorinformation per se freiwillig ist und nur dann zur Pflicht wird, wo der Auftraggeber im weiteren Verlauf eine Verkürzung der Angebotsfrist nutzen will. Insofern bietet der fehlende Schwellenwert von 750.000 € auch die Möglichkeit, die Verkürzung der Angebotsfrist mittels Vorinformation auch bei Liefer- und Dienstleistungsaufträgen in Anspruch zu nehmen, deren voraussichtlicher Wert unter dieser Schwelle liegt.

10  Anders als § 15 EG Abs. 6 Satz 1 VOL/A, der Art. 35 Abs. 1 der Richtlinie 2004/18/EG erfreulich deutlich umsetzt, bleibt in § 17 Abs. 1 VSVgV unklar, was es bedeutet, „den geschätzten Gesamtwert der Aufträge oder Rahmenvereinbarungen" mitzuteilen, „die sie in den kommenden zwölf Monaten zu vergeben oder abzuschließen beabsichtigen". Der Wortlaut lässt sich dahingehend auslegen, dass sämtliche Aufträge der kommenden zwölf Monate zusammengefasst in einer einzigen Vorinformation zu veröffentlichen sind. In § 15 EG Abs. 6 Satz 1 VOL/A wird durch die Formulierung „deren nach der Vergabeverordnung geschätzter Gesamtwert **jeweils** mindestens 750.000 € beträgt" deutlich, dass für jedes beabsichtigte Beschaffungsvorhaben eine eigene Vorinformation vorzunehmen ist. Im Bereich der Vorinformation über Aufträge in den Bereichen Verteidigung und Sicherheit lässt sich dieses Ergebnis nur dadurch herleiten, dass in § 17 Abs. 2 VSVgV von „Mitteilungen" (Mehrzahl) die Rede ist und sich diese auch auf das jeweils genehmigte Projekt beziehen. Insoweit kann der Auftraggeber für jedes beabsichtigte Beschaffungsverfahren eine separate Vorinformation veröffentlichen und dort die jeweils spezifischen Informationen zu dem Beschaffungsvorhaben geben.

11  § 17 VSVgV gilt für sämtliche Lieferaufträge und Rahmenvereinbarungen über Lieferleistungen sowie für Dienstleistungsaufträge bzw. -rahmenvereinbarungen nach Anhang I zur Richtlinie 2009/81/EG. Nicht-prioritäre Dienstleistungen nach Anhang II der Richtlinie 2009/81/EG sind hingegen von der Regelung der Vorinformation generell ausgenommen, da für sie gem. § 5 Abs. 2 VSVgV nur die §§ 15 und 35 VSVgV gelten.[6] Freiwillig kann natürlich auch für diese Dienstleistungen eine Vorinformation veröffentlicht werden.

---

6   Zur Differenzierung zwischen prioritären und nicht-prioritären Dienstleistungen s. die Kommentierung zu § 5 VSVgV.

Für ein Verhandlungsverfahren ohne Teilnahmewettbewerb nach § 12 VSVgV kann keine Vorinformation veröffentlicht werden, da dieses Verfahren grundsätzlich ohne Bekanntmachung nach § 18 VSVgV eingeleitet wird und sich der Auftraggeber hier direkt an ausgewählte Unternehmen wendet, um mit einem oder mehreren über die Einzelheiten des Auftrags zu verhandeln (§ 101 Abs. 5 GWB). Diese Selbstverständlichkeit wird in § 17 Abs. 4 VSVgV noch einmal ausdrücklich statuiert.

## III. Bekanntmachungsmuster

Mit dem Bekanntmachungs- und Informationssystem **Tenders Electronic Daily (TED)** hält die Europäische Union seit einigen Jahren ein weitgehend automatisiertes Verfahren zur einheitlichen Publikation von öffentlichen Aufträgen vor. Um die Informationsflut zu beherrschen[7], setzt das System auf einen hohen Standardisierungsgrad. Dieser wird im Wesentlichen durch einen Satz von einheitlichen Formularen gewährleistet, die bei der Bekanntmachung im Zusammenhang mit Vergabeverfahren **zwingend zu verwenden** sind.

Für die Vorinformation über Aufträge in den Bereichen Verteidigung und Sicherheit sieht die Durchführungsverordnung (EU) Nr. 842/2011 das dort als Anhang XV enthaltene Standardformular vor. Die Pflicht zur Verwendung dieses Formulars ergibt sich nicht aus § 17 VSVgV selbst, sondern – unsystematisch – aus § 18 Abs. 2 VSVgV. Es handelt sich hierbei um eine **dynamische Verweisung** auf die jeweils geltende Fassung des Standardformulars.

Die Standardformulare sind auch auf der Internetseite von SIMAP, dem Informationssystem der Europäischen Union über das öffentliche Auftragswesen in Europa, verfügbar.[8]

Die Verwendung des EU-Standardformulars ist für den Auftraggeber verpflichtend. Es reicht nicht aus, die geforderten Informationen blanko oder mittels eines selbst erstellten Formulars einzureichen. Da die Aufbereitung der Bekanntmachungen durch das Amt für Veröffentlichungen der Europäischen Union in Luxemburg weitgehend automatisiert erfolgt, werden nur solche Bekanntmachungen angenommen, die mittels Standardformular erfolgen.

Das Standardformular „Vorinformation über Aufträge in den Bereichen Verteidigung und Sicherheit" setzt sich aus **vier Abschnitten** zusammen. In diesen sind die Angaben zum Auftraggeber (Abschnitt I), zum Auftragsgegenstand (Abschnitt II), rechtliche, wirtschaftliche, finanzielle und technische Informationen (Abschnitt III) sowie weitere Angaben (Abschnitt VI) einzutragen. Das Fehlen des Abschnitts IV (Verfahren) und V (Auftragsvergabe) ist systemimmanent, da diese Informationen zum Zeitpunkt der Vorinformation noch nicht feststehen. In die Anhänge A und B können Angaben zu sonstigen Kontaktstellen und weiteren Auftraggebern sowie zu Losen gemacht werden.

---

7 Täglich werden zwischen 1.500 und 2.500 Dokumente in der Datenbank TED veröffentlicht.
8 http://simap.europa.eu/buyer/forms-standard/index_de.htm.

## IV. Inhalt und Umfang der Vorinformation

17　Welche Informationen in die Vorinformation aufzunehmen sind, ergibt sich zum einen aus den gesetzlichen Regelungen, zum anderen aus dem Standardformular selbst.

### 1. Mindestangaben

18　Hinsichtlich der Mindestangaben verweist § 18 Abs. 2 VSVgV auf **Anhang IV der Richtlinie 2009/81/EG**. Dort werden als obligatorische Informationen in der Bekanntmachung einer Vorinformation aufgeführt:

- Name, Anschrift, Faxnummer, E-Mail-Adresse des Auftraggebers und, wenn davon abweichend, der Stelle, bei der zusätzliche Auskünfte eingeholt werden können, sowie – bei Dienstleistungs- und Bauaufträgen – der Stellen, z.B. die entsprechende Internetseite der Regierung, bei denen Informationen über den am Ort der Leistungserbringung geltenden allgemeinen Regelungsrahmen für Steuern, Umweltschutz, Arbeitsschutz und Arbeitsbedingungen erhältlich sind.
- Ggf. Angabe, dass es sich um eine Ausschreibung handelt, die geschützten Werkstätten vorbehalten ist oder bei der die Auftragsausführung nur im Rahmen von Programmen für geschützte Beschäftigungsverhältnisse erfolgen darf.
- Bauaufträge: Art und Umfang der Arbeiten sowie Ausführungsort; für den Fall, dass das Bauwerk in mehrere Lose unterteilt ist, sind die wichtigsten Eigenschaften jedes Loses anzugeben; sofern verfügbar ist eine Schätzung der Kostenspanne für die vorgesehenen Arbeiten anzugeben; Referenznummer(n) der Nomenklatur.
- Lieferaufträge: Art und Menge oder Wert der zu liefernden Waren; Referenznummer(n) der Nomenklatur.
- Dienstleistungsaufträge: Gesamtwert einer jeden Beschaffung nach den einzelnen Kategorien; Referenznummer(n) der Nomenklatur.
- Voraussichtlicher Zeitpunkt für den Beginn des Verfahrens zur Vergabe des Auftrags bzw. der Aufträge, für Dienstleistungsaufträge nach Kategorien unterteilt.
- Ggf. Angabe, ob es sich um eine Rahmenvereinbarung handelt.
- Ggf. sonstige Auskünfte.
- Datum der Absendung der Bekanntmachung oder der Absendung der Bekanntmachung, in der die Veröffentlichung dieser Bekanntmachung einer Vorinformation über das Beschafferprofil angekündigt wird.

19　Da die Vorinformation allerdings grundsätzlich eine freiwillige Publikation des Auftraggebers darstellt, können sich keine Rechtsfolgen daraus ableiten lassen, wenn der Umfang dieser Mindestangaben nicht erreicht wird. Etwas anderes kann nur dort gelten, wo der Auftraggeber die Fristverkürzung nach § 20 Abs. 3 VSVgV in Anspruch nehmen will und gem. § 17 Abs. 3 VSVgV zur Veröffentlichung der Vorinformation verpflichtet ist.

## 2. Angaben gemäß Standardformular

### a) Abschnitt I: Öffentlicher Auftraggeber

Unter I.1) sind zunächst genaue Angaben über Bezeichnung, Anschrift und Kontaktdaten der **auftragsvergebenden Stelle** zu machen. Dies umfasst den Namen des Sachbearbeiters, sämtliche Kommunikationsdaten (einschließlich E-Mail) sowie – wenn vorhanden – die Internetadresse der Homepage des Auftraggebers und seines Beschafferprofils.[9] Weiterhin ist – soweit bekannt – die nationale Identifikationsnummer des Auftraggebers anzugeben.

20

> **PRAXISTIPP**
>
> Mit Blick auf die umfassenden Dokumentationspflichten des Auftraggebers kann diesem daran gelegen sein, eine Kontaktaufnahme durch interessierte Unternehmen auf den Schriftweg zu beschränken und Anfragen per Telefon zu vermeiden. Wenngleich das Bekanntmachungsmuster die Angabe einer Telefonnummer des Auftraggebers vorsieht, kann der Auftraggeber hierauf verzichten, soweit er über andere Kommunikationskanäle erreichbar ist. Der Verzicht auf die Angabe der Telefonnummer lässt sich auch damit begründen, dass Anhang IV der Richtlinie 2009/81/EG diese Angabe bei der Vorinformation nicht fordert.

21

Unterscheidet sich die auftragsvergebende Stelle von der Stelle, die die Ausschreibung durchführt (etwa bei Nutzung einer **zentralen Beschaffungsstelle** oder bei Beauftragung eines Beraters), so muss der Auftraggeber auch hierüber Informationen geben. Diese „anderen Stellen", bei denen zusätzliche Auskünfte eingeholt werden können, sind unter Verwendung von **Anhang A** zum Bekanntmachungsmuster ebenfalls genau zu bezeichnen.

22

Die Kategorisierung der **Art des öffentlichen Auftraggebers** und dessen **Haupttätigkeit** unter I.2) und I.3) spielt in erster Linie für statistische Zwecke eine Rolle. Sie erleichtert es zugleich den Unternehmen, in der Datenbank Tenders Electronic Daily (TED) gezielt nach Ausschreibungen bestimmter öffentlicher Auftraggeber zu suchen. Insofern ist der Auftraggeber nach dem in § 97 Abs. 1 GWB verankerten Transparenzgrundsatz verpflichtet, eine möglichst genaue Eingruppierung vorzunehmen.

23

Unter I.4) hat der Auftraggeber anzugeben, ob er **im Auftrag anderer öffentlicher Auftraggeber** beschafft oder nicht. Dies ist beispielsweise dann der Fall, wenn eine zentrale Beschaffungsstelle ausschreibt. Auf der Ebene des Bundes ist dies beispielsweise das Bundesamt für Wehrtechnik und Beschaffung (BWB), das den Beschaffungsbedarf der Bundeswehr deckt, sowie das Beschaffungsamt des Bundesministeriums des Innern (BeschA). Angaben zum Bedarfsträger sind unter V) in Anhang A zu machen.

24

### b) Abschnitt II: Auftragsgegenstand

Abschnitt II beginnt mit einer schlagwortartigen **Kurzbezeichnung** ("Worum geht es?") des Auftragsgegenstands durch den Auftraggeber (z.B. „Frachtbeförderung"), unter der die Veröffentlichung in Tenders Electronic Daily erfolgt. Eine etwas ausführlichere Beschreibung des beabsichtigten Auftrags erfolgt erst unter II.4).

25

---

9 Vgl. hierzu sogleich unter V.2.

26 Unter II.2) ist die **Auftragsart** und der **Leistungs- bzw. Lieferort** anzugeben. Hiermit wird dem potenziellen Bewerber ein erster Hinweis gegeben, ob er fachlich und personell in der Lage ist, die geforderte Leistung zu erbringen. Da das Bekanntmachungsmuster für alle öffentlichen Aufträge genutzt wird, ist zunächst festzulegen, ob es sich um einen Bau-, Liefer- oder Dienstleistungsauftrag handelt. **Typengemischte Verträge** sind nach § 99 Abs. 10 und 11 GWB abzugrenzen und einzuordnen. Hierbei hat der Auftraggeber eine Einschätzungsprärogative.

27 Anders als im Bekanntmachungsmuster für eine konkrete Auftragsvergabe[10] ist in der Vorinformation an dieser Stelle keine weitere Spezifizierung eines Bau- oder eines Lieferauftrags erforderlich. Lediglich im Falle eines beabsichtigten Dienstleistungsauftrags ist die **Dienstleistungskategorie** einzutragen. Diese bestimmt sich nach Anhang I und II zur Richtlinie 2009/81/EG; die verschiedenen Kategorien sind in **Anhang C3** zum Bekanntmachungsmuster abgedruckt.

28 Betrifft die beabsichtigte Beschaffungsmaßnahme eine **nachrangige Dienstleistung** im Sinne der Kategorien 21 bis 26 des Anhangs C3 – auch hier kommt dem Auftraggeber bei der Einordnung eine Einschätzungsprärogative zu, die er im pflichtgemäßen Ermessen wahrnehmen muss –, so besteht nach § 5 Abs. 2 VSVgV keine Pflicht zur Beachtung der Vorschrift über die Vorinformation nach § 17 VSVgV. Gleichwohl kann der Auftraggeber die Vorinformation freiwillig nutzen.

29 Weiterhin ist der **Ort der Leistungserbringung** anzugeben. Dies gibt den interessierten Unternehmen weitere Hinweise für ihre Entscheidung, sich am Vergabeverfahren zu beteiligen oder nicht. Ausreichend ist eine Angabe der Gemeinde und ggf. des Bundeslandes. Ergänzend ist der **NUTS-Code** anzugeben. Ähnlich wie der CPV-Code für den Leistungsgegenstand ist NUTS eine Nomenklatur, mittels derer eine regionale Eingruppierung vorgenommen werden kann. Die jeweilige Kennung setzt sich zusammen aus einer Länderabkürzung (z.B. für Deutschland DE) und einer zwei- bis dreistelligen Ziffern-Zahlen-Kombination für die jeweilige Region. Diese Klassifizierung dient zum einen statistischen Zwecken. Zum anderen erleichtert sie den interessierten Unternehmen, über Tender Electronic Daily (geplante) Beschaffungsmaßnahmen in bestimmten Regionen aufzufinden.

30 Unter II.3) ist anzugeben, ob die geplante Beschaffungsmaßnahme den Abschluss einer **Rahmenvereinbarung** betrifft. Nähere Angaben zu einer solchen Rahmenvereinbarung, deren rechtliche Vorgaben sich aus § 14 VSVgV ergeben, sind jedoch erst in der Bekanntmachung eines konkreten Vergabeverfahrens zu machen.[11]

31 Unter II.4) kann der Auftraggeber das geplante Beschaffungsvorhaben **kurz beschreiben** und dabei **Menge** bzw. **Umfang** angeben. Hierdurch werden potenziell interessierte Unternehmen in die Lage versetzt, sich ein näheres Bild über das Vorhaben zu machen und ggf. Dispositionen zu treffen.

32 Der Auftraggeber kann diese Informationen durch Angaben zu den **veranschlagten Kosten** unterlegen, entweder als Einzelwert oder als Wertspanne. Nutzt er diese Möglichkeit, so sind auch die Währung und der Wert/die Wertspanne ohne Umsatzsteuer anzugeben. Dabei können die Regelungen über die Schätzung des Auftragswerts nach

---

10 Vgl. hierzu die Kommentierung zu § 18 VSVgV.
11 Siehe dazu die Kommentierung zu § 18 VSVgV, Rn. 32.

§ 3 VSVgV zugrunde gelegt werden; Optionen und Verlängerungen sind zu berücksichtigen. Ein Verzicht auf die Angabe der voraussichtlichen Kosten ist – insbesondere in dieser frühen Phase des Beschaffungsvorhabens – jedoch regelmäßig unschädlich.

Soweit eine Vergabe in **Losen** geplant ist, können Angaben zu den einzelnen Losen unter Verwendung von **Anhang B** zu dem Bekanntmachungsmuster gemacht werden. 33

Ergänzend zu der Kurzbeschreibung wird unter II.5) der Auftragsgegenstand mittels des Gemeinsamen Vokabulars für öffentliche Aufträge (Common Procurement Vocabulary – **CPV**) klassifiziert. Bei dem CPV-Code handelt es sich um ein gemeinsames Referenzsystem, das einheitliche Beschreibungen der Güter in allen Amtssprachen der Gemeinschaft enthält, denen für alle Sprachen ein und derselbe numerische Code zugeordnet ist. Da eine ungekürzte Fassung der Vorinformation – einschließlich der deskriptiven Darstellung des Auftragsgegenstands – nur in der vom Auftraggeber gewählten Originalsprache veröffentlicht wird, ist es für ausländische Unternehmen entscheidend, zumindest mittels der CPV-Klassifizierung zu erfahren, um welchen Auftragsgegenstand es sich handelt. 34

Wenngleich § 17 Abs. 1 Satz 2 Nr. 1 VSVgV eine Aufschlüsselung von Lieferaufträgen nur nach Warengruppen verlangt (gleiches gilt in Bezug auf Dienstleistungen gem. § 17 Abs. 1 Satz 2 Nr. 2 VSVgV für die Kategorien gem. Anhang I zur Richtlinie 2009/81/EG) und daher lediglich eine relativ hohe Abstraktionsebene bei der Klassifizierung fordert, sieht Anhang IV zur Richtlinie 2009/81/EG sowohl für Liefer- als auch für Dienstleistungsaufträge eine Angabe von Referenznummern der Nomenklatur vor. Mit Blick auf das Transparenzgebot hat der Auftraggeber die Angaben anhand des zur Verfügung stehenden Vokabulars **so detailliert wie möglich** zu gestalten.[12] Dies gilt sowohl für den Hauptauftragsgegenstand wie auch für eventuelle ergänzende Gegenstände. Beide Gegenstände sind mittels Haupt- und – soweit zutreffend – auch mittels Zusatzteil einzugruppieren. Ein Zusatz ist beispielsweise die Information „Rechtssteuerung", wenn ein britischer Auftraggeber Fahrzeuge beschaffen möchte. 35

Die unter II.6) zu machenden Angaben über den **voraussichtlichen Beginn des Vergabeverfahrens** sowie für die **Laufzeit** des beabsichtigten Vertrags wird dem interessierten Unternehmen ein weiterer relevanter Aspekt für die Entscheidungsfindung gegeben, das geplante Vergabeverfahren im Blick zu behalten und ggf. bereits zu disponieren oder nicht. Die Angabe des voraussichtlichen Beginns des Vergabeverfahrens ist im Falle der Nutzung der Fristverkürzung nach § 17 Abs. 3 VSVgV von besonderer Bedeutung, da in diesem Fall das in § 20 Abs. 3 Satz 4 VSVgV genannte Zeitfenster (Übermittlung der Vorinformation frühestens 12 Monate und spätestens 52 Tage vor dem Tag der Absendung der Bekanntmachung über das Vergabeverfahren) eingehalten werden muss. 36

Unter II.7) kann der Auftraggeber schließlich im Freitext **weitere Informationen zum Auftragsgegenstand** geben. 37

### c) Abschnitt III: Rechtliche, wirtschaftliche, finanzielle und technische Informationen
Vor dem Hintergrund des (weitgehend) unverbindlichen Charakters der Vorinformation und der Tatsache, dass in dieser Frühphase des Beschaffungsvorhabens vertiefte Infor- 38

---

12  VK Sachsen, 9.7.2010 – 1/SVK/021-10; vgl. zu den Risiken einer fehlerhaften Klassifizierung auch Cornelius, iwp 2012, 87.

mationen regelmäßig noch nicht vorliegen dürften, werden in Abschnitt III des Standardformulars nur Angaben zu den wesentlichen Finanzierungs- und Zahlungsbedingungen (III.1.1)) sowie – soweit zutreffend – zu vorbehaltenen Aufträgen (III.2.1)) angefordert.

39 Die Angabe zu den **wesentlichen Finanzierungs- und Zahlungsbedingungen** verlangt das Standardformular lediglich bei geplanten Bauaufträgen. Gleichwohl kann hier auch für Liefer- und Dienstleistungsaufträge, deren Vergabe mit der Vorinformation angekündigt wird, bereits auf einschlägige Regelungen – auch unter Nennung maßgeblicher Vorschriften verwiesen werden. Neben den Vorschriften des BGB können dies – soweit deren Einbeziehung vorgesehen ist – beispielsweise die VOL/B[13], Zusätzliche Allgemeine Vertragsbedingungen (ZAVB) oder Ergänzende Vertragsbedingungen (EVB) sein, die der Auftraggeber regelmäßig nutzt.

40 Die verlangte Angabe über **vorbehaltene Aufträge** fußt auf Art. 14 der Richtlinie 2009/81/EG. Diese können für **geschützte Werkstätten** oder für Programme für geschützte Beschäftigungsverhältnisse reserviert bleiben. Dabei handelt es sich z.B. um Behindertenwerkstätten. Eine Umsetzung von Art. 14 der Richtlinie 2009/81/EG in die VSVgV ist nicht erfolgt.

### d) Abschnitt VI: Weitere Angaben

41 Im Abschnitt VI sind schließlich weitere Angaben zu dem beabsichtigten Beschaffungsvorhaben, über das mit der Vorinformation informiert werden soll, zu machen.

42 Unter VI.1) gibt der Auftraggeber an, ob der Auftrag in Verbindung mit einem Vorhaben und/oder einem Programm vergeben wird, das **aus Gemeinschaftsmitteln finanziert** wird. Wenn er dies bejaht, hat er zudem die Bezeichnung des betreffenden Programms zu nennen. Die Angabe dient statistischen Zwecken.

43 Unter VI.2) kann der Auftraggeber im Freitext **weitere Informationen und Angaben** zu der Vorinformation oder dem beabsichtigten Vergabeverfahren machen. Hier kann beispielsweise angegeben werden, ob und ggf. unter welchen Vorbehalten die Einleitung und Durchführung des geplanten Vergabeverfahrens steht. Weiterhin lässt sich hier im Falle der Inanspruchnahme der Fristverkürzungsmöglichkeit nach §§ 17 Abs. 3, 20 Abs. 3 VSVgV ein erster Hinweis hierzu geben, um den potenziellen Verfahrensteilnehmern die Planung zu erleichtern.

44 **PRAXISTIPP**

*Nicht jedes Unternehmen, das sich an öffentlichen Ausschreibungen beteiligt, kennt das System der Vorinformation über geplante Vergabeverfahren. Daher sollte unter II.7) regelmäßig der Hinweis aufgenommen werden, dass es sich bei dieser Vorinformation nicht um die Einleitung eines konkreten Vergabeverfahrens handelt, in dessen Ergebnis (bereits) die Vergabe eines Auftrags steht. Gleichzeitig sollte signalisiert werden, dass es auf Grundlage dieser Vorinformation keiner Aktionen der Unternehmen bedarf (Teilnahmeanträge, Angebote) und derzeit auch*

---

13 Nach § 10 Abs. 3 VSVgV ist die VOL/B grundsätzlich zum Vertragsgegenstand zu machen.

> *keine weitergehenden Informationen (Teilnahme-, Vergabeunterlagen) beim Auftraggeber erhältlich sind.*

Wie in Anhang IV zur Richtlinie 2009/81/EG gefordert, deren Beachtung § 18 Abs. 2 VSVgV auch in Bezug auf die Vorinformation verlangt, sind unter VI.3) Angaben zu dem am Ort der Leistungserbringung geltenden **allgemeinen Rechtsrahmen** in den Bereichen Steuerrecht, Umweltrecht sowie Arbeitsrecht (Arbeitsschutz und Arbeitsbedingungen) zu machen. Dabei reicht nach dem Standardformular die Angabe einschlägiger Internetseiten aus; sie sind auch nur dann erforderlich, wenn es sich bei dem Beschaffungsvorhaben um einen Dienstleistungs- oder einen Bauauftrag handelt. Auf Bundesebene kann auf die Internetseiten der zuständigen Ressorts verwiesen werden.[14] Alternativ kann auch auf die Internetseite www.gesetze-im-internet.de Bezug genommen werden, die vom Bundesministerium der Justiz angeboten wird. Betrifft der Auftrag auch landesrechtsspezifische Themen, so sind entsprechende Informationen und Internetseiten zu ergänzen. Ziel dieser Informationen ist es, insbesondere ausländischen Unternehmen die Möglichkeit zu geben, sich vorab über die allgemeinen rechtlichen Rahmenbedingungen zu informieren. — 45

Ergänzend hierzu kann der Auftraggeber nähere Angaben zu den Behörden machen, bei denen Informationen zu den drei genannten Rechtsgebieten eingeholt werden können. Hierfür ist Anhang A II-IV zu verwenden. Die Anschriften der Ministerien ergeben sich aus deren Internetseiten. — 46

Die Angaben unter VI.3) sind nur bei beabsichtigten Dienstleistungs- und Bauaufträgen zu tätigen. — 47

Schließlich ist unter VI.4) der **Tag der Absendung der Vorinformation** anzugeben. Diese Information ist insbesondere wegen § 20 Abs. 3 Satz 3 und 4 VSVgV bedeutsam. Danach darf die Angebotsfrist nur dann verkürzt werden, wenn die Vorinformation spätestens 52 Tage und frühestens 12 Monate vor dem Tag der Absendung der Bekanntmachung zur Veröffentlichung übermittelt wurde. — 48

Wird die Bekanntmachung über eNotices elektronisch erstellt, generiert das Bekanntmachungssystem TED das Datum der Absendung automatisch. — 49

### 3. Fehlende Angaben, Ungenauigkeiten, Fehler, Änderungen

Die Unverbindlichkeit ist für die Vorinformation nach § 17 VSVgV charakteristisch. Auftraggeber sind nicht verpflichtet, sie zu veröffentlichen, es sei denn, sie wollen von der Möglichkeit des § 20 Abs. 3 VSVgV Gebrauch machen und die Mindestfrist für die Erstellung der Angebote im nicht offenen Verfahren von 40 Kalendertagen verkürzen. — 50

Wenn der Auftraggeber also bereits im Falle der Veröffentlichung einer Vorinformation nicht verpflichtet ist, das dort angekündigte Beschaffungsvorhaben auch tatsächlich durchzuführen, können **fehlende Angaben** in einer Vorinformation nicht zu anderen Konsequenzen führen. Insofern sind selbst die in § 17 Abs. 2 genannten Pflichten und die Beachtung der Mindestangaben in der Vorinformation gem. § 18 Abs. 2 VSVgV i.V.m. — 51

---

14  Bundesministerium der Finanzen (www.bmf.bund.de), Bundesministerium für Umwelt, Naturschutz und Reaktorsicherheit (www.bmu.de) sowie Bundesministerium für Arbeit und Soziales (www.bmas.bund.de).

Anlage IV der Richtlinie 2009/81/EG nur dann zu beachten, wenn der Auftraggeber nach § 17 Abs. 3 VSVgV von der Möglichkeit der Fristverkürzung Gebrauch machen möchte. Aufgrund der Handlungsabfolge wäre Gegenstand einer Rüge bzw. eines Nachprüfungsverfahrens nicht die nicht durchgeführte oder unvollständige Vorinformation, sondern die – in diesem Fall dann unzulässige – Verkürzung der Angebotsfrist im Vergabeverfahren nach § 20 Abs. 3 Satz 3 und 4 VSVgV.

52  Das **Nachholen fehlender Angaben** sowie die **Änderung ungenauer oder falscher Informationen** in einer Vorinformation kann jederzeit unter Verwendung des Standardformulars „Bekanntmachung über zusätzliche Informationen, Informationen über nicht abgeschlossene Verfahren oder Berichtigung" erfolgen.[15] Soweit es sich hierbei um weit reichende und/oder den Auftragsgegenstand bedeutsame Ergänzungen oder Berichtigungen der Vorinformation handelt und diese später als 52 Tage vor Absendung der Bekanntmachung über die Einleitung des Vergabeverfahrens nach § 18 VSVgV erfolgen, dürfte eine Inanspruchnahme der Fristverkürzungsmöglichkeit nach § 20 Abs. 3 Satz 3 und 4 VSVgV für den Auftraggeber nicht mehr möglich sein.

## V. Veröffentlichung der Vorinformation

53  Für die Veröffentlichung der Vorinformation sieht § 17 Abs. 2 VSVgV zwei Wege vor: zum einen „von der Europäischen Kommission", zum anderen im Beschafferprofil des Auftraggebers.

54  Nicht geregelt ist die Veröffentlichung einer Vorinformation in **nationalen Bekanntmachungsorganen**. Eine solche Veröffentlichung ist grundsätzlich möglich. Die Fristverkürzungsmöglichkeit des § 20 Abs. 3 Satz 3 und 4 VSVgV kann allerdings nicht in Anspruch genommen werden, wenn die Vorinformation nur in einem nationalen Bekanntmachungsorgan erscheint.

55  Obwohl die Vorinformation außerhalb der Möglichkeit der Fristverkürzung freiwillig ist, muss allerdings auch hier der Gleichbehandlungsgrundsatz und das Diskriminierungsverbot beachtet werden. Diese Grundprinzipien könnten verletzt sein, wenn inländische Unternehmen ausschließlich oder bedeutend früher die Möglichkeit hätten, sich durch eine solche Vorinformation, die dann auch nur in der jeweiligen Landessprache verfasst wäre, überhaupt oder jedenfalls besser auf das avisierte Vergabeverfahren vorzubereiten.

### 1. TED

56  § 17 Abs. 1 Satz 1 VSVgV sieht als regelmäßigen Weg die Veröffentlichung der Vorinformation durch die Europäische Kommission vor. Entsprechend ist die Vorinformation nach § 17 Abs. 2 Satz 1 VSVgV unverzüglich nach der Entscheidung über die Genehmigung eines Projekts an die Europäische Kommission zu übermitteln.

57  Konkret erfolgt die Versendung der Vorinformationen an das **Amt für Veröffentlichungen der Europäischen Union**. Dieses sitzt in Luxemburg, die Adresse sowie sämtliche Kontaktmöglichkeiten finden sich in der Kopfzeile des Standardformulars.[16]

---

15  Abrufbar unter http://simap.europa.eu/docs/simap/pdf_jol/de/sf_014_de.pdf.
16  2, rue Mercier, 2985 Luxemburg; Fax: +352 29 29 42 670; E-Mail: ojs@publications.europa.eu.

Eine besondere **Form der Übermittlung** der Vorinformation ist nicht vorgeschrieben.

So kann zum einen das auf der Internetseite von SIMAP[17] als pdf-Datei erhältliche Standardformular heruntergeladen, ausgefüllt und per Post, per Fax oder – eingescannt – als Anhang an eine E-Mail an das Amt für Veröffentlichungen gesendet werden.

Bedeutend komfortabler ist allerdings das System *eNotices*. Hier bietet das Amt für Veröffentlichungen der Europäischen Union seit längerer Zeit die Möglichkeit, die Standardformulare online zu bearbeiten und elektronisch zu übersenden. Dies hat den Vorteil, dass sich beispielsweise CPV- und NUTS-Klassifizierungen per drop-down-Menü direkt integrieren lassen, woraus sich einige Arbeitserleichterungen ergeben. Für die Nutzung von *eNotices* ist eine einmalige Registrierung erforderlich.[18] Die Nutzung des Systems ist kostenfrei.

Eine **telefonische Übermittlung** der Vorinformation ist nicht möglich.

## 2. Beschafferprofil

Die Vorinformation nach § 17 VSVgV kann auch im **Beschafferprofil** des Auftraggebers veröffentlicht werden. Hierfür sieht § 17 Abs. 2 VSVgV Besonderheiten bei der Vorgehensweise vor.

Was ein Beschafferprofil ist, wird weder in der VSVgV noch in der Richtlinie 2009/81/EG erläutert. In Ziffer 2 des Anhangs VI der Richtlinie 2009/81/EG heißt es:

> „Das Beschafferprofil kann Bekanntmachungen einer Vorinformation nach Artikel 30 Absatz 1 Unterabsatz 1, Angaben über laufende Ausschreibungen, geplante Aufträge, vergebene Aufträge, annullierte Verfahren sowie alle sonstigen Informationen von allgemeinem Interesse wie Kontaktstelle, Telefon- und Faxnummer, Postanschrift und E-Mail-Adresse enthalten."

Das Beschafferprofil wird im Internet eingerichtet. Es kann unter einer eigenen Internetadresse geführt werden oder auch als Unterseite der (offiziellen) Homepage des Auftraggebers. Nimmt der Auftraggeber auf die im Beschafferprofil hinterlegten Informationen Bezug, so muss er sicherstellen, dass die entsprechende Internetseite **frei zugänglich** ist.

Neben auftragsspezifischen, dynamischen Daten (geplante und laufende Vergabeverfahren, vergebene Aufträge, aufgehobene Ausschreibungen) und statischen Angaben zum Auftraggeber (z.B. die Kommunikationsdaten wie Adresse, Kontaktstelle/Ansprechpartner, Telefon- und Telefaxnummer, E-Mail-Adresse) kann der Auftraggeber hier eine Vielzahl weiterer Informationen veröffentlichen.

Um zu verhindern, dass eine auf dem Beschafferprofil veröffentlichte Vorinformation von interessierten Unternehmen nicht gefunden wird, verlangt § 17 Abs. 2 Satz 2 VSVgV, dass die Europäische Kommission über diese Veröffentlichung informiert wird. Dazu ist das Standardformular „Bekanntmachung eines Beschafferprofils" zu verwenden, das über

---

17  http://simap.europa.eu. Auf diese Internetadresse verweist auch Ziffer 3 des Anhangs VI der Richtlinie 2009/81/EG.
18  Die Registrierung erfolgt unter http://simap.europa.eu/enotices/prepareRegisterUser.do

die Internetseite von SIMAP heruntergeladen[19] oder über eNotices ausgefüllt und elektronisch eingereicht werden kann.[20] Der Mindestinhalt dieses Standardformulars ergibt sich aus Anhang IV der Richtlinie 2009/81/EG, auf den § 18 Abs. 2 VSVgV auch in Bezug auf das Beschafferprofil verweist:

- Land des Auftraggebers,
- Name des Auftraggebers,
- Internet-Adresse (ULR) des Auftraggebers,
- Referenznummer(n) der CPV-Nomenklatur.

67 Um einen **Gleichlauf** der Informationen zu gewähren, verlangt § 17 Abs. 2 Satz 3 VSVgV schließlich ausdrücklich, dass die Vorinformationen nicht in einem Beschafferprofil veröffentlicht werden dürfen, bevor die Ankündigung dieser Veröffentlichung an die Europäische Kommission abgesendet wurde. Dies dürfte auch und insbesondere für die Fälle des § 17 Abs. 3 VSVgV gelten, in denen die Veröffentlichung einer Vorinformation für die Verkürzung der Angebotsfrist genutzt werden soll. Das Datum der Absendung der Information, dass eine Vorinformation über das Beschafferprofil veröffentlicht werden soll, muss seinerseits wiederum auf dem Beschafferprofil angegeben werden. Bei Erstellung und Versendung der „Bekanntmachung über ein Beschafferprofil" per *eNotices* wird dieses Versendungsdatum automatisch generiert und kann dann in das Beschafferprofil übernommen werden.

---

19 http://simap.europa.eu/docs/simap/pdf_jol/de/sf_008_de.pdf.
20 § 17 Abs. 2 Satz 2 VSVgV verlangt in diesem Fall die Beachtung der Muster und Modalitäten für die elektronische Übermittlung von Bekanntmachungen nach Anhang VI Nummer 3 der Richtlinie 2009/81/EG. Dort wird allerdings nur pauschal auf die Informationen der Internetseite SIMAP (http://simap.europa.eu) verwiesen.

## § 18
## Bekanntmachung von Vergabeverfahren

(1) Auftraggeber, die einen Auftrag oder eine Rahmenvereinbarung im Wege eines nicht offenen Verfahrens, eines Verhandlungsverfahrens mit Teilnahmewettbewerb oder eines wettbewerblichen Dialogs zu vergeben beabsichtigen, müssen dies durch eine Bekanntmachung mitteilen.

(2) Die Bekanntmachung muss zumindest die in Anhang IV der Richtlinie 2009/81/EG aufgeführten Informationen enthalten. Sie wird nach dem in Anhang XV bis XVIII der Durchführungsverordnung (EU) Nr. 842/2011 der Europäischen Kommission vom 19. August 2011 zur Einführung von Standardformularen für die Veröffentlichung von Vergabebekanntmachungen auf dem Gebiet der öffentlichen Aufträge und zur Aufhebung der Verordnung (EG) Nr. 1564/2005 (ABl. L 222 vom 27.8.2011, S. 1) enthaltenen Muster in der jeweils geltenden Fassung erstellt.

(3) Auftraggeber müssen in der Bekanntmachung insbesondere angeben:

1. bei der Vergabe im nicht offenen Verfahren oder Verhandlungsverfahren mit Teilnahmewettbewerb, welche Eignungsanforderungen gelten und welche Eignungsnachweise vorzulegen sind.
2. gemäß § 9 Absatz 4, ob gemäß § 9 Absatz 1 oder 3 Anforderungen an die Vergabe von Unteraufträgen gestellt werden und welchen Inhalt diese haben,
3. ob beabsichtigt ist, ein Verhandlungsverfahren mit Teilnahmewettbewerb oder einen wettbewerblichen Dialog in verschiedenen Phasen abzuwickeln, um die Zahl der Angebote zu verringern und
4. Namen und Anschrift der Vergabekammer, die für die Nachprüfung zuständig ist.

(4) Die Bekanntmachung ist unter Beachtung der Muster und Modalitäten für die elektronische Übermittlung von Bekanntmachungen nach Anhang VI Nummer 3 der Richtlinie 2009/81/EG oder auf anderem Wege unverzüglich dem Amt für amtliche Veröffentlichungen der Europäischen Union zu übermitteln. Im beschleunigten Verfahren nach § 20 Absatz 2 Satz 2 und § 20 Absatz 3 Satz 2 muss die Bekanntmachung unter Beachtung der Muster und Modalitäten für die elektronische Übermittlung von Bekanntmachungen nach Anhang VI Nummer 3 der Richtlinie 2009/81/EG mittels Telefax oder auf elektronischem Weg übermittelt werden. Die Auftraggeber müssen den Tag der Absendung nachweisen können.

(5) Die Bekanntmachung und ihr Inhalt dürfen auf nationaler Ebene oder in einem Beschafferprofil nicht vor dem Tag der Absendung an das Amt für amtliche Veröffentlichungen der Europäischen Union veröffentlicht werden. Die Veröffentlichung auf nationaler Ebene darf keine anderen Angaben enthalten als die Bekanntmachung an das Amt für amtliche Veröffentlichungen der Europäischen Union oder die Veröffentlichung im Beschafferprofil. Auf das Datum der Absendung der europaweiten Bekanntmachung an das Amt für amtliche Veröf-

fentlichungen der Europäischen Union oder der Veröffentlichung im Beschafferprofil ist in der nationalen Bekanntmachung hinzuweisen.

## Übersicht

Rn.

I. Allgemeines ........................................................................................................... 1
   1. EU-rechtliche Vorgaben ................................................................................. 4
   2. Vergleich mit VOB/A, VOL/A, VOF und SektVO ............................................ 6
   3. Bieterschützender Charakter ......................................................................... 8
II. Bekanntmachung (§ 18 Abs. 1–3) ...................................................................... 9
   1. Anwendungsbereich ..................................................................................... 10
   2. Bekanntmachungsmuster ............................................................................. 13
      a) Abschnitt I: Auftraggeber ........................................................................ 17
      b) Abschnitt II: Auftragsgegenstand ........................................................... 24
      c) Abschnitt III: Rechtliche, wirtschaftliche, finanzielle und technische Informationen ......................................................................................... 48
      d) Abschnitt IV: Verfahren .......................................................................... 66
      e) Abschnitt VI: Weitere Angaben .............................................................. 89
III. Übermittlung der Bekanntmachung (§ 18 Abs. 4) ............................................. 102
IV. Fristen, Kosten, Sprache, Umfang ..................................................................... 109
V. Veröffentlichung in weiteren Medien (§ 18 Abs. 5) ........................................... 116
VI. Freiwillige Ex-ante-Transparenzbekanntmachung ............................................ 121

## I. Allgemeines

1 § 18 VSVgV regelt die Pflicht zur Bekanntmachung von Vergabeverfahren, wesentliche Inhalte der Bekanntmachung sowie die Modalitäten der Veröffentlichung. Damit wird das Transparenzgebot, das als allgemeiner Grundsatz des Gemeinschaftsrechts seine positivrechtliche Ausgestaltung in § 97 Nr. 1 GWB erfährt, umgesetzt und konkretisiert.[1] Ziel der Bekanntmachung ist es, einem möglichst großen Kreis potenzieller Lieferanten und Dienstleister möglichst frühzeitig präzise und umfassende Informationen über die Leistungen zu geben, die die öffentliche Hand benötigt und daher beschaffen wird.

2 Entsprechend der Veröffentlichungspraxis bei Oberschwellenvergaben von Aufträgen im Anwendungsbereich der Richtlinie 2009/81/EG ist das in § 18 VSVgV beschriebene Bekanntmachungsverfahren **stark formalisiert**. Dies betrifft sowohl die Form als auch die Übermittlungsfristen und das Veröffentlichungsmedium. So sind für die Vergabebekanntmachung – gleichsam wie für die Vorinformation (§ 17 VSVgV) und die Bekanntmachung über vergebene Aufträge (§ 35 VSVgV) – EU-weit einheitliche Standard-

---

[1] Vgl. *Brauer*, in: Kulartz/Kus/Portz, GWB (2. Auflage) § 97, Rn. 20.

formulare zu verwenden, die zentral an das Amt für Veröffentlichungen der Europäischen Union[2] in Luxemburg gesandt werden müssen und dort binnen bestimmter Fristen im Supplement S zum Amtsblatt der Europäischen Union bzw. in der Internetdatenbank **Tenders Electronic Daily** (TED)[3] veröffentlicht werden. Zusätzliche Veröffentlichungen in anderen – auch nationalen – Medien sind möglich, unterliegen aber aus Gründen der Gleichbehandlung besonderen Restriktionen (§ 18 Abs. 5 VSVgV).

Insgesamt ist zu konstatieren, dass im Bereich der Bekanntmachung die tatsächlichen und rechtlichen Voraussetzungen für eine umfassende Einbindung und Nutzung der elektronischen Prozesse in das Verfahren zur Vergabe öffentlicher Aufträge am weitesten entwickelt sind. Durch die weitgehende **Automatisierung** des Bekanntmachungsprozesses ist TED, soweit die Standardformulare richtig ausgefüllt sind, eine benutzerfreundliche und aktuelle EU-weite Veröffentlichungsplattform, die maßgeblich zur Verbesserung der Transparenz beiträgt.

## 1. EU-rechtliche Vorgaben

§ 18 VSVgV beruht auf Art. 30 Abs. 2 (hinsichtlich der Bekanntmachungspflicht) und auf Art. 32 (hinsichtlich Abfassung und Modalitäten der Bekanntmachung) der Richtlinie 2009/81/EG. Auf die Anhänge IV (Mindestinhalt der Bekanntmachung) und VI Nr. 3 (Verfahren der elektronischen Übermittlung der Bekanntmachung) der Richtlinie 2009/81/EG verweist § 18 VSVgV unmittelbar in Abs. 2 Satz 1 und Abs. 4. Das für die Bekanntmachung zu verwendende Standardformular „Auftragsbekanntmachung – Verteidigung und Sicherheit" entstammt Anhang XVI der Durchführungsverordnung (EU) Nr. 842/2011[4]; auf dieses nimmt § 18 Abs. 2 Satz 2 VSVgV ausdrücklich Bezug, allerdings unter Verwendung des Zusatzes „in der jeweils geltenden Fassung, also als **dynamische Verweisung**. Damit wird verhindert, dass im Falle einer Überarbeitung der Standardformulare jeweils auch die VSVgV angepasst werden muss.

Das **Gemeinsame Vokabular für öffentliche Aufträge** (Common Procurement Vocabulary – CPV), auf das bei der Eingruppierung der Warengruppen von Lieferaufträgen ausdrücklich nur im Rahmen der Vorinformation gem. § 17 VSVgV Bezug genommen wird, entstammt der Verordnung (EG) Nr. 2195/2002[5] in der Fassung der Verordnung (EG) Nr. 213/2008[6]. Die Pflicht zur Anwendung des CPV bei Bekanntmachungen im EU-Amtsblatt ergibt sich aus Anhang IV der Richtlinie 2009/81/EG (dort Ziff. 6 unter der Zwischenüberschrift BEKANNTMACHUNGEN), auf den § 18 Abs. 2 VSVgV zwingend in Bezug nimmt („Die Bekanntmachung muss zumindest die in Anhang IV der Richtlinie 2009/81/EG aufgeführten Informationen enthalten").

---

2 Die in § 18 Abs. 4 VSVgV als „Amt für amtliche Veröffentlichungen der Europäischen Union" bezeichnete Einrichtung heißt aufgrund des Beschlusses 2009/496/EG, Euroatom vom 26.6.2009 (ABl. EU Nr. L 168, 41) „Amt für Veröffentlichungen der Europäischen Union". Die Anschrift und die Internetadresse (http://publications.europa.eu) haben sich nicht geändert. In der Kommentierung wird einheitlich die richtige Bezeichnung des Amtes verwendet.
3 Die Internetadresse lautet www.ted.europa.eu.
4 Vom 19.8.2011, ABl. EU Nr. L 222 vom 27.8.2011, S. 1.
5 ABl. EG Nr. L 340 S. 1.
6 ABl. EG Nr. L 74 S. 1.

## 2. Vergleich mit VOB/A, VOL/A, VOF und SektVO

6  Im Bereich der „klassischen" Auftragsvergaben ergeben sich weitestgehend vergleichbare Regelungen für die Bekanntmachung aus § 15 EG Abs. 1 bis 4 VOL/A, § 12 EG Abs. 2 und 3 VOB/A sowie aus § 9 VOF. Im Bereich der Sektorenauftraggeber normiert § 12 SektVO die Bekanntmachungspflicht. Für die Vergabe von Bauaufträgen im Bereich Verteidigung und Sicherheit setzt § 12 VS Abs. 2 und 3 VOB/A die Regelungen zur Bekanntmachung der Richtlinie 2009/81/EG um.

7  Zu berücksichtigen ist, dass die Pflicht zur Bekanntmachung gegenüber dem Amt für Veröffentlichungen der Europäischen Union bei klassischen Liefer- und Dienstleistungsaufträgen derzeit ab einem geschätzten Auftragswert von 130.000 bzw. 200.000 € entsteht,[7] während der Anwendungsbereich der VSVgV (und damit die Veröffentlichungspflicht nach § 18 VSVgV) gem. § 1 Abs. 2 VSVgV erst ab dem derzeit aktuellen Schwellenwert von 400.000 €[8] Anwendung findet.

## 3. Bieterschützender Charakter

8  Eine ordnungsgemäße Publikation von Ausschreibungen trägt elementar zur Sicherung von Transparenz und Gleichbehandlung bei. Daher kommt den Bekanntmachungsvorschriften *per se* **bieterschützender Charakter** zu.[9] Wegen der für das Vergabeverfahren zentralen Bedeutung der Ausschreibungsbekanntmachung lassen sich aus § 18 Abs. 1 bis 4 VSVgV subjektive Bieterrechte ableiten.[10] § 18 Abs. 5 VSVgV kommt wiederum hohe Bedeutung in Bezug auf den Grundsatz der **Gleichbehandlung** und **Nichtdiskriminierung** zu: Wird eine EU-weite Ausschreibung vorzeitig in nationalen Publikationsmedien bekannt gemacht oder enthält sie gegenüber der EU-weiten Veröffentlichung zusätzliche wettbewerbsrelevante Informationen, so können ausländische Bieter hiergegen im Nachprüfungsverfahren vorgehen. Dies gilt auch dann, wenn eine EU-weite Bekanntmachung unzulässigerweise ganz unterblieben ist.

## II. Bekanntmachung (§ 18 Abs. 1–3)

9  In den Absätzen 1 bis 3 regelt § 18 VSVgV das **Verfahren**, in dem der Aufruf zum Wettbewerb für diejenigen Ausschreibungen von verteidigungs- und sicherheitsrelevanten Aufträgen erstellt und veröffentlicht wird, deren geschätzter Wert den Schwellenwert des § 1 Abs. 2 VSVgV erreicht oder übersteigt. Das Procedere zeichnet sich zum einen durch die weitgehende Standardisierung der Form der Bekanntmachung durch Nutzung von EU-weit einheitlichen Formularen aus. Zum anderen ist auch der **Veröffentlichungsort** für alle Mitgliedsstaaten vereinheitlicht: Wenngleich es den Auftraggebern vorbehalten bleibt, die EU-weiten Ausschreibungen auch national zu veröffentlichen (§ 18 Abs. 5 VSVgV), ist eine Übermittlung der Bekanntmachung an das Amt für Veröffentlichungen der Europäischen Union verpflichtend, was § 18 Abs. 1 VSVgV ausdrücklich normiert. Damit wird eine **zentrale Erfassung und Veröffentlichung** aller EU-weiten Ver-

---

7   VO (EU) Nr. 1251/2011 vom 30.11.2011, ABl. EU Nr. L 319 vom 2.12.2011, S. 43, umgesetzt in § 2 VgV durch die 5. Änderungsverordnung zur Vergabeverordnung vom 14.3.2012, BGBl. I S. 488.
8   Art. 3 VO (EU) Nr. 1251/2011 vom 30.11.2011, ABl. EU Nr. L 319 vom 2.12.2011, S. 43.
9   *Fett*, in: Müller-Wrede, VOL/A § 17a, Rn. 86; vgl. bereits EuGH, 10.2.1982 – C-76/81 („Transporoute"), Slg. 1982, 417.
10  OLG Naumburg, 16.9.2002 – 1 Verg 2/02.

gabeverfahren sichergestellt. Dies gewährleistet in vorbildlicher Weise die Transparenz in diesem Abschnitt des Vergabeverfahrens und unterstützt einen grenzüberschreitenden und binnenmarktweiten Wettbewerb.

## 1. Anwendungsbereich

Nach § 18 Abs. 1 VSVgV sind Auftraggeber, die einen Auftrag im Sinne des § 2 Abs. 1 VSVgV vergeben wollen, verpflichtet, ihre Absicht durch eine Bekanntmachung im Supplement zum Amtsblatt der Europäischen Union zu erklären. Die Bekanntmachungs- und Veröffentlichungspflicht betrifft grundsätzlich alle EU-weit auszuschreibenden Liefer- und Dienstleistungsaufträge mit Ausnahme der in §§ 100 Abs. 3 bis 6 und 8, 100a bis 100c GWB genannten Fälle sowie nicht-prioritärer Dienstleistungen gem. § 5 Abs. 2 VSVgV und Dienstleistungskonzessionen.[11] Die **Abgrenzung** zu den – nach § 15 EG VOL/A ebenfalls bekannt zu machenden – Verfahren zur Vergabe nicht verteidigungs- oder sicherheitsrelevanter Liefer- und Dienstleistungen erfolgt anhand **§ 99 Abs. 13 GWB**. Danach wird ein Auftrag über Bauleistungen, Lieferungen oder Dienstleistungen, bei dem ein Teil der Leistung verteidigungs- oder sicherheitsrelevant ist, einheitlich gemäß den Bestimmungen für verteidigungs- und sicherheitsrelevante Aufträge vergeben, sofern die Beschaffung in Form eines einheitlichen Auftrags aus objektiven Gründen gerechtfertigt ist. Ist bei einem Auftrag über Bauleistungen, Lieferungen oder Dienstleistungen ein Teil der Leistung verteidigungs- oder sicherheitsrelevant und fällt der andere Teil weder in diesen Bereich noch unter die Vergaberegeln der Sektorenverordnung oder der Vergabeverordnung, unterliegt die Vergabe dieses Auftrags nicht dem 4. Teil des GWB, sofern die Beschaffung in Form eines einheitlichen Auftrags aus objektiven Gründen gerechtfertigt ist.

Erfasst von der Veröffentlichungspflicht des § 18 Abs. 1 VSVgV sind Aufträge oder Rahmenvereinbarungen, die im Wege eines nicht offenen Verfahrens, eines Verhandlungsverfahrens mit Teilnahmewettbewerb oder eines wettbewerblichen Dialogs vergeben werden sollen. Allen diesen Verfahren ist der vorangestellte **Teilnahmewettbewerb** gemeinsam, womit sich die Bekanntmachung (zunächst) nur auf die Aufforderung an die potenziellen Bewerber beschränkt, Teilnahmeanträge zu stellen.

Beabsichtigt der Auftraggeber hingegen die Vergabe eines Auftrags im Wege des Verhandlungsverfahrens ohne Teilnahmewettbewerb, das nur in den eng auszulegenden Ausnahmefällen des § 12 VSVgV zulässig ist, ist eine Bekanntmachung dieses Vergabeverfahrens nicht vorgesehen; die Ansprache des oder der Verfahrensteilnehmer erfolgt hier direkt durch den Auftraggeber. § 101 Abs. 5 GWB. § 12 Abs. 2 VSVgV verpflichtet den Auftraggeber in diesem Fall aber zur Begründung der Anwendung dieser Verfahrensart in der Bekanntmachung über die (erfolgte) Auftragsvergabe gem. § 35 VSVgV.[12] Zu der Möglichkeit, die Absicht zur Vergabe von öffentlichen Aufträgen oder Rahmenvereinbarungen, die im Rahmen einer Direktvergabe oder eines Verhandlungs-

---

11 Vgl. allerdings zu der aus dem Transparenzgebot abgeleiteten Pflicht zur angemessenen Bekanntmachung der Vergabeabsicht von Dienstleistungskonzessionen schon EuGH, 7.12.2000 – C-324/98 „Telaustria", Slg. 2000 I, 10745 sowie Urt. v. 21.7.2005, C-231/03 „CoNaMe", Slg. 2005 I, 7287. Für Aufträge unterhalb der Schwellenwerte sowie nicht-prioritäre Dienstleistungen, an denen aufgrund ihres Volumens ein grenzüberschreitendes Interesse und damit eine Binnenmarktrelevanz besteht, ergibt sich ebenfalls eine Pflicht zur angemessenen Bekanntmachung, der u.a. durch eine Veröffentlichung in Tenders Electronic Daily Rechnung getragen werden kann, vgl. Mitteilung der Kommission vom 26.7.2006, ABl. EU Nr. C 179, S. 1, Ziff. 2.1.2 und EuG, Urt. v. 20.5.2010, Rs. T-258/06.
12 Vgl. hierzu die Kommentierung zu § 35 VSVgV.

verfahrens ohne Teilnahmewettbewerb durchgeführt werden sollen, bereits **vorab freiwillig bekannt zu machen**, vgl. unten (VI.).

## 2. Bekanntmachungsmuster

13 § 18 Abs. 2 Satz 2 VSVgV ordnet für „die Bekanntmachung" die Verwendung der **Standardformulare** nach den Anhängen XV bis XVIII der Durchführungsverordnung(EU) Nr. 842/2011 an. Das ist unsystematisch, da für die Bekanntmachung eines Auftrags, also eines Verfahrens zur Vergabe eines öffentlichen Auftrags, die § 18 VSVgV alleine regelt, nur das Standardformular Nr. 17 verwendet werden kann und darf, das Anhang XVI zur vorgenannten Durchführungsverordnung ist. Der Anhang XV (= Standardformular Nr. 16) wird hingegen ausschließlich für die Vorinformation nach § 17 VSVgV verwendet, der Anhang XVII (= Standardformular Nr. 18) dagegen für die Bekanntmachung über vergebene Aufträge, was § 35 VSVgV normiert. Anhang XVIII enthält schließlich das Bekanntmachungsformular Nr. 19, das für die Bekanntmachung der Vergabe von Unteraufträgen nach § 39 VSVgV verwendet wird.

14 Sämtliche Standardformulare werden jeweils einheitlich sowohl für die Vergabe von Liefer- und Dienstleistungsaufträgen als auch für die Vergabe von Bauleistungen verwendet. Für verteidigungs- und sicherheitsrelevante Bauaufträge verpflichtet § 12 VS Abs. 2 Nr. 2 VOB/A hierzu. Die dynamische Verweisung in § 18 Abs. 2 Satz 2 a.E. VSVgV („... in der jeweils geltenden Fassung") stellt sicher, dass bei einer nachfolgenden Änderung der Standardformulare keine Änderung der VSVgV erforderlich ist.

15 Die Nutzung des Standardformulars ist für den Auftraggeber **verpflichtend**. Es reicht nicht aus, die geforderten Informationen blanko oder mittels eines selbst hergestellten Formulars einzureichen. Da die Aufbereitung der Bekanntmachungen durch das Amt für Veröffentlichungen der Europäischen Union in Luxemburg weitgehend automatisiert erfolgt, werden nur solche Bekanntmachungen angenommen, die mittels Standardformular erstellt worden sind.

16 Das Standardformular „Auftragsbekanntmachung – Verteidigung und Sicherheit" setzt sich aus **fünf Abschnitten** und **drei Anhängen** zusammen. In diesen sind die jeweiligen Angaben zum Auftraggeber (I), zum Auftragsgegenstand (II), rechtliche, wirtschaftliche, finanzielle und technische Informationen (III), Angaben zum Verfahren (IV) sowie zusätzliche Informationen (VI) einzutragen. Das Fehlen des Abschnitts „V" ist systemimmanent. Denn diese Rubrik betrifft Informationen über die Auftragsvergabe und ist daher nur im Standardformular „Bekanntmachung vergebener Aufträge in den Bereichen Verteidigung und Sicherheit" (Anhang XVII zur Durchführungsverordnung (EU) Nr. 842/2011) vorgesehen, das gem. § 35 VSVgV zu verwenden ist.

### a) Abschnitt I: Auftraggeber

17 Die Differenzierung zwischen öffentlichen Auftraggebern und **Auftraggebern**, die in Abschnitt I des Standardformulars vorgenommen wird, resultiert daraus, dass auch Sektorenauftraggeber das Bekanntmachungsmuster für ihre verteidigungs- und sicherheitsrelevanten Aufträge verwenden müssen. Sie werden auch in der Richtlinie 2004/17/EG als „Auftraggeber" und nicht als „öffentliche Auftraggeber" bezeichnet. In der deutschen Umsetzung definiert allerdings § 98 GWB auch die dort unter Nr. 4 genannten Sektoren-

auftraggeber als „öffentliche Auftraggeber", so dass beim Ausfüllen des Formulars hier keine weitere Differenzierung vorzunehmen ist.

**18** Unter I.1) sind zunächst genaue Angaben über die Bezeichnung, die Anschrift und die **Kontaktdaten** der auftragsvergebenden Stelle zu machen. Dies umfasst den Namen des Sachbearbeiters, sämtliche Kommunikationsdaten (einschließlich E-Mail) sowie – wenn vorhanden – die Internetadresse der Homepage des Auftraggebers sowie seines **Beschafferprofils**.[13] In der Rubrik „Internetadressen" kann zudem die URL angegeben werden, unter der Bewerber bzw. Bieter ihre Teilnahmeanträge und Angebote in elektronischer Form einreichen können. Voraussetzung hierfür ist, dass der Auftraggeber über eine entsprechende technische Voraussetzung verfügt. Nähere Angaben über die Rahmenbedingungen für die Informationsübermittlung und die Anforderungen hieran enthält § 19 VSVgV.

**19**
> **PRAXISTIPP**
>
> *Die Kommunikationsdaten umfassen auch die Telefonnummer des Auftraggebers. Zu deren Angabe verpflichtet § 18 Abs. 2 Satz 1 VSVgV unter Bezugnahme auf Anhang IV zur Richtlinie 2009/81/EG. Soweit der Auftraggeber aber eine telefonische Kontaktaufnahme durch interessierte Unternehmen, Bewerber oder Bieter nicht wünscht (da ein solcher Kontakt u.U. zu einem erhöhten Dokumentationsaufwand führen würde und im Zweifel Probleme entstehen könnten, nachzuweisen, was in einer telefonischen Auskunft gesagt und was nicht gesagt wurde), bietet es sich an, unter VI.3 einen Hinweis aufzunehmen, dass eine fernmündliche Kontaktaufnahme nicht gewünscht ist, sämtliche Kommunikation nur schriftlich (z.B. per E-Mail und/oder Telefax) erfolgt und fernmündliche Auskünfte nicht erteilt werden.*

**20** Unter I.1) ist auch – soweit bekannt – die **nationale Identifikationsnummer** des Auftraggebers anzugeben. Dies kann im Falle eines privaten Sektorenauftraggebers beispielsweise die vom Bundeszentralamt für Steuern (BZSt) auf Grundlage von § 27a UStG vergebene nationale Umsatzsteuer-Identifikationsnummer sein.[14]

**21** Unterscheidet sich die den Auftrag vergebende Stelle von der Stelle, die die Ausschreibung durchführt (etwa bei Nutzung einer **zentralen Beschaffungsstelle** oder bei Beauftragung eines Beraters), so muss der Auftraggeber auch hierüber Informationen geben. Diese „anderen Stellen", bei denen zusätzliche Auskünfte eingeholt, die Ausschreibungs- und ggf. ergänzenden Unterlagen abgerufen werden oder an die die Angebote oder Teilnahmeanträge zu richten sind, sind unter Verwendung von **Anhang A** zum Bekanntmachungsmuster ebenfalls genau zu bezeichnen. Verantwortlich für die Durchführung des Vergabeverfahrens bleibt allerdings stets der unter I.1) genannte Auftraggeber. Rügen nach § 107 Abs. 3 GWB sind daher ausschließlich an ihn zu richten, nur er ist Adressat eines Nachprüfungsverfahrens.[15] Die Pflicht zur exakten und detaillierten Angabe der Kontaktdaten des Auftraggebers soll es dem Bewerber ermöglichen, soweit erforderlich möglichst schnell den richtigen Ansprechpartner beim Auftraggeber zu finden.

---

[13] Vgl. hierzu die Kommentierung zu § 17 VSVgV, dort Rn. 62.
[14] Nähere Informationen gibt das Bundeszentralamt für Steuern auf seiner Internetseite (www.bzst-bund.de).
[15] Vgl. BayObLG, 1.7.2003 – Verg 3/03.

22  Die Kategorisierung der **Art** des öffentlichen Auftraggebers (unter I.2) sowie der **Haupttätigkeit** des Auftraggebers (unter I.3) – in der linken Spalte erfolgt die Konkretisierung für den öffentlichen Auftraggeber, in der rechten Spalte für den Fall, dass es sich um einen Sektorenauftraggeber handelt – spielt in erster Linie für statistische Zwecke eine Rolle. Sie erleichtert es zugleich den Unternehmen, in der Datenbank Tenders Electronic Daily (TED) gezielt nach Ausschreibungen bestimmter öffentlicher Auftraggeber zu suchen. Nach dem Transparenzgrundsatz ist der Auftraggeber daher auch verpflichtet, eine möglichst genaue Eingruppierung vorzunehmen. Falsche Angaben, die dazu führen, dass Unternehmen die Ausschreibung nicht finden, können u.U. einen Vergaberechtsverstoß darstellen.

23  Unter I.4) hat der Auftraggeber anzugeben, ob er **im Auftrag anderer öffentlicher Auftraggeber** beschafft oder nicht. Dies ist beispielsweise dann der Fall, wenn eine zentrale Beschaffungsstelle ausschreibt.

### b) Abschnitt II: Auftragsgegenstand

24  Abschnitt II beginnt mit einer **Beschreibung des Auftragsgegenstands** (II.1). Hierbei ist unter II.1.1) nur eine schlagwortartige **Kurzbezeichnung** durch den Auftraggeber zu geben (z.B. „Fahrzeuginstandsetzung"), unter der die Veröffentlichung in Tenders Electronic Daily erfolgen wird. Eine nähere Beschreibung des Auftrags erfolgt unter II.1.5).

25  Unter II.1.2) ist zunächst die **Auftragsart** anzugeben. Damit wird dem potenziellen Bewerber ein erster Hinweis für die Entscheidung gegeben, ob er fachlich und personell in der Lage ist, die geforderte Leistung zu erbringen. Da das Bekanntmachungsmuster für alle öffentlichen Aufträge genutzt wird, ist zunächst festzulegen, ob es sich um einen Bau-, Liefer- oder Dienstleistungsauftrag handelt. **Typengemischte Aufträge** sind nach § 99 Abs. 10 und 11 GWB abzugrenzen und einzuordnen. Hierbei hat der Auftraggeber eine Einschätzungsprärogative.

26  Handelt es sich um einen Lieferauftrag, so ist der **Vertragstyp** zu bestimmen. Neben Kauf, Leasing, Miete und Mietkauf kann auch eine Kombination hieraus gewählt und angegeben werden.

27  Wird ein Dienstleistungsauftrag veröffentlicht, ist die einschlägige **Dienstleistungskategorie** aus dem **Anhang C3** zum Bekanntmachungsformular zu benennen. Dieser Anhang entspricht den Anhängen I und II der Richtlinie 2009/81/EG, auf die § 5 Abs. 1 und 2 VSVgV Bezug nimmt. Handelt es sich bei der zu vergebenden Dienstleistung um eine **nicht-prioritäre Dienstleistung**, die sich in die Kategorien 21 bis 26 des Anhangs II zur 2009/81/EG einordnen lässt, so besteht nach § 5 Abs. 2 VSVgV keine Pflicht zur EU-weiten Bekanntmachung mittels des Bekanntmachungsmusters. Gleichwohl kann sich eine dann eine Pflicht zur Veröffentlichung einer entsprechenden Bekanntmachung ergeben, wenn jedenfalls ein grenzüberschreitendes Interesse an dieser Dienstleistung vorliegt oder erwartet wird.[16] In diesem Fall kann die Veröffentlichung der Vergabebekanntmachung über TED in konkreter Umsetzung der einzuhaltenden Transparenzpflicht freiwillig vorgenommen werden. Soll hingegen eine **prioritäre Dienstleistung** beschafft werden, die in die Kategorien 1 bis 20 eingeordnet wird, so gelten die

---

16  EuGH, 13.11.2007 – C-507/03 „An Post"; OLG Düsseldorf, 21.4.2010 – VII-Verg 55/09; vgl. hierzu auch Mitteilung der Kommission (o. Fn. 11) m.w.N.

Vorschriften der VSVgV – und damit auch die Bekanntmachungspflicht nach § 18 VSVgV – uneingeschränkt.

Die Bestimmung, welcher Kategorie die zu beschaffende Dienstleistung unterfällt, ist Sache des Auftraggebers. Ihm kommt hier eine **Einschätzungsprärogative** zu, die er im pflichtgemäßen Ermessen wahrnehmen muss. Dazu hat er sich zunächst an der jeweiligen Bezeichnung / Kurzbeschreibung zu orientieren, die der Anhang C3 für jede Kategorie vorsieht. Zudem werden in den Anhängen I und II zur Richtlinie 2009/81/EG jeder Dienstleistungskategorie CPV-Referenznummern von verschiedenen konkreten Dienstleistungen zugeordnet, die nach Ansicht der EU der jeweiligen Kategorie unterfallen und anhand derer eine spezifischere Zuordnung des Auftragsgegenstands zu einer bestimmten Dienstleistungskategorie möglich ist. Anders als bei der Abgrenzung von prioritären und nicht-prioritären Dienstleistungen im Bereich der VOL/A-EG wird hier auf die zusätzliche Inbezugnahme von CPC-Referenznummern verzichtet.

Ein weiterer Unterschied zur VOL/A besteht darin, dass die jeweiligen Dienstleistungskategorien in den beiden Verzeichnissen deutlich voneinander abweichen. So enthalten die prioritären Dienstleistungen im Anwendungsbereich der VSVgV und der Richtlinie 2009/81/EG militärisch geprägte Dienstleistungen (z.B. Militärhilfe für das Ausland als Kategorie 2 oder militärische und zivile Verteidigung als Kategorie 3), die der Anhang I zur VOL/A nicht kennt. Weiterhin sind einige Dienstleistungen unterschiedlich eingeordnet: So sind die CPV-Referenznummern 79700000-1 bis 797230000-8 in Anhang II B zur VOL/A-EG unter der Bezeichnung „Auskunfts- und Schutzdienste, ohne Geldtransport" in der Kategorie 23 als nicht-prioritäre Dienstleistung eingeordnet, wohingegen das nahezu identische Leistungsspektrum (CPV-Referenznummern 79700000-1 bis 79720000-7) in Anhang I zur Richtlinie 2009/81/EG mit der Bezeichnung „Detekteien sowie Wach- und Sicherheitsdienste" in die Kategorie 4 und damit als prioritäre Dienstleistung eingeordnet ist.

Uneinheitlich ist auch die Zuordnung zur , der in Anhang II fällt und damit eine nicht-prioritäre Dienstleistung bestimmt. Dem Wortlaut nach können hier unter „sonstige Dienstleistungen" sämtliche Dienstleistungen eingetragen werden, die sich nicht in eine der anderen Kategorien einordnen lässt. Die EU-Kommission hat das Verständnis, dass wegen des damit „offenen Charakters" des Anhangs II Dienstleistungen typischerweise eher als nicht-prioritäre Dienstleistungen einzuordnen und zu behandeln sind und die Einstufung als prioritäre Dienstleistung eher die Ausnahme ist.[17] Die Rechtsprechung geht hingegen eher von einer restriktiven Inanspruchnahme der Kategorie 26 aus.[18]

Weiterhin ist unter II.1.2) des Bekanntmachungsmusters der **Ort der Leistungserbringung** anzugeben. Dies gibt den interessierten Unternehmen weitere Hinweise für ihre Entscheidung, sich am Vergabeverfahren zu beteiligen oder nicht. Ausreichend ist eine Angabe der Gemeinde und ggf. des Bundeslandes. Ergänzend ist der **NUTS-Code** anzugeben. Ähnlich wie der CPV-Code für den Leistungsgegenstand ist NUTS[19] eine Nomenklatur, mittels derer eine regionale Eingruppierung vorgenommen werden kann. Die

---

[17] Grünbuch der EU-Kommission über die Modernisierung der europäischen Politik im Bereich des öffentlichen Auftragswesens – Wege zu einem effizienteren europäischen Markt für öffentliche Aufträge, KOM(2011) 15 endg., S. 9.
[18] Ein Fall der richtigen Zuordnung zu Kategorie 26 enthält die Entscheidung des OLG Dresden, 12.10.2010 – WVerg 9/10 (DNA-Analysen).
[19] Nomenclature des unités territoriales statistiques.

jeweilige Kennung setzt sich zusammen aus einer Länderabkürzung (z.B. für Deutschland DE) und einer zwei- bis dreistelligen Ziffern-Zahlen-Kombination für die jeweilige Region.[20] Die Klassifizierung dient zum einen statistischen Zwecken. Zum anderen erleichtert sie den interessierten Unternehmen, über Tender Electronic Daily Ausschreibungen in bestimmten Regionen aufzufinden.

32  Unter II.1.3) ist anzugeben, wenn die Bekanntmachung den Abschluss einer **Rahmenvereinbarung** (§ 14 VSVgV) betrifft. In diesem Fall sind in II.1.4) ergänzende Angaben zu machen. Nach § 14 Abs. 4 VSVgV müssen an einer Rahmenvereinbarung mit mehreren Unternehmen mindestens drei Unternehmen beteiligt sein, sofern eine ausreichend große Zahl von zulässigen Angeboten die Zuschlagskriterien erfüllt. Die regelmäßige Höchstlaufzeit einer Rahmenvereinbarung beträgt gem. § 14 Abs. Abs. 6 Satz 1 VSVgV sieben Jahre. Sie liegt deutlich höher als bei Rahmenvereinbarungen im Anwendungsbereich der VOL/A-EG, wo § 4 EG Abs. 7 eine Regelhöchstlaufzeit von vier Jahren normiert. Besondere Gründe, die eine Überschreitung im Ausnahmefall rechtfertigen, müssen in der Bekanntmachung unter II.1.4) angegeben werden. Schließlich hat der Auftraggeber hier soweit möglich auch den maximalen wertmäßigen Umfang der Rahmenvereinbarung sowie die Periodizität und den Wert der während der Laufzeit der Rahmenvereinbarung zu vergebenden Einzelaufträge anzugeben. Soweit jedenfalls die letztgenannte Angabe im Zeitpunkt der Veröffentlichung der Bekanntmachung noch nicht feststeht, können auch nur Teilaussagen (z.B. geplante Anzahl der Einzelabrufe) aufgenommen werden oder das Feld gänzlich unbefüllt bleiben.

33  Unter II.1.5) hat der Auftraggeber das Beschaffungsvorhaben **kurz zu beschreiben**. Insbesondere die hier gegebenen Informationen ermöglichen es interessierten Unternehmen, erstmals auch individuelle Details des Beschaffungsvorhabens zu erfahren. Sie sind insofern für ihre Entscheidung, sich an dem Vergabeverfahren zu beteiligen, von hervorgehobener Bedeutung. In welchem **Umfang** der Auftraggeber hier Informationen über die zu beauftragende Leistung gibt, ist ihm weitgehend überlassen. Maßstab sollte stets sein, dass potenziellen Bewerbern oder Bietern mit Blick auf das vorgenannte Ziel hinreichend ausführliche Informationen zur Verfügung gestellt werden. Die in Art. 32 Abs. 6 der Richtlinie 2009/81/EG gleichsam wie in § 15 EG Abs. 2 VOL/A sowie auch in § 12 VS Abs. 2 Nr. 2 VOB/A (nach wie vor) enthaltene **Limitierung** des Umfangs der gesamten Bekanntmachung **auf ca. 650 Wörter** für den Fall, dass die Bekanntmachung nicht elektronisch erfolgt, kann in diesem Zusammenhang einen Anhalt für den maximalen Umfang der Informationen geben.[21] Eine Überschreitung führt allerdings nicht zu Sanktionen. Diese Beschränkung resultiert aus Zeiten, in denen weder die Übersendung der Bekanntmachungen an das Amt für amtliche Bekanntmachungen noch die Veröffentlichung in elektronischer Form möglich war. Insbesondere der seinerzeit noch erforderliche Druck der Printausgaben des Supplement S zum Amtsblatt war nur durch eine strikte Beschränkung des Umfangs der einzelnen Bekanntmachungen handhabbar. Die heute noch vorhandene Limitierung im Falle der nicht elektronischen Übermittlung der Bekanntmachung ist nachvollziehbar, da in diesen Fällen die per Telefax oder Post eingesandten Daten zunächst elektronisch aufbereitet werden müssen, wobei das Amt für

---

20  Der NUTS-Code ist unter www.simap.europa.eu verfügbar. Vgl. auch Verordnung (EG) Nr. 1059/2003 des Europäischen Parlaments und des Rates vom 26. Mai 2003 über die Schaffung einer gemeinsamen Klassifikation der Gebietseinheiten für die Statistik (NUTS) (ABl. Nr. L 154 v. 21.6.2003, S. 1).
21  Eine Umsetzung von Art. 32 Abs. 6 der Richtlinie 2009/81/EG ist in der VSVgV nicht erfolgt.

Veröffentlichungen auch in diesen Fällen zu einer kurzfristigen Veröffentlichung verpflichtet ist.[22]

Freigestellt ist es dem Auftraggeber, sich bei der Beschreibung des Leistungsgegenstands zu beschränken und dafür auf **weiterführende Informationen** zu verweisen, die er entweder zum Abruf vorhält oder die sich aus frei verfügbaren Quellen entnehmen lassen. In beiden Fällen sollten die Möglichkeiten zum Auffinden der weitergehenden Informationen genau angegeben werden (z.B. durch Nennung einer Internetadresse). 34

35

> **PRAXISTIPP**
>
> Gerade im Anwendungsbereich der VSVgV sind viele Leistungen, die beschafft werden müssen, vertraulich zu behandeln. Vor diesem Hintergrund ist oftmals schon die unter II.1.5) der Bekanntmachung verlangte „kurze Beschreibung" problematisch. In diesen Fällen bietet es sich an, die Information in der Bekanntmachung auf ein Mindestmaß zu reduzieren und weitere Angaben und Informationen in ein Dokument aufzunehmen, das die interessierten Unternehmen beim Auftraggeber – idealer Weise kostenfrei – abrufen können (mitunter als „Informationsmemorandum" oder „Informationsbroschüre" bezeichnet). Dies bietet den Vorteil, dass der Auftraggeber die Herausgabe der Informationen aktiv steuern kann und durch eine erforderliche Kontaktaufnahme der interessierten Unternehmen zugleich auch deren Namen kennt. Soweit bereits mit der Übersendung der Unterlagen für den Teilnahmewettbewerb besondere (Sicherheits-)Anforderungen erfüllt sein müssen (z.B. Sicherheitsüberprüfung der Verfahrensteilnehmer), kann die Übersendung des Informationsmemorandums davon abhängig gemacht werden.
>
> Wird so vorgegangen, ist eine entsprechende Information zur Abrufmöglichkeit weiterer (kostenloser) Informationen beim Auftraggeber unter II.1.5) in die Bekanntmachung aufzunehmen; gleiches gilt für eventuelle Auflagen, deren Erfüllung Voraussetzung für die Übersendung ist.

Ergänzend zu der Kurzbeschreibung ist der Auftragsgegenstand mittels des CPV-Codes unter II.1.6) zu klassifizieren. Bei dem **CPV-Code** handelt es sich um ein gemeinsames Referenzsystem, das einheitliche Beschreibungen der Güter in allen Amtssprachen der Gemeinschaft enthält, denen für alle Sprachen ein und derselbe numerische Code zugeordnet ist. Da eine ungekürzte Fassung der Bekanntmachung und damit auch die deskriptive Erläuterung des Auftragsgegenstands nur in der Originalsprache veröffentlicht wird, ist es für ausländische Bewerber entscheidend, zumindest mittels der CPV-Klassifizierung zu erfahren, um welchen Auftragsgegenstand es sich handelt. 36

Die grundsätzliche **Pflicht zur Anwendung des Vokabulars** ergibt sich aus § 18 Abs. 2 Satz 1 VSVgV, der die in Anhang IV der Richtlinie 2009/81/EG geforderten Angaben – zu denen auch die jeweilige(n) CPV-Referenznummer(n) gehört/gehören – als Mindestumfang der Bekanntmachung definiert. Mit Blick auf das Transparenzgebot hat der Auftraggeber dabei die Einordnung des Auftragsgegenstands anhand des zur Verfügung 37

---

22 Die regelmäßige Frist beträgt 12 Tage, s. Art. 32 Abs. 3 der Richtlinie 2009/81/EG.

stehenden Vokabulars **so präzise wie möglich** vorzunehmen.[23] Dies gilt sowohl für den Hauptgegenstand des Auftrags als auch für eventuell ergänzende Gegenstände.

38  Der Auftragsgegenstand ist mittels Haupt- und – soweit zutreffend – auch mittels Zusatzteil einzugruppieren. Solche Zusätze beschreiben z.B. den Einsatz der Leistung noch näher. Sie werden als sog. VOC-Code klassifiziert. Ein Zusatz ist beispielsweise „Für militärische Zwecke" (VOC-Code F801).

39  Soweit der Auftraggeber von den in § 9 VSVgV genannten Möglichkeiten in Bezug auf mögliche **Unterauftragsvergaben** Gebrauch macht, hat er diese in II.1.7) auszuwählen bzw. zu konkretisieren. Die Pflicht zur Bekanntgabe bereits in der Bekanntmachung ergibt sich aus § 9 Abs. 4 VSVgV. Zu den inhaltlichen Aspekten wird auf die Kommentierung zu § 9 VSVgV verwiesen. Die Pflicht des Auftragnehmers, die Vergabe von Unteraufträgen seinerseits durch einen entsprechenden Bekanntmachungsprozess über ein eigens hierfür vorgesehenes Bekanntmachungsmuster zu initiieren, ergibt sich aus § 39 VSVgV.

40  Unter II.1.8) ist anzugeben, ob der Auftrag in **Losen** vergeben wird oder nicht. Maßstab für die inhaltliche Entscheidung des Auftraggebers ist § 97 Abs. 3 GWB sowie § 10 Abs. 1 VSVgV und ggf. existierende Regelungen des Landesrechts. Dabei erweitert insbesondere § 10 Abs. 1 VSVgV den Katalog der Kriterien für eine Gesamtvergabe um den Aspekt der Systemfähigkeit der Leistung.[24]

41  Dem Auftraggeber kommt bei der Entscheidung gegen eine losweise Aufteilung und für eine Gesamtvergabe wegen der dabei anzustellenden prognostischen Überlegungen eine nur beschränkt zu kontrollierende Einschätzungsprärogative zu. Insofern ist sie im Rahmen eines Nachprüfungsverfahrens durch die erkennende Instanz auch nur darauf hin zu überprüfen, ob sie auf einer vollständigen und zutreffenden Tatsachengrundlage beruht sowie aus vernünftigen Gründen heraus und im Ergebnis vertretbar getroffen worden ist.[25]

42  Entscheidet sich der Auftraggeber für eine Losvergabe, so sind für jedes Los zusätzliche Angaben mittels **Anhang B** des Standardformulars zu machen. Zudem ist anzugeben, ob Angebote nur für ein Los oder auch für mehrere oder alle Lose abgegeben werden können.[26]

43  Für die interessierten Unternehmen ist die Angabe zu den Losen von großer Relevanz. Einerseits werden kleinere Unternehmen vielfach nur dann an der Ausschreibung teilnehmen können, wenn sie Angebote für einzelne Teile der Leistung abgeben dürfen. Aber auch für größere Unternehmen, die mit Blick auf Skaleneffekte vornehmlich auf die Gesamtleistung anbieten werden, kann der Vorbehalt einer losweisen Vergabe kalkulationserheblich sein. Im Sinne der Transparenz ist der Auftraggeber grundsätzlich an seine getroffenen Festlegungen gebunden. Dies gilt auch für eine **Loslimitierung** pro Bewer-

---

[23] VK Sachsen, 9.7.2010 – 1/SVK/021-10; vgl. zu den Risiken einer fehlerhaften Klassifizierung auch Cornelius, iwp 2012,87.
[24] Vgl. hierzu sowie zu den Grenzen der Losvergabe generell die Kommentierung zu § 10 Abs. 1 VSVgV.
[25] OLG Düsseldorf, 25.4.2012 – Verg 100/11.
[26] Insbesondere die Beschränkung der Angebotsabgabe auf ein oder mehrere Lose (sog. Loslimitierung) kann im Bereich der Vergabe von verteidigungs- bzw. sicherheitsrelevanten Aufträgen aus dem Grund der Versorgungssicherheit von großer Bedeutung sein. Zur Versorgungssicherheit vgl. die Kommentierung von § 8 VSVgV. Zu den Grenzen der Loslimitierung vgl. *Otting/Tressel*, VergabeR 2009, 585.

ber.²⁷ Werden einzelne Lose gesondert ausgeschrieben, so sind bei der Schätzung des Auftragswerts gem. § 3 Abs. 7 VSVgV alle Lose zu berücksichtigen. Bei Lieferleistungen gilt dies jedoch nur für Lose über gleichartige Leistungen. Zum Schwellenwert für sog. Bagatelllose, die trotz Verpflichtung, den Gesamtauftrag EU-weit auszuschreiben, national vergeben werden können, vgl. die Kommentierung zu § 3 Abs. 7 Satz 5 VSVgV.

Schließlich hat der Auftraggeber unter II.1.9) festzulegen, ob **Nebenangebote** zugelassen sind oder nicht.²⁸ Der im Bekanntmachungsmuster verwendete inhaltsgleiche Begriff „Varianten" entstammt Art. 19 der Richtlinie 2009/81/EG. Die ebenfalls verwendete Formulierung „Alternativangebot" entspricht hingegen einer Leistung, die in den Vergabeunterlagen nicht vorgesehen ist. Macht der Auftraggeber in II.1.9) keine Angaben, so sind von den Bietern dennoch eingereichte Nebenangebote auszuschließen. Dies ergibt sich aus Art. 19 Abs. 2 Satz 2 der Richtlinie 2009/81/EG und § 32 Abs. 1 Satz 4 VSVgV. Lässt er hingegen Nebenangebote zu, so hat der Auftraggeber in den Vergabeunterlagen auch die (inhaltlichen) **Mindestanforderungen** sowie die formalen Anforderungen an die Einreichung solcher Nebenangebote anzugeben (§ 32 Abs. 1 Satz 2 VSVgV). An seine einmal getroffene Entscheidung, Nebenangebote zuzulassen oder nicht, ist der Auftraggeber für das weitere Vergabeverfahren gebunden.

44

In II.2) geht es um den **Auftragsumfang**. Zu beschreiben ist unter II.2.1) zunächst stichwortartig die **Gesamtmenge** bzw. der Umfang des Auftrags. Die Pflicht zur Berücksichtigung aller Lose, Verlängerungen und Optionen deckt sich mit § 3 Abs. 1 Satz 2 und Abs. 7 Satz 1 VSVgV. Die Angabe des **geschätzten Auftragswerts** kann dem potenziellen Bewerber einen weiteren hilfreichen Anhalt für die Entscheidung geben, sich an der Ausschreibung zu beteiligen oder nicht. Allerdings sollte die Schätzung nicht zu präzise sein, um hierdurch den Wettbewerb nicht einzuschränken. Daher bietet das Bekanntmachungsformular hier auch die Möglichkeit, eine **Wertspanne** anzugeben.

45

Hat der Auftraggeber **Optionen** vorgesehen, sind diese unter II.2.2) anzugeben. Option bedeutet das Recht des Auftraggebers, den Vertrag einseitig verändern zu können, ohne dass es der Zustimmung des Auftragnehmers bedarf.²⁹ Insofern ist es erforderlich, dass die wesentlichen Vertragsparameter für den optionierten Leistungsteil bereits von Anbeginn feststehen und nicht erst im Zusammenhang mit der Ausübung der Option im Rahmen der Auftragsausführung (ergebnisoffen) zwischen den Vertragsparteien verhandelt werden, da sich hierdurch dann möglicherweise eine vergaberechtsrelevante wesentliche Änderung des ursprünglichen Auftrags ergeben könnte.³⁰ Bei Lieferaufträgen beziehen sich Optionen in der Regel auf **Mehrmengen**, während bei Dienstleistungsaufträgen in der Regel **Laufzeitverlängerungen** im Raum stehen. Daher sieht II.2.3) separat eventuelle Angaben zu **Vertragsverlängerungen** vor. Da es für die Ausübung der Option keines neuen Vertrags und daher keiner gesonderten Ausschreibung bedarf, sind diese aus Gründen der Transparenz bereits bei der Ausschreibung des „Basisauftrags" anzugeben und bei der Schätzung des Auftragswerts einzubeziehen (§ 3

46

---

27  OLG Düsseldorf, 15.6.2000 – 6 Verg 6/00; vgl. zu der Möglichkeit einer erst im Rahmen der Aufforderung zur Angebotsabgabe vorgenommenen Konkretisierung einer nicht eindeutigen Formulierung zur Losvergabe in der Bekanntmachung VK Bund, 21.9.2004 – VK 3 – 110/04.
28  Vgl. hierzu auch die Kommentierung zu § 32 VSVgV.
29  Vgl. hierzu die Kommentierung zu § 3 Abs. 1 VSVgV.
30  Zu den Rechtsfolgen einer solchen wesentlichen Änderung s. EuGH, Urt. v. 19.6.2008, C-454/06 „pressetext", NVwZ 2008, 865 sowie OLG Celle, 29.10.2009 – 13 Verg 8/09, NZBau 2010, 194.

Abs. 1 Satz 2 VSVgV). Bei vorbehaltenen Verlängerungen soll sowohl deren **Häufigkeit** wie auch die **Dauer** der jeweiligen Verlängerung angegeben werden.

47 Mit der Angabe der **Vertragslaufzeit** bzw. den **Ausführungsfristen** unter II.3) wird dem interessierten Unternehmen ein weiterer relevanter Aspekt für die Entscheidungsfindung gegeben, sich an der Ausschreibung zu beteiligen oder nicht. Entsprechend belastbare Informationen des Auftraggebers sind von hoher Bedeutung für die entsprechende Disposition der Bieter. Kommt es im späteren Verlauf des Vergabeverfahrens zu Verzögerungen (z.B. durch Nachprüfungsverfahren), die so umfangreich sind, dass nicht nur der für die Zuschlagserteilung in Aussicht genommene Termin, sondern auch der Ausführungszeitpunkt verschoben werden muss, kann sich ein Anspruch des Auftragnehmers auf Erstattung hierdurch entstandener Mehrkosten ergeben.[31]

**c) Abschnitt III: Rechtliche, wirtschaftliche, finanzielle und technische Informationen**

48 Abschnitt III verlangt vom Auftraggeber die Angabe der **Bedingungen**, die er an die Bewerber im Rahmen des mit der Bekanntmachung eingeleiteten **Teilnahmewettbewerbs** sowie an den im Rahmen des Vergabeverfahren auszuwählenden Auftragnehmer im Hinblick auf die Ausführung des Auftrags stellt.

49 Unter III.1) sind zunächst die **Bedingungen für den Auftrag** und die Ausführung dieses Auftrags einzutragen. Dabei gibt der Auftraggeber unter III.1.1) Art und Umfang der **Kautionen** und **Sicherheiten** an, die er für die Durchführung des Auftrags verlangt. Die frühzeitige Festlegung im Rahmen der Bekanntmachung ist deshalb wichtig, weil sie für die Verfahrensteilnehmer kalkulationsrelevant ist und gleichzeitig den Bewerber frühzeitig in die Lage versetzt, sich bereits parallel zum Vergabeverfahren um den Erhalt entsprechender Sicherheiten zu bemühen, falls er nicht über diese verfügt. Ein Nachweis über das Vorhandensein entsprechender Sicherheiten kann in dieser Phase des Vergabeverfahrens, also im Rahmen des Teilnahmeantrags grundsätzlich noch nicht verlangt werden, da deren Gestellung regelmäßig mit Kosten verbunden ist, dem in dieser frühen Phase des Vergabeverfahrens allenfalls eine Chance auf die spätere Zuschlagserteilung gegenübersteht.[32] Hinsichtlich der Voraussetzungen für und der Anforderungen an Sicherheitsleistungen ist in erster Linie **§ 18 VOL/B** zu beachten, der über § 10 Abs. 3 VSVgV grundsätzlich Vertragsgegenstand wird. Nach § 18 Nr. 2 Abs. 2 VOL/B hat der Auftragnehmer die Wahl unter den verschiedenen Arten der Sicherheit und kann auch eine Sicherheit durch eine andere ersetzen. Nach § 18 Nr. 4 Abs. 2 VOL/B darf der Auftraggeber als Sicherheit keine Bürgschaft fordern, die den Bürgen zur Zahlung auf erstes Anfordern verpflichtet. Schließlich regelt § 18 Nr. 6 VOL/B, dass der Auftragnehmer die Sicherheit grundsätzlich erst nach Vertragsschluss zu leisten hat (binnen 18 Werktagen), soweit nichts anderes vereinbart worden ist. Grundsätzlich sollte der Auftraggeber auch bei der Vergabe von Aufträgen im Anwendungsbereich der VSVgV Sicherheitsleistungen nur **restriktiv** fordern. § 11 EG Abs. 4 VOL/A, wonach auf Sicherheitsleistungen grundsätzlich verzichtet werden und ihr Einsatz denjenigen Ausnahmen vorbehalten bleiben soll, in denen es für die sach- und fristgemäße Durchführung der Leistung notwendig er-

---

31 Vgl. BGH, 11.5.2009 – VII ZR 11/08.
32 Nach Ansicht der VK Köln (Beschluss v. 17.10.2003, VK VOB 25/2003) darf der Auftraggeber vom Bieter nur in besonderen Ausnahmefällen bereits zum Zeitpunkt der Angebotsabgabe die Leistung einer Sicherheit verlangen. Vgl. zur Unzumutbarkeit frühzeitiger Angaben und Festlegungen durch die Bieter auch BGH, 10.6.2008 – X ZR 78/07 (hier: Benennung von Nachunternehmern).

scheint, gilt zwar bei der Vergabe von verteidigungs- oder sicherheitsrelevanter Liefer- und Dienstleistungsaufträge nicht. Allerdings ist zu konstatieren, dass umfangreiche Sicherheitsleistungen abschreckend wirken können, insbesondere für mittelständische Unternehmen nur unter Belastungen für ihre Bonität erhältlich sind und in jedem Falle mit erhöhten Kosten verbunden sind. Darüber hinaus ist zu beachten, dass § 9 VS Abs. 7 und 8 VOB/A deutliche Beschränkungen der Forderungen nach Sicherheitsleistungen auch bei der Vergabe verteidigungs- oder sicherheitsrelevanter Bauaufträge vorsieht.

Wird eine Sicherheitsleistung gefordert, so muss ihre **Höhe verhältnismäßig** sein. Dabei ist unter Rückgriff auf die vorgenannten Erwägungen auch § 11 EG Abs. 4 Satz 2 VOL/A zu berücksichtigen, wonach Vertragserfüllungssicherheiten grundsätzlich eine Höhe von 5% der Auftragssumme nicht überschreiten soll. 50

Auch die **Zahlungs- und Finanzierungsbedingungen** des Auftrags sind für den Bewerber kalkulationserheblich, da er als Auftragnehmer grundsätzlich vorleistungspflichtig ist und daher in besonderem Maße wissen muss, wann er mit welchen Voraus-, Teil- oder Abschlagszahlungen rechnen kann. Die entsprechenden Angaben hierzu sind unter III.1.2) einzutragen. Ausreichend ist ein Verweis auf die maßgeblichen Vorschriften. Hierfür ist zunächst **§ 17 VOL/B** einschlägig, der über § 10 Abs. 3 VSVgV grundsätzlich Vertragsbestandteil wird. Sollte der Auftraggeber Zusätzliche Allgemeine, Ergänzende oder Besondere Vertragsbedingungen vorhalten, die die Zahlungsbedingungen betreffen, können auch diese in Bezug genommen werden. Voraussetzung ist allerdings, dass sie frei verfügbar sind (etwa über die Internetseite oder das Beschafferprofil des Auftraggebers). Ist diese Verfügbarkeit nicht gewährleistet, müssen die entsprechenden Bedingungen ausdrücklich genannt werden. 51

Unter III.1.3) ist die **Rechtsform** zu nennen, die der Auftraggeber von **Bietergemeinschaften** im Falle der Zuschlagserteilung verlangt. Nach § 21 Abs. 5 Satz 3 VSVgV ist die Forderung nach einer bestimmten Rechtsform im Falle der Auftragserteilung darauf beschränkt, dass diese für die ordnungsgemäße Durchführung des Auftrags notwendig ist. Für diesen Umstand ist der Auftraggeber beweispflichtig. 52

In der Praxis wird oftmals eine gesamtschuldnerische Haftung mit bevollmächtigtem Vertreter verlangt. Für das laufende Vergabeverfahren kann der Auftraggeber hingegen noch **keine bestimmte Rechtsform** von der Bewerber-/Bietergemeinschaft **verlangen** (§ 21 Abs. 5 Satz 2 VSVgV). Gleichwohl ist die Angabe mit Blick auf die Auftragsausführung bereits in dieser frühen Phase des Vergabeverfahrens für die Unternehmen für ihre Entscheidung für oder gegen eine Teilnahme von Relevanz.[33] 53

**Besondere Bedingungen an die Ausführung des Auftrags** kann der Auftraggeber unter III.1.4) aufführen. Erwähnt werden hierbei ausdrücklich die Angabe von Bedingungen bezüglich der **Versorgungs- und Informationssicherheit**. Die materiell-rechtlichen Vorgaben hierzu finden sich in §§ 7 und 8 VSVgV: 54

- Im Falle eines **Verschlusssachenauftrags** nach § 99 Abs. 9 GWB sind gem. § 7 Abs. 1 VSVgV diejenigen Maßnahmen, Anforderungen oder Auflagen anzugeben, die ein Unternehmen als Bewerber, Bieter oder Auftragnehmer selbst sicherstellen oder erfüllen oder in der jeweiligen Funktion mit seinem Unterauftragnehmer ver-

---

[33] Zur Beteiligung von Objektgesellschaften an einem Vergabeverfahren s. *Burbulla*, NZBau 2010, 145.

einbaren muss, um den Schutz von Verschlusssachen entsprechend dem jeweiligen Geheimhaltungsgrad[34] zu gewährleisten. Die Anforderungen ergeben sich aus § 7 Abs. 2 VSVgV. Soweit diese Maßnahmen bereits erforderlich sind, um den Unternehmen oder ihren in Aussicht genommenen Nachunternehmen zur Erstellung des Teilnahmeantrags Zugang zu Verschlusssachen zu gewähren, müssen die Anforderungen zwingend in der Bekanntmachung genannt werden. Beschränkt sich dieses Erfordernis hingegen auf die Angebotsphase, reicht – entsprechend den Zuschlagskriterien – eine Angabe in den Vergabeunterlagen aus.

**55**

> **PRAXISTIPP**
>
> *Im Falle von Verschlusssachen des Geheimhaltungsgrades „VS-VERTRAULICH" und höher ist den Unternehmen bekannt zu machen, dass als Voraussetzung für die Weitergabe von Verschlusssachen an sie das Erfordernis eines Sicherheitsbescheids des Bundeswirtschaftsministeriums oder entsprechender Landesbehörden besteht. Hinsichtlich weiterer Informationen zu diesem Sicherheitsbescheid kann auf das Geheimschutzhandbuch des BMWi verwiesen werden, das über die Internetseite des Ministeriums einschließlich entsprechender Formblätter abrufbar ist.[35]*
>
> *Bei Verschlusssachen des Geheimhaltungsgrades „VS-NUR FÜR DEN DIENSTGEBRAUCH" ist das „VS-NfD-Merkblatt" zum Vertragsbestandteil zu machen. Dieses ist als Anlage 7 zur VS-Anweisung des BMI[36] ebenfalls im Internet abrufbar.*

- Anforderungen an die **Versorgungssicherheit**, die der Auftraggeber angesichts der Sensibilität der zu beschaffenden Ausrüstungs- und Versorgungsgegenstände an die Auftragsausführung stellt, sind beispielhaft in § 8 Abs. 2 VSVgV aufgeführt.[37] Da es sich hier um Anforderungen handelt, die in unmittelbarem Zusammenhang mit der Auftragsausführung stehen und diese daher in der Regel erst mit Abgabe des Angebots erfüllt bzw. ihre Gewährleistung im Falle der Beauftragung erklärt werden muss, ist die Mitteilung der entsprechenden Anforderungen in den Vergabeunterlagen ausreichend (§ 8 Abs. 1 VSVgV).

**56**  Darüber hinaus sieht § 97 Abs. 4 Satz 2 GWB in Umsetzung von Art. 26 der Richtlinie 2004/18/EG vor, dass für die Ausführung von Aufträgen zusätzliche Anforderungen gestellt werden können, die insbesondere **soziale, umweltbezogene** oder **innovative Aspekte** betreffen. Diese müssen in einem sachlichen Zusammenhang mit dem Auftragsgegenstand stehen und sich (auch) aus der Leistungsbeschreibung ergeben. Art. 26 VKR fordert zudem die Vereinbarkeit mit dem Gemeinschaftsrecht. Diese Bedingungen dürfen also weder unmittelbar noch mittelbar diskriminierende Wirkung entfalten. Alle Bewerber müssen demnach in der Lage sein, diese Klauseln im Falle der Zuschlagser-

---

34  Geheimhaltungsgrade bei Verschlusssachen sind „VS-NUR FÜR DEN DIENSTGEBRAUCH", „VS-VERTRAULICH", „GEHEIM" und „STRENG GEHEIM", vgl. § 4 Sicherheitsüberprüfungsgesetz (SÜG).
35  https://bmwi-sicherheitsforum.de/handbuch/367,0,0,1,0.html?fk_menu=0.
36  Allgemeine Verwaltungsvorschrift des Bundesministeriums des Innern zum materiellen und organisatorischen Schutz von Verschlusssachen (VS-Anweisung – VSA) v. 31.3.2006 i.d.F. v. 26.4.2010 (GMBl 2010 S. 846). Im Internet abrufbar z.B. unter http://www.bmi.bund.de/SharedDocs/Downloads/DE/Themen/Sicherheit/SicherheitAllgemein/VSA.pdf?__blob=publicationFile. Das VS-NfD-Merkblatt ist auch als Anlage 4 zum Geheimschutzhandbuch des BMWi erhältlich.
37  Vgl. hierzu die Kommentierung zu § 8 VSVgV.

teilung zu erfüllen.[38] Während solche Bedingungen im Umweltbereich regelmäßig denkbar sind,[39] ist das Kriterium der Auftragsbezogenheit im Bereich von sozialen Aspekten häufig schwieriger abgrenzbar.[40] Denn oftmals wirken sich soziale Bedingungen für die Auftragsausführung auch hierüber hinaus auf das Unternehmen aus, womit es sich dann um **vergabefremde Aspekte** im Sinne des § 97 Abs. 4 Satz 3 GWB handeln kann, die unter **Gesetzesvorbehalt** stehen.[41] Soweit entsprechende gesetzliche Vorgaben existieren, wie z.B. die Tariftreuegesetze einzelner Bundesländer, können die hieraus für die Auftragsausführung relevanten besonderen Verpflichtungen angegeben werden.

Bei der Vergabe von Aufträgen, die Verschlusssachen des Geheimhaltungsrades „VS-VERTRAULICH" oder höher umfassen und insofern ein Sicherheitsbescheid des BMWi erforderlich ist, hat der Auftraggeber unter III.1.5) anzugeben, bis zu welchem **Termin** ein solcher **Sicherheitsbescheid** erlangt werden kann.[42] Insbesondere mit Blick auf Unternehmen oder Unterauftragnehmer, die bislang noch keinen Sicherheitsbescheid erhalten haben, ist bei Aufträgen nach § 7 Abs. 3 VSVgV, in denen dieser bereits Voraussetzung für die Erstellung eines Teilnahmeantrags ist, der in III.1.5) einzutragende Ausschlusstermin so zu wählen, dass diesen Unternehmen **kein Nachteil** bei der Verfahrensteilnahme entsteht. Insofern ist der zeitliche Aspekt der Erteilung von Sicherheitsbescheiden durch das BMWi auch bei der Terminierung der Teilnahmefrist (IV.3.4) des Bekanntmachungsformulars zu berücksichtigen.

57

Unter III.2) hat der Auftraggeber die **Teilnahmebedingungen** anzugeben. Hierbei sind in den Rubriken III.2.1) – III.2.3) entsprechend §§ 23 bis 28 VSVgV die abstrakt und insbesondere die auftragsspezifisch erforderlichen **Eignungsanforderungen** und für die Überprüfung erforderlichen **Nachweise** aufzuführen und – soweit relevant – die **Formalitäten** zu nennen, die für die Überprüfung der Einhaltung der Bedingungen notwendig sind. Hierzu verpflichtet § 18 Abs. 3 Nr 1 VSVgV ausdrücklich. Eine fehlende Nennung von Eignungsanforderungen kann nicht in den Vergabeunterlagen nachgeholt werden. Dort sind allenfalls noch Konkretisierungen zulässig.[43]

58

Werden **Mindeststandards** gefordert (hinsichtlich der technischen Leistungsfähigkeit etwa eine Mindestanzahl an Referenzen), sind diese ebenfalls anzugeben. Mit Blick auf ausländische Unternehmen ist die Angabe sinnvoll, dass sie Erklärungen und Nachweise vorzulegen haben, die mit den genannten Nachweisen vergleichbar sind und dass ihnen der Nachweis der Vergleichbarkeit obliegt.[44]

59

---

38   Interpretierende Mitteilung der Kommission zur Berücksichtigung von Umweltbelangen – KOM(2001) 274 endg. vom 4.7.2001 (ABl. EG Nr. C 333 S. 12), Ziffer II.4.
39   Z.B. Rücknahme und Recycling von Verpackungsmaterial oder Lieferung von Waren in wiederverwendbaren Behältnissen; vgl. hierzu die Beispiele in der in Fn. 38 genannten Mitteilung.
40   Vgl. hierzu die Interpretierende Mitteilung der Kommission zur Berücksichtigung von sozialen Belangen – KOM(2001) 566 endg. vom 15.10.2001 (ABl. EG Nr. C 333 S. 27), Ziffer I 1.6. Die dort genannten Beispiele finden sich auch in Erwägungsgrund 33 der Richtlinie 2004/18/EG. Zur Forderung von Öko- und Fair-trade-Labeln für die Auftragsausführung vgl. zuletzt EuGH, Urt. v. 10.5.2012, C-368/10 „Max Havelaar".
41   Vgl. *Kulartz*, in: Kulartz/Kus/Portz, GWB (2. Auflage) § 97, Rn. 120 m.w.N.
42   Zum Verfahren der Erteilung des Sicherheitsbescheids durch das BMWi sowie den Voraussetzungen hierfür vgl. Kapitel 2.4.1 des Geheimschutzhandbuchs des BMWi (s. Fn. 35).
43   OLG Düsseldorf, 23.6.2010 – VII-Verg 18/10; VK Bund, 15.3.2012 – VK1-10/12.
44   Vgl. hierzu auch die Richtlinie 2005/36/EG vom 7.9.2005 über die Anerkennung von Berufsqualifikationen (ABl. EG Nr. L 255 S. 22).

60 Sinnvoll erscheint es mit Blick auf die Rechtsprechung zum Ausschluss von Angeboten, die die geforderten Eignungsnachweise nicht, nicht rechtzeitig oder nicht vollständig enthalten[45], zudem deutlich darauf hinzuweisen, welche Nachweise zwingend vorgelegt werden müssen und welche nur auf Verlangen des Auftraggebers. Mit Blick auf die in § 22 Abs. 6 VSVgV vorgesehene Möglichkeit für den Auftraggeber, Erklärungen und sonstige Unterlagen, die bis zum Ablauf der Teilnahmefrist nicht vorgelegt wurden, **nachzufordern**, bietet es sich unter Transparenzgesichtspunkten an, bereits in der Bekanntmachung festzulegen, ob eine solche „Nachlieferungsmöglichkeit" von fehlenden Erklärungen und Nachweisen gewährt wird und wenn ja, zu welchen Bedingungen (Länge der Nachfrist). Der Auftraggeber ist hieran ebenso wie an die aufgeführten Eignungsnachweise für das gesamte Vergabeverfahren gebunden. Nachträgliche Abweichungen hiervon sind unzulässig.[46]

61 Wenn und soweit der Auftraggeber statt des Nachweises der Eignung auch einen Eintrag in ein **Präqualifizierungsverzeichnis** anerkennt,[47] kann er dies hier ebenfalls in einem ergänzenden Hinweis aufnehmen. Gleiches gilt für die sonstigen formalen Anforderungen an die Eignungsnachweise.[48]

62 Neben den Eignungsanforderungen, die für die Bewerber gelten, und den Nachweisen, die diese vorzulegen haben, können in der jeweils rechten Spalte der Ziffern III.2.1), III.2.2) und III.2.3) entsprechende Angaben (inkl. Mindestanforderungen) gemacht werden, die für die (bereits) ausgewählten **Unterauftragnehmer** gelten. Werden die dort gestellten Anforderungen nicht, nicht rechtzeitig oder nicht vollständig erfüllt und/oder die Nachweise nicht erbracht, so kann dies im Rahmen von § 9 Abs. 5 VSVgV zur Ablehnung des Unterauftragnehmers führen.

63 Schließlich sollte der Auftraggeber unter III.2.1), III.2.2) und III.2.3) auch jeweils Informationen zu den **zusätzlichen Anforderungen** geben, die im Falle der **Teilnahme von Bewerbergemeinschaften**[49] oder des Rückgriffs auf die Eignung von **Nachunternehmern**[50] gelten. Alternativ können diese Angaben auch unter VI.3) gemacht werden.

64 Die unter Ziffer III.2.4) verlangten Angaben über **vorbehaltene Aufträge** beziehen sich auf Art. 14 der Richtlinie 2009/81/EG. Anders als bei Liefer- und Dienstleistungsvergaben im Unterschwellenbereich, wo § 3 Abs. 5 lit. j) und k) VOL/A eine freihändige Vergabe von Aufträgen an Behindertenwerkstätten und Justizvollzugsanstalten ermöglicht, sind derartige Vorbehalte im Anwendungsbereich der VSVgV nicht vorgesehen. Insofern muss hier keine Angabe gemacht werden.

---

45 VK Bund, 28.4.2005 – VK 1 – 35/05.
46 VK Münster, 12.5.2009 – VK 5/09; OLG Düsseldorf, 30.7.2003 – Verg 20/03; BayObLG, 20.12.1999 – Verg 8/99.
47 Die Möglichkeit hierzu sieht § 97 Abs. 4a GWB vor. § 22 Abs. 4 entbindet Unternehmen von der fristgerechten Vorlage von Eignungsnachweisen in den Fällen, in denen der jeweilige Nachweis elektronisch verfügbar ist (vgl. die dortige Kommentierung). Die Präqualifizierungsdatenbank der Auftragsberatungsstellen und der Industrie- und Handelskammern ist im Internet unter www.pq-vol.de erreichbar.
48 Nach § 22 Abs. 2 VSVgV kann der Auftraggeber den Nachweis für die Erfüllung der geforderten Eignungskriterien mittels Eigenerklärung zulassen, soweit dies mit den vom Auftragsgegenstand betroffenen Verteidigungs- und Sicherheitsinteressen vereinbar ist.
49 Vgl. hierzu die Kommentierung zu § 21 Abs. 5 VSVgV.
50 Sog. „Eignungsleihe"; vgl. hierzu Conrad, VergabeR 2012, 15 und OLG München, 9.8.2012 – Verg 10/12. Weitere Ausführungen zu diesem Aspekt enthält auch die Kommentierung zu § 27 Abs. 4 VSVgV.

Speziell für Dienstleistungsaufträge ist schließlich unter III.3) anzugeben, ob die Erbringung einem **bestimmten Berufsstand** vorbehalten ist (etwa Architekten nach den Landesarchitektengesetzen). Bei juristischen Personen ist zudem anzugeben, ob im Teilnahmeantrag die **Namen** und **beruflichen Qualifikationen** der für die Erbringung der Dienstleistung verantwortlichen Personen genannt werden müssen oder nicht. Werden diese personenspezifischen Angaben verlangt, so hat der Auftraggeber zudem anzugeben, welche Qualifikationen er vorgelegt bekommen möchte. Diese Angaben können unter VI.3) aufgeführt werden.

65

#### d) Abschnitt IV: Verfahren

In diesem Abschnitt muss der Auftraggeber **weitere Informationen** über das von ihm beabsichtigte Vergabeverfahren geben. Hierbei hat er unter IV.1.1) zunächst die nach den Voraussetzungen des § 11 Abs. 1 VSVgV ausgewählte **Verfahrensart** anzugeben. Während er nach dieser Vorschrift zwischen nicht offenem Verfahren und Verhandlungsverfahren mit Teilnahmewettbewerb frei wählen kann, ist die Durchführung eines wettbewerblichen Dialogs nur bei Vorliegen der in § 13 Abs. 1 genannten Zulässigkeitsvoraussetzungen möglich. Die Durchführung eines offenen Verfahrens ist ebenso wie Mischformen zwischen den in § 11 Abs. 1 VSVgV genannten Verfahrensarten nicht möglich.

66

Wird ein **beschleunigtes nicht offenes Verfahren** oder ein **beschleunigtes Verhandlungsverfahren** gewählt und damit entsprechende Verkürzungen der Bewerbungs- oder Angebotsfrist in Anspruch genommen, hat der Auftraggeber zusätzlich die Gründe für die Wahl anzugeben. Ein maßgeblicher Grund ist – wie sich aus § 20 Abs. 2 VSVgV ergibt – eine **besondere Dringlichkeit** für die Beschaffung der Leistung. Wenngleich die Anforderungen an diese besondere Dringlichkeit geringer sind als an das Vorliegen von „dringlichen Gründen im Zusammenhang mit einer Krise" bzw. „dringliche, zwingende Gründe", die gem. § 12 Abs. 1 lit. b) VSVgV die Durchführung eines Verhandlungsverfahrens ohne Teilnahmewettbewerb und damit ohne Beachtung sämtlicher Mindestfristen rechtfertigen, werden aber auch hier **objektive Gründe** von einer gewissen **Tragweite** verlangt, die ausnahmsweise die Beschleunigung rechtfertigen.[51]

67

> **PRAXISTIPP**
>
> *Mit Blick auf den im Bekanntmachungsmuster zur Verfügung stehenden Platz kann die Begründung für die Wahl des beschleunigten Verfahrens knapp und stichpunktartig ausfallen; sie muss allerdings objektiv nachvollziehbar und stichhaltig sein. Eine ausführlichere Befassung mit der Wahl des beschleunigten Verfahrens bleibt dem Vergabevermerk vorbehalten, wozu § 43 Abs. 1 VSVgV verpflichtet.*

68

Die Verkürzung der Angebotsfrist in einem nicht offenen Verfahren, die durch die Veröffentlichung einer Vorinformation nach § 17 VSVgV innerhalb des in § 20 Abs. 3 Satz 4 VSVgV genannten Zeitfensters erlaubt ist (§ 20 Abs. 3 Satz 3 VSVgV), stellt kein beschleunigtes Verfahren im Sinne von § 20 Abs. 3 Satz 2 VSVgV dar. In einem solchen Fall

69

---

[51] Vgl. hierzu auch die Kommentierung zu § 20 Abs. 2 Satz 2 VSVgV. Zur vergleichbaren Regelung in § 12 EG Abs. 4 und 5 VOL/A vgl. *Rechten*, in: Kulartz/Marx/Portz/Prieß, Kommentar zur VOL/A (2. Auflage), § 12 EG Rn. 41 ff.

ist das „nicht offene Verfahren" als Verfahrensart anzugeben und die zur Fristverkürzung berechtigende Vorinformation unter IV.3.2) zu referenzieren.

70 Unter Ziffer IV.1.2) hat der Auftraggeber im Falle des nicht offenen Verfahrens, des Verhandlungsverfahrens sowie des wettbewerblichen Dialogs weitere Angaben zu machen, wenn er im Ergebnis des durch die Bekanntmachung eingeleiteten Teilnahmewettbewerbs die **Anzahl der Bewerber**, die zur Abgabe eines Angebots bzw. im wettbewerblichen Dialog zur Dialogphase aufgefordert werden sollen, **beschränken** möchte. Die materiell-rechtlichen Voraussetzungen für dieses „Abschichten" ergeben sich aus § 21 Abs. 3 VSVgV. Die **Mindestzahl** der aufzufordernden Bewerber darf nicht geringer sein als **drei**, vorausgesetzt, es existiert eine entsprechende Anzahl von qualifizierten Bewerbern.

71 Eine **Höchstzahl** sehen die Vorschriften der VSVgV hingegen nicht vor. Sie beruht insofern auf der Ermessensentscheidung des Auftraggebers, der hierbei zum einen die Größe des potenziellen Anbietermarktes für die ausgeschriebene Leistung, zum anderen auch den Aufwand für die Bewerber bei der Erarbeitung eines Angebots sowie seinen eigenen Aufwand bei der Prüfung und Wertung der Angebote berücksichtigen kann bzw. muss. Weiterhin muss die Begrenzung des Bieterkreises verhältnismäßig sein und darf den Wettbewerb nicht über Gebühr einschränken.[52]

72 Eine **nachträgliche Beschränkung** ist ebenso wie eine nachträgliche Änderung der in der Bekanntmachung getroffenen Festlegungen nicht mehr möglich.

73 Nimmt der Auftraggeber eine Limitierung der Bieterzahl vor, so hat er die **Kriterien** zu nennen, anhand derer die Begrenzung bzw. die Auswahl vorgenommen wird. Diese müssen **objektiv** sein, dürfen also nicht zu direkter oder indirekter Diskriminierung Einzelner führen. Abgestellt werden kann beispielsweise auf den Umfang vergleichbarer Referenzleistungen.[53] Mit Blick auf die Transparenzpflicht (§ 97 Abs. 1 GWB) sind auch die **Auswahlkriterien** vollständig in der Bekanntmachung aufzuführen; ggf. für den Teilnahmewettbewerb gesondert erstellte Verfahrenshinweise (Informationsbroschüren) dürfen hingegen allenfalls noch Konkretisierungen enthalten.

74 Beabsichtigt der Auftraggeber ein Verhandlungsverfahren oder einen wettbewerblichen Dialog in verschiedenen aufeinander folgenden **Phasen** abzuwickeln, um dabei die Zahl der Angebote bzw. Bewerber sukzessive zu verringern,[54] so ist dies unter IV.1.3) anzugeben. Das Erfordernis dieser Angabe wird durch § 18 Abs. 3 Nr. 3 VSVgV hervorgehoben.

75 Unter IV.2.1) sind Angaben zu den **Zuschlagskriterien** vorgesehen. Dort steht dem Auftraggeber zunächst die Wahl zwischen dem **„niedrigsten Preis"** und dem **„wirtschaftlich günstigsten Angebot"** zu. Sofern er sich für Letzteres entscheidet, kann er die dann relevanten Zuschlagskriterien sowie deren Gewichtung bereits in der dort vorgegebenen Tabelle angeben; alternativ kann er sich diese konkreten Angaben für die Vergabeunterlagen vorbehalten und gibt in diesem Fall nur diesen Vorbehalt an.

76 § 97 Abs. 5 GWB sowie § 34 Abs. 2 VSVgV postulieren die Zuschlagserteilung auf das wirtschaftlichste Angebot. Die (europarechtlich mögliche; vgl. Art. 47 Abs. 1 lit. b) der

---

52 Vgl. die Kommentierung zu § 21 Abs. 3 VSVgV.
53 Vgl. die Kommentierung zu § 21 Abs. 3 VSVgV.
54 „Abschichten", vgl. § 11 Abs. 3 VSVgV und die dortige Kommentierung.

Richtlinie 2009/81/EG) Zuschlagserteilung auf den niedrigsten Preis ist daher im deutschen Vergaberecht nicht vorgesehen. Gleichwohl ist anerkannt, dass die Zuschlagserteilung immer dann ausschließlich am Preis orientiert werden kann, wenn der **Preis als einziges Kriterium** angegeben ist.[55] Entscheidet sich der Auftraggeber für einen Zuschlag auf das wirtschaftlichste Angebot, bleibt es ihm freigestellt, die dann relevanten Zuschlagskriterien sowie deren Gewichtung bereits in der Bekanntmachung zu nennen oder auf die Vergabeunterlagen bzw. die Aufforderung zur Angebotsabgabe zu verweisen.[56] Da die Zuschlagskriterien und deren Gewichtung für die interessierten Unternehmen bei ihrer Entscheidung, sich an dem Vergabeverfahren überhaupt zu beteiligen oder nicht, eine nicht unerhebliche Rolle spielen dürfte, sollte der Auftraggeber im Interesse des Wettbewerbs diese Informationen soweit möglich schon in der Bekanntmachung veröffentlichen.

> **PRAXISTIPP**
>
> *Werden die Zuschlagskriterien und deren Gewichtung bereits in der Bekanntmachung veröffentlicht, besteht für interessierte Unternehmen bereits frühzeitig die Pflicht, ggf. hierin erkannte Vergaberechtsverstöße zu rügen (§ 107 Abs. 3 GWB). Insoweit erhält der Auftraggeber durch dieses Vorgehen frühzeitig Rechtssicherheit in diesem Bereich.*
>
> *Soweit er sich dafür entscheidet, die Zuschlagskriterien und deren Gewichtung erst in den Vergabeunterlagen zu veröffentlichen, sind diese allerdings bereits frühzeitig festzulegen und zu dokumentieren.*

77

Wenn und soweit der Auftraggeber darüber hinaus **Unterkriterien** und ggf. weitere Unterteilungen vorsieht,[57] können auch diese bereits in der Bekanntmachung angegeben werden, wobei sich hierfür die Rubrik „Ergänzende Informationen" (VI.3) anbietet. Insbesondere bei umfangreicheren und/oder komplexeren Wertungssystemen kann aber eine detaillierte Darstellung in den Vergabeunterlagen besser geeignet sein.

78

Die Auswahl und Gewichtung der Zuschlagskriterien bleibt dem Auftraggeber überlassen, wobei dem **Preis** ein **nicht unerhebliches Gewicht** zukommen muss.[58] Auf eine Gewichtung kann nur dann verzichtet werden, wenn diese nachweislich nicht möglich ist. Den Nachweis hat der Auftraggeber im Vergabevermerk festzuhalten. Die Nennung der Kriterien muss dann in absteigender Reihenfolge ihrer Bedeutung geschehen. Im Übrigen müssen sämtliche Kriterien einen unmittelbaren Auftragsbezug haben und der Ermittlung des wirtschaftlich günstigsten Angebots dienen.[59]

79

Unter Ziffer IV.2.2) hat der Auftraggeber anzugeben, ob er eine **elektronische Auktion** durchführt oder nicht. Nachdem diese Verfahrensvariante gem. § 101 Abs. 6 Satz 1 GWB im deutschen Vergaberecht vorgesehen ist, kann der Auftraggeber hiervon auch Ge-

80

---

[55] VK Lüneburg, 8.5.2006 – VgK-07/2006 m.w.N. Nach Ansicht des OLG Frankfurt a.M. bestehen an der Vereinbarkeit des § 97 Abs. 5 GWB mit den europarechtlichen Vorgaben (dort: Art. 53 Abs. 1 b VKR; diese Regelung entspricht Art. 47 Abs. 1 b der Richtlinie 2009/81/EG) erhebliche Zweifel. Daher sei die EU-rechtliche Regelung, wonach der Preis ausschließliches Zuschlagskriterium ist, unmittelbar anzuwenden (5.6.2012 – 11 Verg 4/12).
[56] § 20 Abs. 5 Nr. 5 VSVgV; VK Münster, 12.5.2009 – VK 5/09.
[57] Vgl. zur Veröffentlichungspflicht von festgelegten Unterkriterien OLG Düsseldorf, 10.9.2009 – VII-Verg 12/09 und 23.1.2008 – VII-Verg 31/07; OLG München, 19.3.2009 – Verg 2/09.
[58] OLG Dresden, 5.1.2001 – WVerg 0011/00 (30%).
[59] EuGH, 27.10.2005, Rs. C-234/03 „Contse", VergabeR 2006, 63.

brauch machen.[60] Detaillierte Verfahrensregeln für diese Beschaffungsvariante enthalten allerdings weder GWB noch VSVgV. Daher ist auf die Spezifikationen in Art. 48 der Richtlinie 2009/81/EG zurückzugreifen. Im Bekanntmachungsmuster kann der Auftraggeber weitere Angaben zu der elektronischen Auktion machen, etwa zur **Internetseite**, über die die Auktion erfolgen wird. Nähere Ausgestaltungen und Informationen müssen hingegen erst in den Vergabeunterlagen erfolgen, Art. 48 Abs. 3 Satz 2 der Richtlinie 2009/81/EG.

81  Unter IV.3) ist die Angabe weiterer **„Verwaltungsinformationen"** zu dem Vergabeverfahren vorgesehen. Dies betrifft zunächst das **Aktenzeichen** beim Auftraggeber (unter IV.3.1)) sowie – soweit zutreffend – **frühere Bekanntmachungen desselben Auftrags** (etwa die Vorinformation nach § 17 VSVgV oder ein bereits durchgeführtes, aber aufgehobenes Verfahren zu demselben Beschaffungsvorhaben).

82  Unter IV.3.3) ist der **Schlusstermin** für die Anforderung der Vergabeunterlagen (bzw. beim wettbewerblichen Dialog der Beschreibung) oder die Einsichtnahme in ausgelegte Unterlagen anzugeben, soweit erforderlich auch mit Uhrzeit. Sinn dieses Schlusstermins ist die Sicherstellung, dass ein **ausreichend langer Zeitraum** für die Angebotserarbeitung bleibt. Daher darf der Termin nicht zu nah am Ablauf der Angebotsfrist angesiedelt werden. Zugleich ist aber auch ein zu früher Schlusstermin zu vermeiden, um den Wettbewerb hierdurch nicht einzuschränken. Die VSVgV enthält in § 20 Abs. 5 lediglich einen Termin für die Erteilung rechtzeitig angeforderter zusätzlicher Auskünfte. Da dieser im nicht offenen Verfahren auf **sechs Tage** vor Ablauf der Angebotsfrist festgesetzt ist, wäre letzter Zeitpunkt für die Anforderung zusätzlicher Auskünfte etwa sieben bis acht Tage vor Ablauf der Angebotsfrist. Unter IV.3.3) geht es aber – wie erwähnt – um die Frist zum Abruf der Vergabeunterlagen. Wird hier eine zu knappe oder gar keine Ausschlussfrist für den Abruf der Vergabeunterlagen gesetzt, so wird damit automatisch gegen die generelle Verpflichtung des § 20 Abs. 5 VSVgV verstoßen.[61] Eine Orientierungshilfe für die Bemessung der Frist zum Abruf der Vergabeunterlagen könnten die absoluten Mindestfristen nach § 20 Abs. 3 (22 Tage bzw. – im beschleunigten Verfahren – 10 Tage) bieten.

83  Auch sind unter dieser Ziffer – soweit zutreffend – die **Kosten für die Vergabeunterlagen** sowie die **Zahlungsbedingungen** anzugeben.[62]

84  Unter IV.3.4) ist der **Schlusstermin** für den Eingang der Teilnahmeanträge einzutragen. Bei Festlegung dieses Termins sind die in § 20 Abs. 2 VSVgV vorgesehenen **Mindestfristen** in jedem Fall zu beachten. Die Fristberechnung richtet sich nach den zivilrechtlichen Vorschriften der §§ 187 ff. BGB.

---

60  A.A. *Reichling*, in: Müller-Wrede, VOL/A (3. Auflage) § 15 EG Rn. 58, die davon ausgeht, dass der deutsche Gesetzgeber sich gegen eine Umsetzung in deutsches Recht entschieden hat.
61  VK Sachsen, 9.12.2002 – 1/SVK/102-02 (zur VOB/A).
62  Anders als die VOL/A sieht die VSVgV keine Regelung über einen möglichen Ersatz von Kosten für die Vergabeunterlagen vor. Da auch in der VOL/A die Möglichkeit des Kostenersatzes auf das offene Verfahren beschränkt ist (vgl. § 9 EG Abs. 3 VOL/A), dürfte in den Regelverfahren der VSVgV (nicht offenes Verfahren und Verhandlungsverfahren) eine Kostenpflicht der Vergabeunterlagen regelmäßig ausgeschlossen sein.

> **PRAXISTIPP**
>
> Insbesondere bei Schlussterminen, die bei einer möglichen persönlichen Abgabe der Teilnahmeanträge vor Ort meist zu einer Uhrzeit am Vormittag oder Nachmittag ablaufen, ist im Hinblick auf die in § 20 Abs. 2 VSVgV vorgesehenen Mindestfristen zu beachten, dass diese nicht eingehalten werden, wenn der Schlusstermin im Verlauf des letzten Tages der Mindestfrist gesetzt wird. Vielmehr ist es erforderlich, den letzten Tag der Mindestfrist zunächst verstreichen zu lassen (24 Uhr) und einen Schlusstermin erst auf den Vormittag (oder Nachmittag) des Folgetages zu legen.

Der Auftraggeber kann den bekannt gemachten Schlusstermin nicht verkürzen. Eine **Verlängerung** ist hingegen möglich, sofern hierfür ein sachlicher Grund vorliegt (z.B. während der Teilnahmephase entstandene Verzögerungen durch die Beantwortung von Rückfragen, erforderliche Änderungen der Teilnahmeunterlagen oder durch ein Nachprüfungsverfahren). Diese Fristverlängerung ist sämtlichen Verfahrensteilnehmern gleichzeitig mitzuteilen.

Unter IV.3.5) kann der Auftraggeber bereits den Termin mitteilen, den er für die **Versendung der Vergabeunterlagen** bzw. die Einladung zum Dialog vorgesehen hat. Durch dessen frühzeitige Kommunikation wird den Verfahrensteilnehmern eine weitere planungsrelevante Information gegeben; da diese Angabe – wie sich aus dem Bekanntmachungsformular ergibt – freiwillig ist („falls bekannt"), muss ein hier bereits genannter Termin grundsätzlich auch in Grenzen nachträglich verändert werden können, soweit hierfür ein sachlicher Grund gegeben ist.

Schließlich hat der Auftraggeber unter IV.3.7) die **Sprache** oder die Sprachen anzugeben, in denen Teilnahmeanträge und ggf. Angebote verfasst werden können. Hier kann der Auftraggeber entweder alle EU-Amtssprachen zulassen oder eine selektive Auswahl treffen, deren Ergebnis er dann auch nennen muss. Zudem können auch andere Sprachen ("Sonstige") zugelassen und hier benannt werden. Auftraggeber in einzelnen EU-Mitgliedsstaaten werden hier in der Regel zunächst ihre Heimatsprache zulassen. Ob daneben die Zulassung weiterer Sprachen sinnvoll ist, hängt von dem Leistungsgegenstand und der Herkunft des hierzu erwarteten Anbietermarktes einerseits und der Möglichkeit, Verfahrensdokumente auch in ausländischer Sprache bearbeiten zu können, andererseits ab. In jedem Fall darf die Wahl der Verfahrenssprache **nicht diskriminierend** oder **unsachlich** sein.[63] Dies gilt auch insbesondere, wenn (weitere) Sprachen als Verfahrenssprache zugelassen werden. Diese können eine oder mehrere zugelassene EU-Amtssprachen grundsätzlich nur ergänzen, nicht aber ersetzen.

### e) Abschnitt VI: Weitere Angaben

Im Abschnitt VI kann der Auftraggeber **zusätzliche Informationen** zum Auftrag selbst, zum Verfahren sowie zu den bestehenden Rechtsschutzmöglichkeiten geben.

Unter VI.1) ist einzutragen, ob es sich bei dem zu vergebenden Auftrag um einen **wiederkehrenden Auftrag** im Sinne von § 3 Abs. 3 VSVgV handelt. Ein solcher wiederkehrender Auftrag liegt dann vor, wenn der Auftragsgegenstand im Umfang bzw. in sei-

---

[63] Davon könnte man ausgehen, wenn eine deutsche staatliche Stelle Teilnahmeanträge oder weitere Verfahrensaktivitäten ausschließlich in ausländischer Sprache zulässt.

ner Laufzeit zwar limitiert ist, die Leistung jedoch auch nach Beendigung des Auftrags weiter erforderlich ist. Dies trifft insbesondere bei Verbrauchsgütern oder stets erforderlichen Dienstleistungen (z.B. Fahrzeuginstandsetzung, Reinigungsleistungen pp.) zu. Handelt es sich um einen solchen wiederkehrenden Auftrag, so hat der Auftraggeber zudem den voraussichtlichen Zeitpunkt weiterer Bekanntmachungen für nachfolgende Ausschreibungen anzugeben. Aus dieser Information lässt sich für die Unternehmen auch im Falle eines zu vergebenden **Dauerauftrags** avisieren, welche ungefähre Laufzeit für diesen Dauerauftrag vorgesehen ist.

91 Das Vergaberecht lässt solche Daueraufträge ohne zeitliche Limitierung zwar zu[64] und sieht in § 3 Abs. 4 Nr. 2 VSVgV auch eine Methode zur Berechnung des Auftragswerts vor. Jeder (zunächst) unbefristete Dauerauftrag bewirkt allerdings potenziell eine **Martkverschließung**, da andere Anbieter der vergebenen Leistung während der Laufzeit des Dauerauftrags keine Chance haben, sich um die Leistungserbringung zu bewerben. Daher wird wegen der Vergleichbarkeit zur Rahmenvereinbarung auf § 14 Abs. 6 Satz 1 VSVgV abzustellen sein und auch bei Daueraufträgen eine regelmäßige Limitierung auf sieben Jahre gelten, wenn nicht besondere Gründe eine längere Laufzeit rechtfertigen.[65]

92 Unter VI.2) hat der Auftraggeber anzugeben, ob der Auftrag in Verbindung mit einem Vorhaben und/oder einem Programm vergeben wird, das **aus Gemeinschaftsmitteln finanziert** wird. Wenn er dies bejaht, hat er zudem die Bezeichnung des betreffenden Programms zu nennen. Die Angabe dient statistischen Zwecken.

93 Unter VI.3) kann der Auftraggeber **zusätzliche Angaben** veröffentlichen, die den Auftrag selbst oder das Verfahren betreffen. Dieses Feld bietet sich immer dann an, wenn sich aufgrund der stark formalisierten Gestaltung des Bekanntmachungsmusters zusätzliche oder modifizierende Angaben zu einzelnen Abschnitten dort nicht darstellen lassen. So lässt sich an dieser Stelle beispielsweise der Hinweis auf die **Verfügbarkeit von Formblättern** zum Nachweis der Eignung oder eine **Informationsbroschüre** zum Teilnahmewettbewerb, in der weitere Informationen zum Verfahren gegeben werden, machen. Diese Angaben sollten dann auch Hinweise zur Abrufmöglichkeit dieser Unterlagen enthalten. Weiterhin könnten an dieser Stelle weitere, **übergreifende Hinweise zum Nachweis der Eignung** durch Bewerbergemeinschaften oder zu den Anforderungen an die Einbindung von Nachunternehmern bei Inanspruchnahme deren Fachkunde und Leistungsfähigkeit[66] gegeben werden.

94 VI.4) widmet sich abschließend den Informationen zu den **Rechtsschutzmöglichkeiten**. Hier ist zunächst unter VI.4.1) die zuständige Stelle für Nachprüfungsverfahren, also die örtlich zuständige Vergabekammer, einschließlich sämtlicher Kommunikationsmittel anzugeben. Die Verpflichtung hierzu ergibt sich auch aus § 18 Abs. 3 Nr. 4 VSVgV. Die Abgrenzung der Zuständigkeit der Vergabekammern ergibt sich aus § 106a GWB.[67]

---

64 So ausdrücklich EuGH, 19.6.2008, C-454/06 „pressetext", NVwZ 2008, 865.
65 Vgl. zur Laufzeit von langfristigen Verträgen EuGH, 9.3.2006, Rs. C-323/03 – „Seekabotage", Slg. 2006 I S. 2161, sowie Ziekow, VergabeR 2006, 702.
66 Sog. „Eignungsleihe"; vgl. hierzu Conrad, VergabeR 2012, 15 und OLG München, 9.8.2012 – Verg 10/12. Weitere Ausführungen zu diesem Aspekt enthält auch die Kommentierung zu § 27 Abs. 4 VSVgV.
67 Die Kontaktdaten der Vergabekammern des Bundes finden sich u.a. im Internet unter www.bundeskartellamt.de und dort unter der Rubrik „Vergaberecht". Die Adressen der Vergabekammern der Länder lassen sich über die Internetangebote der jeweiligen Landeswirtschaftsministerien abrufen.

# Rechten § 18 VSVgV

Soweit vorhanden ist in dieser Rubrik auch die zuständige Schlichtungsstelle einzutragen. Das früher in § 20 VgV vorgesehene fakultative Schlichtungsverfahren für Sektorenauftraggeber ist zwischenzeitlich entfallen. Auftraggeber können jedoch jederzeit ein solches freiwilliges Verfahren vorsehen und anbieten.

95

In Bezug auf die in VI.4.2) geforderten Angaben zu den **Fristen für die Einlegung von Rechtsbehelfen** sollten folgende Regelungen genannt bzw. dargestellt werden:

96

- die zeitlichen Anforderungen und Grenzen des § 107 Abs. 3 Satz 1 Nr. 1 bis 3 GWB an die Einlegung einer Rüge,

- die Ausschlussfrist des §107 Abs. 3 Satz 1 Nr. 4 GWB (15 Kalendertage) für die Einleitung eines Nachprüfungsverfahrens nach Eingang der Mitteilung des Auftraggebers, der Rüge nicht abhelfen zu wollen,[68]

- die Fristen des § 101b Abs. 2 GWB zur Feststellung der Unwirksamkeit einer Zuschlagserteilung sowie

- ggf. die sich aus § 115 Abs. 4 GWB ergebenden Reaktionsfristen.

In Bezug auf das Erfordernis einer unverzüglichen Rüge nach Erkennen des gerügten Vergaberechtsverstoßes hatten einige Nachprüfungsinstanzen auf der Grundlage der Entscheidung des EuGH vom 28. Januar 2010[69] eine Unvereinbarkeit der unbestimmten Terminologie der „Unverzüglichkeit" mit EU-Recht angenommen und die Präklusionswirkung des § 107 Abs. 3 Satz 1 Nr. 1 GWB verneint.[70] In der Praxis war dieser Unsicherheit dadurch begegnet worden, dass in dem Bekanntmachungsformular unter VI.4.2) eine präzise Ausschlussfrist für die Einlegung der Rüge nach § 107 Abs. 3 Satz 1 Nr. 1 GWB angegeben wurde.[71] Zwischenzeitlich geht die ganz herrschende Ansicht in der vergaberechtlichen Rechtsprechung allerdings davon aus, dass der Begriff der Unverzüglichkeit (unter Bezugnahme auf die über 100jährige Praxis im Zusammenhang mit der zivilrechtlichen Vorschrift des § 121 BGB) auch im EU-rechtlichen Kontext zu keiner Unanwendbarkeit des § 107 Abs. 3 Satz 1 Nr. 1 GWB führt.[72]

97

Alternativ zur Nennung der Fristen sieht das Bekanntmachungsmuster vor, unter VI.4.3) Angaben zu Stellen machen, bei denen Auskünfte über die Einlegung von Rechtsbehelfen erhältlich sind. Hierfür kommen zum einen die **Vergabekammern** selbst in Betracht, zum anderen die **Auftragsberatungsstellen** der Länder. Eine Adressübersicht über die Auftragsberatungsstellen findet sich unter www.abst.de.

98

**PRAXISTIPP**

99

*Mit Blick auf die Rechtsprechung, nach der die Frist des § 107 Abs. 3 Satz 1 Nr. 4 GWB nicht beginnt, wenn auf sie nicht in dem Bekanntmachungsmuster ausdrücklich hingewiesen worden ist, sollte diese Frist in jedem Falle angegeben werden, und zwar auch dann, wenn ansonsten von der im Bekanntmachungs-*

---

68 Vgl. zur Pflicht zur Angabe dieser Frist und zu den Rechtsfolgen eines Unterlassens VK Mecklenburg-Vorpommern, 28.2.2012 – 2 VK 8/11; OLG Celle, 4.3.2010 - Verg 1/10; VK Sachsen, 11.12.2009 – 1/SVK/054/09; VK Südbayern, 5.2.2010 – Z33-31941-6612/09.
69 Rechtssache C-406/08 „Uniplex".
70 VK Nordbayern, 10.2.2010 – 21.VK-319401/10.
71 Vgl. *Rechten*, in Kulartz/Marx/Portz/Prieß, Kommentar zur VOL/A (2. Auflage), § 15 EG Rn. 64.
72 VK Baden-Württemberg, 17.2.2011 – 1 VK 4/11; OLG Rostock, 20.10.2010 – 17 Verg 5/10 jeweils m.w.N.

> *muster vorgesehenen Wahlmöglichkeit Gebrauch gemacht und unter VI.4.3) eine Stelle benannt wird, die Auskünfte über die Einlegung von Rechtsbehelfen erteilt.*
>
> *Hinsichtlich der Formulierung des Hinweises selbst bestehen keine Vorgaben oder Anforderungen. Ausreichend ist daher die Formulierung „Auf die Frist des § 107 Abs. 3 Satz 1 Nr. 4 GWB wird hingewiesen". Im Sinne einer größtmöglichen Transparenz sollte allerdings eher ein beschreibender Hinweis gegeben werden, z.B. „Nach § 107 Abs. 3 Satz 1 Nr. 4 GWB ist ein Nachprüfungsantrag unzulässig, wenn nach Eingang der Mitteilung des Auftraggebers, einer erhobenen Rüge nicht abhelfen zu wollen, mehr als 15 Kalendertage vergangen sind."*

100  Schließlich ist unter VI.5) der **Tag der Absendung der Bekanntmachung** anzugeben. Die Angabe dieses Datums wird auch in § 18 Abs. 4 Satz 3 VSVgV ausdrücklich verlangt. Praktisch bedeutsam ist diese Information mit Blick auf § 18 Abs. 5 Satz 1 VSVgV. Danach dürfen die Bekanntmachung und ihr Inhalt auf nationaler Ebene oder im Beschafferprofil des Auftraggebers nicht vor dem Tag der Absendung an das Amt für Veröffentlichungen der Europäischen Union veröffentlicht werden. Zudem beginnt mit der Absendung der Bekanntmachung das Vergabeverfahren.[73] Schließlich ist dieser Zeitpunkt gem. § 3 Abs. 8 VSVgV auch maßgeblich für die Bestimmung des Auftragswerts.

101  Wird die Bekanntmachung über *eNotices* elektronisch erstellt, generiert das Bekanntmachungssystem TED das Datum der Absendung automatisch.

## III. Übermittlung der Bekanntmachung (§ 18 Abs. 4)

102  § 18 Abs. 4 VSVgV enthält Vorgaben für die Übermittlung der Bekanntmachung. Adressat der Bekanntmachung ist das Amt für Veröffentlichungen der Europäischen Union mit Sitz in Luxemburg. Dessen Adresse sowie sämtliche Kontaktmöglichkeiten finden sich in der Kopfzeile des Bekanntmachungsformulars.[74]

103  Ein besonderer **Übermittlungsweg** ist im Regelfall nicht vorgeschrieben. § 18 Abs. 4 Satz 1 VSVgV nennt zwar ausdrücklich die **elektronische Übermittlung** (unter Beachtung der in Anhang VI Nummer 3 zur Richtlinie 2009/81/EG genannten Modalitäten[75]), erlaubt aber auch die Übermittlung „auf anderem Wege".

104  Für die elektronische Übermittlung bieten sich nach heutigem Stand der Technik folgende Alternativen an:

- Zum einen bietet das Amt für Veröffentlichungen der Europäischen Union seit längerer Zeit die Möglichkeit, die Standardformulare online zu bearbeiten und elektronisch zu übersenden (*eNotices*). Dies hat den Vorteil, dass beispielsweise CPV- und NUTS-Code direkt integrierbar sind, woraus sich einige Arbeitserleichterungen ergeben. Bei Nutzung dieses Systems ergeben sich Möglichkeiten, die Angebotsfristen zu verkürzen (§ 20 Abs. 4 VSVgV). Für die Nutzung von

---

73  VK Südbayern, 26.11.2002 – 46-11/02; vgl. auch § 3 Abs. 8 VSVgV.
74  2, rue Mercier, 2985 Luxemburg; Fax: +352 29 29 43 670; E-Mail: ojs@publications.europa.eu. Nähere Informationen zum Amt für Veröffentlichungen sind unter www.publications.europa.eu zu finden.
75  In Anhang VI Nr. 3 wird lediglich auf die Internetseite von SIMAP (http://simap.europa.eu) verwiesen, auf der die Muster und Modalitäten für die elektronische Übermittlung der Bekanntmachungen abrufbar sind.

- eNotices ist eine einmalige Registrierung auf der Internetseite www.simap.europa.eu (dort unter „SIMAP für Einkäufer") erforderlich. Die Nutzung des Systems ist kostenfrei.
- Zum anderen kann das Standardformular „Bekanntmachung" über die Internetseite www.simap.europa.eu heruntergeladen, ausgefüllt und dann per E-Mail[76] an das Amt übersandt werden.

Übermittlungen „auf anderem Wege" sind der **Postweg** oder das **Telefax**. Eine (fern-)mündliche Übermittlung von Bekanntmachungen ist nicht vorgesehen. In dieser Situation entständen auch Schwierigkeiten, den Tag der „Absendung" der Bekanntmachung nachzuweisen, wie dies § 18 Abs. 4 Satz 3 VSVgV verlangt.

Entscheidet sich der Auftraggeber für die Durchführung eines **beschleunigten Verfahrens** mit verkürzten Fristen nach § 20 Abs. 2 Satz 2 bzw. Abs. 3 Satz 2 VSVgV, soll durch die Übermittlung der Bekanntmachung kein unnötiger Zeitverlust entstehen. In diesen Fällen muss die Bekanntmachung **zwingend mittels Telefax oder auf elektronischem Wege** erfolgen.

Unabhängig vom gewählten oder erforderlichen Übertragungsmedium muss die Bekanntmachung gem. § 18 Abs. 4 Satz 1 VSVgV **unverzüglich**, also ohne schuldhaftes Zögern (§ 121 BGB), an das Amt für Veröffentlichungen übermittelt werden. Die verzögerte Übermittlung einer fertiggestellten Bekanntmachung kann Auswirkungen auf die vorgesehene Angebotsfrist haben, da unter Umständen die einschlägigen Mindestfristen des § 20 VSVgV unterschritten werden und dann ein Verfahrensfehler vorläge.

§ 18 Abs. 4 Satz 3 VSVgV verlangt vom Auftraggeber schließlich, dass er den Tag der Absendung **nachweisen** können muss. Dies ist insbesondere für § 18 Abs. 5 Satz 1 VSVgV von Bedeutung, wonach die Bekanntmachung auf nationaler Ebene oder auf dem Beschafferprofil des Auftraggebers nicht vor dem Tag der Absendung an das Amt für Veröffentlichungen der Europäischen Union veröffentlicht werden darf. Als entsprechender Nachweis wird regelmäßig eine **Aktennotiz** ausreichen, die in den **Vergabevermerk** aufzunehmen ist. Daneben bieten sich bei Versendung der Bekanntmachung per Mail oder per Fax auch ein Ausdruck der gesendeten E-Mail oder ein Sendebericht der Telefaxübermittlung an. Die über eNotices erstellte Bekanntmachung erhält vom System **automatisch** das Datum des Tages der Absendung der elektronischen Bekanntmachung eingefügt. Auch hier empfiehlt sich die Anfertigung eines Ausdrucks der veröffentlichten Bekanntmachung, der zu den Akten genommen werden sollte.

## IV. Fristen, Kosten, Sprache, Umfang

Anders als in der VOL/A-EG (dort § 15 EG Abs. 3 VOL/A) enthält die VSVgV keine Regelungen zum Veröffentlichungsprozess durch das Amt für Veröffentlichungen der Europäischen Union im Supplement zum Amtsblatt der Europäischen Union bzw. der Onlineversion TED. Die fehlende Umsetzung der in Art. 32 Abs. 3 und 4 der Richtlinie 2009/81/EG enthaltenen Veröffentlichungsmodalitäten ist aber folgenlos, da sich die dortigen Regelungen lediglich an die Kommission selbst bzw. das Amt für Veröf-

---

76 ojs@publications.europa.eu.

fentlichungen der Europäischen Union richten. Insofern kommt diesen Vorschriften auch kein bieterschützender Charakter zu.

110 Art. 32 Abs. 3 der Richtlinie 2009/81/EG informiert über die **Veröffentlichungsfristen**. Danach werden elektronisch erstellte und übermittelte Bekanntmachungen spätestens **fünf Tage** nach ihrer Absendung an das Amt für Veröffentlichungen auf TED veröffentlicht; wird die Bekanntmachung nicht elektronisch übermittelt, erfolgt die Veröffentlichung binnen **zwölf Tagen**.

111 Die Veröffentlichung der Bekanntmachungen ist für den Auftraggeber **kostenlos** (Art. 32 Abs. 4 UAbs. 2 der Richtlinie 2009/81/EG).

112 Wurden die Bekanntmachungen früher in gedruckter Form als Supplement zum EG-Amtsblatt nur an einigen Tagen pro Woche veröffentlicht (das Setzen, der Druck und die Auslieferung führten dabei zu weiteren zeitlichen Verzögerungen), erfolgt die Veröffentlichung heute ausschließlich in elektronischer Form. Angeboten wird zum einen nach wie vor eine Offline-Version als CD-ROM-Ausgabe. Diese erscheint zweimal wöchentlich, jeweils dienstags und freitags. Da es sich um eine kumulative mehrsprachige Ausgabe handelt, enthält jede CD-ROM nur die letzen fünf Ausgaben des ABl. S und die zugehörigen Unterlagen. Die CD-ROM können einzeln oder im Abonnement über die Vertriebsstellen des Amtes bezogen werden.[77]

113 Weitaus attraktiver und verbreiteter ist die Online-Version Tenders Electronic Daily (TED).[78] Neben den laufenden Bekanntmachungen kann über TED das Archiv des ABl. S für die vergangenen fünf Jahre durchsucht werden. Mit Hilfe einer Maske kann der Nutzer zahlreiche Suchkriterien vorgeben, etwa geografische Daten, die Art des Dokuments, die Art des Auftrags, Schlüsselwörter usw. Zudem steht die Internetseite in allen Amtssprachen zur Verfügung. Der Zugang zu TED ist kostenlos.

114 In Originalsprache, also in der Sprache, in der die Bekanntmachung abgefasst ist, wird die Bekanntmachung in TED **ungekürzt** veröffentlicht (Art. 32 Abs. 4 der Richtlinie 2009/81/EG). Die Übertragung in sämtliche andere EU-Amtssprachen erfolgt automatisch und beschränkt sich dabei auf die wichtigsten Bestandteile der Bekanntmachung. Dabei steht der mittels CPV-Code automatisch übersetzte Auftragsgegenstand im Mittelpunkt. Eine individuelle Übersetzung von freihändigen Eintragungen – etwa der Beschreibung des Auftragsgegenstands, der verlangten Eignungsnachweise oder der sonstigen Informationen – unterbleibt dagegen. Dies stellt indes keine Diskriminierung dar, da die unterschiedlichen Sprachen innerhalb der Europäischen Union „systemimmanent" sind und daher bereits per se nicht Gegenstand einer Ausländerbenachteiligung sein können.

115 Art. 32 Abs. 6 der Richtlinie 2009/81/EG sieht schließlich vor, dass der Inhalt von Bekanntmachungen, die nicht auf elektronischem Wege erstellt und übermittelt werden, auf rund 650 Worte beschränkt ist. Auch diese Regelung ist – anders als in § 15 EG Abs. 2 Satz 2 VOL/A – nicht in deutsches Recht umgesetzt worden. Wenngleich sich diese Limitierung an die Auftraggeber richtet, dürfte diese Regelung auch nach Ablauf der Umsetzungsfrist keine unmittelbare Geltung erlangen, da sie lediglich organisatorischer Natur ist und keine unmittelbaren Vorteile und Ansprüche für die anbietende Wirtschaft

---

[77] Aufgelistet unter http://publications.europa.eu/others/agents/index_de.htm. Einzige Vertriebsstelle in Deutschland ist der Bundesanzeiger Verlag (www.bundesanzeiger.de).
[78] www.ted.europa.eu.

entfaltet. Gleichwohl sollten Auftraggeber, die ihre Bekanntmachung nicht elektronisch erstellen und übermitteln, diese Begrenzung beachten, um zeitliche Verzögerungen bei der Veröffentlichung der Bekanntmachung zu vermeiden.

## V. Veröffentlichung in weiteren Medien (§ 18 Abs. 5)

Wenngleich die europäischen Regelungen (umgesetzt in § 18 VSVgV) die Pflicht enthalten, Bekanntmachungen einheitlich nach den dort vorgesehenen Modalitäten zu veröffentlichen, ergibt sich kein Verbot, die Bekanntmachung **in weiteren Medien** zu publizieren und damit durch Ansprache ggf. weiterer Märkte den potenziellen Wettbewerb zu erhöhen. In Umsetzung des Nichtdiskriminierungsgebots sind für dieses Vorgehen allerdings bestimmte Vorgaben zu beachten. Diese regelt § 18 Abs. 5 VSVgV. Die Beachtung des Diskriminierungsverbots konkretisiert sich hier sowohl in **zeitlicher** als auch in **inhaltlicher** Hinsicht. So untersagt die Vorschrift eine Veröffentlichung der Bekanntmachung auf nationaler Ebene[79] oder in dem Beschafferprofil des Auftraggebers vor dem Tag der Absendung der EU-Bekanntmachung an das Amt für Veröffentlichungen der Europäischen Union. Damit soll sichergestellt werden, dass **inländische Bewerber keinen Informationsvorsprung** erlangen und sie somit nicht mehr Zeit für die Erstellung eines Angebots erhalten als ausländischen Unternehmen, die von der Ausschreibung über TED erfahren. 116

Allerdings verbleibt auch bei Beachtung dieser Vorschrift eine **gewisse Besserstellung** der Nutzer vor nationalen Veröffentlichungsorganen: Zum einen wird die inländische Veröffentlichung an den Zeitpunkt des Absendens an das Amt für Veröffentlichungen der Europäischen Union gekoppelt. Dort muss die Bekanntmachung zunächst ankommen und sodann veröffentlicht werden, was gem. Art. 32 Abs. 3 der Richtlinie 2009/81/EG bis zu zwölf Tage dauern kann. Zum anderen verbleibt der **sprachliche Vorteil**, da die inländische Veröffentlichung komplett in deutsch erfolgt, während bei Veröffentlichung im Supplement zum EU-Amtsblatt nur die wichtigsten Bestandteile der Bekanntmachung in alle anderen Amtssprachen übersetzt und veröffentlicht wird. Diese Vorteile sind allerdings systemimmanent und müssen daher hingenommen werden. 117

Weiterhin muss die inländische Veröffentlichung auch inhaltlich mit der Veröffentlichung auf TED übereinstimmen. Hier dürfen **keine anderen oder ergänzenden Angaben** gemacht werden. Der inländische Bewerber soll keinen Informationsvorsprung gegenüber dem ausländischen Bewerber erhalten. Daher erscheint es sinnvoll, dass der öffentliche Auftraggeber für die Bekanntmachung in inländischen Veröffentlichungsorganen dasselbe Standardformular verwendet wie bei der europaweiten Veröffentlichung, wenngleich dies nicht zwingend ist.[80] Möglich ist es dem Auftraggeber natürlich auch, bis zur Veröffentlichung der Bekanntmachung im Supplement zum Amtsblatt zu warten und dann in inländischen Veröffentlichungen auf die entsprechende Veröffentlichungsnummer von TED Bezug zu nehmen. Bei Veröffentlichungen in elektronischen Medien (etwa dem Beschafferprofil des Auftraggebers) kann auch eine Verlinkung mit der entsprechenden europäischen Bekanntmachung hergestellt werden. 118

---

79  Etwa über die Beschaffungsplattform des Bundes (www.bund.de) oder der Bundesländer.
80  Einige Veröffentlichungsplattformen der Länder verlangen allerdings ihrerseits die zwingende Verwendung der EU-Bekanntmachungsmuster.

**119** Schließlich hat der Auftraggeber bei einer nationalen Bekanntmachung auf das Datum der Absendung der europaweiten Bekanntmachung an das Amt für Veröffentlichungen der Europäischen Union hinzuweisen. Damit kann er zugleich den Tag der Absendung im Sinne des § 18 Abs. 4 Satz 3 VSVgV nachweisen.

**120** Da mit einer europaweiten Bekanntmachung der **territorial umfassendste Publizitätsgrad** erreicht wird, besteht keine Verpflichtung zu einer zusätzlichen inländischen Veröffentlichung.[81]

## VI. Freiwillige Ex-ante-Transparenzbekanntmachung

**121** Nicht umgesetzt in die VSVgV wurde die in Art. 60 Abs. 4 und Art. 64 der Richtlinie 2009/81/EG vorgesehene Möglichkeit, auf eine im Rahmen eines Verhandlungsverfahrens ohne Teilnahmewettbewerb vorgesehene Beauftragung eines Unternehmens oder eine Direktvergabe eines Auftrags an ein Unternehmen im Wege einer so genannten **„freiwilligen Ex-ante-Transparenzbekanntmachung"** hinzuweisen. Dies bedeutet allerdings nicht, dass diese Bekanntmachungsform nicht genutzt werden kann.

**122** Das hierfür vorgesehene Bekanntmachungsmuster wurde als Anhang XIV der Durchführungsverordnung (EU) Nr. 842/2011 veröffentlicht und kann wie dort vorgesehen ausdrücklich auch für Auftragsvergaben im Bereich Verteidigung und Sicherheit eingesetzt werden.[82]

**123** Im Mittelpunkt dieses Bekanntmachungsmusters stehen neben Angaben zum Auftraggeber, Auftragsgegenstand und dem Unternehmen, dem der Auftrag exklusiv vergeben wurde bzw. vergeben werden soll, die in **Anhang D3** zusammengestellten Rechtfertigungsgründe für eine Direktvergabe bzw. ein Verhandlungsverfahren ohne Teilnahmewettbewerb. Diese entsprechen den in § 12 VSVgV aufgeführten Tatbeständen, ergänzt um eine pauschale Bezugnahme auf die Vergabe von nachrangigen Dienstleistungsaufträgen im Sinne des § 5 Abs. 2 VSVgV und auf Fälle, die außerhalb des Anwendungsbereichs der Richtlinie 2009/81/EG liegen.[83] Neben der Auswahl des jeweils einschlägigen Sachverhalts fordert das Bekanntmachungsformular vom Auftraggeber auch eine **individuelle Begründung**, warum im jeweiligen Einzelfall von einem wettbewerblichen Verfahren abgesehen wurde.

**124** Der Sinn der Nutzung dieses neuen Standardformulars, mit dem eine Bekanntmachung in einer Situation vorgenommen wird, in der – jedenfalls aus Sicht des Auftraggebers – gerade keine Bekanntmachung erforderlich ist, ergibt sich nicht ohne weiteres aus dem Rechtsrahmen. Das Bekanntmachungsmuster selbst nimmt in den einleitenden Erläuterungen Bezug auf das Verfahren gem. Art. 60 Abs. 4 der Richtlinie 2009/81/EG. Hiernach müssen die Mitgliedsstaaten gewährleisten, dass das in Art. 60 Abs. 1 lit. a) der Richtlinie vorgesehene Verfahren zur Feststellung der Unwirksamkeit eines Vertragsabschlusses, der rechtswidrig auf einer Vergabe ohne vorherige Bekanntmachung des Auftrags beruht, dann nicht zur Anwendung kommt, wenn der Auftraggeber eben jene

---

[81] BayObLG, 4.2.2003 – Verg 31/02, VergabeR 2003, S. 345.
[82] Das Bekanntmachungsmuster ist abrufbar unter http://simap.europa.eu. Es ist auch über eNotices verfügbar und kann dort online ausgefüllt werden.
[83] Dies können Fälle des § 100c GWB sein.

Ex-ante-Transparenz durch freiwillige Veröffentlichung seiner Absicht zur Direktvergabe hergestellt hat. Nach dieser Systematik kann die freiwillige Ex-ante-Transparenzbekanntmachung eine im Falle einer Direktvergabe oder einer Auftragsvergabe im Rahmen eines Verhandlungsverfahrens ohne Teilnahmewettbewerb, das nur mit einem einzigen Bieter geführt wird, nicht mögliche Vorinformation ersetzen.

Da eine solche Ersetzung der Vorinformationspflicht des § 101a GWB im deutschen Vergaberecht allerdings nicht vorgesehen ist, verbleibt für das Standardformular „Freiwillige Ex-ante-Transparenzbekanntmachung" dort eine Anwendungsmöglichkeit, wo der Auftraggeber eine solche Beauftragung ohne Wettbewerb beabsichtigt und den Auftragnehmer bereits lokalisiert oder ausgewählt hat. In diesen Fällen wird potenziellen Wettbewerbern um den Auftrag die Absicht des Auftraggebers zur Direktvergabe **frühzeitig kommuniziert**, so dass diese bereits ab diesem Zeitpunkt (und nicht erst ab Veröffentlichung der Bekanntmachung über den vergebenen Auftrag) die Möglichkeit haben, das Handeln des Auftraggebers einschließlich dessen **Begründung** für die Wahl des Verfahrens zur exklusiven Beauftragung **nachzuvollziehen** und ggf. vor der örtlich zuständigen Vergabekammer überprüfen zu lassen.

125

Die frühzeitige Bekanntmachung des Auftraggeberwillens kann daher in prozessualer Hinsicht bewirken, dass bereits hiermit die Möglichkeit gegeben wird, potenzielle Verstöße gegen Vergabevorschriften zu erkennen. Potenzielle Wettbewerber, die in der (beabsichtigten) exklusiven Auftragsvergabe durch den Auftraggeber einen Vergaberechtsverstoß erkennen und überprüfen lassen wollen, werden gem. § 107 Abs. 3 GWB zum einen zu einer Rüge des ihnen nunmehr bekannten Sachverhalts gezwungen und zugleich mit Blick auf die Pflicht zu unverzüglichem Handeln sehr viel eher unter zeitlichen Druck gesetzt. Insofern erlangt der Auftraggeber bei Nutzung der Freiwilligen Ex-ante-Transparenzbekanntmachung u.U. **frühzeitige Rechtssicherheit** über das von ihm gewählte Vorgehen, als wenn er den direkt vergebenen Auftrag lediglich nachträglich mittels Standardformular „Bekanntmachung über vergebene Aufträge" publiziert.

126

## § 19
## Informationsübermittlung

(1) Die Auftraggeber geben in der Bekanntmachung oder den Vergabeunterlagen an, ob Informationen auf dem Postweg, mittels Telefax, elektronisch, telefonisch oder durch eine Kombination dieser Kommunikationsmittel zu übermitteln sind.

(2) Das gewählte Kommunikationsmittel muss allgemein verfügbar sein und darf den Zugang der Unternehmen zu dem Vergabeverfahren nicht beschränken.

(3) Die Auftraggeber haben bei der Mitteilung oder Übermittlung und Speicherung von Informationen die Unversehrtheit der Daten und die Vertraulichkeit der Angebote und Teilnahmeanträge zu gewährleisten. Auftraggeber dürfen vom Inhalt der Angebote und Teilnahmeanträge erst nach Ablauf der Frist für ihre Einreichung Kenntnis nehmen. Auf dem Postweg oder direkt zu übermittelnde Angebote sind in einem verschlossenen Umschlag einzureichen, als solche zu kennzeichnen und bis zum Ablauf der Angebotsfrist unter Verschluss zu halten. Bei elektronisch zu übermittelnden Angeboten ist die Unversehrtheit durch entsprechende organisatorische und technische Lösungen nach den Anforderungen des Auftraggebers und die Vertraulichkeit durch Verschlüsselung sicherzustellen. Die Verschlüsselung muss bis zum Ablauf der Angebotsfrist aufrechterhalten bleiben.

(4) Bei elektronischen Kommunikationsmitteln müssen die technischen Merkmale allgemein zugänglich, kompatibel mit den allgemein verbreiteten Geräten der Informations- und Kommunikationstechnologie und nichtdiskriminierend sein. Die Auftraggeber haben dafür Sorge zu tragen, dass den interessierten Unternehmen die Informationen über die Spezifikationen, die für die elektronische Übermittlung der Anträge auf Teilnahme und der Angebote erforderlich sind, einschließlich der Verschlüsselung, zugänglich sind. Außerdem muss gewährleistet sein, dass die Vorrichtungen für den elektronischen Eingang der Angebote und Teilnahmeanträge den Anforderungen des Anhangs VIII der Richtlinie 2009/81/EG genügen.

(5) Neben den Hinweisen nach Absatz 1 geben die Auftraggeber in der Bekanntmachung an, in welcher Form Anträge auf Teilnahme am Vergabeverfahren oder Angebote einzureichen sind. Insbesondere können sie festlegen, welche elektronische Signatur nach § 2 des Signaturgesetzes für die Teilnahmeanträge im Fall der elektronischen Übermittlung zu verwenden ist. Anträge auf Teilnahme am Vergabeverfahren können schriftlich oder telefonisch gestellt werden. Wird ein solcher Antrag telefonisch gestellt, ist dieser vor Ablauf der Frist für den Eingang der Anträge in Schriftform zu bestätigen. Die Auftraggeber können verlangen, dass per Telefax gestellte Anträge in Schriftform oder elektronischer Form bestätigt werden, sofern dies für das Vorliegen eines gesetzlich gültigen Nachweises erforderlich ist. In diesem Fall geben die Auftraggeber in der Bekanntmachung diese Anforderung zusammen mit der Frist für die Übermittlung der Bestätigung an.

## Übersicht

| | | |
|---|---|---|
| I. | Allgemeines | 1 |
| | 1. Inhalt und Bedeutung der Vorschrift | 1 |
| | 2. Gemeinschaftsrechtliche Bezüge | 3 |
| II. | Kommunikationsmittel für den Informationsaustausch (Absatz 1) | 5 |
| III. | Verfügbarkeit des Kommunikationsmittels (Absatz 2) | 11 |
| IV. | Sicherheitsvorgaben (Absatz 3) | 13 |
| | 1. Unversehrtheit | 14 |
| | 2. Vertraulichkeit | 21 |
| V. | Insbesondere: elektronische Kommunikationsmittel (Absatz 4) | 25 |
| | 1. Elektronische Kommunikationsmittel | 26 |
| | 2. Anforderungen an Empfangsvorrichtungen | 31 |
| VI. | Formanforderungen (Absatz 5) | 42 |
| | 1. Angebote | 43 |
| | 2. Teilnahmeanträge | 49 |

## I. Allgemeines

### 1. Inhalt und Bedeutung der Vorschrift

**1** Mit § 19 VSVgV werden Regelungen zur Informationsübermittlung – insbesondere zur Übermittlung von Angeboten sowie Anträgen zur Teilnahme am Vergabeverfahren – getroffen.

**2** Zunächst stellt Absatz 1 klar, dass die Auftraggeber grundsätzlich festlegen können, über welches Kommunikationsmittel Informationen ausgetauscht werden sollen. In Absatz 2 wird dem Diskriminierungsverbot Rechnung getragen, indem bestimmt wird, dass die Kommunikationsmittel allgemein verfügbar sein müssen und keine Zugangsbeschränkung darstellen dürfen. Absatz 3 enthält Bestimmungen zur Sicherstellung der **Unversehrtheit und Vertraulichkeit** der übermittelten Angebote und Teilnahmeanträge. In Absatz 4 werden spezifische Anforderungen an elektronische Kommunikationsmittel aufgestellt. Schließlich regelt Absatz 5 die formalen Voraussetzungen, die an Angebote und Anträge auf Teilnahme am Vergabeverfahren zu stellen sind bzw. gestellt werden dürfen.

### 2. Gemeinschaftsrechtliche Bezüge

**3** Der § 19 VSVgV dient der Umsetzung von Art. 36 der RL 2009/81/EG, dessen Inhalte im Wesentlichen übernommen werden.[1] – Art. 36 der RL 2009/81/EG wiederum ist wortlautgleich zu Art. 42 der RL 2004/18/EG[2], welcher auch in den §§ 13, 14, 16, 17 EG VOL/A reflektiert wird.

**4** Die Anforderungen des Art. 36 Abs. 3 RL 2009/81/EG, nach welchem bei der Mitteilung bzw. Übermittlung und Speicherung von Informationen die Integrität der Daten und die

---

1 BR-Drs. 321/12, S. 53.
2 Richtlinie 2004/18/EG des Europäischen Parlaments und des Rates vom 31. März 2004 über die Koordinierung der Verfahren zur Vergabe öffentlicher Bauaufträge, Lieferaufträge und Dienstleistungsaufträge.

Vertraulichkeit der Anträge auf Teilnahme und der Angebote zu gewährleisten sind, und welcher bestimmt, dass der Auftraggeber vom Inhalt der Anträge auf Teilnahme und der Angebote erst nach Ablauf der Frist für ihre Einreichung Kenntnis erhalten darf, wurden vom Verordnungsgeber ergänzt. Zur Klarstellung wurde die Regelung des § 16 EG Abs. 2 S. 2 bis 4 VOL/A in § 19 Abs. 3 S. 3 bis 5 (bzw. § 13 Abs. 2 S. 2 bis 4 VOL/A 2009) übernommen.[3] Von der durch Art. 36 Abs. 5 lit. c der RL 2009/81/EG eingeräumten Möglichkeit, Systeme freiwilliger Akkreditierungen einzuführen, hat der Verordnungsgeber bewusst keinen Gebrauch gemacht.[4]

## II. Kommunikationsmittel für den Informationsaustausch (Absatz 1)

Ausweislich § 19 VSVgV kann der Auftraggeber grundsätzlich frei bestimmen, mittels welchen Kommunikationsmittels „Informationen" zu übermitteln sind. Ein Anspruch der Bieter auf Zulassung der Nutzung bestimmter, bspw. elektronischer Wege der Informationsübermittlung, besteht somit nicht.[5]

Die Formulierung ist allerdings nicht dahingehend zu interpretieren, dass eine Bindungswirkung lediglich auf Seiten der Bieter besteht. Legt der Auftraggeber ein bestimmtes Kommunikationsmittel (oder eine Kombination) fest, so muss auch er sich dieser bedienen.

Die Auswahl betrifft „Informationen" im Allgemeinen. Wie auch bei § 13 EG VOL/A handelt es sich hierbei um alle denkbaren Inhalte, die im Verlauf eines Vergabeverfahrens ausgetauscht werden können (z.B. Vergabeunterlagen, Bieterinformationen und Nachfragen[6]).[7] Ebenfalls zu den „Informationen" zählen Anträge auf Teilnahme am Vergabeverfahren sowie Angebote. Für diese können – insbesondere mit Blick auf die Anforderungen an die Integrität und Vertraulichkeit gemäß § 19 Abs. 3 VSVgV – zusätzliche und ggf. auch abweichende Anforderungen an die Form gestellt werden (vgl. § 19 Abs. 5 VSVgV – unten unter VI.).

Als Kommunikationsmittel (bzw. Kommunikationswege) kommen sowohl der Postweg, das Telefax, jedwede Form der elektronischen Kommunikation (E-Mail, aber auch Portallösungen[8]) sowie Telefon in Betracht. Eine **Kombination der Kommunikationsmittel** sowie die Öffnung von mehreren Kommunikationswegen ist möglich.

> **PRAXISTIPP**
>
> Die Kombinationen der Übermittlungswege kann an Zweckmäßigkeitsgesichtspunkten ausgerichtet werden. So kann z.B. das Leistungsverzeichnis in Papierform, ergänzende Unterlagen (Fotos, Pläne, Gutachten, etc.) in elektronischer Form (z.B. als Download) zur Verfügung gestellt werden.[9]

---

3  BR-Drs. 321/12, S. 53.
4  BR-Drs. 321/12, S. 53.
5  *Graef*, NZBau 2008, 34, 35.
6  Vgl. *Zeiss*, in: in: Heiermann/Zeiss/Blaufuß, jurisPK-Vergaberecht, 3. Auf. 2011, § 13 EG VOL/A Rn. 4.
7  In zeitlicher Hinsicht erstreckt sich der Geltungsbereich der Vorschrift somit von der Bekanntmachung bis zum Zuschlag; *Graef*, NZBau 2008, 34, 35.
8  *Zeiss*, in: Heiermann/Zeiss/Blaufuß, jurisPK-Vergaberecht, 3. Auf. 2011, § 11 VOL/A Rn. 5.
9  *Verfürth*, in: Kulartz/Marx/Portz/Prieß, VOL/A, 2. Aufl. 2011, § 13 EG Rn. 11.

10  Welche Möglichkeiten zum **Informationsaustausch** existieren, ist in der Bekanntmachung oder den Vergabeunterlagen anzugeben. Hier ist – sinnvollerweise in räumlichem Zusammenhang – auch auf abweichende Anforderungen an Anträge auf Teilnahme am Vergabeverfahren und die Einreichung von Angeboten hinzuweisen (§ 19 Abs. 5 S. 1 VSVgV).

## III. Verfügbarkeit des Kommunikationsmittels (Absatz 2)

11  Die **Wahl des Kommunikationsmittels** darf keine diskriminierende Wirkung haben. Das bedeutet, dass jedes Unternehmen die gleiche Möglichkeit haben muss, die jeweiligen Informationen abzurufen oder Informationen zu übermitteln. Um diesem Diskriminierungsver- bzw. Gleichbehandlungsgebot zu entsprechen, bestimmt § 19 Abs. 2 VSVgV, dass das gewählte Kommunikationsmittel allgemein verfügbar sein muss. Daraus folgt, dass grundsätzlich alle Bieter die gleiche Möglichkeit haben müssen, das Kommunikationsmittel zu nutzen.

12  Diese Anforderung ist bei den „herkömmlichen" Kommunikationsmitteln Postweg, Telefax, Telefon unproblematisch. Für die elektronischen Kommunikationsmittel werden weitere Anforderungen in Absatz 4 niedergelegt (siehe sogleich unter V.).

## IV. Sicherheitsvorgaben (Absatz 3)

13  Nach § 19 Abs. 3 VSVgV sind die Auftraggeber verpflichtet, bei der Mitteilung oder Übermittlung und Speicherung von Informationen die Unversehrtheit der Daten und die **Vertraulichkeit der Angebote** und Teilnahmeanträge zu gewährleisten.

### 1. Unversehrtheit

14  Die Verpflichtung, die **Unversehrtheit der Daten** zu sichern, bedeutet, dass der Auftraggeber **Vorkehrungen gegen Manipulation und Vernichtung** treffen muss.

15  Diese Verpflichtung betrifft Daten in jedweder Form, also auch papierne Datenträger. In Betracht kommen regelmäßig die gleichen organisatorischen als auch technischen Lösungen, die auch sonst im Rahmen der Umsetzung daten- und ggf. geheimnisschutzrechtlicher Bestimmungen (z.B. § 9 BDSG) verwendet werden.

16  Für auf dem Postweg oder direkt zu übermittelnde Angebote, also regelmäßig Angebote in Papierform, wird in § 19 Abs. 3 S. 3 VSVgV klargestellt, dass diese durch die Bieter in einem verschlossenen Umschlag einzureichen sind. Außerdem ist das jeweilige Angebot entsprechend als solches zu kennzeichnen. Der Auftraggeber hat alle dergestalt eingereichten Angebote bis zum Ablauf der Angebotsfrist „unter Verschluss zu halten". Zu unterbinden ist nicht nur der unbefugte Zugriff, sei es, dass eine Kenntnisnahme vor Ablauf der Angebotsfrist erfolgt oder eine unbefugte Person Kenntnis nimmt. Zudem müssen Angebote auch gegen Gefahren für die Unversehrtheit, die z.B. durch Wasser, Feuer, etc. drohen, geschützt werden.

17  In § 19 Abs. 3 Satz 4 VSVgV werden die entsprechenden Anforderungen hinsichtlich elektronisch zu übermittelnder Angebote konkretisiert. Dokumente, die in elektronischer

Form eingereicht werden, können in ungeschütztem Zustand einfach und rückstandslos manipuliert werden.[10] Zudem kann eine geringfügige, ggf. technisch bedingte Änderung der Datei zur Folge haben, dass das gesamte Dokument nicht mehr geöffnet und wiedergegeben werden kann. Um dem entgegenzuwirken, hat der Auftraggeber festzulegen, dass und wie die Unversehrtheit elektronisch zu übermittelnder Angebote gesichert werden soll.[11]

Angesichts des Umstandes, dass die Vorschrift zu den konkreten Erfordernissen der Sicherungsmaßnahmen schweigt, ist im Rahmen der elektronischen Abwicklung des Vergabeverfahrens für **funktionelle Äquivalenz** zu sorgen.[12] Das bedeutet, dass der Auftraggeber in jedem Stadium des Verfahrens untersuchen muss, wie die entsprechende Handlung im analogen Verfahren vorgenommen werden würde.[13] Dieses Vorgehen ist mit der virtuellen Verfahrensabwicklung zu vergleichen.[14] Die Anforderungen an den konkreten Verfahrensschritt, hier die elektronische Angebotsabgabe, sind dann mit Hinblick auf diesen Vergleich zu bestimmen.[15]

18

Um funktionale Äquivalenz herzustellen, bietet sich zunächst an, dass eine Nutzung einer **qualifizierten elektronischen Signatur** im Sinne des § 2 Nr. 3 SigG (hierzu noch unten unter Rn. 46 f.) verlangt wird. Durch die Verwendung dieser Signaturtechnik kann sowohl die Integrität – also die Unverfälschtheit – der signierten Datei als auch die **Authentizität des Dokumentenerstellers** sichergestellt werden. Letzteres bedeutet, dass das Dokument eindeutig einer Person – nämlich dem Signierenden – zugeordnet werden kann. Zudem kann ein entsprechend signiertes Angebotsdokument durch den Auftraggeber rechtssicher elektronisch archiviert werden.[16]

19

Den Bieter trifft die Obliegenheit, die Virenfreiheit und sonstige technische Unversehrheit seiner Angebotsdatei (z.B. fehlerfreie Lesbarkeit) sicherzustellen.[17] Da die Angebote erst einer Prüfung durch den Auftraggeber unterzogen werden dürfen, wenn die Öffnung erfolgt ist, ist eine Neuübermittlung ergänzender bzw. einwandfreier Angebotsdateien im Nachhinein ausgeschlossen.[18]

20

## 2. Vertraulichkeit

Eine qualifiziert signierte Datei ist zwar gegen unerkannte Verfälschungen nach dem Signiervorgang geschützt, sie kann jedoch weiterhin betrachtet, vervielfältigt und ausgedruckt werden. Die Verwendung einer qualifizierten elektronischen Signatur kann also noch nicht die notwendige Vertraulichkeit garantieren. Um einer unbefugten Kenntnisnahme entgegenzuwirken, ist die Datei, welche das Angebot in elektronischer Form enthält, zu verschlüsseln.[19]

21

---

10 Vgl. *Lott*, JurPC Web-Dok. 36/2006, Abs. 7.
11 Das Erfordernis für geeignete technische Rahmenbedingungen zu sorgen, ergibt sich also nicht nur aus den Vergabegrundsätzen, sondern vielmehr auch aus den dem elektronischen Geschäftsverkehr immanenten Gefahren; *Lott*, JurPC Web-Dok. 36/2006, Abs. 7.
12 *Lott*, JurPC Web-Dok. 36/2006, Abs. 10.
13 *Lott*, JurPC Web-Dok. 36/2006, Abs. 10.
14 *Lott*, JurPC Web-Dok. 36/2006, Abs. 10.
15 *Lott*, JurPC Web-Dok. 36/2006, Abs. 10.
16 Zu alledem *Fromm*, Signatur und Zeitstempel zur Wahrung von Authentizität und Integrität, in: cms-journal 32/Juni 2009, S. 63–66.
17 *Graef*, NZBau 2008, 34, 37.
18 *Graef*, NZBau 2008, 34, 37.
19 Hierzu umfassend: BSI (Hsg.), E-Government Handbuch, Kapitel II, Modul: Verschlüsselung und Signatur – online unter: https://www.bsi.bund.de/ContentBSI/Themen/Egovernment/EgovernmentHandbuch/Onlineversion/onlineversion.html.

**22** Dieser **Verschlüsselungsvorgang**, der das elektronische Äquivalent zum verschlossenen Umschlag darstellt und der Gewährleistung eines fairen Geheimwettbewerbs dient,[20] muss durch den Bieter vorgenommen werden.[21] Nur so kann ausgeschlossen werden, dass der Auftraggeber (oder Dritte) entgegen § 19 Abs. 3 S. 5 VSVgV vor Ablauf der Angebotsfrist Kenntnis vom Inhalt nehmen kann.

**23** Die Nutzung eines „sicheren" Kommunikationsweges wie z.B. die De-Mail kann eine Verschlüsselung nicht ersetzen. Zunächst bietet die **De-Mail** mangels durchgehender Verschlüsselung keine hinreichende Vertraulichkeit,[22] die bei Angeboten im Sicherheits- und Verteidigungsbereich nicht nur aus Gründen der Chancengleichheit im Vergabeverfahren von essentieller Bedeutung ist. Zudem ist nach § 19 Abs. 3 S. 5 VSVgV die Verschlüsselung bis zum Ablauf der Angebotsfrist aufrechtzuerhalten. Bei einem einfachen Versand über die De-Mail ist die jeweilige Datei nur auf dem Transportweg gegen unberechtigte Zugriffe gesichert. Sobald sie im „Posteingang" des Dienstes abrufbar ist, kann jeder, der Zugriff auf diesen Posteingang hat, die Datei ab- und aufrufen. Wird das Angebot zudem auf dem lokalen Rechner gespeichert, ist ein Zugriff für jeden möglich, der über entsprechende Rechte verfügt.

**24**
> **PRAXISTIPP**
>
> *Soll ein sicherer Transportweg wie De-Mail genutzt werden, muss eine zusätzliche Verschlüsselung der das Angebot enthaltenen Datei(en) verlangt werden. Nur so kann Vertraulichkeit über den reinen Transportvorgang hinaus gewahrt werden.*

## V. Insbesondere: elektronische Kommunikationsmittel (Absatz 4)

**25** Eröffnet der Auftraggeber den Informationsaustausch über elektronische Kommunikationsmittel, gebietet § 19 Abs. 4 VSVgV weitere Anforderungen zur Vermeidung ungerechtfertigter Benachteiligungen im Vergabeverfahren.

### 1. Elektronische Kommunikationsmittel

**26** Nach § 19 Abs. 4 S. 1 VSVgV müssen die technischen Merkmale bei elektronischen Kommunikationsmitteln allgemein zugänglich, kompatibel mit den allgemein verbreiteten Geräten der Informations- und Kommunikationstechnologie und nichtdiskriminierend sein.

**27** Unter technischen Merkmalen sind insbesondere das ausgewählte Kommunikationsnetz sowie die zum Abruf notwendigen Programme zu verstehen.[23] Auch gegebenenfalls vorgegebene Dateiformate oder Geräte fallen unter den Begriff.

**28** Aus § 19 Abs. 4 VSVgV folgt, dass der Auftraggeber nicht auf jede exotische Technologie Rücksicht nehmen muss. Das Gleichbehandlungsgebot erfordert jedoch, dass jeder Bieter mit einer allgemein verfügbaren Soft- und Hardwareausstattung (Standard-PC zzgl. Sig-

---

20 *Graef*, NZBau 2008, 34, 37.
21 Vgl. *Lott*, JurPC Web-Dok. 36/2006, Abs. 16; *Graef*, NZBau 2008, 34, 36 f.
22 Vgl. ausführlich *Lechtenbörger*, DuD 2011, 268-269, der darlegt, dass die De-Mail weder Vertraulichkeit noch Integrität hinreichend sichern könne.
23 Insofern eindeutiger § 13 EG Abs. 2 VOL/A 2009.

naturerstellungshard- und software) sowie über allgemein verfügbare Netze (Standard-Internetzugang) in der Lage sein muss, am Verfahren teilzunehmen.[24]

Unzulässig wäre ein „exklusiver" Zugang über spezielle kostenpflichtige Vergabeportale oder Softwarelösungen sowie jedwede „Spezialanforderung" (z.B. exotische Dateiformate), die unangemessen hohe Kosten verursacht.[25]

29

Die Auftraggeber haben nach § 19 Abs. 4 S. 2 VSVgV „dafür Sorge zu tragen", dass den interessierten Unternehmen die Informationen über die Spezifikationen, die für die elektronische Übermittlung der Anträge auf Teilnahme und der Angebote erforderlich sind, einschließlich der Verschlüsselung, zugänglich sind. Hierfür reicht regelmäßig eine konkrete Nennung der technischen Anforderungen (z.B. PDF-Format) aus. Nur dann, wenn die schlichte Nennung allein nicht ausreicht, weil es sich beispielsweise nicht um ein allgemein verbreitetes Format handelt, ist weiter darzulegen, wie und ggf. mit Hilfe welcher technischen Mittel die Bieter die Anforderungen erfüllen können.

30

## 2. Anforderungen an Empfangsvorrichtungen

Des Weiteren bestimmt § 19 Abs. 4 S. 3 VSVgV, dass gewährleistet sein muss, dass die „Vorrichtungen für den elektronischen Eingang" der Angebote und der Anträge auf Teilnahme den Anforderungen des Anhangs VIII der RL 2009/81/EG entsprechen müssen.

31

Der Anhang VIII der RL 2009/81/EG enthält keine konkreten technischen Anforderungen, sondern **Zielvorgaben**. Nach diesem müssen die Geräte für die elektronische Entgegennahme mittels geeigneter technischer Mittel und entsprechender Verfahren das Nachfolgende gewährleisten:

32

- Die die Anträge auf Teilnahme und den Versand von Angeboten betreffenden elektronischen Signaturen müssen nach Anhang VIII lit a.) den einzelstaatlichen Vorschriften gemäß der RL 1999/93/EG entsprechen. Das bedeutet, dass elektronische Signaturen nach dem Signaturgesetz verwendet und akzeptiert werden können müssen.

33

- Nach Anhang VIII lit b.) RL 2009/81/EG müssen die Uhrzeit und der Tag des Eingangs der Anträge auf Teilnahme und der Angebote genau bestimmt werden können. Dies ist für die Überwachung und Prüfung der Einhaltung entsprechender Fristen (vgl. z.B. § 20 VSVgV) essentiell.

34

- Es muss als sicher gelten können, dass niemand vor den festgesetzten Terminen Zugang zu den gemäß den vorliegenden Anforderungen übermittelten Daten haben kann (Anhang VIII lit c.) RL 2009/81/EG).

35

- Bei einem Verstoß gegen das vorgenannte Zugangsverbot muss als sicher gelten können, dass der Verstoß sich eindeutig aufdecken lässt (Anhang VIII lit d.) RL 2009/81/EG).

36

- Die Zeitpunkte der Öffnung der eingegangenen Daten dürfen ausschließlich von den ermächtigten Personen festgelegt oder geändert werden können (Anhang VIII lit e.) RL 2009/81/EG).

37

---

24 Zeiss, in: Heiermann/Zeiss/Blaufuß, jurisPK-Vergaberecht, 3. Auf. 2011, § 11 VOL/A Rn. 12.
25 Vgl. Zeiss, in: Heiermann/Zeiss/Blaufuß, jurisPK-Vergaberecht, 3. Auf. 2011, § 11 VOL/A Rn. 13.

38 – In den verschiedenen Phasen des Verfahrens der Auftragserteilung darf der Zugang zu allen vorgelegten Daten – bzw. zu einem Teil dieser Daten – nur möglich sein, wenn die ermächtigten Personen gleichzeitig tätig werden (Anhang VIII lit f.) RL 2009/81/EG).

39 – Der Zugang zu den übermittelten Daten darf bei gleichzeitigem Tätigwerden der ermächtigten Personen erst nach dem festgesetzten Zeitpunkt möglich sein (Anhang VIII lit g.) RL 2009/81/EG).

40 – Die eingegangenen und gemäß den vorliegenden Anforderungen geöffneten Angaben dürfen ausschließlich den zur Kenntnisnahme ermächtigten Personen zugänglich bleiben (Anhang VIII lit h.) RL 2009/81/EG).

41 **PRAXISTIPP**

*Bei der Beschaffung von Soft- und Hardware zur Entgegennahme elektronischer Angebote und Teilnahmeanträge muss darauf geachtet werden, dass alle vorgenannten Anforderungen erfüllt sind.*

## VI. Formanforderungen (Absatz 5)

42 Nach § 19 Abs. 5 S. 1 VSVgV geben die Auftraggeber in der Bekanntmachung an, in welcher Form Anträge auf Teilnahme am Vergabeverfahren oder Angebote einzureichen sind.

### 1. Angebote

43 Konkretere Formanforderungen an elektronische Angebote enthält Abs. 5 nicht. Die Sätze 2 bis 6 enthalten lediglich besondere Regelungen für Anträge auf Teilnahme am Vergabeverfahren (hierzu sogleich). § 19 VSVgV enthält keine ausdrücklichen Vorgaben bezüglich Unterschrift bzw. zu verwendender Signaturen (im Gegensatz z.B. zu § 16 EG Abs. 1 VOL/A). Von der Möglichkeit, explizit eine fortgeschrittene Signatur als Formerfordernis zu verlangen (Art. 36 Abs. 5 lit b.) RL 2009/81/EG), wurde kein Gebrauch gemacht.

44 Mit Blick auf die Anforderungen an die Vertraulichkeit von Angeboten (vgl. § 19 Abs. 3 VSVgV) ist die **telefonische Abgabe von Angeboten** – unabhängig von der fehlenden Praxistauglichkeit – ausgeschlossen.

45 Eine Annahme von Angeboten per **Fax** kann als zulässig angesehen werden, wenn durch technische Vorkehrungen (z.B. spezielle Faxsoftware) sichergestellt werden kann, dass eine Kenntnisnahme nur durch berechtigte Personen und erst nach Ablauf der Angebotsfrist erfolgen kann (argumentum e § 19 Abs. 3 S. 2 VSVgV).

46 Werden Angebote **elektronisch übermittelt**, so ist eine bestimmte Form der Signatur nicht zwingend vorgeschrieben. Die Vorgabe der Verwendung zumindest einer fortgeschrittenen elektronischen Signatur i.S.d. § 2 Nr. 2 SigG erscheint unter Berücksichtigung der Anforderungen an die Sicherstellung der Unversehrtheit in § 19 Abs. 3 S. 3 VSVgV geboten.

Bei einer **fortgeschrittenen elektronischen Signatur**[26] handelt es sich nach § 2 Nr. 2 SigG um eine elektronische Signatur[27], die ausschließlich dem Signaturschlüssel-Inhaber zugeordnet ist, die die Identifizierung des Signaturschlüssel-Inhabers ermöglicht, mit Mitteln erzeugt wird, die der Signaturschlüssel-Inhaber unter seiner alleinigen Kontrolle halten kann, und die mit den Daten, auf die sie sich bezieht (im konkreten Fall also das elektronische Angebot), so verknüpft ist, dass eine nachträgliche Veränderung der Daten erkannt werden kann. Eine fortgeschrittene Signatur ermöglicht es, nicht nur die Integrität der mit ihr signierten Erklärungen bzw. Daten zu überprüfen. Auch die Authentizität kann sichergestellt werden.[28] Die fortgeschrittene Signatur liegt regelmäßig als Datei (sog. Softwarezertifikat) vor. Es wird kein Kartenlesegerät benötigt. Den Anforderungen genügen beispielsweise Implementierungen von Pretty Good Privacy (PGP).[29]

47

**PRAXISTIPP**

*Für ein maximales Maß an Integritäts-, Authentizitäts- und Beweissicherheit im Prozess (siehe § 371a ZPO) ist eine Signierung des Angebots mit einer qualifizierten elektronischen Signatur nach § 2 Nr. 3 SigG anzuraten.*

48

### 2. Teilnahmeanträge

Anträge auf Teilnahme am Vergabeverfahren können schriftlich, elektronisch, per Telefax und telefonisch gestellt werden. § 19 Abs. 5 S. 3 VSVgV, der lediglich die schriftliche und die telefonische Antragstellung referenziert, ist insofern – wie auch Art. 36 Abs. 6 lit. a) RL 2009/81/EG – missverständlich.

49

Die Möglichkeit der **elektronischen Antragstellung** ergibt sich zunächst aus § 19 Abs. 4 S. 2 VSVgV. Dieser nimmt ausdrücklich die elektronische Übermittlung von Teilnahmeanträgen in Bezug. Zudem können die Auftraggeber gemäß § 19 Abs. 5 S. 2 VSVgV festlegen, welche elektronische Signatur nach § 2 SigG „für die Teilnahmeanträge im Fall der elektronischen Übermittlung zu verwenden ist". Da hiervon auch die einfache elektronische Signatur (§ 2 Nr. 1 SigG) erfasst ist, ist auch die Zulassung der Textform (§ 126b BGB – also eine einfache E-Mail) möglich. Zur Konfliktvermeidung sind höhere Anforderungen an die elektronische Antragstellung – namentlich zumindest die Nutzung einer fortgeschrittenen Signatur – zu empfehlen.

50

Lediglich für den Fall der **telefonischen Antragstellung** schreibt § 19 Abs. 5 S. 4 VSVgV vor, dass eine solche vor Ablauf der Frist für den Eingang der Anträge in Schriftform zu bestätigen ist. Die telefonische Antragstellung allein ist also nicht fristwahrend. Ausschlaggebend ist der Zugang der Bestätigung. Auch wenn diese Möglichkeit in § 19

51

---

26 Ausführlich *Roßnagel/Paul*, NZBau 2007, 74, 76.
27 Nach § 2 Nr. 1 SigG sind dies Daten in elektronischer Form, die anderen elektronischen Daten beigefügt sind oder logisch mit ihnen verknüpft sind und die „zur Authentifizierung des Ausstellers dienen". Es reichen also alle elektronischen Daten, die denjenigen erkennen lassen, der für das Angebot verantwortlich zeichnet (*Roggenkamp/Wagner*, in: Heiermann/Zeiss/Blaufuß, jurisPK-Vergaberecht, 3. Auf. 2011, § 13 VOL/A Rn. 14).
28 Freilich nicht im gleichen Maße wie mit der qualifizierten elektronischen Signatur i.S.d. § 2 Nr. 3 SigG. Deren weitere Voraussetzung ist, dass sie auf einem zum Zeitpunkt ihrer Erzeugung gültigen qualifizierten Zertifikat beruht und mit einer sicheren Signaturerstellungseinheit (§ 2 Nr. 10 SigG) erzeugt wurde. Die qualifizierte elektronische Signatur wird im Rechtsverkehr als Äquivalent zur Unterschrift angesehen. Hierzu *Roggenkamp/Wagner*, in: Heiermann/Zeiss/Blaufuß, jurisPK-Vergaberecht, 3. Auf. 2011, § 13 VOL/A Rn. 18 f.
29 *Gramlich* in: Spindler/Schuster, Recht der elektronischen Medien, 2. Aufl. 2011, § 2 SigG Rn. 9 m.w.N.; *Roggenkamp/Wagner*, in: Heiermann/Zeiss/Blaufuß, jurisPK-Vergaberecht, 3. Auf. 2011, § 13 VOL/A Rn. 16.

52  Abs. 5 S. 4 VSVgV nicht explizit genannt ist, kann die Bestätigung auch in elektronischer Form (d.h. qualifiziert elektronisch signiert, § 126a Abs. 1 BGB) erfolgen, wenn der Auftraggeber einen entsprechenden Zugang eröffnet hat.

Anders ist es bei einer **Antragstellung per Telefax**. Hier ist die Bestätigung optional. Auftraggeber „können" verlangen, dass eine Bestätigung in Schriftform oder elektronischer Form erfolgt, sofern das für das „Vorliegen eines gesetzlich gültigen Nachweises" erforderlich ist, § 19 Abs. 5 S. 5 VSVgV. In letzterem Falle können die Auftraggeber die Frist für die Übermittlung selbst bestimmen. Daraus folgt, dass die Antragstellung per Fax fristwahrende Wirkung hat. Die Notwendigkeit der Bestätigung des Faxantrags und die gewählte Frist zur Übermittlung der Bestätigung sind in der Bekanntmachung anzugeben, § 19 Abs. 5 S. 6 VSVgV. Was mit der Erforderlichkeit des Vorliegens eines „gesetzlich gültigen Nachweises" gemeint ist und wann diese Erforderlichkeit zu bejahen ist, ergibt sich weder aus der Richtlinie noch aus den Erläuterungen der nationalen Umsetzung. Unter Heranziehung der englischen Fassung der RL, in welcher eine Bestätigung verlangt werden kann *„where this is necessary for the purposes of legal proof"*, kann ein Auftraggeber immer dann eine Bestätigung verlangen, wenn er diese für die Beweisführung (z.B. vor Gericht) benötigen könnte. Ein Telefax stellt lediglich eine Kopie eines Originals dar. Es hat keinerlei Beweiswert.[30] Daher besteht auf Seiten des Auftraggebers stets das Interesse, ein Original in Schriftform oder in elektronischer Form[31] zu erhalten. Insofern ist der Auftraggeber nach hier vertretener Auffassung stets berechtigt, eine Bestätigung eines Faxes in einer entsprechenden Form zu verlangen.

---

30  Dieser ist nach § 286 ZPO vom Richter in freier Beweiswürdigung zu ermitteln, vgl. näher *Junker* in: jurisPK-BGB, 5. Aufl. 2010, § 126b BGB Rz. 38.
31  Zum Beweiswert vgl. § 371a ZPO.

## § 20
## Fristen für den Eingang von Anträgen auf Teilnahme und Eingang der Angebote

(1) Bei der Festsetzung der Fristen für den Eingang der Angebote und der Anträge auf Teilnahme berücksichtigen die Auftraggeber unbeschadet der nachstehend festgelegten Mindestfristen insbesondere die Komplexität des Auftrags und die Zeit, die für die Ausarbeitung der Angebote erforderlich ist.

(2) Beim nicht offenen Verfahren, im Verhandlungsverfahren mit Teilnahmewettbewerb und im wettbewerblichen Dialog beträgt die von den Auftraggebern festzusetzende Frist für den Eingang der Anträge auf Teilnahme mindestens 37 Tage ab dem Tag der Absendung der Bekanntmachung. In Fällen besonderer Dringlichkeit (beschleunigtes Verfahren) beim nicht offenen Verfahren und Verhandlungsverfahren mit Teilnahmewettbewerb beträgt diese Frist mindestens 15 Tage oder mindestens zehn Tage bei elektronischer Übermittlung[1], jeweils gerechnet vom Tag der Absendung der Bekanntmachung an.

(3) Die von den Auftraggebern festzusetzende Angebotsfrist beim nicht offenen Verfahren beträgt mindestens 40 Tage, gerechnet vom Tag der Absendung der Aufforderung zur Angebotsabgabe an. Im beschleunigten Verfahren beträgt die Frist mindestens zehn Tage, gerechnet vom Tage der Absendung der Aufforderung zur Angebotsabgabe an. Haben die Auftraggeber eine Vorinformation gemäß § 17 veröffentlicht, können sie die Frist für den Eingang der Angebote in der Regel auf 36 Tage ab dem Tag der Absendung der Aufforderung zur Angebotsabgabe, jedoch keinesfalls weniger als 22 Tage festsetzen. Diese verkürzte Frist ist zulässig, sofern die Vorinformation alle die für die Bekanntmachung nach Anhang IV der Richtlinie 2009/81/EG geforderten Informationen – soweit diese zum Zeitpunkt der Veröffentlichung der Bekanntmachung vorlagen – enthielt und die Vorinformation spätestens 52 Tage und frühestens zwölf Monate vor dem Tag der Absendung der Bekanntmachung zur Veröffentlichung übermittelt wurde.

(4) Bei elektronisch erstellten und übermittelten Bekanntmachungen können die Auftraggeber die Frist nach Absatz 2 Satz 1 um sieben Tage verkürzen. Die Auftraggeber können die Frist für den Eingang der Angebote nach Absatz 3 Satz 1 um weitere fünf Tage verkürzen, wenn sie ab der Veröffentlichung der Bekanntmachung die Vergabeunterlagen und unterstützende Unterlagen entsprechend der Angaben in Anhang VI der Richtlinie 2009/81/EG elektronisch frei, direkt und vollständig verfügbar machen; in der Bekanntmachung ist die Internetadresse anzugeben, unter der diese Unterlagen abrufbar sind. Diese Verkürzung nach Satz 2 kann mit der in Satz 1 genannten Verkürzung verbunden werden.

(5) Die Auftraggeber müssen rechtzeitig angeforderte zusätzliche Informationen über die Vergabeunterlagen, die Beschreibung oder die unterstützenden Unter-

---

[1] Das Muster und die Modalitäten für die elektronische Übermittlung der Bekanntmachungen sind unter der Internetadresse http://simap.europa.eu abrufbar, vgl. Anhang VI Nummer 3 der Richtlinie 2009/81/EG.

lagen im Falle des nicht offenen Verfahrens spätestens sechs Tage oder im Falle des beschleunigten Verhandlungsverfahrens spätestens vier Tage vor Ablauf der für die Einreichung von Angeboten festgelegten Frist übermitteln.

(6) Können die Angebote nur nach einer Ortsbesichtigung oder Einsichtnahme in nicht übersandte Vergabeunterlagen erstellt werden oder konnten die Fristen nach Absatz 5 nicht eingehalten werden, so sind die Angebotsfristen entsprechend zu verlängern, und zwar so, dass alle betroffenen Unternehmen von allen Informationen, die für die Erstellung des Angebots notwendig sind, Kenntnis nehmen können.

(7) Bis zum Ablauf der Angebotsfrist können Bieter ihre Angebote zurückziehen. Dabei sind die für die Einreichung der Angebote maßgeblichen Formerfordernisse zu beachten.

## Übersicht

| | | Rn. |
|---|---|---|
| I. | Allgemeines | 1 |
| | 1. Hintergrund der Vorschrift | 3 |
| | 2. Anwendung in der Beschaffungspraxis | 5 |
| | 3. Beachtung der Verordnung (EWG, Euratom) 1182/71 | 7 |
| II. | Frist zur Einreichung von Teilnahmeanträgen (Absatz 2) | 9 |
| | 1. Regelmäßig einzuhaltende Mindestfrist | 11 |
| | 2. Fristberechnung | 12 |
| | 3. Mögliche Fristverkürzungen | 13 |
| |    a) Beschleunigtes Verfahren | 14 |
| |       aa) Begriff und Voraussetzungen | 15 |
| |       bb) Abgrenzung zu § 12 Abs. 1 Nr. 1 b) VSVgV | 19 |
| |       cc) Mindestfrist | 24 |
| |    b) Elektronische Bekanntmachung (Absatz 4) | 25 |
| |    c) Kombination von Fristverkürzungen | 26 |
| | 4. Notwendige Fristverlängerungen | 28 |
| | 5. Verspätet eingegangene Teilnahmeanträge | 31 |
| | 6. Rechtsfolgen einer zu kurz bemessenen Teilnahmefrist | 32 |
| III. | Fristen zur Abgabe von Angeboten (Absatz 3) | 34 |
| | 1. Regelmäßig einzuhaltende Mindestfrist | 36 |
| | 2. Fristberechnung | 37 |
| | 3. Mögliche Fristverkürzungen | 39 |
| |    a) Beschleunigtes Verfahren | 40 |
| |    b) Veröffentlichung einer Vorinformation | 43 |
| |    c) Elektronische Verfügbarkeit der Vergabeunterlagen (Absatz 4) | 46 |
| |    d) Kombination von Fristverkürzungen | 47 |
| | 4. Notwendige Fristverlängerungen (Absatz 1, 6) | 49 |
| | 5. Rechtsfolgen des Ablaufs der Angebotsfrist | 53 |
| |    a) (Keine) Änderung der Angebote | 53 |

|     |     | aa) Nicht offenes Verfahren | 53 |
| --- | --- | --- | --- |
|     |     | bb) Verhandlungsverfahren und wettbewerblicher Dialog | 54 |
|     | b) | Verspätet eingegangene Angebote | 57 |
|     | 6. | Rechtsfolgen einer zu kurz bemessenen Angebotsfrist | 58 |
| IV. | Zuschlags- bzw. Bindefrist | | 61 |
|     | 1. | Begriffe | 64 |
|     | 2. | Fristberechnung | 69 |
|     | 3. | Fristverlängerungen | 74 |
|     |     | a) Aufforderung zur Zustimmung | 76 |
|     |     | b) Erklärung der Zustimmung | 77 |
|     |     | c) Rechtsfolgen der Zustimmung | 78 |
|     |     | d) Rechtsfolgen der Zustimmungsverweigerung | 79 |
| V.  | Frist zur Übersendung von Informationen (Absatz 5) | | 83 |
|     | 1. | Frist | 85 |
|     | 2. | Voraussetzung: Rechtzeitigkeit der Anforderung | 89 |
|     | 3. | Begriff | 91 |
| VI. | Frist zur Zurückziehung von Angeboten (Absatz 7) | | 94 |

# I. Allgemeines

§ 20 VSVgV beruht auf Art. 33 und 34 Abs. 4 Richtlinie 2009/81/EG. Die Vorschrift ist in Aufbau und Wortlaut an die Art. 38 und 40 Abs. 4 Richtlinie 2004/18/EG bzw. deren Umsetzung in der Vorschrift des § 12 EG VOL/A angelehnt.[2]

**Parallelnormen** außerhalb des Anwendungsbereichs der VSVgV sind neben § 12 EG VOL/A die §§ 10 EG, 10 VS VOB/A und §§ 17, 18, 19 SektVO.

## 1. Hintergrund der Vorschrift

Der Auftraggeber wird in § 20 VSVgV zur Beachtung bestimmter (Mindest-)Fristen bei der Durchführung von Vergabeverfahren im Bereich Verteidigung und Sicherheit verpflichtet. Hintergrund der Verpflichtung zur Festlegung ausreichender Fristen durch den Auftraggeber ist die Sicherstellung des **Wettbewerbsgrundsatzes**.[3] Nur, wenn der Auftraggeber den interessierten Unternehmen ausreichend Zeit gibt, um die Teilnahmeanträge und/oder Angebote mit der gebotenen Sorgfalt zu erstellen, kann ein echter Wettbewerb um den Auftrag entstehen.

Die Regelung des § 20 VSVgV betrifft ausdrücklich die Frist für die Einreichung von Teilnahmeanträgen (Teilnahmefrist, Absatz 2), die Einreichung von Angeboten (Angebotsfrist, Absatz 3) sowie mögliche Fristverkürzungen (Absatz 4) bzw. Fristverlängerungen (Absatz 6). Fristen, die die Bindung des einreichenden Unternehmens an die Angebote (Bindefrist) bzw. den Zeitraum, in dem der Auftraggeber den Zuschlag erteilt (Zuschlagsfrist), festlegen, sind nicht ausdrücklich geregelt.

---

2   Begründung zu § 20 VSVgV in BR Drucks. 321/12, S. 54.
3   OLG Düsseldorf, 28.12.2011 – Verg 73/11; VK Sachsen-Anhalt, 11.4.2011 – 1 VK LVwA 18/09.

## 2. Anwendung in der Beschaffungspraxis

5 Die in der Vorschrift genannten Fristen sind in jedem Vergabeverfahren im Anwendungsbereich der VSVgV zu beachten. Unterschreitungen der genannten Teilnahme- und Angebotsfristen sind nur in wenigen Ausnahmen möglich (vgl. unten II.3. und III.3.), da es sich bei diesen grundsätzlich bereits um **Mindestfristen** handelt, vgl. S. 7 Abs. I VSVgV.

6 Auftraggeber müssen zudem beachten, dass Fristen im Vergabeverfahren grundsätzlich **ausreichend** zu bemessen sind. Hinsichtlich der Konkretisierung des unbestimmten Rechtsbegriffs „ausreichend" steht dem Auftraggeber ein Beurteilungsspielraum zu, der von den Nachprüfungsinstanzen nur beschränkt überprüft werden kann.[4] Das heißt, dass unabhängig von den angegebenen Mindestfristen die Fristberechnung immer unter Berücksichtigung u.a. der Komplexität des Vergabegegenstandes/-verfahrens bei der Bestimmung der Fristen zu berücksichtigen und ggf. gegen die Dringlichkeit der Beschaffung abzuwägen ist.[5] Dies kann dazu führen, dass im Einzelfall längere als die vorgesehenen Mindestfristen gewährt werden müssen wie in § 7 Abs. I VSVgV ausdrücklich festgestellt wird.

## 3. Beachtung der Verordnung (EWG, Euratom) 1182/71

7 Zur Fristberechnung ist die Verordnung (EWG, Euratom) 1182/71 des Rates vom 3.6.1971 zur Festlegung der Regeln für die Fristen, Daten und Termine anzuwenden. Diese Regelung ist als Verordnung im Sinne des Art. 288 AEUV in allen ihren Teilen verbindlich und gilt unmittelbar.

8 Die Verordnung legt insbesondere fest, dass im Zusammenhang mit Fristen „Tage" als Kalendertage zu verstehen sind, soweit nichts anderes bestimmt ist, vgl. Art. 3 Abs. 3 der VO (EWG, Euratom) 1182/71.

# II. Frist zur Einreichung von Teilnahmeanträgen (Absatz 2)

9 Die Regelung des § 20 Abs. 2 VSVgV sieht vor, dass der Auftraggeber eine Frist für den Eingang der Anträge auf Teilnahme (Teilnahmefrist) festlegen muss. Die Abforderung von Teilnahmeanträgen ist für folgende Verfahren vorgesehen:

- nicht offenes Verfahren,
- Verhandlungsverfahren mit Teilnahmewettbewerb,
- wettbewerblicher Dialog.

10 Die Teilnahmefrist ist in der europaweiten Bekanntmachung eines Auftrags als Schlusstermin für den Eingang der Teilnahmeanträge mit einem kalendermäßigen Datum und ggf. einer Uhrzeit ausdrücklich anzugeben.[6]

---

4 OLG Düsseldorf, 17.7.2002 – Verg 30/02.
5 OLG Düsseldorf, 28.12.2011 – Verg 73/11.
6 DE Standardformular 17, Auftragsbekanntmachung – Verteidigung und Sicherheit, Nr. IV.3.4).

## 1. Regelmäßig einzuhaltende Mindestfrist

§ 20 Abs. 2 VSVgV bestimmt für die oben genannten Verfahren eine vom Auftraggeber einzuräumende Frist zur Einreichung von Teilnahmeanträgen von **mindestens 37 (Kalender-)Tagen**. Zu möglichen Fristverkürzungen siehe unten Nr. 3.

## 2. Fristberechnung

Die Frist wird berechnet „ab dem Tag der Absendung der Bekanntmachung", das heißt der Übermittlung an das EU-Amtsblatt.

Nach Art. 3 Abs. 1 Verordnung 1182/71 (EWG, Euratom) wird dabei der Tag nicht mitgerechnet, auf welchen das Ereignis oder die Handlung fällt.[7]

**BEISPIEL**

Tag der Absendung der Bekanntmachung ist der 24. September; die (Mindest-)Teilnahmefrist beträgt 37 Tage.

Der Auftraggeber trägt in der Bekanntmachung in Nr. IV.3.4 des Standardformulars 17 [richtigerweise] den 1. November als Schlusstermin für die Einreichung der Teilnahmeanträge ein.

## 3. Mögliche Fristverkürzungen

Die VSVgV sieht vor, dass die regelmäßig einzuhaltenden Mindestfristen in eng auszulegenden Ausnahmefällen[8] auch weiter verkürzt werden können. Für die Nutzung der möglichen Verkürzung der Teilnahmefrist ist Voraussetzung die Durchführung eines beschleunigten Verfahrens (siehe unten a)) bzw. der elektronischen Erstellung und Übermittlung der Bekanntmachung (siehe unten b)).

### a) Beschleunigtes Verfahren

Eine besondere Regelung enthält § 20 Abs. 2 Satz 2 VSVgV für so genannte beschleunigte Verfahren. Diese sind für das

- nicht offene Verfahren und
- Verhandlungsverfahren mit Teilnahmewettbewerb

vorgesehen.

Zum Verhandlungsverfahren ohne Teilnahmewettbewerb siehe unten bb).

aa) Begriff und Voraussetzungen

Die besondere Dringlichkeit beschreibt eine nach objektiven Gesichtspunkten zu beurteilende Eilbedürftigkeit der beabsichtigten Beschaffung.[9]

Grundsätzlich sind die die Eilbedürftigkeit begründenden Umstände im Rahmen einer **Interessenabwägung** zu beurteilen. Dabei muss der Auftraggeber seine für eine beschleunigte Vergabe streitenden Belange gegen das Interesse potenzieller Bewerber an

---

7  Anders bspw. § 10 VS Abs. 1 Nr. 1 VOB/A , der dies bereits berücksichtigt: „gerechnet vom Tag nach der Bekanntmachung".
8  OLG Düsseldorf, 29.2.2012 – Verg 75/11.
9  OLG Düsseldorf, 17.7.2002 – Verg 30/02.

der Durchführung eines regulären, ohne Fristabkürzungen auskommenden Vergabeverfahrens abwägen.[10]

17 Das Interesse des Auftraggebers ist dabei insbesondere dann den Interessen der Bewerber/Bieter unterzuordnen, wenn die Dringlichkeit auf einem Verhalten des Auftraggebers beruht. Der Auftraggeber darf mit anderen Worten die Dringlichkeit nicht selbst verschuldet haben, um die Möglichkeit der Fristverkürzung in Anspruch zu nehmen.[11]

**BEISPIEL**

> Der Auftraggeber hatte im Jahr 2002 im Rahmen der Anti-Terror-Maßnahmen polizeiliche Einsatz-, Leit- und Unterstützungssysteme für Dienststellen des Bundesgrenzschutzes im Wege eines nicht offenen Verfahrens ausgeschrieben. Die Teilnahmefrist war auf 17 Tage verkürzt worden.
>
> Die besondere Dringlichkeit der Maßnahme, die die Fristverkürzung rechtfertigte, ergab sich aus:
>
> - einem unvorhergesehenen Ereignis, das der Auftraggeber nicht selbst verschuldet hatte (die Anschläge des 11.9.2001),
> - dem Grad der danach vorliegenden Gefahrenlage auch in Deutschland,
> - der aus dieser Gefahrenlage resultierenden Bedrohung hochwertiger Rechtsgüter (Leib und Leben der deutschen Bevölkerung),
> - der sachlichen Eignung des Beschaffungsgegenstands, jedenfalls eine gewisse und rasch wirkende Abwehr gegen terroristische Aktivitäten zu erreichen, weil er dem existierenden System technisch hinsichtlich ihrer Schnelligkeit und Effizienz überlegen ist.
>
> Das Gericht erkannte die besondere Dringlichkeit der Maßnahme an, da die geeigneten Abwehrmaßnahmen eine umso höhere Wirkung versprechen, je eher die Sicherheitsbehörden über die entsprechenden Mittel verfügen.[12]
>
> Die verkürzte Teilnahmefrist war damit zulässig.

18 Die **Beweislast** für die die besondere Dringlichkeit begründenden Umstände trägt der Auftraggeber, der diese darzulegen und ggf. nachzuweisen hat.[13]

bb) Abgrenzung zu § 12 Abs. 1 Nr. 1 b) VSVgV

19 Dringliche Gründe werden nicht nur als Rechtfertigung für die Verkürzung von Fristen im Rahmen von nicht offenen Verfahren und Verhandlungsverfahren mit Teilnahmewettbewerb in der VSVgV erwähnt. Auch § 12 Abs. 1 Nr. 1 lit. b) VSVgV b) VSVgV bezieht sich darauf. Vorausgesetzt, dass selbst die verkürzten Fristen des § 20 Abs. 2 Satz 2 und Abs. 3 Satz 2 VSVgV nicht eingehalten werden können, kann demnach ein Verhandlungsverfahren ohne Teilnahmewettbewerb durchgeführt werden.

---

10 OLG Düsseldorf, 1.8.2005 – Verg 41/05.
11 OLG Düsseldorf, 29.2.2012 – Verg 75/11.
12 OLG Düsseldorf, 17.7.2002 – Verg 30/02.
13 OLG Düsseldorf, 1.8.2005 – Verg 41/05.

Dringliche Gründe **im Zusammenhang mit einer Krise** im Sinne des § 4 Abs. 1 VSVgV rechtfertigen die Durchführung eines Verhandlungsverfahrens ohne Teilnahmewettbewerb, vgl. § 12 Abs. 1 Nr. 1 lit. b) aa) VSVgV.

20

Ebenfalls die Durchführung eines Verhandlungsverfahrens ohne Teilnahmewettbewerb rechtfertigt das Vorliegen von **dringlichen, zwingenden Gründen** im Zusammenhang mit Ereignissen, die der Auftraggeber nicht voraussehen konnte und die die Durchführung eines förmlichen Verfahrens nicht zulassen. Dabei dürfen Umstände, die die zwingende Dringlichkeit begründen, nicht dem Verhalten der Auftraggeber zuzuschreiben sein, vgl. § 12 Abs. 1 Nr. 1 lit. b) bb) VSVgV.

21

Unterschiede der Voraussetzungen der besonderen, zwingenden Dringlichkeit des § 12 Abs. 1 Nr. 1 lit. b) bb) VSVgV zu den Kriterien der besonderen Dringlichkeit im Sinne des § 20 Abs. 2 Satz 2 VSVgV sind nicht ersichtlich.

22

Dennoch kann ein Auftraggeber nicht frei zwischen einem beschleunigten nicht offenen oder Verhandlungsverfahren mit Teilnahmewettbewerb und einem Verhandlungsverfahren ohne Teilnahmewettbewerb wählen. Denn Letzteres ist nur gerechtfertigt, wenn selbst die verkürzte Frist des § 20 Abs. 2 Satz 2 VSVgV nicht eingehalten werden kann, vgl. § 12 Abs. 1 Nr. 1 lit. b) VSVgV am Anfang.

23

cc) Mindestfrist

Kann ein beschleunigtes Verfahren aufgrund der besonderen Dringlichkeit des Auftrags in Anspruch genommen werden, so kann die Teilnahmefrist auf

24

- mindestens 15 (Kalender-)Tage oder
- mindestens 10 (Kalender-)Tage bei elektronischer Übermittlung der Bekanntmachung[14]

verkürzt werden.

**b) Elektronische Bekanntmachung (Absatz 4)**

Nach § 12 Abs. 4 Satz 1 VSVgV rechtfertigt die elektronische Erstellung und Übermittlung der Bekanntmachung an das EU Amtsblatt eine Fristverkürzung der Angebotsfrist von (weiteren) **7 (Kalender-)Tagen**.

25

**c) Kombination von Fristverkürzungen**

Die mögliche Fristverkürzung des Absatz 4 Satz 1 (siehe oben Rn. 25) kann nicht mit der Fristverkürzung des beschleunigten Verfahrens kombiniert werden. Denn die Fristen des beschleunigten Verfahrens sind Mindestfristen, die nicht weiter unterschritten werden dürfen.

26

Die Fristverkürzung des Absatz 4 Satz 1 kann mit der möglichen Angebotsfristverkürzung des Absatz 4 Satz 2 (siehe unten III.3.c)) kombiniert werden, vgl. § 12 Abs. 4 Satz 3 VSVgV.

27

---

14  Das Muster und die Modalitäten für die elektronische Übermittlung der Bekanntmachungen sind unter der Internetadresse http://simap.europa.eu abrufbar, vgl. Anhang VI Nummer 3 der Richtlinie 2009/81/EG.

### 4. Notwendige Fristverlängerungen

28  Über eine für ein konkretes Verfahren geltende Mindestfrist, die auch angesichts des Vergabegegenstands ausreichend ist, darf der Auftraggeber stets hinausgehen. Ist eine Frist hingegen trotz Einhaltung der Regelungen zu den Mindestfristen nicht ausreichend, muss der Auftraggeber eine entsprechend längere Frist vorsehen.

29  Dabei hat er zu berücksichtigen, dass die interessierten Unternehmen genügend Zeit zur Prüfung der Unterlagen sowie zur sorgfältigen Erstellung des Teilnahmeantrags haben, für den diese ggf. Unterlagen, Nachweise und Informationen besorgen müssen.

30  Sollte die Teilnahmefrist zu Beginn des Verfahrens zu kurz bemessen worden sein, ist es zulässig, diese vor Ablauf der ursprünglich benannten Frist zu verlängern. Diese Verlängerung sollte der Auftraggeber in der Form bekannt geben, wie er auch den Verfahrensbeginn bekannt gegeben hat, um alle interessierten Unternehmen darüber in Kenntnis zu setzen.

### 5. Verspätet eingegangene Teilnahmeanträge

31  Die Rechtsfolge verspätet eingegangener Teilnahmeanträge ist deren **Nichtberücksichtigung** durch den Auftraggeber und der Ausschluss der betroffenen Bewerber vom weiteren Verfahren.

### 6. Rechtsfolgen einer zu kurz bemessenen Teilnahmefrist

32  Eine Teilnahmefrist, die unangemessen kurz ist, kann aufgrund eines darin liegenden Verstoßes gegen die allgemeinen Grundsätze der Gleichbehandlung, der Transparenz und der Verhältnismäßigkeit eine **Bewerberrechtsverletzung** darstellen. Das heißt, nach einer entsprechenden Rüge kann dieser Verstoß durch einen Nachprüfungsantrag angegriffen werden.

33  Eine Teilnahmefrist ist insbesondere dann zu kurz bemessen, wenn die Bewerber nicht ausreichend Zeit haben, um die geforderten Unterlagen, Erklärungen und Angaben zusammenzutragen und in der geforderten Form einzureichen. Die Beweislast hierfür trägt der Bewerber.

## III. Fristen zur Abgabe von Angeboten (Absatz 3)

34  Die Regelung des § 20 Abs. 3 VSVgV sieht vor, dass der Auftraggeber eine Frist für den Eingang der Angebote (Angebotsfrist) festlegen muss. Dies betrifft alle in der VSVgV vorgesehenen Verfahren:

- nicht offenes Verfahren,
- Verhandlungsverfahren mit Teilnahmewettbewerb,
- Verhandlungsverfahren ohne Teilnahmewettbewerb,
- wettbewerblicher Dialog.

Die Angabe sollte ein kalendermäßiges Datum und ggf. eine Uhrzeit enthalten.

## 1. Regelmäßig einzuhaltende Mindestfrist

§ 20 Abs. 3 VSVgV bestimmt für die oben genannten Verfahren eine vom Auftraggeber regelmäßig einzuräumende Frist zur Abgabe von Angeboten von **mindestens 40 (Kalender-)Tagen**. 35

## 2. Fristberechnung

Die Frist wird berechnet „vom Tag der Absendung der Aufforderung zur Angebotsabgabe" an die Bieter. 36

Nach Art. 3 Abs. 1 Verordnung 1182/71 (EWG, Euratom) wird dabei der Tag nicht mitgerechnet, auf welchen das Ereignis oder die Handlung fällt. 37

## 3. Mögliche Fristverkürzungen

Die VSVgV sieht verschiedene Möglichkeiten vor, die in § 20 Abs. 3 Satz 1 VSVgV genannte regelmäßig einzuhaltende Mindestfrist zu verkürzen: die Durchführung eines beschleunigten Verfahrens (siehe unten a)), die Veröffentlichung einer Vorinformation (siehe unten b)) sowie die elektronische Zurverfügungstellung der Vergabeunterlagen (siehe unten c)). 38

### a) Beschleunigtes Verfahren

Eine besondere Regelung enthält § 20 Abs. 3 Satz 2 VSVgV für so genannte beschleunigte Verfahren. Diese sind für das 39

- nicht offene Verfahren,
- Verhandlungsverfahren mit Teilnahmewettbewerb

vorgesehen.

Kann ein solches beschleunigtes Verfahren aufgrund der besonderen Dringlichkeit des Auftrags in Anspruch genommen werden, so kann die Angebotsfrist auf **mindestens 10 (Kalender-)Tage** verkürzt werden. 40

Eine **besondere Dringlichkeit** (vgl. oben II.3.a)aa)) kann die Fristverkürzung indes nur rechtfertigen, wenn die Umstände, die die zeitliche Begrenzung der Beschaffung verursachen, nicht aus der Einflußsphäre des Auftraggebers stammen. 41

### b) Veröffentlichung einer Vorinformation

Nach § 20 Abs. 3 Satz 3 VSVgV können Auftraggeber eine Fristverkürzung der Angebotsfrist in Anspruch nehmen, wenn sie eine Vorinformation gem. § 17 VSVgV veröffentlicht haben. 42

Voraussetzung ist, dass alle zum Zeitpunkt der Veröffentlichung vorliegenden Informationen auch in der Vorinformation angegeben wurden und diese 43

- spätestens 52 (Kalender-)Tage und
- frühestens 12 Monate

vor dem Tag der Absendung der Bekanntmachung zur Veröffentlichung an das EU Amtsblatt übermittelt wurde.

| 44 | Wurde eine inhaltlich und zeitlich den in § 17 VSVgV genannten Kriterien entsprechende Vorinformation veröffentlicht, so kann die Angebotsfrist auf **36 (Kalender-)Tage** verkürzt werden.

In begründeten Ausnahmefällen ist eine Verkürzung auf **22 (Kalender-)Tage** zulässig.

### c) Elektronische Verfügbarkeit der Vergabeunterlagen (Absatz 4)

45 Nach § 20 Abs. 4 Satz 2 VSVgV rechtfertigt die freie, direkte und vollständige elektronische Verfügbarkeit der Vergabeunterlagen sowie der unterstützenden Unterlagen eine Fristverkürzung der Angebotsfrist von (weiteren) **5 (Kalender-)Tagen**. Voraussetzung für die Inanspruchnahme dieser Fristverkürzung ist

- die Bekanntgabe der elektronischen Verfügbarkeit in der Bekanntmachung
- Angabe einer Internet-Adresse, unter der diese Unterlagen abrufbar sind
- die Sicherstellung der elektronischen Verfügbarkeit ab dem Datum der Veröffentlichung der Bekanntmachung.

46 Die VK Bund hat – bestätigt durch das OLG Düsseldorf – entschieden, dass die Voraussetzung einer freien und direkten Zurverfügungstellung der Vergabeunterlagen erfüllt sind, wenn sich jeder Bieter auf einer Internetplattform registrieren und sich den gewünschten Zugriff verschaffen kann.[15]

### d) Kombination von Fristverkürzungen

47 Die Fristverkürzung des Absatz 4 Satz 2 kann nicht mit der Fristverkürzung des beschleunigten Verfahrens kombiniert werden. Denn die Fristen des beschleunigten Verfahrens sind Mindestfristen, die nicht unterschritten werden dürfen.

48 Die Fristverkürzung des Absatz 4 Satz 2 kann mit der möglichen Teilnahmefristverkürzung des Absatz 4 Satz 1[16] (siehe oben II.3.a)) sowie der Fristverkürzung durch Veröffentlichung einer Vorinformation des Absatz 3 Satz 3 kombiniert werden.

## 4. Notwendige Fristverlängerungen (Absatz 1, 6)

49 § 20 Abs. 1 VSVgV sieht vor, dass der Auftraggeber als Grundlage zur Berechnung der den interessierten Unternehmen zu gewährenden Fristen insbesondere die Komplexität des Auftrags und die Zeit einbezieht, die für die Ausarbeitung der Angebote durch die Bieter erforderlich ist.

50 Nach § 20 Abs. 6 VSVgV muss der Auftraggeber unter bestimmten Umständen längere als die in Absatz 3 vorgesehenen Mindestfristen gewähren:

- wenn Angebote nur nach einer Ortsbesichtigung oder Einsichtnahme in nicht übersandte Vergabeunterlagen erstellt werden können oder
- die Fristen zur Übersendung rechtzeitig angeforderter zusätzlicher Informationen über die Vergabeunterlagen, die Beschreibung oder die unterstützenden Unterlagen nicht eingehalten werden können.

---

[15] VK Bund, 7.2.2008 – VK 3-169/07; OLG Düsseldorf, 17.4.2008 – Verg 15/08.
[16] Vgl. § 20 Abs. 4 Satz 3 VSVgV.

Die Fristverlängerung muss vom Auftraggeber so bemessen werden, dass die Unternehmen ausreichend Zeit haben, um sämtliche zur Angebotserstellung erforderlichen Informationen – das heißt aus den Vergabeunterlagen, der Beschreibung, den zusätzlichen Auskünften und den bei der Ortsbesichtigung bzw. Einsichtnahme erhaltenen Informationen – zur Kenntnis zu nehmen und sie bei der Erstellung des Angebots berücksichtigen zu können.

Zur Gewährung des Grundsatzes der Gleichbehandlung der Bieter muss die Möglichkeit einer Ortsbesichtigung bzw. der Einsichtnahme in Unterlagen – soweit diese vorgesehen sind – allen am Verfahren beteiligten Bietern gewährt werden.

### 5. Rechtsfolgen des Ablaufs der Angebotsfrist

#### a) (Keine) Änderung der Angebote

aa) Nicht offenes Verfahren
Nach Ablauf der Angebotsfrist ist eine Änderung von Angeboten ausgeschlossen.[17]

bb) Verhandlungsverfahren und wettbewerblicher Dialog
In Verfahren, in denen Verhandlungen vorgesehen sind, gilt das Verbot der Änderung von Angeboten nicht für die den Verhandlungen zugrundeliegenden Angebote,[18] sondern erst für die so genannte best and final offer – das zu wertende, finale Angebot.

In **Verhandlungsverfahren** können Auftraggeber und Bieter – bei Wahrung der Identität des Beschaffungsvorhabens – über den Auftragsinhalt und die Auftragsbedingungen solange verhandeln, bis klar ist, wie die Leistung konkret beschaffen sein muss und zu welchen Konditionen der Bieter ein Angebot abgibt. Zu den Einzelheiten siehe Kommentierung zu § 11 VSVgV.

Im Rahmen von **wettbewerblichen Dialogen** ist dabei zu beachten, dass Angebote erst nach Abschluss des Dialogs und Aufforderung zur Abgabe eines Angebots existieren. Vor Aufforderung zur Abgabe eines Angebots gibt es keine Angebote, sondern lediglich Lösungsvorschläge.[19]

#### b) Verspätet eingegangene Angebote

Nach Ablauf der Angebotsfrist eingereichte Angebote müssen vom Verfahren ausgeschlossen werden, es sei denn, der Bieter hat die Verspätung nicht zu vertreten, vgl. § 31 Abs. 2 Nr. 5 VSVgV. Zu den Einzelheiten siehe Kommentierung zu § 31.

### 6. Rechtsfolgen einer zu kurz bemessenen Angebotsfrist

Eine Angebotsfrist, die unangemessen kurz ist, stellt einen Verstoß gegen die allgemeinen Grundsätze der Gleichbehandlung, der Transparenz und der Verhältnismäßigkeit dar.[20]

Eine zu kurz bemessene Angebotsfrist kann daher eine **Bieterrechtsverletzung** darstellen.[21] Das heißt, nach einer entsprechenden Rüge kann dieser Verstoß durch einen Nachprüfungsantrag angegriffen werden.

---

17  OLG Düsseldorf, 25.4.2012 – Verg 61/11.
18  OLG Düsseldorf, 3.8.2011 – Verg 16/11.
19  OLG Brandenburg, 7.4.2009 – Verg W 14/08.
20  OLG Stuttgart, 24.11.2008 – 10 U 97/08; VK Sachsen-Anhalt, 11.4.2011 – 1 VK LVwA 18/09.
21  VK Bund, 15.11.2007 – VK 2 – 102/07, VK 2 – 105/07, VK 2 – 108/07, VK 2 – 114/07, VK 2 – 117/07, VK 2 – 120/07 und VK 2 – 123/07.

> **PRAXISTIPP**
>
> *Eine zunächst zu kurz bemessene Angebotsfrist kann im laufenden Vergabeverfahren (vor Ablauf der Angebotsfrist) verlängert und der Rechtsverstoß so geheilt werden.[22]*

60

## IV. Zuschlags- bzw. Bindefrist

61 Eine ausdrückliche Regelung zu Zuschlags- bzw. Bindefristen ist in der VSVgV nicht enthalten.

62 Die Verordnungsbegründung beschreibt in ihren Ausführungen zu § 20 Abs. 1 VSVgV indes die – im endgültigen Verordnungstext nicht enthaltene – Übernahme der Regelung des § 12 EG Abs. 1 Satz 2 VOL/A. Diese Regelung verpflichtet die Auftraggeber „eine angemessene Frist [zu bestimmen], innerhalb der die Bieter an ihre Angebote gebunden sind (Bindefrist)".

63 Es ist davon auszugehen, dass der Inhalt dieser Regelung auch im Anwendungsbereich der VSVgV zu beachten ist. Die – zivilrechtlich bedingte – Notwendigkeit zur Festlegung einer solchen Frist ist nämlich im Anwendungsbereich der VSVgV dieselbe wie im Anwendungsbereich der VOL/A: Die §§ 145 ff. BGB beinhalten keine konkrete Regelung einer Annahmefrist, § 148 BGB ermöglicht jedoch deren einseitige Festlegung.

Vergaberechtlich hätte eine Regelung zur Bindefrist daher keinen eigenen Regelungsgehalt. Sie sollte nur aus Gründen der Klarstellung übernommen werden.[23]

### 1. Begriffe

64 Die **Bindefrist** ist die Frist, innerhalb derer die Bieter rechtsgeschäftlich an ihre Angebote gebunden sind.

65 Die **Zuschlagsfrist** ist die Frist, innerhalb derer der Auftraggeber den Zuschlag erteilen will.

66 Binde- und Zuschlagsfristen laufen im Regelfall parallel, weswegen die Begrifflichkeiten im Vergaberecht nicht immer klar unterschieden werden: Die VSVgV erwähnt keinen der Begriffe, die Parallelnorm des § 12 EG VOL/A spricht von der Bindefrist, während sich die Parallelnorm des § 10 VS VOB/A auf die Zuschlagsfrist bezieht.

67 Zivilrechtlich handelt es sich um die Frist, innerhalb derer ein Angebot durch Zuschlag wirksam angenommen werden kann (**Annahmefrist**), vgl. §§ 145 ff. BGB.

68 Im Rahmen der VSVgV bietet sich in Anlehnung an die VOL/A die Übernahme des Begriffs der Bindefrist an.

### 2. Fristberechnung

69 Die Bindefrist muss angemessen sein, das heißt im Rahmen einer Abwägung die Interessen der Bieter und des Auftraggebers berücksichtigen. Einerseits sollen die Bieter nicht

---

22 OLG Düsseldorf, 17.4.2008 – Verg 15/08.
23 Begründung zu § 20 VSVgV in BR-Drucks. 321/12, S. 54.

durch eine unangemessen lange Bindefrist in ihrer Dispositionsfreiheit beeinträchtigt werden. Andererseits ist dem Auftraggeber jedoch eine ausreichende Bearbeitungs- und Überlegungszeit bei der Auswertung der Angebote zuzugestehen.

**PRAXISTIPP**

*Eine überlange Bindefrist wirkt sich erfahrungsgemäß auf die Preisgestaltung der Bieter aus: die Angebotserstellungskosten erhöhen sich sowie – insbesondere in der Abwesenheit von Preisgleitklauseln – die Risikozuschläge im Angebotspreis.*

Als Anhaltspunkt kann die Regelung des § 10 VS Abs. 1 Nr. 11 VOB/A dienen, die eine (Zuschlags-)Frist von **maximal 30 Kalendertagen** vorsieht.

Darüberhinausgehende Bindefristen können im Einzelfall angemessen sein, bspw. wenn abzusehen ist, dass die Auswertung der Angebote einen darüber hinausgehenden Zeitraum in Anspruch nehmen wird. Bei seiner Kalkulation hat der Auftraggeber insbesondere seine personellen Ressourcen zur Angebotsprüfung und ggf. die erforderlichen internen Abstimmungsprozesse zu berücksichtigen.

Die Begründung einer 30 Kalendertage überschreitenden Bindefrist muss in die Dokumentation aufgenommen werden.

### 3. Fristverlängerungen

Bindefristen können im laufenden Verfahren verlängert werden, wenn sich herausstellt, dass eine Zuschlagserteilung innerhalb der Bindefrist nicht mehr erfolgen wird.

Der Auftraggeber kann diese Verlängerung indes nach Ablauf der Angebotsfrist nicht einseitig bestimmen, sondern muss die Zustimmung der Bieter einholen. Schließlich handelt es sich bei der Erklärung einer Bindefristverlängerung um die Erklärung des Bieters zur Aufrechterhaltung seines Interesses am Erhalt des Auftrags zu den in seinem Angebot niedergelegten Konditionen.

#### a) Aufforderung zur Zustimmung

Dabei muss der Auftraggeber aus Gründen der Gleichbehandlung alle Bieter, die ein zuschlagsfähiges Angebot eingereicht haben, zur Zustimmung zur Bindefristverlängerung auffordern.[24]

**BEISPIEL**

- Ein Vergabeverfahren ist ins Stocken geraten, da die Angebotsauswertung durch unerwartet viele Aufklärungsgespräche verzögert wurde. Nach Klärung der Fragen zeichnet sich ab, dass eine Zuschlagserteilung vor Ablauf der Bindefrist am 30. September nicht mehr wird erfolgen können.
- Der Auftraggeber fordert nun vor Ablauf der ursprünglichen Bindefrist am 10. September alle Bieter, von denen ihm ein wertungsfähiges Angebot vorliegt, textlich zur Erklärung der Zustimmung zur Bindefristverlängerung bis zum 31. Oktober auf.

---

24  OLG München, 23.6.2009 – Verg 08/09.

#### b) Erklärung der Zustimmung

77 Die Bieter können die Zustimmung zur Verlängerung der Bindung an ihre Angebote ausdrücklich, aber auch konkludent bspw. durch die Übersendung einer Rüge[25], erteilen.

#### c) Rechtsfolgen der Zustimmung

78 Stimmt ein Bieter der Bindefristverlängerung zu, so wird sein ursprüngliches (ggf. in der durch die Verhandlungen modifizierten Fassung) Angebot inhaltlich konserviert und die rechtsgeschäftliche Bindungsfrist an das Angebot verlängert, vgl. § 148 BGB.[26] Der Auftraggeber kann das Angebot dann innerhalb der verlängerten Bindefrist durch (einfachen) Zuschlag annehmen, um einen Vertragsschluss herbeizuführen.

**BEISPIEL**

> Die Bieter A, C und D stimmen einer Bindefristverlängerung bis zum 31. Oktober zu. Der Auftraggeber erteilt nach Abschluss der Angebotswertung dem Bieter C den Zuschlag. Durch den Zuschlag ist der Vertrag über die Auftragsdurchführung mit Bieter C zustande gekommen.

#### d) Rechtsfolgen der Zustimmungsverweigerung

79 Lehnt ein Bieter die Zustimmung zur Bindefristverlängerung ausdrücklich oder konkludent durch Nichterteilung der Zustimmung ab, so ist er an sein Angebot nicht mehr gebunden. Der Auftraggeber kann dann einen Vertragsschluss nicht mehr mittels (einfachem) Zuschlag herbeiführen.

80 Hintergrund hierfür sind die allgemeinen zivilrechtlichen Regelungen zum Vertragsschluss. Demnach entsteht ein Vertrag durch Abgabe eines Antrags zur Vertragsschließung (im Vergabeverfahren: durch den Bieter) und dessen Annahme (im Vergabeverfahren: durch den Auftraggeber), § 145 BGB. Die Annahme kann indes nur innerhalb eines bestimmten Zeitraumes, bspw. einer bestimmten Frist zur Annahme (der Bindefrist) erfolgen. Die mögliche verspätete Annahme des Antrags gilt daher als neuer Antrag zum Vertragsschluss, vgl. § 150 Abs. 1 BGB.

81 Der Auftraggeber kann zwar auch nach Ablauf der Bindefrist den Zuschlag auf ein Angebot erklären. Darin liegt jedoch nicht die Annahme des Angebots des betroffenen Bieters, sondern ein (neues) Angebot des Auftraggebers auf den Abschluss eines Vertrags mit dem Inhalt des Angebots des Bieters. Ein Vertrag kommt erst dann zustande, wenn der Bieter das Angebot des Auftraggebers ausdrücklich oder konkludent annimmt.[27]

**BEISPIEL**

> Die Bieter B und E stimmen einer Bindefristverlängerung bis zum 30. November nicht zu. Der Auftraggeber erteilt nach Abschluss der Angebotswertung dem Bieter B den Zuschlag.
>
> Damit ist noch kein Vertrag über die Auftragsdurchführung mit Bieter B zustande gekommen. Der Auftraggeber hat dem Bieter B mit der vermeintlichen Zuschlagser-

---

25 OLG München, 11.5.2007 – Verg 4/07.
26 BGH, 25.11.2010 – VII ZR 201/08.
27 OLG Düsseldorf, 9.12.2008 – Verg 70/08.

teilung ein Angebot gemacht, dessen Inhalt mit dem des finalen Angebotes des Bieters B übereinstimmt.

Bieter B nimmt dieses Angebot an. Erst mit dieser Annahme ist der Vertrag über die Auftragsdurchführung zustande gekommen.

**PRAXISTIPP**

*Auftraggeber sollten bei der Festlegung der Zuschlags- bzw. Bindefrist insbesondere die vorgesehenen Verhandlungsrunden, eventuelle Verzögerungen durch Bieterfragen, mögliche Rügen und Nachprüfungsverfahren berücksichtigen.*

*Wird ersichtlich, dass ein Zuschlag innerhalb der ursprünglich vorgesehenen Bindefrist nicht erfolgen wird, so sollte vor Ablauf dieser ursprünglichen Bindefrist die Zustimmung sämtlicher Bieter zu einer angemessenen Verlängerung der Bindefrist eingeholt werden.*

*Die Dokumentation dessen ist in die Vergabeakte aufzunehmen.*

82

## V. Frist zur Übersendung von Informationen (Absatz 5)

§ 20 Abs. 5 VSVgV regelt die Frist zur Übersendung zusätzlicher Informationen an die Bieter im laufenden Vergabeverfahren.

83

Aus Gründen der **Gleichbehandlung** ist die jeweilige zusätzliche Information an alle Bieter zu übermitteln, nicht nur an den diese abfragenden Bieter.

84

### 1. Frist

Der Auftraggeber hat zusätzliche Informationen bis maximal **6 (Kalender-)Tage** – bzw. 4 (Kalender-)Tage im beschleunigten Verhandlungsverfahren – vor Ablauf der Angebotsfrist an die diese anfragenden Bieter zu übermitteln.

85

Eine privilegierende Ausnahme gilt für die Abforderung zusätzlicher Informationen im Rahmen eines **beschleunigten Verhandlungsverfahrens**. In diesem Verfahren muss die Übermittlung der zusätzlichen Informationen bis spätestens **4 (Kalender-)Tage** vor Ablauf der Angebotsfrist erfolgen.

86

Eine Rechtsgrundlage für die **weitere Verkürzung der Übersendungsfristen** ist in der VSVgV nicht ersichtlich und wird in der Rechtsprechung auch für die VOL/A EG nicht zugelassen.[28]

87

Eine **Frist für die Übersendung von Vergabeunterlagen** selbst gibt es nicht, da diese regelmäßig bereits mit der Aufforderung zur Angebotsabgabe übersandt werden.

88

---

28  VK Sachsen, 19.4.2012 – 1/SVK/009-12.

## 2. Voraussetzung: Rechtzeitigkeit der Anforderung

89 Voraussetzung für die Verpflichtung der Übersendung von zusätzlichen Informationen durch den Auftraggeber ist deren rechtzeitige Abforderung durch die Bieter. Denn nur *„rechtzeitig angeforderte zusätzliche Informationen"* muss der Auftraggeber nach dem Wortlaut der Vorschrift auch übermitteln.

90 Bis wann ein Bieter zusätzliche Informationen „rechtzeitig" abfordert, ist in der VSVgV nicht geregelt. Es kann jedoch davon ausgegangen werden, dass die Abforderung bis zu 6 (Kalender-)Tage vor Ablauf der Angebotsfrist rechtzeitig ist. Denn der Auftraggeber kann die Frist zur Übermittlung der Informationen solange – wenigstens bei Vorliegen der Information und elektronischer Übermittlungsmöglichkeit – noch einhalten.

## 3. Begriff

91 **Zusätzliche Informationen** können zu folgenden Unterlagen abgefragt werden:

- über die Vergabeunterlagen,
- zu der Beschreibung,
- zu unterstützenden Unterlagen.

92 Zusätzliche Informationen sind damit solche, die die Bieter abfragen, weil sie diese für die Angebotserstellung benötigen.

93 Der Grundgedanke der Regelung – Übersendung von zusätzlichen Informationen an Bieter vor Ablauf der Angebotsfrist – ist allerdings auch auf **Informationen des Auftraggebers**, die dieser von sich aus an die Bieter übermitteln will, anzuwenden. Auch für diese Informationen gilt, dass sie so rechtzeitig an die Bieter übermittelt werden müssen, dass diese ausreichend Zeit zur Auswertung und Umsetzung bei der Angebotserstellung erhalten.

# VI. Frist zur Zurückziehung von Angeboten (Absatz 7)

94 § 20 Abs. 7 VSVgV regelt die Möglichkeit der Zurückziehung von Angeboten, die Bieter bereits eingereicht haben „bis zum Ablauf der Angebotsfrist". Dies bewirkt im Ergebnis, dass das betroffene Angebot (wieder) als nicht abgegeben gilt und daher auch nicht bezuschlagt werden kann.[29]

95 Die Rücknahme muss die vom Auftraggeber für die Einreichung der Angebote angegebenen Formerfordernisse einhalten. Zu den Einzelheiten vgl. Kommentierung zu § 19 Abs. 5 VSVgV, Rn. 42 ff.

**BEISPIEL**

> Hat der Auftraggeber die Einreichung von Angeboten in schriftlicher sowie elektronischer Form mit einer „qualifizierten elektronischen Signatur" nach dem Signaturgesetz gefordert, so muss auch die Zurückziehung des bereits eingereichten Angebots schriftlich oder per E-Mail mit einer qualifizierten elektronischen Signatur erfolgen.

---

29 *Schubert*, in: Willenbruch/Wieddekind, Kompaktkommentar Vergaberecht, 2. Aufl. 2011, § 10 VOL/A Rn. 11.

## § 21
## Eignung und Auswahl der Bewerber

(1) Aufträge werden unter Wahrung der Eignungsanforderungen des § 97 Absatz 4 Satz 1 des Gesetzes gegen Wettbewerbsbeschränkungen vergeben.

(2) Auftraggeber können Mindestanforderungen an die Eignung stellen, denen die Bewerber genügen müssen. Diese Mindestanforderungen müssen mit dem Auftragsgegenstand im sachlichen Zusammenhang stehen und durch ihn gerechtfertigt sein. Die Mindestanforderungen werden in der Bekanntmachung oder den Vergabeunterlagen angegeben.

(3) Im nicht offenen Verfahren, Verhandlungsverfahren mit Teilnahmewettbewerb und im wettbewerblichen Dialog dürfen Auftraggeber die Zahl der geeigneten Bewerber begrenzen, die zur Abgabe eines Angebots aufgefordert werden. Dazu geben die Auftraggeber in der Bekanntmachung die von ihnen vorgesehenen objektiven und nicht diskriminierenden Anforderungen sowie die vorgesehene Mindestzahl und gegebenenfalls auch die Höchstzahl an Bewerbern an. Die Mindestzahl der Bewerber darf nicht niedriger als drei sein.

1. Sofern geeignete Bewerber in ausreichender Zahl zur Verfügung stehen, wird das Verfahren mit der Anzahl von Bewerbern fortgeführt, die der festgelegten Mindestzahl an Bewerbern entspricht.

2. Sofern die Zahl geeigneter Bewerber unter der Mindestanzahl liegt, kann der Auftraggeber das Verfahren fortführen. Ist der Auftraggeber der Auffassung, dass die Zahl der geeigneten Bewerber zu gering ist, um einen echten Wettbewerb zu gewährleisten, so kann er das Verfahren aussetzen und die erste Bekanntmachung gemäß § 18 zur Festsetzung einer neuen Frist für die Einreichung von Anträgen auf Teilnahme erneut veröffentlichen. In diesem Fall wird das Verfahren mit den nach der ersten sowie mit den nach der zweiten Bekanntmachung ausgewählten Bewerbern gemäß § 29 fortgeführt. Die Möglichkeit, das laufende Vergabeverfahren einzustellen und ein neues Verfahren einzuleiten, bleibt unberührt.

(4) Bewerber oder Bieter, die gemäß den Rechtsvorschriften des EU-Mitgliedstaats, in dem sie ihre Niederlassung haben, zur Erbringung der betreffenden Leistung berechtigt sind, dürfen nicht allein deshalb zurückgewiesen werden, weil sie gemäß den einschlägigen deutschen Rechtsvorschriften eine natürliche oder juristische Person sein müssten. Im Falle zusätzlicher Dienstleistungen bei Lieferaufträgen und im Falle von Dienstleistungsaufträgen können juristische Personen verpflichtet werden, in ihrem Antrag auf Teilnahme oder Angebot die Namen und die berufliche Qualifikationen der Personen anzugeben, die für die Durchführung des Auftrags als verantwortlich vorgesehen sind.

(5) Bewerber- und Bietergemeinschaften sind wie Einzelbewerber und -bieter zu behandeln. Auftraggeber dürfen nicht verlangen, dass nur Gruppen von Unternehmen, die eine bestimmte Rechtsform haben, einen Teilnahmeantrag stellen oder ein Angebot abgeben dürfen. Für den Fall der Auftragserteilung können die

Auftraggeber verlangen, dass eine Bietergemeinschaft eine bestimmte Rechtsform annimmt, sofern dies für die ordnungsgemäße Durchführung des Auftrags notwendig ist.

## Übersicht

|     |     | Rn. |
| --- | --- | --- |
| I.  | Allgemeines | 1 |
|     | 1. Überblick | 1 |
|     | 2. Durchführung der Eignungsprüfung | 7 |
| II. | Eignungskritrien (Absatz 1) | 15 |
| III. | Mindestanforderungen an die Eignung (Abs. 2) | 24 |
| IV. | Begrenzung der Anzahl der Wirtschaftsteilnehmer (Abs. 3) | 34 |
| V.  | Wirtschaftsteilnehmer (Abs. 4) | 41 |
|     | 1. Rechtsformerfordernis | 41 |
|     | 2. Nennung der verantwortlich Handelnden | 43 |
| VI. | Bewerber- und Bietergemeinschaften (Abs. 5) | 46 |
|     | 1. Allgemeines | 46 |
|     | 2. Formen von Bewerber- oder Bietergemeinschaften | 52 |
|     | 3. Änderungen in der Zusammensetzung | 56 |

## I. Allgemeines

### 1. Überblick

**1** Die §§ 21–28 VSVgV regeln abschließend die Eignungsprüfung der **Bewerber oder Bieter**. Die Vorschriften orientieren sich dabei an den Vorschriften des 2. Abschnitts der VOL/A (EG). Sie werden lediglich um spezifische Regelungen für die Bereiche Verteidigung und Sicherheit ergänzt. So können z.B. Bewerber oder Bieter, die nicht die erforderliche Vertrauenswürdigkeit aufweisen, nach § 24 Abs. 1 Nr. 5 VSVgV vom Vergabeverfahren ausgeschlossen werden. Ferner wird in § 27 VSVgV der Katalog möglicher Nachweise der fachlichen und technischen Leistungsfähigkeit erweitert.

**2** Soweit die Bewerber oder Bieter den Einsatz von **Nachunternehmern** vorsehen, bestimmt sich deren Eignungsprüfung nach § 9 VSVgV i.V.m. §§ 38 ff. VSVgV.

**3** Der **Zeitpunkt der Eignungsprüfung** hängt von der gewählten Vergabeart ab. Im Rahmen des nicht offenen Verfahrens sowie des Verhandlungsverfahrens mit Teilnahmewettbewerb erfolgt die **Eignungsprüfung der Bewerber** im Zusammenhang mit der Prüfung der Teilnahmeanträge. Dementsprechend bestimmt § 22 Abs. 5 VSVgV, dass im nicht offenen Verfahren und Verhandlungsverfahren die Vergabeunterlagen nur an geeignete Unternehmen übersandt werden dürfen. Hingegen findet die **Eignungsprüfung der Bieter** beim Verhandlungsverfahren ohne Teilnahmewettbewerb im Rahmen der Angebotswertung statt. Die VSVgV enthält zwar keine dem § 19 EG VOL/A vergleichbare Regelung, nach der bei Verfahren ohne vorgeschalteten Teilnahmewettbewerb die Prüfung der Bietereignung auf der zweiten Wertungsstufe zwischen formaler Angebotswertung und Preisprüfung zu erfolgen hat.[1] Gleichwohl empfiehlt es sich, im Rahmen eines **Verhandlungsverfahrens ohne Teilnahmewettbewerb** die Prüfung der **Bietereignung** in Anlehnung an § 19 EG VOL/A ebenfalls auf der **zweiten (Wertungs-)Stufe** vorzunehmen. Damit wird eine den Grundsätzen der Transparenz und Gleichbehandlung genügende Wertung der Angebote gewährleistet.

> **PRAXISTIPP**
>
> *Auch beim Verhandlungsverfahren ohne Teilnahmewettbewerb bleibt es beim Grundsatz des § 97 Abs. 4 GWB, wonach Aufträge allein an geeignete Unternehmen vergeben werden können. Der Auftraggeber kann von der Eignungsprüfung nicht vollkommen absehen. Dies wird in vielen Fällen verkannt.*

4

Die **Eignung der Nachunternehmer** wird frühestens im Rahmen der Angebotswertung über-/geprüft.[2]

5

Bei der Eignungsprüfung handelt es sich um eine **Prognoseentscheidung** des Auftraggebers. Er hat darüber zu entscheiden, ob der Bewerber oder Bieter in seiner Person die Gewähr für eine vertragsgerechte Erfüllung der ausgeschriebenen und von ihm angebotenen Leistung bietet oder nicht. Dem Auftraggeber steht insoweit ein **Beurteilungsspielraum** zu, der von den Vergabekammern und -senaten nur in engen Grenzen überprüft werden kann. Die Überprüfung beschränkt sich darauf, ob der Auftraggeber

6

- die von ihm selbst aufgestellten Vorgaben beachtet,
- das vorgeschriebene Verfahren eingehalten,
- den zugrunde gelegten Sachverhalt zutreffend ermittelt,
- keine sachwidrigen Erwägungen angestellt und
- nicht gegen allgemeine Bewertungsgrundsätze

verstoßen hat[3].

## 2. Durchführung der Eignungsprüfung

Die Eignungsprüfung vollzieht sich in 3 Schritten:

7

- 1. Schritt: formale Eignungsprüfung
- 2. Schritt: materielle Eignungsprüfung
- 3. Schritt: ggf. Auswahlverfahren.

Im Rahmen der **formalen Eignungsprüfung** sind die eingegangen Teilnahmeanträge oder Angebote darauf zu überprüfen, ob die Bewerber oder Bieter die geforderten Eignungsnachweise vorgelegt haben (vgl. § 22 Abs. 4 und 6 VSVgV). Die sich anschließende **materielle Eignungsprüfung** untergliedert sich in zwei Teile. Zunächst prüft der Auftraggeber die **zwingenden** und **fakultativen Ausschlussgründe** (vgl. §§ 23, 24

---

[1] *Wagner*, in: jurisPK-VergabeR, 3. Aufl. 2011, § 16 VOL/A 2009 Rn. 3.
[2] Ist der Bieter/künftige Auftragnehmer in seiner Entscheidung über einen möglichen Nachunternehmereisatz gemäß § 9 Abs. 2 VSVgV frei, entfällt die vergaberechtliche Eignungsprüfung bezüglich der Nachunternehmer sogar ganz, siehe Kommentierung zu § 9 VSVgV.
[3] OLG Düsseldorf, 10.8.2011 – Verg 34/11.

VSVgV) sowie die **Erlaubnis zur Berufsausübung** (vgl. § 25 VSVgV). Sodann ist zu prüfen, inwieweit die Bewerber oder Bieter das vom Auftraggeber festgelegte **Eignungsprofil** erfüllen. Hat der Auftraggeber gemäß § 21 Abs. 3 VSVgV die Zahl der geeigneten Bewerber, die zur Abgabe eines Angebots aufgefordert werden, begrenzt, ist abschließend ein **Auswahlverfahren** durchzuführen.

8   Soweit die Zahl der zur Angebotsabgabe aufzufordernden Bewerber nicht beschränkt wird, endet die Eignungsprüfung mit dem Ergebnis: geeignet oder nicht geeignet. Ein **„Mehr an Eignung"** gibt es nicht.[4] Mit anderen Worten: Entweder der Bewerber oder Bieter wird nach Ansicht des Auftraggebers in der Lage sein, die ausgeschriebenen Leistungen zu erbringen, oder nicht. Der Eignungsprüfung liegt folglich eine **Wertungsentscheidung** zu Grunde. Sie ist kein bloßer formaler Akt.

9   Es ist daher nicht ausreichend, wenn der Auftraggeber im Rahmen der Eignungsprüfung lediglich die Vorlage der geforderten Nachweise prüft. Voraussetzung an einer sachgerechten Eignungsprüfung ist vielmehr, dass der Auftraggeber vorab ein **auftragsbezogenes Eignungsprofil** festlegt und die Bieter daran misst. Die inhaltliche Ausgestaltung des Eignungsprofils hängt dabei vom Beschaffungsgegenstand ab. Nur anhand des konkreten Bedarfs kann beurteilt werden, welchen personellen (z.B. Zahl der Fachkräfte), fachlichen (z.B. Mindestanforderungen an Referenzen) und finanziellen (z.B. Umfang der Vorfinanzierung) Anforderungen die Bewerber und Bieter genügen müssen.

10  Bei der inhaltlichen Festlegung des **Eignungsprofils** ist der Auftraggeber weitgehend frei. Die Grenze ist erst überschritten, wenn eine Forderung unzumutbar ist oder nicht mehr der Befriedigung eines mit Blick auf das konkrete Beschaffungsvorhaben berechtigten Informations- und/oder Prüfungsbedürfnisses dient.[5]

11  Für die Feststellung der Bietereignung ist der Auftraggeber berechtigt, das auftragsbezogene Eignungsprofil über **Mindestanforderungen** an die Leistungsfähigkeit zu definieren.[6] Dem Auftraggeber stehen dabei drei Handlungsvarianten zur Verfügung. Entweder erfolgt die Eignungsprüfung über **Ausschlusskriterien** oder mit Hilfe einer **Bewertungsmatrix**. Mindestanforderungen und Bewertungsmatrix können auch miteinander kombiniert werden.[7]

**BEISPIEL**

> Ein Auftraggeber schreibt die Lieferung von Militärfahrzeugen aus. Die Eignung der Bieter soll anhand der Präsenz (Niederlassungen), des Umsatzes mit der ausgeschriebenen Leistung, der Referenzen sowie der Anzahl der qualifizierten Mitarbeiter ermittelt werden.
>
> Soll die Eignungsprüfung über Ausschlusskriterien erfolgen, muss der Auftraggeber vorgeben, welchen Anforderungen die Bewerber oder Bieter mindestens genügen müssen, damit deren Eignung bejaht werden kann. Denkbar wäre z.B. die Forderung nach einer bundesweiten Präsenz, mehr als 7 Mio. € Umsatz, mindestens 5 Referenzen sowie mehr als 10 qualifizierte Mitarbeiter. Wird eines der Ausschlusskriterien nicht erfüllt, mangelt es an der erforderlichen Eignung.

---

4  BGH, 15.4.2008 – X ZR 129/06.
5  OLG Koblenz, 13.6.2012 – 1 Verg 2/12.
6  OLG Koblenz, 13.6.2012 – 1 Verg 2/12.
7  Vgl. hierzu ausführlich UfAB V – Version 2.0 – S. 101.

- Die Anforderungen könnten jedoch auch zum Gegenstand einer Bewertungsmatrix gemacht werden, in der die Präsenz mit 30 %, der Umsatz mit 10 % sowie die Referenzen und die Mitarbeiterqualifikation mit jeweils 30 % gewichtet werden. Die Eignung ist z.B. gegeben, wenn ein Mindesterfüllungsgrad von 70 % erreicht wird.

**PRAXISTIPP**

*Soweit die Bietereignung über eine Bewertungsmatrix ermittelt werden soll, muss stets eine konkrete Grenze festgelegt werden, von deren Überschreiten die Bietereignung abhängig gemacht wird. Anderenfalls ist keine den Grundsätzen der Transparenz genügende Eignungsprüfung gewährleistet.*

12

Der Auftraggeber hat das **auftragsbezogene Eignungsprofil** bereits vor Eröffnung der Teilnahmeanträge oder Angebote festzulegen. Anderenfalls kann nicht ausgeschlossen werden, dass der Auftraggeber das Eignungsprofil in Kenntnis der Nachweise zum Vor- oder Nachteil eines einzelnen Bewerbers oder Bieters festlegt.

13

Hat der Auftraggeber die Eignung der Bieter oder Bewerber positiv festgestellt, muss er sich im weiteren Verlauf des Vergabeverfahrens an dieser Beurteilung festhalten lassen. Etwas anderes gilt allerdings dann, wenn sich im nachhinein herausstellt, dass die Eignungsprüfung auf **falschen Tatsachen** beruhte oder dem Auftraggeber **neue Tatsachen** bekannt werden, die eine andere Beurteilung erforderlich machen. In diesen Fällen ist es nicht nur zulässig, sondern geboten, erneut in die Eignungsprüfung einzusteigen und ggf. den Bewerber oder Bieter die bereits zuerkannte Eignung wieder abzuerkennen.[8]

14

## II. Eignungskritrien (Abs. 1)

§ 21 Abs. 1 VSVgV bestimmt aufgrund des Verweises auf § 97 Abs. 4 Satz 1 GWB, anhand welcher Kriterien der Auftraggeber die Eignung der Bewerber und Bieter prüfen darf. Nach § 97 Abs. 1 Satz 4 GWB dürfen öffentliche Aufträge nur an solche Unternehmen vergeben werden, die **fachkundig, leistungsfähig** sowie **gesetzestreu** und **zuverlässig** sind. Der Vorschrift liegt eine andere Begrifflichkeit als der RL 2009/81/EG zugrunde. Diese spricht im Zusammenhang mit der Zuverlässigkeit von der persönlichen Lage (vgl. Art. 39 RL 2009/81/EG). Ferner knüpft die Richtlinie an die wirtschaftliche und finanzielle Leistungsfähigkeit sowie technische und berufliche Leistungsfähigkeit an (vgl. Art. 41 und 42 RL 2009/81/EG). Dementsprechend werden diese Begrifflichkeiten auch wieder unter Ziffer III.2.1 – III.2.3 des Bekanntmachungsformulars – Verteidigung und Sicherheit aufgegriffen. Weshalb in § 21 Abs. 1 VSVgV die europarechtlichen Begrifflichkeiten nicht unmittelbar übernommen worden sind, erschließt sich nicht. Zumal in §§ 26 und 27 VSVgV die europäischen Termini aufgegriffen werden.

15

Die **Fachkunde** ist bei einem Unternehmen gegeben, wenn es über die für die Vorbereitung und Ausführung der jeweiligen Leistung notwendigen technischen Kenntnisse, Erfahrungen und Fähigkeiten verfügt. Bei dem Kriterium Fachkunde handelt sich um ein **personenbezogenes Merkmal** und nicht um ein unternehmensbezogenes.[9]

16

---

8 Kulartz/Marx/Portz/Prieß-VOL/A, *Dittmann*, § 19 EG Rn. 215.
9 *Hölzl* in: MüKo, BeihVgR, § 97 GWB Rn. 141.

17  **Leistungsfähig** ist, wer als Unternehmen über die personellen, kaufmännischen, technischen und finanziellen Mittel verfügt, um den Auftrag fachlich einwandfrei und fristgerecht ausführen zu können.[10] Bieter oder Bewerber müssen zudem rechtlich in der Lage sein, die ausgeschriebene Leistung zu erbringen. An der **rechtlichen Leistungsfähigkeit** kann es fehlen, wenn der vertragsgemäßen Leistung z.B. **gewerbliche Schutzrechte** entgegenstehen.[11]

18  Für die Annahme einer unzureichenden **rechtlichen Leistungsfähigkeit** ist ausreichend, wenn beim Auftraggeber **Zweifel** an der rechtlichen Leistungsfähigkeit des Bewerbers oder Bieters verbleiben. Es nicht erforderlich, dass er die rechtlichen Hindernisse für wahrscheinlich oder gar sicher hält.[12]

19  **Zuverlässig** ist ein Bewerber oder Bieter, wenn er seinen gesetzlichen Verpflichtungen, insb. der Entrichtung von Steuern und sonstigen Abgaben, nachgekommen ist und wenn er eine sorgfältige und einwandfreie Ausführung der ausgeschriebenen Leistungen entsprechend den rechtlichen und technischen Normen einschließlich der Gewährleistung erwarten lässt.[13]

20  Das Eignungskriterium **„Gesetzestreue"** wurde im Rahmen der Reform 2009 als weiteres Eignungskriterium aufgenommen. Es stellt klar, dass nur diejenigen Bewerber oder Bieter zum Wettbewerb um öffentliche Aufträge zugelassen werden dürfen, die die deutschen Gesetze einhalten. Das Kriterium der Gesetzestreue ist weit auszulegen. Neben der Beachtung von **allgemeinverbindlich erklärten Tarifverträgen** fällt darunter auch die Einhaltung der Kernarbeitsnormen der Internationalen Arbeitsorganisationen (**sog. ILO-Kernarbeitsnormen**).[14] Mit Blick auf das Kriterium der Zuverlässigkeit, das von den Unternehmen u.a. die Erfüllung der gesetzlichen Verpflichtungen verlangt, bleibt für das Eignungskriterium der „Gesetzestreue" allerdings kein eigenständiger Anwendungsbereich.[15]

21  Der Umstand, dass § 21 Abs. 1 VSVgV nicht auch auf § 97 Abs. 4 Satz 2 GWB verweist, bedeutet nicht, dass Auftraggeber keine **zusätzlichen Anforderungen an die Auftragsausführung** stellen dürfen. Da es sich bei den zusätzlichen Anforderungen jedoch weder um Eignungs- noch um Zuschlagskriterien handelt, sondern um **Vertragselemente** wäre ein entsprechender Verweis im Rahmen des § 21 Abs. 1 VSVgV systematisch unzutreffend gewesen.[16]

22  Von den Eignungskriterien strikt zu trennen sind die Zuschlagskriterien (**Verbot der Vermischung von Eignungs- und Zuschlagskriterien**). Im Gegensatz zu Eignungskriterien, die sich auf die konkurrierenden Bewerber oder Bieter beziehen, sind Bezugspunkt der Zuschlagskriterien die Angebote, mithin die konkret angebotenen Leistungen. Die ggf. bessere Eignung eines Bieters darf im Rahmen der Wirtschaftlichkeitsbewertung grundsätzlich nicht zu Ungunsten eines wirtschaftlicheren Angebots berücksichtigt werden. Ein **„Mehr an Eignung"** gibt es nicht.[17]

---

10  OLG Saarbrücken, 12.5.2004 – 1 Verg 4/04.
11  OLG Düsseldorf, 21.2.2005 – Verg 91/04.
12  OLG Düsseldorf, 10.8.2011 – Verg 34/11.
13  OLG Düsseldorf, 8.5.2002 – Verg 8 – 15/01.
14  BT-Drucks. 16/11428, S. 33.
15  *Hölzl*, in: MüKo, BeihVgR, § 97 GWB Rn. 165 ff.
16  Vgl. hierzu ausführlich bei *Summa*, in: JurisPK-VergabeR, 3. Aufl. 2011, § 97 GWB Rn. 155 ff.
17  BGH, 15.4.2008 – X ZR 129/06.

Allerdings macht VSVgV selbst eine **Ausnahme** von dem Verbot der Vermischung von Eignungs- und Zuschlagskriterien. Danach ist die **Gewährleistung der Versorgungssicherheit** zum einen gemäß § 24 Abs. 1 Nr. 4 VSVgV Bestandteil der Eignungsprüfung und kann zum anderen nach § 34 Abs. 3 Nr. 9 VSVgV zum Zuschlagskriterium erhoben werden. Mit Blick auf die herausragende Bedeutung der Verteidigungs- und Sicherheitsbeschaffungen für die einzelnen Mitgliedsstaaten, insb. deren Sicherheit und Souveränität, ist diese **singuläre Durchbrechung** wohl berechtigt. Zumal diese Ausnahme auf der zugrunde liegenden RL 2009/81/EG beruht. Auftraggeber sollten diese Ausnahme jedoch nicht zum Anlass nehmen, künftig die Vermischung der Eignungs- und Zuschlagskriterien zur Regel zu machen. 23

## III. Mindestanforderungen an die Eignung (Abs. 2)

§ 21 Abs. 2 VSVgV beruht auf der Regelung des Art. 38 Abs. 2 RL 2009/81/EG. Danach können Auftraggeber **Mindestanforderungen** an die wirtschaftliche und finanzielle sowie technische und berufliche Leistungsfähigkeit der Bewerber oder Bieter stellen. 24

Der Wortlaut von § 21 Abs. 2 Satz 2 VSVgV, wonach die Mindestanforderungen mit dem Auftragsgegenstand in sachlichem Zusammenhang stehen und durch ihn gerechtfertigt sein müssen, orientiert sich an § 97 Abs. 4 GWB sowie § 7 EG Abs. 1 VOL/A. Die Formulierung von Mindestanforderungen darf demzufolge nicht zu einer **Beschränkung des Wettbewerbs** missbraucht werden. Insbesondere ist der Zuschnitt der Mindestanforderungen auf ein konkretes Unternehmen unzulässig. Maßstab ist allein der Beschaffungsgegenstand, den der Auftraggeber auf Grundlage der ihm obliegenden **Beschaffungshoheit** bestimmt. Soweit daraus – mittelbar – eine Wettbewerbsbeschränkung folgt, ist dies nicht zu beanstanden. Auftraggeber sind nicht gehalten, ihren Bedarf so auszurichten, dass möglichst alle auf dem Markt agierenden Teilnehmer leistungs- bzw. angebotsfähig sind.[18] 25

Ausweislich seines Wortlauts scheint § 21 Abs. 2 Satz 3 VSVgV dem Auftraggeber ein Wahlrecht einzuräumen, die Mindestanforderungen entweder in der Bekanntmachung oder in Vergabeunterlagen anzugeben. Ein derartiges Wahlrecht besteht jedoch nicht. Die Bekanntmachung der Mindestanforderungen in den Vergabeunterlagen ist nur im Zusammenhang mit dem Verhandlungsverfahren ohne Teilnahmewettbewerb zulässig. Ansonsten ist der Auftraggeber verpflichtet, die Mindestanforderungen an die Eignung bereits in der **Bekanntmachung** anzugeben. In Anlehnung an § 22 Abs. 1 VSVgV ist § 21 Abs. 2 Satz 3 VSVgV wie folgt zu lesen: Die Mindestanforderungen müssen in der Bekanntmachung oder im Verhandlungsverfahren ohne Teilnahmewettbewerb in den Vergabeunterlagen angegeben werden. 26

Beabsichtigt der Bewerber oder Bieter, einen Teil der ihm obliegenden Leistungen durch einen **Nachunternehmer** ausführen zu lassen, hat der Nachunternehmer für die von ihm übernommenen Leistungsteile denselben Eignungsanforderungen zu genügen, wie der Auftragnehmer. Nach dem Wortlaut des § 9 Abs. 5 VSVgV sowie § 40 Abs. 1 VSVgV gilt dies auch in Bezug auf die Mindestanforderungen. Dabei ist es ohne Belang, ob der Be- 27

---

18  VK Bund, 21.6.2012 – VK 3-57/12.

werber oder Bieter die Mindestanforderungen an die Eignung selbst nachweisen kann oder nicht.[19]

28 Das **Niveau der geforderten Fähigkeiten** muss nach § 40 Abs. 1 Satz 3 VSVgV jedoch dem Gegenstand des Unterauftrags angemessen sein.

29 
> **PRAXISTIPP**
>
> *Inwieweit die geforderte (Mindest-)Fähigkeit dem Gegenstand des Unterauftrags angemessen ist, kann nicht pauschal beantwortet werden. Wird bei einem Projekt mit einem geschätzten Auftragsvolumen in Höhe von gesamt 50 Mio. € in Bezug auf die wirtschaftliche und finanzielle Leistungsfähigkeit ein durchschnittlicher Mindestumsatz der letzten 3 Jahre von 25 Mio. € verlangt, wäre es unangemessen, diesen Mindestumsatz auch von einem Nachunternehmer zu fordern, dessen Leistungsanteil sich lediglich auf ca. 5 Mio. € beläuft. Hingegen wäre es angemessen, wenn der Nachunternehmer ebenso mindesten 3 Referenzen für vergleichbare Projekte vorlegen müsste.*

Zwar richtet sich die Regelung des § 40 Abs. 1 Satz 3 VSVgV allein an diejenigen Auftragnehmer, die nach § 9 Abs. 3 VSVgV Unteraufträge im wettbewerblichen Verfahren vergeben müssen. Das in § 40 Abs. 1 Satz 3 VSVgV zum Ausdruck kommende Gebot der Verhältnismäßigkeit findet jedoch auch in den Fällen in Anwendung, in denen der Auftraggeber die (freie) Wahl des Unterauftragnehmers lediglich überprüft.

30 Beteiligt sich eine **Bewerber- oder Bietergemeinschaft** am Vergabeverfahren, ist hinsichtlich der Erfüllung der Mindestanforderungen zu unterscheiden. Erbringen die Mitglieder unterschiedliche Leistungen (sog. **horizontale Bietergemeinschaften**), ist es ausreichend, wenn die **fachliche und berufliche Leistungsfähigkeit** bei demjenigen Mitglied gegeben ist, unter dessen technischer Verantwortung die Teilleistung erbracht werden soll. Sofern die gemeinsame Bewerbung bzw. Angebotsabgabe die Teilnahme am Vergabeverfahren erst überhaupt ermöglicht (sog. **vertikale Bietergemeinschaft**), müssen die jeweils vorhandenen Mittel in ihrer Gesamtheit betrachtet werden.

31 Ein Ausgleich bestehender Defizite kann hinsichtlich der **finanziellen und wirtschaftlichen Leistungsfähigkeit** allerdings nicht ohne weiteres angenommen werden. Bestehen aufgrund der finanziellen Leistungsfähigkeit eines Mitgliedsunternehmens etwa begründete Zweifel, dass er seinen Leistungsteil zukünftig vertragsgemäß erbringen kann, ist dieses Risiko noch nicht deswegen minimiert, wenn die finanziellen Leistungsfähigkeit eines anderen Mitglieds weit über seinem Leistungsanteil liegt.[20]

32 
> **PRAXISTIPP**
>
> *Gerade bei großvolumigen Aufträgen ist es angebracht, dass wenigstens ein Mitglied der Bewerber- oder Bietergemeinschaft die wirtschaftlichen und finanziellen Mindestanforderungen erfüllt. Auftraggeber sind gehalten, dies unmissverständlich in der Bekanntmachung zu erklären. Anderenfalls ist davon auszugehen, dass auch insoweit eine Betrachtung über alle Leistungserbringer erfolgt.*

---

19  OLG Karlsruhe, 25.4.2008 – 1 Verg 2/08.
20  VK des Saarlandes, 28.10.2010 – 1 VK 12/2010.

Die **Zuverlässigkeit** ist hingegen von jedem Mitglied der Bewerber- oder Bietergemeinschaft nachzuweisen.

## IV. Begrenzung der Anzahl der Wirtschaftsteilnehmer (Abs. 3)

Nach § 21 Abs. 3 VSVgV dürfen Auftraggeber im nicht offenen Verfahren, im Verhandlungsverfahren mit Teilnahmewettbewerb und im wettbewerblichen Dialog die Zahl der geeigneten Bewerber begrenzen, die zur Abgabe eines Angebots aufgefordert werden. Die Regelung beruht auf dem nahezu wortgleichen Art. 38 Abs. 3 der RL 2009/81/EG. Zwar bezieht Art. 38 Abs. 3 der RL 200/81/EG das nicht offene Verfahren nicht mit ein. Aus Nr. 62 der Erwägungsgründe ergibt sich allerdings, dass auch im Falle des nicht offenen Verfahrens eine Begrenzung der Bewerber möglich sein soll.

Neben der Bekanntmachung der vom Auftraggeber vorgesehenen objektiven und nicht diskriminierenden Anforderungen muss unter Ziffer IV.1.2) des Standardformulars „Auftragsbekanntmachung – Verteidigung und Sicherheit" entweder die vorgesehene **Mindestzahl** oder die **Höchstzahl** der zur Angebotsabgabe aufzufordernden Wirtschaftsteilnehmer festgelegt werden.

Überschreitet die Zahl der geeigneten Bewerber die vorab festgelegte Mindestzahl, ist unter ihnen eine **Auswahlentscheidung** zu treffen. Da die Auswahl wiederum anhand der Eignung der Bewerber erfolgt, wird der Grundsatz, dass es ein **„Mehr an Eignung"** nicht gibt, ausnahmsweise durchbrochen.

Die Festlegung der **Auswahlkriterien** sowie deren **Gewichtung** und **Wertungsmethoden** stehen im **Ermessen** des Auftraggebers. Auch insoweit gilt, dass die Auswahlkriterien im Zusammenhang mit dem Auftragsgegenstand stehen müssen. Mit Blick auf das Gebot der Gleichbehandlung und der Transparenz sind die Festlegungen vor Eröffnung der Teilnahmeanträge zu treffen.

> **PRAXISTIPP**
>
> Ist eine Begrenzung der Anzahl der aufzufordernden Wirtschaftsteilnehmer geplant, ist anzuraten, von vornherein die Eignungsprüfung anhand einer Wertungsmatrix, ggf. ergänzt um einzelne Ausschlusskriterien, vorzunehmen. Sofern mehr Bewerber den Mindesterfüllungsgrad überschreiten, müssen unter ihnen nur noch die besten ausgewählt werden.

Der dem öffentlichen Auftraggeber zustehende **Ermessensspielraum** ist nur eingeschränkt überprüfbar.

Nach § 21 Abs. 3 Nr. 1 VSVgV ist das Verfahren mit der Anzahl von Bewerbern fortzuführen, die der festgelegten Mindestanzahl entspricht. Gibt der Auftraggeber keine abweichende Höchstzahl bekannt, entspricht die Mindestzahl zugleich der Höchstzahl (**Mindestzahl = Höchstzahl**). Der Auftraggeber darf in diesem Fall nur dann nachträglich von der Mindestzahl abweichen, wenn die Zahl der geeigneten Bieter unterhalb der Mindestzahl liegt (vgl. § 21 Abs. 3 Nr. 2 VSVgV). § 21 Abs. 3 Nr. 1 VSVgV weicht insoweit vom Wortlaut des zugrunde liegenden Art. 38 Abs. 3 der RL 2009/81/EG ab, wonach der Auftraggeber eine Anzahl von Bewerbern einladen darf, die „zumindest" der im Voraus bestimmten Mindestzahl entspricht.[21]

**BEISPIEL**

- Der Auftraggeber legt in Ziffer IV.1.2) der EU-Bekanntmachung lediglich fest, dass er mindestens 5 Wirtschaftsteilnehmer zur Abgabe eines Angebots auffordern wird. Nach § 21 Abs. 3 Nr. 1 VSVgV ist der Auftraggeber an diese Festlegung gebunden, selbst wenn 8 Bewerber die Eignungsanforderungen erfüllten.

**40** Gibt der Auftraggeber zusätzlich zur Mindest- auch die Höchstzahl der Bewerber bekannt, mit denen er beabsichtigt, das Verfahren fortzuführen, kann er diese Marge ausschöpfen, muss es aber nicht. Der Auftraggeber ist aber gehalten, seine Entscheidung in der Vergabeakte sachlich zu begründen und darzulegen.

**BEISPIEL**

- Ausweislich der Bekanntmachung beträgt die Mindestzahl 5 und die Höchstzahl 9. Zeigt sich nach der Eignungsprüfung, dass zwischen dem siebt- und achtplazierten Bewerber ein großer Wertungssprung besteht, kann der Auftraggeber dies zum Anlass nehmen, lediglich 7 Bewerber zur Angebotsabgabe aufzufordern.

## V. Wirtschaftsteilnehmer (Abs. 4)

### 1. Rechtsformerfordernis

**41** Nach § 21 Abs. 4 Satz 1 VSVgV dürfen Bewerber oder Bieter, die gemäß den Rechtsvorschriften des EU-Mitgliedsstaates, in dem sie ihre Niederlassung haben, zur Erbringung der betreffenden Leistung berechtigt sind, nicht allein deshalb zurückgewiesen werden, weil sie gemäß den einschlägigen deutschen Rechtsvorschriften eine natürliche oder juristische Person sein müssten.

§ 21 Abs. 4 Satz 1 VSVgV beruht auf Art. 5 Abs. 1., 1. UAbs. der RL 2009/81/EG und orientiert sich an § 6 EG Abs. 1 VOL/A. Die Regelung konkretisiert das in Art. 18 des Vertrages über die Arbeitsweise der Europäischen Union geltende **Diskriminierungsverbot**. Es soll verhindert werden, dass unterschiedliche nationale Rechtsvorschriften mittelbar zu einer unterschiedlichen Behandlung von in- und ausländischen Unternehmen im Wettbewerb um grenzüberschreitende Auftragsvergaben führen.[22]

**42** Der Regelung kommt allerdings kaum praktische Bedeutung zu, da entsprechende Rechtsvorschriften nur eingeschränkt in der Bundesrepublik existieren.[23]

### 2. Nennung der verantwortlich Handelnden

**43** Ausweislich § 21 Abs. 4 Satz 2 VSVgV können juristische Personen im Falle zusätzlicher Dienstleistungen bei Lieferaufträgen und im Falle von Dienstleistungsaufträgen verpflichtet werden, in ihrem Antrag auf Teilnahme oder Angebot die Namen und die be-

---

21 Vgl. zur Regelung des § 10 VOF vgl. *Wagner,* in: jurisPK-VergabeR, 3. Aufl. 2011, § 10 VOF Rn. 6 ff.
22 Kulartz/Marx/Portz/Prieß-VOL/A, *Hausmann/von Hoff,* § 6 EG Rn. 3.
23 *Noch,* Vergaberecht kompakt, 5. Aufl. 2011, S. 418 Rn. 196.

rufliche Qualifikationen der Personen anzugeben, die für die Durchführung des Auftrags als verantwortlich vorgesehen sind. Der Vorschrift liegt Art. 5 Abs. 1., 2. UAbs. der RL 2009/81/EG zugrunde.

§ 21 Abs. 4 Satz 2 VSVgV steht in Zusammenhang mit den Regelungen des § 27 Abs. 1 Nr. 1 g) und Nr. 2 c) VSVgV. Danach können Auftraggeber zum Nachweis der fachlichen und beruflichen Leistungsfähigkeit von den Bewerbern oder Bietern Studien- und Ausbildungsnachweise sowie Bescheinigungen darüber verlangen, dass die Führungskräfte des Unternehmens und insbesondere die für die Erbringung der Dienstleistung verantwortlichen Personen die erforderliche Befähigung besitzen.

Nach dem Wortlaut des § 21 Abs. 4 Satz 2 VSVgV („können") liegt es im Ermessen des Auftraggebers, ob er Angaben über die Namen und die berufliche Qualifikation der verantwortlich handelnden Personen verlangt. **44**

**PRAXISTIPP** **45**

*§ 21 Abs. 4 Satz 2 VSVgV erlaubt die Abforderung entsprechender Angaben nur für die verantwortlich handelnden Personen. Die in der Vergabepraxis übliche Handhabung, Angaben von sämtlichen für das Projekt handelnden Personen zu verlangen, wird davon nicht gedeckt. Auftraggeber sind gehalten, insoweit zu differenzieren.*

## VI. Bewerber- und Bietergemeinschaften (Abs. 5)

### 1. Allgemeines

Nach § 21 Abs. 5 Satz 1 VSVgV sind Bewerber- oder Bietergemeinschaften wie Einzelbewerber oder -bieter zu behandeln. Die Regelung ist dem **Gleichbehandlungsgrundsatz** geschuldet. Kleinen und mittleren Unternehmen, die als Einzelbewerber oder -bieter keine ernsthafte Chance auf die Erteilung des Zuschlags hätten, wird damit die Möglichkeit eröffnet, sich durch partnerschaftlichen Zusammenschluss um größere Aufträge zu bewerben. Die Vorschrift dient damit einerseits der Förderung des Mittelstandes und andererseits der Erweiterung des Wettbewerbs.[24] **46**

**Bietergemeinschaften** sind Zusammenschlüsse mehrerer Unternehmen zur gemeinschaftlichen Abgabe eines Angebots mit dem Ziel, den durch die Vergabeunterlagen beschriebenen Auftrag gemeinschaftlich zu erhalten und auszuführen.[25] Die Bezeichnung „Bietergemeinschaft" setzt folglich die Aufforderung des Auftraggebers zur Angebotsabgabe voraus. Sofern der Angebotsaufforderung ein Teilnahmewettbewerb vorgelagert ist, wird der Zusammenschluss mehrerer Unternehmen **„Bewerbergemeinschaft"** genannt. **47**

Bei Bewerber- oder Bietergemeinschaften handelt es sich in der Regel um eine **Gesellschaft bürgerlichen Rechts** (GbR). Im Fall der Zuschlagserteilung wird die Bietergemeinschaft Vertragspartner des Auftraggebers. Sie wird dann als sog. **Arbeitsgemeinschaft (ARGE)** bezeichnet. **48**

---

24 *Düsterdiek/Röwekamp*, VOL/A und VOL/B, 6. Aufl. 2010, S. 95.
25 Vgl. nur VK Sachsen, 20.9.2006 – 1/SVK/085/06.

49 Gemäß § 21 Abs. 5 Satz 2 VSVgV ist es unzulässig, von einer Gruppe von Bewerbern oder Bietern zu verlangen, dass sie in einer bestimmten **Rechtsform** einen Teilnahmeantrag oder ein Angebot abgeben. Die Regelung beruht auf Art. 5 Abs. 2 Satz 2 der RL 2009/81/EG. Damit ist gewährleistet, dass den Unternehmen kein unnötiger Aufwand für die Teilnahme an Vergabeverfahren entsteht.[26] Bietergemeinschaften sind nach § 29 Abs. 7 VSVgV lediglich verpflichtet, im Angebot jeweils die Mitglieder sowie eines ihrer Mitglieder als bevollmächtigten Vertreter für den Abschluss und die Durchführung des Vertrags zu benennen.

50 Allerdings kann nach § 21 Abs. 5 Satz 3 VSVgV von der ausgewählten Bietergemeinschaft verlangt werden, dass sie eine bestimmte Rechtsform annimmt. Voraussetzung dafür ist, dass dies für eine ordnungsgemäße Durchführung des Auftrags notwendig ist. Gerade bei Großprojekten kann die Forderung des Auftraggebers, zum Beispiel eine sog. **Projektgesellschaft** in Form einer GmbH zu gründen, erforderlich sein.

51 **PRAXISTIPP**

*Halten Auftraggeber für den Zeitraum der Vertragserfüllung die Gründung eine Projektgesellschaft für notwendig, ist darauf zu achten, dass die Mitglieder der erfolgreichen Bietergemeinschaft die Leistungsfähigkeit und ordnungsgemäße Leistungserbringung durch die Projektgesellschaft garantieren. Auftraggebern ist daher anzuraten, sog. Gewährverträge zu schließen.*

### 2. Formen von Bewerber- oder Bietergemeinschaften

52 Bietergemeinschaften zeichnen sich dadurch aus, dass durch die Bündelung ihrer Leistungskraft überhaupt erst die Möglichkeit geschaffen wird, die durch den Auftraggeber nachgefragte Leistung zu erbringen. Hierbei wird zwischen horizontalen und vertikalen Bietergemeinschaften unterschieden.[27] **Vertikale Bewerber- oder Bietergemeinschaften** sind dadurch gekennzeichnet, dass von den jeweiligen Mitgliedern entsprechend ihres divergierenden Leistungsspektrums unterschiedliche Leistungen erbracht werden. Da die beteiligten Unternehmen keine potenziellen Konkurrenten sind, ist die Bildung einer vertikalen Bewerber- oder Bietergemeinschaft vergaberechtlich unbedenklich.

53 Kennzeichen **horizontaler Bewerber- oder Bietergemeinschaften** ist es, dass sich gleichartige Unternehmen zusammenschließen, denen es aufgrund der betrieblichen oder geschäftlichen Verhältnisse nicht möglich wäre, mit einem eigenständigen Angebot an der Ausschreibung teilzunehmen. Erst der Zusammenschluss zu einer Bietergemeinschaft versetzt die Unternehmen in die Lage, sich um größere Ausschreibungen zu bewerben. Im letztgenannten Falle wird der Zusammenschluss von gleichartigen, im unmittelbaren Wettbewerb stehenden Unternehmen auch unter wettbewerbsrechtlichen Aspekten ausnahmsweise für zulässig erachtet.[28]

54 Von einer **„verdeckten Bewerber- oder Bietergemeinschaft"** spricht man, wenn ein Partner gänzlich im Hintergrund bleibt, mithin weder im Teilnahmeantrag noch im Angebot nach außen in Erscheinung tritt. Da die Offenlegung des Zusammenschlusses we-

---

26 Kulartz/Marx/Portz/Prieß-VOL/A, *Hausmann/von Hoff*, § 6 EG Rn. 35.
27 *Noch*, Vergaberecht kompakt, 5. Aufl. 2011, S. 418 Rn. 195.
28 OLG Düsseldorf, 9.11.2011 – Verg 35/11.

sentliche Voraussetzung für die Annahme eine Bietergemeinschaft ist, liegt in diesen Fällen selbst dann keine Bietergemeinschaft vor, wenn die beteiligten Unternehmen das Vorgehen miteinander abstimmen und gemeinsam das wirtschaftliche Risiko tragen.[29]

Von der Bewerber-oder Bietergemeinschaft zu unterscheiden ist zum einen die Teilnahme eines Hauptunternehmers unter Einbindung eines oder mehrerer **Nach-/Subunternehmer**. In dieser Konstellation wird allein der Hauptunternehmer Vertragspartner des Auftraggebers. Zwischen Nachunternehmer und Auftraggeber bestehen hingegen keine vertraglichen Beziehungen. Zum anderen ist die Bewerber- oder Bietergemeinschaft vom sog. **Konsortium** abzugrenzen. Im Gegensatz zur herkömmlichen Bietergemeinschaft kommen hier im Fall der Zuschlagserteilung jeweils eigenständige Verträge mit den Konsortialteilnehmern zustande.

### 3. Änderungen in der Zusammensetzung

Inwieweit die Zusammensetzung einer Bietergemeinschaft nachträglich geändert werden kann, lässt sich nicht pauschal beantworten, sondern ist anhand der Umstände des Einzelfalls zu beurteilen. Wesentliche Aspekte sind dabei der **Zeitpunkt des Bestandswechsels** und ob das **Gebot der Bieteridentität** gewahrt wird.[30]

Bei Durchführung eines **vorgeschalteten Teilnahmewettbewerbs** ist die erstmalige Bildung einer Bietergemeinschaft nach der Aufforderung zur Angebotsabgabe unzulässig. Anderenfalls würde der **Gleichbehandlungsgrundsatz** gem. § 97 Abs. 2 GWB verletzt. Dabei ist es ohne Belang, ob die Bietergemeinschaft zwischen verschiedenen Einzelbietern, die den Teilnahmewettbewerb erfolgreich abgeschlossen haben, oder zwischen erfolgreichen Bewerbern des Teilnahmewettbewerbs und externen Unternehmen gebildet wird. Das Angebot der **nachträglich gebildeten Bietergemeinschaft** ist von der Wertung auszuschließen.[31]

Ebenso unzulässig ist es, wenn sich eine **Bewerbergemeinschaft** nach erfolgreichem Teilnahmewettbewerb auflöst und sich ein oder mehrere Mitglieder der Bewerbergemeinschaft daraufhin als Einzelbieter am weiteren Vergabeverfahren beteiligen. Die rechtliche Identität des Bieters in Vergabeverfahren mit vorgeschaltetem Teilnahmewettbewerb darf nach Abschluss desselben nicht verändert werden.[32]

Im Verhandlungsverfahren ohne vorgeschalteten Teilnahmewettbewerb ist die Bildung einer Bietergemeinschaft **zwischen Ablauf der Angebotsabgabefrist und Zuschlagserteilung** ebenfalls unzulässig. Dies folgt bereits aus § 31 Abs. 2 Nr. 4 VSVgV, wonach Änderungen des Angebots sowohl in sachlicher als auch personeller Hinsicht unstatthaft sind.[33]

Etwas anderes gilt dann, wenn z.B. eines von wenigstens drei Mitgliedern einer Bietergemeinschaft wegen Insolvenz aus der Bietergemeinschaft ausscheidet[34] oder sich die Rechtspersönlichkeit eines Mitglieds einer Bietergemeinschaft ändert.[35] Da die geänderte

---

29 Kulartz/Marx/Portz/Prieß-VOL/A, *Hausmann/von Hoff*, § 6 EG Rn. 12.
30 Vgl. ausführlich bei *Roth*, NZBau 2005, 316.
31 VK Bund, 22.2.2008 – VK 1-4/08.
32 OLG Karlsruhe, 15.10.2008 – 15 Verg 9/08.
33 OLG Düsseldorf, 26.1.2005 – Verg 45/05.
34 OLG Celle, 5.9.2007 – 13 Verg 9/07.
35 OLG Celle, 3.12.2009 – 13 Verg 14/09.

Zusammensetzung der Bietergemeinschaft keine Auswirkungen auf deren Identität hat, wäre ein darauf begründeter Ausschluss nicht zulässig. Erfolgen die Änderungen in der Zusammensetzung nach Abschluss des Teilnahmewettbewerbs oder der Eignungsprüfung, ist der Auftraggeber allerdings gehalten, die Eignung der Bietergemeinschaft neu zu prüfen.[36]

**61** Auch nach **Zuschlagserteilung** können Änderungen in der Zusammensetzung von Bietergemeinschaften vergaberechtliche Konsequenzen nach sich ziehen. Dies gilt insbesondere für den Fall des Ausscheidens eines Mitglieds aus einer zweigliedrigen **Arbeitsgemeinschaft**, da damit die Gesellschaft bürgerlichen Rechts endet und mithin auch deren Identität.[37] Zwar enthalten die **ARGE-Verträge** zumeist Klauseln über die Fortführung der Gesellschaft vom verbliebenen Gesellschafter. Aufgrund der pressetext-Entscheidung des EuGH wird jedoch einhellig die Meinung vertreten, dass ein Wechsel des Vertragspartners den Auftraggeber grundsätzlich zur Neuausschreibung verpflichtet.[38] Gegen eine Pflicht zur Neuausschreibung könnte allenfalls argumentiert werden, dass es sich dabei um eine rein strukturelle Veränderung des Vertragspartners handelt, die ausnahmsweise nicht ausschreibungspflichtig ist.[39]

---

36   A.A. OLG Düsseldorf, 26.1.2005 – Verg 45/05.
37   OLG Karlsruhe, 15.10.2008 – 15 Verg 9/08 m.w.N.
38   EuGH, 19.6.2008 – Rs. C-454/06.
39   So zumindest Nr. 47 der Erwägungsgründe und Art. 72 Nr. 3 des Vorschlags einer RL über die öffentliche Auftragsvergabe vom 21.12.2011.

## § 22
## Allgemeine Vorgaben zum Nachweis der Eignung

(1) Auftraggeber müssen in der Bekanntmachung oder im Verhandlungsverfahren ohne Teilnahmewettbewerb in den Vergabeunterlagen angeben, mit welchen Nachweisen gemäß den §§ 6, 7, 8 und 23 bis 28 Unternehmen ihre Eignung nachzuweisen haben. Auftraggeber dürfen von den Bewerbern oder Bietern zum Nachweis ihrer Eignung nur Unterlagen und Angaben fordern, die durch den Gegenstand des Auftrags gerechtfertigt sind.

(2) Soweit mit den vom Auftragsgegenstand betroffenen Verteidigungs- und Sicherheitsinteressen vereinbar, können Auftraggeber zulassen, dass Bewerber oder Bieter ihre Eignung durch die Vorlage einer Erklärung belegen, dass sie die vom Auftraggeber verlangten Eignungskriterien erfüllen und die festgelegten Nachweise auf Aufforderung unverzüglich beibringen können (Eigenerklärung). § 24 Absatz 1 Nummer 7 findet Anwendung.

(3) Erbringen Bewerber oder Bieter den Nachweis für die an die Eignung gestellten Mindestanforderungen nicht, werden sie im Rahmen eines nicht offenen Verfahrens, Verhandlungsverfahrens mit Teilnahmewettbewerb oder wettbewerblichen Dialogs nicht zur Abgabe eines Angebots aufgefordert. Wenn Bewerber oder Bieter im Verhandlungsverfahren ohne Teilnahmewettbewerb ein Angebot abgegeben haben, wird dieses nicht gewertet.

(4) Unternehmen sind verpflichtet, die geforderten Nachweise

1. beim nicht offenen Verfahren und Verhandlungsverfahren mit Teilnahmewettbewerb vor Ablauf der Teilnahmefrist,

2. beim Verhandlungsverfahren ohne Teilnahmewettbewerb vor Ablauf der Angebotsfrist,

3. bei einer Rahmenvereinbarung entsprechend der gewählten Verfahrensart gemäß den Nummern 1 und 2,

4. beim wettbewerblichen Dialog vor Ablauf der Teilnahmefrist

vorzulegen, es sei denn, der jeweilige Nachweis ist elektronisch verfügbar.

(5) Im nicht offenen Verfahren und Verhandlungsverfahren mit Teilnahmewettbewerb dürfen die Vergabeunterlagen nur an geeignete Unternehmen übersandt werden. Im Verhandlungsverfahren ohne Teilnahmewettbewerb dürfen die Vergabeunterlagen an die Unternehmen übermittelt werden, die vom Auftraggeber unter Beachtung der §§ 6 und 7 ausgewählt wurden.

(6) Erklärungen und sonstige Unterlagen, die als Nachweis im Teilnahmewettbewerb oder mit dem Angebot einzureichen sind und auf Anforderung der Auftraggeber nicht bis zum Ablauf der maßgeblichen Frist vorgelegt wurden, können bis zum Ablauf einer zu bestimmenden Nachfrist nachgefordert werden. Werden die Nachweise und sonstigen Unterlagen nicht innerhalb der Nachfrist vorgelegt, ist der Bewerber oder Bieter auszuschließen.

## Übersicht

|  |  | Rn. |
|---|---|---|
| I. | Überblick | 1 |
| II. | Bekanntmachung der Nachweise (Abs. 1) | 4 |
| III. | Nachweis durch Eigenerklärung (Abs. 2) | 11 |
| IV. | Rechtsfolge unzureichender Mindestanforderungen (Abs. 3 und 5) | 18 |
| V. | Zeitpunkt der Vorlage (Abs. 4) | 22 |
| VI. | Nachforderung fehlender Erklärungen (Abs. 6) | 25 |

## I. Überblick

**1** § 22 VSVgV enthält grundlegende Aussagen

- zu der Bekanntmachungspflicht der geforderten Nachweise (Abs. 1),
- zu der Form der Nachweiserbringung, insb. der Eigenerklärung (Abs. 2),
- zu dem Zeitpunkt der Vorlage und der Nachforderungsmöglichkeit (Abs. 4 und 6) sowie
- zu der Rechtsfolge einer unzureichenden Eignung (Abs. 3).

**2** Zudem berücksichtigt § 22 Abs. 5 VSVgV, dass die Vergabeunterlagen bereits sensible Informationen enthalten können.

**3** Die Vorschrift des § 22 VSVgV orientiert sich im Wesentlichen an § 7 EG VOL/A. Soweit § 22 Abs. 1 VSVgV besondere Anforderungen an die Bekanntmachung der vom Auftraggeber geforderten Nachweise stellt, beruht dies auf Art. 41 Abs. 4 sowie Art. 42 Abs. 5 der RL 2009/81/EG. § 22 Abs. 3 VSVgV liegt wiederum Art. 38 Abs. 4 der RL 2009/81/EG zugrunde.

## II. Bekanntmachung der Nachweise (Abs. 1)

**4** Nach § 22 Abs. 1 VSVgV müssen Auftraggeber in der Bekanntmachung oder im Verhandlungsverfahren ohne Teilnahmewettbewerb in den Vergabeunterlagen angeben, mit welchen Nachweisen gemäß §§ 7, 8 VSVgV und §§ 23 bis 28 VSVgV Unternehmen ihre Eignung nachzuweisen haben. Die Regelung des § 22 Abs. 1 VSVgV soll ein **transparentes Vergabeverfahren** gewährleisten. Potenzielle Bewerber oder Bieter sollen anhand der Bekanntmachung eine Entscheidung darüber treffen können, ob sie sich an der Ausschreibung beteiligen können oder nicht.[1]

**5** Im Hinblick darauf ist der öffentliche Auftraggeber verpflichtet, sämtliche **Eignungsnachweise**, die von den Bewerbern oder Bietern mit dem Teilnahmeantrag oder Angebot vorzulegen sind, in der Bekanntmachung ausdrücklich zu benennen. Ein bloßer Verweis auf die Vergabeunterlagen[2] oder die §§ 26 und 27 VSVgV ist unzulässig. Allerdings kann

---

[1] OLG Düsseldorf, 2.5.2007 – Verg 1/07.
[2] OLG Düsseldorf, 23.6.2010 – Verg 18/10.

es im Einzelfall ausreichend sein, wenn in der Bekanntmachung durch einen Link auf ein Formblatt, in dem die Nachweise benannt sind, verwiesen wird und der Bewerber oder Bieter durch bloßes Anklicken zu dem Formular gelangen kann.[3]

> **PRAXISHINWEIS**
>
> In der Vergabepraxis kommt es immer wieder vor, dass es unter Ziffer III.2.1 – III.2.3 der EU-Bekanntmachung wie folgt heißt: „siehe Ausschreibungsunterlagen". Dies ist mit dem Grundsatz der Transparenz nicht vereinbar. Das Vergabeverfahren muss in diesen Fällen vielmehr in den Stand vor Absendung der Bekanntmachung zurückversetzt werden.

Die Angaben in der Bekanntmachung in Bezug auf die Eignungsnachweise sind **bindend**. Der Auftraggeber kann im weiteren Verfahren davon nicht abweichen und weitergehende Eignungsnachweise fordern. Lediglich **Konkretisierungen** sind denkbar.[4]

Aus der Bekanntmachung muss sich zudem unmissverständlich ergeben, welche konkreten Nachweise die einzelnen Mitglieder einer **Bewerber- oder Bietergemeinschaft** beibringen müssen. Unklarheiten gehen zu Lasten[5] des Auftraggebers. Sind der EU-Bekanntmachung keine entgegenstehenden Anhaltspunkte zu entnehmen, ist es regelmäßig ausreichend, wenn die Nachweise zur wirtschaftlichen und finanziellen sowie technischen und beruflichen Leistungsfähigkeit für ein Mitglied der Bewerber- oder Bietergemeinschaft vorgelegt werden.[6] Hingegen ist die Zuverlässigkeit von jedem Mitglied nachzuweisen.[7]

Das **auftragsbezogene Eignungsprofil** ist den Bewerbern oder Bietern ebenfalls bekannt zu machen. Dies gilt nicht nur hinsichtlich der einzelnen Eignungskriterien, sondern – sofern bereits festgelegt – auch im Hinblick auf deren Gewichtung.[8] Dies betrifft insb. diejenigen Fälle, in denen der Auftraggeber im Vorfeld des Eingangs der Teilnahmeanträge oder Angebote eine Wertungsmatrix erstellt hat.

Anhand welcher konkreten Unterlagen und Nachweise der Auftraggeber die Bietereignung überprüfen möchte, liegt in seinem Ermessen. Der **Ermessensspielraum** wird lediglich dahin gehend begrenzt, dass die Eignungsnachweise durch den Auftragsgegenstand gerechtfertigt sein müssen (vgl. § 22 Abs. 1 Satz 2 VSVgV). Den Nachprüfungsinstanzen steht auch insoweit nur ein eingeschränkter Überprüfungsrahmen zu.

## III. Nachweis durch Eigenerklärung (Abs. 2)

Soweit mit den vom Auftragsgegenstand betroffenen Verteidigungs- und Sicherheitsinteressen vereinbar, können Auftraggeber gem. § 22 Abs. 2 VSVgV zulassen, dass Bewerber oder Bieter ihre Eignung durch die Vorlage einer Erklärung belegen, dass sie die vom Auftraggeber verlangten Eignungskriterien erfüllen und die festgelegten Nachweise

---

3 OLG Düsseldorf, 16.11.2011 – Verg.
4 Kulartz/Marx/Portz/Prieß-VOL/A, *Hausmann/von Hoff*, § 7 EG R. 69.
5 Siehe Kommentierung zu § 18 oder 17 Rn. 93.
6 OLG Naumburg, 31.7.2007 – Verg 25/07.
7 OLG Naumburg, 30.4.2007 – 1 Verg 1/07.
8 EuGH, 12.12.2002 – Rs. C-470/99 „Universale Bau"; VK Sachsen, 14.4.2008 – 1/SVK/013/08.

auf Aufforderung unverzüglich beibringen können **(Eigenerklärung)**. Die Regelung orientiert sich nach der Begründung des Verordnungsgebers an § 7 EG Abs. 1 VOL/A.

12 Anders als nach § 7 EG Abs. 1 VOL/A steht es jedoch gemäß § 22 Abs. 2 Satz 1 VSVgV im **Ermessen** des Auftraggebers, Eigenerklärungen zuzulassen. Nach dem Wortlaut des § 22 Abs. 1 VSVgV („können") wird mithin das **Regel-Ausnahme-Verhältnis** des § 7 EG Abs. 1 VOL/A umgekehrt. Der Auftraggeber ist danach nicht verpflichtet, grundsätzlich Eigenerklärungen zu verlangen, so wie § 7 EG Abs. 1 Satz 2 VOL/A bestimmt. Im Hinblick darauf bedarf es auch einer **ausdrücklichen Erklärung** des Auftraggebers, dass die Vorlage von Eigenerklärungen zulässig ist. Die Zulassung von Eigenerklärung steht zudem unter der grundlegenden Bedingung, dass sie mit den vom Auftragsgegenstand betroffenen Verteidigungs- und Sicherheitsinteressen vereinbar ist.

13 Zudem kann § 22 Abs. 2 VSVgV mittelbar zu einer Verletzung der Grundsätze der Eignungsprüfung führen. Nach Art. 38 Abs. 1 der RL 2009/81/EG erfolgt die Auftragsvergabe, „*nachdem die Auftraggeber die Eignung der Wirtschaftsteilnehmer [...] geprüft haben*". Art. 38 Abs. 1 der RL 2009/81/EG setzt mithin ein aktives Tun voraus. Anders wenn der Auftraggeber die Eignung allein anhand einer Eigenerklärung nach § 22 Abs. 2 VSVgV prüfen würde. Nach dem Wortlaut des § 22 Abs. 2 VSVgV ist es ausreichend, wenn der Bewerber oder Bieter erklärt, er erfülle die vom Auftraggeber verlangten Eignungskriterien und könne dies ggf. durch entsprechende Unterlagen und Angaben belegen. Bejaht der Auftraggeber die Bewerber- oder Bietereignung mithin allein anhand einer derartigen Erklärung, würde er die Eignung lediglich unterstellen und sie nicht mehr i. S. des Art. 38 Abs. 1 der RL 2009/81/EG (aktiv) überprüfen.

14 Mit Blick auf Art. 38 Abs. 1 der RL 2009/81/EG sind Auftraggeber daher gehalten, zumindest vom Bestbieter stets die in der Bekanntmachung genannten Eignungsnachweise zu fordern, um auf deren Basis dessen Eignung zu prüfen. Damit sind jedoch die augenscheinlich bezweckten Erleichterungen zugunsten der Bieter hinfällig. Denn die Bieter müssen immer davon ausgehen, dass sie die geforderten Nachweise noch im Nachgang vorlegen müssen. Der Aufwand für die Angebotserstellung bleibt mithin derselbe. Er fällt nur zu einem späteren Zeitpunkt an.

15 Ferner ist eine derartige Eigenerklärung nicht ausreichend, wenn nach § 21 Abs. 3 VSVgV die Zahl der geeigneten Bewerber begrenzt werden soll. In den Fällen des § 21 Abs. 3 VSVgV kommt es nämlich nicht nur darauf an, *ob* die Mindestanforderungen erfüllt werden, sondern auch *wie*.

16 Mit Blick auf die vorstehenden Ausführungen sollte von der Forderung einer Eigenerklärung in der Form des § 22 Abs. 2 VSVgV abgesehen werden. In Anlehnung an § 7 EG Abs. 1 VOL/A sollte vielmehr auch bei Beschaffungen im Sicherheits- und Verteidigungsbereich der Grundsatz gelten, dass die Eigenerklärungen die Qualität eines Nachweises haben müssen, mithin richtig, vollständig und aus sich heraus verständlich sind.[9]

---

9  OLG Düsseldorf, 22.6.2005 – Verg 22/05.

> **PRAXISTIPP**
>
> Die Vergabepraxis zeigt, dass von den Bewerbern oder Bietern oft die Vorlage von Eignungsnachweisen verlangt wird, die bei näherer Betrachtung vollkommen unnötig sind. Dies kostet den Bewerbern oder Bietern nicht nur Zeit und damit Geld, sondern erschwert zumeist auch die Eignungsprüfung. Es wird geraten, nur diejenigen Nachweise zu fordern, die notwendig sind und anhand derer die Eignung tatsächlich überprüft werden kann. Sofern mit den vom Auftragsgegenstand betroffenen Verteidigungs- und Sicherheitsinteressen vereinbar, sollten sich Auftraggeber darüber hinaus tatsächlich an § 7 EG Abs. 1 VOL/A orientieren und regelmäßig Eigenerklärungen von den Bietern fordern. Im Einzelfall ist es hierbei empfehlenswert, den Bietern bereits selbst gefertigte Eigenerklärungen zur Verfügung zu stellen. Die Eigenerklärungen sollten dabei so gestaltet werden, dass nicht abstrakt die Einhaltung der geforderten Eignungsanforderungen gefordert, sondern der Regelungsgehalt der Erklärung konkret vorgegeben wird. Anderenfalls ist in der Bekanntmachung oder den Vergabeunterlagen unmissverständlich zum Ausdruck zu bringen, wofür in welchen Fällen die Vorlage von Eigenerklärungen ausreichend ist.

17

## IV. Rechtsfolge unzureichender Mindestanforderungen (Abs. 3 und 5)

Die Regelung des § 22 Abs. 3 VSVgV beruht auf dem Gedanken des Art. 38 Abs. 4 der RL 2009/81/EG, wonach nur diejenigen Bewerber oder Bieter in die engere Wahl für den Zuschlag kommen, die die für die Erfüllung der vertraglichen Verpflichtung erforderliche Eignung besitzen.

18

Dabei ist es ohne Belang, ob von den Bewerbern oder Bietern keine oder nicht sämtliche geforderten oder nachgeforderten Nachweise beigebracht worden sind, oder ob die vorgelegten Nachweise nicht den Vorgaben des auftragsbezogenen Eignungsprofils genügen. Es macht aus Sicht des Auftraggebers keinen Unterschied, ob der Bewerber oder Bieter die finanzielle Leistungsfähigkeit überhaupt nicht nachweist, indem er die geforderten Zahlen gar nicht erst vorlegt oder die beigebrachten Nachweise auf unzureichende Mittel schließen lassen.[10]

19

Je nach Verfahrensart werden die Bewerber oder Bieter entweder nicht zur Angebotsabgabe aufgefordert oder das Angebot wird nicht (weiter) gewertet.[11]

20

Ergänzend bestimmt § 22 Abs. 5 Satz 1 VSVgV, dass im nicht offenen Verfahren und Verhandlungsverfahren mit Teilnahmewettbewerb die Vergabeunterlagen nur an geeignete Unternehmen übersandt werden dürfen. Soweit Satz 2 bestimmt, dass im Verhandlungsverfahren ohne Teilnahmewettbewerb die Unterlagen nur an Unternehmen übersandt werden dürfen, die vom Auftraggeber unter Beachtung der §§ 6 und 7 VSVgV

21

---

10 Beispiel nach *Dittmann*, in: Kulartz/Marx/Portz/Prieß-VOL/A, § 19 EG Rn. 185.
11 Zum Zeitpunkt der Eignungsprüfung im Verhandlungsverfahren ohne Teilnahmewettbewerb (siehe Kommentierung zu § 21).

ausgewählt wurden, wird dem Umstand Rechnung getragen, dass bereits in den Vergabeunterlagen sensible Informationen enthalten sein können.[12]

## V. Zeitpunkt der Vorlage (Abs. 4)

22 § 22 Abs. 4 VSVgV stellt klar, zu welchem Zeitpunkt die Bewerber oder Bieter die in der Bekanntmachung ausdrücklich benannten Nachweise vorlegen müssen. Die Unternehmen sind danach verpflichtet, die geforderten Nachweise

- beim nicht offenen Verfahren und Verhandlungsverfahren mit Teilnahmewettbewerb vor Ablauf der Teilnahmefrist,
- beim Verhandlungsverfahren ohne Teilnahmewettbewerb vor Ablauf der Angebotsfrist,
- bei einer Rahmenvereinbarung entsprechend der gewählten Verfahrensart gemäß Spiegelstrich 1 und 2 sowie
- beim wettbewerblichen Dialog vor Ablauf der Teilnahmefrist

vorzulegen. Eine Ausnahme gilt dann, wenn die Nachweise elektronisch verfügbar sind.

23 Unter dem Begriff „**Nachweise**" sind alle Unterlagen zu verstehen, die der Auftraggeber gemäß § 22 Abs. 1 VSVgV von den Bewerbern oder Bietern zum Nachweis ihrer Zuverlässigkeit sowie ihrer wirtschaftlichen, finanziellen, fachlichen und beruflichen Leistungsfähigkeit verlangen kann. Der Begriff umfasst sowohl **Fremdnachweise** als auch **Eigenerklärungen**.

24 Sind Bewerber oder Bieter selbst nicht leistungsfähig und beabsichtigten sie daher, sich zum Nachweis der Eignung gemäß § 26 Abs. 3 VSVgV oder § 27 Abs. 5 VSVgV auf die Fähigkeiten anderer Unternehmen zu berufen (sog. **Eignungsleihe**), müssen sie die **Verfügbarkeitserklärungen** ebenfalls zum jeweils relevanten Zeitpunkt des § 22 Abs. 4 vorlegen. Da die Bewerber oder Bieter auf die „fremde Eignung" angewiesen sind, stellt der Verfügbarkeitsnachweis funktional einen Eignungsnachweis dar.[13]

## VI. Nachforderung fehlender Erklärungen (Abs. 6)

25 Erklärungen und Nachweise, die nicht bis zum Ablauf der nach § 22 Abs. 4 VSVgV maßgeblichen Frist vorgelegt wurden, können gemäß § 22 Abs. 6 VSVgV nachgefordert werden. § 22 Abs. 6 VSVgV übernimmt insoweit den Wortlaut des § 19 EG Abs. 2 Satz 1 VOL/A.[14]

26 Anders als § 19 EG Abs. 2 Satz 1 VOL/A werden von den Begriffen „Erklärungen und sonstige Unterlagen" allein **eignungsbezogene Erklärungen und Nachweise** umfasst. Auftraggeber können mithin z.B. Versicherungsnachweise[15] oder Verpflichtungserklärungen[16] nachfordern. Allerdings ist es ausgeschlossen, über § 22 Abs. 6 VSVgV

---

12 BR-Drucks. 312/12, S. 56.
13 *Müller-Wrede*, in: ders., VOL/A § 7 EG Rn. 108.
14 Vgl. *Wagner*, in: jurisPK-VergR, § 16 VOL/A Rn. 24. ff.
15 OLG Celle, 8.9.2011 – 13 Verg 4/11.
16 VK Bund, 2.2.2011 – VK 3 – 168/10.

bereits formal vollständige Erklärungen und Nachweise im Nachhinein inhaltlich zu verbessern.[17] Ebenso wenig erlaubt die Regelung die Nachforderung einer fehlenden Angebotsunterschrift.[18]

Seinem Wortlaut nach liegt es grundsätzlich im **Ermessen** des Auftraggebers, ob er fehlende Erklärungen und Nachweise nachfordert („können"). Etwas anderes gilt jedoch dann, wenn der Auftraggeber in der Bekanntmachung oder den Vergabeunterlagen unmissverständlich zum Ausdruck gebracht hat, dass er von der Nachforderungsmöglichkeit des § 22 Abs. 6 VSVgV absieht bzw. davon Gebrauch macht (sog. **Ermessensreduzierung auf null**). Sofern in diesen Fällen geforderte Erklärungen und Nachweise fehlen, sind die Bewerber oder Bieter unmittelbar auszuschließen bzw. die fehlenden Nachweise und Erklärungen zwingend nachzufordern.

> **PRAXISTIPP**
>
> Ist der Bekanntmachung nicht eindeutig zu entnehmen, welche Konsequenzen der Auftraggeber bei fehlenden Erklärungen und sonstigen Unterlagen zieht, ist Bewerbern und Bietern anzuraten, bereits sämtliche geforderten Unterlagen zum relevanten Zeitpunkt beizubringen. Es ist nicht garantiert, dass der Auftraggeber von seinem Recht auf Nachforderung tatsächlich Gebrauch macht.

Da § 22 Abs. 6 VSVgV keine konkrete Frist benennt, innerhalb derer die Bewerber oder Bieter fehlende Erklärungen nachreichen müssen, obliegt es dem Auftraggeber, eine **angemessene Nachforderungsfrist** festzulegen. Mit Blick auf die Regelung des § 16 Abs. 1 Nr. 3 VOB/A wird eine Frist von **6 Kalendertagen** stets angemessen sein. Allerdings sind auch wesentlich kürzere Fristen, zum Beispiel 21 Stunden für die Vorlagen einer CE-Erklärung denkbar.[19]

> **PRAXISTIPP**
>
> Da § 22 Abs. 6 VSVgV keine Regelung dahingehend trifft, wann die Frist zu laufen beginnt, wird Auftraggebern empfohlen, das Ende der Vorlagefrist konkret zu benennen (z.B. 23. Mai 2013, 11.00 Uhr). Damit sind Unklarheiten ausgeschlossen.

---

17 VK Bund, 14.12.2011 – VK 1 – 153/11.
18 VK Thüringen, 5.9.2011 – 250-4003.20-3317/2011-E-005-HBN.
19 VK Bund, 29.4.2011 – VK 1 – 34/11.

## § 23
## Zwingender Ausschluss mangels Eignung

(1) Ein Bewerber oder Bieter ist wegen Unzuverlässigkeit von der Teilnahme an einem Vergabeverfahren auszuschließen, wenn der Auftraggeber Kenntnis davon hat, dass eine Person, deren Verhalten dem Unternehmen zuzurechnen ist, rechtskräftig verurteilt worden ist wegen:

1. § 129 des Strafgesetzbuchs (Bildung krimineller Vereinigungen), § 129a des Strafgesetzbuchs (Bildung terroristischer Vereinigungen), § 129b des Strafgesetzbuchs (kriminelle und terroristische Vereinigungen im Ausland);
2. § 261 des Strafgesetzbuchs (Geldwäsche; Verschleierung unrechtmäßig erlangter Vermögenswerte);
3. § 263 des Strafgesetzbuchs (Betrug), soweit sich die Straftat gegen den Haushalt der Europäischen Union oder gegen Haushalte richtet, die von der Europäischen Union oder in ihrem Auftrag verwaltet werden;
4. § 264 des Strafgesetzbuchs (Subventionsbetrug), soweit sich die Straftat gegen den Haushalt der Europäischen Union oder gegen Haushalte richtet, die von der Europäischen Union oder in ihrem Auftrag verwaltet werden;
5. § 299 des Strafgesetzbuchs (Bestechlichkeit und Bestechung im geschäftlichen Verkehr);
6. § 334 des Strafgesetzbuchs (Bestechung), auch in Verbindung mit Artikel 2 des EU-Bestechungsgesetzes, Artikel 2 §§ 1 und 2 des Gesetzes zur Bekämpfung internationaler Bestechung, § 1 Absatz 1 Ziffer 7 Nummer 10 des NATO-Truppen-Schutzgesetzes und § 2 des Gesetzes über das Ruhen der Verfolgungsverjährung und die Gleichstellung der Richter und Bediensteten des Internationalen Strafgerichtshofes.

(2) Einem Verstoß gegen die in Absatz 1 genannten Vorschriften gleichgesetzt sind Verstöße gegen entsprechende Strafnormen anderer Mitgliedstaaten.

(3) § 21 des Arbeitnehmerentsendegesetzes, § 16 des Mindestarbeitsbedingungsgesetzes und § 98c des Aufenthaltsgesetzes bleiben unberührt.

(4) Das Verhalten einer rechtskräftig verurteilten Person ist einem Unternehmen zuzurechnen, wenn sie für dieses Unternehmen als vertretungsberechtigtes Organ oder als Mitglied eines solchen Organs gehandelt hat oder ein Aufsichts- oder Organisationsverschulden gemäß § 130 des Gesetzes über Ordnungswidrigkeiten einer Person im Hinblick auf das Verhalten einer anderen für das Unternehmen handelnden, rechtskräftig verurteilten Person vorliegt.

(5) Von einem Ausschluss nach Absatz 1 kann nur abgesehen werden, wenn zwingende Gründe des Allgemeininteresses vorliegen und andere Unternehmen die Leistung nicht angemessen erbringen können oder aufgrund besonderer Umstände des Einzelfalls die Zuverlässigkeit des Unternehmens durch den Verstoß nicht in Frage gestellt wird.

(6) Zur Anwendung des Absatzes 1 kann der öffentliche Auftraggeber die erforderlichen Informationen über die persönliche Lage der Bewerber oder Bieter bei den zuständigen Behörden einholen, wenn er Bedenken in Bezug auf deren persönliche Eignung hat. Betreffen die Informationen einen Bewerber oder Bieter, der in einem anderen Mitgliedstaat als der Auftraggeber ansässig ist, so kann dieser die zuständigen Behörden um Mitarbeit ersuchen. Nach Maßgabe des nationalen Rechts des Mitgliedstaats, in dem der Bewerber oder Bieter ansässig ist, betreffen diese Ersuchen juristische und natürliche Personen, gegebenenfalls auch die jeweiligen Unternehmensleiter oder jede andere Person, die befugt ist, den Bewerber oder Bieter zu vertreten, in seinem Namen Entscheidungen zu treffen oder ihn zu kontrollieren.

(7) Als ausreichenden Nachweis dafür, dass die in Absatz 1 genannten Fälle auf das Unternehmen nicht zutreffen, erkennt der Auftraggeber einen Auszug aus dem Strafregister oder – in Ermangelung eines solchen – eine gleichwertige Urkunde einer zuständigen Gerichts- oder Verwaltungsbehörde des Herkunftslands an, aus der hervorgeht, dass die Anforderungen an die Zuverlässigkeit des Unternehmens erfüllt sind.

(8) Wird eine Urkunde oder Bescheinigung von dem Herkunftsland des Bewerbers oder Bieters nicht ausgestellt oder werden darin nicht alle vorgesehenen Fälle erwähnt, so kann sie durch eine Versicherung an Eides statt ersetzt werden. In den Mitgliedstaaten, in denen es keine Versicherung an Eides statt gibt, darf die Versicherung an Eides statt durch eine förmliche Erklärung ersetzt werden, die ein Vertreter des betreffenden Unternehmens vor einer zuständigen Gerichts- oder Verwaltungsbehörde, einem Notar oder einer dafür qualifizierten Berufsorganisation des Herkunftslands abgibt.

## Übersicht

| | | Rn. |
|---|---|---|
| I. | Allgemeines | 1 |
| II. | Rechtskräftige Verurteilung wegen einer Katalogstraftat (Abs. 1) | 3 |
| III. | Zurechnung (Abs. 4) | 9 |
| | 1. Handeln als vertretungsberechtigtes Organ oder Mitglied eines solchen Organs | 11 |
| | 2. Aufsichts- und Organisationsverschulden | 17 |
| | 3. Selbstreinigungsmaßnahmen | 20 |
| | 4. Rechtsfolge | 24 |
| IV. | Kenntnis des Auftraggebers | 27 |
| V. | Nachweis des Nichtvorliegens (Abs. 7 und 8) | 33 |
| VI. | Ausnahmen vom Ausschluss (Abs. 5) | 37 |
| VII. | Besondere Ausschlussgründe (Abs. 3) | 42 |

## I. Allgemeines

**1** § 23 VSVgV benennt Ausschlussgründe, bei deren Vorliegen Bewerber oder Bieter (nahezu) ausnahmslos vom Vergabeverfahren auszuschließen sind. Die Vorschrift setzt Art. 39 Abs. 1 und 3 der RL 2009/81/EG um. Dabei orientieren sich § 23 Abs. 1, 4 und 5 VSVgV am Wortlaut des § 6 EG Abs. 4 und 5 VOL/A. Vergleichbare Regelungen finden sich zudem in § 21 SektVO sowie in § 6a VOB/A.

**2** Nach Art. 38 Abs. 1 der RL 2009/81/EG ist die Prüfung der **persönlichen Lage** des Bewerbers bzw. Bieters – in § 23 VSVgV wird insoweit von (Un-)**Zuverlässigkeit** gesprochen – der Prüfung der wirtschaftlichen, finanziellen, technischen und beruflichen Leistungsfähigkeit vorgelagert. Entsprechend der europäischen Richtline werden die **zwingenden Ausschlussgründe** des § 23 VSVgV daher auf der **ersten Stufe** der **materiellen Eignungsprüfung** geprüft.[1] Erlangt der Auftraggeber bereits im Vorfeld der Eignungsprüfung oder danach Kenntnis davon, dass bezüglich eines Bewerbers oder Bieters ein zwingender Ausschlussgrund vorliegt, ist er verpflichtet, den Bewerber oder Bieter unter Berücksichtigung der Vorgaben des § 23 VSVgV vom Vergabeverfahren auszuschließen.

## II. Rechtskräftige Verurteilung wegen einer Katalogstraftat (Abs. 1)

**3** Nach § 23 Abs. 1 VSVgV ist ein Bewerber oder Bieter von der Teilnahme am Vergabeverfahren auszuschließen, wenn eine Person, deren Verhalten dem Bewerber oder Bieter zuzurechnen ist, wegen einer der in Nr. 1 bis Nr. 6 aufgezählten Straftaten rechtskräftig verurteilt worden ist. Eine **rechtskräftige Verurteilung** liegt vor, wenn das Urteil mit einem Rechtstitel nicht mehr angefochten werden kann, mithin **absolute Rechtskraft** gegenüber allen Verfahrensbeteiligten eingetreten ist.[2] Ein Ausschluss gemäß § 23 Abs. 1 VSVgV ist mithin unzulässig, wenn zum Zeitpunkt der Eignungsprüfung „lediglich" staatsanwaltliche Ermittlungen geführt werden oder das Hauptverfahren eröffnet wurde. Allerdings ist in den letztgenannten Fällen von Seiten des Auftraggebers zu prüfen, ob eine fakultativer Ausschlussgrund nach § 24 VSVgV einschlägig ist.

**4** Entsprechend § 23 Abs. 1 Nr. 1, 2, 5 und 6 VSVgV ist der Bewerber oder Bieter vom Vergabeverfahren auszuschließen, wenn eine Person, deren Verhalten dem Unternehmen zuzurechnen ist, wegen

- § 129 StGB (Bildung krimineller Vereinigungen), § 129a StGB (Bildung terroristischer Vereinigungen), § 129b StGB (kriminelle und terroristische Vereinigungen im Ausland),

- § 261 StGB (Geldwäsche, Verschleierung unrechtmäßig erlangter Vermögenswerte),

- § 299 StGB (Bestechlichkeit und Bestechung im geschäftlichen Verkehr) sowie

---

[1] Vgl. Kommentierung zu § 21.
[2] *Klein*, in: Graf, Strafprozessordnung, 2010, § 449 Rn. 4.

- § 334 StGB (Bestechung), auch in Verbindung mit Art. 2 des EU-Bestechungsgesetzes, Art. 2 §§ 1 und 2 des Gesetzes zur Bekämpfung internationaler Bestechung, § 1 Abs. 1 Ziffer 7 Nummer 10 des NATO-Truppenschutzgesetzes und § 2 des Gesetzes über das Ruhen der Verfolgungsverjährung und die Gleichstellung der Richter und Bediensteten des Internationalen Strafgerichtshofes

verurteilt worden ist.

Im Falle einer Verurteilung wegen

- § 263 StGB (Betrug) sowie
- § 264 StGB (Subventionsbetrug)

ist ein Ausschluss des Bewerbers oder Bieters nur zwingend, sofern sich die Straftat gegen den Haushalt der Europäischen Gemeinschaft oder gegen Haushalte richtete, die von der Europäischen Gemeinschaft oder in deren Auftrag verwaltet werden. Dies bedeutet nicht, dass alle anderen Fälle einer Verurteilung wegen Betrugs oder Subventionsbetrugs sanktionslos bleiben müssen. Der Auftraggeber ist auch hier gehalten, zu prüfen, ob einer der fakultativen Ausschlussgründe des § 24 Abs. 1 VSVgV vorliegt.

**PRAXISTIPP**

*Soweit dem Strafregister/Bundeszentralregister eine Verurteilung wegen Betrugs entnommen werden kann, ist stets zu prüfen, ob ein EU-Bezug besteht. Da sich dies aus dem Strafregister selbst nicht ergibt, wird empfohlen, vom Bewerber oder Bieter eine entsprechende eidesstattliche Versicherung zu verlangen.*

Der **Straftatenkatalog** des § 23 Abs. 1 VSVgV ist abschließend. Soweit eine Verurteilung wegen anderer Delikte vorliegt, ist ein Ausschluss gemäß § 23 Abs. 1 VSVgV nicht möglich. Allenfalls ist ein Ausschluss gemäß § 24 VSVgV denkbar.

Mit § 23 Abs. 2 VSVgV werden Verstöße gegen entsprechende Strafnormen anderer Mitgliedsstaaten mit Verstößen gegen die aufgeführten nationalen Vorschriften gleichgesetzt. Soweit der Wortlaut der Regelung („Verstoß") den Anschein erweckt, dass es keiner Verurteilung bedarf, ist dies unzutreffend. Ein Ausschluss nach § 23 Abs. 2 VSVgV setzt eine rechtskräftige Verurteilung des Bewerbers oder Bieters wegen einer der in Art. 39 Abs. 1 lit a) bis d) der RL 2009/81/EG genannten Gründe voraus.

## III. Zurechnung (Abs. 4)

Da es im deutschen Recht kein Unternehmensstrafrecht gibt, mithin eine Verurteilung eines Wirtschaftsteilnehmers i.S.e. GmbH oder einer AG, z.B. wegen Bestechlichkeit, nicht in Frage kommt, setzt ein Ausschluss nach § 23 Abs. 1 VSVgV wegen Unzuverlässigkeit stets die Zurechnung einer rechtskräftig verurteilten Person voraus. Nach § 23 Abs. 4 VSVgV ist dies der Fall, wenn

- diese Person für dieses Unternehmen als vertretungsberechtigtes Organ oder als Mitglied eines solchen Organs gehandelt hat oder
- ein Aufsichts- und Organisationsverschulden i.S. des § 130 OWiG einer Person vorliegt.

**10** § 23 Abs. 4 VSVgV differenziert somit zwischen der Zurechnung wegen selbständigen Handelns einer Führungsperson und einem Aufsichts- und Organisationsverschulden im Hinblick auf eine für das Unternehmen handelnde Person.[3]

### 1. Handeln als vertretungsberechtigtes Organ oder Mitglied eines solchen Organs

**11** Nach der ersten Alternative ist einem Unternehmen ein Fehlverhalten zuzurechnen, wenn ein **vertretungsberechtigtes Organ** selbst oder ein **Mitglied eines solchen Organs** gehandelt hat. § 23 Abs. 4 Alt. 1 VSVgV orientiert sich dabei an § 14 Abs. 1 StGB. Vertretungsberechtigt ist ein Organ, wenn es aufgrund gesetzlicher Regelungen berechtigt ist, nach innen und nach außen die Geschäfte einer nicht natürlichen Person zu führen.[4] Dazu zählen unter anderem:

- der Vorstand der AG (§§ 76,78 AktG),
- der Geschäftsführer der GmbH (§ 35 GmbH),
- die persönlich haftenden Gesellschafter der KGaA (§§ 278 Abs. 2, 285 AktG; § 170 BGB),
- die Gesellschafter der oHG (§ 125 HGB) sowie
- die persönlich haftenden Gesellschafter der KG (§§ 161, 170 HGB).

**12** Der Prokurist und der Generalbevollmächtigte zählen hingegen nicht zu den organschaftlichen Vertretern.[5] Ebenso wenig wird vom Begriff des „**vertretungsberechtigten Organs**" der Aufsichtsrat einer AG umfasst.[6]

**13** Mit Blick auf Art. 39 Abs. 1 UAbs. 4 der RL 2009/81/EG ist es jedoch fraglich, ob die aus dem Begriff des „vertretungsberechtigten Organs" resultierenden Beschränkungen des zurechenbaren Personenkreises mit der RL 2009/81/EG konform sind. Danach kann das Auskunftsersuchen der Auftraggeber zum Zwecke der Prüfung der persönlichen Lage der Bewerber oder Bieter „juristische und/oder natürliche Personen, gegebenenfalls auch die jeweiligen Unternehmensleiter oder jede andere Person, die befugt ist, den Bewerber oder Bieter zu vertreten, in seinem Namen Entscheidungen zu treffen oder ihn zu kontrollieren" betreffen. Daraus folgt, dass ein Angebotsausschluss nach der RL 2009/81/EG nicht nur in den Fällen geboten ist, in denen eine Verurteilung einer Person vorliegt, die den Bewerber oder Bieter vertritt. Der **persönliche Anwendungsbereich** der zwingenden Ausschlussgründe wird vielmehr weit gefasst, so dass bspw. auch eine rechtskräftige Verurteilung eines Aufsichtsratsmitglieds wegen einer der in § 23 Abs. 1 VSVgV genannten Straftaten, einen Angebotsausschluss und mithin auch eine Zurechnung auslösen kann.

**14** Für die aus § 23 Abs. 4 VSVgV folgende Beschränkung der Zurechnung auf vertretungsberechtigte Organe lässt sich auch ein sachlicher Grund nicht erkennen. Es ist nicht nachvollziehbar, warum die Verurteilung eines Aufsichtsratsmitglieds wegen Bestechlichkeit die Zuverlässigkeit des Bewerbers oder Bieters weniger in Frage stellen

---

[3] Nach Hk-Vergaberecht/*Tomerius*, § 6a VOB/A Rn. 4.
[4] G/J/K/*Merz*, Wirtschafts- und Steuerstrafrecht, 2011, § 14 StGB Rn 31.
[5] Baumbach/Hopt/*Hopt*, HGB, 12. Aufl. 2012, Einl v § 48 Rn. 3.
[6] Vgl. ausführlich *Perron*, in: Schönke/Schröder, 28. Aufl. 2010, § 14 Rn. 16/17.

würde, als wenn ein Vorstand dementsprechend verurteilt wäre. § 23 Abs. 4 VSVgV ist daher richtlinienkonform dahingehend auszulegen, dass auch das Handeln der Mitglieder von **Kontroll- und Aufsichtsgremien** dem Bewerber oder Bieter zugerechnet wird.[7]

Zwischen Straftat im Sinne des § 23 Abs. 1 VSvgV und beruflicher Tätigkeit muss zudem keine **Kausalität** bestehen. Eine künstliche Trennung zwischen beruflicher und privater Tätigkeit widerspräche der Intention der RL 2009/81/EG, wonach eine Vergabe von Aufträgen an Wirtschaftsteilnehmer ausgeschlossen werden soll, die Personen in leitender Funktion beschäftigen, die sich an einer kriminellen Vereinigung beteiligt oder der Bestechung oder des Betrugs zu Lasten der finanziellen Interessen der Europäischen Gemeinschaft oder terroristischer Straftaten schuldig gemacht haben.[8] Im Gegensatz zum fakultativen Ausschlussgrund des § 39 Abs. 2 lit d) der RL 2009/81/EG, wonach die schwere Verfehlung im Rahmen der beruflichen Tätigkeit begangen worden sein muss, wird eine derartige Differenzierung in Art. 39 Abs. 1 der RL 2009/81/EG gerade nicht vorgenommen. Ein zurechenbares Handeln liegt mithin unabhängig davon vor, ob die Verurteilung des vertretungsberechtigten Organs oder eines Mitglied eines solchen Organs wegen einer Katalogstraftat im Zusammenhang mit seiner **beruflichen** oder **privaten Tätigkeit** erfolgt ist.[9]

15

Soweit § 23 Abs. 4 VSVgV zum Ausdruck bringt, dass auch das Handeln eines **Mitglieds eines vertretungsberechtigten Organs** dem Bewerber oder Bieter zuzurechnen ist, wird damit klargestellt, dass der Umfang der Zurechnung durch eine interne Geschäftsverteilung nicht begrenzt werden kann.[10] Folglich kann auch das Handeln eines einzelnen Mitglieds des vertretungsberechtigten Organs dem Unternehmen zugerechnet werden.

16

## 2. Aufsichts- und Organisationsverschulden

Nach § 23 Abs. 4, 2. Alt. VSVgV wird einem Bewerber oder Bieter eine rechtskräftige Verurteilung zugerechnet, wenn ein Aufsichts- oder Organisationsverschulden gemäß § 130 OWiG einer Person im Hinblick auf das Verhalten einer anderen für das Unternehmen handelnden, verurteilten Person vorliegt. Nach dem in Bezug genommenen § 130 OWiG liegt ein **Aufsichts- und Organisationsverschulden** vor, sofern es eine Führungsperson tatsächlich und vorwerfbar unterlassen hat, konkrete Gefahren der Zuwiderhandlung gegen betriebliche Pflichten der für das Unternehmen handelnden Personen abzuwehren.

17

Zwischen der Aufsichtspflichtverletzung und der Straftat des Mitarbeiters muss ein **Kausalzusammenhang** bestehen. Es ist jedoch ausreichend, sofern die Straftat im Sinne des § 23 Abs. 1 Nr. 1 – 6 VSVgV bei ordnungsgemäßer Aufsicht wesentlich erschwert worden wäre.[11]

18

Führungsperson im Sinne des § 130 OWiG ist nicht nur der Inhaber der Betriebs oder Unternehmens. Ebenso werden die für den Betriebsinhaber handelnden Personen erfasst.[12] Mithin reicht ein Aufsichts- und Organisationsverschulden der gesetzlichen Ver-

19

---

[7] Für § 6 EG Abs. 4 Satz 3 VOL/A ebenso Kulartz/Marx/Portz/Prieß-VOL/A, *Hausmann/von Hoff*, § 6 EG Rn. 52.
[8] Vgl. EG Nr. 65 der RL 2009/81/EG.
[9] So auch *Müller-Wrede*, in: Müller-Wrede, VOL/A § 6 EG Rn. 27.
[10] G/J/K/*Merz*, Wirtschafts- und Steuerstrafrecht, 2011, § 14 StGB Rn 32.
[11] Vgl. die instruktiven Ausführungen bei Kulartz/Marx/Portz/Prieß-VOL/A, *Hausmann/von Hoff*, § 6 EG Rn. 56 ff.
[12] *Gürtler*, in: Göhler, Ordnungswidrigkeitengesetz, 15. Aufl. 2009, § 130 Rn. 4.

treter einer juristischen Person, wie etwa Vorstände und Geschäftsführer, für eine Zurechnung aus.

### 3. Selbstreinigungsmaßnahmen

20 Die Verurteilung eines vertretungsberechtigten Organs oder eines Mitglieds eines solchen Organs nach der ersten Alternative oder ein Aufsichts- oder Organisationsverschulden nach der zweiten Alternative können dem Bewerber oder Bieter allerdings nur solange zugerechnet werden, als das vertretungsberechtigte Organ oder das Mitglied eines solchen Organs noch nachhaltigen Einfluss auf die Geschäftspolitik des Unternehmens nehmen kann bzw. die konkreten Ursachen des Aufsichts- und Organisationsverschuldens vom Bewerber oder Bieter nicht beseitigt worden sind. Auftraggeber sind daher gehalten, im Rahmen des § 23 Abs. 1 VSVgV etwaige **Selbstreinigungsmaßnahmen** des Bewerbers oder Bieters zu prüfen und ggf. in der Entscheidung über den Ausschluss zu berücksichtigen.[13]

21 Das Ziel einer Selbstreinigung ist die dauerhafte Gewährleistung der Zuverlässigkeit des Bewerbers oder Bieters. Der Bewerber oder Bieter hat dabei sämtliche geeigneten **personellen** und **organisatorischen Maßnahmen** zu ergreifen. Auf **personeller Ebene** muss der Bewerber oder Bieter dafür Sorge tragen, dass dem wegen einer Straftat des § 23 Abs. 1 Nr. 1 bis 6 VSVgV verurteilten Mitarbeiter, Gesellschafter oder den Organen der Einfluss auf unternehmensinterne Vorgänge genommen wird. Hierbei sind sämtliche arbeits- und gesellschaftsrechtlichen Optionen, wie fristlose Entlassung, Neuerteilung von Zuständigkeiten, Versetzung innerhalb des Unternehmens etc., auszuschöpfen.[14] Der Umfang der erforderlichen personellen Maßnahmen hängt dabei wesentlich von den Umständen des Einzelfalls, insbesondere der Schwere und Art der Verurteilung wegen einer Katalogstraftat, ab.

22 Die zu treffenden **organisatorischen Maßnahmen** müssen geeignet sein, eine Wiederholung des Organisations- und Aufsichtsverschuldens zu erschweren oder unmöglich zu machen. Zu denken ist insoweit an die Errichtung einer Präventionsabteilung bis hin zur Einführung eines Wertemanagements.[15] Eine nachhaltige Selbstreinigung setzt darüber hinaus eine aktive Mitwirkung an der **Aufklärung** der Rechtsverletzung[16] und evtl. **Wiedergutmachung** der entstandenen Schäden voraus.[17]

23 Entscheidend ist mithin, dass der Bewerber oder Bieter ernsthaft und konsequent die Selbstreinigung betrieben hat. Dies haben Bewerber oder Bieter gegenüber dem Auftraggeber detailliert darzulegen. Allgemeine Ausführungen reichen nicht aus. Andererseits haben die Auftraggeber den Bewerbern und Bietern die Möglichkeit einzuräumen, darzulegen, welche personellen und organisatorischen Maßnahmen sie mit welchem Ergebnis durchgeführt haben.

---

13 Vgl. ausführlich *Wagner*, in: jurisPK-VergabeR, 3. Aufl. 2011, § 16 Rn. 162 ff.
14 OLG Brandenburg, 14.12.2007 – Verg W 21/07.
15 OLG Brandenburg, 14.12.2007 – Verg W 21/07.
16 OLG Düsseldorf, 9.4.2003 – Verg 66/02.
17 VK Lüneburg, 24.3.2011 – VgK – 04/2011.

## 4. Rechtsfolge

Gemäß § 23 Abs. 1 VSVgV sind Bewerber oder Bieter wegen Unzuverlässigkeit vom Vergabeverfahren auszuschließen, wenn der Auftraggeber Kenntnis davon hat, dass eine Person, deren Verhalten dem Unternehmen zuzurechnen ist, rechtskräftig wegen einer Katalogstraftat verurteilt ist. Nach dem eindeutigen Wortlaut steht dem Auftraggeber kein Ermessensspielraum zu. Er ist vielmehr verpflichtet, den Bewerber oder Bieter auszuschließen.

24

§ 23 VSVgV und auch dem zugrundeliegenden Art. 39 Abs. 1 der RL 2009/81/EG kann nicht entnommen werden, in welchem **Zeitraum** nach der Verurteilung ein Ausschluss zwingend ist. Mit Blick auf den Sinn und Zweck der Vorschrift ist ein Ausschluss jedenfalls dann nicht mehr gerechtfertigt, wenn der Bewerber oder Bieter aufgrund von sog. **Selbstreinigungsmaßnahmen** seine Zuverlässigkeit wiederhergestellt hat. Im Hinblick darauf sind Auftraggeber gehalten, bei jeder einzelnen Ausschreibung zu prüfen, ob der Ausschluss des Bewerbers oder Bieters (noch immer) angemessen ist. Die Pflicht zur Prüfung gilt selbst dann, wenn der Auftraggeber in einem unmittelbar vorangegangenen Verfahren positive Kenntnis von einer Verurteilung im Sinne des § 23 Abs. 1 Nr. 1–6 VSVgV erlangt hatte. Dies gebietet der **Grundsatz der Verhältnismäßigkeit**.[18]

25

Der **maximale Zeitraum** ließe sich grundsätzlich anhand der zeitlichen Dauer der Eintragung einer Straftat in das Bundeszentralregister (§§ 45 ff. BZRG) ableiten. Danach beträgt die Tilgungsfrist wenigstens 5 Jahre (vgl. § 46 Abs. 1 Nr. 1 BZRG). Vor dem Hintergrund, dass bereits bei einer Geldstrafe von mehr als 90 Tagessätzen bzw. einer Freiheitsstrafe von mehr als 3 Monaten, die Tilgungsfrist 10 Jahre beträgt, verbietet sich aber auch insoweit ein pauschaler Angebotsausschluss. Der öffentliche Auftraggeber ist vielmehr gehalten, in jedem Fall zu prüfen, ob der Angebotsausschluss verhältnismäßig und maßvoll ist.

26

## IV. Kenntnis des Auftraggebers

Ein zwingender Angebotsausschluss nach § 23 Abs. 1 VSVgV setzt voraus, dass der Auftraggeber (positive) **Kenntnis** davon hat, dass eine Person, deren Verhalten dem Bewerber oder Bieter zuzurechnen ist, wegen einer **Katalogstraftat** rechtskräftig verurteilt ist. Nach dem eindeutigen Wortlaut ist es nicht ausreichend, wenn auf Seiten des Auftraggebers bloße **Verdachtsmomente** bestehen. Kenntnis setzt das Wissen um eine rechtskräftige Verurteilung voraus.

27

Damit ist jedoch nicht gesagt, in welchem Umfang der Auftraggeber verpflichtet ist, sich entsprechende Kenntnisse zu verschaffen. Sowohl die Regelung des § 23 Abs. 1 VSVgV als auch die zugrunde liegende RL 2009/81/EG geben darüber keine Auskunft. Gegen eine umfassende **Nachforschungsverpflichtung** des Auftraggebers spricht das Interesse an einer zügigen Abwicklung der Beschaffungsmaßnahme.[19] Auftraggeber sind daher grundsätzlich nicht verpflichtet, eigenständige Ermittlungen durchzuführen.

28

Allerdings dürfen sich die Auftraggeber einer Kenntniserlangung auch nicht mutwillig verschließen. Sie sind daher gehalten, sich über allgemein zugängliche Informations-

29

---

18 Kulartz/Marx/Portz/Prieß-VOL/A, *Hausmann/von Hoff*, § 6 EG Rn. 81.
19 Kulartz/Marx/Portz/Prieß-VOL/A, *Hausmann/von Hoff*, § 6 EG Rn. 68.

medien, wie Presse und Internet, einen Überblick über markrelevante Entwicklungen, einschließlich etwaiger Strafverfahren zu verschaffen.

30   Ferner muss **konkreten Verdachtsmomenten** nachgegangen werden. In diesem Zusammenhang ist es dem Auftraggeber gemäß § 23 Abs. 6 Satz 1 VSVgV gestattet, sich die erforderlichen Informationen über die persönliche Lage der Bewerber oder Bieter bei den zuständigen Behörden einzuholen. Hierbei ist es ohne Belang, ob der Bewerber oder Bieter in einem anderen Mitgliedstaat als der Auftraggeber ansässig ist. Nach § 23 Abs. 6 Satz 2 VSVgV können auch die dortigen Behörden um Auskunft ersucht werden. Nach Maßgabe des nationalen Rechts des Mitgliedstaats, in dem der Bewerber oder Bieter ansässig ist, betreffen diese Ersuchen juristische und natürliche Personen, gegebenenfalls auch die jeweiligen Unternehmensleiter oder jede andere Person, die befugt ist, den Bewerber oder Bieter zu vertreten, in seinem Namen Entscheidungen zu treffen oder ihn zu kontrollieren (vgl. § 23 Abs. 6 Satz 3 VSVgV).

31   Darüber hinaus kann sich auch aus **spezialgesetzlichen Regelungen**, wie etwa landesrechtlichen Gesetzen zur Korruptionsbekämpfung, Nachforschungsverpflichtung ergeben.[20]

32   **PRAXISTIPP**

*Zum Zwecke der Anwendung von § 23 Abs. 1 VSVgV ist Auftraggebern anzuraten, sich von den Bewerbern oder Bietern eine **Eigenerklärung** beibringen zu lassen, in der diese versichern müssen, dass ihnen keine rechtskräftige Verurteilung einer Person, deren Verhalten ihnen zuzurechnen ist, wegen einer in § 23 Abs. 1 VSVgV benannten Katalogstraftat bekannt ist.*

## V. Nachweis des Nichtvorliegens (Abs. 7 und 8)

33   Nach § 23 Abs. 7 VSVgV erkennt der Auftraggeber einen Auszug aus dem Strafregister als ausreichenden Nachweis dafür an, dass die in Abs. 1 genannten Fälle auf das Unternehmen nicht zutreffen. In Ermangelung eines solchen Nachweises erkennt der Auftraggeber eine gleichwertige Urkunde einer zuständigen Gerichts- oder Verwaltungsbehörde des Herkunftslandes an, aus der hervorgeht, dass die Anforderungen an die Zuverlässigkeit des Unternehmens erfüllt sind.

34   Wird eine Urkunde oder Bescheinigung von dem Herkunftsland des Bewerbers oder Bieters nicht ausgestellt oder werden darin nicht alle vorgesehenen Fälle erwähnt, so kann sie gemäß § 23 Abs. 8 Satz 1 VSVgV durch eine Versicherung an Eides statt ersetzt werden. In den Mitgliedstaaten, in denen es keine Versicherung an Eides statt gibt, darf die Versicherung an Eides statt durch eine förmliche Erklärung ersetzt werden, die ein Vertreter des betreffenden Unternehmens vor einer zuständigen Gerichts- oder Verwaltungsbehörde, einem Notar oder einer dafür qualifizierten Berufsorganisation des Herkunftslands abgibt (vgl. § 23 Abs. 8 Satz 2 VSVgV).

35   Aus den Regelungen des § 23 Abs. 7 und 8 VSVgV folgt zugleich, dass der Auftraggeber vor einem etwaigen Angebotsausschluss **Aufklärung** verlangen muss. Dem Bewerber

---

20   *Müller-Wrede*, in: Müller-Wrede, VOL/A § 6 EG Rn. 32.

oder Bieter muss stets die Möglichkeit eingeräumt werden, nachzuweisen, dass kein Ausschlussgrund im Sinne des § 23 Abs. 1 VSVgV vorliegt. Andererseits ist der Bewerber oder Bieter auch gehalten, dem Aufklärungsverlangen umfänglich nachzukommen. Insb. etwaige **Maßnahmen der Selbstreinigung** sind konkret zu benennen und ausführlich darzustellen.

Ausweislich seines Wortlauts ist die Möglichkeit, alternative Nachweise beizubringen, nur auf diejenigen Bewerber oder Bieter beschränkt, in deren Herkunftsland es einen Auszug aus dem Strafregister nicht gibt.

## VI. Ausnahmen vom Ausschluss (Abs. 5)

Nach § 23 Absatz 5 VSVgV kann von einem Ausschluss abgesehen werden, wenn **zwingende Gründe des Allgemeininteresses** vorliegen **und**

- andere Unternehmen die Leistung nicht angemessen erbringen können **oder**
- aufgrund besonderer Umstände des Einzelfalls die Zuverlässigkeit des Unternehmens durch den Verstoß nicht in Frage gestellt wird.

Mit Blick auf Art. 39 Abs. 1, UAbs. 3 der RL 2009/81/EG ist § 21 Abs. 5 VSVgV im vorstehend dargestellten Sinne zu verstehen, wonach die zwingenden Gründe des Allgemeininteresses nicht nur für die Ausnahme nach der ersten Alternative vorliegen müssen, sondern auch im Rahmen der zweiten Alternative.[21]

Die VSVgV sowie die zugrundeliegende RL 2009/81/EG definieren nicht, wie der Begriff des **„zwingenden Gründe des Allgemeininteresses"** zu verstehen ist. Im Hinblick auf den Ausnahmecharakter der Regelung ist jedoch davon auszugehen, dass nur unter besonderen Umständen, wie etwa im Verteidigungsfall gemäß Art. 115a GG oder einem nationalen Krisenfall zwingende Gründe des Allgemeininteresses vorliegen.

Die europarechtlichen Vorgaben des Art. 39 Abs. 1 der RL 2009/81/EG erweiternd verlangt § 23 Abs. 5 VSVgV, dass neben den zwingenden Gründen des Allgemeininteresses entweder kein anderes Unternehmen die Leistung angemessen erbringen kann oder besondere Umstände des Einzelfalls vorliegen. Die **erste Alternative** erfasst Fälle, in denen das (unzuverlässige) Unternehmen gleichsam **Monopolist** für die nachgefragte Leistung ist und sei es nur vorübergehend. Denkbar ist z.B., dass ein (zuverlässiges) Unternehmen aufgrund von Produktionsengpässen nicht in der Lage ist, die Leistung im Krisenfall zeitnah zu erbringen. In diesen Ausnahmefällen wird man von einem Ausschluss absehen können.[22]

Nach der **zweiten Alternative** kann von einem Ausschluss abgesehen werden, wenn im Einzelfall trotz eines Verstoßes gegen eine der Vorschriften des Abs. 1 keine Unzuverlässigkeit gegeben ist. Da es in den Fällen wirksamer **Selbstreinigungsmaßnahmen** bereits an einem zurechenbaren Verstoß fehlt, kommt der Regelung allerdings kaum praktische Relevanz zu.[23]

---

[21] So auch *Müller-Wrede*, in: Müller-Wrede, VOL/A § 6 EG Rn. 39 m.w.N.; a.A. Kulartz/Marx/Portz/Prieß-VOL/A, *Hausmann/von Hoff*, § 6 EG Rn. 92.
[22] *Mutschler-Siebert*, in: jurisPK-VergR, 3. Aufl. 2011, § 6 EG VOL/A 2009 Rn. 27.
[23] Anders Hk-Vergaberecht/*Tomerius*, § 6a VOB/A Rn. 7.

## VII. Besondere Ausschlussgründe (Abs. 3)

42 § 23 Abs. 3 VSVgV stellt klar, dass die **besonderen Ausschlussgründe** des § 21 Arbeitnehmerentsendegesetz (AEntG), § 16 Mindestarbeitsbedingungsgesetz (MiArbG) sowie § 98c des Aufenthaltsgesetzes (AufenthaltsG) i.V.m. § 10a Schwarzarbeiterbekämpfungsgesetz (SchwarzArbG) unberührt bleiben. Im Unterschied zu § 23 Abs. 1 VSVgV, der einen **zwingenden auftragsbezogenen Ausschlussgrund** darstellt, handelt es ich bei den § 21 AEntG, § 16 MiArgG sowie § 98c AufenthaltsG i.V.m. § 10a SchwarzArbG um **unternehmensbezogene Ausschlussgründe**.[24] Anders als nach den Ausschlusstatbeständen des Vergaberechts, wonach das Unternehmen für das konkrete Beschaffungsvorhaben ausgeschlossen wird, werden die Bewerber oder Bieter bei den unternehmensbezogenen Ausschlussgründen für einen angemessenen Zeitraum von allen künftigen Verfahren ausgeschlossen.

43 Nach § 21 AEntG – und dem nahezu wortgleichen § 16 MiArbG sollen Bewerber oder Bewerberinnen, die wegen eines Verstoßes nach § 23 AEntG bzw. § 18 MiArbG mit einer Geldbuße von wenigstens zweitausendfünfhundert Euro belegt worden sind, für **angemessene Zeit** bis zur Wiederherstellung ihrer Zuverlässigkeit von der Teilnahme an einem Wettbewerb um einen Liefer, Bau- und Dienstleistungsauftrag der in § 98 GWB genannten Auftraggeber ausgeschlossen werden.

44 Während im Zusammenhang mit § 23 VSVgV für den Auftraggeber keine **Nachforschungsverpflichtung** besteht, ist der Auftraggeber gemäß § 21 Abs. 4 AEntG bzw. § 16 Abs. 4 MiArbG oberhalb **eines Auftragswerts von 30.000,00 €** verpflichtet, von dem Bieter, der den Zuschlag erhalten soll, vor Zuschlagserteilung eine Auskunft aus dem Gewerbezentralregister nach § 150a GewO anzufordern.

45 Soweit sich aus den geforderten Unterlagen ein besonderer Ausschlussgrund ergibt, ist der Auftraggeber vor einem etwaigen Ausschluss jedoch zunächst gehalten, den Bieter zu hören, mithin **Aufklärung** zu verlangen. Das Recht des Bieters nachzuweisen, dass seine Zuverlässigkeit, insb. durch sog. **Selbstreinigungsmaßnahmen**, wiederhergestellt ist, folgt aus dem Verhältnismäßigkeitsgrundsatz. Im Hinblick darauf ist es folglich durchaus vergaberechtlich zulässig, dass trotz einer entsprechenden Eintragung im Gewerbezentralregister der Bieter am Vergabeverfahren beteiligt wird.

46 Für § 98c AufenthaltsG i.V.m. § 10a SchwarzArbG gilt nichts anderes. Aufgrund § 98c Abs. 3 AufenthaltsG, wonach der Auftraggeber die Regelungen des § 21 Abs. 2 bis 5 AEntG entsprechend anzuwenden hat, besteht eine **Pflicht** sowohl zur **Nachforschung** als auch zur **Aufklärung**.

---

24 *Zeiss*, in: jurisPK-VergR, 3. Aufl. 2011, Einl VergabeR Rn. 193.

## § 24
## Fakultativer Ausschluss mangels Eignung

(1) Von der Teilnahme am Vergabeverfahren können Bewerber oder Bieter ausgeschlossen werden,

1. über deren Vermögen die Eröffnung eines Insolvenzverfahrens oder eines vergleichbaren Verfahrens beantragt oder ein solches Verfahren bereits eröffnet worden oder wenn die Eröffnung eines solchen Verfahrens mangels Masse abgelehnt worden ist;
2. die sich im Verfahren der Liquidation befinden;
3. die aufgrund eines rechtskräftigen Urteils wegen eines Deliktes bestraft worden sind, das ihre berufliche Zuverlässigkeit in Frage stellt, insbesondere wegen eines Verstoßes gegen Rechtsvorschriften über die Ausfuhr von Verteidigungs- oder Sicherheitsgütern;
4. die im Rahmen ihrer beruflichen Tätigkeit eine schwere Verfehlung begangen haben, die vom Auftraggeber nachweislich festgestellt wurde, insbesondere eine Verletzung der Pflicht zur Gewährleistung der Informations- oder Versorgungssicherheit im Rahmen eines früheren Auftrags;
5. die nicht die erforderliche Vertrauenswürdigkeit aufweisen, um Risiken für die nationale Sicherheit auszuschließen; der Nachweis, dass Risiken für die nationale Sicherheit nicht auszuschließen sind, kann auch mithilfe geschützter Datenquellen erfolgen;
6. die ihre Verpflichtung zur Zahlung von Sozialbeiträgen, Steuern und Abgaben nachweislich nicht erfüllt haben, § 23 Absatz 3 gilt entsprechend;
7. die sich bei der Erteilung von Auskünften, die gemäß der Nummern 1 bis 6 sowie der §§ 7, 8, 25 bis 28 zum Nachweis der Eignung eingeholt werden können, in erheblichem Ausmaß falscher Erklärungen schuldig gemacht oder diese Auskünfte nicht erteilt haben.

(2) Als ausreichenden Nachweis dafür, dass die in Absatz 1 Nummer 1, 2, 3 und 6 genannten Fälle auf das Unternehmen nicht zutreffen, erkennt der Auftraggeber an

1. im Falle von Absatz 1 Nummer 1, 2 und 3 den Auszug eines Registers gemäß der unverbindlichen Liste in Anhang VII Teil B und C der Richtlinie 2009/81/EG oder eines Strafregisters oder – in Ermangelung eines solchen – eine gleichwertige Urkunde einer zuständigen Gerichts- oder Verwaltungsbehörde des Herkunftslands, aus der hervorgeht, dass diese Anforderungen erfüllt sind;
2. im Falle von Absatz 1 Nummer 6 eine von der zuständigen Behörde des betreffenden Mitgliedstaats ausgestellte Bescheinigung.

(3) Wird eine in Absatz 2 Nummer 1 genannte Urkunde oder Bescheinigung im Herkunftsland des Unternehmens nicht ausgestellt oder werden darin nicht alle in Absatz 1 Nummer 1 bis 3 vorgesehenen Fälle erwähnt, so kann sie durch eine

Versicherung an Eides statt ersetzt werden. In den Mitgliedstaaten, in denen es keine Versicherung an Eides statt gibt, gilt § 23 Absatz 8 Satz 2 entsprechend.

## Übersicht*

|     |                                                        | Rn. |
|-----|--------------------------------------------------------|-----|
| I.  | Einleitung                                             | 1   |
| II. | Ausschlusstatbestände (Abs. 1)                         | 2   |
|     | 1. Insolvenzverfahren u.a. (Abs. 1 Nr. 1)              | 9   |
|     | 2. Liquidation (Abs. 1 Nr. 2)                          | 14  |
|     | 3. Rechtskräftige Verurteilung (Abs. 1 Nr. 3)          | 15  |
|     | 4. Schwere Verfehlung (Abs. 1 Nr. 4)                   | 22  |
|     | 5. Risiken für die nationale Sicherheit (Abs. 1 Nr. 5) | 27  |
|     | 6. Zahlung von Steuern und Abgaben (Abs. 1 Nr. 6)      | 30  |
|     | 7. Falsche oder keine Auskünfte (Abs. 1 Nr. 7)         | 33  |
| III.| Ausreichende Nachweise (Abs. 2)                        | 38  |
| IV. | Eidesstattliche Versicherung (Abs. 3)                  | 39  |

## I. Einleitung

**1** § 24 VSVgV enthält die grundlegende Bestimmung über den fakultativen Ausschluss von Bewerbern oder Bietern in einem Vergabeverfahren **aufgrund mangelnder Eignung**. Die Bestimmung dient der Umsetzung von Art. 39 Abs. 2 und 3 der RL 2009/81/EG.

## II. Ausschlusstatbestände (Abs. 1)

**2** Abs. 1 enthält einen Katalog fakultativer Ausschlusstatbestände. Die Bestimmung ist bis auf die sicherheits- und verteidigungsspezifischen Regelungen weitgehend deckungsgleich mit § 6 EG Abs. 6 VOL/A.

**3** In **europarechtlicher Hinsicht** stimmen Art. 39 Abs. 2 und 3 der RL 2009/81/EG mit Art. 45 der RL 2004/18/EG nahezu überein. § 24 Abs. 1 VSVgV übernimmt Art. 39 Abs. 2 UAbs. 1 der RL 2009/81/EG auf der Grundlage des § 6 EG Abs. 6 VOL/A, wobei der Wortlaut an die Vorschriften der Art. 39 der RL 2009/81/EG und Art. 45 der RL 2004/18/EG angepasst wurde.[1]

**4** Die in den Nr. 1 bis 7 aufgelisteten Ausschlusstatbestände sind **fakultativ**, was schon an der Formulierung „können .... ausgeschlossen werden" deutlich wird. Sie betreffen Umstände oder Vorkommnisse im persönlichen oder betrieblichen Bereich des Bieters oder Bewerbers. Liegt ein solcher Fall vor, ist dies ein **Indiz** für dessen **mangelnde Zuverlässigkeit, Sachkunde** oder **Leistungsfähigkeit**. Dementsprechend können die Bieter oder Bewerber nicht automatisch ausgeschlossen werden, auf die eines der Merkmale

---

\* Der Beitrag gibt ausschließlich die Meinung des Verfassers wieder.
1 BR-Drs. 321/12, S. 57.

zutrifft; es bedarf einer sorgfältigen Prüfung des Sachverhalts mit anschließender **Ermessensentscheidung**. Maßstab ist, ob das Vorliegen des Ausnahmetatbestands so schwerwiegend ist, dass unter dem Gesichtspunkt der Sachkunde, Leistungsfähigkeit und Zuverlässigkeit eine ordnungsgemäße Leistungserbringung zu erwarten ist. Berücksichtigt man, dass es sich im Bereich der VSVgV um sicherheits- und verteidigungsrelevante Aufträge handelt, dürften aufgrund der Sensibilität des Auftragsgegenstands schon **begründete Zweifel** an der ordnungsgemäßen Auftragserfüllung ausreichend sein, um einen entsprechenden Ausschluss zu begründen.

In der Praxis wird der **Ausschluss vollzogen**, indem der Bewerber, der im Rahmen des Teilnahmewettbewerbs ausgeschlossen wurde, nicht zur Angebotsabgabe aufgefordert wird. Wird kein Teilnahmewettbewerb vorgeschaltet, wird der Ausschluss im Rahmen der zweiten Wertungsstufe der Angebotswertung vorgenommen. In beiden Fällen ist die Begründung sorgsam im **Vergabevermerk** zu dokumentieren. Zu beachten ist, dass die im Rahmen der ordnungsgemäßen Ermessensausübung getroffene Entscheidung, den Bewerber oder Bieter als geeignet anzusehen, grundsätzlich in einem späteren Verfahrensstadium nicht mehr revidiert werden kann. Es handelt sich um fakultative Ausschlussgründe und der Bewerber oder Bieter hat bei unveränderter Sachlage ein schützenswertes Vertrauen darauf, dass er nach abgeschlossener Eignungsprüfung als geeignet angesehen wird.[2] Anders ist der Fall zu beurteilen, wenn nach erfolgter Eignungsprüfung Umstände bekannt werden, die die Eignung in Frage stellen, egal ob diese Gründe schon vor Abschluss der Eignungsprüfung vorlagen, aber erst später bekannt werden, oder ob es sich um neu hinzutretende Gründe handelt.[3] Aufgrund dieser neuen Sachlage kann wieder erneut in die Eignungsprüfung eingetreten werden. Dementsprechend kann bspw. in einem Verhandlungsverfahren mit vorgeschaltetem Teilnahmewettbewerb auch nach der Aufforderung zur Angebotsabgabe der Bieter ausnahmsweise noch ausgeschlossen werden.[4] Hier liegt auch einer der wesentlichen Unterschiede zu den zwingenden Ausschlussgründen des § 23 VSVgV: Die zwingenden Ausschlusstatbestände sind zu jedem Zeitpunkt des Verfahrens relevant und der entsprechende Ausschluss muss vollzogen werden.

In persönlicher Hinsicht werden **Bewerber** und **Bieter** erfasst. Auf diese Weise wird eine Gleichbehandlung von Bietern und Bewerbern hinsichtlich der Eignungsprüfung, die je nach Vergabeart im Rahmen eines Teilnahmewettbewerbs oder bei der Prüfung und Wertung der Angebote erfolgen kann, gewährleistet.[5]

Ein Sonderfall betrifft den etwaigen Ausschluss von **Bietergemeinschaften** auf der Grundlage von § 24 Abs. 1 VSVgV. Hierbei ist wie folgt zu differenzieren: Betreffen die Ausschlussgründe lediglich die Ebene der Sachkunde und Leistungsfähigkeit, kommt es auf die der Bietergemeinschaft insgesamt zustehenden Fähigkeiten an. Unter dem Blickwinkel der späteren Auftragserfüllung ist zu prüfen, ob ein Mitglied einer Bietergemeinschaft etwaig vorhandene Defizite eines anderen Mitglieds ausgleichen kann.[6] Dies ist auch sachlich gerechtfertigt, weil Bietergemeinschaften gerade deshalb gebildet

---

2  Für die VOL/A: *Müller-Wrede*, VOL/A Kommentar, 3. Aufl., § 6 EG Rz. 45.
3  VK Niedersachsen, 7.8.2009 – VgK – 32/2009.
4  OLG Düsseldorf, 18.7.2001 – Verg 16/01; VK Lüneburg, 2.4.2003 – 203-VgK 08/2003.
5  Zur insoweit sprachlich identischen Bestimmung des § 6 Abs. 6 VOL/A EG: VK Brandenburg, 3.11.2010, VK 50/10.
6  Vgl. für § 6 EG VOL/A: OLG Düsseldorf, 15.12.2004 – Verg 48/04.

werden, damit sich ihre Mitglieder gegenseitig ergänzen.[7] Diese grundlegende Weichenstellung ist auch im Hinblick auf die Ausschlussentscheidung zu beachten. Etwas anderes gilt für die **Zuverlässigkeit** einer Bietergemeinschaft. Diese ist im berechtigten Interesse des Auftraggebers von jedem Mitglied nachzuweisen.[8] Verliert ein Mitglied die Zuverlässigkeit, wird dies im Regelfall der gesamten Bietergemeinschaft zuzurechnen sein.

8   Die Reichweite des Ausschlusses betrifft zunächst lediglich die „Teilnahme am Vergabeverfahren". Im Bereich der VOB/A und der VOL/A wird die Verhängung von generellen und länger andauernden **Auftragssperren** auf dieser Grundlage ebenfalls als rechtmäßig angesehen.[9] Dies ist allerdings nur dann möglich, wenn die Verfehlungen so schwer sind, dass auch über einen längeren Zeitraum nicht damit zu rechnen ist, dass der Bieter oder Bewerber die für die Abwicklung der anstehenden Aufträge erforderliche Zuverlässigkeit wieder erlangt. Allerdings ist dem betroffenen Unternehmen zuzubilligen, durch eine sog. Selbstreinigung seine Zuverlässigkeit wieder zu erlangen.[10]

### 1. Insolvenzverfahren u.a. (Abs. 1 Nr. 1)

9   Nach § 24 Abs. 1 Nr. 1 VSVgV kann ein Bewerber oder Bieter von dem Vergabeverfahren ausgeschlossen werden, wenn

- über deren Vermögen die Eröffnung eines Insolvenzverfahrens oder eines vergleichbaren Verfahrens beantragt wurde,
- ein solches Verfahren bereits eröffnet wurde oder wenn
- die Eröffnung eines solchen Verfahrens mangels Masse abgelehnt worden ist.

Die entsprechenden Verfahren richten sich nach der **Insolvenzordnung**. Die Formulierung „vergleichbare Verfahren" bezieht sich auf den deutschen Insolvenzverfahren ähnliche Verfahren anderer Staaten.

10   Insolvenzgründe sind die Zahlungsunfähigkeit (§ 17 InsO), die drohende Zahlungsunfähigkeit (§ 18 InsO) und die Überschuldung (§ 19 InsO). Dementsprechend kann die wirtschaftliche Leistungsfähigkeit bezweifelt werden, wenn eine der in § 24 Abs. 1 Nr. 1 VSVgV aufgezählten Fallkonstellationen vorliegt.

11   Wird ein Insolvenzantrag **mangels Masse** abgelehnt (§ 26 InsO), wird man grundsätzlich davon ausgehen können, dass die wirtschaftliche Leistungsfähigkeit nicht gegeben ist. In diesen Fällen weist das Insolvenzgericht nämlich den Antrag auf Eröffnung des Insolvenzverfahrens ab, weil das verfügbare Vermögen des Schuldners voraussichtlich noch nicht einmal ausreicht, um die Kosten des Insolvenzverfahrens zu decken. Damit dürfte auch im Regelfall ausgeschlossen sein, dass der Bieter die wirtschaftliche Leistungsfähigkeit besitzt, eine zukünftige Leistung vertragskonform zu erbringen.

12   In den Fällen des eröffneten bzw. beantragten Insolvenzverfahrens kann ein Ausschluss nur aufgrund einer **einzelfallbezogenen Prognose** zur entfallenen bzw. fortdauernden Leistungsfähigkeit des Unternehmens im Hinblick auf den zu vergebenden Auftrag be-

---

7   Vgl. OLG Naumburg, 30.4.2007 – 1 Verg 1/07.
8   Für § 6 EG VOL/A: VK Niedersachsen; 10.7.2012 – VgK – 21/2012 unter Hinweis auf OLG Düsseldorf, 15.12.2004 – VII-Verg 48/04.
9   S. bspw.: *Kratzenberg*, in: Ingenstau/Korbion, VOB-Kommentar § 16 Rz. 41.
10  S. zur Auftragssperre die Ausführungen bei: *Kratzenberg*, in: Ingenstau/Korbion, VOB-Kommentar § 16 Rz. 41.

gründet werden. Dabei ist es nicht ausreichend, lediglich typisierende allgemeine Merkmale wie bspw., dass die erfolgreiche Durchführung des Insolvenzverfahrens nicht absehbar sei oder, dass das Risiko eines Leistungsausfalls bestehe, vorzubringen. Vielmehr ist eine nähere – ergebnisoffene – Prüfung der Frage, ob über die „abstrakte Gefährdungslage" hinaus auch eine konkrete Gefahr besteht, anzustellen. Dabei sind die Besonderheiten des **konkreten Auftragsgegenstands** (bspw. Dauer der Vertragsbeziehung, ggf. nachlaufende Wartungsverträge) zu berücksichtigen und die verschiedenen Argumente umfassend zu prüfen.[11] Ansonsten würde jede Insolvenz zum Ausschluss führen, was mit der geforderten Ermessensprüfung nicht vereinbar wäre.[12] Ist das Insolvenzverfahren lediglich beantragt, ist der Auftraggeber zu einer besonders präzisen Abwägung verpflichtet, weil die bloße Beantragung noch keine gesicherten Aussagen über die Leistungsfähigkeit des Unternehmens zulässt.[13] Ist das Insolvenzverfahren bereits eröffnet, kann bspw. durch die Ausarbeitung und rechtskräftige Bestätigung eines auf Erhalt und Sanierung des Unternehmens gerichteten Insolvenzplans die wirtschaftliche Leistungsfähigkeit und damit die Eignung des Bieters zu bejahen sein.

Die Ermessensentscheidung im Rahmen der Eignungsprüfung kann auch nicht dadurch umgangen werden, dass in den Vergabeunterlagen eine Bestimmung aufgenommen wird, wonach ein Insolvenzverfahren zum Ausschluss des Bieters oder Bewerbers führt. Eine derartige Bestimmung, die den automatischen Ausschluss vorsieht, würde gegen den Grundgedanken des § 24 Abs. 1 Nr. 1 VSVgV verstoßen, wonach eine Einzelfallentscheidung im Rahmen der Ermessensausübung zu treffen ist.[14]

Fällt **ein Mitglied einer Bietergemeinschaft in die Insolvenz**, wurde dies früher als eine unzulässige nachträgliche Veränderung der Identität gewertet, was zum Ausschluss der gesamten Bietergemeinschaft geführt hat.[15] Davon wurde unter Bezugnahme auf die Rechtsprechung des BGH zur **Teilrechtsfähigkeit** von Bietergemeinschaften abgerückt.[16] Eine Bietergemeinschaft ist als GbR im Vergabeverfahren Trägerin von Rechten und Pflichten und in diesem Rahmen (ohne juristische Person zu sein) rechtsfähig. Durch die Teilnahme am Vergabeverfahren stellt sich die Antragstellerin als teilrechtsfähiges Zuordnungsobjekt der vergaberechtlichen Rechtsbeziehungen mit dem Auftraggeber dar. Deshalb hat der Wechsel im Mitgliederbestand keinen Einfluss auf den Fortbestand der mit der Gesellschaft bestehenden Rechtsverhältnisse.[17] Davon unabhängig ist aber die Frage zu prüfen, ob die Bietergemeinschaft nach dem Ausscheiden des insolventen Unternehmens noch die für die Erbringung der Leistung erforderliche Zuverlässigkeit hat. Diesbezüglich ist eine erneute Eignungsprüfung vorzunehmen.

13

## 2. Liquidation (Abs. 1 Nr. 2)

Befindet sich der Bieter oder Bewerber in der Liquidation bzw. Abwicklung, kann er gem. Abs. 1 Nr. 2 vom Vergabeverfahren ausgeschlossen werden.

14

---

11  Vgl.: VK Niedersachsen, 14.2.2012 – VgK – 05/2012.
12  OLG Schleswig, 30.5.2012 – 1 Verg 2/12.
13  Für die VOL/A: *Müller-Wrede*, VOL/A Kommentar, 3. Aufl., § 6 EG Rz. 52.
14  OLG Düsseldorf, 2.5.2012 – VII – Verg 68/11.
15  S. hierzu die Darstellung bei: OLG Celle, 5.9.2007 – 13 Verg 9/07.
16  BGH, 29.1.2001 – II ZR 331/00, NJW 2001, 1056 ff.
17  OLG Celle, 5.9.2007, 13 Verg 9/07.

Die Liquidationsphase betrifft den Zeitraum nach Auflösung der entsprechenden Gesellschaft, durch den sie zur tatsächlichen Vermögenslosigkeit geführt werden soll, um die Vollbeendigung ihrer Existenz durch Erlöschen ihrer Eigenschaft als Rechtsträger zu erreichen. Ziel ist damit die **Abwicklung und Beendigung der Gesellschaft** als solches. Dabei liegt es auf der Hand, dass derartige Unternehmen keine ausreichende Gewähr mehr für die ordnungsgemäße Leistungserbringung bieten.

### 3. Rechtskräftige Verurteilung (Abs. 1 Nr. 3)

15 Gem. Abs. 1 Nr. 3 können Bewerber oder Bieter vom Vergabeverfahren ausgeschlossen werden, wenn sie aufgrund eines rechtskräftigen Urteils wegen eines Delikts bestraft worden sind, das ihre berufliche Zuverlässigkeit in Frage stellt, insbesondere wegen eines Verstoßes gegen Rechtsvorschriften über die Ausfuhr von Verteidigungs- und Sicherheitsgütern.

In **europarechtlicher Hinsicht** setzt diese Bestimmung Art. 39 Abs. 2 lit. c der RL 2009/81/EG um. Die entsprechende Bestimmung des Art. 45 Abs. 2 lit. c RL 2004/18/EG wurde hinsichtlich des Beispiels ergänzt, dass die berufliche Zuverlässigkeit wegen eines Verstoßes gegen Rechtsvorschriften über die Ausfuhr von Verteidigungs- und Sicherheitsgütern in Frage gestellt worden ist und der Bewerber oder Bieter deshalb vom Vergabeverfahren ausgeschlossen werden kann.

16 Ein **rechtskräftiges Urteil** liegt dann vor, wenn es formell rechtskräftig geworden ist, d.h. nicht mehr mit Rechtsmitteln angegriffen werden kann. Insbesondere wird ein Urteil rechtskräftig,

- nach Ablauf der Rechtsmittelfrist bzw. einem Rechtsmittelverzicht,
- bei der Zurückweisung oder Verwerfung eines Rechtsmittels.

17 Die Verurteilung muss wegen eines Delikts erfolgt sein, das die **berufliche Zuverlässigkeit** des Bieters oder Bewerbers in Frage stellt. Unter dem besonderen Blickwinkel der verteidigungs- und sicherheitsrelevanten Beschaffungsgegenstände sind dies nach der Gesetzesbegründung insbesondere Delikte der Abschnitte 1 bis 5 des Besonderen Teils des Strafgesetzbuches[18], bspw.

- **Friedensverrat** (Vorbereitung eines Angriffskrieges (§ 80 StGB), Aufstacheln zum Angriffskrieg (§ 80a StGB)),
- **Hochverrat** (gegen den Bund (§ 81 StGB), gegen ein Land (§ 82 StGB) oder die Vorbereitung eines hochverräterischen Unternehmens (§ 83 StGB)),
- **Gefährdung des demokratischen Rechtsstaates** (bspw. Agententätigkeit zu Sabotagezwecken (§ 87 StGB), verfassungsfeindliche Sabotage (§ 88 StGB), verfassungsfeindliche Einwirkung auf Bundeswehr und öffentliche Sicherheitsorgane (§ 89 StGB)),
- **Landesverrat und Gefährdung der äußeren Sicherheit** (bspw. Landesverrat (§ 94 StGB), Offenbaren von Staatsgeheimnissen (§ 95 StGB), landesverräterische Ausspähung (§ 96 StGB), landesverräterische Agententätigkeit (§ 98 StGB)),

---

18 BR-Drs. 321/12, S. 57.

- **Straftaten gegen die Landesverteidigung** (Sabotagehandlungen an Verteidigungsmitteln (§ 109e StGB), sicherheitsgefährdender Nachrichtendienst (§ 109f StGB), sicherheitsgefährdendes Abbilden (§ 109g StGB)).

Daneben zählen aber auch sämtliche **weiteren strafrechtlichen Bestimmungen**, die im Zusammenhang mit der unternehmerischen Tätigkeit des Unternehmens stehen, zu den Delikten, die für die Eignung des Bieters oder Bewerbers von Belang sind.[19] Dies können u.a. sein:

- **Betrug und Untreue** (bspw. Betrug (§ 263 StGB), Subventionsbetrug (§ 264 StGB), Kreditbetrug (§ 265b StGB), Untreue (§ 266 StGB), Vorenthalten und Veruntreuen von Arbeitsentgelt (§266a StGB)),
- **Urkundsdelikte** (bspw. Urkundenfälschung (§ 267 StGB), Fälschung technischer Aufzeichnungen (§ 268 StGB), Fälschung beweiserheblicher Taten (§ 269 StGB)),
- **Insolvenzstraftaten** (bspw. Bankrott (§ 283 StGB), Verletzung der Buchführungspflicht (§ 283b StGB)),
- **Straftaten gegen den Wettbewerb** (bspw. Wettbewerbsbeschränkende Absprache bei Ausschreibungen (§ 298 StGB)[20], Bestechlichkeit und Bestechung im geschäftlichen Verkehr (§ 299 StGB)),
- **Straftaten gegen die Umwelt** (Gewässer-, Boden- und Luftverunreinigung (§§ 324 bis 325 StGB, unerlaubtes Betreiben von Anlagen (§ 327 StGB), unerlaubter Umgang mit gefährlichen Stoffen und Gütern (§ 328 StGB)).

Daneben kommen auch weitere Verstöße in Betracht, wie z.B. das Schwarzarbeiterbekämpfungsgesetz (SchwarzArbG), das Gesetz gegen den unlauteren Wettbewerb (UWG) und das Arbeitszeitgesetz (ArbZG).

Im Hinblick auf den besonderen Anwendungsbereich der VSVgV sind auch Verstöße hinsichtlich der Regelung des **Kriegswaffenkontrollgesetzes** (KWKG) bei der Lagerung, der Herstellung oder den Transport von Kriegswaffen oder Verstöße gegen das **Waffengesetz** (WaffG) und das Sprengstoffgesetz (SprengG) von Bedeutung.

Ausdrücklich wird in Abs. 1 Nr. 3 auf die **Bestimmungen über die Ausfuhr von Verteidigungs- und Rüstungsgütern** verwiesen. Zwar geht das Außenwirtschaftsgesetz (AWG) grundsätzlich von der Freiheit des Außenverkehrs aus. Diese kann nach § 7 AWG aber eingeschränkt werden, um

- die wesentlichen Sicherheitsinteressen der Bundesrepublik Deutschland zu gewährleisten,
- eine Störung des friedlichen Zusammenlebens der Völker zu verhüten,
- zu verhüten, dass die auswärtigen Beziehungen der Bundesrepublik Deutschland erheblich gestört werden oder
- die öffentliche Ordnung oder Sicherheit der Bundesrepublik Deutschland zu gewährleisten.

---

19  S. zu der verwandten Vorschrift des § 8 Nr. 5 lit c VOB/A (a.F.): OLG Bremen, 24.5.2006 – Verg 1/2006.
20  S. zur verwandten Vorschrift des § 7 Nr. 5 lit. c VOL/A (a.F.): OLG Düsseldorf, 28.7.2005 – VII – Verg 42/05.

Die Einschränkung betrifft nach § 7 Abs. 2 AWG insbesondere die Ein-, Aus- und Durchfuhr von Waffen, Munition und Kriegsgerät, die Ausfuhr von Gegenständen, die bei der Entwicklung, Erzeugung oder dem Einsatz von Waffen, Munition und Kriegsgerät nützlich sind und die Ausfuhr von Konstruktionszeichnungen und sonstige Fertigungsunterlagen dieser Gegenstände. Auf dieser Grundlage regelt die **Außenwirtschaftsverordnung** (AWV) konkrete Verbote und Genehmigungspflichten. Sie betreffen insbesondere die Kontrolle des Exports von Waffen und Rüstungsgütern. Sie werden in der Ausfuhrliste, einer Anlage zur AWV in sog. „Güterlisten" erfasst. Für den Export solcher Güter enthalten die Politischen Grundsätze der Bundesregierung für den Export von Kriegswaffen und sonstigen Rüstungsgütern vom 19. Januar 2000 Kriterien und Prinzipien für die Genehmigungsfähigkeit. Verstöße gegen die Genehmigungspflicht begründen nach dem expliziten Beispiel auch immer die Unzuverlässigkeit des Bieters bzw. Bewerbers. Gleiches gilt für einen Verstoß gegen Exportkontrollvorschriften, die sog. **Dual use- Güter** betreffen.[21]

Das Exportrecht enthält eine gesonderte Bestimmung über die Zuverlässigkeit von Exporteuren von Kriegswaffen und rüstungsrelevanten Gütern.[22] Wird die Unzuverlässigkeit des Unternehmens auf dieser Grundlage rechtskräftig festgestellt, schlägt dies auch auf die vergaberechtliche Zuverlässigkeit durch. Entsprechende Bieter oder Bewerber sind unzuverlässig i.S.d. § 24 Abs. 1 Nr. 3 VSVgV.

**21** Nach dem Wortlaut der Bestimmung muss der Bieter oder Bewerber rechtskräftig verurteilt worden sein. Tatsächlich werden bei den oben aufgelisteten Normen aber natürliche Personen verurteilt. Erst, wenn die rechtskräftige Verurteilung einer Person die Zuverlässigkeit des Unternehmens als solches in Frage stellt, ist ein Ausschluss gerechtfertigt. Hierbei ist dem Unternehmen zuzurechnen:

- das Fehlverhalten **verantwortlicher Führungspersonen** (s. § 30 Abs. 1 OWiG),
- das Fehlverhalten anderer Personen, wenn damit zugleich ein Fall des **Aufsichts- oder Organisationsverschuldens** einhergeht (s. § 130 OWiG).

Grundsätzlich kann aber ein Unternehmen seine Zuverlässigkeit auch dadurch wiederherstellen, dass es sich in einem Akt der sog. **Selbstreinigung** von der verurteilten Person trennt.[23] Dies wird im Bereich des Fehlverhaltens verantwortlicher Führungspersonen eher zu bejahen sein als im Falle des Aufsichts- oder Organisationsverschuldens. Letzteres beruht i.d.R. auf grundsätzliche Organisationsmängel, die unabhängig von einer evtl. Entlassung des Hauptakteurs erst abgestellt werden müssen. Hier ist bspw. der Nachweis organisatorischer Maßnahmen, insbesondere unter Überwachung unabhängiger Dritter zu fordern.

---

21  S. hierzu: Zusammenstellung der bei der Ausfuhr von Dual use-Gütern zu beachtenden Bestimmungen unter: http://www.ausfuhrkontrolle.info/ausfuhrkontrolle/de/vorschriften/eg_dual_use_vo/index.html.
22  Bekanntmachung des Bundesministeriums für Wirtschaft und Technologie der Grundsätze der Bundesregierung zur Prüfung der Zuverlässigkeit von Exporteuren von Kriegswaffen und rüstungsrelevanten Gütern v. 25. Juli 2001, im Internet abrufbar unter: http://www.ausfuhrkontrolle.info/ausfuhrkontrolle/de /vorschriften/zuverlaessigkeit_ausfuhrverantwortlicher/grundsatz_bk_010725.pdf.
23  S. hierzu für den Bereich der VOL/A: OLG Düsseldorf, 9.4.2003 – Verg 43/02.

## 4. Schwere Verfehlung (Abs. 1 Nr. 4)

Bieter und Bewerber können auch dann vom Vergabeverfahren ausgeschlossen werden, wenn sie 22

- im Rahmen ihrer beruflichen Tätigkeit
- eine schwere Verfehlung begangen haben (insbesondere ein Verstoß gegen die Informations- oder Versorgungssicherheit im Rahmen eines früheren Auftrags),
- die vom Auftraggeber nachweislich festgestellt wurde.

Die Bestimmung setzt Art. Art. 39 Abs. 2 lit. d der RL 2009/81/EG um. Die entsprechende Regelung des Art. 45 Abs. 2 lit. d RL 2004/18/EG wurde hinsichtlich des Beispiels ergänzt, dass insbesondere die Pflicht zur Gewährleistung der Informations- und Versorgungssicherheit im Rahmen eines früheren Auftrags einen derartigen Verstoß begründet. Bis auf das Beispiel findet sich eine entsprechende Bestimmung in § 6 EG Abs. 5 lit. c VOL/A.

Zum Kreis der **schweren Verfehlungen** zählen zunächst die unter Abs. 1 Nr. 3 beschriebenen Delikte. Explizit verweist die Bestimmung darauf, dass auch ein Verstoß gegen die Informations- und Versorgungssicherheit die Zuverlässigkeit in Frage stellt. 23

Die **Informationssicherheit** ist i.d.R. durch vertragliche Regelungen (Vertraulichkeitsvereinbarungen) und die entsprechende Einstufung, in VS-NUR FÜR DEN DIENSTGEBRAUCH, VS-VERTRAULICH, GEHEIM und STRENG GEHEIM gem. § 4 SÜG geregelt. Verstöße gegen die damit zusammenhängenden Regularien begründen grundsätzlich die Unzuverlässigkeit im Bereich der Beschaffung von verteidigungs- und sicherheitsrelevanten Gütern. In der Praxis dürfte hierbei insbesondere der technischen Absicherung der Informationen eine große Rolle zukommen. So insbesondere bei der Befähigung zum IT-technischen Umgang mit geheimen oder streng geheimen Daten. 24

In vielen Fällen gibt es bereits bilaterale Sicherheitsübereinkünfte mit Bestimmungen über die gegenseitige Anerkennung nationaler Sicherheitsüberprüfungen. Auch dann sieht die RL 2009/81/EG ausdrücklich die Möglichkeit vor, die Fähigkeiten der Bieter oder Bewerber auf dem Gebiet der Informationssicherheit nochmals zu prüfen.[24]

Die **Versorgungssicherheit** wird i.d.R. durch vertragliche Bestimmungen abgesichert. Sie bezieht sich bspw. auf Lieferverpflichtungen von Systemen, Komponenten oder Ersatzteilen, aber auch auf Dienstleistungen wie z.B. Ausbildungsunterstützung oder Instandsetzungsleistungen. Diese Bestimmung ist im Zusammenhang mit § 8 VSVgV zu sehen, wonach Auftraggeber in den Vergabeunterlagen ihre Anforderungen an die Versorgungssicherheit festlegen können.[25] Kam es in der Vergangenheit bei ähnlich gelagerten Fällen zu Störungen, kann dies die Unzuverlässigkeit begründen.

Relevant sind allerdings nur **„schwere" Verfehlungen**. Im Bereich der VOL/A wird die Schwere dann angenommen, wenn die Verfehlung schuldhaft begangen wurde und erhebliche Auswirkungen hat.[26] Prinzipiell ist dem auch für den Bereich der VSVgV zuzustimmen. Allerdings wird man hinsichtlich der Auswirkungen berücksichtigen müssen, dass sich die Auftragsvergabe auf verteidigungs- und sicherheitsrelevante Beschaffungen 25

---

24 Erwägungsgrund 68 der RL 2009/81/EG.
25 S. hierzu die Kommentierung bei § 8.
26 Für die VOL/A: *Müller-Wrede*, VOL/A Kommentar, 3. Aufl., § 6 EG Rz. 59.

bezieht. Aufgrund dieser besonderen Sensibilität dürfte Verfehlungen – außerhalb von Bagatellverstößen – grundsätzlich eine besondere Schwere zukommen.

26 Zum **Nachweis** der schweren Verfehlung ist bei Abs. 1 Nr. 4 die rechtskräftige Verurteilung nicht erforderlich. Dies folgt schon aus der Abgrenzung zu Abs. 1 Nr. 3, der den besonderen Fall der rechtskräftigen Verurteilung erfasst. Diese Anforderung wäre auch überzogen, weil es bei dem Ausschluss wegen mangelnder Zuverlässigkeit nicht um eine Bestrafung geht, bei der die **Unschuldsvermutung** greift. Vielmehr wird lediglich die Aufnahme von vorvertraglichen Geschäftsbeziehungen im Rahmen eines Vergabeverfahrens abgelehnt bzw. beendet, weil das auftraggeberseitige Vertrauen in die Zuverlässigkeit des Bieters oder Bewerbers fehlt. Die Nachweispflicht trifft die Vergabestelle. Die Gründe sind sorgsam zu dokumentieren. Für den Nachweis ist die rein subjektive Überzeugung der Vergabestelle, die sich lediglich auf Gerüchte und Verdächtigungen[27] stützt, nicht ausreichend. Vielmehr müssen konkrete Anhaltspunkte, wie bspw. Schriftstücke, Belege oder Aussagen der handelnden Personen vorliegen. Diese können auch im laufenden Ermittlungsverfahren anfallen.[28] Sind die Anhaltspunkte so aussagekräftig, dass sie das Vertrauen in die Integrität des Bieters oder Bewerbers **objektiv nachvollziehbar** in Frage stellen, ist die Verfehlung nachweislich.

Hinsichtlich der **Zurechnung der schweren Verfehlung** einer Person gegenüber dem Unternehmen gelten die Ausführungen oben bei Abs. 1 Nr. 3 entsprechend.

### 5. Risiken für die nationale Sicherheit (Abs. 1 Nr. 5)

27 Nach Abs. 1 Nr. 5 können Bewerber oder Bieter von der Teilnahme am Vergabeverfahren ausgeschlossen werden, die nicht die erforderliche Vertrauenswürdigkeit aufweisen, um Risiken für die nationale Sicherheit auszuschließen, wobei der Nachweis, dass derartige Risiken bestehen, auch mithilfe geschützter Datenquellen erfolgen kann.

Diese Bestimmung setzt Art. 39 Abs. 2 lit. e) der RL 2009/81/EG um und hat keine Entsprechung in Art. 45 Abs. 2 der RL 2004/18/EG.

28 Abs. 1 Nr. 5 knüpft den Ausschluss an das Fehlen der **erforderlichen Vertrauenswürdigkeit**. Weder die Gesetzesbegründung noch die Richtlinie 2009/81/EG definieren in Abgrenzung zu den vergaberechtlichen Begriffen der Zuverlässigkeit und Eignung den Begriff der Vertrauenswürdigkeit. Letztlich geht es auch bei der Vertrauenswürdigkeit um eine Einschätzung, ob der Bieter oder Bewerber die Gewähr bietet, **den zu vergebenden Auftrag** ordnungsgemäß abzuarbeiten. Zusätzlich dürften in diese Prognose über den konkreten Auftrag hinaus auch **zeitlich nachgelagerte mögliche Entwicklungen** zu berücksichtigen sein: so bspw. die Gefahr der späteren rechtswidrigen Verwendung der im Rahmen des Vergabeverfahrens oder der Auftragsabwicklung erworbenen Informationen, Erkenntnisse, technischen Fähigkeiten und ggf. der auftragsbezogenen technischen Ausstattung. Dieser weite Ansatz findet seine Rechtfertigung in dem besonders sensiblen und hochrangigen Schutzgut, nämlich der nationalen Sicherheit. Der Normtext senkt dabei die Eintrittsschwelle niedrig: so soll es schon ausreichen, dass Risiken für die nationale Sicherheit **nicht auszuschließen sind** – sie müssen also noch nicht einmal wahrscheinlich sein.

---

27 S. hierzu: OLG Bremen, 24.5.2006 – Verg 1/2006.
28 S. zu der verwandten Vorschrift des § 8 Nr. 5 lit c VOB/A (a.F.): OLG Bremen, 24.5.2006 – Verg 1/2006.

Eine Neuerung stellt ebenfalls der Umstand dar, dass die Erkenntnisse, wonach Risiken für das nationale Sicherheitsinteresse nicht auszuschließen sind, aus **geschützten Datenquellen** stammen können. Gemeint sind Informationen der Geheimdienste oder der Sicherheitsbehörden.

29

Ob dieser neue Ausschlusstatbestand tatsächlich in der Praxis relevante Auswirkungen zeitigt, wird abzuwarten sein. Schon jetzt ist es gängige Praxis, dass im Bereich der Aufträge der VSVgV regelmäßig Sicherheitsüberprüfungen der handelnden Personen in den unterschiedlichen Abstufungen im Rahmen der Eignungsprüfung abgefordert werden. Auch dort ist u.a. Prüfungsmaßstab, ob die Personen ein Risiko für die nationale Sicherheit darstellen. Zusätzlich wird das Vorverhalten der Personen von den Ausschlusstatbeständen des Abs. 1 Nr. 3 und 4 sehr umfassend erfasst; hierzu zählen auch Handlungen, die Risiken für die nationale Sicherheit bedeuten (bspw. Geheimnisverrat oder Sabotage). Flankiert werden diese Bestimmungen durch Zuverlässigkeitsprüfungen bspw. im Bereich der Exportkontrolle[29] und des KWKG[30].

Praktisch bedeutsam dürfte der erleichterte Nachweis durch den Hinweis auf geschützte Datenquellen sein. Auch hier wird aber abzuwarten sein, wie die Rechtsprechung mit dieser neuen Bestimmung umgeht.

## 6. Zahlung von Steuern und Abgaben (Abs. 1 Nr. 6)

Der Ausschluss vom Vergabeverfahren eines Bieters oder Bewerbers kann auch damit begründet werden, dass der Bewerber oder Bieter seinen Verpflichtungen zur Zahlung von Sozialbeiträgen, Steuern und Abgaben nachweislich nicht erfüllt haben, wobei die Bestimmungen über den zwingenden Ausschluss vom Vergabeverfahren gem. § 23 Abs. 3 VSVgV[31] entsprechend gelten.

30

Die Bestimmung setzt Art. 39 Abs. 2 lit. f) und g) RL 2009/81/EG um.

Begründet wird diese Regelung mit dem präventiven Schutz des Auftraggebers, von öffentlichen Kassen wegen der Verbindlichkeiten des Auftragnehmers im Wege der Abtretung, kraft Gesetzes oder im Rahmen einer Zwangsvollstreckung in Anspruch genommen zu werden.

31

Was unter Steuern, Abgaben und Sozialbeiträgen zu verstehen ist, folgt den üblichen Definitionen. Nach § 3 Abgabenordnung sind **Steuern** Geldleistungen, die nicht eine Gegenleistung für eine besondere Leistung darstellen und von einem öffentlich-rechtlichen Gemeinwesen zur Erzielung von Einnahmen allen auferlegt werden, bei denen der Tatbestand zutrifft, an den das Gesetz die Leistungspflicht knüpft. Unter **Abgaben** werden Beiträge und Gebühren verstanden, die eine öffentlich rechtliche Körperschaft als Ausübung ihrer Finanzhoheit erheben darf. Unter den Begriff der **Sozialbeiträge** fallen insbesondere die in § 1 Abs. 1 SGB IV aufgelisteten Beiträge für die gesetzliche Kranken-, Unfall- und Rentenversicherung sowie die soziale Pflegeversicherung.

32

In der Praxis wird im Rahmen des Teilnahmewettbewerbs oder der Angebotsabgabe regelmäßig eine Bescheinigung oder ein Eigenerklärung hinsichtlich der ordnungsgemäßen Zahlung von Steuern, Abgaben und Sozialbeiträgen von den Bietern und Bewerbern ab-

---

29  S.o. bei der Kommentierug von Abs. 1 Nr. 2.
30  S. § 8a KWKG.
31  S. hierzu die Kommentierung bei 23 Abs. 3.

gefordert. Werden diese nicht beigebracht, kann gem. Abs. 1 Nr. 7 ein Ausschluss erfolgen.

### 7. Falsche oder keine Auskünfte (Abs. 1 Nr. 7)

**33** Nach Abs. 1 Nr. 7 kann ein Bieter oder Bewerber auch dann vom Vergabeverfahren ausgeschlossen werden, wenn sie sich in Bezug auf die fakultativen Ausschlussgründe der Nr. 1 bis 6 im Rahmen der Eignungsprüfung entweder

- in erheblichen Ausmaß der Abgabe falscher Erklärungen schuldig gemacht haben oder
- diese Auskünfte überhaupt nicht erteilt haben.

Gleiches gilt für die Erklärungen, die

- in Bezug auf die Anforderungen an den Schutz von Verschlusssachen durch Unternehmen gem. § 7 VSVgV,
- in Bezug auf die Versorgungssicherheit gem. § 8 VSVgV,
- zum Nachweis der Erlaubnis zur Berufsausübung gem. § 25 VSVgV,
- zum Nachweis der wirtschaftlichen und finanziellen Leistungsfähigkeit gem. § 26 VSVgV,
- zum Nachweis der fachlichen und technischen Leistungsfähigkeit gem. § 27 VSVgV und
- zum Nachweis für die Einhaltung von Normen des Qualitäts- und Umweltmanagements

eingeholt werden dürfen.[32]

Die Bestimmung setzt Art. 39 Abs. 2 lit. h) RL 2009/81/EG um.

**34** Der Grund für den fakultativen Ausschluss liegt in dem **Vertrauensverlust**, der mit der Abgabe der falschen Erklärungen einhergeht.[33] Werden die Erklärungen überhaupt nicht abgegeben, kann auch die **Eignung nicht abschließend beurteilt und sichergestellt** werden.

**35** Tatbestandlich werden nur diejenigen **Erklärungen** erfasst, die in rechtmäßiger Weise entsprechend der vorstehend aufgelisteten Bestimmungen **abgefordert werden dürfen**. Dementsprechend kann ein Ausschluss nicht auf falsche oder fehlende Erklärungen gestützt werden, wenn sie nicht in dieser Form oder mit diesem Erklärungsgehalt hätten abgefordert werden dürfen. Maßgeblich für die Frage, welche Angaben in Bezug auf die Eignung im konkreten Vergabeverfahren relevant sind, sind in erster Linie die Vorgaben des Auftraggebers in den Vergabeunterlagen. Dort sind die zu fordernden Nachweise aufgelistet.

**36** Letztlich ergibt sich daraus auch, wann das „**erhebliche Ausmaß**" erreicht ist. Der Auftraggeber hat grundsätzlich ein Ermessen, welche Erklärungen und Nachweise er zur

---

32 S. hierzu die Kommentierung bei den jeweiligen Bestimmungen.
33 Für die Parallelvorschrift der VOL/A: vgl. *Hausmann/von Hoff*, in: Kulartz/Marx/Portz/Prieß, VOL/A, 2. Auflage, § 6 EG, Rdnr. 126, m.w.N..

Eignungsprüfung abfordert. Dementsprechend ist es dem Auftraggeber überlassen, zu entscheiden, ob sein Vertrauensverhältnis durch schuldhaft unzutreffende oder unvollständige Erklärungen eines Bewerbers so nachhaltig gestört ist, dass eine vertragliche Bindung nicht mehr zumutbar ist. Bei dieser Abwägung ist auch die Formulierung in den Vergabeunterlagen ausschlaggebend: Wird dort die Abgabe der **Erklärungen zwingend** gefordert, ist der Auftraggeber im weiteren Verfahrensgang daran gebunden. Die Einschränkung auf erhebliche Fälle kann dann nur noch Bagatellfälle oder ausgesprochen nachrangige Details betreffen. Insoweit ist auch die Situation im Nachprüfungsverfahren zu berücksichtigen: Konkurrierende Bieter oder Bewerber hätten in diesen Fällen einen Anspruch darauf, dass der Bieter aufgrund der fehlenden oder falschen Erklärung vom Vergabeverfahren ausgeschlossen wird.

Die Abgabe der falschen Erklärungen muss **schuldhaft** erfolgt sein. Schuldhaft meint fahrlässig oder vorsätzlich. Hier liegt ein wesentlicher Unterschied zu der Parallelvorschrift des § 6 EG Abs. 6 lit. e VOL/A, die nur die vorsätzliche Abgabe falscher Erklärungen erfasst.[34] Insoweit ist die VSVgV strenger als die VOL/A.

## III. Ausreichende Nachweise (Abs. 2)

Abs. 2 regelt, welche bieter- oder bewerberseitig beizubringende Nachweise, wonach die in den Nr. 1, 2, 3 und 6 genannten Fälle nicht vorliegen, vom Auftraggeber anzuerkennen sind. Die Regelung setzt Art. 39 Abs. 3 UAbs. 1 der RL 2009/81/EG um.

Nach Abs. 2 Nr. 1 hat der Auftraggeber in Bezug auf die Ausschlusstatbestände wegen drohender oder beantragter Insolvenz (Abs. 1 Nr. 1), der Liquidation (Abs. 1 Nr. 2) oder einer rechtskräftigen Verurteilung (Abs. 1 Nr. 3) einen Auszug eines Registers gem. der unverbindlichen Listen in Anhang VII Teil B und C der RL 2009/81/EG oder eines Strafregisters anzuerkennen. Gibt es keine entsprechende Stelle, ist auch der Nachweis in Form einer gleichwertigen Urkunde einer zuständigen Gerichts- oder Verwaltungsbehörde des Herkunftslandes des Bieters oder Bewerbers anzuerkennen. Inhaltlich muss daraus hervorgehen, dass die Anforderungen erfüllt sind und damit kein Ausschlussgrund vorliegt.

Im Hinblick auf die Zahlung von Steuern und Abgaben erkennt der Auftraggeber gem. Abs. 2 Nr. 2 Bescheinigungen an, die von den zuständigen Behörden des jeweiligen Mitgliedstaates ausgestellt werden und belegen, dass der Bieter oder Bewerber seiner Verpflichtung zur Zahlung von Steuern, Abgaben und Sozialversicherungen nachgekommen ist.

## IV. Eidesstattliche Versicherung (Abs. 3)

Nach Abs. 3 Satz 1 kann eine Versicherung an Eides statt als Nachweis der Eignung in den Fällen des Abs. 1 Nr. 1 bis 3 abgegeben werden, wenn eine Urkunde gem. Abs. 2 Nr. 1 nicht ausgestellt wird oder darin nicht alle Fälle der genannten fakultativen Ausschlussgründe erwähnt werden. Sollte es in dem betreffenden Mitgliedstaat auch keine Ver-

---

34   S. hierzu mit weiteren Nachweisen: VK Niedersachsen, 10.7.2012 – VgK – 21/2012.

sicherung an Eides statt geben, kann dies auch durch eine förmliche Erklärung, die vor einem Notar, einer zuständigen Gerichts- oder Verwaltungsbehörde oder einer qualifizierten Berufsorganisation des Herkunftslandes abgegeben wird, ersetzt werden.[35]

---

35  S. hierzu auch die Kommentierung bei § 23 Abs. 8 S. 2 VSVgV.

## § 25
## Nachweis der Erlaubnis zur Berufsausübung

(1) Die Auftraggeber können die Bewerber oder Bieter auffordern, als Nachweis für die Erlaubnis zur Berufsausübung

1. den Auszug eines Berufs- oder Handelsregisters gemäß der unverbindlichen Liste des Anhangs VII Teil B und C der Richtlinie 2009/81/EG vorzulegen, wenn die Eintragung gemäß den Vorschriften des Mitgliedstaats ihrer Herkunft oder Niederlassung Voraussetzung für die Berufsausübung ist,
2. darüber eine Erklärung unter Eid abzugeben oder
3. eine sonstige Bescheinigung vorzulegen.

(2) Müssen Bewerber oder Bieter eine bestimmte Berechtigung besitzen oder Mitglied einer bestimmten Organisation sein, um eine Dienstleistung in ihrem Herkunftsmitgliedstaat erbringen zu können, können Auftraggeber Bewerber oder Bieter auffordern, darüber den Nachweis zu erbringen.

## Übersicht

|  |  | Rn. |
|---|---|---|
| I. | Überblick | 1 |
| II. | Berufs- und Handelsregisternachweis (Abs.1) | 5 |
| III. | Nachweis der Berechtigung und Mitgliedschaft (Abs. 2) | 10 |

## I. Überblick

Nach § 25 VSVgV können Auftraggeber die Bewerber oder Bieter auffordern, die Erlaubnis zur Berufsausübung (Abs. 1) oder deren Berechtigung zur Erbringung einer bestimmten Dienstleistung (Abs. 2) nachzuweisen. 1

Die Vorschrift des § 25 VSVgV setzt Art. 40 der RL 2009/81/EG um. Nach der RL 2009/81/EG stehen die Regelungen zur Erlaubnis zur Berufsausübung in sachlichem Zusammenhang mit den Vorschriften zur persönlichen Lage der Bewerber oder Bieter (Art. 39 der RL 2009/81/EG). Nach Art. 38 Abs. 1 der RL 2009/81/EG werden sowohl die persönliche Lage als auch die **Erlaubnis zur Berufsausübung** der Bewerber oder Bieter Im Vorfeld der wirtschaftlichen und finanziellen bzw. technischen und beruflichen Eignungsprüfung geprüft. Im Hinblick darauf sind auch im Rahmen der **materiellen Eignungsprüfung** in einem ersten Schritt die zwingenden und fakultativen Ausschlussgründe (§§ 23 und 24 VSVgV) sowie die in § 25 VSVgV geregelte Erlaubnis der Berufsausübung zu prüfen. 2

Ausweislich des Wortlauts von § 25 VSVgV („können") steht es scheinbar im Ermessen des Auftraggebers, ob er die Erlaubnis zur Berufsausübung (Abs. 1) oder die Voraussetzungen zur Erbringung der Dienstleistung (Abs. 2) überprüft. Der Wortlaut der Vorschrift deckt sich allerdings mit der amtlichen Erwägung zu § 25 VSVgV nicht. Danach 3 haben die Auftraggeber im Hinblick auf § 97 Abs. 4 GWB zu prüfen, ob die Erlaubnis zur Berufsausübung bzw. zur Erbringung der Dienstleistung vorliegt. Aus diesem Grunde seien die *„kann"* Vorschriften Art. 40 UAbs. 1 und UAbs, 2 der RL 2009/81/EG als *„Muss"*-Vorschrift in Art. 1 und 2 überführt worden.[1]

4 Obwohl die Überprüfungspflicht nicht unmittelbar aus dem Wortlaut des § 25 VSVgV folgt, ist Auftraggebern dringend anzuraten, die **Erlaubnis zur Berufsausübung** in jedem Fall zu überprüfen. Grundvoraussetzung einer vertragsgerechten Erfüllung der ausgeschriebenen Leistung ist es, dass die Bewerber oder Bieter überhaupt befugt sind, am Markt tätig zu sein und entsprechende Leistungen anzubieten. Vor diesem Hintergrund dient die Nachweisforderung auch nicht nur der Beschaffung wesentlicher Informationen, wie etwa zur **Rechtsform** oder zu den **Vertretungsverhältnissen**.[2] Vielmehr gibt der von den Bewerbern oder Bietern vorgelegte Nachweis zur Berufsausübung auch Auskunft über ihre **rechtliche Leistungsfähigkeit,** wie z.B. das Erfordernis der Eintragung in die Handwerksrolle zeigt. Ohne eine entsprechende Eintragung ist die Ausübung eines Handwerks grds. nicht zulässig, es sei denn die Tätigkeit fällt unter Anhang B der Handwerksordnung.

## II. Berufs- und Handelsregisternachweis (Abs.1)

5 Gemäß § 25 Abs. 1 VSVgV kann der Auftraggeber die Bewerber oder Bieter auffordern, die Eintragung im Berufs- oder Handelsregister durch Vorlage eines Berufs- oder Handelsregisterauszugs nachzuweisen, sofern die Eintragung gemäß den Vorschriften des Mitgliedsstaates Voraussetzung für die Berufsausübung ist. In Bezug auf **Lieferaufträge** verweist § 25 Abs. 1 VSVgV für die Bundesrepublik Deutschland über Anhang VII der RL 2009/81/EG auf das **Handelsregister** und die **Handwerksrolle**.

6 Für **Dienstleistungsaufträge** nimmt § 25 Abs. 1 VSVgV durch Verweis auf Anhang VII der RL 2009/81/EG – neben Handwerksrolle und Handelsregister – ergänzend Bezug auf das **Vereins- und Partnerschaftsregister** sowie die Mitgliederverzeichnisse der **Berufskammern der Länder**. Zu den Berufskammern der Länder zählen etwa die Architekten-, Ingenieur-, Rechtsanwalts- sowie Ärztekammer. Da eine Registrierung bei der **Industrie- und Handelskammer** keine rechtliche Voraussetzung für die Berufsausübung ist, werden Industrie- und Handelskammer von § 25 Abs. 1 VSVgV nicht erfasst.[3]

7 Soweit die regionale Zuordnung der Rechtsanwaltskammern oder der Ärztekammern Nordrhein und Westfalen-Lippe nicht mit den Grenzen der Bundesländer übereinstimmen, können Auftraggeber den Nachweis für die Erlaubnis der Berufsausübung auf Grundlage des § 25 Abs. 2 VSVgV fordern.

8 Werden in der **Bekanntmachung** keine besonderen Anforderungen an die **Form des Nachweises** gestellt, ist es ausreichend, wenn der Bewerber oder Bieter eine Abschrift der Handelsregistereintragung (vgl. § 9 Abs. 2 HGB), eine Bestätigung der Eintragung durch das registerführende Gericht (vgl. § 9 Abs. 3 HGB) oder einen Ausdruck über die Wiedergabe des aktuellen Registerinhalts (Download) bzw. eine **Fotokopie** desselben

---

1 BR-Drucks. 321/12, S. 58.
2 *Müller-Wrede*, in: Müller-Wrede, 3. Aufl. 2010, § 7 EG Rn. 68.
3 VK Schleswig-Holstein, 28.1.2008 – 1 LVK LVwA 32/07.

einreicht. Aus der Fotokopie muss sich aber unmissverständlich ergeben, dass der Bewerber unter seiner Firma im Handelsregister tatsächlich eingetragen ist. Die **Lesbarkeit** der Fotokopie ist daher zwingende Voraussetzung eines wirksamen Nachweises.[4] Allerdings ist es dem Auftraggeber auch ungenommen, von den Bewerbern oder Bietern die Beibringung eines beglaubigten Handelsregisterauszugs zu verlangen. Eine derartige Forderung ist weder ungewöhnlich noch mit großem Aufwand verbunden.[5]

Neben dem Auszug aus dem Berufs- und Handelsregister zählt § 25 Abs. 1 VSVgV zwei weitere Möglichkeiten auf, den Nachweis für die Erlaubnis der Berufsausübung zu erbringen. Gemäß § 25 Abs. 1 Nr. 2 VSVgV kann der Bewerber oder Bieter über seine Erlaubnis zur Berufsausübung eine Erklärung unter Eid oder eine sonstige Erklärung abgeben (vgl. § 25 Abs. 1 Nr. 3 VSVgV). In Abgrenzung zu Abs. 1 Nr. 2 umfasst der Begriff der **„sonstigen Bescheinigungen"** i.S. des § 25 Abs. 1 Nr. 3 VSVgV keine uneidlichen Eigenerklärungen, sondern allein **Fremdbelege**.

## III. Nachweis der Berechtigung und Mitgliedschaft (Abs. 2)

Müssen Bewerber oder Bieter eine bestimmte Berechtigung besitzen oder Mitglied einer bestimmten Organisation sein, um eine Dienstleistung in ihrem Herkunftsland erbringen zu können, können Auftraggeber gemäß § 25 Abs. 2 VSVgV die Bewerber oder Bieter auffordern, darüber den Nachweis zu erbringen.

Von besonderer Bedeutung sind in diesem Zusammenhang die besonderen Erlaubnistatbestände für die Herstellung, Bearbeitung und den Handel mit Schusswaffen und Munition (vgl. § 21 WaffG). Danach bedürfen Unternehmen zur Herstellung, Bearbeitung oder Instandsetzung von Schusswaffen und Munition sowie zu deren Handel einer **Waffenherstellungs-** bzw. **Waffenhandelserlaubnis**. Ebenso bedarf es nach § 2 Abs. 1 KWKG der Genehmigung, **Kriegswaffen herzustellen**. Nach § 1 Abs. 1 KWKG fallen unter den Begriff der Kriegswaffen die in der Anlage zum KWKG, der sog. **Kriegswaffenliste**, aufgeführten Gegenstände.

Soweit der Wortlaut des § 25 Abs. 2 VSVgV vermuten lässt, dass es im Ermessen der Auftraggeber liegt, ob die Bewerber oder Bieter eine entsprechende Berechtigung vorlegen müssen oder nicht, ist dies mit Blick auf die Erwägungen zu § 25 VSVgV unzutreffend. Auch insoweit gilt, dass Auftraggeber die Voraussetzungen zur Erbringung der Dienstleistungen überprüfen müssen. Ein **Ermessensspielraum** besteht insoweit nicht.

---

4   OLG Düsseldorf, 16.1.2006 – Verg 92/05.
5   VK Bund, 4.4.2007 – VK 1 – 23/07.

## § 26
## Nachweis der wirtschaftlichen und finanziellen Leistungsfähigkeit

(1) Auftraggeber können je nach Art, Verwendungszweck und Menge der zu liefernden Güter oder dem Umfang der zu erbringenden Dienstleistungen angemessene Nachweise der finanziellen und wirtschaftlichen Leistungsfähigkeit der Bewerber oder Bieter verlangen, insbesondere die Vorlage

1. entsprechender Bankerklärungen oder des Nachweises einer entsprechenden Berufshaftpflichtversicherung,
2. von Bilanzen oder Bilanzauszügen, falls deren Veröffentlichung in dem Land, in dem der Bewerber oder Bieter ansässig ist, gesetzlich vorgeschrieben ist,
3. einer Erklärung über den Gesamtumsatz und den Umsatz für den durch den Auftragsgegenstand vorausgesetzten Tätigkeitsbereich, jedoch höchstens für die letzten drei Geschäftsjahre, entsprechend dem Gründungsdatum oder dem Datum der Tätigkeitsaufnahme des Unternehmens, sofern entsprechende Angaben verfügbar sind.

(2) Können Bewerber oder Bieter aus einem berechtigten Grund die geforderten Nachweise nicht beibringen, so kann der Auftraggeber die Vorlage jedes anderen geeigneten Nachweises zulassen.

(3) Bewerber oder Bieter können sich für einen bestimmten Auftrag auf die Leistungsfähigkeit anderer Unternehmen berufen, wenn sie nachweisen, dass ihnen dadurch die erforderlichen Mittel zur Verfügung stehen. Dies gilt auch für Bewerber- oder Bietergemeinschaften.

## Übersicht

| | Rn. |
|---|---|
| I. Arten von Nachweise (Abs. 1) | 1 |
|    1. Bankauskünfte und Berufshaftpflichtversicherung (Abs. 1 Nr. 1) | 3 |
|    2. Bilanzen oder Bilanzauszüge (Abs. 1 Nr. 2) | 6 |
|    3. Gesamt- und Teilumsatz (Abs. 1 Nr. 3) | 8 |
| II. Vorlage alternativer Nachweise (Abs. 2) | 11 |
| III. Eignungsleihe (Abs. 3) | 15 |

## I. Arten von Nachweisen (Abs. 1)

Die Vorschrift des § 26 Abs. 1 VSVgV bestimmt, welche Erklärungen und Nachweise der Auftraggeber von den Bewerbern oder Bietern zum Nachweis der **wirtschaftlichen und finanziellen Leistungsfähigkeit** verlangen kann. Die Regelung beruht auf dem nahezu wortgleichen Art. 41 Abs. 1 der RL 2009/81/EG.

1

Ausweislich seines Wortlauts („insbesondere") ist die Aufzählung des § 26 Abs. 1 VSVgV nicht abschließend. Auftraggeber können mithin auch andere als die in Abs. 1 aufgelisteten Nachweise verlangen. Neben Cash-Flow-Analysen oder Gewinn und Verlustrechnung[1] kommen danach auch Bonitätsindices von Wirtschaftsauskunftsdateien[2] (z.B. Crefo-Index) in Betracht.

2 Der Auftraggeber hat einen weiten **Ermessensspielraum**, ob er von den Bewerbern oder Bietern die Vorlage eines der in § 26 Abs. 1 VSVgV genannten Nachweise verlangt. Der Ermessensspielraum ist jedoch dahingehend eingeschränkt, dass die Forderung nach den jeweiligen Nachweisen mit Blick auf „Art, Verwendungszweck und Menge der zu liefernden Güter oder den Umfang der zu erbringenden Dienstleistung" angemessen sein muss. Die **Ermessensentscheidung** ist von den Nachprüfungsinstanzen nur insoweit überprüfbar, ob ein zutreffender und vollständig ermittelter Sachverhalt und keine sachfremden Erwägungen zu Grunde gelegt worden sind.[3]

### 1. Bankauskünfte und Berufshaftpflichtversicherung (Abs. 1 Nr. 1)

3 Gemäß § 26 Abs. 1 Nr. 1 VSVgV können Auftraggeber von den Bewerbern oder Bietern zum Nachweis ihrer wirtschaftlichen und finanziellen Leistungsfähigkeit die Vorlage entsprechender **Bankerklärungen** oder des Nachweises einer entsprechenden **Berufshaftpflichtversicherung** verlangen. Die im **Alternativverhältnis** zueinander stehenden Nachweise sollen dem Auftraggeber Auskunft darüber geben, ob eventuelle Schäden während der Leistungserbringung entweder durch ausreichende finanzielle Eigenmittel oder über einen bestehenden Versicherungsschutz abgedeckt sind.[4]

4 Da es keine allgemeingültigen Vorgaben hinsichtlich der inhaltlichen Ausgestaltung einer **Bankerklärung** gibt, ist Auftraggebern anzuraten, bereits in der Bekanntmachung vorzugeben, welchen Inhalt die von den Bewerbern oder Bietern beizubringende Bankerklärung aufweisen muss. Mit Blick auf deren Sinn und Zweck sollte eine Bankerklärung danach wenigstens Aussagen zur **Finanz- und Liquiditätslage** des Bewerbers oder Bieters enthalten. Hierbei ist auf die **Aktualität der Erklärung** zu achten.[5]

5 Sollen die Bewerber oder Bieter statt der Bankerklärung eine **Berufshaftpflichtversicherung** vorlegen, ist Auftraggebern zu empfehlen, nicht die Vorlage der Versicherungspolice, sondern einer **aktuelle Deckungsbestätigung** zu fordern.[6]

### 2. Bilanzen oder Bilanzauszüge (Abs. 1 Nr. 2)

6 Gemäß § 26 Abs. 1 Nr. 2 VSVgV können Auftraggeber zudem die Vorlage von Bilanzen oder Bilanzauszügen verlangen, sofern deren Veröffentlichung in dem Land, in dem der Bewerber oder Bieter ansässig ist, gesetzlich vorgeschrieben ist. Gemäß § 325 Abs. 1 HGB sind in der Bundesrepublik Deutschland alle Kapitalgesellschaften und nach § 264a HGB zudem einzelne Personengesellschaften, wie z.B. die GmbH & Co., zur Offenlegung der

---

1 Hk-VergabeR/*Tomerius*, § 7 EG VOL/A, Rn. 5.
2 *Müller-Wrede*, in: Müller-Wrede, VOL/A, § 7 EG Rn. 31.
3 OLG Düsseldorf, 10.8.2011 – Verg 34/11.
4 VK Nordbayern, 15.3.2000 – 320.VK-3194-03/00.
5 *Müller-Wrede*, in: Müller-Wrede, VOL/A, § 7 EG Rn. 26.
6 Hk-VergabeR/*Tomerius*, § 7 EG VOL/A Rn. 6 m.w.N.

Bilanzen verpflichtet. Der Umfang der Veröffentlichungspflicht hängt von der Größe des Unternehmens ab (vgl. §§ 325 HGB ff.).

Zusammen mit der **Gewinn- und Verlustrechnung** und dem **Anhang** bildet die **Bilanz** den **Jahresabschluss**, der nach § 264 Abs. 2 HGB ein den tatsächlichen Verhältnissen entsprechendes Bild der Vermögens-, Finanz- und Ertragslage der Kapitalgesellschaft vermittelt. Gemeinsam mit der Gewinn- und Verlustrechnung sowie dem Anhang gibt die Bilanz mithin Auskunft über die tatsächliche **wirtschaftliche und finanzielle Leistungsfähigkeit** der Bewerber oder Bieter und ist damit wesentlich aussagekräftiger als die reinen Umsatzzahlen.

### 3. Gesamt- und Teilumsatz (Abs. 1 Nr. 3)

Ferner können Auftraggeber nach § 26 Abs. 1 Nr. 3 VSVgV von den Bewerbern oder Bietern eine Erklärung über den **Gesamtumsatz** und den Umsatz für den durch den Auftragsgegenstand vorausgesetzten Tätigkeitsbereich (sog. **Teilumsatz**) verlangen. Aus den Angaben zum Gesamtumsatz können Rückschlüsse dahingehend gezogen werden, ob der Bewerber oder Bieter in der Lage war, in der Vergangenheit Aufträge dieses Volumens zu bewältigen, so dass von einer gewissen Erfahrung mit Aufträgen der ausgeschriebenen Größenordnung ausgegangen werden kann.[7] Die Umsatzzahlen des relevanten Geschäftsbereichs geben hingegen Anhaltspunkte über die Wertigkeit dieser Sparte innerhalb des Unternehmens.[8]

Die Forderung entsprechender Zahlenwerke wird nach § 26 Abs. 1 Nr. 3 VSVgV auf die letzten 3 Geschäftsjahre beschränkt. Darüber hinaus gilt, dass Unternehmen grundsätzlich nur dann Angaben zum **Gesamt-** und relevanten **Teilumsatz** machen müssen, wenn entsprechende Angaben für einen Zeitraum von 3 Jahren verfügbar sind.

Die Einschränkung des § 26 Abs. 1 Nr. 3 VSVgV darf nicht dahingehend missverstanden werden, dass es Auftraggebern damit generell versagt sei, eine dreijährige Geschäftstätigkeit als **Mindestanforderung** an die Eignung der Bewerber oder Bieter zu stellen. Die Regelung des § 26 Abs. 1 Nr. 3 VSVgV ist vielmehr dergestalt zu verstehen, dass sich die Umsatzzahlen eines neu auf dem Markt auftretenden Unternehmens jedenfalls in denjenigen Fällen auf den Zeitraum des tatsächlichen Auftretens beschränken können, in denen der Auftraggeber nicht klar und eindeutig vorgibt, dass nur Bewerber oder Bieter am Vergabeverfahren beteiligt werden, die für mindestens volle drei Geschäftsjahre am Markt tätig sind.[9]

> **PRAXISTIPP**
>
> *Auftraggeber sind gehalten, unmissverständlich bekannt zu machen, inwieweit sie eine dreijährige Geschäftstätigkeit als Mindestvoraussetzung ansehen oder nicht. Unklarheiten gehen zu Lasten der Auftraggeber.*

---

7   OLG München, 15.3.2012 – Verg 2/12.
8   *Müller-Wrede*, in: Müller-Wrede, VOL/A, § 7 EG Rn. 30.
9   OLG Düsseldorf, 31.10.2007 – Verg 24/07.

## II. Vorlage alternativer Nachweise (Abs. 2)

**11** Können Bewerber oder Bieter aus einem berechtigten Grund die geforderten Nachweise nicht beibringen, so kann der Auftraggeber gemäß § 26 Abs. 2 VSVgV die Vorlage jedes anderen geeigneten Nachweises zulassen. Der Regelung des § 26 Abs. 2 VSVgV liegt Art. 41 Abs. 5 der RL 2009/81/EG zu Grunde und setzt diese vollständig um.

**12** Ziel der Regelung ist es, Bewerbern oder Bietern die aufgrund ihrer Herkunft oder anderer tatsächlicher Umstände objektiv nicht in der Lage sind, die geforderten Nachweise zu erbringen, die Vorlage **alternativer Nachweise** zu ermöglichen.[10] Die Vorschrift dient jedoch nicht dazu, von den Bewerbern oder Bietern selbst verschuldete Umstände, die eine Vorlage der Nachweise unmöglich machen (z.B. verspätete Beantragung eines Gewerbezentralregisterauszugs), zu Lasten der anderen Bewerber oder Bieter nachträglich heilen zu können.[11]

**13** § 26 Abs. 2 VSVgV bewegt sich mithin im Spannungsverhältnis zwischen dem Diskriminierungsverbot auf der einen und den Grundsätzen der Gleichbehandlung und Transparenz auf der anderen Seite. An das Vorliegen eines **berechtigten Grundes** i.S.d. § 26 Abs. 2 VSVgV sind daher hohe Anforderungen zu stellen. Vor diesem Hintergrund sind Bewerber oder Bieter auch gehalten, im Teilnahmeantrag oder im Angebot darzulegen, warum sie einen alternativen Nachweis vorlegen. Selbstverständlich gilt auch bezüglich der **Alternativnachweise**, dass diese fristgerecht vorgelegt werden müssen.[12]

> **PRAXISTIPP**
>
> Sofern sich aus dem alternativ vorgelegten Nachweis nicht unmittelbar seine Gleichwertigkeit zu den geforderten Nachweisen ergibt, ist Bewerbern und Bietern anzuraten, dessen Gleichwertigkeit im Teilnahmeantrag oder Angebot darzulegen.

**14** Liegt ein **berechtigter Grund** vor und ist der Aussagegehalt des alternativen Nachweises gleichwertig zu dem ursprünglich geforderten, ist es Auftraggebern verwehrt, den Alternativnachweis abzulehnen. Der dem Auftraggeber eingeräumte **Ermessensspielraum** („kann […] zulassen") ist in diesen Fällen auf **null reduziert**.

## III. Eignungsleihe (Abs. 3)

**15** Nach § 26 Abs. 3 VSVgV können sich sowohl Bewerber oder Bieter als auch Bewerber- oder Bietergemeinschaften für einen bestimmten Auftrag auf die (wirtschaftliche und finanzielle) Leistungsfähigkeit anderer Unternehmen berufen, **sog. Eignungsleihe**. Sie müssen in diesem Fall nachweisen, dass ihnen dadurch die erforderlichen Mittel zur Verfügung stehen, sog. **Verpflichtungserklärung**.

**16** Die Regelung beruht auf Art. 41 Abs. 2 und 3 der RL 2009/81/EG, die – leider – nicht vollständig umgesetzt wurden. So stellt Art. 41 Abs. 2 Satz 1 der RL 2009/81/EG ausdrücklich klar, dass es auf den rechtlichen Charakter zwischen dem Bewerber oder Bieter

---

10 OLG Koblenz, 4.7.2007 – 1 Verg 3/07.
11 VK Bund, 13.6.2007 – VK 2-51/07.
12 VK Bund, 13.6.2007 – VK 2-51/07.

und dem anderen Unternehmen nicht ankommt. Trotz der unvollständigen Umsetzung bestehen keine Anhaltspunkte dafür, von den europarechtlichen Vorgaben der RL abzuweichen. Auch im Rahmen der VSVgV setzt die **Eignungsleihe** daher keine gesellschaftsrechtliche Bindung zwischen dem Bewerber oder Bieter und dem Drittunternehmen voraus. Darüber hinaus können auch sog. **konzernangehörige Unternehmen** „andere Unternehmen" i.S.d. § 26 Abs. 3 VSVgV sein.[13]

Mögliche Formen einer **wirtschaftlichen und finanziellen Eignungsleihe** sind zum Beispiel, dass sich ein Drittunternehmen für den Bewerber oder Bieter verbürgt oder eine gesamtschuldnerische Haftung übernimmt.[14]

17

Wesentliche Voraussetzung der **Eignungsleihe** ist, dass der Bewerber oder Bieter bereits zum Zeitpunkt der Einreichung seines Teilnahmeantrags oder seines Angebots nachweist, dass ihm die erforderlichen Mittel des anderen Unternehmens zur Verfügung stehen. Dies erfolgt über eine sog. **Verpflichtungserklärung**. Hierbei ist zu beachten, dass die Verpflichtungserklärung nicht unter einen Vorbehalt, wie z.B. die Zuschlagserteilung, gestellt wird. Anderenfalls hat die Vorlage der wirtschaftlichen und finanziellen Nachweise keine Aussagekraft in Bezug auf die Eignung des Bewerbers oder Bieters.[15]

18

Vor dem Hintergrund, dass der Bewerber oder Bieter ohne die Eignungsleihe nicht die notwendige wirtschaftliche und finanzielle Leistungsfähigkeit besäße, ist der Auftraggeber allerdings gehalten, die **zwingenden** und **fakultativen Ausschlussgründe** der §§ 23 und 24 VSVgV auch in Bezug auf das **Drittunternehmen** zu prüfen. Etwaige Eignungsmängel, wie z.B. eine insolvenzbedingte Leitungsunfähigkeit, sind dem Hauptauftragnehmer wie eine eigene Leistungsunfähigkeit zuzurechnen.[16]

19

---

13 OLG Düsseldorf, 30.6.2010 – Verg 13/10.
14 *Summa*, in: jurisPK-VergR, 3. Aufl. 2011, § 6a VOB/A Rn. 118.1.
15 OLG Brandenburg, 9.2.2010 – Verg W 10/09.
16 OLG Schleswig, 30.5.2012 – 1 Verg 2/12.

## § 27
## Nachweis der fachlichen und technischen Leistungsfähigkeit

(1) Auftraggeber können je nach Art, Verwendungszweck und Menge der zu liefernden Güter oder dem Umfang der zu erbringenden Dienstleistungen angemessene Nachweise der fachlichen und technischen Leistungsfähigkeit verlangen. Insbesondere können die Auftraggeber verlangen:

1. bei Lieferaufträgen

    a) eine Liste der wesentlichen in den letzten fünf Jahren erbrachten Lieferungen;

    b) Muster, Beschreibungen oder Fotografien der zu liefernden Güter, deren Echtheit nach Aufforderung durch den Auftraggeber nachzuweisen ist;

    c) Bescheinigungen, die von zuständigen Instituten oder amtlichen Stellen für Qualitätskontrolle ausgestellt wurden, mit denen bestätigt wird, dass die durch entsprechende Bezugnahmen genau bezeichneten Güter bestimmten Spezifikationen oder Normen entsprechen;

    d) die Angabe der technischen Fachkräfte oder der technischen Stellen, unabhängig davon, ob diese dem Unternehmen angeschlossen sind oder nicht, und zwar insbesondere derjenigen, die mit der Qualitätskontrolle beauftragt sind;

    e) eine Beschreibung der technischen Ausrüstung, der Maßnahmen des Unternehmens zur Qualitätssicherung und der Untersuchungs- und Forschungsmöglichkeiten des Unternehmens sowie der internen Vorschriften in Bezug auf gewerbliche Schutzrechte;

    f) bei komplexer Art der zu liefernden Güter oder solchen, die ausnahmsweise einen besonderen Zweck dienen, eine Kontrolle, die vom Auftraggeber oder in dessen Namen von einer zuständigen amtlichen Stelle im Herkunftsland des Unternehmens durchgeführt wird. Diese Kontrolle betrifft Produktionskapazitäten und erforderlichenfalls die Untersuchungs- und Forschungsmöglichkeiten des Unternehmens sowie die von diesem für die Qualitätskontrolle getroffenen Vorkehrungen;

    g) im Falle zusätzlicher Dienst- oder Bauleistungen die Studien- und Ausbildungsnachweise sowie Bescheinigungen darüber, dass das Unternehmen die Erlaubnis zur Berufsausübung sowie die Führungskräfte des Unternehmens und insbesondere die für die Erbringung der Dienst- oder Bauleistung verantwortlichen Personen die erforderliche berufliche Befähigung besitzen;

    h) eine Erklärung, aus der die durchschnittliche jährliche Beschäftigtenzahl des Unternehmens und die Zahl seiner Führungskräfte in den letzten drei Jahren ersichtlich ist;

i) eine Beschreibung der Ausstattung, der Geräte, der technischen Ausrüstung sowie die Angabe der Anzahl der Mitarbeiter und ihrer Kenntnisse sowie die Angabe der Zulieferer, auf die das Unternehmen zurückgreifen kann, um den Auftrag auszuführen und einen etwaigen steigenden Bedarf des Auftraggebers infolge einer Krise zu decken oder die Wartung, Modernisierung oder Anpassung der im Rahmen des Auftrags gelieferten Güter sicherzustellen. Zur Angabe der Zulieferer gehört die Angabe des geographischen Standortes, falls diese Zulieferer außerhalb der Europäischen Union ansässig sind.

2. bei Dienstleistungsaufträgen

    a) eine Liste der wesentlichen in den letzten fünf Jahren erbrachten Dienstleistungen;

    b) Muster, Beschreibungen oder Fotografien der zu erbringenden Dienstleistungen, deren Echtheit nach Aufforderung durch den Auftraggeber nachzuweisen ist;

    c) Studien- und Ausbildungsnachweise sowie Bescheinigungen darüber, dass das Unternehmen die Erlaubnis zur Berufsausübung sowie die Führungskräfte des Unternehmens und insbesondere die für die Erbringung der Dienstleistung verantwortlichen Personen die erforderliche berufliche Befähigung besitzen;

    d) die Angabe der technischen Fachkräfte oder der technischen Stellen, unabhängig davon, ob diese dem Unternehmen angeschlossen sind oder nicht, und zwar insbesondere derjenigen, die mit der Qualitätskontrolle beauftragt sind;

    e) bei Dienstleistungen komplexer Art oder solchen, die ausnahmsweise einen besonderen Zweck dienen, eine Kontrolle, die vom Auftraggeber oder in dessen Namen von einer zuständigen amtlichen Stelle im Herkunftsland des Unternehmens durchgeführt wird. Diese Kontrolle betrifft die technische Leistungsfähigkeit und erforderlichenfalls die Untersuchungs- und Forschungsmöglichkeiten des Unternehmens sowie die von diesem für die Qualitätskontrolle getroffenen Vorkehrungen;

    f) im Falle zusätzlicher Bauleistungen die Studien- und Ausbildungsnachweise sowie Bescheinigungen darüber, dass das Unternehmen die Erlaubnis zur Berufsausübung sowie die Führungskräfte des Unternehmens und insbesondere die für die Ausführung der Bauleistung verantwortlichen Personen die erforderliche berufliche Befähigung besitzen;

    g) die Angabe der durch den Auftragsgegenstand erforderlichen Umweltmanagementmaßnahmen;

    h) eine Erklärung, aus der die durchschnittliche jährliche Beschäftigtenzahl des Unternehmens und die Zahl seiner Führungskräfte in den letzten drei Jahren ersichtlich ist;

    i) eine Beschreibung der Ausstattung, der Geräte, der technischen Ausrüstung sowie die Angabe der Anzahl der Mitarbeiter und ihrer Kenntnisse sowie die Angabe der Zulieferer, auf die das Unternehmen zurückgreifen kann, um den Auftrag auszuführen und einen etwaigen steigenden Bedarf des Auftraggebers infolge einer Krise zu decken. Zur Angabe der Zulieferer gehört die Angabe ihres geographischen Standortes, falls diese Zulieferer außerhalb der Europäischen Union ansässig sind.

(2) Verlangt der Auftraggeber Angaben zu erbrachten Liefer- und Dienstleistungen im Sinne des Absatzes 1 Nummer 1 Buchstabe a und Nummer 2 Buchstabe a über erbrachte Leistungen, so sind diese zu erbringen

1. bei Leistungen an öffentliche Auftraggeber durch eine von der zuständigen Behörde ausgestellte Bescheinigung, die beglaubigt werden kann, oder

2. bei Leistungen an private Auftraggeber durch eine von diesen ausgestellte Bescheinigung oder, falls eine solche Bescheinigung nicht erhältlich ist, durch einfache Erklärung.

(3) Auskünfte im Sinne des Absatzes 2 enthalten mindestens die folgenden Angaben:

1. Name der Auskunftsperson;
2. Wert der Leistung;
3. Zeit der Leistungserbringung;
4. Angabe, ob die Lieferleistung sachmangelfrei und ordnungsgemäß oder die Dienstleistung fachgerecht und ordnungsgemäß ausgeführt wurde.

(4) Bewerber oder Bieter können sich für einen bestimmten Auftrag auf die Leistungsfähigkeit anderer Unternehmen berufen, wenn sie nachweisen, dass diese ihnen die für die Auftragsausführung erforderlichen Mittel zur Verfügung stellen. Dies gilt auch für Bewerber- oder Bietergemeinschaften. Der Nachweis kann auch durch Zusage der Unternehmen erfolgen, die dem Bewerber oder Bieter die für die Auftragsausführung erforderlichen Mittel zur Verfügung stellen. Die Zusage muss in Schriftform oder elektronisch mindestens mittels einer fortgeschrittenen elektronischen Signatur im Sinne des Signaturgesetzes erfolgen.

(5) Können Bewerber oder Bieter aus einem berechtigten Grund die geforderten Nachweise ihrer fachlichen und technischen Leistungsfähigkeit nicht beibringen, so kann der Auftraggeber die Vorlage jedes anderen geeigneten Nachweises zulassen.

## Übersicht

| | Rn. |
|---|---|
| I. Allgemeines | 1 |
| II. Nachweise bei Lieferaufträgen (Abs. 1 Nr. 1) | 6 |
|    1. Referenzprojekte der letzten 5 Jahre (lit. a i.V.m. Abs. 2 und 3) | 7 |
|    2. Muster, Beschreibungen, Fotografien (lit. b) | 10 |
|    3. Bescheinigung von Qualitätskontrollinstituten (lit. c) | 11 |

|  |  |  |  |
|---|---|---|---|
|  | 4. | Technische Fachkräfte (lit. d) | 12 |
|  | 5. | Technische Ausrüstung (lit. e) | 13 |
|  | 6. | Kontrolle der technischen Leistungsfähigkeit (lit. f) | 15 |
|  | 7. | Berufliche Befähigung bei zusätzlichen Leistungen (lit. g) | 16 |
|  | 8. | Beschäftigtenzahl (lit. h) | 17 |
|  | 9. | Technische Ausrüstung, Mitarbeiter und Zulieferer (lit. i) | 18 |
| III. | Nachweise bei Dienstleistungsaufträgen (Abs. 1 Nr. 2) | | 19 |
|  | 1. | Referenzprojekte der letzten 5 Jahre (Abs. 1 Nr. 2 lit. a i.V.m. Abs. 2 und 3) | 19 |
|  | 2. | Muster, Beschreibungen, Fotografien (lit. b) | 20 |
|  | 3. | Berufliche Befähigung (lit. c) | 21 |
|  | 4. | Technische Fachkräfte (lit. d) | 22 |
|  | 5. | Kontrolle der technischen Leistungsfähigkeit (lit. e) | 23 |
|  | 6. | Berufliche Befähigung bei zusätzlichen Leistungen (lit. f) | 24 |
|  | 7. | Umweltmanagement (lit. g) | 25 |
|  | 8. | Beschäftigtenzahl (lit. h) | 26 |
|  | 9. | Technische Ausrüstung, Mitarbeiter und Zulieferer (lit. i) | 27 |
| IV. | Eignungsleihe (Abs. 4) | | 28 |
| V. | Vorlage alternativer Nachweise (Abs. 5) | | 29 |
| VI. | Bieterschützender Charakter | | 30 |

## I. Allgemeines

**1** § 27 VSVgV regelt, anhand welcher Nachweise der Auftraggeber die fachliche und technische Leistungsfähigkeit im Vergabeverfahren prüft. Die **fachliche und technische Leistungsfähigkeit** umfasst die notwendigen technischen Kenntnisse und Ressourcen, die für die fach- und fristgerechte Ausführung der zu vergebenen Leistung erforderlich sind, also insbesondere die technische Ausstattung des Unternehmens, die fachliche Qualifikation seiner Mitarbeiter und Führungskräfte, betriebliche Maßnahmen zur Qualitätssicherung sowie Referenzen über vergleichbare Aufträge. Die Prüfung der technischen und fachlichen Leistungsfähigkeit erfolgt grundsätzlich **betriebsbezogen** in dem Sinne, dass der Bewerber oder Bieter mit seinem Betrieb in technischer und personeller Hinsicht die Gewähr für die ordnungsgemäße Leistungserbringung bieten muss. Es handelt sich um eine **„Ist-Prüfung"**, d.h. die technische und fachliche Leistungsfähigkeit muss zum Zeitpunkt der Wertung des Teilnahmeantrags bzw. des Angebots bereits vorliegen. Es genügt nicht, die Leistungsfähigkeit für den Fall der Auftragserteilung in Aussicht zu stellen.[1] Die Regelung ist von erheblicher praktischer Bedeutung. Unternehmen, die ihre fachliche und technische Leistungsfähigkeit nicht nachweisen können, haben keine Chance, den Zuschlag zu erhalten. Ihre Angebote werden entweder ausgeschlossen oder die Unternehmen werden erst gar nicht zu einem Angebot aufgefordert.

**2** § 27 VSVgV dient der Umsetzung des Art. 42 RL 2009/81/EG. Aus Gründen der besseren Übersichtlichkeit führt § 27 Abs. 1 VSVgV die einzelnen Nachweise für Lieferaufträge und Dienstleistungsaufträge getrennt auf. § 27 Abs. 2 und 3 VSVgV enthalten Anforderungen

---

1 *Dreher*, in: Dreher/Stockmann, Kartellvergaberecht, 4. Aufl. 2008, § 97 Rn. 171; siehe auch *Hausmann/van Hoff*, in: Kulartz/Marx/Portz/Prieß, Kommentar zur VOL/A, § 7 EG Rn. 56.

an die vorzulegenden Referenzen über erbrachte Liefer- und Dienstleistungsaufträge. § 27 Abs. 4 VSVgV ermöglicht Unternehmen, sich unter bestimmten Voraussetzungen auf die Leistungsfähigkeit anderer Unternehmen zu berufen (sog. Eignungsleihe). § 27 Abs. 5 VSVgV gestattet dem Auftraggeber, die Vorlage alternativer Nachweise zuzulassen, sofern Bewerber oder Bieter die geforderten Nachweise aus einem berechtigten Grund nicht vorlegen können.

§ 27 VSVgV steht in engem Zusammenhang mit § 22 VSVgV, der **allgemeine Vorgaben** zum Nachweis der Eignung regelt. Diese allgemeinen Vorgaben gelten auch für den Nachweis der fachlichen und technischen Leistungsfähigkeit. Es sind dies insbesondere:

- die Pflicht zur Angabe der geforderten Nachweise in der Bekanntmachung bzw. in den Vergabeunterlagen (§ 22 Abs. 1 VSVgV),
- die Zulassung von Eigenerklärungen (§ 22 Abs. 2 VSVgV),
- die Vorlagefrist (§ 22 Ab. 4 VSVgV) und die Möglichkeit der Nachforderung fehlender Nachweise (§ 22 Abs. 6 VSVgV) sowie
- das Recht des Auftraggebers, die Vervollständigung oder Erläuterung vorgelegter Bescheinigungen und Dokumente zu verlangen (Art. 45 RL 2009/81/EG).

3

Der Auftraggeber hat einen weiten **Ermessensspielraum**, ob er von den Bewerbern oder Bietern die Vorlage eines oder mehrerer der in § 27 Abs. 1 VSVgV genannten Nachweise verlangt bzw. welche Angaben er zur Prüfung der Eignung für erforderlich erachtet. Der Ermessensspielraum ist jedoch in mehrfacher Hinsicht eingeschränkt. Zum einen darf der Auftraggeber nur solche Unterlagen und Angaben fordern, die durch den Auftragsgegenstand gerechtfertigt sind (§ 22 Abs. 1 Satz 2 VSVgV). Zum anderen müssen die geforderten Nachweise nach Art, Verwendungszweck und Menge der zu liefernden Güter oder dem Umfang der zu erbringenden Dienstleistungen **„angemessen"** sein (§ 27 Abs. 1 Satz 1 VSVgV). Die geforderten Nachweise müssen also in einem sachlichen Zusammenhang mit dem Auftragsgegenstand und in einem angemessenen Verhältnis zum Leistungsumfang stehen. Sachfremde oder im Hinblick auf den Leistungsumfang übertriebene, unverhältnismäßige Anforderungen dürfen nicht gestellt werden, zumal sie zu einer Einschränkung des Bieterkreises führen können. So kann es z.B. je nach den Umständen des Einzelfalls unverhältnismäßig sein, wenn bei einem größeren Vorhaben mit voraussichtlich vielen Unterauftragnehmern jeder Bieter schon mit dem Angebot umfangreiche Eignungsnachweise für alle vorgesehenen Unterauftragnehmer beibringen soll.[2] Ferner muss der Auftraggeber berücksichtigen, dass bestimmte Nachweise nur für Lieferaufträge und andere nur für Dienstleistungsaufträge vorgesehen sind. Die Ermessensentscheidung des Auftraggebers ist im Nachprüfungsverfahren nur insoweit überprüfbar, ob der Auftraggeber den Sachverhalt zutreffend und vollständig ermittelt hat, seiner Entscheidung keine sachfremden Erwägungen zugrunde gelegt hat und nicht gegen allgemeine Bewertungsgrundsätze verstoßen worden ist.

4

Der Katalog der zulässigen Nachweise gem. § 27 Abs. 1 Nr. 1 und Nr. 2 VSVgV ist **nicht abschließend** („insbesondere"). Der Auftraggeber kann auch andere als die dort aufgeführten Nachweise verlangen, sofern diese in einem sachlichen Zusammenhang mit dem Auftragsgegenstand stehen und im Hinblick auf den Leistungsumfang angemessen

5

---

2    BGH, VergabeR 2012, 724, 727.

erscheinen. In jedem Fall muss der Auftraggeber die geforderten Nachweise in der Bekanntmachung bzw. den Vergabeunterlagen so eindeutig formulieren, dass die Bewerber und Bieter eindeutig erkennen können, welche Erklärungen zu welchem Zeitpunkt von ihnen vorzulegen sind.[3] Unklarheiten und Widersprüche gehen zu Lasten des Auftraggebers.

> **PRAXISHINWEIS**
>
> *Auftraggeber sollten schon aus Gründen der Arbeitsökonomie nur die Nachweise fordern, die tatsächlich erforderlich sind, um die fachliche und technische Leistungsfähigkeit der Bewerber und Bieter überprüfen zu können. Dabei sollte regelmäßig auch von der Möglichkeit Gebrauch gemacht werden, Eigenerklärungen zuzulassen, soweit dies mit den vom Auftragsgegenstand betroffenen Verteidigungs- und Sicherheitsinteressen vereinbar ist. Der Auftraggeber kann vorformulierte Eigenerklärungen als Muster zur Verfügung stellen.*

## II. Nachweise bei Lieferaufträgen (Abs. 1 Nr. 1)

**6** Der Auftraggeber kann bei der Vergabe eines Lieferauftrages insbesondere die in § 27 Abs. 1 Nr. 1 VSVgV aufgeführten Nachweise verlangen. Die Aufzählung der einzelnen Nachweise enthält eine Reihe von Überschneidungen und Doppelungen. Eine trennscharfe Abgrenzung erübrigt sich jedoch, da es sich um eine beispielhafte Aufzählung handelt, die der Auftraggeber mit Blick auf den konkreten Auftrag durch auftragsspezifische Anforderungen konkretisieren kann.

### 1. Referenzprojekte der letzten 5 Jahre (lit. a i.V.m. Abs. 2 und 3)

**7** Gemäß § 27 Abs. 1 Nr. 1 a) VSVgV kann der Auftraggeber eine Liste der wesentlichen in den letzten fünf Jahren erbrachten Lieferungen verlangen. Die Angabe von **Referenzleistungen** dient als Beleg dafür, dass der Bewerber oder Bieter in der Vergangenheit vergleichbare Leistungen schon erfolgreich erbracht hat und damit über die erforderlichen praktischen Erfahrungen für die Abwicklung des zu vergebenden Auftrags verfügt. Aussagekräftige Referenzen spielen bei der Auswahl der geeignetsten Bewerber häufig eine entscheidende Rolle.[4] Sofern der Auftraggeber keine konkreten Vorgaben für die Referenzliste macht, sind die Referenzprojekte nach Liefergegenstand, Auftragswert, Lieferzeitraum und Auftraggeber anzugeben. Der Auftraggeber kann keine lückenlose Auflistung aller in der Vergangenheit erbrachten Lieferungen verlangen, sondern muss sich auf die Angabe der aus der Sicht des Unternehmens **„wesentlichen"** Aufträge während der vergangenen fünf Jahre beschränken. Der Bewerber hat so die Möglichkeit, sich durch die Angabe ausgewählter Referenzprojekte in ein „gutes Licht" zu setzen.[5] Die Referenzleistungen müssen solche des Bewerbers bzw. Bieters selbst sein. Beruft sich ein Bewerber auf Referenzprojekte anderer Unternehmen (z.B. seiner Unterauftragnehmer oder konzernverbundener Unternehmen), müssen diese gem. § 27 Abs. 4 VSVgV über

---

3 Vgl. BGH, VergabeR 2012, 724, 727; OLG München, VergabeR 2013, 108.
4 *Hausmann/van Hoff*, in: Kulartz/Marx/Portz/Prieß, Kommentar zur VOL/A, § 7 EG Rn. 53.
5 VK Nordbayern, 9.2.2012 – 21.VK-3194-43/11.

eine Verpflichtungserklärung formal in die Bewerbung eingebunden werden.[6] Die Zeitspanne von **5 Jahren** wird man als Regelwert anzusehen haben[7], der auch über- oder unterschritten werden darf, sofern dies sachlich begründet ist und nicht in wettbewerbsbeeinflussender Absicht geschieht. Eine zahlenmäßige Beschränkung der Referenzen, die in die Wertung einbezogen werden, ist nicht zulässig.[8]

Der Auftraggeber muss sich nicht mit einer bloßen Auflistung der Referenzprojekte zufrieden geben. Er kann sich die Referenzleistungen gem. § 27 Abs. 2 VSVgV nachweisen lassen. Der **Nachweis** ist bei Leistungen an öffentliche Auftraggeber durch eine von der zuständigen Behörde des Mitgliedstaats ausgestellte oder beglaubigte Bescheinigung zu erbringen. Bei Leistungen an private Auftraggeber ist der Nachweis durch eine von diesem ausgestellte Bescheinigung zu erbringen. Kann der Bewerber oder Bieter die Bescheinigung eines privaten Kunden nicht beibringen, genügt die Vorlage einer einfachen Erklärung mit den Angaben gem. § 27 Abs. 3 VSVgV. Nicht ausdrücklich geregelt ist der Fall, dass der Bewerber oder Bieter die Bescheinigung eines öffentlichen Auftraggebers bzw. der jeweils zuständigen Behörde nicht beibringen kann. In diesem Fall kann der Auftraggeber nach Maßgabe des § 27 Abs. 5 VSVgV die Vorlage jedes anderen geeigneten Nachweises zulassen. Die zuständigen Behörden in den Mitgliedstaaten sind grundsätzlich verpflichtet, ihren Lieferanten die benötigten Bescheinigungen zur Vorlage in Vergabeverfahren auszustellen. Tun sie es nicht oder nicht rechtzeitig, darf dies nicht zu einem Nachteil des Bewerbers oder Bieters führen, so dass diesem regelmäßig die Vorlage eines alternativen Nachweises gem. § 27 Abs. 5 VSVgV, z.B. in Form einer Eigenerklärung, zu gestatten ist.

8

Die von der zuständigen Behörde bzw. dem privaten Auftraggeber auszustellende Bescheinigung muss mindestens die in § 27 Abs. 3 VSVgV genannten **Pflichtangaben** enthalten. Dies sind: der Name der Auskunftsperson, der Auftragswert, der Leistungszeitraum und die Angabe, ob die Lieferleistung sachmangelfrei und ordnungsgemäß ausgeführt wurde. Da es sich um Mindestangaben handelt, darf der Auftraggeber im Einzelfall auch weitere Einzelheiten zu den Referenzleistungen fordern. Er kann sich z.B. die Kontaktdaten des Referenzgebers nennen lassen, um bei diesem weitere Informationen über die Eignung des Unternehmens oder die Vergleichbarkeit des Referenzprojekts mit der ausgeschriebenen Leistung einzuholen.[9]

9

## 2. Muster, Beschreibungen, Fotografien (lit. b)

Speziell bei Lieferaufträgen kann der Auftraggeber Muster, Beschreibungen oder Fotografien der zu liefernden Güter zum Nachweis der technischen und fachlichen Leistungsfähigkeit verlangen. Er kann zur Beschaffenheit des Musters, zum Umfang der Beschreibung oder zu Format und Detailgenauigkeit der Fotografie in der Bekanntmachung bzw. den Vergabeunterlagen nähere Angaben machen. Die Echtheit der vorgelegten Objekte muss der Bewerber auf Verlangen nachweisen.

10

---

6  Vgl. *Hausmann/van Hoff*, in: Kulartz/Marx/Portz/Prieß, Kommentar zur VOL/A, § 7 EG Rn. 52 und *Müller-Wrede*, in: Müller-Wrede, VOL/A-Kommentar, § 7 EG, Rn. 39.
7  In Art. 42 Abs. 1 lit. a) ii) der RL 2009/81 heißt es: „in der Regel in den letzten fünf Jahren".
8  OLG Düsseldorf, 12.9.2012 – Verg108/11, VergabeR 2013, 85.
9  *Hausmann/van Hoff*, in: Kulartz/Marx/Portz/Prieß, Kommentar zur VOL/A, § 7 EG Rn. 50.

### 3. Bescheinigung von Qualitätskontrollinstituten (lit. c)

11  Der Auftraggeber kann von Bewerbern und Bietern die Vorlage von Bescheinigungen zuständiger Institute oder amtlicher Stellen für Qualitätskontrolle fordern, die bestätigen, dass die zu liefernden Güter bestimmten Spezifikationen oder Normen entsprechen. Fordert der Auftraggeber den Nachweis der Einhaltung von Normen des Qualitätsmanagements, ist § 28 Abs. 1 VSVgV ergänzend zu beachten. Die jeweiligen Anforderungen müssen europäischen Normen genügen.

### 4. Technische Fachkräfte (lit. d)

12  Da die technische Leistungserbringung und die Qualität der Leistung wesentlich von der Qualifikation der im Unternehmen mit der Leistungserbringung und Qualitätssicherung betrauten Mitarbeiter abhängen, können Auftraggeber die Angabe der technischen Fachkräfte und technischen Stellen fordern, denen die spätere Leistungserbringung und Qualitätssicherung obliegt. Der Auftraggeber kann insbesondere Angaben zur Anzahl der eingesetzten Mitarbeiter und Führungskräfte sowie zu deren Ausbildung, Qualifikation und Erfahrung verlangen. Er kann in Ausnahmefällen auch die Angabe der Namen der technischen Fachkräfte fordern, sofern dies im Hinblick auf die besonderen Umstände des Einzelfalls erforderlich erscheint. Regelmäßig dürfte sein Informationsinteresse jedoch durch die Mitteilung der Anzahl der Fachkräfte und ihrer Berufsqualifikation gedeckt sein.[10]

### 5. Technische Ausrüstung (lit. e)

13  Der Auftraggeber kann gem. lit. e) eine Beschreibung der technischen Ausrüstung, der Maßnahmen des Unternehmens zur Qualitätssicherung, der Untersuchungs- und Forschungsmöglichkeiten sowie der internen Vorschriften in Bezug auf gewerbliche Schutzrechte verlangen. Ob und welche der genannten Beschreibungen der Auftraggeber im Einzelfall verlangt, hängt von der Art, Komplexität und Bedeutung des Auftragsgegenstandes ab und ist in der Bekanntmachung bzw. den Vergabeunterlagen anzugeben. **Technische Ausrüstung** sind die Anlagen, Maschinen, Prüfgeräte, Software und sonstigen Betriebsmittel, die für die vertragsgemäße Leistungserbringung, auch im F&E-Bereich, erforderlich sind. Nicht geregelt ist, ob die technische Ausrüstung bereits zum Zeitpunkt der Bewerbung bzw. der Angebotsabgabe vorhanden sein muss oder ob es genügt, dass diese bei Auftragserteilung kurzfristig erworben werden kann. Dies wird vom Einzelfall abhängig sein. Für die Beurteilung der Leistungsfähigkeit ist nicht das Eigentum an der Ausrüstung entscheidend, sondern die Verfügbarkeit für den konkreten Auftrag.

14  Zu den Maßnahmen der **Qualitätssicherung** zählen alle betrieblichen Verfahren, durch die die Einhaltung von Qualitätsanforderungen sichergestellt und eine konstante Produktqualität gewährleistet wird. Die Qualitätssicherungsanforderungen der Bundeswehr sind in den **AQAP** (Allied Quality Assurance Publications) definiert, deren Anwendung regelmäßig vertraglich vereinbart wird. Danach müssen Auftragnehmer ein Qualitätsmanagementsystem unterhalten, das die für den jeweiligen Vertragsgegenstand geeigneten Qualitätsplanungs-, Qualitätslenkungs-, Qualitätssicherungstätigkeiten umfasst. Die Erfüllung dieser Anforderungen kann der Bewerber oder Bieter durch die Vorlage von

---

10  BR-Drucks. 321/12, S. 59.

ISO- oder AQAP-Zertifikaten nachweisen. Die internen Vorschriften in Bezug auf **gewerbliche Schutzrechte** können z.B. das Patentmanagement betreffen.

### 6. Kontrolle der technischen Leistungsfähigkeit (lit. f)

Bei der Vergabe von komplexen Leistungen kann der Auftraggeber die Zusage des Unternehmens fordern, einer Überprüfung der vorhandenen Produktionskapazitäten und erforderlichenfalls der Untersuchungs- und Forschungsmöglichkeiten und der für die Qualitätskontrolle getroffenen Vorkehrungen zuzustimmen. Der Auftraggeber kann die Kontrollen oder Audits selbst durchführen oder durch zuständige amtliche Stellen im Herkunftsland des Unternehmens durchführen lassen. Derartig weitgehende Kontrollen dürften nur in Ausnahmefällen sinnvoll und praktikabel sein.[11]

15

### 7. Berufliche Befähigung bei zusätzlichen Leistungen (lit. g)

Der Auftraggeber kann gem. lit. g) Nachweise über die berufliche Befähigung der für die Erbringung der „Dienst- und Bauleistungen" verantwortlichen Personen (einschließlich der Führungskräfte) verlangen. Hierzu zählen z.B. Studien- und Ausbildungsnachweise sowie Fortbildungsbescheinigungen. Ferner kann ein Nachweis der Erlaubnis zur Berufsausübung gefordert werden. Diesbezüglich ist auf § 25 VSVgV zu verweisen.

16

### 8. Beschäftigtenzahl (lit. h)

Gem. lit. h) kann der Auftraggeber eine Erklärung über die durchschnittliche jährliche Beschäftigtenzahl des Unternehmers und die Zahl seiner Führungskräfte in den letzten drei Jahren verlangen. Diese Angabe dient der Beurteilung der **personellen Leistungsfähigkeit** des Unternehmens. Der Auftraggeber kann anhand der Beschäftigtenzahl ersehen, ob das Unternehmen über die für die Leistungserbringung erforderlichen personellen Ressourcen verfügt. Die Zahl der Führungskräfte ermöglicht Rückschlüsse auf die vorhandenen Kapazitäten für die Planung, Lenkung und Kontrolle des Vorhabens.

17

### 9. Technische Ausrüstung, Mitarbeiter und Zulieferer (lit. i)

Der Auftraggeber kann nach lit. i) Angaben zur technischen Ausrüstung des Unternehmens sowie zur Anzahl und Qualifikation seiner Mitarbeiter fordern. Insoweit hat lit. i) keinen über lit. d) und lit. e) hinausgehenden Regelungsgehalt. In lit. i) wird jedoch ergänzend klargestellt, dass diese Angaben nicht nur im Hinblick auf die Erbringung der zu vergebenen Leistung sondern auch im Hinblick auf Folgeaufträge infolge einer Krise sowie die spätere Wartung, Modernisierung und Anpassung der Liefergegenstände verlangt werden können. Lit. i) betrifft mithin auch die Gewährleistung der **Versorgungssicherheit**. Dementsprechend kann auch die Angabe der Zulieferer und – bei Zulieferern außerhalb der EU – deren geographischer Standort gefordert werden.

18

---

11   Vgl. *Müller-Wrede*, in: Müller-Wrede, VOL/A-Kommentar, § 7 EG, Rn. 53 und *Scherer-Leydecker*, in: Heurels/Höß/Kuß/Wagner, Vergaberecht, § 7 VOL/A-EG, Rn. 21.

## III. Nachweise bei Dienstleistungsaufträgen (Abs. 1 Nr. 2)

### 1. Referenzprojekte der letzten 5 Jahre (lit. a i.V.m. Abs. 2 und 3)

19  Der Auftraggeber kann eine Liste der wesentlichen in den letzten fünf Jahren erbrachten Dienstleistungen fordern. Diese Fallgestaltung entspricht im Wesentlichen der des § 27 Abs. 1 Nr. 1 a) VSVgV, so dass auf die dortige Kommentierung verwiesen werden kann (siehe § 27, Rn. 7–9).

### 2. Muster, Beschreibungen, Fotografien (lit. b)

20  Die Vorlage von Mustern, Beschreibungen oder Fotografien ist gem. Art. 42 Abs. 1 lit. i) RL 2009/81 nur bei Lieferaufträgen vorgesehen. Die VSVgV ermöglicht deren Vorlage auch bei Dienstleistungsaufträgen. In der Praxis dürfte allenfalls eine Beschreibung der zu erbringenden Dienstleistung als Eignungsnachweis in Betracht kommen.[12]

### 3. Berufliche Befähigung (lit. c)

21  Lit c) und lit. f) betreffen berufliche Befähigungsnachweise (wie z.B. Studien- und Ausbildungsnachweise) und Nachweise für die Erlaubnis der Berufsausübung. Dies können z.B. Befähigungsnachweise und Erlaubnisse nach dem Waffengesetz (WaffenG), dem Sprengstoffgesetz (SprengG) oder dem Kriegswaffenkontrollgesetz (KWKG) sein. Vgl. § 27, Rn. 16.

### 4. Technische Fachkräfte (lit. d)

22  Diese Regelung entspricht § 27 Abs. 1 Nr. 1 d) VSVgV, so dass auf die dortige Erläuterung verwiesen werden kann (siehe § 27, Rn. 12).

### 5. Kontrolle der technischen Leistungsfähigkeit (lit. e)

23  Diese Regelung stimmt weitgehend mit § 27 Abs. 1 Nr. 1 f) VSVgV überein. Siehe § 27, Rn. 15.

### 6. Berufliche Befähigung bei zusätzlichen Leistungen (lit. f)

24  Diese Regelung entspricht § 27 Abs. 1 Nr. 1 g) VSVgV. Siehe hierzu § 27, Rn. 16.

### 7. Umweltmanagement (lit. g)

25  Speziell bei der Vergabe von Dienstleistungsaufträgen kann der Auftraggeber bei Bedarf die Angabe der durch den Auftragsgegenstand erforderlichen Umweltmanagementmaßnahmen fordern, die das Unternehmen anwenden will. In diesem Zusammenhang kann der Auftraggeber auch verlangen, dass Bewerber und Bieter bestimmte Normen für das Umweltmanagement erfüllen und dies durch entsprechende Bescheinigungen unabhängiger Stellen nachweisen (z.B. durch eine **EMAS**-Zertifizierung oder ein **DIN EN 14.0001**-Zertifikat. Einzelheiten hierzu regelt § 28 Abs. 2 VSVgV. Nachweise zum Umweltmanagementsystem dürfen nur gefordert werden, wenn die Art der zu vergebenen

---

12  Siehe § 27, Rn. 10.

Dienstleistungen die Anwendung von Maßnahmen des Umweltmanagements erfordert. Die Forderung nach Umweltmanagementmaßnahmen muss im sachlichen Zusammenhang mit dem Auftragsgegenstand stehen und sich aus der Leistungsbeschreibung ergeben (§ 97 Abs. 4 Satz 2 GWB). Ein derartiger Umweltbezug besteht z.B. bei Aufträgen über die Entsorgung von Wehrmaterial.

## 8. Beschäftigtenzahl (lit. h)

Zur Angabe der durchschnittlichen jährlichen Beschäftigtenzahl siehe § 27 Abs. 1 Nr. 1 h) VSVgV und die dortige Erläuterung (siehe § 27, Rn. 17).     26

## 9. Technische Ausrüstung, Mitarbeiter und Zulieferer (lit. i)

Lit. i) entspricht § 27 Abs. 1 Nr. 1 i) VSVgV. Siehe hierzu die Erläuterung bei § 27, Rn. 18.     27

## IV. Eignungsleihe (Abs. 4)

Unternehmen stehen die für die Auftragsdurchführung erforderlichen sachlichen und personellen Kapazitäten häufig nicht vollständig selbst zur Verfügung. Sie sind vielmehr auf die Zusammenarbeit mit anderen (auch konzernverbundenen) Unternehmen angewiesen, die in die Ausführung komplexer Aufträge als Unterauftragnehmer oder Kooperationspartner eingebunden werden. Dies gilt insbesondere für die im Verteidigungs- und Sicherheitsbereich verbreiteten Bietergemeinschaften und Joint Ventures, deren Mitglieder komplementäre technische Fähigkeiten in ein gemeinsames Vorhaben einbringen. Vor diesem Hintergrund bestimmt § 27 Abs. 4 VSVgV, dass Bewerber und Bieter sich für einen bestimmten Auftrag auf die (fachliche und technische) Leistungsfähigkeit anderer Unternehmen berufen können, wenn sie nachweisen, dass diese ihnen die zur Auftragsausführung erforderlichen Mittel zur Verfügung stellen.[13] Der Bewerber oder Bieter muss konkret darlegen, welche Unternehmen er in welchem Umfang hinzuziehen will und aussagekräftige Belege dafür beifügen, dass die benannten Unternehmen über die geforderte Eignung verfügen und ihm ihre Mittel für die Erfüllung des Auftrags tatsächlich zur Verfügung stellen.[14] Der Nachweis kann z.B. durch die Vorlage einer **Verpflichtungserklärung** des Dritten erfolgen. Diese kann auch Bestandteil eines Kooperationsvertrages oder des verbindlichen Angebots eines Unterauftragnehmers sein. Auf den rechtlichen Charakter der zwischen den Unternehmen bestehen Kooperation kommt es nicht an. Aus einer bloßen **Konzernverbundenheit** folgt nicht automatisch, dass auf die Kapazitäten der verbundenen Unternehmen zurückgegriffen werden kann. Deshalb müssen auch konzernverbundene Unternehmen regelmäßig einen Nachweis erbringen, wenn sie sich auf die Leistungsfähigkeit eines verbundenen Unternehmens berufen. Wie die verbindliche Zusage des Dritten (Verpflichtungserklärung) im Einzelnen beschaffen sein muss, ist nicht vorgegeben; sie braucht jedenfalls nicht die rechtliche Qualität einer Garantie für konkrete Leistungsinhalte zu haben.[15] Die Zusage muss in **Schriftform** gem. § 126 BGB erfolgen. Alternativ kommt auch eine Zusage in elektronischer Form gem.     28

---

[13] Siehe hierzu aus der Rechtsprechung EuGH, 18.3.2004 – Rs. C-314/01 (Siemens und ARGE Telekom), VergabeR 2004, 465 sowie die Erläuterungen bei § 26, Rn. 15 ff.
[14] OLG Celle, VergabeR 2009, 609, 611.
[15] OLG Celle, VergabeR 2009, 609, 611.

§ 126a BGB (mit fortgeschrittener elektronischer Signatur) in Betracht. Die Zusage muss innerhalb der Fristen des § 22 Abs. 4 VSVgV vorgelegt werden, d.h. bis zum Ablauf der Teilnahmefrist bzw. der Angebotsfrist.

## V. Vorlage alternativer Nachweise (Abs. 5)

29 Gemäß § 27 Abs. 5 VSVgV kann der Auftraggeber anstelle des in der Bekanntmachung oder den Vergabeunterlagen geforderten Nachweises der fachlichen und technischen Leistungsfähigkeit die Vorlage jedes anderen geeigneten Nachweises zulassen, sofern der Bewerber oder Bieter den geforderten Nachweis aus einem **berechtigten Grund** nicht beibringen kann. Derartige Nachweisschwierigkeiten können z.B. aus divergierenden nationalen Bestimmungen oder Behördenzuständigkeiten resultieren.[16] Eine gleichlautende Regelung enthält § 26 Abs. 2 VSVgV im Hinblick auf den Nachweis der wirtschaftlichen und finanziellen Leistungsfähigkeit, so dass auf die dortige Kommentierung verwiesen werden kann (siehe § 26, Rn. 11 ff.). Als geeigneter anderer Nachweis kommt auch eine Eigenerklärung in Betracht. Die Versagung bzw. Zulassung alternativer Nachweise kann im Nachprüfungsverfahren durch die betroffenen Bewerber und Bieter sowie durch deren Wettbewerber gerügt werden und unterliegt der Kontrolle durch die Nachprüfungsinstanzen.[17]

## VI. Bieterschützender Charakter

30 Die Regelung über die fachliche und technische Leistungsfähigkeit soll eine transparente und diskriminierungsfreie Eignungsprüfung durch den Auftraggeber sicherstellen. Die Bestimmung ist daher **bieterschützend** i.S.v. § 97 Abs. 7 GWB.[18] Bewerber und Bieter haben einen Anspruch darauf, dass der Auftraggeber die gleichen Anforderungen hinsichtlich der fachlichen und technischen Leistungsfähigkeit an alle teilnehmenden Unternehmen stellt und keinen Bewerber oder Bieter durch die Zulassung eines auf ihn zugeschnittenen Nachweises bevorzugt. Der Auftraggeber muss sich nach den von ihm bekannt gemachten Kriterien richten und darf die Eignungsprüfung nicht auf zuvor unveröffentlichte Kriterien beziehen oder nachträglich weitere Nachweise verlangen.[19] Unternehmen, die der Auffassung sind, dass der Auftraggeber unzulässige Anforderungen stellt oder Nachweise fordert, müssen dies unverzüglich nach Kenntnis, spätestens aber bis zum Ablauf der Bewerbungs- oder Angebotsfrist rügen (§ 107 Abs. 3 GWB). Bewerber und Bieter, die die Eignungsanforderungen erfüllen, haben ferner einen Anspruch darauf, dass Wettbewerber ausgeschlossen werden, die ihre Eignung nicht nachweisen können.[20]

---

16 Vgl. *Müller-Wrede*, in: Müller-Wrede, GWB-Vergaberecht, § 97 Rn. 38.
17 BR-Drucks. 321/12, S. 58.
18 Vgl. zur Parallelvorschrift § 7 VOL/A-EG: *Hausmann/van Hoff*, in: Kulartz/Marx/Portz/Prieß, Kommentar zur VOL/A, § 7 EG Rn.1.
19 *Müller-Wrede*, in: Müller-Wrede, GWB-Vergaberecht, § 97 Rn. 38.
20 *Hausmann/van Hoff*, in: Kulartz/Marx/Portz/Prieß, Kommentar zur VOL/A, § 7 EG Rn. 2 m.w.N.

## § 28
## Nachweis für die Einhaltung von Normen des Qualitäts- und Umweltmanagements

(1) Verlangen Auftraggeber zum Nachweis dafür, dass Bewerber oder Bieter bestimmte Normen des Qualitätsmanagements erfüllen, die Vorlage von Bescheinigungen unabhängiger und akkreditierter Stellen, so beziehen sich Auftraggeber auf Qualitätsmanagementsysteme, die

1. den einschlägigen europäischen Normen genügen und
2. von unabhängigen akkreditierten Stellen zertifiziert sind, die den europäischen Normen für die Akkreditierung und Zertifizierung entsprechen.

Auftraggeber erkennen gleichwertige Bescheinigungen von unabhängigen akkreditierten Stellen aus anderen Mitgliedstaaten und andere Nachweise für gleichwertige Qualitätsmanagementsysteme an.

(2) Verlangen Auftraggeber bei der Vergabe von Dienstleistungsaufträgen als Nachweis der technischen Leistungsfähigkeit, dass Bewerber oder Bieter bestimmte Normen für das Umweltmanagement erfüllen, die Vorlage von Bescheinigungen unabhängiger Stellen, so beziehen sich Auftraggeber

1. entweder auf das Gemeinschaftssystem für das Umweltmanagement und die Umweltbetriebsprüfung (EMAS) oder
2. auf Normen für das Umweltmanagement, die auf den einschlägigen europäischen oder internationalen Normen beruhen und von entsprechenden Stellen zertifiziert sind, die dem Gemeinschaftsrecht oder europäischen oder internationalen Zertifizierungsnormen entsprechen.

Gleichwertige Bescheinigungen von Stellen in anderen Mitgliedstaaten sind anzuerkennen. Auftraggeber erkennen auch andere Nachweise für gleichwertige Umweltmanagementmaßnahmen an, die von Bewerbern oder Bietern vorgelegt werden.

## Übersicht

| | | Rn. |
|---|---|---|
| I. | Überblick | 1 |
| II. | Nachweise zum Qualitätsmanagement (Abs. 1) | 3 |
| III. | Nachweis zum Umweltmanagement (Abs. 2) | 8 |

## I. Überblick

§ 28 VSVgV bestimmt, in welchem Umfang Auftraggeber die Erfüllung von bestimmten Qualitätsanforderungen (Abs. 1) und/oder von Normen des Umweltmanagements (Abs. 2) verlangen dürfen. Die Vorschrift des § 28 VSVgV beruht auf Art. 43 und 44 der

Richtlinie 2009/81/EG. Mit Ausnahme von geringfügigen sprachlichen und formellen Aspekten wurden die zugrundeliegenden Normen der RL 2009/81/EG vollständig umgesetzt. **Regelungsziel** von § 28 VSVgV ist die **Gewährleistung gemeinschaftlicher Standards**. Die Benachteiligung ausländischer Bewerber oder Bieter gegenüber inländischen soll verhindert werden.[1]

2  Im Hinblick auf das Regelungsziel übernimmt § 28 Abs. 1 VSVgV den Wortlaut des § 7 EG Abs. 10 VOL/A nicht vollständig, sondern ergänzt diesen dahingehend, dass die Bescheinigungen von akkreditierten Stellen ausgestellt sein müssen, die wiederum den europäischen Normen für Akkreditierung und Zertifizierung entsprechen müssen.

## II. Nachweise zum Qualitätsmanagement (Abs. 1)

3  § 28 Abs. 1 VSVgV gibt den rechtlichen Rahmen vor, innerhalb dessen der Auftraggeber von den Bewerbern oder Bietern den Nachweis der Einhaltung von **Normen des Qualitätsmanagements** verlangen darf. Dem Auftraggeber steht diesbezüglich ein weiter **Ermessensspielraum** zu.[2] Die Forderung nach einem **Qualitätsmanagementzertifikat** muss jedoch durch den Auftragsgegenstand gerechtfertigt sein. Ist dies der Fall, ist es zumindest ohne rechtlichen Belang, wenn daraus möglicherweise ein eingeschränkter Wettbewerb resultiert, weil z.B. nur eine begrenzte Zahl von Bewerbern oder Bietern über eine derartige Zertifizierung verfügen.[3] Dies ist allenfalls unter wirtschaftlichen Aspekten von Bedeutung.

4  **PRAXISTIPP**

*Auftraggeber sollten jedoch berücksichtigen, dass entsprechende Zertifikate keine unmittelbare Aussage über die Qualität der Unternehmen oder ihre Produkte treffen. Es wird lediglich bescheinigt, dass das Unternehmen über ein entsprechendes Qualitätssicherungssystem verfügt. Dem Nachweis kommt mithin nur eine Vermutungswirkung zu, dass auch die Produkte oder Dienstleistungen ein gewisses Qualitätsniveau erreichen.*

5  Entscheidet sich der Auftraggeber dafür, von den Bewerbern oder Bietern die Vorlage eines **Qualitätsmanagementzertifikats** zu fordern, unterliegt er gemäß § 25 Abs. 1 VSVgV hinsichtlich Inhalt und Form des Nachweises einer zweifachen Beschränkung. Zum einen darf sich der Auftraggeber nur auf solche Qualitätsmanagementsysteme beziehen, die den einschlägigen **europäischen Normen** genügen. Regelmäßig sind dies die Normen der **DIN-EN ISO 9000 ff**.[4] Eine Bezugnahme auf nationale Qualitätsmanagementsysteme ist unzulässig.[5]

6  Zum anderen muss die das Zertifikat ausstellende Stelle ihrerseits den europäischen Normen für die Akkreditierung und Zertifizierung genügen (vgl. § 28 Abs. 1 Nr. 2 VSVgV). Seit dem 1.1.2010 ist die **Deutsche Akkreditierungsstelle (DAAKS)** die nationale Akkreditierungsstelle der Bundesrepublik Deutschland. Ihr ist es in den überwiegenden Be-

---

1 Kulartz/Marx/Portz/Prieß-VOL/A, *Hausmann/von Hoff*, § 7 EG R. 95 f.
2 *Müller-Wrede/Gnittke/Hattig*, in: Müller-Wrede, VOL/A, § 7 EG Rn. 86 m.w.N.
3 A.A. *Franke*, FS Heiermann, 63 (67); wohl auch *Müller-Wrede/Gnittke/Hattig*, in: Müller-Wrede, VOL/A, § 7 EG Rn. 87.
4 VK Sachsen, 22.7.2010 – 1/SVK/022-10.
5 OLG Düsseldorf, 27.7.2011 – Verg 38/11.

reichen als allein zuständige Institution vorbehalten, die Akkreditierung von Zertifizierungsstellen vorzunehmen. Dies gilt insbesondere für DIN EN ISO 9000 ff. Auftraggeber dürfen sich mithin nur auf solche – nationalen – Zertifikate beziehen, die von einer durch die DAAKS akkreditierten Stelle ausgestellt wurden.

Nach § 28 Abs. 1 Nr. 3 VSVgV sind öffentliche Auftraggeber verpflichtet, **gleichwertige Bescheinigungen** unabhängiger, akkreditierter Stellen aus anderen Mitgliedstaaten anzuerkennen. Zudem müssen andere Nachweise für gleichwertige Qualitätsmanagementsysteme anerkannt werden. Gemäß dem Wortlaut von § 28 Abs. 1 Nr. 3 VSVgV bezieht sich die **Gleichwertigkeit** dabei auf das Qualitätsmanagementsystem. Der Bewerber oder Bieter muss mithin darlegen, dass das von ihm in Bezug genommene Qualitätsmanagementsystem gleichwertig zu dem europäischen Qualitätsmanagementsystem ist, auf das sich der AG bezogen hat.

## III. Nachweis zum Umweltmanagement (Abs. 2)

Auftraggeber können bei der Vergabe von Dienstleistungsaufträgen als Nachweise der **technischen Leistungsfähigkeit** verlangen, dass die Bewerber oder Bieter bestimmte Normen für das **Umweltmanagement** erfüllen. Die Forderung von entsprechenden Bescheinigungen steht nach dem Wortlaut des § 28 Abs. 2 VSVgV („können") zwar im **Ermessen** des Auftraggebers. Allerdings ist auch im Rahmen des § 28 Abs. 2 VSVgV zu verlangen, dass die Vorlage durch den Gegenstand des Auftrags gerechtfertigt ist. Dies ist der Fall, wenn der Dienstleistungsauftrag mit erhöhten Umweltgefahren oder -auswirkungen verbunden ist und die umweltrelevanten Tätigkeiten das Gesamtbild der Leistung mitprägen.[6]

Nach § 28 Abs. 2 Nr. 1 VSVgV kann sich der Auftraggeber in derartigen Fällen auf das Gemeinschaftssystem für das Umweltmanagement und die Umweltbetriebsprüfung (EMAS) beziehen. **EMAS** (sog. **ECO Management und Audit System**) ist ein europäisches Umweltmanagementsystem, dass von der Europäischen Gemeinschaft 1993 entwickelt wurde. Derzeitige Rechtsgrundlage ist die Verordnung (EG) 1221/2009.

Eine **EAMS-Zertifizierung** setzt voraus, dass sich das Unternehmen

- zur Erfüllung aller relevanten Umweltschutzvorschriften,
- zur Vermeidung von Umweltbelastungen sowie
- zur kontinuierlichen Verbesserung der Umweltleistung

verpflichtet.[7] Unternehmen, die eine EAMS-Zertifizierung erlangen wollen, sind verpflichtet eine Erklärung zum Ressourcen- und Energieverbrauch, zu Emissionen, Abfällen abzugeben (sog. **Umwelterklärung**). Ferner haben die Unternehmen eine **Umwelt- und Umweltbetriebsprüfung** durchzuführen. Umwelterklärung sowie Umwelt- und Umweltbetriebsprüfung werden wiederum von unabhängigen staatlich geprüften Gutachtern überprüft. Erforderlich ist zudem eine behördliche Bestätigung, dass keine Verstöße gegen Umweltvorschriften festgestellt wurden.[8]

---

6  Kulartz/Marx/Portz/Prieß-VOL/A, *Hausmann/von Hoff*, § 7 EG R. 98 m.w.N.
7  *Müller-Wrede/Gnittke/Hattig*, in: Müller-Wrede, VOL/A, § 7 EG Rn. 95.
8  Vgl. hierzu umfassend bei Mutschler-Siebert in: jurisPK-VergR, 3. Aufl. 2011, § 7 EG VOL/A 2009.

**11** Ferner kann sich der Auftraggeber gemäß § 28 Abs. 2 Nr. 2 VSVgV auch auf sonstige Normen für das Umweltmanagement beziehen, soweit diese auf den einschlägigen europäischen oder internationalen Normen beruhen und von den entsprechenden Stellen zertifiziert sind, die dem Gemeinschaftsrecht oder europäischen oder internationalen Zertifizierungsnormen entsprechen. Davon erfasst ist zumindest die Zertifizierung nach DIN EN ISO 14.001. Inhaltlich entspricht diese Zertifizierung einem EMAS Zertifikat. Jedoch ist in formeller Hinsicht insb. keine Veröffentlichung der Umwelterklärung notwendig.[9]

**12** Nach § 28 Abs. 2 Satz 2 VSVgV haben Auftraggeber gleichwertige Bescheinigungen von Stellen in anderen Mitgliedsstaaten anzuerkennen. Ebenso erkennen Auftraggeber andere Nachweise für gleichartige Umweltmanagementmaßnahmen an (vgl. § 28 Abs. 2 Satz 3 VSVgV). Danach kann eine verlangte EMAS-Zertifizierung durch eine Zertifizierung nach **DIN EN 14001** gleichwertig nachgewiesen werden und umgekehrt. Ferner ist der Auftraggeber gehalten, soweit eine EMAS bzw. eine DIN EN ISO 14001 gefordert wird, von neutralen Dritten geprüfte Umweltberichte, externe Compliance-Bestätigungen oder Bestätigungen zuständiger Umweltbehörden zu akzeptieren. Eine **Eigenerklärung** des Bewerbers oder Bieters ist hingegen nicht ausreichend.[10]

---

9  *Müller-Wrede/Gnittke/Hattig*, in: Müller-Wrede, VOL/A, § 7 EG Rn. 95 m.w.N.
10 *Müller-Wrede/Gnittke/Hattig*, in: Müller-Wrede, VOL/A, § 7 EG Rn. 101 ff.

## § 29
## Aufforderung zur Abgabe eines Angebots

(1) Beim nicht offenen Verfahren, Verhandlungsverfahren mit Teilnahmewettbewerb und wettbewerblichen Dialog fordern Auftraggeber die Bewerber mit der Benachrichtigung über die Auswahl schriftlich auf, ihre Angebote einzureichen oder zu verhandeln oder – im Falle des wettbewerblichen Dialogs – am Dialog teilzunehmen.

(2) Die Aufforderung enthält die Vergabeunterlagen und alle unterstützenden Unterlagen oder die Angabe, wie darauf gemäß § 20 Absatz 4 Satz 2 elektronisch zugegriffen werden kann.

(3) Hält eine andere Stelle als der für das Vergabeverfahren zuständige Auftraggeber die Unterlagen bereit, gibt der Auftraggeber in der Aufforderung die Anschrift dieser Stelle an und den Zeitpunkt, bis zu dem die Unterlagen angefordert werden können. Darüber hinaus sind der Betrag, der für den Erhalt der Unterlagen zu entrichten ist, und die Zahlungsbedingungen anzugeben. Die Unternehmen erhalten die Unterlagen unverzüglich nach Zugang der Anforderung.

(4) Veröffentlicht der Auftraggeber zusätzliche Informationen über die Vergabeunterlagen und sonstige ergänzende Unterlagen, so gilt § 20 Absatz 5.

(5) Die Aufforderung enthält über die in den Absätzen 2, 3 und 4 genannten Angaben mindestens:

1. den Hinweis auf die veröffentlichte Bekanntmachung;
2. den Tag, bis zu dem die Angebote eingehen müssen, die Anschrift der Stelle, bei der sie einzureichen sind, sowie die Sprache, in der sie abzufassen sind. Im Fall eines wettbewerblichen Dialogs ist diese Information nicht in der Aufforderung zur Teilnahme am Dialog, sondern in der Aufforderung zur Angebotsabgabe aufzuführen;
3. beim wettbewerblichen Dialog den Termin und den Ort des Beginns der Konsultationsphase sowie die verwendeten Sprachen;
4. die Liste der beizufügenden Eignungsnachweise im Falle des Verhandlungsverfahrens ohne Teilnahmewettbewerb;
5. die Gewichtung der Zuschlagskriterien oder die absteigende Reihenfolge der diesen Kriterien zuerkannten Bedeutung, anhand derer das wirtschaftlichste Angebot bestimmt wird, wenn diese nicht bereits in der Bekanntmachung enthalten sind.

(6) Auftraggeber können verlangen, dass Bieter im Angebot angeben, ob für den Gegenstand des Angebots gewerbliche Schutzrechte bestehen oder von den Bietern oder Dritten beantragt sind. Bieter haben stets anzugeben, ob sie erwägen, Angaben aus ihrem Angebot für die Anmeldung eines gewerblichen Schutzrechtes zu verwerten.

(7) Bietergemeinschaften haben im Angebot jeweils die Mitglieder sowie eines ihrer Mitglieder als bevollmächtigten Vertreter für den Abschluss und die Durch-

führung des Vertrags zu benennen. Fehlt eine dieser Angaben im Angebot, so ist sie vor der Zuschlagserteilung beizubringen. § 22 Absatz 6 gilt entsprechend.

## Übersicht

|  |  | Rn. |
|---|---|---|
| I. | Allgemeines | 1 |
| | 1. Bedeutung der Vorschrift | 1 |
| | 2. Gemeinschaftsrechtliche Bezüge | 3 |
| II. | Aufforderung zur Abgabe eines Angebots (Absatz 1) | 4 |
| III. | Inhalt der Aufforderung (Absatz 2) | 6 |
| IV. | Bezug der Vergabeunterlagen (Absatz 3) | 11 |
| | 1. Bezug der Vergabeunterlagen über Dritte (Absatz 3 Satz 1) | 11 |
| | 2. Entgeltlichkeit des Bezugs der Vergabeunterlagen (Absatz 3 Satz 2) | 12 |
| | 3. Unverzügliche Übermittlung der Vergabeunterlagen (Absatz 3 Satz 3) | 14 |
| V. | Zusätzliche Informationen und ergänzende Unterlagen (Absatz 4) | 17 |
| VI. | Mindestinhalt der Aufforderung (Absatz 5) | 19 |
| | 1. Hinweis auf die veröffentlichte Bekanntmachung | 22 |
| | 2. Form und Frist der Angebotsabgabe | 23 |
| | 3. Termin und Ort des Beginns der Dialogphase beim wettbewerblichen Dialog | 24 |
| | 4. Liste der Eignungsnachweise im Falle des Verhandlungsverfahrens ohne Teilnahmewettbewerb | 26 |
| | 5. Gewichtung der Zuschlagskriterien oder absteigende Reihenfolge der Bedeutung | 29 |
| | a) Auswahl der Zuschlagskriterien | 32 |
| | b) Gewichtung der Zuschlagskriterien | 34 |
| | c) Absteigende Reihenfolge der Bedeutung | 41 |
| VII. | Gewerbliche Schutzrechte der Bieter (Absatz 6) | 43 |
| VIII. | Bietergemeinschaften (Absatz 7) | 49 |

## I. Allgemeines

### 1. Bedeutung der Vorschrift

1  Mit § 29 VSVgV wird geregelt, welche Rahmenbedingung der Auftraggeber hinsichtlich der Aufforderung der Bieter zur Abgabe eines Angebots zu beachten hat. Die Vorschrift betrifft solche Verfahren, in denen durch den Auftraggeber im Rahmen einer „zweiten Phase" diejenigen Bewerber ausgewählt werden, denen eine Aufforderung zur Angebotsabgabe übersandt wird.[1] In den Fokus genommen werden damit nicht offene Verfahren, Verhandlungsverfahren mit Teilnahmewettbewerb und der wettbewerbliche Dialog.

---

[1] Zuvor findet meist eine Eignungsprüfung anhand der mit den Teilnahmeanträgen eingereichten Unterlagen statt; vgl. *Antweiler*, in: Ziekow/Völlink, Vergaberecht, 2011, § 101 GWB Rn. 17; vgl. *Leinemann*, Das neue Vergaberecht, 2010, Rn. 363 f.

Diesen Verfahren ist es zu Eigen, dass mittels einer Beschränkung der für eine Auftragsvergabe in Frage kommenden Bieter der Verwaltungsaufwand reduziert wird.[2] Zugleich werden aber auch die Teilnahmemöglichkeiten der Bieter beschränkt.[3] Welche Bieter zur Abgabe eins Angebots aufgefordert werden, ist im Rahmen einer Eignungsprüfung zu bestimmen.[4] Diesbezüglich steht dem Auftraggeber ein **Beurteilungs- und Entscheidungsspielraum** zu, der im Rahmen eines Nachprüfungsverfahrens nur eingeschränkt überprüft werden kann.[5] Eine Prüfung auf Ermessenfehler und willkürliche Vergabe ist selbstverständlich möglich.[6]

### 2. Gemeinschaftsrechtliche Bezüge

Mit § 29 Abs. 1 bis 5 VSVgV werden die Vorgaben des Art. 34 der RL 2009/81/EG in das nationale Vergaberecht überführt.[7] Die Erwägungsgründe der Richtline äußern sich zu der Vorschrift nicht.

## II. Aufforderung zur Abgabe eines Angebots (Absatz 1)

Gem. § 19 Abs. 1 VSVgV finden die Vorgaben hinsichtlich der Aufforderung zur Abgabe eines Angebots dann Anwendung, wenn im offenen Verfahren, Verhandlungsverfahren mit Teilnahmewettbewerb und wettbewerblichen Dialog die Bewerber zur Abgabe eines Angebots aufgefordert werden sollen.

Eine Aufforderung zur Abgabe eines Angebots hat im Rahmen dieser Verfahren ausschließlich an die bereits bekannten Bewerber zu ergehen. Darüber hinaus dürfen keine (neuen) Unternehmen zur Angebotsabgabe aufgefordert werden.[8]

## III. Inhalt der Aufforderung (Absatz 2)

Die Aufforderung enthält die Vergabeunterlagen und alle diese unterstützenden bzw. ergänzenden Unterlagen. Die aus dem Wortlaut der Vorschrift folgende Trennung zwischen Aufforderung zur Angebotsabgabe und den Vergabeunterlagen wird dem Umstand, dass die Aufforderung zur Angebotsabgabe selbst Bestandteil der Vergabeunterlagen ist, eigentlich nicht gerecht.[9] Sachgerechter wäre es gewesen, von den **„weiteren Vergabeunterlagen"** zu sprechen. Auswirkungen für die Praxis ergeben sich aus dieser Nachlässigkeit des Verordnungsgebers allerdings nicht. Dieser neigt vielmehr dazu, die unterschiedlichen Begrifflichkeiten nicht trennscharf voneinander zu unterscheiden.[10]

---

2 Vgl. *Antweiler*, in: Ziekow/Völlink, Vergaberecht, 2011, § 101 GWB Rn. 17.
3 Vgl. *Antweiler*, in: Ziekow/Völlink, Vergaberecht, 2011, § 101 GWB Rn. 17.
4 Vgl. *Antweiler*, in: Ziekow/Völlink, Vergaberecht, 2011, § 101 GWB Rn. 19.
5 Vgl. *Antweiler*, in: Ziekow/Völlink, Vergaberecht, 2011, § 101 GWB Rn. 20.
6 Vgl. *Leinemann*, Das neue Vergaberecht, 2010, Rn. 366.
7 Vertiefend *Frenz*, Handbuch Europarecht, Band 3: Beihilfe- und Vergaberecht, 2007, Rn. 3237 ff.
8 Vgl. *Kaelble*, in: Müller/Wrede, Kompendium des Vergaberechts, 2008, S. 393; vgl. *Kaelble*, in: Müller/Wrede, VOL/A, 3 Aufl. 2010, § 3 EG VOL/A Rn. 284.
9 Vgl. *Niestedt/Eichler*, in: MüKo Europäisches und Deutsches Wettbewerbsrecht (Kartellrecht), Band 3: Beihilfen- und Vergaberecht, 2011, Vor §§ 97 ff. GWB Rn. 246; *Weyand*, Vergaberecht, 3. Aufl. 2011, § 8 VOL/A Rn. 9717 ff.
10 *Ritzek-Seidl*, in: Pünder/Schellenberg, Vergaberecht, 2011, § 8 VOB/A Rn. 5.

7   Was zu den Vergabeunterlagen gehört, wird durch § 16 VSVgV geregelt. Zu den Vergabeunterlagen gehören neben der Aufforderung zur Angebotsabgabe die Vertragsunterlagen und die Bewerbungsbedingungen.[11] Diese Unterlagen müssen besonders sorgfältig zusammengestellt werden, da sie die Zielsetzung verfolgen, die Anforderungen an die Angebote und die zu vergebende Leistung umfassend und abschließend zu erläutern.[12] Häufig findet sich bei den Vergabeunterlagen zudem ein seitens der Bieter auszufüllendes Angebotsschreiben,[13] das man wohl zu den **„unterstützenden Unterlagen"** zählen könnte. Hierzu gehören jedenfalls all diejenigen Unterlagen, die nicht ausdrücklich in § 16 VSVgV angegeben werden, gleichwohl aber geeignet sind, die Entscheidung der Bieter, sich am Vergabeverfahren zu beteiligen, zu beeinflussen.

8   Grundsätzlich sind die Vergabeunterlagen den Bietern auf „einem ausreichend dokumentierbaren und für alle gleichermaßen zugänglichen Weg zuzuleiten."[14] In Frage kommt somit gem. § 19 Abs. 1 VSVgV eine Übermittlung per Post, Telefax und in elektronischer Form sowie mittels einer Kombination dieser Kommunikationsmittel.

9   **PRAXISTIPP**

   *Den Auftraggebern ist anzuraten, den Versand der Aufforderung zur Abgabe eines Angebots gem. § 43 Abs. 1 VSVgV zu dokumentieren und den Zugang beim Bieter unter Anforderung einer Empfangsbestätigung aktenkundig zu machen.*[15]

10  Alternativ zur Übermittlung der Vergabeunterlagen sowie der unterstützenden Unterlagen kann die Aufforderung zur Abgabe eines Angebots die Information enthalten, wie auf die Unterlagen gem. § 20 Abs. 4 Satz 2 VSVgV elektronisch zugegriffen werden kann. Hierbei sind die Vorgaben des Anhang VI der RL 2009/81/EG zu berücksichtigen. Der **elektronische Zugriff** muss frei, direkt und vollständig erfolgen. Die Internet-Adresse, über die der Zugriff genommen werden kann, ist anzugeben.

## IV. Bezug der Vergabeunterlagen (Absatz 3)

### 1. Bezug der Vergabeunterlagen über Dritte (Absatz 3 Satz 1)

11  Wenn eine andere Stelle als der für das Vergabeverfahren zuständige Auftraggeber die Vergabeunterlagen und diese unterstützende Unterlagen bereithält, so hat der Auftraggeber in der Aufforderung zur Angebotsabgabe die Anschrift dieser Stelle anzugeben und den Zeitpunkt zu nennen, bis zu dem die Unterlagen angefordert werden können.

### 2. Entgeltlichkeit des Bezugs der Vergabeunterlagen (Absatz 3 Satz 2)

12  § 29 Abs. 3 Satz 2 VSVgV ordnet an, dass seitens des Auftraggebers im Rahmen der Aufforderung zur Angebotsabgabe auf die Kosten hinzuweisen ist, die gegenüber einer anderen Stelle gem. § 29 Abs. 3 Satz 1 VSVgV für die Erstellung und Übermittlung der Unterlagen anfallen. Zudem sind die Zahlungsbedingungen anzugeben.

---

11 *Weyand*, Vergaberecht, 3. Aufl. 2011, § 8 VOL/A Rn. 9717 ff.
12 Vgl. *Niestedt/Eichler*, in: MüKo Europäisches und Deutsches Wettbewerbsrecht (Kartellrecht), Band 3: Beihilfen- und Vergaberecht, 2011, Vor §§ 97 ff. GWB Rn. 246.
13 *Ritzek-Seidl*, in: Pünder/Schellenberg, Vergaberecht, 2011, § 8 VOB/A Rn. 5.
14 Vgl. *Reichling*, in: Müller/Wrede, VOL/A, 3. Aufl. 2010, § 15 EG VOL/A Rn. 112.
15 Vgl. *Reichling*, in: Müller/Wrede, VOL/A, 3. Aufl. 2010, § 15 EG VOL/A Rn. 113.

Die Vorschrift ist **nicht als allgemeine Kostenregelung zu verstehen**, sondern betrifft nur den Fall, dass sich der Auftraggeber hinsichtlich der Übermittlung der Vergabeunterlagen eines Dritten bedient. Mittels der Vorschrift sollen lediglich die Auslagen des Auftraggebers ersetzt werden.[16] Die Grundlage für die Berechnung des Kostenersatzes bildet dabei das seitens des Auftraggebers dem Dritten entrichtete Entgelt.[17] Berücksichtigung finden können in diesem Zusammenhang also vor allem die Vervielfältigungskosten. Hierzu gehören Sach-, Personal- und Selbstkosten (bspw. für die Beschaffung von Mustern).[18] Der Aufwand für das Erstellen der Vergabeunterlagen muss hingegen unberücksichtigt bleiben und kann nicht auf die Bieter umgelegt werden.[19]

13

### 3. Unverzügliche Übermittlung der Vergabeunterlagen (Absatz 3 Satz 3)

Die angeforderten Vergabeunterlagen und diese unterstützende Unterlagen sind unverzüglich nach Zugang der Anforderung dem anfordernden Bieter zu übermitteln. Hinsichtlich der Reaktionszeit des Auftraggebers kommt insoweit § 121 Abs. 1 BGB zur Anwendung. Hiernach ist eine Übermittlung „**ohne schuldhaftes Zögern**" erforderlich.

14

Dies hat zur Folge, dass sich der Auftraggeber regelmäßig nicht darauf berufen kann, dass die Unterlagen noch nicht fertig- oder zusammengestellt wurden.[20] Nachlässigkeiten gehen zu Lasten des Auftraggebers. Allerdings hat der Bieter keinen Anspruch darauf, dass der Auftraggeber eine besonders schnelle Übermittlungsform wählt und sich bspw. eines Boten- oder Kurierdienstes bedient.[21]

15

Nach den Umständen des Einzelfalles ist dem Auftraggeber zudem eine Prüfungs- und Überlegungsfrist zuzubilligen.[22] Dies kann bspw. dann erforderlich sein, wenn auslegungsbedürftig ist, welche Unterlagen übermittelt werden sollen. Sofortiges (und ggf. unüberlegtes) Handeln ist demnach nicht notwendig.[23]

16

## V. Zusätzliche Informationen und ergänzende Unterlagen (Absatz 4)

Sofern durch den Auftraggeber zusätzliche Informationen über die Vergabeunterlagen und sonstige ergänzende Unterlagen veröffentlicht werden, kommt § 20 Abs. 5 VSVgV zur Anwendung. Dieser bestimmt, dass der Auftraggeber die Unterlagen im Falle des nicht offenen Verfahrens spätestens sechs Tage oder im Falle des beschleunigten Verhandlungsverfahrens spätestens vier Tage vor Ablauf der für die Einreichung von Angeboten festgelegten Frist übermitteln muss.

17

Die Übermittlung dient gleichermaßen der Gleichbehandlung der Bieter sowie der Transparenz des Vergabeverfahrens. Die Übermittlung zusätzlicher bzw. ergänzender Informationen ist gem. § 43 Abs. 1 VSVgV zu dokumentieren.

18

---

16  Es handelt sich nicht um ein Honorar, vgl. *Schaller*, VOL A und B, 4. Aufl. 2008, § 20 VOL/A Rn. 20.
17  Vgl. *Schaller*, VOL A und B, 4. Aufl. 2008, § 20 VOL/A Rn. 20.
18  Vgl. *Schaller*, VOL A und B, 4. Aufl. 2008, § 20 VOL/A Rn. 6.
19  Vgl. *Schaller*, VOL A und B, 4. Aufl. 2008, § 20 VOL/A Rn. 7.
20  Vgl. *Franzius*, in: Pünder/Schellenberg, Vergaberecht, 2011, § 12 VOB/A Rn. 61.
21  Vgl. *Franzius*, in: Pünder/Schellenberg, Vergaberecht, 2011, § 12 VOB/A Rn. 61.
22  *Ellenberger*, in: Palandt, BGB, 71. Aufl. 2012, § 121 Rn. 3.
23  *Ellenberger*, in: Palandt, BGB, 71. Aufl. 2012, § 121 Rn. 3.

## VI. Mindestinhalt der Aufforderung (Absatz 5)

19 Mit § 29 Abs. 5 VSVgV wird ein **abschließender Katalog von Mindestangaben** normiert, welche die Aufforderung zur Angebotsabgabe im nicht offenen Verfahren, Verhandlungsverfahren mit Teilnahmewettbewerb und wettbewerblichen Dialog enthalten muss. Hierbei ist zu beachten, dass allein die inhaltlichen Anforderungen des § 29 Abs. 5 Nr. 5 VSVgV eine Ausnahme darstellen.[24] Angaben zur Gewichtung der Zuschlagskriterien oder die absteigende Reihenfolge der diesen Kriterien zuerkannten Bedeutung, anhand derer das wirtschaftlichste Angebot bestimmt wird, können bereits in die Bekanntmachung aufgenommen werden. Alle anderen Angaben sind obligatorisch.

20 Über die Mindestanforderungen des § 29 Abs. 2 bis 5 VSVgV hinausgehend bleibt es dem Auftraggeber überlassen, welche Angaben er mit welcher Qualität machen möchte.[25] In jedem Fall muss es dem Bieter ermöglicht werden, zu entscheiden, ob er sich mit einem Angebot am Vergabeverfahren beteiligen möchte.[26]

21 Verstöße gegen die Vorgabe des § 29 Abs. 5 VSVgV sind im Rahmen des vergaberechtlichen Nachprüfungsverfahrens überprüfbar.[27] Nachdem die Vorschrift Bieterschutz vermittelt, kann ihre Nichtbeachtung Schadensersatzansprüche nach sich ziehen.[28]

### 1. Hinweis auf die veröffentlichte Bekanntmachung

22 Die Aufforderung zur Angebotsabgabe muss gem. § 29 Abs. 5 Nr. 1 VSVgV zumindest einen **Hinweis auf die veröffentlichte Bekanntmachung** enthalten. Hierbei ist die exakte Fundstelle anzuführen.[29] Mittels dieses Hinweises sollen eine ordnungsgemäße Aktenführung erleichtert und ein sachgerechter Schriftverkehr sichergestellt werden.[30] Zudem will die Vorgabe eine ganzheitliche Bewertung des Vergabeverfahrens und seiner Anforderungen und Voraussetzungen ermöglichen.[31] Dies steigert wiederum die Transparenz und die Praktikabilität des Vergabeverfahrens.[32]

### 2. Form und Frist der Angebotsabgabe

23 Die Aufforderung zur Abgabe eines Angebots muss gem. § 28 Abs. 5 Nr. 2 VSVgV den Tag bezeichnen, bis zu dem die Angebote eingehen müssen. Sie muss die Anschrift der Stelle enthalten, bei der die Angebote einzureichen sind und die Sprache bezeichnen, in der sie abzufassen sind. Im Fall eines wettbewerblichen Dialogs ist diese Information nicht in der Aufforderung zur Teilnahme am Dialog, sondern in der Aufforderung zur Angebotsabgabe aufzuführen.

---

24 Vgl. *Gnittke/Hattig*, in: Müller/Wrede, VOL/A, 3. Aufl. 2010, § 10 EG VOL/A Rn. 17.
25 Vgl. *Rechten*, in: Kulartz/Marx/Portz/Prieß, VOL/A, 2. Aufl. 2011, § 12 VOL/A Rn. 15.
26 Vgl. *Völlink*, in: Ziekow/Völlink, Vergaberecht, 2011, § 12 VOL/A Rn. 5.
27 Vgl. *Hänsel*, in: Ziekow/Völlink, Vergaberecht, 2011, § 10 EG VOL/A Rn. 3.
28 Vgl. *Hänsel*, in: Ziekow/Völlink, Vergaberecht, 2011, § 10 EG VOL/A Rn. 3.
29 Vgl. *Ritzek-Seidl*, in: Pünder/Schellenberg, Vergaberecht, 2011, § 10 EG VOL/A Rn. 9; nach einer leicht abgemilderten Auffassung soll bspw. das Aktenzeichen der Bekanntmachung in dem elektronischen Beschaffungssystem TED (Tender Electronic Daily) genügen, *Weyand*, Vergaberecht, 3. Aufl. 2011, § 10 EG VOL/A Rn. 11648.
30 Vgl. *Gnittke/Hattig*, in: Müller/Wrede, VOL/A, 3. Aufl. 2010, § 10 EG VOL/A Rn. 18, der insoweit darauf verweist, dass die Verdingungsunterlagen aufgrund der Bekanntmachung angefordert werden. Die Bezugnahme auf die Bekanntmachung sei daher einer Bezugnahme auf ein bestimmtes Aktenzeichen vergleichbar.
31 Vgl. *Gnittke/Hattig*, in: Müller/Wrede, VOL/A, 3. Aufl. 2010, § 10 EG VOL/A Rn. 18.
32 Vgl. *Gnittke/Hattig*, in: Müller/Wrede, VOL/A, 3. Aufl. 2010, § 10 EG VOL/A Rn. 18.

## 3. Termin und Ort des Beginns der Dialogphase beim wettbewerblichen Dialog

Für den wettbewerblichen Dialog bestimmt § 29 Abs. 5 Nr. 3 VSVgV, dass in der Aufforderung zur Angebotsabgabe der Termin und der Ort des Beginns der Konsultationsphase sowie die verwendeten Sprachen anzuführen sind. Die Vorschrift soll es den Bietern ermöglichen, sich personell und organisatorisch auf die mitunter sehr zeitintensiven Dialogphasen vorbereiten zu können.[33] Sie dient zudem auch den Interessen der Auftraggeber, die im besten Fall zu einem Zeitpunkt in die Dialogphase mit Bietern eintreten können, zu welchem diese ihre Vorbereitungs- und Planungsarbeiten bereits abgeschlossen haben.[34]

> **PRAXISTIPP**
>
> Es empfiehlt sich für Auftraggeber im Interesse eines zielorientierten und effizienten Ablaufs des wettbewerblichen Dialogs, auch über die Pflichtangaben des § 29 Abs. 4 Nr. 3 VSVgV hinausgehend Angaben zu tätigen. Gnittke/Hattig schlagen bspw. vor, dass den Bietern im Rahmen der Aufforderung zur Angebotsabgabe auch ein Fristen- und Ablaufplan an die Hand gegeben werden sollte.[35] Dieser Plan soll neben den Terminen u.a. Aufschluss darüber geben, wie viele Dialogrunden vorgesehen sind.[36] Weitere Inhalte können unter Berücksichtigung der Umstände des Einzelfalles zweckmäßig erscheinen.

## 4. Liste der Eignungsnachweise im Falle des Verhandlungsverfahrens ohne Teilnahmewettbewerb

§ 29 Abs. 5 Nr. 4 VSVgV ist im Zusammenhang mit § 97 Abs. 4 GWB sowie § 21 Abs. 2 Satz 3 VSVgV und § 22 Abs. 1 Satz 1 VSVgV zu sehen. Die Vorschrift bestimmt, dass im Falle des Verhandlungsverfahrens ohne Teilnahmewettbewerb als weiterer Mindestinhalt der Aufforderung zur Angebotsabgabe eine Auflistung der seitens der Bewerber beizufügenden **Eignungsnachweise** angegeben werden muss. Diese Eignungsnachweise müssen in einem sachlichen Zusammenhang zum Gegenstand der Ausschreibung stehen und durch diesen gerechtfertigt sein.

Insgesamt ergibt sich durch die Aufnahme des § 29 Abs. 5 Nr. 4 VSVgV keine Änderung im Vergleich zur bisherigen, u.a. an den Bestimmungen der VOL/A orientierten Vergabepraxis.[37] Nach wie vor müssen bspw. Unternehmen, die im Vergabeverfahren Zugang zu Verschlusssachen erlangen möchten, die Anforderungen des Sicherheitsüberprüfungsgesetzes sowie der Verschlusssachenanweisung erfüllen.[38]

> **PRAXISTIPP**
>
> Es ist dem Auftraggeber grundsätzlich verwehrt, Eignungsnachweise nachzufordern, auf die im Rahmen der Aufforderung zur Abgabe eines Angebots nicht verwiesen wurde. Allerdings dürfte es möglich sein, dass eine Erläuterung oder

---

33 Vgl. *Gnittke/Hattig*, in: Müller/Wrede, VOL/A, 3. Aufl. 2010, § 10 EG VOL/A Rn. 19.
34 Vgl. *Gnittke/Hattig*, in: Müller/Wrede, VOL/A, 3. Aufl. 2010, § 10 EG VOL/A Rn. 19.
35 *Gnittke/Hattig*, in: Müller/Wrede, VOL/A, 3. Aufl. 2010, § 10 EG VOL/A Rn. 19.
36 *Gnittke/Hattig*, in: Müller/Wrede, VOL/A, 3. Aufl. 2010, § 10 EG VOL/A Rn. 19.
37 BR-Drs. 321/12, S. 3.
38 BR-Drs. 321/12, S. 3.

> *Vervollständigung derjenigen Eignungsnachweise nachgefordert wird, die in Folge der Benachrichtigung gem. § 29 Abs. 5 Nr. 4 VSVgV eingereicht wurden.*[39]

### 5. Gewichtung der Zuschlagskriterien oder absteigende Reihenfolge der Bedeutung

29 Schließlich macht § 29 Abs. 5 Nr. 5 VSVgV Angaben zur **Gewichtung der Zuschlagskriterien** zum Mindestinhalt der Aufforderung. Die Vorschrift dient der Transparenz des Vergabefahrens und der Gleichbehandlung der Bieter.[40]

30 Nach dem Wortlaut der Vorschrift ist alternativ zu den Zuschlagskriterien auch eine Erläuterung der absteigenden Reihenfolge der diesen Kriterien zuerkannten Bedeutung, anhand derer das wirtschaftlichste Angebot bestimmt wird, möglich.[41] Diese Variante kann im Interesse der Transparenz des Verfahrens aber nur dann zur Anwendung kommen, wenn aus nachvollziehbaren Gründen nicht angegeben werden kann, welche Gewichtung die Zuschlagskriterien erfahren sollen.[42] Entgegen dem Wortlaut handelt es sich also nicht um eine Alternative, sondern vielmehr um eine nachgelagerte Variante. Die Relevanz der Vorschrift entfällt, wenn die angeführten Mindestinhalte bereits in der Bekanntmachung enthalten sind.[43]

31 **PRAXISTIPP**

> *Wurden die von § 29 Abs. 5 Nr. 5 VSVgV geforderten Angaben nicht spätestens im Rahmen der Übermittlung der Vergabeunterlagen gemacht, liegt ein Vergabefehler vor. Dieser muss gem. § 107 Abs. 3 Nr. 3 GWB spätestens bis zum Ablauf der in der Bekanntmachung benannten Frist zur Angebotsabgabe oder zur Bewerbung gegenüber dem Auftraggeber gerügt werden.*[44]

#### a) Auswahl der Zuschlagskriterien

32 Hinsichtlich der Auswahl und Festlegung der Zuschlagskriterien ist dem Auftraggeber ein weiter Ermessensspielraum zuzubilligen, der nur beschränkt gerichtlich überprüft werden kann.[45] Grundsätzlich können alle durch § 34 Abs. 3 VSVgV benannten Kriterien von Relevanz sein. Es ist dem Auftraggeber aber auch nicht genommen, auf ein einziges Kriterium – bspw. allein auf den Preis – abzustellen.[46] Mittels der Auswahl und Gewichtung der Zuschlagskriterien muss allerdings sichergestellt werden, dass letztendlich das wirtschaftlichste Angebot den Zuschlag erhalten kann.[47] Die diesbezügliche Eignung eines

---

39 Vgl. *Müller-Wrede*, in: Müller/Wrede, VOL/A, 3. Aufl. 2010, § 7 EG VOL/A Rn. 59.
40 Es handelt sich um eine bieterschützende Vorschrift; vgl. *Verfürth*, in: Kulartz/Marx/Portz/Prieß, VOL/A, 2. Aufl. 2011, § 9 EG Rn. 8 f.
41 Die Vorschrift stellt in das Ermessen des Auftraggebers, ob dieser die Gewichtung der Zuschlagskriterien offenlegt oder sich auf die Bekanntgabe der absteigenden Reihenfolge der diesen Kriterien zuerkannten Bedeutung beschränkt.
42 Vgl. insoweit der Wortlaut des § 9 EG Abs. 2 Satz 3 VOL/A.
43 Gleichwohl ist die Wiederholung der Angaben in der Aufforderung der Abgabe eines Angebots zulässig; vgl. *Verfürth*, in: Kulartz/Marx/Portz/Prieß, VOL/A, 2. Aufl. 2011, § 9 EG Rn. 5.
44 Vgl. *Verfürth*, in: Kulartz/Marx/Portz/Prieß, VOL/A, 2. Aufl. 2011, § 9 EG Rn. 7.
45 Möglich bleibt eine Überprüfung auf sachgerechte und willkürfreie Auswahl; vgl. *Gnittke/Hattig*, in: Müller/Wrede, VOL/A, 3. Aufl. 2010, § 9 EG VOL/A Rn. 15 m.w.N.
46 Vgl. *Gnittke/Hattig*, in: Müller/Wrede, VOL/A, 3. Aufl. 2010, § 9 EG VOL/A Rn. 15 m.w.N.
47 OLG Düsseldorf, 14.1.2009 – Verg 59/08, NZBau 2009, 398, 399; vgl. *Gnittke/Hattig*, in: Müller/Wrede, VOL/A, 3. Aufl. 2010, § 9 EG VOL/A Rn. 15.

Zuschlagskriteriums richtet sich nach der Komplexität und den Anforderungen des konkreten Auftrags.[48]

**PRAXISTIPP** 33

*Von den Zuschlagskriterien sind die Eignungskriterien strikt zu trennen. Eignungskriterien werden im Rahmen einer anderen Wertungsstufe geprüft und dürfen daher im Rahmen der Zuschlagserteilung nicht berücksichtigt werden.[49] Durch ein Mehr an Eignung kann ein Weniger bei der Gewichtung der Zuschlagskriterien demnach nicht ausgeglichen werden.[50]*

### b) Gewichtung der Zuschlagskriterien

Zur Gewichtung der Zuschlagskriterien gehört, dass der Auftraggeber die Zuschlagskriterien vollständig angibt. Auf Grundlage dieser Angaben soll sich der Bieter einen Eindruck davon verschaffen können, auf welche wesentlichen Faktoren es dem Auftraggeber hinsichtlich der Angebote ankommt.[51] Der Bieter erhält die Möglichkeit, sein Angebot individuell anhand der Wünsche und Bedürfnisse des Auftraggebers auszurichten. Dies steigert die Chancen im Bieterwettbewerb. Zugleich profitiert der Auftragnehmer durch den Umstand, dass er im Falle der Berücksichtigung seiner Zuschlagskriterien keine völlig unbrauchbaren Angebote erhält.[52] 34

**PRAXISTIPP** 35

*Sofern ein Wertungsleitfaden[53] existiert, der als internes Arbeitsmittel der Vergabestelle erstellt wurde, ist auch dieser den Bietern zur Verfügung zu stellen, sofern er sich zur Konkretisierung bestimmter Angebotsinhalte und -merkmale oder der Zuschlagskriterien eignet, die für die Angebotswertung relevant sind.[54]*

§ 29 Abs. 5 Nr. 5 VSVgV ist in Übereinstimmung mit der Rechtsprechung des **EuGH**[55] im Licht des Grundsatzes der Gleichbehandlung der Wirtschaftsteilnehmer und der sich daraus ergebenden Verpflichtung zur Transparenz so auszulegen, dass im Rahmen eines Vergabeverfahrens eine nachträgliche Änderung oder Festlegung der Gewichtungskoeffizienten und Unterkriterien für die in den Verdingungsunterlagen oder in der Vergabebekanntmachung genannten Zuschlagskriterien durch den Auftraggeber nicht erfolgen darf. 36

---

48  *Gnittke/Hattig*, in: Müller/Wrede, VOL/A, 3. Aufl. 2010, § 9 EG VOL/A Rn. 15.
49  EuGH, Urt. v. 12.11.2009 – C-199/07; *Gnittke/Hattig*, in: Müller/Wrede, VOL/A, 3. Aufl. 2010, § 9 EG VOL/A Rn. 16.
50  EuGH, Urt. v. 12.11.2009 – C-199/07; *Gnittke/Hattig*, in: Müller/Wrede, VOL/A, 3. Aufl. 2010, § 9 EG VOL/A Rn. 16.
51  Vgl. *Gnittke/Hattig*, in: Müller/Wrede, VOL/A, 3. Aufl. 2010, § 10 EG VOL/A Rn. 20.
52  Vgl. *Gnittke/Hattig*, in: Müller/Wrede, VOL/A, 3. Aufl. 2010, § 10 EG VOL/A Rn. 20. Diese weisen darauf hin, dass die Angabe der Zuschlagskriterien Manipulationen des Verfahrens verhindert und die Transparenz und Nachprüfbarkeit der Zuschlagsentscheidung erhöht. Zudem könne der Auftraggeber mittels einer Festlegung der Zuschlagskriterien sich aufgrund der hieraus folgenden Selbstbindung vor der Einflussnahme Dritter schützen.
53  Zur Ausgestaltung eines Wertungsleitfadens vertiefend OLG Düsseldorf, 23.3.2005 – Verg 77/04.
54  OLG Düsseldorf, 23.3.2005 – Verg 77/04; vgl. *Brauer*, in: Kulartz/Kus/Portz, GWB-Vergaberecht, 2. Aufl. 2009, § 97 Rn. 22.
55  EuGH, Urt. v. 24.1.2008 – Rs. C-532/06, ZfBR 2008, 309, 311; dem folgend OLG München, 19.3.2009 – Verg 2/09, NZBau 2009, 341, 342; OLG Düsseldorf, 5.5.2008 – VII-Verg 5/08, NZBau 2009, 269, 270; zur Problematik auch *Hölzl*, in: MüKo Europäisches und Deutsches Wettbewerbsrecht (Kartellrecht), Band 3: Beihilfen- und Vergaberecht, 2011, § 97 GWB Rn. 314.

37 **PRAXISTIPP**

> Nach ihrer Bekanntgabe muss eine Veränderung oder Ergänzung der Gewichtung der Zuschlagskriterien sowie deren Bedeutung für die Auswahl des wirtschaftlichsten Angebots zwingend unterbleiben.

38 Aufgrund des Gebots der Transparenz und des Grundsatzes der Gleichbehandlung der Bieter können auch Unterkriterien[56] oder Gewichtungsregeln[57], mittels derer die Gewichtung der Zuschlagskriterien präzisiert wird, nur in sehr engen Grenzen verändert oder nachträglich in das Vergabeverfahren eingeführt werden.

39 Der **EuGH**[58] lässt eine nachträgliche Festlegung von Unterkriterien und Gewichtungsregeln nur unter drei alternativen Voraussetzungen zu: Der öffentliche Auftraggeber darf *erstens* keine Unterkriterien aufstellen, welche die bekannt gegebenen Hauptkriterien abändern. Die nachträglich festgelegten Kriterien dürfen *zweitens* keine Gesichtspunkte enthalten, die die Vorbereitung der Angebote hätten beeinflussen können, wenn sie im Zeitpunkt der Vorbereitung bekannt gewesen wären. *Drittens* darf der Auftraggeber keine Unterkriterien festlegen, welche geeignet sind, Bieter zu diskriminieren. Der Auffassung des **OLG Düsseldorf**[59], das eine Veränderung der Gewichtung von Unterkriterien wohl dann zulassen möchte, wenn hierdurch nicht mehr als 10% der Gesamtwertung beeinflusst werden, kann somit nur schwerlich gefolgt werden.[60]

40 Nach der Rechtsprechung der **VK Südbayern**[61] kann eine nachträgliche Änderung der Gewichtung der Zuschlagskriterien ausnahmsweise dann in Betracht gezogen werden, „wenn der Auftraggeber an ein zentrales Zuschlagskriterium, das er in den Verdingungsunterlagen oder in der Vergabebekanntmachung mitgeteilt hat, nachträglich höhere Anforderungen stellt, weil er im Verlauf des Vergabeverfahrens nach Abgabe der Angebote erkennt, dass sein Bedarf nur durch eine Leistung mit geringfügigen technischen Änderungen, die die erhöhten Anforderungen erfüllt, gedeckt werden kann." Diese Ausnahme scheint sinnvoll. Der Auftraggeber kann schließlich nicht dazu gezwungen werden, eine für ihn letztendlich unpassende Leistung zu wählen.

### c) Absteigende Reihenfolge der Bedeutung

41 Sofern nachvollziehbare Gründe hierfür vorgetragen werden können, steht es dem Auftraggeber frei, auf die Gewichtung der Zuschlagskriterien zu verzichten und die absteigende Reihenfolge der diesen Kriterien zuerkannten Bedeutung, anhand derer das wirtschaftlichste Angebot bestimmt wird, zu nennen. Nachvollziehbare Gründe müssen **objektiv vernünftig erscheinen** und unmittelbar in Zusammenhang mit dem Auf-

---

[56] „Unter Unterkriterien werden Kriterien verstanden, die die eigentlichen Zuschlagskriterien genauer ausformen und präziser darstellen, worauf es dem Auftraggeber im Einzelnen ankommt." So OLG Düsseldorf, 30.7.2009 – VII-Verg 10/09; vertiefend *Hölzl*, in: MüKo Europäisches und Deutsches Wettbewerbsrecht (Kartellrecht), Band 3: Beihilfen- und Vergaberecht, 2011, § 97 GWB Rn. 317.

[57] „Gewichtungsregeln bestimmen, wie die (zu erwartenden) Angaben der Bieter zu den einzelnen Kriterien und Unterkriterien zu bewerten sind und wie beispielsweise eine Umrechnung in Wertungspunkte erfolgt." So OLG Düsseldorf, 30.7.2009 – VII-Verg 10/09; Vertiefend *Hölzl*, in: MüKo Europäisches und Deutsches Wettbewerbsrecht (Kartellrecht), Band 3: Beihilfen- und Vergaberecht, 2011, § 97 GWB Rn. 321.

[58] EuGH, Urt. v. 24.1.2008 – Rs. C-532/06, ZfBR 2008, 309, 312; vertiefend hierzu *Hölzl*, in: MüKo Europäisches und Deutsches Wettbewerbsrecht (Kartellrecht), Band 3: Beihilfen- und Vergaberecht, 2011, § 97 GWB Rn. 316.

[59] OLG Düsseldorf, 30.7.2009 – Verg 10/09.

[60] So auch *Verfürth*, in: Kulartz/Marx/Portz/Prieß, VOL/A, 2. Aufl. 2011, § 9 EG Rn. 11.

[61] VK Südbayern, 18.3.2002 – 120.3-3194-1-04-02/02 unter Bezugnahme auf *Daub/Eberstein*, VOL/A, 5. Aufl. 2000, § 25 Rn. 11; hierzu vertiefend *Hölzl*, in: MüKo Europäisches und Deutsches Wettbewerbsrecht (Kartellrecht), Band 3: Beihilfen- und Vergaberecht, 2011, § 97 GWB Rn. 330 m.w.N.

tragsgegenstand stehen.[62] Keineswegs muss es sich hierbei um zwingende oder besonders gewichtige Gründe handeln.[63] Es genügt allerdings nicht, dass der Auftraggeber es sich einfach nur leicht macht, weil er bspw. Zeitnot ausgleichen oder sich eine eingehende Befassung mit dem Auftragsgegenstand ersparen möchte.[64] Nachvollziehbar ist der Verzicht hingegen dann, wenn die gewünschte Leistung zum Zeitpunkt der Aufforderung zur Angebotsabgabe noch nicht abschließend bestimmt werden kann.[65]

Ist der Auftraggeber zur Angabe der absteigenden Reihenfolge der Kriterien nach deren Bedeutung befugt, so ist an erster Stelle das aus seiner Sicht wichtigste Kriterium anzuführen.[66] Die weniger wichtigen Kriterien folgen diesem in absteigender Reihenfolge. Möchte der Auftraggeber mehreren Kriterien, die er für gleich bedeutsam erachtet, den gleichen Stellenwert beimessen, so kann er dies unter Verwendung eines entsprechenden Hinweises zum Ausdruck bringen.[67] Der Auftraggeber wird also nicht zwingend zur Abstufung für ihn gleichbedeutender Kriterien gezwungen. **42**

## VII. Gewerbliche Schutzrechte der Bieter (Absatz 6)

Mit § 29 Abs. 6 VSVgV wird die Regelung des § 16 EG Abs. 5 VOL/A hinsichtlich der erforderlichen Angaben im Angebot zu gewerblichen Schutzrechten übernommen.[68] Gewerbliche Schutzrechte sind Patente und Marken, Gebrauchs- und Geschmacksmuster sowie Urheberrechte. **43**

Die Vorschrift dient dem Interesse des Auftraggebers festzustellen, welche Restriktionen ihn ggf. an einer umfassenden Nutzung des Angebotsgegenstands hindern.[69] Zugleich schützt sie den Bieter, der ein Interesse daran hat, dass seine gewerblichen Schutzrechte nicht verletzt werden.[70] **44**

**BEISPIEL**

- Bestehen gewerbliche Schutzrechte, so ist es untersagt, eine Sache im Gebrauch zu verändern, sie nachzubauen, sie weiterzuentwickeln oder mit anderen Sachen zu verbinden.[71] Diesbezügliche Verstöße ziehen regelmäßig Schadensersatzansprüche nach sich.[72]

Auskünfte hinsichtlich bestehender gewerblicher Schutzrechte müssen die Bieter allerdings nicht von sich aus erteilen. Vielmehr kommt es gem. § 16 EG Abs. 5 Satz 1 VSVgV auf das diesbezügliche **Verlangen des Auftraggebers** an.[73] Ein solches Verlangen kann im Rahmen der Vergabebekanntmachung oder der Aufforderung zur Angebotsabgabe **45**

---

62 Vgl. *Gnittke/Hattig*, in: Müller/Wrede, VOL/A, 3. Aufl. 2010, § 10 EG VOL/A Rn. 51.
63 Vgl. *Verfürth*, in: Kulartz/Marx/Portz/Prieß, VOL/A, 2. Aufl. 2011, § 9 EG Rn. 17.
64 Vgl. *Gnittke/Hattig*, in: Müller/Wrede, VOL/A, 3. Aufl. 2010, § 10 EG VOL/A Rn. 51.
65 Vgl. *Gnittke/Hattig*, in: Müller/Wrede, VOL/A, 3. Aufl. 2010, § 10 EG VOL/A Rn. 52.
66 *Verfürth*, in: Kulartz/Marx/Portz/Prieß, VOL/A, 2. Aufl. 2011, § 9 EG Rn. 15.
67 *Verfürth*, in: Kulartz/Marx/Portz/Prieß, VOL/A, 2. Aufl. 2011, § 9 EG Rn. 16.
68 BR-Drs. 321/12, S. 60.
69 Vgl. *Christiani*, in: Pünder/Schellenberg, Vergaberecht, 2011, § 17 EG VOL/A Rn. 29.
70 Vgl. *Dittmann/Marx*, in: Kulartz/Marx/Portz/Prieß, VOL/A, 2. Aufl. 2011, § 16 EG Rn. 105.
71 *Dittmann/Marx*, in: Kulartz/Marx/Portz/Prieß, VOL/A, 2. Aufl. 2011, § 16 EG Rn. 105.
72 *Dittmann/Marx*, in: Kulartz/Marx/Portz/Prieß, VOL/A, 2. Aufl. 2011, § 16 EG Rn. 105.
73 Hierdurch wird dem Umstand Rechnung getragen, dass das Bestehen gewerblicher Schutzrechte nicht die Regel, sondern vielmehr die Ausnahme ist; *Lausen*, in: Müller/Wrede, VOL/A, 3. Aufl. 2010, § 16 EG VOL/A Rn. 109.

unterbreitet werden. Ebenfalls möglich wäre eine gesonderte Mitteilung, mit der ausschließlich zur Auskunft gem. § 16 EG Abs. 5 Satz 1 VSVgV aufgefordert wird.[74]

46 **PRAXISTIPP**

*Selbstverständlich ist es dem Bieter keinesfalls verwehrt, von sich aus freiwillig auf das Bestehen gewerblicher Schutzrechte hinzuweisen.*[75]

47 Von sich aus informieren muss der Bieter den Auftraggeber gem. § 16 EG Abs. 5 Satz 2 VSVgV allerdings dann, wenn er in Erwägung zieht, Angaben aus dem Angebot für die Anmeldung eines gewerblichen Schutzrechtes zu verwerten. Hierdurch soll der Auftraggeber **gewarnt und dafür sensibilisiert** werden, dass er die erforderliche Vertraulichkeit beachtet.[76] Die für die Anmeldung eines Schutzrechts maßgeblichen Inhalte eines Angebotes dürfen konkurrierenden Bietern nicht zur Kenntnis gelangen.[77]

48 Die Vorschrift schützt mithin allein den Bieter.[78] Sie ist nicht als rechtliche Verpflichtung, sondern vielmehr als Obliegenheit zu verstehen.[79] Die Missachtung dieser Obliegenheit kann zu einer Haftungsfreistellung des Auftraggebers führen, wenn aufgrund dessen Tuns eine Schutzrechtsanmeldung unmöglich wird.[80]

## VIII. Bietergemeinschaften (Absatz 7)

49 Mit § 29 Abs. 7 VSVgV wird die Regelung des § 16 EG Abs. 6 VOL/A hinsichtlich der formalen Anforderungen an Angebote von Bietergemeinschaften übernommen.[81] Zudem wird in entsprechender Anwendung des § 22 Abs. 6 VSVgV die Nachfristsetzung durch den Auftraggeber ermöglicht.[82]

50 Sofern eine Bietergemeinschaft ein Angebot abgeben möchte, bedarf es regelmäßig einer **ausdrücklichen Erklärung**, dass es sich um eine Bietergemeinschaft handelt und der Angabe, aus welchen Firmen diese gebildet wurde.[83]

**BEISPIEL**

Unter Bietergemeinschaften versteht man den Zusammenschluss mehrerer Unternehmen, die gemeinsam ein Angebot erstellen und darauf abzielen, den Auftrag arbeitsteilig auszuführen.[84] Bietergemeinschaften sind regelmäßig in der Form einer

---

74 Vgl. *Dittmann/Marx*, in: Kulartz/Marx/Portz/Prieß, VOL/A, 2. Aufl. 2011, § 16 EG Rn. 106.
75 Vgl. *Dittmann/Marx*, in: Kulartz/Marx/Portz/Prieß, VOL/A, 2. Aufl. 2011, § 16 EG Rn. 106.
76 *Marx*, in: Kulartz/Marx/Portz/Prieß, VOL/A, 2. Aufl. 2011, § 16 EG Rn. 110; *Lausen*, in: Müller/Wrede, VOL/A, 3. Aufl. 2010, § 16 EG VOL/A Rn. 111.
77 *Vavra*, in: Ziekow/Völlink, Vergaberecht, 2011, § § 13 VOL/A Rn. 5.
78 *Marx*, in: Kulartz/Marx/Portz/Prieß, VOL/A, 2. Aufl. 2011, § 16 EG Rn. 110.
79 *Marx*, in: Kulartz/Marx/Portz/Prieß, VOL/A, 2. Aufl. 2011, § 16 EG Rn. 110; *Lausen*, in: Müller/Wrede, VOL/A, 3. Aufl. 2010, § 16 EG VOL/A Rn. 111.
80 Bspw. weil die technische Lehre der Anmeldung öffentlich wird und es sich mithin nicht mehr um eine Neuheit handelt; *Marx*, in: Kulartz/Marx/Portz/Prieß, VOL/A, 2. Aufl. 2011, § 16 EG Rn. 110; vgl. *Lausen*, in: Müller/Wrede, VOL/A, 3. Aufl. 2010, § 16 EG VOL/A Rn. 111.
81 BR-Drs. 321/12, S. 60.
82 BR-Drs. 321/12, S. 60.
83 OLG Karlsruhe, 24.7.2007 – 17 Verg 6/07.
84 Hierfür bieten sich Sachverhalte an, bei denen es um die Vergabe komplexer Dienstleistungen geht, deren Erbringung die Fach- und Sachkenntnis mehrerer Unternehmen erfordert. Dies ist häufig im Bereich der Vergabe von Informationstechnologien der Fall, *Marx*, in: Kulartz/Marx/Portz/Prieß, VOL/A, 2. Aufl. 2011, § 16 EG Rn. 114.

BGB-Gesellschaft organisiert.[85] Die Rechte und Pflichten ihrer Mitglieder sind dem jeweils geltenden Gesellschaftsvertrag zu entnehmen.

Solche Bietergemeinschaften sind grundsätzlich zulässig.[86] Ihr Ausschluss setzt den gesicherten Nachweis einer unzulässigen, wettbewerbsbeschränkenden Abrede voraus.[87] Nach der Rechtsprechung des **OLG Frankfurt**[88] genügen aber selbst erhebliche Verdachtsmomente nicht. Vielmehr sind weitere Ermittlungen der Vergabestelle erforderlich.  **51**

Die von § 29 Abs. 7 Satz 1 VSVgV geforderte Erklärung kann grundsätzlich im Rahmen des Angebotsformulars oder alternativ auch mittels der Verwendung eines Begleitschreibens abgegeben werden (sog. Bietergemeinschaftserklärung).[89] Insgesamt kommt es darauf an, dass ein mit den Umständen des Einzelfalls betrauter Dritter in die Lage versetzt wird, zu erkennen, dass das Angebot einer Bietergemeinschaft vorgelegt wird.[90] Werden allerdings Vordrucke für die Bietergemeinschaftserklärung mit den Vergabeunterlagen übermittelt, so ist vorrangig der Vordruck zu verwenden.[91]  **52**

§ 29 Abs. 7 Satz 1 VSVgV verlangt von der Bietergemeinschaft zudem die Angabe des für den Abschluss und die Durchführung des Vertrages bevollmächtigen Vertreters. Der Sinn dieser Vorschrift liegt darin, dass der Auftraggeber rechtzeitig vor dem Vertragsschluss erkennen können soll, wer für die sich bewerbende Bietergemeinschaft als Ansprechpartner fungiert, wer der Vertragspartner sein soll und wer diesen verantwortlich und mit allen Rechten und Pflichten vertritt.[92] Ist aus der vorgelegten **Vollmacht** nicht ersichtlich, ob der gewünschte Vertreter rechtswirksam bevollmächtigt wurde, so bedarf die Erklärung einer Auslegung unter Berücksichtigung von Treu und Glauben sowie der Verkehrssitte.[93]  **53**

Die gem. § 29 Abs. 7 Satz 1 VSVgV erforderlichen Angaben können nach Satz 2 der Vorschrift bis zur Zuschlagserteilung nachgereicht werden.  **54**

**55**

### PRAXISTIPP

*Nach der Rechtsprechung des **OLG Karlsruhe**[94] ist zu beachten, dass zunächst kein rechtswirksames Angebot vorliegt, wenn nicht alle Mitglieder der Bietergemeinschaft oder deren später bezeichneter Vertreter das Angebot unterzeichnet haben. Ein solcher Mangel kann aber nachträglich durch Genehmigung geheilt werden.[95]*

Die Bildung einer Bietergemeinschaft kann nicht beanstandet werden, wenn deren Gründung dem Zeitpunkt der Aufforderung zur Abgabe eines Angebots folgt.[96] Die beteiligten Unternehmen können nämlich regelmäßig erst nach der Befassung mit den Ver-  **56**

---

85 Marx, in: Kulartz/Marx/Portz/Prieß, VOL/A, 2. Aufl. 2011, § 16 EG Rn. 113; Lausen, in: Müller/Wrede, VOL/A, 3. Aufl. 2010, § 16 EG VOL/A Rn. 114.
86 Vgl. Vavra, in: Ziekow/Völlink, Vergaberecht, 2011, § 13 VOB/A Rn. 21. Grundsätzlich sind Sie daher auch wie Einzelbieter zu behandeln, Marx, in: Kulartz/Marx/Portz/Prieß, VOL/A, 2. Aufl. 2011, § 16 EG Rn. 112.
87 OLG Frankfurt, 27.6.2003 – 11 Verg 2/03.
88 OLG Frankfurt, 27.6.2003 – 11 Verg 2/03.
89 OLG Karlsruhe, 24.7.2007 – 17 Verg 6/07.
90 OLG Karlsruhe, 24.7.2007 – 17 Verg 6/07.
91 OLG Karlsruhe, 24.7.2007 – 17 Verg 6/07.
92 OLG Karlsruhe, 24.7.2007 – 17 Verg 6/07.
93 Lausen, in: Müller/Wrede, VOL/A, 3. Aufl. 2010, § 16 EG VOL/A Rn. 118.
94 OLG Karlsruhe, 24.7.2007 – 17 Verg 6/07; Lausen, in: Müller/Wrede, VOL/A, 3. Aufl. 2010, § 16 EG VOL/A Rn. 119.
95 OLG Karlsruhe, 24.7.2007 – 17 Verg 6/07; Lausen, in: Müller/Wrede, VOL/A, 3. Aufl. 2010, § 16 EG VOL/A Rn. 119.
96 Vavra, in: Ziekow/Völlink, Vergaberecht, 2011, § 13 VOB/A Rn. 22.

gabeunterlagen bewerten, ob sie über das Know-how verfügen, um den Auftrag selbst zu erbringen oder ob sie eine Kooperationsform wählen müssen.[97]

57 Nicht abschließend geklärt ist bislang, ob die nach der Abgabe des Angebots folgende Änderung der Zusammensetzung einer Bietergemeinschaft zum Ausschluss des Angebots führen kann.[98] Dies dürfte solange nicht der Fall sein, wie die Bietergemeinschaft als BGB-Gesellschaft fortbesteht.[99]

58 In entsprechender Anwendung von § 22 Abs. 6 VSVgV steht es dem Auftraggeber frei, zur Beibringung der Angaben der Bietergemeinschaft eine **Nachfrist** zu setzen. Wird auch diese Nachfrist seitens der Bietergemeinschaft nicht beachtet, so ist Letztere vom Vergabeverfahren auszuschließen.

---

97 *Vavra*, in: Ziekow/Völlink, Vergaberecht, 2011, § 13 VOB/A Rn. 22.
98 Vertiefend hierzu *Vavra*, in: Ziekow/Völlink, Vergaberecht, 2011, § 13 VOB/A Rn. 23.
99 Vgl. *Vavra*, in: Ziekow/Völlink, Vergaberecht, 2011, § 13 VOB/A Rn. 23.

## § 30
## Öffnung der Angebote

(1) Auf dem Postweg und direkt übermittelte Angebote sind ungeöffnet zu lassen, mit Eingangsvermerk zu versehen und bis zum Zeitpunkt der Öffnung unter Verschluss zu halten. Elektronische Angebote sind auf geeignete Weise zu kennzeichnen und verschlüsselt aufzubewahren. Mittels Telefax eingereichte Angebote sind ebenfalls entsprechend zu kennzeichnen und auf geeignete Weise unter Verschluss zu halten.

(2) Die Öffnung der Angebote wird von mindestens zwei Vertretern des Auftraggebers gemeinsam durchgeführt und dokumentiert. Bieter sind nicht zugelassen. Dabei wird mindestens festgehalten:

1. Name und Anschrift der Bieter,
2. die Endbeträge ihrer Angebote und andere den Preis betreffenden Angaben,
3. ob und von wem Nebenangebote eingereicht worden sind.

(3) Die Angebote und ihre Anlagen sowie die Dokumentation über die Angebotsöffnung sind auch nach Abschluss des Vergabeverfahrens sorgfältig zu verwahren und vertraulich zu behandeln.

## Übersicht

| | | Rn. |
|---|---|---|
| I. | Allgemeine Grundlagen | 1 |
| II. | Zweck und Zielsetzung | 6 |
| III. | Umgang mit Angeboten bis zur Öffnung (Absatz 1) | 7 |
| | 1. Schriftliche Angebote (Absatz 1 Satz 1) | 10 |
| | 2. Elektronische Angebote (Absatz 1 Satz 2) | 15 |
| | 3. Mittels Telefax eingereichte Angebote (Absatz 1 Satz 3) | 20 |
| IV. | Öffnung der Angebote und Dokumentation (Absatz 2) | 22 |
| | 1. Ablauf der Angebotsfrist | 24 |
| | 2. Feststellung der Unversehrtheit | 26 |
| | 3. Öffnung, Dokumentation und Kennzeichnung | 28 |
| | 4. Vieraugenprinzip | 33 |
| V. | Aufbewahrung und Vertraulichkeit (Absatz 3) | 37 |

## I. Allgemeine Grundlagen

§ 30 VSVgV entspricht § 14 VOL/A bzw. § 17 EG-VOL/A.[1] Die Vorschrift regelt die Förmlichkeiten, die im Zusammenhang mit der Öffnung der Angebote beachtet werden

1

---

1  Die korrespondierenden Vorschriften der VOL/A wurden im Vergleich zu ihren Vorgängerregelungen stark verkürzt. Dies wirft die Frage auf, ob auch die gestrichenen Inhalte als Ausfluss allgemeiner Vergabegrundsätze fortgelten; vgl. *Müller-Wrede*, in: Müller-Wrede, VOL/A, 3. Aufl. 2010, § 17 EG Rn. 2.

müssen.[2] Vor allem geht es dabei um die Mindestanforderungen, die seitens der Auftraggeber zu berücksichtigen sind. Die Regelungen sind nicht abschließend. Weitere formale Voraussetzungen können der zu den Bestimmungen der VOL/A ergangenen Rechtsprechung entnommen werden.[3] Diese Rechtsprechung, die teilweise noch in der VOL/A-2006 normiert war, ist als Ausfluss der allgemeinen Vergabegrundsätze[4] auch unter Geltung des § 30 VSVgV zur Anwendung zu bringen.

2 Abs. 1 der Norm befasst sich mit der Behandlung und der Unterverschlusshaltung postalisch, elektronisch oder per Fax eingereichter Angebote. In Abs. 2 finden sich Vorgaben zur Durchführung und Dokumentation des Eröffnungstermins. Schließlich finden sich Bestimmungen hinsichtlich der Gewährleistung der Vertraulichkeit der Angebote in Abs. 3 der Vorschrift.

3 In zeitlicher Hinsicht dreht sich der Inhalt der § 30 VSVgV rund um den **Eröffnungstermin**. Mit diesem werden der Tag und die Stunde bezeichnet, in denen die Angebotsfrist (vgl. § 20 Abs. 1 VSVgV) abläuft.[5] Nach herrschender Auffassung hat dies für den Geltungsbereich der VOB/A zur Folge, dass der Eröffnungstermin und das Ende der Angebotsfrist zeitlich aufeinandertreffen.[6] Dem kann im Geltungsbereich der VSVgV nicht gefolgt werden.[7] Tatsächlich verhält es sich hier nämlich so, dass dem Auftraggeber ein legitimes Interesse zuzubilligen ist, die beiden Verfahrensschritte zeitlich voneinander zu entkoppeln. Wäre dies nicht der Fall, müsste er die Gefahr in Kauf nehmen, dass eingegangene Angebote in dem zur Öffnung bestimmten Zeitpunkt nicht verfügbar sind, weil sie sich bspw. noch im hausinternen Postlauf befinden.[8]

4 **PRAXISTIPP**

*Es empfiehlt sich zwischen dem Ende der Angebotsfrist und dem Eröffnungstermin einen Zeitpuffer zwischenzuschalten, damit gewährleistet werden kann, dass zum Zeitpunkt der Öffnung auch alle Angebote berücksichtigt werden können, die tatsächlich fristgemäß eingereicht wurden.*[9]

5 Die Regelung des § 30 VSVgV kommt grundsätzlich hinsichtlich der Angebotsphase sämtlicher Verfahrensarten zur Anwendung. Eine Differenzierung ist nicht vorgesehen. Ausgenommen ist hiervon der wettbewerbliche Dialog, der mit § 13 VSVgV eine eigenständige, detaillierte Regelung erfährt.[10]

---

2   Zum Ansetzen der Vorschrift an der Schnittstelle zwischen dem Ende der Angebotsfrist und dem Beginn der Zuschlagsfrist vgl. *Marx/Portz*, in: Kulartz/Marx/Portz/Prieß, VOL/A, 2. Aufl. 2011, § 17 EG Rn. 1.
3   Insoweit ist insbesondere die Rechtsprechung zu § 22 VOL/A-2006 zu beachten; vgl. Vgl. *Herrmann*, in: Ziekow/Völlink, Vergaberecht, 2011, § 14 VOL/A Rn. 3; *Christiani*, in: Pünder/Schellenberg, Vergaberecht, 2011, § 17 EG VOL/A Rn. 1.
4   Insbesondere das Transparenzgebot und der Wettbewerbsgrundsatz sind insoweit von Bedeutung; *Christiani*, in: Pünder/Schellenberg, Vergaberecht, 2011, § 17 EG VOL/A Rn. 1.
5   Vgl. *Kratzenberg*, in: Vygen/Kratzenberg, VOB Teile A und B, 17. Aufl. 2010, § 14 VOB/A Rn. 2; hierzu auch OLG Jena, 22.4.2004 – 6 Verg 2/04.
6   Vgl. *Kratzenberg*, in: Vygen/Kratzenberg, VOB Teile A und B, 17. Aufl. 2010, § 14 VOB/A Rn. 2; hierzu auch OLG Jena, 22.4.2004 – 6 Verg 2/04.
7   OLG Jena, 22.4.2004 – 6 Verg 2/04.
8   OLG Jena, 22.4.2004 – 6 Verg 2/04.
9   Vgl. OLG Jena, 22.4.2004 – 6 Verg 2/04.
10  Die Regelung des § 13 VSVgV ist insoweit abschließend; vgl. *Müller-Wrede*, in: Müller-Wrede, VOL/A, 3. Aufl. 2010, § 17 EG Rn. 12; vgl. *Marx/Portz*, in: Kulartz/Marx/Portz/Prieß, VOL/A, 2. Aufl. 2011, § 17 EG Rn. 4, 6.

## II. Zweck und Zielsetzung

§ 30 VSVgV ist eine der zentralen Vorschriften hinsichtlich der Durchführung eines förmlichen Vergabeverfahrens[11] und der Gewährleistung des Geheimwettbewerbs.[12] Die im Rahmen des Vergabeverfahrens zu beachtende Förmlichkeit und Formstrenge sind charakteristisch für ein transparentes und wettbewerbliches Vergabeverfahren.[13] Die zu beachtende Formstrenge ist also kein Selbstzweck, sondern dient der Umsetzung der Vorgaben des § 97 Abs. 1, Abs. 2 GWB.[14]

## III. Umgang mit Angeboten bis zur Öffnung (Absatz 1)

Der **Verschluss bzw. die Verschlüsselung der Angebote** bezweckt die Aufrechterhaltung eines ordnungsgemäßen Wettbewerbs.[15] Es soll verhindert werden, dass einzelne Bieter nachträglich ihr eigenes Angebot überarbeiten, wenn sie Informationen hinsichtlich der Angebote konkurrierender Bieter erhalten, was bspw. im Falle eines Zusammenwirkens des Bieters mit einem Mitarbeiter des Auftraggebers möglich wäre.[16] Ein Auftraggeber, der seiner Verpflichtung aus § 30 Abs. 1 VSVgV schuldhaft nicht nachkommt, bricht das zwischen ihm und den Bietern bestehende Vertrauensverhältnis.[17] Aus einem solchen **Vertrauensbruch** können sich **Schadensersatzansprüche** ableiten lassen.[18]

> **PRAXISTIPP**
>
> *Es liegt im eigenen Interesse des Auftraggebers, die erforderlichen Vorkehrungen für eine vertrauliche Aufbewahrung der Angebote zu treffen. Hierzu gehört einerseits die Verwahrung der Angebote an einem sicheren Ort, andererseits aber auch, dass nur sorgfältig ausgewählte Personen Zugang zu den Angeboten erhalten.[19]*

Eine versehentliche vor dem Öffnungstermin erfolgende Öffnung eines Angebots kann ausnahmsweise unschädlich sein und muss nicht zur Aufhebung der Ausschreibung führen, wenn das Angebot sofort wieder verschlossen wird.[20] Dies gilt aber nur dann, wenn ausgeschlossen werden kann, dass das Angebot vorsätzlich mit der Zielsetzung, in den Wettbewerb einzugreifen, geöffnet wurde.[21] Ist ein **Wiederverschluss** möglich, so ist dem Angebot ein Vermerk beizufügen, aus dem ersichtlich wird, wer an der ver-

---

11 Vgl. *Marx/Portz*, in: Kulartz/Marx/Portz/Prieß, VOL/A, 2. Aufl. 2011, § 17 EG Rn. 3.
12 *Müller-Wrede*, in: Müller-Wrede, VOL/A, 3. Aufl. 2010, § 17 EG Rn. 3.
13 Vgl. *Marx/Portz*, in: Kulartz/Marx/Portz/Prieß, VOL/A, 2. Aufl. 2011, § 17 EG Rn. 3.
14 Vgl. *Marx/Portz*, in: Kulartz/Marx/Portz/Prieß, VOL/A, 2. Aufl. 2011, § 17 EG Rn. 3.
15 VK Südbayern, 29.7.2008 – Z3-3-3194-1-18-05/08.
16 VK Südbayern, 29.7.2008 – Z3-3-3194-1-18-05/08; VK Lüneburg, v. 20.8.2002 – 203-VgK-12/2002.
17 Vgl. *Kratzenberg*, in: Vygen/Kratzenberg, VOB Teile A und B, 17. Aufl. 2010, § 14 VOB/A Rn. 11.
18 Vgl. *Kratzenberg*, in: Vygen/Kratzenberg, VOB Teile A und B, 17. Aufl. 2010, § 14 VOB/A Rn. 11; vgl. *Herrmann*, in: Ziekow/Völlink, Vergaberecht, 2011, § 14 VOL/A Rn. 14.
19 Der Auftraggeber hat für das Verschulden der von ihm eingesetzten Hilfspersonen gem. § 278 BGB wie für eigenes einzustehen; vgl. *Kratzenberg*, in: Vygen/Kratzenberg, VOB Teile A und B, 17. Aufl. 2010, § 14 VOB/A Rn. 11.
20 Vgl. *Kratzenberg*, in: Vygen/Kratzenberg, VOB Teile A und B, 17. Aufl. 2010, § 14 VOB/A Rn. 13; *Herrmann*, in: Ziekow/Völlink, Vergaberecht, 2011, § 14 VOL/A Rn. 5; vgl. *Marx/Portz*, in: Kulartz/Marx/Portz/Prieß, VOL/A, 2. Aufl. 2011, § 17 EG Rn. 14.
21 A.A. wohl Vgl. *Kratzenberg*, in: Vygen/Kratzenberg, VOB Teile A und B, 17. Aufl. 2010, § 14 VOB/A Rn. 13, der die Beweislast für den Umstand, dass das Angebot zur Ermöglichung von Manipulationen vorzeitig geöffnet wurde, auf Seiten des Auftraggeber verortet.

sehentlichen Öffnung beteiligt war, wann diese erfolgte und wann erneut der Verschluss sichergestellt werden konnte.[22]

## 1. Schriftliche Angebote (Absatz 1 Satz 1)

10 Auf dem Postweg und direkt übermittelte Angebote sind von ihrem Eingang an bis zum Zeitpunkt ihrer Öffnung unter Verschluss zu halten und dem Zugriff Dritter zu entziehen. Die Vorschrift vermeidet, von „schriftlichen Angeboten" zu sprechen. Nachdem mit § 30 Abs. 1 Satz 3 VSVgV nunmehr eine gesonderte Regelung für die per Telefax eingereichten Angebote geschaffen wurde, ist eine Unterscheidung zwischen direkt übermittelten Angeboten und schriftlichen Angeboten allerdings grundsätzlich hinfällig geworden.[23]

11 **PRAXISTIPP**

*Im Interesse an einer möglichst zeitnahen Bearbeitung und Berücksichtigung empfiehlt es sich für den Bieter, sein Angebot durch einen gut sichtbaren Hinweis von außen erkennbar als Angebot, das ungeöffnet an die Vergabestelle weiterzuleiten ist, zu kennzeichnen.*[24]

12 Die Angebote sind seitens des Auftraggebers mit einem **Eingangsvermerk** zu versehen. Im Gegensatz zu § 22 Nr. 1 Satz 2 VOL/A-2006 sprechen § 17 EG VOL/A bzw. § 30 VSVgV eine Verpflichtung zur Anbringung eines Eingangsvermerks durch an der Vergabe nicht beteiligte Mitarbeiter nicht mehr aus. Gleichwohl sollte diese bewährte Praxis im Interesse eines transparenten und unbeeinflussten Wettbewerbs beibehalten werden.[25]

13 **PRAXISTIPP**

*Es empfiehlt sich im Interesse der Transparenz und Überprüfbarkeit des Vergabeverfahrens, dass seitens eines Beauftragten des Auftraggebers an der Zusendung des Angebots ein Eingangsvermerk (Datum, Uhrzeit*[26]*) angebracht wird.*[27] *Hierbei sollte eine Person eingesetzt werden, die an der Vergabe nicht beteilig ist (vgl. § 22 Nr. 1 Satz 2 VOL/A-2006).*[28] *Der Eingangsvermerk muss seinen Aussteller erkennen lassen, damit auch in Vertretungs- und Mehrfachvertretungsfällen unkompliziert festgestellt werden kann, wer die Sendung entgegengenommen und verwahrt hat.*[29] *Ein Namenszeichen oder eine Unterschrift genügen.*[30]

14 Das Tatbestandsmerkmal „unter Verschluss halten" fordert einen **Verwahrung**, mittels derer sichergestellt werden kann, dass die Angebote nicht vorzeitig geöffnet werden und

---

22 Vgl. *Kratzenberg*, in: Vygen/Kratzenberg, VOB Teile A und B, 17. Aufl. 2010, § 14 VOB/A Rn. 13.
23 Zum Diskussionsstand im Kontext des § 13 Abs. 1 Satz 2 VOL/A *Weyand*, Vergaberecht, 3. Aufl. 2011, § 13 VOL/A Rn. 10128.
24 Vgl. *Marx/Portz*, in: Kulartz/Marx/Portz/Prieß, VOL/A, 2. Aufl. 2011, § 17 EG Rn. 10.
25 Mittels des Eingangsvermerks kann zudem nachgewiesen werden, ob ein Angebot fristgerecht oder verspätet eingegangen ist; vgl. *Müller-Wrede*, in: Müller-Wrede, VOL/A, 3. Aufl. 2010, § 17 EG Rn. 8.
26 VK Hessen, 24.3.2004 – 69d VK-09/2004; vgl. *Müller-Wrede*, in: Müller-Wrede, VOL/A, 3. Aufl. 2010, § 17 EG Rn. 9; vgl. *Marx/Portz*, in: Kulartz/Marx/Portz/Prieß, VOL/A, 2. Aufl. 2011, § 17 EG Rn. 12.
27 Empfohlen werden zudem das Anbringen einer laufenden Nummer der Angebote sowie die Verwendung eines Lochstempels; vgl. *Marx/Portz*, in: Kulartz/Marx/Portz/Prieß, VOL/A, 2. Aufl. 2011, § 17 EG Rn. 12.
28 Vgl. *Christiani*, in: Pünder/Schellenberg, Vergaberecht, 2011, § 17 EG VOL/A Rn. 5.
29 Vgl. OLG Naumburg, v. 27.5.2010 – 1 Verg 1/10, ZfBR 2010, 714, 718 f.; vgl. OLG Naumburg, 31.3.2008 – 1 Verg 1/08, ZfBR 2008, 725, 729.
30 Vgl. OLG Naumburg, 31.3.2008 – 1 Verg 1/08; vgl. *Müller-Wrede*, in: Müller-Wrede, VOL/A, 3. Aufl. 2010, § 17 EG Rn. 9.

unbefugten Personen zur Kenntnis gelangen können.[31] Per Post eingesandte Angebote sind somit in einem verschlossenen Umschlag einzureichen und sollten seitens der Bieter als solche mittels eines Vermerks auf dem Umschlag bezeichnet werden. Zudem müssen sie seitens der Auftraggeber bis zum vorher bestimmten Öffnungstermin unter Verschluss gehalten werden.[32] Der Auftragnehmer hat also sicherzustellen, dass sich die Angebote an einem sicheren Ort befinden, der nur von hierzu befugten Mitarbeitern betreten werden kann.[33] Die Aufbewahrung in einem Tresor oder besonders gesicherten Schrank ist ebenfalls möglich.[34]

## 2. Elektronische Angebote (Absatz 1 Satz 2)

Elektronisch eingereichte Angebote sind durch den Auftraggeber in geeigneter Weise zu kennzeichnen und verschlüsselt aufzubewahren. Die Zulassung der **elektronischen Angebotsabgabe** dient der Förderung der elektronischen Vergabe öffentlicher Aufträge,[35] der nach dem Willen der Europäischen Kommission zum Durchbruch verholfen werden soll.[36]  15

Für den Bieter folgt aus § 31 Abs. 2 Nr. 2 VSVgV, dass er im Falle der elektronischen Angebotsabgabe eine **fortgeschrittene elektronische Signatur** nach dem Signaturgesetz verwenden muss.[37] Berücksichtigt er dies nicht, ist das Angebot von der Wertung auszuschließen.  16

Wie die Kennzeichnung der Angebote durch den Auftraggeber im Falle der Verwendung elektronischer Kommunikationsmittel zu erfolgen hat, sagt die Vorschrift leider nicht.[38] In der Praxis dürfte sich empfehlen, Angebote, die auf einem Datenträger übermittelt werden, in einem verschlossenen Umschlag zu verwahren und diesen mit einem Eingangsvermerk zu versehen. Bei Verwendung von CDs und DVDs bietet sich zudem eine „Versiegelung" der Hülle sowie das Anbringen eines entsprechenden Aufklebers an.[39]  17

Im Falle der Einreichung eines Angebots online, steht es dem Auftraggeber grundsätzlich frei, sich eines elektronischen Bestätigungssystems seiner Wahl zu bedienen.[40] Hierbei muss es sich allerdings um einen „**elektronischen Eingangsvermerk**"[41] handeln, der die in der analogen Welt erforderlichen Angaben enthält.[42]  18

Obgleich online eingereichte Angebote auch auf einen Datenspeicher gebracht und dann in einem verschlossenen Umschlag aufbewahrt werden könnten, empfiehlt sich diese Vorgehensweise nicht. Vielmehr sollte das Angebot verschlüsselt und in einer hierfür gesondert eingerichteten Datei gespeichert werden.[43]  19

---

31  Vgl. *Herrmann*, in: Ziekow/Völlink, Vergaberecht, 2011, § 14 VOL/A Rn. 4.
32  VK Südbayern, 29.7.2008 – Z3-3-3194-1-18-05/08; vgl. *Christiani*, in: Pünder/Schellenberg, Vergaberecht, 2011, § 17 EG VOL/A Rn. 4.
33  Vgl. OLG Hamburg, 21.1.2004 – 1 Verg 5/03.
34  Vgl. *Müller-Wrede*, in: Müller-Wrede, VOL/A, 3. Aufl. 2010, § 17 EG Rn. 7.
35  Zur e-Vergabe bspw. *Höfler*, NZBau 200, 449; *Paul*, Das elektronische Vergabeverfahren; 2008. Weyand, Vergaberecht, 3. Aufl. 2011, § 13 VOL/A Rn. 10157 ff.
36  *Weyand*, Vergaberecht, 3. Aufl. 2011, § 13 VOL/A Rn. 10157.
37  Vgl. *Marx/Portz*, in: Kulartz/Marx/Portz/Prieß, VOL/A, 2. Aufl. 2011, § 17 EG Rn. 17.
38  Vgl. *Herten-Koch/Demmel*, NZBau 2002, 482, 485.
39  Vgl. *Marx/Portz*, in: Kulartz/Marx/Portz/Prieß, VOL/A, 2. Aufl. 2011, § 17 EG Rn. 18.
40  Vgl. *Herten-Koch/Demmel*, NZBau 2002, 482, 485; vgl. *Christiani*, in: Pünder/Schellenberg, Vergaberecht, 2011, § 17 EG VOL/A Rn. 5.
41  Zum technischen Ablauf vgl. *Marx/Portz*, in: Kulartz/Marx/Portz/Prieß, VOL/A, 2. Aufl. 2011, § 17 EG Rn. 19.
42  Vgl. *Müller-Wrede*, in: Müller-Wrede, VOL/A, 3. Aufl. 2010, § 17 EG Rn. 10.
43  Die Funktion des verschlossenen Umschlags übernimmt dann die Verschlüsselung; vgl. *Müller-Wrede*, in: Müller-Wrede, VOL/A, 3. Aufl. 2010, § 17 EG Rn. 10 m.w.N.; vgl. *Marx/Portz*, in: Kulartz/Marx/Portz/Prieß, VOL/A, 2. Aufl. 2011, § 17 EG Rn. 19.

### 3. Mittels Telefax eingereichte Angebote (Absatz 1 Satz 3)

20  Sofern ein Angebot unter Verwendung eines Telefaxgeräts eingereicht wird, kann es nur schwerlich verschlossen bzw. ungeöffnet bleiben, da die Telefax-Technologie auf einem offenen Versand beruht.[44] In diesem Fall fordert § 30 Abs. 1 Satz 3 VSVgV, dass die Angebote mit einem Eingangsvermerk zu kennzeichnen und auf geeignete Weise unter Verschluss zu halten sind.[45]

21  **PRAXISTIPP**

*Angesichts des offenen Zuganges eines Telefaxes kann vom Auftraggeber verlangt werden, dass er zumutbare Vorkehrungen trifft und dafür Sorge trägt, dass die Vertraulichkeit der Angebote gleichwohl weitgehend gewahrt wird. Der Zugang zu dem für den Empfang der Angebote vorgesehenen Faxgerät sollte also beschränkt sein. Zudem sollte eine zeitnahe Unterverschlussnahme der empfangenen Angebote sichergestellt werden.[46]*

## IV. Öffnung der Angebote und Dokumentation (Absatz 2)

22  § 30 Abs. 2 VSVgV lässt anders als § 10 Abs. 2 VOB/A eine Unterscheidung zwischen dem Zeitpunkt des Ablaufs der Angebotsfrist und dem Zeitpunkt der Öffnung der Angebote zu.[47] Dennoch sollte die **Öffnung der Angebote** im Interesse einer möglichst baldigen Zuschlagserteilung zeitnah nach dem Ablauf der Angebotsfrist stattfinden.[48] Dies bedeutet, dass sich der Auftraggeber ordnungsgemäß auf den **Eröffnungstermin** vorbereiten darf. Hierzu gehört auch die Prüfung, ob alle fristgerecht eingereichten Angebote den internen Postlauf verlassen haben und vorgelegt wurden.

23  Im Gegensatz zu § 14 Abs. 1 Satz 1 VOB/A sind zum Öffnungstermin gem. 30 Abs. 2 Satz 2 VSVgV Bieter nicht zugelassen.[49] Dies hat zur Folge, dass eine Verschiebung des Termins wegen eines unvorhergesehenen Ereignisses, das einen oder mehrere Bieter betrifft, nicht in Frage kommt.[50] Zudem entfällt die im Geltungsbereich der VOB/A obligatorische Verlesung der Angebote.[51]

---

44 Vgl. *Herrmann*, in: Ziekow/Völlink, Vergaberecht, 2011, § 14 VOL/A Rn. 4.
45 Die praktische Umsetzbarkeit der Vorschrift stellt in Frage *Christiani*, in: Pünder/Schellenberg, Vergaberecht, 2011, § 17 EG VOL/A Rn. 8.
46 Im Schrifttum wird hingegen von der Zulassung von Angeboten per Telefax abgeraten und empfohlen, sich auf die in der Praxis bewährten Übermittlungsarten zu beschränken; *Müller-Wrede*, in: Müller-Wrede, VOL/A, 3. Aufl. 2010, § 17 EG Rn. 11.
47 Vgl. *Müller-Wrede*, in: Müller-Wrede, VOL/A, 3. Aufl. 2010, § 17 EG Rn. 13.
48 Vgl. *Herrmann*, in: Ziekow/Völlink, Vergaberecht, 2011, § 14 VOL/A Rn. 6, der die Feststellung trifft, dass der Eröffnungstermin dem Ablauf der Angebotsfrist unverzüglich i.S.v. § 121 BGB zu folgen hat; vgl. *Müller-Wrede*, in: Müller-Wrede, VOL/A, 3. Aufl. 2010, § 17 EG Rn. 13.
49 Hierdurch unterscheiden sich VOL/A und VSVgV grundsätzlich von den Bestimmungen der VOB/A; *Herrmann*, in: Ziekow/Völlink, Vergaberecht, 2011, § 14 VOL/A Rn. 2. Die Vorschrift soll gewährleisten, dass sich die am Vergabeverfahren beteiligten Bieter mit den Preisen ihrer Konkurrenz vertraut machen können; vgl. *Müller-Wrede*, in: Müller-Wrede, VOL/A, 3. Aufl. 2010, § 17 EG Rn. 15; vgl. *Marx/Portz*, in: Kulartz/Marx/Portz/Prieß, VOL/A, 2. Aufl. 2011, § 17 EG Rn. 22.
50 Vgl. zur Möglichkeit einer Verschiebung des Termins gem. § 14 Abs. 1 Satz 1 VOB/A *Kratzenberg*, in: Vygen/Kratzenberg, VOB Teile A und B, 17. Aufl. 2010, § 14 VOB/A Rn. 7.
51 *Christiani*, in: Pünder/Schellenberg, Vergaberecht, 2011, § 17 EG VOL/A Rn. 3.

## 1. Ablauf der Angebotsfrist

Nach Ablauf der Angebotsfrist eingegangene Angebote unterliegen zwingend dem Ausschluss vom Wettbewerb.[52] Es kann den Bietern also nicht gestattet werden, Angebote noch bis zum Beginn der Submission (Öffnung der Angebote) nachzureichen.[53] Beachtet der Auftraggeber diese Vorgaben nicht und lässt er verspätete Angebote dennoch zu, so kann er sich hierdurch gegenüber benachteiligten Bietern, die die Angebotsfrist eingehalten haben, schadensersatzpflichtig machen.[54]

Problematisch gestaltet sich der Umgang mit Angeboten, die dem Auftraggeber nachweislich fristgerecht zugegangen sind, aber aus vom Bieter nicht zu vertretenden Gründen im Eröffnungstermin nicht geöffnet wurden. Solche Angebote dürfen gem. § 31 VSVgV nicht ausgeschlossen werden.[55] Kann der Bieter den fristgerechten Zugang des Angebots beweisen, so liegt die Beweislast für den Umstand, dass er die verspätete Vorlage des Angebots im Öffnungstermin nicht zu vertreten hat, beim Auftraggeber.[56]

## 2. Feststellung der Unversehrtheit

§ 22 Nr. 3 VOL/A-2006 sah vor, dass der Verhandlungsleiter im Rahmen des Eröffnungstermins festzustellen hatte, ob die Angebote ordnungsgemäß verschlossen und äußerlich gekennzeichnet bzw. verschlüsselt sind. Zudem hatte der Verhandlungsleiter unter Geltung der Vorschrift den fristgemäßen Eingang zu kontrollieren. In § 17 EG VOL/A bzw. § 30 VSVgV wird hierauf nicht mehr gesondert hingewiesen. Allerdings kann mit Hinblick auf § 31 Abs. 2 Nr. 5 VSVgV vom Erfordernis einer solchen Feststellung und Prüfung ausgegangen werden.[57] Nicht ordnungsgemäß eingegangene Angebote können im Vergabeverfahren nicht berücksichtigt werden.[58]

Die **Feststellung der Unversehrtheit** der Angebote dient nicht nur der Wahrung des Geheimwettbewerbs, sondern auch dem Interesse der Auftraggeber, die ggf. vor dem Hintergrund von Schadensersatzforderungen den Nachweis für eine ordnungsgemäße Verwahrung der Angebote führen müssen.[59]

## 3. Öffnung, Dokumentation und Kennzeichnung

Die Öffnung der Angebote ist zu dokumentieren. Der Mindestinhalt der Dokumentation kann § 30 Abs. 2 Satz 3 VSVgV entnommen werden. Anzugeben sind demnach Name und Anschrift der Bieter, die Endbeträge ihrer Angebote und andere den Preis betreffende Tatsachen sowie die Information, ob und von wem Nebenangebote eigereicht worden sind. Die Aufzählung ist nicht abschließend. Dokumentiert werden sollte daher alles, das im konkreten Fall einer Überprüfung des ordnungsgemäßen Ablaufs des Vergabever-

---

52  OLG Jena, 22.4.2004 – 6 Verg 2/04.
53  OLG Jena, 22.4.2004 – 6 Verg 2/04.
54  Vgl. *Kratzenberg*, in: Vygen/Kratzenberg, VOB Teile A und B, 17. Aufl. 2010, § 14 VOB/A Rn. 6. vgl. Herrmann, in: Ziekow/Völlink, Vergaberecht, 2011, § 14 VOL/A Rn. 14.
55  Diese Fallvariante darf mit dem durch § 31 Abs. 2 Nr. 5 VSVgV geregelten Fall nicht gleichgesetzt werden. Bei § 31 Abs. 2 Nr. 5 VSVgV geht es um Angebote, die nicht fristgerecht eigegangen sind. Hier wird eine Variante geschildert, bei der das Angebot fristgerecht eingegangen ist, aber nicht rechtzeitig im Eröffnungstermin vorgelegen hat.
56  A.A. wohl *Herrmann*, in: Ziekow/Völlink, Vergaberecht, 2011, § 14 VOL/A Rn. 8, der hingegen die Beweislast dafür, dass er eine verspätete Vorlage nicht zu vertreten hat, beim Bieter sieht. Diese Auffassung wird vom Umstand, dass der Bieter die Geschehnisse in der Sphäre des Auftraggebers wohl kaum beeinflussen kann, kaum gerecht.
57  Vgl. *Müller-Wrede*, in: Müller-Wrede, VOL/A, 3. Aufl. 2010, § 17 EG Rn. 16.
58  Vgl. *Marx/Portz*, in: Kulartz/Marx/Portz/Prieß, VOL/A, 2. Aufl. 2011, § 17 EG Rn. 30.
59  Vgl. *Müller-Wrede*, in: Müller-Wrede, VOL/A, 3. Aufl. 2010, § 17 EG Rn. 16.

29 fahrens dienen kann. *Christiani* empfiehlt daher zu Recht, auch eine nicht form- oder fristgerechte Einreichung der Angebote in die Niederschrift aufzunehmen.[60]

29 Der Dokumentation ist mitunter ein entscheidender Beweiswert beizumessen. Der **BGH**[61] sieht in der Verletzung von Protokollierungspflichten eine Verletzung einer vertraglichen Nebenpflicht, die es dem Auftraggeber verwehrt, sich im Verhältnis zu den betroffenen Bietern auf die Unvollständigkeit des Protokolls zu berufen. Vielmehr muss sich der Auftraggeber in diesem Fall bis zu dem ihm obliegenden Gegenbeweis so behandeln lassen, als sei das von ihm gefertigte Protokoll vollständig und inhaltlich richtig.

30 Die Dokumentation ist von mindestens zwei Vertretern des Auftraggebers zu unterzeichnen. Fehlt die Unterschrift eines zweiten Vertreters, so handelt es sich um einen nicht heilbaren Verfahrensverstoß, der die Aufhebung der Ausschreibung zur Folge hat.[62]

31 Nach der Öffnung der Angebote sind diese in allen wesentlichen Teilen einschließlich der Anlagen zu kennzeichnen. Obgleich die noch in § 22 Nr. 3 Satz 2 VOL/A-2006 enthaltene Kennzeichnungsregelung in § 17 EG bzw. § 30 VSVgV nicht übernommen wurde, sollte eine Kennzeichnung auch weiterhin beibehalten werden.[63] Mittels der **Kennzeichnung** soll verhindert werden, dass die Angebote nachträglich verändert oder ergänzt und hierdurch Einfluss auf den Wettbewerb ausgeübt wird.[64]

32 Angesichts des Fehlens einer ausdrücklichen Normierung in der VSVgV kann ein Verstoß gegen die Kennzeichnungspflicht allerdings nicht als gravierender Vergaberechtsverstoß bezeichnet werden, der nur durch eine Aufhebung der Ausschreibung behoben werden könnte.[65] Ein solcher Vergaberechtsverstoß konnte unter Geltung der VOL/A-2006 nicht mittels einer Rückversetzung des Vergabeverfahrens auf den Zeitpunkt der Angebotsöffnung beseitigt werden, weil die erforderlichen Feststellungen durch den Auftraggeber dann nicht mehr zweifelsfrei getroffen werden können.[66] Unter Geltung der VSVgV kann diese Vermutung künftig keine Beachtung mehr finden.[67]

## 4. Vieraugenprinzip

33 § 30 Abs. 2 Satz 1 VSVgV bestimmt, dass der Öffnung der Angebote neben dem Verhandlungsleiter mindestens ein weiterer Vertreter des Auftraggebers beiwohnen muss.[68] Hierbei sollte es sich nach Möglichkeit um Personen handeln, die keinen Einfluss auf die Wertung der Angebote nehmen können.[69]

---

60 *Christiani*, in: Pünder/Schellenberg, Vergaberecht, 2011, § 17 EG VOL/A Rn. 13; vgl. *Müller-Wrede*, in: Müller-Wrede, VOL/A, 3. Aufl. 2010, § 17 EG Rn. 18.
61 Vgl. BGH, 26.10.1999 – X ZR 30/98, BauR 2000, 254, 258; vgl. *Müller-Wrede*, in: Müller-Wrede, VOL/A, 3. Aufl. 2010, § 17 EG Rn. 18; hierzu auch *Müller-Wrede*, in: Müller-Wrede, VOL/A, 3. Aufl. 2010, § 17 EG Rn. 18.
62 Vgl. VK Arnsberg, 10.3.2008 – VK 05/08; *Müller-Wrede*, in: Müller-Wrede, VOL/A, 3. Aufl. 2010, § 17 EG Rn. 20.
63 *Christiani*, in: Pünder/Schellenberg, Vergaberecht, 2011, § 17 EG VOL/A Rn. 12; *Weyand*, Vergaberecht, 3. Aufl. 2011, § 13 VOL/A Rn. 10260.
64 VK Arnsberg, v. 10.3.2008 – VK 05/08.
65 Vgl. VK Arnsberg, 10.3.2008 – VK 05/08; VK Sachsen, 24.5.2007 – 1/SVK/029-07.
66 VK Arnsberg, 10.3.2008 – VK 05/08; VK Sachsen, 24.5.2007 – 1/SVK/029-07.
67 Zum Streitstand vgl. *Marx/Portz*, in: Kulartz/Marx/Portz/Prieß, VOL/A, 2. Aufl. 2011, § 17 EG Rn. 34.
68 Eine Beteiligung von mehr als zwei Personen ist möglich; vgl. *Christiani*, in: Pünder/Schellenberg, Vergaberecht, 2011, § 17 EG VOL/A Rn. 9. Sofern mehr als zwei Personen der Öffnung der Angebote beiwohnen, sollte allerdings beachtet werden, dass dies die Gewährleistung der Vertraulichkeit gefährden kann; vgl. *Müller-Wrede*, in: Müller-Wrede, VOL/A, 3. Aufl. 2010, § 17 EG Rn. 14 m.w.N.
69 Hierdurch kann Manipulationsvorwürfen entgegengewirkt werden; *Herrmann*, in: Ziekow/Völlink, Vergaberecht, 2011, § 14 VOL/A Rn. 7.

Das **Vieraugenprinzip** ist eine Vorgabe, die als zentrale Verpflichtung der Auftraggeber die Fairness und Transparenz des Vergabeverfahrens gewährleisten soll.[70] Dass das Vieraugenprinzip eingehalten wurde, ist im Rahmen des Submissionsprotokolls zu dokumentieren.

Ist das Protokoll lediglich mit einer Unterschrift versehen, so ist nach Auffassung der **VK Arnsberg**[71] der Nachweis dafür erbracht, dass das Vieraugenprinzip nicht beachtet wurde. In diesem Fall könne auch der Hinweis des Auftraggebers, dass ein weiterer Mitarbeiter bei der Öffnung des Angebots geholfen habe und somit anwesend gewesen sei, die erforderliche Erklärung eines Vertreters des Auftraggebers nicht ersetzen. Dieser Umstand sei vielmehr geeignet, auf organisatorische Mängel in der Ausgestaltung der Vergabestelle und der dort zu beachtenden formalen Vorgaben hinzuweisen.[72]

Auch derartige Verstöße sind verfahrensrelevant und nicht heilbar.[73]

## V. Aufbewahrung und Vertraulichkeit (Absatz 3)

§ 30 Abs. 3 VSVgV bestimmt, dass Angebote und ihre Anlagen sowie die Dokumentation über die Angebotsöffnung auch nach Abschluss des Vergabeverfahrens sorgfältig zu verwahren und vertraulich zu behandeln sind.[74] Durch die **Gewährleistung der Vertraulichkeit** nach Abschluss des Vergabeverfahrens soll u.a. ein fairer Wettbewerb im Rahmen künftiger Vergabeverfahren gewährleistet werden.[75] Allgemein zielt der Grundsatz der Vertraulichkeit darauf ab, den Wettbewerb auch nach der Öffnung der Angebote zu sichern und zu verhindern, dass sich Außenstehende Kenntnis vom Inhalt der einzelnen Angebote verschaffen, um Einfluss auf die weitere Behandlung der Angebote zu nehmen und die Entscheidung über den Zuschlag zu beeinflussen.[76] Zudem sollen die Interessen des Bieters, der gem. § 29 Abs. 6 Satz 2 VSVgV auf Grundlage von Angaben aus seinem Angebot erwägt, gewerbliche Schutzrechte anzumelden, gewahrt werden.[77] Schließlich dient die Vorschrift auch dem **Schutz von Betriebsinterna und Geschäftsgeheimnissen**.[78]

---

[70] VK Arnsberg, 10.3.2008 – VK 05/08.
[71] VK Arnsberg, 10.3.2008 – VK 05/08; vgl. *Christiani*, in: Pünder/Schellenberg, Vergaberecht, 2011, § 17 EG VOL/A Rn. 14.
[72] VK Arnsberg, Beschl. v. 10.3.2008 – VK 05/08.
[73] VK Arnsberg, 10.3.2008 – VK 05/08; *Christiani*, in: Pünder/Schellenberg, Vergaberecht, 2011, § 17 EG VOL/A Rn. 14.
[74] Erfasst werden also alle „für die wesentlichen Vergabeentscheidungen notwendigen Beweismittel". Hierzu gehören auch der Umschlag von nicht frist- oder formgerecht eingereichten Angeboten sowie mit dem Angebot eingereichte Proben und Muster; vgl. *Herrmann*, in: Ziekow/Völlink, Vergaberecht, 2011, § 14 VOL/A Rn. 10.
[75] Vgl. *Müller-Wrede*, in: Müller-Wrede, VOL/A, 3. Aufl. 2010, § 17 EG Rn. 21.
[76] Vgl. *Müller-Wrede*, in: Müller-Wrede, VOL/A, 3. Aufl. 2010, § 17 EG Rn. 22. Der Grundsatz der Vertraulichkeit gelangt vor allem im Verhandlungsverfahren zu besonderer Bedeutung, weil dieses Nachbesserungen des bereits eingereichten Angebots bis zum Zeitpunkt der Zuschlagserteilung zulässt; VK Düsseldorf, 4.8.2000 – VK-12/2000-L.
[77] Wurde ein entsprechender Hinweis erteilt, so ist seitens des Auftraggebers in besonderem Maße dafür Sorge zu tragen, dass nur die unmittelbar mit der Öffnung und Wertung der Angebote bzw. mit der Abwicklung des Auftrags betrauten Personen Zugang zu dem betroffenen Angebot erhalten; vgl. *Herrmann*, in: Ziekow/Völlink, Vergaberecht, 2011, § 14 VOL/A Rn. 11.
[78] Vgl. *Müller-Wrede*, in: Müller-Wrede, VOL/A, 3. Aufl. 2010, § 17 EG Rn. 21.

**38** **PRAXISTIPP**

> Die Verwahrungspflicht des § 30 Abs. 3 VSVgV gilt auch hinsichtlich der nicht form- oder fristgerecht eingereichten Angebote. Diese sollten zum Zwecke der Beweissicherung ggf. mitsamt der Umschläge, auf denen sich der Eingangsvermerk zu befinden hat, aufbewahrt werden.[79]

**39** Obwohl die Schutzwirkung der Vorschrift ihrem Wortlaut nach erst auf die Zeit nach dem Abschluss des Verfahrens zielt, ist für die von § 30 Abs. 3 VSVgV geforderte Vertraulichkeit bereits ab der Öffnung der Angebote zu sorgen.[80] Nachdem die Vertraulichkeit der Angebote bis zu ihrer Öffnung über § 30 Abs. 1 VSVgV sichergestellt wird, würde andernfalls in der Zeitspanne zwischen der Öffnung der Angebote und dem Abschluss des Vergabeverfahrens eine unbeabsichtigte Schutzlücke entstehen.

**40** Die Vertraulichkeit ist hinsichtlich des gesamten Vergabevorganges zu gewährleisten. Ein Verstoß gegen den Grundsatz der Vertraulichkeit liegt auch dann vor, wenn nicht die Originalunterlagen weitergegeben werden, sondern „lediglich" deren Auswertung.[81]

**41** Ausnahmen vom Grundsatz der Vertraulichkeit können allerdings im Vergabenachprüfungsverfahren auf Grundlage einer gesetzlichen Ermächtigung gemacht werden. Bspw. dann, wenn der Bieter gem. § 111 GWB von seinem Akteneinsichtsrecht Gebrauch macht.[82]

---

79 Vgl. *Müller-Wrede*, in: Müller-Wrede, VOL/A, 3. Aufl. 2010, § 17 EG Rn. 23.
80 Vgl. *Marx/Portz*, in: Kulartz/Marx/Portz/Prieß, VOL/A, 2. Aufl. 2011, § 17 EG Rn. 37. Für Vertraulichkeit ist somit während der Dauer des gesamten Vergabeverfahrens zu sorgen; Vgl. *Müller-Wrede*, in: Müller-Wrede, VOL/A, 3. Aufl. 2010, § 17 EG Rn. 22.
81 Zur Weitergabe des Auswertungsvermerks VK Düsseldorf, 4.8.2000 – VK-12/2000-L.
82 Die Dokumentation gem. § 30 Abs. 3 VSVgV ist Bestandteil der Vergabeakte; vgl. *Christiani*, in: Pünder/Schellenberg, Vergaberecht, 2011, § 17 EG VOL/A Rn. 16.

## § 31
## Prüfung der Angebote

(1) Die Angebote sind auf Vollständigkeit sowie auf fachliche und rechnerische Richtigkeit zu prüfen.

(2) Ausgeschlossen werden:

1. Angebote, die nicht die geforderten oder nachgeforderten Erklärungen und Nachweise enthalten;
2. Angebote, die nicht unterschrieben oder nicht mindestens durch fortgeschrittene elektronische Signatur im Sinne des Signaturgesetzes signiert sind;
3. Angebote, in denen Änderungen des Bieters an seinen Eintragungen nicht zweifelsfrei sind;
4. Angebote, bei denen Änderungen oder Ergänzungen an den Vergabeunterlagen vorgenommen worden sind;
5. Angebote, die nicht form- oder fristgerecht eingegangen sind, es sei denn, der Bieter hat dies nicht zu vertreten;
6. Angebote von Bietern, die in Bezug auf die Vergabe eine unzulässige, wettbewerbsbeschränkende Abrede getroffen haben;
7. Angebote von Bietern, die auch als Bewerber gemäß § 24 von der Teilnahme am Wettbewerb hätten ausgeschlossen werden können;
8. Angebote, die nicht die erforderlichen Preisangaben enthalten, es sei denn, es handelt sich um unwesentliche Einzelpositionen, deren Einzelpreise den Gesamtpreis nicht verändern oder die Wertungsreihenfolge und den Wettbewerb nicht beeinträchtigen.

## Übersicht

| | | Rn. |
|---|---|---|
| I. | Allgemeines | 1 |
| II. | Prüfung auf Vollständigkeit sowie fachliche und rechnerische Richtigkeit (§ 31 Abs. 1) | 5 |
| | 1. Vollständigkeit des Angebots | 7 |
| | 2. Fachliche Richtigkeit des Angebots | 10 |
| | 3. Rechnerische Richtigkeit des Angebots | 11 |
| III. | Ausschlusstatbestände (§ 31 Abs. 2) | 14 |
| | 1. Fehlende Erklärungen und Nachweise (§ 31 Abs. 2 Nr. 1) | 18 |
| | 2. Unzureichende oder fehlende Unterschrift oder elektronische Signatur (§ 31 Abs. 2 Nr. 2) | 30 |
| | 3. Zweifelhafte Angebotsänderungen (§ 31 Abs. 2 Nr. 3) | 37 |
| | 4. Änderungen oder Ergänzungen der Vergabeunterlagen (§ 31 Abs. 2 Nr. 4) | 41 |

| | | |
|---|---|---|
| | 5. Nicht form- oder fristgerechter Eingang (§ 31 Abs. 2 Nr. 5) | 47 |
| | 6. Unzulässige wettbewerbsbeschränkende Abreden (§ 31 Abs. 2 Nr. 6) | 58 |
| | a) Mehrfachbeteiligungen von Unternehmen | 61 |
| | b) Bietergemeinschaften | 66 |
| | 7. Ausschluss des Bewerbers nach § 24 VSVgV (§ 31 Abs. 2 Nr. 7) | 69 |
| | 8. Fehlende Preisangaben (§ 31 Abs. 2 Nr. 8) | 72 |
| IV. | Rechtsschutzmöglichkeiten | 80 |

## I. Allgemeines

**1** Die Prüfung und Wertung der Angebote erfolgt auch nach der VSVgV in vier Stufen: Prüfung auf formale Mängel, § 31 VSVgV, Prüfung der Eignung, Angebotswertung in preislicher Hinsicht und Angebotswertung anhand der Zuschlagskriterien.

**2** Anders als etwa in § 19 EG VOL/A bzw. § 16 VOB/A, differenziert die VSVgV in § 31 und § 34 strikt zwischen Prüfung und Wertung der Angebote.

**3** Im Vorfeld der Prüfung nach § 31 VSVgV kann eine Prüfung anderer Ausschlussgründe angezeigt sein, wie beispielsweise eine Verletzung des Nachverhandlungsverbots.[1] Dies betrifft vor allem Identitätswechsel auf Seiten des Bieters nach Angebotsabgabe, beispielsweise durch Änderung der gesellschaftsrechtlichen Struktur der Bieterunternehmen.[2] Der Austritt eines Mitglieds einer Bietergemeinschaft führt nicht automatisch zum Angebotsausschluss.[3] Der Auftraggeber hat dann allerdings die Eignung der Bietergemeinschaft zu prüfen.

**4** Innerhalb der VSVgV findet sich keine mit § 16 EG Abs. 3 VOL/A und § 13 VS VOB/A vergleichbare Vorschrift, die positive Aussagen über formale und inhaltliche Vorgaben für die Gestaltung eines Angebots beinhaltet. Hinsichtlich dieser kann allerdings in gewissem Maße auf die negativen Ausschlusstatbestände des § 31 VSVgV rekurriert werden.

## II. Prüfung auf Vollständigkeit sowie fachliche und rechnerische Richtigkeit (§ 31 Abs. 1)

**5** Zu Beginn der Angebotsprüfung werden die abgegebenen Angebote gem. § 31 Abs. 1 VSVgV durch den öffentlichen Auftraggeber auf ihre Vollständigkeit, ihre fachliche Richtigkeit sowie ihre rechnerische Richtigkeit hin geprüft. Diese sachliche Prüfung der Angebote dient insbesondere der Feststellung, ob ein Angebot einen Ausschlusstatbestand i.S.v. § 31 Abs. 2 VSVgV erfüllt.

**6** Die Vorschrift des § 31 Abs. 1 VSVgV entspricht der Regelung in § 19 EG Abs. 1 VOL/A. Einen vergleichbaren Regelungsinhalt besitzt § 16 Abs. 3 VS VOB/A.

---

1 OLG Düsseldorf, VergabeR 2007, 92.
2 OLG Düsseldorf, VergabeR 2006, 411.
3 OLG Düsseldorf, NZBau 2005, 710; OLG Düsseldorf, VergabeR 2005, 374; vgl. auch EuGH, 23.1.2003, Rs. C-57/01 (Makedoniko), Slg. 2003, I-01091; OLG Celle, 3.12.2009 – 13 Verg 14/09; OLG Celle, VergabeR 2007, 765.

## 1. Vollständigkeit des Angebots

Im Rahmen der **formalen Angebotsprüfung** ist zunächst die Vollständigkeit eines abgegebenen Angebots durch den Auftraggeber festzustellen. Aus § 31 Abs. 2 Satz 2 VSVgV ergibt sich dabei, dass ein Angebot dann als vollständig zu qualifizieren ist, wenn es sämtliche **Erklärungen, Angaben, Nachweise** und sonstigen **Unterlagen** enthält, die der Bieter nach den Vorgaben der Angebotsaufforderung und den Vergabeunterlagen in sein Angebot aufzunehmen hatte (siehe **§ 29, Rn. 6 ff. und § 16, Rn. 6 ff.**).

7

Grundsätzlich sind unvollständige Angebote gem. § 31 Abs. 2 Nr. 1 VSVgV zwingend vom Vergabeverfahren auszuschließen. Allerdings können solche Erklärungen und sonstige Unterlagen, die als Nachweis der Eignung eines Bieters dienen, gem. § 22 Abs. 6 VSVgV durch den Auftraggeber **nachgefordert** werden.[4] Dazu hat der Auftraggeber eine entsprechende Nachfrist zu setzen (siehe **§ 22, Rn. 26 ff.**). Werden die Nachweise und sonstigen Unterlagen auch innerhalb dieser Nachfrist nicht vorgelegt, ist der Bieter nach § 22 Abs. 6 Satz 2 VSVgV ebenfalls vom Vergabeverfahren auszuschließen.

8

> **PRAXISTIPP**
>
> Da die Nachforderung von Nachweisen und sonstigen Unterlagen im Anwendungsbereich der VSVgV ausschließlich zum Nachweis der Eignung eines Bieters möglich ist, kommt der Vollständigkeit der Angebote bei verteidigungs- und sicherheitsrelevanten Aufträgen, im Vergleich zur Rechtslage nach der VOL/A, eine gesteigerte Relevanz zu. Bieter sollten deshalb im Rahmen der internen Angebotskontrolle höchste Sorgfalt walten lassen, um sicherzustellen, dass das Angebot tatsächlich alle vom Auftraggeber geforderten Erklärungen, Angaben, Unterlagen und Nachweise beinhaltet. Andernfalls droht der regelmäßig irreversible Ausschluss des Angebots.

9

## 2. Fachliche Richtigkeit des Angebots

Die Prüfung der fachlichen Richtigkeit des Angebots bezieht sich primär darauf, ob die angebotene Leistung im Allgemeinen den technischen und fachlichen Anforderungen der Leistungsbeschreibung entspricht.[5] Soweit dies nicht der Fall ist und ein Bieter etwas anderes anbietet als durch den Auftraggeber nachgefragt wird, kann es sich dabei um eine Änderung oder Ergänzung der Vergabeunterlagen handeln, die gem. § 31 Abs. 2 Nr. 4 VSVgV den zwingenden Angebotsausschluss nach sich zieht (siehe Rn. 41 ff.).

10

## 3. Rechnerische Richtigkeit des Angebots

Schließlich sind die abgegebenen Angebote durch den Auftraggeber auf ihre rechnerische Richtigkeit hin zu prüfen. Dadurch sollen sowohl mathematische Fehler als auch bloße Übertragungsfehler erkannt werden, die sich sonst im Rahmen der Preisprüfung und der vergleichenden Angebotswertung auswirken und die Ergebnisse dieser Wertungsvorgänge verfälschen könnten. Eine Überprüfung der Angemessenheit der Preise ist damit allerdings gerade nicht verbunden.[6]

11

---

4  Vgl. Verordnungsbegründung zu § 22 Abs. 6, BR-Drucks. 321/12, S. 56.
5  Vgl. *Verfürth* in: Kulartz/Marx/Portz/Prieß, VOL/A, § 19 EG Rn. 18.
6  Vgl. in diesem Sinne BGH, NZBau 2004, 457; *Müller-Wrede/Horn*, in: Müller-Wrede, VOL/A, § 19 EG Rn. 23.

**12** Ein rechnerisch fehlerhaftes Angebot ist grundsätzlich nicht vom weiteren Vergabeverfahren auszuschließen.[7] Ein dahingehender ausdrücklicher Ausschlusstatbestand findet sich mithin auch in den Regelungen der VSVgV nicht. Lässt sich dem Angebot aufgrund eines Kalkulationsfehlers jedoch **keine zweifelsfreie Preisangabe** entnehmen, sodass für den Auftraggeber nicht erkennbar ist, zu welchem Preis die Leistung tatsächlich angeboten wird, liegt eine fehlende Preisangabe i.S.v. § 31 Abs. 2 Nr. 8 VSVgV vor,[8] die zu einem Angebotsausschluss führen kann. Macht der öffentliche Auftraggeber ausdrücklich **verpflichtende Kalkulationsvorgaben**, und weicht der Bieter in seiner Angebotskalkulation von diesen ab, handelt es sich nicht lediglich um einen Kalkulationsfehler, sondern um eine Änderung der Vergabeunterlagen, die nach § 31 Abs. 2 Nr. 4 VSVgV ebenfalls zum Ausschluss des Angebots führt.[9]

**13** Im Grundsatz ist allein der Bieter für die von ihm gemachten Preisangaben verantwortlich, er trägt das Kalkulationsrisiko und muss sich an seinen Angaben festhalten lassen.[10] Stellt der Auftraggeber im Rahmen der formalen Prüfung rechnerische Mängel des Angebots fest, sind diese jedoch zu **korrigieren**, sofern sie offensichtlich sind.[11]

**BEISPIEL**

Steht der Einsatzpreis für eine Leistung zweifelsfrei fest und sind dem Bieter lediglich offensichtliche Additions- oder Multiplikationsfehler unterlaufen, ist eine rechnerische Korrektur durch den Auftraggeber im Allgemeinen zulässig.[12]

## III. Ausschlusstatbestände (§ 31 Abs. 2)

**14** § 31 Abs. 2 VSVgV listet die Ausschlussgründe auf, bei deren Vorliegen ein Angebot zwingend auszuschließen ist. Ziel ist es, hierdurch einen objektiven **Vergleich der Angebote** zu gewährleisten.[13]

**15** Da es sich um zwingende Ausschlussgründe handelt, kommt es nicht darauf an, ob der Auftraggeber zuvor auf die Ausschlussgründe hingewiesen hat.[14] Aus demselben Grund wird auch kein berechtigtes Vertrauen des Bieters begründet, wenn der Auftraggeber das Angebot zunächst nicht ausschließt und sich erst zu einem späteren Zeitpunkt auf einen zwingenden Ausschlussgrund beruft.[15] Der Auftraggeber würde vielmehr gegen den Grundsatz der Gleichbehandlung nach § 97 Abs. 2 GWB verstoßen, wenn er den Bieter, dessen Angebot auszuschließen ist, ebenso behandeln würde, wie die sich rechtstreu verhaltenen Bieter.[16]

---

7 Vgl. OLG Saarbrücken, 27.5.2009 – 1 Verg 2/09; VK Bund, 24.5.2005 – VK 2-42/05.
8 Vgl. VK Bund, 4.7.2007 – VK 1-44/07 und VK 1-47/07.
9 Vgl. VK Bund, 5.10.2012 – VK 3-111/12.
10 *Weyand*, § 16 VOL/A Rn. 435. Darauf bezugnehmend auch OLG München, VergabeR 2010, 246; sowie in diesem Sinne BGH, NZBau 2004, 457.
11 VK Bund, 4.7.2011 – VK 3-73/11; in diesem Sinne auch VK Bund, 4.7.2007 – VK 1-44/07 und VK 1-47/07.
12 OLG München, VergabeR 2010, 246.
13 EuGH, 22.6.1993, Rs. C-243/89 (Storebaelt), Slg. 1993, I-03353.
14 Vgl. OLG Düsseldorf, VergabeR 2007, 662.
15 Vgl. OLG Saarbrücken, 5.7.2006 – 1 Verg 1/06; OLG Düsseldorf, 30.6.2004 – VII-Verg 22/04; OLG Düsseldorf, 12.4.2006 – VII-Verg 4/06.
16 Vgl. *Müller-Wrede*, in: Müller-Wrede, VOL/A-Kommentar, § 19 EG Rn. 82.

Die aufgezählten Ausschlussgründe sind abschließend, sodass es dem Auftraggeber verwehrt ist, in den Vergabeunterlagen eigene zwingende Ausschlussgründe zu entwerfen.[17]

16

Im Hinblick auf die (materielle) **Nachweislast** für das Vorliegen bzw. Nichtvorliegen der Tatbestandsmerkmale, ist nach dem jeweiligen Ausschlussgrund des § 31 Abs. 2 VSVgV zu differenzieren. Im Grundsatz gilt dabei, dass derjenige einen Umstand nachzuweisen hat, dessen Verantwortungsbereich dieser zuzurechnen ist.[18]

17

### 1. Fehlende Erklärungen und Nachweise (§ 31 Abs. 2 Nr. 1)

Gem. § 31 Abs. 2 Nr. 1 VSVgV sind Angebote vom Vergabeverfahren auszuschließen, die nicht die geforderten oder nachgeforderten Erklärungen oder Nachweise enthalten.

18

Die Vorschrift entspricht § 19 EG Abs. 3 lit. a) VOL/A. Ausgenommen ist jedoch der Ausschluss aufgrund fehlender oder unzureichender **Eignungsnachweise**, der ausweislich der Verordnungsbegründung abschließend in § 22 Abs. 6 Satz 2 VSVgV geregelt ist.[19]

19

Damit unterfallen den Begriffen **„Erklärungen und Nachweise"** sämtliche Unterlagen, die nicht eignungsbezogen sind und sich auf leistungsbezogene technische Merkmale beziehen,[20] wie bspw. Hersteller- und Typenangaben,[21] Fabrikatsangaben,[22] Nachunternehmerbenennungen.[23]

20

Der Ausschluss aufgrund fehlender **Preisangaben** ist nicht von § 31 Abs. 2 Nr. 1 VSVgV umfasst, sondern getrennt in § 31 Abs. 2 Nr. 8 VSVgV geregelt (siehe Rn. 72 ff.).

21

Der Ausschlussgrund gilt für geforderte Erklärungen und Nachweise, die bei Ablauf der Angebotsfrist nicht vorliegen. Es muss ersichtlich sein, dass die Unterlagen „verlangt" werden und sich deren Vorlage nicht nur positiv auf eine Bewertung auswirken kann.[24] Angesichts der strengen Rechtsfolge ist ein **eindeutiges Verlangen** des Auftraggebers erforderlich, das Art, Inhalt und Zeitpunkt der Einreichung der Erklärungen und Nachweise hinreichend genau bestimmt.[25] Nach einer ggf. erforderlichen Auslegung verbleibende Zweifel gehen daher zu Lasten des Auftraggebers.[26]

22

Voraussetzung für das **Verlangen** des Auftraggebers ist, dass er berechtigt war, die entsprechenden Nachweise einzufordern. Verstößt das Verlangen des Auftraggebers hingegen gegen gesetzliche Bestimmungen oder ist es dem Bieter unzumutbar die geforderten Angaben zu machen, so ist er hierzu nicht verpflichtet.[27] Gleiches gilt, wenn das Verlangen des Auftraggebers für den Bieter objektiv unerfüllbar ist, sei es weil die Beibringung der geforderten Angaben objektiv für jedermann unmöglich ist oder weil sie objektiv nicht mehr rechtzeitig erfolgen kann.[28]

23

---

17 Vgl. VK Bund, 18.1.2007 – VK 1-148/06.
18 Vgl. *Dittmann*, in: Kulartz/Marx/Portz/Prieß, VOL/A, § 19 EG Rn. 25.
19 Vgl. Verordnungsbegründung zu § 31 Abs. 2, BR-Drucks. 321/12, S. 60.
20 VK Münster, 25.9.2007 – VK 20/07.
21 BGH, VergabeR 2003, 313.
22 OLG Koblenz, VergabeR 2005, 112.
23 BGH, VergabeR 2008, 69.
24 OLG Düsseldorf, NZBau 2008, 141.
25 OLG Düsseldorf, VergabeR 2008, 252.
26 OLG Brandenburg, VergabeR 2006, 554; VK Münster, 11.11.2008 – VK 18/08.
27 Vgl. BGH, VergabeR 2008, 69; OLG Düsseldorf, VergabeR 2008, 948.
28 BGH, VergabeR 2007, 59.

**24** Unerheblich ist dabei, ob das Fehlen der Angaben dazu führt, dass das betreffende Angebot im Ergebnis nicht mit den anderen abgegebenen Angeboten verglichen werden kann.[29]

**25** Ebenso wenig kommt es darauf an, ob den fehlenden Angaben **Wettbewerbsrelevanz** zukommt.[30] Denn ein transparentes, auf Gleichbehandlung aller Bieter beruhendes Vergabeverfahren ist nur zu erreichen, wenn in jeder sich aus den Verdingungsunterlagen ergebenden Hinsicht vergleichbare Angebote gewertet werden. Dies erfordert, dass hinsichtlich jeder Position der Leistungsbeschreibung alle zur Kennzeichnung der insoweit angebotenen Leistung geeigneten Parameter bekannt sind, deren Angabe den Bieter nicht unzumutbar belastet und ausweislich der Ausschreibungsunterlagen gefordert war, so dass sie als Umstände ausgewiesen sind, die für die Vergabeentscheidung relevant sein sollen.[31] Eine anderweitige Differenzierung steht einer objektiven Vergleichbarkeit der eingereichten Angebote entgegen. Zudem wurde weder die VOL/A-Reform noch die Schaffung der VSVgV dazu genutzt, der restriktiven Linie des BGH durch eine entsprechende Normänderung entgegen zu treten.[32] Der Verordnungsgeber hat lediglich in § 31 Abs. 2 Nr. 8 VSVgV zu fehlenden Preisangaben eine Einschränkung für unwesentliche Einzelpositionen vorgenommen, was den Schluss zulässt, dass er in § 31 Abs. 2 Nr. 1 VSVgV bewusst von einer entsprechenden Regelung abgesehen hat.

**26** Ein **Nachreichen** von Erklärungen oder Nachweisen ist in § 31 VSVgV nicht geregelt, sondern gem. § 22 Abs. 6 Satz 1 VSVgV allein für den Fall des Fehlens von Eignungsnachweisen vorgesehen (siehe **§ 22, Rn. 26 ff.**). § 22 Abs. 6 Satz 2 VSVgV enthält einen entsprechenden Ausschlusstatbestand bei fehlenden oder unzureichenden Eignungsnachweisen. Soweit die Erklärungen und Nachweise nicht die Eignung des Bieters betreffen, sind diese vollständig zusammen mit dem Angebot einzureichen. In der VSVgV existiert zwar keine mit § 16 EG Abs. 3 VOL/A vergleichbare Vorschrift. Dass die Angebote bereits die geforderten Erklärungen und Nachweise enthalten müssen, lässt sich jedoch im Umkehrschluss aus dem Ausschlusstatbestand des § 31 Abs. 2 Nr. 1 VSVgV entnehmen. Da es dem Auftraggeber daher nicht möglich ist, die bei Angebotsabgabe nicht eingereichten Unterlagen nachzufordern, haben die in § 31 Abs. 2 Nr. 1 VSVgV enthaltenen Wörter „oder nachgeforderten" keinen praktischen Anwendungsbereich.

**27** Einem Fehlen der geforderten Erklärungen und Nachweise stehen **unklare oder widersprüchliche Nachweise** gleich, wenn hierdurch das vom Bieter tatsächlich Gewollte für den Auftraggeber nicht erkennbar ist.[33]

**28** **PRAXISTIPP**

*Auch wenn die Vergabestelle dazu verpflichtet ist, zweifelhafte Angaben in den Angeboten zunächst auszulegen,[34] empfiehlt es sich aufgrund der Gefahr des Ausschlusses vom Vergabeverfahren, das Angebot möglichst klar und eindeutig zu gestalten, sodass die Vergabestelle ohne Anstrengungen den Inhalt erfassen kann.*

---

29 BGH, NZBau 2003, 293.
30 BGH, NZBau 2005, 594; a.A. OLG Frankfurt a.M., NZBau 2002, 692.
31 BGH, NZBau 2005, 709; BGH, NZBau 2002, 293.
32 So schon *Müller-Wrede*, in: Müller-Wrede, VOL/A-Kommentar, § 19 EG Rn. 94.
33 VK Bund, 13.7.2005 – VK 1-59/05.
34 OLG Düsseldorf, 23.1.2008 – VII Verg 36/07.

Ebenso verhält es sich, wenn ein Angebot die geforderten Angaben zwar enthält, diese sich aber so ungeordnet in den Angebotsunterlagen befinden, dass sich das Angebot mit den Angeboten von Mitbewerbern mit zumutbarem Aufwand nicht vergleichen lässt.[35]

**BEISPIEL**

Das ist im Regelungsbereich der VOB/A etwa dann angenommen worden, wenn geforderte Hersteller- und Typenangaben nicht in die dafür vorgesehenen Listen eingetragen wurden und sich technische Daten zu mehr als 400 Leistungspositionen auf sonstigen Blättern des Angebots befanden[36] oder sich der Bieter nicht an die ihm vorgegebene Gliederung des Auftraggebers gehalten hat.[37]

## 2. Unzureichende oder fehlende Unterschrift oder elektronische Signatur (§ 31 Abs. 2 Nr. 2)

Die Vorschrift des § 31 Abs. 2 Nr. 2 VSVgV belegt beispielhaft die besondere **Formenstrenge**, der Angebote auch bei verteidigungs- und sicherheitsrelevanten Auftragsvergaben unterliegen. Danach sind Angebote zwingend auszuschließen, die nicht unterschrieben oder nicht mindestens durch fortgeschrittene elektronische Signatur im Sinne des Signaturgesetzes signiert sind.

Die Vorschrift entspricht weitgehend § 19 EG Abs. 3 lit. b) VOL/A sowie § 16 Abs. 1 Nr. 1 lit. b) VS VOB/A i.V.m. § 13 Abs. 1 Nr. 1 VS VOB/A.

Die Unterschrift des Angebots hat im Rahmen einer **Klarstellungs- und Beweisfunktion** den Zweck, die Identität des Bieters erkennbar zu machen, die Echtheit der Angebotsurkunde zu gewährleisten und dem Empfänger die Prüfung zu ermöglichen, wer das Angebot abgegeben hat.[38] Auf Grundlage dieser Zwecksetzung muss die Unterschrift auf dem Angebot in einer Weise erfolgen, die sowohl die Person des Unterzeichners erkennen lässt,[39] als auch deutlich macht, dass dieser sich das gesamte Angebot mit seiner Unterschrift zu eigen macht.[40]

Die Verwendung einer fortgeschrittenen elektronischen Signatur stellt nach § 31 Abs. 2 Nr. 2 VSVgV lediglich die **Mindestformvorgabe** zur Authentifizierung des Bieters dar, wenn das Angebot in Form eines elektronischen Dokuments abgegeben wird. Dementsprechend ist auch die Verwendung einer qualifizierten elektronischen Signatur i.S.v. § 2 Nr. 3 SigG ohne weiteres zulässig. Welche Art der elektronischen Signatur im Einzelfall zu verwenden ist, obliegt der Bestimmung durch die Vergabestelle.[41] Die Forderung einer (einfachen) elektronischen Signatur i.S.v. § 2 Nr. 1 SigG ist hingegen nicht zulässig. Insofern gilt es zu beachten, dass sich das Bestimmungsrecht des Auftraggebers im Hinblick auf die anzuwendende Art der elektronischen Signatur nach § 19 Abs. 5 VSVgV lediglich auf Teilnahmeanträge, nicht jedoch auf Angebote bezieht. Für Letztere gilt vielmehr abschließend die Vorgabe des § 31 Abs. 2 Nr. 2 VSVgV, mindestens eine fortgeschrittene

---

35 KG, NZBau 2010, 131.
36 OLG Jena, NZBau 2005, 476.
37 OLG Frankfurt a.M., VergabeR 2005, 384.
38 Vgl. zur zivilrechtlichen Funktion der Unterschrift Palandt/*Ellenberger*, § 126 BGB Rn. 6.
39 Vgl. *Stolz*, in: Willenbruch/Wieddekind, § 16 EG VOL/A Rn. 7; *Dittmann*, in: Kulartz/Marx/Portz/Prieß, VOL/A, § 16 EG Rn. 17.
40 *Prieß*, in: Motzke/Pietzker/Prieß, VOB/A, § 21 Rn. 7.
41 Vgl. OLG Düsseldorf, 9.5.2011 – VII-Verg 40/11.

elektronische Signatur zu verwenden. Sofern der Auftraggeber keine bestimmte Form für die Signatur elektronischer Dokumente vorgibt, dürfte es der Wahlfreiheit des Bieters obliegen, entweder die fortgeschrittene oder die qualifizierte elektronische Signatur zu verwenden. Soweit im Rahmen einer Auftragsvergabe allerdings die Schriftform einzuhalten ist, gilt es jedoch zu berücksichtigen, dass nur die qualifizierte elektronische Signatur dazu geeignet ist, diese bei einem elektronischen Dokument wirksam zu ersetzen.[42]

34 **Fortgeschrittene elektronische Signaturen** sind nach § 2 Nr. 2 i.V.m. Nr. 1 SigG Daten in elektronischer Form, die anderen elektronischen Daten beigefügt oder logisch mit ihnen verknüpft sind und die zur Authentifizierung dienen, sowie (1.) ausschließlich dem Signaturschlüssel-Inhaber zugeordnet sind, (2.) die Identifizierung des Signaturschlüssel-Inhabers ermöglichen, (3.) mit Mitteln erzeugt werden, die der Signaturschlüssel-Inhaber unter seiner alleinigen Kontrolle halten kann, und (4.) mit den Daten, auf die sie sich beziehen, so verknüpft sind, dass eine nachträgliche Veränderung der Daten erkannt werden kann.

35 Bei einer **qualifizierten elektronischen Signatur** handelt es sich nach § 2 Nr. 3 SigG um fortgeschrittene elektronische Signaturen, die zusätzlich (1.) auf einem zum Zeitpunkt ihrer Erzeugung gültigen qualifizierten Zertifikat beruhen und (2.) mit einer sicheren Signaturerstellungseinheit erzeugt werden.

36 Die **Nachweislast** dafür, dass ein abgegebenes Angebot unterschrieben, bzw. mindestens mit einer fortgeschrittenen elektronischen Signatur versehen ist, trägt grundsätzlich der Bieter.[43]

### 3. Zweifelhafte Angebotsänderungen (§ 31 Abs. 2 Nr. 3)

37 Im Laufe der Erstellung des Angebots vorgenommene Änderungen sind nach § 31 Abs. 2 Nr. 3 VSVgV so vorzunehmen, dass sich deren **Erklärungsinhalt** zweifelsfrei ergibt. Widersprüchliche Erklärungen infolge der Änderung sind auszuschließen. Der Begriff der „Änderungen" umfasst jegliche Korrekturen und Ergänzungen des einmal erstellten Angebots bis zu dessen unwiderruflicher Einreichung.[44]

38 Maßgeblich ist dabei der objektive Erklärungswert der Angabe. Das bedeutet, dass die Annahme des Angebots durch ein einfaches „Ja" erfolgen und der Vertragsinhalt im Streitfall richterlich festgestellt werden kann.[45] Ob das der Fall ist, ist gegebenenfalls im Wege der Auslegung nach §§ 133, 157 BGB zu ermitteln.[46] Maßstab der Auslegung ist, wie ein mit den Umständen vertrauter Dritter in der Lage des öffentlichen Auftraggebers das Angebot nach Treu und Glauben mit Rücksicht auf die Verkehrssitte verstehen durfte und musste.[47]

---

[42] Vgl. OLG Düsseldorf, 9.5.2011 – VII-Verg 40/11. Das ergibt sich auch bereits aus § 126a Abs. 1 BGB und § 6 Abs. 2 SigG.
[43] *Müller-Wrede*, in: Müller-Wrede, VOL/A, § 19 EG Rn. 117; *Dittmann*, in: Kulartz/Marx/Portz/Prieß, VOL/A, § 19 EG Rn. 25.
[44] OLG Düsseldorf, 13.8.2008 – VII Verg 42/07.
[45] BayObLG, VergabeR 2001, 55; VK Nordbayern, 12.4.2007 – 21. VK-3194-16/07.
[46] BayObLG, VergabeR 2001, 55.
[47] OLG Düsseldorf, 13.8.2008 – VII-Verg 42/07.

Zweck der Regelung ist es, zu verhindern, dass die Bieter **mehrdeutige Änderungen** an ihren Angaben vornehmen, in der Hoffnung, die Vergabestelle werde sie bei Zweifeln zu ihren Gunsten auslegen.[48]

39

Darüber hinaus unterfallen dem Ausschlusstatbestand auch Korrekturen, die inhaltlich zwar eindeutig sind, bei denen aber eine **unbefugte Manipulation** des Angebotsinhalts nicht ausgeschlossen werden kann. Dies wurde in der Rechtsprechung insbesondere in Fällen der Korrektur durch Korrekturflüssigkeit oder Selbstklebekorrekturband behandelt.[49] Diese sind unbedenklich, wenn sich das verwendete Korrekturband selbst bei intensiver mechanischer Behandlung nicht ablösen lässt.

40

> **PRAXISTIPP**
>
> *Sollten Änderungen an den eigenen Eintragungen erforderlich sein, ist darauf zu achten, dass hierbei die Person des Ändernden bspw. durch Namenskürzel oder Unterschrift und das Datum der Änderung erkennbar sind.*

### 4. Änderungen oder Ergänzungen der Vergabeunterlagen (§ 31 Abs. 2 Nr. 4)

Um sowohl die **wettbewerbliche Chancengleichheit** der eingereichten Angebote als auch den Auftraggeber davor zu schützen, Angebote in die Wertung einzubeziehen, die seinem nachgefragten Bedarf nicht entsprechen, sind Angebote, bei denen Änderungen oder Ergänzungen an den Vergabeunterlagen vorgenommen worden sind, gem. § 31 Abs. 2 Nr. 4 VSVgV zwingend vom Vergabeverfahren auszuschließen.

41

Damit entspricht die Vorschrift der Sache nach § 19 EG Abs. 3 lit. d) VOL/A sowie § 16 Abs. 1 Nr. 1 lit. b) VS VOB/A i.V.m. § 13 Abs. 1 Nr. 5 S. 1 VS VOB/A.

42

Um eine **Vergleichbarkeit** der zu wertenden Angebote gewährleisten zu können, ist es notwendig, dass sich sämtliche Angebote jeweils auf identische Leistungspositionen beziehen.[50] Soweit ein Bieter jedoch etwas anderes anbietet als vom Auftraggeber nachgefragt wird, liegt diese notwendige Vergleichbarkeit der Angebote nicht vor. Vor diesem Hintergrund wird der Begriff der Änderung der Vergabeunterlagen extensiv ausgelegt. Zum einen liegt eine Veränderung bzw. Ergänzung der Vergabeunterlagen vor, wenn der Bieter textliche Änderungen bzw. Streichungen in den Vertragsunterlagen vornimmt oder Einzelblätter herausnimmt.[51] Nach ständiger Rechtsprechung des BGH liegt aber zum anderen bereits dann eine unzulässige Änderung der Vergabeunterlagen vor, wenn das Angebot von den Vorgaben der Vergabeunterlagen inhaltlich abweicht.[52] Ob die Vergabeunterlagen im Angebot geändert worden sind, ist durch Vergleich des Inhalts des Angebots mit den in den Vergabeunterlagen geforderten Leistungen festzustellen.[53] Bei einer funktionalen Ausschreibung tritt an die Stelle des Leistungsverzeichnisses das Leistungsprogramm.[54]

43

---

48 OLG Saarbrücken, VergabeR 2006, 223.
49 OLG Schleswig, VergabeR 2006, 940; OLG München, VergabeR 2009, 942.
50 Vgl. BGH, NJW 1998, 3643.
51 Vgl. BSG, 22.4.2009 – B 3 KR 2/09 D; OLG Düsseldorf, VergabeR 2006, 509; *Müller-Wrede*, in: Müller-Wrede, VOL/A, § 19 EG Rn. 130.
52 BGH, NJW 1998, 3643; BGH, NZBau 2006, 797. Vgl. auch BSG, 22.4.2009 – B 3 KR 2/09 D; OLG Düsseldorf, 17.11.2008 – VII-Verg 49/08.
53 OLG Düsseldorf, NZBau 2007, 600; OLG Frankfurt a.M., 25.7.2008 – 11 Verg 10/08.
54 BGH, NZBau 2006, 797.

> **PRAXISTIPP**
>
> *Bestehen bei einem Bieter Zweifel über bestimmte Modalitäten der nachgefragten Leistung, sollte dringend mittels einer Bieterfrage um Aufklärung bei der Vergabestelle nachgesucht werden. Andernfalls besteht die Gefahr, dass das Angebot nicht den Vorgaben der Vergabeunterlagen entspricht und vom Vergabeverfahren ausgeschlossen wird. Es stellt eine unzulässige Änderung der Vergabeunterlagen dar, wenn ein Bieter anstatt eine Auskunft einzuholen im Angebot vermerkt, dass er bestimmte, ihm unklare Angaben in einem bestimmten Sinn verstehe.*[55]

44 Eine Änderung oder Ergänzung der Vertragsunterlagen liegt auch vor, wenn der Bieter seinem Angebot eigene **Allgemeine Geschäftsbedingungen** oder Vertragsbedingungen beifügt.[56] Dabei ist unerheblich, ob Bestimmungen der Allgemeinen Geschäftsbedingungen im Falle eines Vertragsschlusses tatsächlich Anwendung gefunden hätten.[57] Es ist ein anerkennenswertes Auftraggeberinteresse zu verhindern, dass über die Geltung von Vertragsbedingungen nachträglich Streit entsteht bzw. von vornherein einen solchen Streit dadurch zu unterbinden, dass ergänzende Bedingungen als Abweichung von den Vergabeunterlagen behandelt werden.[58]

45 Zu einer Änderung oder Ergänzung der Vergabeunterlagen i.S.v. § 31 Abs. 2 Nr. 4 VSVgV können schließlich auch **erläuternde Ausführungen** oder **Begleitschreiben** führen.[59]

46 Der Nachweis einer Änderung oder Ergänzung der Vergabeunterlagen obliegt der Vergabestelle.[60]

### 5. Nicht form- oder fristgerechter Eingang (§ 31 Abs. 2 Nr. 5)

47 In § 31 Abs. 2 Nr. 5 VSVgV wird die besondere Formenstrenge der Auftragsvergabe deutlich. Die Vorschrift sieht vor, dass Angebote, die nicht form- oder fristgerecht eingegangen sind, ausgeschlossen werden, es sei denn, der Bieter hat dies nicht zu vertreten.

48 Der Wortlaut des § 31 Abs. 2 Nr. 5 VSVgV entspricht dem des § 19 EG Abs. 3 lit. e) VOL/A.

49 Das Formerfordernis in § 31 Abs. 2 Nr. 5 VSVgV ist in Zusammenhang mit § 19 Abs. 3 VSVgV zu lesen, wonach die **Unversehrtheit der Daten** und **Vertraulichkeit der Angebote** sicherzustellen ist. Zu diesem Zweck sind schriftlich zu übermittelnde Angebote als solche gekennzeichnet in einem verschlossenen Umschlag einzureichen. Elektronisch zu übermittelnde Angebote sind zu verschlüsseln (siehe **§ 19, Rn. 13 ff.**). Dadurch soll gewährleistet werden, dass der öffentliche Auftraggeber die Angebote bis zum Ablauf der Angebotsfrist unter Verschluss hält und sie nicht wie seine übrigen Posteingänge öffnet und etwa mit einem Eingangsvermerk versehen in den Geschäftsgang gibt, sondern so aufbewahrt, dass sie vor Verlust, Beschädigung und unbefugter Einsichtnahme geschützt sind.[61]

---

[55] VK Nordbayern, 9.4.2003 – 320.VK3194-10/03.
[56] Vgl. VK Bund, 27.4.2006 – VK 3-21/06; OLG München, VergabeR 2008, 580.
[57] OLG Jena, 17.3.2003 – 6 Verg 2/03; OLG München, VergabeR 2008, 580.
[58] VK Brandenburg, 3.4.2007 – 1 VK 9/07; OLG München, VergabeR 2008, 580; *Luber*, VergabeR 2009, 14, 16.
[59] Vgl. VK Nordbayern, 9.4.2003 – 320.VK3194-10/03.
[60] *Müller-Wrede*, in: Müller-Wrede, VOL/A, § 19 EG Rn. 136.
[61] VK Lüneburg, 4.10.2012 – VgK-38/2012.

Da es in der Praxis häufig umfangreiche Angebote gibt, die nicht in einen Umschlag passen, ist es durchaus zulässig, eine andere Art der Verpackung zu wählen. Dabei muss aber zwingend sichergestellt sein, dass die Möglichkeit der **Einsichtnahme** in das Angebot durch die Art der Verpackung ausgeschlossen ist. Das heißt, das Angebot muss von allen Seiten verschlossen und nicht einsehbar sein.[62]

> **PRAXISTIPP**
>
> *In einem solchen Fall sollten Bieter ihre Angebote mit Vorkehrungen versehen, die für die Kenntnisnahme ein deutliches Hindernis darstellen. Es muss prüfbar sein, ob das Behältnis tatsächlich nicht geöffnet wurde. Das kann z.B. durch Verschließen mit festem Klebeband geschehen, das beim Abziehen Spuren hinterlässt.* [63]

Darüber hinaus sind hiernach Angebote auszuschließen, die nicht den Formvorgaben entsprechen, die vom Auftraggeber gem. § 19 Abs. 5 VSVgV festgelegt worden sind und deren Verstoß nicht bereits unter § 31 Abs. 2 Nr. 1 bis 4 VSVgV fällt.

Ferner ist ein Angebot nach § 31 Abs. 2 Nr. 5 VSVgV auszuschließen, wenn es **nicht fristgerecht** eingegangen ist. Hiermit soll sichergestellt werden, dass ein Angebot nach Fristablauf dem Herrschaftsbereich des Bieters entzogen ist und dieser sein Angebot – womöglich noch auf Grundlage der durch Öffnung der anderen Angebote erlangten Informationen oder in Kenntnis kurzfristiger Entwicklungen der wirtschaftlichen Rahmenbedingungen – ändert und so einen Wettbewerbsvorteil erlangt.[64]

Der Eingang entspricht dem Zugang gem. § 130 BGB und meint daher das Gelangen des Angebots in den **Machtbereich** der Vergabestelle, sodass unter normalen Umständen mit der Kenntniserlangung zu rechnen ist.[65] Zum Machtbereich der Vergabestelle zählt nicht allein die intern für die Auftragsvergabe zuständige Stelle, sondern ebenfalls eine Empfangsperson bzw. -vorrichtung[66] sowie eine Warenannahme.[67] Gleiches gilt, wenn der Auftraggeber eine Übermittlung des Angebots per Post vorgesehen hat, für das Postfach.[68]

Die maßgebliche Frist ergibt sich aus den Vergabeunterlagen. Das gilt zumindest insoweit, als die Angabe der Angebotsfrist in den Vergabeunterlagen verbindlich erfolgt ist, was im Zweifel durch Auslegung zu ermitteln ist.[69] Widersprüche zwischen Bekanntmachung und Verdingungsunterlagen gehen zu Lasten des Auftraggebers, so dass zugunsten der Bieter die längere Frist gilt.[70] Der Gleichbehandlungsgrundsatz aus § 97 Abs. 2 GWB gebietet es auch, minimale Verspätungen zwingend zu berücksichtigen.[71]

Von einem Ausschluss ist abzusehen, wenn der Bieter den nicht form- oder fristgerechten Eingang des Angebots **nicht zu vertreten** hat. Nicht zu vertreten hat der Bieter allein

---

62  VK Lüneburg, 16.3.2012 – VgK-06/2012.
63  VK Lüneburg, 16.3.2012 – VgK-06/2012.
64  OLG Koblenz, IBR 2009, 226; OLG Jena, 22.4.2004 – 6 Verg 2/04; VK Sachsen, 29.12.2004 – 1/SVK/123-04.
65  OLG Frankfurt a.M., VergabeR 2004, 754.
66  OLG Celle, VergabeR 2007, 650.
67  VK Baden-Württemberg, 7.8.2009 – 1 VK 35/09.
68  VK Bund, 28.8.2006 – VK 3-99/06.
69  OLG Brandenburg, 19.1.2009 – Verg W 2/09.
70  OLG München, 2.3.2009 – Verg 1/09.
71  OLG Düsseldorf, 7.1.2002 – Verg 36/01; VK Nordbayern, 15.4.2002 – 320-VK-3194-08/02.

56 Das **Risiko** der fristgerechten Übermittlung des Angebots trägt der Bieter.[74] Er kann sich insbesondere nicht darauf berufen, das Angebot so frühzeitig zur Post gegeben zu haben, dass mit einer fristgerechten Zustellung beim Empfänger zu rechnen gewesen sei.[75] Ein Post- oder Botendienst handelt vielmehr als Erfüllungsgehilfe des Bieters gem. §§ 276, 278 BGB, sodass sich der Bieter beispielsweise überlange Postlaufzeiten oder eine falsche Zustellung zurechnen lassen muss.[76]

Umstände, die entweder niemand oder der Auftraggeber zu vertreten hat.[72] Dabei handelt es sich beispielsweise um Verzögerungen aufgrund höherer Gewalt (z.B. Naturereignisse) oder nicht zweifelsfreier Angaben des Auftraggebers.[73]

57 Auch im Fall einer **Bindefristverlängerung** (siehe § 20 Rn. 61 ff.) kann ein Vertretenmüssen des Bieters verneint werden. Verzögert sich ein Vergabeverfahren, beispielsweise aufgrund anhängiger Nachprüfungsanträge, besteht die Gefahr, dass die ursprüngliche Bindefrist überschritten wird. Dies hätte zur Folge, dass die Angebote gem. §§ 146, 148 BGB erlöschen.[77] Um das zu vermeiden, muss der Auftraggeber rechtzeitig vor Ablauf der Bindefrist an die Bieter herantreten und sie dazu auffordern, einer Verlängerung der Bindefrist zuzustimmen. Tritt er hierzu an einen oder mehrere einzelne Bieter nicht heran, ist diesen aus Gleichbehandlungsaspekten eine erneute Vorlage ihres ursprünglichen (erloschenen) Angebots gestattet.[78] Das Angebot ist dann mangels Vertretenmüssen nicht gem. § 31 Abs. 2 Nr. 5 VSVgV auszuschließen.

### 6. Unzulässige wettbewerbsbeschränkende Abreden (§ 31 Abs. 2 Nr. 6)

58 Der **Wettbewerbsgrundsatz** stellt das materielle Grundprinzip des EU-/GWB-Vergaberechts dar.[79] Die Organisation größtmöglichen Wettbewerbs soll eine breite Beteiligung der Wirtschaft an der Versorgung der öffentlichen Institutionen und Unternehmen gewährleisten und nach einer Vielzahl von Angeboten zur Zuschlagserteilung an solche Unternehmen führen, die zuvor Wirtschaftlichkeit und Leistungsfähigkeit unter Beweis gestellt haben.[80] Dementsprechend normiert § 31 Abs. 2 Nr. 6 VSVgV den zwingenden Ausschluss der Angebote von Bietern, die in Bezug auf die Vergabe eine unzulässige, wettbewerbsbeschränkende Abrede getroffen haben.

59 Die Vorschrift entspricht wortgleich § 19 EG Abs. 3 lit. f) VOL/A sowie sachlich § 16 Abs. 1 Nr. 1 lit. d) VS VOB/A.

60 Der **Begriff** der wettbewerbsbeschränkenden Abrede ist weit auszulegen. Er ist nicht auf gesetzwidriges Verhalten beschränkt, sondern umfasst auch alle sonstigen Absprachen und Verhaltensweisen eines Bieters, die mit dem vergaberechtlichen Wettbewerbsgebot unvereinbar sind.[81] Der Ausschluss eines Angebots setzt auf Seiten des Auftraggebers

---

72 VK Nordbayern, 1.4.2008 – 21.VK-3194/09/08.
73 VK Baden-Württemberg, 1.7.2002 – 1 VK 31/02.
74 VK Baden-Württemberg, 1.7.2002 – 1 VK 31/02; VK Sachsen, 29.12.2004 – 1/SVK/123-04; VK Bund, 28.8.2006 – VK 3-99/06.
75 VK Baden-Württemberg, 1.7.2002 – 1 VK 31/02.
76 OLG Frankfurt, VergabeR 2004, 754; VK Bund, 28.8.2006 – VK 3-99/06; VK Sachsen, 29.12.2004 – 1/SVK/123-04.
77 OLG Düsseldorf, 9.12.2008 – VII-Verg 70/08; a.A. OLG München, VergabeR 2009, 942.
78 OLG Jena, VergabeR 2007, 118.
79 Dazu *Dreher*, in: Immenga/Mestmäcker, Wettbewerbsrecht: GWB, § 97 Rn. 19; *Bungenberg*, in: Loewenheim/Meessen/Riesenkampff, Kartellrecht, § 97 GWB Rn. 6.
80 Regierungsbegründung zum VgRÄG, BT-Drucks. 13/9340, S. 14; *Bungenberg*, in: Loewenheim/Meessen/Riesenkampff, Kartellrecht, § 97 GWB Rn. 6.
81 OLG Düsseldorf, NZBau 2011, 371, m.w.N.

jedoch grundsätzlich den **gesicherten Nachweis** für eine unzulässige wettbewerbsbeschränkende Abrede voraus.[82]

### a) Mehrfachbeteiligungen von Unternehmen

Zu den wesentlichen und unverzichtbaren Merkmalen der Auftragsvergabe im Wettbewerb gehört die Gewährleistung eines **Geheimwettbewerbs** zwischen den ausschreibungsbeteiligten Bietern.[83] Nur wenn jeder Bieter die nachgefragten Leistungen in Unkenntnis der Angebote und Angebotsgrundlagen sowie der Angebotskalkulation seiner Mitbewerber anbietet, ist ein echter Bieterwettbewerb um den Zuschlag möglich.[84] Dementsprechend liegt nach der Rechtsprechung bereits dann eine wettbewerbsbeschränkende Abrede i.S.v. § 31 Abs. 2 Nr. 6 VSVgV vor, wenn ein Angebot in Kenntnis der Bedingungen eines Konkurrenzangebots oder wesentlicher Teile eines Konkurrenzangebots[85] erstellt wird.[86] Der öffentliche Auftraggeber muss jedoch grundsätzlich die Kenntnis des Bieters vom Inhalt des Konkurrenzangebots **nachweisen**, um hierauf einen Ausschluss stützen zu können.[87]

61

Eine solche Kenntnis von Konkurrenzangeboten wird dabei allerdings in bestimmten **Fallkonstellationen** widerleglich vermutet, in denen sich ein Bieter mehrfach, d.h. mit mehreren Angeboten parallel, an demselben Auftragswettbewerb beteiligt.[88] Gibt ein Bieter für eine nachgefragte Leistung nicht nur ein eigenes Angebot ab, sondern bewirbt sich daneben auch als Mitglied einer **Bietergemeinschaft** für dieselbe Leistung, geht die Rechtsprechung davon aus, dass solche Angebote im Regelfall in Kenntnis des jeweils anderen abgegeben werden,[89] eine Verletzung des Geheimwettbewerbs mithin von vornherein anzunehmen ist.[90] Dadurch kommt es in dieser Konstellation entsprechend zu einer **Umkehr der Nachweislast** für das Vorliegen der Voraussetzungen des Ausschlusstatbestands des § 31 Abs. 2 Nr. 6 VSVgV.

62

Der vom Ausschluss bedrohte Bieter muss allerdings vom Auftraggeber bzw. im Nachprüfungsverfahren die Gelegenheit erhalten, die Vermutung zu widerlegen, dass die Angebote voneinander beeinflusst worden sind.[91] Ein automatischer Ausschluss aufgrund vermuteter Kenntnis von Elementen eines Konkurrenzangebots erschiene unverhältnismäßig.[92] Insofern ist die Vergabestelle verpflichtet, die betroffenen Unternehmen aufzufordern, durch entsprechende Einlassungen und Erörterungen die Bedenken an der Einhaltung des Geheimwettbewerbs auszuräumen.[93] Dies gilt grundsätzlich für jede Art

63

---

82 OLG Frankfurt a.M., NZBau 2004, 60; OLG Naumburg, 2.7.2009 – 1 U 5/09; OLG Brandenburg, VergabeR 2012, 866.
83 OLG Düsseldorf, VergabeR 2003, 690; OLG München, VergabeR 2009, 81; sowie zuletzt OLG Düsseldorf, NZBau 2011, 371.
84 OLG Düsseldorf, VergabeR 2003, 690; OLG München, VergabeR 2009, 81; sowie zuletzt OLG Düsseldorf, NZBau 2011, 371.
85 OLG München, ZfBR 2011, 382.
86 OLG Düsseldorf, NZBau 2011, 371; OLG Düsseldorf, VergabeR 2003, 229; OLG Jena, 19.4.2004 – 6 Verg 3/04.
87 OLG Naumburg, 2.8.2012 – 2 Verg 3/12.
88 Vgl. dazu *Dicks*, VergabeR 2013, 1; *Gabriel*, NZBau 2010, 225.
89 OLG Düsseldorf, 16.11.2010 – VII-Verg 50/10; OLG Düsseldorf VergabeR 2003, 690; OLG Naumburg, 30.7.2004 – 1 Verg 10/04.
90 Dazu ausführlich *Gabriel/Benecke/Geldsetzer*, Die Bietergemeinschaft, 2007, Rn. 41 ff.
91 EuGH, 19.5.2009, Rs. C-538/07 (Assitur), Slg. 2009, I-4236, in Bezug auf konzernverbundene Unternehmen; EuGH, 23.12.2009, Rs. C-376/08 (Serrantoni), Slg. 2009,I-12172, in Bezug auf die parallele Beteiligung als Einzelbieter und Mitglied einer Bietergemeinschaft, dazu *Gabriel*, NZBau 2010, 225; OLG Düsseldorf, NZBau 2011, 371.
92 Vgl. *Dicks*, VergabeR 2013, 1; *Müller-Wrede*, in: Müller-Wrede, VOL/A, § 19 EG Rn. 154.
93 OLG Düsseldorf, NZBau 2011, 371.

64 Besondere Relevanz für einen Angebotsausschluss aufgrund einer Verletzung des Geheimwettbewerbs besteht dann, wenn es sich bei den Bietern um **konzern- oder anderweitig gesellschaftsrechtlich verbundene Unternehmen** handelt.[94] Die bloße Feststellung einer gesellschaftsrechtlichen Verbundenheit berechtigt und verpflichtet die Vergabestelle aber noch nicht dazu, diese Unternehmen von dem Vergabeverfahren auszuschließen.[95] Vielmehr hat die Vergabestelle, nachdem sie Kenntnis von der Verbundenheit erlangt hat, zu prüfen und zu würdigen, ob der Inhalt der von diesen abgegebenen Angebote durch die sich aus der Verbundenheit ergebenden Verflechtungen und Abhängigkeiten beeinflusst worden ist, wobei die Feststellung eines wie auch immer gearteten Einflusses für den Ausschluss dieser Unternehmen genügt.[96] Soweit sich mehrere Unternehmen, zwischen denen eine **Konzernverbundenheit** i.S.d. §§ 15, 18 AktG vorliegt, mit eigenen Angeboten an einem Vergabeverfahren beteiligen, besteht jedoch im Allgemeinen die widerlegbare Vermutung dafür, dass der Geheimwettbewerb zwischen ihnen nicht gewahrt ist.[97] Insofern begründet bereits die Konzernverbundenheit eine im Vergleich zur Angebotslegung voneinander vollkommen unabhängiger Unternehmen eine objektiv erhöhte Gefahr von Verstößen gegen den Geheimwettbewerb.[98] Die Widerlegung dieser Vermutung obliegt den betroffenen Unternehmen.[99] Eine Verletzung des Geheimwettbewerbs besteht dann nicht, wenn die Angebote der gesellschaftsrechtlich verbundenen Unternehmen nachweislich in Unkenntnis der wechselseitigen Angebotsinhalte abgegeben wurden.[100]

> **PRAXISTIPP**
>
> *Zur Vermeidung eines Angebotsausschlusses sollten gesellschaftsrechtlich verbundene und insbesondere konzernangehörige Unternehmen im Falle einer konkurrierenden Angebotsabgabe unbedingt Vorkehrungen treffen, um die Unabhängigkeit und Vertraulichkeit der Angebotserstellung sowohl gewährleisten als auch nachweisen zu können.[101] Erforderlich ist dabei die Organisation einer effektiven räumlichen, technischen und personellen Trennung der verfahrensbeteiligten Unternehmen, die geeignet ist, einen Informationsaustausch zwischen diesen zu verhindern (sog. „Chinese Walls").*
>
> *Diese Maßnahmen sollten dokumentiert und gemeinsam mit entsprechenden Eigen- und Verschwiegenheitserklärungen der beteiligten Mitarbeiter bereits mit dem Angebot an die Vergabestelle übersandt werden.[102] Außerdem muss dargelegt werden, dass die Konzernmutter auf die Beteiligung ihrer Tochterunter-*

---

[94] Vgl. dazu *Boldt/Zerwell*, VergabeR 2012, 9; *Gabriel*, NZBau 2010, 225.
[95] EuGH, 19.5.2009, Rs. C-538/07 (Assitur), Slg. 2009, I-4236; OLG Düsseldorf, NZBau 2011, 371; OLG Düsseldorf, 11.5.2011 – VII-Verg 1/11.
[96] EuGH, 19.5.2009, Rs. C-538/07 (Assitur), Slg. 2009, I-4236; OLG Düsseldorf, NZBau 2011, 371; OLG Düsseldorf, 11.5.2011 – VII-Verg 1/11.
[97] OLG Düsseldorf, NZBau 2011, 371.
[98] OLG Düsseldorf, NZBau 2011, 371.
[99] OLG Düsseldorf, NZBau 2011, 371.
[100] EuGH, 23.12.2009, Rs. C-376/08 (Serrantoni), Slg. 2009, I-12172.
[101] Vgl. OLG Düsseldorf, NZBau 2011, 371; sowie ausführlich *Dicks*, VergabeR 2013, 1, 12.
[102] Vgl. *Boldt/Zerwell*, VergabeR 2012, 9, 14.

> nehmen am Vergabeverfahren keinen Einfluss nimmt und die Tochterunternehmen keiner gemeinsamen Konzernstrategie unterliegen.[103]

Die parallele Beteiligung eines Unternehmens als Bieter sowie gleichzeitig als **Nachunternehmer** an einem Vergabeverfahren genügt für den erforderlichen Nachweis der Kenntnis des Konkurrenzangebots grundsätzlich nicht.[104] Diesbezüglich ist eine differenzierende rechtliche Bewertung erforderlich (siehe auch **§ 9 Rn. 61 ff.**). Es müssen weitere Tatsachen hinzukommen, die nach Art und Umfang des Nachunternehmereinsatzes sowie mit Rücksicht auf die Begleitumstände eine Kenntnis des Konkurrenzangebots annehmen lassen.[105]

### b) Bietergemeinschaften

Besondere Relevanz besitzt der Ausschlusstatbestand des § 31 Abs. 2 Nr. 6 VSVgV für Bietergemeinschaften (siehe **§ 21 Rn. 46 ff.**). Diese zeichnen sich in dem hier gegenständlichen Zusammenhang durch eine wettbewerbliche Ambivalenz aus.[106] Der Möglichkeit für solche Unternehmen sich als Mitglied einer Bietergemeinschaft an einem Auftragswettbewerb zu beteiligen, die selbstständig nicht in der Lage wären, ein eigenes Angebot abzugeben, kommt entsprechend der gesetzgeberischen Intention eine unmittelbar mittelstands- und wettbewerbsfördernde Wirkung zu.[107] Eine solche Kooperationsvereinbarung mehrerer Unternehmen zur gemeinschaftlichen Beteiligung an einem Vergabewettbewerb läuft dabei jedoch grundsätzlich Gefahr, als verbotene **wettbewerbsbeschränkende Vereinbarung** i.S.v. § 1 GWB qualifiziert zu werden und damit den Ausschlusstatbestand des § 31 Abs. 2 Nr. 6 VSVgV zu verwirklichen.[108]

Das ist insbesondere bei der Beteiligung von Unternehmen an einer Bietergemeinschaft zu besorgen, die grundsätzlich auch in der Lage wären, sich selbstständig, durch die Abgabe eines eigenen Angebots, am Vergabeverfahren zu beteiligen. Nach bislang **ständiger Rechtsprechung** des BGH und der OLG wurde aber auch die Beteiligung eines hinreichend leistungsfähigen Unternehmens an einer Bietergemeinschaft als grundsätzlich wettbewerbsrechtlich zulässig qualifiziert. Eine solche Bietergemeinschaft verstoße danach lediglich dann gegen das Kartellverbot des § 1 GWB, wenn die Beteiligung an dieser für eines der beteiligten Unternehmen nicht eine im Rahmen wirtschaftlich zweckmäßigen und kaufmännisch vernünftigen Handelns liegende Unternehmensentscheidung darstellt.[109] Den Kriterien der „wirtschaftlichen Zweckmäßigkeit" und der „kaufmännischen Vernunft" ist dabei ein objektiviertes Verständnis zugrunde zu legen[110] und zu prüfen, ob die unternehmerische Entscheidung objektiv nachvollziehbar ist.[111]

Gegenwärtig ist allerdings nicht mit hinreichender Sicherheit prognostizierbar, ob diese rechtliche Beurteilung in der Rechtsprechung eine Fortsetzung finden wird. Namentlich

---
103 *Boldt/Zerwell*, VergabeR 2012, 9, 14.
104 OLG Naumburg, 2.8.2012 – 2 Verg 3/12; OLG Düsseldorf, ZfBR 2006, 698; OLG Jena, 29.8.2008 – 9 Verg 5/08.
105 OLG Naumburg, 2.8.2012 – 2 Verg 3/12; OLG Düsseldorf, NZBau 2006, 810.
106 Vgl. *Gabriel/Voll*, VergabeR 2012, 876.
107 Vgl. *Ruh*, VergabeR 2006, 718; *Wiedemann*, ZfBR 2003, 240.
108 Vgl. dazu ausführlich *Schulte/Voll*, ZfBR 2013, Heft 3.
109 BGH, WuW/E, BGH 2050; OLG Naumburg, WuW 2001, 1015; OLG Frankfurt a.M., NZBau 2004, 60; OLG Koblenz, ZfBR 2005, 619; OLG Düsseldorf, 3.6.2004 – W (Kart) 14/04; sowie zuletzt OLG Brandenburg, VergabeR 2012, 866, mit Anmerkung *Gabriel/Voll*.
110 *Koenig/Kühling/Müller*, WuW 2005, 126, 131; *Schulte/Voll*, ZfBR 2013, Heft 3; so auch schon *Immenga*, DB 1984, 385, 391.
111 OLG Naumburg, WuW 2001, 1015; OLG Frankfurt a.M., NZBau 2004, 60.

das **OLG Düsseldorf** offenbarte in zwei jüngeren Entscheidungen einen wesentlich strengeren Zulässigkeitsmaßstab.[112] Danach sollen Bietergemeinschaften lediglich dann nicht gegen das Kartellverbot des § 1 GWB verstoßen, sofern die beteiligten Unternehmen einerseits objektiv nicht die zur Abgabe eines eigenen Angebots notwendige Leistungsfähigkeit besitzen und der Zusammenschluss zu einer Bietergemeinschaft außerdem subjektiv eine im Rahmen wirtschaftlich zweckmäßigen und kaufmännisch vernünftigen Handelns liegende Unternehmensentscheidung darstellt. In Konsequenz dieser Rechtsprechung wären Angebote von Bietergemeinschaften, an denen sich zumindest ein Unternehmen beteiligt, dass objektiv auch ein eigenes Angebot hätte abgeben können, gem. § 31 Abs. 2 Nr. 6 VSVgV von vornherein zwingend auszuschließen. Im Kontrast zu dieser Rechtsauffassung folgte das OLG Brandenburg in einer darauffolgenden Entscheidung wiederum der bereits aufgezeigten ständigen Rechtsprechungspraxis.[113]

> **PRAXISTIPP**
>
> *Aufgrund dieser gegenwärtigen Rechtsunsicherheit ist objektiv leistungsfähigen Unternehmen, die sich gleichwohl mit einer Bietergemeinschaft an einem Vergabewettbewerb beteiligen möchten, dringend anzuraten, bereits bei Angebotsabgabe nachvollziehbar darzulegen, dass die Beteiligung an einer Bietergemeinschaft aus wirtschaftlichen Gründen geboten war und eine selbstständige Angebotsabgabe deshalb ausscheiden musste.[114]*

### 7. Ausschluss des Bewerbers nach § 24 VSVgV (§ 31 Abs. 2 Nr. 7)

69  Nach § 31 Abs. 2 Nr. 7 VSVgV werden Angebote von Bietern, die auch als Bewerber gem. § 24 VSVgV von der Teilnahme am Wettbewerb hätten ausgeschlossen werden können, ausgeschlossen.

70  Der Wortlaut des Ausschlusstatbestands ist angelehnt an den Wortlaut von § 19 EG Abs. 4 VOL/A.

71  Bei Vorliegen eines der in § 24 VSVgV genannten Tatbestände ist das Angebot des Bieters ausweislich des Wortlauts des § 31 Abs. 2 VSVgV („ausgeschlossen werden") zwingend auszuschließen. Ein im Bereich der VOL/A bestehender Beurteilungs- und Ermessensspielraum besteht somit gerade nicht.

### 8. Fehlende Preisangaben (§ 31 Abs. 2 Nr. 8)

72  Damit ein Angebot gewertet werden kann, ist der in der Leistungsbeschreibung vorgesehene Preis so wie gefordert vollständig und mit dem Betrag anzugeben, der für die betreffende Leistung beansprucht wird.[115] Schließlich werden Angebote deshalb gem. § 31 Abs. 2 Nr. 8 VSVgV ausgeschlossen, die nicht die erforderlichen Preisangaben enthalten, es sei denn, es handelt sich um unwesentliche Einzelpositionen, deren Einzelpreise den Gesamtpreis nicht verändern oder die Wertungsreihenfolge und den Wettbewerb nicht beeinträchtigen.

---

112 OLG Düsseldorf, VergabeR 2012, 628; OLG Düsseldorf, VergabeR 2012, 632; dazu ausführlich *Gabriel*, VergabeR 2012, 555; *Jäger/Graef*, NZBau 2012, 213; sowie *Schulte/Voll*, ZfBR 2013, Heft 3.
113 OLG Brandenburg, VergabeR 2012, 866, mit Anmerkung *Gabriel/Voll*.
114 Vgl. auch *Schulte/Voll*, ZfBR 2013, Heft 3.
115 BGH, NZBau 2005, 594.

Die Vorschrift des § 31 Abs. 2 Nr. 8 VSVgV entspricht inhaltlich § 16 Abs. 1 Nr. 1 lit. c) VS VOB/A i.V.m. § 13 Abs. 1 Nr. 3 VS VOB/A sowie der Sache nach § 19 EG Abs. 3 lit. a) VOL/A, obwohl deren Wortlaut nicht ausdrücklich fehlende Preisangaben beinhaltet. Außerdem spiegelt die Vorschrift nach der Verordnungsbegründung den Inhalt des § 19 EG Abs. 2 Satz 2 VOL/A.[116]

Als **fehlende Preisangabe** ist eine Auslassung oder eine Angabe mit unbestimmtem Bedeutungsinhalt zu bewerten; als unvollständige Preisangabe eine solche, bei der einzelne Preisbestandteile nicht an der hierfür vorgesehenen Stelle, sondern in einer anderen Leistungsposition angegeben werden.[117]

Um eine zum Angebotsausschluss führende fehlende Preisangabe handelt es sich dementsprechend auch im Falle einer **Mischkalkulation**.[118] Bei einer solchen werden durch sog. „Abpreisen" bestimmter nachgefragter Leistungspositionen auf einen niedrigeren Einheitspreis (beispielsweise von 0,01 €) und sog. „Aufpreisen" der Einheitspreise anderer angebotener Positionen Preise benannt, die die für die jeweiligen Leistungen geforderten tatsächlichen Preise weder vollständig noch zutreffend wiedergeben.[119] Ein solches Angebot wird in Folge einer Grundsatzentscheidung des BGH in ständiger Rechtsprechung als ungeeignet angesehen, einer transparenten und alle Bieter gleichbehandelnden Vergabeentscheidung ohne weiteres zu Grunde gelegt zu werden und ist deshalb vom Vergabeverfahren auszuschließen.[120] Einer Konnexität zwischen der reduzierten und der erhöhten Preisposition bedarf es dazu gerade nicht. Es genügt vielmehr die unzutreffende Angabe einer einzigen Preisposition.[121] Andererseits kann es sich aber auch bei einem Betrag von 0,00 € oder sogar einem negativen Preis um durchaus zulässige Preisangaben handeln.[122] Dies gilt aber nur dann, wenn der Bieter den Preis ersichtlich ernst gemeint hat, ohne Preisbestandteile auf andere Leistungspositionen zu verteilen und auf diese Weise zu „verstecken".[123] Liegen im Einzelfall entsprechende Indizien für eine unzulässige Mischkalkulation vor, obliegt es dem Bieter diese zu entkräften.[124]

Nach dem Wortlaut des § 31 Abs. 2 Nr. 8 VSVgV sind Angebote aufgrund fehlender Preisangaben lediglich dann vom Vergabeverfahren auszuschließen, wenn es sich um **erforderliche Preisangaben** handelt. Diese Formulierung ist allerdings missverständlich. Obwohl durch den Wortlaut suggeriert, können mit erforderlichen Preisangaben regelungssystematisch nicht solche Preispositionen gemeint sein, die zur Bestimmung des Gesamtpreises und der Wertungsreihenfolge, und damit für die Angebotswertung erforderlich sind. Denn die Vorschrift des § 31 Abs. 2 Nr. 8 VSVgV normiert, in Anlehnung an § 19 EG Abs. 2 Satz 2 VOL/A, ausdrücklich, dass ein Angebot auch bei fehlenden erforderlichen Preisangaben lediglich dann vom Vergabeverfahren ausgeschlossen wird, wenn es sich nicht um **unwesentliche Einzelpositionen** handelt, deren Einzelpreise

---

116 Verordnungsbegründung zu § 31 Abs. 2, BR-Drucks. 321/12, S. 60.
117 OLG Naumburg, 2.4.2009 – 1 Verg 10/08.
118 Vgl. dazu ausführlich *Müller-Wrede*, NZBau 2006, 73; *Leinemann/Kirch*, VergabeR 2005, 563 sowie *Dicks*, in: Kulartz/Marx/Portz/Prieß, VOL/A, § 19 EG Rn. 66 ff.
119 BGH, NZBau 2004, 457.
120 Vgl. BGH, NZBau 2004, 457.
121 OLG Düsseldorf, VergabeR 2009, 956 (st. Rspr.); OLG Koblenz, VergabeR 2006, 233; a.A. OLG Frankfurt a.M., VergabeR 2006, 126; OLG Brandenburg, VergabeR 2005, 770.
122 OLG Dresden, 28.07.2011 – Verg 0005/11.
123 OLG Düsseldorf, 8.2.2005 – VII-Verg 100/04; OLG Dresden, 28.07.2011 – Verg 0005/11.
124 OLG Jena, VergabeR 2006, 358; OLG Brandenburg, VergabeR 2005, 770.

den Gesamtpreis nicht verändern oder die Wertungsreihenfolge und den Wettbewerb nicht beeinträchtigen. Hätte man die Vorschrift gleichwohl im oben genannten Sinn zu verstehen, wäre diese Ausnahmeregelung, die explizit fehlende erforderliche Preisangaben der Rechtsfolge eines Angebotsausschlusses entzieht, gegenstandslos. Unter erforderlichen Preisangaben können damit nur solche Preispositionen gemeint sein, die aus anderen Gründen – notwendigerweise – Bestandteil eines Angebots zu sein haben. In Ermangelung ausdrücklicher Bestimmungen über den Inhalt von Angeboten innerhalb der VSVgV sind Bieter lediglich verpflichtet diejenigen Preispositionen in ihre Angebote aufzunehmen, deren Angabe von der Vergabestelle ausdrücklich, berechtigterweise, eindeutig und unmissverständlich sowie für die Bieter zumutbar in den Vergabeunterlagen gefordert wird (siehe Rn. 23). Damit ist das Tatbestandsmerkmal der „erforderlichen" Preisangaben, korrespondierend mit der Regelung des § 31 Abs. 2 Nr. 1 VSVgV, hier zu verstehen als Preisangaben, die vom Auftraggeber als erforderlich angesehen und deren Angabe deshalb **gefordert** wird.[125]

77 Dementsprechend kann aus dem Umstand, dass der Auftraggeber in den Vergabeunterlagen die Angabe einer bestimmten Preisposition fordert, nicht gleichsam gefolgert werden, dass es sich bei dieser bereits deshalb um eine wesentliche Preisangabe handelt, die unerachtet der ausdrücklichen Ausnahmeregelung für wettbewerbsirrelevante Preispositionen zwingend zum Angebotsausschluss führen würde, sofern sie in einem Angebot nicht enthalten ist.[126] Vielmehr kommt es bei der Beurteilung, ob ein Angebot aufgrund fehlender Preisangaben nach § 31 Abs. 2 Nr. 8 VSVgV vom Vergabeverfahren auszuschließen ist, auf inhaltliche und wettbewerbliche Aspekte der konkreten Preisposition an.[127]

78 Kurzum: Eine fehlende Preisangabe bedingt einen Angebotsausschluss nach § 31 Abs. 2 Nr. 8 VSVgV, wenn der Auftraggeber diese in den Vergabeunterlagen gefordert hat und es sich nicht um eine unwesentliche Einzelposition handelt, die sich nicht auf den Gesamtpreis bzw. die Angebotswertung auswirkt. Ob die Vergabestelle eine Preisangabe für wertungserheblich erachtet, ist unerheblich. Relevant ist lediglich, ob sich das Fehlen der Preisangabe tatsächlich auf die Wertung auswirkt oder nicht. Für die rechtssichere Auslegung des § 31 Abs. 2 Nr. 8 VSVgV bleibt letztlich jedoch noch die Beurteilung durch die Nachprüfungsinstanzen abzuwarten.

79 Außer im Falle des Vorliegens bestimmter Indizien, die auf eine Mischkalkulation hindeuten, trifft die **Nachweislast** für das tatsächliche Fehlen einer Preisangabe grundsätzlich die Vergabestelle.[128]

## IV. Rechtsschutzmöglichkeiten

80 Wird ein Angebot nach § 31 Abs. 2 VSVgV vom Vergabeverfahren ausgeschlossen, kann der Bieter diese Maßnahme der Vergabestelle mit einem Nachprüfungsantrag überprüfen

---

[125] Vgl. zu auftraggeberseitig geforderten aber nicht wertungserheblichen Preisangaben OLG München, VergabeR 2005, 794.
[126] So aber zur früheren Rechtslage in der VOL/A und VOB/A, BGHZ 154, 32, NVwZ 2003, 1149; BGH VergabeR 2004, 473; dazu zusammenfassend *Dicks*, in: Kulartz/Marx/Portz/Prieß, VOL/A, § 19 EG Rn. 54 ff.
[127] Vgl. *Müller-Wrede*, in: Müller-Wrede, VOL/A, § 19 EG Rn. 101.
[128] *Dicks*, in: Kulartz/Marx/Portz/Prieß, VOL/A, § 19 EG Rn. 101.

lassen, wenn er den Ausschluss für unrechtmäßig und sich dadurch in seinen Rechten aus § 97 Abs. 7 GWB verletzt sieht (siehe **Rechtsschutz im Vergaberecht, Rn. 27**).

Davon zu unterscheiden sind allerdings Fälle, in denen ein Bieter mit einem Nachprüfungsantrag geltend macht, das Angebot eines Konkurrenten hätte aufgrund formaler Mängel nach § 31 Abs. 2 VSVgV vom Vergabeverfahren ausgeschlossen werden müssen. Ein Nachprüfungsantrag solchen Inhalts ist nur dann zulässig, wenn sich der Antragsteller auf die Verletzung bieterschützender Normen berufen kann. Entsprechend den Parallelvorschiften in der VOL/A dürften die Ausschlusstatbestände des § 31 Abs. 2 VSVgV als **bieterschützend** zu qualifizieren sein. Diese beruhen auf dem Gleichbehandlungsgebot des § 97 Abs. 2 GWB und sollen neben den Interessen des Auftraggebers an dem Erhalt tatsächlich vergleichbarer Angebote zumindest auch dem Schutz derjenigen Bieter dienen, die sich mit formal und inhaltlich korrekten Angeboten am Vergabewettbewerb beteiligt haben.[129] Aus Gründen der Gleichbehandlung dürfte auch bei § 31 Abs. 2 Nr. 2 VSVgV ein bieterschützender Zweck zu konstatieren sein, obwohl diese Vorschrift primär dem Schutz des Auftraggebers vor nicht unterzeichneten und damit unwirksamen Angeboten dient.[130]

81

Ein Bieter ist selbst dann befugt, mit einem Nachprüfungsantrag geltend zu machen, dass das Angebot eines Konkurrenten nach § 31 Abs. 2 VSVgV ausgeschlossen werden müsste, wenn auch sein eigenes Angebot an einem Ausschlussgrund leidet oder dieses bereits ausgeschlossen worden ist. Voraussetzung ist allerdings, dass der Nachprüfungsantrag im Ergebnis zur Aufhebung der Ausschreibung führen kann, weil kein wertungsfähiges Angebot mehr im Vergabeverfahren verbleibt.[131] Ob das Konkurrenzangebot an demselben oder einem gleichen Mangel leidet wie das Angebot des Antragstellers, ist unerheblich.[132]

82

---

129 Vgl. *Müller-Wrede/Horn/Roth*, in: Müller-Wrede, VOL/A, § 19 EG Rn. 247 ff.
130 Vgl. *Müller-Wrede/Horn/Roth*, in: Müller-Wrede, VOL/A, § 19 EG Rn. 249; VK Düsseldorf, 21.4.2006 – VK-16/2006-L; *Luber*, VergabeR 2009, 14, 16; a.A. *Dittmann*, in: Kulartz/Marx/Portz/Prieß, VOL/A, § 19 EG Rn. 119.
131 BGH, NZBau 2006, 800.
132 OLG Karlsruhe, NZBau 2007, 393.

## § 32
## Nebenangebote

(1) Auftraggeber können Nebenangebote in der Bekanntmachung zulassen. In diesem Fall geben Auftraggeber in den Vergabeunterlagen an, welche Mindestanforderungen für Nebenangebote gelten und in welcher Art und Weise Nebenangebote einzureichen sind. Auftraggeber berücksichtigen nur Nebenangebote, die den in den Vergabeunterlagen festgelegten Mindestanforderungen entsprechen. Nebenangebote sind auszuschließen, wenn sie in der Bekanntmachung nicht ausdrücklich zugelassen sind.

(2) Auftraggeber dürfen ein Nebenangebot nicht deshalb zurückweisen, weil es im Falle des Zuschlags zu einem Dienstleistungsauftrag anstelle eines Lieferauftrags oder zu einem Lieferauftrag anstelle eines Dienstleistungsauftrags führen würde.

## Übersicht

| | Rn. |
|---|---|
| I. Allgemeines | 1 |
|    1. Umsetzung des Art 19 RL 2009/81 | 1 |
|    2. Zulässigkeit von Nebenangeboten bei Preis als alleinigem Zuschlagskriterium | 3 |
| II. Selbstständige Hauptangebote | 6 |
| III. Zulassung von Nebenangeboten | 8 |
| IV. Anforderungen an Nebenangebote | 11 |
|    1. Nennung von Mindestanforderungen | 12 |
|    2. Art und Weise der Einreichung | 15 |
|    3. Verhältnis Mindestanforderungen/Gleichwertigkeitsprüfung | 19 |
| V. Änderung des Charakters der Hauptleistung | 28 |
|    1. Dienstleistungsaufträge und Lieferaufträge | 28 |
|    2. Bauverträge und Liefer-/Dienstleistungsverträge | 35 |
| VI. Umgang mit Nebenangeboten | 38 |
|    1. Ausschluss von Nebenangeboten | 39 |
|       a) § 31 Abs. 2 Nr. 1 VSVgV: Unvollständige Angebote | 40 |
|       b) § 31 Abs. 2 Nr. 2 VSVgV: Nicht unterschriebene Angebote | 41 |
|       c) § 31 Abs. 2 Nr. 3 VSVgV: Nicht eindeutige Änderungen | 42 |
|       d) § 31 Abs. 2 Nr. 4 VSVgV: Änderungen an den Vergabeunterlagen | 43 |
|       e) § 31 Abs. 2 Nr. 5 VSVgV: Verspätete Angebote | 44 |
|       f) § 31 Abs. 2 Nr. 6 VSVgV: Unzulässige wettbewerbsbeschränkende Abreden | 45 |
|       g) § 31 Abs. 2 Nr. 7 VSVgV: Angebote von auszuschließenden Bewerbern | 46 |
|       h) § 31 Abs. 2 Nr. 8 VSVgV: Fehlen von Preisangaben | 47 |
|    2. Prüfung und Wertung | 48 |

    3. Verhandlung/Aufklärung ........................................................................ 49
    4. Schutz von Geschäftsgeheimnissen ..................................................... 50
    5. Verwendung für ein anderes Vergabeverfahren ................................... 51

## I. Allgemeines

### 1. Umsetzung des Art 19 RL 2009/81

**1** § 32 VSVgV dient der **Umsetzung von Art. 19 der RL 2009/81/EG**. Entsprechend dem im deutschen Vergaberecht üblichen Sprachgebrauch wurde der in der Richtlinie vorgegebene Begriff der „**Varianten**" nicht verwendet, sondern die VSVgV spricht von „Nebenangeboten".

**2** Sprachlich wurde die Vorgabe des Art. 19 weitgehend überarbeitet. § 32 VSVgV berücksichtigt jedoch die meisten Regelungen des Art. 19. Inhaltliche Änderungen sind damit, von einer möglichen Ausnahme abgesehen, nicht verbunden.

### 2. Zulässigkeit von Nebenangeboten bei Preis als alleinigem Zuschlagskriterium

**3** Nicht übernommen wurde lediglich die in Art. 19 Abs. 1 vorgesehene Einschränkung, dass bei „**Aufträgen, die nach dem Kriterium des wirtschaftlich günstigsten Angebotes vergeben werden**", Nebenangebote zulässig sind. Diese Regelung der Richtlinie ist zusammen mit Art. 47 Abs. 1 der Richtlinie zu lesen, wonach der Zuschlag entweder auf das wirtschaftlich günstigste Angebot erfolgt (Art. 47 Abs. 1 a) der Richtlinie) oder ausschließlich das Kriterium des niedrigsten Preises anzuwenden ist (Art. 47 Abs. 1 b) der Richtlinie). Insofern wurde Art. 47 durch § 34 Abs. 2 VSVgV umgesetzt, wonach der Zuschlag auf das wirtschaftlichste Angebot erfolgt. Zu berücksichtigen ist auch die Vorgabe in § 97 Abs. 5 GWB, wonach der Zuschlag auf das wirtschaftlichste Angebot erfolgt.

**4** Insofern ist die Ausgangssituation vergleichbar mit der bei VOB/A und VOL/A. Bei diesen Vergabeordnungen ist jedoch **umstritten**, ob Nebenangebote zulässig sind, wenn für die Ermittlung des wirtschaftlichsten Angebotes **lediglich der Preis als Zuschlagskriterium** verwendet wird. Diese Frage hat das OLG Düsseldorf mit Beschluss vom 2.11.2011, VII – Verg 22/11 dem Bundesgerichtshof vorgelegt. Der Düsseldorfer Senat war der Auffassung, dass Nebenangebote nicht gewertet werden dürfen, wenn der Preis alleiniges Zuschlagskriterium ist. Er sah sich jedoch durch die abweichende Entscheidung des OLG Schleswig 15.4.2011 – 1 Verg 10/10 – an einer Entscheidung gehindert.

**5** Dieser bekannte Streit aus dem allgemeinen Vergaberecht wird damit auch in die VSVgV hineingetragen. **Europarechtlich** ist die Frage jedenfalls in diesem Fall eindeutig, da die Einschränkung des Art. 19 Abs. 1 eindeutig formuliert ist. Bei europarechtskonformer Anwendung des § 32 VSVgV darf daher, wenn nur der Preis das einzige Zuschlagskriterium ist, der Auftraggeber keine Nebenangebote zulassen bzw. rechtswidrig zugelassene Nebenangebote werten.

## II. Selbstständige Hauptangebote

In Einzelfällen kann es fraglich sein, ob überhaupt ein Nebenangebot oder ein **weiteres selbständiges Hauptangebot** vorliegt. Unterschiedliche Leistungen können als selbstständige Hauptangebote eingereicht werden. Mit Beschluss vom 9.3.2011, VII – Verg 52/10, hat das OLG Düsseldorf entschieden, dass ein Bieter mehrere Hauptangebote einreichen darf, wenn sich diese technisch unterscheiden.

Die Abgrenzung von Haupt- und Nebenangebot erfolgt nach OLG Düsseldorf a.a.O. danach, ob der Bieter ein erkennbar gleichwertiges Produkt anbieten will, so dass sich sein Angebot im Rahmen der vom Auftraggeber für Hauptangebote aufgestellten Bedingungen bewegt oder ob er die abgefragte Leistung auf andere Weise ausführen will. Nur wenn er also von den Vorgaben des Auftraggebers für Hauptangebote abweicht, kann ein Nebenangebot vorliegen.

## III. Zulassung von Nebenangeboten

Ganz klar kommt in § 32 Abs. 1 VSVgV zum Ausdruck, dass ein Auftraggeber **nur ausdrücklich zugelassene Nebenangebote** in seine Wertung einbeziehen darf. **Schweigt** ein Auftraggeber zur Zulässigkeit von Nebenangeboten, darf er also dennoch eingereichte Nebenangebote nicht bei der Wertung der Angebote berücksichtigen.

Dabei muss die **Zulassung bereits in der Vergabebekanntmachung** erfolgen, wie § 32 Abs. 1 Satz 1 VSVgV eindeutig festlegt. Eine Zulassung in den Vergabeunterlagen wäre daher unbeachtlich.

Es erscheint jedoch zulässig, auch nicht zugelassene und daher nicht gewertete Nebenangebote zu beauftragen. Dies kann allerdings nur in den Fällen erfolgen, in denen der Bieter **sowieso**, also auch ohne das Nebenangebot, mit seinem Angebot an erster Stelle liegt.

## IV. Anforderungen an Nebenangebote

Hat der Auftraggeber Nebenangebote zugelassen, muss er spätestens in den Vergabeunterlagen seine Anforderungen an Nebenangebote präzisieren.

Dabei wird von ihm zwingend verlangt, dass er **Mindestanforderungen** für Nebenanforderungen vorgibt und dass er Vorgaben für die Art und Weise der Einreichung macht.

### 1. Nennung von Mindestanforderungen

Die Rechtsprechung lässt Auftraggebern in wettbewerbsfreundlicher Weise einen weiten **Spielraum bei der Festlegung von Mindestanforderungen**. So reicht es aus, wenn als Mindestanforderungen die Einhaltung der Konstruktionsbedingungen und der vom Auftraggeber vorgesehenen Planungsvorgaben gefordert werden.[1] Als ausreichend

---

[1] OLG Düsseldorf, 23.12.2009 – VII – Verg 30/09.

wurde es auch gesehen, wenn die Anforderungen an die Leistung durch technische Normen festgelegt sind, auch wenn diese nicht ausdrücklich im Leistungsverzeichnis umgesetzt bzw. benannt sind.[2] Vom Auftraggeber wird insbesondere nicht gefordert, Mindestanforderungen für jede Position der Leistungsbeschreibung aufzustellen.[3]

13 **Nicht ausreichend** wären rein formale Vorgaben, da solche Vorgaben neben den Mindestanforderungen als Vorgabe zu Art und Weise der Einreichung gefordert werden. Die Mindestanforderungen müssen also leistungsbezogen sein und technisch-inhaltlicher Art sein.

14 Wenn der Auftraggeber keine Mindestanforderungen vorgibt und dies von den Bietern nicht nach § 107 Abs. 3 GWB gerügt wird, kann ein Antragsteller in einem Nachprüfungsverfahren nicht erreichen, dass der Auftraggeber nachträglich Mindestanforderungen festlegt. Es kann nur der Ausspruch erfolgen, dass der Auftraggeber Nebenangebote nicht werten darf.[4]

### 2. Art und Weise der Einreichung

15 Ebenfalls zwingend vorgesehen sind Angaben des Auftraggebers zu **Art und Weise der Einreichung** von Nebenangeboten.

16 Denkbar und sinnvoll erscheint die Forderung, dass Nebenangebote als gesonderte Anlage vorgelegt und als Nebenangebot **gekennzeichnet** werden. Dies entspricht § 13 Abs. 3 Satz 2 VOB/A. Hintergrund dieser Festlegung ist, dass der Auftraggeber Nebenangebote sicher erkennen will. Insbesondere soll verhindert werden, dass Bieter vom Auftraggeber nicht erkannte Nebenangebote einreichen und der Auftraggeber irrtümlich von einem Hauptangebot ausgeht und dementsprechend die für Nebenangebote erforderlichen zusätzlichen Prüfungen nicht vornimmt. Aus dem gleichen Grund kann es sich anbieten, wie in § 13 Abs. 3 Satz 1 VOB/A die Angabe der Anzahl der Nebenangebote zu fordern.

17 Das Vergabehandbuch des Bundes verlangt für Bauleistungen, dass Nebenangebote, soweit sie Teilleistungen (Positionen) des Leistungsverzeichnisses beeinflussen (ändern, ersetzen, entfallen lassen, zusätzlich erfordern), nach Mengenansätzen und Einzelpreisen aufzugliedern sind – und zwar auch dann, wenn das Nebenangebot eine Pauschalvergütung vorsieht.

18 Der Auftraggeber hat ein Interesse daran, die Auswirkungen von Nebenangeboten auf die ausgeführte Leistung zu erfahren. Zum einen benötigt er diese Informationen für die Prüfung der Gleichwertigkeit und der Einhaltung der Mindestanforderungen. Zum anderen kann er sich ohne solche Angaben oft kein Bild von den tatsächlich durch ein Nebenangebot eintretenden Mehr- und Minderkosten machen. Daher sollten Auftraggeber stets prüfen, ob sie hierfür die im Vergabehandbuch geforderten Angaben brauchen und diese ggf. als Vorgaben formulieren.

---

2   OLG Schleswig 15.2.2005 – 6 Verg 6/04.
3   OLG Koblenz, 26.7.2010 – 1 Verg 6/10.
4   OLG Celle, 11.2.2010 – 13 Verg 16/09.

## 3. Verhältnis Mindestanforderungen/Gleichwertigkeitsprüfung

Zur Zeit wird die Frage diskutiert, ob der Auftraggeber neben der Einhaltung der Mindestanforderungen auch die Gleichwertigkeit eines Nebenangebotes prüfen soll.

*Dicks* (VergabeR 2012, 327) hat dies mit der Frage begleitet – und im Ergebnis verneint, ob eine Nachprüfungsinstanz den Auftraggeber dazu verpflichten darf, auf eine angebotene günstigere und ggf. geringwertigere Leistung zu verzichten. Umgekehrt ist aber auch zu fragen, ob eine Nachprüfungsinstanz den Auftraggeber verpflichten kann, ein Nebenangebot mit einer geringwertigeren Leistung zu werten und ggf. zu beauftragen, obwohl der Auftraggeber sich durch Ausübung seines Leistungsbestimmungsrechts für eine bestimmte, höherwertige Leistung entschieden hat. Schlussendlich geht es in beiden Fällen um das **Leistungsbestimmungsrecht des Auftraggebers**, das er entweder gewissermaßen nach unten hin erweitern will oder bei dem er eine nachträgliche Änderung nicht hinnehmen will.

Zu berücksichtigen ist dabei, dass es nicht im Ermessen des Auftraggebers steht, ob er ein Nebenangebot wertet oder nicht, sondern die Möglichkeit der Wertung immer mit der Pflicht zur Wertung verbunden ist. Der Auftraggeber kann also kein Rosinenpicken betreiben. Es muss für ihn und die Bieter im vorhinein klar sein, welche Nebenangebote zu werten sind und welche nicht.

Der BGH hat in seiner Entscheidung vom 23.3.2011 (X ZR 92/09) ausgeführt:

„Es bestehen keine rechtlichen Bedenken dagegen [...] dass das Berufungsgericht für den Vergleich des Nebenangebotes mit dem Leistungsverzeichnis dieselben Kriterien herangezogen hat, die gemäß den genannten Bestimmungen für Abweichungen von den technischen Spezifikationen innerhalb eines Hauptangebotes gelten". Die genannten Kriterien beruhen auf der vom BGH vorher angesprochenen Bestimmung des § 13 Abs. 2 VOB/A, der eine Gleichwertigkeitsprüfung von abweichenden Hauptangeboten i.S.d. §§ 13 Abs. 2, 16 Abs. 7 VOB/A fordert. Auch einige Oberlandesgerichte haben eine Gleichwertigkeitsprüfung gebilligt, andere halten sie für unzulässig.[5]

Diese Entscheidung spricht maßgeblich dafür, dass der BGH eine Gleichwertigkeitsprüfung nach den Grundgedanken des § 13 Abs. 2 VOB/A gutheißt.

Dies entspricht letztlich – auch wenn dies natürlich ein rechtlich schwaches Argument ist – den Anforderungen der Praxis. Gerade im Baubereich gibt es bei praktisch jeder einzelnen Position der Leistungsbeschreibung die Möglichkeit, ein günstigeres, geringwertigeres und mit gewissen Risiken verbundenes abweichendes Angebot zu machen. Durch die Formulierung von Mindestanforderungen lässt sich dies kaum verhindern, da für jede einzelne Position die wesentlichen Merkmale für die Gleichwertigkeit relevant wären – die ausformulierten Mindestanforderungen würden also u.U. den Umfang der Leistungsbeschreibung erreichen. Bei anderen Leistungen ist hingegen der auch von *Dicks*[6] vorgeschlagene Weg, die **Gleichwertigkeit als Teil der Mindestanforderungen** zu formulieren, unter konkreter Benennung von Leistungsmerkmalen und -anforderungen, durchaus gangbar.

---

5 Billigend z.B. OLG Brandenburg, 17.5.2011 – Verg W 16/10; OLG Saarbrücken, 27.4.2011 – 1 Verg 5/10; OLG Koblenz 2.2.2011 – 1 Verg 1/11; OLG Frankfurt a.M., 26.6.2012 – 11 Verg 12/12; ablehnend OLG Koblenz, 26.7.2010 – 1 Verg 6/10; OLG München 7.4.2011 – Verg 5/11.
6 VergabeR 2012, 327.

26  Geht man davon aus, dass eine Gleichwertigkeitsprüfung erforderlich ist, und betrachtet man die Fälle, in denen eine ausdrückliche Formulierung der Gleichwertigkeitsanforderungen praktisch scheitert, so dienen die vom Auftraggeber zu nennenden Mindestanforderungen vor allem dazu, Abweichungen nach unten wie nach oben zu definieren. Nicht durch die Mindestanforderungen erlaubte Abweichungen sind unzulässig bzw. führen zur Nichtwertung des Nebenangebotes. Daher muss der Auftraggeber in solchen Fällen die Mindestanforderungen negativ wie positiv formulieren.

27  Die Beurteilung der Gleichwertigkeit ist durch die Nachprüfungsinstanzen – oder im Rahmen von Schadensersatzprozessen durch die ordentlichen Gerichte – nur eingeschränkt überprüfbar, Maßstab sind die Vertretbarkeit im Hinblick auf eine transparente Vergabe im Wettbewerb.[7]

## V. Änderung des Charakters der Hauptleistung

### 1. Dienstleistungsaufträge und Lieferaufträge

28  Nach Abs. 2 dürfen Auftraggeber ein Nebenangebot nicht deshalb zurückweisen, weil der Auftrag im Zuschlagsfall als ein Dienstleistungsauftrag anstelle eines ursprünglich vorgesehenen Lieferauftrags oder umgekehrt als ein Lieferauftrag anstelle eines Dienstleistungsauftrags zu qualifizieren ist. Diese Regelung beruht auf Art. 19 Abs. 3 der RL 2009/81/EG, der wiederum praktisch identisch mit Art. 24 der RL 2004/18/EG ist.

29  **Nach rein vergaberechtlichen Gesichtspunkten** sind Dienstleistungsaufträge und Lieferaufträge gleich zu behandeln, so dass vergaberechtlich auch ohne diese Regelung kein Problempotential besteht.

30  Auftraggeber müssen natürlich eine solche Änderung der Leistungsart im Hinblick auf die **vertragsrechtlichen Folgen** prüfen. So unterscheiden sich z.B. ein Liefervertrag – privatrechtlich als Kaufvertrag anzusehen – und ein Dienstleistungsvertrag i.S.d. §§ 611 ff. BGB erheblich. Besonders deutlich wird dies bei der Gewährleistung und der Möglichkeit, einen Vertrag für die Zukunft zu beenden. Beim Kaufvertrag hat der Käufer im Falle einer mangelhaften Leistung die in § 437 BGB genannten gesetzlichen Gewährleistungsansprüche, die teilweise auch verschuldensunabhängig sind, beim Dienstleistungsvertrag i.S.d. §§ 611 ff. BGB haftet der Auftragnehmer grundsätzlich nur bei Verschulden. Ein Kaufvertrag kann nur unter bestimmten Voraussetzungen für die Zukunft beendet werden, ein Dienstvertrag kann ohne weitere Gründe innerhalb der gesetzlich vorgesehenen Fristen gekündigt werden. Diese Beispiele abweichender Regelungen sind nicht abschließend.

31  Der Umgang mit einer solchen Änderung der Vertragsart ist daher vertragsrechtlich nicht einfach.

32  Natürlich besteht die Möglichkeit, dass der Auftraggeber auch für einen solchen Fall **Mindestanforderungen** definiert. Diese Mindestanforderungen müssten die wesentlichen vertragsrechtlichen Vorgaben für die jeweils andere Vertragsart beinhalten. Dies bedeutet eine erhebliche gedankliche Leistung des Auftraggebers, auch dürfte es oft schwer und manchmal unmöglich sein, zumindest ähnliche Regeln für die Vertrags-

---

7   BGH, 23.3.2011 – X ZR 92/09.

durchführung aufzustellen (besonders im Hinblick auf eine etwaig anstehende AGB-rechtliche Prüfung).

Hat der Auftraggeber keine Vorsorge durch solche Mindestanforderungen getroffen, werden ihn die unterschiedlichen rechtlichen Folgen unvorbereitet treffen. Im Hinblick auf die massiven Auswirkungen auf die Vertragsdurchführung dürfte eine solche Qualitätsänderung kaum handzuhaben sein.

Zu überlegen wäre, ob hier die Prüfung der **Gleichwertigkeit** einen Ausweg bietet. Nimmt man die Gewährleistung, ist die verschuldensabhängige Haftung beim Dienstvertrag der verschuldensunabhängigen Mängelhaftung beim Kaufvertrag sicherlich nicht gleichwertig. Gegen eine solche Anwendung der Gleichwertigkeitsprüfung könnte jedoch sprechen, dass dies faktisch zu einer Aufhebung des § 32 Abs. 2 VSVgV führen würde. Die Formulierung des § 32 Abs. 2 VSVgV spricht jedoch dafür, dass nur die Qualitätsänderung als solche nicht als Begründung für den Ausschluss eines Nebenangebotes herangezogen werden darf. Kann der Auftraggeber jedoch darlegen, dass diese Qualitätsänderung kein rechtstheoretischer Vorgang ist, sondern im konkreten Einzelfall spürbare Nachteile mit sich bringt, erscheint der Ausschluss des entsprechenden Nebenangebotes auch angesichts des § 32 Abs. 2 VSVgV als zulässig.

## 2. Bauverträge und Liefer-/Dienstleistungsverträge

Für eine geänderte Qualifizierung unter Einbeziehung von **Bauverträgen** ist ein Verbot des Ausschlusses nicht vorgesehen. Vergaberechtlich wären die Folgen einer solchen Änderung im Einzelfall näher zu prüfen. Es könnten sich Auswirkungen auf die Ermittlung des Gesamtauftragswertes der Bauleistungen ergeben. Interessant könnte auch sein, ob etwa bei einer durch das Nebenangebot hervorgerufenen Umqualifizierung weiterhin das Kartellvergaberecht anwendbar bleibt, wenn der höhere EU-Schwellenwert für Bauaufträge nicht überschritten wird.

Eine solche Änderung der Vertragsart kann aber durchaus passieren; so hängt die Qualifizierung bei der Lieferung von Bauteilen maßgeblich von der Art der Verbindung mit anderen Bauteilen ab. Bleibt der gelieferte Bauteil eine bewegliche Sache (oder hat der Auftragnehmer nicht die Aufgabe, die Sache einzubauen), liegt nach § 651 BGB ein **Kaufvertrag** vor. Erfolgt eine feste Verbindung, liegt ein (Bau-)Werkvertrag vor. Ändert der Bieter also in seinem Nebenangebot **die Art der Verbindung des von ihm zu liefernden Bauteiles**, kann dies auch vertragsrechtliche Folgen haben.

Im Gegenschluss zu § 32 Abs. 2 VSVgV ist der Ausschluss eines solchen Nebenangebotes mit der Folge der Umqualifizierung eines Liefer-/Dienstleistungsauftrages in einen Bauauftrag oder umgekehrt als zulässig anzusehen.

Auch wenn die vertragsrechtlichen Folgen der in § 32 Abs. 2 VSVgV vorgesehenen Umwandlung möglicherweise deutlich schwerwiegender wären, ist die Wahrung der Vertragsart zumindest in diesem Fall ein für die Praxis hilfreiches Ergebnis.

## VI. Umgang mit Nebenangeboten

**38** **Grundsätzlich unterliegt der Umgang mit Nebenangeboten den gleichen Regeln wie der mit Hauptangeboten.** Entscheidender Unterschied ist, dass Nebenangebote im Falle der Zulassung die Einstiegsprüfung der Einhaltung der Mindestanforderungen und der Gleichwertigkeit überstehen müssen. Tun sie dies nicht, werden sie bei der Wertung nicht berücksichtigt.

### 1. Ausschluss von Nebenangeboten

**39** § 31 Abs. 2 VSVgV enthält einen **Katalog von Ausschlussgründen** für Hauptangebote, der auf Nebenangebote zumindest teilweise anwendbar ist.

#### a) § 31 Abs. 2 Nr. 1 VSVgV: Unvollständige Angebote

**40** Angebote sind auszuschließen, wenn sie die geforderten Erklärungen und Nachweise nicht enthalten und der Bieter diese auch nicht innerhalb einer vom Auftraggeber gemäß § 22 Abs. 6 VSVgV gesetzten Frist nachgereicht hat.

Dies gilt uneingeschränkt für Nebenangebote. Auch soweit für den Nachweis der Gleichwertigkeit Nachweise oder Erklärungen erforderlich sind, unterfallen diese der Nachreichungsmöglichkeit des § 22 Abs. 6 VSVgV.

#### b) § 31 Abs. 2 Nr. 2 VSVgV: Nicht unterschriebene Angebote

**41** Ein unterschriebenes Hauptangebot **deckt** nach der Rechtsprechung des BGH regelmäßig ein nicht unterschriebenes Nebenangebot mit ab.[8] Daher führt es **nicht** zum Ausschluss eines Nebenangebotes, wenn es nicht gesondert unterschrieben bzw. signiert ist.

#### c) § 31 Abs. 2 Nr. 3 VSVgV: Nicht eindeutige Änderungen

**42** Auch in Nebenangeboten müssen Änderungen des Bieters in seinen eigenen Eintragungen **eindeutig** sein. Ist dies nicht der Fall, ist das Nebenangebot auszuschließen.

#### d) § 31 Abs. 2 Nr. 4 VSVgV: Änderungen an den Vergabeunterlagen

**43** Dieser Ausschlussgrund hat bei Nebenangeboten **keine eigenständige Bedeutung**, da ein Nebenangebot bereits definitorisch eine Abweichung vom Hauptangebot ist. Relevant sind allenfalls die selbstständig zu prüfende Abweichung von den Mindestanforderung des Auftraggebers und die fehlende Gleichwertigkeit.

#### e) § 31 Abs. 2 Nr. 5 VSVgV: Verspätete Angebote

**44** Dieser Ausschlussgrund ist **uneingeschränkt** auch für Nebenangebote anwendbar.

#### f) § 31 Abs. 2 Nr. 6 VSVgV: Unzulässige wettbewerbsbeschränkende Abreden

**45** Auch dieser Ausschlussgrund gilt **uneingeschränkt** für Nebenangebote.

#### g) § 31 Abs. 2 Nr. 7 VSVgV: Angebote von auszuschließenden Bewerbern

**46** Dieser Ausschlussgrund dürfte bereits bei der Prüfung des Hauptangebotes ausschlaggebend sein und bei Nebenangeboten **keine selbständige Bedeutung** haben.

---

[8] BGH, 23.3.2011 – X ZR 92/09.

#### h) § 31 Abs. 2 Nr. 8 VSVgV: Fehlen von Preisangaben

Auch bei diesem Ausschlussgrund besteht kein Anlass, ihn für Nebenangebote grundsätzlich anders als bei Hauptangeboten anzuwenden. In der Praxis könnte sich jedoch auswirken, dass anders als beim Hauptangebot für die Einzelpreise **keine Konkurrenzangebote** vorliegen und es daher oft schwierig bis unmöglich sein dürfte, festzustellen, ob der Einzelpreis **unwesentlich** ist und ob er die **Wertungsreihenfolge** und den Wettbewerb beeinträchtigen würde. 47

Für die Nachweislast gelten die oben bei § 31 VSVgV dargestellten Grundsätze, insofern wird auf die dortige Kommentierung verwiesen.

### 2. Prüfung und Wertung

Die Wertung erfolgt in den gleichen Schritten und unter Berücksichtigung der gleichen Kriterien wie bei Hauptangeboten. Nebenangebote sind unter den folgenden Aspekten zu prüfen und zu werten, wobei die **Prüfungsreihenfolge** wie auch bei Hauptangeboten dem Auftraggeber weitestgehend frei bleibt: 48

- Zulassung durch den Auftraggeber
- Rechtmäßigkeit der Zulassung (nach umstrittener Auffassung nicht gegeben, wenn der Preis das einzige Zuschlagskriterium sein soll)
- Vorliegen eines Ausschlussgrundes nach § 31 Abs. 2 VSVgV (soweit einschlägig, vgl. oben Rn. 39 ff.)
- Einhalten der Mindestanforderungen
- Gleichwertigkeit
- Wertung anhand der Zuschlagskriterien.

### 3. Verhandlung/Aufklärung

Ein **Anspruch auf Aufklärung** eines ungenauen Hauptangebotes[9] **besteht grundsätzlich nicht**. Der Auftraggeber kann und muss sein Ermessen ausüben und dabei alle Bieter gleich und fair behandeln. 49

Dies gilt uneingeschränkt auch für Nebenangebote.

### 4. Schutz von Geschäftsgeheimnissen

§ 6 Abs. 2 VSVgV enthält Regeln für die Weitergabe von Geschäfts- und Betriebsgeheimnissen. Diese gelten uneingeschränkt auch für in Nebenangeboten offenbarte Geschäfts- und Betriebsgeheimnisse. Es kann daher auf die Kommentierung zu § 6 Abs. 2 VSVgV verwiesen werden. 50

### 5. Verwendung für ein anderes Vergabeverfahren

Nebenangebote enthalten oft Lösungen, die **unterhalb der Schwelle von Geschäfts- und Betriebsgeheimnissen** bleiben und die auch keinen urheberrechtlichen Schutz genießen, die aber dennoch eine besondere planerische Leistung des Bieters darstellen. 51

---

9  EuGH, 29.3.2012 – C 599/10.

**52** Auftraggeber können ein Interesse daran haben, solche Lösungen in anderen Vergabeverfahren oder – nach vorheriger Beendigung des laufenden Verfahrens – für die vom Ausgangsvergabeverfahren betroffene Leistung zu verwenden.

**53** Anders als z.B. die VOB/A in § 8 Abs. 9 VOB/A enthält die VSVgV keine über die allgemeinen Vorschriften hinausgehenden Regeln für den Umgang mit solchen Lösungen. Es ist daher auf allgemeine Rechtsgrundsätze und anderweitige rechtliche Regelungen zurückzugreifen.

**54** Damit bleibt für Lösungen, die weder urheberrechtlich geschützt sind noch Geschäfts- oder Betriebsgeheimnisse enthalten, eine weitgehende Nutzungsmöglichkeit des Auftraggebers, also z.B. auch in anderen Vergabeverfahren.

# § 33
# Ungewöhnlich niedrige Angebote

(1) Erscheint ein Angebot im Verhältnis zu der zu erbringenden Leistung ungewöhnlich niedrig, verlangen die Auftraggeber vor Ablehnung dieses Angebots vom Bieter schriftlich Aufklärung über dessen Einzelpositionen. Auf Angebote, deren Preise in offenbarem Missverhältnis zur Leistung stehen, darf der Zuschlag nicht erteilt werden.

(2) Auftraggeber prüfen die Zusammensetzung des Angebots und berücksichtigen die gelieferten Nachweise. Sie können Bieter zur Aufklärung betreffend der Einzelpositionen des Angebots auffordern.

(3) Angebote, die aufgrund einer staatlichen Beihilfe im Sinne des Artikels 107 des Vertrags über die Arbeitsweise der Europäischen Union ungewöhnlich niedrig sind, dürfen aus diesem Grund nur abgelehnt werden, wenn das Unternehmen nach Aufforderung innerhalb einer von den Auftraggebern festzulegenden ausreichenden Frist nicht nachweisen kann, dass die betreffende Beihilfe rechtmäßig gewährt wurde. Auftraggeber, die unter diesen Umständen ein Angebot ablehnen, müssen dies der Europäischen Kommission mitteilen.

## Übersicht

| | | Rn. |
|---|---|---|
| I. | Allgemeines | 1 |
| II. | Tatbestand der Norm | 4 |
| | 1. Vorliegen eines ungewöhnlich niedrigen Angebots | 4 |
| | 2. Aufklärung beim Bieter | 8 |
| | 3. Prüfung der Angebotsmerkmale | 14 |
| | 4. Unter-Kosten-Angebote | 15 |
| III. | Rechtsfolge | 17 |
| IV. | Nachprüfungsmöglichkeiten | 18 |
| V. | Sonderfall staatliche Beihilfen | 20 |

## I. Allgemeines

Die sog. Preisprüfung stellt die dritte Stufe der Angebotswertung dar und dient im Wesentlichen dem Schutz des Auftraggebers vor Angeboten, die preislich so unverhältnismäßig niedrig angesetzt sind, dass eine ordnungsgemäße Vertragserfüllung aus wirtschaftlichen Gründen zweifelhaft erscheint. Die ordnungsgemäße Vertragserfüllung durch den Auftragnehmer ist gleichzeitig entscheidend für die Versorgungssicherheit in Bezug auf den Beschaffungsgegenstand. Aufgrund der herausgehobenen Bedeutung der Versorgungssicherheit im verteidigungs- und sicherheitsrelevanten Bereich stellt die Preisprüfung daher einen wichtigen Faktor für den öffentlichen Auftraggeber bei der Auftragsvergabe dar. § 33 VSVgV darf allerdings nicht dahingehend missverstanden

1

werden, dass ein Angebot allein aufgrund der Feststellung eines ungewöhnlich niedrigen Preises auszuschließen ist.[1] Denn sofern es einem Bieter möglich ist, zu einem erheblich niedrigeren Preis als die Konkurrenz ein auskömmliches Angebot einzureichen, erhält er gerade dadurch einen Wettbewerbsvorteil und der Auftraggeber ein besonders attraktives Angebot. Sinn und Zweck der Preisprüfung ist es vielmehr, den Auftraggeber vor bewusst oder unbewusst unauskömmlich kalkulierten Angeboten zu schützen, bei denen nicht von vornherein ausgeschlossen werden kann, dass der Bieter den Auftrag aufgrund wirtschaftlich bedingter Leistungsunfähigkeit zu diesen Konditionen nicht dauerhaft auszuführen in der Lage ist.

Dazu ist zunächst festzustellen, ob das Angebot im Verhältnis zu den Anforderungen des ausgeschriebenen Auftrags überhaupt i.S.v. § 33 Abs. 1 VSVgV als ungewöhnlich niedrig anzusehen ist. Ist diese Feststellung erfolgt, hat der Auftraggeber die Gründe für das Vorliegen eines solchen ungewöhnlich niedrigen Angebots zu erforschen. Hierfür holt er Auskünfte bei dem betreffenden Bieter ein und prüft anschließend die Angebotsmerkmale. Darauf basierend bewertet er abschließend, ob das Angebot nicht nur als ungewöhnlich, sondern darüber hinaus auch als unangemessen niedrig einzustufen ist. Entscheidend ist in diesem Zusammenhang, wie bei der Feststellung eines ungewöhnlich hohen Angebots, das Verhältnis des Angebots zur geforderten Leistung. Kommt der Auftraggeber zu dem Ergebnis, dass das Angebot unangemessen niedrig ist, hat er dieses auszuschließen.

2 Für die Preisprüfung ergibt sich demnach folgendes Prüfungsschema:

1. Liegt ein **ungewöhnlich** niedriges Angebot vor?
2. Gibt es Gründe hierfür?
3. Liegt ein **unangemessen** niedriges Angebot vor?
4. Entscheidung: Ausschluss oder Rechtfertigung

§ 33 Abs. 1 VSVgV beruht auf Art. 49 Abs. 1, 2 RL 2009/81.

3 **Parallelnormen** außerhalb des Anwendungsbereichs der VSVgV sind § 16 Abs. 6 VS VOB/A, § 19 Abs. 6 EG VOL/A und § 27 Abs. 1, 2 SektVO.

## II. Tatbestand der Norm

### 1. Vorliegen eines ungewöhnlich niedrigen Angebots

4 Weder die RL 2009/81/EG noch die VSVgV legen fest, wann ein Angebot als ungewöhnlich niedrig anzusehen ist. Der Wortlaut der Vorschriften bestimmt lediglich, dass es auf das Verhältnis zwischen angebotener Leistung und gefordertem Preis ankommt. Um zu ermitteln, unter welchen konkreten Umständen ein Angebot als ungewöhnlich niedrig zu qualifizieren ist und die Prüfpflicht nach § 33 Abs. 1 VSVgV ausgelöst wird, kann jedoch auf die von der Rechtsprechung zu den Parallelnormen entwickelten Grundsätze zurückgegriffen werden.

---

1 EuGH, 16.10.1997, Rs. C-304/96 (Hera), Slg. 1997, I-5685.

Der Gesamtpreis eines Angebots ist stets maßgeblich.[2] Der Auftraggeber ist darüber hinaus auch zur Prüfung der Einzelpreise berechtigt, da sich der Gesamtpreis aus diesen zusammensetzt.[3] Allerdings müssen für sich genommene ungewöhnlich niedrige Einzelpreise außer Betracht bleiben, wenn sie durch andere Einzelposten so ausgeglichen werden, dass der Gesamtpreis nicht ungewöhnlich niedrig ist.[4]

Bei der Feststellung, ob ein Angebot ungewöhnlich niedrig ist, kann sich der Auftraggeber an den anderen abgegebenen Angeboten orientieren oder auf Erfahrungswerte durch einen Vergleich mit früheren, vergleichbaren Ausschreibungen zurückgreifen. Demnach ist ein Angebot dann als ungewöhnlich niedrig einzustufen, wenn sein Gesamtpreis ungewöhnlich weit unter dem des nächsthöheren Angebots oder unterhalb der für Aufträge der fraglichen Art erfahrungsgemäß üblichen Preisspanne liegt. Das Unterschreiten dieser sog. Aufgriffschwelle gibt dem Auftraggeber Anlass, die Preisgestaltung des Angebots einer genaueren Prüfung zu unterziehen, um anschließend bewerten zu können, ob der Angebotspreis in *„offenbarem Missverhältnis zur Leistung"* steht, was zugleich Zweifel an der Leistungsfähigkeit des Bieters begründet.

**PRAXISTIPP**

*Üblicherweise wird die Aufgriffschwelle von Auftraggebern so festgelegt, dass ein bestimmter (prozentualer) Preisabstand zum nächstplatzierten Angebot und/oder ein bestimmter (prozentualer) Abstand zu den Marktpreisen als Anhaltspunkt zur Einstufung des Angebots als ungewöhnlich niedrig gewählt werden. Von einem ungewöhnlich niedrigen Angebot ist daher in der Regel auszugehen, wenn der Preis zwischen 10 und 20 % unter dem jeweiligen Vergleichswert liegt.[5]*

*In einigen Bundesländern existieren landesrechtliche Regelungen zur Aufgriffschwelle. Da Aufträge jedenfalls im Verteidigungsbereich in aller Regel vom Bund vergeben werden, werden diese in der Praxis eher eine untergeordnete Rolle spielen. Sie können jedoch als Richtwert herangezogen werden.*

*Zur Vermeidung von Missverständnissen auf Bieterseite und zur Minimierung des Angriffsrisikos der Wertungsentscheidung sollten Auftraggeber den Bietern die Aufgriffschwelle in den Ausschreibungsunterlagen mitteilen.*

Ist die Aufgriffschwelle im Vergleich zu den anderen Angeboten definiert, d.h. z.B. mehr als 10 % unter dem nächstniedrigen Angebot, kann die Frage relevant werden, ob auch Angebote zu berücksichtigen sind, die bereits auf einer vorherigen Prüfungsstufe ausgeschlossen wurden. Praktische Auswirkungen können sich z.B. dann ergeben, wenn das zu prüfende Angebot auf der dritten Prüfungsstufe das einzig verbleibende ist oder dem Auftraggeber aus anderen Gründen kein geeignetes Vergleichsmaterial zur Verfügung steht. Die Verwertbarkeit von bereits zuvor ausgeschlossenen Angeboten innerhalb der Preisprüfung hängt davon ab, warum das Angebot ausgeschlossen wurde, da es möglich ist, dass zwischen Angebotspreis und Angebotsausschluss ein Zusammenhang besteht. In solchen Fällen eignet sich ein ausgeschlossenes Angebot nicht zum Vergleich. Anders

---

2   VK Hessen, 20.8.2009, 69 d – VK – 26/2009; OLG Saarbrücken, 29.10.2003 – 1 Verg 2/03; so schon BGH, 21.10.1976, VII ZR 327/74.
3   VK Hessen, 28.7.2009, 69 d – VK – 24/2009.
4   VK Schleswig-Holstein, 6.4.2011 – VK-SH 05/11.
5   Z.B. VK Thüringen, 6.7.2001 – 216-4002.20-020/01-NDH für 10 %; VK Hessen, 20.8.2009, 69 d – VK – 26/2009 für 20 %.

verhält es sich mit Angeboten, die aus rein formellen Gründen ausgeschlossen wurden. Diese können durchaus zur Preisprüfung auf der dritten Prüfungsstufe als Vergleich herangezogen werden.[6]

**BEISPIEL**

> Rein formelle Mängel können vor allem fehlende Unterschriften oder Erklärungen, aber auch der verfristete Eingang des Angebots sein. In solchen Fällen spricht viel dafür, dass die entsprechenden Angebote zum Preisvergleich herangezogen werden dürfen.
>
> Ausschlussgründe, die gegen eine Heranziehung der entsprechenden Angebote als Vergleichsmaterialien sprechen, sind z.B. Abweichungen von den Ausschreibungsunterlagen oder die fehlende Eignung des Bieters. Dann besteht bereits keine Vergleichbarkeit zwischen den Angeboten, da sich derartige Mängel grundsätzlich auf die Preiskalkulation auswirken können.

### 2. Aufklärung beim Bieter

8   Hat der Auftraggeber festgestellt, dass ein ungewöhnlich niedriges Angebot vorliegt, hat er von dem entsprechenden Bieter Aufklärung über die Gründe für den niedrigen Preis zu verlangen. Zwar kann sich der Auftraggeber auch auf andere Weise über die Hintergründe des fraglichen Angebots informieren; die direkte Ansprache des betroffenen Bieters im Wege eines kontradiktorischen Verfahrens ist nach der Rechtsprechung des EuGH aber unabdingbar.[7] Sie entspricht insofern einer Anhörung i.S.v. § 28 VwVfG, d.h. dem Bieter muss unter Setzung einer angemessenen Frist[8] Gelegenheit gegeben werden, sich zu dem Angebot zu äußern.[9] Angemessen ist in solchen Fällen auch eine kurze, nur wenige Tage lange Frist, da der Bieter die Details seines Angebots kennen muss und die Erläuterung des Preises ihm demnach regelmäßig leicht fallen sollte.

9   Es gibt keine formellen Anforderungen an die Art und Weise, wie der Bieter die Aufklärung bzw. Erklärung vorzunehmen hat. Allerdings gebietet eine richtlinienkonforme Auslegung der Bestimmung ein schriftliches Verfahren.[10]

10  Art. 49 Abs. 1 RL 2009/81/EG ermächtigt den Auftraggeber „insbesondere" zur Einholung von Auskünften beim Bieter über:

- Die gewählten technischen Lösungen und/oder alle außergewöhnlich günstigen Bedingungen, über die der Bieter bei der Durchführung der Bauleistung bzw. der Lieferung der Waren oder der Erbringung der Dienstleistung verfügt;
- die Originalität der Bauleistungen, der Lieferungen oder der Dienstleistungen;
- die Einhaltung der Vorschriften über Arbeitsschutz und Arbeitsbedingungen, die am Ort der Leistungserbringung gelten;
- die etwaige Gewährung einer staatlichen Beihilfe an den Bieter.

---

6   Anders aber OLG Koblenz, 23.12.2003 – 1 Verg 8/03.
7   Vgl. EuGH, 29.3.2012, Rs. C-599/10, EuZW 2012, 387.
8   OLG Celle, 2.9.2010 – 13 Verg 10/10.
9   EuGH, 27.11.2001, Rs. C-285/99 (Impresa Lombardini), Slg. 2001, I-9233.
10  Vgl. Art. 49 Abs. 1 RL 2009/81/EG.

Der Wortlaut der Bestimmung („insbesondere") zeigt, dass die Aufzählung nicht abschließend ist. Der Auftraggeber kann nach freiem Ermessen weitere Auskünfte verlangen.

Dem Bieter obliegt es, bei der Aufklärung effektiv mitzuwirken. Dabei kann er entweder darlegen, dass sein Angebot nicht ungewöhnlich niedrig ist, oder, falls ihm das nicht möglich ist, nachweisen, dass er gleichwohl die zur Auftragsausführung notwendige Leistungsfähigkeit besitzt und das Angebot nicht in der Absicht abgegeben wurde, einen anderen Anbieter vom Markt zu verdrängen (Stichwort: ohne Marktverdrängungsabsicht). Alle Auskünfte des Bieters müssen objektiv überprüfbar sein.

> **PRAXISTIPP**
>
> *Da Unternehmen in der Regel über gute Marktkenntnisse verfügen, sollte in Fällen, in denen mit Nachfragen des Auftraggebers aufgrund einer besonders wettbewerblichen Kalkulation gerechnet werden kann, bereits zusammen mit dem Angebot die Stellungnahme zur Auskömmlichkeit der Preise angefertigt werden. Dabei müssen die Angaben zu allen Punkten vollständig, plausibel, sachlich und rechnerisch richtig sowie nachvollziehbar und mit geeigneten Nachweisen und Erläuterungen belegt sein. Nicht ausreichend sind bloß formelhafte Erklärungen ohne Bezug zum konkreten Angebot bzw. ohne einen befriedigenden Erklärungsinhalt.*

Bei einer unzureichenden Erklärung setzt sich der Bieter der Gefahr eines Angebotsausschlusses gem. § 31 Abs. 2 VSVgV aus. Der Bieter hat nämlich keinen Anspruch darauf, dass ihm nach einer – aus Sicht des Auftraggebers unzureichenden – Erklärung eine weitere (zweite) Möglichkeit zur Ergänzung oder Berichtigung seiner Ausführungen zur Preisgestaltung gegeben wird.

### 3. Prüfung der Angebotsmerkmale

Im dritten Prüfungsschritt ist vom Auftraggeber die Stichhaltigkeit der vom Bieter vorgebrachten Erklärung für das Zustandekommen des niedrigen Preises zu prüfen. Ziel der Überprüfung ist die Feststellung, ob der niedrige Preis durch die Erklärung des Bieters gerechtfertigt ist, so dass der Angebotspreis im Ergebnis zwar als ungewöhnlich, nicht aber unangemessen niedrig einzustufen ist. Der Auftraggeber hat durch wertende Betrachtung zu beurteilen, ob trotz der Erklärung des Bieters ein Missverhältnis zwischen Preis und dem Wert der angebotenen Leistung vorliegt. Das Hauptaugenmerk des Auftraggebers muss dabei auf der Einschätzung liegen, ob trotz des niedrigen Preises eine ordnungsgemäße Auftragsausführung zu erwarten ist. Der Auftraggeber hat dabei sämtliche Erläuterungen des Bieters zu berücksichtigen. Grundsätzlich ist von einer ordnungsgemäßen Auftragsausführung auszugehen, wenn das Angebot für den Bieter auskömmlich, d.h. kostendeckend auf Seiten des Bieters, ist.[11] In der Regel enthalten auch sog. Selbstkostenangebote (d.h. solche, die nur die eigenen Kosten des Bieters decken) einen gewissen kalkulierten Gewinn und können daher als auskömmlich angesehen werden. Gemäß Nr. 10 der Anlage zur VO PR Nr.30/53 (PreisVO) sind für die Kalkulation der Selbstkosten folgende Positionen zu berücksichtigen:

---

11  In diesem Fall wird vom Bieter überhaupt kein Gewinn kalkuliert.

- Fertigungsstoffkosten,
- Fertigungskosten,
- Entwicklungs- und Entwurfskosten,
- Verwaltungskosten,
- Vertriebskosten.

Der Selbstkostenpreis ergibt sich aus der Summe dieser Positionen plus eines kalkulatorischen Gewinns.

### 4. Unter-Kosten-Angebote

15 Kann ein Bieter die Auskömmlichkeit seines Angebots nicht darlegen, weil der Preis unter seinen Kosten liegt (sog. Unter-Kosten-Angebot), besteht die Möglichkeit, dass er seine Leistungsfähigkeit nachweist und den Auftraggeber überzeugt, dass trotz der Unauskömmlichkeit des Angebots eine problemlose und vertragsgemäße Auftragsausführung zu erwarten ist. Gelingt das, ist das Angebot trotz Unauskömmlichkeit als angemessen zu bewerten und nicht auszuschließen.

> **PRAXISTIPP**
>
> *Der Nachweis der Leistungsfähigkeit trotz Unauskömmlichkeit kann z.B. mittels der sog. harten Patronatserklärung oder der Wirtschaftsprüfererklärung erfolgen. Bei einer sog. harten Patronatserklärung[12] übernimmt in der Regel die Konzernmutter (Patronatsgeber) gegenüber dem Auftraggeber (Patronatsempfänger) rechtsverbindlich die Verpflichtung, den Bieter finanziell so auszustatten, dass er seine Verpflichtungen aus dem Auftragsverhältnis erfüllen kann. Eine solche Patronatserklärung gewährt dem Auftraggeber einklagbare Ansprüche gegen den Patronatsgeber und ist daher wirtschaftlich als echtes Sicherungsmittel anerkannt, so dass in diesem Fall die Leistungsfähigkeit als erwiesen anzusehen ist.*
>
> *Die Möglichkeit, die Leistungsfähigkeit durch die uneingeschränkte Erklärung eines unabhängigen Wirtschaftsprüfers zur finanziellen Stabilität des betreffenden Bieters nachzuweisen, birgt dagegen das Risiko, dass der Auftraggeber an der Validität des Prüfergebnisses zweifelt und die Leistungsfähigkeit nicht als erwiesen ansieht. Denn es besteht immer die Möglichkeit, dass die Prüfung als nicht gründlich genug oder nicht kenntnisreich durchgeführt eingestuft wird.*

16 Im Bereich Verteidigung und Sicherheit sind im Falle eines unauskömmlichen Angebots die Kriterien für den Nachweis der Leistungsfähigkeit aufgrund der involvierten Sicherheitsinteressen (Gewährleistung von Versorgungssicherheit) besonders hoch. Denn potenziell kurzfristig eintretende und zugleich erhebliche Bedarfssteigerungen aufgrund möglicher Krisensituationen rechtfertigen es, einen besonderen Fokus auf die Leistungsfähigkeit der Bieter zu legen.

---

12  VK Bund, 10.2.2011 – VK 3-162/10.

## III. Rechtsfolge

Kommt der Auftraggeber zu dem Ergebnis, dass sich der ungewöhnlich niedrige Angebotspreis in Anbetracht der Erklärung des Bieters nicht als unangemessen niedrig herausstellt, verbleibt das Angebot in der Wertung und wird auf der nächsten Wertungsstufe beurteilt. Stellt sich ein Angebot allerdings als unangemessen niedrig dar, ist das Angebot zwingend auszuschließen. Das folgt aus dem klaren Wortlaut von § 33 Abs. 1 Satz 2 VSVgV, selbst wenn Art. 49 Abs. 1 der RL 2009/81/EG eine zwingende Pflicht zum Angebotsausschluss nicht vorgibt, sondern lediglich die Möglichkeit zum Ausschluss eröffnet.

17

## IV. Nachprüfungsmöglichkeiten

Die Vorschrift des § 33 Abs. 1 VSVgV entfaltet Schutzwirkung für den Bieter, dessen Angebot vom Ausschluss bedroht ist.[13] Er kann im Nachprüfungsverfahren einerseits geltend machen, dass ihm keine Gelegenheit zur Stellungnahme gegeben wurde und auch klären lassen, ob der Auftraggeber zu Unrecht das Vorliegen eines unangemessen niedrigen Angebots angenommen hat.

18

Konkurrierende Bieter können sich dagegen nur ausnahmsweise auf § 33 Abs. 1 VSVgV berufen, um den Ausschluss eines etwaig unauskömmlichen Angebots eines anderen geltend zu machen.[14] Denn die Pflicht zum Ausschluss von Angeboten mit unangemessenen Preisen dient dem Schutz des Auftraggebers vor unseriösen bzw. nicht validen Angeboten.

19

Ein auf den Ausschluss eines anderen Angebots gerichteter Anspruch ist nur dann zu bejahen, wenn das Angebot, das ausgeschlossen werden soll, nicht nur im betreffenden Vergabeverfahren, sondern generell wettbewerbsschädlich ist.[15] Das ist dann der Fall, wenn durch das unverhältnismäßig niedrige Angebot die Gefahr besteht, dass andere Bieter komplett vom Markt verdrängt werden und das Angebot zudem gezielt in dieser Absicht abgegeben wurde. Außerdem wird von einer Wettbewerbsschädlichkeit ausgegangen, wenn die Gefahr besteht, dass der betreffende Bieter zu diesen Konditionen den Auftrag im Endeffekt gar nicht ausführen kann. Daraus kann sich im Einzelfall eine Schutzwirkung für seriöse Bieter gegenüber Dumpingangeboten ergeben.[16]

**PRAXISTIPP**

*Vor diesem Hintergrund empfiehlt es sich, mit der Auskömmlichkeitserklärung gleichzeitig auch darzulegen, dass keine Verdrängungsabsicht besteht, sondern etwaige Unter-Kosten-Preise auf anderen Erwägungen beruhen, z.B. der Etablierung des Bieters im betroffenen Markt oder der Ausbau der eigenen Marktposition. Der Nachweis der Marktverdrängungsabsicht, gerichtet auf die Verdrängung eines bekannten Bieters aus dem konkreten Markt, dürfte in der Praxis regelmäßig selten gelingen.*

---

13 OLG Düsseldorf, 9.5.2011 – VII-Verg 45/11.
14 Vgl. OLG München, 11.5.2007 – Verg 4/07.
15 OLG Düsseldorf, 17.6.2002 – VII Verg 18/02.
16 OLG Düsseldorf, 14.10.2009 – VII-Verg 40/09.

## V. Sonderfall staatliche Beihilfen

20 Ein Angebot kann auch deshalb ungewöhnlich niedrig sein, weil der entsprechende Bieter eine staatliche Beihilfe erhält oder erhalten hat und daher besonders günstig anbieten kann. Für einen solchen Fall sieht § 33 Abs. 3 VSVgV einige besondere Regelungen bezüglich der Zurückweisung des Angebots vor.

21 Staatliche Beihilfen sind geldwerte Vergünstigungen und Leistungen, die einem Bieter unmittelbar oder mittelbar aus öffentlichen Mitteln gewährt werden und die zumindest teilweise ohne eine entsprechende marktübliche Gegenleistung zur Verfügung gestellt werden.

22 Entsprechend der allgemeingültigen Definition können Beihilfen sehr unterschiedlich geartet sein. Es kommen nicht nur direkte Geld- oder Sachleistungen (sog. Subventionen) an ein Unternehmen in Betracht, sondern z.B. auch Steuervergünstigungen[17], staatliche Bürgschaften, Zuschüsse[18] oder Preisnachlässe.

23 § 33 Abs. 3 VSVgV ist, ebenso wie § 33 Abs. 1 VSVgV, nur anwendbar, wenn ein Angebot ungewöhnlich niedrig ist. Sofern ein Angebot also nicht ungewöhnlich niedrig ist, ist es für die Angebotswertung grundsätzlich irrelevant, ob dem Bieter eine gegebenenfalls rechtswidrige staatliche Beihilfe gewährt worden ist.[19] Im Unterschied zur Regelung in Abs. 1 ist Abs. 3 jedoch nur anwendbar, wenn der Grund für den niedrigen Angebotspreis der Erhalt einer Beihilfe auf Seiten des Bieters ist.

24 § 33 Abs. 3 VSVgV dient der Umsetzung von Art. 49 Abs. 3 RL 2009/81/EG.

25 **Parallelnormen** außerhalb des Anwendungsbereichs der VSVgV sind § 16 Abs. 8 VS VOB/A, § 19 Abs. 7 EG VOL/A und § 27 Abs. 3 SektVO.

26 Der Auftraggeber hat gemäß § 33 Abs. 3 VSVgV nur die Möglichkeit, ein Angebot zurückzuweisen, wenn der Bieter nicht binnen einer vom Auftraggeber festzulegenden ausreichenden Frist nachweisen kann, dass die Beihilfe rechtmäßig gewährt wurde. Allein der Umstand, dass das Angebot ungewöhnlich niedrig oder gar ein Unter-Kosten-Angebot ist, rechtfertigt im Fall von Beihilfen keinen Ausschluss. Denn wird festgestellt, dass ein ungewöhnlich niedriges Angebot aus der Gewährung einer Beihilfe resultiert, stellt das grundsätzlich einen Rechtfertigungsgrund für das Vorliegen des ungewöhnlich niedrigen Angebots dar. Eine Prüfung der Unangemessenheit des Angebots ist entbehrlich. Stattdessen rückt die Prüfung der Rechtmäßigkeit der gewährten staatlichen Beihilfe in den Vordergrund. Die Anknüpfung an die Rechtmäßigkeit der Beihilfe beruht dabei auf dem Umstand, dass staatliche Beihilfen nach Art. 107 Abs. 1 AEUV nicht zulässig sind, soweit sie den Handel zwischen den Mitgliedstaaten beeinträchtigen. Der Auftraggeber hat den Bieter zum Nachweis der Rechtmäßigkeit aufzufordern und kann hierfür eine angemessene Frist setzen. Für den Nachweis der Rechtmäßigkeit trägt der Bieter die Beweislast. § 33 Abs. 3 VSVgV bestimmt, dass der Auftraggeber das Angebot nach pflichtgemäßem Ermessen ausschließen kann, aber nicht muss, wenn die Rechtmäßigkeit der Beihilfe nicht oder nicht fristgemäß nachgewiesen wird. Eine Ausschlusspflicht wie in § 33

---

17 Vgl. OLG München, 29.3.2007 – Verg 2/07.
18 OLG Düsseldorf, 26.7.2002 – Verg 22/02.
19 Vgl. OLG Düsseldorf, 26.7.2002 – Verg 22/02.

Abs. 1 VSVgV bei Unauskömmlichkeit besteht also nicht.[20] Macht der Auftraggeber wegen einer nicht oder nicht erwiesenermaßen rechtmäßig gewährten Beihilfe von seinem Recht zum Angebotsausschluss Gebrauch, hat er den Sachverhalt zwingend der Kommission anzuzeigen, um dieser die Möglichkeit einzuräumen, die Beihilfe auf ihre Rechtmäßigkeit hin zu prüfen.

> **PRAXISTIPP**
>
> Der Ausschluss eines Angebots, das eine nicht oder nicht erwiesenermaßen rechtmäßige staatliche Beihilfe beinhaltet, liegt regelmäßig im Interesse des Auftraggebers. Kommt die Kommission nämlich zu dem Ergebnis, dass die Beihilfe rechtswidrig gewährt wurde, muss sie von dem begünstigten Unternehmen zurückgezahlt werden.[21] Die damit verbundenen finanziellen Belastungen für den Auftragnehmer werden sich in der Regel auf die Ausführung des vergebenen Auftrags auswirken. Bieter, die Beihilfen erhalten haben und daher besonders wettbewerblich anbieten können, sollten die Rechtmäßigkeit der Beihilfe demnach sorgfältig nachweisen.

Im Bereich der Verteidigungsindustrie haben staatliche Beihilfen weltweit eine erhebliche Bedeutung, so dass § 33 Abs. 3 VSVgV eine hohe praktische Relevanz zukommt. 27

Allerdings stand die Unterstützung der heimischen Rüstungsindustrie durch staatliche Beihilfen in der Vergangenheit nicht im Fokus einer am europäischen Recht orientierten Rechtmäßigkeitskontrolle. Denn solche Beihilfen werden unter Verweis auf Art. 346 Abs. 1 lit. b) AEUV regelmäßig aus dem Anwendungsbereich des europäischen Beihilfenrechts ausgeklammert.[22] Art. 49 Abs. 3 RL 2009/81/EG (und in dessen Umsetzung § 33 Abs. 3 VSVgV) unterwirft diese Beihilfen, sofern sie sich auf Angebote von Unternehmen in Vergabeverfahren auswirken, nunmehr einer Rechtmäßigkeitsprüfung in diesen Verfahren und steigert damit die Transparenz von Rüstungsbeihilfen. Dabei ist zu beachten, dass Art. 346 AEUV diesbezüglich als Ausnahmevorschrift ebenfalls eng auszulegen ist.[23] 28

Vor dem Hintergrund, dass im Verteidigungsbereich tätige Unternehmen oft auch in anderen Wirtschaftszweigen aktiv sind, bedeutet das, dass auch bei Anwendung von Art. 346 AEUV die Beihilfen nicht den gemeinsamen Markt der nicht eindeutig dem Verteidigungsmarkt zurechenbare Waren beeinträchtigen dürfen. 29

**BEISPIEL**

Eine Unternehmensgruppe besteht aus mehreren Einzelgesellschaften, die teils im Verteidigungsbereich, teils im Baubereich und teils im Stahlbereich tätig sind. Die Einzelgesellschaften beliefern sich untereinander mit Rohstoffen. Aufgrund von wirtschaftlichen Schwierigkeiten wird die Unternehmensgruppe umstrukturiert und erhält hierzu staatliche Beihilfen.[24]

---

20 Vgl. OLG Koblenz, 10.8.2009 – 1 Verg 8/09.
21 Vgl. EuGH, 17.11.2011, Rs. C-496/09 (Kommission/Italien), EuZW 2012, 112; BVerwG, 16.12.2010 – 3 C 44.09.
22 Vgl. EuG, 30.9.2003, Rs. T-26/01 (Fiocchi Munizioni), Slg. 2003, II-3951.
23 Vgl. EuGH, 15.12.2009, Rs. C-239/06 (Kommission/Italien), Slg. 2009, I-11913; EuGH, 13.12.2007, Rs. C-337/06 (Bayerischer Rundfunk), Slg. 2007, I-11173.
24 Vgl. EU Kommission, 20.12.2006, 2007/257/EG.

Hier können die Beihilfen, sofern sie ausschließlich dazu dienen sollen, das im Verteidigungsbereich tätige Unternehmen zu konsolidieren, unter Art. 346 AEUV gefasst werden. Wenn sich dieses Unternehmen in der Folgezeit um Aufträge bewirbt und dabei aufgrund der Beihilfe ein ungewöhnlich niedriges Angebot macht, ist diese Beihilfe insoweit am Maßstab des Art. 107 AEUV zu messen.

## § 34
## Wertung der Angebote und Zuschlag

(1) Die Annahme eines Angebots (Zuschlag) erfolgt in Schriftform oder elektronisch mindestens mittels einer fortgeschrittenen elektronischen Signatur im Sinne des Signaturgesetzes. Bei Übermittlung durch Telefax genügt die Unterschrift auf der Telefaxvorlage.

(2) Der Zuschlag wird erteilt auf das wirtschaftlichste Angebot.

(3) Zur Ermittlung des wirtschaftlichsten Angebots wendet der Auftraggeber die in der Bekanntmachung oder den Vergabeunterlagen angegebenen Zuschlagskriterien in der festgelegten Gewichtung oder in der absteigenden Reihenfolge der ihnen zuerkannten Bedeutung an. Diese Zuschlagskriterien müssen sachlich durch den Auftragsgegenstand gerechtfertigt sein. Insbesondere können folgende Kriterien erfasst sein:

1. Qualität,
2. Preis,
3. Zweckmäßigkeit,
4. technischer Wert, Kundendienst und technische Hilfe,
5. Betriebskosten, Rentabilität, Lebenszykluskosten,
6. Interoperabilität und Eigenschaften beim Einsatz,
7. Umwelteigenschaften,
8. Lieferfrist oder Ausführungsdauer und
9. Versorgungssicherheit.

## Übersicht

|     |     | Rn. |
| --- | --- | --- |
| I.   | Allgemeines | 1 |
| II.  | Begriffsbestimmung | 6 |
| III. | Die Zuschlagskriterien | 12 |
|      | 1. Allgemeines zu den Zuschlagskriterien | 13 |
|      | 2. Die Zuschlagskriterien im Einzelnen | 14 |
| IV.  | Auswahl der Zuschlagskriterien im konkreten Fall | 27 |
|      | 1. Bezug zum Auftragsgegenstand | 30 |
|      | 2. Berücksichtigung vergabefremder Kriterien | 31 |
|      | 3. Verbot der Zweitverwertung von Eignungskriterien | 34 |
|      | 4. Objektivität der Zuschlagskriterien | 37 |
|      | 5. Bekanntmachung der Zuschlagskriterien und ihrer Gewichtung | 38 |
|      | 6. Unterkriterien | 44 |

| | | |
|---|---|---|
| V. | Rechtsfolge einer fehlerhaften Kriterienauswahl, Gewichtung oder Bekanntmachung | 46 |
| VI. | Umgang mit Offsets im Zusammenhang mit Zuschlagskriterien | 49 |
| VII. | Die Angebotswertung im eigentlichen Sinn | 50 |
| VIII. | Die Wertungsmatrix | 51 |
| IX. | Gerichtliche Nachprüfung | 57 |
| X. | Zuschlagserteilung | 61 |
| | 1. Wesen des Zuschlags | 61 |
| | 2. Zugang des Zuschlags | 63 |
| | 3. Formerfordernis | 69 |

## I. Allgemeines

**1** Die Wirtschaftlichkeitsprüfung der vierten Wertungsstufe stellt die Angebotswertung im engeren Sinne dar. Sie dient dem Auftraggeber zur vergleichenden Bewertung der Angebote, um eine Zuschlagsentscheidung zu treffen. Die Wertung der Angebote findet ausschließlich auf Grundlage der bekanntgemachten Zuschlagskriterien statt. Der Auftraggeber hat dabei unter Beachtung der haushaltsrechtlichen Grundsätze der Wirtschaftlichkeit und Sparsamkeit[1] anhand der vorgegebenen Kriterien das für seine Zwecke optimale Angebot zu ermitteln.

**2** Nach § 34 Abs. 2 VSVgV ist der Zuschlag auf das wirtschaftlichste Angebot zu erteilen. Daraus folgt allerdings nicht, dass eine Vergabe allein anhand des Kriteriums des niedrigsten Preises unzulässig wäre.[2] Vielmehr ist die Vorschrift europarechtskonform dahingehend auszulegen, dass eine ausschließliche Berücksichtigung des Preises als Zuschlagskriterium zulässig ist, sofern die Art und die Besonderheiten des konkreten Auftrags dessen alleinige Berücksichtigung rechtfertigen.

> **PRAXISTIPP**
>
> *In den allermeisten Fällen ist es angebracht, den Zuschlag auf das wirtschaftlich günstigste Angebot zu erteilen. Denn nur in dieser Konstellation kann der Auftraggeber auch andere Kriterien, wie beispielsweise die technische Ausstattung, die Serviceleistung oder Ähnliches, berücksichtigen. Die Vergabe aufgrund des niedrigsten Preises sollte deshalb nur bei sehr einfach gelagerten Beschaffungen erfolgen, bei denen davon auszugehen ist, dass sich die Angebote aus technischen oder sonstigen Gründen nicht wesentlich voneinander unterscheiden werden bzw. die Unterschiede für den Auftraggeber irrelevant sind.*

**3** § 34 VSVgV setzt bzgl. der Bekanntmachung der **Zuschlagskriterien** und deren Gewichtung Art. 47 der RL 2009/81/EG um. § 34 Abs. 3 VSVgV orientiert sich dabei an § 19 EG Abs. 8 und 9 VOL/A. Ergänzt wird § 34 VSVgV um die in § 21 EG VOL/A getroffenen Regelungen hinsichtlich der Zuschlagserteilung. Diese finden ihren Niederschlag in § 34

---

[1] Vgl. §§ 6 HGrG, 7 BHO.
[2] OLG Düsseldorf, 14.1.2009 – VII Verg 59/08; 9.2.2009 – VII Verg 66/08. Vgl. zur VOL/A: OLG München, 20.5.2010 – Verg 4/10; zur VOB/A: OLG Düsseldorf, 23.3.2010 – VII-Verg 61/09.

Abs. 1 und 2 VSVgV. Obwohl der **Zuschlag** der Angebotswertung nachfolgt, hat der Verordnungsgeber dennoch die Regelungen über den Zuschlag in Absatz 1 normiert.[3]

**Parallelnormen** außerhalb des Anwendungsbereichs der VSVgV sind ferner § 16 Abs. 7 VS VOB/A und § 29 SektVO.

Aufgrund ihrer herausragenden Bedeutung ist die Wirtschaftlichkeitsprüfung besonders sorgfältig zu dokumentieren. Aus der **Vergabeakte** muss sich unmissverständlich ergeben, weshalb der Auftraggeber ein konkretes Angebot für den Zuschlag vorsieht.

## II. Begriffsbestimmung

Gemäß § 34 Abs. 3 VSVgV erfolgt die Wertung der Angebote auf Grundlage der bekannt gemachten **Zuschlagskriterien**. Die § 34 VSVgV zugrunde liegende Regelung des Art. 49 Abs.1 der RL 2009/81/EG kennt nur zwei Zuschlagskriterien: das des „**niedrigsten Preises**" und das des „**wirtschaftlich günstigsten Angebots**". Anders die nationale Regelung des § 34 Abs. 3 VSVgV: Danach fallen unter den Begriff des Zuschlagskriterien all diejenigen Kriterien, anhand derer der Auftraggeber das wirtschaftlichste Angebot bestimmt. Neben dem Preis kommen als weitere Zuschlagskriterien etwa Qualität, Zweckmäßigkeit und technischer Wert in Frage. Soweit in der Vergabepraxis von **Wertungs-, Wirtschaftlichkeits-** oder **Auftragskriterien** gesprochen wird, werden diese Begriffe zumeist synonym verwendet.

Ferner wird in der Vergabepraxis zwischen Ausschlusskriterien (sog. A-Kriterien), Bewertungskriterien (sog. B-Kriterien) und Ausschluss-Bewertungskriterien (sog. AB-Kriterien) differenziert. Vereinzelt werden von den Auftraggebern zudem Informationskriterien (sog. I-Kriterien) festgelegt.

Mit **Ausschlusskriterien** stellt der Auftraggeber die Erfüllung unverzichtbarer technischer oder sonstiger Anforderungen an den Beschaffungsgegenstand sicher. Werden die **Ausschlusskriterien** nicht erfüllt, ist das Angebot auszuschließen. In der Regel werden die sog. A-Kriterien vom Auftraggeber besonders kenntlich gemacht. Allerdings ist es nicht zwingend erforderlich, dass die **Ausschlusskriterien** als solche bezeichnet werden. Enthalten die Vergabeunterlagen keine besondere Zusammenstellung der A-Kriterien, z.B. innerhalb der Wertungsmatrix, oder werden diese in der Leistungsbeschreibung nicht ausdrücklich benannt, müssen die Bieter davon ausgehen, dass sämtliche Leistungsanforderungen zu erfüllen sind und deren Nichterfüllung zum Angebotsausschluss führt.[4]

> **PRAXISTIPP**
>
> *Sofern die sog. A-Kriterien in den Vergabeunterlagen nicht ausdrücklich als solche bezeichnet werden, ist Bietern anzuraten, besonderes Augenmerk auf Formulierungen wie „müssen", „gewährleisten" oder „notwendiges Merkmal" zu richten. Diese sind eindeutige Indikatoren dafür, dass der Auftraggeber die damit im Zusammenhang stehenden Leistungsmerkmale als unverzichtbare Anforderung an-*

---

[3] Dem chronologischen Ablauf folgend werden vorliegend jedoch zuerst die Angebotswertung und dann die wesentlichen Themen des Zuschlags kommentiert.
[4] OLG Düsseldorf, 12.10.2011 – Verg 46/11.

> *sieht, deren Nichterfüllung zum Angebotsausschluss führt. Im Zweifel sollten Bieter lieber einmal zu viel nachfragen, als einmal zu wenig.*

9   Hingegen führt eine Nichterfüllung von **Bewertungskriterien** nicht unmittelbar zum Angebotsausschluss. Das Angebot wird lediglich schlechter bewertet. **B-Kriterien** sind mithin Soll-Kriterien, für deren Bewertung der Bieter zumeist Punkte erhält, die über eine Gewichtung in das vom Auftraggeber festgelegte Bewertungsschema einfließen. Soweit die Angebotswertung über **B-Kriterien** erfolgt, muss der Auftraggeber ein weitergehendes Bewertungssystem, z.B. Punkteschema, bestimmen. Anderenfalls ist eine den Grundsätzen der Transparenz genügende Angebotswertung nicht möglich.

> **PRAXISTIPP**
>
> *Bieter sollten darauf achten, inwieweit die Wertung der Angebote unter den Vorbehalt der Erfüllung einer Mindestquote von B-Kriterien gestellt wird. Wird die Quote nicht erreicht, führt dies zumeist zum Ausschluss des Angebots.*

10  Sog. **AB-Kriterien** sind dadurch gekennzeichnet, dass von den Bietern zunächst die Erfüllung bestimmter technischer oder qualitativer Mindestanforderungen verlangt wird. Genügt das Angebot den Mindestanforderungen, wird es sodann einer weitergehenden Wertung unterzogen. Werden die Mindestanforderungen dagegen nicht erfüllt, wird das Angebot von der Wertung ausgeschlossen.

11  Die Funktion sog. **Informationskriterien** kann sehr unterschiedlich ausfallen. Entsprechend dem Wortlaut kann der Auftraggeber tatsächlich rein informativ weitergehende Angaben von den Bietern fordern. Zumeist kommt den sog. **I-Kriterien** im Rahmen der Vertragsabwicklung eine besondere Bedeutung zu. Dies ist der Fall, wenn der Auftraggeber die Bieter darauf hingewiesen hat, dass die Angaben zu den I-Kriterien zwingend einzuhalten sind und dass die entsprechenden Aussagen zu Vertragsbestandteilen werden. Die Angaben zu den Informationskriterien können auf diese Art und Weise den rechtlichen Status einer sog. **Beschaffenheitsgarantie** erlangen (vgl. § 443 Abs. 1 BGB).

## III. Die Zuschlagskriterien

12  Soll der Zuschlag auf das wirtschaftlich günstigste Angebot entfallen, hat eine detaillierte Wertung der eingereichten Angebote am Maßstab der zuvor festgelegten und bekanntgemachten Kriterien zu erfolgen.

### 1. Allgemeines zu den Zuschlagskriterien

13  Die Zuschlagskriterien sollen die Anforderungen des öffentlichen Auftraggebers an den Beschaffungsgegenstand näher bestimmen. Die in § 34 Abs. 3 VSVgV enthaltene Aufzählung möglicher Kriterien ist lediglich beispielhaft und nicht abschließend. In der Regel sind die im Rahmen der Wertung zu berücksichtigenden Kriterien durch weitere Unterkriterien zu konkretisieren, damit für alle Interessenten klar wird, worauf es dem Auftraggeber ankommt.

## 2. Die Zuschlagskriterien im Einzelnen

- Qualität

Das Kriterium der Qualität ist sehr allgemein und bedarf in besonderem Maße der Konkretisierung durch die Aufstellung von Unterkriterien. Die geforderte Qualität muss daher in konkreten Qualitätsanforderungen ausgedrückt werden. Diese können z.B. das Material, aus dem Ausrüstungsgegenstände gefertigt sind, oder den Zustand der für die Durchführung von Dienstleistungen verwendeten Betriebsmittel betreffen. Zu beachten ist, dass sich die Qualität eines Angebots nicht aus der Qualität des Bieters herleiten darf. Denn im Rahmen der Angebotswertung darf nur noch der Inhalt der Angebote berücksichtigt werden. Auf ein „mehr" oder „weniger" an Eignung des Bieters darf nicht abgestellt werden. Denn die Zweitverwertung von Eignungskriterien im Rahmen der Wertung ist nicht zulässig.[5] Es ist daher ausschließlich die Qualität des zu beschaffenden Produkts oder der geforderten Dienstleistung in den Blick zu nehmen. Hierfür kann allerdings auch die Art der Herstellung bzw. der Durchführung relevant sein.

14

- Preis

Auch wenn sich die Angebotswertung grundsätzlich nicht ausschließlich an der Höhe des Preises orientieren soll, wird dieser gleichwohl regelmäßig das ausschlaggebende Kriterium sein. In jedem Fall muss dem Preis ein gewisses Gewicht zukommen, da sich die Wirtschaftlichkeit eines Angebots am Verhältnis zwischen Preis und Leistung bemisst.[6] Dabei dürfen potenzielle Preisnachlässe grundsätzlich in die Wertung einfließen. Das spielt jedoch nur dann eine Rolle, wenn es sich nicht um ein Verhandlungsverfahren handelt, da in diesem Verhandlungen über den Preis und damit über etwaige Nachlässe regelmäßig an der Tagesordnung sind. Bei Preisnachlässen im nicht-offenen Verfahren muss im Vorhinein bekannt gemacht werden, welche Preisnachlässe angeboten werden dürfen. Werden Preisnachlässe seitens der Bieterunternehmen an Bedingungen geknüpft, besteht zumindest dann, wenn der Eintritt der Bedingung zum Zeitpunkt der Wertung nicht hinreichend sicher vorhergesagt werden kann, die Gefahr einer Ungleichbehandlung.[7] Bedingte Preisnachlässe sind daher nur zu berücksichtigen, wenn der Auftraggeber anlässlich der Vergabeentscheidung realistisch davon ausgehen kann, dass die Bedingung auch tatsächlich eintritt.[8]

15

- Zweckmäßigkeit

Das Kriterium der Zweckmäßigkeit bedarf grds. der Konkretisierung. Dabei geht es um die Bewertung der Geeignetheit eines Produkts oder einer Dienstleistung zur Erreichung des mit der Ausschreibung verfolgten Beschaffungszwecks. Seitens des Auftraggebers ist zur Sicherstellung von Transparenz eine außerordentlich genaue Definition der Anforderungen an die Zweckmäßigkeit erforderlich. Im Vordergrund stehen hier vor allem funktionale Aspekte, wie die Benutzerfreundlichkeit bei der Bedienung.

16

---

5 Vgl. dazu Rn 25 ff.
6 Vgl. zur Bedeutung des Preiskriteriums bei der Kriteriengewichtung Rn 45 ff.
7 BGH, 11.3.2008 – X ZR 134/05.
8 OLG Brandenburg, ZfBR 2011, 300.

- Technischer Wert

17  Der technische Wert einer Sache ist im wörtlichen Sinne der Wert ihrer Technik, was allerdings nicht so zu verstehen ist, dass es auf den Preis der verwendeten Technik ankommt. Es spielen vielmehr Faktoren wie die Innovativität und das technische Niveau eine Rolle. Den technischen Wert einer Dienstleistung macht die Art und Weise ihrer Ausführung aus. Dem Kriterium kommt Bedeutung zu, wenn der Auftraggeber keine oder nur wenige technische Spezifikationen vorgegeben hat, und es daher für die Wertung der Angebote gerade auf einen Vergleich der verschiedenen technischen Lösungsansätze ankommt.[9]

- Kundendienst und technische Hilfe

18  Diese Kriterien betreffen nicht den Beschaffungsgegenstand selbst, sondern die Nebenleistungen zur eigentlichen Beschaffung. Sie stellen insoweit einen eigenständigen wirtschaftlichen Wert dar, als sie dem Auftraggeber beim Betrieb der Sache nützen. Hauptgesichtspunkte sind hier die Verfügbarkeit und Schnelligkeit des Kundenservice. Der Auftraggeber kann dabei beispielsweise bewerten, ob und in welcher Entfernung eine Servicekapazität während der Auftragsausführung gewährleistet wird. Bei der Auftragsvergabe im Bereich Verteidigung und Sicherheit wird dieses Kriterium vor allem im Rahmen der Beschaffung technisch hochkomplexer Systeme von besonderer Bedeutung sein, um deren Einsatzfähigkeit dauerhaft sicherzustellen. Dabei ist regelmäßig eine dauerhafte und zügig zur Verfügung stehende technische Betreuung des Auftraggebers erforderlich, die auch die Ausbildung und Schulung des Personals des Auftraggebers mitumfassen kann. Die Kosten für Kundendienst und technische Hilfe können bei der Bewertung dieses Kriteriums berücksichtigt werden. Nicht berücksichtigt werden dürfen jedoch die möglicherweise durch einen Anbieterwechsel, d.h. vom alten zum neuen Auftraggeber, entstehenden Zusatzkosten, da das auf eine wertungstechnische Bevorzugung des Bieters, der zugleich der bisherige Auftragnehmer ist, hinausliefe.

- Betriebskosten und Lebenszykluskosten

19  Unter Betriebskosten sind solche Kosten zu verstehen, die über die Anschaffungskosten eines Produkts oder einer Dienstleistung hinausgehen. Relevanz kommt diesem Kriterium vornehmlich bei längerfristigen Dienstleistungsaufträgen, aber auch bei einmaligen Lieferaufträgen zu, bei denen die Nutzung des Produkts für eine längere Dauer vorgesehen ist. Es spielen insbesondere laufende Kosten eine Rolle, die während der gesamten Lebensdauer des Beschaffungsgegenstands anfallen. Das können etwa Kosten für Reparatur, Wartung und Instandhaltung, aber auch anfallende Personal- und Energiekosten sein.

20  Will der Auftraggeber Betriebs- und Lebenszykluskosten berücksichtigen, muss er festlegen, welche konkreten Betriebskosten in die Wertung einbezogen werden sollen. In Bezug auf die an der absoluten Lebensdauer eines Produkts orientierten Betriebskosten ist eine Berücksichtigung allerdings unzulässig, wenn die individuelle Lebensdauer der angebotenen Produkte variiert. Andernfalls würde bei der Kostenermittlung von unterschiedlichen Bemessungsgrundlagen ausgegangen werden, was eine unzulässige Ungleichbehandlung darstellte.

---

9   OLG Naumburg, 5.12.2008 – 1 Verg 9/08.

- Rentabilität

Ein Beschaffungsvorgang ist rentabel, wenn sich das Verhältnis des eingesetzten Kapitals zu den Gesamtkosten des Beschaffungsgegenstands als günstig erweist. Das Kriterium der Rentabilität ist mit dem der Betriebskosten eng verknüpft. Die Rentabilität eines Produkts ergibt sich in erster Linie aus einer Kosten-Nutzen-Rechnung, also einer Gegenüberstellung von aufgewendeten finanziellen Mitteln und den Einsparungen, die durch den Auftrag realisiert werden. Konkret sind hierbei vor allem die Lebensdauer und die Leistungsfähigkeit eines Produkts zu berücksichtigen.

21

- Interoperabilität

Unter Interoperabilität versteht man die Kooperations- und Integrationsfähigkeit technischer Geräte und Systeme. Dieses Kriterium wird vor allem dann praktisch relevant, wenn technische Geräte angeschafft werden sollen, die mit bereits vorhandenen Geräten kombiniert oder in bestehende Systeme integriert werden sollen. Relevant dürfte dieses Kriterium zudem insoweit sein, als bei neu zu beschaffenden Geräten immer darauf geachtet werden muss, dass sie sich nicht nur in die bestehenden nationalen Systeme, sondern auch in diejenigen der internationalen Partner integrieren lassen.

22

- Eigenschaften beim Einsatz

Bei verteidigungs- und sicherheitsrelevanten Aufträgen werden die Eigenschaften beim Einsatz aufgrund ihres engen Bezugs zu der Einsatz- und Leistungsfähigkeit der Streitkräfte in der Regel ein gewichtiges Zuschlagskriterium darstellen.

23

**BEISPIEL**

Es kann z.B. wichtig sein, dass ein Maschinengewehr eine möglichst hohe Feuerrate oder eine besondere Treffsicherheit aufweist; es kann aber in anderen Einsatzbereichen von größerer Bedeutung sein, dass dieses möglichst leicht oder kompakt ist. Auf welche Eigenschaften es dem Auftraggeber ankommt, hat er im Voraus festzulegen und bekanntzugeben.

- Umwelteigenschaften

Die Umwelteigenschaften des Auftragsgegenstands kommen als Zuschlagskriterium nur in Betracht, wenn diese in einem konkreten Bezug zum Ausschreibungsobjekt stehen. Es dürfen keine umweltbezogene Eigenschaften des Bieters, z.B. generelle Art und Weise der Produktion oder der Durchführung von Dienstleistungen, in den Blick genommen werden. Der Bezug zum Auftragsgegenstand muss für die Bieterunternehmen klar ersichtlich sein. Das Kriterium dürfte im Verteidigungs- und Sicherheitsbereich eher eine untergeordnete Rolle spielen.

24

Im Übrigen werden Umwelteigenschaften in der Regel als Bedingung für die Ausführung des Auftrags und nicht als Zuschlagskriterium vorgegeben.

- Lieferungsfrist oder Ausführungsdauer

Diese Kriterien spielen bei der Wertung eine eher untergeordnete Rolle, da es sich hierbei regelmäßig ebenfalls um Ausführungsbedingungen des Auftrags handeln wird, die vom Auftraggeber vorgegeben werden und für die es daher keinen Angebotsspielraum gibt, der einer Bewertung zugänglich wäre.

25

- Versorgungssicherheit

26  Bei dem Kriterium der Versorgungssicherheit handelt es sich um eine Besonderheit, die den speziellen Bedürfnissen der Auftragsvergabe im Bereich Verteidigung und Sicherheit Rechnung trägt. Denn die gesicherte Verfügbarkeit, etwa von Nachschubmaterial oder Ersatzteilen, sowie die Möglichkeit, kurzfristig auf Bedarfssteigerungen aufgrund von Krisensituationen zu reagieren, spielen in diesem Bereich eine herausgehobene Rolle.

## IV. Auswahl der Zuschlagskriterien im konkreten Fall

27  Bei den in § 34 Abs. 3 VSVgV genannten Zuschlagskriterien handelt es sich lediglich um eine beispielhafte Aufzählung von Kriterien, die der Auftraggeber für die Angebotswertung heranziehen kann. Darüber hinaus steht es ihm frei, auch andere oder zusätzliche Zuschlagskriterien aufzustellen.[10] Die Kriterien müssen es dem Auftraggeber ermöglichen, das Niveau jedes Angebots im Verhältnis zu den Anforderungen der Leistungsbeschreibung und das Preis-Leistungs-Verhältnis zu ermitteln sowie eine objektive Vergleichbarkeit der zu wertenden Angebote sicherzustellen. Zuschlagskriterien, die diese Anforderungen nicht erfüllen oder die einer Beurteilung durch den Auftraggeber nicht zugänglich sind,[11] sind deshalb vergaberechtswidrig und unzulässig.

28  Die Bewertung der Angebote anhand der Zuschlagskriterien ist dabei nicht im Sinne von „erfüllt" oder „nicht erfüllt" vorzunehmen. Vielmehr müssen die Kriterien eine graduelle Bewertung im Hinblick auf den Grad der Erfüllung zulassen. Nur Letzteres ermöglicht eine vergleichende Bewertung der Angebote.

29  Darüber hinaus steht dem Auftraggeber bei der Auswahl von Zuschlagskriterien ein weiter Beurteilungsspielraum zu, der nur eingeschränkt der gerichtlichen Kontrolle unterliegt.[12] Bei der Auswahlentscheidung hat der Auftraggeber aber insbesondere das Transparenzgebot, den Grundsatz der Gleichbehandlung und Nichtdiskriminierung der Bieter sowie die Objektivität der Zuschlagskriterien zu berücksichtigen.

### 1. Bezug zum Auftragsgegenstand

30  Nach § 34 Abs. 3 Satz 2 VSVgV müssen die Zuschlagskriterien durch den Auftragsgegenstand gerechtfertigt sein. Dementsprechend kann jeder Umstand als Zuschlagskriterium herangezogen werden, der sich auf den Auftragsgegenstand, d.h. auf die zu erbringende Leistung, bezieht.[13] Die Einschränkung ist notwendig, um die Gleichbehandlung der Bieter zu gewährleisten. Es würde nämlich zu ungerechtfertigten Diskriminierungen einzelner Bieter führen, wenn diese zwar grds. die Fähigkeit besäßen, die Auftragsanforderungen zu erfüllen, sie aber aufgrund auftragsfremder Kriterien an der Abgabe eines Angebots gehindert würden oder bei der Zuschlagsentscheidung unberücksichtigt blieben.[14] Unzulässig sind daher insbesondere auch indirekte Offsets,[15] da diese vom Auftragnehmer nicht mit dem Auftragsgegenstand zusammenhängende Leistungen fordern.

---

10  OLG Düsseldorf, 14.1.2009 – VII-Verg 59/08.
11  EuGH, 4.12.2003, Rs. C-448/01 (EVN und Wienstrom), Slg. 2003, I-14527; VK Bund, 14.9.2009 – VK 2 – 153/09.
12  Vgl. OLG Düsseldorf, 14.1.2009 – VII-Verg 59/08.
13  Vgl. EuGH, 24.1.2008, Rs. C-532/06 (Lianakis), Slg. 2008, I-251.
14  EuGH, 4.12.2003, Rs. C-448/01 (EVN und Wienstrom), Slg. 2003, I-14527.
15  Ausführlich zum Konzept der indirekten Offsets *Weiner*, EWS 2011, 401, 402.

## 2. Berücksichtigung vergabefremder Kriterien

Der Auftraggeber hat im Rahmen seines Beurteilungsspielraums die Möglichkeit, mit der Auswahl bestimmter Zuschlagskriterien auch vergabefremde Zwecke zu verfolgen. Es handelt sich dabei um Kriterien, die nicht der Ermittlung der Einzelwirtschaftlichkeit des jeweiligen Angebots dienen, sondern der Verfolgung politischer Ziele, wie etwa sozialen oder ökologischen Zwecken.

**BEISPIEL**

- Vergabefremde Kriterien sind beispielsweise die Zahlung eines Mindest- oder Tariflohns, das Vorhandensein einer Frauenquote oder die Berücksichtigung bestimmter ökologischer Kriterien.

Die Berücksichtigung solcher Kriterien im Rahmen der Wertung kommt in der Regel nicht in Betracht, da sie keine graduelle Bewertung zulassen, sondern grundsätzlich als „erfüllt" oder „nicht erfüllt" einzustufen sind. Dagegen ist die Heranziehung solcher vergabefremder Kriterien als Mindestkriterien, die die Angebote erfüllen müssen bzw. die im Rahmen der Auftragserfüllung zu beachten sind, zulässig, wenn diese in einem Zusammenhang mit dem Auftragsgegenstand stehen und dem Auftraggeber keine unbeschränkte Entscheidungsfreiheit einräumen. Zudem müssen sie ausdrücklich im Leistungsverzeichnis oder in der Bekanntmachung des Auftrags genannt werden und dürfen nicht diskriminierend wirken.[16]

Als vergabefremdes Kriterium (d.h. Auftrags- oder Mindestbedingung) ist bspw. auch die regionale Wirtschaftsförderung anzusehen. Die Bevorzugung ortsansässiger Bieter stellt grundsätzlich einen Verstoß gegen den Grundsatz der Gleichbehandlung und Nichtdiskriminierung dar.[17] Bei der Vergabe von Verteidigungs- und Sicherheitsaufträgen kann Ortsansässigkeit jedoch aufgrund des hohen Stellenwerts der Versorgungssicherheit eine entscheidende Bedeutung zukommen. Denn gerade in Bezug auf die lückenlose und schnelle Verfügbarkeit von Zubehör, Ersatzteilen und Serviceleistungen kann es besonders auf die Nähe des Auftragnehmers zum Auftraggeber ankommen. Allerdings darf die Ortsansässigkeit bzw. eine bestimmte örtliche Nähe zum Ort der Auftragserfüllung lediglich mit Bezug zum Auftrag gefordert werden. Das bedeutet, sie muss durch den Auftragsgegenstand gerechtfertigt sein. Zudem muss es ausreichen, wenn die Ortsnähe bei Vertragsbeginn gegeben ist. Bieter, die dazu erst einen Standort in der Nähe des Auftraggebers einrichten müssen, sind daher genauso zu behandeln wie Bieter, die bereits ortsansässig sind, sofern sich die nicht-ortsansässigen Bieter zur Herstellung der Ortsnähe im Rahmen der Auftragserfüllung verpflichten.

## 3. Verbot der Zweitverwertung von Eignungskriterien

Aus dem Grundsatz, dass Kriterien zur Angebotswertung stets einen Bezug zum Auftragsgegenstand aufweisen müssen, ergibt sich auch, dass die Auswahl der Zuschlagskriterien nicht zu einer Zweitverwertung von Eignungskriterien führen darf. Das bedeutet,

---

16 EuGH, 4.12.2003, Rs. C-448/01 (EVN und Wienstrom), Slg. 2003, I-14527; EuGH, 10.5.2012, Rs. C-368/10 (Kommission/Niederlande), VergabeR 2012, 569, dazu *Gabriel*, EWS 2012, 207.
17 Vgl. EuGH, 27.10.2005, Rs. C-234/03 (Contse), Slg. 2005, I-9315; 3.6.1992, Rs. C-360/89 (Kommission/Italien), Slg. 1992, I-3401; 20.3.1990, Rs. C-21/88 (Du Pont de Nemours Italiana), Slg. 1990, I-889.

im Rahmen der Angebotswertung darf ein „Mehr" oder „Weniger" an Eignung nicht (mehr) berücksichtigt werden.[18] Denn Eignungskriterien beziehen sich nicht so auf den Auftragsgegenstand, dass sie eine Beurteilung der Wirtschaftlichkeit eines Angebots zulassen, sondern sagen nur etwas über die generelle Eignung eines Bieters aus, den Auftrag ausführen zu können.[19] Die Eignung eines Bieters kann und darf ausschließlich auf der zweiten Wertungsstufe berücksichtigt werden. Dementsprechend sind bei der Wirtschaftlichkeitsprüfung diejenigen Zuschlagskriterien unzulässig, die die Beurteilung der Eignung der Bieter für die Ausführung des fraglichen Auftrags betreffen.[20] Nach § 34 Abs. 2, 3 VSVgV darf es für die Wirtschaftlichkeit eines Angebots keine Rolle spielen, ob ein Bieter z.B. mehr Erfahrung auf dem Gebiet des Auftrags hat als andere Bieter und deshalb geeigneter erscheint als die Konkurrenten. Hält der Auftraggeber einen Bieter wegen fehlender Erfahrung für ungeeignet, hat er das im Rahmen der Eignungsprüfung, z.B. durch Forderung von Referenzen, zu berücksichtigen und den Bieter gegebenenfalls mangels Eignung bereits auf der zweiten Wertungsstufe auszuschließen.

35  Unabhängig davon kann jedoch seitens des Auftraggebers ein anzuerkennendes Bedürfnis bestehen mit Rücksicht auf die besonderen Anforderungen der Auftragsausführung diesen nur an einen besonders erfahrenen, fachkundigen und zuverlässigen Auftragnehmer zu erteilen.[21] Daraus ergibt sich die anerkannte Berechtigung der Vergabestelle, die Fähigkeit der Bieter zur Sicherstellung einer zuverlässigen Auftragsausführung und der Kontinuität der Versorgung bei Daueraufträgen auch hinsichtlich der Kriterien zur Wirtschaftlichkeitsprüfung zu berücksichtigen.[22]

36  Eine solche Ausnahme könnte im konkreten Einzelfall insbesondere bei der Vergabe von Rüstungsaufträgen gegeben sein. Wie sich aus Art. 23 RL 2009/81/EG ausdrücklich ergibt, spielt die Versorgungssicherheit bei Verteidigungs- und Sicherheitsaufträgen eine herausgehobene Rolle. Das kann Daueraufträge betreffen, die sowohl die langfristige Bereitstellung technischer Unterstützungs-, Wartungs- und Modifikationsleistungen als auch die Versorgung mit spezifizierten Verbrauchs- und Nachschubgegenständen wie Munition zum Gegenstand haben. Der Auftraggeber kann ein berechtigtes Interesse daran haben, bzgl. der Wirtschaftlichkeit eines Angebots auch die besondere Fähigkeit eines Bieterunternehmens zu berücksichtigen, eine langfristig zuverlässige Versorgung sicherzustellen und die Produktion kurz- oder längerfristig zu erhöhen. Gerade die mit Krisensituationen potenziell einhergehenden drastischen Nachfragesteigerungen dürften dazu führen, dass zusätzliche (überobligatorische) Produktionskapazitäten ausnahmsweise zur Gewährleistung hinreichender Versorgungssicherheit als Zuschlagskriterium herangezogen werden können, obwohl es sich eigentlich um ein Eignungskriterium handelt, welches nicht im Zusammenhang mit dem Auftragsgegenstand steht.

---

18  BGH, 15.4.2008 – X ZR 129/06; VK Bund, 8.4.2011 – VK 1 – 14/11.
19  EuGH, 12.11.2009, Rs. C-199/07 (Kommission/Griechenland), Slg. 2009, I-10669; OLG Naumburg, 3.9.2009 – 1 Verg 4/09.
20  EuGH, 24.1.2008, Rs. C-532/06 (Lianakis), Slg. 2008, I-251.
21  OLG Düsseldorf, 5.5.2008 – VII-Verg 5/08.
22  Vgl. EuGH, 28.3.1995, Rs. C-324/93 (Evans), Slg. 1995, I-563.

## 4. Objektivität der Zuschlagskriterien

Um die Gleichbehandlung aller Bewerber sicherzustellen, hat die Ermittlung des wirtschaftlichsten Angebots allein nach sachlichen und willkürfreien Kriterien zu erfolgen.[23] Erforderlich ist eine weitgehende Objektivierung der Zuschlagskriterien, um ein nachvollziehbares Anforderungsprofil des Beschaffungsgegenstands zu zeichnen. Das bedeutet insbesondere, dass die Zuschlagskriterien sowie ihre Gewichtung im Rahmen der Angebotswertung so klar und eindeutig wie möglich, gegebenenfalls unter Zuhilfenahme mehrerer Unterkriterien, zu definieren sind.

**BEISPIEL**

Beispielsweise müssten beim Zuschlagskriterium „Kundendienst":

- erstens Unterkriterien gebildet werden, die eine inhaltliche Bewertung des „Kundendiensts" überhaupt ermöglichen (Unterkriterien, die veranschaulichen, worauf es dem Auftraggeber im Rahmen des „Kundendiensts" ankommt, z.B. Reaktionszeit, Verfügbarkeit etc.);
- zweitens definiert werden, in welchem Verhältnis die vorgenannten Unterkriterien stehen und in welchem Umfang sie in die Gesamtbewertung einfließen (z.B., dass die Unterkriterien Reaktionszeit und Verfügbarkeit jeweils mit 50 % im Rahmen des insgesamt mit 10% bewerteten Zuschlagskriteriums „Kundendienst" berücksichtigt werden);
- drittens eine Bewertung dieser Unterkriterien angegeben werden (z.B., dass für jedes Unterkriterium zwischen 0 und 10 Punkten erlangt werden können, die in Zwei-Punkte-Schritten vergeben werden, wobei 0 Punkte einer schlechten Bewertung, 2 Punkte einer ausreichenden Bewertung, 4 Punkte einer befriedigenden Bewertung etc. entsprechen) sowie
- viertens definiert werden, wann die Reaktionszeit „schlecht" ist (mit 0 Punkten bewertet wird), wann die Reaktionszeit „ausreichend" ist (mit 2 Punkten bewertet wird) etc.

## 5. Bekanntmachung der Zuschlagskriterien und ihrer Gewichtung

Die Angebotswertung darf gem. § 34 Abs. 2 VSVgV nur anhand solcher Zuschlagskriterien erfolgen, die im Vorhinein in der Ausschreibung selbst oder in den Vergabeunterlagen bekannt gemacht wurden. Dasselbe gilt für ihre Gewichtung im Rahmen der Wertung. Das bedeutet insbesondere, dass Kriterien oder ihre Gewichtung nicht im Nachhinein erweitert oder verändert werden dürfen.[24]

Wurden Zuschlagskriterien im Vorhinein aufgestellt, aber aus irgendwelchen Gründen nicht bekannt gemacht, ist eine Anwendung dieser Kriterien unzulässig. Umgekehrt muss der Auftraggeber die einmal bekanntgemachten Kriterien umfänglich in der Wertung berücksichtigen und darf bei seiner Entscheidung über den Zuschlag nicht etwa nur einzelne Kriterien heranziehen.

---

23 BGH, 17.2.1999 – X ZR 101/97.
24 Vgl. EuGH, 24.11.2005, Rs. C-331/04 (ATI EAC), Slg. 2005, I-10109.

**BEISPIEL**

> Es wäre ein Wertungsfehler, wenn der Auftraggeber zunächst eine Reihe von Zuschlagskriterien zur Ermittlung der Wirtschaftlichkeit aufstellt und bekannt gibt, bei der Wertung aber erkennbar nur auf den Preis abstellt.
>
> Die oben im Beispiel unter Ziffer 4 enthaltenen Erläuterungen sind vollumfänglich vor Beginn des Vergabeverfahrens zu dokumentieren und den Bietern/Bewerbern bekanntzugeben.

40  Durch die zwingende Bekanntmachung der Gewichtung der Zuschlagskriterien soll die Nachvollziehbarkeit der jeweiligen Zuschlagsentscheidung sichergestellt werden. Die Bindung des Auftraggebers an die Bekanntmachung umfasst dabei auch die Gewichtung, sodass eine nachträgliche Änderung der Gewichtung ebenfalls nicht zulässig ist.[25]

41  Der Auftraggeber kann die Gewichtung der einzelnen Zuschlagskriterien untereinander durch die Festlegung eines prozentualen Verhältnisses darstellen. Wenn das aus objektiven und mit dem Auftragsgegenstand zusammenhängenden Gründen nicht sinnvoll erscheint, können die Kriterien aber auch in der absteigenden Reihenfolge ihrer Bedeutung angegeben werden. Allerdings muss die Methode der Gewichtung immer eine Gesamtwürdigung der Zuschlagskriterien ermöglichen, denn nur auf diese Weise kann tatsächlich das wirtschaftlichste Angebot ermittelt werden.[26]

**PRAXISTIPP**

*Die Angabe der Zuschlagskriterien in absteigender Reihenfolge soll die Ausnahme sein. Das bedeutet, dass ein Auftraggeber grundsätzlich die Gründe, aus denen sich ergibt, dass eine Angabe der Zuschlagskriterien im Verhältnis zueinander nicht oder schwer möglich ist, belegen sollen könnte. Sie sind daher im Vergabevermerk festzuhalten. Solche Gründe können sich etwa aus der Komplexität des Auftrags ergeben.*

42  Obwohl die Grundsätze der Gleichbehandlung und Transparenz stets beachtet werden müssen, ist es nicht erforderlich, dass der Auftraggeber die Gewichtung im Vorhinein bis ins letzte Detail vornimmt. Zulässig ist die Festlegung gewisser Margen,[27] etwa die Gewichtung eines Kriteriums mit 10–12 %. Auf dieser Basis kann der Auftraggeber die genaue Gewichtung dann bei der Wertung festlegen. Regelmäßig gilt eine Marge als angemessen, solange sie nicht so groß bemessen ist, dass dem Auftraggeber dadurch eine willkürliche Entscheidung ermöglicht wird.[28] Zudem gestattet es die Festlegung einer Marge dem Auftraggeber lediglich, die genaue Gewichtung eines Kriteriums später festzulegen. Das heißt aber, dass eine solche Gewichtung später auch tatsächlich zu erfolgen hat.

---

[25] BGH, 3.6.2004 – X ZR 30/03.
[26] EuGH, 4.12.2003, Rs. C-448/01 (EVN und Wienstrom), Slg. 2003, I-14527.
[27] Vgl. zur Bildung von Margen Ziekow/Völlink/*Hänsel*, § 9 EG VOL/A Rn. 4 f.
[28] Pünder/Schellenberg/*Fehling*, § 97 GWB Rn. 187.

**BEISPIEL**

- Es ist dem Auftraggeber zwar gestattet, die Gewichtung eines Kriteriums zunächst mit z.B. 10–12 % anzugeben. Später muss er sich aber verbindlich für alle Angebote auf 10, 11 oder 12 % festlegen. Es ist nicht zulässig, das Kriterium bzgl. eines Angebots mit 10 % und bzgl. eines anderen Angebots mit 12 % zu gewichten.

Bei der Festlegung der Gewichtung der Zuschlagskriterien steht dem Auftraggeber ein weiter Beurteilungsspielraum zu. Der Auftraggeber kann daher grundsätzlich frei entscheiden, welchen Zuschlagskriterien er eine größere Bedeutung gegenüber anderen beimisst. Lediglich dem Preis muss eine hinreichende Relevanz zukommen, da sich die Wirtschaftlichkeit eines Angebots nach dem Verhältnis zwischen Preis und Leistung bestimmt.[29] In der Rechtsprechung werden starre Mindestprozentwerte für die Gewichtung des Preiskriteriums grundsätzlich abgelehnt.[30]

### 6. Unterkriterien

Wie sich aus den vorstehenden Ausführungen ergibt, ist die überwiegende Anzahl der in Betracht kommenden Zuschlagskriterien begrifflich weit gefasst und bedarf daher regelmäßig der Konkretisierung. Für die Wahrung von Transparenz und Gleichbehandlung ist es notwendig, dass die Kriterien von allen Bewerbern gleich verstanden werden. Es reicht insofern nicht aus, dass innerhalb einer Branche bereits ein allgemeines Verständnis bzgl. eines Kriteriums vorherrscht.[31] Die erforderliche Konkretisierung wird mittels der Aufstellung von Unterkriterien sichergestellt, was zeitlich bis zum Ablauf der Angebotsfrist zulässig ist, sofern sie allen Beteiligten in gleichem Maße mitgeteilt werden.[32]

Bei Unterkriterien ergeben sich gewisse Besonderheiten in Bezug auf die Gewichtung. Zum einen kann die Gewichtungsmarge hier größer ausfallen als bei den Oberkriterien, ohne dass es zu einer Unangemessenheit führt.[33] Zum anderen ist es bei Unterkriterien unter Umständen möglich, deren Gewichtung im Einzelnen vollständig erst im Nachhinein vorzunehmen.[34] An Letzteres sind jedoch strenge Voraussetzungen geknüpft: Die nachträgliche Gewichtung der Unterkriterien darf nicht zu einer Änderung der Zuschlagskriterien führen und nicht derart erfolgen, dass sie die Angebotserstellung beeinflusst hätte, wäre sie den Bietern vorher bekannt gewesen. Schließlich hat die nachträgliche Gewichtung für die Bieter diskriminierungsfrei zu erfolgen.[35]

## V. Rechtsfolge einer fehlerhaften Kriterienauswahl, Gewichtung oder Bekanntmachung

Erst die vorherige Bekanntmachung der Zuschlagskriterien und deren Gewichtung ermöglicht es den Bietern, die Wirtschaftlichkeit ihrer Angebote durch die optimale Aus-

---

29  Vgl. auch OLG Düsseldorf, 29.12.2001 – Verg 22/01.
30  Vgl. nur OLG Düsseldorf, 25.5.2005 – Verg 8/05.
31  OLG Düsseldorf, 16.11.2005 – VII-Verg 59/05.
32  EuGH, 24.1.2008, Rs. C-532/06 (Lianakis), Slg. 2008, I-251.
33  Pünder/Schellenberg/*Fehling*, § 97 GWB Rn.187.
34  Pünder/Schellenberg/*Fehling*, § 97 GWB Rn. 187.
35  EuGH, 24.11.2005, Rs. C-331/04 (ATI EAC), Slg. 2005, I-10109.

richtung an den Bedürfnissen des Auftraggebers zu maximieren.[36] Erfolgt die Bekanntmachung der Zuschlagskriterien unvollständig oder fehlerhaft, hat das Einfluss auf die Vorbereitung und den Inhalt der Angebote.[37] Das Aufstellen unzulässiger Zuschlagskriterien ist somit geeignet, die Angebotsmöglichkeiten der Bieter nachteilig zu beeinflussen[38] und stellt einen erheblichen Vergabeverstoß dar, der im Rahmen eines Nachprüfungsverfahrens[39] geltend gemacht werden kann.

47 Sofern ein Zuschlag auf das wirtschaftlichste Angebot erteilt werden soll, dieses aber wegen einer fehlerhaften Kriterienauswahl oder Bekanntmachung nicht ermittelt werden kann, hat das nicht zur Folge, dass eine Angebotswertung unter Ausschluss jener Kriterien allein nach dem Preis vorzunehmen und der Zuschlag auf das preislich günstigste Angebot zu erteilen ist.[40] Vielmehr ist das Vergabeverfahren in diesem Fall insgesamt fehlerhaft und komplett zu wiederholen.

48 Das Kriterium des niedrigsten Preises ist lediglich dann ausschließlich für die Zuschlagsentscheidung heranzuziehen, wenn in der Bekanntmachung oder den Vergabeunterlagen nur pauschal die „Wirtschaftlichkeit" des Angebots als Zuschlagskriterium angegeben[41] oder nur auf die Vorschrift des § 34 Abs. 2 VSVgV verwiesen wird.[42]

## VI. Umgang mit Offsets im Zusammenhang mit Zuschlagskriterien

49 Bei der Auftragsvergabe im Verteidigungs- und Sicherheitsbereich spielte die Forderung von sog. Offsets, auch counter-trade- oder Kompensationsgeschäfte genannt, durch den öffentlichen Auftraggeber eine bedeutende Rolle. Die Offset-Angebote der Bieter wurden vielfach als Zuschlagskriterien, teilweise aber auch als Bedingung für die Auftragserfüllung herangezogen. Diesbezüglich haben sich jedoch durch den veränderten Rechtsrahmen der RL 2009/81/EG und deren Umsetzung in der VSVgV grundlegende Änderungen ergeben.[43] Da die Berücksichtigung von Offsets kraft Natur der Sache dazu führen würde, dass bei der Auftragsvergabe nicht allein auftragsbezogene, sondern insbesondere diskriminierende Kriterien berücksichtigt würden, ist das mit der VSVgV nicht zu vereinbaren und demnach unzulässig.[44]

## VII. Die Angebotswertung im eigentlichen Sinn

50 Am Maßstab der vorher festgelegten Zuschlagskriterien und deren Gewichtung hat der Auftraggeber eine vergleichende Angebotsbewertung vorzunehmen, um das wirtschaftlichste Angebot zu ermitteln. Die Festlegung des konkreten Ablaufs obliegt dem

---

36 Vgl. VK Bund, 20.3.2009 – VK 34/09.
37 OLG Düsseldorf, 28.4.2008 – VII-Verg 1/08.
38 OLG Düsseldorf, 28.4.2008 – VII-Verg 1/08.
39 Vgl. dazu das Kapitel zum Rechtsschutz im Vergaberecht.
40 OLG Düsseldorf, 16.2.2005 – Verg 74/04.
41 KG Berlin, 4.7.2002 – Kart Verg 8/02.
42 Vgl. zum Fall einer Bekanntmachung, in der nur § 25 Nr. 3 Abs. 3 Satz 2 VOB/A a.F. wiedergegeben wurde BayObLG, 12.9.2000 – Verg 4/00.
43 Vgl. umfassend *Weiner*, EWS 2011, 401.
44 Umfassend hierzu *Weiner*, EWS 2011, 401, 403.

Auftraggeber. Der Ablauf hängt dabei entscheidend vom Beschaffungsgegenstand und von den vom Auftraggeber gestellten Anforderungen ab. Bei der Einschätzung, in welchem Grad ein Angebot die Zuschlagskriterien erfüllt oder nicht, steht dem Auftraggeber ein weiter, nur eingeschränkt überprüfbarer Beurteilungsspielraum zu, sofern er sich an die in der Bekanntmachung und den Vergabeunterlagen veröffentlichten Kriterien in der angegebenen Gewichtung hält. Der Beurteilungsspielraum wird lediglich durch die vergaberechtlichen Grundprinzipien der Transparenz, Gleichbehandlung und Nichtdiskriminierung begrenzt.

## VIII. Die Wertungsmatrix

Für die transparente Wertung der Angebote ist regelmäßig die Erstellung einer Wertungsmatrix erforderlich. In der Wertungsmatrix werden die zuvor aufgestellten Kriterien und Unterkriterien entsprechend ihrer festgelegten Gewichtung zusammengefasst. Die Gewichtung wird in der Wertungsmatrix durch die Zuordnung der einzelnen Kriterien und Unterkriterien zu einer Punktzahl deutlich.

Eine Standardbewertungsmatrix existiert nicht, weil für jeden Beschaffungsgegenstand unter Berücksichtigung der Eigenarten, der Komplexität und der relativen Gewichtung der Zuschlagskriterien entschieden werden muss, welche Wertungsmatrix sinnvoll erscheint. Es ist jedoch in den meisten Fällen empfehlenswert, die Wertungsmatrix in Form einer **Tabelle** darzustellen. Eine solche Tabelle könnte (in geeigneten Fällen) dem folgenden Aufbauschema nachgebildet sein:

Bei der Erstellung jeder Wertungsmatrix ist es unerlässlich, dass für die einzelnen Zuschlagskriterien auch die **Unterkriterien** angegeben werden, anhand derer sich die Bewertung der Angebote bezüglich des einzelnen Zuschlagskriteriums vollzieht.

Bei der **Auswahl der Wertungsmethoden**[45] kann sich der Auftraggeber zunächst entscheiden, ob er die eingehenden Angebote zueinander oder jedes Angebot für sich bewerten möchte. Sollen die Angebote zueinander bewertet, mithin einer vergleichenden Betrachtung unterzogen werden, sind für die Zuschlagskriterien maximal erreichbare Gesamtpunktzahlen festzulegen. Derjenige Bieter, der im Ergebnis der vergleichenden Betrachtung das Zuschlagskriterium am besten erfüllt, erhält die maximal erreichbare Gesamtpunktzahl. Die anderen Bieter erhalten in Abhängigkeit des Erfüllungsgrads ihres Angebots zum Bestangebot eine entsprechend geringere Punktzahl.[46]

Entscheidet sich der Auftraggeber dafür, die Angebote jeweils für sich, d.h. voneinander unabhängig, zu bewerten, empfiehlt sich nicht nur für Beschaffung von IT-Leistungen der Rückgriff auf die Bewertungsmethoden der **Unterlage für die Ausschreibung und Bewertung von IT-Leistungen (UfAB)**.[47] Die UfAB unterscheidet zwischen der **vereinfachten Leistungs-/Preismethode** sowie der **einfachen** und **erweiterten Richtwertmethode**.

Bei der **vereinfachten Leistungs-/Preismethode** werden zum einen in den Vergabeunterlagen ausschließlich sog. A-Kriterien festgelegt und zum anderen als alleiniges Zu-

---

45 Vgl. dazu die instruktiven Ausführungen bei *Ortner*, ITBR 2009, 114 sowie *Roth*, NZBAu 2011, 77.
46 Vgl. OLG Brandenburg, 19.12.2011 – Verg W 17/11.
47 Die UfAB liegt derzeit in der Fassung vom 15.6.2010 (UfAB V – Version 2.0) vor.

schlagskriterium der niedrigste Preis bestimmt.[48] Nach der sog. **einfachen Richtwertmethode** wird für jedes Angebot das „Leistungs-Preis-Verhältnis" ermittelt, indem der Quotient aus Leistung (Leistungspunkte) / Preis (EURO) = Z errechnet wird.[49] Bei der sog. **erweiterten Richtwertmethode** werden alle Angebote, deren Kennzahl Z sich innerhalb eines vorab definierten Schwankungsbereichs befindet, anhand eines – vorab festgelegten – **Entscheidungskriteriums** bewertet. Als Entscheidungskriterium kommen der niedrigste Preis sowie die Höchstpunktzahl (L) in Betracht. Ferner kann der Auftraggeber ein besonders bedeutsames Unterkriterium zum Entscheidungskriterium bestimmen.[50] Bezüglich der Wertung des **Preises** ist eine prozentuale Abstufung, die die Preisdifferenz widerspiegelt, empfehlenswert. Denn ansonsten könnte ein Angebot, das lediglich ein paar Cent teurer ist als das nächstgünstigere, denselben Punkteabstand zu diesem Angebot aufweisen, wie eines, das mehrere tausend oder gar Millionen Euro teurer ist. Das günstigste Angebot ist danach mit 100% zu bewerten und bei den übrigen Angeboten prozentuale Abzüge in der Kategorie „Preis" vorzunehmen, die der Differenz zum günstigsten Angebot entsprechen.

**BEISPIEL**

| Wertungs-kriterien | Ge-wich-tung | Angebot 1 | | Angebot 2 | | Angebot 3 | |
|---|---|---|---|---|---|---|---|
| | % | Punkte 0–10 | Bew. | Punkte 0–10 | Bew. | Punkte 0–10 | Bew. |
| **Preis** | 70 | 10,00 (1 Mio. €) | 700 (10x70) | 8,0 (1,2 Mio. €) | 560 (8x70) | 5,0 (1,5 Mio. €) | 350 (5x70) |
| **Kundendienst** Unterkriterien: Reaktionszeit und Verfügbarkeit (jeweils mit 50 % gewichtet) | 10 | 8,00 | 80 (8x10) | 10,0 | 100 (10x10) | 4,0 | 40 (4x10) |
| **Energieverbrauch** | 20 | 6,00 | 120 (6x20) | 9,0 | 180 (9x20) | 6,0 | 120 (6x20) |
| **Summe** (Gesamtpunktzahl) | 100 | | 900 | | 840 | | 510 |
| **Rangfolge** | | | I | | II | | III |

Es kann sein, dass nach der Punktevergabe mehreren Bietern der gleiche Rang zukommt, weil sie die gleiche Gesamtpunktzahl erreicht haben. Sofern es sich bei den punktgleichen Besten um die erstplatzierten Bieter handelt, muss der Auftraggeber entscheiden, wem der Zuschlag zu erteilen ist. In Betracht kommt in diesem Fall, den niedrigsten Preis ent-

---

48  UfAB V – Version 2.0, 144.
49  UfAB V – Version 2.0, 144.
50  UfAB V – Version 2.0, 143.

scheiden zu lassen oder das Los. Wie der Auftraggeber in so einem Fall vorgehen möchte, hat er ebenfalls im Voraus bekannt zu geben.

## IX. Gerichtliche Nachprüfung

Im Rahmen der Überprüfungsmöglichkeiten von Vergabeentscheidungen spielt die vierte Wertungsstufe eine entscheidende Rolle, da hier die eigentliche Entscheidung für das eine oder das andere Angebot erfolgt. Dementsprechend haben unterlegene Bieter regelmäßig ein großes Interesse daran, überprüfen zu lassen, ob die Entscheidung des Auftraggebers rechtmäßig war. In gewissem Maße ist die Auswahl und Anwendung der Zuschlagskriterien durch den Auftraggeber trotz dessen weiten Beurteilungsspielraums einer Nachprüfung zugänglich. 57

Hinsichtlich der Auswahl der Zuschlagskriterien hat er vor dem Hintergrund der Prinzipien der Objektivität, Transparenz, Gleichbehandlung und Nichtdiskriminierung lediglich sicherzustellen, dass die Zuschlagskriterien durch den Auftragsgegenstand gerechtfertigt sind. 58

Hinsichtlich der Anwendung der Zuschlagskriterien hat er sicherzustellen, dass alle bekanntgemachten Kriterien in dem Maße ihrer Bekanntmachung Eingang in die Wertung finden. 59

**BEISPIEL** 60

- Wertungsfehler liegen etwa vor, wenn der Auftraggeber sich nicht korrekt an seine eigenen Kriterien oder deren Gewichtung gehalten hat, oder wenn dessen Wertung sachlich unzutreffend, willkürlich oder diskriminierend erfolgte.

## X. Zuschlagserteilung

### 1. Wesen des Zuschlags

Mit dem Zuschlag auf das wirtschaftlichste Angebot oder das Angebot mit dem niedrigsten Preis endet das Vergabeverfahren. Gleichzeitig erklärt der Auftraggeber mit dem Zuschlag die zivilrechtliche **Annahme des Angebots**. § 34 VSVgV weicht insoweit von den europäischen Regelungen ab. Danach wird unter dem Begriff des Zuschlags allein die Entscheidung des Auftraggebers verstanden, wer den Auftrag erhalten soll.[51] 61

Auf die Zuschlagserteilung finden die **zivilrechtlichen Regelungen** über Willenserklärungen Anwendung (§§ 119 ff. BGB). Im Hinblick darauf kommt der Vertrag zwischen Auftraggeber und Bieter auch nicht bereits mit der Versendung des Zuschlagsschreibens zustande, sondern in der Regel erst mit dessen **wirksamen Zugang** beim Bieter (vgl. § 130 Abs. 1 BGB). Der oft formulierte Grundsatz „Zuschlag = Vertragsschluss" ist daher nicht zutreffend. 62

---

51  *Roth*, in: Müller-Wrede (Hrsg.), VOL/A § 21 EG Rn. 3.

## 2. Zugang des Zuschlags

**63** Ein **wirksamer Zugang** setzt voraus, dass das Zuschlagsschreiben des Auftraggebers so in den Machtbereich des Bieters gelangt, dass dieser unter normalen Umständen die Möglichkeit zur Kenntnisnahme hat.[52] Danach liegt ein wirksamer Zugang eines auf dem **Postweg** versandten Zuschlagsschreibens generell dann vor, wenn einerseits das Schreiben in den Briefkasten oder das Postfach gelangt und andererseits der Bieter davon Kenntnis erlangen konnte, mithin zu den gewöhnlichen **Leerungszeiten**.[53] Auch bei einem per **Telefax** versandten Zuschlagsschreiben ist darauf abzustellen, wann üblicherweise mit dem Zugang gerechnet werden konnte. Davon kann bei einem Eingang des Schreibens innerhalb der **Geschäftszeiten** stets ausgegangen werden. Ansonsten wird auf den Beginn der nächsten Geschäftsstunden abgestellt.[54] Erlangt der Bieter jedoch früher als unter normalen Umständen von dem Zuschlagsschreiben Kenntnis, kommt es für den Zugang auf den tatsächlichen Zeitpunkt der Kenntnisnahme an.[55]

**64** Der Zeitpunkt des Zugangs spielt vor allem im Zusammenhang mit der sog. **Zuschlags- oder Bindefrist** eine besondere Rolle.[56] Bei der Zuschlags- oder Bindefrist handelt es sich um eine Frist nach § 148 BGB, welche die Annahmefrist nach § 147 Abs. 2 BGB modifiziert.[57] Geht das Zuschlagsschreiben nicht innerhalb der vom Auftraggeber bestimmten Zuschlags- oder Bindefrist beim Bieter ein, ist er nach § 146 BGB an sein Angebot nicht mehr gebunden. Der – verspätete – Zuschlag wird in diesen Fällen nicht mehr als Annahme i.S.d. § 147 BGB verstanden, sondern gemäß § 150 Abs. 1 BGB als **neues Angebot** des Auftraggebers. Ein wirksamer Vertrag kommt folglich erst dann zustande, wenn der Bieter dieses Angebot innerhalb der Frist des § 147 Abs. 2 BGB annimmt.

**65** In Übereinstimmung mit der überwiegenden Rechtsprechung ist ein nach Ablauf der Zuschlagsfrist erteilter Zuschlag grundsätzlich auch nicht vergaberechtswidrig. Vielmehr wäre es mit der Verpflichtung des öffentlichen Auftraggebers zur **sparsamen** und **wirtschaftlichen Haushaltsmittelverwendung** unvereinbar, wenn ein wirtschaftliches oder preislich günstiges Angebot nur deswegen ausgeschlagen werden müsste, weil der Zuschlag nicht mehr durch einfache Annahmeerklärung erklärt werden kann, sondern ein eigener entsprechender Antrag und die Annahme durch den Bieter nötig sind.[58]

**66** Nimmt der Auftraggeber das Angebot des Bieters unter **Erweiterungen**, **Einschränkungen** oder **Änderungen** an, liegt ebenfalls keine Annahme i.S.d. § 147 BGB vor. Auch in diesen Fällen ist Erteilung des Zuschlags als **neues Angebot** gemäß § 150 Abs. 2 BGB zu verstehen. Ein wirksamer Vertragsschluss bedarf erst der Annahme i.S.d. § 147 Abs. 2 BGB.

**67** Mit Blick auf den Regelungszweck des § 31 Abs. 2 Nr. 4 VSVgV, der das Zustandekommen eines inhaltlich unstreitigen Vertrags gewährleisten soll, reicht es grundsätzlich aus, wenn der Auftraggeber gegenüber dem Bieter allein die Annahme des Angebots erklärt. Es

---

52 BGHZ 137, 205.
53 BGH NJW 2008, 843.
54 OLG Rostock, NJW-RR 1998, 526 f.
55 *Einsele*, in: Münchner Kommentar zum BGB, 6. Aufl. 2012, § 130 Rn. 8 m.w.N.
56 Vorliegend wird zwischen dem Begriff der Zuschlags- und Bindefrist nicht unterschieden. Zutreffender Weise wurde der Begriff der Bindefrist daher auch in der VOB/A nunmehr aufgegeben bzw. wird der Begriff der Zuschlagsfrist in der VOL/A nicht verwandt.
57 *Lausen*, in: jurisPK-VergR, 3. Aufl. 2011, § 10 VOB/A Rn. 45.
58 BGH, 28.10.2003 – X ZR 248/02; OLG Düsseldorf, 9.12.2008 – Verg 70/08.

bedarf keiner Wiederholung der wesentlichen Bestandteile des Auftrags. Eine Konkretisierung durch Bezugnahme auf das Angebotsdatum ist ausreichend. Etwas anderes gilt jedoch dann, wenn das Angebot auf ein Nebenangebot des Bieters erteilt werden soll. In diesem Fall ist es geboten, das Nebenangebot ausdrücklich im Zuschlagsschreiben zu benennen.[59]

Ebenso bedarf es auch grundsätzlich keines **Bestätigungsschreibens** vom Bieter. Ein Bestätigungsschreiben ist nur dann von Bedeutung, wenn der Zuschlag gemäß § 150 BGB als **neues Angebot** angesehen werden muss. In diesen Fällen erklärt der Bieter mit dem Bestätigungsschreiben die Annahme des Angebots.

**68**

> **PRAXISTIPP**
>
> *Auftraggeber haben im Zusammenhang mit der Zuschlagserteilung die Regelung des § 101a GWB zu beachten. Danach darf der Vertrag mit dem Bestbieter erst 15 Kalendertage nach Absendung des Informationsschreibens gemäß § 101a Abs. 1 Satz 1 GWB geschlossen werden. Die Frist verkürzt sich auf 10 Kalendertage, wenn die Information per Fax oder auf elektronischem Wege versandt wird.[60] Ein Verstoß gegen § 101a GWB hat zur Folge, dass der Vertrag von Anfang an schwebend unwirksam ist.*

### 3. Formerfordernis

Nach § 34 Abs. 1 VSVgV erfolgt der Zuschlag in Schriftform oder elektronisch mindestens mittels einer fortgeschrittenen elektronischen Signatur i.S.d. Signaturgesetzes. Bei Übermittlung durch **Telefax** genügt die Unterschrift auf der Telefaxvorlage. Nach dem eindeutigen Wortlaut des § 34 Abs. 1 VSVgV ist eine **mündliche Zuschlagserteilung** nicht zulässig. Durch sie kommt ein wirksamer Vertrag nicht zustande.

**69**

Dem **Schriftformerfordernis** ist genüge getan, wenn der Zuschlag in einer Urkunde verkörpert und vom Aussteller eigenhändig oder mittels notariell beglaubigten Handzeichens unterzeichnet ist (vgl. § 126 BGB). Die Zuschlagsurkunde muss nicht von deren Verfasser unterschrieben sein. Ein Vertreter des öffentlichen Auftraggebers muss das Vertretungsverhältnis in der Zuschlagsurkunde zum Ausdruck bringen.[61]

**70**

Nach § 34 Abs. 1 VSVgV darf der Zuschlag auch in elektronischer Form erteilt werden. Die Anforderungen an die fortgeschrittene elektronische Signatur bestimmen sich nach § 2 Nr. 1 und Nr. 2 SigG.

**71**

---

59 *Roth*, in: Müller-Wrede (Hrsg.), VOL/A § 21 EG Rn. 15 m.w.N.
60 Zu Fristberechnung vgl. *Zeiss*, in: jurisPK-VergR, 3. Aufl. 2011, § 101a GWB, Rn. 39 ff.
61 *Rechten*, in: Kulartz/Marx/Portz/Prieß, VOL/A, § 18 Rn. 30.

# § 35
# Bekanntmachung über die Auftragserteilung

(1) Die Auftraggeber sind verpflichtet, die Vergabe eines Auftrags oder den Abschluss einer Rahmenvereinbarung innerhalb von 48 Tagen durch Mitteilung nach dem Standardformular in Anhang XVII der Durchführungsverordnung (EU) Nr. 842/2011 der Europäischen Kommission vom 19. August 2011 zur Einführung von Standardformularen für die Veröffentlichung von Vergabebekanntmachungen auf dem Gebiet der öffentlichen Aufträge und zur Aufhebung der Verordnung (EG) Nr. 1564/2005 (ABl. L 222 vom 27.8.2011, S. 1) in der jeweils geltenden Fassung an das Amt für amtliche Veröffentlichungen der Europäischen Union bekannt zu machen. Diese Pflicht besteht nicht für die Vergabe von Einzelaufträgen, die aufgrund einer Rahmenvereinbarung erfolgen.

(2) Die Auftraggeber müssen eine Auftragsvergabe oder den Abschluss einer Rahmenvereinbarungen nicht bekannt geben, soweit deren Offenlegung den Gesetzesvollzug behindern, dies dem öffentlichen Interesse, insbesondere Verteidigungs- oder Sicherheitsinteressen zuwiderlaufen, die berechtigten geschäftlichen Interessen öffentlicher oder privater Unternehmen schädigen oder den lauteren Wettbewerb zwischen ihnen beeinträchtigen könnte.

## Übersicht

| | | Rn. |
|---|---|---|
| I. | Einleitung | 1 |
| | 1. EU-rechtliche Vorgaben | 3 |
| | 2. Vergleich mit VOB/A, VOL/A, VOF und SektVO | 5 |
| | 3. Bieterschützender Charakter | 6 |
| II. | Bekanntmachung über die Auftragserteilung (§ 35 Abs. 1) | 9 |
| III. | Inhalt der Bekanntmachung | 12 |
| | 1. Abschnitte I, II, IV und VI | 16 |
| | 2. Abschnitt V | 16 |
| | 3. Anhang D3 | 18 |
| IV. | Ausnahme sensibler Angaben (§ 35 Abs. 2) | 22 |
| | 1. Behinderung des Gesetzesvollzugs | 26 |
| | 2. Beeinträchtigung des öffentlichen Interesses | 27 |
| | 3. Beeinträchtigung geschäftlicher Interessen | 28 |
| | 4. Beeinträchtigung des Wettbewerbs | 29 |
| V. | Übermittlung der Bekanntmachung (§ 35 Abs. 1) | 30 |

## I. Einleitung

§ 35 VSVgV rundet die umfangreichen Publikaktionspflichten von öffentlichen Auftraggebern bei europaweiten Vergabeverfahren ab. Während Beschaffungsvorhaben mittels

1

Vorinformation gem. § 17 VSVgV angekündigt werden können und regelmäßig durch Bekanntmachung gem. § 18 VSVgV eingeleitet werden, verpflichtet diese Regelung dazu, binnen 48 Kalendertagen nach Zuschlagserteilung **ex post** zahlreiche Informationen über den vergebenen Auftrag sowie das durchgeführte Verfahren im Amtsblatt der Europäischen Union veröffentlichen zu lassen. Auch wenn die Beachtung dieser Regelung aufgrund ihrer der Zuschlagserteilung und damit dem Vergabeverfahren nachgelagerten Anwendung nicht mehr im Nachprüfungsverfahren durchgesetzt werden kann und zudem gemäß Absatz 2 diverse Informationen einer Veröffentlichung vorenthalten werden können, flankiert die Bekanntmachungspflicht des § 35 VSVgV den **„sozialen Druck"** auf den Auftraggeber, das Vergabeverfahren rechtmäßig durchzuführen und mit dem Zuschlag ein annehmbares und wirtschaftlich günstiges Ergebnis zu realisieren.

2 Eigenständige Bedeutung erlangt die ex-post-Bekanntmachung, wenn sie Aufträge betrifft, die ohne vorherige Bekanntmachung vergeben worden sind, also in den Fällen des Verhandlungsverfahrens ohne Teilnahmewettbewerb nach § 12 VSVgV, der Vergabe einer nachrangigen Dienstleistung nach § 5 Abs. 2 VSVgV oder der Vergabe von Aufträgen, die nicht in den Anwendungsbereich der VSVgV fallen.[1] Hier kommt der Bekanntmachung über den vergebenen Auftrag mit Blick auf **§ 101b GWB** hohe Bedeutung zu.[2]

## 1. EU-rechtliche Vorgaben

3 Regelungen über sämtliche Bekanntmachungen finden sich in Art. 30 bis 32 der Richtlinie 2009/81/EG. Während Art. 30 Abs. 3 der Richtlinie die Verpflichtung zur ex-post-Transparenz kodifiziert und zugleich die Fälle nennt, in denen auf die Veröffentlichung bestimmter Angaben verzichtet werden kann, regelt Art. 32 der Richtlinie neben der Abfassung auch die Modalitäten für die Veröffentlichung der Bekanntmachung. Hierbei wird auch abstrakt auf die Verwendung von Standardformularen und das für deren Schaffung vorgesehene Verfahren nach Art. 67 Abs. 2 der Richtlinie Bezug genommen. Art. 32 der Richtlinie konstatiert die – in die VSVgV in Bezug auf die ex-post-Transparenz nicht übernommene – Möglichkeit, die Bekanntmachungsmöglichkeiten der Richtlinie (und damit auch die Veröffentlichung über vergebene Aufträge) auch für Aufträge in Anspruch zu nehmen, die nicht in den Anwendungsbereich der Richtlinie fallen.

4 § 35 Abs. 1 VSVgV nimmt im Hinblick auf die Veröffentlichungsmodalitäten konkret auf die Durchführungsverordnung (EU) Nr. 842/2011 der Europäischen Kommission vom 19.8.2011 zur Einführung von Standardformularen für die Veröffentlichung von Vergabebekanntmachungen auf dem Gebiet der öffentlichen Aufträge[3] Bezug. Das dort als Anhang XVII veröffentlichte Standardformular „Bekanntmachung vergebener Aufträge in den Bereichen Verteidigung und Sicherheit" ist insofern zwingend zu verwenden. Zukünftige Änderungen dieser Durchführungsverordnung oder des Bekanntmachungsmusters werden durch eine dynamische Verweisung („in der jeweils geltenden Fassung") aufgefangen.

---

1 Zum Beispiel In-House-Beauftragungen von sicherheits- oder verteidigungsrelevanten Aufträgen.
2 Vgl. hierzu sogleich ausführlich unter III.3.
3 ABl. Nr. L 222 vom 27.8.2011, S. 1.

## 2. Vergleich mit VOB/A, VOL/A, VOF und SektVO

In der VOB/A verpflichtet § 18 VS Abs. 3 und 4 VOB/A zur Bekanntmachung vergebener Bauaufträge im Bereich Verteidigung und Sicherheit. In der VOL/A findet sich die Pflicht zur Bekanntmachung vergebener Aufträge in § 23 EG. Dort sind – folgelogisch zu den in der VOL/A entsprechend vorgesehenen Sonderverfahren – auch Regelungen aus Art. 35 VKR zur ex-post-Transparenz bei Rahmenvereinbarungen (§ 4 EG VOL/A) und Dynamischen Elektronischen Verfahren (§ 5 EG VOL/A) vorgesehen. Die VOF normiert die Veröffentlichungspflicht in § 14 für vergebene Aufträge sowie – in Umsetzung von Art. 69 Abs. 2 VKR – für durchgeführte Wettbewerbe. Im Anwendungsbereich der Sektorenverordnung verpflichtet § 15 SektVO zur ex-post-Bekanntmachung.

## 3. Bieterschützender Charakter

Wenngleich der ordnungsgemäßen Publikation von Vergabeverfahren wegen ihrer Funktion der Sicherung von Transparenz und Gleichbehandlung grundsätzlich hohe Bedeutung beizumessen ist, ergeben sich aus § 35 VSVgV – anders als aus der Bekanntmachung im Zusammenhang mit der Einleitung eines Vergabeverfahrens nach § 18 VSVgV – allenfalls **in sehr beschränktem Umfang** subjektive Rechte für die Verfahrensbeteiligten. Nimmt der Auftraggeber die ex-post-Bekanntmachung nicht vor, so könnte sich ein Verstoß gegen das Transparenzgebot (§ 97 Abs. 1 GWB) für die Verfahrensteilnehmer allenfalls im Hinblick auf somit **vorenthaltene Informationen** ergeben. Hierbei ist allerdings zu konstatieren, dass ein Großteil der Informationen, die mit der Bekanntmachung über vergebene Aufträge veröffentlicht werden, bereits Gegenstand der Bekanntmachung zu Beginn des Vergabeverfahrens war. Über den Namen des erfolgreichen Bieters werden die übrigen Bieter in der Regel mittels Vorinformation gem. § 101a GWB informiert. Insofern bleibt – unabhängig von der Tatsache, dass Verstöße gegen § 35 VSVgV jedenfalls in den mit Bekanntmachung eingeleiteten Verfahrensarten nicht im Wege eines Nachprüfungsverfahrens geltend gemacht werden können, da zu diesem Zeitpunkt der Zuschlag bereits erteilt worden ist – hier allenfalls ein geringes Informationsdefizit.

Etwas anderes gilt allerdings dort, wo der Auftraggeber eine Auftragsvergabe in einem Verfahren vorgenommen hat, das keine ex-ante-Bekanntmachung vorsieht, also bei Verhandlungsverfahren ohne Teilnahmewettbewerb (§ 12 VSVgV) sowie bei Direktvergaben. In diesen Fällen kann das an der Auftragsausführung interessierte Unternehmen, das nicht zur Angebotsabgabe aufgefordert wurde oder den Auftrag nicht angeboten bekommen hat, die Rechtmäßigkeit der gewählten Vorgehensweise unter den Voraussetzungen des § 101b GWB im Wege eines Nachprüfungsverfahrens überprüfen lassen. Hier kommt der Bekanntmachung des vergebenen Auftrags aus Sicht dieser potenziellen Wettbewerber **hohe Bedeutung** zu, da es sich hierbei um die einzige „offizielle Informationsquelle" für die nachträgliche Überprüfung der Rechtmäßigkeit der Vorgehensweise des Auftraggebers handelt. Zugleich bietet diese nachträgliche Transparenz aber auch dem Auftraggeber deutliche Vorteile: So **verkürzt** sich durch die ex-post-Bekanntmachung die **Frist**, binnen derer ein Verstoß gegen **§ 101b Abs. 1 GWB** geltend gemacht werden kann (und die Vergabekammer bei positiver Feststellung eines solchen Verstoßes die Unwirksamkeit des abgeschlossenen Vertrags feststellen kann), von maximal sechs Monaten (nach Vertragsschluss) auf **30 Kalendertage** (ab Veröffentlichung der Bekanntmachung über den vergebenen Auftrag gem. § 35 VSVgV). Dadurch erhalten

## § 35 VSVgV

Auftraggeber und Auftragnehmer frühzeitig Rechtssicherheit über das durchgeführte Vergabeverfahren bzw. den abgeschlossenen Vertrag.[4]

**8** Denkbar ist auch die Ableitung eines subjektiven Rechts aus § 35 Abs. 2 VSVgV auf Unterlassung der Veröffentlichung von geheimhaltungsbedürftigen Informationen durch dasjenige Unternehmen, das durch eine entsprechende Bekanntgabe der Informationen einen Nachteil erleiden würde.

## II. Bekanntmachung über die Auftragserteilung (§ 35 Abs. 1)

**9** § 35 Abs. 1 VSVgV verpflichtet den Auftraggeber, die Vergabe eines verteidigungs- oder sicherheitsrelevanten Auftrags im Sinne von § 1 Abs. 1 VSVgV bekannt zu machen. Die Regelung gilt damit für Aufträge, die im nicht offenen Verfahren, im Verhandlungsverfahren mit und ohne Vergabebekanntmachung sowie im wettbewerblichen Dialog vergeben worden sind. Zudem wird auch ausdrücklich der Abschluss einer Rahmenvereinbarung nach § 14 VSVgV der Bekanntmachungspflicht unterstellt. Gleiches gilt – wenngleich nicht ausdrücklich erwähnt – für die Vergabe eines Auftrags im Wege einer elektronischen Auktion. Entsprechende Angaben sind im Bekanntmachungsformular unter IV.2.2) zu machen.

Bei der Vergabe von Aufträgen, die nicht in den Anwendungsbereich der VSVgV fallen – etwa weil eine Bereichsausnahme nach § 100c GWB einschlägig ist –, besteht natürlich auch keine Verpflichtung, über diese Vergabe per Bekanntmachungsmuster zu informieren. Allerdings kann durch freiwillige Nutzung der ex-post-Bekanntmachung die Frist des § 101b Abs. 2 GWB verkürzt werden.

**10** Die Pflicht zur Bekanntmachung beschränkt sich bereits nach dem Wortlaut des § 35 Abs. 1 Satz 1 VSVgV auf **vergebene Aufträge**. Wurde ein Vergabeverfahren hingegen nach § 37 VSVgV aufgehoben oder eingestellt, gilt § 35 VSVgV nicht. Die Veröffentlichungspflicht gilt auch nicht, wenn der Auftraggeber das Vergabeverfahren nicht weiter betreibt; in diesem Fall fehlt es ebenfalls an einem „vergebenen Auftrag".[5]

**11** Vergibt der Auftraggeber eine Liefer- oder Dienstleistung in Gestalt einer **Rahmenvereinbarung** (§ 14 VSVgV), so umfasst die Bekanntmachungspflicht lediglich den Abschluss der Rahmenvereinbarung selbst, nicht aber die Einzelaufträge oder Abrufe, die aufgrund der Rahmenvereinbarung vergeben bzw. getätigt werden. Zugleich hat der Auftraggeber im Bekanntmachungsmuster unter II.1.3) anzukreuzen, dass es sich bei dem Auftrag um eine Rahmenvereinbarung handelt.

Diese Beschränkung der Informationspflicht ist im Ergebnis sachgerecht. Mit der Bekanntgabe und Veröffentlichung der Informationen über die vergebene Rahmenvereinbarung selbst werden die für die Statistik und die Transparenzpflicht erforderlichen Daten in ausreichendem Maße publiziert. Insbesondere mit Blick auf den Auftragsumfang

---

4 Zur Möglichkeit der Veröffentlichung einer sog. „Freiwilligen ex-ante-Transparenzbekanntmachung" vgl. die Kommentierung zu § 18 VSVgV, dort Rn. 121.
5 Vgl. *Rechten*, in: Kulartz/Marx/Portz/Prieß, Kommentar zur VOL/A (2. Auflage); § 23 EG Rn. 11 m.w.N.

und die Laufzeit der Rahmenvereinbarung werden die größtmöglichen Parameter angegeben.[6] Die Information, ob der Auftraggeber im Anschluss die gesamte Laufzeit der Rahmenvereinbarung ausnutzt und welche Abrufe bzw. Einzelvergaben er tatsächlich vornimmt, muss dagegen verzichtbar sein und würde auch für den Auftraggeber auch zu einem unverhältnismäßig hohen Berichtsaufwand führen. Dass diese Regelung im Ergebnis jedenfalls dann, wenn der Auftraggeber gem. § 14 Abs. 5 Nr. 2 VSVgV eine Rahmenvereinbarung vergibt, deren Bedingungen noch nicht abschließend festgelegt sind (und eine Konkretisierung erst im Rahmen der Vergabe der Einzelaufträge erfolgt), dazu führt, dass eine Reihe von Informationen nicht Gegenstand der ex-post-Transparenz sind, muss hingenommen werden.

Besondere Informationen, die sich aufgrund der Vergabe einer Rahmenvereinbarung ergeben und die sich nicht adäquat im Bekanntmachungsmuster eintragen lassen (z.B. den Namen sämtlicher Vertragspartner einer Rahmenvereinbarung, wenn diese mit mehreren Unternehmen geschlossen worden ist), können im Bekanntmachungsmuster unter Ziffer VI.2) („Zusätzliche Angaben") aufgeführt werden. Dort ist auch die nach § 14 Abs. 6 Satz 3 VSVgV verlangte **Begründung** anzugeben, wenn eine Rahmenvereinbarung mit einer Laufzeit vergeben wurde, die über sieben Jahre hinausgeht.

## III. Inhalt der Bekanntmachung

Anders als bei der Vorinformation nach § 17 VSVgV und der Bekanntmachung von Vergabeverfahren nach § 18 VSVgV enthält § 35 VSVgV für die Bekanntmachung über vergebene Aufträge **keinen Mindestinhalt**. Auch in Art. 30 Abs. 3 der Richtlinie 2009/81/EG ist lediglich die Bekanntmachung „mit den Ergebnissen des Vergabeverfahrens" angesprochen, ohne näher zu spezifizieren, welchen Umfang diese Informationen haben müssen. Schließlich werden auch in Anhang IV zur Richtlinie 2009/81/EG keine konkreten Angaben für die Ex-post-Bekanntmachung verlangt. Insofern ist einziger Maßstab für die Erstellung der Bekanntmachung über vergebene Aufträge das Standardformular „Bekanntmachung vergebener Aufträge in den Bereichen Verteidigung und Sicherheit", das als Anhang XVII zur Durchführungsverordnung (EU) Nr. 842/2011 veröffentlicht wurde.

12

Die Verwendung dieses Formulars ist für den Auftraggeber verpflichtend. Es reicht nicht aus, die darin geforderten Informationen blanko oder mittels eines selbst hergestellten Formulars einzureichen. Da die Aufbereitung der Bekanntmachungen durch das Amt für Veröffentlichungen in Luxemburg weitestgehend automatisiert erfolgt, werden nur solche Bekanntmachungen angenommen, die unter Verwendung des Standardformulars erfolgen.

13

Das Standardformular „Bekanntmachung vergebener Aufträge in den Bereichen Sicherheit und Verteidigung" setzt sich aus insgesamt **fünf Abschnitten** und **drei Anhängen** zusammen. In den fünf Abschnitten sind die jeweiligen Angaben zum Auftraggeber (I), zum Auftragsgegenstand (II), zum Verfahren (IV), zur Auftragsvergabe (V) sowie zusätzliche Informationen (VI) einzutragen. Das Fehlen des Abschnitts „III" (rechtliche, wirt-

14

---

[6] Dies entspricht der Systematik bei der Vergabe von Aufträgen, bei denen eine Option vorgesehen ist. Auch hier muss der Auftraggeber bei der Ausübung der Option nicht noch einmal eine weitere Information publizieren.

schaftliche, finanzielle und technische Informationen) ist systemimmanent. Denn diese Rubrik betrifft Aspekte, die alleine für die Eignungsprüfung im Vergabeverfahren von Relevanz sind, und ist daher nur im Standardformular „Auftragsbekanntmachung – Verteidigung und Sicherheit" (Anhang XVI der Durchführungsverordnung (EU) Nr. 842/2011) enthalten, das gem. § 18 VSVgV zur Einleitung des Vergabeverfahrens zu verwenden ist.

15
### 1. Abschnitte I, II, IV und VI

Hinsichtlich der geforderten Angaben zu den Abschnitten I, II, IV und VI ergeben sich kaum Unterschiede zwischen den Standardformularen „Auftragsbekanntmachung – Verteidigung und Sicherheit" und „Bekanntmachung vergebener Aufträge in den Bereichen Verteidigung und Sicherheit". Insofern kann hier weitgehend auf die Kommentierung zu § 18 VSVgV verwiesen werden. Abweichungen bestehen lediglich in folgenden Bereichen:

- Unter II.2) werden **Angaben zum Gesamtwert des vergebenen Auftrags** verlangt. Hier kann entweder der endgültige Gesamtauftragswert angegeben werden oder das niedrigste und das höchste Angebot, das berücksichtigt, also nicht im Laufe des Vergabeverfahrens vorzeitig ausgeschlossen wurde. Wird der endgültige Gesamtauftragswert angegeben, muss dieser – wie sich aus dem Formular ergibt – sämtliche Teilleistungen und Lose sowie ggf. (Verlängerungs-)Optionen enthalten. Dies entspricht der Auftragswertbestimmung in § 3 VSVgV. In Abgrenzung zum Standardformular „Auftragsbekanntmachung", wo an dieser Stelle die Angabe des geschätzten Auftragswerts verlangt wird, ist hier also der Gesamtwert des beauftragten Angebots gemeint.

- Unter IV.1) kann bei der Angabe der durchgeführten **Verfahrensart** auch das „Verhandlungsverfahren ohne Auftragsbekanntmachung" angekreuzt werden. Dies betrifft die Fälle des § 12 VSVgV. In diesem Feld wird darauf hingewiesen, dass bei sämtlichen Auftragsvergaben ohne vorherige Auftragsbekanntmachung – und damit nicht nur in den Fällen des § 12 VSVgV – die Wahl der Vorgehensweise in **Anhang D3** zu begründen ist. Solche weiteren Fälle von Auftragsvergaben ohne vorherige Bekanntmachung sind auch die Vergabe von nicht-prioritären Dienstleistungen im Sinne des Anhangs II zur Richtlinie 2009/81/EG, bei denen nach § 5 Abs. 2 VSVgV lediglich § 15 VSVgV (Leistungsbeschreibung und technische Anforderungen) sowie dieser § 35 VSVgV zu berücksichtigen sind. Darüber hinaus gilt dies auch für Fälle, die zwar die Vergabe von Aufträgen im Bereich Sicherheit und Verteidigung betreffen, zugleich aber nicht in den Anwendungsbereich der Richtlinie 2009/81/EG fallen. Das kann die Vergabe einer **Dienstleistungskonzession** sein, eine **In-House-Vergabe** oder das Vorliegen eines **Ausnahmetatbestands des § 100c GWB**. In diesen Fällen kann an dieser Stelle das Feld „Verhandlungsverfahren ohne Auftragsbekanntmachung" angekreuzt und sodann Anhang D3 ausgefüllt werden. Soweit das Bekanntmachungsmuster in einem Fall verwendet wird, bei dem die Auftragsvergabe außerhalb des Anwendungsbereichs der Richtlinie 2009/81/EG liegt, besteht keine Pflicht nach § 35 VSVgV, die Bekanntmachung zu veröffentlichen. Erfolgt sie jedoch freiwillig, kann dies die Frist des § 101b Abs. 2 GWB verkürzen (vgl. hierzu sogleich unter III.3).

## 2. Abschnitt V

Abschnitt V ist in den anderen Bekanntmachungsmustern (Vorinformation, Auftragsbekanntmachung) nicht vorhanden. Hier hat der Auftraggeber – ggf. für jedes Los separat – **Informationen über die erfolgte Auftragsvergabe** einzutragen. Neben Angaben zum Tag der Auftragsvergabe[7] und der Anzahl der eingegangenen Angebote sowie zum ursprünglich veranschlagten und dem endgültigen Gesamtauftragswert sind dies zum einen ausführliche Informationen zum Bieter, an den der Auftrag vergeben wurde (in V.3)), sowie zu möglichen Unteraufträgen, die nach Zuschlagserteilung vergeben werden können (in V.5)).

Ob und inwieweit rechtliche Gründe oder Gründe der Geheimhaltung einer Bekanntmachung dieser sensiblen Informationen des Abschnitts V entgegenstehen, hat der Auftraggeber mit Blick auf § 35 Abs. 2 VSVgV stets an den Umständen des Einzelfalls zu untersuchen und entsprechend zu dokumentieren. Dabei ist auch zu berücksichtigen, dass jedenfalls der Name des erfolgreichen Bieters bereits im Rahmen der Vorinformation gem. § 101a GWB an die nicht für die Zuschlagserteilung vorgesehenen Bieter mitgeteilt werden muss und insofern schon hier eine entsprechende Transparenz geschaffen wird.[8] Diese Vorabinformation richtet sich allerdings nur an den Kreis der (zuletzt noch im Vergabeverfahren verbliebenen) Bieter und wird damit gerade nicht durch eine Veröffentlichung via TED gegenüber jedermann zugänglich.

## 3. Anhang D3

Hat der Auftraggeber eine Auftragsvergabe ohne vorherige Auftragsbekanntmachung (§ 18 VSVgV) vorgenommen, so hat er zusätzlich **Anhang D3** auszufüllen.

Dort muss er zunächst unter Ziffer 1) den einschlägigen Tatbestand ankreuzen, der zur Inanspruchnahme dieser Verfahrensart berechtigt hat. Die dort aufgeführten Möglichkeiten decken sich mit den in § 12 Abs. 1 aufgeführten Tatbeständen. Zu den Inhalten der einzelnen Ausnahmetatbestände kann insofern auf die Kommentierung zu § 12 VSVgV verwiesen werden.

Unter Ziffer 2) kann der Auftraggeber dagegen angeben, wenn es sich bei dem vergebenen Auftrag um einen Auftrag über nicht-prioritäre Dienstleistungen gem. Anhang II zur Richtlinie 2009/81/EG oder einen Auftrag gehandelt hat, der nicht in den Anwendungsbereich dieser Richtlinie bzw. der VSVgV fällt. Im Falle der Vergabe einer nicht-prioritären Dienstleistung ist der Auftraggeber nach § 5 Abs. 2 VSVgV zur Veröffentlichung der Bekanntmachung über den vergebenen Auftrag nach § 35 VSVgV verpflichtet. Ist hingegen ein Auftrag vergeben worden, der nach Ansicht des Auftraggebers nicht in den Anwendungsbereich der VSVgV fällt, besteht auch keine Pflicht zur Veröffentlichung einer Bekanntmachung über den vergebenen Auftrag. Die Veröffentlichung

---

[7] Das Bekanntmachungsmuster spricht hier vom „Tag der Zuschlagsentscheidung". Damit ist der Tag der Auftragsvergabe gemeint und nicht – womit eine Verwechslung entstehen könnte – der Tag, an dem der Auftraggeber seine Entscheidung intern getroffen hat und diese in der Vorabinformation nach § 101a GWB noch den nicht berücksichtigten Bietern mitteilen muss.
[8] Anders als § 36 VSVgV, der parallel zu § 101a GWB auch die Unterrichtung der Bewerber und Bieter normiert, hier aber dem Auftraggeber in Absatz 2 erlaubt, sensible Informationen im Gleichlauf zu § 35 Abs. 2 VSVgV ebenfalls zurückzuhalten, erlaubt § 101a GWB eine solche Beschränkung der Informationen in der Vorabinformation nicht. Enthält die Vorabinformation nach § 101a GWB nicht den Namen des für den Zuschlag vorgesehenen Bieters, ist ein dennoch geschlossener Vertrag unwirksam, vgl. OLG Koblenz, 25.9.2012 – 1 Verg 5/12.

des vergebenen Auftrags erfolgt dann insoweit freiwillig. Auftragsvergaben im Bereich Verteidigung und Sicherheit, die nicht in den Anwendungsbereich der VSVgV fallen, können z.B. Fälle des § 100c GWB, Dienstleistungskonzessionen oder In-House-Vergaben sein.

20  Schließlich sieht Anhang D3 vor, dass der Auftraggeber **„klar und ausführlich" begründet**, warum die Auftragsvergabe ohne vorherige Auftragsbekanntmachung rechtmäßig ist. Hierbei sind die **einschlägigen Fakten** und gegebenenfalls auch die **rechtlichen Schlussfolgerungen** anzuführen. Das Bekanntmachungsmuster enthält hier einen Raum für einen Freitext. Dessen Länge soll gemäß einem Hinweis in dem Bekanntmachungsmuster auf 500 Worte beschränkt sein. § 12 Abs. 2 VSVgV verpflichtet den Auftraggeber zur Abgabe einer solchen Begründung für die Fälle eines Verhandlungsverfahrens ohne Teilnahmewettbewerb; in den unter Ziffer 2) des Anhangs D3 genannten Fällen ist die Begründung freiwillig. Das Bekanntmachungsmuster erläutert diesbezüglich, dass die Begründung erforderlich sei, „um von dem oben genannten beschränkten Zeitraum profitieren zu können". Wenngleich sich in dem Bekanntmachungsmuster an keiner Stelle Angaben zu dem hier erwähnten „beschränkten Zeitraum" ergeben, ist damit die Beschränkung der Frist zur Geltendmachung der Unwirksamkeit des abgeschlossenen Vertrags nach § 101b Abs. 2 Satz 2 GWB auf 30 Kalendertage ab Veröffentlichung der Bekanntmachung in TED gemeint. Der Hinweis geht allerdings in der Sache fehl. Denn § 101b Abs. 2 Satz 2 GWB verlangt für die Fristverkürzung lediglich die Veröffentlichung der Bekanntmachung eines Auftrags, der ohne vorherige Bekanntmachung vergeben wurde, nicht aber eine (ausführliche) Begründung, warum der Auftraggeber auf die Bekanntmachung der Einleitung des Vergabeverfahrens verzichtet hat. Sinnvoll ist die Angabe einer belastbaren Begründung gleichwohl aus anderem Grund. Denn erkennt ein Wettbewerber durch die Veröffentlichung dieser ex-post-Bekanntmachung in TED, dass ein Auftrag ohne vorherige Bekanntmachung – möglicherweise sogar ohne Durchführung eines Vergabeverfahrens – vergeben worden ist, lässt er sich von der Rechtmäßigkeit des Vorgehens des Auftraggebers möglicherweise eher überzeugen, wenn er hierfür eine Begründung lesen kann. Erhält die ex-post-Bekanntmachung hingegen keine oder keine stichhaltige Begründung, könnte dieser Wettbewerber, an dem die Auftragsvergabe vorbeigegangen ist, möglicherweise eher geneigt sein, das Vorgehen des Auftraggebers nach § 101b GWB durch einen Feststellungsantrag an die Vergabekammer überprüfen zu lassen.

21  Die im Bekanntmachungsmuster vorgesehene Begrenzung der Begründung der Auftragsvergabe ohne vorherige Bekanntmachung auf maximal 500 Wörter findet weder in der VSVgV noch in der Richtlinie 2009/81/EG eine rechtliche Grundlage. Daher hat eine Überschreitung dieser Grenze auch keine Konsequenzen.

## IV. Ausnahme sensibler Angaben (§ 35 Abs. 2)

22  § 35 Abs. 2 VSVgV erlaubt es dem Auftraggeber, auf die Bekanntmachung eines vergebenen Auftrags oder einer vergebenen Rahmenvereinbarung unter bestimmten, dort abschließend genannten Voraussetzungen **zu verzichten**.

Während die Informationen über ein geplantes oder eingeleitetes Vergabeverfahren im Rahmen der ex-ante-Bekanntmachungen (Verfahrensbekanntmachung nach § 18 VSVgV bzw. Vorinformation gem. § 17 VSVgV) dazu dienen, einen möglichst großen Kreis von potenziellen Bewerbern oder Bietern über die Beschaffungsabsicht zu informieren und damit den Wettbewerb zu stimulieren, liegt der informationelle Mehrwert der Bekanntmachung über vergebene Aufträge in erster Linie in den Angaben über das **Ergebnis des durchgeführten Vergabeverfahrens**. Diese Informationen ergeben sich nahezu ausschließlich aus den in Abschnitt V (Auftragsvergabe) geforderten Angaben dieses Standardformulars. Da diesen Angaben aber zugleich auch die **höchste Sensitivität** zukommt, durchbricht § 35 Abs. 2 VSVgV in den dort genannten Fällen den Grundsatz der Auskunftspflicht des Auftraggebers.

Die vier in § 35 Abs. 2 VSVgV genannten Gründe sind **abschließend** und als **Ausnahmen grundsätzlich eng auszulegen**.[9] Dies insbesondere vor dem Hintergrund, dass sie das berechtigte Interesse an einem transparenten Verfahren bzw. dessen transparenten Abschluss deutlich einschränken können. Insofern muss der Auftraggeber stets eine Abwägung zwischen dem Interesse der Allgemeinheit an der Veröffentlichung der Informationen und dem Interesse der Beteiligten bzw. des Staates, die Veröffentlichung zu unterbinden, abwägen und dabei die Umstände des Einzelfalls berücksichtigen. In diesem Zusammenhang muss der Auftraggeber auch entscheiden, in welchem Umfang die Informationen aufgrund Vorliegens einer oder mehrerer Ausnahmetatbestände zurückgehalten werden sollen. Wenngleich § 35 VSVgV nach seinem Wortlaut die Möglichkeit eröffnet, vollständig auf die Bekanntgabe eines vergebenen Auftrags oder einer vergebenen Rahmenvereinbarung zu verzichten, muss dieser das Transparenzgebot einschränkende Verzicht auf die Veröffentlichung von Informationen im Lichte der **Verhältnismäßigkeit** stets so gering wie möglich gehalten werden. Kommt der Auftraggeber im Rahmen dieser Abwägung zu dem Ergebnis, dass es zum Schutz der in § 35 Abs. 2 VSVgV genannten Rechtsgüter ausreicht, nur auf die Bekanntgabe **bestimmter Informationen** zu verzichten, hat er die übrigen Informationen gleichwohl im Rahmen einer Bekanntmachung zu veröffentlichen.[10]

23

Mit Blick auf die ebenfalls dem Transparenzgebot entspringende **Dokumentationspflicht** (§ 43 VSVgV) sollte der Auftraggeber jeden Verzicht auf die Veröffentlichung von Informationen sorgfältig und nachvollziehbar dokumentieren.

24

Die in § 35 Abs. 2 VSVgV genannten **Ausnahmegründe** entstammen Art. 30 Abs. 3 UAbs. 3 der Richtlinie 2009/81/EG und wurden unverändert übernommen. Hier wie dort erweist sich die vorgenommene Differenzierung zwischen den vier Tatbeständen aber als wenig praktikabel, da sich diese teilweise erheblich überschneiden und eine Abgrenzung nicht immer möglich ist.

25

---

9   *Rechten*, in: Kulartz/Marx/Portz/Prieß, Kommentar zur VOL/A (2. Auflage), § 23 EG Rn. 24.
10  Hierbei ist auch zu berücksichtigen, dass § 35 Abs. 2 VSVgV den Richtlinientext missverständlich umgesetzt hat: Während sich aus dem Wortlaut dieser Vorschrift ergibt, dass der Auftraggeber bei Vorliegen der Ausnahmetatbestände auf eine Bekanntmachung vollständig verzichten kann („Die Auftraggeber müssen eine Auftragsvergabe oder den Abschluss einer Rahmenvereinbarung nicht bekannt geben, ..."), sieht Art. 30 Abs. 3 UAbs. 3 der Richtlinie 2009/81/EG lediglich vor, dass auf die Veröffentlichung bestimmter Angaben über die Auftragsvergabe verzichtet werden kann, wenn einer der Ausnahmetatbestände vorliegt.

### 1. Behinderung des Gesetzesvollzugs

26 Der Auftraggeber kann bestimmte Angaben von der Bekanntmachung über vergebene Aufträge ausnehmen (oder im Extremfall komplett auf die Veröffentlichung verzichten), wenn die Veröffentlichung den Gesetzesvollzug behindern würde. In Betracht kommen hierbei ausschließlich Gesetze, deren Zielrichtung die Untersagung der Weitergabe von Informationen ist. Dies ist nur in den **seltensten Fällen** einschlägig, etwa bei § 17 UWG. Zwar ergeben sich auch aus der VSVgV Regelungen, die eine Weitergabe von Informationen untersagen, wie z.B. die Wahrung der Vertraulichkeit nach § 6 VSVgV oder die vertrauliche Behandlung der Angebote und Anlagen nach § 30 Abs. 3 VSVgV. Allerdings sind diese Informationen nicht Gegenstand der Bekanntmachung über vergebene Aufträge, da sie in dem Standardformular nicht abgefragt werden.

### 2. Beeinträchtigung des öffentlichen Interesses

27 Auch eine mögliche Beeinträchtigung des öffentlichen Interesses, insbesondere der **Verteidigungs- oder Sicherheitsinteressen**, erlaubt nach § 35 Abs. 2 VSVgV von der Veröffentlichung entsprechender Informationen abzusehen. Der intendierte Schutz des öffentlichen Interesses umfasst im Kern auch den uneingeschränkten Gesetzesvollzug, was sich insoweit mit der ersten Alternative des Ausnahmetatbestands deckt. Er geht allerdings deutlich hierüber hinaus, indem ihm auch solche Informationen unterfallen können, deren Weitergabe nicht gesetzlich unterbunden wird. In Betracht kommen hierbei insbesondere Informationen über Auftrag und Auftragnehmer in **sensiblen Bereichen** wie der **Landesverteidigung** oder der **öffentlichen Sicherheit und Ordnung**.

### 3. Beeinträchtigung geschäftlicher Interessen

28 Während die ersten beiden Ausnahmetatbestände des § 35 Abs. 2 VSVgV auf den Schutz von Allgemeininteressen abzielen, tendieren die weiteren beiden Ausnahmetatbestände auf den **Schutz von Unternehmensinteressen** sowie des **Wettbewerbs** unter diesen Unternehmen. So kann nach § 35 Abs. 2 Alt. 3 VSVgV auf die Veröffentlichung von Informationen verzichtet werden, wenn ansonsten die berechtigten geschäftlichen Interessen öffentlicher oder privater Unternehmen geschädigt würden. Hierdurch sollen in der Regel **Betriebs- und Geschäftsgeheimnisse** geschützt und damit die Möglichkeit der Kenntnisnahme von Kalkulation oder Produktions- und Verfahrensabläufe des Auftragnehmers durch Dritte – und damit auch durch Wettbewerber – unterbunden werden. Einer Veröffentlichung dieser sensiblen Daten kann allerdings der hierdurch betroffene Auftragnehmer **zustimmen**; in diesem Fall kann eine Bekanntmachung nur noch unterbleiben, wenn ihre Veröffentlichung zugleich auch gesetzlich verboten ist. Es bietet sich insofern stets eine **Abstimmung des Vorgehens** mit dem erfolgreichen Bieter an, bevor der Auftraggeber eine Veröffentlichung vornimmt oder unterlässt.

### 4. Beeinträchtigung des Wettbewerbs

29 Schließlich kann der Auftraggeber nach § 35 Abs. 2 VSVgV auch von der Veröffentlichung bestimmter Informationen absehen, wenn andernfalls der faire (lautere) **Wettbewerb** zwischen den Unternehmen **beeinträchtigt** wäre. Dieser Ausnahmetatbestand ist zugleich der weiteste und am meisten konturlose. Eine entsprechende Beein-

trächtigung des fairen Wettbewerbs ist nicht erst betroffen, wenn Gesetzesverstöße – etwa gegen das UWG oder das GWB – vorliegen, sondern bereits dann, wenn die Bekämpfung unlauterer Verhaltensweisen angezeigt ist. Wenn und soweit durch Veröffentlichung des endgültigen Auftragswerts[11] **Preisabsprachen** zu besorgen sind (etwa bei zeitnahen Folgeausschreibungen), so sollte auf die Bekanntgabe der entsprechenden Informationen verzichtet werden.

## V. Übermittlung der Bekanntmachung (§ 35 Abs. 1)

30 § 35 Abs. 1 Satz 1 VSVgV verlangt vom Auftraggeber, die Bekanntmachung über den vergebenen Auftrag oder die vergebene Rahmenvereinbarung **innerhalb von 48 Tagen** dem Amt für Veröffentlichungen der Europäischen Union zu übermitteln.

31 Eine besondere **Form** für die Übermittlung der Bekanntmachung ist nicht vorgeschrieben. Auch hier bietet sich – wie bei der Auftragsbekanntmachung nach § 18 VSVgV oder der Vorinformation nach § 17 VSVgV – die Nutzung der Möglichkeit zur **elektronischen Erstellung und Übermittlung** der Bekanntmachung über *eNotices* an.[12] Soweit unter Rückgriff auf die Ausnahmetatbestände des § 35 Abs. 2 VSVgV auf die Veröffentlichung bestimmter Angaben verzichtet werden soll, bietet sich die Aufnahme eines erläuternden Hinweises an der entsprechenden Stelle im Bekanntmachungsformular an, um somit Rückfragen zu verhindern.

32 Die in § 35 Abs. 1 Satz 1 VSVgV genannte Frist von 48 Tagen – gemeint sind **Kalendertage**, womit auch Sonn- und Feiertage bei der Berechnung berücksichtigt werden – beginnt gemäß der üblichen Fristberechnung nach § 187 Abs. 1 BGB am Tag nach der Auftragserteilung und steckt das maximale Zeitfenster ab. Grundsätzlich ist der Auftraggeber aber gehalten, die Bekanntmachung **in kürzester Frist** nach Zuschlagserteilung zu übermitteln.[13] Tatsächliche Vorteile ergeben sich für den Auftraggeber bei einer zeitnahen und damit vorfristigen Übermittlung der Bekanntmachung allerdings nur bei der Vergabe von Aufträgen ohne vorherige Bekanntmachung. Hier verkürzt sich gem. § 101b Abs. 2 Satz 2 GWB die Frist für die Möglichkeit der Geltendmachung der Unwirksamkeit des Vertragsschlusses durch Einleitung eines Nachprüfungsverfahrens auf 30 Kalendertage ab Veröffentlichung der Bekanntmachung über den vergebenen Auftrag in TED. Auf den Zeitpunkt der Kenntnis eines Vergaberechtsverstoßes oder des Vertragsschlusses (§ 101b Abs. 2 Satz 1 GWB) kommt es dann nicht mehr an.

33 Wie bei der Veröffentlichung der Bekanntmachung über die Durchführung eines Vergabeverfahrens kommt es für die Wahrung der Frist auch hier auf die **Absendung der Bekanntmachung** an das Amt für Veröffentlichungen der EU an. Diesen Zeitpunkt hat der Auftraggeber gegebenenfalls nachzuweisen. Bei der Nutzung des Veröffentlichungssystems *eNotices* wird das Datum der Absendung der Bekanntmachung automatisch generiert.

---

11   Vgl. II.2) und V.4) des Bekanntmachungsformulars.
12   Vgl. hierzu im Einzelnen die Erläuterungen zu § 18 VSVgV.
13   Dies ergibt sich aus dem Wortlaut des Art. 30 Abs. 3 UAbs. 1 der Richtlinie 2009/81/EG, der vorsieht, dass die Bekanntmachung „spätestens" 48 Tage nach Vergabe abgesendet wird.

## § 36
## Unterrichtung der Bewerber und Bieter

(1) Unbeschadet der Verpflichtung nach § 101 a des Gesetzes gegen Wettbewerbsbeschränkungen unterrichten die Auftraggeber auf Verlangen des Betroffenen und vorbehaltlich des Absatzes 2 unverzüglich, spätestens 15 Tage nach Eingang eines entsprechenden schriftlichen Antrags,

1. jeden nicht erfolgreichen Bewerber über die Gründe für die Ablehnung der Bewerbung;

2. jeden nicht berücksichtigten Bieter über die Gründe für die Ablehnung des Angebots, insbesondere die Gründe dafür, dass keine Gleichwertigkeit im Sinne des § 15 Absatz 4 und 5 dieser Verordnung vorliegt oder dass die Lieferungen oder Dienstleistungen nicht den Leistungs- oder Funktionsanforderungen entsprechen, und in den Fällen der §§ 7 und 8 die Gründe dafür, dass keine Gleichwertigkeit bezüglich der Anforderungen an den Schutz von Verschlusssachen oder an die Versorgungssicherheit durch Unternehmen vorliegt;

3. jeden Bieter, der ein ordnungsgemäßes Angebot eingereicht hat, das jedoch abgelehnt worden ist, über die Merkmale und Vorteile des ausgewählten Angebots sowie über den Namen des Zuschlagsempfängers oder der Vertragspartner der Rahmenvereinbarung.

(2) Der Auftraggeber darf darauf verzichten, Informationen über die Auftragserteilung oder den Abschluss von Rahmenvereinbarungen mitzuteilen, wenn auch gemäß § 35 Absatz 2 auf eine Bekanntmachung verzichtet werden könnte.

## Übersicht

| | | Rn. |
|---|---|---|
| I. | Allgemeines | 1 |
| | 1. Verhältnis zu anderen Vorschriften | 1 |
| | 2. Europarechtliche Grundlage | 3 |
| II. | Absatz 1: Unterrichtung nicht erfolgreicher Bewerber und Bieter | 7 |
| | 1. Unterrichtung nur auf Antrag | 7 |
| | 2. Form des Antrages auf Information | 8 |
| | 3. Form der Unterrichtung | 9 |
| | 4. Frist für die Unterrichtung | 12 |
| | 5. Nr. 1 Unterrichtung nicht erfolgreicher Bewerber | 17 |
| |    a) Wer ist zu unterrichten | 17 |
| |    b) Inhalt der Unterrichtung | 18 |
| | 6. Nr. 2: Unterrichtung nicht erfolgreicher Bieter | 20 |
| |    a) Wer ist zu unterrichten | 20 |
| |    b) Inhalt der Unterrichtung | 21 |
| | 7. Nr. 3: Unterrichtung aller Bieter | 30 |

|   |   |
|---|---|
| a) Wer ist zu unterrichten | 30 |
| b) Inhalt der Unterrichtung | 31 |
| 8. Rechtsfolge der Antragstellung und Unterrichtung | 33 |
| 9. Rechtsschutz bei unterlassener oder fehlerhafter Unterrichtung | 34 |
| III. Absatz 2 | 36 |
| 1. Funktion des Abs. 2 | 36 |
| 2. Keine Verpflichtung des Auftraggebers | 38 |

## I. Allgemeines

### 1. Verhältnis zu anderen Vorschriften

1 Diese Vorschrift über die Unterrichtung von Bewerbern und Bietern enthält zusätzliche Regelungen zu **§ 101a GWB**, steht aber entsprechend des Rangverhältnisses von GWB und darauf basierenden Rechtsverordnungen im Range unterhalb dieser Vorschrift. Daher kann § 36 VSVgV nur zusätzliche Anforderungen aufstellen, was in Abs. 1 Satz 1 auch klargestellt ist.

2 Diese zusätzlichen Anforderungen sind vor allem:

Nach § 101a Abs. 1 Satz 2 GWB sind Bewerber nur dann zu informieren, wenn sie vor der Mitteilung über die Zuschlagsentscheidung nicht über die Ablehnung ihrer Bewerbung informiert wurden. **Eine Mitteilung von Gründen** für die Ablehnung der Bewerbung ist in § 101a GWB nicht vorgesehen, so dass § 36 Abs. 1 Nr. 1 VSVgV den Bewerbern insofern einen weitergehenden Informationsanspruch gibt.

In § 36 Abs. 1 Nr. 2 VSVgV sind die Begründungsanforderungen des Auftraggebers näher dargestellt, und zwar in Bezug auf die **Gleichwertigkeit** i.S.d. § 15 Abs. 4, Abs. 5 VSVgV, der Entsprechung der Leistungs- und Funktionsanforderungen der angebotenen Leistung und in Fällen der §§ 7, 8 VSVgV die Gründe, warum eine Gleichwertigkeit bezüglich der Anforderungen an den Schutz von Verschlusssachen oder an die Versorgungssicherheit vorliegt. Dieser **Katalog** ist bei der Bieterinformation nach § 101a GWB nicht zu beachten, sondern nur nach Eingang eines entsprechenden Antrages. Damit geht § 36 VSVgV insoweit über die Begründungsanfordernisse des § 101a GWB hinaus.

### 2. Europarechtliche Grundlage

3 § 36 VSVgV dient der Umsetzung von **Art. 35** der RL 2009/81/EG. § 36 Abs. 1 VSVgV enthält die in Art. 35 Abs. 1 und Abs. 2 der RL 2009/81/EG vorgegebenen Regelungen, während § 36 Abs. 2 VSVgV der Umsetzung von Art. 35 Abs. 3 der RL 2009/81/EG dient.

4 Der in Art. 35 Abs. 1 vorgesehene Informationsanspruch bei **Verzicht auf den Vertragsschluss** wurde in § 37 Abs. 2 VSVgV aufgenommen.

5 Die Regelungen aus Art. 35 Abs. 2 der RL 2009/81/EG wurden praktisch wortwörtlich in § 36 Abs. 1 VSVgV übernommen. Im Wesentlichen wurden die Verweisungen auf die in Bezug genommenen Vorschriften geändert.

6 Der in Art. 35 Abs. 3 der RL 2009/81/EG enthaltene Katalog nicht mitzuteilender Informationen wurde durch die Bezugnahme auf § 35 Abs. 2 VSVgV umgesetzt. Dies ver-

meidet die in der RL 2009/81/EG enthaltene doppelte Formulierung dieses Sachverhaltes, dort in Art. 30 Abs. 3 UA 4 und Art. 35 Abs. 3.

## II. Absatz 1: Unterrichtung nicht erfolgreicher Bewerber und Bieter

### 1. Unterrichtung nur auf Antrag

§ 36 VSVgV sieht **keine Verpflichtung** des Auftraggebers vor, von sich aus tätig zu werden (immer vorbehaltlich der nach § 101a GWB zu erteilenden Informationen). Die Informationen nach § 36 Abs. 1 VSVgV sind den Bewerbern und Bietern nur auf entsprechenden Antrag hin zu übermitteln.

### 2. Form des Antrages auf Information

Der Antrag des Bewerbers oder Bieters muss **schriftlich** erfolgen, also in der nach § 126 BGB vorgesehenen Form mit eigenhändiger Unterschrift. Weder Anträge in Textform nach § 126b BGB noch mündliche Anträge sind daher vom Auftraggeber zu beachten. Zulässig wäre es, die elektronische Form nach § 126a BGB mit qualifizierter elektronischer Signatur zu wählen.

### 3. Form der Unterrichtung

In § 36 Abs. 1 VSVgV ist für die Unterrichtung der Bewerber und Bieter nicht ausdrücklich eine bestimmte Form vorgesehen. Dies unterscheidet diese Vorschrift beispielsweise von § 37 Abs. 2 VSVgV, der eine Mitteilung „mindestens in Textform" vorsieht. § 101a Abs. 1 GWB enthält ebenfalls eine ausdrückliche Festlegung der zu wählenden Form.

Auch die zugrundeliegende europarechtliche Vorschrift des Art. 35 der RL 2009/81/EG  enthält keine vom Auftraggeber einzuhaltende Formvorgabe. Daher ist der Auftraggeber frei in der Form der Unterrichtung.

Die Unterrichtung kann demnach **in Schrift- oder Textform oder auch mündlich erfolgen**. Aus Beweiszwecken ist dem Auftraggeber natürlich eine Form anzuraten, die den Nachweis ermöglicht, dass und wann eine Unterrichtung mit einem bestimmten Inhalt erfolgt ist.

### 4. Frist für die Unterrichtung

Die Unterrichtung muss nach § 36 Abs. 1 VSVgV jeweils innerhalb von 15 Tagen nach Eingang des Antrages erfolgen.

Der **Fristbeginn** ist damit bezogen auf den Antrag klar. Nach den allgemeinen Grundsätzen ist als Eingang des Antrages der Zugang im Sinne des BGB zu verstehen, d.h. beispielsweise ein um 22.00 Uhr eintreffendes Telefax geht dem Auftraggeber erst am nächsten Tag zu. Dies gilt für alle Anträge, die dem Auftraggeber außerhalb der üblichen Geschäftszeiten zugehen.

**14** Die **Dauer der Frist** bemisst sich in Tagen. Dies sind mangels einer anderweitigen Festlegung Kalendertage (vgl. Art 3 Abs. 3 der Verordnung EWG/Euratom Nr. 1182/71). Entsprechend § 187 Abs. 1 BGB wird der Tag des Fristbeginns dabei nicht mitgerechnet.

**15** Für das **Fristende** ist auch § 193 BGB zu beachten, wonach eine an einem Samstag, Sonntag oder einem Feiertag endende Frist erst am nächsten Werktag endet.

**16** Die Frist ist eingehalten, wenn der Auftraggeber die Unterrichtung innerhalb der Frist versendet. **Nicht maßgeblich ist der Eingang** beim antragstellenden Bewerber oder Bieter, auf welchen Zeitpunkt der Auftraggeber keinen Einfluss hat. Das „Unterrichten" des § 36 Abs. 2 VSVgV hat die gleiche Bedeutung wie das „Zusenden" oder das „Auskunft Erteilen" in beispielsweise § 12 EG Abs. 4, 7 VOB/A, bei denen es ebenfalls allein auf die Handlung des Auftraggebers ankommt.[1]

### 5. Nr. 1 Unterrichtung nicht erfolgreicher Bewerber

#### a) Wer ist zu unterrichten

**17** Entsprechend der Unterscheidung Bewerber/Bieter gilt die Regelung des § 36 Abs. 1 VSVgV nur für den bereits im Teilnahmewettbewerb ausgeschiedenen **Bewerber**, der also gar nicht erst aufgefordert wurde, ein Angebot einzureichen. Dieser ist nach § 101a Abs. 1 Satz 2 GWB entweder über die Ablehnung seiner Bewerbung zu informieren oder, wenn dies nicht erfolgt ist, wie ein Bieter über die beabsichtigte Auftragserteilung. § 101a Abs. 1 Satz 2 GWB verlangt nicht, dem Bewerber die Gründe für die Ablehnung der Bewerbung mitzuteilen. Daher enthält § 36 Abs. 1 Nr. 1 VSVgV insofern eine Erweiterung der dem erfolglosen Bewerber zustehenden Informationsmöglichkeiten.

#### b) Inhalt der Unterrichtung

**18** § 36 Abs. 1 Nr. 1 VSVgV geht über die in § 101a Abs. 1 Satz 2 GWB vorgesehene Information des Bewerbers insofern hinaus, als ihm der Auftraggeber die **Gründe für die Ablehnung der Bewerbung** mitzuteilen hat.

**19** Wie auch in § 101a Abs. 1 Satz 1 GWB werden die „Gründe" im Plural genannt. Allerdings sind bei beiden Vorschriften keine überspannten Anforderungen zu stellen. Es reicht die **Angabe der wesentlichen Erwägungen**, die zur Nichtberücksichtigung geführt haben. Dabei ist auch die mögliche Befriedungswirkung einer solchen Information zu berücksichtigen. Rein formelhafte Begründungen sind nicht ausreichend. Der Auftraggeber ist aber auch nicht gezwungen, eine Information nach Art eines Vergabevermerkes zu erteilen – was auch mit dem ihm obliegenden Schutz der Geschäfts- und Betriebsgeheimnisse der anderen Bewerber nicht zu vereinbaren sein dürfte. Daher dürfte jeder unmittelbare Vergleich mit anderen Bewerbern unzulässig sein.

### 6. Nr. 2: Unterrichtung nicht erfolgreicher Bieter

#### a) Wer ist zu unterrichten

**20** Die Unterrichtungsmöglichkeit des § 36 Abs. 1 Nr. 2 VSVgV steht **jedem nicht berücksichtigten Bieter** zu. Bieter ist, wer beim Auftraggeber ein Angebot eingereicht hat. Es kommt nicht darauf an, ob ein solches Angebot zuschlagsfähig war oder aus welchen

---

1 Für das „Zusenden" *Kapellmann/Messerschmidt-Planker*, § 12a VOB/A, Rdnr. 17.

Gründen es vom Auftraggeber nicht berücksichtigt wurde. Bieter ist also z.B. auch, wer ein unvollständiges Angebot oder eines mit Änderungen gegenüber den Vergabeunterlagen eingereicht hat.

**b) Inhalt der Unterrichtung**

§ 36 Abs. 1 Nr. 2 VSVgV enthält eine Reihe von Gründen, die dem antragstellenden Bieter „**insbesondere**" mitzuteilen sind. Ausgangspunkt ist, dass der Auftraggeber dem Bieter die Gründe für die Ablehnung des Angebotes mitteilen muss. Dies können Unvollständigkeit oder der schlechte Rang des Angebotes sein. Die „insbesondere" aufgeführten Gründe sind solche, die Besonderheiten der VSVgV berücksichtigen. Diese sind daher zusätzlich zu den bei allen Vergaben möglichen Gründen zu bedenken und **bei ihrem Vorliegen** dem Bieter mitzuteilen. 21

Mitzuteilen sind, soweit einschlägig, die Gründe, warum bei dem Angebot des antragstellenden Bieters keine **Gleichwertigkeit** im Sinne von § 15 Abs. 4, 5 VSVgV besteht. In § 15 VSVgV ist die Art und Weise der Leistungsbeschreibung geregelt. § 15 Abs. 4 und 5 VSVgV betreffen jeweils den Nachweis der Gleichwertigkeit bei Abweichungen von technischen Vorgaben des Auftraggebers. 22

In § 15 Abs. 4 VSVgV ist geregelt, dass der Auftraggeber ein Angebot nicht mit der Begründung ablehnen darf, die angebotenen Güter und Dienstleistungen entsprächen nicht den von ihm gemäß § 15 Abs. 4 Nr. 1 VSVgV genannten **technischen Anforderungen**, sofern die Unternehmen in ihrem Angebot dem Auftraggeber mit geeigneten Mitteln nachweisen, dass die von ihnen vorgeschlagenen Lösungen den technischen Anforderungen, auf die Bezug genommen wurde, gleichermaßen entsprechen. 23

Legt der Auftraggeber gemäß § 15 Abs. 3 Nr. 2 VSVgV die Leistungsbeschreibung in Form von Leistungs- oder Funktionsanforderungen fest, so darf er ein Angebot, das einer **Norm**, mit der eine europäische Norm umgesetzt wird, oder einer europäischen technischen Zulassung, einer gemeinsamen technischen Spezifikation, einer internationalen Norm oder einem technischen Bezugssystem, das von den europäischen Normungsgremien erarbeitet wurde, entspricht, nicht zurückweisen, wenn diese Spezifikationen die von ihm geforderten Leistungs- oder Funktionsanforderungen betreffen. Die Bieter müssen in ihren Angeboten dem Auftraggeber mit allen geeigneten Mitteln nachweisen, dass die der Norm entsprechende jeweilige Ware oder Dienstleistung den Leistungs- oder Funktionsanforderungen des Auftraggebers entspricht. 24

Ein weiterer vom Auftraggeber zu berücksichtigender und ggf. zu benennender Punkt ist es, wenn die angebotene Leistung nicht den Leistungs- oder Funktionsanforderungen entspricht, also letztlich eine **Abweichung** von den Auftraggeber-Vorgaben vorliegt. Auch dies ist dem Bieter ggf. mitzuteilen. 25

Weiter hat der Auftraggeber ggf. die Gründe mitzuteilen, wegen derer in den Fällen des §§ 7, 8 VSVgV keine Gleichwertigkeit vorliegt. 26

Eine Gleichwertigkeit ist ausdrücklich nur in § 7 Abs. 7 VSVgV angesprochen, dort geht es um **Sicherheitsbescheide und Ermächtigungen anderer Mitgliedstaaten**. Hinsichtlich dieser Nachweise wird durch § 36 Abs. 1 Nr. 2 VSVgV keine selbständige Möglichkeit eines Gleichwertigkeitsnachweises geschaffen. 27

28 In § 8 VSVgV hingegen wird ausdrücklich **kein Gleichwertigkeitsnachweis** angesprochen. Regelungsgegenstand des § 8 VSVgV ist die **Versorgungssicherheit**. Diese kann nach dem Verständnis des Autors von der Vorschrift des § 8 VSVgV nur entweder gegeben sein oder eben nicht vorliegen. Daher ist, weder nach dem Wortlaut des § 8 VSVgV noch nach dem Inhalt, ein Gleichwertigkeitsnachweis vorgesehen oder möglich. Daher läuft § 36 Abs. 1 Nr. 2 VSVgV insoweit leer. Jedenfalls gibt es keinerlei Anhaltspunkte, dass in dieser Vorschrift eine selbständige Möglichkeit eines Gleichwertigkeitsnachweises gesehen werden könnte, da dort nur auf die an anderer Stelle geregelten Anforderungen und die an dieser anderen Stelle zu bedenkenden Gründe verwiesen wird.

29 Für **Inhalt, Intensität und Umfang** der Unterrichtung gelten die Ausführungen oben zu § 36 Abs. 1 Nr. 2 VSVgV in Rn. 19 entsprechend.

### 7. Nr. 3: Unterrichtung aller Bieter

#### a) Wer ist zu unterrichten

30 Nach § 36 Abs. 1 Nr. 3 VSVgV kann **jeder Bieter**, der ein **ordnungsgemäßes Angebot** eingereicht hat, das jedoch abgelehnt worden ist, die Unterrichtung verlangen. Der Informationsanspruch setzt ein ordnungsgemäßes, also **zuschlagsfähiges Angebot** voraus. Antragsberechtigt sind also – insofern enger als § 101a GWB – nur die Bieter, die ein zuschlagsfähiges Angebot eingereicht haben. Bietern, bei denen dies nicht der Fall ist, muss nur eine Information nach § 36 Abs. 1 Nr. 2 VSVgV erteilt werden.

#### b) Inhalt der Unterrichtung

31 Die Unterrichtung muss die **Merkmale und Vorteile des ausgewählten Angebots** sowie den Namen des Zuschlagsempfängers oder der Vertragspartner der Rahmenvereinbarung enthalten.

32 Diese Regelung dürfte angesichts der gesetzlichen Regelung des § 101a GWB mit ihrem weiteren Anwendungsbereich keine eigenständige Bedeutung erlangen, da auch keine zusätzlichen Informationen vorgesehen sind.

### 8. Rechtsfolge der Antragstellung und Unterrichtung

33 Die Antragstellung eines Bewerbers oder Bieters auf Unterrichtung nach § 36 VSVgV hat **kein Zuschlagsverbot** oder sonst eine **aufschiebende Wirkung** wie bei § 101a GWB zur Folge. Sollte ein Bieter beispielsweise die Information nach § 101a GWB für unbefriedigend halten und stellt er daher einen Antrag gemäß § 36 Abs. 1 GWB, so muss er damit rechnen, dass der Auftraggeber den Zuschlag innerhalb der für die Unterrichtung maßgeblichen 15-Tages-Frist, aber nach Ablauf der Frist des § 101a GWB, erteilt, auch ohne dem Bieter vorher die ergänzenden Informationen übermittelt zu haben.

### 9. Rechtsschutz bei unterlassener oder fehlerhafter Unterrichtung

34 Wie bei § 101a GWB kann jedenfalls auf eine fehlerhafte Unterrichtung alleine keine Nachprüfungsverfahren gestützt werden.

35 Gleiches dürfte bei einer ganz unterlassenen Unterrichtung gelten, zumal die VSVgV mit dem schriftlichen Antrag weder ein Zuschlagsverbot verbindet noch eine Nichtigkeitsfolge vergleichbar § 101b GWB.

## III. Absatz 2

### 1. Funktion des Abs. 2

Der in Bezug genommene § 35 Abs. 2 VSVgV erlaubt dem Auftraggeber, bestimmte Informationen nicht bekanntzugeben. Dem Wortlaut nach geht es um Informationen über die Auftragserteilung oder den Abschluss von Rahmenvereinbarungen, also nur die Tatsache des Abschlusses selber.

36

Aus dem Zusammenhang ergibt sich – schon allein, weil sonst die Vorschrift neben § 35 Abs. 2 VSVgV keine eigenständige Bedeutung hätte –, dass es um Informationen zu der **Bewerbung bzw. dem Angebot des antragstellenden Bewerbers/Bieters** im Sinne des Abs. 1 geht. Weiter geht es um die in § 36 Abs. 1 Nr. 3 VSVgV angesprochenen Merkmale und Vorteile **des ausgewählten Angebotes**. In Erwägungsgrund 56 der RL 2009/81/EG wird dieser Zusammenhang mit der Information der Bieter deutlich.

Der Auftraggeber kann auf die Mitteilung verzichten, soweit die Offenlegung der Informationen den Gesetzesvollzug behindern, dies dem öffentlichen Interesse, insbesondere Verteidigungs- oder Sicherheitsinteressen zuwiderlaufen, die berechtigten geschäftlichen Interessen öffentlicher oder privater Unternehmen schädigen oder den lauteren Wettbewerb zwischen ihnen beeinträchtigen könnte. Insofern wird auf die Kommentierung zu der hier in Bezug genommenen Vorschrift des § 35 Abs. 2 VSVgV verwiesen.

37

### 2. Keine Verpflichtung des Auftraggebers

Der Auftraggeber kann also – **vorbehaltlich allgemeiner Vorschriften** wie der zum Schutz von Geschäfts- und Betriebsgeheimnissen sowie des Geheimnisschutzes von Verschlusssachen i.S.d. Gesetzes über die Voraussetzungen und das Verfahren von Sicherheitsüberprüfungen des Bundes – nach seinem **Ermessen** auch Informationen, die unter § 35 Abs. 2 VSVgV fallen würden, mitteilen.

38

## § 37
## Aufhebung und Einstellung des Vergabeverfahrens

(1) Die Vergabeverfahren können ganz oder bei Vergabe nach Losen auch teilweise aufgehoben werden, wenn
1. kein Angebot eingegangen ist, das den Bewerbungsbedingungen entspricht,
2. sich die Grundlagen der Vergabeverfahren wesentlich geändert haben,
3. sie kein wirtschaftliches Ergebnis gehabt haben oder
4. andere schwerwiegende Gründe bestehen.

(2) Die Auftraggeber teilen den Bewerbern oder Bietern nach Aufhebung des Vergabeverfahrens mindestens in Textform im Sinne des § 126b des Bürgerlichen Gesetzbuchs unverzüglich die Gründe für ihre Entscheidung mit, auf die Vergabe eines bekannt gemachten Auftrages zu verzichten oder das Vergabeverfahren erneut einzuleiten.

## Übersicht

|  |  | Rn. |
|---|---|---|
| I. | Überblick | 1 |
| II. | Allgemeine Grundsätze der Aufhebung von Vergabeverfahren | 4 |
|  | 1. Kein Auslaufenlassen des Vergabeverfahrens | 4 |
|  | 2. Anwendungsbereich | 5 |
|  | 3. Umfang und Wirkung der Aufhebung | 6 |
|  | 4. Aufhebungsermessen des Auftraggebers | 8 |
|  | 5. Keine Informationspflicht vor Aufhebung | 9 |
|  | 6. Bieterschützender Charakter | 10 |
| III. | Die Aufhebungsgründe (Abs. 1) | 11 |
|  | 1. Kein den Bewerbungsbedingungen entsprechendes Angebot (Nr. 1) | 12 |
|  | 2. Wesentliche Änderung der Grundlagen des Vergabeverfahrens (Nr. 2) | 14 |
|  | 3. Kein wirtschaftliches Ergebnis (Nr. 3) | 17 |
|  | 4. Andere schwerwiegende Gründe (Nr. 4) | 19 |
| IV. | Verfahren nach Aufhebung | 21 |
|  | 1. Zulässigkeit eines neuen Vergabeverfahrens | 21 |
|  | 2. Mitteilungspflicht gegenüber Bewerbern und Bietern (Abs. 2) | 22 |
|  | 3. Dokumentationspflicht | 26 |
| V. | Rechtsfolgen bei unzulässiger Aufhebung | 27 |
|  | 1. Rechtsschutz im Nachprüfungsverfahren | 27 |
|  | a) Fortsetzung des Vergabeverfahrens | 27 |
|  | b) Aufhebung des Vergabeverfahrens | 31 |
|  | 2. Schadensersatzansprüche | 32 |

| | a) | Kein Ersatzanspruch bei rechtmäßiger Aufhebung | 32 |
| | b) | Ersatzansprüche bei rechtswidriger Aufhebung | 33 |
| | | aa) § 126 GWB | 34 |
| | | bb) Verschulden bei Vertragsschluss | 35 |

## I. Überblick

1  Der Auftraggeber führt das Vergabeverfahren regelmäßig mit dem Ziel durch, es mit der Erteilung des Zuschlags auf das wirtschaftlichste Angebot zu beenden. Es kann jedoch passieren, dass der Auftraggeber das mit Vergabeabsicht eingeleitete Vergabeverfahren aus bestimmten Gründen nicht mit der Zuschlagserteilung beenden kann oder will. Hierbei kann es sich um Umstände handeln, die den Auftraggeber aus tatsächlichen oder rechtlichen Gründen objektiv hindern, die ausgeschriebene Leistung zu vergeben (z.B.: weil keine geeigneten Angebote eingegangen sind oder die eingegangenen Angebote die zur Verfügung stehenden Haushaltsmittel übersteigen). Es kann sich aber auch um sonstige Gründe handeln, die den Auftraggeber veranlassen, eine angebotene Leistung nicht mehr oder zum jetzigen Zeitpunkt noch nicht zu beschaffen (z.B. geänderte Anforderungen der Nutzer, Umstrukturierungen bei den Streitkräften). Der Auftraggeber kann deshalb während eines Vergabeverfahrens jederzeit von der Beschaffung absehen. Er ist nicht verpflichtet, den einmal ausgeschriebenen Auftrag tatsächlich zu vergeben und kann auch von Bietern und Bewerbern hierzu nicht gezwungen werden.[1] Es besteht weder Zuschlagspflicht noch Kontrahierungszwang. Andererseits dürfen Unternehmen im Hinblick auf den Aufwand von Bewerbung und Angebotserstellung berechtigterweise darauf vertrauen, dass ein eingeleitetes Vergabeverfahren regelmäßig zur Beauftragung des erfolgreichsten Bieters führt und der Auftraggeber **nur aus besonderen Gründen** von der Beschaffung Abstand nimmt. Insofern ist zwischen der zivilrechtlichen und der vergaberechtlichen Seite der Aufhebung zu unterscheiden. Letztere ist Gegenstand des § 37 VSVgV, die die zivilrechtliche **Vertragsabschlussfreiheit** des öffentlichen Auftraggebers vergaberechtlich überlagert.

2  § 37 VSVgV regelt, unter welchen vergaberechtlichen Voraussetzungen der Auftraggeber ein einmal eingeleitetes Vergabeverfahren rechtmäßig aufheben darf. Dass der Auftraggeber ein Vergabeverfahren nur aus den in § 37 VSVgV genannten Gründen rechtmäßig aufheben darf, bedeutet nicht im Umkehrschluss, dass der Auftraggeber bei Nichtvorliegen eines zulässigen Aufhebungsgrundes verpflichtet wäre, den Zuschlag zu erteilen. Es bedeutet lediglich, dass er sich bei einer vergaberechtlich unzulässigen Aufhebung schadensersatzpflichtig machen kann.

3  Der Regelungsinhalt des § 37 Abs. 1 VSVgV orientiert sich an § 20 Abs. 1 EG VOL/A; er basiert nicht auf einer gemeinschaftsrechtlichen Vorgabe. § 37 Abs. 2 VSVgV dient der Umsetzung von Art. 35 Abs. 1 der RL 2009/81/EG. Die Vorschrift nimmt in der Überschrift eine begriffliche Unterscheidung zwischen **„Aufhebung"** und **„Einstellung"** des Vergabeverfahrens vor, die sich im Text der Vorschrift nicht wiederfindet.[2] Der Begriff „Ein-

---

[1] Vgl. BGH, VergabeR 2003, 163, 165; OLG Celle, VergabeR 2010, 1022; *Scharen*, NZBau 2003, 585, 588; *Dieck-Bogatzke*, VergabeR 2008, 392.
[2] Eine weitere sprachliche Eigenheit besteht darin, dass der Verordnungsgeber in der Überschrift und in Abs. 2 von der Aufhebung „des Vergabeverfahrens" (Singular) spricht, während in Abs. 1 von Vergabeverfahren im Plural die Rede ist.

stellung" knüpft an § 21 Abs. 3 Nr. 2 VSVgV an, wonach der Auftraggeber die Möglichkeit hat, das laufende Vergabeverfahren einzustellen und ein neues Vergabeverfahren einzuleiten, wenn die Mindestzahl geeigneter Bewerber zu gering ist, um einen echten Wettbewerb zu gewährleisten. Die Einstellung ist mithin ein außerhalb des § 37 VSVgV geregelter Fall der Aufhebung. Nachfolgend werden „Aufhebung" und „Einstellung" synonym verwendet. Gemeint ist die Erklärung des Auftraggebers, auf die Vergabe eines bekanntgemachten Auftrags zu verzichten.

## II. Allgemeine Grundsätze der Aufhebung von Vergabeverfahren

### 1. Kein Auslaufenlassen des Vergabeverfahrens

Das Vergabeverfahren endet entweder durch Zuschlagserteilung oder durch Aufhebung des Vergabeverfahrens. Will oder kann die Vergabestelle in einem eingeleiteten Vergabeverfahren keinen Zuschlag erteilen, muss sie das Vergabeverfahren ausdrücklich aufheben. Ein stilles Auslaufenlassen des Vergabeverfahrens nach Ablauf der Bindefrist ist vergaberechtlich unzulässig.[3] Dies bedeutet, dass der Auftraggeber auch in den Fällen, in denen keiner der in § 37 Abs. 1 VSVgV genannten Aufhebungsgründe einschlägig ist, das Vergabeverfahren durch Aufhebung beenden und seiner **Benachrichtigungspflicht** gemäß § 37 Abs. 2 VSVgV nachkommen muss.

### 2. Anwendungsbereich

§ 37 VSVgV findet auf **alle Vergabearten** Anwendung, d.h. auf die Aufhebung von Vergabeverfahren im nicht offenen Verfahren, Verhandlungsverfahren mit Teilnahmewettbewerb, Verhandlungsverfahren ohne Teilnahmewettbewerb und wettbewerblichen Dialog. In zeitlicher Hinsicht kommt die Aufhebung erst **nach Einleitung** des Vergabeverfahrens in Betracht. Bei Vergabeverfahren mit Vergabebekanntmachung ist dies der Zeitpunkt, in dem die Bekanntmachung veröffentlicht wurde. Bei Vergabeverfahren ohne Bekanntmachung (dies ist das Verhandlungsverfahren ohne Teilnahmewettbewerb) ist eine Aufhebung ab dem Zeitpunkt möglich, in dem der Auftraggeber ein Unternehmen zur Angebotsabgabe aufgefordert hat.[4] Die Aufhebung muss auch nach Ablauf der Bindefrist noch erklärt werden, sofern innerhalb dieser Frist kein Zuschlag erfolgt ist.

### 3. Umfang und Wirkung der Aufhebung

Das Vergabeverfahren kann ganz oder teilweise aufgehoben werden. Die **Teilaufhebung** eines Vergabeverfahrens kommt bei der losweisen Vergabe hinsichtlich einzelner Teil- oder Fachlose in Betracht. Bei der Teilaufhebung muss hinsichtlich des aufzuhebenden Teils ein Aufhebungsgrund gem. § 37 Abs. 1 VSVgV vorliegen.[5] Auch hier gilt die Unterscheidung zwischen zivilrechtlichem Können und vergaberechtlichem Dürfen: Der Auftraggeber darf – zivilrechtlich – auch dann von der Vergabe eines Teil- oder Fachloses ab-

---

[3] Vgl. *Portz*, in: Kulartz/Marx/Portz/Prieß, Kommentar zur VOL/A, § 17 Rn. 18.
[4] Vgl. zur Parallelvorschrift in der VOL/A: *Lischka*, in: Müller-Wrede, VOL/A-Kommentar, § 20 EG Rn. 16.
[5] Umstritten ist, ob eine isolierte Aufhebung eines einzelnen Loses wegen Unwirtschaftlichkeit statthaft ist oder ob insofern auf eine Gesamtwirtschaftlichkeitsbetrachtung aller Lose abzustellen ist. Vgl. hierzu *Noch*, Vergaberecht kompakt, 5. Aufl. 2011, S. 868.

sehen, wenn – vergaberechtlich – ein Aufhebungsgrund nicht vorliegt. Vergaberechtlich nicht vorgesehen ist die Aufhebung von einzelnen Arbeitspaketen bei einer Gesamtvergabe. Das nach der Teilaufhebung verbleibende Vergabeverfahren wird nach den Verfahrensregeln der VSVgV fortgesetzt. Für den aufgehobenen Teil steht den Bewerbern und Bietern auch dann das Nachprüfungsverfahren offen, wenn der aufgehobene Teil für sich genommen den Schwellenwert nicht erreicht.[6]

7 Die Aufhebung führt zur (vorläufigen) **Beendigung des Vergabeverfahrens** bzw. des aufgehobenen Teils. Die Vergabestelle kann die Aufhebung – ggf. aufgrund einer entsprechenden Anordnung der Vergabekammer im Nachprüfungsverfahren – jederzeit rückgängig machen und das Verfahren wieder aufnehmen, sofern sie den Auftrag noch vergeben will.[7]

### 4. Aufhebungsermessen des Auftraggebers

8 Vergabeverfahren „können" gem. § 37 VSVgV aufgehoben werden, sofern ein Aufhebungsgrund vorliegt. Ob der Auftraggeber das Verfahren aufhebt oder trotz Vorliegens eines Aufhebungsgrundes an der Beschaffung festhält, liegt in seinem **pflichtgemäßen Ermessen**[8], bei dessen Ausübung sowohl die Anforderungen an ein wettbewerbliches und diskriminierungsfreies Vergabeverfahren als auch die Interessen der Bewerber und Bieter angemessen zu berücksichtigen sind.[9] Die Vergabestelle muss sorgfältig prüfen, ob die Aufhebung wirklich gerechtfertigt ist oder ob mildere Mittel – wie z.B. die Zurückversetzung des Vergabeverfahrens, die Wiederholung einzelner Verfahrensschritte oder der Verzicht auf die Vorlage bestimmter, von allen Bietern nicht beigebrachter Erklärungen oder Nachweise – eine Fortführung des Vergabeverfahrens erlauben.[10] Nur wenn der Mangel des Vergabeverfahrens so gravierend ist, dass eine Beschaffung aus tatsächlichen oder rechtlichen Gründen nicht mehr möglich oder zulässig ist, wird sie das Vergabeverfahren aufheben müssen, da der Zuschlag anderenfalls rechtswidrig wäre. Hier besteht eine **Pflicht zur Aufhebung** (Ermessensreduzierung auf Null), da auf andere Weise ein rechtswidriges Vergabeverfahren nicht beendet werden kann.[11]

### 5. Keine Informationspflicht vor Aufhebung

9 Der Auftraggeber ist nicht verpflichtet, Bewerber und Bieter über eine beabsichtigte Aufhebung des Vergabeverfahrens vorab zu unterrichten. Eine Informations- und Wartepflicht entsprechend § 101a GWB besteht nicht.

### 6. Bieterschützender Charakter

10 § 37 VSVgV dient in erster Linie dem Interesse des Auftraggebers, in dem es ihn in die Lage versetzt, auf die Vergabe eines Auftrages bei Vorliegen besonderer Gründe zu verzichten und ein eingeleitetes Vergabeverfahren in vergaberechtlich zulässiger Weise aufzuheben. Die Bestimmung schützt zugleich das Vertrauen der Bieter und Bewerber, dass

---

6 *Lischka*, in: Müller-Wrede, VOL/A-Kommentar, § 20 EG Rn. 80.
7 BGH, VergabeR 2003, 313, 315; *Scharen*, NZBau 2003, 585, 588.
8 OLG Koblenz, VergabeR 2003, 244, 246; OLG München, VergabeR 2011, 525, 528.
9 *Portz*, in: Kulartz/Marx/Portz/Prieß, Kommentar zur VOL/A, § 17 Rn. 20.
10 Hierzu *Dieck-Bogatzke*, VergabeR 2008, 392, 402 f.; *Portz*, in: Kulartz/Marx/Portz/Prieß, Kommentar zur VOL/A, § 17 Rn. 24.
11 BayObLG, VergabeR 2002, 534, 536; BGH, VergabeR 2010, 501.

ein eingeleitetes Vergabeverfahren regelmäßig zur Erteilung des Zuschlags führt und der Auftraggeber dieses nur ausnahmsweise bei Vorliegen eines in § 37 Abs. 1 VSVgV genannten Grundes aufhebt. Insofern hat die Bestimmung auch bieterschützenden Charakter.[12] Teilnehmer an einem Vergabeverfahren können die Rechtmäßigkeit der Aufhebung im **Nachprüfungsverfahren** überprüfen lassen und bei unzulässiger Aufhebung ggf. Schadensersatzansprüche geltend machen. Ein **Rechtsanspruch auf Aufhebung** besteht für Bieter und Bewerber nur ausnahmsweise, wenn der Auftraggeber in dem Vergabeverfahren aus tatsächlichen oder rechtlichen Gründen den Zuschlag nicht erteilen kann oder darf und er deshalb zur Aufhebung verpflichtet ist (Ermessensreduzierung auf Null).[13]

## III. Die Aufhebungsgründe (Abs. 1)

Ein Vergabeverfahren darf nur aufgehoben werden, wenn einer der in § 37 Abs. 1 Nr. 1–4 VSVgV abschließend aufgeführten Aufhebungsgründe vorliegt. Die Aufhebungstatbestände sind ihrem Charakter als Ausnahmetatbestände entsprechend **eng auszulegen**.[14] Der Auftraggeber kann die in der VSVgV genannten Aufhebungsgründe nicht ausweiten oder ihnen weitere hinzufügen. Er darf das Vergabeverfahren auch nicht unter den **Vorbehalt der späteren Aufhebbarkeit** (z.B. im Fall von Bedarfsänderungen oder Finanzierungslücken) stellen.[15] Bedarfsermittlung und Finanzierung muss der Auftraggeber vor Einleitung des Vergabeverfahrens prüfen und sicherstellen. Die Darlegungslast für das Vorliegen eines Aufhebungsgrundes obliegt dem Auftraggeber. Der Aufhebungsgrund darf nicht bereits bei Einleitung des Vergabeverfahrens vorliegen, sondern muss **nachträglich** ohne vorherige Kenntnis des Auftraggebers aufgetreten sein.[16] Mängel, die dem Vergabeverfahren schon von Anfang an anhaften und dem Auftraggeber bekannt sind oder hätten bekannt sein können, stellen keinen zulässigen Grund einer Aufhebung dar. Gleiches gilt für Umstände, die der Auftraggeber selbst herbeigeführt oder zu vertreten hat.[17] Hebt der Auftraggeber das Vergabeverfahren aus einem derartigen Grund auf, macht er sich schadensersatzpflichtig. Die **Einstellung** des Vergabeverfahrens gem. § 21 Abs. 3 Nr. 2 VSVgV stellt der Sache nach ebenfalls eine Aufhebung dar, deren Zulässigkeit sich jedoch nach § 21 Abs. 3 Nr. 2 VSVgV beurteilt.

### 1. Kein den Bewerbungsbedingungen entsprechendes Angebot (Nr. 1)

Der Auftraggeber kann das Vergabeverfahren aufheben, wenn kein Angebot eingegangen ist, das den Bewerbungsbedingungen (→ § 16 Abs. 1 Nr. 2 VSVgV) entspricht. Voraussetzung für die Aufhebung ist, dass jedem der eingegangenen Angebote ein Mangel anhaftet, der zu seinem Ausschluss führt, so dass im Ergebnis **kein einziges wertbares Angebot** vorliegt. Derartige Angebotsmängel sind insbesondere solche ge-

---

12 BGH, VergabeR 2003, 313, 315; *Scharen*, NZBau 2003, 585, 588.
13 KG, VergabeR 2010, 501, 507; *Portz*, in: Kulartz/Marx/Portz/Prieß, Kommentar zur VOL/A, § 17 Rn. 20 ff.
14 BGH, NJW 1998, 3636.
15 Vgl. *Noch*, VergabeR kompakt, 5. Aufl. 2011, S. 383 f. Derartige Vorbehaltsklauseln dürften zudem gem. § 307 BGB unwirksam sein. Zum Vorbehalt der Mittelbereitstellung: LG München I, BauR 1997, 524.
16 BGH, NJW 1993, 520, 521; BGH, NJW 1998, 3636, 3640; OLG Celle, VergabeR 2011, 531, 533; *Portz*, in: Kulartz/Marx/Portz/Prieß, Kommentar zur VOL/A, § 17 Rn. 14.
17 OLG München, VergabeR 2013, 152.

mäß § 31 Abs. 2 und § 33 Abs. 1 Satz 2 VSVgV. Sofern auch nur ein Angebot wertbar ist, kommt eine Aufhebung gem. § 37 Abs. 1 Nr. 1 VSVgV nicht in Betracht.

13 Beispiele:
- Es wurden unzulässige Änderungen oder Ergänzungen an den Vertragsbedingungen vorgenommen.
- Die Angebote sind nicht innerhalb der vorgegebenen Frist eingegangen.
- Die abgegebenen Nebenangebote sind auszuschließen, weil der Auftraggeber in der Bekanntmachung keine Nebenangebote zugelassen hat.

## 2. Wesentliche Änderung der Grundlagen des Vergabeverfahrens (Nr. 2)

14 Wenn sich die tatsächlichen, technischen, wirtschaftlichen oder rechtlichen Grundlagen des Vergabeverfahrens so wesentlich geändert haben, dass die Fortsetzung des Vergabeverfahrens nicht mehr sinnvoll erscheint, kann der Auftraggeber das Vergabeverfahren aufheben. Er braucht seinen Bedarf nicht auf Grund von in Anbetracht der geänderten Verhältnisse überholten Angeboten zu decken. Diese Fallgruppe ähnelt dem zivilrechtlichen Institut des Wegfalls der Geschäftsgrundlage. Der Auftraggeber muss die Leistung aufgrund der geänderten Verhältnisse in geänderter Form neu ausschreiben; die Vergabe auf der Grundlage der ursprünglichen Vergabeunterlagen ist nicht mehr sinnvoll und zumutbar.

15 Beispiele für diesen Aufhebungsgrund sind:
- Wegfall oder Kürzung der Haushaltmittel für ein Vorhaben, dessen Finanzierung ursprünglich gesichert war;
- Vom Auftraggeber nicht zu vertretende **zeitliche Verzögerungen** führen zu erheblichen Mehrkosten oder zum Entfall des Bedarfs;
- Änderungen einer sicherheitstechnischen Norm mit Relevanz für die ausgeschriebene Leistung zwingen den Auftraggeber, die technische Spezifikation anzupassen;
- Unvorhergesehene Kündigung einer zwischenstaatlichen Kooperation im Verteidigungsbereich mit der Folge, dass die ausgeschriebene Leistung für das Programm nicht mehr benötigt wird.

16 Beispiele, bei denen kein zulässiger Aufhebungsgrund gegeben ist:
- Der **Wegfall der Haushaltmittel** für ein Vorhaben, für das die erforderlichen Mittel noch nicht zugewiesen waren, rechtfertigt die Aufhebung nicht.[18] Der Auftraggeber muss die Finanzierung vor Beginn des Beschaffungsverfahrens sicherstellen.
- Veränderte politische Mehrheitsverhältnisse oder kritische Medienberichterstattung lassen das Vorhaben unpopulär erscheinen.
- Zeitverzögerungen aufgrund eines Nachprüfungsverfahrens.

---

18 BGH, NJW 1998, 3636, 3638.

## 3. Kein wirtschaftliches Ergebnis (Nr. 3)

Der Auftraggeber kann das Vergabeverfahren aufheben, wenn es zu keinem wirtschaftlichen Ergebnis geführt hat. Der haushaltsrechtlich gebundene Auftraggeber ist zu einer wirtschaftlichen und sparsamen Mittelverwendung verpflichtet. Die erforderlichen Finanzmittel werden regelmäßig auf der Grundlage einer Kostenschätzung in den Haushaltsplan eingestellt. Liegen die eingegangenen Angebote deutlich über den zur Verfügung stehenden Haushaltsmitteln und beruhen die Haushaltsmittel auf einer ordnungsgemäßen Kostenschätzung, dann kann eine Aufhebung gem. § 37 Abs. 1 Nr. 3 VSVgV erfolgen.

17

Beispiele:

18

- Unangemessen hohe Preise;[19] Alle wertbaren Angebote liegen oberhalb des Marktpreises für die ausgeschriebene Leistung oder weichen erheblich von der (vertretbaren) Kostenschätzung des Auftraggebers ab.[20] Es genügt nicht, dass der Auftraggeber den Preis nur subjektiv für überhöht hält, obwohl er den Marktverhältnissen entspricht.[21]

- Erhebliche Budgetüberschreitung: Das niedrigste Angebot liegt wesentlich höher als die verfügbaren Mittel, wobei der Auftraggeber den Finanzierungsbedarf nicht fahrlässig zu niedrig angesetzt haben darf.[22]

- Gravierende Änderungen in den Preisgrundlagen (z.B. aufgrund von Materialpreiserhöhungen oder Obsoleszenzen).

- Kein zulässiger Aufhebungsgrund liegt vor, wenn die Kosten falsch berechnet wurden und die zur Verfügung stehenden Mittel deshalb nicht ausreichen[23] bzw. wenn die fehlende Finanzierung der Vergabestelle vor der Einleitung des Vergabeverfahrens hätte bekannt sein müssen.[24]

## 4. Andere schwerwiegende Gründe (Nr. 4)

§ 37 Abs. 1 Nr. 4 VSVgV enthält einen Auffangtatbestand für andere, nicht unter Nr. 1–3 fallende Gründe, die so schwerwiegend sind, dass die Fortsetzung des Vergabeverfahren für den Auftraggeber als unzumutbar erscheint. An diesen Aufhebungsgrund sind **strenge Maßstäbe** anzulegen.[25] Es ist eine Interessenabwägung der maßgeblichen Umstände im Einzelfall vorzunehmen, bei der sowohl die Wirtschaftlichkeit der Beschaffung als auch die individuellen Interessen der Bewerber und Bieter zu berücksichtigen sind. Die Aufhebung des Vergabeverfahrens kommt auch hier nur als **ultima**

19

---

19 Vgl. OLG Karlsruhe, VergabeR 2010, 96, 99.
20 Ab welcher Größenordnung von einem unangemessen hohen Preis und damit von einem unwirtschaftlichen Ergebnis gesprochen werden kann, hängt von den Umständen des Einzelfalls ab. *Dieck-Bogatzke*, VergabeR 2008, 392, 400 hält unter Hinweis auf die Entscheidungspraxis des OLG Düsseldorf eine Abweichung von 50% für erforderlich. Gemäß VK Brandenburg, 2.4.2012, VK 6/12 soll eine Abweichung von 10% genügen. Nach BGH, 20.11.2012 – XZR 108/10, muss das Ausschreibungsergebnis „ganz erheblich" über dem vertretbaren Schätzungsergebnis liegen. Ein allgemein verbindlicher Schätzwert lasse sich nicht festlegen. Erforderlich sei eine Interessenabwägung, bei der zu berücksichtigen ist, dass einerseits dem Auftraggeber nicht das Risiko einer deutlich überhöhten Preisbildung zugewiesen wird und andererseits die Aufhebung kein Korrektur des erzielten Submissionsergebnisses sein darf.
21 VK Brandenburg, 2.4.2012, VK 6/12.
22 OLG Celle, VergabeR 2011, 531, 533.
23 BGH, VergabeR 2003, 163, 164.
24 BGH, NJW 1998, 3636, 3640; BGH, NZBau, 2003, 168.
25 BGH, NJW 2001, 3698, 3701; OLG Koblenz, VergabeR 2003, 448, 452.

**ratio** in Betracht.[26] Wie bei den Aufhebungsgründen gem. Nr. 1–3 darf es sich regelmäßig nur um solche handeln, die der Auftraggeber nicht selbst herbeigeführt oder zu vertreten hat und die dem Vergabeverfahren nicht schon von Anfang an anhaften. Dies schließt es nicht aus, dass der Auftraggeber auch bei Rechtsverstößen in seinem Bereich das Vergabeverfahren vorzeitig beenden kann bzw. sogar muss. Er macht sich dann jedoch gegenüber den Bewerbern und Bietern schadensersatzpflichtig.

20 Beispiele:

- Wesentliche Änderungen der rechtlichen, politischen oder militärischen Verhältnisse (z.B. Schließung von Bundeswehrstandorten oder Reduzierung von Truppenteilen, so dass der Bedarf für die ausgeschriebenen Leistungen bzw. Stückzahlen entfällt);
- Schwerwiegende Fehler im Vergabeverfahren, wenn nach einer Interessenabwägung im Einzelfall festgestellt wird, dass eine Fortführung des Vergabeverfahrens mit Recht und Gesetz schlechterdings nicht vereinbar wäre und den Bietern deshalb Rücksichtnahme zugemutet werden kann;[27]
- Kein schwerwiegender Grund liegt vor, wenn der Auftraggeber nachträglich zu der Erkenntnis gelangt (z.B. aus nicht zugelassenen Nebenangeboten), dass die Leistungen in einer anderen als der ausgeschriebenen Weise kostengünstiger erbracht werden können. Der Auftraggeber muss den Beschaffungsbedarf vorab zutreffend ermitteln.
- Erlöschen aller Angebote, weil die Bindefrist infolge eines Nachprüfungsverfahrens abgelaufen ist, und Weigerung des ausgewählten Bieters, das Vertragsangebot anzunehmen;[28]
- Die Vergabekammer ordnet die Aufhebung des Vergabeverfahrens im Nachprüfungsverfahren an.

## IV. Verfahren nach Aufhebung

### 1. Zulässigkeit eines neuen Vergabeverfahrens

21 Die Aufhebung eines Vergabeverfahrens muss nicht zwingend bedeuten, dass der Auftraggeber generell auf die Beschaffung der Leistung verzichten will. Häufig wird die Aufhebung nur deshalb erfolgen, weil ein Zuschlag in dem eingeleiteten Vergabeverfahren nicht erteilt werden kann oder darf, was nicht ausschließt, dass eine Vergabe bei veränderten Rahmenbedingungen erfolgen kann. Dem Auftraggeber steht es frei, das Vergabeverfahren nach Aufhebung erneut einzuleiten. Die Vergabe kann unter den in § 12 Abs. 1 Nr. 1 a) VSVgV genannten Voraussetzungen ggf. im Verhandlungsverfahren ohne Teilnahmewettbewerb erfolgen. Dabei bleibt es dem Auftraggeber grundsätzlich überlassen, welche Unternehmen er zu einem Angebot auffordern will. Wenn das vorangegangene Vergabeverfahren jedoch aus einem vom Auftraggeber zu vertretenen Grund

---

26 Vgl. OLG Düsseldorf, VergabeR 2004, 248.
27 BGH, NJW 2001, 3698, 3701; OLG Koblenz, VergabeR 2003, 448, 452.
28 OLG Frankfurt, VergabeR 2003, 725, 729.

aufgehoben wurde, wird er gehalten sein, die Bieter, die in dem vorangegangenen Verfahren in die engere Wahl gekommen wären, erneut aufzufordern.[29]

## 2. Mitteilungspflicht gegenüber Bewerbern und Bietern (Abs. 2)

Anders als nach allgemeinen zivilrechtlichen Regeln ist der Auftraggeber gem. § 37 Abs. 2 VSVgV verpflichtet, seine Entscheidung, auf die Vergabe eines bekanntgemachten Auftrags zu verzichten bzw. das Vergabeverfahren erneut einzuleiten, den Bewerbern oder Bietern mitzuteilen. Diese Informationspflicht ist eine eigenständige verfahrensrechtliche Pflicht und keine Wirksamkeitsvoraussetzung für die Aufhebung. Die Mitteilung soll Bewerber und Bieter in die Lage versetzen, die Gründe für die Aufhebung bzw. die erneute Einleitung des Verfahrens und deren Rechtmäßigkeit nachzuvollziehen (sog. **ex-post-Transparenz**). Die Mitteilungspflicht besteht auch bei unzulässiger Aufhebung, da auch diese das Vergabeverfahren beendet und die Interessenlage der Bewerber und Bieter insofern gleich ist. Sie besteht ferner bei der Einstellung des Vergabeverfahrens gem. § 21 Abs. 3 Nr. 2 VSVgV.

22

Die Mitteilung hat „mindestens in **Textform** im Sinne des § 126b BGB" zu erfolgen. Textform bedeutet, dass die Benachrichtigung in lesbarer Form (als Brief, per Telefax oder als E-Mail) erfolgen und die Person des Erklärenden nennen muss. Einer Unterschrift bedarf es nicht. Es steht dem Auftraggeber frei, die (strengere) Schriftform (§ 126 BGB) oder die elektronische Form (§ 126a BGB) zu wählen. Die Mitteilung muss an die noch im Vergabeverfahren verbliebenen Bewerber und Bieter erfolgen; eine Bereitstellung der Information zum Abruf im Internet genügt nicht.

23

Die Unterrichtung muss **unverzüglich** erfolgen, d.h. ohne schuldhaftes Zögern (§ 121 BGB) nachdem der Auftraggeber seine Entscheidung, auf die Auftragsvergabe zu verzichten oder das Verfahren erneut einzuleiten, getroffen hat. Je nach den Umständen wird eine Frist von 1–3 Tagen zulässig sein.[30] Sofern der Auftraggeber das Vergabeverfahren zunächst nur aufhebt und sich erst später entschließt, das Verfahren erneut einzuleiten, muss er nach jeder Entscheidung gesondert informieren.

24

Die Mitteilung muss die Gründe für die Aufhebungsentscheidung bzw. ggf. die Entscheidung, das Vergabeverfahren erneut einzuleiten, nennen (**Begründungspflicht**). Formelhafte Begründungen oder die bloße Wiedergabe der in § 37 Abs. 1 VSVgV genannten Aufhebungsgründe genügen nicht. Es müssen zumindest die tragenden Gesichtspunkte der Entscheidung konkret genannt werden. Eine in Details gehende Begründung ist nicht erforderlich.[31]

25

## 3. Dokumentationspflicht

Über die Mitteilungspflicht gem. § 37 Abs. 2 VSVgV hinaus muss der Auftraggeber die Gründe für seine Entscheidung, das Vergabeverfahren aufheben bzw. es erneut einzuleiten, im **Vergabevermerk** dokumentieren. Dies folgt aus § 43 Abs. 2 Nr. 7 VSVgV.

26

---

29 *Portz*, in: Kulartz/Marx/Portz/Prieß, Kommentar zur VOL/A, § 17 Rn. 49.
30 Vgl. *Portz*, in: Kulartz/Marx/Portz/Prieß, Kommentar zur VOL/A, § 20 EG Rn. 8.
31 OLG Koblenz, VergabeR 2003, 448, 451 mit Anmerkung von *Erdl*, die darauf hinweist, dass eine unvollständige Begründung zu nachteiligen Kostenfolgen für den Auftraggeber führen kann, wenn dieser im Nachprüfungsverfahren zuvor nicht mitgeteilte Gründe oder Tatsachen nachschiebt.

## V. Rechtsfolgen bei unzulässiger Aufhebung

### 1. Rechtsschutz im Nachprüfungsverfahren

#### a) Fortsetzung des Vergabeverfahrens

27 § 37 VSVgV vermittelt den Bewerbern und Bietern subjektive Rechtspositionen, auf deren Einhaltung sie gem. § 97 Abs. 7 GWB einen Rechtsanspruch haben. Sie können die vergaberechtliche Zulässigkeit der Aufhebung im Nachprüfungsverfahren überprüfen lassen mit dem Ziel einer **„Aufhebung der Aufhebung"** durch die Vergabekammer.

Den Teilnehmern an einem Vergabeverfahren steht also auch nach dessen Aufhebung der Rechtsweg zu den Nachprüfungsinstanzen offen. Die Aufhebung ist kein das Nachprüfungsverfahren ausschließendes oder erledigendes Ereignis.[32]

28 Die Befugnisse der Vergabekammer im Nachprüfungsverfahren richten sich danach, ob die Vergabestelle von dem Beschaffungsvorhaben endgültig Abstand genommen hat oder ob die **Vergabeabsicht** fortbesteht. Erklärt die Vergabestelle vor oder während des Nachprüfungsverfahrens, dass sie von dem Beschaffungsvorhaben endgültig Abstand genommen hat, kann die Vergabekammer nur noch auf Antrag feststellen, ob die Aufhebung rechtswidrig war und eine Rechtsverletzung vorgelegen hat (§ 114 Abs. 2 Satz 2 GWB). Die Vergabekammer kann keine Fortsetzung des Vergabeverfahrens anordnen oder den Auftraggeber zum Zuschlag verpflichten. Besteht die Vergabeabsicht hingegen fort (z.B. weil die Vergabestelle inzwischen zum gleichen oder im Wesentlichen gleichen Auftragsgegenstand mit einem Bieter weiter verhandelt), kann die Vergabekammer im Rahmen ihrer Befugnisse nach § 114 Abs. 1 GWB die Aufhebung einer zu Unrecht erfolgten Aufhebung anordnen bzw. – sofern Entscheidungsspielräume verbleiben – die Vergabestelle anweisen, unter Beachtung der Rechtsauffassung neu zu entscheiden.[33] In der Praxis wird die Vergabekammer nur in Ausnahmefällen die „Aufhebung der Aufhebung" anordnen können, da sich ein fortbestehender Vergabewille nur selten feststellen lassen wird. Die Aufhebung erfolgt häufig gerade deshalb, weil die Vergabestelle den Auftrag nicht mehr vergeben will.[34] Ein fortbestehender Vergabewille kann allenfalls angenommen werden, wenn die Vergabestelle ein neues Vergabeverfahren eingeleitet hat, das Vergabeverfahren in missbräuchlicher Absicht nur zum Schein aufgehoben hat (um sodann mit einem Bieter weiter zu verhandeln) oder irrtümlich davon ausgeht, dass ein zur Aufhebung verpflichtender Grund vorliegt.[35]

29 Führt der Auftraggeber nach Aufhebung des Vergabeverfahrens ein neues Vergabeverfahren zur Vergabe des Auftrags durch, müssen Unternehmen, die einen Nachprüfungsauftrag gegen die Aufhebung gestellt haben und am neuen Vergabeverfahren beteiligt sind, auch gegen das neue Vergabeverfahren mit einer Rüge bzw. einem Nachprüfungsantrag vorgehen. Anderenfalls würde der gegen die Aufhebung gerichtete Nachprüfungsantrag praktisch auf die Durchführung paralleler Vergabeverfahren über ein- und denselben Auftragsgegenstand führen, wofür ein Rechtsschutzbedürfnis zweifelhaft ist.[36]

---

[32] BGH, VergabeR 2003, 313, 315 im Anschluss an EuGH, 18.6.2001, Rs. C 92/00 (Hospital Ingenieure), VergabeR 2002, 361. Siehe hierzu *Jasper/Pooth*, NZBau 2003, 261; *Prieß*, NZBau 2001, 433; *Scharen*, NZBau 2003, 585, 589.
[33] Vgl. OLG Naumburg, VergabeR 2004, 634, 641; *Dreher*, in: Dreher/Stockmann, Kartellvergaberecht, § 114 Rn. 21.
[34] *Müller-Wrede*, VergabeR 2003, 318, 320.
[35] Vgl. OLG Düsseldorf, VergabeR 2005, 374, 381; *Dieck-Bogatzke*, VergabeR 2008, 392, 396; *Noch*, Vergaberecht kompakt, 5. Aufl. 2011, S. 872.
[36] OLG Koblenz, VergabeR 2003, 448, 451.

Ein **Verstoß gegen die Mitteilungspflicht** des § 37 Abs. 2 VSVgV kann nicht Gegenstand eines eigenständigen Nachprüfungsverfahrens sein, da insofern die Antragsbefugnis gem. § 107 Abs. 2 GWB fehlt. Denkbar ist jedoch ein Schadensersatzanspruch, sofern dem Bewerber oder Bieter aufgrund der Verletzung der Mitteilungspflicht ein Schaden entstanden ist, z.B. weil er im Vertrauen auf die Fortsetzung des Vergabeverfahrens Ausgaben tätigt oder Dispositionen unterlässt.

### b) Aufhebung des Vergabeverfahrens

Neben einem auf „Aufhebung der Aufhebung" gerichteten Nachprüfungsantrag stellt sich die Frage, ob Teilnehmer am Vergabeverfahren auch die Aufhebung des laufenden Vergabeverfahrens wegen schwerwiegender Verstöße der Vergabestelle gegen bieterschützende Verfahrensvorschriften beantragen können. Der Auftraggeber ist verpflichtet, **bei schwerwiegenden Mängeln** im Vergabeverfahren (z.B. Verstöße gegen den Wettbewerbsgrundsatz oder das Gleichbehandlungsgebot, fehlerhafte Leistungsbeschreibung) das rechtswidrige Verfahren einzustellen und den Zuschlag nicht zu erteilen, und zwar auch dann, wenn er sich nicht auf einen Aufhebungsgrund gem. § 37 Abs. 1 VSVgV berufen kann. Sofern die Rechtswidrigkeit nur dadurch aufgehoben werden kann, dass das Vergabeverfahren aufgehoben wird, besteht eine Verpflichtung zur Aufhebung und – bei fortbestehender Beschaffungsabsicht – Wiederholung des Verfahrens. Die Vergabekammer kann in einem solchen (seltenen) Fall die Vergabestelle anweisen, das Vergabeverfahren aufzuheben, um die Rechtsverletzung zu beseitigen.[37] Sie ist bei der Ausübung ihrer Entscheidungsbefugnisse gem. § 114 Abs. 1 VSVgV nicht an die Aufhebungsgründe gem. § 37 Abs. 1 VSVgV gebunden, dessen Adressat nicht die Vergabekammer sondern die Vergabestelle ist. Für die Vergabestelle stellt die Anordnung der Vergabekammer einen „anderen schwerwiegenden Grund" i.S.v. § 37 Abs. 1 Nr. 4 VSVgV dar.[38]

## 2. Schadensersatzansprüche

### a) Kein Ersatzanspruch bei rechtmäßiger Aufhebung

Wenn ein Vergabeverfahren rechtmäßig aufgehoben wird, stehen den Bewerbern und Bietern grundsätzlich keine Ersatzansprüche zu. Eine Ausnahme gilt allenfalls für den Fall einer Verletzung der Mitteilungspflicht gem. § 37 Abs. 2 VSVgV. Die Teilnehmer an einem Vergabeverfahren müssen von vornherein damit rechnen, dass das Verfahren aus den in § 37 Abs. 1 VSVgV genannten Gründen aufgehoben werden kann.

### b) Ersatzansprüche bei rechtswidriger Aufhebung

Hebt der Auftraggeber das Vergabeverfahren auf, ohne dass ein Aufhebungsgrund gem. Art. 37 Abs. 1 VSVgV vorliegt, oder lässt er das Verfahren auslaufen, ist die Aufhebung vergaberechtswidrig. In diesem Fall kann der Auftraggeber den am Vergabeverfahren beteiligten Unternehmen zum Schadensersatz verpflichtet sein. Als Anspruchsgrundlage kommen die Grundsätze des Verschuldens bei Vertragsschluss (culpa in contrahendo) gem. § 311 Abs. 2 i.V.m. § 280 Abs. 1 BGB und § 126 GWB in Betracht. Zwischen beiden Anspruchsgrundlagen besteht **Anspruchskonkurrenz**. Die Ansprüche können in den Bewerbungsbedingungen des Auftraggebers nicht ausgeschlossen oder beschränkt werden.

---

37 Vgl. OLG Brandenburg, VergabeR 2005, 138, 140.
38 Vgl. hierzu *Dreher*, in: Dreher/Stockmann, Kartellvergaberecht, § 114 Rn. 23.

### aa) § 126 GWB

**34** Gem. § 126 GWB können Bewerber und Bieter Schadensersatz für die **Kosten der Vorbereitung des Angebots** oder der Teilnahme am Vergabeverfahren verlangen (sog. negatives Interesse). Der Anspruch ist **verschuldensunabhängig**[39], setzt also keinen schuldhaften Verstoß des Auftraggebers gegen § 37 VSVgV voraus, und kann von jedem am Vergabeverfahren beteiligten Unternehmen geltend gemacht werden, das ohne den Rechtsverstoß bei der Wertung eine **echte Chance** gehabt hätte, den Zuschlag zu erhalten. Damit erweitert § 126 GWB den Kreis der Ersatzberechtigten gegenüber dem allgemeinen Schadensersatzrecht. Nach allgemeinem Schadensersatzrecht stünde nur dem Bieter ein Ersatzanspruch zu, der bei ordnungsgemäßem Verlauf den Zuschlag erhalten hätte, während alle anderen ihre Angebotskosten selbst zu tragen hätten. Bieter mit echter Chance sind solche, bei denen die Erteilung des Zuschlags innerhalb des Wertungsspielraums des Auftraggebers lag.[40] Dabei obliegt es dem Auftraggeber darzulegen, warum er auf das Angebot des Schadensersatz begehrenden Bieter den Zuschlag nicht wertungsfehlerhaft hätte erteilen können.[41] Ein Anspruch auf Ersatz des entgangenen Gewinns (sog. positives Interesse) besteht nach § 126 GWB nicht.

### bb) Verschulden bei Vertragsschluss

**35** Der Schadensersatzanspruch wegen der Verletzung eines vorvertraglichen Schuldverhältnisses (§ 311 Abs. 2 i.V.m. § 280 Abs. 1 BGB) setzt eine schuldhafte Pflichtverletzung des Auftraggebers voraus. Die Ersatzpflicht knüpft daran an, dass der Auftraggeber durch die Missachtung von Vergabevorschriften seine Verpflichtung zur Rücksichtnahme auf die Rechte, Rechtsgüter und Interessen der Bewerber und Bieter verletzt und einem durch diese Vorschriften geschützten Unternehmen hierdurch Schaden zufügt.[42] Ersatzberechtigt sind Unternehmen, auf deren Angebot – ohne die rechtswidrige Aufhebung – der Zuschlag erteilt worden wäre bzw. die sich in Kenntnis des später zur Aufhebung führenden Grundes nicht am Vergabeverfahren beteiligt hätten.[43] Damit können grundsätzlich auch nachrangige Bieter anspruchsberechtigt sein. Der Anspruch ist regelmäßig auf den **Ersatz des Vertrauensschadens**, d.h. der Angebotskosten, gerichtet.

**36** Ausnahmsweise – und hierin besteht der Unterschied zu § 126 GWB – kann auch ein Anspruch auf **Ersatz des Erfüllungsinteresses** (positives Interesse) bestehen. Dies setzt voraus, dass das Schadensersatz begehrende Unternehmen ohne den geltend gemachten Vergabeverstoß und bei ansonsten ordnungsgemäßer Vergabe den Zuschlag hätte erhalten müssen[44] und es tatsächlich zur Zuschlagserteilung gekommen ist – wenn auch an einen anderen Bieter.[45] An der zuletzt genannten Voraussetzung dürfte es bei der Aufhebung des Vergabeverfahrens regelmäßig fehlen, sofern der Auftraggeber den Zuschlag nach Aufhebung nicht doch noch erteilt. Nur in diesem Fall muss er dem übergangenen Bieter den **entgangenen Gewinn** ersetzen.

---

39  BGH, VergabeR 2008, 219.
40  BGH, VergabeR 2007, 219; *Braun*, in: Müller-Wrede, GWB-Vergaberecht, § 126 Rn. 20; *Stockmann*, in: Dreher/Stockmann, Kartellvergaberecht, § 126 Rn. 14 m.w.N.
41  *Braun*, in: Müller-Wrede, GWB-Vergaberecht, § 126 Rn. 23.
42  BGH, VergabeR 2013, 842, 843.
43  Vgl. BGH, VergabeR 2008, 219, 223; *Portz*, in: Kulartz/Marx/Portz/Prieß, Kommentar zur VOL/A, § 17 Rn. 74; *Noch*, Vergaberecht kompakt, 5. Aufl. 2011, S. 303.
44  BGH, VergabeR 2007, 750.
45  BGH, NJW 1998, 3636; BGH, VergabeR 2003, 163, 165; *Portz*, in: Kulartz/Marx/Portz/Prieß, Kommentar zur VOL/A, § 17 Rn. 78; BGH, 20.11.2012 – XZR 108/10.

# Teil 3
# Unterauftragsvergabe

## § 38
## Allgemeine Vorgaben zur Unterauftragsvergabe

(1) In den Fällen des § 9 Absatz 3 Nummer 1 und 2 vergeben Auftragnehmer, die keine öffentlichen Auftraggeber im Sinne des § 98 des Gesetzes gegen Wettbewerbsbeschränkungen oder vergleichbarer Normen anderer Mitgliedstaaten der Europäischen Union sind, Unteraufträge an Dritte nach den Vorschriften dieses Teils. Die Auftragnehmer vergeben Unteraufträge im Wege transparenter Verfahren und behandeln sämtliche potenzielle Unterauftragnehmer gleich und in nicht diskriminierender Weise.

(2) Für die Zwecke von Absatz 1 gelten Bietergemeinschaften oder mit dem Auftragnehmer verbundene Unternehmen nicht als Unterauftragnehmer im Sinne dieses Teils. Der Bieter fügt dem Angebot eine vollständige Liste dieser Unternehmen bei. Ergeben sich Änderungen in den Beziehungen zwischen den Unternehmen, ist dem Auftraggeber darüber eine aktualisierte Liste zur Verfügung zu stellen.

(3) Auftragnehmer, die öffentliche Auftraggeber sind, halten bei der Unterauftragsvergabe die Vorschriften dieser Verordnung über die Vergabe von Hauptaufträgen ein.

(4) Für die Schätzung des Wertes von Unteraufträgen gilt § 3 entsprechend.

## Übersicht

| | | Rn. |
|---|---|---|
| I. | Allgemeines | 1 |
| II. | Der Anwendungsbereich der Bestimmungen zur Unterauftragsvergabe (§ 9 Abs. 3 Nr. 1 und 2 VSVgV) | 6 |
| III. | Die Differenzierung zwischen verschiedenen Auftraggebern (§ 38 Abs. 1, 3 VSVgV) | 8 |
| IV. | Die Grundsätze der Transparenz und der Nichtdiskriminierung (§ 38 Abs. 1 Satz 2 VSVgV) | 14 |
| V. | Folgen eines Verstoßes gegen § 38 Abs. 1 Satz 2 VSVgV und die Kriterien des § 40 VSVgV | 19 |
| | 1. Reaktionsmöglichkeiten des Auftraggebers | 20 |
| | 2. Reaktionsmöglichkeiten potenzieller Nachunternehmer | 22 |
| | 3. Rechtsschutzmöglichkeiten potenzieller Nachunternehmer | 23 |
| |    a) Rechtsschutz gegenüber dem öffentlichen Auftraggeber | 24 |
| |    b) Rechtsschutz gegenüber dem Auftragnehmer | 29 |
| VI. | Ausnahmetatbestand für Bietergemeinschaften und konzernverbundene Unternehmen (§ 38 Abs. 2 Satz 1 VSVgV) | 31 |

VII. Informationspflichten des Bieters (§ 38 Abs. 2 Satz 2 VSVgV) .......................... 33
VIII. Schätzung des Werts von Unteraufträgen
(§ 38 Abs. 4 VSVgV) ................................................................................ 34

## I. Allgemeines

1 § 38 VSVgV legt den Anwendungsbereich der in §§ 39 bis 41 VSVgV geregelten spezifischen Bestimmungen für die Unterauftragsvergabe fest.

2 Diese greifen nur, wenn ein Fall des § 9 Abs. 3 VSVgV vorliegt, d.h. der Auftraggeber entweder die Unterauftragsvergabe eines Teils des Auftrags verpflichtend vorsieht (Nr. 1) oder die Einhaltung der §§ 38 bis 41 VSVgV für alle oder bestimmte Unterauftragsvergaben verlangt (Nr. 2).

3 Weiterhin differenziert § 38 VSVgV zwischen Bietern, die öffentliche Auftraggeber i.S.d. § 98 GWB sind, und solchen, die diese Eigenschaft nicht aufweisen. Die Vorschriften der §§ 38 bis 41 VSVgV sind nur auf Letztere anwendbar.

4 Schließlich enthält § 38 VSVgV in Absatz 2 einen Ausnahmetatbestand. Bietergemeinschaften oder Unternehmen, die mit dem Auftragnehmer verbunden sind, gelten nicht als Unterauftragnehmer im Sinne der §§ 38 bis 41 VSVgV.

5 § 38 VSVgV orientiert sich systematisch am dritten Teil der Richtlinie 2009/81/EG und stellt die Umsetzung der Art. 50, 51 und 54 dar.

## II. Der Anwendungsbereich der Bestimmungen zur Unterauftragsvergabe (§ 9 Abs. 3 Nr. 1 und 2 VSVgV)

6 Der Anwendungsbereich der §§ 38 bis 41 VSVgV ist nur dann eröffnet, wenn der Auftraggeber Anforderungen an die Erteilung der Unteraufträge im wettbewerblichen Verfahren gemäß § 9 Abs. 3 Nr. 1 oder 2 stellt.[1] Verzichtet der Auftraggeber darauf, die Unterauftragsvergabe eines Teils des Auftrags zu verlangen oder den Auftragnehmer auf die Einhaltung der Vorschriften über die Unterauftragsvergabe zu verpflichten, kann der Auftragnehmer das Verfahren der Unterauftragsvergabe frei ausgestalten.[2]

7

## III. Die Differenzierung zwischen verschiedenen Auftraggebern (§ 38 Abs. 1, 3 VSVgV)

8 § 38 VSVgV unterscheidet zwischen Auftragnehmern, die zugleich öffentliche Auftraggeber sind, und solchen, die nicht über diese Eigenschaft verfügen. Gemäß § 38 Abs. 1 VSVgV sind die Vorschriften zur Unterauftragsvergabe nur anzuwenden, wenn der Auftragnehmer **kein** öffentlicher Auftraggeber ist.

---

[1] Vgl. § 9 Rn. 26 ff.
[2] Allgemein zur Auswahl des Nachunternehmers Ingenstau/Korbion/*Schranner*, § 2 Rn. 8 ff.

Für die Qualifizierung als öffentlicher Auftraggeber ist § 98 GWB maßgeblich.[3] Stark verkürzt dargestellt handelt es sich danach in folgenden Fällen um öffentliche Auftraggeber:

1. Gebietskörperschaften und deren Sondervermögen,
2. Rechtsträger, die im Allgemeininteresse liegende Aufgaben nichtgewerblicher Art wahrnehmen und staatlich finanziert oder durch Aufsicht oder mehrheitliche Organbesetzung kontrolliert werden,
3. Verbände, deren Mitglieder unter Nr. 1 oder 2 fallen,
4. Personen des privaten Rechts, die auf dem Gebiet der Trinkwasser- oder Energieversorgung oder des Verkehrs auf Grundlage von durch die zuständige Behörde gewährten Rechten tätig sind oder die von Auftraggebern, die unter Nr. 1 bis 3 fallen, beherrscht werden (Sektorenauftraggeber),
5. Personen des privaten Rechts, wenn sie für bestimmte Bau- und Dienstleistungsaufträge[4] von Stellen, die unter Nr. 1 bis 3 fallen, zu mehr als 50 % subventioniert werden,
6. Personen des privaten Rechts, die mit Stellen, die unter die Nr. 1 bis 3 fallen, einen Vertrag über eine Baukonzession abgeschlossen haben, hinsichtlich der Aufträge an Dritte.

Neben dem Begriff des öffentlichen Auftraggebers i.S.d. § 98 GWB stellt § 38 Abs. 1 VSVgV zudem auf vergleichbare Normen anderer Mitgliedsstaaten der Europäischen Union ab.[5]

Erfüllt ein Auftragnehmer selbst die Voraussetzungen eines öffentlichen Auftraggebers im Sinne des § 98 GWB,[6] ordnet § 38 Abs. 3 VSVgV an, dass in diesem Fall für die Vergabe der Unteraufträge statt des vereinfachten Verfahrens nach §§ 38 bis 41 VSVgV dieselben Vorgaben wie für die Vergabe des Hauptauftrags gelten. Es wird dadurch vermieden, dass die allgemeinen Bestimmungen der Auftragsvergabe dadurch umgangen werden, dass Auftraggeber als Auftragnehmer auftreten.[7] Der öffentliche Auftraggeber bleibt umfassend an die strengeren Vorgaben der Hauptauftragsvergabe gebunden und kann auch selbst als unterauftragsvergebender Auftragnehmer nicht auf die weniger strengen Vorschriften der Unterauftragsvergabe ausweichen.

Mit Blick auf die geringe Anzahl öffentlicher Auftraggeber, die zugleich als Auftragnehmer in den Bereichen Verteidigung und Sicherheit in Frage kommen, dürfte § 38 Abs. 3 VSVgV nur über eine geringe Praxisrelevanz verfügen.

**PRAXISTIPP**

*Sofern sich ein öffentlicher Auftraggeber als Bieter um einen Auftrag bewirbt und gleichzeitig eine Unterauftragsvergabe im „freien Verfahren" vorgesehen ist, muss beachtet werden, dass ihm eine ausreichende Zeitspanne zur Einhaltung der Vor-*

---

[3] Vgl. dazu Pünder/Schellenberg/*Pünder*, § 98 Rn. 12 ff.; Immenga/Mestmäcker/*Dreher*, GWB, § 98 Rn. 15 ff.
[4] Tiefbaumaßnahmen, die Errichtung von Krankenhäusern, Sport-, Erholungs- oder Freizeiteinrichtungen, Schul-, Hochschul- oder Verwaltungsgebäude oder die damit in Verbindung stehenden Dienstleistungen.
[5] Vgl. etwa Section 3 der Public Contracts Regulations (UK) oder Article 2 des Code des marchés publics (F).
[6] Vgl. dazu Loewenheim/Meessen/Riesenkampff/*Bungenberg*, § 99 Rn. 8; Pünder/Schellenberg/*Fehling*, § 99 Rn. 9.
[7] So schon EuGH, 18.11.2004, Rs. C-126/93 (Heizkraftwerk München), Slg. 2004, I-11197.

> schriften über die Vergabe von Hauptaufträgen zur Verfügung gestellt wird. Ansonsten wäre er gegenüber Bietern, die keine öffentlichen Auftraggeber sind und kein Hauptauftragsverfahren bei der Unterauftragsvergabe einhalten müssen, benachteiligt.[8]

## IV. Die Grundsätze der Transparenz und der Nichtdiskriminierung (§ 38 Abs. 1 Satz 2 VSVgV)

**14** Die Grundsätze der Transparenz und der Nichtdiskriminierung bei der Unterauftragsvergabe sind in Art. 51 RL 2009/81/EG verankert: Der erfolgreiche Bieter hat transparent vorzugehen, sämtliche potenzielle Unterauftragnehmer gleich und in nichtdiskriminierender Weise zu behandeln. Es handelt sich dabei um eine spezielle Ausprägung derselben Grundsätze, die gemäß Art. 4 RL 2009/81/EG auch für die Vergabe des Hauptauftrags im Verhältnis vom Auftraggeber zum Auftragnehmer gelten: Die Auftraggeber haben alle Wirtschaftsteilnehmer gleich und nichtdiskriminierend zu behandeln und in transparenter Weise vorzugehen.

**15** Für die Unterauftragsvergabe enthält § 38 Abs. 1 Satz 2 VSVgV nunmehr ebenfalls ein Transparenz- und Nichtdiskriminierungsgebot. Die Norm stellt klar, dass diese Grundsätze nicht nur im Verhältnis zwischen Auftraggeber und Auftragnehmer zu berücksichtigen sind, sondern auch auf der Ebene von Auftragnehmer und Nachunternehmer gelten. Inhaltlich lässt sich an die allgemeinen vergaberechtlichen Vorgaben zu Transparenz und Nichtdiskriminierung anknüpfen. Allerdings ist das Verfahren zur Vergabe von Unteraufträgen nicht in gleichem Maße formalisiert wie das Verfahren zur Vergabe von Hauptaufträgen. Bei der Unterauftragsvergabe ist vielmehr nur eine Art „Vergaberecht light" einzuhalten.[9]

**16** Das Transparenzgebot statuiert vor allem umfassende Publizitätspflichten:[10]

- Es muss eine Vergabebekanntmachung geben.
- Die Leistungsbeschreibung muss eindeutig und erschöpfend sein.[11]
- Alle für die Vergabe relevanten Informationen (z.B. die Zuschlagskriterien) sind den Bietern mitzuteilen.
- Ein Verstoß liegt vor, wenn die Zuschlagskriterien erst nach Aufforderung zur Angebotsabgabe gebildet werden oder eine unbekannte Bewertungsmatrix verwendet wird.[12]
- Der Bieter kann jederzeit Informationen über den Verfahrensstand verlangen.[13]

---

8 § 38 Abs. 3 VSVgV ist zwar nur im „wettbewerblichen" Verfahren anwendbar, nach allgemeinen Grundsätzen gilt sein Inhalt jedoch auch im „freien" Verfahren. Das spricht dafür, dass § 38 Abs. 3 VSVgV nur über deklaratorischen Charakter verfügt.
9 Begriff nach *Burgi*, NZBau 2005, 610, 613.
10 Ziekow/Völlink/*Ziekow*, § 97 Rn. 38.
11 Heiermann/Zeiss/Kullack/Blaufuß/*Horn*, § 2 VOB/A Rn. 41.
12 Ziekow/Völlink/*Ziekow*, § 97 Rn. 40.
13 Loewenheim/Meessen/Riesenkampf/*Bungenberg*, § 97 Rn. 19 f.

- Es ist ein Vergabevermerk zu führen, in dem alle wesentlichen Vergabeschritte und Entscheidungen dokumentiert werden.

Das Nichtdiskriminierungsgebot verbietet jede unmittelbare oder mittelbare Ungleichbehandlung aufgrund der Staatsangehörigkeit. Demnach dürfen Unternehmen aus dem Mitgliedstaat des Auftraggebers bei der Unterauftragsvergabe nicht bevorzugt behandelt werden. Die im Verteidigungsbereich gängigen Offsetpraktiken sind damit demnach nicht zu vereinbaren. Aus dem Diskriminierungsverbot folgt auch das Gleichbehandlungsgebot:[14]

- Die Bieter müssen die gleichen Informationen erhalten und ihnen muss die Chance gegeben werden, innerhalb gleicher Fristen und zu gleichen Anforderungen Angebote abzugeben.[15]
- Erlangt ein Bieter mit Hilfe der Vergabestelle einen Wissens- oder Erfahrungsvorsprung, müssen die entsprechenden Informationen allen anderen Bietern ebenfalls zugänglich gemacht werden.[16]
- Es dürfen nur Angebote gewertet werden, die in jeder sich aus den Verdingungsunterlagen ergebenden Hinsicht vergleichbar sind.[17]

**PRAXISTIPP**

*Es ist nicht abzusehen, welche Wirkung den Grundsätzen der Transparenz und der Nichtdiskriminierung sowie den Kriterien des § 40 VSVgV im Rahmen des Rechtsschutzes zukommen wird. Denkbar ist, dass die Gerichte bei der Unterauftragsvergabe die gleichen Dokumentationspflichten verlangen werden, wie sie es bislang im Verhältnis von Auftraggebern und Bietern tun. Auftragnehmer sollten daher bei der Unterauftragsvergabe eine Vergabeakte anlegen, um in einem späteren Rechtsschutzverfahren den Beweis der ordnungsgemäßen Auswahl des Nachunternehmers erbringen zu können.*

## V. Folgen eines Verstoßes gegen § 38 Abs. 1 Satz 2 VSVgV und die Kriterien des § 40 VSVgV

Maßgebliche Auswirkungen von § 38 VSVgV für die Praxis können jedoch bezweifelt werden. Denn es stellt sich die Frage, welche Konsequenzen ein Verstoß des Auftragnehmers gegen § 38 VSVgV hat, d.h. welche Reaktionsmöglichkeiten der Auftraggeber und/oder der potenzielle Nachunternehmer haben.

### 1. Reaktionsmöglichkeiten des Auftraggebers

Die Europäische Kommission[18] führt dazu aus: Wenn der erfolgreiche Bieter es versäumt, den an die Unterauftragsvergabe gestellten Anforderungen nachzukommen, verletzt er eine Vertragspflicht gegenüber dem Auftraggeber. Der Auftraggeber hat in diesem Fall

---

14 Heiermann/Zeiss/Kullack/Blaufuß/*Horn*, § 2 VOB/A Rn. 59.
15 Loewenheim/Meessen/Riesenkampff/*Bungenberg*, § 97 Rn. 26.
16 Pünder/Schellenberg/*Fehling*, § 97 Rn. 81.
17 Ziekow/Völlink/*Ziekow*, § 97 Rn. 26.
18 Vgl. dazu *Europäische Kommission*, Guidance Note „Subcontracting", Ziff. 41.

die Möglichkeit, Rechtsmittel zu ergreifen und vom Auftraggeber Schadensersatz zu verlangen oder ihm den Rücktritt vom Vertrag zu erklären. Unter Umständen können diese Instrumente auch von anderen potenziellen Nachunternehmern, die am Unterauftragsvergabeverfahren teilgenommen haben, in Anspruch genommen werden. Die VSVgV enthält diesbezüglich allerdings keine Regelung.

21 In Betracht kommt zudem, dass der Auftraggeber einen Nachunternehmer, den der Auftragnehmer unter Verstoß gegen § 38 VSVgV ausgewählt hat, ablehnt. Allerdings ist eine solche Konstellation in § 9 Abs. 5 VSVgV, der die Ablehnungsbefugnis der Auftraggeber bezüglich benannter Nachunternehmer regelt, nicht vorgesehen. Der abschließende Charakter der in § 9 Abs. 5 VSVgV enthaltenen materiellen Ablehnungskriterien spricht demnach gegen ein solches Ablehnungsrecht des Auftraggebers. Soweit § 38 VSVgV weitere Anforderungen an die Nachunternehmerauswahl aufstellt, handelt es sich um verfahrensrechtliche Vorschriften, die den Auftraggeber nicht mit einem Ablehnungsrecht ausstatten, sondern ihm nur die Möglichkeit eröffnen, im Verhältnis zum Auftragnehmer vertragsrechtliche Maßnahmen zu ergreifen.

### 2. Reaktionsmöglichkeiten potenzieller Nachunternehmer

22 Stellt ein potenzieller Nachunternehmer während der Unterauftragsvergabe Verstöße gegen § 38 VSVgV fest, kann er diese gegenüber dem Auftraggeber anzeigen und so auf eine Korrektur des laufenden Verfahrens hinwirken. Hat der Auftraggeber jedoch in Übereinstimmung mit § 9 Abs. 5 VSVgV die Nachunternehmerauswahl des Auftragnehmers bestätigt, wird der Auftraggeber in der Regel nicht mehr hiervon abweichen.

### 3. Rechtsschutzmöglichkeiten potenzieller Nachunternehmer

23 Von hoher Praxisrelevanz ist weiterhin die Frage, ob einem unterlegenen Nachunternehmer Rechtsschutzmöglichkeiten zur Verfügung stehen, d.h. ob er bei einem Verstoß gegen § 38 VSVgV ein Vergabenachprüfungsverfahren gegen den Auftraggeber einleiten oder auf dem Zivilrechtsweg gegen den Auftragnehmer vorgehen kann. Zu unterscheiden ist in diesem Zusammenhang zwischen dem vergaberechtlichen Rechtsschutz gegenüber dem öffentlichen Auftraggeber und dem zivilrechtlichen Rechtsschutz gegenüber dem Auftragnehmer.

#### a) Rechtsschutz gegenüber dem öffentlichen Auftraggeber

24 Grundsätzlich ist Nachunternehmern der vergaberechtliche Rechtsschutz versagt, da sie nicht antragsbefugt i.S d. § 107 Abs. 2 GWB sind.[19]

25 Antragsbefugt sind hiernach nur Unternehmen, die ein Interesse am Auftrag haben.[20] Potenzielle Nachunternehmer haben jedoch lediglich ein Interesse an einem Teil des Auftrags, scil. des Unterauftrags. Sie verfügen in der Regel auch nicht über die notwendige Leistungsfähigkeit und Fachkunde, um den Gesamtauftrag zu erfüllen. An den Vorgaben zur Antragsbefugnis hat sich mit Blick auf die VSVgV nichts geändert. Potenziellen Nachunternehmern fehlt daher bereits die Antragsbefugnis für die Einleitung eines Nachprüfungsverfahrens.

---

[19] OLG Düsseldorf, 6.9.2006 – Verg 40/06; BKartA, 12.10.2000 – VK 2 – 32/00; OLG Rostock, NZBau 2003, 457; *Reidt*, in: Reidt/Stickler/Glahs, § 107 GWB Rn. 24 m.w.N.
[20] BVerfG, ZfBR 2009, 608.

Außerdem räumen § 38 Abs. 1 Satz 2 und 3 VSVgV potenziellen Nachunternehmern auch keine subjektiven Rechte ein, die im Wege eines Nachprüfungsverfahrens verteidigt werden könnten. Zwar schafft die Norm zwischen Auftragnehmer und potenziellen Unterauftragnehmern ein ähnliches Verhältnis wie zwischen Auftraggeber und Bietern. Auch kommen die Verfahrensvorgaben potenziellen Unterauftragnehmern zugute. Subjektive, verteidigungsfähige Rechte werden potenziellen Nachunternehmern gegenüber dem Auftragnehmer jedoch nicht eingeräumt. § 97 Abs. 7 sieht diese lediglich zugunsten von Bietern (potenziellen Auftragnehmern) gegenüber dem Auftraggeber vor. Trotz der strukturellen Ähnlichkeit nehmen Auftragnehmer gegenüber potenziellen Unterauftragnehmern auch nicht die Stellung eines Auftraggebers im Sinne des § 97 Abs. 7 GWB ein. Das ergibt sich aus § 38 Abs. 3 VSVgV, wonach Auftragnehmer, die zugleich öffentliche Auftraggeber sind, die Vorschriften über die Vergabe von Hauptaufträgen einzuhalten haben, und §§ 38 bis 41 VSVgV gerade nicht anzuwenden sind. Daraus folgt, dass nicht jeder Auftragnehmer im Falle der Unterauftragsvergabe als Auftraggeber anzusehen ist. 26

Darüber hinaus fehlt es an einer Rechtsbeziehung zwischen den potenziellen Unterauftragnehmern und dem Auftraggeber. Schließlich führt der Auftragnehmer das Verfahren zur Vergabe der Unteraufträge durch und nur mit diesem kommt der Unterauftrag zustande. 27

Ein auf § 38 Abs. 1 Satz 2 und 3 VSVgV gestütztes Rechtsschutzbegehren eines unterlegenen potenziellen Unterauftragnehmers im vergaberechtlichen Nachprüfungsverfahren scheidet demnach nach derzeit geltender Rechtslage aus. 28

### b) Rechtsschutz gegenüber dem Auftragnehmer

Denkbar ist jedoch, dass der Nachunternehmer eine Verletzung des § 38 Abs. 1 VSVgV auf dem Zivilrechtsweg geltend macht. Er kann dann den Verstoß gegen die Regelung des § 38 Abs. 1 VSVgV etwa als Pflichtverletzung im Rahmen einer culpa in contrahendo bzw. als Schutzgesetzverletzung i.S.d. § 823 Abs. 2 BGB geltend machen. Bei § 40 VSVgV handelt es sich um ein Schutzgesetz i.S.d. § 823 Abs. 2 BGB, da die Norm die Interessen der potenziellen Nachunternehmer an einem ordnungsgemäßen Verfahren schützen soll und die Anforderungen des Art. 2 EGBGB erfüllt. 29

> **PRAXISTIPP** 30
>
> *Für unterlegene potenzielle Nachunternehmer wird ein Schadensersatzanspruch jedoch kaum zu realisieren sein. Nach allgemeinen Grundsätzen obliegt ihnen im Zivilprozess nicht nur die Beweispflicht hinsichtlich eines Verstoßes gegen § 38 VSVgV. Auch ist zu beweisen, dass der Auftragnehmer ohne den Verstoß nicht mit dem erfolgreichen, sondern mit dem unterlegenen Nachunternehmer kontrahiert hätte. Zudem hat der unterlegene Nachunternehmer einen erlittenen Schaden nachzuweisen.*
>
> *Auftragnehmern ist zu empfehlen, für den eventuell notwendigen Antritt des Gegenbeweises die Nachunternehmerauswahl in einer Vergabeakte zu dokumentieren.*
>
> *Es ist nicht damit zu rechnen, dass § 38 VSVgV eine hohe Praxisrelevanz zukommt. Eine ähnliche Zielsetzung verfolgte bereits der alte § 10 VOL/A (2000) für den zivilen Bereich, mit dem ebenfalls Verfahrensvorschriften für ein faires Unter-*

> *auftragsvergabeverfahren festgelegt wurden. Es stellten sich damals die gleichen Fragen zu den Folgen eines Verstoßes und darauf beruhender Rechtsschutzmöglichkeiten des Nachunternehmers. Die Vorschrift wurde später gestrichen.*

## VI. Ausnahmetatbestand für Bietergemeinschaften und konzernverbundene Unternehmen (§ 38 Abs. 2 Satz 1 VSVgV)

31 § 38 Abs. 2 Satz 1 VSVgV enthält einen Ausnahmetatbestand für Bietergemeinschaften und mit dem Auftragnehmer verbundene Unternehmen. Für die Zwecke einer Unterauftragsvergabe nach Teil 3 der VSVgV gelten diese nicht als Unterauftragnehmer.

32 Das bedeutet einerseits, dass Aufträge mit ihnen nicht zur Erfüllung einer etwaig gemäß § 9 Abs. 3 Nr. 1 VSVgV vorgegebenen Unterauftragsquote herangezogen werden können. Andererseits sind bei dem Abschluss von Verträgen mit ihnen auch die Vorschriften der §§ 38 bis 41 VSVgV nicht einzuhalten. Bei der Vergabe eines Unterauftrags an ein verbundenes Unternehmen ist der Auftragnehmer grundsätzlich frei von Verfahrensvorgaben. Gleiches gilt bei der Übernahme von Auftragsteilen durch ein Unternehmen einer Bietergemeinschaft im Verhältnis zur Bietergemeinschaft.

## VII. Informationspflichten des Bieters (§ 38 Abs. 2 Satz 2 VSVgV)

33 Bei Abgabe seines Angebots hat der Bieter eine Liste, auf der die konzernverbundenen Unternehmen vollständig aufgeführt sind, beizufügen. Die Liste ist stets zu aktualisieren und bei Änderungen in den Beziehungen zwischen den Unternehmen dem Auftraggeber zur Verfügung zu stellen.

## VIII. Schätzung des Werts von Unteraufträgen (§ 38 Abs. 4 VSVgV)

34 Für die Berechnung des geschätzten Werts des Unterauftrags ist auf die Methode des § 3 VSVgV zurückzugreifen. Es gelten die gleichen Grundsätze wie bei der Schätzung des Auftragswerts.[21]

---

21 Dazu § 3 Rn. 7.

## § 39
## Bekanntmachung

(1) Der Auftragnehmer veröffentlicht seine Absicht, einen Unterauftrag zu vergeben, in Form einer Bekanntmachung. Die Bekanntmachung enthält zumindest die in Anhang IV der Richtlinie 2009/81/EG aufgeführten Informationen sowie die Auswahlkriterien des § 40 Absatz 1. Für die Bekanntmachung ist die Einwilligung des Auftraggebers einzuholen. Die Bekanntmachung ist gemäß den Mustern der Europäischen Kommission für Standardformulare abzufassen und wird gemäß § 18 Absatz 4 und 5 veröffentlicht.

(2) Eine Bekanntmachung über Unteraufträge ist nicht erforderlich, wenn in entsprechender Anwendung des § 12 eine Bekanntmachung verzichtbar ist, weil ein Verhandlungsverfahren ohne Teilnahmewettbewerb zulässig wäre.

## Übersicht

| | | Rn. |
|---|---|---|
| I. | Allgemeines | 1 |
| II. | Der Anwendungsbereich der Bekanntmachungspflicht (§ 39 Abs. 2 VSVgV) | 4 |
| III. | Die Bekanntmachung und ihr Mindestinhalt (§ 39 Abs. 1 VSVgV) | 5 |
| IV. | Muster und Veröffentlichung der Bekanntmachung (§ 39 Abs. 1 Satz 4 VSVgV) | 7 |
| V. | Die erforderliche Einwilligung des Auftraggebers (§ 39 Abs. 1 Satz 3 VSVgV) | 9 |

## I. Allgemeines

Um dem Wettbewerbsgrundsatz auch für die Unterauftragsvergabe gerecht zu werden und möglichst vielen potenziellen Nachunternehmern die Chance zur Kenntnisnahme der Unterauftragsvergabe zu geben, verpflichtet § 39 VSVgV den Auftragnehmer zur Bekanntmachung seiner Absicht zur Unterauftragsvergabe. 1

§ 39 VSVgV setzt Art. 52 RL 2009/81/EG um, geht aber auch über dessen Wortlaut hinaus. Im Gegensatz zu § 39 Abs. 1 Satz 3 VSVgV sieht die RL 2009/81/EG für die Bekanntmachung keine Einwilligung des Auftraggebers vor. 2

Entsprechend den Vorgaben des Art. 52 Abs. 4 RL 2009/81/EG kann gemäß § 39 Abs. 2 VSVgV in Anwendung des § 12 VSVgV auf eine Bekanntmachung verzichtet werden. Gleichwohl steht es dem Auftragnehmer frei, gemäß § 18 VSVgV zu verfahren. Da die entsprechende Regelung des Art. 52 Abs. 5 RL 2009/81/EG nur über eine klarstellende Wirkung verfügt, konnte von ihrer Umsetzung in das deutsche Recht abgesehen werden. 3

## II. Der Anwendungsbereich der Bekanntmachungspflicht (§ 39 Abs. 2 VSVgV)

4   Die Bekanntmachungspflicht einer beabsichtigten Unterauftragsvergabe gilt nicht unbeschränkt. Gemäß § 39 Abs. 2 VSVgV ist eine Bekanntmachung von Unteraufträgen nicht erforderlich, wenn ein Unterauftrag die Voraussetzungen des § 12 VSVgV erfüllt, d.h. ein Verhandlungsverfahren ohne Teilnahmewettbewerb zulässig wäre. Eine Bekanntmachung ist dann nach den Grundsätzen des § 12 VSVgV entbehrlich. Gleichwohl können die Auftragnehmer entsprechend § 18 VSVgV verfahren und den zu vergebenden Unterauftrag gemäß § 18 VSVgV bekannt machen.[1]

## III. Die Bekanntmachung und ihr Mindestinhalt (§ 39 Abs. 1 VSVgV)

5   Mit Blick auf Funktion und Form der Bekanntmachung zur Unterauftragsvergabe gilt das allgemein zur Bekanntmachung Gesagte.[2] Entsprechend der Regelung zur Hauptauftragsvergabe (§ 18 VSVgV), muss auch die Bekanntmachung zur Unterauftragsvergabe die in Anhang IV der RL 2009/81/EG aufgeführten Informationen enthalten.[3]

6   **PRAXISTIPP**

> Zum Mindestinhalt der Bekanntmachung gehören die Auswahlkriterien des § 40 Abs. 1 VSVgV.
>
> Diese umfassen:
>
> 1. Die Eignungskriterien, die vom Auftraggeber festgelegt wurden und
> 2. alle anderen Kriterien, die der Auftragnehmer bei der Auswahl des Unterauftragnehmers anwenden wird.
>
> Die Auswahlkriterien müssen gemäß § 9 Abs. 5 VSVgV mit den Kriterien, die für den Hauptauftrag gelten, in Einklang stehen.

## IV. Muster und Veröffentlichung der Bekanntmachung (§ 39 Abs. 1 Satz 4 VSVgV)

7   Das Muster der Bekanntmachung zur Unterauftragsvergabe entspricht dem des § 18 Abs. 2 VSVgV.[4]

8   Die Veröffentlichung der Bekanntgabe richtet sich nach § 18 Abs. 4, 5 VSVgV.[5] Die Bekanntmachung ist unverzüglich dem Amt für amtliche Veröffentlichungen der Europäischen Union zu übermitteln, wobei die Auftragnehmer in der Lage sein müssen, den Tag der Absendung nachzuweisen, § 18 Abs. 4 Satz 1 VSVgV. Gemäß § 18 Abs. 5 Satz 1

---

1   Vgl. die Verordnungsbegründung zu § 39 Abs. 2 VSVgV, S. 74 sowie Art. 52 Abs. 5 RL 2009/81/EG.
2   Vgl. § 18 VSVgV Rn. 9 ff.
3   Vgl. die Kommentierung zu § 18 VSVgV.
4   Vgl. § 18 Rn. 13 ff.
5   Dazu § 18 Rn. 102 ff.

VSVgV dürfen die Bekanntmachung und ihr Inhalt nicht vor dem Tag der Absendung an das Amt für amtliche Veröffentlichungen der Europäischen Union auf nationaler Ebene oder in einem Beschafferprofil veröffentlicht werden. Nach Satz 2 darf die Veröffentlichung auf nationaler Ebene keine anderen Angaben enthalten als die Bekanntmachung an das Amt für amtliche Veröffentlichungen der Europäischen Union oder die Veröffentlichung im Beschafferprofil. Gemäß Satz 3 ist in der nationalen Bekanntmachung auf das Datum der Absendung der europaweiten Bekanntmachung an das Amt für amtliche Veröffentlichungen der Europäischen Union oder der Veröffentlichung im Beschafferprofil hinzuweisen.

## V. Die erforderliche Einwilligung des Auftraggebers (§ 39 Abs. 1 Satz 3 VSVgV)

Gemäß § 39 Abs. 1 Satz 3 VSVgV ist für die Bekanntmachung die vorherige Einwilligung des Auftraggebers einzuholen. Mit dem Einwilligungserfordernis geht das deutsche Recht über die europäischen Vorgaben hinaus. Dem Auftraggeber soll die Möglichkeit gegeben werden, den Inhalt der Bekanntmachung dahingehend zu kontrollieren, ob dieser seine schutzwürdigen Interessen, insbesondere die Wahrung der Vertraulichkeit oder den Schutz von Verschlusssachen, betreffen kann.[6] Rechtliche Bedenken gegen die Regelung bestehen nicht, da aufgrund der sensiblen Materie die Informations- und Schutzinteressen des Auftraggebers das Interesse des Auftragnehmers an einer schnellen Bekanntmachung der Absicht zur Unterauftragsvergabe überwiegen. Der Auftraggeber darf die Einwilligung nur versagen, wenn das verhältnismäßig ist. In der Praxis führt eine Versagung dazu, dass der Auftragnehmer die Bekanntmachung modifizieren wird. Die Versagung der Einwilligung kann dann unverhältnismäßig sein, wenn der Auftragsgegenstand von vornherein keine Wahrung der Vertraulichkeit erfordert oder wenn sich die Unterauftragsvergabe durch die Versagung erheblich verzögern oder die Wahl des Nachunternehmers durch eine angepasste Bekanntmachung unzumutbar erschweren würde.

9

---

6   Vgl. die Verordnungsbegründung zu § 39 VSVgV, S. 74.

## § 40
## Kriterien zur Auswahl der Unterauftragsnehmer

(1) In der Bekanntmachung für den Unterauftrag gibt der Auftragnehmer die vom Auftraggeber festgelegten Eignungskriterien sowie alle anderen Kriterien an, die er für die Auswahl der Unterauftragnehmer anwenden wird. Diese Kriterien müssen objektiv und nichtdiskriminierend sein und im Einklang mit den Kriterien stehen, die der Auftraggeber für die Auswahl der Bieter für den Hauptauftrag angewandt hat. Die geforderte Leistungsfähigkeit muss in unmittelbarem Zusammenhang mit dem Gegenstand des Unterauftrags stehen und das Niveau der geforderten Fähigkeiten muss dem Gegenstand des Unterauftrags angemessen sein.

(2) Der Auftraggeber darf vom Auftragnehmer nicht verlangen, einen Unterauftrag zu vergeben, wenn dieser nachweist, dass keiner der Unterauftragnehmer, die an dem Wettbewerb teilnehmen, oder keines der eingereichten Angebote die in der Bekanntmachung über den Unterauftrag genannten Kriterien erfüllt und es daher dem erfolgreichen Bieter unmöglich wäre, die Anforderungen des Hauptauftrags zu erfüllen.

## Übersicht

| | | Rn. |
|---|---|---|
| I. | Allgemeines | 1 |
| II. | Auswahlkriterien des § 40 Abs. 1 VSVgV | 6 |
| III. | Objektivität und Nichtdiskriminierung (§ 40 Abs. 1 Satz 2 VSVgV) | 11 |
| IV. | Spezielle Vorgaben zur Leistungsfähigkeit (§ 40 Abs. 1 Satz 3 VSVgV) | 12 |
| V. | Ablehnungsrecht des Auftragnehmers bei Ungeeignetheit der Nachunternehmer (§ 40 Abs. 2 VSVgV) | 14 |
| VI. | Folgen eines Verstoßes gegen § 40 VSVgV | 18 |

## I. Allgemeines

§ 40 VSVgV legt Kriterien fest, die bei der Auswahl der Unterauftragsnehmer zu beachten sind. **1**

Damit sieht die Vorschrift, anders als das übrige Vergaberecht, Regelungen für das Verhältnis vom Auftragnehmer zum Unterauftragnehmer vor. Sie konkretisiert die Maßstäbe, anhand derer der Auftragnehmer die Auswahl seines Unterauftragnehmers zu treffen hat. **2**

Gemäß § 40 Abs. 1 VSVgV müssen die Auswahlkriterien objektiv und nichtdiskriminierend sein und sich an den Kriterien des Hauptauftrags orientieren. Zudem müssen die geforderte Leistungsfähigkeit und deren Niveau in unmittelbarem Zusammenhang mit **3** dem Gegenstand des Unterauftrags stehen und diesem angemessen sein. Damit sind Offsets in jeder Form ausgeschlossen.[1]

4 Ein Verzicht der Unterauftragsvergabe ist gemäß § 40 Abs. 2 VSVgV nur möglich, wenn die Untauglichkeit der Unterauftragnehmer bzw. der Angebote dazu führt, dass es dem Auftragnehmer unmöglich wäre, die Anforderungen des Hauptauftrags mittels Unterauftragsvergabe zu erfüllen. Die Nachweispflicht trifft dabei den Auftragnehmer.

5 § 40 VSVgV setzt Art. 53 RL 2009/81/EG um.

## II. Auswahlkriterien des § 40 Abs. 1 VSVgV

6 § 40 Abs. 1 Satz 1 VSVgV unterscheidet zwischen vom Auftraggeber festgelegten Eignungskriterien und anderen Kriterien, die der Auftragnehmer bei der Auswahl des Nachunternehmers anwendet.

7 Da die Kriterien gemäß § 40 Abs. 1 Satz 2 VSVgV im Einklang mit den Kriterien des Hauptauftrags stehen müssen, können die Grundsätze des § 21 VSVgV herangezogen werden. § 21 Abs. 1 VSVgV nimmt auf die Eignungsanforderungen des § 97 Abs. 4 GWB Bezug, die somit auch für die Unterauftragsvergabe gelten.

8 Nach § 97 Abs. 4 Satz 1 GWB sind im Rahmen der Eignungsprüfung folgende Kriterien zu prüfen:[2]

- Fachkunde: Der Bieter muss über hinreichende technische und kaufmännische Kenntnisse verfügen, um den Auftrag zu erfüllen.[3]
- Leistungsfähigkeit: Der Bieter muss in technischer, kaufmännischer, personeller und finanzieller Hinsicht so ausgestattet sein, dass der Auftrag ordnungsgemäß erledigt werden kann.[4]
- Zuverlässigkeit/Gesetzestreue: Der Bieter muss die hinreichende Gewähr dafür bieten, dass der Auftrag ordnungsgemäß und leistungsgerecht erfüllt wird, d.h. insbesondere unter Einhaltung aller geltenden Gesetze sowie der Vorgaben der Leistungsbeschreibung.[5]

9 Nachunternehmer müssen demnach fachkundig, leistungsfähig und zuverlässig in Bezug auf die im Rahmen des Unterauftrags zu erbringende Leistung sein. Von den potenziellen Nachunternehmern sind daher Nachweise zu verlangen, die ihre Fachkunde, Leistungsfähigkeit und Zuverlässigkeit in Bezug auf den Unterauftrag belegen. Die Kriterien, anhand derer die Eignung der potenziellen Nachunternehmer beurteilt werden soll, müssen unternehmensbezogen sein und dürfen nicht mit den Zuschlagskriterien, die auftragsbezogen zu sein haben, vermischt werden.[6]

---

1 *Weiner*, EWS 2011, 401.
2 Dazu Immenga/Mestmäcker/*Dreher*, GWB, § 97 Rn. 134 ff.; Loewenheim/Meessen/Riesenkampff/Bungenberg, § 97 Rn. 40 ff.; vgl auch die Kommentierung zu § 21 Rn. 15.
3 Ziekow/Völlink/*Ziekow*, § 97 GWB Rn. 97.
4 Pünder/Schellenberg/*Fehling*, § 97 GWB Rn. 116.
5 Motzke/Pietzcker/Prieß/*Marx*, § 97 GWB Rn. 34.
6 Vgl. Heiermann/Zeiss/Blaufuß/*Summa*, § 97 GWB Rn. 103.

Neben diesen vom Auftraggeber festzulegenden Eignungskriterien kann der Auftragnehmer gemäß § 40 Abs. 1 Satz 1 a.E. VSVgV weitere Kriterien bei der Auswahl der Nachunternehmer anwenden.

## III. Objektivität und Nichtdiskriminierung (§ 40 Abs. 1 Satz 2 VSVgV)

Die vom Auftraggeber festzulegenden Eignungskriterien und die anderen Kriterien, die der Auftragnehmer heranzieht, müssen dem Grundsatz der Objektivität genügen. Der Begriff der Objektivität ist in Art. 53 RL 2009/81/EG enthalten, wird jedoch dort nicht weiter erläutert. Zur Konkretisierung bietet es sich an, auf die Inhaltsbestimmung zurückzugreifen, die sich etwa für § 20 SektVO entwickelt hat. Danach sind solche Kriterien objektiv, die eine Beurteilung der Fachkunde, Leistungsfähigkeit und Zuverlässigkeit der Bewerber für die Ausführung des konkret ausgeschriebenen Auftrags zulassen[7] und die in Befolgung des Gleichbehandlungs- und Transparenzgebots im Voraus festgelegt sind.[8] Das bedeutet, die Kriterien müssen die Bewertung, ob ein Unternehmen zur Ausführung des Unterauftrags geeignet ist, ermöglichen und vom Auftragnehmer vorab festgelegt und bekannt gemacht werden. Daneben schreibt § 40 Abs. 1 Satz 2 VSVgV ausdrücklich vor, dass die Kriterien nicht diskriminierend sein dürfen und konkretisiert damit den Nichtdiskriminierungsgrundsatz des § 38 Abs. 1 Satz 2 VSVgV. Damit wird klargestellt, dass weder die vom Auftragnehmer angewandten Auswahlkriterien noch die vom Auftraggeber vorgegeben Eignungskriterien diskriminierend sein dürfen. Diese ausdrückliche Klarstellung ist vor dem Hintergrund der im Verteidigungsbereich gängigen Offset-Praktiken zu sehen, denen spätestens mit der Richtlinie 2009/81/EG und deren Umsetzung in der VSVgV ein Riegel vorgeschoben werden soll.[9] Kriterien, die nationale Unternehmen bei der Unterauftragsvergabe bevorzugen und Anbieter aus anderen Staaten diskriminieren, sind demnach unzulässig.

## IV. Spezielle Vorgaben zur Leistungsfähigkeit (§ 40 Abs. 1 Satz 3 VSVgV)

Für das Eignungskriterium der Leistungsfähigkeit konkretisiert § 40 Abs. 1 Satz 3 VSVgV die Vorgaben, die an die Nachunternehmer zu stellen sind. Die geforderte Leistungsfähigkeit muss in unmittelbarem Zusammenhang mit dem Gegenstand des Unterauftrags stehen und das Niveau der geforderten Fähigkeiten muss dem Gegenstand des Unterauftrags angemessen sein.

Es ist für die Leistungsfähigkeit somit nicht ausreichend, dass die an sie gestellten Anforderungen nur im Einklang mit den Kriterien stehen, die der Auftraggeber für die Auswahl der Bieter für den Hauptauftrag angewandt hat. Darüber hinaus stellt die geforderte Leistungsfähigkeit nur dann ein rechtmäßiges Kriterium dar, wenn sie sich auf den Kernbereich des Unterauftrags bezieht. Das bedeutet insbesondere, dass Leistungen, die nicht

---
7 Ziekow/Völlink/*Vavra*, § 20 SektVO Rn. 2.
8 Heiermann/Zeiss/Blaufuß/*Summa*, § 20 SektVO Rn. 62.
9 *Weiner*, EWS 2011, 45.

mit dem Unterauftrag zusammenhängen (z.B. Investitionen bzw. Ansässigkeit im Auftraggeberland), weder vom Nachunternehmer gefordert noch bei dessen Auswahl berücksichtigt werden dürfen. Für das Niveau der Leistungsfähigkeit legt § 40 Abs. 1 Satz 3 VSVgV fest, dass keine überzogenen oder unzumutbaren Anforderungen gestellt werden dürfen, sondern nur solche, die nicht unverhältnismäßig sind.

## V. Ablehnungsrecht des Auftragnehmers bei Ungeeignetheit der Nachunternehmer (§ 40 Abs. 2 VSVgV)

14  Der Auftragnehmer kann gemäß § 40 Abs. 2 VSVgV die Unterauftragsvergabe ablehnen, wenn entweder keiner der am Wettbewerb teilnehmenden Unterauftragnehmer oder keines der eingereichten Angebote die in der Bekanntmachung über den Unterauftrag genannten Kriterien erfüllt und es dem Auftragnehmer daher unmöglich ist, den Auftrag mit Nachunternehmern zu erfüllen.

15  Entsprechend der Systematik des Abs. 1 können die Gründe, die dazu führen, dass die geforderten Kriterien nicht erfüllt werden, in der Person der Nachunternehmer (fehlende Eignung) oder in den abgegebenen Angeboten (mangelnde Übereinstimmung mit den vom Auftragnehmer aufgestellten Kriterien) liegen.

16  Der letzte Halbsatz des § 40 Abs. 2 VSVgV stellt klar, dass nicht jede Ungeeignetheit bzw. jeder Mangel im Angebot zu einem Ablehnungsrecht der Unterauftragsvergabe führt. Die Untauglichkeit der Bewerber bzw. der Angebote muss so gravierend sein, dass die Ausführung des Hauptauftrags unter Beteiligung des Nachunternehmers dem Auftragnehmer insgesamt unmöglich wird, da dessen Anforderungen nicht erfüllt werden können. Kleinere Mängel bewirken noch kein Ablehnungsrecht nach § 40 Abs. 2 VSVgV, insbesondere dann nicht, wenn sie durch den Auftragnehmer ohne einen bedeutenden und unverhältnismäßigen organisatorischen oder finanziellen Aufwand kompensiert werden können. Es kann jedoch vom Auftragnehmer nicht verlangt werden, erhebliche Mängel des Nachunternehmers auszugleichen, nur um an einer Unterauftragsvergabe festzuhalten. Insgesamt muss der Nachunternehmer in der Lage sein, den Kernbereich des Unterauftrags nach den festgelegten Kriterien eigenständig zu erfüllen. Solange das der Fall ist, schaden auch kleinere Mängel nicht und der Auftragnehmer kann die Unterauftragsvergabe nicht ablehnen.

17  Die Nachweispflicht für die Untauglichkeit der Bewerber bzw. der Angebote sowie die daraus folgende Unmöglichkeit, die Anforderungen des Hauptauftrags zu erfüllen, trifft den Auftragnehmer, § 40 Abs. 2 VSVgV.

## VI. Folgen eines Verstoßes gegen § 40 VSVgV

18  Für die Folgen eines Verstoßes wird auf die Ausführungen zu § 38 VSVgV verwiesen.

## § 41
## Unteraufträge aufgrund einer Rahmenvereinbarung

(1) Der Auftragnehmer kann die Anforderungen an die Vergabe von Unteraufträgen im Sinne des § 9 Absatz 3 Nummer 1 und 2 erfüllen, indem er Unteraufträge auf der Grundlage einer Rahmenvereinbarung vergibt, die unter Einhaltung der §§ 38 Absatz 1 Satz 2, 39 und 40 geschlossen wurde. Unteraufträge auf der Grundlage einer solchen Rahmenvereinbarung werden gemäß den Bedingungen der Rahmenvereinbarung vergeben. Sie dürfen nur an Unternehmen vergeben werden, die von Anfang an Parteien der Rahmenvereinbarung waren.

(2) Für die durch den Auftragnehmer geschlossene Rahmenvereinbarung gilt § 14 Absatz 1 Satz 2 und Absatz 6 Satz 1 und 2 entsprechend.

## Übersicht

|  |  | Rn. |
|---|---|---|
| I. | Allgemeines | 1 |
| II. | Begriff und Inhalt der Rahmenvereinbarung | 4 |
| III. | Abschluss und Laufzeit der Rahmenvereinbarung (§ 41 Abs. 2 VSVgV) | 5 |
| IV. | Vergabe von Einzelaufträgen (§ 41 Abs. 1 VSVgV) | 10 |

## I. Allgemeines

Gemäß § 41 Abs. 1 VSVgV kann der Auftragnehmer die sich aus § 9 Abs. 3 Nr. 1 und 2 VSVgV ergebenden Anforderungen zur Unterauftragsvergabe auch dadurch erfüllen, dass er Unteraufträge auf der Grundlage einer Rahmenvereinbarung vergibt. 1

Der Begriff der Rahmenvereinbarung bei Unterauftragsvergaben entspricht dem des § 4 Abs. 2 VSVgV. § 41 VSVgV greift jedoch nur partiell auf die allgemeine Vorschrift zu Rahmenvereinbarungen (§ 14 VSVgV) zurück. Anwendung finden nur die Regeln über die Zuschlagskriterien (§ 14 Abs. 1 Satz 2 VSVgV) sowie über die Laufzeit (§ 14 Abs. 6 VSVgV). Im Übrigen muss das Verfahren zum Abschluss der Rahmenvereinbarung lediglich den §§ 38 Abs. 1 Satz 1, 39 und 40 VSVgV genügen. 2

§ 41 VSVgV stellt die Umsetzung von Art. 52 Abs. 6 UAbs. 1 und UAbs. 2 Satz 1 und 2 RL 2009/81/EG dar. Nicht umgesetzt wurde Art. 52 Abs. 6 UAbs. 4, der bestimmt, dass Rahmenvereinbarungen nicht missbräuchlich oder in einer Weise angewandt werden dürfen, durch die der Wettbewerb behindert, eingeschränkt oder verfälscht wird. Das Missbrauchsverbot gilt jedoch in direkter Anwendung der Richtlinie auch im Rahmen des § 41 VSVgV. 3

## II. Begriff und Inhalt der Rahmenvereinbarung

4　Begriff und Inhalt der Rahmenvereinbarung richten sich auch im Kontext der Unterauftragsvergabe nach § 4 Abs. 2 VSVgV. Danach ist eine Rahmenvereinbarung eine Vereinbarung zwischen einem oder mehreren Auftraggebern/Auftragnehmern und einem oder mehreren (Nach-)Unternehmern, welche die Bedingungen für Einzelaufträge festlegt, die im Laufe eines bestimmten Zeitraums vergeben werden sollen. Diese beinhaltet insbesondere Angaben zum Preis und gegebenenfalls Angaben zur voraussichtlichen Abgabemenge.[1]

## III. Abschluss und Laufzeit der Rahmenvereinbarung (§ 41 Abs. 2 VSVgV)

5　Rahmenvereinbarungen zwischen Auftraggebern und Auftragnehmern sind regelmäßig öffentliche Aufträge im Sinne des § 99 Abs. 1 GWB.[2] Im Verhältnis von Auftragnehmer und Unterauftragnehmer trifft das indes nicht zu, so dass konsequenterweise § 14 VSVgV nicht direkt, sondern über die Verweise in § 41 Abs. 2 VSVgV nur partiell anwendbar ist.

6　Hinsichtlich der Vergabeentscheidung in Bezug auf die Rahmenvereinbarung, nicht jedoch des Vergabeverfahrens, ist gemäß § 41 Abs. 2 VSVgV auf § 14 Abs. 1 Satz 2 VSVgV zurückzugreifen. Für die Wertung der Angebote und den Zuschlag gelten daher die Kriterien des § 34 VSVgV entsprechend.[3]

7　Die Laufzeit der Rahmenvereinbarung richtet sich gemäß § 41 Abs. 2 VSVgV nach § 14 Abs. 6 Satz 1 und 2 VSVgV. Die Laufzeit darf demnach, abgesehen von zwei Sonderfällen, eine Dauer von sieben Jahren nicht überschreiten. Eine längere Dauer ist gerechtfertigt, wenn diese aus der zu erwartenden Nutzungsdauer gelieferter Güter, Anlagen oder Systeme resultiert. Zudem kann sich eine zulässige längere Laufzeit aus technischen Schwierigkeiten, die durch einen Wechsel des Unternehmens entstehen, ergeben.[4]

8　Im Übrigen sind gemäß § 41 Abs. 1 VSVgV für das Vergabeverfahren, das in den Abschluss der Rahmenvereinbarung mündet, folgende Vorschriften der VSVgV anzuwenden:

- § 38 Abs. 1 Satz 2 VSVgV: Der Abschluss der Rahmenvereinbarung setzt ein transparentes Verfahren voraus und alle potenziellen Unterauftragsnehmer sind gleich und in nicht diskriminierender Weise zu behandeln („Vergaberecht light").[5]

- § 39 VSVgV: Bei Abschluss der Rahmenvereinbarung sind die Vorschriften über die Bekanntmachung einzuhalten.[6]

- § 40 VSVgV: Die Kriterien zur Auswahl der Unterauftragsnehmer gelten auch für den Abschluss der Rahmenvereinbarung.[7]

---

1　Vgl. § 14 Rn. 7.
2　Ziekow/Völlink/*Völlink*, § 9 SektVO Rn. 4.
3　Vgl. dazu § 34 Rn. 4 ff.
4　Vgl. § 14 Rn. 49 f.
5　Vgl. § 38 Rn. 13 ff.
6　Vgl. § 39 Rn. 5 ff.
7　Vgl. § 40 Rn. 6 ff.

Grundsätzlich muss das Verfahren zum Abschluss der Rahmenvereinbarung denselben Kriterien folgen wie die Vergabe eines Unterauftrags.     9

## IV. Vergabe von Einzelaufträgen (§ 41 Abs. 1 VSVgV)

Werden auf Grundlage der Rahmenvereinbarung Einzelaufträge vergeben, ist ein Rückgriff auf die Vorschriften des § 14 Abs. 3 bis 5 VSVgV nicht notwendig.     10

Gemäß § 41 Abs. 1 Satz 2 VSVgV richtet sich die Einzelauftragsvergabe ausschließlich nach den Bedingungen der Rahmenvereinbarung; in diesen ist daher das einzuhaltende Verfahren zu bestimmen. Zudem müssen die Parteien bei der Einzelauftragsvergabe sicherstellen, dass die Vertragsbedingungen des Einzelauftrags den Bedingungen der Rahmenvereinbarung inhaltlich entsprechen.[8]     11

§ 41 Abs. 1 Satz 3 VSVgV schreibt vor, dass Einzelaufträge nur an Unternehmen vergeben werden dürfen, die von Anfang an Parteien der Rahmenvereinbarung waren.     12

---

[8] Vgl. Art. 52 Abs. 6 UAbs. 2 Satz 3 RL 2009/81/EG.

# Teil 4
# Besondere Bestimmungen

## § 42
## Ausgeschlossene Personen

(1) Als Organmitglied oder Mitarbeiter eines Auftraggebers oder als Beauftragter oder als Mitarbeiter eines Beauftragten eines Auftraggebers dürfen bei Entscheidungen in einem Vergabeverfahren für einen Auftraggeber als voreingenommen geltende natürliche Personen nicht mitwirken, soweit sie in diesem Verfahren

1. Bieter oder Bewerber sind,
2. einen Bieter oder Bewerber beraten oder sonst unterstützen oder als gesetzlicher Vertreter oder nur in dem Vergabeverfahren vertreten,
3. beschäftigt oder tätig sind
   a) bei einem Bieter oder Bewerber gegen Entgelt oder bei ihm als Mitglied des Vorstandes, Aufsichtsrates oder gleichartigen Organs,
   b) für ein in das Vergabeverfahren eingeschaltetes Unternehmen, wenn dieses Unternehmen zugleich geschäftliche Beziehungen zum Auftraggeber und zum Bieter oder Bewerber hat, es sei denn, dass daraus kein Interessenkonflikt für die Person entsteht oder sich die Tätigkeiten nicht auf die Entscheidungen in dem Vergabeverfahren auswirken.

(2) Als voreingenommen gelten auch die Personen, deren Angehörige die Voraussetzungen nach Absatz 1 Nummer 1 bis 3 erfüllen. Angehörige sind der Verlobte, der Ehegatte, Lebenspartner, Verwandte und Verschwägerte gerader Linie, Geschwister, Kinder der Geschwister, Ehegatten und Lebenspartner der Geschwister und Geschwister der Ehegatten und Lebenspartner, Geschwister der Eltern sowie Pflegeeltern und Pflegekinder.

## Übersicht*

|  |  | Rn. |
|---|---|---|
| I. | Grundlagen | 1 |
| II. | Normhintergrund | 3 |
| III. | Einführung | 5 |
| IV. | Voreingenommene Personen | 8 |
|  | 1. Personen auf Seiten des Auftraggebers | 9 |
|  | 2. Personen auf Seiten des Bieters bzw. Bewerbers | 15 |
|  | a) Unwiderlegbar voreingenommene Personen nach Nr. 1 | 17 |

---

* Der Beitrag gibt ausschließlich die Meinung des Verfassers wieder.

|  |  | b) | Unwiderlegbar voreingenommene Personen nach Nr. 2 ..................... 18 |
|  |  | c) | Widerlegbar voreingenommene Personen nach Nr. 3 ....................... 22 |
|  |  |  | aa. Beschäftigung oder Tätigkeit bei einem bzw. für einen Bieter oder Bewerber ........................................................................ 22 |
|  |  |  | bb. Tätigkeit für ein Unternehmen mit wirtschaftlichen Beziehungen zum Auftraggeber ............................................................ 24 |
|  |  | d) | Widerlegung der Voreingenommenheitsvermutung ......................... 29 |
|  |  |  | aa. Widerlegung des Interessenkonfliktes ............................................ 31 |
|  |  |  | bb. Keine Auswirkungen der Tätigkeiten ............................................. 35 |
|  | 3. | Entscheidungen in einem Vergabeverfahren ............................................... 39 |
|  |  | a) | Begriff des Vergabeverfahrens: ........................................................... 40 |
|  |  | b) | Voreingenommenheit von Angehörigen ............................................ 44 |
|  |  | c) | Entscheidungen in einem Vergabeverfahren ..................................... 46 |
|  | 4. | Rechtsfolgen .................................................................................................. 50 |

## I. Grundlagen

**1** § 42 VSVgV übernimmt die Vorschrift des § 16 VgV über den Ausschluss von Personen vom Vergabeverfahren aufgrund einer bestehenden oder vermuteten Interessenkollision. Die Bestimmung regelt die Neutralitätspflicht des Auftraggebers bei der Durchführung von Vergabeverfahren.[1] Bis auf eine redaktionelle Änderung in § 42 Abs. 1 Nr. 3 sind die beiden Vorschriften identisch.

**2** § 42 VSVgV findet nur dann Anwendung, wenn u.a. die Schwellenwerte des Auftrages überschritten sind. Im sog. Unterschwellenbereich ist – unabhängig von der Frage, ob § 42 VSVgV analog anzuwenden ist – in diesen Fällen grundsätzlich ein Verstoß gegen § 2 VOL/A einschlägig, weil die Interessenkollision den dort vorgeschriebenen fairen Wettbewerb verhindert.[2]

## II. Normhintergrund

**3** § 42 VSVgV bzw. § 16 VgV dienen nicht der Umsetzung einer speziellen Bestimmung der Vergaberichtlinien, sondern sind Ausdruck des allgemeinen vergaberechtlichen Gleichbehandlungsgrundsatzes und des Neutralitätsgebotes. Grundsätzlich dürfen auf Auftraggeberseite keine natürlichen Personen beteiligt sein, die sowohl die Interessen des Auftraggebers als auch die Interessen eines oder mehrerer Bieter oder Bewerber vertreten.

**4** Eine spezielle Regelung über die Rechtsfolgen einer bewiesenen oder vermuteten Befangenheit im Vergabeverfahren wurde notwendig, nachdem insbesondere im Zuge der sog. Flughafenentscheidung das OLG Brandenburg eine Anlehnung an die Bestimmung des § 20 VwVfG genommen hatte.[3] Im Nachgang zu dieser Entscheidung wurden ins-

---

[1] VK Bund, 6.6.2005, VK 2 – 33/05.
[2] VG Gelsenkirchen, 2.11.2011 – 7 K 2137/10.
[3] OLG Brandenburg, 3.8.1999, & Verg 1/99.

besondere die Rechtsfolgen kontrovers behandelt, die der „böse Schein" einer Voreingenommenheit hat.[4]

## III. Einführung

Adressat der Vorschrift sind Personen, die auf Seiten der Vergabestelle, d.h. des Auftraggebers, an dem Vergabeverfahren tätig sind. Sie werden von der Mitwirkung **auf Seiten der Vergabestelle ausgeschlossen**, weil bei ihnen aufgrund einer besonderen Nähe zu einem oder mehreren Bietern eine Interessenkollision besteht oder (widerlegbar) vermutet wird. § 42 VSVgV bietet keine Rechtsgrundlage für den Ausschluss eines Bieters.[5]

Dabei wird wie folgt differenziert:

Nach § 42 Abs. 1 Nr. 1 und 2 VSVgV werden Konstellationen erfasst, bei denen die Interessenkollisionen unterstellt werden und die betreffende Person als voreingenommen gilt.

Demgegenüber erfasst § 42 Abs. 1 Nr. 3 und lit. a) und b) VSVgV Fallgruppen, in denen zwar grundsätzlich eine Voreingenommenheit unterstellt wird, wobei jedoch im Einzelfall belegt werden kann, dass daraus kein Interessenkonflikt resultiert bzw. sich die Tätigkeit der betreffenden Person nicht auf das Vergabeverfahren ausgewirkt hat.

## IV. Voreingenommene Personen

§ 42 VSVgV erfasst natürliche Personen, die sowohl auf Seiten des Auftraggebers als auch auf Seiten des Bieters oder Bewerbers an dem Vergabeverfahren beteiligt sind. Eine Anwendung auf juristische Personen scheidet aus.

### 1. Personen auf Seiten des Auftraggebers

Das Mitwirkungsverbot adressiert

– Organmitglieder eines Auftraggebers,

– Mitarbeiter des Auftraggebers und

– Beauftragte oder Mitarbeiter eines Beauftragten des Auftraggebers.

Zunächst ist der **Organbegriff** anhand der allgemeinen insbesondere gesellschaftsrechtlichen – Regelungen zu bestimmen. Beispielsweise sind dies im Anwendungsbereich der Auftraggeber nach § 98 Nr. 2 GWB Geschäftsführer, Gesellschafter, Beiräte, Aufsichtsräte und Vorstände.

Darüber hinaus kommt dem Organbegriff i.S.d. § 42 VSVgV auch eine eigenständige Bedeutung zu.[6] Ausgehend von dem Schutzzweck der Norm, nämlich die Neutralität im Vergabeverfahren zu gewährleisten, können auch Mitglieder vorbereitender Ausschüsse oder sonstiger Gremien darunter fallen.

---

4 S. zur Entwicklung bspw: *Berrisch/Nehl*, WuW 2001, 944; *Danckwerts*, NZBau 2001, 242.
5 VK Baden-Württemberg, 28.12.2009 – 1 VK 61/09 (zu § 16 VgV); VK Bund, 1.8.2008, VK 2 – 88/08 09 (zu § 16 VgV).
6 *Schröder*, NVwZ 2004, 168.

12  Wer **Mitarbeiter des Auftraggebers** ist, bestimmt sich nach den Bestimmungen des Arbeits- oder Beamtenrechts. Abzustellen ist darauf, ob ein Arbeits- oder Dienstverhältnis besteht. Hingegen kommt es nicht darauf an, ob der Mitarbeiter teil- oder vollzeitbeschäftigt ist. Leiharbeitnehmer gelten ausgehend vom Schutzzweck der Norm ebenfalls als Mitarbeiter des Auftraggebers.

13  Zu dem Kreis **der Beauftragten eines Auftraggebers** gehören sämtliche Personen, derer sich der Auftraggeber bei der Durchführung des Vergabeverfahrens bedient. Im Anwendungsbereich der VSVgV kommen hierbei insbesondere Personen in Betracht, die im Bereich der juristischen Beratung (Rechtsanwälte), der fachtechnischen Betreuung (Ingenieure, Architekten) oder hinsichtlich allgemeiner Beratungsleistungen tätig werden. Abzustellen ist allein auf die Erbringung der Tätigkeit als solche, so dass es beispielsweise nicht darauf ankommt, ob der Beauftragte durch berufsrechtliche Bestimmungen besonders zur Verschwiegenheit verpflichtet ist.

14  Der Kreis der **Mitarbeiter des Beauftragten des Auftraggebers** bestimmt sich nach den allgemeinen arbeits-, dienst- oder beamtenrechtlichen Bestimmungen.

## 2. Personen auf Seiten des Bieters bzw. Bewerbers

15  § 42 Abs. 1 Nr. 1–3 VSVgV listen Fallgruppen auf, deren Personen auf Seiten des Bieters oder Bewerbers tätig werden.

16  Die genaue Zuordnung ist deshalb relevant, weil bei Personen nach Nr. 1 und 2 eine Voreingenommenheit **unwiderlegbar** vermutet wird, wohingegen diese Vermutung bei Personen nach Nr. 3 im konkreten Fall **widerlegbar** ist.

### a) Unwiderlegbar voreingenommene Personen nach Nr. 1

17  Der Kreis der Bieter oder Bewerber nach Nr. 1 bestimmt sich nach dem allgemeinen vergaberechtlichen Begriffsverständnis. Demnach ist Bieter, wer ein Angebot abgegeben hat, und Bewerber, wer zur Angebotsabgabe aufgefordert wurde bzw. einen Teilnahmeantrag abgegeben hat.

### b) Unwiderlegbar voreingenommene Personen nach Nr. 2

18  Nr. 2 erfasst Personen, die einen Bieter oder Bewerber beraten oder sonst unterstützen oder als gesetzlicher Vertreter oder nur in diesem Vergabeverfahren unterstützen.

19  Der Kreis der Berater oder sonstigen Unterstützer ist entsprechend dem Normzweck weit. Hierzu zählen beispielsweise Rechtsanwälte, technische Berater (spezialisierte Ingenieure), Architekten oder auch Unternehmensberater. Abzustellen ist auf die wirtschaftliche Beziehung zwischen dem Bieter bzw. Bewerber und dem Berater bzw. Unterstützer, die es rechtfertigt, ihn als voreingenommen anzusehen. Dementsprechend ist es nicht erforderlich, dass die Beratungs- oder Unterstützungsleistung im Hinblick auf das konkrete Vergabeverfahren erbracht wird.

20  Die Beratungs- oder Unterstützungsleistung muss sich aber in zeitlicher Hinsicht mit der Tätigkeit auf Seiten der Vergabestelle überschneiden. Dem Vergabeverfahren vorgelagerte oder sich lediglich abzeichnende spätere Beratungs- oder Unterstützungsleistungen reichen hierfür nicht.

Schließlich fallen auch gesetzliche Vertreter oder Vertreter des Bieters oder Bewerbers in diesem konkreten Vergabeverfahren unter den Anwendungsbereich von Nr. 2. Zu den gesetzlichen Vertretern gehören beispielsweise Geschäftsführer oder Vorstände. Der Kreis der in dem Vergabeverfahren tätigen Vertreter bestimmt sich nach den allgemeinen zivilrechtlichen Bestimmungen (§§ 164 ff. BGB).

21

### c) Widerlegbar voreingenommene Personen nach Nr. 3

aa. Beschäftigung oder Tätigkeit bei einem bzw. für einen Bieter oder Bewerber

§ 42 Abs. 1 Nr 3 a) Alt. 1 VSVgV erfasst Personen, die bei dem Bieter oder Bewerber gegen Entgelt beschäftigt sind. Dies ist der Fall, wenn die Personen in einem Anstellungs-, Beamten- oder sonstigen Dienstverhältnis zum Bieter oder Bewerber stehen.

22

Die Alt. 2 erfasst Personen, die bei dem Bieter oder Bewerber als Mitglied des Vorstandes, Aufsichtsrates oder eines gleichartigen Organs tätig sind. Da es sich bei den Mitgliedern des Vorstandes oder des Aufsichtsrates um vertretende und kontrollierende Organe handelt, muss diese Funktion auch bei den „gleichartigen Organen" vorliegen. Organe mit rein beratenden Funktionen, wie beispielsweise beratende Beiräte, gehören nicht dazu.[7]

23

bb. Tätigkeit für ein Unternehmen mit wirtschaftlichen Beziehungen zum Auftraggeber

§ 42 Abs. 1 Nr. 3 b) Alt. 1 VSVgV erfasst Personen, die bei einem in das Vergabeverfahren eingeschalteten Unternehmen beschäftigt sind, wenn dieses Unternehmen zugleich geschäftliche Beziehungen zum Auftraggeber und zum Bieter oder Bewerber hat.

24

Im Unterschied zu dem von § 42 Abs. 1 Nr. 2 VSVgV erfassten Personenkreis ist Anknüpfungspunkt nicht das Tätigwerden einer Person auf Seiten des Bieters/Bewerbers und der Vergabestelle, sondern die Beschäftigung in einem Unternehmen, das sowohl auf Seiten der Vergabestelle tätig ist als auch Geschäftskontakte zu einem Bieter oder Bewerber unterhält. Klassische Fallkonstellationen sind hierbei wieder Rechtsanwälte, Beratungsunternehmen oder Architekturbüros. Mit der Regelung will der Verordnungsgeber verhindern, dass innerhalb des in das Verfahren eingeschalteten Unternehmens Interna des Vergabeverfahrens ausgetauscht werden, die dem Bieter bzw. Bewerber, der ebenfalls geschäftliche Beziehungen zu dem in das Verfahren eingeschaltete Unternehmen unterhält, zu einem Informationsvorsprung und damit zu einem Wettbewerbsvorteil gegenüber dem Konkurrenten verhelfen könnte.[8]

25

Indem nicht mehr auf die konkrete Person abgestellt wird, die auf beiden Seiten des Vergabeverfahrens eingeschaltet ist, sondern auf das betreffende Unternehmen, wird der Kreis der betroffenen Personen zunächst erheblich erweitert. Darin liegt auch der Grund für die Widerlegbarkeit der Befangenheitsvermutung. Gäbe es dieses Korrektiv nicht, könnten beispielsweise große Beratungshäuser oder Rechtsanwaltkanzleien bei größeren Vergabeverfahren kaum mehr auf Seiten der Vergabestelle tätig werden, da oftmals auch geschäftliche Beziehungen zu Bietern oder Bewerber bestehen.

26

Der Begriff der geschäftlichen Beziehungen ist zunächst weit formuliert und erfasst sämtliche Mandats-, Beauftragungs- und sonstige Dienstverhältnisse. Allerdings muss die geschäftliche Beziehung zum Zeitpunkt der Tätigkeit auf Seiten der Vergabestelle an-

27

---

7 *Reidt*, in: Reidt/Stickler/Glahs, Vergaberecht, § 16 Rn. 22.
8 *Müller*, in: Byok/Jaeger, Kommentar zum Vergaberecht, § 16 VgV Rz. 40.

dauern. Auch hier genügen lediglich vorgelagerte oder sich abzeichnende nachgelagerte geschäftliche Beziehungen nicht für die Unterstellung einer Voreingenommenheit.

28 Bislang ist – soweit ersichtlich – noch nicht richterlich geklärt worden, ob auch gesellschaftsrechtliche Beteiligungsverhältnisse als geschäftliche Beziehungen i.S.d. § 42 Abs. 1 Nr. 3 b) VSVgV zu verstehen sind. Ausgehend von dem oben skizzierten Schutzzweck der Norm ist dies zu bejahen,[9] weil gerade auch in gesellschaftsrechtlich verbundenen Unternehmen die Gefahr der Informationsweitergabe besteht.

#### d) Widerlegung der Voreingenommenheitsvermutung

29 In den Fällen des § 42 Abs. 1 Nr. 3 VSVgV kann die Voreingenommenheit der betreffenden Person im konkreten Einzelfall widerlegt werden. In Betracht kommen zwei Alternativen, nämlich wenn für die auf Seiten der Vergabestelle tätig werdende Person

– aus der speziellen Situation kein Interessenkonflikt entsteht oder
– sich deren Tätigkeit nicht in dem Vergabeverfahren auswirkt.

30 Die Darlegungs- und Beweislast für die Widerlegung der Voreingenommenheitsvermutung obliegt dem Auftraggeber.[10] Dies ist gerechtfertigt, weil der Auftraggeber durch den Einsatz der voreingenommenen Person die Gefahr einer Wettbewerbsverzerrung begründet hat. Demgegenüber hat der Bieter oder Bewerber in dieser Situation oftmals nicht die erforderlichen Informationen, um einschätzen zu können, ob sich der Einsatz der voreingenommenen Person wettbewerbsverzerrend auswirkt.[11]

aa. Widerlegung des Interessenkonfliktes

31 Ob ausnahmsweise bei einer Person kein Interessenkonflikt besteht, obwohl sie zu dem Kreis der Personen mit vermuteter Voreingenommenheit zählt, ist in einer **Gesamtschau aller in Betracht kommenden Umstände** unter Berücksichtigung des Einzelfalles zu entscheiden. Zu berücksichtigen sind dabei insbesondere die Intensität des eigenen wirtschaftlichen Interesses am unternehmerischen Erfolg des Bewerbers/Bieters und das Maß, nach dem die Person dem Interesse des Bieters/Bewerbers verpflichtet ist.[12] Soll die unterstellte Voreingenommenheit widerlegt werden, müssen **konkrete Anhaltspunkte** für das Fehlen des Interessenkonfliktes vorhanden sein.[13]

32 In Zweifelsfällen dürfte eher ein Ausschluss der als voreingenommen geltenden Person zu vollziehen sein. Dafür spricht das vom Verordnungsgeber in der Vorschrift klar zum Ausdruck kommende Regel-Ausnahme-Verhältnis, wonach nur ausnahmsweise der Entlastungsnachweis des fehlenden Interessenkonfliktes geführt werden kann.

33 Unter diesem Blickwinkel dürfte die Widerlegung des Interessenkonfliktes in den Fallgruppen des § 42 Abs. 1 Nr. 3 a) VSVgV kaum gelingen, weil man Personen, die beim Bieter oder Bewerber beschäftigt sind, bzw. dort als Organ tätig sind, regelmäßig unterstellen kann, dass sie sich diesem Unternehmen besonders verpflichtet fühlen und letztlich auch vom wirtschaftlichen Erfolg des Unternehmens im konkreten Vergabeverfahren profitieren. Bei einer gleichzeitigen Tätigkeit auf Seiten der Vergabestelle dürfte es na-

---

9  S. hierzu *Lange*, NZBau 2008, 422.
10  *Rechten*, in: Willenbruch/Wieddekind, Vergaberecht, § 16 VgV Rz. 36.
11  *Müller*, in: Byok/Jaeger, Kommentar zum Vergaberecht, § 16 Rz. 43.
12  *Müller*, in: Byok/Jaeger, Kommentar zum Vergaberecht, § 16 Rz. 43.
13  VK Hamburg, 18.7.2002 – VgK FB 1/02.

hezu lebensfremd sein, zu unterstellen, dass diese Interessenlage völlig ausgeblendet werden kann und die Aufgabe neutral und unvoreingenommen wahrgenommen wird.

Demgegenüber ist der Entlastungsbeweis in der Konstellation der Nr. 3 b) eher möglich. Die Bindung, die durch eine Beschäftigung in einem Unternehmen, das für den Bieter oder Bewerber und gleichzeitig für die Vergabestelle tätig ist, ist loser, weil hier **keine Personenidentität** vorausgesetzt wird. Gerade bei größeren Beratungsunternehmen, deren Unternehmensteile als eigene Cash-Center organisiert sind, kann eine Interessenkollision im Einzelfall auszuschließen sein. Ebenso könnten unternehmensseitig eingeführte Vertraulichkeitsbereiche, sog. „chinese walls" Interessenkollisionen im Einzelfall verhindern helfen.[14]

bb. Keine Auswirkungen der Tätigkeiten

Die Voreingenommenheitsvermutung kann auch mit dem Nachweis widerlegt werden, dass sich die Tätigkeiten der betreffenden Person nicht auf die Entscheidungen in dem Vergabeverfahren ausgewirkt haben. Der Entlastungsbeweis ist hier durch die **Darlegung der fehlenden Kausalität** zu führen.

Unter den Begriff der Tätigkeit können sowohl Mitwirkungen auf Bieter- oder Bewerberseite als auch sonstige Tätigkeiten für den Auftraggeber fallen, nicht aber die Mitwirkung an Entscheidungen an dem Vergabeverfahren selbst, da diese überhaupt erst den Tatbestand des § 42 VSVgV eröffnet.[15] Dementsprechend kann der Tatbestand des § 42 VSVgV nicht erfüllt sein, wenn die als voreingenommen geltende Person nicht an der Entscheidung in dem Vergabeverfahren mitgewirkt hat.[16]

Hinsichtlich der Tätigkeiten auf Auftraggeberseite kann der Entlastungsbeweis beispielsweise durch den Nachweis geführt werden, dass die betreffende Entscheidung in dem Vergabeverfahren auch ohne die Tätigkeit der als voreingenommen geltenden Person genauso getroffen worden wäre. Dies ist u.a. bei **gebundenen Entscheidungen** der Fall; beispielsweise bei der Entscheidung über den zwingenden Ausschluss mangels Eignung nach § 23 Abs. 1 VSVgV.

Bei den Tätigkeiten auf Bieter- bzw. Bewerberseite kann der Entlastungsbeweis beispielsweise mit dem Nachweis geführt werden, dass die betreffende Person in keiner Weise auf Bieter-oder Bewerberseite mit dem Vergabegegenstand in Kontakt gekommen ist, z.B. weil er in einem völlig anderen Unternehmensteil tätig ist oder zum Zeitpunkt der auftraggeberseitigen Entscheidung schon aus dem Unternehmen ausgeschieden ist, das sich um den Auftrag bewirbt.[17]

### 3. Entscheidungen in einem Vergabeverfahren

Gem. § 42 VSVgV dürfen die als voreingenommen geltenden Personen nicht bei Entscheidungen des Auftraggebers in einem Vergabeverfahren mitwirken.

---

14 BR-Drucks. 455/00, S. 20.
15 *Rechten*, in: Willenbruch/Wieddekind, Vergaberecht, § 16 VgV Rz. 40.
16 S. hierzu: VK Bund, 19.7.2002 – VK 1 37/02, wobei die fehlende Mitwirkung an der Entscheidung der Vergabestelle allerdings als mangelnde Kausalität gewertet wurde.
17 VK Sachsen, 13.5.2002 – 1/SVK/029-02.

### a) Begriff des Vergabeverfahrens:

**40** Die Anwendung des § 42 VSVgV setzt die förmliche Einleitung eines Vergabeverfahrens voraus. Erfasst werden nur diejenigen Entscheidungen, die nach Veröffentlichung der Bekanntmachung und vor Erteilung des Zuschlags bzw. Aufhebung des Vergabeverfahrens liegen.[18]

> **PRAXISHINWEIS:**
>
> *Zeichnet sich in einem Vergabeverfahren ab, dass ggf. dem Auftraggeber der Vorwurf gemacht werden könnte, er habe sich voreingenommener Personen i.S.d. § 42 VSVgV bedient, kann er u.a. folgende Vorkehrungen treffen: Durch Vergabevermerke, Besprechungsprotokolle etc. sollte sorgsam vermerkt werden, wer an den konkreten Entscheidungen beteiligt war. Idealerweise wird bei dem Entscheidungsfindungsprozess seitens der Vergabestelle auf die Mitwirkung der betreffenden Personen verzichtet.*

**41** Sollte eine Mitwirkung unumgänglich sein, ist die Begründung der betreffenden Entscheidung möglichst detailliert zu dokumentieren, um so ggf. belegen zu können, dass die Entscheidung auch ohne die Mitwirkung der als voreingenommen geltenden Person entsprechend getroffen worden wäre.

**42** Demgegenüber reicht es nicht aus, von der als voreingenommen geltenden Person eine Erklärung einzufordern, wonach für sie kein Interessenkonflikt bestehe. Würde man diese Eigenerklärung zulassen, würde das vom Verordnungsgeber gewollte Regel-Ausnahme-Verhältnis, wonach als voreingenommen geltende Personen grundsätzlich auszuschließen sind, ins Leere laufen.

**43** Auf Seiten des Bieters oder Bewerbers können geeignete organisatorische Maßnahmen helfen, den Verdacht von Interessenkollisionen auszuräumen. Die amtliche Begründung des Regierungsentwurfes verweist in diesem Zusammenhang auf die aus dem Wertpapierhandelsgesetz (§ 33 Abs. 1 Satz 2 Nr. 3 WpHG) bekannte Schaffung unabhängiger Vertraulichkeitsbereiche (sog. chinese-walls).[19]

### b) Voreingenommenheit von Angehörigen

**44** Nach § 42 Abs. 2 Satz 1 VSVgV gelten als voreingenommen auch Personen, deren Angehörige die Voraussetzungen nach Abs. 1 Nr. 1 bis 3 erfüllen. Satz 2 des 2. Absatzes listet abschließend auf, wer als Angehöriger in diesem Sinne zu verstehen ist. Die Begriffsbestimmung erfolgt durch die allgemeinen Definitionen des Familienrechts. Inhaltlich ähnelt die Regelung § 20 Abs. 5 Satz 1 VwVfG.

**45** Wesentlicher Unterschied ist die Einbeziehung der Lebenspartner zu dem Kreis der Angehörigen im Rahmen von § 42 Abs. 2 VSVgV. Begrifflich sind dabei lediglich „Lebenspartner" i.S.d. § 1 Abs. 1 Satz 1 LPartG gemeint. Andere Formen des „nichtehelichen" Zusammenlebens sind davon nicht erfasst.

---

[18] VK Niedersachsen, 20.8.2010, VgK – 33/2010 (zu § 16 VgV).
[19] BR-Drucks. 455/02, 20.

## c) Entscheidungen in einem Vergabeverfahren

§ 42 Abs. 1 VSVgV definiert den Begriff der Entscheidung in einem Vergabeverfahren nicht. Nach Sinn und Zweck der Vorschrift ist darunter jedes Tun oder Unterlassen zu verstehen, das Einfluss auf die Gestaltung des Vergabeverfahrens sowie die Rechtstellung des Bieters oder Bewerbers in diesem Verfahren hat. In zeitlicher Hinsicht wird ein laufendes Vergabeverfahren vorausgesetzt. Dies ist grundsätzlich nicht der Fall bei Einwirkungen im Vorfeld der Vergabe oder auch nach erfolgter Zuschlagserteilung.

Im Hinblick auf die Erstellung einer Leistungsbeschreibung ist dementsprechend eine Besonderheit der VSVgV zu berücksichtigen. Im Rahmen der VSVgV gibt es keine offenen Verfahren. Bei den offenen Verfahren muss die Leistungsbeschreibung vor Einleitung des Vergabeverfahrens vorliegen. Folglich stellt die Erstellung einer Leistungsbeschreibung im Vorfeld der Bekanntmachung keine Mitwirkung an einem Vergabeverfahren i.S.d. § 42 VSVgV dar.[20] Demgegenüber kann im nichtoffenen Verfahren noch an der Leistungsbeschreibung gearbeitet werden, während schon der zwingend vorgeschaltete Teilnahmewettbewerb läuft. Auch wenn das Vergabeverfahren in zwei Teile, nämlich den Teilnahmewettbewerb und das eigentliche Vergabeverfahren, geteilt ist, greift hier das Mitwirkungsverbot.[21]

Lediglich im Vorfeld eines konkreten Vergabeverfahrens liegende Handlungen eines **Projektanten**[22] sind vom Anwendungsbereich des § 42 VSVgV ausgeschlossen, weil dieser zu diesem Zeitpunkt noch nicht die Rechtsstellung eines Bewerbers in einem Vergabeverfahren hat.[23] Abzustellen ist darauf, ob die Mitwirkungshandlung des Projektanten vor Einleitung des Vergabeverfahrens beendet ist. Dies ist beispielsweise für den Fall entschieden worden, in dem im Vorfeld eines Auftrages zur Ausstattung seegehender Einheiten mit einem Radarnavigationssystem (ECDIS/AIS) eine Integrationsstudie von einem späteren Bieter erstellt wurde. Die Vergabekammer hat diesbezüglich den Anwendungsbereich von § 16 VgV als nicht eröffnet angesehen, weil die Studie schon vor dem Zeitpunkt der Bekanntmachung fertiggestellt war.[24]

Als Mitwirkung an einer Entscheidung in einem Vergabeverfahren kann ausgegangen werden bei:

- der Bescheidung einer Rüge,[25]

---

20 VK Niedersachsen, 20.8.2010, VgK – 33/2010 (zu § 16 VgV).
21 OLG Koblenz, 5.9.2002, 1 Verg 2/02: „Unter welchen Umständen § 16 VgV für die Mitwirkung an der Erarbeitung der Vergabeunterlagen gilt, hängt von der Art des Vergabeverfahrens ab. Entscheidet sich der Auftraggeber für ein nichtoffenes Verfahren mit vorgeschaltetem Teilnahmewettbewerb (§ 3a Nr. 1 Abs. 1 i. V. m. § 3 Nr. 1 Abs. 4 VOL/A), muss die Leistungsbeschreibung bei Bekanntmachung der Aufforderung, Teilnahmeanträge zu stellen, noch nicht fertiggestellt sein. Sie kann auch noch geändert werden, bis ausgewählte Unternehmen zur Angebotsabgabe aufgefordert werden. In der Zwischenzeit kann es aber bereits einen Bewerber (s. auch Art. 1 lit. c DKR) geben, zu dem ein Mitarbeiter der Vergabestelle in einer besonderen Beziehung i. S. d. § 16 VgV steht. Unter diesen Umständen ist der als voreingenommen geltenden Person die (weitere) Mitwirkung an der Fertigstellung oder Änderung der Vergabeunterlagen untersagt."
22 Im Hinblick auf den Ausschluss von Projektanten hat der EuGH festgestellt, dass ein Ausschlussautomatismus europarechtswidrig ist und eine Doppelbeteiligung im Ausgangspunkt zulässig sei. Ein pauschaler Ausschluss eines vorbefassten Bieters würde zu einer Diskriminierung des Projektanten führen. Nur wenn sich Verdachtsmomente bestätigen, ein Ausgleich unter keinen Umständen möglich ist und nach einer Bieteranhörung ein unzulässiger Wettbewerbsvorteil unabwendbar ist, kommt als „ultima ratio" der Ausschluss eines Bieters in Betracht. Vgl. hierzu EuGH, 3.3.2005 – C-21/03; VK Nordbayern, 31.8.2011 – 21 . VK – 3194 – 24/11.
23 OLG Jena, 8.4.2003 – 6 Verg 9/03; OLG Koblenz, 5.9.2002 – 1 Verg 2/02 (zu § 16 VgV).
24 VK Bund, 6.6.2005, VK 2 – 33 / 05 (zu § 16 VgV).
25 OLG Koblenz, 5.9.2002 – 1 Verg 2/02; OLG Jena 8.4.2003 – 6 Verg 9/02; abweichend OLG Hamburg 4.11.2002 – Verg 3/02.

- der Auswahl der Bewerber im Rahmen eines Teilnahmewettbewerbes,[26]
- der Ermittlung des wirtschaftlichsten Angebotes[27] und
- der Entscheidung über den Ausschluss eines Bieters.[28]

### 4. Rechtsfolgen

50 § 42 VSVgV statuiert ein Mitwirkungsverbot **voreingenommener Personen auf Seiten des Auftraggebers**. Die Norm adressiert nicht den Bieter oder Bewerber, der sich an dem Vergabeverfahren beteiligt oder beteiligen möchte. Insbesondere ist es ihm nicht verwehrt, ein Angebot oder einen Teilnahmeantrag abzugeben.[29]

51 § 42 VSVgV ist als Ausprägung des Neutralitätsgrundsatzes eine bieterschützende Bestimmung i.S.d. § 97 Abs. 7 GWB. Deshalb haben die Bieter/Bewerber einen im Wege des Nachprüfungsverfahrens durchsetzbaren Anspruch, die Mitwirkung der als voreingenommen geltenden Person nachprüfen zu lassen.

52 Wird festgestellt, dass eine voreingenommene Person in einer gegen § 42 VSVgV verstoßende Weise auf Seiten des Auftraggebers an Vergabeentscheidungen mitgewirkt hat, kann dieser Fehler durch die Auftraggeber geheilt werden, indem die betroffene Entscheidung unter Ausschluss der betroffenen Person wiederholt wird.[30] Erst, wenn eine Heilung durch Wiederholung der Entscheidung nicht möglich ist, kommt einen Aufhebung des Vergabeverfahrens in Betracht. Denkbar ist dies beispielsweise, wenn verfahrensleitende Entscheidungen unter Mitwirkung der eigentlich auszuschließenden Person getroffen wurden und diese durch den Fortgang des Verfahrens nicht mehr korrigierbar sind.

53 § 42 VSVgV ist kein gesetzliches Verbot i.S.d. § 134 BGB, weshalb die rechtswidrige Beteiligung auszuschließender Personen an Entscheidungen des Auftraggebers nicht zur Nichtigkeit der daraufhin geschlossenen Verträge führt.

---

26 VK Sachsen, 29.05.2002 – 1 Verg 2/02.
27 BR-Drucks. 455/00, S. 20.
28 VK Bund, 19.7.2002 _ VK 1 37/02.
29 OLG Thüringen, 8.4.2003 – 6 Verg 9/02.
30 OLG Koblenz, 5.9.2002 – 1 Verg 2/02.

## § 43
## Dokumentations- und Aufbewahrungspflichten

(1) Das Vergabeverfahren ist von Beginn an in einem Vergabevermerk fortlaufend zu dokumentieren, um die einzelnen Stufen des Verfahrens, die einzelnen Maßnahmen sowie die Begründung der einzelnen Entscheidungen festzuhalten.

(2) Der Vergabevermerk umfasst zumindest:

1. den Namen und die Anschrift des öffentlichen Auftraggebers, Gegenstand und Wert des Auftrags oder der Rahmenvereinbarung,
2. die Namen der berücksichtigten Bewerber oder Bieter und die Gründe für ihre Auswahl,
3. die Namen der nicht berücksichtigten Bewerber oder Bieter und die Gründe für ihre Ablehnung,
4. die Gründe für die Ablehnung von ungewöhnlich niedrigen Angeboten,
5. den Namen des erfolgreichen Bieters und die Gründe für die Auswahl seines Angebots sowie, falls bekannt, den Anteil am Auftrag oder an der Rahmenvereinbarung, den der Zuschlagsempfänger an Dritte weiterzugeben beabsichtigt oder verpflichtet ist, weiterzugeben,
6. beim Verhandlungsverfahren ohne Teilnahmewettbewerb und wettbewerblichen Dialog die in dieser Verordnung jeweils genannten Umstände oder Gründe, die die Anwendung dieser Verfahren rechtfertigen; gegebenenfalls die Begründung für die Überschreitung der Fristen gemäß § 12 Absatz 1 Nummer 2 Buchstabe a Satz 2 und Nummer 3 Buchstabe b Satz 3 sowie für die Überschreitung der Schwelle von 50 Prozent gemäß § 12 Absatz 1 Nummer 3 Buchstabe a,
7. gegebenenfalls die Gründe, aus denen die Auftraggeber auf die Vergabe eines Auftrags oder den Abschluss einer Rahmenvereinbarung verzichtet haben,
8. die Gründe, aufgrund derer mehrere Teil- oder Fachlose zusammen vergeben werden sollen,
9. die Gründe, warum der Gegenstand des Auftrags die Vorlage von Eigenerklärungen oder von Eignungsnachweisen erfordert,
10. die Gründe der Nichtangabe der Gewichtung der Zuschlagskriterien,
11. gegebenenfalls die Gründe, die eine über sieben Jahre hinausgehende Laufzeit einer Rahmenvereinbarung rechtfertigen und
12. die Gründe für die Ablehnung von Angeboten.

(3) Die Auftraggeber müssen geeignete Maßnahmen treffen, um den Ablauf der mit elektronischen Mitteln durchgeführten Vergabeverfahren zu dokumentieren.

# § 43 VSVgV

**(4) Auf Ersuchen der Europäischen Kommission müssen die Auftraggeber den Vermerk in Kopie übermitteln oder dessen wesentlichen Inhalt mitteilen.**

## Übersicht

Rn.

I. Allgemeines ............................................................................................. 1
II. Dokumentation ...................................................................................... 5
    1. Dokumentation aller Verfahrensarten ........................................... 11
    2. Dokumentation „von Beginn an" ..................................................... 13
    3. Fortlaufende Dokumentation .......................................................... 16
    4. Dokumentation „in einem Vergabevermerk" ................................ 21
    5. Form der Dokumentation ................................................................ 23
    6. Ersteller der Dokumentation .......................................................... 28
        a) Grundsätzlich Auftraggeber ..................................................... 29
        b) Mögliche Unterstützung durch externe Dritte ...................... 30
    7. Inhalt der Dokumentation .............................................................. 33
        a) Inhaltliche Tiefe des Vergabevermerks ................................... 34
        b) Dokumentation der vergaberechtlich relevanten Entscheidungen ...... 35
        c) Notwendiger Inhalt der Dokumentation (Absatz 2) ............ 37
        d) Rechtsfolgen einer fehlerbehafteten Dokumentation ......... 45
            aa) Voraussetzungen und Beweislast .................................... 46
            bb) Heilung von Dokumentationsmängeln ........................... 48
            cc) Rechtsfolge: Rückversetzung des Verfahrens ................ 52
II. Aufbewahrung ...................................................................................... 53
    1. Verteidigung ...................................................................................... 55
    2. Sicherheit .......................................................................................... 57

## I. Allgemeines

1 Die Vorschrift des § 43 VSVgV verpflichtet den Auftraggeber zur Dokumentation des Beschaffungsvorgangs und zur Aufbewahrung der Dokumentation.

2 Aufbewahrungspflichten der Vergabekammern werden in der VSVgV nicht begründet. Diese ergeben sich regelmäßig aus den Geschäftsordnungen der Vergabekammern bzw. Aufbewahrungsbestimmungen der Oberlandesgerichte.

3 § 43 VSVgV dient der Umsetzung von Art. 37 Richtlinie 2009/81/EG.

4 Parallelvorschriften sind die §§ 24 EG VOL/A, 20 VS VOB/A, 32 SektVO und 12 VOF.

## II. Dokumentation

5 Die Dokumentation beinhaltet eine durch den Auftraggeber erstellte gezielte Zusammenstellung von Informationen von der Einleitung über die Durchführung bis hin zum Abschluss des Vergabeverfahrens.

**Ziel** der Dokumentation ist es, die Entscheidungen der Auftraggeber das Vergabeverfahren betreffend festzuhalten und auf diese Weise sowohl für die Nachprüfungsinstanzen als auch für die Bieter bzw. Beteiligten des Verfahrens eine effektive Kontrolle der im Vergabeverfahren getroffenen Entscheidungen zu ermöglichen.[1]

> **PRAXISTIPP**
>
> *Die sorgfältige Erstellung der Dokumentation im Beschaffungsprozess ist zwar aufwändig, aber unbedingt notwendig. Denn die Rechtmäßigkeit eines Verfahrens wird im Nachprüfungsverfahren fast ausschließlich auf der Basis der darin enthaltenen Informationen geprüft und bewertet.*

Die Verpflichtung zur Erstellung einer Dokumentation stellt sicher, dass bei der Vergabe öffentlicher Aufträge die **Grundsätze der Nichtdiskriminierung und der Transparenz** gewahrt bleiben und so Manipulationen an der Ausschreibung und am Ergebnis verhindert werden.[2]

Die Pflicht zur ordnungsgemäßen Dokumentation ist **bieterschützend**.[3]

Dokumentiert werden muss jedes im Rahmen der VSVgV eingeleitete Vergabeverfahren von seinem Beginn bis zum Zuschlag bzw. der Aufhebung, einschließlich eines eventuell durchgeführten Nachprüfungsverfahrens.

## 1. Dokumentation aller Verfahrensarten

Die Verpflichtung zur Dokumentation betrifft sämtliche in § 11 Abs. 1 VSVgV genannten Verfahrensarten. Auch das nicht-förmliche Verhandlungsverfahren ohne Teilnahmewettbewerb, das ansonsten nur wenigen Formvorschriften unterliegt, ist davon erfasst. Das heißt, sämtliche Beschaffungsmaßnahmen, die im Anwendungsbereich der VSVGV durchgeführt werden, sind zu dokumentieren.

Aber auch Beschaffungsmaßnahmen, die nur deswegen nicht dem Anwendungsbereich der VSVgV unterfallen, weil sie einer der Ausnahmen unterliegen (bspw. Art. 346 AEUV, § 100 c) Abs. 2–4 GWB), müssen – regelmäßig schon aus haushaltsrechtlichen Gründen – ebenfalls dokumentiert werden. Aus vergaberechtlichen Gründen sind in diesen Fällen wenigstens die Gründe der Nichtdurchführung eines Vergabeverfahrens anzugeben.

## 2. Dokumentation „von Beginn an"

Die Dokumentation ist „von Beginn [des Vergabeverfahrens] an" zu erstellen, so der ausdrückliche Wortlaut des § 43 Abs. 1 VSVgV.

Art. 37 Abs. 1 Richtlinie 2009/81/EG sieht die Erstellung eines Vergabevermerks „über jeden vergebenen Auftrag" vor. Demnach könnte der Vergabevermerk also auch noch rückschauend, am Endergebnis des Verfahrens orientiert, gefertigt werden. Diese „Verschärfung" in der deutschen Umsetzung der Richtlinie ist indes zulässig und daher für Vergaben nach der VSVgV eine fortlaufende Dokumentation von Beginn an im Vergabeverfahren erforderlich.

---

1 VK Bund, 26.10.2004 – VK 1-177/04.
2 EuG, 25.2.2003 – Rs. T-183/00, Strabag Benelux NV./.Rat; OLG Düsseldorf, 10.8.2011 – Verg 36/11.
3 OLG Düsseldorf, 10.8.2011 – Verg 36/11.

**15** Der Beginn des Vergabeverfahrens im Sinne der Dokumentation ist nicht erst – wie im Rahmen des § 45 VSVgV – mit Veröffentlichung der Bekanntmachung oder einer vergleichbaren Handlung mit Außenwirkung zu sehen. Denn gerade auch interne, der Veröffentlichung der Bekanntmachung vorgelagerte Vorgänge – wie die Vorbereitung des Verfahrens bspw. durch eine Markterkundung, der Planungsprozeß oder vergleichende Wirtschaftlichkeitsberechnungen zur Ermittlung des konkreten Beschaffungsumfangs – haben Auswirkungen auf die Entscheidungen des Auftraggebers im Verfahren, bspw. auf die Wahl der Verfahrensart. Als solche müssen diese Entscheidungsgrundlagen bereits in die Dokumentation aufgenommen werden.[4]

### 3. Fortlaufende Dokumentation

**16** Die Dokumentation ist fortlaufend zu erstellen, § 43 Abs. 1 VSVgV. Das heißt, die Dokumentation darf nicht erst rückwirkend nach Abschluss des Vergabeverfahrens gefertigt werden.

**17** Die fortlaufende Dokumentation ist damit ein „dynamischer Prozess", in dem bspw. auch die Überlegungen des Auftraggebers niedergelegt sind, die sich letztlich nicht auf den Verlauf und das Ergebnis des Verfahrens ausgewirkt haben.[5]

**18** Jede zu dokumentierende Entscheidung oder Maßnahme muss zudem „zeitnah" in der Dokumentation niedergelegt werden.[6] Der Begriff wird in § 43 VSVgV – anders als in der Parallelvorschrift der VOL/A – nicht verwandt. Seine inhaltliche Bedeutung ist aber durch die Maßgabe der fortlaufenden Dokumentation ebenfalls zu beachten.

**19** **Zeitnah** bedeutet nicht unverzüglich im Sinne des § 121 Abs. 1 Satz 1 BGB.[7] Als zeitnah ist ein Zeitraum von Tagen bzw. wenigen Wochen anzusehen. Ein Zeitraum von 2 Monaten nach der Entscheidung ist nichtmehr als zeitnah anzusehen.[8]

**20** **PRAXISTIPP**

*Diese Anforderung der fortlaufend zeitnahen Dokumentation hat Auswirkungen auf die Bewertung der im Vergabevermerk dargestellten Inhalte durch die Vergabekammern im Fall der Nachprüfung. So sollte bei der Auswertung eines in einem frühen Stadium des Vergabeverfahrens erstellten Bestandteil des Vermerks, in dem bspw. Auswahl und Gewichtung der Zuschlagskriterien und deren Anwendung bei Durchführung der Wertung dargestellt sind, beachtet werden, dass sich ursprüngliche Vorstellungen im Verlaufe des Verfahrens noch geändert haben oder präziser benannt werden konnten.[9]*

### 4. Dokumentation „in einem Vergabevermerk"

**21** Der **Vergabevermerk** muss kein Dokument aus einem Guss sein. Der Vergabevermerk beinhaltet die in der Regel schriftliche oder textliche Erläuterung des Verfahrensverlaufs und der in seinem Verlauf getroffenen Entscheidungen des Auftraggebers samt deren

---

4 OLG Naumburg, 5.12.2008 – 1 Verg 9/08.
5 OLG Naumburg, 12.4.2012 – 2 Verg 1/12.
6 OLG Düsseldorf, 10.8.2011 – Verg 36/11.
7 OLG Düsseldorf, 17.3.2004 – Verg 1/04.
8 VK Bund, 9.6.2005 – VK 3-49/05.
9 OLG Naumburg, 12.4.2012 – 2 Verg 1/12.

Begründung. Regelmäßig handelt es sich bei dem Vergabevermerk daher eher um eine „Loseblattsammlung" bzw. eine Zusammenstellung von Schriftstücken, die im laufenden Verfahren angefertigt wurden.

Zusammen mit dem Vergabevermerk müssen die im Vergabeverfahren genutzten Unterlagen, wie bspw. die Vergabeunterlagen, zusätzliche Auskünfte hierzu, wie auch sämtliche Kommunikation mit den interessierten Unternehmen, Bewerbern und Bietern mit dokumentiert werden. Zusammen werden diese Dokumente in einer **Vergabeakte** zusammengefasst.

## 5. Form der Dokumentation

§ 43 VSVgV regelt kein bestimmtes Formerfordernis und schreibt insbesondere keine Schriftform gem. § 126 BGB – das heißt Papierform und Unterschriftserfordernis – für die Führung der Dokumentation vor.

Die zeitnahe Dokumentation des Vergabeverfahrens kann somit auch elektronisch erfolgen. In einem elektronischen Workflow-System, in dem jeder Nutzer und dessen Tätigkeit minutiös in Logfiles protokolliert werden, kommt einer Unterschrift und dem Datum nämlich keine zusätzliche Beweisfunktion zu.[10]

Auch der Ausdruck auf elektronischen Medien gespeicherter Dokumente, auf denen jedenfalls im Ausgangsdokument die Vergabestelle angegeben und die Ausschreibungsnummer durchgängig verwendet werden, genügt den Zwecken der Dokumentation, selbst wenn sie nicht handschriftlich unterschrieben sind.[11]

Jedoch muss die elektronische Erstellung der Dokumentation derartig durchgeführt werden, dass die einzelnen Stufen des Verfahrens, die Maßnahmen und Begründungen der Entscheidungen des Auftraggebers jeweils abschließend und endgültig aufgezeichnet werden. Die Überschreibung und/oder Löschung einzelner Bestandteile des elektronisch geführten Vergabevermerks ist unzulässig; dies verletzt das Gebot der fortlaufenden Dokumentation.[12]

> **PRAXISTIPP**
>
> *Zur Nutzung der Beweissicherungsfunktion der Schriftform sowie für die Aufbewahrung ist es ratsam, die Dokumentation (auch) in Schriftform zu führen sowie mit der Unterschrift des zuständigen Bearbeiters und einer Datumsangabe zu versehen.*

## 6. Ersteller der Dokumentation

In der VSVgV ist keine ausdrückliche Regelung enthalten, wer für die Erstellung der Dokumentation verantwortlich ist. Art. 37 Abs. 1 Richtlinie 2009/81/EG bestimmt indes, dass „der Auftraggeber" einen Vergabevermerk anfertigen muss.

---

10   VK Bund, 6.7.2011 – VK 1-60/11.
11   VK Bund, 11.11.2011 – VK 2 – 133/11; a.A. VK Baden-Württemberg, 4.5.2011 – 1 VK 15/11, 1 VK 16/11: Nach Auffassung der Vergabekammer kann die Dokumentation ihrer Verbindlichkeit als Urkunde, die Beweisfunktion haben soll, nur mit der Angabe der rechtmäßigen Unterschrift und des dazugehörigen Datums genügen.
12   OLG Düsseldorf, 10.8.2011 – Verg 36/11.

#### a) Grundsätzlich Auftraggeber

29 Die Erstellung der Dokumentation ist eine wesentliche Verfahrenspflicht des Auftraggebers, die dieser selbst sicherzustellen hat.[13]

#### b) Mögliche Unterstützung durch externe Dritte

30 Der Vergabevermerk bzw. Teile davon können aber auch von externen Dritten erstellt werden.

**BEISPIEL**

- Erstellung eines Vorschlags zur Rechtfertigung einer produktbezogenen Ausschreibung durch einen technischen Sachverständigen.

31 Jedoch muss sich der Auftraggeber – soweit ihm ein Beurteilungs- bzw. Ermessensspielraum zusteht – diese Zuarbeit „zu eigen machen".[14] Denn nur er selbst darf die im Vergabeverfahren notwendigen Entscheidungen treffen.[15] Das heißt, der Auftraggeber muss bspw. durch einen schriftlichen Zustimmungsvermerk hinreichend deutlich machen und dokumentieren, dass er den Inhalt der externen Ausarbeitung geprüft und eine eigenverantwortliche Entscheidung zu deren Übernahme – oder ggf. Ablehnung – getroffen hat.

**BEISPIEL**

- Der Auftraggeber unterschreibt den Vorschlag und vermerkt „einverstanden" oder „ja" oder ergänzt einen dem Inhalt des Vorschlags zustimmenden Prüfungsvermerk.[16]

32 Soweit es sich bei der Zuarbeit um eine Prüfung, ob die formalen Anforderungen eingehalten sind, handelt, ist ein derartiges Zueigenmachen nicht unbedingt erforderlich.[17] Denn bei rein formalen Prüfungen ist kein Beurteilungs- oder Ermessensspielraum auszuüben, der dem Auftraggeber vorbehalten wäre.

### 7. Inhalt der Dokumentation

33 Grundsätzlich sollen „die einzelnen Stufen des Verfahrens, die einzelnen Maßnahmen sowie die Begründung der einzelnen Entscheidungen" dokumentiert werden.

#### a) Inhaltliche Tiefe des Vergabevermerks

34 Dabei müssen die im Vergabevermerk enthaltenen Angaben und die darin enthaltenen Gründe für die getroffenen Entscheidungen wahrheitsgemäß und so detailliert und verständlich dargestellt werden sein, dass sie für einen objektiven Betrachter nachvollziehbar sind.[18]

---

13 OLG Naumburg, 13.10.2006 – 1 Verg 6/06; OLG Düsseldorf, 10.8.2011 – Verg 36/11.
14 OLG München, 21.8.2008 – Verg 13/08.
15 OLG Düsseldorf, 16.11.2011 – Verg 94/11.
16 OLG München, 29.9.2009 – Verg 12/09.
17 OLG Düsseldorf, 16.11.2011 – Verg 94/11.
18 VK Baden-Württemberg, 18.7.2011 – 1 VK 34/11; OLG Celle, 11.2.2010 – 13 Verg 16/09; VK Bund, 22.12.2009 – VK 1 – 215/09.

## b) Dokumentation der vergaberechtlich relevanten Entscheidungen

Der notwendige Inhalt der Dokumentation ist auf vergaberechtliche Angelegenheiten beschränkt. Erwägungen, die sich bspw. aus haushalts-, beihilfe- oder außenwirtschaftsrechtlichen Erwägungen ergeben, müssen grundsätzlich nicht in die Dokumentation eingestellt werden.[19] Diese werden von den Nachprüfungsinstanzen nicht geprüft, da Verstöße gegen diese Regelwerke grundsätzlich keine subjektiven Bieterrechte begründen können.[20] Dies kann sich jedoch zur Begründung bestimmter Entscheidungen, die auch vergaberechtliche Auswirkungen haben, als sinnvoll erweisen, um den Adressaten der Dokumentation die Nachvollziehbarkeit der Entscheidung zu erleichtern.

**PRAXISTIPP**

*Bei der Dokumentation der Beschaffung eines in der Ausfuhrliste[21] gelisteten Gutes sollten bspw. die einschlägigen außenwirtschaftsrechtlichen Normen zur Ausfuhr oder Verbringung benannt werden. So kann die Abforderung bestimmter Eignungsnachweise wie Belegen über die Erfüllung der Auftragsverpflichtungen im Hinblick auf die Warenausfuhr oder -verbringung im Rahmen der Versorgungssicherheit (vgl. § 8 Abs. 2 Nr. 1 VSVgV) begründet werden.*

## c) Notwendiger Inhalt der Dokumentation (Absatz 2)

Im Einzelnen sind damit wenigstens die in § 43 Abs. 2 VSVgV genannten Inhalte im Vergabevermerk zu dokumentieren.

**Checkliste:**

Mindestinhalt der Dokumentation

| | | |
|---|---|---|
| 1. | Name und Anschrift des Auftraggebers; ggf. davon abweichende Angaben zur Vergabestelle | |
| 2. | Beschreibung des Beschaffungsgegenstands | |
| 3. | Gründe, aufgrund derer mehrere Teil- oder Fachlose zusammen vergeben werden sollen | |
| 4. | Gründe, warum ein artgemischter Auftrag gem. § 99 Abs. 13 GWB als Gesamtauftrag vergeben wird | |
| 5. | Gründe, warum der Gegenstand des Auftrags die Vorlage von Eigenerklärungen oder von Eignungsnachweisen erfordert, vgl. § 22 Abs. 2 VSVgV | |
| 6. | Auftragswert des Auftrags bzw. der Rahmenvereinbarung einschließlich einer aktuellen Kostenschätzung | |
| 7. | Namen der berücksichtigten Bewerber | |
| 8. | Namen der nicht berücksichtigten Bewerber | |
| 9. | Gründe für die Ablehnung der nicht berücksichtigten Bewerber (Auswertung der Teilnahmeanträge) | |
| 10. | Gründe für die Berücksichtigung der berücksichtigten Bewerber (Auswertung der Teilnahmeanträge) | |

---

19 OLG Naumburg, 5.12.2008 – 1 Verg 9/08.
20 OLG Celle, 15.7.2010 – Verg 9/10; umstr. für kartellrechtliche Bestimmungen: dafür VK Münster, 8.6.2012 – VK 6/12, dagegen BGH, 18.1.2000 – KVR 23/98, aber nur in einer Nebenbemerkung, sowie VK Bund, 1.3.2012 – VK 2-5/12, offengelassen nachfolgend OLG Düsseldorf, 27.6.2012, VII – Verg 7/12.
21 http://www.bafa.de/ausfuhrkontrolle/de/gueterlisten/ausfuhrliste/index.html – abgerufen am 31.7.2012.

| | | |
|---|---|---|
| 11. | Angebotsöffnung (§ 30 Abs. 3 VSVgV) einschließlich | |
| | Name und Anschrift der Bieter | |
| | Endbeträge ihrer Angebote und andere den Preis betreffende Angaben | |
| | ob und von wem Nebenangebote eingereicht worden sind | |
| 12. | Namen der nicht berücksichtigten Bieter | |
| 13. | Gründe für die Ablehnung der nicht berücksichtigten Bieter (Angebotswertung) | |
| 14. | Gründe für die Ablehnung von ungewöhnlich niedrigen Angeboten | |
| 15. | Namen des erfolgreichen Bieters (Zuschlagsempfänger) | |
| 16. | Gründe für die Auswahl des Angebots des erfolgreichen Bieters (Angebotswertung) | |
| 17. | falls bekannt, den Anteil am Auftrag oder an der Rahmenvereinbarung, den der erfolgreiche Bieter an Dritte weiterzugeben beabsichtigt oder verpflichtet ist, weiterzugeben | |
| 18. | Gründe der Nichtangabe der Gewichtung der Zuschlagskriterien | |
| 19. | Gründe für die Ablehnung von Angeboten | |
| 20. | gegebenenfalls Gründe, aus denen die Auftraggeber auf die Vergabe eines Auftrags verzichtet haben (Aufhebung) | |

39  **Zusätzlich zu dokumentierende Besonderheiten im Verhandlungsverfahren ohne Teilnahmewettbewerb**

| | | |
|---|---|---|
| 1. | Umstände oder Gründe, die die Anwendung dieses Verfahren rechtfertigen, bezugnehmend auf die in § 12 VSVGV genannten Gründe | |
| 2. | gegebenenfalls die Begründung für die Überschreitung der Fristen gemäß § 12 Abs. 1 Nr. 2 a) Satz 2 und Nr. 3 b) Satz 3 VSVgV | |
| 3. | gegebenenfalls die Begründung für die Überschreitung der Schwelle von 50 Prozent gemäß § 12 Abs. 1 Nr. 3 a) VSVgV | |

40  **Zusätzlich zu dokumentierende Besonderheiten im Wettbewerblichen Dialog**

| | | |
|---|---|---|
| | die Umstände oder Gründe, die die Anwendung dieses Verfahren rechtfertigen, bezugnehmend auf die in § 13 VSVGV genannten Gründe | |

41  **Zusätzlich zu dokumentierende Besonderheiten im beschleunigten Verhandlungsverfahren mit Teilnahmewettbewerb bzw. nicht offenen Verfahren**

| | | |
|---|---|---|
| | Gründe der besonderen Dringlichkeit einschließlich Interessenabwägung, siehe Kommentierung zu § 20 VSVgV. | |

42  **Zusätzlich zu dokumentierende Besonderheiten bei Rahmenvereinbarungen**

| | | |
|---|---|---|
| | Gründe, die eine über sieben Jahre hinausgehende Laufzeit einer Rahmenvereinbarung rechtfertigen | |

43  **Mindestens zu dokumentierende Inhalte bei der Beschaffung ohne Vergabeverfahren**

| | | |
|---|---|---|
| 1. | Name und Anschrift des Auftraggebers | |
| 2. | (kurze) Beschreibung des Beschaffungsgegenstands | |

| 3. | Umstände oder Gründe, die die Nichtdurchführung eines Vergabeverfahrens rechtfertigen, bspw. § 100 c) Abs. 3-6 GWB, in-house Beschaffung, Beschaffung auf Grundlage einer Dienstleistungskonzession etc. | |
|---|---|---|
| 4. | Namen des erfolgreichen Bieters | |
| 5. | Gründe für die Auswahl des Angebots des erfolgreichen Bieters | |

Diese Listen sind keineswegs abschließend, sondern umfassen lediglich eine Übersicht in praktisch jedem Verfahren zu dokumentierender Maßnahmen und Entscheidungen. Auch darüber hinaus gehende Entscheidungen des Auftraggebers, deren Begründung und die sich daraus ergebenden Maßnahmen, insbesondere Unterlagen, welche die Prüfungs- bzw. Willensbildungsprozesse der zuständigen Organe des Auftraggebers dokumentieren, sind in die Dokumentation aufzunehmen.[22]

44

**BEISPIEL**

Inanspruchnahme von Dritten bei der Vorbereitung und/oder Begleitung des Vergabeverfahrens bspw. durch Mitwirkung bei der Erstellung der Leistungsbeschreibung oder Auswertung der Angebote.[23]

**d) Rechtsfolgen einer fehlerbehafteten Dokumentation**

Ist die Dokumentation fehlerbehaftet – das heißt unvollständig oder gar nicht vorhanden – so kann ein am Auftrag interessiertes Unternehmen auch diesen Verstoß im Rahmen eines Nachprüfungsverfahrens beanstanden.

45

aa) Voraussetzungen und Beweislast

Um damit Erfolg zu haben, muss der Bieter indes darlegen und beweisen, dass sich aus der fehlenden Dokumentation kausal eine Verletzung von Bieterechten ableiten lässt.[24] D.h. die beanstandete Dokumentation muss gerade in Bezug auf die vom Bieter gerügten Vergaberechtsverstöße unzureichend sein.[25]

46

**BEISPIEL**

Der Antragsteller rügt die Angebotswertung des Auftraggebers und reicht einen Nachprüfungsantrag gerichtet gegen die Angebotswertung ein. Vor der Vergabekammer kann er sich auf die fehlerhafte Dokumentation des Auftraggebers nur insoweit berufen, als diese die Angebotswertung betrifft.

Hat der Auftraggeber indes die Ausschreibung eines produktbezogenen Beschaffungsgegenstands nicht oder nicht ordnungsgemäß dokumentiert, so kann sich der Antragsteller in diesem Verfahren nicht darauf berufen. Denn die nicht ordnungsgemäße Dokumentation der Rechtfertigung der Produktbezogenheit der Ausschreibung hat keinen Einfluss auf die vom Antragsteller geltend gemachte fehlerhafte Angebotswertung.

---

22 OLG Jena, 26.6.2006 – 9 Verg 2/06.
23 VK Bund, 24.4.2012 – VK2 – 169/11.
24 OLG München, 5.4.2012 – Verg 3/12.
25 OLG Düsseldorf, 10.8.2011 – Verg 36/11.

47 Dem Vergabevermerk kann auch eine negative Beweiswirkung zukommen: Zugunsten des Bewerbers bzw. Bieters wird davon ausgegangen, dass ein nicht dokumentierter Vorgang auch nicht stattgefunden hat.[26]

bb) Heilung von Dokumentationsmängeln

48 Die nachträgliche Heilung von Fehlern in der Dokumentation bzw. das Nachschieben von Inhalten wird in der Rechtsprechung grundsätzlich als unzulässig angesehen, da es sich dabei um einen Verstoß gegen das Gebot zeitnaher Dokumentation handelt.[27]

49 Nach einer Vorlage[28] an den BGH stellte dieser klar, dass Überlegungen, die die sachliche Richtigkeit einer angefochtenen Vergabeentscheidung nachträglich verteidigen, durchaus auch noch im Rahmen eines Nachprüfungsverfahrens vorgetragen werden können.[29]

50 Im Einzelfall ist eine „Nachbesserung" der Dokumentation daher zwar möglich. Dies vor allem in Fällen, in denen es eine „bloße Förmelei" darstellen würde, wenn die Entscheidung des Auftraggebers wegen „fehlender" Dokumentation aufgehoben würde, der Auftraggeber diese jedoch bei einem erneuten Vergabeverfahren in der Sache heranziehen dürfte.[30]

51 **PRAXISTIPP**

*Die Dokumentation sollte dennoch zu jedem Zeitpunkt des Vergabeverfahrens ordnungsgemäß und vollständig sein. Die Rechtsprechung zur Heilung von Mängeln der Dokumentation ist noch nicht so differenziert, dass eine Prognose über die jeweilige Zulässigkeit des Nachschiebens von Dokumentationsteilen zuverlässig möglich ist.*

cc) Rechtsfolge: Rückversetzung des Verfahrens

52 Rechtsfolge der unvollständigen Dokumentation ist die Rückversetzung des Verfahrens in den Stand des Abbruchs der fehlerhaften Dokumentation und die Wiederholung des nicht dokumentierten Vorgangs.[31]

## II. Aufbewahrung

53 Ausdrückliche Regelungen zur Aufbewahrung beinhaltet die VSVgV nicht. § 43 VSVgV verweist nur in seiner Überschrift auf die Verpflichtung, eine Dokumentation nicht nur zu erstellen, sondern auch aufzubewahren. Die Verpflichtung zur Verwahrung ist jedoch denknotwendige Folge der Verpflichtung zur Erstellung einer Dokumentation. Ohne diese aufzubewahren, kann die Dokumentation ihren Zweck zur Sicherstellung der Transparenz des Verfahrens nicht erfüllen.

54 Die vergaberechtlich für Auftraggeber geltenden Aufbewahrungsfristen für Dokumentationen ergeben sich daher nicht aus der VSVgV selbst. Anders als § 32 Abs. 2 SektVO, der

---

26 OLG Jena, 26.6.2006 – 9 Verg 2/06.
27 OLG Celle, 11.2.2010 – 13 Verg 16/09.
28 OLG Düsseldorf, 21.7.2010 – Verg 19/10.
29 BGH, 8.2.2011 – X ZB 4/10.
30 OLG Düsseldorf, 27.6.2012 – Verg 7/12.
31 OLG Celle, 11.2.2010 – 13 Verg 16/09.

die Aufbewahrungsfrist auf 4 Jahre festlegt, ist in der VSVgV kein konkreter, spezifisch vergaberechtlicher Aufbewahrungszeitraum der Dokumentation geregelt.

## 1. Verteidigung

Auftraggeber im Bereich verteidigungsrelevanter Aufträge werden regelmäßig unter anderem zur Beachtung der Bundeshaushaltsordnung verpflichtet sein. Die dazugehörigen Verwaltungsvorschriften der Bundeshaushaltsordnung (VV-BHO) bestimmen in Nr. 4.7 die anzuwendenden Aufbewahrungsbestimmungen durch Verweisung auf die Aufbewahrungsbestimmungen für die Unterlagen für das Haushalts-, Kassen- und Rechnungswesen des Bundes (ABestB – HKR[32]). Diese wiederum sehen vor, dass aufbewahrungspflichtige Unterlagen, wie Verträge als so genannte „begründende Unterlagen", die „für die Anordnung zur Leistung oder Annahme einer Zahlung und zur Buchung" notwendig sind und Zweck und Anlass dieser Zahlung zweifelsfrei erkennen lassen (Nr. 2.3 ABestB – HKR) für **5 Jahre** aufzubewahren sind (Nr. 4.1.3 ABestB – HKR).

Die Aufbewahrungsfrist beginnt mit dem Ablauf des Haushaltsjahres, für das die Unterlagen bestimmt sind und in dem die Zahlung abgeschlossen ist (Nr. 4.3 ABestB – HKR).

## 2. Sicherheit

Auftraggeber von sicherheitsrelevanten Aufträgen können zur Beachtung unter anderem landesrechtlicher Verwaltungsverordnungen bzw. Richtlinien und Erlassen zu Aufbewahrungsfristen verpflichtet sein.

Beispielhaft genannt seien die Aufbewahrungsbestimmungen AV § 71, Anl. 1 (AufbewBest), die im Rahmen des § 55 LHO Berlin Anwendung finden (Nr. 12 der VV zu § 55 LHO Berlin). Demnach finden die Aufbewahrungsbestimmungen über Belege Anwendung. Nach Nr. 2.3 der AufbewBest sind diese **5 Jahre** aufzubewahren.

Die Aufbewahrungsfrist beginnt „mit Ablauf des Haushaltsjahres, für das sie bestimmt sind" (Nr. 3.1.3 AufbewBest).

> **PRAXISTIPP**
>
> *Die Aufbewahrung der Dokumentation für einen Zeitraum von 5 Jahren ist für Aufträge im Anwendungsbereich der VSVgV ebenfalls zu empfehlen.*

Für Rahmenvereinbarungen, deren Laufzeit nach 5 Jahren noch nicht beendet ist, wird eine Aufbewahrung wenigstens für die Laufzeit der Vereinbarung empfohlen.

---

32   http://www.verwaltungsvorschriften-im-internet.de/bsvwvbund_02012004_II.htm; abgerufen am 9.7.2012.

## § 44
## Melde- und Berichtspflichten

(1) Die Auftraggeber sind verpflichtet, dem Bundesministerium für Wirtschaft und Technologie bis zum 31. August jedes Jahres eine Aufstellung der im vorangegangenen Kalenderjahr vergebenen Aufträge zu übermitteln. Die Aufstellung erfolgt getrennt nach öffentlichen Liefer-, Dienstleistungs- und Bauaufträgen.

(2) Für jeden Auftraggeber enthält die Aufstellung mindestens die Anzahl und den Wert der vergebenen Aufträge. Die Daten werden wie folgt aufgeschlüsselt:

1. nach den jeweiligen Vergabeverfahren,

2. nach Waren, Dienstleistungen und Bauarbeiten gemäß den Kategorien der CPV-Nomenklatur gemäß Verordnung (EG) Nr. 213/2008 der Europäischen Kommission vom 28. November 2007 zur Änderung der Verordnung (EG) Nr. 2195/2002 des Europäischen Parlaments und des Rates über das Gemeinsame Vokabular für öffentliche Aufträge (CPV) und der Vergaberichtlinien des Europäischen Parlaments und des Rates 2004/17/EG und 2004/18/EG im Hinblick auf die Überarbeitung des Vokabulars (ABl. L 74 vom 15.3.2008, S. 1) in der jeweils geltenden Fassung und

3. nach der Staatsangehörigkeit oder dem Sitz des Bieters, an den der Auftrag vergeben wurde.

(3) Werden die Aufträge im Verhandlungsverfahren ohne Teilnahmewettbewerb vergeben, so sind die Daten auch entsprechend der in § 12 Absatz 1 genannten Fallgruppen aufzuschlüsseln.

(4) Die statistischen Aufstellungen für oberste und obere Bundesbehörden und vergleichbare Bundeseinrichtungen enthalten auch Anzahl und Gesamtwert der Aufträge, die aufgrund der Ausnahmeregelungen zum im Rahmen der Welthandelsorganisation geschlossenen Beschaffungsübereinkommen vergeben wurden.

(5) Im Verhältnis zu Auftraggebern im Sinne des § 98 Nummer 1 bis 4 des Gesetzes gegen Wettbewerbsbeschränkungen setzt das Bundesministerium für Wirtschaft und Technologie durch Allgemeinverfügung fest, in welcher Form die statistischen Angaben vorzunehmen sind. Die Allgemeinverfügung wird im Bundesanzeiger bekannt gemacht.

## Übersicht

| | Rn. |
|---|---|
| I. Allgemeines | 1 |
| II. Die Aufstellung (Absatz 2) | 5 |
|    1. Inhalt der Aufstellung | 5 |
|    2. Besonderheiten bei Rahmenverträgen | 8 |
|    3. Besonderheiten der Aufstellung bei bestimmten Bundesbehörden | 9 |

| | III. Erstellung und Übermittlung der Aufstellung ................................................. 13 |
|---|---|
| | 1. Ersteller ........................................................................................................ 13 |
| | 2. Erstellung .................................................................................................... 14 |
| | 3. Übermittlung ............................................................................................... 16 |

## I. Allgemeines

1 § 44 VSVgV dient der Umsetzung von Art. 65 und 66 der RL 2009/81/EG.

2 **Parallelnormen** sind §§ 17 VgV, 33 SektVO.

3 Die Vorschrift begründet eine **Verpflichtung der Auftraggeber** zum jährlichen Bericht von Statistiken über vergebene Aufträge an die Bundesregierung in Gestalt des Bundesministeriums für Wirtschaft und Technologie.

4 Eine Verletzung dieser **Verfahrensvorschrift** begründet keine Rechte für an einem Vergabeverfahren beteiligte Unternehmen im Sinne des § 97 Abs. 7 GWB.

## II. Die Aufstellung (Absatz 2)

### 1. Inhalt der Aufstellung

5 Die Aufstellung muss für die im vorangegangenen Kalenderjahr vergebenen Aufträge folgende Angaben enthalten:

- Nationalität des Bieters (Staatsangehörigkeit oder Unternehmenssitz) des Bieters, an den der Auftrag vergeben wurde (Landeskürzel)
- Anwendung des CPV-Vokabulars[1] (Warenart bei Lieferleistungen, Kategorie der Dienstleistung)
- Anzahl der Aufträge
- Wert des Auftrags in 1.000 €
- Verwendete Verfahrensart
  - nicht offenes Verfahren
  - Verhandlungsverfahren mit bzw. ohne Teilnahmewettbewerb
  - Wettbewerblicher Dialog

6 Die Aufstellung umfasst Vergabeverfahren nach sämtlichen in § 11 VSVgV genannten Verfahrensarten.

7 Dabei ist gem. § 44 Abs. 3 VSVgV für die Vergaben von Aufträgen im **Verhandlungsverfahren ohne Teilnahmewettbewerb** zusätzlich anzugeben, welche Ausnahme des § 12 Abs. 1 VSVgV (Art. 28 Richtlinie 2009/81/EG) in Anspruch genommen wurde.

---

1 Verordnung 213/2008/EG vom 28. November 2007 zur Änderung der Verordnung 2195/2002/EG über das Gemeinsame Vokabular für öffentliche Aufträge (CPV) (ABl. L 74 vom 15.3.2008, S. 1), abzurufen unter http://simap.europa.eu/codes-and-nomenclatures/codes-cpv/codes-cpv_de.htm – Stand 9.8.2012.

## BEISPIEL

Vordruck 06, Dienstleistungsaufträge[2]

## 2. Besonderheiten bei Rahmenvereinbarungen

Zum **Wert des Auftrags bei Rahmenvereinbarungen** ist zu beachten, dass die Summe des geschätzten Wertes ohne MwSt. aller Aufträge berücksichtigt wird, die für die gesamte Laufzeit der Rahmenvereinbarung geplant sind, vgl. § 3 Abs. 6 VSVgV. Diese sind nur in dem Jahr statistisch zu erfassen, in dem die Rahmenvereinbarung getroffen wurde.[3]

## BEISPIEL

Vordruck 03, Lieferaufträge[4]

## 3. Besonderheiten der Aufstellung bei bestimmten Bundesbehörden

**Oberste und obere Bundesbehörden und vergleichbare Bundeseinrichtungen** müssen auch Aufträge, die aufgrund der Ausnahmeregelung des Art. 23 des Übereinkommens über das öffentliche Beschaffungswesen (Government Procurement Agree-

---

2  http://www.bmwi.de/DE/Themen/Wirtschaft/Wirtschaftspolitik/oeffentliche-auftraege.html
3  Siehe Leitfaden zu den gesetzlichen Statistikpflichten im öffentlichen Auftragswesen gem. RL 2004/18/EG und RL 2009/81/EG.
4  http://www.bmwi.de/DE/Themen/Wirtschaft/Wirtschaftspolitik/oeffentliche-auftraege.html.

ment, GPA) nicht im Rahmen eines Vergabeverfahrens gem. § 11 VSVgV vergeben wurden, in die Aufstellung mit aufnehmen.

10 Die Berichtspflicht umfasst die Angabe von Anzahl und Gesamtwert der Aufträge, die auf Grundlage des Art. 23 GPA vergeben wurden.

11 Verteidigungs- und sicherheitsrelevante Aufträge, die aufgrund von Art. 23 GPA nicht dem Anwendungsbereich der VSVgV – oder der Richtlinie 2009/81/EG – unterliegen, sind zwar grundsätzlich nicht statistisch zu erfassen. § 44 Abs. 4 VSVgV begründet jedoch eine Berichtspflicht auch für diese Aufträge von obersten und oberen Bundesbehörden und vergleichbaren Bundeseinrichtungen.

12 **Ziel** der Ausdehnung der Berichtspflicht ist die Datensammlung zur Bewertung der Auswirkungen der Umsetzung der Richtlinie 2009/81/EG auf die Öffnung des nationalen Beschaffungsmarkts für verteidigungs- und sicherheitsrelevante Aufträge.[5]

## III. Erstellung und Übermittlung der Aufstellung

### 1. Ersteller

13 Die Berichtspflicht betrifft grundsätzlich **alle öffentlichen Auftraggeber** im Anwendungsbereich der Richtlinie 2009/81/EG.

### 2. Erstellung

14 Das Bundesministerium für Wirtschaft und Technologie stellt auf seiner Homepage in der Rubrik *EU-Statistik* elektronische Vordrucke für die Erstellung der Aufstellung zur Verfügung.[6]

15 Die Aufstellung muss **bis zum 31. August jeden Jahres** für das vorangegangene Kalenderjahr erstellt und beim Bundesministerium für Wirtschaft und Technologie eingereicht werden.

### 3. Übermittlung

16 Die Aufstellung ist grundsätzlich **elektronisch** zu übermitteln.[7]

17 § 44 Abs. 5 VSVgV kündigt an, dass die Form, in der die statistischen Angaben vorzunehmen sind, für Auftraggeber im Sinne des § 98 Nr. 1 bis 4 GWB noch durch das Bundesministerium für Wirtschaft und Technologie durch Allgemeinverfügung festgelegt werden wird.

---

5 Begründung zu § 44 VSVgV in BR-Drs. 321/12, S. 64.
6 Abzurufen unter http://www.bmwi.de/DE/Themen/Wirtschaft/Wirtschaftspolitik/oeffentliche-auftraege, did=191002.html – Stand 26.01.2013.
7 Siehe Leitfaden zu den gesetzlichen Statistikpflichten im öffentlichen Auftragswesen gem. RL 2004/18/EG und RL 2009/81/EG.

# Teil 5
# Übergangs- und Schlussbestimmungen

## § 45
## Übergangsbestimmung

Vergabeverfahren die vor dem Inkrafttreten der Verordnung begonnen haben, werden einschließlich der sich an diese anschließenden Nachprüfungsverfahren nach dem Recht zu Ende geführt, das zum Zeitpunkt der Einleitung des Verfahrens galt.

## Übersicht

|  |  | Rn. |
|---|---|---|
| I. | Allgemeines | 1 |
| II. | Anwendbares Vergaberecht vor dem 21. August 2011 | 5 |
| III. | Anwendbares Vergaberecht nach dem 21. August 2011 | 6 |
| IV. | Begrifflichkeiten | 11 |
|  | 1. Förmliche Verfahren | 15 |
|  | 2. Nicht-förmliche Verfahren | 19 |
| V. | Rechtsfolgen | 22 |

## I. Allgemeines

§ 45 VSVgV begrenzt den Anwendungsbereich der Verordnung zeitlich auf Vergabeverfahren, die zum Zeitpunkt des Inkrafttretens der Verordnung am 19. Juli 2012, 0:00 Uhr bereits begonnen hatten.[1]

1

Eine weitere für verteidigungs- und sicherheitsrelevante Beschaffungen wichtige Übergangsregelung enthält **§ 131 Abs. 9 GWB**. Diese Norm regelt den Umgang mit Nachprüfungsverfahren, die vor Inkrafttreten der Änderungen des GWB im Zuge der Umsetzung der Richtlinie 2009/81/EG am **14. Dezember 2011** bereits begonnen waren (siehe § 131 GWB, Rn. 1).

2

Aufgrund der am 21. August 2011 abgelaufenen Umsetzungsfrist für die der Verordnung zugrundliegenden Richtlinie 2009/81/EG ist dabei die unmittelbare Anwendung bestimmter in der genannten Richtlinie enthaltenen Regelungen zu berücksichtigen.

3

Das jeweils anwendbare Vergaberecht ist daher zeitlich für den Zeitraum vor und nach dem 21. August 2011 sowie dem 19. Juli 2012 zu bestimmen.

4

---

1 VK Bund, 23.7.2012 – VK 3-81/12.

## II. Anwendbares Vergaberecht vor dem 21. August 2011

5 Für Aufträge im Bereich Sicherheit und Verteidigung relevantes geltendes Vergaberecht vor dem Inkrafttreten der VSVgV am 19. Juli 2012 umfasst vor allem

- Art. 346 Vertrag über die Arbeitsweise der Europäischen Union (AEUV)
- das Gesetz gegen Wettbewerbsbeschränkungen (GWB), Vierter Teil
- die Vergabeverordnung (VgV)
- die Vergabe- und Vertragsordnung für Leistungen – Teil A, (VOL/A) Abschnitt 2 (EG)
- die Vergabe- und Vertragsordnung für Bauleistungen – Teil A (VOB/A), Abschnitt 2

in der jeweiligen zu Beginn des konkreten Vergabeverfahrens geltenden Fassung.

**BEISPIEL**

Ein am 20. April 2011 eingeleitetes Vergabeverfahren zur Beschaffung eines Auftrags im Bereich der Verteidigung und Sicherheit, dessen Beschaffungsgegenstand keiner europa- oder vergaberechtlichen Ausnahmebestimmung unterlag, ist vor allem unter Beachtung des folgenden Rechtsrahmens zu beenden:

- Art. 346 AEUV,
- GWB in der Fassung vom 20.4.2009 (BGBl. I 2009, S. 790; Berichtigung vom 9.7.2009, BGBl. I 2009, S. 1795), gültig ab 24.4.2009,
- VgV in der Fassung vom 7.6.2010 (BGBl I 2010, S. 724), gültig ab 11.6.2010,
- für Lieferungen und Dienstleistungen VOL/A EG in der Fassung vom 20.11.2009 (BAnz. Nr. 196a vom 29.12.2009, Berichtigung wurde im Bundesanzeiger Nr. 32 vom 26.2.2010 bekanntgemacht), gültig ab 11.6.2010

oder

- für Bauleistungen VOB/A, 2. Abschnitt in der Fassung vom 20.11.2009 (BAnz. Nr. 155 vom 15.10.2009), gültig ab 11.6.2010.

## III. Anwendbares Vergaberecht nach dem 21. August 2011

6 Für den Zeitraum nach dem 21. August 2011 umfasst das relevante geltende Vergaberecht insbesondere auch die unmittelbar anwendbaren Vorschriften der Richtlinie 2009/81/EG.[2]

7 Grundsätzlich sind Regelungen dann unmittelbar anwendbar, wenn sie

- klar und genau formuliert sind,
- unbedingt sind,
- ihrem Wesen nach geeignet, unmittelbare Wirkungen zu entfalten, und
- es zu ihrer Ausführung keiner weiteren Rechtsvorschriften bedarf.[3]

---

2 OLG Düsseldorf, 8.6.2011 – VII-Verg 49/11.
3 St. Rspr. EuGH, 4.12.1974 Rs. C-41/74, Van Duyn; 8.6.2006 Rs. C-430/04, Feuerbestattungsverein Halle e.V.

Das Bundesministerium für Wirtschaft und Technologie hat die nach seiner Ansicht unmittelbar anwendbaren Vorschriften der Richtlinie für die Vergabe von **Lieferungen und Dienstleistungen** in einem Rundschreiben vom 26. Juli 2011 niedergelegt.[4] Demnach soll zur Gestaltung europarechtskonformer Vergabeverfahren im Bereich Verteidigung und Sicherheit ab dem 21. August 2011 bei der Vergabe verteidigungs- und sicherheitsrelevanter Aufträge das GWB entsprechend angewendet werden.

Bei der Durchführung der Vergabeverfahren sollen sich Auftraggeber grundsätzlich an den Vorschriften der VOL/A EG orientieren. Zusätzlich müssen auch die unmittelbar geltenden Vorschriften der Richtlinie 2009/81/EG beachtet werden. Diese betreffen unter anderem die Informations- und Versorgungssicherheit, die Anforderungen an die Eignung von Unternehmen und bestimmte Verfahrensbesonderheiten, wie bspw. die Nichtanwendung des Offenen Verfahrens.

Das Bundesministerium für Verkehrsentwicklung, Bau und Stadtentwicklung hat für die Vergabe von **Bauleistungen** im Bereich Verteidigung und Sicherheit in einem Erlass vom 22.12.2011 den neu veröffentlichten 3. Abschnitt der VOB/A vom 24. Oktober 2011 als „Hilfestellung" zur richtlinienkonformen Auslegung bestimmt.

**BEISPIEL**

Ein am 20. Dezember 2011 eingeleitetes Vergabeverfahren zur Beschaffung eines Auftrags im Bereich der Verteidigung und Sicherheit, der keiner europa- oder vergaberechtlichen Ausnahmebestimmung unterlag, ist vor allem unter Beachtung des folgenden Rechtsrahmens zu beenden:

- Art. 346 AEUV,
- Art. 2, 3, 7, 13, 22, 23, 38, 39 Anhang I und II Richtlinie 2009/81/EG,
- GWB in der Fassung des VgRVgÄndG vom 7.12.2011 (BGBl. I S. 2570), gültig ab 14.12.2011,
- VgV in der Fassung des VgRVgÄndG vom 7.12.2011 (BGBl. I S. 2570), gültig ab 14.12.2011,
- für Lieferungen und Dienstleistungen die Verfahrensvorschriften der VOL/A EG in der Fassung vom 20.11.2009 (BAnz. Nr. 196a vom 29.12.2009, Berichtigung im BAnz. Nr. 32 vom 26.2.2010), gültig ab 11.6.2010 in richtlinienkonformer Auslegung, das heißt u.a. unter Beachtung der Art. 25–29 sowie 33 Richtlinie 2009/81/EG

oder

- für Bauleistungen die VOB/A, 2. Abschnitt in der Fassung vom 20.11.2009 (BAnz. Nr. 155 vom 15.10.2009) gültig ab 11.6.2010 in richtlinienkonformer Auslegung unter Zuhilfenahme des 3. Abschnitts der VOB/A vom 24.10.2011 (BAnz. Nr. 182a vom 2.12.2011).

---

[4] Rundschreiben zur Anwendung der Richtlinie 2009/81/EG des europäischen Parlaments und des Rates vom 13.7.2009 über die Koordinierung der Verfahren zur Vergabe bestimmter Bau-, Liefer- und Dienstleistungsaufträge in den Bereichen Verteidigung und Sicherheit und zur Änderung der Richtlinien 2004/17/EG und 2004/18/EG, S. 3 ff.

## IV. Begrifflichkeiten

11  Weder der Begriff des Vergabeverfahrens noch der seines Beginns sind in den anwendbaren vergaberechtlichen Regelungen definiert.

12  Ein Vergabeverfahren beginnt grundsätzlich dann, wenn der Auftraggeber zur Beschaffung entschlossen ist und mit organisatorischen und/oder planenden Maßnahmen begonnen hat zu regeln, auf welche Weise das Ziel eines Vertragsschlusses zur Bedarfsdeckung erreicht werden soll.[5]

13  **Beginn eines Vergabeverfahrens** im Sinne dieser Regelung kann indes – aus Gründen der Rechtssicherheit bzw. der Nachprüfbarkeit – nur eine nach außen gerichtete Handlung des Auftraggebers sein. Interne Vorgänge wie die Vorbereitung des Verfahrens bspw. durch eine Markterkundung oder vergleichende Wirtschaftlichkeitsberechnungen zur Ermittlung des konkreten Beschaffungsumfangs kommen daher als Beginn eines Vergabeverfahrens im Sinne dieser Vorschrift nicht in Betracht.[6]

14  Daher muss für die Definition des Verfahrensbeginns zwischen förmlichen und nicht-förmlichen Verfahren unterschieden werden.

### 1. Förmliche Verfahren

15  Förmliche Verfahren, die im Anwendungsbereich der VSVgV anzuwenden sind, sind

- das nichtoffene Verfahren,
- das Verhandlungsverfahren mit Teilnahmewettbewerb
- der wettbewerbliche Dialog.

16  Förmliche Verfahren werden diese genannt, weil die Form ihrer Durchführung in den jeweils anwendbaren Vergabe- und Vertragsordnungen, wie auch der VSVgV, festgelegt ist.

17  Bei europaweiten Ausschreibungen im förmlichen Verfahren ist der Beginn des Vergabeverfahrens damit die **Absendung der Vergabebekanntmachung** an das EU-Amtsblatt.[7] Denn die Absendung ist die erste nach außen in Erscheinung tretende Maßnahme, zu welcher der öffentliche Auftraggeber verpflichtet ist, vgl. § 18 Abs. 1 VSVgV.

18  **Nicht** als Einleitung eines Vergabeverfahrens wird die **Absendung einer Vorinformation** im Sinne des § 17 VSVgV an das EU-Amtsblatt gewertet.[8] Diese beinhaltet lediglich die Erklärung der Absicht der Vergabestelle, in absehbarer Zeit eine Ausschreibung zu beginnen (vgl. Wortlaut § 17 Abs. 1 VSVgV „beabsichtigen").

### 2. Nicht-förmliche Verfahren

19  Das im Anwendungsbereich der VSVgV einzig vorgesehene nicht-förmliche Verfahren ist das Verhandlungsverfahren ohne Teilnahmewettbewerb. Es handelt sich um ein nicht-förmliches Verfahren, da die Form seiner Durchführung in den jeweils anwendbaren Vergabe- und Vertragsordnungen, wie auch der VSVgV, nicht ausdrücklich geregelt ist. Zu

---

5 OLG Düsseldorf, 8.5.2002 – Verg 8/01 zu § 113 Abs. 1 Satz 1 GWB.
6 OLG München, 12.11.2010 – Verg 21/10.
7 OLG Naumburg, 8.10.2009 – 1 Verg 9/09.
8 OLG Naumburg, 8.10.2009 – 1 Verg 9/09.

den Einzelheiten der dennoch zu beachtenden Formalia siehe Kommentierung zu § 12 VSVgV, Rn. 2.

Bei Ausschreibungen, die nicht im förmlichen Verfahren durchgeführt werden, kann der Beginn des Vergabeverfahrens – anders als im förmlichen Verfahren – nicht durch die Absendung einer Bekanntmachung an das EU-Amtsblatt bestimmt werden. Eine solche Bekanntmachung ist für die Durchführung eines Verhandlungsverfahrens ohne Teilnahmewettbewerb weder nach der VSVgV noch – für den Zeitraum vor deren Inkrafttreten – nach der VOL/A EG vorgesehen. 20

Soweit diese vorhanden sind, kommen als Beginn des Vergabeverfahrens auch für nichtförmliche Verfahren nur nach außen tretende Handlungen des Auftraggebers in Frage. Die Rechtsprechung hat als Beginn eines Verhandlungsverfahrens ohne vorherige Bekanntmachung die Versendung des Fax-Schreibens an die späteren Teilnehmer des Verfahrens anerkannt.[9] 21

## V. Rechtsfolgen

Hat ein Auftraggeber ein **Vergabeverfahren** begonnen, so ist dieses Vergabeverfahren nach dem zum Zeitpunkt des Verfahrensbeginns geltenden Vergaberecht zu Ende zu führen. 22

Auch in einem ggf. eingeleiteten **Nachprüfungsverfahren** zur Beurteilung der Vergaberechtskonformität des Verfahrens wird das Verfahren anhand des zu seinem Beginn geltenden Rechts beurteilt. Dies gilt auch, wenn zum Zeitpunkt der Einleitung des Nachprüfungsverfahrens – bspw. nach Inkrafttreten der VSVgV – das geltende Recht ein anderes ist. Vgl. hierzu auch Kommentierung zu § 131 GWB, Rn. 6 ff. 23

---

9   OLG Naumburg, 18.8.2011 – 2 Verg 3/11.

# § 46
# Inkrafttreten

**Die Verordnung tritt am Tag nach der Verkündung in Kraft.**

## Übersicht

| | | Rn. |
|---|---|---|
| I. | Entstehungsgeschichte | 1 |
| II. | Rechtsfolgen | 4 |

## I. Entstehungsgeschichte

Die Vergabeverordnung Verteidigung und Sicherheit ist am 19. Juli 2012 in Kraft getreten. **1**

Der Entwurf der Vergabeverordnung Verteidigung und Sicherheit wurde am 23. Mai 2012 durch das Bundeskabinett beschlossen und erhielt am 6. Juli 2012 die Zustimmung des Bundesrates.[1] **2**

Die Verordnung wurde am 12. Juli 2012 ausgefertigt und am 18. Juli 2012 im Bundesgesetzblatt[2] verkündet. **3**

## II. Rechtsfolgen

Nach Inkrafttreten sind die in der VSVgV enthaltenen Regelungen von öffentlichen Auftraggebern im Sinne des § 98 GWB bei der Beschaffung von Aufträgen im sachlichen Anwendungsbereich der Verordnung uneingeschränkt anzuwenden. **4**

Die in den Rundschreiben des Bundesministeriums für Wirtschaft und Technologie vom 26. Juli 2011 und vom 21. Dezember 2011 enthaltenen Maßgaben sind mit Inkrafttreten der VSVgV für danach eingeleitete Beschaffungsverfahren nicht mehr zu beachten. **5**

> **PRAXISTIPP**
>
> *Anwendbares Vergaberecht seit dem 19. Juli 2012*
>
> *Mit Inkrafttreten der VSVgV am 19. Juli 2012 ist für die Beschaffung von Aufträgen im Bereich Verteidigung und Sicherheit vergaberechtlich folgender Rechtsrahmen zu beachten:*
>
> - *Art. 346 AEUV,*
> - *Gesetz gegen Wettbewerbsbeschränkungen,*
> - *VSVgV für Lieferungen und Dienstleistungen,*

---

1 Bundesrat Plenarprotokoll 899 vom 6.7.2012, abrufbar unter http://www.bundesrat.de/cln_235/nn_6898/SharedDocs/Downloads/DE/Plenarprotokolle/2012/Plenarprotokoll-899,templateId=raw,property=publicationFile.pdf/Plenarprotokoll-899.pdf Stand 28.7.2012; Schlussformel.
2 BGBl. I 2012 Nr. 33, S. 1509.

*oder*
- *VOB/A, 3. Abschnitt VS für Bauleistungen.*

# C. Rechtsschutz im Vergaberecht

## Übersicht

|     |     | Rn. |
| --- | --- | --- |
| I. | Allgemeines | 1 |
|    | 1. Rechtsschutz oberhalb der Schwellenwerte | 3 |
|    | 2. Rechtsschutz unterhalb der Schwellenwerte | 7 |
| II. | Der Vergabenachprüfungsantrag (Primärrechtsschutz erster Instanz) | 9 |
|    | 1. Die Vergabekammern | 9 |
|    | 2. Das Verfahren vor der Vergabekammer | 12 |
|    |    a) Statthaftigkeit | 12 |
|    |    b) Rügeobliegenheit | 18 |
|    |    c) Antragserfordernis | 24 |
|    |    d) Antragsfrist | 26 |
|    |    e) Antragsbefugnis | 27 |
|    | 3. Checkliste zur Zulässigkeit des Nachprüfungsantrags | 31 |
|    | 4. Wirkung des Nachprüfungsantrags | 32 |
|    | 5. Antrag auf vorzeitige Zuschlagsgestattung | 33 |
|    | 6. Vorzeitiger Zuschlag gemäß § 115 Abs. 4 Satz 1 i.V.m. § 100 Abs. 8 Nr. 1–3 GWB | 37 |
|    | 7. Entscheidung der Vergabekammer | 38 |
| III. | Die sofortige Beschwerde (Primärrechtsschutz zweiter Instanz) | 39 |
|    | 1. Der Vergabesenat am OLG | 40 |
|    | 2. Die sofortige Beschwerde im Einzelnen | 41 |
|    |    a) Statthaftigkeit | 41 |
|    |    b) Beschwerdeberechtigung | 42 |
|    |    c) Beschwerdebefugnis | 43 |
|    |    d) Form, Frist und Verfahrensvorschriften | 44 |
|    | 3. Checkliste zur Zulässigkeit einer sofortigen Beschwerde | 47 |
|    | 4. Wirkung der Beschwerde | 48 |
|    | 5. Antrag auf Verlängerung der aufschiebenden Wirkung | 49 |
|    | 6. Antrag auf vorzeitige Zuschlagsgestattung | 51 |
|    | 7. Beschwerdeentscheidung | 53 |
|    | 8. Anschlussbeschwerde | 54 |
| IV. | Die Schadensersatzansprüche (Sekundärrechtsschutz) | 55 |
|    | 1. Unterhalb der Schwellenwerte | 57 |
|    | 2. Oberhalb der Schwellenwerte | 61 |
|    |    a) § 125 GWB – Schadensersatz bei Rechtsmissbrauch | 62 |
|    |    b) § 126 GWB – Ersatz des Vertrauensschadens | 65 |
| V. | Übersicht Vergabekammern | 68 |

## I. Allgemeines

**1** Bieter in einem Vergabeverfahren haben vornehmlich ein Interesse am Erhalt des Auftrags. Für dieses Begehren steht der sog. **Primärrechtsschutz** zur Verfügung, der auf die Korrektur etwaiger Vergaberechtsverstöße des Auftraggebers im Vergabeverfahren vor Zuschlagserteilung gerichtet ist. Aus Sicht des Bieters führt der Primärrechtsschutz im Idealfall zur Korrektur der Rechtsverstöße und der anschließenden Zuschlagserteilung an ihn. Ist der Zuschlag einmal erteilt, besteht im deutschen Recht grundsätzlich[1] keine Möglichkeit mehr, diesen aufzuheben, selbst, wenn er im Wege eines vergaberechtswidrigen Verfahrens erteilt wurde. In dem Fall besteht für die nicht berücksichtigten Bieter nur noch die Möglichkeit Schadensersatzansprüche, sog. **Sekundärrechtsschutz**, gegen den Auftraggeber geltend zu machen. Der Sekundärrechtsschutz ist – ohne Korrektur des Vergaberechtsverstoßes – lediglich auf nachträgliche (d.h. **nach** Abschluss des Vergabeverfahrens durch Zuschlag) Wiedergutmachung des hierdurch entstandenen Schadens gerichtet ist.

**2** Die Rechtsschutzmöglichkeiten (primär- und sekundärrechtlicher Art) bei der Vergabe öffentlicher Aufträge sind im deutschen Vergaberecht zweigeteilt.

### 1. Rechtsschutz oberhalb der Schwellenwerte

**3** Erreicht oder überschreitet der Auftragswert bei einer öffentlichen Auftragsvergabe die europäischen Schwellenwerte gemäß §§ 100 Abs. 1 S. 2 Nr.3, 127 Nr. 3 GWB i.V.m. § 1 Abs. 2 VSVgV, steht den betroffenen Unternehmen grundsätzlich ein zweiinstanzliches **Primärrechtsschutzverfahren** zur Verfügung, das sog. Vergabenachprüfungsverfahren. Es ist im vierten Teil des GWB (§§ 102 ff. GWB) geregelt. Grob umrissen läuft es wie folgt ab: Stellt ein Unternehmen im Rahmen eines Vergabeverfahrens einen Verstoß gegen vergaberechtliche Bestimmungen fest, hat es diesen zunächst unverzüglich beim Auftraggeber zu rügen, d.h. den Verstoß anzuzeigen und Abhilfe zu fordern. Kommt der Auftraggeber diesem Verlangen nicht nach, besteht die Möglichkeit, in erster Instanz einen Nachprüfungsantrag (§§ 102 ff. GWB) bei der zuständigen Vergabekammer zu stellen. Gegen die Entscheidung der Vergabekammer können in zweiter Instanz alle Beteiligten mit dem Rechtsmittel der sofortigen Beschwerde (§§ 116 ff. GWB) zum Vergabesenat des zuständigen Oberlandesgerichts (OLG) vorgehen.

**4** Primärrechtsschutz oberhalb der Schwellenwerte: Das Vergabenachprüfungsverfahren

| Überprüfungsinstanz | Rechtsbehelf | Spruchkörper |
|---|---|---|
| – | Rüge | Auftraggeber |
| Erste Instanz | Nachprüfungsantrag | Vergabekammer |
| Zweite Instanz | Sofortige Beschwerde | Vergabesenat am OLG |

**5** Im Wege des Vergabenachprüfungsverfahrens können lediglich Primäransprüche durchgesetzt werden, wie sich aus § 114 Abs. 1 GWB ergibt. Das bedeutet, das Verfahren ist ausschließlich darauf gerichtet, die Rechte von am Auftrag interessierten Unternehmen

---

1 Eine Ausnahme besteht, falls der Zuschlag gemäß § 101b GWB unwirksam war.

auf ein rechtmäßiges Vergabeverfahren nach § 97 Abs. 7 GWB sicherzustellen und damit deren primäres Interesse am Erhalt des Auftrags durchzusetzen. Das Vergabenachprüfungsverfahren ist grundsätzlich[2] nicht auf die nachträgliche Überprüfung eines mittels Zuschlags bereits abgeschlossenen Vergabevorganges auf dessen Rechtmäßigkeit gerichtet, sondern soll einen Vergaberechtsverstoß bereits während eines laufenden Vergabeverfahrens korrigieren. Sekundärrechtsschutz, der ohne Korrektur des Fehlers lediglich auf nachträgliche, d.h. nach Abschluss des Vergabeverfahrens durch Zuschlag, Wiedergutmachung des hierdurch entstandenen Schadens gerichtet ist, wird von den Vergabenachprüfungsinstanzen (Vergabekammern und den Vergabesenaten der Oberlandesgerichte) nicht gewährt.

Im Rahmen des **Sekundärrechtsschutzes** stehen Unternehmen oberhalb der Schwellenwerte die allgemeinen zivilrechtlichen Schadensersatzansprüche zur Verfügung. Darüber hinaus enthalten für den Bereich oberhalb der europäischen Schwellenwerte die §§ 125, 126 GWB spezielle vergaberechtliche Schadensersatzansprüche.

6

## 2. Rechtsschutz unterhalb der Schwellenwerte

Unterhalb der europäischen Schwellenwerte ist ein **Primärrechtsschutz** durch den Gesetzgeber nicht explizit vorgesehen.[3] Denn eine dem § 97 Abs. 7 GWB entsprechende Vorschrift, die den Bietern gerichtlich durchsetzbare Verfahrensrechte zusichert, existiert unterhalb der Schwellenwerte gerade nicht. Diese gesetzgeberische Entscheidung ist nach der Rechtsprechung des BVerfG nicht zu beanstanden.[4] Daraus folgt, dass unterhalb der Schwellenwerte allenfalls zivilrechtliche Rechtsschutzmöglichkeiten zur Verhinderung des Zuschlags und zur Erreichung einer Korrektur etwaiger Vergaberechtsverstöße in Betracht kommen.[5] Als solche stehen beispielsweise zivilrechtliche Unterlassungsansprüche, gerichtet auf die Untersagung eines geplanten Zuschlags, zur Verfügung, die mittels Erlass einer einstweiligen Verfügung gemäß §§ 935 ff. ZPO durchgesetzt werden können.[6] Unterlassungsansprüche können sich dabei aus §§ 241 Abs. 2, 311 Abs. 2, 280 Abs. 1 i.V.m. § 249 Abs. 1 S. 1 BGB (*culpa in contrahendo*)[7] und § 823 Abs. 2 BGB i.V.m. dem europäischen Gleichbehandlungs- und Transparenzgrundsatz[8] ergeben. Aufgrund des kurzen Zeitrahmens eines Vergabeverfahrens, der hohen Nachweisanforderungen zum Erlass einer einstweiligen Verfügung, des Risikos einer Schadensersatzpflicht für den Antragsteller und des Umstands, dass eine Aufhebung des Zuschlags und Auflösung des bereits geschlossenen Vertrags in der Regel nicht erreicht werden kann[9], ist der Primärrechtsschutz unterhalb der Schwellenwerte jedoch wenig hilfreich für die betroffenen Unternehmen. Praktisch verfügen die Beteiligten bei Vergabeverfahren, deren Auftrags-

7

---

2 Abgesehen von den Möglichkeiten der Feststellungsklage gemäß §§ 114 Abs. 2 S. 2, 123 S. 3 GWB.
3 Vgl. zum Primärrechtsschutz im Unterschwellenbereich *Dicks*, VergabeR 2012, 531; *Zeiss*, Sichere Vergabe unterhalb der Schwellenwerte, 346 ff.; zur aktuellen Reformdiskussion vgl. *Burgi*, NVwZ 2011, 1217.
4 BVerfGE 116, 135 = NJW 2006, 3701.
5 Vgl. BVerfG, NZBau 2006, 761; BVerwG, NZBau 2007, 389; *Dicks*, VergabeR 2012, 531, 534; allgemein zum zivilrechtlichen Rechtsschutz bei Vergaben unterhalb der Schwellenwerte *Braun*, NZBau 2008, 160.
6 OLG Düsseldorf, NZBau 2010, 328, dazu *Scharen*, VergabeR 2011, 653.
7 BGH, VergabeR 2011, 703; OLG Düsseldorf, VergabeR 2010, 531; OLG Düsseldorf, ZfBR 2011, 832; OLG Stuttgart, VergabeR 2010, 531; OLG Jena, 8.1.2008 – 9 U 431/08.
8 OLG Stuttgart, NZBau 2002, 395; LG Frankfurt a.M., NZBau 2008, 599; zur Eigenschaft des europäischen Gleichbehandlungs-, Nichtdiskriminierungs- und Transparenzgebots als Schutzgesetz i.S.v. § 823 Abs. 2 BGB siehe EuGH, VergabeR 2006, 54; EuGH, NZBau 2005, 592; EuGH, NZBau 2005, 644; vgl. zudem zu den vom EuGH aufgestellten Anforderungen an das Rechtsschutzsystem *Huerkamp/Kühling*, NVwZ 2011, 1409.
9 OLG Stuttgart, 9.8.2010 – 2 W 37/10.

wert die europäischen Schwellenwerte nicht erreicht, über keinen vergaberechtlichen Primärrechtsschutz.

**8** Im Rahmen des **Sekundärrechtsschutzes** stehen Unternehmen unterhalb der Schwellenwerte ebenfalls die allgemeinen zivilrechtlichen Schadensersatzansprüche zur Verfügung.[10]

## II. Der Vergabenachprüfungsantrag (Primärrechtsschutz erster Instanz)

### 1. Die Vergabekammern[11]

**9** Zuständig für die Entscheidung in der ersten Instanz des Vergabenachprüfungsverfahrens, d.h. die Entscheidung über den Nachprüfungsantrag, sind die Vergabekammern des Bundes und der Länder. Auf Bundesebene gibt es drei Vergabekammern, die beim Bundeskartellamt eingerichtet sind; in den Bundesländern variiert die Anzahl. Die jeweilige örtliche Zuständigkeit richtet sich gemäß § 106a GWB danach, ob der Auftraggeber dem Bund oder einem bestimmten Land zuzurechnen ist.

**10** Bei den Vergabekammern des Bundes und der Länder handelt es sich nicht um Gerichte, sondern um Verwaltungsbehörden, die nicht durch Urteil oder gerichtlichen Beschluss, sondern mittels Verwaltungsakt entscheiden. Durch die ausschließliche Zuständigkeit der Vergabekammern für das Nachprüfungsverfahren gemäß § 104 Abs. 2 GWB, ihrer Weisungsunabhängigkeit gemäß § 105 Abs. 1 und 4 GWB und dem gerichtsähnlich ausgestalteten Rechtsschutzverfahren nach den §§ 102 ff. GWB können die Vergabekammern aber als gerichtsähnliche Verwaltungsbehörden angesehen werden. Die personelle Besetzung ergibt sich aus § 105 Abs. 2 GWB. Die Vergabekammer ist gemäß § 110a Abs. 1 GWB dazu verpflichtet, die Vertraulichkeit von Verschlusssachen und anderen vertraulichen Informationen, die sich aus den von den Parteien übermittelten Unterlagen ergeben, sicherzustellen. Die Mitglieder der Vergabekammer sind außerdem gemäß § 110a Abs. 2 GWB zur Geheimhaltung verpflichtet.

**11** Um die Vergabe eines Auftrags nicht unverhältnismäßig zu verzögern, soll im Rechtsschutzverfahren möglichst frühzeitig Klarheit über die Rechtmäßigkeit des Vergabeverfahrens gewonnen werden. Diesem Zweck dient unter anderem eine kurze Antragsfrist zur Einleitung des Nachprüfungsverfahrens von 15 Kalendertagen nach Zurückweisung der Rüge. Des Weiteren sehen die §§ 110 Abs. 1 S. 4, 113 GWB ein Beschleunigungsgebot für das Nachprüfungsverfahren vor. Danach haben Entscheidungen der Vergabekammer bspw. innerhalb von fünf Wochen ab Eingang des Nachprüfungsantrags zu ergehen. Erfolgt keine fristgemäße Entscheidung, gilt der Antrag auf Nachprüfung gemäß § 116 Abs. 2 HS.2 GWB als abgelehnt und der Antragsteller kann hiergegen die sofortige Beschwerde einlegen.

---

10 Vgl. zum Sekundärrechtsschutz im Unterschwellenbereich *Zeiss*, Sichere Vergabe unterhalb der Schwellenwerte, 357 ff.; *Dreher*, NZBau 2002, 419; *Heuvels*, NZBau 2005, 570.
11 Postanschriften und Kontaktinformationen der Vergabekammern des Bundes und der Länder finden sich am Ende dieses Kapitels.

## 2. Das Verfahren vor der Vergabekammer

### a) Statthaftigkeit

Ein Nachprüfungsverfahren i.S.v. § 102 GWB ist bei jeder Vergabe eines öffentlichen Auftrages i.S.d. § 99 GWB durch einen öffentlichen Auftraggeber gemäß § 98 GWB statthaft, dessen Auftragswert die oben genannten Schwellenwerte erreicht oder überschreitet und der nicht unter einen der Ausschlussgründe des § 100 Abs. 2 GWB fällt.[12]

12

Bei der Beurteilung, ob ein solcher Vergabevorgang vorliegt, ist eine materielle Betrachtungsweise maßgeblich.[13] Dementsprechend unterliegen alle Entscheidungen der öffentlichen Hand der Nachprüfung durch die Vergabekammern, die auf die Vergabe eines öffentlichen Auftrags gerichtet sind. Mit anderen Worten: Jede Handlung eines öffentlichen Auftraggebers, die sich am Vergaberecht zu orientieren hat, ist im Vergabenachprüfungsverfahren überprüfbar.[14] Das bedeutet, dass auch die Aufhebung eines Vergabeverfahrens, d.h. der Abbruch des Verfahrens vor Auftragsvergabe, durch den Auftraggeber Gegenstand eines Nachprüfungsverfahrens sein kann.[15]

13

Schließlich ist auch die sogenannte „De-facto-Vergabe", bei der ein an sich ausschreibungspflichtiger Auftrag direkt an ein Unternehmen vergeben wird, ohne dass vorher ein förmliches Vergabeverfahren durchgeführt wird, im Rahmen eines Vergabenachprüfungsverfahrens überprüfbar. Dieses Vorgehen stellt sogar einen besonders schweren Vergaberechtsverstoß dar. Gemäß § 101b Abs. 1 Nr. 2 GWB kann mittels eines Nachprüfungsverfahrens die Unwirksamkeit eines solchen Vertrags festgestellt werden.

14

Ein Nachprüfungsantrag kann allerdings erst dann eingereicht werden, wenn das Vergabeverfahren, gleichgültig in welcher Form, bereits begonnen hat. Ein vorbeugender Nachprüfungsantrag ist unzulässig.[16] Das förmliche Vergabeverfahren beginnt mit Absendung der Vergabebekanntmachung an das EU-Amtsblatt. Auftragsvergaben, die rechtswidriger Weise außerhalb jeglicher Vergabevorgaben durchgeführt werden (De-facto-Vergaben), beginnen mit derjenigen Maßnahme, mit der ein erster Schritt zur konkreten Herbeiführung eines Vertragsabschlusses unternommen wird.[17]

15

Ein Nachprüfungsverfahren ist gemäß § 114 Abs. 2 S.1 GWB nicht mehr statthaft, wenn bereits wirksam ein Zuschlag durch den Auftraggeber erteilt worden ist.[18] Denn gegen einen einmal erteilten Zuschlag kann ein rechtswidrig benachteiligtes Unternehmen grundsätzlich nur noch Sekundärrechtsschutz vor den Zivilgerichten in Anspruch nehmen, es sei denn, der Vertragsschluss war gemäß § 101b GWB von Anfang an unwirksam.

16

---

12  Zu den Schwellenwerten und dem Begriff des öffentlichen Auftraggebers vgl. im Einzelnen § 1 Rn. 8ff.
13  VK Münster, 7.10.2010 – VK 6/10; OLG Düsseldorf, 19.7.2006 – VII-Verg 26/06; OLG Düsseldorf, NZBau 2001, 696, 698.
14  BGH, NZBau 2005, 290, 291.
15  BGHZ 154, 32, 37 f.; EuGH, 18.6.2002 – Rs. C-92/00 (Hospital Ingenieure), Slg. 2002, I-5553.
16  Vgl. OLG Düsseldorf, NZBau 2003, 55; OLG Rostock, NZBau 2003, 457; OLG Düsseldorf, NZBau 2000, 306, 310.
17  OLG München, 12.11.2010 – Verg 21/10 ; OLG Naumburg, 8.10.2009 – 1 Verg 9/09.
18  Siehe dazu auch die Grafik in Rn. 17.

**17** Übersicht:

**Antragsmöglichkeit bei einem Verhandlungsverfahren mit Bekanntmachung**

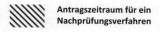

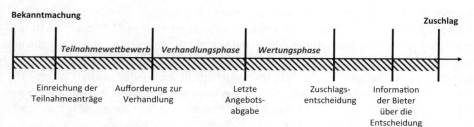

### b) Rügeobliegenheit

**18** Aus § 107 Abs. 3 Nr. 1–3 GWB ergibt sich, dass Vergaberechtsverstöße des Auftraggebers nur dann zum Gegenstand eines Nachprüfungsantrags gemacht werden können, wenn sie zuvor rechtzeitig bei dem Auftraggeber gerügt worden sind. Das bedeutet, erlangt ein beteiligtes Unternehmen positive Kenntnis[19] von einem Verfahrensverstoß, dann hat es diesen unverzüglich gegenüber dem Auftraggeber zu rügen. „Unverzüglich" bedeutet in diesem Zusammenhang i.S.v. § 121 Abs. 1 BGB „ohne schuldhaftes Zögern".[20] Das heißt, die Rüge muss innerhalb eines Zeitraums erfolgen, in dem, nach den Gegebenheiten des konkreten Einzelfalls, insbesondere der Komplexität der tatsächlichen und rechtlichen Gesichtspunkte des beanstandeten Verhaltens, eine Prüfung des Verstoßes durch das Unternehmen und die Begründung der Rüge als möglich und zumutbar erscheinen. Was von der Rechtsprechung noch als angemessene Rügefrist angesehen wird, variiert sehr stark. Einerseits kann in Fällen von evidenten und leicht erkennbaren Verstößen eine Frist von lediglich ein bis drei Tagen angemessen sein.[21] Andererseits wird Unternehmen als absolute Obergrenze in extrem komplexen Sachverhalten, in denen die Erstellung der Rüge die Inanspruchnahme fachkundiger Hilfe voraussetzt, auch eine Frist von zwei Wochen zugestanden.[22] Als Faustregel kann gelten, dass eine Rüge in den allermeisten Fällen nach mehr als einer Woche ab Kenntniserlangung von dem Verfahrensfehler nicht mehr als unverzüglich angesehen werden kann.[23] Wird ein Verstoß gegen Vergabevorschriften aus der Vergabebekanntmachung oder den Vergabeunterlagen erkennbar, kann dieser in jedem Fall nur spätestens bis zum Ablauf der in der Bekanntmachung genannten Frist zur Angebotsabgabe oder Bewerbung gerügt werden. Ein Rechtsverstoß, der im Vergabeverfahren erkannt wird, aber nicht rechtzeitig gerügt wird, kann mit dem Nachprüfungsantrag nicht mehr geltend gemacht werden.

---

[19] Zu dem Kriterium der positiven Kenntnis vgl. OLG Dresden, 23.4.2009 – WVerg 11/08.
[20] OLG Naumburg, 25.1.2005 – 1 Verg 22/04.
[21] OLG Koblenz, 7.11.2007 – 1 Verg 6/07.
[22] OLG Jena, VergabeR 2009, 809; OLG Dresden, VergabeR 2004, 609; OLG Koblenz, 25.5.2000 – 1 Verg 1/00.
[23] OLG Rostock, 20.10.2010 – 17 Verg 5/10.

> **PRAXISTIPP**
>
> Seit einem Urteil des EuGH[24] vom 28.1.2010 besteht erhebliche Rechtsunsicherheit, ob das Kriterium der Unverzüglichkeit wegen eines Verstoßes gegen die europäische Rechtsmittelrichtlinie unanwendbar ist, mit der Folge, dass Verstöße auch noch nach längerer Zeit gerügt und zum Gegenstand der Nachprüfung gemacht werden können, die Rügeobliegenheit des Bieters also praktisch entfällt.[25] Bis zu einer endgültigen Klärung der Rechtslage durch die Gerichte oder den Gesetzgeber sollten sich Bieter aber weiterhin an die Rügeobliegenheit halten, da die meisten Vergabenachprüfungsinstanzen die Rüge weiterhin für erforderlich halten.

19

Inhaltlich muss der Auftraggeber mit der Rüge unmissverständlich darauf hingewiesen werden, dass dessen Vorgehen als vergaberechtswidrig angesehen und Abhilfe gefordert wird.[26]

20

Im Übrigen bestehen bzgl. der Rüge keine Formvorschriften, sodass auch mündliche oder fernmündliche Rügen sowie solche per E-Mail oder Telefax zulässig sind.[27] Schriftliche Rügen müssen unterschrieben sein.

21

> **PRAXISTIPP**
>
> Auch wenn bzgl. der Rüge keine Formvorschriften bestehen, sollte sie aus Nachweisgründen immer schriftlich erfolgen.

22

Wird mit dem Antrag auf Nachprüfung die Feststellung der Unwirksamkeit eines Vertrags begehrt, der durch eine „De-facto-Vergabe" zu Stande gekommen ist, ist eine vorherige Rüge gemäß § 107 Abs. 3 S. 2 i.V.m. § 101b Abs. 1 Nr. 2 GWB nicht erforderlich.

23

### c) Antragserfordernis

Zur Einleitung eines Nachprüfungsverfahrens ist gemäß § 107 Abs. 1 GWB ein schriftlicher Antrag erforderlich. Die formalen Anforderungen, denen der Nachprüfungsantrag genügen muss, ergeben sich aus § 108 GWB, wie z.B. das Erfordernis, dass die Begründung die Bezeichnung des Antragsgegners und eine Beschreibung der behaupteten Rechtsverletzung enthalten muss.

24

> **PRAXISTIPP**
>
> Die Antragstellung ist zu jedem Zeitpunkt des Vergabeverfahrens möglich, sofern dieses noch nicht durch Zuschlag beendet wurde und der Verfahrensverstoß zuvor gerügt worden ist.[28]

25

### d) Antragsfrist

Gemäß § 107 Abs. 3 S. 1 Nr. 4 GWB ist der Antrag innerhalb von 15 Kalendertagen nach Zugang der Rügezurückweisung einzureichen. Da eine Rüge bei einer „De-facto-

26

---

[24] EuGH, 28.1.2010, Rs. C-406/08 (Uniplex (UK)), Slg. 2010, I-817.
[25] Für eine weitere Anwendbarkeit: OLG Dresden, 7.5.2010 – WVerg 6/10; OLG Rostock, 20.10.2010 – 17 Verg 5/10. Gegen die Anwendbarkeit: OLG Celle, 26.4.2010 – 13 Verg 4/10. Offengelassen von OLG München, 3.11.2011 – Verg 14/11.
[26] Vgl. KG, 20.8.2009 – 2 VERG 4/09 ; noch strenger: OLG Brandenburg, 17.2.2005 – Verg W 11/04.
[27] Vgl. OLG Düsseldorf, NZBau 2003, 400, 406; BayObLG, VergabeR 2002, 504.
[28] Vergleiche dazu die Grafik zur Antragsmöglichkeit bei einem Verhandlungsverfahren mit Bekanntmachung.

Vergabe" nicht erforderlich ist und somit diesbezüglich auch keine Entscheidung des Auftraggebers ergeht, existiert in diesen Fällen keine Antragsfrist. Allerdings kann die Unwirksamkeit des im Wege der „De-facto-Vergabe" geschlossenen Vertrags gemäß § 101b Abs. 2 Satz 1 GWB nur innerhalb von 30 Kalendertagen nach Kenntniserlangung von der „De-facto-Vergabe" geltend gemacht werden, so dass der Antrag nur innerhalb dieser Frist erfolgversprechend ist.

### e) Antragsbefugnis

27 Weitere Voraussetzung für die erfolgreiche Einreichung des Nachprüfungsantrags ist gemäß § 107 Abs. 2 GWB die Antragsbefugnis des Antragstellers. Sie dient dazu, von vornherein als aussichtslos erscheinende Nachprüfungsverlangen gar nicht erst zur Entscheidung zuzulassen. Ein Antragsteller ist antragsbefugt, wenn er

1. darlegt, dass er ein Interesse an dem zu vergebenen Auftrag hat und
2. geltend macht, dass ihm aufgrund einer Verletzung seiner Rechte aus § 97 Abs. 7 GWB durch den Auftraggeber
3. ein Schaden entstanden ist oder zu entstehen droht.

28 Zum Kreis der antragsbefugten Unternehmen gehören lediglich diejenigen, die ein **unmittelbares Interesse an dem Auftrag** haben. Insbesondere ist das jeder potenzielle Auftragnehmer, der im Verfahren fristgemäß einen Teilnahmeantrag oder ein Angebot eingereicht hat. Ein mittelbares Interesse, etwa von Nachunternehmern, Beratern oder Vorlieferanten genügt nicht.[29] Die Abgabe eines Angebots oder eines Teilnahmeantrags ist jedoch keine zwingende Voraussetzung für das Vorliegen einer Antragsbefugnis. Führte gerade das beanstandete Verhalten des Auftraggebers dazu, dass eine Angebots- bzw. Teilnahmeantragsabgabe seitens des antragstellenden Unternehmens unterblieben ist und wird das in der Antragsbegründung substantiiert dargelegt, so liegt regelmäßig auch ohne Angebot bzw. Teilnahmeantrag die Antragsbefugnis vor. Ebenso verhält es sich bei „De-facto-Vergaben", bei denen ein Unternehmen mangels vorheriger Ausschreibung und damit einhergehender Unkenntnis von dem Vergabevorgang, kein Angebot oder Teilnahmeantrag eingereicht hat, sofern das Unternehmen grundsätzlich auf die Ausführung eines entsprechenden Auftrags eingerichtet und zur Durchführung im Stande ist.

29 Um die **Verletzung eigener Rechte** durch einen Vergaberechtsverstoß geltend zu machen, genügt es grundsätzlich, wenn eine solche nach der Darstellung des antragstellenden Unternehmens als möglich erscheint.[30] Maßgeblich ist dabei allerdings ausschließlich eine Verletzung der den Unternehmen durch Vergaberecht eingeräumten Rechte, § 97 Abs. 7 GWB.

30 Schließlich muss das antragstellende Unternehmen auch noch geltend machen können, dass der Verstoß des Auftraggebers gegen vergaberechtliche Vorschriften zu einem **Schaden** bei ihm geführt hat oder zu führen droht. Das ist bereits dann der Fall, wenn der Antragsteller darlegt, dass er bei ordnungsgemäßen Vergabeverfahren bessere Chancen auf den Zuschlag hätte als in dem beanstandeten Verfahren oder die Aussichten auf die Erteilung des Auftrags durch den Verfahrensverstoß zumindest verschlechtert wurden.[31]

---

29 OLG Düsseldorf, 18.6.2008 – VII-Verg 23/08 m.w.N.; BVerfG, NZBau 2004, 564.
30 BGH, NZBau 2010, 124, 126.
31 BGH, NZBau 2010, 124, 126; BVerfG, NZBau 2004, 564.

## 3. Checkliste zur Zulässigkeit des Nachprüfungsantrags

Statthaftigkeit

- Handelt es sich bei dem in Frage stehenden Vertrag um einen öffentlichen Auftrag (§ 99 GWB)?
- Erreicht bzw. überschreitet der Auftragswert die Schwellenwerte von 5 Millionen € bei Bauaufträgen bzw. 200.000 € bei Liefer- und Dienstleistungen[32] (§§ 100 Abs. 1 S. 2 Nr.3, 127 Nr. 3 GWB i.V.m. § 1 Abs. 2 VSVgV)?
- Liegt kein Ausschlussgrund gemäß § 100 Abs. 2 GWB vor?

Rügeobliegenheit

- Wurde der beanstandete Vergaberechtsverstoß beim Auftraggeber gerügt?
- Erfolgte die Rüge unverzüglich nach Kenntniserlangung von dem Vergaberechtsverstoß?

Antragsbefugnis

- Hat das antragsstellende Unternehmen ein unmittelbares Interesse am Auftrag?
- Wird die Verletzung eigener Rechte durch einen Vergaberechtsverstoß geltend gemacht?
- Droht dem Antragssteller durch diese Rechtsverletzung ein Schaden zu entstehen oder ist ein solcher bereits entstanden?

Antragserfordernis

- Erfüllt der Antrag alle Formerfordernisse (§ 108 GWB)?

Zuständige Vergabekammer

- Wird der Antrag auf Nachprüfung bei der zuständigen Vergabekammer gestellt?

Antragsfrist

- Ist die Frist von 15 Kalendertagen nach Rügezurückweisung eingehalten (§ 107 Abs. 3 S.1 Nr. 4 GWB)?

## 4. Wirkung des Nachprüfungsantrags

Ein zulässig gestellter Nachprüfungsantrag hat Suspensiveffekt, d.h. sobald der Auftraggeber von der Vergabekammer in Textform über den Nachprüfungsantrag informiert wurde, darf dieser gemäß § 115 Abs. 1 GWB grundsätzlich bis zum Abschluss der ersten Instanz und dem Ablauf der darauf folgenden Beschwerdefrist von zwei Wochen keinen Zuschlag erteilen.

## 5. Antrag auf vorzeitige Zuschlagsgestattung

Allerdings kann der Auftraggeber oder das Unternehmen, welches den Auftrag erhalten soll, gemäß § 115 Abs. 2 Satz 1 GWB bei der Vergabekammer beantragen, das Zuschlagsverbot aufzuheben. Die Vergabekammer berücksichtigt bei der Entscheidung über diesen Antrag insbesondere auch, ob die Verteidigungs- und Sicherheitsinteressen oder

---

32  Bei Liefer- und Dienstleistungen einer obersten Bundesbehörde liegt der Schwellenwert bei 130.000 €.

sonstige Interessen der Allgemeinheit eine schnelle Zuschlagserteilung erfordern (§ 115 Abs. 2 Satz 2 GWB). Hat der Antrag Erfolg, d.h. gestattet die Vergabekammer den Zuschlag, entfällt das Zuschlagsverbot zwei Wochen nach Zustellung dieser Entscheidung. D.h. trotz eingeleiteten Nachprüfungsverfahrens darf der Auftraggeber dann den Zuschlag erteilen.

34 **PRAXISTIPP**

*Grundsätzlich sind die Erfolgsaussichten eines Antrags auf vorzeitige Zuschlagsgestattung in der ersten Instanz eher gering. Das liegt daran, dass das Verfahren ohnehin nur fünf Wochen dauert. Zu beachten ist außerdem, dass sich eine Ablehnung des Antrags durch die Vergabekammer für den Antragsteller nachteilig bei der Kostenentscheidung auswirkt. Der Antrag sollte daher nur bei einer offensichtlichen Unzulässigkeit bzw. Unbegründetheit des Nachprüfungsantrags sowie offensichtlich überwiegenden Verteidigungs- und Sicherheitsinteressen gestellt werden.*

35 Gegen die Entscheidung der Vergabekammer über die vorzeitige Zuschlagsgestattung steht den Beteiligten gemäß § 115 Abs. 2 Satz 5 und 5 GWB die Beschwerde zum Vergabesenat des zuständigen OLG zur Verfügung.

36 **PRAXISTIPP**

*Zu beachten ist aber, dass das Verfahren vor dem OLG zusätzliche Kosten in erheblichem Umfang verursacht. Es sollte daher nur eingeleitet werden, wenn eine Aufhebung der Entscheidung der Vergabekammer durch das OLG sehr gute Erfolgsaussichten hat.*

### 6. Vorzeitiger Zuschlag gemäß § 115 Abs. 4 Satz 1 i.V.m. § 100 Abs. 8 Nr. 1–3 GWB

37 Neben diesem Verfahren zur Aufhebung des Suspensiveffekts steht dem Auftraggeber im Verteidigungs- und Sicherheitsbereich auch noch die Möglichkeit zur Verfügung, gemäß § 115 Abs. 4 S. 1 i.V.m. § 100 Abs. 8 Nr. 1–3 GWB bei der Vergabekammer geltend zu machen, dass eine Zuschlagserteilung zum Zweck des Einsatzes der Streitkräfte, zur Umsetzung von Maßnahmen zur Terrorismusbekämpfung oder zum Schutz sonstiger, wesentlicher Interessen der nationalen Sicherheit erforderlich ist. In diesem Fall darf bereits fünf Kalendertage nachdem die Vergabekammer einen entsprechenden Schriftsatz an den Antragsteller des Nachprüfungsverfahrens zustellt, ein Zuschlag erfolgen, ohne dass es einer Entscheidung der Vergabekammer, ob die Voraussetzungen des § 100 Abs. 8 Nr. 1–3 GWB tatsächlich vorliegen, bedarf.[33] In diesem Fall liegt die Aufhebung des Zuschlagsverbots damit praktisch ausschließlich in der Hand des Auftraggebers und wird sich in der Praxis daher wohl großer Beliebtheit erfreuen. Dem Unternehmen, welches den Nachprüfungsantrag gestellt hat, steht gemäß § 115 Abs. 4 S. 2 GWB ein Antragsrecht auf Wiederherstellung des Zuschlagsverbots zum Beschwerdegericht zu. Es ist insoweit allerdings zu berücksichtigen, dass das Zuschlagsverbot bereits fünf Kalendertage

---

[33] Der Entfall der Zuschlagssperre allein durch Zustellung eines Schriftsatzes an den Antragsteller könnte wegen eines Verstoßes gegen die europäische Verteidigungsrichtlinie 2009/81/EG unanwendbar sein. So *Byok*, NVwZ 2012, 70, 75. Für einen Verstoß gegen die Verteidigungsrichtlinie spricht sich auch das OLG Düsseldorf aus, jedoch lässt es die Rechtsfolgen für die Vorschrift des § 115 Abs. 4 GWB offen, OLG Düsseldorf, NZBau 2011, 501.

nach Zustellung des entsprechenden Antrags des Auftraggebers beim Antragsteller entfällt. Das bedeutet, der Antragsteller muss seinen Antrag auf Wiederherstellung des Zuschlagsverbots spätestens innerhalb von fünf Tagen stellen und das OLG vor Ablauf der fünf Tage den Zuschlag jedenfalls vorläufig untersagen, wenn nicht endgültige Zustände geschaffen werden sollen. Denn ist der Zuschlag einmal erteilt, kommt eine Korrektur der Vergabeverstöße nicht mehr in Betracht. Es bleibt dann nur die Möglichkeit der Feststellung der Rechtswidrigkeit gem. § 114 Abs. 2 Satz 2 GWB.

### 7. Entscheidung der Vergabekammer

Dem Nachprüfungsantrag wird stattgegeben, wenn die Vergabekammer diesen für zulässig und begründet hält. Dann stellt sie gemäß § 114 Abs. 1 S. 1 GWB fest, dass der Antragsteller durch einen Vergaberechtsverstoß des Auftraggebers in seinen Rechten nach § 97 Abs. 7 GWB verletzt ist und trifft geeignete Maßnahmen, um diese Rechtsverletzung zu beseitigen und eine Schädigung der betroffenen Interessen zu verhindern. Bei der Auswahl geeigneter Abhilfemaßnahmen kommt der Vergabekammer eine weitreichende Entscheidungskompetenz zu, um eine flexible Reaktion zu ermöglichen, die sowohl den Interessen der Bieter als auch denjenigen des öffentlichen Auftraggebers gerecht wird.[34] Die Vergabekammer kann den Auftraggeber etwa dazu verpflichten, das gesamte Vergabeverfahren oder einzelne Teile hiervon unter Beachtung der Rechtsauffassung des Gerichts zu wiederholen,[35] dem Auftraggeber bestimmte Verhaltenspflichten für das weitere Verfahren auferlegen oder, als ultima ratio, eine Aufhebung des Vergabeverfahrens anordnen.[36] Sollte die Vergabeabsicht des Auftraggebers im letzteren Fall fortbestehen, muss er das Verfahren unter Beachtung der Rechtsauffassung der Vergabekammer neu beginnen. Den Entscheidungsmöglichkeiten der Vergabekammer werden allerdings durch den Grundsatz der Verhältnismäßigkeit Grenzen gesetzt. D.h. den Rechtsschutzinteressen des Antragstellers muss durch die Abhilfemaßnahme zwar entsprochen werden, die Entscheidung muss im Übrigen aber auch die Interessen des Auftraggebers an einer zügigen und zweckmäßigen Auftragsvergabe sowie die Wettbewerbsinteressen beteiligter Unternehmen berücksichtigen.[37]

38

## III. Die sofortige Beschwerde (Primärrechtsschutz zweiter Instanz)

Gegen die Entscheidung der Vergabekammer kann mittels der sofortigen Beschwerde gemäß §§ 116 ff. GWB vorgegangen werden. Mit diesem Rechtsmittel können unterschiedliche Ziele verfolgt werden. Die Beschwerde kann darauf gerichtet sein, die Entscheidung der Vergabekammer anzufechten, trotz Untätigkeit der Vergabekammer gemäß § 116 Abs. 2 GWB eine Nachprüfung des Vergabevorgangs zu erreichen oder gemäß § 123 S. 3 GWB festzustellen, dass ein bereits erteilter Zuschlag den Rechtsmittelführer in rechtswidriger Art und Weise in seinen Rechten verletzt, um einen Schadensersatzprozess vorzubereiten.

39

---

34 BT-Drs. 13/9340, S. 19.
35 Vgl. VK des Freistaates Thüringen, 1.8.2008 – 250-4003.20-1952/2008-015-GRZ.
36 Vgl. OLG Frankfurt a.M., 29.5.2007 – 11 Verg 12/06 , *Fett*, NZBau 2005, 141, 142.
37 Vgl. *Fett*, NZBau 2005, 141, 142.

## 1. Der Vergabesenat am OLG

**40** Für die sofortige Beschwerde ist gemäß § 116 Abs. 3 S. 1 GWB ausschließlich das für den Sitz der Vergabekammer zuständige OLG berufen. Bei diesen sind gemäß § 116 Abs. 3 S. 2 GWB spezielle Vergabesenate eingerichtet. Die Bundesländer haben dabei von ihrem Recht nach § 116 Abs. 4 S. 1 GWB Gebrauch gemacht, die Zuständigkeit auf ein OLG im jeweiligen Bundesland zu konzentrieren. Da es sich bei der Vergabekammer trotz gerichtsähnlicher Verfahrensausgestaltung nicht um ein Gericht, sondern um eine Verwaltungsbehörde handelt, stellt diese zweite Rechtsschutzinstanz der sofortigen Beschwerde vor dem Vergabesenat des OLG die erste und einzige **gerichtliche** Überprüfungsinstanz dar.

## 2. Die sofortige Beschwerde im Einzelnen

### a) Statthaftigkeit

**41** Die sofortige Beschwerde ist gegen Endentscheidungen der Vergabekammer statthaft. Das sind alle Entscheidungen, die das Nachprüfungsverfahren in der ersten Instanz abschließen. In der Regel handelt es sich dabei um die Feststellung einer Rechtsverletzung bei gleichzeitigem Erlass geeigneter Abhilfemaßnahmen gemäß § 114 Abs. 1 S. 1 GWB oder die Zurückweisung des Nachprüfungsantrags. Gemäß § 116 Abs. 2 HS. 1 ist die sofortige Beschwerde zudem auch dann statthaft, wenn die Vergabekammer die Entscheidungsfrist des § 113 Abs. 1 Satz 1 GWB (fünf Wochen) überschritten hat und der Nachprüfungsantrag deshalb als abgelehnt gilt. Zwischenentscheidungen, wie beispielsweise gemäß 115 Abs. 3 GWB, mit denen eine Verletzung der Rechte des Antragstellers, die durch andere Weise als durch Zuschlag droht, verhindert werden soll, sind grundsätzlich nicht mit der sofortigen Beschwerde (isoliert) anfechtbar, sondern können nur gleichzeitig mit den gegen die Sachentscheidung zulässigen Rechtsbehelfen geltend gemacht werden. Von diesem Grundsatz wird nur in solchen Fällen eine Ausnahme gemacht, in denen Zwischenentscheidungen faktisch vollzogen werden und deshalb im Hauptsacheverfahren nicht mehr effektiv angegriffen werden können. Z. B. ist die von der Vergabekammer verfügte Einsichtnahme in die Vergabeakten selbständig anfechtbar, sofern durch einen Vollzug Rechte des von der Akteneinsicht Betroffenen in einer durch die Hauptsacheentscheidung nicht wieder gutzumachenden Weise beeinträchtigt werden können.[38]

### b) Beschwerdeberechtigung

**42** Zu einer sofortigen Beschwerde sind gemäß § 116 Abs. 1 S. 2 GWB die Beteiligten des erstinstanzlichen Nachprüfungsverfahrens berechtigt. Das sind einerseits der Antragsteller, andererseits der Antragsgegner und die Beigeladenen.

### c) Beschwerdebefugnis

**43** Neben der Beschwerdeberechtigung ist zusätzliche, aber ungeschriebene Voraussetzung für die Zulässigkeit einer sofortigen Beschwerde die Beschwer des Beschwerdeführers. Ein Beteiligter ist beschwert, wenn die Vergabekammerentscheidung für ihn nachteilig ist. Dabei kann zwischen formeller und materieller Beschwer unterschieden werden, die beide vorliegen müssen, um eine Beschwerdebefugnis zu begründen. Ein Beteiligter ist in

---

[38] Vgl. OLG Düsseldorf, 28.12.2007 – Verg 40/07.

formeller Hinsicht beschwert, wenn die Nachprüfungsentscheidung bei vergleichender Betrachtung hinter einem seiner gestellten Anträge oder seinem im Verfahren erkennbar gewordenen Rechtsschutzziel zurückbleibt.[39] Das ist für den Antragsteller beispielsweise der Fall, wenn seinem Nachprüfungsantrag von der Vergabekammer entweder nicht oder nicht in vollem Umfang stattgegeben wurde. Für den Antragsgegner ist das der Fall, wenn das Verfahren von der Vergabekammer für rechtswidrig erachtet wurde, d.h. dem Nachprüfungsantrag stattgegeben wurde. Die Entscheidungsbegründung spielt bei der Beurteilung grundsätzlich keine Rolle.[40] Eine materielle Beschwer ist gegeben, wenn ein Verfahrensbeteiligter geltend machen kann, durch die Nachprüfungsentscheidung in seinen subjektiven Rechten verletzt worden zu sein. Liegt bereits eine formelle Beschwer für einen der Beteiligten vor, so wird dieser in der Regel auch in materieller Hinsicht beschwert sein, weshalb eine solche nicht mehr gesondert vorgetragen oder begründet werden muss. Relevant kann die materielle Beschwer vornehmlich in Bezug auf Beigeladene werden, die keine Anträge gestellt haben, durch die Entscheidung der Vergabekammer aber ihre Rechte verletzt sehen.[41]

### d) Form, Frist und Verfahrensvorschriften

Die Beschwerde ist gemäß § 117 Abs. 1 GWB innerhalb einer Notfrist von zwei Wochen bei dem Beschwerdegericht einzureichen, das in der Rechtsmittelbelehrung benannt ist. Sie beginnt mit Zustellung der Nachprüfungsentscheidung der Vergabekammer. Die Frist kann nicht verlängert werden. Wird sie versäumt, hat der Beschwerdeführer nur noch die Möglichkeit, gemäß §§ 233 ff. ZPO Wiedereinsetzung in den vorherigen Stand zu beantragen, sofern die Säumnis auf Umständen beruht, die dieser nicht zu vertreten hat.

44

Des Weiteren ist die Beschwerde unter Einhaltung der Schriftform nach § 126 BGB einzulegen und muss gemäß § 117 Abs. 3 GWB von einem Rechtsanwalt unterzeichnet sein. Außerdem ist sie gemäß § 117 Abs. 2 S. 1 GWB zu begründen und muss unter anderem zwingend die Bezeichnung des Beschlusses der Vergabekammer im Nachprüfungsverfahren, der angefochten werden soll, und die Bezeichnung der Verfahrensbeteiligten enthalten.

45

Beim Beschwerdeverfahren vor dem Vergabesenat des OLG besteht gemäß § 120 Abs. 1 S. 1 GWB die Pflicht, sich durch einen an einem deutschen Gericht zugelassenen Rechtsanwalt als Bevollmächtigtem vertreten zu lassen. Juristische Personen des öffentlichen Rechts haben hingegen die Möglichkeit, sich durch Beamte oder Angestellte vertreten zu lassen, die die Befähigung zum Richteramt aufweisen.[42] Die übrigen Verfahrensvorschriften ergeben sich aus § 120 Abs. 2 GWB und den entsprechenden Verweisungen. Die übrigen Beteiligten sind gemäß § 117 Abs. 4 GWB durch Übermittlung einer Kopie der Beschwerdeschrift von der Einlegung der Beschwerde zu unterrichten.

46

### 3. Checkliste zur Zulässigkeit einer sofortigen Beschwerde

Statthaftigkeit

47

---

39 OLG Düsseldorf, 19.10.2006 – Verg 39/06.
40 Vgl. OLG Naumburg, 1.11.2000 – 1 Verg 7/00.
41 OLG Düsseldorf, 20.12.2006 – Verg 109/04; OLG München, 21.5.2010 – Verg 02/10.
42 Die Befähigung zum Richteramt erwirbt gem. § 5 Abs. 1 DRiG, wer ein rechtswissenschaftliches Studium mit der ersten Prüfung und einen anschließenden Vorbereitungsdienst mit der zweiten Staatsprüfung abschließt.

- Handelt es sich bei der angegriffenen Entscheidung um eine Endentscheidung der Vergabekammer?
- Alternativ: Hat die Vergabekammer die Entscheidungsfrist von fünf Wochen überschritten, so dass der Nachprüfungsantrag als abgelehnt gilt (§ 116 Abs. 2 HS. 1 GWB)?

Beschwerdebefugnis

- Liegt eine Beschwer des Beschwerdeführers vor, d.h. ist die Entscheidung im Nachprüfungsverfahren für ihn nachteilig?

Beschwerdeerfordernis

- Ist die Schriftform eingehalten und die Beschwerde von einem Rechtsanwalt unterzeichnet (§ 117 Abs. 1, 3 GWB)?
- Enthält die Beschwerde eine ordnungsgemäße und vollständige Begründung (§ 117 Abs. 2 GWB)?
- Werden die anderen Beteiligten des Verfahrens vor der Vergabekammer durch Übermittlung einer Ausfertigung der Beschwerdeschrift unterrichtet (§ 117 Abs. 4 GWB)?

Zuständigkeit des OLG

- Wird die Beschwerde bei dem in der Rechtsmittelbelehrung benannten OLG eingereicht?

Beschwerdefrist

- Ist die Beschwerdefrist von zwei Wochen ab Zustellung der Nachprüfungsentscheidung eingehalten (§ 117 Abs. 1 GWB)?

### 4. Wirkung der Beschwerde

**48** Die Einlegung der sofortigen Beschwerde hat gemäß § 118 Abs. 1 S. 1 GWB für die Dauer von zwei Wochen ab Ablauf der Beschwerdefrist aufschiebende Wirkung gegenüber der Entscheidung der Vergabekammer im Nachprüfungsverfahren. Dementsprechend dürfen während dieses Zeitraums keine Maßnahmen unternommen werden um die Nachprüfungsentscheidung umzusetzen; insbesondere darf der Auftraggeber, auch wenn der Nachprüfungsantrag abgelehnt wurde, in dieser Zeit noch keinen Zuschlag erteilen.

### 5. Antrag auf Verlängerung der aufschiebenden Wirkung

**49** Hat die Vergabekammer in der ersten Instanz den Antrag auf Nachprüfung abgelehnt, d.h. das Verfahren für rechtmäßig erklärt, kann der Beschwerdeführer bei dem Beschwerdegericht gemäß § 118 Abs. 1 S. 2 GWB beantragen, die aufschiebende Wirkung bis zum Ablauf des Beschwerdeverfahrens zu verlängern. Denn in diesem Fall könnte nach Ablauf von zwei Wochen nach Einreichung der sofortigen Beschwerde die Vergabekammerentscheidung vollzogen, d.h. der Zuschlag erteilt werden. Die Verlängerung der aufschiebenden Wirkung der sofortigen Beschwerde bedeutet dann praktisch, dass das Zuschlagsverbot bis zum Abschluss des Beschwerdeverfahrens gilt. Bei der Entscheidung über den Antrag zur Verlängerung der aufschiebenden Wirkung berücksichtigt das Beschwerdegericht auch die Verteidigungs- und Sicherheitsinteressen, die mit dem

Auftrag verbunden sind, und stellt diese in einer Gesamtabwägung den Interessen des Antragstellers an der Verlängerung der aufschiebenden Wirkung, d.h. des Zuschlagsverbots, gegenüber.

> **PRAXISTIPP**
>
> Zu beachten ist, dass durch diesen Antrag zusätzliche Kosten in nicht unerheblichem Maß verursacht werden können. In der Praxis wird diesem Antrag häufig nur vorläufig bis zur mündlichen Verhandlung stattgegeben. Wird der Antrag dann abgelehnt, entstehen dem Antragsteller trotz der vorläufigen Stattgabe Kosten. Der Antrag sollte daher nur gestellt werden, wenn sehr gute Erfolgsaussichten bestehen oder ein Aufschub des Zuschlags bis zur mündlichen Verhandlung erwünscht ist.

### 6. Antrag auf vorzeitige Zuschlagsgestattung

Wurde dem Nachprüfungsantrag in erster Instanz stattgegeben und wegen Rechtswidrigkeit des Verfahrens der Zuschlag untersagt, so hat der Zuschlag gemäß § 118 Abs. 3 GWB bis zu einer anderslautenden Entscheidung des Beschwerdegerichts nach § 123 GWB während des Beschwerdeverfahrens zu unterbleiben.

Daher besteht auch im Beschwerdeverfahren, wie im erstinstanzlichen Verfahren, die Möglichkeit für den Auftraggeber oder das Unternehmen, welches den Zuschlag erhalten soll, gemäß § 121 GWB einen Antrag auf vorzeitige Zuschlagserteilung zu stellen. Gemäß § 121 Abs. 4 GWB ist die Entscheidung des Vergabesenats über diesen Antrag endgültig, d.h. lehnt er die vorzeitige Zuschlagsgestattung ab, hat der Auftraggeber keine Möglichkeit hiergegen vorzugehen und der Zuschlag muss bis zum Abschluss des Verfahrens unterbleiben. Umgekehrt hat der Antragsteller keine Möglichkeit gegen eine vorzeitige Zuschlagsgestattung des Gerichts vorzugehen.

### 7. Beschwerdeentscheidung

Ist die Beschwerde zulässig und stellt das Beschwerdegericht fest, dass der Beschwerdeführer durch die Nachprüfungsentscheidung in seinen Rechten verletzt ist, dann hebt es gemäß § 123 S. 1 GWB die Entscheidung der Vergabekammer auf. Kommt es zu der Überzeugung, dass die sofortige Beschwerde unzulässig ist, wird diese verworfen; hält es die Beschwerde für unbegründet, wird diese zurückgewiesen. Die Entscheidung des Beschwerdegerichts ist abschließend, gegen sie steht kein Rechtsmittel mehr zur Verfügung.

### 8. Anschlussbeschwerde

Hat ein Beteiligter des Nachprüfungsverfahrens eine sofortige Beschwerde eingelegt, können die übrigen Beteiligten ebenfalls gegen die Entscheidung der Vergabekammer vorgehen, indem sie eine unselbstständige Anschlussbeschwerde einreichen. Die Rechtsschutzziele von Beschwerde und Anschlussbeschwerde müssen dafür lediglich widerstreitend sein und sich gegen dieselbe Entscheidung richten. Das ist z.B. der Fall, wenn die Vergabekammer dem Nachprüfungsantrag nur teilweise stattgegeben hat. Dann kann der Antragsgegner hiergegen ebenso vorgehen wie der Antragsteller. Der Antragsgegner begehrt mit der Beschwerde dann die Abweisung des Nachprüfungsantrags und der Antragsteller Stattgabe auch in Bezug auf den Teil, den die Vergabekammer zurückgewiesen hat. Bei der unselbstständigen Anschlussbeschwerde, die im GWB nicht ausdrücklich gesetzlich geregelt, aber allgemein anerkannt ist und sich aus einer entsprechenden Anwendung verwaltungs- und zivilprozessualer Verfahrensregeln ergibt,[43] handelt es sich nicht um ein eigenes Rechtsmittel, sondern um eine Rechtsschutzmöglichkeit innerhalb eines Beschwerdeverfahrens. Diese Rechtsschutzmöglichkeit besteht auch dann, wenn die Beschwerdefrist des § 117 Abs. 1 GWB, bereits abgelaufen ist; es muss nur eine Frist von zwei Wochen ab Zustellung der Beschwerdebegründung, analog § 117 Abs. 1 GWB, eingehalten und die Anschlussbeschwerde begründet werden.[44]

## IV. Die Schadensersatzansprüche (Sekundärrechtsschutz)

55   Neben den dargestellten Möglichkeiten des Primärrechtsschutzes, der auf Erhalt des Auftrags im Wege eines ordnungsgemäßen Vergabeverfahrens gerichtet ist, können betroffene Unternehmen außerdem Vermögensschäden, die durch einen Vergaberechtsverstoß des öffentlichen Auftraggebers entstanden sind, mittels zivilrechtlicher Schadensersatzansprüche geltend machen. Dieser Sekundärrechtsschutz spielt insbesondere bei der Vergabe öffentlicher Aufträge eine Rolle, die die europäischen Schwellenwerte nicht erreichen oder die sonst dem Anwendungsbereich der §§ 97 ff. GWB entzogen sind und bzgl. derer deshalb gerade keine effektiven Primärrechtsschutzmöglichkeiten vorhanden sind. Wurde ein Vergabevorgang bereits durch ein Nachprüfungsverfahren auf dessen Rechtmäßigkeit hin überprüft, sind die für den Sekundärrechtsschutz zuständigen ordentlichen Gerichte gemäß § 124 Abs. 1 GWB bei der Entscheidung über einen Schadensersatzanspruch an die Feststellungen der Vergabekammer bzw. des Vergabesenats gebunden.

56   **PRAXISTIPP**

*Vor dem Hintergrund der Bindung der Zivilgerichte an die Feststellung der Vergabenachprüfungsinstanzen empfiehlt es sich, zunächst ein Nachprüfungsverfahren durchzuführen. Das gilt selbst dann, wenn im Laufe dieses Verfahrens der Zuschlag erteilt wird und sich die Entscheidung der Nachprüfungsinstanzen auf die (nachträgliche) Feststellung beschränkt, dass das Verfahren vergaberechtswidrig war. Denn an diese Feststellungen sind die Zivilgerichte in Schadensersatzprozessen gebunden. Wenn sich das Nachprüfungsverfahren oder die sofortige Beschwerde durch Zuschlagserteilung oder aus anderen Gründen erledigt hat, ist es daher sinnvoll, gemäß §§ 114 Abs. 2 S. 2, 123 Satz 3 GWB die Feststellung der Rechtsverletzung durch einen Vergaberechtsverstoß zu beantragen.*

### 1. Unterhalb der Schwellenwerte

57   Unterhalb der Schwellenwerte können rechtswidrig benachteiligte Unternehmen grundsätzlich Schadensersatzansprüche aus

- vertragsähnlichem Schuldverhältnis gemäß §§ 241 Abs. 2, 311 Abs. 2 i.V.m. § 280 Abs. 1 BGB,

---

[43] OLG Naumburg, VergabeR 2004, 387; BayObLG, NZBau 2003, 342; OLG Jena, 5.12.2001 – 6 Verg 4/01; OLG Frankfurt, NZBau 2001, 101, 106.
[44] BayObLG, NZBau 2003, 342.

- der deliktsrechtlichen Regelung des § 826 BGB sowie aus
- den kartellrechtlichen Vorschriften der §§ 20, 33 GWB

zustehen.

Allerdings wird in den allermeisten Fällen lediglich ein Anspruch auf Ersatz des Vertrauensschadens gemäß §§ 241 Abs. 2, 311 Abs. 2 i.V.m. § 280 Abs. 1 BGB tatsächlich in Betracht kommen. Das liegt daran, dass sich die übrigen Anspruchsgrundlagen auf Fallkonstellationen beziehen, in denen der öffentliche Auftraggeber ein Unternehmen entweder i.S.d. § 826 BGB vorsätzlich und sittenwidrig schädigt oder i.S.d. §§ 20, 30 GWB eine marktbeherrschende Stellung missbraucht und dadurch einen Schaden bei einem Unternehmen verursacht. Beides wird regelmäßig nicht gegeben, jedenfalls nicht nachzuweisen sein.

Nach §§ 241 Abs. 2, 311 Abs. 2 BGB i.V.m. § 280 Abs. 1 BGB kann ein Unternehmen die Kosten für die Vorbereitung eines Angebots und die Teilnahme an einem Vergabeverfahren ersetzt verlangen, wenn

1. diese im Rahmen eines vorvertraglichen Schuldverhältnisses,
2. im schutzwürdigen Vertrauen auf die Rechtmäßigkeit des Vergabeverfahrens aufgewendet wurden,[45]
3. der öffentliche Auftraggeber schuldhaft, d.h. vorsätzlich oder fahrlässig i.S.v. § 276 BGB, seine Pflicht zur Beachtung der vergaberechtlichen Vorschriften verletzt hat und
4. dem Unternehmen dadurch ein Schaden entstanden ist.[46]

Dabei stellt das Vergabeverfahren an sich das vorvertragliche Schuldverhältnis dar, das je nach Verfahrensart, spätestens durch die Anforderung von Ausschreibungsunterlagen[47] oder der Beteiligung am Teilnahmewettbewerb, begründet wird. Tätigt ein Unternehmen Aufwendungen in Kenntnis eines Vergaberechtsverstoßes oder musste sich ein solcher aufdrängen, dann sind diese Aufwendungen in Ermangelung eines schutzwürdigen Vertrauens nicht ersatzfähig.[48] Besondere Schwierigkeiten bereitet der Nachweis, dass der dem Unternehmen entstandene Schaden durch die Verletzung einer vergaberechtlichen Pflicht des Antragsgegners entstanden ist. Dieser Nachweis muss bei allen aufgeführten Schadensersatzansprüchen erbracht werden. Dazu muss das anspruchstellende Unternehmen nachweisen, dass es entweder den Zuschlag erhalten hätte, wenn das Vergabeverfahren rechtmäßig durchgeführt worden wäre, oder dass es sich bei Kenntnis der Rechtswidrigkeit des Vergabeverfahrens entweder gar nicht oder nur unter anderen Voraussetzungen an diesem beteiligt hätte.[49] In der Praxis wird dieser Nachweis regelmäßig nur sehr schwer zu erbringen sein, da er regelmäßig auf mehreren theoretischen Annahmen beruht, deren Nachweis nicht möglich ist. Lediglich in Ausnahmefällen, in denen ein Unternehmen tatsächlich den Nachweis erbringen kann, dass es bei einem regelgerechten Vergabeverfahren mit an Sicherheit grenzender Wahrscheinlichkeit den

---

45 BGH, NZBau 2007, 727, 729.
46 Vgl. allgemein zur Aufnahme von Vertragsverhandlungen im Wege einer Ausschreibung BGH, VergabeR 2011, 703, sowie *Zeiss*, Sichere Vergabe unterhalb der Schwellenwerte, 357.
47 BGH, NJW 1998, 3636; BGH, 8.9.1998 – X ZR 109-96, BGH NJW 1998, 3644; BGH, NJW 1998, 3640.
48 BGH, NZBau 2004, 517; BGH, NZBau 2007, 727.
49 BGH, ZfBR 2008, 299; BGH, NZBau 2007, 727.

Zuschlag erhalten hätte, kann der Schadensersatzanspruch auch den mit dem Auftrag verbundenen, entgangenen Gewinn, umfassen.[50]

## 2. Oberhalb der Schwellenwerte

61 Oberhalb der Schwellenwerte stehen Unternehmen zunächst dieselben allgemeinen zivilrechtlichen Schadensersatzansprüche zur Verfügung wie im unterschwelligen Bereich. Darüber hinaus enthalten für den Bereich oberhalb der europäischen Schwellenwerte die §§ 125, 126 GWB spezielle vergaberechtliche Schadensersatzansprüche.

### a) §125 GWB – Schadensersatz bei Rechtsmissbrauch

62 § 125 GWB sieht einen gegen den Antragsteller eines Nachprüfungsverfahrens gerichteten Schadensersatzanspruch der übrigen Beteiligten vor, wenn das Nachprüfungsverfahren rechtsmissbräuchlich geführt wurde. Damit soll verhindert werden, dass von vornherein ungerechtfertigte Nachprüfungsanträge nur wegen des Zuschlagsverbots und der damit einhergehenden Verzögerung der Auftragserteilung geführt werden. Denn aufgrund des regelmäßig hohen wirtschaftlichen Interesses der konkurrierenden Bieter an einem Auftrag besteht das Risiko eines solchen Missbrauchs.[51]

63 Ein Nachprüfungsantrag ist dann von vornherein ungerechtfertigt, wenn bereits bei seiner Einlegung objektiv feststeht, dass dieser unzulässig oder unbegründet ist.[52] Der Tatbestand des § 125 Abs. 1 GWB setzt daneben voraus, dass der Antragsteller oder Beschwerdeführer eine Missbrauchs- bzw. Schädigungsabsicht aufweist, d.h. den Nachprüfungsantrag gerade mit dem Ziel eingelegt hat, das Vergabeverfahren zu verzögern. In der Regel ist gerade dieses Tatbestandsmerkmal für den beweispflichtigen Anspruchsteller schwer nachweisbar, weshalb eine Anspruchsstellung eher selten erfolgreich ist, wenn nicht einer der in § 125 Abs. 2 Nr. 1–3 GWB beispielhaft aufgeführten Fälle eines Rechtsbehelfsmissbrauchs vorliegt.

64 Checkliste zu den Anspruchsvoraussetzungen des § 125 GWB:

1. Handelt es sich bei dem Anspruchsverpflichteten um einen Antragsteller eines Nachprüfungsverfahrens oder Beschwerdeführer einer sofortigen Beschwerde?
2. Ist der Anspruchsberechtigte ein Unternehmen, das Gegner in einem Nachprüfungsverfahren oder einer sofortigen Beschwerde war?
3. War der Antrag bzw. die sofortige Beschwerde des Anspruchsverpflichteten ungerechtfertigt, d.h. das Rechtsmittel bereits im Zeitpunkt der Einlegung unzulässig oder unbegründet?
4. Hat der Anspruchsverpflichtete das Rechtsmittel in missbräuchlicher Weise ausgenutzt?
5. Ergibt sich die missbräuchliche Ausnutzung des Rechtsmittels insbesondere daraus, dass ein Fall des § 125 Abs. 2 GWB vorliegt, d.h.:
   a. die Aussetzung des Vergabeverfahrens wurde durch vorsätzlich oder grob fahrlässig vorgetragene falsche Angaben erwirkt (Nr. 1),

---

50 BGH, NZBau 2006, 797.
51 Vgl. BT-Drs. 13/9340, S. 22.
52 BayObLG, NZBau 2000, 259.

b. die Überprüfung mit dem Ziel der Behinderung bzw. Schädigung beantragt (Nr. 2),

c. der Nachprüfungsantrag mit dem Ziel gestellt, ihn später gegen Geld oder andere Vorteile zurückzunehmen (Nr. 3)?

6. Hat der Anspruchsberechtigte kausal darauf beruhend einen Schaden erlitten?

7. Rechtsfolge: Der Anspruchsberechtigte kann gemäß §§ 249 ff. BGB Schadensersatz verlangen, d.h. er ist vom Anspruchsverpflichteten so zu stellen, als wenn die missbräuchliche Ausnutzung des Rechtsmittels nicht geschehen wäre.

### b) § 126 GWB – Ersatz des Vertrauensschadens

Bei § 126 GWB handelt es sich um einen speziellen Anspruch gegen den Auftraggeber auf Ersatz des Vertrauensschadens, wenn dieser eine bieterschützende Vergaberechtsvorschrift verletzt hat. D.h. ein am Vergabeverfahren beteiligtes Unternehmen kann als Schadensersatz die Kosten der Vorbereitung des Angebots oder der Teilnahme am Vergabeverfahren verlangen, wenn es nachweist, dass es bei der Wertung eine echte Chance auf Erteilung des Zuschlags gehabt hätte, sofern die vergaberechtlichen Bestimmungen eingehalten worden wären. Auch in diesem Zusammenhang verursacht der Nachweis einer solchen hypothetischen Chance besondere Schwierigkeiten.

Der Anspruch ähnelt insofern demjenigen gemäß §§ 241 Abs. 2, 311 Abs. 2 i.V.m. § 280 Abs. 1 BGB, setzt jedoch kein Verschulden des Auftraggebers voraus.[53]

Checkliste zu den Anspruchsvoraussetzungen des § 126 GWB:

1. Ist der Anspruchsberechtigte ein Unternehmen, das am Vergabeverfahren teilgenommen hat?

2. Liegt seitens des Anspruchsverpflichteten ein Verstoß gegen eine den Schutz von Unternehmen bezweckende Vorschrift, z.B. § 97 Abs. 7 GWB, vor?

3. Hätte der Anspruchsberechtigte eine echte Chance des Anspruchsberechtigten auf den Zuschlag gehabt, d.h. hätte der Auftraggeber unter ermessensfehlerfreier Berücksichtigung der Wertungskriterien und deren Gewichtung dem Anspruchsberechtigten den Zuschlag erteilen dürfen?[54]

4. Ist die Chance des Anspruchsberechtigten auf den Zuschlag durch den Verstoß beeinträchtigt worden, d.h. war die Beeinträchtigung der Chance kausal durch den Rechtsverstoß bedingt?

5. Rechtsfolge: Schadensersatz, d.h. Kosten der Vorbereitung des Angebots oder der Teilnahme am Verfahren.

Ein am Vergabeverfahren beteiligtes Unternehmen kann als Schadensersatz die Kosten der Vorbereitung des Angebots oder der Teilnahme am Vergabeverfahren verlangen, wenn es nachweist, dass es bei der Wertung eine echte Chance auf Erteilung des Zuschlags gehabt hätte, sofern die vergaberechtlichen Bestimmungen eingehalten worden wären. Auch in diesem Zusammenhang verursacht der Nachweis einer solchen hypothetischen Chance besondere Schwierigkeiten.

---

53 BGH, ZfBR 2008, 299; EuGH, 30.9.2010, Rs. C-314/09 (Stadt Graz/Strabag AG), Slg. 2010, I-8769.
54 Vgl. BGHZ 139, 273.

## V. Übersicht Vergabekammern

68

| | |
|---|---|
| **Bund** | **Vergabekammern des Bundes beim Bundeskartellamt**<br>Villemomblerstraße 76<br>53123 Bonn<br>Telefon: 0228-9499-0<br>Fax: 0228-9499-163 |
| **Baden-Württemberg** | **Vergabekammer des Landes Baden-Württemberg beim Regierungspräsidium Karlsruhe**<br>Karl-Friedrich-Straße 17<br>76133 Karlsruhe<br>Telefon: 0721-926-4049<br>Fax: 0721-926-3985 |
| **Bayern** | **Regierung von Mittelfranken, Vergabekammer Nordbayern**<br>Postfach 606<br>91511 Ansbach<br>Telefon: 0981-53-1277<br>Fax: 0981-53-1837<br><br>**Regierung von Oberbayern, Vergabekammer Südbayern**<br>80534 München<br>Telefon: 089-2176-2411<br>Fax: 089-2176-2847 |
| **Berlin** | **Vergabekammer des Landes Berlin**<br>Martin-Luther-Straße 105<br>10825 Berlin<br>Telefon: 030-9013-0<br>Fax: 030-9013-8455 |
| **Brandenburg** | **Vergabekammer des Landes Brandenburg beim Ministerium für Wirtschaft und Europaangelegenheiten**<br>Heinrich-Mann-Allee 107<br>14473 Potsdam<br>Telefon: 0331-866-1617<br>Telefon Geschäftsstelle: 0331-866-1719<br>Fax: 0331-866-1652 |
| **Bremen** | **Vergabekammer der Freien Hansestadt Bremen beim Senator für Umwelt, Bau und Verkehr**<br>Ansgaritorstraße 2<br>28195 Bremen<br>Telefon: 0421-361-6704<br>Fax: 0421-496-6704 |
| **Hamburg** | **Vergabekammer bei der Finanzbehörde**<br>– Organisation und zentrale Dienste –<br>Allgemeine Abteilung (Abtlg. 12)<br>Rödingsmarkt 2<br>20459 Hamburg<br>Telefon: 040-42823-1448<br>Fax: 040-42823-2020 |

|  | **Vergabekammer bei der Behörde für Stadtentwicklung und Umwelt Hamburg**<br>Düsternstraße 10<br>20355 Hamburg<br>Telefon: 040-42840-3093<br>Fax: 040-42840-2039 |
|---|---|
| Hessen | **Vergabekammer des Landes Hessen bei dem Regierungspräsidium Darmstadt**<br>Wilhelminenstraße 1–3<br>64283 Darmstadt<br>Telefon: 06151-12-6601<br>Fax: 06151-12-5816 |
| Mecklenburg-Vorpommern | **Vergabekammer bei dem Wirtschaftsministerium Mecklenburg-Vorpommern**<br>Johannes-Stelling-Straße 14<br>19053 Schwerin<br>Telefon: 0385-588-5814<br>Fax: 0385-588-5873 |
| Niedersachsen | **Vergabekammer Niedersachsen beim Niedersächsischen Ministerium für Wirtschaft, Arbeit und Verkehr**<br>Auf der Hude 2<br>21339 Lüneburg<br>Telefon: 04131-15-1334 oder -1335 oder -1336<br>Fax: 04131-15-2943 |
| Nordrhein-Westfalen | **Vergabekammer bei der Bezirksregierung Arnsberg**<br>Seibertzstraße 1<br>59821 Arnsberg<br>Telefon: 02931-82-2759<br>Fax: 02931-82-40322<br><br>**Vergabekammer bei der Bezirksregierung Düsseldorf**<br>Cecilienallee 2<br>40474 Düsseldrof<br>Telefon: 0211-475-3637<br>Fax: 0211-475-3989<br><br>**Vergabekammer bei der Bezirksregierung Detmold**<br>Leopoldstraße 13 – 15<br>32756 Detmold<br>Telefon: 02531-71-1710<br>Fax: 05231-71-1715 oder 05231-71-821710<br><br>**Vergabekammer bei der Bezirksregierung Köln**<br>Blumenthalstraße 33<br>50670 Köln<br>Telefon: 0221-7740-439<br>Fax: 0221-7740-197 |

| | |
|---|---|
| | **Vergabekammer bei der Bezirksregierung Münster**<br>Domplatz 6 – 7<br>48128 Münster<br>Telefon: 0251-411-1691<br>Fax: 0251-411-2165 |
| Rheinland Pfalz | **Vergabekammern des Landes Rheinland-Pfalz beim Ministerium für Wirtschaft, Klimaschutz, Energie und Landesplanung**<br>Stiftsstraße 9<br>55116 Mainz<br>Telefon: 06131-16-2234<br>Fax: 06131-16-2113 |
| Saarland | **Vergabekammer des Saarlandes beim Ministerium für Wirtschaft und Wissenschaft des Saarlandes**<br>Franz-Josef-Röder-Straße 17<br>66119 Saarbrücken<br>Telefon: 0681-501-4994<br>Fax: 0681-501-3506 |
| Sachsen | **Vergabekammer des Freistaates Sachsen**<br>Braustraße 2<br>04107 Leipzig<br>Telefon. 0341-977-1040<br>Fax: 0341-977-1049 |
| Sachsen-Anhalt | **Erste und Zweite Vergabekammer beim Landesverwaltungsamt Sachsen-Anhalt**<br>Ernst-Kamieth-Straße 2<br>06112 Halle (Saale)<br>Telefon (1.Vergabekammer): 0345-514-1529<br>Fax (1.Vergabekammer): 0345-514-1529<br>Telefon (2.Vergabekammer): 0345-514-1536<br>Fax (2.Vergabekammer): 0345-514-1115 |
| Schleswig-Holstein | **Vergabekammer im Ministerium für Wissenschaft, Wirtschaft und Verkehr des Landes Schleswig-Holstein**<br>Düsternbrooker Weg 92<br>24171 Kiel<br>Telefon: 0431-988-4640<br>Fax: 0431-988-4702 |
| Thüringen | **Thüringer Landesverwaltungsamt Vergabekammer des Freistaats Thüringen**<br>Weimarplatz 4<br>99423 Weimar<br>Telefon: 0361-3773-7276<br>Fax: 0361-3773-9354 |

# D. Gesetz gegen Wettbewerbsbeschränkungen – GWB (Auszug)

## § 99 GWB
## Öffentliche Aufträge (Auszug)

...

(7) Verteidigungs- oder sicherheitsrelevante Aufträge sind Aufträge, deren Auftragsgegenstand mindestens eine der in den nachfolgenden Nummern 1 bis 4 genannten Leistungen umfasst:

1. die Lieferung von Militärausrüstung im Sinne des Absatzes 8, einschließlich dazugehöriger Teile, Bauteile oder Bausätze;
2. die Lieferung von Ausrüstung, die im Rahmen eines Verschlusssachenauftrags im Sinne des Absatzes 9 vergeben wird, einschließlich der dazugehörigen Teile, Bauteile oder Bausätze;
3. Bauleistungen, Lieferungen und Dienstleistungen in unmittelbarem Zusammenhang mit der in den Nummern 1 und 2 genannten Ausrüstung in allen Phasen des Lebenszyklus der Ausrüstung;
4. Bau- und Dienstleistungen speziell für militärische Zwecke oder Bau- und Dienstleistungen, die im Rahmen eines Verschlusssachenauftrags im Sinne des Absatzes 9 vergeben wird.

(8) Militärausrüstung ist jede Ausrüstung, die eigens zu militärischen Zwecken konzipiert oder für militärische Zwecke angepasst wird und zum Einsatz als Waffe, Munition oder Kriegsmaterial bestimmt ist.

(9) Ein Verschlusssachenauftrag ist ein Auftrag für Sicherheitszwecke,

1. bei dessen Erfüllung oder Erbringung Verschlusssachen nach § 4 des Gesetzes über die Voraussetzungen und das Verfahren von Sicherheitsüberprüfungen des Bundes oder nach den entsprechenden Bestimmungen der Länder verwendet werden

oder

2. der Verschlusssachen im Sinne der Nummer 1 erfordert oder beinhaltet.

...

(13) Ist bei einem Auftrag über Bauleistungen, Lieferungen oder Dienstleistungen ein Teil der Leistung verteidigungs- oder sicherheitsrelevant, wird dieser Auftrag einheitlich gemäß den Bestimmungen für verteidigungs- und sicherheitsrelevante Aufträge vergeben, sofern die Beschaffung in Form eines einheitlichen Auftrags aus objektiven Gründen gerechtfertigt ist. Ist bei einem Auftrag über Bauleistungen, Lieferungen oder Dienstleistungen ein Teil der Leistung verteidigungs- oder sicherheitsrelevant und fällt der andere Teil weder in diesen Bereich noch unter die Vergaberegeln der Sektorenverordnung oder der Ver-

gabeverordnung, unterliegt die Vergabe dieses Auftrags nicht dem Vierten Teil dieses Gesetzes, sofern die Beschaffung in Form eines einheitlichen Auftrags aus objektiven Gründen gerechtfertigt ist.

## Übersicht

| | Rn. |
|---|---|
| I. Allgemeines | 1 |
| II. Öffentliche Aufträge | 5 |
| III. Verteidigungs- oder sicherheitsrelevante Aufträge (Absatz 7) | 15 |
| IV. Militärausrüstung (Absatz 8) | 18 |
|     1. Zu militärischen Zwecken konzipiert | 19 |
|     2. Für die militärische Nutzung angepasst: Dual-Use Güter | 23 |
|         a) Militärische Endverwendung ist nicht ausreichend | 25 |
|         b) Subjektive Verwendungsabsicht des Auftraggebers | 27 |
|         c) Objektive Konzeption oder Anpassung für militärische Zwecke | 29 |
|     3. Zum Einsatz als Waffe, Munition oder Kriegsmaterial bestimmt | 32 |
|     4. Auftragsarten, die durch den Inhalt „Militärausrüstung" qualifiziert werden | 35 |
| V. Verschlusssachenaufträge (Absatz 9) | 41 |
|     1. Definitionen | 41 |
|         a) Verschlusssachenauftrag | 41 |
|         b) Verschlusssachen | 44 |
|         c) Sicherheitszwecke | 48 |
|     2. Auftragsarten, die durch die Eigenschaft „Verschlusssachenauftrag" qualifiziert werden | 52 |
| VI. Anwendbarkeit der VSVgV bei artengemischten Aufträgen (Absatz 13) | 55 |
|     1. Anwendbarkeit bei teils zivilen, teils verteidigungs- oder sicherheitsrelevanten Aufträgen | 56 |
|     2. Anwendbarkeit der VSVgV bei teils verteidigungs- und sicherheitsrelevanten, teils (kartell-)vergaberechtlich nicht relevanten Aufträgen | 67 |

## I. Allgemeines

**1** § 99 GWB definiert über den Begriff des öffentlichen Auftrags den sachlichen Anwendungsbereich des Vierten Teils des GWB und damit des in Deutschland anwendbaren Kartellvergaberechts.

**2** Im Zuge der Umsetzung der Richtlinie 2009/81/EG wurde § 99 GWB um die Absätze 7–9 erweitert[1] und so der sachliche Anwendungsbereich der VSVgV definiert.

Zur Bestimmung des sachlichen Anwendungsbereichs ist § 99 GWB mit den §§ 100 Abs. 6–8, 100c GWB zusammen zu lesen, in denen die für den Bereich der Verteidigung

---

1 Gesetz zur Änderung des Vergaberechts für die Bereiche Verteidigung und Sicherheit vom 7.12.2011 (BGBl I 2011, 2570).

und Sicherheit relevanten Ausnahmen geregelt sind, siehe Kommentierung in § 100 Rn. 15 und § 100c.

Für öffentliche Aufträge, die keine verteidigungs- und sicherheitsrelevanten Aufträge im Sinne des § 99 Abs. 7 GWB sind und nicht von den genannten Ausnahmebestimmungen erfasst werden, gelten die Regelungen des allgemeinen (Kartell-)Vergaberechts.

Der sachliche Anwendungsbereich der nun in Kraft getretenen Regelungen des Vergaberechts für Aufträge im Bereich der Verteidigung und Sicherheit umfasst zudem nur den Handel mit Gütern im innereuropäischen Bereich (Binnenmarkt). Der Handel mit verteidigungs- und sicherheitsrelevanten Gütern mit Drittstatten wird international weiterhin durch die Vorgaben der Welthandelsorganisation, insbesondere dem Übereinkommen über das öffentliche Beschaffungswesen (Government Procurement Agreement, GPA) reguliert.[2] Zu den Einzelheiten siehe Einleitung, Rn. 22 ff.

## II. Öffentliche Aufträge

Grundsätzlich regelt § 99 GWB den sachlichen Anwendungsbereich des deutschen Vergaberechts über die Definition des Begriffs des öffentlichen Auftrags.[3]

Gem. § 99 Abs. 1 GWB ist ein öffentlicher Auftrag ein entgeltlicher Vertrag von einem öffentlichen Auftraggeber (vgl. § 98 GWB) mit Unternehmen über die Beschaffung von Leistungen, die Liefer-, Bau- oder Dienstleistungen (sowie Baukonzessionen und Auslobungsverfahren, die zu Dienstleistungsaufträgen führen) zum Gegenstand haben:

- **Lieferaufträge** sind entgeltliche Verträge zur Beschaffung von Waren, die insbesondere Kauf oder Ratenkauf oder Leasing, Miet- oder Pachtverhältnisse mit oder ohne Kaufoption betreffen, § 99 Abs. 2 GWB.
- **Bauaufträge** sind Verträge über die (gleichzeitige Planung und) Ausführung eines Bauvorhabens oder Bauwerks, das Ergebnis von Tief- oder Hochbauarbeiten ist und eine wirtschaftliche bzw. technische Funktion erfüllen soll, § 99 Abs. 3 GWB.
- **Dienstleistungsaufträge** sind solche, die nicht Aufträge über Liefer- oder Bauleistungen sind, § 99 Abs. 4 GWB.

Öffentliche Aufträge werden somit grundsätzlich nach ihrer Art typisiert und dienen damit als Anknüpfungspunkt für die Bestimmung der im konkreten Einzelfall anwendbaren Vergabe- und Vertragsordnung.

Dieses Prinzip wird auch für die Bestimmung des Anwendungsbereichs der VSVgV genutzt, jedoch ohne die genannten Auftragstypen (Lieferungen, Bau, Dienstleistung) zu erweitern, sondern durch die Bestimmung einer neuen Auftragsart: dem verteidigungs- oder sicherheitsrelevanten Auftrag. Dieser besteht unter Rückgriff auf die genannten Auftragstypen aus Aufträgen über Lieferungen, Dienst- oder Bauleistungen (Art der Leistung) mit einer bestimmten inhaltlichen Qualifikation (Beschaffung einer bestimmten Ausrüstung, die verteidigungs- bzw. sicherheitsrelevante Bezüge aufweist bzw. diese Ausrüstung ergänzende Leistungen).

---

2   Vgl. dazu auch Erwägungsgrund Nr. 18 Abs. 3 Richtlinie 2009/81/EG.
3   Ausführlich hierzu siehe *Zeiss*, in: jurisPK-VergR, § 99 GWB.

9 **Rahmenverträge** sind kein eigenständiger Auftragstyp oder eine Auftragsart, die der Bestimmung des Anwendungsbereichs einer Vergabe- und Vertragsordnung dienen, sondern beschreiben eine bestimmte Vertragsart, die für die Vergabe sowohl von Lieferungen, Bau- und Dienstleistungen genutzt werden kann. Zu den Einzelheiten siehe Kommentierung zu § 14 VSVgV.

10 Auch **wesentliche Vertragsänderungen bzw. -verlängerungen** können als Neubeschaffung ausschreibungspflichtig sein. Die Änderung eines öffentlichen Auftrags während seiner Laufzeit kann als wesentlich angesehen werden, wenn durch die Vertragsänderung:[4]

- andere als die ursprünglich zugelassenen Bieter zugelassen oder ein anderes als das ursprünglich angenommene Angebot angenommen worden wäre, wären die nun vorgenommenen Änderungen des Vertrags bereits Gegenstand des ursprünglichen Vergabeverfahrens gewesen, oder
- der Auftrag in größerem Umfang auf ursprünglich nicht vorgesehene Lieferungen/Dienstleistungen erweitert wird, oder
- das wirtschaftliche Gleichgewicht des Vertrags in einer im ursprünglichen Auftrag nicht vorgesehenen Weise zugunsten des Auftragnehmers geändert wird

und so der Wille der Vertragsparteien zu einer Neuverhandlung wesentlicher Bestimmungen des Vertrags erkennbar wird.

11 Wesentlich können daher Änderungen der essentialia negotii, wie die Änderung von Vertragsparteien (des Auftraggebers oder Auftragnehmers, in Ausnahmefällen sogar der Austausch eines Nachunternehmers[5]), der Vertragslaufzeit und sonstiger wesentlicher Vertragsinhalte sein.

12 **PRAXISTIPP**

*Kontrollfrage für den Auftraggeber: Hätten sich andere Unternehmen auf den Auftrag beworben, wenn er gleich in dem Umfang ausgeschrieben worden wäre, den er durch die Änderung bekommt? Wenn diese bejaht werden kann, sollte eine mögliche Ausschreibungsverpflichtung geprüft werden.*

13 Der Verweis auf „in einer vom ursprünglichen Vertrag nicht vorgesehenen Weise verändert wird" lässt darauf schließen, dass Vertragsänderungen, die bereits in dem bestehenden Vertrag ausdrücklich vorgesehen sind, nicht als wesentliche Vertragsänderung einzustufen sind.[6]

---

[4] OLG Celle, 29.10.2009 – 13 Verg 8/09 m.V.a. EuGH, 19.6.2008 – Rs. C-454/06, Pressetext, Rn. 35 ff.
[5] EuGH, 13.4.2010 – Rs. C-91/08, Wall, Rn. 39: unter der Voraussetzung, dass die Eignung des Bieters von diesem Nachunternehmer abhängt.
[6] Das ist aber in Literatur und Rechtsprechung im Einzelfall höchst umstritten. Eine Übersicht zum Streitstand beinhaltet *Wagner/Jürschik*, in: VergabeR 2012, 401 (402 ff).

> **PRAXISTIPP** 14
>
> Bestehende „Haus- und Hoflieferantenverträge" aus der Zeit vor Bestehen einer Ausschreibungsverpflichtung können nur ohne wesentliche Vertragsänderung „weiterlaufen", wenn sie entweder bereits als unbefristete Verträge geschlossen wurden[7] oder eine automatische Laufzeitverlängerung durch Nichtkündigung[8] bereits ausdrücklich im Vertrag enthalten ist.

## III. Verteidigungs- oder sicherheitsrelevante Aufträge (Absatz 7)

§ 99 Abs. 7 GWB definiert die grundlegende Erweiterung des **sachlichen Anwendungsbereichs** des Vierten Teils des GWB auf so genannte verteidigungs- und sicherheitsrelevante Aufträge und beschreibt damit den besonderen, vergaberechtlichen Anwendungsbereich der VSVgV. 15

§ 99 Abs. 7 GWB enthält eine **Legaldefinition** von verteidigungs- oder sicherheitsrelevanten Aufträgen, die durch eine Aufzählung der in Art. 2 Richtlinie 2009/81/EG enthaltenen Auftragsgegenstände ausgefüllt wird. 16

Verteidigungs- oder sicherheitsrelevante Aufträge sind demnach: 17

- Lieferungen von Militärausrüstung
- Lieferungen von Ausrüstung, die als Verschlusssachenauftrag beschafft werden
- Bauleistungen, Lieferungen und Dienstleistung im unmittelbaren Zusammenhang mit der gelieferten Ausrüstung
- Bau- und Dienstleistungen speziell für militärische Zwecke
- Bau- und Dienstleistungen, die als Verschlusssachenauftrag beschafft werden.

## IV. Militärausrüstung (Absatz 8)

Die Definition des Begriffs Militärausrüstung in § 99 Abs. 8 GWB ist die des Art. 1 Nr. 6 Richtlinie 2009/81/EG. Diese definiert den Begriff der Militärausrüstung indes nur abstrakt als jede Ausrüstung, die entweder 18

- eigens zu militärischen Zwecken konzipiert wurde (siehe unten Nr. 1), oder
- für militärische Zwecke angepasst wird (siehe unten Nr. 2), und
- zum Einsatz als Waffe, Munition oder Kriegsmaterial bestimmt ist (siehe unten Nr. 3).

### 1. Zu militärischen Zwecken konzipiert

Eine erste Konkretisierung der Definition des § 99 Abs. 8 GWB für die Alternative „eigens zu militärischen Zwecken konzipiert" erfolgt durch die Entscheidung 255/58 des Rates 19

---

7 EuGH, 5.10.2000 – C-337/98, KOM ./. Frankreich, Leitsatz.
8 VK Bund, 17.12.2010 – VK 1-121/10; OLG Celle, 4.5.2001 – 13 Verg 5/00.

vom 15. April 1958[9], auf die in der Gesetzesbegründung sowie der Richtlinie ausdrücklich verwiesen wird.[10] Als Militärausrüstung können demnach insbesondere die Arten von Produkten verstanden werden, die in der Liste von Waffen, Munition und Kriegsmaterial aufgeführt sind.

20 Da diese Liste seit 1958 nicht verändert wurde, ist sie aufgrund der seitdem weiter entwickelten Technologie und neuer Produktarten, Beschaffungspolitik und militärischen Anforderungen weit auszulegen.

21 Diese weite Auslegung kann durch den Rückgriff auf die **Gemeinsame Militärgüterliste der EU**[11] geschehen. Die Gemeinsame Militärgüterliste der EU hat originär den Stellenwert einer politischen Verpflichtung im Rahmen der Gemeinsamen Außen- und Sicherheitspolitik. Sie ist der Bezugspunkt für die nationalen Listen der Mitgliedstaaten für Militärtechnologie und Militärgüter, ersetzt diese aber nicht unmittelbar.

22 Die Gemeinsame Militärgüterliste der EU umfasst folgende Kategorien an Gegenständen:

ML 1 Waffen mit glattem Lauf mit einem Kaliber kleiner als 20 mm, andere Handfeuerwaffen und Maschinenwaffen mit einem Kaliber von 12,7 mm (0,50 Inch) oder kleiner und Zubehör sowie besonders konstruierte Bestandteile hierfür;

ML 2 Waffen mit glattem Lauf mit einem Kaliber von 20 mm oder größer, andere Waffen oder Bewaffnung mit einem Kaliber größer als 12,7 mm (0,50 Inch), Werfer und Zubehör sowie besonders konstruierte Bestandteile hierfür;

ML 3 Munition und Zünderstellvorrichtungen sowie besonders konstruierte Bestandteile hierfür;

ML 4 Bomben, Torpedos, Raketen, Flugkörper, andere Sprengkörper und -ladungen sowie zugehörige Ausrüstung und Zubehör, und besonders konstruierte Bestandteile hierfür;

ML 5 Feuerleiteinrichtungen, zugehörige Überwachungs- und Alarmierungsausrüstung sowie verwandte Systeme, Prüf- oder Justierausrüstung und Ausrüstung für Gegenmaßnahmen, besonders konstruiert für militärische Zwecke, sowie besonders konstruierte Bestandteile und besonders konstruiertes Zubehör hierfür;

ML 6 Landfahrzeuge und Bestandteile hierfür besonders konstruiert oder geändert für militärische Zwecke;

ML 7 Chemische oder biologische toxische Agenzien, „Reizstoffe", radioaktive Stoffe, zugehörige Ausrüstung, Bestandteile und Materialien;

ML 8 „Energetische Materialien" und zugehörige Stoffe;

ML 9 Kriegsschiffe (über oder unter Wasser), Marine-Spezialausrüstung, Zubehör, Bestandteile hierfür und andere Überwasserschiffe;

ML 10 „Luftfahrzeuge", „Luftfahrtgeräte nach dem Prinzip ‚leichter als Luft' " unbemannte Luftfahrzeuge ("UAV"), Triebwerke, „Luftfahrzeug"-Ausrüstung, Zu-

---

9 Produkte, die auf der Entscheidung 255/58 vom 15.4.1958 stehen, können der Schriftlichen Anfrage E-1324/01 von Bart Staes (Verts/ALE) an den Rat der EU vom 4.5.2001 entnommen werden, abgedruckt in Amtsblatt der EG C 364 E vom 20.12.2001, S. 85 f.
10 Gesetzesbegründung in BT-Drucks. 17/7275 vom 5.10.2011, S. 13; Erwägungsgrund 10 der Richtlinie 2009/81/EG.
11 Derzeitiger Stand vom 27. Februar 2012, vgl. Amtsblatt der EU vom 22.3.2012, C 85/01.

satzausrüstung und Bestandteile, besonders konstruiert oder geändert für militärische Zwecke;

ML 11 Elektronische Ausrüstung, soweit nicht anderweitig von der Gemeinsamen Militärgüterliste der EU erfasst, und besonders konstruierte Bestandteile hierfür;

ML 12 Waffensysteme mit hoher kinetischer Energie (high velocity kinetic energy weapon systems) und zugehörige Ausrüstung sowie besonders konstruierte Bestandteile hierfür;

ML 13 Spezialpanzer- oder Schutzausrüstung, Konstruktionen sowie Bestandteile;

ML 14 ‚Spezialisierte Ausrüstung für die militärische Ausbildung' oder für die Simulation militärischer Szenarien, Simulatoren, besonders konstruiert für die Ausbildung im Umgang mit den von Nummer ML1 oder ML2 erfassten Feuerwaffen oder Waffen, sowie besonders konstruierte Bestandteile und besonders konstruiertes Zubehör hierfür;

ML 15 Bildausrüstung oder Ausrüstung für Gegenmaßnahmen, besonders konstruiert für militärische Zwecke, sowie besonders konstruierte Bestandteile und besonders konstruiertes Zubehör hierfür;

ML 16 Schmiedestücke, Gussstücke und andere unfertige Erzeugnisse, besonders konstruiert für eine der von Nummer ML1, ML2, ML3, ML4, ML6, ML9, ML10, ML12 oder ML19 erfassten Waren;

ML 17 Verschiedene Ausrüstungsgegenstände, Materialien und ‚Bibliotheken' sowie besonders konstruierte Bestandteile hierfür;

ML 18 Herstellungsausrüstung und Bestandteile wie folgt:

a) besonders konstruierte oder besonders geänderte Ausrüstung für die ‚Herstellung' der von der Gemeinsamen Militärgüterliste der EU erfassten Waren und besonders konstruierte Bestandteile hierfür;

b) besonders konstruierte Umweltprüfeinrichtungen für die Zulassungs- und Eignungsprüfung der von der Gemeinsamen Militärgüterliste der EU erfassten Waren und besonders konstruierte Ausrüstung hierfür;

ML 19 Strahlenwaffen-Systeme, zugehörige Ausrüstung, Ausrüstung für Gegenmaßnahmen oder Versuchsmodelle und besonders konstruierte Bestandteile hierfür;

ML 20 Kryogenische (Tieftemperatur-) und „supraleitende" Ausrüstung sowie besonders konstruierte Bestandteile und besonders konstruiertes Zubehör hierfür;

ML 21 „Software" wie folgt:

a) „Software", besonders entwickelt oder geändert für die „Entwicklung", „Herstellung" oder „Verwendung" von Ausrüstung, Werkstoffen oder „Software", die von der Gemeinsamen Militärgüterliste der EU erfasst werden

b) spezifische „Software", nicht erfasst von Unternummer ML21a, wie folgt:

1. „Software", besonders entwickelt für militärische Zwecke und besonders entwickelt für die Modellierung, Simulation oder Auswertung militärischer Waffensysteme,

2. „Software", besonders entwickelt für militärische Zwecke und besonders entwickelt für die Modellierung oder Simulation militärischer Operationsszenarien,

3. „Software" für die Ermittlung der Wirkung herkömmlicher, atomarer, chemischer oder biologischer Kampfmittel,

4. „Software", besonders entwickelt für militärische Zwecke und besonders entwickelt für Anwendungen im Rahmen von Führungs-, Informations-, Rechner- und Aufklärungssystemen

c) „Software", nicht erfasst von Unternummer ML21a oder ML21b, besonders entwickelt oder geändert, um nicht von der Gemeinsamen Militärgüterliste der EU erfasste Ausrüstung zu befähigen, die militärischen Funktionen der von der Gemeinsamen Militärgüterliste der EU erfassten Ausrüstung zu erfüllen.

ML 22 „Technologie" wie folgt:

a) „Technologie", soweit nicht von Unternummer ML22b erfasst, die für die „Entwicklung", „Herstellung" oder „Verwendung" der von der Gemeinsamen Militärgüterliste der EU erfassten Güter „unverzichtbar" ist; ...

### 2. Für die militärische Nutzung angepasst: Dual-Use Güter

23 Abgrenzungsschwierigkeiten im Rahmen der Bestimmung des Begriffs der Militärausrüstung ergeben sich insbesondere, wenn Güter nicht nur spezifisch militärisch, sondern auch zivil genutzt werden (können) – bei so genannten Dual-Use Gütern.[12]

24 Nach dem ausdrücklichen Wortlaut des § 99 Abs. 8 GWB sind Güter, die ursprünglich zu zivilen Zwecken konzipiert, später aber für militärische Zwecke angepasst wurden, zwar als vom Begriff der Militärausrüstung umfasst anzusehen.

#### a) Militärische Endverwendung ist nicht ausreichend

25 Das heißt im Umkehrschluss aber auch, dass die Definition der Militärausrüstung solche Güter nicht erfasst, die grundsätzlich für die zivile Nutzung entwickelt und gefertigt wurden, nicht für militärische Zwecke angepasst sind, aber einer **militärischen Endverwendung** im Sinne des § 5c) Abs. 1 Satz 2 AWV zugeführt werden.

26 **PRAXISTIPP**

> Nur, weil es eine Ausfuhrgenehmigung braucht, ist es noch keine Militärausrüstung im Sinne des § 99 Abs. 8 GWB.

#### b) Subjektive Verwendungsabsicht des Auftraggebers

27 Der EuGH hatte in seiner Agusta-Entscheidung pauschal festgestellt, dass

> „beim Erwerb von Ausrüstungsgegenständen, deren Nutzung für militärische Zwecke ungewiss ist, zwingend die Regeln für die Vergabe öffentlicher Aufträge beachtet werden müssen".[13]

---

12   Zur Definition vgl. Art. 2 Nr. 1 Verordnung 428/2009/EG vom 5.5.2009: Güter, einschließlich Datenverarbeitungsprogramme und Technologie, die sowohl für zivile als auch für militärische Zwecke verwendet werden können.
13   EuGH, 8.4.2008, Rs. C-337/05, Agusta, Rn. 47.

Demnach wären Dual-Use Güter, die nicht (subjektiv) vom Auftraggeber zum Zeitpunkt der Beschaffungsentscheidung für eine militärische Nutzung vorgesehen sind und nicht speziell für die militärische Verwendung angepasst oder verändert wurden – keine Militärgüter im Sinne des § 99 Abs. 8 GWB.

### c) Objektive Konzeption oder Anpassung für militärische Zwecke

Die (subjektive) Absicht des Auftraggebers der Verwendung zu militärischen Zwecken ist jedoch nicht (mehr in jedem Fall) alleine ausschlaggebend. Erforderlich ist nach der Rechtsprechung des EuGH auch die objektive Eigenschaft des Ausrüstungsgegenstands. Dabei ist zu differenzieren zwischen

- Dual-Use Gütern, die grundsätzlich für zivile Zwecke konzipiert wurden und durch substanzielle Veränderung oder Anpassung für die Nutzung als Waffe, Munition oder Kriegsmaterial beschafft werden, und

- Dual-Use Gütern, die grundsätzlich für die militärische Nutzung konzipiert wurden, aber eine weitgehend gleichartige Nutzung im zivilen Bereich haben.

Ein Dual-Use Gut kann somit dann als Militärgut im Sinne des § 99 Abs. 8 GWB eingestuft werden, wenn es

- nach seinem ersten Anschein ein Militärgut ist, bspw. weil es auf der Liste des Rates vom 15. April 1958 oder der Gemeinsamen Militärgüterliste der EU aufgeführt ist,

- eine weitgehend gleichartige technische Nutzanwendung für zivile Zwecke gibt,

- die vorgesehene Verwendung durch den Auftraggeber militärisch ist **und**

- die vorgesehene militärische Verwendung sich objektiv aus den Eigenschaften eines **speziell zu solchen Zwecken konzipierten, entwickelten oder substanziell veränderten** Ausrüstungsgegenstands ergibt **oder**

- die vorgesehene militärische Verwendung sich objektiv aus den Eigenschaften des ursprünglich zu zivilen Zwecken konzipierten, aber **für die militärische Verwendung angepassten** Ausrüstungsgegenstands ergibt.

Voraussetzung für die Kategorisierung als Militärausrüstung im Sinne dieser Norm ist – unter Berücksichtigung der gebotenen richtlinienkonformen Auslegung – somit, dass die spezifisch militärische Zweckbestimmung des Dual-Use-Gutes nicht nur (subjektiv) vom Auftraggeber vorgesehen ist, sondern sich grundsätzlich auch (objektiv) aus den Eigenschaften des speziell zu militärischen Zwecken veränderten Ausrüstungsgegenstands ergibt.[14]

### 3. Zum Einsatz als Waffe, Munition oder Kriegsmaterial bestimmt

Der § 99 Abs. 8 GWB beinhaltet zusätzlich zur Voraussetzung des (objektiven) Vorliegens eines Militärgutes eine zusätzliche Voraussetzung: die (subjektive) Verwendungsabsicht des Auftraggebers als Waffe, Munition oder Kriegsmaterial.

Diese Voraussetzung wird bei der Beschaffung von Militärgütern regelmäßig gegeben sein. Bei der Einstufung von Dual-Use-Gütern wird es darauf jedoch ankommen. Denn für zivile Zwecke konzipierte Dual-Use-Güter, die ohne substanzielle Veränderung oder An-

---

14  EuGH, 7.6.2012, Rs. C-615/10, Insinööritoimisto InsTiimi Oy, Rn. 40, 42.

passung zur militärischen Verwendung bestimmt sind, können ohne Zurhilfenahme der Verwendungsabsicht des Auftraggebers anhand der objektiven Kriterien für die Bestimmung des Vorliegens eines Militärgutes nicht als solches eingestuft werden.

34 Hier wird es – auch nach der fortgeltenden Agusta-Rechtsprechung des EuGH – auf die (subjektive) Verwendungsabsicht des Auftraggebers als Waffe, Munition oder Kriegsmaterial ankommen, auch wenn diese – wie oben in 2.c) dargestellt – allein für die Einordnung als Militärgut nicht ausreichend ist.

### 4. Auftragsarten, die durch den Inhalt „Militärausrüstung" qualifiziert werden

35 Aufträge nach § 99 Abs. 7 Nr. 1 GWB zur Beschaffung von Militärausrüstung sind nur **Lieferaufträge**.

36 **Bauleistungen**, die in „unmittelbarem Zusammenhang" mit der Lieferung von Militärausrüstung stehen, werden von § 99 Abs. 7 Nr. 3 GWB erfasst.

37 **Dienstleistungen**, die in „unmittelbarem Zusammenhang" mit der Lieferung von Militärausrüstung stehen – bspw. die Nachrüstung von Zubehör bzw. Montage von Ersatzteilen – sind von § 99 Abs. 7 Nr. 3 GWB erfasst.

**BEISPIEL**

- Lieferung und Integration von Satellitennavigationsanlagen auf diversen Schiffen, Booten und Landdienststellen inkl. Anpassung technischer Dokumente.

38 Dieser unmittelbare Zusammenhang ist nicht auf die Nutzung oder Installation der Ausrüstung bzw. ihrer Einzelteile beschränkt. § 99 Abs. 7 Nr. 3 GWB ist eine Auffangklausel, die sämtliche im Zusammenhang mit der Lieferung von Militärausrüstung einhergehenden Beschaffungsvorgänge erfassen soll. Diese Regelung hat denselben Hintergrund, wie § 99 Abs. 13 GWB. Demnach fallen Aufträge auch dann in den Anwendungsbereich der VSVgV fallen, wenn nur ein Teil der Leistung verteidigungs- oder sicherheitsrelevant ist: es sollen keine sensiblen Aufträge nach den Vorschriften des allgemeinen Vergaberechts vergeben werden müssen, wenn dies die Sicherheitsinteressen Deutschlands gefährden würde.

39 Die Beschaffung von Bau- und Dienstleistungen in unmittelbarem Zusammenhang mit der Lieferung von Militärausrüstung umfasst ausdrücklich Zusatzleistungen zu der Ausrüstung in allen Phasen ihres Lebenszyklusses und unterwirft auch diese dem Anwendungsbereich der VSVgV.

40 Der **Lebenszyklus** umfasst dabei alle Phasen der Existenz eines Produkts, der Ausführung von Bauleistungen oder der Erbringung von Dienstleistungen, angefangen bei der Beschaffung der Rohstoffe oder der Erzeugung von Ressourcen bis hin zu Entsorgung, Aufräumarbeiten bzw. Beendigung.[15]

---

15 Vorschlag für Richtlinie des Europäischen Parlaments und des Rates über die öffentliche Auftragsvergabe vom 20.12.2011, KOM(2011) 896 endgültig, S. 11.

## V. Verschlusssachenaufträge (Absatz 9)

### 1. Definitionen

#### a) Verschlusssachenauftrag

Die Definition eines Verschlusssachenauftrags im § 99 Abs. 9 GWB ist nicht die des Art. 1 Nr. 8 Richtlinie 2009/81/EG, sondern spiegelt die in Nr. 1.8.1 Abs. 1 des „Handbuch für den Geheimschutz in der Wirtschaft" (**Geheimschutzhandbuch**) des Bundesministeriums für Wirtschaft und Technologie (BMWi)[16] enthaltene Definition. 41

Demnach ist ein **Verschlusssachenauftrag** ein Auftrag für Sicherheitszwecke, bei dessen Lieferung oder Leistungserbringung Verschlusssachen gem. § 4 Gesetz über die Voraussetzungen und das Verfahren von Sicherheitsüberprüfungen des Bundes (Sicherheitsüberprüfungsgesetz – SÜG) verwandt und geheim gehalten werden müssen, vgl. § 99 Abs. 9 Nr. 1 GWB. 42

§ 99 Abs. 9 Nr. 2 GWB erweitert diese Definition sinngemäß auf Lieferungen und Leistungen, die als solche keiner Geheimhaltung bedürfen, bei denen aber die Möglichkeit besteht, dass Beschäftigte des Auftragnehmers in Einrichtungen des Auftraggebers, der die Verschlusssachenbearbeitung veranlasst hat, oder auf andere Weise, Kenntnis von Verschlusssachen erhalten (z.B. durch Montage, Wartung und Reinigung, Instandsetzung, Transport, Bewachung – Personalgestellung). 43

#### b) Verschlusssachen

Nach § 4 Gesetz über die Voraussetzungen und das Verfahren von Sicherheitsüberprüfungen des Bundes (Sicherheitsüberprüfungsgesetz – SÜG) sind **Verschlusssachen** im öffentlichen Interesse geheimhaltungsbedürftige Tatsachen, Gegenstände oder Erkenntnisse, unabhängig von ihrer Darstellungsform, die entsprechend ihrer Schutzbedürftigkeit von einer amtlichen Stelle oder auf deren Veranlassung als solche eingestuft werden, vgl. § 4 Abs. 1 SÜG. 44

Dabei wird je nach möglichen Auswirkungen der Kenntnisnahme der geheimhaltungsbedürftigen Tatsachen eine Einstufung in verschiedene Stufen anhand bestimmter materieller Voraussetzungen vorgenommen, vgl. § 4 Abs. 2 SÜG. Demnach ist eine Verschlusssache: 45

1. STRENG GEHEIM, wenn die Kenntnisnahme durch Unbefugte den Bestand oder lebenswichtige Interessen der Bundesrepublik Deutschland oder eines ihrer Länder gefährden kann,

2. GEHEIM, wenn die Kenntnisnahme durch Unbefugte die Sicherheit der Bundesrepublik Deutschland oder eines ihrer Länder gefährden oder ihren Interessen schweren Schaden zufügen kann,

3. VS-VERTRAULICH, wenn die Kenntnisnahme durch Unbefugte für die Interessen der Bundesrepublik Deutschland oder eines ihrer Länder schädlich sein kann,

4. VS-NUR FÜR DEN DIENSTGEBRAUCH, wenn die Kenntnisnahme durch Unbefugte für die Interessen der Bundesrepublik Deutschland oder eines ihrer Länder nachteilig sein kann.

---

16  Das Geheimschutzhandbuch, derzeitiger Stand 2004, ist auf der Homepage des BMWi abrufbar unter: https://bmwi-sicherheitsforum.de/handbuch/367,0,0,1,0.html?fk_menu=0. Stand: 26.8.2012.

**46** Diese Kategorisierung ist nicht nur theoretischer Natur, sondern hat auch im Rahmen einer Auftragsvergabe praktische Konsequenzen. Zu den Einzelheiten siehe bspw. Kommentierung in § 7 VSVgV.

**47** Dabei sind nicht unbedingt alle Unterlagen, die (formal) als Verschlusssache gekennzeichnet sind, auch (materiell) als solche einzustufen. Die Vergabekammer kann – sollte es hierüber zum Streit kommen – diese Einstufung überprüfen.[17] Ansonsten läge es in der Hand des Auftraggebers, einen Auftrag nach seinem freien Ermessen als Verschlusssache einzustufen und ihn damit in den Anwendungsbereich der VSVgV zu bringen.

Da sich sie gesetzlichen Vorgaben einer Einstufung als Verschlusssache auf unbestimmte Rechtsbegriffe stützt (vgl. § 4 Abs. 2 SÜG), hat der Auftraggeber einen Beurteilungsspielraum bei der Anwendung dieser unbestimmten Rechtsbegriffe auf einen Lebenssachverhalt im Rahmen einer zukunftsgerichteten prognostizierenden Risikobewertung. Die Vergabekammer kann das materielle Vorliegen der Voraussetzungen der Einstufung somit nur darauf überprüfen, ob bei der Entscheidung, die jeweiligen Unterlagen als Verschlusssache einzustufen, die Grenzen dieses Beurteilungsspielraums überschritten wurden.[18]

### c) Sicherheitszwecke

**48** Auch Aufträge über die Lieferung von Militärausrüstung können Verschlusssachen beinhalten, werden aber bereits von der Definition des § 99 Abs. 8 GWB erfasst.

**49** Verschlusssachenaufträge im Sinne des § 99 Abs. 9 GWB sind daher – nach dem ausdrücklichen Wortlaut der Norm – nur solche, die Sicherheitszwecken dienen. Der Begriff der Sicherheitszwecke ist dabei weder im GWB noch in der Richtlinie 2009/81/EG ausdrücklich definiert.

**50** Anhand der in Erwägungsgrund 11 zur Richtlinie 2009/81/EG enthaltenen Hinweise kann davon ausgegangen werden, dass Sicherheitszwecke nicht-militärische Zwecke sind. Gemeint sind Zwecke wie den Katastrophenschutz, Grenzschutz, die Brandbekämpfung und die Gefahrenabwehr.

**BEISPIEL**

- Leitstellen u.a. für Notrufe aus den Bereichen Polizei, Katastrophenschutz, Feuerwehr und Rettungsdienst sind sicherheitskritische Infrastruktur.[19]

**51** Sicherheitszwecke können aber auch Aufträge betreffen, bei denen sich die Sicherheitsinteressen aus militärischen Zusammenhängen (Verteidigung) ergeben, die aber nicht bereits in der Beschaffung von Militärausrüstung im Sinne des § 99 Abs. 8 GWB bestehen.[20]

### 2. Auftragsarten, die durch die Eigenschaft „Verschlusssachenauftrag" qualifiziert werden

**52** Aufträge nach § 99 Abs. 7 Nr. 2 GWB zur Beschaffung von Aufträgen, die Verschlusssachen beinhalten, sind nur **Lieferaufträge**.

---

17 So für das IFG BVerwG, 10.1.2012 – 20 F 1/11, 7 A 15/10; VG Berlin, 10.2.2011 – 2 K 23.10.
18 VK Bund, 14.7.2005 – VK 3-55/05.
19 VK Sachsen, 12.6.2009 – 1/SVK/011-09; OLG Dresden, 18.9.2009 WVerg 3/09.
20 Vgl. auch CPV-Nomenklatur in der Fassung Verordnung 213/2008/EG, Kennziffer 35000000-4- Ausrüstung für Sicherheitszwecke, Brandbekämpfung, Polizei und Verteidigung.

**Bauleistungen**, die in unmittelbarem Zusammenhang mit der Lieferung von Auftragsinhalten stehen, die Verschlusssachen erfassen, werden von § 99 Abs. 7 Nr. 4 GWB erfasst.

**Dienstleistungen**, die in unmittelbarem Zusammenhang mit der Lieferung von Auftragsinhalten stehen, die Verschlusssachen erfassen – bspw. die Nachrüstung von Zubehör bzw. Montage von Ersatzteilen – sind von § 99 Abs. 7 Nr. 4 GWB erfasst.

## VI. Anwendbarkeit der VSVgV bei artengemischten Aufträgen (Absatz 13)

Der sachliche Anwendungsbereich der VSVgV wird nicht nur durch die Definition der oben beschriebenen Auftragsart bestimmt. Das GWB beinhaltet ebenfalls Regelungen, wie der Anwendungsbereich in den Fällen zu bestimmen ist, in denen die Aufträge zwar in Teilen verteidigungs- bzw. sicherheitsrelevant sind, aber in Teilen für sich genommen entweder den allgemeinen Vergaberegelungen (§ 99 Abs. 13 Satz 1 GWB) oder den allgemeinen Vergaberegelungen eben gerade nicht § 99 Abs. 13 Satz 2 GWB unterfallen würden.

### 1. Anwendbarkeit bei teils zivilen, teils verteidigungs- oder sicherheitsrelevanten Aufträgen

§ 99 Abs. 13 Satz 1 GWB beinhaltet eine eigenständige Regelung für die Aufträge im verteidigungs- und sicherheitsrelevanten Bereich über die Zuordnung von artengemischten Aufträgen, das heißt Aufträgen, die sowohl „allgemeine" – für sich genommen dem allgemeinen Vergaberecht unterfallende – Auftragsteile als auch verteidigungs- und sicherheitsrelevante Auftragsteile beinhalten.

Die Regelung knüpft dabei an die Aufzählung der grundsätzlichen Auftragstypen (Bauleistungen, Lieferungen oder Dienstleistungen) an, um dann die Auftragsart (verteidigungs- oder sicherheitsrelevanter Auftrag) als Auslöser für die mögliche Anwendung der VSVgV auf die Auftragsvergabe zu bestimmen.

Dabei ist auf eine Besonderheit gegenüber der Regelung zur Bestimmung zum Anwendungsbereich einer Vergabe- und Vertragsordnung im Rahmen so genannter typengemischter Aufträge – das heißt solcher, die Elemente mehrerer Auftragstypen enthalten – für das allgemeine Vergaberecht in § 99 Abs. 11 GWB hinzuweisen:

- Gemäß § 99 Abs. 11 GWB wird die Zuordnung des typengemischten Auftrags nach seinem Hauptgegenstand vorgenommen.
- Gemäß § 99 Abs. 13 GWB werden artengemischte Aufträge unabhängig davon, ob es sich bei dem verteidigungs- oder sicherheitsrelevanten Teil um den Hauptgegenstand handelt, dem Anwendungsbereich der VSVgV zugeordnet.

Hintergrund für die darin zum Ausdruck kommende Dominanz der verteidigungs- bzw. sicherheitsrelevanten Elemente eines Auftrags ist deren besondere Sensibilität. Die notwendige Wahrung der Sicherheitsinteressen Deutschlands rechtfertigt die Inanspruchnahme der VSVgV bereits dann, wenn auch nur ein untergeordneter Auftragsteil ver-

60 Die Voraussetzung der **einheitlichen Beschaffung** bezieht sich auf die Einhaltung des Gebotes der Fach- bzw. Teillosvergabe aus § 97 Abs. 3 GWB, vgl. § 10 Abs. 1 VSVgV. Zu den Einzelheiten siehe Kommentierung zu § 10 VSVgV, Rn. 2 ff. Zur Bestimmung, wann die Voraussetzungen einer einheitlichen Beschaffung vorliegen, kann der dort angelegte Maßstab daher vergleichend herangezogen werden.

61 Diese Bestimmung steht im Spannungsfeld zum **Leistungsbestimmungsrecht des Auftraggebers**[21], der nicht verpflichtet ist, eine Ausschreibung so zuzuschneiden, dass bestimmte Wirtschaftsteilnehmer und deren einzelwirtschaftliche Interessen bedient werden.[22] Der Auftraggeber ist vergaberechtlich gesehen grundsätzlich frei in seiner (Auswahl-)Entscheidung, welchen Auftragsgegenstand er für erforderlich oder wünschenswert hält.[23] Die Bestimmung des Beschaffungsgegenstands ist der Ausschreibung vorgelagert und wird nur durch wenige (vergabe-)rechtliche Grenzen (bspw. die Produktneutralität, vgl. auch § 15 Abs. 8 VSVgV) sowie das Erfordernis der Sach- und Auftragsbezogenheit eingeschränkt.[24] Zu beachten ist in diesem Kontext eher das auf den jeweiligen Auftraggeber anwendbare Haushaltsrecht.

62 Der Auftraggeber muss daher im Rahmen der Strukturierung seiner Ausschreibung (vor Versendung der Bekanntmachung an das EU-Amtsblatt) prüfen, ob er einen einheitlichen Auftrag ausschreiben kann oder eine Aufteilung in Lose vornehmen muss. Diese Prüfung ist zweistufig durchzuführen:

- Zuerst ist festzustellen, ob der der Ausschreibung zugrunde liegende Beschaffungsbedarf im Rahmen des Leistungsbestimmungsrechts des Auftraggebers seiner Gestaltungsfreiheit unterfällt oder ob innerhalb dieses Dispositionsrahmens eine weitere Zerlegung in Teil- und Fachlose möglich wäre.

- Wenn dabei eine mögliche Teilung des Auftrags erkannt wird, dann ist zu untersuchen, ob sachliche, bspw. wirtschaftliche oder technische Gründe, im vorliegenden Einzelfall eine einheitliche Beschaffung erfordern.

**BEISPIEL**

Bei der Integration unterschiedlicher Hardwarekomponenten und Software im System auftretende Kompatibilitätsprobleme, technische Schwierigkeiten und Verzögerungen, die zu Mehrkosten beim Gebrauch führen[25], vgl. auch § 10 Abs. 1 Satz 2 VSVgV.

NICHT[26]:

Allgemein mit einer Auftragsteilung verbundener Ausschreibungs-, Prüfungs- und Koordinierungsmehraufwand sowie höherer Aufwand bei Gewährleistungen.

---

21 OLG Celle, 26.4.2010 – 13 Verg 4/10; es sind aber Vorgaben bspw. des Haushaltsrechts oder interner Vorschriften, bspw. des Customer Product Management des BMVg AIN I1 vom 12.11.2012 zu beachten.
22 OLG Düsseldorf, 25.11.2009 – Verg 27/09.
23 Sehr weitgehend dabei OLG Düsseldorf, 27.6.2012 – Verg 7/12, nach dem grundsätzlich keine Marktforschung oder Markterkundung notwendig sei, ob eine andere Lösung möglich ist.
24 VK Bund, 10.5.2010 – VK 3-42/10; OLG Düsseldorf, 27.6.2012 – Verg 7/12.
25 OLG Düsseldorf, 25.4.2012 – Verg 100/11.
26 OLG Düsseldorf, 11.7.2007 – VII-Verg 10/07.

Dabei ist zu beachten, dass § 10 Abs. 1 VSVgV m.V.a. § 97 Abs. 3 GWB als Maßstab für die Beschaffung in Form eines einheitlichen Auftrags den strengen Maßstab der **„Erforderlichkeit"** anlegt – die Gesamtvergabe darf nicht nur zweckmäßiger sein, sondern sie muss zur Vermeidung erheblicher Nachteile für den Auftraggeber erforderlich sein. Erforderlich heißt, der Zweck der Beschaffung ist nicht auf eine andere, (hier: den Mittelstand) weniger belastende Art und Weise (hier: die Durchführung einer losweisen Vergabe) zu erreichen.

§ 99 Abs. 13 GWB bestimmt als Voraussetzung für die einheitliche Beschaffung demgegenüber nur eine **Rechtfertigung aus objektiven Gründen**. Der Maßstab ist daher gegenüber dem des § 97 Abs. 3 Satz 2 GWB weniger streng. Selbst wenn der Beschaffungszweck im Wege der losweisen Vergabe zu erreichen wäre, so ist bereits das Vorliegen objektiver Gründe, die sich bspw. aus der besonderen Aufgabenstellung, aus technischen Anforderungen, der Zweckmäßigkeit oder auch aus der Nutzung der Sache ergeben können, ausreichend, um die artengemischte Gesamtvergabe zu rechtfertigen.

Dies ist schon allein deshalb konsequent, da im Bereich verteidigungs- und sicherheitsrelevanter Aufträge das Leistungsbestimmungsrecht des Auftraggebers (noch) stärker betont werden muss als im allgemeinen Vergaberecht. Denn gerade im Bereich sicherheits- und verteidigungsrelevanter Beschaffungen steht die vorgelagerte Entscheidung auch über die Auftragsgestaltung im direkten Zusammenhang mit der Verteidigungs- bzw. Sicherheitsrelevanz des Auftrags.

**PRAXISTIPP**

*Sofern der Auftraggeber sich für eine einheitliche Beschaffung nach den Vorgaben der VSVgV entscheidet, obwohl eine Aufteilung in Lose möglich ist und Teile des Auftrags für sich genommen dem allgemeinen Vergaberecht unterfallen, so muss er die Rechtfertigung der Anwendung der VSVgV auf den gesamten Auftrag durch Darlegung der objektiven Gründe der Gesamtvergabe in seiner Dokumentation (aktenkundig) begründen.*

## 2. Anwendbarkeit der VSVgV bei teils verteidigungs- und sicherheitsrelevanten, teils (kartell-)vergaberechtlich nicht relevanten Aufträgen

§ 99 Abs. 13 Satz 2 GWB bestimmt konsequent zum Umgang mit artgemischten Aufträgen, dass Aufträge, die verteidigungs- und/oder sicherheitsrelevante Teile sowie vergaberechtlich nicht erfasste Teile umfassen, der betroffene Auftrag das Kartellvergaberecht nicht beachten muss, sofern die Vergabe eines einheitlichen Auftrags aus objektiven Gründen gerechtfertigt ist.

Zur Rechtfertigung der Beschaffung in Form eines einheitlichen Auftrags aus objektiven Gründen siehe oben Rn. 56 ff.

## Vor §§ 100 – 100c GWB

Im Zuge der Umsetzung der RL 2009/81/EG wurden umfangreiche Änderungen an Struktur und Inhalt der Bestimmungen des § 100 GWB a.F. durchgeführt. Dabei wurden die bisherigen Ausnahmetatbestände weitgehend beibehalten und durch die neuen Ausnahmetatbestände der RL ergänzt. Mit den am 14.12.2011 in Kraft getretenen Änderungen[1] wurden zusätzlich die sog. Ausnahmetatbestände in vier unterschiedliche Kategorien aufgeteilt und in eigenständige Vorschriften überführt:[2]

- § 100 GWB regelt in den Absätzen 3 bis 6 die für alle Aufträge geltenden Ausnahmen. Die Ausnahmetatbestände des § 100 Abs. 8 GWB finden nur Anwendung für die Vergabe von Aufträgen, die nicht gem. § 99 Abs. 7 GBW sicherheits- oder verteidigungsrelevant sind.
- § 100a GWB regelt die Ausnahmetatbestände für nicht sektorspezifische und nicht verteidigungs- und sicherheitsrelevante Aufträge.
- § 100b betrifft die Ausnahmetatbestände im Sektorenbereich und
- § 100c regelt die Ausnahmetatbestände der verteidigungs- und sicherheitsrelevanten Aufträge.

Die bislang übersichtlich in einer Norm aufgelisteten Bestimmungen sind nunmehr aufgesplittet, teilweise ineinander verschränkt und unübersichtlich angeordnet. Insbesondere im Bereich der Aufträge mit verteidigungs- oder sicherheitsrelevanten Bezügen gibt es Dopplungen, die eine Fülle von Abgrenzungsschwierigkeiten nach sich ziehen können.[3]

---

1 BGBl II 2011, 2750 ff.
2 BT-Drs. 17/7275, S. 14.
3 Beispielsweise enthält § 100 Abs. 7 einen Verweis auf den Einsatz der Streitkräfte, dieser findet sich auch in § 100 Abs. 8 und in § 100c Abs. 3.

## § 100 GWB
## Anwendungsbereich

(1) Dieser Teil gilt für Aufträge, deren Auftragswert den jeweils festgelegten Schwellenwert erreicht oder überschreitet. Der Schwellenwert ergibt sich für Aufträge, die

1. von Auftraggebern im Sinne des §§ 98 Nummer 1 bis 3, 5 und 6 vergeben werden und nicht unter Nummer 2 oder 3 fallen, aus § 2 der Vergabeverordnung,
2. von Auftraggebern im Sinne des § 98 Nummer 1 bis 4 vergeben werden und Tätigkeiten auf dem Gebiet des Verkehrs, der Trinkwasser- oder Energieversorgung umfassen, aus § 1 der Sektorenverordnung,
3. von Auftraggebern im Sinne des § 98 vergeben werden und verteidigungs- oder sicherheitsrelevant im Sinne des § 99 Absatz 7 sind, aus der nach § 127 Nummer 3 erlassenen Verordnung.

(2) Dieser Teil gilt nicht für die in den Absätzen 3 bis 6 und 8 sowie die in den §§ 100a bis 100c genannten Fälle.

(3) Dieser Teil gilt nicht für Arbeitsverträge.

(4) Dieser Teil gilt nicht für die Vergabe von Aufträgen, die Folgendes zum Gegenstand haben:

1. Schiedsgerichts- und Schlichtungsleistungen oder
2. Forschungs- und Entwicklungsdienstleistungen, es sei denn, ihre Ergebnisse werden ausschließlich Eigentum des Auftraggebers für seinen Gebrauch bei der Ausübung seiner eigenen Tätigkeit und die Dienstleistung wird vollständig durch den Auftraggeber vergütet.

(5) Dieser Teil gilt ungeachtet ihrer Finanzierung nicht für Verträge über

1. den Erwerb von Grundstücken oder vorhandenen Gebäuden oder anderem unbeweglichen Vermögen,
2. Mietverhältnisse für Grundstücke oder vorhandene Gebäude oder anderes unbewegliches Vermögen oder
3. Rechte an Grundstücken oder vorhandenen Gebäuden oder anderem unbeweglichen Vermögen.

(6) Dieser Teil gilt nicht für die Vergabe von Aufträgen,

1. bei denen die Anwendung dieses Teils den Auftraggeber dazu zwingen würde, im Zusammenhang mit dem Vergabeverfahren oder der Auftragsausführung Auskünfte zu erteilen, deren Preisgabe seiner Ansicht nach wesentlichen Sicherheitsinteressen der Bundesrepublik Deutschland im Sinne des Artikels 346 Absatz 1 Buchstabe a des Vertrages über die Arbeitsweise der Europäischen Union widerspricht,

2. die dem Anwendungsbereich des Artikels 346 Absatz 1 Buchstabe b des Vertrages über die Arbeitsweise der Europäischen Union unterliegen.

(7) Wesentliche Sicherheitsinteressen im Sinne des Absatzes 6, die die Nichtanwendung dieses Teils rechtfertigen, können betroffen sein beim Betrieb oder Einsatz der Streitkräfte, bei der Umsetzung von Maßnahmen der Terrorismusbekämpfung oder bei der Beschaffung von Informationstechnik oder Telekommunikationsanlagen.

(8) Dieser Teil gilt nicht für die Vergabe von Aufträgen, die nicht nach § 99 Absatz 7 verteidigungs- oder sicherheitsrelevant sind und

1. in Übereinstimmung mit den inländischen Rechts- und Verwaltungsvorschriften für geheim erklärt werden,
2. deren Ausführung nach den in Nummer 1 genannten Vorschriften besondere Sicherheitsmaßnahmen erfordert,
3. bei denen die Nichtanwendung des Vergaberechts geboten ist zum Zweck des Einsatzes der Streitkräfte, zur Umsetzung von Maßnahmen der Terrorismusbekämpfung oder bei der Beschaffung von Informationstechnik oder Telekommunikationsanlagen zum Schutz wesentlicher nationaler Sicherheitsinteressen,
4. die vergeben werden auf Grund eines internationalen Abkommens zwischen der Bundesrepublik Deutschland und einem oder mehreren Staaten, die nicht Vertragsparteien des Übereinkommens über den Europäischen Wirtschaftsraum sind, für ein von den Unterzeichnerstaaten gemeinsam zu verwirklichendes und zu tragendes Projekt, für das andere Verfahrensregeln gelten,
5. die auf Grund eines internationalen Abkommens im Zusammenhang mit der Stationierung von Truppen vergeben werden und für die besondere Verfahrensregeln gelten oder
6. die auf Grund des besonderen Verfahrens einer internationalen Organisation vergeben werden.

## Übersicht[*]

| | | Rn. |
|---|---|---|
| I. | Allgemeines | 1 |
| II. | Überschreitung der Schwellenwerte (Abs. 1) | 3 |
| | 1. Einführung: Zweiteilung des Vergaberechts | 3 |
| | 2. Schwellenwerte | 7 |
| |    a) Schwellenwerte gem. Abs. 1 Nr. 1 GWB | 9 |
| |    b) Schwellenwerte gem. Abs. 1 Nr. 2 GWB | 10 |
| |    c) Schwellenwerte gem. Abs. 1 Nr. 3 GWB | 11 |
| | 3. Schätzung der Auftragswerte | 12 |

---

[*] Der Beitrag gibt ausschließlich die Meinung des Verfassers wieder.

| | | |
|---|---|---|
| III. | Ausnahmetatbestände (Abs. 2) | 15 |
| IV. | Arbeitsverträge (Abs. 3) | 18 |
| V. | Schiedsgerichts-, Schlichtungs-, Forschungs- und Entwicklungsleistungen (Abs. 4) | 21 |
| | 1. Schiedsgerichts- und Schlichtungsleistungen (Abs. 4 Nr. 1) | 22 |
| | 2. Forschungs- und Entwicklungsleistungen (Abs. 4 Nr. 2) | 23 |
| VI. | Erwerb, Miete etc. von Immobilien (Abs. 5) | 25 |
| VII. | Art. 346 AEUV (Abs. 6) | 30 |
| | 1. Art. 346 Abs. Abs. 1 lit. a AEUV (Abs. 6 Nr. 1) | 32 |
| | 2. Art. 346 Abs. 1 lit. b AEUV (Abs. 6 Nr. 2) | 36 |
| VIII. | Wesentliche Sicherheitsinteressen, Beispielsfälle (Abs. 7) | 44 |
| IX. | Ausnahmetatbestände des Abs. 8 | 49 |
| | 1. Geheimschutz (Nr. 1) | 50 |
| | 2. Besondere Sicherheitsmaßnahmen (Nr. 2) | 54 |
| | 3. Einsatz der Streitkräfte etc. (Nr. 3) | 58 |
| | 4. Zwischenstaatliche Abkommen (Nr. 4) | 61 |
| | 5. Truppenstationierungsabkommen (Nr. 5) | 64 |
| | 6. Internationale Organisationen | 66 |

## I. Allgemeines

**1** Die Anwendbarkeit des sogenannten Kartellvergaberechts (4. Teil des GWB = §§ 97 bis 129b GWB) hängt davon ab, dass in **subjektiver Hinsicht** ein öffentlicher Auftraggeber – definiert in § 98 GWB – seinen Bedarf deckt und es sich dabei in **objektiver Hinsicht** um einen öffentlichen Auftrag i.S.d. § 99 GWB i.V.m. § 100 GWB handelt.[4] Dabei schränkt § 100 GWB den durch § 99 GWB eröffneten sachlichen Anwendungsbereich des Vergaberechts wieder ein.[5]

- § 100 Abs. 1 GWB bestimmt, dass das Vergaberecht lediglich ab bestimmten Wertgrenzen – den sogenannten Schwellenwerten – zur Anwendung kommt.
- In § 100 Abs. 2 GWB werden bestimmte Vertragsarten (z.B. Arbeitsverträge), Auftragsgegenstände (z.B. Forschungs- und Entwicklungsleistungen) oder auch Aufträge unter bestimmten Bedingungen (z.B. Vorliegen schutzwürdiger Sicherheitsinteressen) vom Anwendungsbereich des Vergaberechts ausgenommen (sogenannte Bereichsausnahmen).

Die (amtliche) Überschrift des § 100 GWB („Anwendungsbereich") ist somit nicht zutreffend bzw. irreführend.[6]

**2** Der Frage, ob der Anwendungsbereich des Vierten Teils des GWB, dem sog. Kartellvergaberecht, eröffnet ist, kommt in mehrfacher Hinsicht entscheidende Bedeutung zu, insbesondere weil nur im Bereich des Kartellvergaberechts

- das Nachprüfungsverfahren vor den speziellen Nachprüfungsstellen (Vergabekammern und Vergabesenaten) eröffnet ist,

---

[4] S. *Marx*, in: Beck'scher VOB- und Vergaberechts-Kommentar, 2001, § 100 GWB Rn. 1.
[5] *Hailbronner*, in: Byok/Jaeger, Kommentar zum Vergaberecht, 3. Aufl. 2011, § 100 Rz. 1.
[6] *Ziekow*, VergabeR 2007, 711.

- etwaige Schadensersatzansprüche nur in diesem Bereich bestehen (§ 126 GWB) oder besser durchgesetzt werden können (c.i.c.) und
- subjektive, d.h. einklagbare Rechte, eingeräumt werden.

## II. Überschreitung der Schwellenwerte (Abs. 1)

### 1. Einführung: Zweiteilung des Vergaberechts

Nach Abs. 1 findet der 4. Teil des GWB nur Anwendung, wenn die Auftragswerte bestimmte Wertgrenzen – die **Schwellenwerte** – erreichen oder überschreiten. Dadurch wird eine **Zweiteilung des Vergaberechts** begründet, die sich nach dem Über- oder Unterschreiten des Schwellenwertes richtet. Grund hierfür ist die Überlegung, dass bei geringerwertigen Aufträgen kein wirtschaftliches Interesse an einem grenzüberschreitenden Handel besteht (sogenannte Binnenmarktrelevanz). Weiterhin stünde der Aufwand für eine europaweite Vergabe in einem deutlichen Missverhältnis zum Wert des Auftragsgegenstands.

Oberhalb der Schwellenwerte findet das europarechtlich geprägte und im 4. Teil des GWB (§§ 97 bis 129b GWB) verankerte sogenannte Kartellvergaberecht Anwendung. Neben der Pflicht zur europaweiten Ausschreibung dürfte die praktisch wichtigste Folge in der Gewährung des europarechtlich geforderten **effektiven Rechtsschutzes** vor den Vergabekammern und Vergabesenaten liegen. Nur im Anwendungsbereich des Vergaberechts der §§ 97 ff. GWB vermitteln die vergaberechtlichen Bestimmungen **subjektive** und damit **einklagbare Rechte**. Bieter und Bewerber haben so die Möglichkeit, im laufenden Vergabeverfahren einzugreifen und die Einhaltung der vergaberechtlichen Bestimmungen zu erzwingen (Primärrechtsschutz). Wurden die Schwellenwerte nicht erreicht, ist der Anwendungsbereich des Vergaberechts selbst dann nicht eröffnet, wenn die Vergabestelle (irrtümlich) eine europaweite Vergabe durchführt. Es kann in diesem Fall zwar eine Selbstbindung der Vergabestelle hinsichtlich der Einhaltung der Vergabevorschriften bestehen, der Zugang zum Nachprüfungsverfahren ist allerdings nicht eröffnet.[7]

**Unterhalb der Schwellenwerte** schreiben lediglich die **haushaltsrechtlichen Bestimmungen** (z.B. § 55 BHO) oder die entsprechenden Regelungen der Länder und Gemeinden (z.B. § 55 LHO NRW, § 25 GemHVO NRW) vor, dass dem Abschluss von Verträgen über Lieferungen und Leistungen eine öffentliche Ausschreibung vorangehen muss, sofern nicht die Natur des Geschäfts oder besondere Umstände eine Ausnahme rechtfertigen. Die Anwendung des 1. Abschnitts der VOL/A bzw. VOB/A erfolgt auf der Grundlage verwaltungsinterner Anordnungen bzw. Anweisungen. Der Bieter oder Bewerber kann in diesem Fall grundsätzlich nicht auf Einhaltung der VOL/A bzw. VOB/A klagen, weil die Regelungssystematik lediglich verwaltungsinterne Wirkung entfaltet und verwaltungsextern kein subjektives Recht verleiht.

Im Hinblick auf Vergaben im Bereich der Verteidigung und Sicherheit hat die Zweiteilung auch die Folge, dass die besonderen auf diesen Bereich zugeschnittenen Bestimmungen der **VSVgV nur im Oberschwellenbereich** anwendbar sind. Bei Unterschreitung des Schwellenwertes greifen aufgrund der haushaltsrechtlichen Verweisungen grundsätzlich

---

7  Vgl. nur OLG Stuttgart, 12.8.2002 – 2 Verg 9/02.

die auf allgemeine Beschaffungen ausgerichteten Bestimmungen des ersten Abschnitts der VOL/A bzw. der VOB/A. Dadurch kann die paradoxe Situation entstehen, dass für großvolumige Verfahren wegen des Überschreitens der Schwellenwerte Erleichterungen greifen, die bei einer Volumenreduzierung entfallen würden: bspw. kann gem. VSVgV grundsätzlich das Verhandlungsverfahren gewählt werden, wohingegen im ersten Abschnitt der VOL/A der Vorrang der öffentlichen Ausschreibung gilt.

## 2. Schwellenwerte

7 § 100 Abs. 1 Satz 1 GBW bestimmt zunächst, dass der Vierte Teil des GWB nur für diejenigen Aufträge gilt, die den jeweils festgelegten Schwellenwert überschreiten. Daran schließt sich ein im Rahmen der letzten Gesetzesnovelle von 2011 neu gefasster Satz 2 an, der Bestimmungen zu den Schwellenwerten enthält. Er fasst verschiedene Vorgaben zu den Schwellenwerten aus der **Vergabeverordnung** (VgV), der **Sektorenverordnung** (SektVO) sowie der **VSVgV** durch Verweise zusammen. Diese Regelung dient der Klarstellung, wo die in Satz 1 in Bezug genommenen Schwellenwerte aufzufinden sind. Weiterhin ist die Aufschlüsselung in den Nrn. 1 bis 3 erforderlich, um festzulegen, welche Auftraggeber sich bei welchen Auftragsgegenständen auf die Ausnahmen in den neu eingefügten §§ 100a bis 100c GWB berufen können. Hierfür ist zu unterscheiden zwischen

- klassischen Auftraggebern bei der Vergabe nicht sektorspezifischer und nicht verteidigungs- und sicherheitsrelevanter Aufträge (Nr. 1),

- Auftraggebern nach § 98 Nr. 1 bis 4 GWB bei der Ausführung von Sektorentätigkeiten (Nr. 2) und

- Auftraggebern bei der Vergabe verteidigungs- oder sicherheitsrelevanter Aufträge (Nr. 3).[8]

8 Gemeinschaftsrechtlich werden die Schwellenwerte durch die Kommission festgesetzt. Nach Art. 78 der Vergabekoordinierungsrichtlinie (RL 2004/18/EG), Art. 69 der Sektorenkoordinierungsrichtlinie (RL 2004/17/EG) und Art. 68 der Verteidigungsvergaberichtlinie (RL 2009/81/EG) überprüft die Kommission diese Schwellenwerte alle zwei Jahre. Im Rahmen der Letzten Änderung wurden die EU-Schwellenwerte durch die Verordnung (EU) Nr. 1251/2011 der Kommission leicht erhöht.[9] Mit der entsprechenden Fünften Verordnung zur Änderung der Verordnung über die Vergabe öffentlicher Aufträge vom 14. März 2012[10] werden die neuen Werte in § 2 Vergabeverordnung aufgenommen. Seit deren Inkrafttreten am 22. März 2012 gelten die neuen, erhöhten EU-Schwellenwerte für alle öffentlichen Auftraggeber im Sinne des § 98 GWB. Gesetzliche Grundlage ist die Verordnungsermächtigung gem. § 127 Nr. 1 GWB. Dementsprechend kann die Bundesregierung durch Rechtsverordnung mit Zustimmung des Bundesrats Regelungen zur Umsetzung der vergaberechtlichen Schwellenwerte der Richtlinien der Europäischen Union erlassen.

---

8 BT Drs. 17/7275, S. 14.
9 Verordnung vom 30. November 2011 zur Änderung der Richtlinien 2004/17/EG, 2004/18/EG und 2009/81/EG des Europäischen Parlaments und des Rates im Hinblick auf die Schwellenwerte für Auftragsvergabeverfahren, EU-Amtsblatt L 319/43 vom 2. Dezember 2011.
10 BGBl. I S. 488, ausgegeben am 21. März 2012.

### a) Schwellenwerte gem. § 100 Abs. 1 Nr. 1 GWB

Gem. § 100 Abs. 1 Nr. 1 GWB ergibt sich der Schwellenwert für Aufträge, die von Auftraggebern gem. § 98 Nr. 1 bis 3, 5 und 6 GWB vergeben werden und nicht unter Nr. 2 oder 3 fallen, aus § 2 der Vergabeverordnung. Inhaltlich werden damit sämtliche öffentlichen Auftraggeber mit Ausnahme der sog. Sektorenauftraggeber nach § 98 Nr. 4 GWB erfasst. Der Auftragsgegenstand darf weder sektorspezifisch (Geltung der SektVO) noch verteidigungs- und sicherheitsrelevant (VSVgV) sein. § 2 VgV enthält eine Aufzählung der verschiedenen Schwellenwerte. Demnach betragen die wichtigsten Schwellenwerte:

- für **Liefer- und Dienstleistungsaufträge** der **obersten oder oberen Bundesbehörden sowie vergleichbarer Bundeseinrichtungen 130 000 €**; im Verteidigungsbereich gilt dies bei Lieferaufträgen nur für Waren, die im Anhang V der Richtlinie 2004/18/EG aufgeführt sind.
- für alle anderen **Liefer- und Dienstleistungsaufträge 200 000 €**;
- für **Bauaufträge 5 000 000 €**.[11]

### b) Schwellenwerte gem. § 100 Abs. 1 Nr. 2 GWB

Gem. § 100 Abs. 1 Nr. 2 GWB ergibt sich der Schwellenwert für Aufträge, die von öffentlichen Auftraggebern nach § 98 Nr. 1 bis 4 GWB vergeben werden und Tätigkeiten auf dem Gebiet des Verkehrs, der Trinkwasser- oder Energieversorgung umfassen, aus § 1 der SektVO. Aufgrund der dynamischen Verweisung in § 1 SektVO gelten nunmehr:

- **400 000 € für Lieferungen und Dienstleistungen**, die von **Sektorenauftraggebern** nachgefragt werden,
- **5 Mio. € für Bauleistungen**.

### c) Schwellenwerte gem. § 100 Abs. 1 Nr. 3 GWB

Gem. § 100 Abs. 1 Nr. 3 GWB ergeben sich die Schwellenwerte für Aufträge, die von öffentlichen Auftraggebern i.S.d. § 98 vergeben werden und verteidigungs- oder sicherheitsrelevant sind, aus der VSVgV. Auch die VSVgV enthält in § 1 einen statischen Verweis. Es gelten die folgenden Schwellenwerte:

- **400 000 € für verteidigungs- und sicherheitsrelevante Liefer- und Dienstleistungsaufträge**,
- **5 Mio. € für verteidigungs- und sicherheitsrelevante Bauaufträge**.

## 3. Schätzung der Auftragswerte

Im Vorfeld eins Vergabeverfahrens ist zunächst der Auftragswert zu schätzen. Anhand dieser **Prognose** wird geprüft, ob der jeweilige Schwellenwert über- oder unterschritten wird. Gemäß § 3 Abs. 1 VgV ist bei der Schätzung des Auftragswertes von der **geschätzten Gesamtvergütung** für die vorgesehene Leistung einschließlich etwaiger Prämien oder Zahlungen an Bewerber oder Bieter auszugehen. Dabei ist auf die Perspektive eines potenziellen Bieters abzustellen, weshalb der geschätzte Auftragswert nicht nur alle Beträge einschließt, die der öffentliche Auftraggeber zu zahlen hat, sondern auch alle

---

11 § 2 VgV enthält noch Sonderbestimmungen, bspw. hinsichtlich Losbildung.

Zahlungen von Dritten.[12] Die Schätzung muss den Auftragswert umfassend berücksichtigen. Deshalb sind sowohl Eventualpositionen[13] als auch Bedarfspositionen[14] vollumfänglich einzubeziehen. Der Wert wird ohne Umsatzsteuer ermittelt (vgl. § 1 VgV). Maßgeblicher Zeitpunkt für die Schätzung des Auftragswertes ist der Tag der Absendung der Bekanntmachung der beabsichtigten Auftragsvergabe oder die sonstige Einleitung des Vergabeverfahrens.[15]

13  Die **Schätzung des Auftragswerts ist im Vergabevermerk zu dokumentieren**. Der geschätzte Auftragswert muss auf einer pflichtgemäßen und sorgfältigen Prüfung der Marktlage beruhen. Sie soll die Marktlage widerspiegeln.[16] An die Schätzung sind jedoch keine übertriebenen Anforderungen zu stellen.[17] Die Anforderungen an die Genauigkeit der Wertermittlung eines Auftrags und der entsprechenden Dokumentation steigen aber, je mehr sich der Auftragswert dem relevanten Schwellenwert annähert.[18]

Unterlässt der Auftraggeber die Schätzung des Auftragswerts, ist die Vergabekammer im Rahmen eines Nachprüfungsverfahrens zur Bestimmung der eigenen Zuständigkeit berechtigt und verpflichtet, die Wertermittlung in eigener Zuständigkeit vorzunehmen.[19]

14  Mit der Umsetzung der RL 2009/81/EG und der damit einhergehenden Ausschreibungspflicht für verteidigungs- und sicherheitsrelevante Güter werden bestimmte Güter und Dienstleistungen oftmals erstmalig in EU-weiten Vergabeverfahren vergeben. Frühere Aufträge wurden nicht selten ohne formalisierten Wettbewerb beauftragt und dann nach VO PR 30/53 bspw. zum sog. **Selbstkostenerstattungspreis** abgerechnet. In dieser Situation kann die Schätzung des Auftragswerts schwierig sein, weil dem Auftraggeber lediglich die alten Selbstkostenerstattungspreise vorliegen und er den Marktpreis der Leistung nicht abschätzen kann. Wurde die Leistung aber noch nicht zu Marktpreiskonditionen vergeben oder hat sich u.U. noch überhaupt kein Markt gebildet, kann der Auftraggeber den Marktpreis, der sich als Ergebnis des Wettbewerbs bilden soll, nur schwer schätzen. In diesem Fall sind die Erfahrungswerte der Vergangenheit, die auf Selbstkostenerstattungspreisbasis beruhen, als Anhaltspunkt für die Kostenschätzung tauglich. Schließlich geben die Selbstkostenerstattungspreise den preisgeprüften Wert einer Leistung wieder.[20]

## III. Ausnahmetatbestände (Abs. 2)

15  Abs. 2 fasst alle Ausnahmevorschriften, die den in Absatz 1 eröffneten Anwendungsbereich einschränken, zusammen.[21] Es wird auf die Ausnahmebestimmungen des § 100 Nr. 3 bis 6 sowie 8 und die der § 100a bis c GWB verwiesen. In diesen Fällen ist das sog. Kartellvergaberecht nicht anwendbar. Die vorgenannte Gesamtheit der Ausnahmevorschriften bildet einen **abschließenden Katalog**.

---

12  EuGH vom 18.1.2007, Rs. C-220/05.
13  VK Baden-Württemberg, 27.6.2003 – 1 VK 29/03.
14  BayObLG, 18.6.2002, Verg 08/02.
15  BayObLG, 18.6.2002, Verg 08/02.
16  VK Brandenburg, 28.2.2007, 2 VK 8/07.
17  BayObLG, 18.6.2002, Verg 08/02.
18  OLG Celle, 12.7.2007, 13 Verg 6/07.
19  VK Brandenburg, 11.11.2005, 2 VK 68/05.
20  VK Bund, 25.1.2013, VK 3 – 5/13.
21  BT-Drs. 17/7275, S. 14.

Der Katalog basiert auf der Umsetzung europarechtlicher Vorgaben, die vom nationalen Gesetzgeber nicht erweitert werden dürfen.[22] Insbesondere bleibt auch kein Raum, über landesrechtliche Bestimmungen weitere Ausnahmen von der Anwendung des Vergaberechts zu schaffen.[23]

Bei dem Katalog handelt es sich im System des EU-Vergaberechts, aber auch des nationalen Rechts, um Ausnahmebestimmungen, die ihrer Rechtsnatur nach eng auszulegen sind.[24]

Beruft sich der Auftraggeber auf einen Ausnahmetatbestand, beschränkt sich der **Rechtsschutz** durch die Nachprüfungsinstanzen auf eine Prüfung, ob die Auftragsvergabe einem der in den o.g. Ausnahmebestimmungen enumerativ aufgeführten Ausnahmetatbestände unterfällt, also die **Voraussetzungen des Ausnahmetatbestands von der Vergabebehörde zutreffend angenommen** worden sind.[25] Greift eine Bereichsausnahme, ist der Auftrag insgesamt nicht „nachprüfungsfähig" i.S.d. 4. Teils des GWB.[26] Eine differenzierende Lösung – voller Rechtsschutz in einer sogenannten Vertragsanbahnungsphase und kein Rechtsschutz lediglich in der „Beauftragungsphase", die mit der Aufforderung zur Angebotsabgabe beginnt – ist weder durch den Wortlaut noch den Zweck der Norm gerechtfertigt oder geboten.[27]

16

Die Nichtanwendbarkeit des 4. Teils des GWB bedeutet aber keine generelle Rechtsschutzversagung zu Lasten des Antragstellers. Ihm ist lediglich der Rechtsschutz vor den Nachprüfungsinstanzen verwehrt.[28] Daneben bestehen weiterhin Rechtsschutzmöglichkeiten vor den ordentlichen Gerichten, die vereinzelt schon mit der Vergabe von Rüstungsaufträgen befasst waren.[29]

Abs. 2 steht nicht zur Disposition des öffentlichen Auftraggebers, d.h. es ist unerheblich, ob er sich willentlich für die Anwendbarkeit des 4. Teils des GWB entscheidet.[30] Das Vorliegen einer Bereichsausnahme ist von den Vergabenachprüfungsinstanzen unabhängig davon zu prüfen, ob sich der öffentliche Auftraggeber darauf beruft.[31] Der Rechtsweg zu den Nachprüfungsinstanzen ist auch dann nicht eröffnet, wenn ein Ausnahmetatbestand vorliegt, die Vergabestelle sich aber nicht darauf berufen möchte.

17

## IV. Arbeitsverträge (Abs. 3)

Nach § 100 Abs. 3 GWB gilt das Kartellvergaberecht **nicht für Arbeitsverträge**. Die vormals in § 100 Abs. 2 Hs. 1 GWB (a.F.) geregelte Ausnahme gilt für alle Auftragsvergaben und wurde deswegen in § 100 GWB belassen.[32]

18

---

22 EuGH, 17.11.1993, Rs. C-71/92 – „Kommission ./. Spanien".
23 VK Sachsen, 26.3.2008 – 1/SVK/005-08 in Bezug auf Krankentransporte nach dem SächsBRKG.
24 EuGH, 4.3.2010 – C-38/06 „Kommission/Portugal", Rz. 63; Vgl.: OLG Düsseldorf, 1.8.2012 – VII – Verg 10/12.
25 OLG Düsseldorf, 30.3.2005 – VII-Verg 101/04.
26 VK Bund, 12.12.2006 – VK 1-136/06.
27 OLG Düsseldorf, 30.3.2005 – VII-Verg 101/04.
28 VK Bund, 12.12.2006, VK 1-136/06.
29 Zu den Rechtsschutzmöglichkeiten bei Rüstungsaufträgen i.S.d. Abs. 2 Buchst. d) siehe *Renner/Sterner*, NZBau 2007, 407 ff.
30 VK Bund, 12.12.2006 – VK 1-136/06.
31 OLG Düsseldorf, 1.8.2012 – VII – Verg 10/12.
32 BT-Drs. 17/7275, S. 14.

Hiermit wird gleichzeitig Artikel 13 Buchst. i der RL 2009/81/EG, Art. 16 Buchst. e der RL 2004/18/EG und Art. 24 Buchst. e der RL 2004/17/EG umgesetzt. Der Grund für diese Ausnahme liegt in dem Umstand, dass für Arbeitsverträge andere rechtliche Grundlagen gelten als für öffentliche Aufträge, so dass die Anwendung des Vergaberechts unangemessen ist.[33]

19  Der Begriff „**Arbeitsvertrag**" ist nicht legaldefiniert, weder im GWB noch in den o.g. Richtlinien. Es handelt sich nach allg. Ansicht um Verträge, bei denen sich eine natürliche Person gegenüber dem Auftraggeber verpflichtet, unter dessen Leitung und Anweisungen Arbeitsleistungen gegen Entgelt zu erbringen.[34] Diese Definition eines Arbeitsverhältnisses entspricht in den wesentlichen Punkten dem deutschen zivilrechtlichen Begriffsverständnis.[35] Danach ist Arbeitnehmer, wer Dienstleistungen in **persönlicher Abhängigkeit** verrichtet, hierbei in Bezug auf Zeit, Ort und Art der zu verrichtenden Arbeit dem **Weisungsrecht des Arbeitgebers** unterliegt und in eine fremde Herrschafts- und betriebliche Risikosphäre – nämlich in die des Arbeitgebers – eingegliedert ist. Der Begriff des Arbeitsvertrags erstreckt sich auch auf öffentlich-rechtliche Beschäftigungsverhältnisse, wie etwa Beamte, Richter und Soldaten.[36] Gleiches gilt für die Bestellung von Organen juristischer Personen, z.B. der Anstellungsvertrag von Geschäftsleitungsmitgliedern.[37]

Bei einer Beschäftigung im fremden Betrieb ist zu prüfen, ob der Beschäftigte vom Arbeitgeber persönlich abhängig ist. Dies ist der Fall, wenn der Beschäftigte in den Betrieb eingegliedert ist und dabei einem in Bezug auf Zeit, Dauer, Ort und Art der Ausführung umfassenden Weisungsrecht unterliegt. Das Arbeitsverhältnis hat personalen Charakter. Der Arbeitnehmer als Person findet hierbei rechtliche Berücksichtigung.[38] Dementsprechend unterfallen z.B. Leiharbeitnehmer oder Arbeitnehmer nach dem Arbeitnehmerüberlassungsgesetz nicht dem für Arbeitsverträge geltenden Ausnahmetatbestand.

20  Der Abgrenzung der Arbeitsverträge zu den vergaberechtlich relevanten Dienstverträgen nach § 99 Abs. 4 GWB liegt die Prüfung zugrunde, ob der Dienstverpflichtete als selbstständiger Unternehmer Dienstleistungen weisungsfrei erbringt oder ob er entsprechend den arbeitsrechtlichen Bestimmungen in den Betrieb des Auftraggebers eingegliedert ist. Beispielsweise liegt ein öffentlicher Dienstleistungsauftrag i.S.v. § 99 Abs. 1 und Abs. 4 GWB vor, wenn der Auftragnehmer entgeltlich Personal für die Geschäftsführung zur Verfügung stellt und daneben weitere Management- und Beratungsleistungen mit eigenem Personal zu erbringen hat.[39]

---

33  *Hailbronner*, in: Byok/Jaeger, Kommentar zum Vergaberecht, 3. Aufl. 2011, § 100 Rz. 26.
34  OLG Naumburg, 26.7.2012 – 2 Verg 2/12; Vgl.: OLG Düsseldorf, 8.5.2002 – Verg 8-15/01; EuGH, 21.6.1988, 197/86.
35  Palandt/*Putzo*, Vor § 611 BGB, Rn. 7.
36  vgl. *Marx*, in: Beck'scher VOB- und Vergaberechts-Kommentar, § 100 GWB Rn. 8.
37  *Dreher*, in: Immenga/Mestmäcker, Wettbewerbsrecht, Bd. 2, § 100 GWB Rn. 25.
38  VK Sachsen-Anhalt, 2.3.2011 – 2 VK LSA 39 / 10.
39  OLG Naumburg, 26.7.2012 – 2 Verg 2 / 12.

## V. Schiedsgerichts-, Schlichtungs-, Forschungs- und Entwicklungsleistungen (Abs. 4)

Die in Absatz 4 Nr. 1 und 2 zusammengefassten Ausnahmevorschriften gelten ebenfalls für alle Auftragsvergaben.[40]

21

### 1. Schiedsgerichts- und Schlichtungsleistungen (Abs. 4 Nr. 1)

Abs. 4 Nr. 1 betrifft **Schiedsgerichts- und Schlichtungsleistungen**. Die Bestimmung übernimmt die die Regelung aus dem bisherigen § 100 Abs. 2 l) GWB (a.F.). Der Ausnahmetatbestand entspricht Art. 16 Buchst. c der Vergabekoordinierungsrichtlinie, Art. 24 Buchst. b der Sektorenkoordinierungsrichtlinie und Artikel 13 Buchst. g der Verteidigungsvergaberichtlinie.

22

Erwägungsgrund 26 der Vergabekoordinierungsrichtlinie begründet die Ausnahme damit, dass derartige Dienste normalerweise von Organisationen oder Personen übernommen werden, deren Bestellung oder Auswahl in einer Art und Weise erfolgt, die sich nicht nach den Vergabevorschriften für öffentliche Aufträge richten kann. Damit wird wohl dem Umstand Rechnung getragen, dass Schlichter und Schiedsrichter aufgrund einer **besonderen Vertrauensstellung** bestimmt werden, um im Streitfall aufwendige Gerichtsverfahren zu vermeiden. Sollte es schon zum Streit gekommen sein, besteht die Möglichkeit, dass sich die Streitparteien einvernehmlich auf einen Schlichter einigen, um den Streit gütlich zu beenden. In beiden Fällen ist das **Vertrauen Grundlage** der Schlichtung oder des Schiedsspruches, womit eine Auswahl unter Wettbewerbsgesichtspunkten ausscheidet.[41] Deshalb erstreckt sich die Ausnahmebestimmung auch auf die Erbringung von **Sachverständigenleistungen** im Rahmen eines Schiedsgutachtens.[42] Nicht erfasst wird jedoch die Tätigkeit von Rechtsanwälten, die von einer Partei im Rahmen eines Schiedsverfahrens zur Unterstützung eingeschaltet werden. Für diese sogenannten nachrangigen Dienstleistungen gelten aber ohnehin gelockerte Anforderungen.[43]

### 2. Forschungs- und Entwicklungsleistungen (Abs. 4 Nr. 2)

Abs. 4 Nr. 2 regelt die Ausnahme bestimmter **Forschungs- und Entwicklungsleistungen**. Die Ausnahme greift aber explizit dann nicht, wenn die Ergebnisse der Forschungs- und Entwicklungsleistungen ausschließlich Eigentum des Auftraggebers für seinen Gebrauch bei der Ausübung seiner Tätigkeit werden und die Dienstleistung vollständig durch den Auftraggeber vergütet wird. Die Bestimmung übernimmt die Regelung des bisherigen § 100 Abs. 2 n) GWB (a.F.). Der Ausnahmetatbestand beruht auf Art. 16 der Vergabekoordinierungsrichtlinie und Art. 16 Buchstabe j der Verteidigungsvergaberichtlinie.

23

Erwägungsgrund 23 der Vergabekoordinierungsrichtlinie geht davon aus, dass entsprechend Art. 163 EG-Vertrag die Unterstützung der Forschung und der technischen

---

40 BT-Drs. 17/7275, S. 14.
41 *Hailbronner*, in: Byok/Jaeger, Kommentar zum Vergaberecht, 3. Aufl. 2011, § 100 Rz. 26.
42 *Stickler*, in: Reidt/Stickler/Glahs, Vergaberecht, § 100 GWB Rn. 26.
43 *Marx*, in: Beck'scher VOB- und Vergaberechts-Kommentar, § 100 GWB Rn. 29.

Entwicklung das Ziel habe, die wissenschaftlichen und technischen Grundlagen der gemeinschaftlichen Industrie zu stärken. Die Mitfinanzierung von Forschungsprogrammen soll nicht von der Vergaberichtlinie erfasst werden. Deshalb sollten entsprechende Aufträge über Forschungs- und Entwicklungsleistungen ebenfalls nicht unter die Richtlinie fallen. Weiterhin ist zu beachten, dass Aufträgen im Bereich Forschung und Entwicklung in vielen Fällen die **Gegenseitigkeit fehlt**, die mit dem Begriff „öffentlicher Aufträge" untrennbar verbunden ist. Dies ist z.B. der Fall, wenn die Forschungsergebnisse in erster Linie der Forschungsstelle (Unternehmen, Forschungsinstitute oder Universitäten) selbst zur Verfügung stehen und nicht dem Auftraggeber. Die Finanzierung von allgemein bedeutsamer Forschung zum Nutzen der Gesellschaft insgesamt stellt somit keinen öffentlichen Auftrag dar.[44]

Aufträge, die nicht vornehmlich diesem **allgemeinwohlorientierten Ziel** dienen, sind davon nicht erfasst. Die sog. **Auftragsforschung** bleibt somit im Anwendungsbereich des Vergaberechts. Sie ist nach dem Wortlaut der Rückausnahme gegeben, wenn die Ergebnisse der Vorschrift Eigentum des Auftraggebers und durch diesen vollständig vergütet werden.[45]

Was unter den Begriff der Forschung zu verstehen ist, wird weder in der Richtlinie noch im EG-Vertrag näher bestimmt. Oftmals wird Forschung als eine auf den planmäßigen und zielgerichteten Gewinn neuer Erkenntnisse gerichtete Tätigkeit definiert.[46] Der Begriff der Forschung in Abs. 4 Nr. 2 umfasst sowohl die **Grundlagenforschung** als auch die **angewandte Forschung**.[47]

24 Schwierigkeiten bereitet die genaue Bestimmung des Tatbestandsmerkmals „**ausschließliches Eigentum** des Auftraggebers für seinen Gebrauch bei der Ausübung seiner eigenen Tätigkeit". Der zivilrechtliche Eigentumsbegriff kann nicht ausschlaggebend sein. Denn zum einen können Forschungs- und Entwicklungsergebnisse eine unkörperliche Form aufweisen, an der zivilrechtlich kein Eigentum begründet werden kann; zum anderen geht die Vorschrift auf eine europäische Norm zurück, die nicht nur von einer einzigen Zivilrechtsordnung geprägt ist und in verschiedenen Sprachfassungen vorliegt. Die englische Fassung („where the benefits accrue") oder die französische Fassung („dont les fruits appartiennent") spricht dafür, die Vorschrift sinngemäß als „wem das Ergebnis gehört" oder „wem das Nutzungsrecht zusteht" oder „wem die Verwertung (am Markt) zukommt" zu verstehen.[48] Verfügt der Auftraggeber über das vollständige Nutzungsrecht der Ergebnisse, kann er sich nicht durch eine bloße Veröffentlichung der Ergebnisse und damit einer reflexartigen Begünstigung der Allgemeinheit der Anwendung der Rückausnahme entziehen. Insoweit kommt es allein auf das **faktische Innehaben der Rechte** an. Anders wäre der Fall nur dann zu beurteilen, wenn zu der Veröffentlichung der Ergebnisse auch das Recht der Verwertung treten würde.[49]

---

44 Vgl. BayObLG, 27.2.2003 – Verg 25/02.
45 Vgl.: *Sterner*, in: Müller-Wrede, GWB-Vergaberecht, 1. Aufl., § 100 Rz. 46.
46 *Hailbronner*, in: Byok/Jaeger, Kommentar zum Vergaberecht, 3. Aufl. 2011, § 100 Rz. 63.
47 BayObLG, 27.2.2003, Verg 25/02.
48 BayObLG ,27.2.2003, Verg 25/02.
49 Marx, in: Beck'scher VOB- und Vergaberechts-Kommentar, § 100 GWB Rn. 34.

## VI. Erwerb, Miete etc. von Immobilien (Abs. 5)

Nach Abs. 5 Nr. 1 bis 3 unterfallen Verträge über den **Erwerb oder Mietverhältnisse über oder Rechte an Grundstücken oder vorhandenen Gebäuden** oder anderem **unbeweglichen Vermögen** ungeachtet ihrer Finanzierung nicht dem Vergaberecht.

25

Die Ausnahmevorschriften wurden bislang inhaltlich von § 100 Abs. 2 h) GWB (a.F.) erfasst. Die Vorgängerbestimmung wurde zur besseren Verständlichkeit in drei Unterfälle gegliedert.[50] Die Vorschrift setzt Artikel 13 Buchstabe e der Verteidigungsvergaberichtlinie, Art. 16 Buchst. a der Vergabekoordinierungsrichtlinie und Art. 24 Buchst. a der Sektorenkoordinierungsrichtlinie um.

Die Vergabekoordinierungsrichtlinie geht davon aus, dass derartige Verträge Merkmale aufweisen, die die Anwendung von Vorschriften über die Vergabe von öffentlichen Aufträgen unangemessen erscheinen lassen.[51] Die Besonderheit der Verträge dürfte darin bestehen, dass oftmals nur wenige Immobilien oder nur eine bestimmte Immobilie in Betracht kommen oder diese aufgrund ihres individuellen Charakters nur **schwer vergleichbar** sind, so dass eine **Ausschreibung unzweckmäßig** ist.[52]

Der Normtext spricht davon, dass sich die Verträge auf **vorhandene Gebäude** beziehen müssen. Nach einer Entscheidung der Vergabekammer Südbayern liegt der Sinn des Freistellungstatbestands und des Wortes „vorhanden" darin, Mietverträge über Immobilien dann dem Vergaberecht zu entziehen, wenn keine Bauleistung vorliegt, da der öffentliche Auftraggeber auf die Planung und Errichtung des Gebäudes keinen Einfluss nimmt. Dementsprechend sei es auch möglich, Verträge über noch zu errichtende Gebäude von dem Anwendungsbereich des Vergaberechts auszunehmen, soweit

26

- der zukünftige Mieter keinen Einfluss auf die Bauausführung, Planung etc. nimmt,
- der Mietvertrag keine werkvertraglichen Komponenten enthält und
- eine Kaufoption nicht vorgesehen ist.[53]

Der EuGH verfolgt einen ähnlichen Ansatz.[54] Er geht vom Begriff „**öffentlicher Bauauftrag**" der Vergaberichtlinien aus. Dieser schließe sämtliche Vorhaben ein, die auf der Grundlage eines entgeltlichen Vertrags die Errichtung eines Bauwerks durch den Unternehmer zum Gegenstand haben. Auf die Bezeichnung des Vertrags als Miet- oder Bauauftrag komme es dabei nicht an. Das ausschlaggebende Kriterium sei, dass dieses Bauwerk gemäß den vom öffentlichen Auftraggeber genannten Erfordernissen errichtet werde. In dem zu entscheidenden Fall war zum Zeitpunkt des Abschlusses des sogenannten Mietvertrags mit der Errichtung der anzumietenden Messehalle noch nicht einmal begonnen worden. Der EuGH folgerte aus diesem Umstand, dass der Vertrag nicht unmittelbar die Anmietung von Immobilien zum Ziel haben konnte. Vorrangiges Ziel dieses Vertrags sei vielmehr denknotwendig nur die Errichtung der betreffenden Bauwerke, die anschließend dem „Mieter" im Wege einer als „Mietvertrag" bezeichneten ver-

---

50 BT-Drs. 17/7275, S. 14.
51 Erwägungsgrund 24 der Richtlinie 2004/18/EG.
52 *Hailbronner*, in Byok/Jaeger, Kommentar zum Vergaberecht, 3. Aufl. 2011, § 100 Rz. 49; *Stickler*, in Reidt/Stickler/Glahs, Vergaberecht, § 100 GWB Rn. 22.
53 VK Südbayern, 22.5.2003, 17-04/03.
54 EuGH, 29.10.2009, Rs. C-536/07 – „Kölner Messehallen" Rn. 55 ff.

traglichen Beziehung zur Verfügung zu stellen waren. Hinzu komme, so der EuGH, dass die betreffenden Bauwerke gemäß den sehr detaillierten und vom Mieter deutlich formulierten Spezifikationen errichtet werden sollten. Die **genaue Beschreibung** der zu errichtenden Gebäude, ihrer Beschaffenheit und ihrer Ausstattung gehe damit weit über die üblichen **Vorgaben eines Mieters** für eine neue Immobilie einer gewissen Größe hinaus. Der Vertrag bezwecke somit den Bau der fraglichen Messehallen gemäß den genannten Erfordernissen. Insgesamt enthalte das Vertragswerk mithin **neben Mietelementen einen öffentlichen Bauauftrag** als ausschlaggebenden Hauptgegenstand, der dem Vergaberegime unterfalle.

Der EuGH hat in der dargestellten Entscheidung nicht kategorisch abgelehnt, dass Verträge zur Anmietung noch zu errichtender Gebäude dem in Rede stehenden Ausnahmetatbestand unterfallen könnten. Entsprechend der o.g. Entscheidung der VK Südbayern würde dies voraussetzen, dass der zukünftige Mieter überhaupt keinen Einfluss auf die Planung und Errichtung nimmt. Gerade bei größeren Immobilien dürfte dies schlichtweg praxisfern sein.

27 Dieser weiten Auslegung ist außerdem aus Gründen der **Rechtssicherheit** zu widersprechen. Ist das anzumietende oder zu erwerbende Gebäude noch nicht gebaut, dürfte es fernliegend sein, dass sich der Vermieter oder Bauherr nicht nach den Vorstellungen des potenziellen Mieters oder Käufers richtet. In letzter Konsequenz bestünde zumindest die Gefahr, dass dies als Bauleistung eines Dritten gemäß den vom Auftraggeber benannten Erfordernissen angesehen würde. Damit würde ein gemäß § 99 Abs. 3 Alt. 3 GWB eigentlich ausschreibungspflichtiger Bauauftrag umgangen. Darüber hinaus widerspricht die weite Auslegung dem insoweit eindeutigen Wortlaut der o.g. Richtlinienbestimmungen, die sich explizit auf **vorhandene Gebäude** beziehen.[55] Die Praxis zeigt, dass gerade ein weites Verständnis dieses Ausnahmetatbestands missbrauchsanfällig ist.[56] Entscheidend ist die Definition des Beschaffungsgegenstands zu Beginn der Beschaffungsmaßnahme; bezieht sich die Beschaffungsmaßnahme nicht auf **bestehende Gebäude**, ist der Anwendungsbereich der Ausnahme nicht eröffnet.

28 Weil die Ausnahmebestimmungen grundsätzlich eng auszulegen sind, kann ein **Mischvertrag** allenfalls nur dann unter die Ausnahmebestimmung des Abs. 4 fallen, wenn es sich um ganz unwesentliche Nebenabreden in Bezug auf die Kauf, die Miete oder die Begründung sonstiger Rechte an der Immobilie handelt.[57]

Der Begriff „**vorhandene Gebäude**" erfasst Bauwerke oder Gebäude nicht, die lediglich vorübergehend auf ein Grundstück verbracht werden. Die Anmietung mobiler Container für Messen oder Festveranstaltungen fällt somit nicht unter die Ausnahmebestimmung.[58]

29 Der Ausnahmetatbestand greift unabhängig von der Art der **Finanzierung**. Dies gilt aber nicht für die Finanzierungsdienstleistung selbst. Art. 16 Buchst. a der Vergabekoordinierungsrichtlinie stellt klar, dass Finanzdienstleistungsverträge jeder Form, die gleichzeitig, vor oder nach dem Kauf- oder Mietvertrag abgeschlossen werden, grundsätzlich unter die Ausschreibungspflicht fallen.

---

55 Im Ergebnis ebenso *Sterner*, in: Müller-Wrede, Taschenkommentar GWB-Vergaberecht, § 100 GWB Rn. 33; a.A. *Aicher*, in: Müller-Wrede, Kompendium des Vergaberechts, Kap. 8 Rn. 25.
56 Vgl. *Willenbruch*, in: Willenbruch/Wieddekind, Vergaberecht, S. 134 Rn. 27.
57 OLG Frankfurt am Main, 30.8.2011, 11 Verg 3/11.
58 VK Hessen, 24.3.2004, 69d-VK-09/2004.

Mit der Neufassung wurde die bisherige Aufzählung in einer Bestimmung in drei einzelne Ziffern getrennt. Eine inhaltliche Änderung ging damit nicht einher. Die Begriffsinhalte richten sich dabei nach den allgemein zivilrechtlichen Bestimmungen.

Zu den Rechten an Grundstücken oder Gebäuden gehören neben dem Eigentum auch Nutzungsrechte (z.B. Erbbaurechte, Pacht und Dienstbarkeiten), Erwerbsrechte (z.B. dingliche Vorkaufsrechte) und Verwertungsrechte (z.B. Grundpfandrechte).

## VII. Art. 346 AEUV (Abs. 6)

Die Ausnahmetatbestände des Abs. 6 verweisen explizit auf Art. 346 AEUV „**Schutz der wesentlichen Sicherheitsinteressen eines Mitgliedstaates**". Besonders im Hinblick auf die mit Art. 346 AEUV in Verbindung stehenden Ausnahmetatbestände ist angesichts des oftmals exzessiven Gebrauchs darauf hinzuweisen, dass die Berufung auf die Ausnahme ein **juristisch und politisch schwerwiegender Akt** ist: Sie führt bei der öffentlichen Vergabe von Aufträgen zur Nichtanwendung der EU-Vergabebestimmungen. Weil sie ihrerseits das juristische Instrument zur Gewährleistung des freien Waren- und Dienstleistungsverkehrs und zum Niederlassungsrecht im Bereich der öffentlichen Auftragsvergabe darstellen, betrifft dies den **Kernbereich der Europäischen Union**.[59] Ebenfalls besteht bei einer nicht sachgemäßen Handhabung der Ausnahmen die Gefahr, dass die marktöffnende und **wettbewerbsfördernde Intention der RL 2009/81/EG unterlaufen** wird.

30

Dementsprechend verweist der EuGH insbesondere mit Blick auf Art. 346 AEUV bzw. die Vorgängerregel des Art. 296 EG-Vertrag in ständiger Rechtsprechung darauf, dass es zwar Sache der Mitgliedstaaten sei, die geeigneten Maßnahmen zur Gewährleistung ihrer **inneren und äußeren Sicherheit** zu ergreifen. Dies bedeute aber nicht, dass solche Maßnahmen der Anwendung des Unionsrechts völlig entzogen wären.[60] Dem Europarecht lässt sich kein allgemeiner Vorbehalt ableiten, der jede Maßnahme, die im Interesse der öffentlichen Sicherheit getroffen wird, vom Anwendungsbereich des Unionsrechts ausnimmt. Vor diesem Hintergrund sind die **Ausnahmetatbestände** nach ständiger Rechtsprechung des EuGH und der nationalen Nachprüfungsinstanzen **eng auszulegen**.[61] Die **Ausnahmen müssen** auf diejenigen Fälle begrenzt werden, in denen die Mitgliedstaaten keine andere Wahl haben, ihre Sicherheitsinteressen anders zu wahren.[62]

31

### 1. Art. 346 Abs. Abs. 1 lit. a AEUV (Abs. 6 Nr. 1)

Nach § 100 Abs. 6 Nr. 1 GWB findet das Kartellvergaberecht keine Anwendung, wenn die Anwendung des Vergaberechts den Auftraggeber dazu zwingen würde, im Zusammenhang mit der Auftragsvergabe oder der Auftragsdurchführung Auskünfte zu erteilen,

32

---

59 Mitteilung zu Auslegungsfragen bzgl. der Anwendung des Art. 296 auf die Beschaffung von Verteidigungsgütern, KOM (2006) 779 v. 7.12.2006, Nr. 2.
60 EuGH, 4.3.2010, C-38/06 „Kommission/Portugal", Rz. 62 (m.w.N.).
61 EuGH, 4.3.2010, C-38/06 „Kommission/Portugal", Rz. 63; OLG Koblenz, 15.9.2010 – 1 Verg 7/10; OLG Düsseldorf, 8.6.2011 – VII – Verg 49 / 11; OLG Düsseldorf, 10.9.2009 – VII-Verg 12/09; OLG Düsseldorf, 16.12.2009 – VII-Verg 32/09; OLG Celle, 3.12.2009 – 13 Verg 14/09; OLG Koblenz, 15.9.2010 – 1 Verg 7/10. s. auch die Nachweise bei *Hölzl*, Münchener Kommentar zum Europäischen und Deutschen Wettbewerbsrecht, Band 3, 2011, § 10 GWB Rz. 14.
62 Mitteilung zu Auslegungsfragen bzgl. der Anwendung des Art. 296 auf die Beschaffung von Verteidigungsgütern, KOM (2006) 779 v. 7.12.2006, Nr. 2.

deren Preisgabe **seiner Ansicht nach wesentlichen Sicherheitsinteressen** der Bundesrepublik Deutschland im Sinne des Art. 346 Abs. 1 Buchst. a AEUV widerspricht.

Die Ausnahmebestimmung wurde im Zuge der Umsetzung der Verteidigungsvergaberichtlinie neu gefasst. Sie greift die ehemalige Regelung des § 100 Abs. 2 lit d) UA dd GWB a.F. („sonstige Sicherheitsinteressen") auf und konkretisiert diese durch einen Verweis auf Art. 346 Abs. 1 lit. a AEUV. Die Bestimmung setzt gleichzeitig Art. 13 lit. a der RL 2009/81 um.[63]

33 Die vorgenannte Bestimmung des AEUV begründet lediglich das Recht, bestimmte sicherheitsrelevante Informationen **nicht herauszugeben**. Demgegenüber stellt § 100 Abs. 6 Nr. 1 GWB die Verknüpfung mit der Nichtanwendbarkeit der vergaberechtlichen Bestimmungen her.[64] Damit wird dem Umstand Rechnung getragen, dass selbst die speziellen auf Vergaben im Bereich der Sicherheit und Verteidigung ausgerichteten Verfahrensregeln der RL 2009/81/EG nicht ausreichen könnten, um die wesentlichen Sicherheitsinteressen des jeweiligen Mitgliedsstaats zu wahren.[65] Praktische Anwendungsfälle wären bspw. dann gegeben, wenn die Weitergabe der Leistungsbeschreibung wegen der darin enthaltenen Informationen gegen wesentliche Sicherheitsinteressen verstoßen würde. Denkbar ist auch, dass schon die Bekanntmachung eines Auftrags gegen wesentliche Sicherheitsinteressen verstößt, weil schon die Tatsache der betreffenden Beschaffungsabsicht eine schützenswerte Information ist.

34 Wie sich aus der Verwendung der Formulierung „**seines Erachtens**" in Art. 346 lit. a AEUV ergibt, haben die Mitgliedstaaten einen besonders **weiten Ermessensspielraum**, welche Informationen sie zur Wahrung der Sicherheitsinteressen nicht weitergeben wollen. Seitens der Nachprüfungsinstanzen kann die Einhaltung des Ermessensspielraums lediglich im Hinblick auf **Ermessensfehler** überprüft werden.[66] Beruft sich die Vergabestelle auf das Vorliegen dieses Ausnahmetatbestands, muss sie die **Gründe** hierfür **dokumentieren**.

35 Zusätzlich ist bei der Entscheidung, die das Vergabeverfahren von der Geltung des 4. Teils des GWB ausnimmt, das **Gebot der Verhältnismäßigkeit** zu wahren.[67] Sind nationale Sicherheitsinteressen betroffen, folgt nicht automatisch eine Ausnahme von der Verpflichtung zur Durchführung eines EU-Vergabeverfahrens. Es ist zu prüfen und im Vergabevermerk zu dokumentieren, ob zur Wahrung der Sicherheitsinteressen auch **weniger einschneidende Mittel** zur Verfügung gestanden hätten. Dabei sind die Sicherheitsinteressen des Staates auf der einen Seite und die Belange der Bieter bzw. Unternehmen – insbesondere an der Durchführung eines transparenten Vergaberfahrens – auf der anderen Seite **abzuwägen**.[68] Der völlige Verzicht auf die wettbewerbliche Vergabe muss **notwendig** sein, um die Sicherheitsinteressen zu wahren;[69] er ist ultima ratio. In der Praxis könnte bspw. durch die Vorschaltung eines entsprechend ausgestalteten

---

63 BT-Drs. 17/7275, S. 15.
64 Guidance Note, Defence- and security-specific Exclusions, veröffentlicht unter http://ec.europa.eu/internal_market/publicprocurement/docs/defence/guide-exclusions_en.pdf, Ziffer 10.
65 Erwägungsgrund 27 der RL 2009/81/EG.
66 Vgl.: *Hölzl*, Münchener Kommentar zum Europäischen und Deutschen Wettbewerbsrecht, Band 3, 2011, § 100 GWB Rz. 20.
67 OLG Düsseldorf, 8.6.2011 – VII – Verg 49 / 11.
68 OLG Düsseldorf, 8.6.2011, VII – Verg 49 / 11; OLG Düsseldorf, 10.9.2009, VII-Verg 12/09;OLG Düsseldorf, 16.12.2009 – VII-Verg 32/09; OLG Celle, 03.12.2009 – 13 Verg 14/09; OLG Koblenz, 15.9.2010 – 1 Verg 7/10.
69 Vgl.: EuGH, 4.3.2010, C-38/06 „Kommission/Portugal", Rz. 68.

Teilnahmewettbewerbs sichergestellt werden, dass nur Bieter zum eigentlichen Vergabeverfahren zugelassen werden, die der amtlichen **Geheimschutzbetreuung** unterliegen.[70] Damit ist im Regelfall sichergestellt, dass diese mit den sensiblen Informationen umgehen dürfen und sachgerecht umgehen. Die VSVgV enthält für diesen Fall eine Erleichterung, indem sie vom Vorrang des offenen Verfahrens absieht und die Wahl des nichtoffenen Verfahrens und des Verhandlungsverfahrens mit vorgeschaltetem Teilnahmewettbewerb zulässt, ohne dass dies an besondere Voraussetzungen geknüpft wäre. Sicherheitsbelangen von geringerem Rang kann folglich auch durch ein nicht offenes Verfahren oder durch ein Verhandlungsverfahren mit vorheriger Bekanntmachung hinreichend entsprochen werden.[71] Dies hat zur Folge, dass ein derartiges Vergabeverfahren der Nachprüfung nach §§ 102 ff. GWB unterliegt.[72]

§ 100 Abs. 6 Nr. 1 verweist zur Begriffsbestimmung der „wesentlichen Sicherheitsinteressen" auf Art. 346 Abs. 1 Buchst. b AEUV. Der neu eingefügten Abs. 7 enthält verschiedene Beispielsfälle, bei denen Sicherheitsinteressen betroffen sein können.[73]

## 2. Art. 346 Abs. 1 lit. b AEUV (Abs. 6 Nr. 2)

Nach dieser Vorschrift entfällt eine Verpflichtung zur Anwendung des Vergaberechts für öffentliche Aufträge, die dem Anwendungsbereich des Art. 346 Abs. 1 Buchst. b AEUV unterliegen. Danach kann jeder Mitgliedstaat die Maßnahmen ergreifen, die seines Erachtens für die Wahrung **seiner wesentlichen Sicherheitsinteressen** erforderlich sind, soweit sie die **Erzeugung von Waffen, Munition und Kriegsmaterial oder den Handel** damit betreffen; diese Maßnahmen dürfen auf dem Gemeinsamen Markt die Wettbewerbsbedingungen hinsichtlich der nicht eigens für militärische Zwecke bestimmten Waren nicht beeinträchtigen. 36

§ 100 Abs. 6 Nr. 2 GWB übernimmt die Vorschrift des § 100 Abs. 2 lit. e GWB a.F. Die Ausnahme findet keine ausdrückliche Erwähnung in der RL 2009/81/EG, gilt aber dennoch allgemein für alle Vergaben, da sie unmittelbar aus dem AEUV folgt. Diese Bestimmung hat insoweit lediglich **klarstellenden Charakter**.[74]

Was unter „Waffen, Munition und Kriegsmaterial" zu verstehen ist, wurde gemäß Art. 296 Abs. 2 EG-Vertrag in der sogenannten **Kriegswaffenliste von 1958** aufgelistet. Diese Kriegswaffenliste wurde seitdem offiziell nicht geändert oder ergänzt und wird deshalb teilweise für technologisch veraltet gehalten.[75] In der Bundesrepublik wurde diese Liste 1978 durch eine Interpretation nach den (damals) neuesten technologischen Erkenntnissen ergänzt.[76] Diese vom Bundesministerium für Verteidigung vorgenommene Erweiterung der zu Art. 296 Abs. 1 lit. b EG-Vertrag erstellten Kriegswaffenliste von 1958 kann aber den Anwendungsbereich des Vergaberechts nicht rechtsverbindlich einschränken. Grund hierfür ist, dass die ursprüngliche Kriegswaffenliste unter dem Änderungsvorbehalt des Rates steht (Art. 346 Abs. 2 AEUV: „Der Rat kann die von ihm am 15. 37

---

70 Vgl.: OLG Düsseldorf, 8.6.2011 – VII – Verg 49/11.
71 OLG Düsseldorf, 30.4.2003 – VII-Verg 61/02.
72 OLG Düsseldorf, 20.12.2004 – VII-Verg 101/04.
73 S. zum Begriff der wesentlichen Sicherheitsinteressen die Kommentierung bei Abs. 7.
74 BT-Drs. 17/7275 v. 5.10.2011, S. 15.
75 S.: *Prieß*, Handbuch des europäischen Vergaberechts, S. 315; a.A. *Trybus*, in: Müller-Wrede, Kompendium des Vergaberechts, Kap. 7 Rn. 23; Auslegung der Kommission zu Art. 296 EG-Vertrag, KOM/2006/0779 (endg.): „Mit Blick auf die Technologie scheint die Liste allgemein genug gehalten, um aktuelle und zukünftige Entwicklungen abzudecken".
76 Abgedruckt in: Beck'scher VOB- und Vergaberechts-Kommentar, § 100 GWB Rn. 17.

April 1958 festgelegte Liste der Waren, auf die Absatz 1 Buchstabe b) Anwendung findet, einstimmig auf Vorschlag der Kommission ändern."). Bei der Interpretation der Liste durch das Verteidigungsministerium handelt es sich daher um eine verwaltungsinterne Anweisung, die Dritte nicht bindet.[77] Die Kriegswaffenliste enthält folgende Aufzählung:

38  Vom Rat der EWG verabschiedete Liste gemäß Artikel 223 EWG-Vertrag von 1958:

1. Handfeuerwaffen, auch automatisch wie
   Gewehre, Karabiner, Revolver, Pistolen, Maschinenpistolen und Maschinengewehre, mit Ausnahme von Jagdwaffen, Kleinkaliberpistolen und anderen Kleinkaliberwaffen mit einen Kaliber unter 7 mm.

2. Artilleristische Waffen, Nebel-, Gas- und Flammenwerfer wie
   a) Kanonen, Haubitzen, Mörser, Geschütze, Panzerabwehrwaffen, Raketenwerfer, Flammenwerfer, rückstoßfreie Kanonen,
   b) Kriegsgerät wie Nebel- und Gaswerfer.

3. Munition für die unter 1. und 2. genannten Waffen.

4. Bomben, Torpedos, Raketen und ferngesteuertes Kriegsgerät:
   a) Bomben, Torpedos, Granaten, einschl. Nebelgranaten, Rauschtöpfe, Raketen, Minen, ferngesteuertes Kriegsgerät, Wasserbomben, Brandbomben,
   b) Apparate und Vorrichtungen für militärische Zwecke, eigens konstruiert für die Handhabung, das Scharfmachen, die Entschärfung, die Detonation und den Nachweis der unter a) aufgeführten Geräte.

5. Feuerleitungsmaterial für militärische Zwecke:
   a) Flugbahnprüfungsgeräte, Infrarot-Zielgeräte und anderes Nachtzielmaterial,
   b) Entfernungsmesser, Ortungsgeräte, Höhenmesser,
   c) Elektronische, gyroskopische, optische und akustische Beobachtungsvorrichtungen,
   d) Visiergeräte für Bombenabwurf und Höhenrichtwerke für Kanonen, Periskope für die in dieser Liste aufgeführten Geräte.

6. Panzerwagen und eigens für militärische Zwecke konstruierte Fahrzeuge:
   a) Panzerwagen,
   b) Militärfahrzeuge, bewaffnet oder gepanzert, einschl. Amphibienfahrzeuge,
   c) Panzerzüge,
   d) Militärfahrzeuge (Halbkettenfahrzeuge),
   e) Militärfahrzeuge zur Reparatur von Panzerwagen,
   f) Besonders für den Transport der unter 3. und 4. aufgeführten Munition konstruierte Anhänger.

7. Toxische oder radioaktive Wirkstoffe:
   a) biologische und chemische toxische Wirkstoffe und radioaktive Wirkstoffe zur Vernichtung von Menschen, Tieren oder Ernten im Kriegsfalle,
   b) militärische Geräte zur Verbreitung, Feststellung und Identifizierung der unter a) aufgeführten Stoffe,
   c) Material zum Schutz gegen die unter a) aufgeführten Stoffe.

---

77  VK Bund, 28.2.2000 – VK 1-21/00.

8. Pulver, Explosivstoffe und flüssige oder feste Treibmittel:
   a) Pulver und flüssige oder feste Treibmittel, besonders für die unter 3., 4. und 5. aufgeführten Geräte entwickelt oder hergestellt,
   b) Explosivstoffe für militärische Zwecke,
   c) Brandsätze und Geliermittel für militärische Zwecke.
9. Kriegsschiffe und deren Sonderausrüstungen:
   a) Kriegsschiffe aller Art,
   b) Sonderausrüstungen zum Minenlegen, Minensuchen und Minenräumen,
   c) U-Bootnetze.
10. Luftfahrzeuge und ihre Ausrüstungen zu militärischen Zwecken.
11. Elektronenmaterial für militärische Zwecke.
12. Eigens für militärische Zwecke konstruierte Aufnahmeapparate.
13. Sonstige Ausrüstungen und sonstiges Material:
    a) Fallschirme und Fallschirmmaterial,
    b) eigens zu militärischen Zwecken entwickeltes Material zum Überqueren von Wasserläufen,
    c) elektrisch betätigte Scheinwerfer zu militärischen Zwecken.
14. Teile und Einzelteile des in dieser Liste aufgeführten Materials, soweit sie einen militärischen Charakter haben.
15. Ausschließlich für die Entwicklung, Herstellung, Prüfung und Kontrolle der in dieser Liste aufgeführten Waffen, Munition und rein militärischen Geräte entwickelten Maschinen, Ausrüstungen und Werkzeuge.

Die Kriegswaffenliste von 1958 zählt die ausgenommenen Gegenstände **abschließend** auf. Außer im vorgesehenen Verfahren kann sie nicht erweitert werden. Sie betrifft explizit nur den Handel und die Erzeugung der aufgelisteten Güter. Es besteht jedoch Einigkeit darüber, dass auch **Instandsetzungs- und Wartungsarbeiten** an diesen Gütern nach Sinn und Zweck der Vorschrift erfasst sind.[78] Die Kommission selbst geht davon aus, dass „Artikel 296 Absatz 1 Buchstabe b EGV auch neue, an Fähigkeiten orientierte Beschaffungsmethoden sowie die Beschaffung von Dienstleistungen und Bauarbeiten einschließen, die in direktem Zusammenhang mit den in der Liste aufgeführten Waren stehen, falls die anderen Bedingungen für die Inanspruchnahme des Artikels 296 EGV erfüllt sind."[79]

39

Bei der Frage, ob ein entsprechender Fall der Kriegswaffenliste bei der Beschaffung von Hubschraubern vorliegt, hat der EuGH zunächst im Rahmen der sog. Augusta-Entscheidung **einen subjektiven, d.h. an den speziellen Einsatzzweck ausgerichteten, Ansatz** verfolgt. Gefolgert wurde dies aus der Formulierung des Art. 346 Abs. 1 lit. b AEUV, wonach die betreffenden Beschaffungsgegenstände eigens für militärische Zwecke „**bestimmt**" sein müssten. Die Verwendung der Hubschrauber war auf alle Fälle für zivile Zwecke (Zivilkorps) gedacht, wohingegen der Einsatz im Militär ungewiss war. Im Ergebnis konnte sich der Auftraggeber aufgrund des **ungewissen militärischen Ver-**

40

---

78 *Guckelberger*, ZfBR 1/2005, 34, 35; *Boesen*, Vergaberecht, § 100 GWB Rn. 60.
79 Auslegung der Kommission zu Art. 296 EG-Vertrag, KOM(2006)0779 endg., Teil 3 Anwendungsbereich.

**wendungszwecks** nach Ansicht des EuGH nicht auf Art. 346 AEUV berufen.[80] Diese subjektive, auf den konkreten Einsatzzweck ausgerichtete Betrachtung wurde dennoch insgesamt als Ausweitung des Anwendungsbereichs gesehen, der sich insbesondere im Bereich der sowohl zivil als auch militärisch verwendbaren Gütern, den sog Dual-Use-Gütern, auswirkt.[81]

41 Diesen subjektiven Ansatz hat der EuGH in der neueren **Drehtisch-Entscheidung** geändert. Es ging um einen Auftrag zur Beschaffung von Drehtischanlagen, die zur Verwendung als Träger von Objekten bestimmt waren, an denen elektromagnetische Messungen durchgeführt werden. Die Drehtische wurden zwar aus zivilen Komponenten zusammengesetzt, sind allerdings militärspezifisch abgeändert worden. Unzweifelhaft sollten sie militärischen Zwecken im Bereich der Simulation elektronischer Kriegsführung dienen. Zu entscheiden war, ob diese Drehtische der Kriegswaffenliste zuzuordnen sind. Der EuGH stellte darauf ab, dass aus den Worten „für militärische Zwecke" in Nr. 11 der Kriegswaffenliste sowie den Worten „soweit sie einen militärischen Charakter haben" und „ausschließlich für ... entwickelte" in den Nrn. 14 und 15 der Liste hervorgehe, dass die dort genannten Produkte **objektiv einen spezifisch militärischen Charakter** aufweisen müssten.[82] Eine spezifisch militärische Zweckbestimmung im Sinne von Art. 346 AEUV könne nur in denjenigen Fällen zuerkannt werden, in denen nicht nur eine militärische Verwendung vorgesehen ist. Zusätzlich müsse sich die militärische Verwendung aus den **Eigenschaften eines speziell zu solchen Zwecken konzipierten, entwickelten oder substanziell veränderten Ausrüstungsgegenstands** ergeben.[83] Gleiches folge aus dem zehnten Erwägungsgrund der Richtlinie 2009/81. Darin sei klargestellt, dass für die Zwecke dieser Richtlinie der Begriff „Militärausrüstung" auch Produkte einschließen sollte, die zwar ursprünglich für zivile Zwecke konzipiert wurden, später aber für militärische Zwecke angepasst werden, um als Waffen, Munition oder Kriegsmaterial eingesetzt zu werden. Insgesamt stellt der Gerichtshof damit auf die **objektive Beschaffenheit** und den **objektiven Verwendungszweck** eines Gegenstands ab.[84]

42 Wie der EuGH in der o.g. Entscheidung konsequent herausgearbeitet hat, war diese objektive Betrachtungsweise schon in der Kriegswaffenliste von 1958 angelegt. Diese Betrachtungsweise dürfte bei Großgerät wie Panzern und Kriegsschiffen kaum Auswirkungen haben, anders bspw. bei:

- **Ersatzteile und Baugruppen**: Nach Ziffer 14 der Kriegswaffenliste fallen Teile und Einzelteile des in dieser Liste aufgeführten Materials nur dann in den Anwendungsbereich der Liste, soweit sie einen **militärischen Charakter** haben. Will man sich auf diesen Ausnahmetatbestand berufen, müsste dargelegt werden, worin bspw. der militärische Charakter eines Motors, Getriebes oder einer elektronischen Schaltanlage besteht.

- **Werkzeuge und Sonderwerkzeuge**: Maschinen, Ausrüstungen und Werkzeuge, müssten nach Ziffer 15 der Kriegswaffenliste ausschließlich für die Entwicklung, Herstellung, Prüfung und Kontrolle von hartem Kriegsgerät speziell hergestellt

---

80 EuGH, 8.4.2008, C-337/05 – „Augusta-Hubschrauber" Rn. 48 f.
81 *Hölzl*, Praxisanmerkung zu EuGH v. 07.06.2012, C-615/10, NZBau, 2012, 509, 512.
82 EuGH, 7.6.2012, C-615/10, Rz. 39.
83 EuGH, 7.6.2012, C-615/10, Rz. 40.
84 *Hölzl*, Praxisanmerkung zu EuGH, 7.6.2012, C-615/10, NZBau, 2012, S. 509, 512.

worden sein. Damit scheidet eine parallele zivile Verwendung aus. Gerade im Bereich der Werkzeuge und Sonderwerkzeuge verengt sich durch diese Sichtweise der Anwendungsbereich erheblich. Die Herstellung für diesen besonderen militärischen Zweck müsste ebenfalls in dem Vergabevermerk dokumentiert werden.

- **Dual-Use-Güter:** Können die zu beschaffenden Gegenstände im Wesentlichen bauartgleich sowohl zivil als auch militärisch genutzt werden, **fehlt ihnen die objektiv militärische Zweckbestimmung**; sie unterfallen dem EU-Vergaberecht. Erst, wenn sie durch eine substanzielle, konzeptionelle oder bauartbedingte Abweichung für militärische Zwecke abgeändert werden, können sie in den Anwendungsbereich der Kriegswaffenliste fallen. Wenn man berücksichtigt, dass in militärischem Gerät oftmals zur Kostensenkung zivil entwickelte Baugruppen (bspw. Getriebe, Motoren etc.) verbaut werden, schränkt diese objektive Betrachtungsweise die Berufung auf Art. 346 Abs. 1 lit. b AEUV und damit auch letztlich auf § 100 Abs. 6 Nr. 2 GWB erheblich ein.

Wie oben bei Nr. 1 dargelegt, ist auch bei dem Ausnahmetatbestand nach Abs. 6 Nr. 2 eine Verhältnismäßigkeitsprüfung durchzuführen. Dementsprechend schränkt die EU-Kommission[85] die Berufung auf den Ausnahmetatbestand unter Bezugnahme auf die Rechtsprechung des EuGH weiterhin wie folgt ein: **43**

- „Ihre Inanspruchnahme stellt **keinen allgemeinen und automatischen Vorbehalt** dar, sondern muss fallweise begründet werden. Die Länder haben somit die Möglichkeit, Informationen, die ihre Sicherheit infrage stellen würden, geheim zu halten und die Option, eine Ausnahme von den Binnenmarktvorschriften im Bereich des Rüstungshandels geltend zu machen. Darüber hinaus sind sie verpflichtet, jeden Vertrag dahingehend zu prüfen, ob er von der Ausnahmeregelung betroffen ist oder nicht.
- Die Inanspruchnahme nationaler Ausnahmeregelungen ist nur dann gerechtfertigt, wenn diese **notwendig** sind, um das Ziel, nämlich den Schutz von geltend gemachten wesentlichen Sicherheitsinteressen, zu erreichen.
- Die **Beweislast** obliegt dem Mitgliedstaat, der sich auf die Ausnahmeregelung beruft.
- Dieser Beweis ist, wenn notwendig, vor den nationalen Gerichten oder ggf. vor dem Gerichtshof, zu erbringen, der von der Kommission in ihrer Funktion als Hüterin der Verträge angerufen werden kann."

## VIII. Wesentliche Sicherheitsinteressen, Beispielsfälle (Abs. 7)

Weder Art. 346 AEUV noch § 100 Abs. 6, 7 GWB enthalten eine Definition, was unter dem Begriff der wesentlichen Sicherheitsinteressen eines Staates zu verstehen ist. Die Verwendung des präzisierenden Begriffs „**wesentlich**" unterstreicht den **Ausnahmecharakter** der Vorschrift und begrenzt zunächst die Anwendung auf besonders **gra- 44**

---

85 Grünbuch „Beschaffung von Verteidigungsgütern" vom 3.9.2004, KOM(2004)608 endg.

vierende Fälle,[86] die für den **Verteidigungs- und Sicherheitsbereich von höchster Bedeutung**[87] sind.

45 Als relevante Sicherheitsinteressen kommen zunächst sowohl die der **äußeren als auch der inneren Sicherheit** in Betracht.[88] Hierzu zählen bspw. die militärische Einsatzbereitschaft und Durchhaltefähigkeit, der Schutz der sicherheitssensiblen Infrastruktur des Staates, der Schutz und die Arbeitsfähigkeit der Sicherheitsbehörden und der Verfassungsorgane.

**Industrielle und wirtschaftliche Interessen** können für sich allein betrachtet, auch wenn sie mit der Erzeugung von Waffen, Munition oder Kriegsmaterial in Zusammenhang stehen, die Inanspruchnahme der Ausnahmeregelung des Artikels 346 Absatz 1 Buchstabe b AEUV nicht rechtfertigen. Indirekte, nichtmilitärische Kompensationsgeschäfte, beispielsweise die sog. **Offsets**[89], die lediglich allgemeinen wirtschaftlichen Interessen dienen, fallen ebenfalls nicht unter Artikel 346 AEUV, auch wenn sie im Zusammenhang mit einem Beschaffungsauftrag getätigt werden, der selbst auf Grundlage eben jenes Artikels von Gemeinschaftsregeln ausgenommen ist.[90]

46 Der neu eingefügte § 100 Abs. 7 GWB zählt den Betrieb oder den Einsatz der Streitkräfte, die Umsetzung von Maßnahmen zur Terrorismusbekämpfung oder die Beschaffung von Informationstechnik und Telekommunikationsanlagen als mögliche Auftragsgegenstände auf, in denen die wesentlichen Sicherheitsinteressen betroffen sein können. Die Aufzählung ist nicht abschließend und soll der Begriffskonkretisierung dienen.[91]

- Der Begriff „**Einsatz der Streitkräfte**" erfasst ein weites Spektrum möglicher Beschaffungsgegenstände. Denkbar sind u.a. Transportleistungen, Neubeschaffungen von Fahrzeugen, Zusatzausstattungen (Klimaanlagen, verstärkter Minenschutz etc.), Aufklärungsmittel, Gerätschaften für die Unterbringung in Feldlagern sowie Waffen und Munition. Oftmals wird es dabei um Kriegsgerät i.S.d. Kriegswaffenliste handeln.

- Die Maßnahmen zur **Terrorismusbekämpfung** sind inhaltlich schwer zu fassen. Mögliche Auftragsgegenstände reichen u.a. von der Beschaffung spezieller Aufklärungsmittel über Software bis hin zu Beratungsdienstleistungen.

- Als Hilfestellung bei der Prüfung, ob im Hinblick **auf Informationstechnik oder Telekommunikationsanlagen IT-Produkte** oder -Dienstleistungen ein Ausnahmetatbestand vorliegt, soll entsprechend der Gesetzesbegründung der „BSI-Leitfaden für die Beschaffung von IT-Sicherheitsprodukten" gelten.[92]

47 Eine ähnliche Aufzählung wie Abs. 7 enthält Erwägungsgrund 27 Der RL 2009/81/EG. Demnach können praktische Anwendungsfälle insbesondere im Bereich der Be-

---

86 *Willenbruch*, in: Willenbruch/Wieddekind, Vergaberecht Kompaktkommentar, 2. Aufl. 2011, S. 132 Rz. 20
87 Auslegung der Kommission zu Art. 296 EG-Vertrag, KOM(2006)0779 endg., Teil 4, S. 7.
88 *Hölzl*, Münchener Kommentar zum Europäischen und Deutschen Wettbewerbsrecht, Band 3, 2011, § 100 GWB Rz. 17 (m.w.N.).
89 Kompensationsgeschäfte (Offsets) sind Gegenleistungen, die viele Regierungen von ausländischen Anbietern von Verteidigungsgütern als Bedingung für den Kauf militärischer Ausrüstung verlangen. Diese Gegenleistungen können ein weites Feld von Aktivitäten erfassen: Direkte Offsets sind unmittelbar mit dem Auftragsgegenstand der Beschaffungsmaßnahme verbunden, indirekte sind es nicht. Sie können militärischer oder ziviler Natur sein.
90 Auslegung der Kommission zu Art. 296 EG-Vertrag, KOM(2006)0779 endg., Teil 4, S. 7.
91 BT-Drs. 17/7275, S. 15.
92 BT-Drs. 16/10117, S. 19.

schaffungen für Nachrichtendienste oder für nachrichtendienstliche Zwecke liegen. Ebenso kann dies bei besonders sensiblen Beschaffungen sein, die ein besonders hohes Maß an Vertraulichkeit erfordern, bspw. im Bereich des Grenzschutzes, der Terrorismusbekämpfung, der Bekämpfung der organisierten Kriminalität, der Verschlüsselungstechnik oder im Bereich der verdeckten Tätigkeit von Polizei und Sicherheitsbehörden.[93]

**Prüfreihenfolge:** Bei der Entscheidung, ob ein Ausnahmefall des Absatzes 6 vorliegt, kann die Beantwortung der folgenden Checkliste[94] helfen, die im Hinblick auf den konkreten Beschaffungsvorgang bearbeitet werden muss: 48

- Welches wesentliche Sicherheitsinteresse i.S.d. Art 346 AEUV ist betroffen?
- Worin besteht der Zusammenhang zwischen diesem Sicherheitsinteresse und der speziellen Beschaffungsentscheidung?
- Warum ist die Nichtanwendung der Vergaberichtlinie in diesem speziellen Fall für den Schutz dieses wesentlichen Sicherheitsinteresses notwendig?

## IX. Ausnahmetatbestände des Abs. 8

§ 100 Abs. 8 GWB fasst Ausnahmevorschriften zusammen, die sich gleichlautend aus den bisherigen Vergabekoordinierungsrichtlinien 2004/18/EG und 2004/17 EG ergeben, aber in der Richtlinie 2009/81/EG in dieser Form nicht vorkommen. Daher wird in Satz 1 des Abs. 8 geregelt, dass die hier aufgelisteten Ausnahmen nicht für die Vergabe verteidigungs- oder sicherheitsrelevanter Aufträge i.S.d § 99 Abs. 7 GWB gelten.[95] 49

Die Ausnahmetatbestände waren bislang schon im § 100 Abs. 2 GWB enthalten.

### 1. Geheimschutz (§ 8 Nr. 1)

Abs. 8 Nr. 1 erfasst Aufträge, die „in Übereinstimmung mit den inländischen Rechts- und Verwaltungsvorschriften **für geheim erklärt** werden". Er entspricht der Regelung in Art. 14 der Vergabekoordinierungsrichtlinie und § 100 Abs. 2 lit. d UA aa) GWB (a.F.). 50

Auch wenn der Richtlinientext und der GWB-Text von für „geheim" erklärten Aufträgen ausgehen, ist nicht notwendig, dass der Auftrag selbst geheim ist. Vielmehr kann das Vorhaben als solches durchaus öffentlich bekannt sein, wohingegen die **konkrete Ausführung als geheim** behandelt wird.[96] Entscheidend ist vielmehr, dass zentrale Bestandteile des Auftrags **formell für geheim** erklärt wurden und **materiell (inhaltlich) einer Geheimhaltung bedürfen**. Dementsprechend ist eine mehrstufige Prüfung[97] durchzuführen:

- Prüfungsschritt 1: Vorliegen einer Geheimerklärung
- Prüfungsschritt 2: Übereinstimmung der Geheimerklärung mit den einschlägigen Rechts- und Verwaltungsvorschriften

---

93 Erwägungsgrund 27 der RL 2009/81/EG.
94 Auslegung der Kommission zu Art. 296 EG-Vertrag, KOM(2006)0779 endg., Teil 5, S. 8 f.
95 BT-Drs. 17/7275 S. 15.
96 OLG Düsseldorf, 30.3.2005 – VII-Verg 101/04 – „Neubau BND".
97 S. hierzu *Ziekow*, VergabeR 2007, 711, 714.

- Formelle Einhaltung der Zuständigkeiten und Verfahren
- Materielle Geheimhaltungsbedürftigkeit

Für das Vorliegen einer Geheimerklärung des Auftrags kommt es nicht darauf an, dass der gesamte Auftrag genannt wird. Vielmehr ist es ausreichend, dass der Auftraggeber die einzelnen für geheim erklärten Dokumente bzw. Vorgänge auflistet, auf die es seiner Meinung nach bei Ausführung dieses Auftrags zentral ankommt.[98] Sind nur einzelne Auftragsbestandteile für geheim erklärt worden, ist zu prüfen, ob eine **Trennung der geheimen Auftragsbestandteile** von den übrigen Auftragsteilen möglich ist, um so wenigstens einen Teilauftrag dem Wettbewerb zuzuführen.[99] Die Vergabestelle ist jedoch zu einer losweisen Vergabe, auch wenn diese technisch möglich wäre, dann nicht verpflichtet, wenn dem ernsthafte technische oder wirtschaftliche Gründe entgegenstehen.[100]

**51** Was die formelle Seite, insbesondere die Art und Weise ihres Zustandekommens anbelangt, bilden das Gesetz über die Voraussetzungen und das Verfahren von Sicherheitsüberprüfungen des Bundes (**Sicherheitsüberprüfungsgesetz** – SÜG) und die darauf basierende Allgemeine Verwaltungsvorschrift zum materiellen und organisatorischen Schutz von Verschlusssachen (VS-Anweisung – VSA) die entsprechende Grundlage. Beide Normenkomplexe sehen kein bestimmtes Verfahren vor, in welchem die Geheimerklärung zu erfolgen hat. Es wird lediglich geregelt, dass die Einstufung von einer „amtlichen Stelle" oder auf deren Veranlassung erfolgen muss (§ 4 Abs. 1 SÜG, § 5 Abs. 1 VSA).

Nach § 4 SÜG handelt es sich bei Verschlusssachen um im öffentlichen Interesse geheimhaltungsbedürftige Tatsachen, Gegenstände oder Erkenntnisse unabhängig von ihrer Darstellungsform. Sie können für „geheim" erklärt werden, wenn die Kenntnisnahme durch Unbefugte die Sicherheit der Bundesrepublik Deutschland oder ihrer Länder gefährden oder ihren Interessen schweren Schaden zufügen kann. Die gesetzlichen Vorgaben weisen unbestimmte Rechtsbegriffe auf. Deren Anwendung auf einen Lebenssachverhalt setzt somit eine zukunftsgerichtete Risikobewertung voraus, wobei der zuständigen staatlichen Stelle ein Beurteilungsspielraum zusteht. Er kann seitens der Vergabekammer nur daraufhin überprüft werden, ob bei der Entscheidung über die Geheimerklärung die allgemeinen Grenzen des Beurteilungsspielraums überschritten wurden.[101] Ob dies der Fall ist, ist im Wege einer Gesamtschau der in diesem Zusammenhang relevanten Faktoren zu ermitteln.[102]

**52** § 4 Abs. 2 SÜG sieht die Einstufungsgrade „streng geheim", „geheim", „VS-vertraulich" und „VS – nur für den Dienstgebrauch" vor. Ob auch die beiden letztgenannten schwächeren Einstufungsgrade die Berufung auf die Bereichsausnahme „geheim" rechtfertigen, hat die Rechtsprechung – soweit ersichtlich – noch nicht explizit entschieden. Das SÜG geht davon aus, dass auch bei diesen Einstufungsgraden eine Geheimhaltungsbedürftigkeit besteht. Stellt man als Folge dieser Einstufung darauf ab, dass in einem Wettbewerb nicht alle für die Abgabe eines Angebots maßgeblichen Umstände den

---

[98] VK Bund, 14.7.2005 – VK 3-55/05 – „BOS".
[99] S. VK Brandenburg, 22.3.2004, VK 6/04.
[100] VK Bund, 18.11.2003 – VK 2110/03.
[101] OLG Düsseldorf, 30.3.2005 – VII-Verg 101/04; VK Bund, 14.7.2005 – VK 3-55/05.
[102] VK Bund, 14.7.2005 – VK 3-55/05.

Bietern mitgeteilt werden können, ließe sich eine Anwendung der Bereichsausnahme rechtfertigen.[103] Gegen diese Auslegung spricht allerdings, dass die Vergabekoordinierungsrichtlinie von „geheim" erklärten Aufträgen ausgeht. Sollte jedwede Form des Vertraulichkeitsschutzes eine Ausnahme von der Richtliniengeltung rechtfertigen, wäre wohl eine schwächere Formulierung gewählt worden. Diese Auslegung stützt auch ein Vergleich mit den anderen Ausnahmetatbeständen: Dabei müssen **„wesentliche"** Sicherheitsinteressen betroffen bzw. **„besondere"** Sicherheitsmaßnahmen erforderlich sein. Ob angesichts der mit der Vergabekoordinierungsrichtlinie bezweckten Öffnung der nationalen Beschaffungsmärkte die bloße Einstufung von Informationen „als für den Dienstgebrauch" die Anwendung des Vergaberechts ausschließt, erscheint daher zweifelhaft. Allerdings geht die Gesetzesbegründung davon aus, dass eine Einstufung als „VS-vertraulich" ausreichend sein kann.[104]

Insgesamt dürften die Anwendungsfälle dieser Vorschrift zukünftig nur noch ausgesprochen begrenzt bis nicht mehr vorhanden sein. Zum einen regelt sie nur Fälle, die nicht verteidigungs- oder sicherheitsrelevant i.S.d. § 99 Abs. 7 GWB sind – also auch **kein Verschlusssachenauftrag i.S.d. § 99 Abs. 9 GWB** – sein dürfen. Zum anderen ist auch bei diesem Ausnahmetatbestand zu berücksichtigen, dass im Regelfall die Durchführung eines nichtoffenen Verfahrens die Möglichkeit eröffnet, den Bieterkreis auf diejenigen Firmen zu begrenzen, die ohnehin der Geheimschutzbetreuung unterliegen. Damit steht im Sinne der **Verhältnismäßigkeit** ein **milderes Mittel** als das Absehen von der Durchführung einer Vergabe nach dem Kartellvergaberecht zur Verfügung.

### 2. Besondere Sicherheitsmaßnahmen (Abs. 8 Nr. 2)

Nach § 100 Abs. 8 Nr. 2 GWB findet das Vergaberecht auf öffentliche Aufträge keine Anwendung, wenn „deren Ausführung nach den in Nr. 1 genannten Vorschriften **besondere Sicherheitsmaßnahmen** erfordert".[105] Mit „diesen Vorschriften" sind folglich die dort benannten „inländischen Rechts- und Verwaltungsvorschriften" gemeint.

Die Entscheidung, ob die Ausführung eines Auftrags besonderen Sicherheitsanforderungen zu unterwerfen ist, und die Bestimmung der konkret einzuhaltenden Sicherheitsanforderungen obliegt dabei den national zuständigen staatlichen Stellen.[106] Die **Nachprüfung der Vergabekammer** hat sich darauf zu beschränken, ob es sich bei den Vorschriften, die der Ausführung des Auftrags zugrunde liegen, um Sicherheitsvorschriften in diesem Sinne handelt.[107]

Tatbestandsvoraussetzung ist, dass Rechts- und Verwaltungsvorschriften in der Bundesrepublik Deutschland besondere Sicherheitsmaßnahmen erfordern. Die entsprechenden Bestimmungen müssen **tatsächlich in Kraft** getreten sein. Die Berufung auf den Entwurf einer Rechtsverordnung reicht demnach nicht aus.[108] Ebenso ist nicht ausreichend, dass besondere Sicherheitsmaßnahmen nach den Vorgaben der Vergabestelle zur Anwendung

---

103 So *Ziekow*, VergabeR 2007, 711, 715.
104 BT-Drs. 17/7275, S. 15.
105 Die Formulierung ist mit der entsprechenden Bestimmung in Art. 14 der Vergabekoordinierungsrichtlinie identisch.
106 EuGH, 16.10.2003, C-252/01; VK Bund, 12.12.2006 – VK 1 136/06.
107 VK Bund, 12.12.2006 – VK 1 136/06; vgl. OLG Düsseldorf, 30.3.2005 – VII-Verg 101/04.
108 VK Mecklenburg-Vorpommern, 11.1.2007 – 2 VK 11/06.

kommen; erforderlich ist vielmehr, dass diese durch Rechts- und Verwaltungsvorschriften in der Bundesrepublik Deutschland vorgegeben werden.[109]

Rechts- und Verwaltungsvorschriften, nach denen besondere Sicherheitsmaßnahmen erforderlich sind, sind **sämtliche Bestimmungen, die mittelbar oder unmittelbar dem Schutz staatlicher Sicherheitsinteressen** dienen.[110] Hierzu zählt das Sicherheitsüberprüfungsgesetz (SÜG),[111] das dem Schutz staatlicher Geheimhaltungsinteressen bzw. dem Schutz lebenswichtiger Einrichtungen des Staates dient. Bei der Verletzung staatlicher Geheimhaltungsinteressen besteht eine mittelbare Gefahr für Rechtsgüter des Staates, die dann zu einer unmittelbaren Gefahr wird, wenn die zu schützenden Geheimnisse missbräuchlich genutzt werden.[112] Daneben dient das Luftsicherheitsgesetz (LuftSiG) dem unmittelbaren Schutz staatlicher Rechtsgüter (vgl. § 1 LuftSiG sowie Gesetzesbegründung hierzu, wonach das LuftSiG den Schutz vor Angriffen auf die zivile Luftfahrt und hier ganz besonders vor terroristischen Angriffen bezweckt). Nach § 7 Abs. 1 Nr. 1 und 2 LuftSiG hat die Luftsicherheitsbehörde die Zuverlässigkeit von Personen zu überprüfen, denen Zugang zu nicht allgemein zugänglichen Bereichen eines Verkehrsflughafens gewährt werden soll (Nr. 1) oder als Versorgungsunternehmen aufgrund seiner Tätigkeit unmittelbaren Einfluss auf die Sicherheit des Luftverkehrs hat (Nr. 2).

**56** Zunehmend wird der Anwendungsbereich dieser Vorschrift im Rahmen einer **Verhältnismäßigkeitsprüfung** zurückgedrängt. Ausgangspunkt der Argumentation ist der Grundsatz, wonach Ausnahmetatbestände immer **eng auszulegen** sind. Sie müssen die Ausnahme bleiben und dürfen nicht die Anwendung des Vergaberechts auf null reduzieren. Bspw. hat das OLG Koblenz entschieden, dass die Berufung auf den Ausnahmetatbestand nicht dazu führen dürfe, dass ein staatlich beherrschter Flughafenbetreiber zwar theoretisch seinen betriebsbedingten Bedarf in Anwendung des Vergaberechts decken muss, faktisch aber seine gesamte Bautätigkeit und weite Teile des Dienstleistungsbereichs „vergaberechtsfrei" sind, weil im Zusammenhang mit dem Betrieb eines Flughafens immer auch Sicherheitsaspekte eine Rolle spielen.[113] Nur eine **objektiv gewichtige Gefährdung** oder Beeinträchtigung der Sicherheitsbelange könne als Rechtfertigung für die Nichtanwendung der Bestimmungen des Vergaberechts angesehen werden.[114]

**57** Deshalb kann ein Grund, von einem Vergabeverfahren abzusehen, nur dann vorliegen, wenn gerade durch die Anwendung vergaberechtlicher Bestimmungen eine tatsächliche und **hinreichend schwere Gefährdung staatlicher Sicherheitsinteressen** droht.[115] Dies läuft im Ergebnis darauf hinaus, dass sich der Auftraggeber nur dann auf den Ausnahmetatbestand berufen kann, wenn bestimmte Sicherheitsmaßnahmen nur deshalb notwendig werden, weil der Vertragspartner nicht frei gewählt werden darf.[116]

---

109 VK Bund, 15.7.2008, VK 3-89/08.
110 *Ziekow*, VergabeR 2007, 711, 716.
111 VK Bund, 2.2.2006 – VK 2-02/06; VK Bund vom 3.2.2006, VK 1-01/06.
112 VK Bund, 12.12.2006 – VK 1-136/06.
113 OLG Koblenz, vom 15.9.2010, 1 Verg 7/10.
114 Siehe auch OLG Düsseldorf, 10.09.2009 – VII-Verg 12/09.
115 OLG Koblenz, 15.9.2010 – 1 Verg 7/10; OLG Düsseldorf, 10.9.2009 – VII-Verg 12/09; OLG Celle, 3.12.2009 – 13 Verg 14/09.
116 OLG Koblenz, 15.9.2010, 1 Verg 7/10.

Liegt objektiv das Erfordernis besonderer Sicherheitsmaßnahmen nach den entsprechenden Bestimmungen vor, ist der 4. Teil des GWB selbst dann nicht anwendbar, wenn sich der Auftraggeber willentlich für dessen Anwendbarkeit entschieden hat.[117]

### 3. Einsatz der Streitkräfte etc. (Abs. 8 Nr. 3)

Nach § 100 Abs. 8 Ziffer 3 GWB gilt das sog. Kartellvergaberecht nicht für öffentliche Aufträge, bei denen es 58

- ein Einsatz der Streitkräfte oder
- die Umsetzung von Maßnahmen der Terrorismusbekämpfung oder
- wesentliche Sicherheitsinteressen bei der Beschaffung von Informationstechnik oder Telekommunikationsanlagen

gebieten.[118] Diese Regelung wurde mit der GWB-Änderung 1999 aufgenommen und zählt laut Gesetzesbegründung besondere Beispielsfälle auf, um deren **besondere Sicherheitsrelevanz zu unterstreichen**.[119]

Die Aufzählung hat kein direktes Vorbild in der Vergabekoordinierungsrichtlinie. Die Nennung von Beispielsfällen ist statthaft, kann aber nicht zu einer erweiternden Anwendung der gemeinschaftsrechtlichen Sicherheitsvorbehalte führen.[120] Die Beispielsfälle müssen somit richtlinienkonform (insbesondere Art. 14 der Vergabekoordinierungsrichtlinie) ausgelegt werden. 59

Regelungssystematisch benennt Abs. 3 lediglich Beispielsfälle der allgemein formulierten Fallgruppe des Unterabsatzes des Abs. 6 (wesentliche Sicherheitsinteressen des Staates).[121] Außerdem werden die vorstehenden Beispiele auch schon von der beispielhaften Aufzählung des Abs. 7 erfasst. Deshalb ist fraglich, ob praktisch überhaupt noch ein Anwendungsfall verbleibt.

Die **Gesetzesbegründung** geht davon aus, dass ein eigenständiger Anwendungsbereich verbleibt. Die Ausnahmen des Abs. 8 Nr. 3 würden zukünftig nicht für die vergabeverteidigungs- und sicherheitsrelevanter Aufträge nach § 99 Absatz 7 GWB gelten. Denn die besonderen Bestimmungen der Richtlinie 2009/81/EG für sicherheitsrelevante Beschaffungen trügen gerade der Tatsache Rechnung, dass die hierunter fallenden Aufträge Verschlusssachen beinhalten (vgl. Artikel 1 Nr. 7 und 8 der Richtlinie). Um außerhalb des Anwendungsbereichs der neuen Richtlinie Regelungslücken zu vermeiden, würden die Ausnahmebestimmungen beibehalten. Dies entspreche auch der europäischen Rechtslage, da der mit den Ausnahmevorschriften umgesetzte Artikel 14 der Richtlinie 2004/18/EG unverändert fortgelte.[122]

Wie oben bei Abs. 8 ausgeführt, setzt die Verwendung des Begriffs „**gebieten**" voraus, dass eine Abwägung zwischen den staatlichen Sicherheitsbelangen und den Interessen 60

---

117 VK Schleswig-Holstein, 28.11.2006 – VK-SH 25/06.
118 S. zu etwaigen Fallgruppen oben die Kommentierung bei Abs. 7.
119 BT-Drs. 16/10117, S. 19; ebenso BT-DrS 17/7275, S. 15.
120 *Sterner*, in: Müller-Wrede, Taschenkommentar GWB-Vergaberecht, § 100 GWB Rn. 21
121 Für die Vorgängerregelung des § 100 Abs. 2 lit. d UA. cc: Kulartz/Kus/Portz/*Röwekamp*, GWB-Vergaberecht, § 100 GWB Rn. 33; *Sterner*, in: Müller-Wrede, Taschenkommentar GWB-Vergaberecht, § 100 GWB Rn. 21.
122 BT-Drs. 17/7275, S. 15.

der potenziellen Bewerber an der Durchführung eines förmlichen Vergabeverfahrens vorgenommen werden muss.[123]

### 4. Zwischenstaatliche Abkommen (Abs. 8 Nr. 4)

61 Gem. § 100 Abs. 8 Nr. 4 GWB findet der 4. Teil des GWB bei Aufträgen keine Anwendung, die auf Grund bestimmter **internationaler Abkommen** vergeben werden.

Die Ausnahmebestimmung beruht auf Art. 15 Buchst. a der Vergabekoordinierungsrichtlinie und Art. 22 Buchst. b der Sektorenkoordinierungsrichtlinie und ist inhaltsgleich mit § 100 Abs. 2 Buchst. b GWB (a.F.).

62 Voraussetzung ist zunächst, dass die Auftragsvergabe auf Grund eines **zwischen der Bundesrepublik Deutschland und einem oder mehreren Staaten geschlossenen Abkommens** erfolgt. Verträge mit staatlichen Unternehmen genügen diesem Anspruch nicht.[124]

Weiterhin darf der oder die anderen Staaten kein **Mitglied des Europäischen Wirtschaftsraumes** (EWR) sein;[125] sondern es muss sich entsprechend dem Richtlinientext um **echte Drittstaaten** handeln (s. hierzu Art. 15 Buchst. a der Vergabekoordinierungsrichtlinie). Der Bezug zu den EWR-Staaten wird teilweise als zu weit kritisiert. Demnach sollen Drittstaaten nur diejenigen Staaten sein, mit denen auf Gemeinschaftsebene noch kein Abkommen im Vergabebereich abgeschlossen wurde. Beispielsweise seien die Vertragsparteien des General Procurement Agreement (GPA) keine Drittstaaten, da im Rahmen der Welthandelsorganisation (WTO) entsprechende Regelungen getroffen wurden.[126]

Als letzte Voraussetzung müssen die Abkommen selbst **besondere Verfahrensregeln** für die Auftragsvergabe des gemeinsam zu verwirklichenden und zu tragenden Projekts beinhalten.

63 **Zweck der Bestimmung** ist, dass Drittstaaten im Rahmen von Abkommen mit EU-Mitgliedstaaten nicht gezwungen sein sollen, eine Auftragsvergabe nach dem EU-Vergaberecht zu akzeptieren, wenn ein EU-Mitgliedstaat die Projektdurchführung übernommen hat. Dementsprechend könne solche Aufträge in einem dem zwischenstaatlichen Abkommen entsprechenden Verfahren vergeben werden.[127]

Die jeweiligen Abkommen müssen entsprechend Art. 15 Buchst. a HS. 2 der Vergabekoordinierungsrichtlinie der Kommission mitgeteilt werden. Diese kann hierzu den beratenden Ausschuss für öffentliches Auftragswesen anhören. Die Mitteilung hat einzig informatorischen Charakter.

Praktische Anwendungsfälle sind beispielsweise große Infrastrukturprojekte im Rahmen der Entwicklungshilfe.

---

[123] S. zur Abwägung ob die Kommentierung bei Abs. 8.
[124] *Hailbronner*, in: Byok/Jaeger, Kommentar zum Vergaberecht, 3. Aufl. 2011, § 100 Rz. 29; *Stickler*, in: Reidt/Stickler/Glahs, Vergaberecht, § 100 GWB Rn. 15.
[125] Vgl. auch für die verwandte Vorschrift des § 100c Abs. 4 GWB: Guidance Note, Defence- andsecurity-specificExclusions, Directorate General Internal Market an Services, veröffentlicht unter http://ec.europa.eu/internal_market/publicprocurement/docs/defence/guide-exclusions_en.pdf., S. 2.
[126] *Aicher*, in: Müller-Wrede, Kompendium des Vergaberechts, Kap. 8 Rn. 16.
[127] *Sterner*, in: Müller-Wrede, Taschenkommentar GWB-Vergaberecht, § 100 GWB Rn. 14.

## 5. Truppenstationierungsabkommen (Abs. 8 Nr. 5)

Nach § 100 Abs. 8 Nr. 5 GWB findet das Kartellvergaberecht für Aufträge keine Anwendung, die auf Grund eines internationalen Abkommens im Zusammenhang mit der **Stationierung von Truppen** vergeben werden.

Die Regelung dient der Umsetzung des Art. 15 Buchst. b der Vergabekoordinierungsrichtlinie sowie des Art. 22 Buchst. b der Sektorenkoordinierungsrichtlinie und ist inhaltsgleich zu § 100 Abs. 2 lit. a GWB (a.F.).

**Zweck der Bestimmung** ist es, einen möglichen Konflikt zwischen den jeweiligen Verfahrensbestimmungen des internationalen Abkommens und den europäischen Vergaberichtlinien zu vermeiden. Fällt das Vergabeverfahren in den Anwendungsbereich des internationalen Abkommens, finden dessen Beschaffungsregelungen Anwendung.[128]

Hauptanwendungsfall sind Aufträge, die auf Grundlage der Richtlinien zur Vergabe von Aufträgen für Bauvorhaben des gemeinsam finanzierten **NATO-Sicherheits-Investitionsprogramms** (RiNATO), des **NATO-Truppenstatuts**[129] sowie des Zusatzabkommens zum NATO-Truppenstatut[130] vergeben werden. Entsprechend der Regelung des Art. IX des NATO-Truppenstatuts, ergänzt durch Art. 49 des NATO-Zusatzabkommens, ist danach zu unterscheiden, ob die Beschaffung

- **unmittelbar** durch die Behörden der ausländischen Truppe und des „zivilen Gefolges" oder
- **mittelbar** durch die deutschen Behörden erfolgt.

Nur im ersten Fall gilt ein „besonderes Verfahren", womit nur diese Aufträge vom Anwendungsbereich des Vergaberechts ausgenommen sind. Für die mittelbare Durchführung der Baumaßnahme bestimmt Art. 49 Abs. 2 des NATO-Zusatzabkommens: „Baumaßnahmen werden nach Maßgabe der geltenden deutschen Rechts- und Verwaltungsvorschriften und besonderer Verwaltungsabkommen durch die für Bundesbauaufgaben zuständigen deutschen Behörden durchgeführt." Aufgrund des Verweises auf die „geltenden deutschen Rechts- und Verwaltungsvorschriften" sind die deutschen Behörden somit auch an das deutsche Vergaberecht gebunden.[131] Die Auftragsvergabe erfolgt in diesen Fällen durch deutsche Behörden im Namen und für Rechnung der Bundesrepublik Deutschland.[132]

## 6. Internationale Organisationen

§ 100 Abs. 8 Nr. 6 GWB nimmt Aufträge vom Anwendungsbereich des Kartellvergaberechts aus, die die auf Grund des besonderen **Verfahrens einer internationalen Organisation** vergeben werden.

Die Vorschrift beruht auf Art. 15 Buchst. c der Vergabekoordinierungsrichtlinie und Art. 22 Buchst. c der Sektorenkoordinierungsrichtlinie und entspricht der Vorgängerregelung in § 100 Abs. 2 lit. c GWB (a.F.).

---

128 *Aicher*, in: Müller-Wrede, Kompendium des Vergaberechts, Kap. 8 Rn. 13.
129 BGBl. 1961 II, S. 1190.
130 BGBl. 1961 II, S. 1183, 1218, geändert durch das Abkommen vom 12.10.1971, BGBl. 1971 II, S. 1022.
131 VK Bund, 8.3.2006 – VK 1-07/06; VK Bund, 20.12.2005 – VK 2-159/05.
132 Ausführlich hierzu *Müller*, in: Daub/Eberstein, Kommentar zur VOL/A, § 1 Rn. 44 ff.

Als internationale Organisationen in diesem Sinne gelten **Organisationen i.S.d. Völkerrechts**, bei denen nur die Staaten selbst und andere internationale Organisationen Mitglieder sein können (etwa die NATO, Europäische Verteidigungsagentur, EuMetSat, EMBL, ESO und die Vereinten Nationen sowie deren Untergliederungen).[133] Darunter fallen jedoch weder Nichtregierungsorganisationen (NGO) noch die Organisation für Sicherheit und Zusammenarbeit in Europa (OSZE).[134]

67 **Zweck des Ausnahmetatbestands** ist die Vermeidung eines Konflikts zwischen den Verfahrensbestimmungen auf Grundlage des internationalen Abkommens und den Bestimmungen des EU-Vergaberechts. Die Ausnahme erfasst die Auftragsvergaben der internationalen Organisationen selbst nicht, da die internationalen Organisationen dem persönlichen Anwendungsbereich der Vergaberichtlinie und den entsprechenden Umsetzungsbestimmungen von vornherein nicht unterliegen. Der schmale Anwendungsbereich erfasst damit nur Aufträge, die für eine in der Bundesrepublik ansässige internationale Organisation erledigt werden. Die Frage, wer hierfür die Kosten trägt (z.B. Bund, Land oder die internationale Organisation) ist dabei unerheblich.[135]

Wie schon bei den in Nr. 4 und 5 geregelten Ausnahmen muss ein besonderes Verfahren für die Beschaffung der internationalen Organisation bestehen.

---

133 Vgl. *Hailbronner*, in: Byok/Jaeger, Kommentar zum Vergaberecht, 3. Aufl. 2011, § 100 Rz. 30.
134 *Aicher*, in: Müller-Wrede, Kompendium des Vergaberechts, Kap. 8 Rn. 18.
135 *Hailbronner*, in: Byok/Jaeger, Kommentar zum Vergaberecht, 3. Aufl. 2011, § 100 Rz. 15.

## § 100a GWB
## Besondere Ausnahmen für nicht sektorspezifische und nicht verteidigungs- und sicherheitsrelevante Aufträge

(1) Im Fall des § 100 Absatz 1 Satz 2 Nummer 1 gilt dieser Teil über die in § 100 Absatz 3 bis 6 und 8 genannten Fälle hinaus auch nicht für die in den Absätzen 2 bis 4 genannten Aufträge.

(2) Dieser Teil gilt nicht für die Vergabe von Aufträgen, die Folgendes zum Gegenstand haben:

1. den Kauf, die Entwicklung, die Produktion oder Koproduktion von Programmen, die zur Ausstrahlung durch Rundfunk- oder Fernsehanstalten bestimmt sind, sowie die Ausstrahlung von Sendungen oder

2. finanzielle Dienstleistungen im Zusammenhang mit Ausgabe, Verkauf, Ankauf oder Übertragung von Wertpapieren oder anderen Finanzinstrumenten, insbesondere Geschäfte, die der Geld- oder Kapitalbeschaffung der Auftraggeber dienen, sowie Dienstleistungen der Zentralbanken.

(3) Dieser Teil gilt nicht für die Vergabe von Dienstleistungsaufträgen an eine Person, die ihrerseits Auftraggeber nach § 98 Nummer 1, 2 oder 3 ist und ein auf Gesetz oder Verordnung beruhendes ausschließliches Recht hat, die Leistung zu erbringen.

(4) Dieser Teil gilt nicht für Aufträge, die hauptsächlich den Zweck haben, dem Auftraggeber die Bereitstellung oder den Betrieb öffentlicher Telekommunikationsnetze oder die Bereitstellung eines oder mehrerer Telekommunikationsdienste für die Öffentlichkeit zu ermöglichen.

## Übersicht[*]

| | | Rn. |
|---|---|---|
| I. | Allgemeines | 1 |
| II. | Anwendungsbereich (Abs. 1) | 2 |
| III. | Rundfunkprogramme und Finanzdienstleistungen (Abs.2) | 3 |
| | 1. Rundfunkprogramme (Abs. 2 Nr. 1) | 4 |
| | 2. Finanzdienstleistungen (Abs. 2 Nr. 2) | 8 |
| IV. | Aufträge an öffentliche Auftraggeber (Abs. 3) | 11 |
| V. | Kommunikationsleistungen (Abs.4) | 16 |

---

[*] Der Beitrag gibt ausschließlich die Meinung des Verfassers wieder.

## I. Allgemeines

**1** § 100a GWB umfasst die Ausnahmevorschriften, die einzig für **klassische Auftraggeber** bei der Vergabe nicht Sektorentätigkeiten betreffender und nicht verteidigungs- oder sicherheitsrelevanter Aufträge gelten. Diese Ausnahmen setzen die Richtlinie 2004/18/EG um und befanden sich vormals in § 100 Abs. 2 GWB. Durch die neue Trennung insbesondere nach Ausnahmen in den §§ 100a, 100b und 100c GWB wird deutlich, welche Tatbestände für klassische Aufträge und welche für die Vergabe von Aufträgen im Sektorenbereich bzw. im Bereich der verteidigungs- und sicherheitsrelevanten Aufträge einschlägig sind.[1]

## II. Anwendungsbereich (Abs. 1)

**2** Abs. 1 bestimmt den Anwendungsbereich für die folgenden Ausnahmevorschriften durch Bezugnahme auf den neuen § 100 Abs. 1 Satz 2 Nr. 1 GWB. Dies sind Aufträge, die von Nicht-Sektorenauftraggebern vergeben werden und die nicht sektorenspezifisch bzw. verteidigungs- und sicherheitsrelevant sind.

## III. Rundfunkprogramme und Finanzdienstleistungen (Abs. 2)

**3** Die beiden nunmehr in Abs. 2 eingefügten Ausnahmetatbestände gelten weder für die Vergabe von Sektorentätigkeiten noch für verteidigungs- und sicherheitsrelevante Aufträge und wurden daher nach der Neugliederung an dieser Stelle einsortiert.

### 1. Rundfunkprogramme (Abs. 2 Nr. 1)

§ 100a Abs. 2 Nr. 1 GWB enthält die Ausnahmevorschrift zu **Rundfunk- und Fernsehprogrammen**, die sich bislang in § 100 Abs. 2 j) GWB a.F. befand.

**4** Die Bestimmung stellt Verträge, die den Kauf, die Entwicklung, die Produktion oder Koproduktion von Programmen zum Gegenstand haben und die zur Ausstrahlung durch Rundfunk- oder Fernsehanstalten bestimmt sind, sowie über die Ausstrahlung von Sendungen vom Anwendungsbefehl des Vergaberechts frei.

**5** Der Ausnahmetatbestand wird in Erwägungsgrund 25 der Vergabekoordinierungsrichtlinie damit gerechtfertigt, dass bei der Vergabe öffentlicher Aufträge über bestimmte audiovisuelle Dienstleistungen im Fernseh- und Rundfunkbereich **besondere kulturelle und gesellschaftspolitische Erwägungen** berücksichtigt werden können, die die Anwendung von Vergabevorschriften unangemessen erscheinen lassen. Letztlich spiegelt diese Vorschrift denselben Zweck wider, den auch das Grundgesetz zum Ausdruck bringt, nämlich den der Gewährleistung der völlig unabhängigen und unparteilichen Erfüllung der öffentlichen Aufgabe der Rundfunkanstalten.[2] Die Reichweite der Ausnahme er-

---

[1] BT-Drs. 17/7275, S. 14.
[2] EuGH, 13.12.2007, Rs. C-337/06 (Öffentliche Rundfunkanstalten), Rn. 63.

streckt sich damit auf den **sendungsrelevanten Bereich** und damit dem von Art. 5 GG geschützten Geltungsbereich.[3]

Ausgehend von diesem inhaltsbezogenen Ansatz ist auch der Begriff „Produktion oder Koproduktion" weit zu verstehen: Er umfasst beispielsweise auch Aufträge zur Erstellung der Drehbücher oder die Entwicklung von Sendungsformaten. Unter dem Begriff „Sendung" wird die Übertragung und Verbreitung durch jegliches elektronisches Netzwerk verstanden (Erwägungsgrund 25 der Vergabekoordinierungsrichtlinie). Damit werden nicht nur die klassischen Sendemethoden erfasst, sondern auch das Bereitstellen von Sendungen über das Internet.

Diese inhaltsbezogenen Aufträge sind jedoch scharf von denjenigen Aufträgen abzugrenzen, die in **keinem inhaltlichen Zusammenhang** mit der öffentlichen Aufgabe der öffentlich-rechtlichen Rundfunkanstalten stehen. Deshalb wird in Art. 25 der Vergabekoordinierungsrichtlinie ausdrücklich darauf verwiesen, dass die Ausnahme nicht für die Bereitstellung des für die Produktion, die Koproduktion und die Ausstrahlung dieser Programme erforderlichen technischen Materials gelten solle. Ebenso unterfallen auch Aufträge zur Errichtung von Bauten[4] und Aufträge im Zusammenhang mit der Vermarktung von Werbeträgern voll dem Vergaberecht.

## 2. Finanzdienstleistungen (Abs. 2 Nr. 2)

Nach § 100 Abs. 2 Nr. 2 GWB werden finanzielle Dienstleistungen im Zusammenhang mit Ausgabe, Verkauf, Ankauf oder Übertragung von Wertpapieren oder anderen Finanzinstrumenten, insbesondere Geschäfte, die der Geld- oder Kapitalbeschaffung der Auftraggeber dienen, sowie Dienstleistungen der Zentralbanken von der Anwendung des Vergaberechts ausgenommen.

Begründet wird der Ausnahmetatbestand mit dem **besonderen Vertrauenstatbestand** zwischen den Beteiligten eines Finanzdienstleistungsgeschäfts sowie mit den Problemen der ständigen Änderung der Verhältnisse an den Kapitalmärkten. Gerade die sich oftmals kurzfristig ändernden Zinssätze stünden im Widerspruch zum Zeitaufwand, der mit der Durchführung eines Vergabeverfahrens verbunden ist. Nicht ausschreibungspflichtig sind demnach Finanzdienstleistungen, die wegen ihrer Kapitalmarktbezogenheit kraft Natur der Sache nicht in das Fristensystem des Vergaberechts passen.[5] Der in der Ausnahmeregelung zum Ausdruck kommende Vorbehalt umfasst neben den Transaktionsgeschäften mit Wertpapieren und anderen Finanzinstrumenten alle vorbereitenden und begleitenden Dienstleistungen, die mit dem Finanzierungsgeschäft in einem solchen Zusammenhang stehen, dass sie die Durchführung des Geschäfts selbst beeinflussen können.[6]

Zu den **Zusammenhangsgeschäften** zählen Vermittlungs- und Depotgeschäfte, das Portfoliomanagement und Derivatgeschäfte.[7]

---

3 *Hailbronner*, in: Byok/Jaeger, Kommentar zum Vergaberecht, 3. Aufl. 2011, § 100 Rz. 29.
4 VK Bremen, 1.2.2006 – VK 1/06.
5 VK Baden-Württemberg, 30.11.2001 – 1 VK 40/01; *Bechtold*, GWB, § 100 GWB Rn. 17.
6 VK Baden-Württemberg, 30.11.2001 – 1 VK 40/01.
7 *Aicher*, in: Müller-Wrede, Kompendium des Vergaberechts, Kap. 8 Rn. 25.

Die 2009 eingeführte Formulierung „Geld- oder Kapitalbeschaffung" stellt nunmehr klar, dass die **Kreditaufnahme der öffentlichen Hand** nicht unter das Regime des Vergaberechts fällt.

## IV. Aufträge an öffentliche Auftraggeber (Abs. 3)

11   Die Regelung wurde aus dem ehemaligen § 100 Abs. 2 g) GWB a.F. wortgleich übernommen. Sie folgt aus Artikel 18 der Richtlinie 2004/18/EG.

Nach Abs. 3 unterfallen öffentliche Aufträge nicht dem Vergaberecht, die an Auftragnehmer vergeben werden, die

- selbst öffentliche Auftraggeber nach § 98 Nr. 1, 2 oder 3 GWB sind und
- ein auf Gesetz oder Verordnung beruhendes ausschließliches Recht zur Erbringung der Leistung haben.

12   Der Ausnahmetatbestand setzt somit auf Seiten des Auftragnehmers ein **Monopol zur Leistungserbringung** voraus. In diesem Fall wäre eine Ausschreibung sinnlos, da ohnehin nur der Monopolist den Zuschlag erhalten kann. In richtlinienkonformer Auslegung ergeben sich hieraus zwei Einschränkungen, die in dem deutschen Gesetzestext nicht explizit enthalten sind:

13   Zum einen müssen die entsprechenden Rechts- oder Verwaltungsvorschriften, die die Rechtsübertragung regeln, mit dem **Europarecht vereinbar** sein.[8] In der Praxis dürften hier vor allem mögliche Kollisionen mit dem Beihilferecht und dem Wettbewerbsrecht relevant sein. Kernfrage wird u.a. sein, ob die Einräumung des Monopols sachlich gerechtfertigt ist oder ob Privatunternehmen die entsprechenden Aufgaben ebenfalls erledigen könnten.

14   Zum anderen gilt der Ausnahmetatbestand wegen des insoweit eindeutigen Wortlauts des Art. 18 der Vergabekoordinierungsrichtlinie **ausschließlich für Dienstleistungsaufträge**. Art. 18 lautet: „Diese Richtlinie gilt nicht für öffentliche Dienstleistungsaufträge, die von einem öffentlichen Auftraggeber an einen anderen öffentlichen Auftraggeber oder an einen Verband von öffentlichen Auftraggebern aufgrund eines ausschließlichen Rechts vergeben werden, das dieser aufgrund veröffentlichter, mit dem Vertrag übereinstimmender Rechts- und Verwaltungsvorschriften innehat." Der deutsche Gesetzestext enthält zwar keine Beschränkung auf Dienstleistungsaufträge. Der nationale Gesetzgeber darf den Ausnahmekatalog der Richtlinie jedoch nicht erweitern. Die deutsche Vorschrift ist somit richtlinienkonform dahingehend auszulegen, dass der Ausnahmetatbestand sachlich nur bei Dienstleistungsaufträgen gilt.[9] Die Ausnahme ist somit bei der Vergabe von Bauleistungen oder Warenlieferungen nicht anwendbar.

15   Der Gesetzestext bestimmt, dass das ausschließliche Recht zur Leistungserbringung auf einem **Gesetz oder einer Verordnung beruhen** muss. Die Begründung durch einen Rechtsakt anderer Art (z.B. kommunale Satzung, Verwaltungsvorschrift, Verwaltungsakt, Vertrag, öffentlich-rechtliche Vereinbarung oder ordnungsbehördliche Verordnung)

---

[8]   So auch EuGH, 10.11.1998, C-360/96 (Gemeente Arnhem), Rn. 45.
[9]   *Hailbronner*, in: Byok/Jaeger, Kommentar zum Vergaberecht, 3. Aufl. 2011, § 100 Rz. 45.

genügt diesem Erfordernis nicht.[10] Hier ist die nationale Umsetzung strenger als der Richtlinientext, wonach jedwede mit dem Europarecht vereinbare Verwaltungsvorschrift ausreichen würde. Die vom deutschen Gesetzgeber bewusst aufgebaute höhere Hürde dient der Rechtssicherheit.[11] Ein solches „Recht" bspw. auf Abfallüberlassung hat bspw. jemand, dem gegenüber ein anderer gemäß § 13 Abs. 1 Satz 2 Krw-/AbfG verpflichtet ist, den Abfall zu überlassen.[12]

Eine weitere Einschränkung ergibt sich daraus, dass das Ausschließlichkeitsrecht dem Leistungserbringer schon vor der Auftragserteilung zugestanden haben muss.[13]

## V. Kommunikationsleistungen (Abs.4)

Die Ausnahmevorschrift in § 100a Abs. 4 GWB befand sich bislang in § 100 Abs. 2 k) GWB a.F.. Mit ihr hat der Gesetzgeber Art. 13 der Richtlinie 2004/18/EG umgesetzt. **16**

Nach dieser Bestimmung gilt der 4. Teil des GWB nicht für Aufträge, die hauptsächlich den Zweck haben, dem Auftraggeber die Bereitstellung oder den Betrieb öffentlicher Telekommunikationsnetze oder die Bereitstellung eines oder mehrerer Telekommunikationsdienste für die Öffentlichkeit zu ermöglichen.

Für die Bestimmung, was unter einem Telekommunikationsdienst für die Öffentlichkeit zu verstehen ist, ist Art. 13 i.V.m. Art. 1 Abs. 15 lit. c) und d) der Richtlinie 2004/18/EG heranzuziehen, deren Umsetzung § 100 Abs. 2 lit. k) GWB dient. Art. 1 Abs. 15 lit. c) und d) der Richtlinie 2004/18/EG übernehmen dabei die Definitionen aus der früheren Sektorenrichtlinie (Art. 1 Nr. 15 der Richtlinie 93/38/EWG). Danach sind Telekommunikationsdienste „Dienste, die ganz oder teilweise in der Übertragung und Weiterleitung von Signalen auf dem Telekommunikationsnetz durch Telekommunikationsverfahren bestehen, mit Ausnahme von Rundfunk und Fernsehen".[14] **17**

In den engen Anwendungsbereich des Ausnahmetatbestands fällt beispielsweise die Beschaffung von Sendekapazitäten, mit denen der öffentliche Auftraggeber Telekommunikationsdienste für die Öffentlichkeit bereitstellt.[15] Die Formulierung „hauptsächlich den Zweck haben" bedeutet zum einen, dass sich der Auftragsgegenstand unmittelbar auf die Bereitstellung der Netze etc. beziehen muss. Entferntere Hilfsgeschäfte fallen nicht darunter. Zum anderen muss die Beschaffung weit überwiegend diesem Zweck dienen. Bei Mischzwecken reicht ein untergeordneter Mitnutzen für die Bereitstellung der Telekommunikationsdienste für die Öffentlichkeit nicht aus.

---

10 *Aicher*, in: Müller-Wrede, Kompendium des Vergaberechts, Kap. 8 Rn. 25; für die ordnungsbehördliche Verordnung OLG Düsseldorf, 9.4.2003 – Verg 66/02; für die öffentlich-rechtliche Vereinbarung OLG Düsseldorf, 5.5.2004 – VII-Verg 78/03.
11 *Marx*, in: Beck'scher VOB- und Vergaberechts-Kommentar, § 100 GWB Rn. 21.
12 KG Berlin, 29.2.2012 – Verg 8/11.
13 OLG Düsseldorf, 5.5.2004 – VII-Verg 78/03.
14 VK Bund, 2.9.2011 – VK 1 – 108/11.
15 *Röwekamp*, in: Kulartz/Kus/Portz, GWB-Vergaberecht, § 100 GWB Rn. 57.

## § 100c GWB
## Besondere Ausnahmen in den Bereichen Verteidigung und Sicherheit

(1) Im Fall des § 100 Absatz 1 Satz 2 Nummer 3 gilt dieser Teil über die in § 100 Absatz 3 bis 6 genannten Fälle hinaus auch nicht für die in den Absätzen 2 bis 4 genannten Aufträge.

(2) Dieser Teil gilt nicht für die Vergabe von Aufträgen, die

1. Finanzdienstleistungen mit Ausnahme von Versicherungsdienstleistungen zum Gegenstand haben,
2. zum Zweck nachrichtendienstlicher Tätigkeiten vergeben werden,
3. im Rahmen eines Kooperationsprogramms vergeben werden, das
   a) auf Forschung und Entwicklung beruht und
   b) mit mindestens einem anderen EU-Mitgliedstaat für die Entwicklung eines neuen Produkts und gegebenenfalls die späteren Phasen des gesamten oder eines Teils des Lebenszyklus dieses Produkts durchgeführt wird,
4. die Bundesregierung, eine Landesregierung oder eine Gebietskörperschaft an eine andere Regierung oder an eine Gebietskörperschaft eines anderen Staates vergibt und die Folgendes zum Gegenstand haben:
   a) die Lieferung von Militärausrüstung oder die Lieferung von Ausrüstung, die im Rahmen eines Verschlusssachenauftrags im Sinne des § 99 Absatz 9 vergeben wird,
   b) Bau- und Dienstleistungen, die in unmittelbarem Zusammenhang mit dieser Ausrüstung stehen,
   c) Bau- und Dienstleistungen speziell für militärische Zwecke oder
   d) Bau- und Dienstleistungen, die im Rahmen eines Verschlusssachenauftrags im Sinne des § 99 Absatz 9 vergeben werden.

(3) Dieser Teil gilt nicht für die Vergabe von Aufträgen, die in einem Land außerhalb der Europäischen Union vergeben werden; zu diesen Aufträgen gehören auch zivile Beschaffungen im Rahmen des Einsatzes von Streitkräften oder von Polizeien des Bundes oder der Länder außerhalb des Gebiets der Europäischen Union, wenn der Einsatz es erfordert, dass sie mit im Einsatzgebiet ansässigen Unternehmen geschlossen werden. Zivile Beschaffungen sind Beschaffungen nicht militärischer Produkte und Bau- oder Dienstleistungen für logistische Zwecke.

(4) Dieser Teil gilt nicht für die Vergabe von Aufträgen, die besonderen Verfahrensregeln unterliegen,

1. die sich aus einem internationalen Abkommen oder einer internationalen Vereinbarung ergeben, das oder die zwischen einem oder mehreren Mitgliedstaaten und einem oder mehreren Drittstaaten, die nicht Vertrags-

parteien des Übereinkommens über den Europäischen Wirtschaftsraum sind, geschlossenen wurde,

2. die sich aus einem internationalen Abkommen oder einer internationalen Vereinbarung im Zusammenhang mit der Stationierung von Truppen ergeben, das oder die Unternehmen eines Mitgliedstaats oder eines Drittstaates betrifft, oder

3. die für eine internationale Organisation gelten, wenn diese für ihre Zwecke Beschaffungen tätigt oder wenn ein Mitgliedstaat Aufträge nach diesen Regeln vergeben muss.

## Übersicht[*]

| | | Rn. |
|---|---|---|
| I. | Allgemeines | 1 |
| II. | Anwendungsbereich (Abs. 1) | 2 |
| III. | Finanzdienstleistung, nachrichtendienstliche Tätigkeit und Kooperationsprogramme (Abs. 2) | 3 |
| | 1. Finanzdienstleistungen (Abs. 2 Nr. 1) | 3 |
| | 2. Zweck nachrichtendienstlicher Tätigkeit (Abs. 2 Nr. 2) | 4 |
| | 3. Kooperationsprogramm (Abs. 2 Nr. 3) | 9 |
| | 4. Intergouvernementale Zusammenarbeit (Abs. 2 Nr. 4) | 13 |
| IV. | Beschaffungen im Einsatzland (Abs. 3) | 16 |
| V. | Ausnahmetatbestände des Abs. 4 | 21 |
| | 1. Internationales Abkommen (Abs. 4 Nr. 1) | 24 |
| | 2. Stationierungsabkommen (Abs. 4 Nr. 2) | 26 |
| | 3. Internationale Organisationen (Abs. 4 Nr. 3) | 27 |

## I. Allgemeines

**1** Mit § 100c GWB wurde eine neue Vorschrift in das GWB aufgenommen. Sie erfasst diejenigen Ausnahmetatbestände, die ausschließlich in den Bereich der verteidigungs- und sicherheitsrelevanten Aufträge fallen. Die Norm setzt damit die Ausnahmen um, die erstmals in der Richtlinie 2009/81/EG vorgesehen sind bzw. von denjenigen in den älteren Richtlinien 2004/17/EG und 2004/18/EG abweichen.[1]

## II. Anwendungsbereich (Abs. 1)

**2** Abs. 1 dieser Bestimmung definiert den **Anwendungsbereich** für die in den Abs. 2 bis 4 folgenden Ausnahmetatbestände durch Bezugnahme auf den neuen § 100 Abs. 1 Satz 2 Nr. 3 GWB. Dementsprechend gelten die Ausnahmetatbestände für klassische öffentliche

---

[*] Der Beitrag gibt ausschließlich die Meinung des Verfassers wieder.
[1] BT-Drs. 17/7275, S. 17.

Auftraggeber, die einen verteidigungs- und sicherheitsrelevanten Auftrag i.S.d. § 99 Abs. 7 GWB vergeben, der über den jeweiligen Schwellenwerten liegt.

## III. Finanzdienstleistung, nachrichtendienstliche Tätigkeit und Kooperationsprogramme (Abs. 2 )

### 1. Finanzdienstleistungen (Abs. 2 Nr. 1)

Nach § 100c Abs. 2 Nr. 1 GWB findet das Kartellvergaberecht keine Anwendung auf die Vergabe von Aufträgen, die **Finanzdienstleistungen** zum Gegenstand haben.

Die Bestimmung setzt Art. 13 lit. h RL 2009/81/EG um. Sie entspricht weitgehen § 100a Abs. 2 Nr. 2 GWB, weshalb auf die dortige Kommentierung verwiesen wird. Ein Unterschied besteht allerdings darin, dass bei § 100c Abs. 2 Nr. 1 GWB der Bereich der Finanzdienstleistungen nicht dahingehend eingeschränkt wird, dass ein Zusammenhang mit der Ausgabe, dem Verkauf, dem Ankauf oder der Übertragung von Wertpapieren bestehen muss.

Durch die Formulierung des Ausnahmetatbestands wird für den Bereich der verteidigungs- und sicherheitsrelevanten Beschaffungen explizit festgelegt, dass **Versicherungsleistungen** nicht unter den Ausnahmetatbestand der Finanzdienstleistungen fallen. Gem. Anhang II Kategorie 6 der RL 2004/18/EG gilt dies ebenso für den Bereich der nicht verteidigungs- und sicherheitsrelevanten Beschaffungen, so dass diese Ergänzung lediglich klarstellenden Charakter hat.[2]

### 2. Zweck nachrichtendienstlicher Tätigkeit (Abs. 2 Nr. 2)

Diese Bestimmung nimmt Aufträge vom Anwendungsbereich des Kartellvergaberechts aus, die zum **Zwecke nachrichtendienstlicher Tätigkeit** vergeben werden. Die Bestimmung wurde neu in das deutsche Vergaberecht aufgenommen. Sie setzt Art 13 lit. c RL 2009/81/EG um.

Der Ausnahme liegt die Annahme zu Grunde, dass Aufträge im Bereich der nachrichtendienstlichen Tätigkeit aufgrund ihrer hohen Sensibilität nicht in einem transparenten Wettbewerb vergeben werden können. Inhaltlich werden zwei Fälle erfasst, nämlich

- die Beschaffung eines Nachrichtendienstes für seine nachrichtendienstliche Zwecke und
- Aufträge, die ein anderer öffentlicher Auftraggeber an einen Nachrichtendienst vergibt.

Die Bestimmung lässt offen, wer die nachrichtendienstliche Tätigkeit ausübt. Abhängig von dem nachrichtendienstlichen Verwendungszweck des Beschaffungsgegenstands können bspw. der BND, das Bundesamt für Verfassungsschutz sowie die entsprechenden Landesämter, der MAD, aber auch Bundes- und Landeskriminalämter oder das BAAINBw darunter fallen. Beschaffungen der Geheim- oder Nachrichtendienste sind nicht per se

---

2   BT-Drs. 17/7275, S. 17.

von der Anwendung des Vergaberechts ausgenommen, sondern nur diejenigen, die auch **sachlich** zu nachrichtendienstlichen Zwecken vorgenommen werden.

7 Weder die RL 2009/81/EG noch die deutschen Vergabebestimmungen enthalten eine Definition, was unter „**nachrichtendienstlichen Zwecken**" zu verstehen ist. Der Anwendungsbereich der Bestimmung ist hinsichtlich des Auftragsgegenstands sehr weit. Darunter fallen bspw. die technische Ausstattung, die zum Zwecke der Spionage oder Gegenspionage verwendet wird oder auch Verschlüsselungstechnologie. Neben der eigentlichen Tätigkeit der Geheim- oder Nachrichtendienste können darunter auch andere sensible Beschaffungen fallen, die ein hohes Maß an Vertraulichkeit erfordern, wie bspw. bestimmte Beschaffungen, die für den Grenzschutz oder die Bekämpfung des Terrorismus oder der organisierten Kriminalität bestimmt sind. Hierzu gehören auch Beschaffungen für die verdeckte Tätigkeit der Polizei und der Sicherheitskräfte.[3] Allgemeine Beschaffungen wie bspw. von Büromaterial oder Gebäudeausstattung sind von der Ausnahme nicht erfasst, weil die nachrichtendienstliche Zweckbestimmung nur höchstens mittelbar bejaht werden kann.

8 Auch diese Ausnahme ist grundsätzlich eng auszulegen. Aus dem **Verhältnismäßigkeitsgebot**[4] wird auch hier zu folgern sein, dass die Berufung auf die Ausnahme nur dann zulässig ist, wenn die nachrichtendienstlichen Belange bei der Durchführung eines Vergabeverfahrens beeinträchtigt werden. Gerade bei der Beschaffung von IT-Dienstleistungen und technischer Ausstattung könnte in der Durchführung eines vorgeschalteten Teilnahmewettbewerbes eine Möglichkeit liegen, dass nur zuverlässige Unternehmen Kenntnis von den näheren Auftragsinhalten erhalten. Damit stünde ein milderes Mittel als der völlige Verzicht auf die Vergabe zur Verfügung.

### 3. Kooperationsprogramm (Abs. 2 Nr. 3)

9 § 100c Abs. 2 Nr. 3 GWB begründet einen Ausnahmetatbestand für bestimmte Aufträge, die im **Rahmen eines Kooperationsprogramms** vergeben werden. Die Bestimmung setzt Art. 13 lit. c RL 2009/81/EG um.

Mit diesem Ausnahmetatbestand wird dem Umstand Rechnung getragen, dass die Mitgliedstaaten Kooperationsprograme häufig durchführen, um neue Verteidigungsausrüstung gemeinsam zu entwickeln. Da sie die Entwicklung neuer Technologien und die Übernahme der hohen Forschungs- und Entwicklungskosten komplexer Waffensysteme erleichtern, kommt ihnen eine besondere Bedeutung zu. Gleichzeitig wird in der verstärkten europäischen Zusammenarbeit auch ein Baustein hin zur Verwirklichung der EDTIB (European Defence Technological an Industrial Base) gesehen.[5]

10 Erfasst werden zunächst Aufträge, die im Rahmen eines Kooperationsprogramms vergeben werden, das auf **Forschung und Entwicklung** beruht. Art. 1 Ziffer 27 RL 2009/81/EG fasst unter den Begriff der Forschung und Entwicklung alle Tätigkeiten, die Grundlagenforschung, angewandte Forschung und experimentelle Entwicklung beinhalten. Die experimentelle Entwicklung kann dabei auch die Herstellung von technologischen Demonstrationssystemen, d.h. von Vorrichtungen zur Demonstration der

---

3 Siehe Erwägungsgrund 27 RL 2009/81/EG.
4 Siehe hierzu die Kommentierung bei § 100 Abs. 6 Nr. 1 GWB.
5 Vgl. Guidance Note, Defence- and security-specific Exclusions, Directorate General Internal Market an Services, veröffentlicht unter http://ec.europa.eu/internal_market/publicprocurement/docs/defence/guide-exclusions_en.pdf, S 6.

Leistungen eines neuen Konzepts oder einer neuen Technologie in einem relevanten oder repräsentativen Umfeld einschließen.

Ziel des Kooperationsprogramms muss die Entwicklung eines **neuen Produkts** sein. Hier dürften erhebliche Abgrenzungsschwierigkeiten in der Praxis liegen. Denkbar ist beispielsweise, dass bestehende Produkte technologisch weiter entwickelt werden. Dabei können deren Fähigkeitsspektrum oder ihre Eigenschaften erheblich erweitert werden. Beruht die Aufwertung oder Kampfwertsteigerung auf einer technologisch erheblichen Weiterentwicklung mit einem entsprechenden Innovationsgrad, wird man u.U. auch von einem neuen Produkt sprechen können. Die Beschaffung von sog. off-the-shelf-Produkten fällt nicht unter die Ausnahme, selbst wenn sie speziell angepasst werden.[6]

Wird ein neues Produkt in dem aufgezeigten Sinne entwickelt, kann auch die Vergabe von Aufträgen in der späteren Phase des gesamten oder teilweisen **Lebenszyklusses** dieses Produkts ggf. unter die Ausnahme fallen. Darunter fallen üblicherweise Produktion und Instandsetzung, aber auch Ersatzteilversorgung und Technisch-Logistische Betreuung – also die klassischen TLB-Verträge. Voraussetzung ist aber, dass diese Leistungen in dem ursprünglichen Kooperationsabkommen enthalten sind.

Erfasst werden nur Kooperationsprojekte, an denen **mindestens zwei Mitgliedstaaten** der EU beteiligt sind. Möglich ist auch, dass über die Beteiligung von zwei Mitgliedstaaten auch ein oder mehrere **Drittstaaten** beteiligt sind.[7] Was genau unter dem Begriff **Kooperationsprojekt** zu verstehen ist, wird nicht definiert. Abzustellen ist darauf, dass eine Aufteilung der durchzuführenden Forschungs- und Entwicklungsarbeiten vorgenommen wird, die technologischen und finanziellen Risiken sowie die Projektverantwortung geteilt werden und im Projektmanagement zusammengearbeitet wird.[8]

Der Ausnahmetatbestand erfasst die folgenden Konstellationen:

- Aufträge werden im Rahmen eines Kooperationsprogramms von einem Mitgliedstaat auch im Namen eines anderen Mitgliedstaats vergeben.
- Aufträge werden von internationalen Organisationen (bspw. OCCAR, NATO oder Agenturen der EU, wie der Europäischen Verteidigungsagentur), die das Kooperationsprojekt verwalten, im Namen der betreffenden Mitgliedstaaten vergeben.

Da schon heute komplexe Waffensysteme oftmals in derartigen internationalen Kooperationsprojekten entwickelt werden, dürfte mit einer steigenden Relevanz dieses Ausnahmetatbestands zu rechnen sein.

### 4. Intergouvernementale Zusammenarbeit (Abs. 2 Nr. 4)

Der Ausnahmetatbestand des § 100c Abs. 2 Nr. 4 GWB greift, wenn Regierungen oder Gebietskörperschaften untereinander näher definierte Aufträge im Bereich der Verteidigung und Sicherheit vergeben. Die Bestimmung setzt Art. 13 lit. f RL 2009/81/EG um. Nach Erwägungsgrund 30 RL 2009/81/EG soll damit den Besonderheiten der **Auftragsvergabe zwischen Regierungen** im Rüstungsbereich Rechnung getragen werden.

---

6  Vgl. Guidance Note, Defence- and security-specific Exclusions, a.a.O. S. 6.
7  BT-Drs. 17/7275, S. 17.
8  Vgl. Guidance Note, Defence- and security-specific Exclusions, a.a.O. S. 7.

Entsprechend der Definition des Art. 1 Nr. 9 RL 2009/81/EG gelten als **Regierung** nationale, regionale oder lokale Gebietskörperschaften eines Mitgliedstaats oder eines Drittlands. Die entsprechenden Verträge müssen also zwischen Staaten oder entsprechenden vorgenannten Stellen geschlossen worden sein. Dabei kann es sich auch um Drittstaaten handeln. Nicht unter die Ausnahme fallen aber bspw. Verträge mit Unternehmen, auch wenn es sich um Staatsunternehmen handelt.

14 Inhaltlich wird durch die Aufzählung der a) bis d) jede Beschaffung **militärischer oder sensibler Ausrüstung** erfasst.[9]

15 Zu beachten ist allerdings, dass die Ausnahme nur den zwischen den Regierungen etc. erteilten Auftrag erfasst. Dies ist unproblematisch, wenn sich die zu beschaffende Leistung oder der Gegenstand im Eigentum des Verkäufers befindet oder er über die entsprechenden Kapazitäten, den Auftrag selbst zu erfüllen, selbst verfügt; bspw., wenn Überbestände von militärischem Gerät verkauft werden (bspw. sog. Länderabgaben) oder Ausbildungsverträge geschlossen werden. Demgegenüber stellt sich die Frage nach der Anwendung des EU-Vergaberechts erneut, wenn der Vertragspartner diese Leistung erst selbst auf dem Markt beschaffen muss. Hierbei kann es sich, wenn keine der anderen Ausnahmen greift, wieder um einen vergabepflichtigen Vorgang handeln.

## IV. Beschaffungen im Einsatzland (Abs. 3)

16 § 100c Abs. 3 GWB begründet einen Ausnahmefall für **Auftragsvergaben im Einsatzland**. Die Bestimmung setzt Art. 13 lit. d RL 2009/81/EG um.

Dieser neu eingeführte Ausnahmetatbestand berücksichtigt die stark gestiegene Zahl der Auslandseinsätze der Streitkräfte und der dabei gemachten Erfahrungen. Dementsprechend soll die Auftragsvergabe ohne Anwendung des Kartellvergaberechts gestattet sein, wenn der Auftrag in einem Land außerhalb der EU vergeben wird. Hierzu gehören auch zivile Beschaffungen von Streitkräften oder Polizei, **wenn der Einsatz es erfordert**, diese Aufträge im **Einsatzgebiet ansässigen Unternehmen** zukommen zu lassen. Grundsätzlich können dies Liefer- Bau- und Dienstleistungsaufträge sein.

17 Voraussetzung ist zunächst, dass ein **Einsatz außerhalb der EU** stattfindet und dort ein Auftrag vergeben wird. Neben dem eigentlichen Einsatzgebiet wird davon auch die ggf. in einem anderen Land befindliche Basis, logistische Drehscheibe etc. erfasst.

18 Die Auftragsvergabe an ortsansässige Unternehmen muss einem **Einsatzerfordernis** entsprechen. Damit ist auf die speziellen Gegebenheiten und Bedingungen des konkreten Einsatzes abzustellen. Entscheidend ist, dass es sachliche und nachvollziehbare Gründe gibt, den Auftrag vor Ort zu vergeben. Die Vor-Ort-Vergabe kann bspw. erforderlich sein, um die Transportwege zu verkürzen oder unverhältnismäßige Transportkosten zu vermeiden. Außerdem kann durch die Einbindung der ortsansässigen Bevölkerung der Sicherungsaufwand der Einsatzkräfte reduziert und die Angreifbarkeit vermindert werden, weil keine im Einsatzland ausländischen Unternehmen geschützt werden müssen.[10] Ob und inwieweit auch „weiche" Einsatzerfordernisse bei der Ausnahme Berücksichtigung

---

9 Siehe hierzu die Kommentierung bei § 99 Abs. 7 und 8.
10 Vgl. Guidance Note, Defence- and security-specific Exclusions, a.a.O. S. 9.

finden, wird ggf. die Rechtsprechung entscheiden. Bspw. hat sich im Einsatz herausgestellt, dass es notwendig sein kann, speziellen ortsansässigen Unternehmen oder der ortsansässigen Bevölkerung Aufträge zukommen zu lassen. Neben der Versorgung und Alimentierung der Bevölkerung spielt dabei auch oftmals eine Rolle, über diese Aufträge Kontakt mit der einheimischen Bevölkerung herzustellen und Berührungsängste abzubauen.

Keinesfalls darf diese Bestimmung dazu verwendet werden, das **Vergaberecht zu umgehen**. Dies wäre bspw. der Fall, wenn der Auftrag pro-forma einer Firma im Einsatzland vergeben wird, die dann bspw. einen Subunternehmer aus der EU beauftragt. In dieser Konstellation wäre die Vergabe im Einsatzland nicht mehr durch Einsatzerfordernisse zu rechtfertigen.

Der **Gegenstand des Auftrags**, der unter Berufung auf die Ausnahmetatbestände vergeben werden kann, ist denkbar weit gefasst. Er umfasst explizit neben zivilen auch militärische Beschaffungen. Als zivile Beschaffungen gelten nicht militärische Produkte sowie Bau- oder Dienstleistungen für logistische Zwecke. Darunter fallen bspw. Leistungen im Bereich der Lagerung und Lagerhaltung, Transport- und Speditionsleistungen, Reinigungsleistungen, Instandsetzungsleistungen, Unterstützung im medizinischen Bereich, Bauleistungen im Bereich des Straßenbaus oder der Einrichtung von Feldlagern, der Einkauf von Waren und Gütern wie bspw. Lebensmittel, Treibstoff etc.

## V. Ausnahmetatbestände des Abs. 4

Mit § 100c Abs. 4 GWB werden die drei Ausnahmetatbestände des Art 12 RL 2009/81 EG umgesetzt. Sie sind den Ausnahmetatbeständen der Art 15 RL 2004/18/EG und Art. 22 RL 2004/17/EG ähnlich, wurden aber leicht abgeändert. Dementsprechend unterscheiden sich auch die jeweiligen Ausnahmetatbestände der § 100 Abs. 8 Nr. 4 bis 6 GWB leicht von den ähnlichen Bestimmungen des § 100c Abs. 4 Nr. 1 bis 3 GWB. In der nachfolgenden Kommentierung wird schwerpunktmäßig auf die Unterschiede eingegangen. Hinsichtlich der grundsätzlichen Ausführungen wird auf die Kommentierung bei § 100 Abs. 8 GWB verwiesen.

Im Kern wird durch Abs. 4 die Vergabe von Aufträgen außerhalb der Vergaberechts erlaubt, wenn sie aufgrund **besonderer Verfahrensregeln** vergeben werden, die auf einem internationalen Abkommen bzw. einer Vereinbarung beruhen oder durch eine internationale Organisation vergeben werden.

Diese Ausnahmetatbestände sind – wie die vergleichbaren Regelungen des § 100 Abs. 8 GWB zeigen, nicht auf den Bereich der Verteidigung und Sicherheit zugeschnitten. Die Aufnahme in den speziellen Katalog des § 100c GWB wird zum einen dadurch gerechtfertigt, dass der Inhalt teilweise von den allgemeinen Ausnahmebestimmungen abweicht.[11] Zum anderen unterstreicht dies die besondere Bedeutung der internationalen Zusammenarbeit bei der Durchführung größerer Rüstungsprojekte. Diese soll erleichtert werden, wenn im Rahmen dieser Abkommen oder Vereinbarungen bzw. bei der Vergabe

---

11  BT-Drs. 17/7275, S. 17.

durch internationale Organisationen besondere Verfahrensregeln zur Vergabe der Aufträge vereinbart wurden.

23 Wegen der grundsätzlich gebotenen **engen Auslegung** der Ausnahmetatbestände muss auch der Begriff der „besonderen Verfahrensregeln" restriktiv ausgelegt werden. **Besondere Verfahrensregeln** i. S. d. Abs. 4 setzen voraus, dass es sich um spezielle und detaillierte Verfahrensbestimmungen handelt, die speziell das Vergabeverfahren regeln und zumindest die wesentlichen Prinzipien und den Ablauf des Vergabeverfahrens vorgeben.[12] Damit ist nicht ausreichend, dass sich bspw. im Sinne einer Arbeitsaufteilung in einem Abkommen über die verschiedenen Arbeitspakete und Beschaffungsmaßnahmen geeinigt wird. Soweit nicht das Regularium für die Beschaffung selbst vereinbart wird, ist dies kein Fall der Ausnahmen von Abs. 4. Die Vertragspartner müssen dann – soweit die übrigen Voraussetzungen vorliegen – den Bedarf entsprechend dem Kartellvergaberecht und der VSVgV vergeben.

### 1. Internationales Abkommen (Abs. 4 Nr. 1)

24 Dieser Ausnahmetatbestand greift die Grundkonstellation des § 100 Abs. 8 Nr. 4 GWB auf, wonach Vergaben, die im Rahmen internationaler Abkommen auf der Grundlage besondere Verfahrensregeln vergeben werden, von der Anwendung des Kartellvergaberechts befreit sind.[13] Mit der Bestimmung wird Art. 12 lit. a RL 2009/81/EG umgesetzt.

Die Ausnahmevorschrift in § 100c Abs. 4 Nr. 1 GWB enthält anders als die Bestimmung in § 100 Abs. 8 Nr. 4 GWB keine Beschränkung in Bezug auf den Auftragsgegenstand. Die Formulierung ist offen und nicht auf ein „von den Unterzeichnerstaaten gemeinsam zu verwirklichendes und zu tragendes Projekt" begrenzt.

25 Darüber hinaus müssen die **besonderen Verfahrensregeln** nach dieser Vorschrift nicht aus einem **internationalen Abkommen** stammen, sondern können sich auch aus einer **internationalen Vereinbarung** ergeben. Damit ist nicht unbedingt nötig, dass nationale Regierungen und Parlamente diese Abkommen ratifizieren. Unter den Begriff der internationalen Vereinbarung fallen bspw. auch Vereinbarungen zwischen den jeweils zuständigen Ministerien.[14] Ebenso muss es sich hinsichtlich der Rechtsnatur nicht um einen Vertrag handeln, weshalb bspw. auch MoU umfasst sind.[15]

In jedem Fall muss das internationale Abkommen aber zwischen Staaten oder staatlichen Stellen geschlossen sein: ausgeschlossen ist, dass einer oder mehrere der Unterzeichner private oder öffentliche Unternehmen sind – auch wenn diese als **Staatsunternehmen** durch den entsprechenden Staat kontrolliert werden.[16]

### 2. Stationierungsabkommen (Abs. 4 Nr. 2)

26 Der Ausnahmetatbestand des § 100c Abs. 4 Nr. 2 GWB[17] betrifft wie der für die allgemeinen Beschaffungsgegenstände einschlägige § 100 Abs. 8 Nr. 5 GWB Aufträge im Zusammenhang mit Stationierungsabkommen.

---

12 Vgl. Guidance Note, Defence- and security-specific Exclusions, a.a.O. S. 2.
13 Siehe zu den allgemeinen Voraussetzungen die Kommentierung bei § 100 Abs. 8 Nr. 4 GWB.
14 BT-Drs. 17/7275, S. 17.
15 Guidance Note, Defence- and security-specific Exclusions, a.a.O. S. 3.
16 Vgl. Guidance Note, Defence- and security-specific Exclusions, a.a.O. S. 3.
17 Die Bestimmung setzt Art. 12 lit. b RL 2009/81/EG um.

Auch hier wurde die für die allgemeine Beschaffung geltende Ausnahmebestimmung dahingehend gelockert, dass bei Aufträgen im Zusammenhang mit Stationierungsabkommen nicht mehr nur ein internationales Abkommen erforderlich ist. Vielmehr genügt im Bereich der verteidigungs- und sicherheitsrelevanten Aufträge eine internationale Vereinbarung, womit bspw. ministerielle Vereinbarungen ausreichend sind.

### 3. Internationale Organisationen (Abs. 4 Nr. 3)

Diese Ausnahmebestimmung greift bei der Vergabe von Aufträgen, die besonderen Verfahrensregeln unterliegen, die für eine internationale Organisation gelten, wenn diese für ihre Zwecke Beschaffungen tätigt oder wenn ein Mitgliedstaat Aufträge nach diesen Regeln vergeben muss.[18] Die Bestimmung setzt Art. 12 lit. c der RL 200981 um.

Der Begriff der „internationalen Organisation" wird in der RL 2009/81/EG nicht definiert. Auch hier wird ein völkerrechtliches Begriffsverständnis anzulegen sein. Im Sicherheits- und Verteidigungsbereich fällt bspw. die NATO darunter.

Nach dem Wortlaut der Bestimmung greift sie nur ein, wenn die internationale Organisation den betreffenden Auftrag für ihre Zwecke vergibt. Im Umkehrschluss folgt, dass Vergaben, die eine internationale Organisation für Verwendungszwecke ihrer Mitglieder oder Dritter tätigt, nicht unter diese Ausnahmebestimmung fallen.[19] Ebenso kann ein Staat Aufträge nach diesen Regeln vergeben, die von der internationalen Organisation finanziert werden. Auch in diesem Fall muss die Auftragsvergabe zu Zwecken der internationalen Organisation erfolgen.[20]

---

18 Die Bestimmung setzt Art. 12 lit. c RL 2009/81/EG um.
19 BT-Drs. 17/7275, S. 17.
20 Guidance Note, Defence- and security-specific Exclusions, a.a.O. S. 4.

# § 110a GWB
# Aufbewahrung vertraulicher Unterlagen

**(1) Die Vergabekammer stellt die Vertraulichkeit von Verschlusssachen und anderen vertraulichen Informationen sicher, die in den von den Parteien übermittelten Unterlagen enthalten sind.**

**(2) Die Mitglieder der Vergabekammern sind zur Geheimhaltung verpflichtet; die Entscheidungsgründe dürfen Art und Inhalt der geheim gehaltenen Urkunden, Akten, elektronischen Dokumente und Auskünfte nicht erkennen lassen.**

## Übersicht

|  |  | Rn. |
|---|---|---|
| I. | Allgemeines | 1 |
| II. | Vertraulichkeit (Absatz 1) | 5 |
| III. | Geheimhaltung (Absatz 2) | 8 |
| | 1. Vergabekammern des Bundes | 10 |
| | 2. Vergabekammern der Länder | 11 |
| | 3. Sicherstellung der Vertraulichkeit bzw. Geheimhaltung | 12 |
| IV. | Weitere Maßnahmen zur Sicherstellung der Geheimhaltung | 13 |
| | 1. Beschränkung der Akteneinsicht | 13 |
| | 2. Verpflichtung zur Geheimhaltung | 16 |

## I. Allgemeines

Die Vorschrift des § 110a GWB setzt in ihrem Absatz 1 Artikel 56 Abs. 10 der Richtlinie 2009/81/EG um. **1**

Bei der Regelung des § 110a GWB handelt es sich um eine Neuregelung. **Parallelvorschriften** hierzu existieren im Vergaberecht bisher nicht. Bisher war die Aufbewahrung von Unterlagen bei den Vergabekammern in deren Geschäftsordnung[1], bei den Oberlandesgerichten in den Aufbewahrungsbestimmungen[2] geregelt. Diese Bestimmungen enthalten jedoch regelmäßig nur Regelungen zu Aufbewahrungsfristen. § 110a Abs. 2 GWB ist jedoch § 99 Abs. 2 Satz 10 VwGO nachempfunden. **2**

**Ziel** der Regelung ist es, die Vertraulichkeit von Verschlusssachen und anderen vertraulichen Informationen während und nach einem Nachprüfungsverfahren sicherstellen.[3] **3**

Dem Auftraggeber steht – anders als nach § 99 Abs. 1 VwGO – kein Recht zur Verweigerung der Übergabe von Verschlusssachen und vertraulichen Informationen aus der **4**

---

[1] Bsp.: § 10 Geschäftsordnung der Vergabekammern des Bundes vom 15.7.2005 in der Fassung der Bekanntmachung vom 12.8.2005 (Bekanntmachung Nr. 41/2005 vom 12.8.2005, BAnz. Nr. 151 S. 12 296).
[2] Bsp.: Aufbewahrungsbestimmungen, Beschluss der Konferenz der Justizverwaltungen des Bundes und der Länder vom 23. und 24.11.1971 in Düsseldorf, Stand 2.2007, S. 46.
[3] Begründung zu § 110 a) GWB in Bundestag Drs. 17/7275, S. 18.

Vergabeakte zu. Die Vergabekammer hat – soweit es zur Erfüllung der ihr im Rahmen der Untersuchungsmaxime (§ 110 Abs. 1 GWB) übertragenen Aufgaben erforderlich ist – gem. § 59 GWB ein Auskunfts- und Prüfungsrecht, zu dessen Ausgestaltung ihr ein weiter Ermessensspielraum zusteht.[4]

## II. Vertraulichkeit (Absatz 1)

5 Informationen, bei denen es sich insbesondere um Verschlusssachen handelt, die im Rahmen eines Nachprüfungsverfahrens in den für seine Durchführung relevanten Unterlagen enthalten sind, müssen sowohl beim Umgang als auch bei der Aufbewahrung besonders geschützt werden.

6 **Vertrauliche Informationen** sind solche, die nach der Verkehrsanschauung nicht nach außen dringen dürfen und deren Offenlegung zu benennende, nachteilige Auswirkungen hätten.[5] Dies betrifft bspw. Betriebs- und Geschäftsgeheimnisse[6] des Antragstellers, des Beigeladenen oder anderer Beteiligter des Vergabeverfahrens, die Bestandteil des Nachprüfungsverfahrens werden. Insbesondere sind davon Informationen umfasst, die nach § 6 VSVgV ausdrücklich als vertraulich gekennzeichnet wurden.

7 **Verschlusssachen** sind solche, die in § 4 Gesetz über die Voraussetzungen und das Verfahren von Sicherheitsüberprüfungen des Bundes (Sicherheitsüberprüfungsgesetz – SÜG) genannt und vom Auftraggeber als solche eingestuft werden. Demnach sind Verschlusssachen im öffentlichen Interesse geheimhaltungsbedürftige Tatsachen, Gegenstände oder Erkenntnisse, unabhängig von ihrer Darstellungsform, die entsprechend ihrer Schutzbedürftigkeit von einer amtlichen Stelle oder auf deren Veranlassung eingestuft werden, vgl. § 4 Abs. 1 SÜG. Zu den Einzelheiten siehe Kommentierung in § 99, Rn. 44 ff.

## III. Geheimhaltung (Absatz 2)

8 § 110a Abs. 2 GWB verpflichtet die Mitglieder der Vergabekammern zur Geheimhaltung der in Absatz 1 genannten vertraulichen Informationen und Verschlusssachen.

Die Verpflichtung zur **Geheimhaltung** von Verschlusssachen und anderen vertraulichen Informationen bedeutet, die Unterlagen durch besondere Sicherheitsmaßnahmen vor dem Zugriff von Unbefugten zu schützen. Unbefugt sind Personen, die nicht zum Zugang zu Verschlusssachen ermächtigt sind.

9 Bei der Gestaltung des Nachprüfungsverfahrens ist dementsprechend den Sicherheitsbelangen des Staates – der Grundlage für die Verpflichtung zur Geheimhaltung – rechtlich und praktisch Rechnung zu tragen. Das heißt, Vergabekammern müssen die für sie jeweils geltenden Anweisungen zum Umgang mit Verschlusssachen beachten:

---

4 OLG Düsseldorf, 16.2.2012 – Verg 2/12.
5 OVG Nordrhein-Westfalen, 5.6.2012 – 13a F 17/11.
6 Zu den Begrifflichkeiten vgl. OLG Düsseldorf, 28.12.2007 – Verg 40/07.

## 1. Vergabekammern des Bundes

Die Vergabekammern des Bundes haben die *Allgemeine Verwaltungsvorschrift des Bundesministerium des Innern zum materiellen und organisatorischen Schutz von Verschlusssachen (VS-Anweisung – VSA)* vom 31. März 2006 in ihrer jeweils geltenden Fassung (derzeit in der Fassung vom 26. April 2010, GMBl 2010, S. 846) (im Folgenden als „VSA Bund" bezeichnet) zu beachten.[7]

## 2. Vergabekammern der Länder

Die Vergabekammern der Länder haben die für ihr Bundesland geltende VS-Anweisung zu beachten. Dabei orientieren sich im Interesse der Einheitlichkeit des Umgangs mit Verschlusssachen die Länder grundsätzlich an den Allgemeinen Verwaltungsvorschriften des Bundes.[8]

## 3. Sicherstellung der Vertraulichkeit bzw. Geheimhaltung

Die Vergabekammern haben zur Sicherstellung der Vertraulichkeit von vertraulichen Informationen und Verschlusssachen insbesondere Folgendes zu beachten:

- Die Informationen und Verschlusssachen sollten nur Personen zur Kenntnis gegeben werden, die diese unbedingt zur Durchführung des Nachprüfungsverfahrens benötigen: „Kenntnis nur, wenn nötig", vgl. § 4 Abs. 1 VSA Bund.

- Der Schutz der Vertraulichkeit bedeutet auch Absicherung des zuverlässigen Zugangs zu VS (Verfügbarkeit) und deren Unversehrtheit (Integrität). Alle (insbesondere technischen) Schutzmaßnahmen müssen auf dem aktuellen Stand der Entwicklung gehalten werden, vgl. § 4 Abs. 3 VSA Bund.

- In Räumen, in denen VS-VERTRAULICH oder höher eingestufte Verschlusssachen verwaltet werden, dürfen nur Personen tätig sein, die entsprechend ermächtigt sind. Das heißt, die Personen sind gemäß dem Sicherheitsüberprüfungsgesetz und den allgemeinen Verwaltungsvorschriften zur Durchführung von Sicherheitsüberprüfungen zu überprüfen, vgl. § 10 Abs. 2 und 3 VSA Bund.

- Die **Aufbewahrung von Unterlagen mit der Einstufung VS-NUR FÜR DEN DIENSTGEBRAUCH** hat in verschlossenen Räumen oder Behältern (Schränken, Schreibtischen usw.) zu erfolgen. Außerhalb von solchen Räumen oder Behältnissen sind sie stets so aufzubewahren bzw. zu behandeln, dass Unbefugte keinen Zugang zu oder Einblick in die VS haben.[9]

- Die **Aufbewahrung der Unterlagen mit der Einstufung VS-VERTRAULICH oder höher** sind in VS-Registraturen aufzubewahren, vgl. § 17 Abs. 1 Satz 1 VSA Bund. Bei Nichtgebrauch sind diese Unterlagen in so genannten Verwahrgelassen zu verschließen, das heißt gem. § 31 VSA Bund bewachten oder alarmanlagengesicherten Stahlschränken oder Aktensicherungsräumen, die besonderen Sicherheitsanforderungen (vgl. § 30 Abs. 2 VSA Bund) entsprechen. Ist eine derartige

---

7 § 1 VS-Anweisung des Bundes.
8 Vgl. bspw. Verschlusssachenanweisung für den Freistaat Thüringen in der Fassung vom 17. Juni 2011, ThürStAnz 29/2011, S. 927.
9 Merkblatt für die Behandlung von Verschlusssachen (VS) des Geheimhaltungsgrades VS-NUR FÜR DEN DIENSTGEBRAUCH (VS-NfD), Stand: 12.11.2010.

Aufbewahrung nicht möglich, so sind die Verschlusssachen bei einer anderen Dienststelle unterzubringen, die die erforderlichen Voraussetzungen erfüllt.

- Ausdrücklich erwähnt der § 110 a) Abs. 2 2. HS GWB, dass die **Entscheidungsgründe des Beschlusses** Art und Inhalt der geheimzuhaltenden Akten nicht erkennen lassen dürfen. Dabei ist zu beachten, dass die grundsätzliche Begründungspflicht des § 113 Abs. 1 Satz 1 GWB unberührt bleibt. Dazu gehört die Aufnahme des Hinweises, dass die VK bzw. der Senat die vertraulichen Informationen bzw. die Verschlusssachen erhalten hat.[10]

## IV. Weitere Maßnahmen zur Sicherstellung der Geheimhaltung

### 1. Beschränkung der Akteneinsicht

13   Die Rechtsprechung[11] hatte bereits vor Inkrafttreten der VSVgV für den Umgang mit Verschlusssachen bzw. Geheimhaltungsbedürftigen Unterlagen im Rahmen eines Nachprüfungsverfahrens vorgesehen, dass eine Beschränkung der Akteneinsicht nach § 111 Abs. 2 GWB (gegebenenfalls i.V.m. § 120 Abs. 2 GWB bzw. § 120 Abs. 2 i.V.m. § 72 Abs. 2 Satz 2 GWB: „wichtige Gründe") zulässig ist. Keiner Partei steht dabei ein Anspruch auf unbegrenzten und uneingeschränkten Zugang zu allen bei der Nachprüfungsinstanz eingereichten und dieses Vergabeverfahren betreffenden Informationen zu, sondern nur bezüglich der entscheidungsrelevanten Aktenbestandteile.[12]

14   Die Geheimhaltungsbedürftigkeit bestimmter Daten oder Unterlagen ist dann im Rahmen einer Abwägung entsprechend § 72 Abs. 2 Satz 4 GWB zwischen

- dem Interesse des Antragstellers an effektivem Individualrechtsschutz und dem gleichgerichteten Interesse der Allgemeinheit an der Einhaltung des materiellen Vergaberechts einerseits und

- dem Geheimhaltungsinteresse des von der Akteneinsicht Betroffenen andererseits

vorzunehmen.[13]

Im Rahmen dieser Abwägung ist auch zu berücksichtigen, ob ein effektiver Rechtsschutz des Akteneinsicht Begehrenden durch andere, das Geheimhaltungsinteresse des Betroffenen ganz oder zumindest teilweise wahrende Art und Weise gewährleistet werden kann.[14]

15   Die Versagung der Akteneinsicht durch die Vergabekammer ist eine Zwischenentscheidung, die mit einer sofortigen Beschwerde isoliert angegriffen werden kann.[15]

---

10   Kopp/Schenke, VwGO, § 99, Rn. 20.
11   OLG Düsseldorf, 8.6.2011 – Verg 49/11.
12   OLG Brdbg, 10.11.2011 – Verg W 13/11.
13   OLG Düsseldorf, 28.12.2007 – Verg 40/07.
14   OLG Naumburg, 1.6.2011 – 2 Verg 3/11; EuGH, 14.2.2008 – Rs. C-450/06.
15   OLG Düsseldorf, 28.12.2007 – Verg 40/07.

## 2. Verpflichtung zur Geheimhaltung

Des Weiteren kann zumindest der Vergabesenat anordnen, dass die in der Verhandlung anwesenden Personen zur Geheimhaltung *„von Tatsachen, die durch die Verhandlung oder durch ein die Sache betreffendes amtliches Schriftstück zu ihrer Kenntnis gelangen"* verpflichtet werden, § 174 Abs. 3 Satz 1 GVG.

Der diesbezügliche Beschluss ist in das Sitzungsprotokoll aufzunehmen. Er ist anfechtbar. Die Beschwerde hat keine aufschiebende Wirkung.

# § 127 GWB
# Ermächtigungen

Die Bundesregierung kann durch Rechtsverordnung mit Zustimmung des Bundesrates Regelungen erlassen

1. zur Umsetzung der vergaberechtlichen Schwellenwerte der Richtlinien der Europäischen Union in ihrer jeweils geltenden Fassung;
2. über das bei der Vergabe durch Auftraggeber, die auf dem Gebiet der Trinkwasser- oder Energieversorgung oder des Verkehrs tätig sind, einzuhaltende Verfahren, über die Auswahl und die Prüfung der Unternehmen und der Angebote, über den Abschluss des Vertrags und sonstige Regelungen des Vergabeverfahrens;
3. über das bei der Vergabe von verteidigungs- und sicherheitsrelevanten öffentlichen Aufträgen einzuhaltende Verfahren, über die Auswahl und die Prüfung der Unternehmen und der Angebote, über den Ausschluss vom Vergabeverfahren, über den Abschluss des Vertrags, über die Aufhebung von Vergabeverfahren und über sonstige Regelungen des Vergabeverfahrens einschließlich verteidigungs- und sicherheitsrelevanter Anforderungen im Hinblick auf den Geheimschutz, allgemeine Regeln zur Wahrung der Vertraulichkeit, die Versorgungssicherheit sowie besondere Regelungen für die Vergabe von Unteraufträgen.
4. (weggefallen)
5. (weggefallen)
6. über ein Verfahren, nach dem öffentliche Auftraggeber durch unabhängige Prüfer eine Bescheinigung erhalten können, dass ihr Vergabeverhalten mit den Regeln dieses Gesetzes und den auf Grund dieses Gesetzes erlassenen Vorschriften übereinstimmt;
7. über ein freiwilliges Streitschlichtungsverfahren der Europäischen Kommission gemäß Kapitel 4 der Richtlinie 92/13/EWG des Rates der Europäischen Gemeinschaften vom 25. Februar 1992 (ABl. EG Nr. L 76 S. 14);
8. über die Informationen, die von den Auftraggebern dem Bundesministerium für Wirtschaft und Technologie zu übermitteln sind, um Verpflichtungen aus Richtlinien des Rates der Europäischen Gemeinschaft zu erfüllen;
9. über die Voraussetzungen, nach denen Auftraggeber, die auf dem Gebiet der Trinkwasser- oder der Energieversorgung oder des Verkehrs tätig sind, sowie Auftraggeber nach dem Bundesberggesetz von der Verpflichtung zur Anwendung dieses Teils befreit werden können, sowie über das dabei anzuwendende Verfahren einschließlich der erforderlichen Ermittlungsbefugnisse des Bundeskartellamtes.

## Überblick

1 Verordnungsermächtigung für die VSVgV und den dritten Abschnitt der VOB/A ist § 127 Nr. 3 GWB. Die Schwellenwertregelung beruht auch in der VSVgV – ebenso wie in der VgV und der SektVO – auf § 127 Nr. 1 GWB.

2 Praktische Bedeutung für den „normalen" Rechtsanwender haben Verordnungsermächtigungen dann, wenn die Verordnungsermächtigung überschritten wird, indem in der Rechtsverordnung etwas geregelt wird, was in der Verordnungsermächtigung gar nicht vorgesehen ist. Hätte der Gesetzgeber sich bei § 127 Nr. 3 GWB 1:1 am Vorbild der Regelungen für das sonstige Vergaberecht – insbesondere an § 127 Nr. 2 GWB als Grundlage der rechtssystematisch verwandten SektVO – orientiert, hätte Anlass zum Zweifel bestanden, zu speziell sind schließlich die Regelungen in VSVgV und dem dritten Abschnitt der VOB/A. Schließlich sind detaillierte Regelungen zur Versorgungssicherheit, zu dem Geheimschutz und der Vergabe von Unteraufträgen enthalten, die im allgemeinen Vergaberecht (VgV, SektVO) nicht zu finden sind. Doch der Gesetzgeber hat diese Punkte ausdrücklich auch in § 127 Nr. 3 GWB erwähnt. Jedenfalls für den Anwendungsbereich der VSVgV stellt sich daher derzeit nicht die Frage, ob die Verordnungsermächtigung überschritten wurde.

# § 131 GWB
## Übergangsbestimmungen
## (Auszug)

(...)

**(9)** Vergabeverfahren, die vor dem 14. Dezember 2011 begonnen haben, sind nach den für sie bisher geltenden Vorschriften zu beenden; dies gilt auch für Nachprüfungsverfahren, die sich an diese Vergabeverfahren anschließen, und für am 14. Dezember 2011 anhängige Nachprüfungsverfahren.

## Übersicht

| | | Rn. |
|---|---|---|
| I. | Bedeutung für die Praxis | 1 |
| II. | Inhalt der Übergangsregelung | 4 |

## I. Bedeutung für die Praxis

§ 131 GWB enthält verschiedene **Übergangsregelungen**, von denen nur Abs. 9 für die Beschaffung von verteidigungs- und sicherheitsrelevanten Leistungen von Bedeutung ist.[1] Durch § 131 Abs. 9 GWB werden Übergangsregelungen für das Inkrafttreten des Gesetzes zur Änderung des Vergaberechts für die Bereiche Verteidigung und Sicherheit v. 07.12.2011 (BGBl I 2011, 2570) am **14. Dezember 2011** getroffen. 1

Eine weitere für verteidigungs- und sicherheitsrelevante Beschaffungen wichtige Übergangsregelung enthält **§ 45 VSVgV**. Diese Norm regelt den Umgang mit Vergabe- und Nachprüfungsverfahren, die zum Zeitpunkt des Inkrafttretens der VSVgV am **19. Juli 2012** bereits begonnen waren (siehe § 45, Rn. 1). 2

Bei verteidigungs- und sicherheitsrelevanten Beschaffungen sollte ferner der **21. August 2011** als Beginn der unmittelbaren Anwendbarkeit verschiedener Bestimmungen der Verteidigungsvergabe-RL 2009/81 beachtet werden (siehe § 45, Rn. 5 ff.). 3

## II. Inhalt der Übergangsregelung

Auf Vergabeverfahren (einschließlich sich etwa anschließender Nachprüfungsverfahren), welche **bis 13. Dezember 2011** (24:00h) begonnen wurden, ist das Vergaberecht in der seinerzeit geltenden Fassung anzuwenden. 4

---

1 Vgl. *Zeiss*, in: Heiermann/Zeiss/Blaufuß, jurisPK-VergR, 3. Aufl. 2011, § 131 GWB Rn. 3 f..

5 > **PRAXISHINWEIS**
> 
> *Ein Vergabeverfahren beginnt mit den **ersten nach außen gerichteten Handlungen** des Auftraggebers bzw. der Vergabestelle. Eingehend dazu siehe § 45, Rn. 10 ff.*

6 Liegt der Beginn des Vergabeverfahrens **nach dem 21. August 2011** (00:00h) **aber vor dem 13. Dezember 2011** (24:00h) ist das seinerzeit geltende deutsche Vergaberecht in richtlinienkonformer Auslegung bzw. unter Beachtung der unmittelbar anwendbaren Richtlinienbestimmungen der Verteidigungsvergabe-RL 2009/81 anzuwenden (siehe § 45, Rn. 5 ff.).

7 Für Vergabeverfahren, die ab dem **14. Dezember 2011** (0:00h) begonnen werden, gelten die aktuellen Regelungen. Für den Zeitraum vom **14. Dezember 2011** (0:00h) bis zum Inkrafttreten der VSVgV am **19. Juli 2012** (0:00h) sind dabei auch die unmittelbar anwendbaren Richtlinienbestimmungen der Verteidigungsvergabe-RL 2009/81 zu beachten.

8 Zu den am 14. Dezember 2011 in Kraft getretenen Änderungen des GWB gehören insbesondere die Änderungen in § 99 GWB (hier sind seither die maßgeblichen Legaldefinitionen für die Anwendung der VSVgV enthalten) und in § 115 Abs. 4 GWB (hier wird der Rechtsschutz für solche Aufträge verbessert, bei denen der Auftraggeber die Nichtanwendbarkeit des Vergaberechts behauptet). Ferner wurde § 100 GWB a.F. unter geringfügiger inhaltlicher Ergänzung zur Umsetzung der RL 2009/81 in die §§ 100–100c GWB n. F. aufgespalten, um die Übersichtlichkeit der Ausnahmetatbestände zu verbessern.

## Stichwortverzeichnis

Bei den halbfetten Ziffern handelt es sich um den Paragrafen. Die mageren Ziffern geben die Randnummer an.

### A

Abfall- und Abwasserbeseitigung **5** 6
Abgaben
    Zahlungen von **24** 30
Abnahmeverpflichtung
    Mindestabnahmemenge **14** 52
    Rahmenvereinbarung **14** 51
    Rahmenvereinbarung mit mehreren Unternehmen **14** 54
    Schadensersatz **14** 54
    Schadensersatzanspruch **14** 52
Abschichten **18** 70
Abschichtung von Bietern **11** 42
Abschnitt **35** 16
Absendung der Bekanntmachung **35** 33
Absolute Rechtskraft **23** 3
Afghanistan **Einl.** 19, **5** 27
Agreement on Government Procurement (GPA) **Einl.** 22
Akkreditierung **19** 4
Akteneinsicht **110a** 13
Aktenzeichen **18** 81
Aktualität der Erklärung **26** 4
Allgemeine Geschäftsbedingungen der Bundeswehr **16** 39
Alternative Nachweise **26** 12 f.
Alternativverhältnis **26** 3
Amortisationsdauer
    Laufzeit Rahmenvereinbarung **14** 49
Amt für Veröffentlichungen der Europäischen Union **17** 15, 57, **18** 102
Anbieter aus Drittstaaten **Einl.** 30
Änderung der Zuschlagskriterien **16** 36
Änderung ungenauer oder falscher Informationen **17** 52
Anforderungen an die Vergabeunterlagen **16** 6
Angebot
    Akteneinsicht **30** 41
    Aufbewahrung **30** 8, 37
    Aufforderung zur Abgabe **29** 1
    Eingangsvermerk **30** 12
    Elektronische Form **30** 15
    Elektronischer Eingangsvermerk **30** 18
    Form **19** 42
    Fortgeschrittene elektronische Signatur **30** 16
    Geschäftsgeheimnis **30** 37
    Hinweis auf gewerbliche Schutzrechte **29** 43
    Öffnung **30** 22
    Schriftform **30** 10
    Unversehrtheit **30** 26
    Vergleichbarkeit **15** 27, 44
    Verlesung **30** 23
    Verschluss **30** 7
    Verschlüsselung **30** 7
    Verwahrung **30** 14
    Wiederverschluss **30** 9
Angebote
    indikative **11** 19
    letztverbindliche **11** 20
Angebotsabgabe
    Bietergemeinschaften **29** 49
    Elektronische Form **19** 46
    Per Fax **19** 45
    Telefonisch **19** 44
Angebotsfrist **20** 34
    Dringlichkeit **14** 46
    E-Mail **14** 44
    für die Abfrage von Einzelaufträgen aus einer Rahmenvereinbarung **14** 44
    komplexe Auftragsgegenstand **14** 44
    Reparaturaufwand **14** 44
Angebotswertung **33** 1, **34** 1
Anhang **26** 7, **35** 15–18
Annex
    GPA **Einl.** 24
Anschlussbeschwerde **90** 54
Anschreiben **16** 23
Antrag auf Teilnahme am Vergabeverfahren
    Form **19** 42

## Stichwortverzeichnis

Antrag auf Unterrichtung
  Rechtsfolgen **36** 33
Anwendbarkeit der VSVgV
  freiberufliche Dienstleistungen **2** 4, **5** 14
  Liefer- und Dienstleistungsaufträge **2** 3
  VOF **2** 4, **5** 14
  VOL/A **2** 4
Anwendungsbereich der VSVgV **1** 1
  persönlicher **1** 10
  sachlicher **1** 7
Anwendungsbereich des Kartell-
  vergaberechts **100** 1
Arbeitsgemeinschaft (ARGE) **21** 48, 61
Arbeitskräftevermittlung **5** 10
Architektur **5** 6
Archivierung **19** 19
ARGE-Verträge **21** 61
Art und Weise der Einreichung **32** 15
Artengemischten Aufträge **99** 55
Arznei- und Verbandmittel
  Rahmenvereinbarung **14** 34
Assistenzroboter
  Wettbewerblicher Dialog **13** 50
Außenwirtschaftsverordnung **24** 20
Aufbewahrung **43** 53
Aufbewahrungsfrist **43** 54–56
Aufforderung zur Angebotsabgabe **29** 1
  Eignungsnachweise **29** 26
  Frist **29** 23
  Gewichtung der Zuschlagskriterien **29** 29
  Hinweis auf Bekanntmachung **29** 22
  Mindestanforderungen **29** 19
  Verhandlungsverfahren **29** 26
  Wettbewerblicher Dialog **29** 24
Aufgriffschwelle **33** 6
Aufhebung **37** 0
  Anspruch auf Aufhebung **37** 10
  Aufhebung der Aufhebung **37** 27
  Aufhebungsgründe **37** 11
  bieterschützender Charakter **37** 10
  Dokumentationspflicht **37** 26
  Einstellung **37** 3
  Ermessen **37** 8
  Mitteilungspflicht **37** 21
  Rechtsschutz **37** 27
  Schadensersatzansprüche **37** 32

  stilles Auslaufenlassen **37** 4
  Umfang **37** 6
  Vertragsabschlussfreiheit **37** 1
  Wirkung **37** 6
  Zulässigkeit eines neuen Vergabever-
    fahrens **37** 21
Aufhebung der Ausschreibung
  Beendigung des Verfahrens ohne Ergebnis im
    Wettbewerblichen Dialog **13** 51
Aufklärung **23** 22, 45
  von Nebenangeboten **32** 49
Aufklärungsgespräche **11** 24–29
  Ermessen zur Durchführung **11** 32
  Form **11** 34
  Frist **11** 38
Aufklärungspflicht
  des Auftraggebers **15** 17
Aufsichts- und Organisationsverschulden **23** 17
Aufteilung **3** 27
Aufträge
  gemischte **5** 11
Auftraggeber **9** 2, **18** 17
  Bekanntmachungspflichten **9** 58
  funktionaler öffentlicher Auftraggeber **1** 11
  klassische öffentliche **13** 6
  öffentlicher **1** 11
Auftragnehmer **9** 2, **38** 4, **41** 1
  Einsatz von Nachunternehmern **9** 30
  Haftung **9** 60
Auftragsart **17** 26
Auftragsberatungsstellen **18** 98
Auftragsbezogenes Eignungsprofil **22** 9
Auftragsbezug **18** 79
Auftragsgegenstand **17** 25, **18** 24
  komplexer Angebotsfrist **14** 44
Auftragssperre **24** 8
Auftragsumfang **18** 45
Auftragsvergebende Stelle **17** 20
Auftragswertschätzung **3** 3
Aufwand
  unverhältnismäßiger, betreffend Durch-
    führung einer öffentlichen Aus-
    schreibung **Einl.** 21
Augusta-Entscheidung **Einl.** 6, **100** 40
Ausbildungs-, Schulungs- und Simulations-
  dienstleistungen **5** 6

# Stichwortverzeichnis

Ausführungsfristen **18** 47
Ausgeschlossene Personen **42** 1–2
Auskömmlichkeit **33** 12
Auskünfte
   falsche **24** 33–34
Auslandseinsatz
   außerhalb der EU **Einl.** 19
   unterhalb der Schwellenwerte **Einl.** 19
Auslandseinsatzgebiete
   außerhalb der EU **Einl.** 19, **5** 27
Ausnahme von Vergaberecht
   Beschaffungen unterhalb der Schwellenwerte **Einl.** 18
   nach § 100 Abs. 6 GWB i.V.m Art. 346 AEUV (= Art. 296 EGV) **Einl.** 18
Ausnahmegründe **35** 25
Ausnahmen **35** 23
Ausnahmetatbestände **100** 15–16
   Arbeitsverträge **100** 18
   Beschaffungen im Einsatzland **100c** 16
   Einsatz der Streitkräfte **100** 46
   Finanzdienstleistungen **100c** 3
   Forschungs- und Entwicklungsleistungen **100** 23–24
   Geheimschutz **100** 50
   Immobilienerwerb **100** 25
   Informationstechnologie **100** 46
   Intergouvernementale Zusammenarbeit **100c** 13
   Internationale Organisationen **100** 66, 27
   Internationaler Abkommen **100** 61, 24
   Kooperationsprogramme **100c** 9
   Kriegswaffenliste von 1958 **100** 37
   Miete von Immobilien **100** 25–26
   Nachrichtendienstliche Tätigkeit **100c** 4
   Rundfunkprogramme **100a** 3
   Schiedsgerichtsleistungen **100** 22
   Schlichtungsleistungen **100** 22
   Sicherheitsinteressen **100** 30
   Sicherheitsmaßnahmen erforderlich **100** 54
   Terrorismusbekämpfung **100** 46
   Truppenstationierungsabkommen **100** 64
   Zwischenstaatliche Abkommen **100** 61
Ausnahmevorschrift Art. 296 EGV (= Art. 346 AEUV) **Einl.** 5
Ausschließlichkeitsrechte **12** 11

Ausschluss
   fakultativer **24** 1–4
   von Lösungsvorschlägen im Wettbewerblichen Dialog **13** 35
Ausschlussgrund **7** 52
Ausschlusskriterien **21** 11, **34** 8
Ausschlusstatbestände **24** 2–3
Auswahlentscheidung **21** 35
Auswahlkriterien **21** 36
Auswahlverfahren **21** 7
Autonome Waffensysteme
   wettbewerblicher Dialog **13** 1, 16, 35

# B

Bankerklärung **26** 3–4
Bauaufträge **2** 8–9, **99** 6
Baukonzession **2** 11
Bauleistungen **2** 8
Bauverträge
   Änderung der Leistungsart **32** 35
Bedarfspositionen **15** 35
Bedrohungen
   asymmetrische und länderübergreifende **Einl.** 2
Beeinträchtigung des öffentlichen Interesses **35** 27
Beeinträchtigung des Wettbewerbs **35** 29
Beförderungsleistung
   Rahmenvereinbarung **14** 2
Beginn eines Vergabeverfahrens **45** 13
Begriffsbestimmungen **4** 1
Beherbergungsgewerbe **5** 10
Behinderung des Gesetzesvollzugs **35** 26
Beihilfe **33** 20
Bekanntmachung **21** 26, **25** 8, **39** 4
   Einwilligung des Auftraggebers **39** 9
   Mindestinhalt **39** 5
   Muster **39** 7
   Veröffentlichung **39** 7
   Wettbewerblicher Dialog **13** 14
Berechtigter Grund **26** 13–14
Berichtspflicht **44** 10–13
Berufshaftpflichtversicherung **26** 3–5
Berufskammern der Länder **25** 6
Beschafferprofil **17** 62, **18** 18, 116

# Stichwortverzeichnis

Beschaffung von Liefer- und Dienstleistungen im Ausland
   Ausnahmetatbestände für Beschaffungen unterhalb der Schwellenwerte **Einl.** 21
Beschaffungen
   in Ländern mit EU-vergleichbaren Standdard **5** 28
Beschaffungen im Verteidigungs- und Sicherheitsbereich
   alte Rechtslage **Einl.** 4
   neue Rechtslage **Einl.** 13
   unterhalb der Schwellenwerte **Einl.** 15
   wirtschaftliche Bedeutung **Einl.** 1
Beschaffungen unterhalb der Schwellenwerte
   Ausnahme vom Vergaberecht nach § 100 Abs. 6 GWB i.V.m Art. 346 AEUV (= Art. 296 EGV) **Einl.** 18
   Ausnahmetatbestände **Einl.** 16
Beschaffungshoheit **21** 25
Beschleunigtes Verfahren **20** 39
Beschleunigung **18** 67
Beschränkung des Wettbewerbs **21** 25
Besondere Dringlichkeit **18** 67
Bestimmter Berufsstand **18** 65
Betriebs- und Geschäftsgeheimnisse **6** 12, **35** 28
Betrug **24** 18
Beurteilungsspielraum **3** 12, **21** 6
Bewachungsdienste **5** 19
Beweisregeln, besondere
   bei der Prüfung der Vertrauenswürdigkeit im Abschnitt 3 der VOB/A („VS-Paragrafen") **2** 11
Bewerber **21** 1
   Unterrichtung **36** 17
Bewerber- oder Bietergemeinschaft **21** 30, **22** 8
Bewerbergemeinschaft **18** 63, **21** 47, 58
Bewerbung
   Inhalt der Unterrichtung **36** 18
   Mitteilung von Gründen **36** 2
Bewerbungsbedingungen **16** 24–25
Bewertungskriterien **34** 9
Bewertungsmatrix **16** 31, **21** 11
Bewertungstests **5** 6
Bieterfragen **16** 14
Bietergemeinschaft **18** 52, **21** 47, **38** 4

Angabe des Vertreters **29** 53
Bietergemeinschaften
   Ausschluss von **24** 7
Bietergemeinschaftserklärung **29** 52
Bieterkonferenz **13** 25
Bieterschützender Charakter **3** 6, **18** 8
Bilanz **26** 7
Bindefrist **20** 61–64
Binnenmarktrelevanz **5** 1
Blutplasma **14** 38
   Dringlichkeit **14** 46
Briefe, maschinell erstellte
   als Textform **14** 26
Buchführung, -haltung und -prüfung **5** 6

## C

Checkliste **16** 45–47
Chirurgische Eingriffe **5** 2
Common Procurement Vocabulary – CPV **18** 5
Computerfax
   als Textform **14** 26
Containerumschlag **5** 2
   außerhalb der EU **5** 27
   innerhalb der EU **5** 27
CPV-Code **5** 12–13, **17** 34, **18** 36
   Auswahl des treffensten **5** 15
CPV-Referenznummer **5** 12
CPV-Verordnung **5** 12
Culpa in contrahendo **38** 29
Cyber-Angriff
   Rahmenvereinbarung zur Abwehr **14** 11

## D

Datenverarbeitung **5** 6
Dauerauftrag **3** 35, **18** 90
De-Mail **19** 23
   als Textform **14** 26
Defence Technology Industry Base **Einl.** 8
Definitionen **4** 1
Detekteien **5** 6
Deutsche Akkreditierungsstelle (DAAKS) **28** 6
Dienstleistungen
   Grad der Bindung an das Vergaberecht **5** 2
   nachrangige **5** 1, 7–10
   nichtprioritäre **5** 1
   prioritäre **5** 1

# Stichwortverzeichnis

privilegiert **5** 2
sonstige **5** 16
vorrangige **5** 1–6
Dienstleistungen von Sicherheitsdiensten **5** 19
Dienstleistungsauftrag **25** 6, **99** 6
   Begriff in der VSVgV **5** 14
Dienstleistungskategorie **17** 27, **18** 27
Dienstleistungskonzessionen **18** 10
DIN EN 14001 **28** 12
DIN-EN ISO 9000 **28** 5
Diskriminierungsverbot **17** 55, **19** 11, 26, **21** 41
   Wettbewerblicher Dialog **13** 26
Dokumentation **3** 33, **43** 5–13
Dokumentationspflicht **35** 24
Drehtisch-Entscheidung **100** 41
Dringlichkeit
   Angebotsfrist **14** 46
   Blutplasma **14** 46
   Enteisungsmittel **14** 46
   Munition **14** 46
   Versorgungs- und Nachschubgüter **14** 46
Drittstaaten **Einl.** 29
Drohne **Einl.** 2, **4** 10
DTIB **Einl.** 8
Dual Use **Einl.** 6
Dual-Use-Güter **99** 22, **100** 42
Dynamische Verweisung **17** 13, **18** 14

## E

E-Mail
   als Textform **14** 26
   Angebotsfrist **14** 44
   Wettbewerblicher Dialog **13** 27
ECO Management und Audit System **28** 9
EG-Paragrafen **2** 11
Eidesstattliche Versicherung **24** 39
Eigenerklärung **22** 23, **28** 12
Eignung
   Nachweise **24** 38
Eignungs- und Zuschlagskriterien
   Besonderheiten für Rahmenvereinbarungen **14** 37
Eignungsanforderungen **18** 58
Eignungsleihe **9** 15–22, **22** 24, **26** 15–18
Eignungsnachweise **22** 5

Eignungsprofil **21** 9–13
Eignungsprüfung **21** 3–7
   wettbewerblicher Dialog **13** 20
Einsatz der Streitkräfte **100** 46, 58
Einsatzland
   Beschaffung im **100c** 16
Einschätzungsprärogative **18** 28
Einstellung **37** 3
Eisenbahn, Transporte mit **5** 21
   vorrangige Dienstleistung **5** 22
Elektronische Angebote
   Form **19** 43
Elektronische Signatur **19** 19, 33
   Wettbewerblicher Dialog **13** 27
Elektronische Übermittlung **18** 103
Elektronische Vergabe **30** 15
eNotices **17** 49, 60, **18** 101, **35** 31
Enteisungsmittel
   Dringlichkeit **14** 46
   Rahmenvereinbarung **14** 10–15
Ergänzungen **16** 46
Ergänzungen zu den Angeboten
   Wettbewerblicher Dialog **13** 43
Erlasse
   des BMWi und des BMVBS **Einl.** 10
Erlaubnis zur Berufsausübung **21** 7, **25** 2
Erlöse **3** 15
Ermessen **21** 36
Ermessensentscheidung **26** 2
Ermessensreduzierung auf null **22** 27
Ermessensspielraum **21** 38, **22** 10, **25** 12, **26** 2, 14, **28** 3
Eröffnungstermin **30** 22
   Dokumentation **30** 2
Ersatz- und Verschleißteile
   proprietäre **14** 49
Erste Stufe der materiellen Eignungsprüfung **23** 2
Ertragsberechnung **10** 18
EU-Statistik **44** 14
EU-Vergaberichtlinien
   neue **5** 30
EU-Verteidigungspaket **Einl.** 8
Eventual- und Bedarfspositionen **3** 18
Eventualpositionen **15** 35
Ex-post-Bekanntmachung **35** 2

# Stichwortverzeichnis

Ex-post-Transparenz **35** 3

## F

Fach- und Teillose **3** 49
Fachkunde **21** 16
Fachliche und berufliche Leistungsfähigkeit **21** 30
Fachlose **10** 4
Fakultative Ausschlussgründe **21** 7, **26** 19
Fehlende oder eine unvollständige Liste **16** 46
Fehlerhafte Schätzung **3** 31
Fernmeldewesen **5** 6
Finanz- und Liquiditätslage **26** 4
Finanzdienstleistungen **100a** 8, 3
Finanzielle Dienstleistungen **5** 6
Finanzielle und wirtschaftliche Leistungsfähigkeit **21** 31
Flugzeug
   Rahmenvereinbarung über die Wartung **14** 36
Form
   für Abgabe von Angeboten betreffend Einzelaufträge aus einer Rahmenvereinbarung **14** 42
Form der Übermittlung **17** 58
Forschungs- und Entwicklungsdienste **5** 6
   Definition **4** 10
Forschungs- und Entwicklungsleistungen **100** 23, 10
Fortgeschrittene elektronische Signatur **19** 47
Fotokopie **25** 8
Fracht- und Personenbeförderung **5** 6
Frachtumschlag und -lagerung **5** 2
Freiberufliche Dienstleistungen
   Anwendbarkeit der VSVgV **2** 4, **5** 14
Freiwillige Ex-ante-Transparenzbekanntmachung **18** 121
Fremdbelege **25** 9
Fremdnachweise **22** 23
Fristverkürzung **20** 26
Fristverlängerungen **20** 28
Funktionelle Äquivalenz **19** 18

## G

Gebäudereinigung **5** 6
Gebot der Bieteridentität **21** 56

Gegenseitigkeit
   Prinzip der **Einl.** 28–**Einl.** 31
Geheimhaltung **Einl.** 5, **6** 10, **110a** 8–9
Geheimnisschutz **19** 15
Geheimschutz **100** 50
Geheimschutzhandbuch **7** 4–11
Geheimwettbewerb **30** 6
Gelenkte Vergabe **15** 15
Gemeinsame Militärgüterliste **99** 22
Gemischte Aufträge **5** 11
Generalübernehmer **9** 20
Generalunternehmer **9** 20
Generalunternehmervergabe **10** 2
Gesamtmenge **18** 45
Gesamtumsatz **26** 8
Gesamtwert **35** 15
Geschätzter Auftragswert **18** 45
Geschützte Werkstätten **17** 40
Gesellschaft bürgerlichen Rechts **21** 48
Gesetzestreue **21** 20
Gesetzesvollzug
   Verzicht auf Unterrichtung **36** 37
Gestaltungsspielraum, souveräner
   Auslegung der wesentlichen Sicherheitsinteressen im GPA **Einl.** 26
Gestellung von Material **3** 46
Gesundheitswesen
   Dienstleistungen im **5** 10
Gewährleistung der Versorgungssicherheit **21** 23
Gewerbliche Schutzrechte **21** 17
Gewichtung **16** 26, **18** 75
Gewinn- und Verlustrechnung **26** 7
Gleichartige Lieferung **3** 49
Gleichbehandlung **16** 26, **18** 8
Gleichbehandlungsgebot **19** 28, **38** 17
   Wettbewerblicher Dialog **13** 26
Gleichbehandlungsgrundsatz **11** 18, **17** 55, **21** 46, 57
Gleichwertigkeit **28** 7, **32** 34
   Norm **36** 24
   Prüfung bei Nebenangeboten **32** 19
   Überprüfbarkeit **32** 27
   Unterrichtung **36** 22–24
Gleichwertigkeitsnachweis
   nicht für Versorgungssicherheit **36** 28

# Stichwortverzeichnis

Government Procurement Agreement
(GPA) **Einl.** 22
GPA
  persönlicher Anwendungsbereich **Einl.** 24
  sachlicher Anwendungsbereich **Einl.** 24
Grundsatz der Verhältnismäßigkeit **23** 25

## H

Hafenspediteure **5** 2
Handelsregister **25** 5
Handwerksrolle **25** 5
Harte Patronatserklärung **33** 15
Haushaltsrecht **Einl.** 15, **10** 16
Heimatsprache **18** 88
Höchstpreisprinzip **10** 25
Horizontale Bewerber- oder Bietergemeinschaften **21** 30, 53
Horn von Afrika **Einl.** 19, **5** 27
Hotelbuchung **5** 2
Hotelübernachtung **5** 2
Hubschrauber **Einl.** 6
  Rahmenvereinbarung über die Wartung **14** 36

## I

ILO-Kernarbeitsnormen **21** 20
Industrie- und Handelskammer **25** 6
Informationsaustausch **19** 10
  elektronischer **19** 25
Informationsfreiheitsgesetze **6** 13
Informationskriterien **34** 11
  Beschaffenheitsgarantie **34** 11
Informationsmemorandum **18** 35
Informationspflicht
  Wettbewerblicher Dialog **13** 32
Informationssicherheit
  Verstoß gegen **24** 24
Informationstechnologien **15** 45, **100** 46
Informationsübermittlung **19** 1–5
Inkrafttreten **46** 5
Innovative Aspekte **18** 56
Insolvenzverfahren **24** 9
Instandhaltung **5** 6
Instandsetzungs- und Wartungstätigkeit **100** 39

Interessenkonflikte
  GPA **Einl.** 22
Intergouvernementale Zusammenarbeit **100c** 13
Interimslösung **Einl.** 10
Internationale Organisationen **100** 66, 27
Internationale Abkommen **100** 61, 24
Investitionskosten
  Laufzeit Rahmenvereinbarung **14** 49
IT- und Kommunikationssysteme
  wettbewerblicher Dialog **13** 1, 16–24

## J

Jahresabschluss **26** 7
Juristische Beratung und Vertretung **5** 2

## K

Kaskadenprinzip **Einl.** 12, **2** 1
  Verhältnis der VSVgV zur VOB/A **2** 7
Kausalität **23** 15
Kausalzusammenhang **23** 18
Kautionen **18** 49
Kenntnis eines Vergaberechtsverstoßes **35** 32
Klarstellungen des Angebots
  Wettbewerblicher Dialog **13** 43
Kommunikationsmittel **19** 2–8
  Auswahl **19** 11
Kompensationsgeschäfte **Einl.** 9, **34** 49
Konsortium **21** 55
Kontaktdaten **18** 18
Konzernangehörige Unternehmen **26** 16
Kooperationsprogramme **100c** 9
Korruption
  GPA **Einl.** 22
Kosten **18** 83
Kostenaufwändige Unterlagen
  Anspruch auf Kostenerstattung im Wettbewerblichen Dialog **13** 58
Kostenerstattung **3** 15
  im Wettbewerblichen Dialog **13** 58
Krankenhaus und ärztliche Behandlung **5** 2
Kriegswaffenkontrollgesetz **24** 19
Kriegswaffenliste **25** 11
Kriegswaffenliste von 1958 **100** 37
Krise **12** 8
  Definition **4** 5

657

# Stichwortverzeichnis

Krisensituation **14** 38
Kriterien ohne Gewichtung **16** 34

## L

Landesverteidigung **35** 27
Landverkehr **5** 6
Laufzeit **17** 36
Laufzeitverlängerungen **18** 46
Laufzeitverträge **3** 35
Legaldefinitionen **4** 1
Leiharbeitnehmer **100** 19
Leistungs- bzw. Lieferort **17** 26
Leistungs- und Funktionsanforderungen
    Gleichwertigkeit **15** 76
Leistungsart
    vertragsrechtliche Folgen **32** 30
Leistungsbeschreibung **15** 1, **16** 37
    Alternativpositionen **15** 30
    Auslegung **15** 6, 48
    Auslegungsmöglichkeit **15** 24
    Bestimmtheitsgrundsatz **15** 18
    Beweislast bei Gleichwertigkeit **15** 71
    Diskriminierungsverbot **15** 15
    Eindeutigkeit **15** 19
    Eindeutigkeit und Vollständigkeit **15** 16, 29
    Fehlerfolgen **15** 47
    Funktional **15** 64
    Funktionen **15** 2
    Gleichwertigkeit **15** 62
    Interoperabilität **15** 53
    Kalkulationsgrundlage **15** 25
    Kombinationsmodelle **15** 67
    Konventionell **15** 63
    Losvergabe **15** 29
    Produktneutralität **15** 81
    Technische Anforderungen **15** 52
    Transparenz **15** 22
    Umweltzeichen **15** 78
    Varianten **15** 56
    Vergabevermerk **15** 12
    Verkehrsüblich **15** 63
    Vollständigkeit **15** 21
    Wahlpositionen **15** 30
    wettbewerblicher Dialog **13** 17
    Zweifelsfragen **15** 48

Leistungsfähigkeit **9** 22, **33** 15
    Rahmenvereinbarung **14** 39
Lenkwaffen **14** 38
    Rahmenvereinbarung **14** 10
Lesbarkeit **25** 8
Level playing field **Einl.** 8
Liefer- und Dienstleistungsaufträge
    Anwendbarkeit der VSVgV **2** 3
Lieferaufträge **25** 5, **99** 6
Lieferfähigkeit
    Rahmenvereinbarung **14** 39
Lieferung
    Rahmenvereinbarung **14** 2
Liquidation **24** 14
Logistikleistung **5** 2, 23
    EU-vergleichbarer Standard **5** 28
    innerhalb oder außerhalb der EU **5** 26
    Kanada **5** 28
    nachrangige Dienstleistung **5** 24
    USA **5** 28
    vorrangige Dienstleistung **5** 24
    wettbewerblicher Dialog **13** 1, 16
Losen **17** 33, **18** 40
Loslimitierung **10** 5, **18** 43
Losvergabe **10** 2, **18** 42
    Gesamtvergabe **10** 7
Losweise Ausschreibung **3** 47
Luft- und Seeverkehrsdienstleistungen **12** 21
Luftpostbeförderung **5** 6

## M

Manipulation **3** 23
Marktabschottung **Einl.** 31
Markterkundung **10** 18, **15** 34
Marktverdrängungsabsicht **33** 12
Marktzugangsinstrument **Einl.** 31
Materielle Eignungsprüfung **21** 7, **25** 2
Medikamente
    Rahmenvereinbarung **14** 10–15
Mehr an Eignung **21** 8, 22, 35
Mehrfachbeteiligung **9** 61
    Überkreuzbeteiligung **9** 66
Mehrmengen **18** 46
Militärausrüstung **99** 18
Militärhilfe **5** 6

# Stichwortverzeichnis

Militärisch geprägte Dienstleistungen **18** 29–30
Mindestabnahmemenge
    Abnahmeverpflichtung **14** 52
Mindestanforderungen **18** 44, **21** 11, 24, **26** 10
    Festlegung von **32** 12
    für andere Leistungsart **32** 32
    für Nebenangebote **2** 14
Mindeststandards **18** 59
Mitarbeiter d. Auftraggebers **42** 13
Mittelpreise **3** 12
Mittelstand **10** 3
Monatswert **3** 41
Munition **14** 38
    Dringlichkeit **14** 46
    Rahmenvereinbarung **14** 10–15, 34

## N

Nach-/Subunternehmer **21** 55
Nachforderungsfrist **22** 29
Nachforschung **23** 46
Nachfragekartell **14** 22
Nachholen fehlender Angaben **17** 52
Nachprüfungsantrag (§§ 102 ff. GWB) **90** 3
    Antrag auf vorzeitige Zuschlagsgestattung **90** 33
    Antragsbefugnis **90** 27
    Antragserfordernis **90** 24
    Antragsfrist **90** 26
    Checkliste zur Zulässigkeit **90** 31
    De-facto-Vergabe **90** 14
    Rügeobliegenheit **90** 18
    Statthaftigkeit **90** 12
    vorbeugender Nachprüfungsantrag **90** 15
    Wirkung **90** 32
    Zuschlag **90** 16
Nachrangige Dienstleistungsaufträge **18** 123
Nachrichtendienstliche Tätigkeit **100c** 4
Nachträglich gebildete Bietergemeinschaft **21** 57
Nachträgliche Änderungen des Auftragsgegenstands **3** 32
Nachträgliche Erkenntnisse **3** 31
Nachunternehmer **9** 5, **21** 2–5, 27, **38** 15, **40** 14
    Ablehnung **9** 42
    Ablehnungsbefugnis der Auftraggeber **38** 21
    Ablehnungskriterien **38** 21
    Austausch **9** 67
    Eignungsprüfung **9** 43
    Rechtsschutzmöglichkeiten **38** 23
Nachverhandlungen
    Grenzen **13** 44
    im Wettbewerblichen Dialog nach Abgabe verbindlicher Angebote **13** 55
    Wettbewerblicher Dialog **13** 43, 47
Nachverhandlungsverbot **11** 23–25
    Rechtsfolgen des Verstoßes **11** 40
Nachweise **16** 24, **18** 58, **22** 23
    ausreichende **24** 38
Nationale Identifikationsnummer **18** 20
Nationale Sicherheit **24** 27
Nebenangebot **18** 44
    Abgrenzung Hauptangebot **32** 6
    Änderung des Charakters **32** 28
    Änderungen an Eintragungen **32** 42
    Art und Weise der Einreichung **32** 15
    Aufklärung **32** 49
    Ausschluss **32** 39
    bei Preis als einzigem Zuschlagskriterium **32** 3
    Fehlen von Preisen **32** 47
    fehlende Unterschrift **32** 41
    im Abschnitt 3 der VOB/A **2** 12
    Kennzeichnung **32** 16
    Mindestanforderungen **32** 12
    Mindestanforderungen im Anwendungsbereich der VOB/A **2** 14
    Prüfung der Gleichwertigkeit **32** 19
    Umgang **32** 38
    Unvollständigkeit **32** 40
    unzulässige wettbewerbsbeschränkende Abrede **32** 45
    Verspätung **32** 44
    Verwendung für andere Vergabeverfahren **32** 51
    Wertung **32** 48
    Zulassung **32** 9
Nicht-prioritäre Dienstleistungen **17** 11, **18** 10, 27

# Stichwortverzeichnis

Nichtdiskriminierung **18** 8, **38** 14
    GPA **Einl.** 22
    Offsetpraktiken **38** 17
    Ungleichbehandlung **38** 17
Nichtdiskriminierungsgebot **18** 116
NUTS-Code **17** 29, **18** 31

## O

Objektiver Empfängerhorizont **16** 12
Offenes Verfahren
    nicht im Abschnitt 3 der VOB/A („VS-Paragrafen") **2** 11
Öffentliche Auftraggeber **38** 3
    Baukonzession **38** 9
    Differenzierung **38** 8
    Gebietskörperschaften **38** 9
    Trinkwasser- oder Energieversorgung **38** 9
    Verbände **38** 9
    Verkehr **38** 9
Öffentliche Sicherheit und Ordnung **35** 27
Öffnung der Angebote **30** 1
    Dokumentation **30** 28
    Kennzeichnung **30** 31
    Vieraugenprinzip **30** 33
Offset **Einl.** 9, **34** 30, **100** 45
    GPA **Einl.** 23
Optionen **3** 16, **18** 46
Organe **42** 11
Organisationsverschulden **24** 21
Organisatorische Maßnahmen **23** 22
Originalsprache **18** 36
Ort der Leistungserbringung **17** 29, **18** 31

## P

Personalabbau **Einl.** 2
Personenbezogenes Merkmal **21** 16
Planungsrisiko **15** 37
Positivlisten
    GPA **Einl.** 27
Postbeförderung **5** 6
Postweg **18** 105
Prämien **3** 15
Präqualifizierungsverzeichnis **18** 61
Präsentationen
    Wettbewerblicher Dialog **13** 24

Präzisierungen des Angebots
    Wettbewerblicher Dialog **13** 43
Preis
    Fehlen bei Nebenangeboten **32** 47
    Nebenangebote **32** 3
Preisabsprachen **35** 29
Preisprüfung **10** 26, **33** 1
    Aufgriffschwelle **33** 6
    Kalkulation **33** 12
    Prüfungsschema **33** 2
    Zweck **33** 1
Preisrecht **10** 22
Preistreppe **10** 25
Primärrechtsschutz **90** 1
Prinzip der Gegenseitigkeit **Einl.** 28
Prioritäre Dienstleistung **18** 27
Produktneutralität **15** 7
    Fehlerfolgen **15** 88
Prognose **3** 7
Prognoseentscheidung **21** 6
Projekt Herkules **13** 1
Projektantenproblematik **10** 11
Projektgesellschaft **21** 50

## Q

Qualitätsmanagementzertifikat **28** 3

## R

Rahmenvereinbarung **3** 43, **17** 30, **18** 32, **35** 11, 1
    Abnahmeverpflichtung **14** 51
    Auftragsvolumen **14** 8
    Auswirkungen für die Abnahmeverpflichtung **14** 17
    Begriff **41** 2–4
    Besonderheiten für Eignungs- und Zuschlagskriterien **14** 37
    Definition **4** 6
    eiliger Beschaffungsbedarf **14** 34
    Gebot der eindeutigen und erschöpfenden Leistungsbeschreibung **14** 8
    gemeinschaftliche Beschaffung **14** 20
    Inhalt **41** 4
    Laufzeit **41** 7
    Legaldefinition **14** 6
    maximale Vertragslaufzeit **14** 48

## Stichwortverzeichnis

Mehrzahl von Auftraggebern **14** 20
Mehrzahl von Rahmenverträgen über die gleiche Leistung **14** 18
Mehrzahl von Unternehmen **14** 13–15, 27
Mindestzahl von Unternehmen **14** 28
  mit allen potenziellen Auftragnehmern **14** 16
  mit nur einem Unternehmen **14** 23
Namentliche Nennung Auftraggeber **14** 21
Preis für die Einzelleistung **14** 12
Spähpanzer, Reparatur und Wartung **14** 19
Staffelpreise **14** 14
Typischer Anwendungsbereich **14** 1, **33** 1
Verfahren zur Vergabe von Einzelaufträgen **14** 31
Versorgungssicherheit **14** 15
Wertung der Angebote **41** 6
Zuschlag **41** 6
Zuschlagskriterien für den Einzelauftrag **14** 36
zweistufiges Verfahren **14** 3
Rechtfertigungsgründe **18** 123
Rechtliche Leistungsfähigkeit **25** 4
Rechtsberatung **5** 2
Rechtsfolgen **16** 48
Rechtsmittel der sofortigen Beschwerde **90** 3
Rechtsschutz
  bei Unterrichtung **36** 34
Rechtsschutzmöglichkeiten **18** 94
Rechtssicherheit **18** 126
Reduzierung des Leistungsumfangs **3** 27
Referenzzeitraum
  Rahmenvereinbarung **14** 9
Regelbestandteile **16** 7, 23
Regelungsziel **28** 1
Reparatur **5** 6
Reparaturaufwand
  Angebotsfrist **14** 44
Ressortvereinbarung **10** 26
Reziprozität **Einl.** 28–**Einl.** 31
RL 2009/81
  grundsätzliche Vorbehalte **Einl.** 9
  Hintergrund **Einl.** 7
  Umsetzungsfrist **Einl.** 9
Roboter **4** 10
Rundfunkprogramme **100a** 3

## S

Sach- und fachkundige Bieter **16** 13
Sachverständige **15** 17, 26
Sanitäre und ähnliche Dienstleistungen **5** 6
Schadensersatzanspruch **38** 30
  Abnahmeverpflichtung **14** 54
  Verletzung der Abnahmeverpflichtung **14** 52
Schadensersatzpflicht
  Wettbewerblicher Dialog **13** 42
Schiedsgerichtsleistungen **100** 22
Schiff
  Transporte mit **5** 21
  vorrangige Dienstleistung **5** 22
Schlichtungsstelle **18** 95
Schlusstermin **18** 82
Schriftform **14** 25, 41
Schutz von Unternehmensinteressen **35** 28
Schutz von Verschlusssachen
  im Abschnitt 3 der VOB/A ("VS-Paragrafen") **2** 11
Schwellenwerte **3** 2, **90** 3, **100** 3–8
  Unterhalb der bei Bauleistungen **2** 13
Sektorenauftraggeber **38** 9
  persönlicher Anwendungsbereich des wettbewerblichen Dialogs **13** 7
Sekundärrechtsschutz **90** 1
Selbstkosten **33** 14
Selbstkostenerstattungspreis **100** 14
Selbstreinigung **24** 21
Selbstreinigungsmaßnahmen **23** 20–25, 45
Sicherheiten **18** 49
Sicherheits- und industriepolitische Erwägungen **Einl.** 5
Sicherheitsbescheid **7** 10, **18** 55–57
  Unterrichtung **36** 27
Sicherheitsinteressen
  wesentliche **100** 30
Sicherheitsmaßnahmen erforderlich **100** 54
Sicherheitszwecke **99** 48
SIMAP **17** 14
Sofortige Beschwerde **90** 39
  Antrag auf vorzeitige Zuschlagsgestattung **90** 51
  Beschwerdebefugnis **90** 43
  Beschwerdeberechtigung **90** 42

**661**

## Stichwortverzeichnis

Checkliste zur Zulässigkeit **90** 47
Form **90** 44
Frist **90** 44
Rechtsanwalt **90** 45
Statthaftigkeit **90** 41
Verfahrensvorschriften **90** 44
Wirkung **90** 48
Sonderregelungen **3** 34
Sozialbeiträge
    Zahlung von **24** 32
Soziale Aspekte **18** 56
Spähpanzer
    Rahmenvereinbarung **14** 19
Sprache **18** 88
Staffelpreise
    Rahmenvereinbarung **14** 8, 14–17
Standardformulare **17** 13, **18** 13
    für die Veröffentlichung von Vergabebekanntmachungen **2** 12
Standardisierung **18** 9
Standardisierungsabkommen **15** 55
Statische Verweisung
    Verhältnis der VSVgV zur VOB/A **2** 7
Steuern
    Zahlung von **24** 30
Strafrechtliche Verstöße **24** 18
Straftatenkatalog **23** 7
Subventionen **33** 22
Supplement zum Amtsblatt der Europäischen Union **18** 10

## T

Tag der Absendung der Bekanntmachung **18** 100
Tag der Absendung der Vorinformation **17** 48
Tarifverträge **21** 20
Tatsachen **21** 14
Technische Anforderungen
    Unterrichtung **36** 23
Technische Leistungsfähigkeit **28** 8
Technische Spezifikationen **15** 7
Technische Versuche und Analysen **5** 6
Teileinstellungen **3** 32
Teillose **10** 4
Teilnahmeanträge **19** 49
Teilnahmebedingungen **18** 58

Teilnahmefrist **20** 9
Teilnahmewettbewerb **11** 7, **18** 11
Teilumsatz **26** 8–9
Telefax **18** 105
Telefonische Übermittlung **17** 61
Tenders Electronic Daily (TED) **17** 12, **18** 2, 113
Terrorismusbekämpfung **100** 46
Teststellung
    Wettbewerblicher Dialog **13** 24
Textform
    Aufforderung zur Angebotsabgabe **14** 41
    bei der Vergabe von Einzelaufträgen **14** 26
    Computerfax **14** 26
    De-Mail **14** 26
    E-Mail **14** 26
    maschinell erstellte Briefe **14** 26
Transparenz **18** 8, **38** 14
    des Verfahrens **16** 26, **22** 4
    GPA **Einl.** 22
    Leistungsbeschreibung **38** 16
    Publizitätspflichten **38** 16
    Vergabebekanntmachung **38** 16
    Vergabevermerk **38** 16
    Zuschlagskriterien **38** 16
Transparenzangebot **11** 17
Treib- und Schmierstoffe
    Rahmenvereinbarung **14** 34
Truppenstationierungsabkommen **100** 64
Typengemischte Aufträge **18** 25
Typengemischte Verträge **17** 26

## U

Übergangsregelungen **131** 1
Übermittlungsweg **18** 103
Überwachung von Alarmanlagen **5** 19
Überwachungsdienste **5** 19
Umbruch
    strategisch, organisatorisch, technologisch **Einl.** 2
Umgang mit Nebenangeboten **32** 38
Umsatzsteuer-Identifikationsnummer **18** 20
Umsetzungsfrist
    RL 2009/81 **Einl.** 9
Umweltbetriebsprüfung **28** 10
Umweltbezogene Aspekte **18** 56
Umwelterklärung **28** 10

# Stichwortverzeichnis

Umweltmanagement **28** 8
Unter-Kosten-Angebot **33** 15
Unterauftrag **9** 1, **35** 16
    „freies" Verfahren **9** 10
    „wettbewerbliches" Verfahren **9** 10
    Definition **4** 7
    Diskriminierungsverbot **9** 32
    Grundsatz der Wahlfreiheit **9** 31
    Transparenz **9** 49
    Unterauftragsquote **9** 36
    Unterauftragsvergabe **9** 2
    Verfahren zur Auswahl **9** 2
Unterauftragnehmer **18** 62, **40** 1
    Ablehnungsrecht des Auftragnehmers **40** 14
    Auswahlkriterien **40** 3
    Grundsatz der Objektivität **40** 11
    Leistungsfähigkeit **40** 3, 12
    Nichtdiskriminierungsgrundsatz **40** 11
    Offset **40** 3
    Verzicht **40** 4
Unterauftragsvergabe **18** 39, **38** 1, **39** 1, **41** 1
    Anwendungsbereich **38** 6
    Bekanntmachung **39** 1
    Bietergemeinschaften **38** 31
    verbundene Unternehmen **38** 31
    Verhandlungsverfahren ohne Teilnahmewettbewerb **39** 4
    wettbewerbliches Verfahren **38** 6
Untergeordnete Nebenleistungen **3** 50
Unterhalb der Schwellenwerte **Einl.** 15
Unterkriterien **18** 78
Unterlassungsansprüche **90** 7
Unternehmen, verbundenes
    Definition **4** 8
Unternehmensberatung **5** 6
Unterrichtung
    ausgewähltes Angebot **36** 31
    Bewerber **36** 17
    Bieter **36** 20
    Form **36** 9
    Form des Antrages **36** 8
    Frist **36** 12
    Inhalt **36** 21
    Katalog von Gründen **36** 2
    nur auf Antrag **36** 7
    ordnungsgemäßes Angebot **36** 30

Rechtsfolgen Antragstellung **36** 33
Rechtsschutz **36** 34
Umfang **36** 19
Verzicht auf **36** 36
Verzicht nach Ermessen **36** 38
Unversehrtheit der Daten **19** 14
Unverzügliche Rüge **18** 97
Unzulässige wettbewerbsbeschränkende Abrede
    Nebenangebote **32** 45

## V

Varianten **18** 44
    Begriff der **32** 1
Veranschlagte Kosten **17** 32
Verbot der Vermischung von Eignungs- und Zuschlagskriterien **21** 22
Verbrauchsabhängige Güter
    Rahmenvereinbarung **14** 38
Verbringung von Verteidigungsgütern **Einl.** 8
Verdeckte Bewerber- oder Bietergemeinschaft **21** 54
Vereins- und Partnerschaftsregister **25** 6
Verfahrensart **18** 66
Verfahrensarten **11** 1
    Abschichtung von Bietern **11** 42
    Hierarchie **11** 3
    nicht offenens Verfahren **11** 6
    Teilnahmewettbewerb **11** 7
    Verhandlungsphase **11** 15
    Verhandlungsverfahren **11** 12
Verfehlung
    Nachweis einer **24** 26
    schwere **24** 22–23
Verfügbarkeitserklärungen **22** 24
Vergabeakte **34** 5, **43** 22
Vergabefremde Aspekte **18** 56
Vergabegrundsätze **15** 1
Vergabekammer **18** 94, **90** 9
Vergabekoordinierungsrichtlinie
    2004/18/EG **9** 2
Vergabenachprüfungsverfahren **90** 3
Vergabeportale **19** 29
Vergaberecht
    allgemeines **Einl.** 4, **Einl.** 13

## Stichwortverzeichnis

sektorspezifisches für verteidigungs- und sicherheitsrelevante Beschaffungen **Einl.** 13
    Zweiteilung **100** 3
Vergaberecht light **38** 15
Vergabesenat **90** 40
Vergabeunterlagen **15** 2, **16** 1–3, **29** 6–7
    Bereithaltung durch Dritte **29** 11
    Elektronischer Zugriff **29** 10
    Empfangsbestätigung **29** 9
    Ergänzende Informationen **29** 17
    Kosten **29** 13
    Übermittlung **29** 8
    Unverzügliche Übermittlung **29** 14
    Versand **15** 10
Vergabeverfahren
    elektronische Durchführung **19** 18
    Entscheidungen im **42** 48
Vergabevermerk **18** 68, 79, 108, **43** 14–28
Verhältnismäßigkeit **35** 23
Verhandlungsverfahren **11** 12, **16** 41
Verhandlungsverfahren ohne Teilnahmewettbewerb **12** 1, **21** 3
Veröffentlichungsfristen **18** 110
Veröffentlichungsort **18** 9
Veröffentlichungsprozess **18** 109
Verpflichtung zur Abgabe von verbindlichen Angeboten
    Wettbewerblicher Dialog **13** 41
Verpflichtungserklärung **7** 37, **26** 15–18
Verschlüsselung
    Angebote **19** 21
Verschlusssache **6** 7–8, **7** 8, **99** 44, **110a** 3–7
Verschlusssachenauftrag **18** 54, **99** 41
Versicherungsdienstleistungen **5** 6
Versorgungs- und Informationssicherheit **18** 54
Versorgungssicherheit **Einl.** 5, **8** 1, **16** 29, **18** 55, 1
    Bedarfssteigerungen **8** 13
    Beschränkungen aufgrund von Exportkontrollbestimmungen **8** 11
    bieterschützender Charakter **8** 4
    Definition der Krise **4** 5
    Diskriminierungsverbot **8** 6
    Eignungskriterium **8** 3
    Genehmigungspflichten **8** 8
    Gleichwertigkeitsnachweis **36** 28
    im dritten Abschnitt der VOB/A („VS-Paragrafen") **2** 11
    Laufzeit Rahmenvereinbarung **14** 49
    Nachweise **8** 5
    Organisation der Lieferkette **8** 12
    Organisationsänderungen **8** 15
    Produktionsaufgabe **8** 16
    Rahmenvereinbarung **14** 15
    Rahmenvereinbarung mit einer Mehrzahl von Unternehmen **14** 29
    Verstoß gegen **24** 24
    zulässige Anforderungen **8** 6
    Zuschlagskriterium **8** 3
Verteidigung **5** 6
    militärische **5** 6
    zivile **5** 6
Verteidigungs- oder sicherheitsrelevanter Auftrag **99** 57
Verteidigungs- und Sicherheitsinteressen
    Verzicht auf Unterrichtung **36** 37
Verteidigungs- und Sicherheitsrichtlinie 2009/81/EG **9** 2
Verteidigungs- und Sicherheitstechnik technologischer Umbruch **4** 10
Verteidigungspaket **Einl.** 8
Vertikale Bewerber- oder Bietergemeinschaft **21** 30, 52
Vertragsbedingungen **10** 14, **16** 24, 38
Vertragserfüllungssicherheiten **18** 50
Vertragslaufzeit **18** 47
    maximale, Rahmenvereinbarung **14** 48
Vertragsverlängerungen **3** 16, **18** 46
Vertrauenstatbestand **17** 8
Vertrauenswürdigkeit, besondere
    im Abschnitt 3 der VOB/A („VS-Paragrafen") **2** 11
Vertraulichkeit **6** 5, **19** 4, **110a** 5
    Angebote **19** 13
    Wettbewerblicher Dialog **13** 26
Vertraulichkeitsvereinbarung **6** 30
Vertretungsberechtigtes Organ **23** 11
Verurteilung **23** 3, **24** 15
Verwaltungsinformationen **18** 81
Veterinärwesen, Dienstleistungen im **5** 10
VO PR Nr. 30/53 über Preise bei öffentlichen Aufträgen **10** 22

# Stichwortverzeichnis

VOB/A Abschnitt 3 **2** 11
VOB/A 2012 **2** 9
    Abschnitt3 **2** 9
VOF
    Anwendbarkeit der VSVgV **2** 4, **5** 14
VOL/A
    Anwendbarkeit der VSVgV **2** 4
VOL/B **10** 13, **17** 39
Voraussichtlicher Beginn des Vergabeverfahrens **17** 36
Vorbefassung **10** 11
Vorbehaltene Aufträge **17** 40, **18** 64
Voreingenommenheit von Personen **42** 8
    unwiderlegbare **42** 18–19
    widerlegbare **42** 23–24
Vorgeschalteter Teilnahmewettbewerb **21** 57
Vorinformation **20** 42
Vorzeitiger Zuschlag **90** 37
VS-Paragrafen **2** 9–11

## W

Wach- und Sicherheitsdienste **5** 6, 19
    vorrangige Dienstleistung **5** 20
Waffen- und Hilfssysteme
    unbemannte teil- und vollautonome **4** 10
Waffenhandelserlaubnis **25** 11
Waffensysteme
    autonome **Einl.** 2
    wettbewerblicher Dialog **13** 24
Wagnisse
    ungewöhnliche **15** 41
Wartung
    Rahmenvereinbarung **14** 2
Wartung und Reparatur von Einsatzfahrzeugen
    Rahmenvereinbarung **14** 12–15
Wehrtechnische Kernfähigkeiten **Einl.** 5
Weiterführende Informationen **18** 34
Wertgrenzenerlasse **Einl.** 17–**Einl.** 21
Wertspanne **18** 45
Wertung
    Nebenangebot **32** 8, 48
Wertungsentscheidung **21** 8
Wertungskriterien **16** 26
Wertungsmatrix **34** 8, 51
    einfache Richtwertmethode **34** 56
    erweiterte Richtwertmethode **34** 55
    Leistungs-/Preismethode **34** 55
Wesentliche Finanzierungs- und Zahlungsbedingungen **17** 39
Wesentliche Sicherheitsinteressen
    Begriff im GPA **Einl.** 26
Wesentliche Vertragsänderungen **99** 10
Wettbewerblicher Dialog **11** 22
    abgestufter Dialog **13** 29
    Ablauf **13** 12
    Abschluss **13** 38
    Angebote in der Dialogphase **13** 23
    Anspruch auf Kostenerstattung **13** 58
    Ausreichende Anzahl von Lösungsvorschlägen **13** 31
    Ausschluss von Lösungsvorschlägen **13** 30–35
    Beendigung ohne Ergebnis **13** 49
    Bekanntmachung **13** 14
    Beurteilungsspielraum betreffend den sachlichen Anwendungsbereich **13** 11
    Dialog **13** 21
    Diskriminierungsverbot **13** 26
    Eignungsprüfung **13** 20
    freiwilliges Ausscheiden in der Dialogphase **13** 36
    Funktion der Lösung **13** 40
    Gegenstand der Verhandlungen **13** 22
    Gleichbehandlungsgebot **13** 26
    Informationspflicht **13** 32, 53
    Nachverhandlung, Grenzen **13** 44–47
    Nachverhandlungen **13** 43
    Nachverhandlungen nach Abgabe verbindlicher Angebote **13** 55
    persönlicher Anwendungsbereich **13** 6
    Präsentationen **13** 24
    Problembeschreibung **13** 17
    sachliche Anwendbarkeit **13** 8
    Schadensersatzpflicht **13** 42
    Teststellungen **13** 24
    Typischer Anwendungsbereich **13** 1
    unverbindliche Angebote – formelle Anforderungen **13** 27
    Verfahrensvarianten **13** 28
    Verpflichtung zur Abgabe von verbindlichen Angeboten **13** 41
    Vertraulichkeit **13** 26

## Stichwortverzeichnis

Vielzahl von Unternehmen **13** 21
Voraussetzungen **13** 5
Zuschlagsentscheidung **13** 54
Zuschlagskriterien **13** 19
Wettbewerbsgrundsatz **11** 16, **39** 1
Wiedergutmachung **23** 22
Wiederkehrende Aufträge **3** 35, **18** 90
Wirtschaftliche Bedeutung
  von Beschaffungen im Verteidigungs- und Sicherheitsbereich **Einl.** 2
Wirtschaftliche und finanzielle Eignungsleihe **26** 17
Wirtschaftliche und finanzielle Leistungsfähigkeit **26** 1, 7
Wirtschaftlichkeit **16** 26
Wirtschaftlichkeitsprüfung **34** 1
Wirtschaftsprüfererklärung **33** 15

## Z

Zahlungen **3** 15
Zahlungs- und Finanzierungsbedingungen **18** 51
Zahlungsbedingungen **18** 83
ZAVB **17** 39
Zeitkritischer (eiliger) Beschaffungsbedarf Rahmenvereinbarung **14** 34
Zeitpunkt **3** 20
Zeitpunkt der Eignungsprüfung **21** 3
Zeitpunkt des Bestandswechsels **21** 56
Zentrale Beschaffungsstelle **17** 22, **18** 21–23
Zulassung
  von Nebenangeboten **32** 9
Zulieferer **9** 23
Zulieferung **9** 15
Zurückziehung von Angeboten **20** 94
Zuschlag
  Einzelauftrag auf Grundlage Rahmenvereinbarung **14** 47
Zuschlagserteilung **21** 61, **34** 3, 61
  Änderungen **34** 66
  Annahme des Angebots **34** 61
  Bestätigungsschreibens **34** 68
  Einschränkungen **34** 66
  Erweiterungen **34** 66
  Form **34** 69
  Zugang des Zuschlags **34** 63

Zuschlags- oder Bindefrist **34** 64
Zuschlagsfrist **20** 65
Zuschlagskriterien **16** 26, 35, **18** 75, **34** 1
  A-Kriterien **34** 7
  AB-Kriterien **34** 7
  Ausführungsdauer **34** 25
  Auswahl **29** 32, **34** 29
  B-Kriterien **34** 7
  bei Rahmenvereinbarung betreffend Einzelaufträge **14** 36
  Bekanntmachung **34** 3, 38
  Betriebskosten **34** 19
  Bezug zum Auftragsgegenstand **34** 30
  Bindung des Auftraggebers **34** 40
  Eigenschaften beim Einsatz **34** 23
  Fehlende Angaben von Zuschlagskriterien oder deren Gewichtung **16** 32
  Gewichtung **29** 34, **34** 38
  I-Kriterien **34** 7
  Instandhaltung **34** 19
  Interoperabilität **34** 22
  Kundendienst **34** 17
  Lebenszykluskosten **34** 19
  Lieferungsfrist **34** 25
  Objektivität **34** 37
  Ortsansässigkeit **34** 33
  Personal- und Energiekosten **34** 19
  Preis **34** 15
  Qualität **34** 6, 14
  Rechtsfolge **34** 46
  regionale Wirtschaftsförderung **34** 33
  Reihenfolge der Bedeutung **29** 41
  Rentabilität **34** 21
  Reparaturkosten **34** 19
  Serviceleistung **34** 2
  technische Ausstattung **34** 2
  technische Hilfe **34** 17
  technischer Wert **34** 17
  Umwelteigenschaften **34** 24
  Unterkriterien **34** 44
  Verbot der Zweitverwertung **34** 34
  vergabefremde Zwecke **34** 31
  Versorgungssicherheit **34** 26
  Wartungskosten **34** 19
  wettbewerblicher Dialog **13** 19
  Zweckmäßigkeit **34** 6, 16

Zuverlässigkeit **21** 33
   berufliche **24** 17
   im dritten Abschnitt der VOB/A
   („VS-Paragrafen") **2** 11

Zwingende Ausschlussgründe **26** 19
Zwingende Gründe des Allgemein-
   interesses **23** 37
Zwischenstaatliche Abkommen **100** 61

# Anhang

## Vergabeverordnung für die Bereiche Verteidigung und Sicherheit zur Umsetzung der Richtlinie 2009/81/EG des Europäischen Parlaments und des Rates vom 13. Juli 2009 über die Koordinierung der Verfahren zur Vergabe bestimmter Bau-, Liefer- und Dienstleistungsaufträge in den Bereichen Verteidigung und Sicherheit und zur Änderung der Richtlinien 2004/17/EG und 2004/18/EG

(Vergabeverordnung Verteidigung und Sicherheit – VSVgV)[1]

Vom 12. Juli 2012 (BGBl. I S. 1509)

Auf Grund des § 97 Absatz 6, des § 127 Nummer 1, 3 und 8 des Gesetzes gegen Wettbewerbsbeschränkungen, von denen § 127 Nummer 1 durch Artikel 1 Nummer 23 Buchstabe a des Gesetzes vom 20. April 2009 (BGBl. I S. 790) geändert, Nummer 3 durch Artikel 1 Nummer 10 des Gesetzes vom 7. Dezember 2011 (BGBl. I S. 2570) neu gefasst und § 127 Nummer 8 zuletzt durch Artikel 1 Nummer 23 Buchstabe e des Gesetzes vom 20. April 2009 (BGBl. I S. 790) geändert worden ist, verordnet die Bundesregierung:

### Teil 1 Allgemeine Bestimmungen

### § 1 Anwendungsbereich

(1) Diese Verordnung gilt für die Vergabe von verteidigungs- und sicherheitsrelevanten Aufträgen im Sinne des § 99 Absatz 7 des Gesetzes gegen Wettbewerbsbeschränkungen durch öffentliche Auftraggeber im Sinne des § 98 des Gesetzes gegen Wettbewerbsbeschränkungen, soweit diese Aufträge nicht gemäß § 100 Absatz 3 bis 6 oder § 100c des Gesetzes gegen Wettbewerbsbeschränkungen dem Anwendungsbereich des Vierten Teils des Gesetzes gegen Wettbewerbsbeschränkungen entzogen sind.

(2) Erfasst sind Aufträge, deren geschätzter Auftragswert ohne Umsatzsteuer die Schwellenwerte erreicht oder überschreitet, die in Artikel 8 der Richtlinie 2009/81/EG des Europäischen Parlaments und des Rates vom 13. Juli 2009 über die Koordinierung der Verfahren zur Vergabe bestimmter Bau-, Liefer- und Dienstleistungsaufträge in den Bereichen Verteidigung und Sicherheit und zur Änderung der Richtlinien 2004/17/EG und 2004/18/EG (ABl. L 216 vom 20.8.2009, S. 76) in der jeweils geltenden Fassung festgelegt werden (EU-Schwellenwerte). Das Bundesministerium für Wirtschaft und Technologie gibt die geltenden Schwellenwerte unverzüglich nach der Veröffentlichung im Amtsblatt der Europäischen Union im Bundesanzeiger bekannt.

---

1 ABl. L 216 vom 20.8.2009, S. 76.

## § 2 Anzuwendende Vorschriften für Liefer-, Dienstleistungs- und Bauaufträge

(1) Für die Vergabe von sicherheits- und verteidigungsrelevanten Liefer- und Dienstleistungsaufträgen sind die Vorschriften dieser Verordnung anzuwenden.

(2) Für die Vergabe von sicherheits- und verteidigungsrelevanten Bauaufträgen sind die §§ 1 bis 4, 6 bis 9 und 38 bis 42 sowie 44 bis 46 anzuwenden. Im Übrigen ist Abschnitt 3 der Vergabe-und Vertragsordnung für Bauleistungen (VOB/A) in der Fassung der Bekanntmachung vom 24. Oktober 2011 (BAnz. Nr. 182a vom 2. Dezember 2011; BAnz AT 07.05.2012 B1) anzuwenden.

## § 3 Schätzung des Auftragswertes

(1) Bei der Schätzung des Auftragswertes ist von der voraussichtlichen Gesamtvergütung ohne Umsatzsteuer für die vorgesehene Leistung einschließlich etwaiger Prämien oder Zahlungen an Bewerber oder Bieter auszugehen. Dabei sind alle Optionen und etwaige Vertragsverlängerungen zu berücksichtigen.

(2) Der Wert eines beabsichtigten Auftrags darf nicht in der Absicht geschätzt oder aufgeteilt werden, den Auftrag der Anwendung dieser Verordnung zu entziehen.

(3) Bei regelmäßig wiederkehrenden Aufträgen oder Daueraufträgen über Liefer- oder Dienstleistungen ist der Auftragswert zu schätzen

1 entweder auf der Grundlage des tatsächlichen Gesamtwertes entsprechender aufeinanderfolgender Aufträge aus dem vorangegangenen Haushaltsjahr; dabei sind voraussichtliche Änderungen bei Mengen oder Kosten möglichst zu berücksichtigen, die während der zwölf Monate zu erwarten sind, die auf den ursprünglichen Auftrag folgen, oder

2 auf der Grundlage des geschätzten Gesamtwertes aufeinanderfolgender Aufträge, die während der auf die erste Lieferung folgenden zwölf Monate oder während des auf die erste Lieferung folgenden Haushaltsjahres, wenn dieses länger als zwölf Monate ist, vergeben werden.

(4) Bei Aufträgen über Liefer- oder Dienstleistungen, für die kein Gesamtpreis angegeben wird, ist Berechnungsgrundlage für den geschätzten Auftragswert

1 bei zeitlich begrenzten Aufträgen mit einer Laufzeit von bis zu 48 Monaten der Gesamtwert für die Laufzeit dieser Aufträge;

2 bei Aufträgen mit unbestimmter Laufzeit oder mit einer Laufzeit von mehr als 48 Monaten der 48-fache Monatswert.

(5) Bei Bauleistungen ist neben dem Auftragswert der Bauaufträge der geschätzte Wert aller Lieferleistungen zu berücksichtigen, die für die Ausführungen der Bauleistungen erforderlich sind und von Auftraggebern zur Verfügung gestellt werden.

(6) Der Wert einer Rahmenvereinbarung wird auf der Grundlage des geschätzten Gesamtwertes aller Einzelaufträge berechnet, die während deren Laufzeit geplant sind.

(7) Besteht die beabsichtigte Beschaffung aus mehreren Losen, für die jeweils ein gesonderter Auftrag vergeben wird, ist bei der Schätzung der Wert aller Lose zugrunde zu legen. Bei Lieferaufträgen gilt dies nur für Lose über gleichartige Lieferungen. Soweit eine freiberufliche Leistung im Sinne des § 5 der Vergabeverordnung beschafft werden soll und in mehrere Teilaufträge derselben freiberuflichen Leistung aufgeteilt wird, müssen die Werte der Teilaufträge zur Berechnung des geschätzten Auftragswertes addiert werden. Erreicht oder überschreitet der Gesamtwert den maßgeblichen EU-Schwellenwert, gilt diese Verordnung für die Vergabe jedes Loses. Dies gilt nicht

bis zu einer Summe der Werte dieser Lose von 20 Prozent des Gesamtwertes ohne Umsatzsteuer für

1   Liefer- oder Dienstleistungsaufträge mit einem Wert unter 80 000 Euro und

2   Bauaufträge mit einem Wert unter 1 000 000 Euro.

(8) Maßgeblicher Zeitpunkt für die Schätzung des Auftragswertes ist der Tag, an dem die Bekanntmachung der beabsichtigten Auftragsvergabe abgesendet oder das Vergabeverfahren auf andere Weise eingeleitet wird.

## § 4 Begriffsbestimmungen

(1) Krise ist jede Situation in einem Mitgliedstaat der Europäischen Union oder einem Drittland, in der ein Schadensereignis eingetreten ist, das deutlich über die Ausmaße von Schadensereignissen des täglichen Lebens hinausgeht und

1   dabei Leben und Gesundheit zahlreicher Menschen erheblich gefährdet oder einschränkt,

2   eine erhebliche Auswirkung auf Sachwerte hat oder

3   lebensnotwendige Versorgungsmaßnahmen für die Bevölkerung erforderlich macht.

Eine Krise liegt auch vor, wenn konkrete Umstände dafür vorliegen, dass ein solches Schadensereignis unmittelbar bevorsteht. Bewaffnete Konflikte und Kriege sind Krisen im Sinne dieser Verordnung.

(2) Rahmenvereinbarung ist eine Vereinbarung zwischen einem oder mehreren Auftraggebern und einem oder mehreren Unternehmen, welche die Bedingungen für Einzelaufträge festlegt, die im Laufe eines bestimmten Zeitraums vergeben werden sollen. Dies umfasst insbesondere Angaben zum Preis und gegebenenfalls Angaben zur voraussichtlichen Abnahmemenge.

(3) Unterauftrag ist ein zwischen einem erfolgreichen Bieter und einem oder mehreren Unternehmen geschlossener entgeltlicher Vertrag über die Ausführung des betreffenden Auftrags oder von Teilen des Auftrags.

(4) Verbundenes Unternehmen ist ein Unternehmen,

1.  auf das der Auftragnehmer unmittelbar oder mittelbar einen beherrschenden Einfluss ausüben kann und das seinerseits einen beherrschenden Einfluss auf den erfolgreichen Bieter ausüben kann oder

2.  das ebenso wie der erfolgreiche Bieter dem beherrschenden Einfluss eines dritten Unternehmens unterliegt, sei es durch Eigentum, finanzielle Beteiligung oder sonstige Bestimmungen, die die Tätigkeit des Unternehmens regeln.

Ein beherrschender Einfluss wird vermutet, wenn ein Unternehmen unmittelbar oder mittelbar die Mehrheit des gezeichneten Kapitals eines anderen Unternehmens besitzt, über die Mehrheit der mit den Anteilen eines anderen Unternehmens verbundenen Stimmrechte verfügt oder mehr als die Hälfte der Mitglieder des Verwaltungs-, Leitungs- oder Aufsichtsorgans eines anderen Unternehmens bestellen kann.

(5) Forschung und Entwicklung sind alle Tätigkeiten, die Grundlagenforschung, angewandte Forschung und experimentelle Entwicklung umfassen, wobei letztere die Herstellung von technologischen Demonstrationssystemen einschließen kann. Technologische Demonstrationssysteme

sind Vorrichtungen zur Demonstration der Leistungen eines neuen Konzepts oder einer neuen Technologie in einem relevanten oder repräsentativen Umfeld.

## § 5 Dienstleistungsaufträge

(1) Aufträge über Dienstleistungen gemäß Anhang I der Richtlinie 2009/81/EG unterliegen den Vorschriften dieser Verordnung.

(2) Aufträge über Dienstleistungen gemäß Anhang II der Richtlinie 2009/81/EG unterliegen ausschließlich den §§ 15 und 35.

(3) Aufträge, die sowohl Dienstleistungen gemäß Anhang I als auch solche des Anhangs II der Richtlinie 2009/81/EG umfassen, unterliegen den Vorschriften dieser Verordnung, wenn der Wert der Dienstleistungen nach Anhang I der Richtlinie 2009/81/EG überwiegt. Überwiegt der Wert der Dienstleistungen nach Anhang II der Richtlinie 2009/81/EG, unterliegen diese Aufträge ausschließlich den §§ 15 und 35.

## § 6 Wahrung der Vertraulichkeit

(1) Auftraggeber, Bewerber, Bieter und Auftragnehmer wahren gegenseitig die Vertraulichkeit aller Angaben und Unterlagen. Für die Anforderungen an den Schutz von Verschlusssachen einschließlich ihrer Weitergabe an Unterauftragnehmer gilt § 7.

(2) Sofern in dieser Verordnung nichts anderes bestimmt ist, dürfen Auftraggeber nach anderen Rechtsvorschriften vorbehaltlich vertraglich erworbener Rechte keine von den Bewerbern, Bietern und Auftragnehmern übermittelte und von diesen als vertraulich eingestufte Information weitergeben. Dies gilt insbesondere für technische Geheimnisse und Betriebsgeheimnisse.

(3) Bewerber, Bieter und Auftragnehmer dürfen keine von den Auftraggebern als vertraulich eingestufte Information an Dritte weitergeben. Dies gilt nicht für die Unterauftragsvergabe, wenn die Weitergabe der als vertraulich eingestuften Information für den Teilnahmeantrag, das Angebot oder die Auftragsausführung erforderlich ist. Bewerber, Bieter und Auftragnehmer müssen die Wahrung der Vertraulichkeit mit den in Aussicht genommenen Unterauftragnehmern vereinbaren. Auftraggeber können an Bewerber, Bieter und Auftragnehmer weitere Anforderungen zur Wahrung der Vertraulichkeit stellen, die mit dem Auftragsgegenstand im sachlichen Zusammenhang stehen und durch ihn gerechtfertigt sind.

## § 7 Anforderungen an den Schutz von Verschlusssachen durch Unternehmen

(1) Im Falle eines Verschlusssachenauftrags im Sinne des § 99 Absatz 9 des Gesetzes gegen Wettbewerbsbeschränkungen müssen Auftraggeber in der Bekanntmachung oder den Vergabeunterlagen die erforderlichen Maßnahmen, Anforderungen und Auflagen benennen, die ein Unternehmen als Bewerber, Bieter oder Auftragnehmer sicherstellen oder erfüllen muss, um den Schutz von Verschlusssachen entsprechend dem jeweiligen Geheimhaltungsgrad zu gewährleisten. Auftraggeber müssen in der Bekanntmachung oder den Vergabeunterlagen auch die erforderlichen Maßnahmen, Anforderungen und Auflagen benennen, die Unterauftragnehmer sicherstellen müssen, um den Schutz von Verschlusssachen entsprechend dem jeweiligen Geheimhaltungsgrad zu gewährleisten, und deren Einhaltung der Bewerber, Bieter oder Auftragnehmer mit dem Unterauftragnehmer vereinbaren muss.

(2) Auftraggeber müssen insbesondere verlangen, dass der Teilnahmeantrag oder das Angebot folgende Angaben enthält:

1. Wenn der Auftrag Verschlusssachen des Geheimhaltungsgrades „VS-VERTRAULICH" oder höher umfasst, Erklärungen des Bewerbers oder Bieters und der bereits in Aussicht genommenen Unterauftragnehmer,

    a) ob und in welchem Umfang für diese Sicherheitsbescheide des Bundesministeriums für Wirtschaft und Technologie oder entsprechender Landesbehörden bestehen oder

    b) dass sie bereit sind, alle notwendigen Maßnahmen und Anforderungen zu erfüllen, die zum Erhalt eines Sicherheitsbescheids zum Zeitpunkt der Auftragsausführung vorausgesetzt werden;

2. Verpflichtungserklärungen

    a) des Bewerbers oder Bieters und

    b) der bereits in Aussicht genommenen Unterauftragnehmer

    während der gesamten Vertragsdauer sowie nach Kündigung, Auflösung oder Ablauf des Vertrags den Schutz aller in ihrem Besitz befindlichen oder ihnen zur Kenntnis gelangter Verschlusssachen gemäß den einschlägigen Rechts- und Verwaltungsvorschriften zu gewährleisten;

3. Verpflichtungserklärungen des Bewerbers oder Bieters, von Unterauftragnehmern, an die er im Zuge der Auftragsausführung Unteraufträge vergibt, Erklärungen und Verpflichtungserklärungen gemäß den Nummern 1 und 2 einzuholen und vor der Vergabe des Unterauftrags den Auftraggebern vorzulegen.

(3) Muss einem Bewerber, Bieter oder bereits in Aussicht genommenen Unterauftragnehmern für den Teilnahmeantrag oder das Erstellen eines Angebotes der Zugang zu Verschlusssachen des Geheimhaltungsgrades „VS-VERTRAULICH" oder höher gewährt werden, verlangen Auftraggeber bereits vor Gewährung dieses Zugangs einen Sicherheitsbescheid vom Bundesministerium für Wirtschaft und Technologie oder von entsprechenden Landesbehörden und die Verpflichtungserklärungen nach Absatz 2 Nummer 2 und 3. Kann zu diesem Zeitpunkt noch kein Sicherheitsbescheid durch das Bundesministerium für Wirtschaft und Technologie oder durch entsprechende Landesbehörden ausgestellt werden und machen Auftraggeber von der Möglichkeit Gebrauch, Zugang zu diesen Verschlusssachen zu gewähren, müssen Auftraggeber die zum Einsatz kommenden Mitarbeiter des Unternehmens überprüfen und ermächtigen, bevor diesen Zugang gewährt wird.

(4) Muss einem Bewerber, Bieter oder bereits in Aussicht genommenen Unterauftragnehmern für den Teilnahmeantrag oder das Erstellen eines Angebots der Zugang zu Verschlusssachen des Geheimhaltungsgrades „VS-NUR FÜR DEN DIENSTGEBRAUCH" gewährt werden, verlangen Auftraggeber bereits vor Gewährung dieses Zugangs die Verpflichtungserklärungen nach Absatz 2 Nummer 2 und 3.

(5) Kommt der Bewerber oder Bieter dem Verlangen des Auftraggebers nach den Absätzen 3 und 4 nicht nach, die Verpflichtungserklärungen vorzulegen, oder können auch im weiteren Verfahren weder ein Sicherheitsbescheid vom Bundesministerium für Wirtschaft und Technologie oder von entsprechenden Landesbehörden ausgestellt noch Mitarbeiter zum Zugang ermächtigt werden,

## Anhang

müssen Auftraggeber den Bewerber oder Bieter von der Teilnahme am Vergabeverfahren ausschließen.

(6) Auftraggeber können Bewerbern, Bietern oder bereits in Aussicht genommenen Unterauftragnehmern, die noch nicht in der Geheimschutzbetreuung des Bundesministeriums für Wirtschaft und Technologie oder entsprechender Landesbehörden sind oder deren Personal noch nicht überprüft und ermächtigt ist, zusätzliche Zeit gewähren, um diese Anforderungen zu erfüllen. In diesem Fall müssen Auftraggeber diese Möglichkeit und die Frist in der Bekanntmachung mitteilen.

(7) Das Bundesministerium für Wirtschaft und Technologie erkennt Sicherheitsbescheide und Ermächtigungen anderer Mitgliedstaaten an, wenn diese den nach den Bestimmungen des Sicherheitsüberprüfungsgesetzes und des § 21 Absatz 4 und 6 der Allgemeinen Verwaltungsvorschrift des Bundesministeriums des Innern zum materiellen und organisatorischen Schutz von Verschlusssachen[2] erforderlichen Sicherheitsbescheiden und Ermächtigungen gleichwertig sind. Auf begründetes Ersuchen der auftraggebenden Behörde hat das Bundesministerium für Wirtschaft und Technologie weitere Untersuchungen zur Sicherstellung des Schutzes von Verschlusssachen zu veranlassen und deren Ergebnisse zu berücksichtigen. Das Bundesministerium für Wirtschaft und Technologie kann im Einvernehmen mit der Nationalen Sicherheitsbehörde für den Geheimschutz von weiteren Ermittlungen absehen.

(8) Das Bundesministerium für Wirtschaft und Technologie kann die Nationale Sicherheitsbehörde des Landes, in dem der Bewerber oder Bieter oder bereits in Aussicht genommene Unterauftragnehmer ansässig ist, oder die Designierte Sicherheitsbehörde dieses Landes ersuchen, zu überprüfen, ob die voraussichtlich genutzten Räumlichkeiten und Einrichtungen, die vorgesehenen Produktions- und Verwaltungsverfahren, die Verfahren zur Behandlung von Informationen oder die persönliche Lage des im Rahmen des Auftrags voraussichtlich eingesetzten Personals den einzuhaltenden Sicherheitsvorschriften entsprechen.

### § 8 Versorgungssicherheit

(1) Auftraggeber legen in der Bekanntmachung oder den Vergabeunterlagen ihre Anforderungen an die Versorgungssicherheit fest.

(2) Auftraggeber können insbesondere verlangen, dass der Teilnahmeantrag oder das Angebot folgende Angaben enthält:

1. eine Bescheinigung oder Unterlagen, die belegen, dass der Bewerber oder Bieter in Bezug auf Güterausfuhr, -verbringung und -durchfuhr die mit der Auftragsausführung verbundenen Verpflichtungen erfüllen kann, wozu auch unterstützende Unterlagen der zuständigen Behörden des oder der betreffenden Mitgliedstaaten zählen;

2. die Information über alle für den Auftraggeber aufgrund von Ausfuhrkontroll- oder Sicherheitsbeschränkungen geltenden Einschränkungen bezüglich der Angabepflicht, Verbringung oder Verwendung der Güter und Dienstleistungen oder über Festlegungen zu diesen Gütern und Dienstleistungen;

3. eine Bescheinigung oder Unterlagen, die belegen, dass Organisation und Standort der Lieferkette des Bewerbers oder Bieters ihm erlauben, die vom Auftraggeber in der Bekannt-

---

2 VS-Anweisung – VSA vom 31.3.2006 in der Fassung vom 26. April 2010 (GMBl 2010 S. 846).

machung oder den Vergabeunterlagen genannten Anforderungen an die Versorgungssicherheit zu erfüllen, und die Zusage des Bewerbers oder Bieters, sicherzustellen, dass mögliche Änderungen in seiner Lieferkette während der Auftragsausführung die Erfüllung dieser Anforderungen nicht beeinträchtigen werden;

4. die Zusage des Bewerbers oder Bieters, die zur Deckung möglicher Bedarfssteigerungen des Auftraggebers infolge einer Krise erforderlichen Kapazitäten unter zu vereinbarenden Bedingungen zu schaffen oder beizubehalten;

5. unterstützende Unterlagen bezüglich der Deckung des zusätzlichen Bedarfs des Auftraggebers infolge einer Krise, die durch die für den Bewerber oder Bieter zuständige nationale Behörde ausgestellt worden sind;

6. die Zusage des Bewerbers oder Bieters, für Wartung, Modernisierung oder Anpassung der im Rahmen des Auftrags gelieferten Güter zu sorgen;

7. die Zusage des Bewerbers oder Bieters, den Auftraggeber rechtzeitig über jede Änderung seiner Organisation, Lieferkette oder Unternehmensstrategie zu unterrichten, die seine Verpflichtungen dem Auftraggeber gegenüber berühren könnte;

8. die Zusage des Bewerbers oder Bieters, dem Auftraggeber unter zu vereinbarenden Bedingungen alle speziellen Mittel zur Verfügung zu stellen, die für die Herstellung von Ersatzteilen, Bauteilen, Bausätzen und speziellen Testgeräten erforderlich sind, einschließlich technischer Zeichnungen, Lizenzen und Bedienungsanleitungen, sofern er nicht mehr in der Lage sein sollte, diese Güter zu liefern.

(3) Von einem Bieter darf nicht verlangt werden, eine Zusage eines Mitgliedstaats einzuholen, welche die Freiheit dieses Mitgliedstaats einschränken würde, im Einklang mit internationalen Verträgen und europarechtlichen Rechtsvorschriften seine eigenen Kriterien für die Erteilung einer Ausfuhr-, Verbringungs- oder Durchfuhrgenehmigung unter den zum Zeitpunkt der Genehmigungsentscheidung geltenden Bedingungen anzuwenden.

## § 9 Unteraufträge

(1) Auftraggeber können den Bieter auffordern, in seinem Angebot den Teil des Auftrags, den er im Wege von Unteraufträgen an Dritte zu vergeben beabsichtigt, und die bereits vorgeschlagenen Unterauftragnehmer sowie den Gegenstand der Unteraufträge bekannt zu geben. Sie können außerdem verlangen, dass der Auftragnehmer ihnen jede im Zuge der Ausführung des Auftrags eintretende Änderung auf Ebene der Unterauftragnehmer mitteilt.

(2) Auftragnehmer dürfen ihre Unterauftragnehmer für alle Unteraufträge frei wählen, soweit Auftraggeber keine Anforderungen an die Erteilung der Unteraufträge im wettbewerblichen Verfahren gemäß Absatz 3 Nummer 1 und 2 stellen. Von Auftragnehmern darf insbesondere nicht verlangt werden, potenzielle Unterauftragnehmer anderer EU-Mitgliedstaaten aus Gründen der Staatsangehörigkeit zu diskriminieren.

(3) Folgende Anforderungen können Auftraggeber an die Erteilung von Unteraufträgen im wettbewerblichen Verfahren stellen:

1. Auftraggeber können Auftragnehmer verpflichten, einen Teil des Auftrags an Dritte weiter zu vergeben. Dazu benennen Auftraggeber eine Wertspanne unter Einschluss eines Mindest- und Höchstprozentsatzes. Der Höchstprozentsatz darf 30 Prozent des Auftragswerts nicht übersteigen. Diese Spanne muss im angemessenen Verhältnis zum Gegenstand und zum Wert

des Auftrags und zur Art des betroffenen Industriesektors stehen, einschließlich des auf diesem Markt herrschenden Wettbewerbsniveaus und der einschlägigen technischen Fähigkeiten der industriellen Basis. Jeder Prozentsatz der Unterauftragsvergabe, der in die angegebene Wertspanne fällt, gilt als Erfüllung der Verpflichtung zur Vergabe von Unteraufträgen. Auftragnehmer vergeben die Unteraufträge gemäß den §§ 38 bis 41. In ihrem Angebot geben die Bieter an, welchen Teil oder welche Teile ihres Angebots sie durch Unteraufträge zu vergeben beabsichtigen, um die Wertspanne zu erfüllen. Auftraggeber können die Bieter auffordern, den oder die Teile ihres Angebots, den sie über den geforderten Prozentsatz hinaus durch Unteraufträge zu vergeben beabsichtigen sowie die bereits in Aussicht genommenen Unterauftragnehmer offenzulegen.

2. Auftraggeber können verlangen, dass Auftragnehmer die Bestimmungen der §§ 38 bis 41 auf alle oder bestimmte Unteraufträge anwenden, die diese an Dritte zu vergeben beabsichtigen.

(4) Die in den Absätzen 1 und 3 genannten Anforderungen geben die Auftraggeber in der Bekanntmachung oder den Vergabeunterlagen an.

(5) Auftraggeber dürfen einen vom Bieter oder Auftragnehmer ausgewählten Unterauftragnehmer nur auf Grundlage der Kriterien ablehnen, die für den Hauptauftrag gelten und in der Bekanntmachung oder den Vergabeunterlagen angegeben wurden. Lehnen Auftraggeber einen Unterauftragnehmer ab, müssen sie dies gegenüber dem betroffenen Bieter oder dem Auftragnehmer schriftlich begründen und darlegen, warum der Unterauftragnehmer ihres Erachtens die für den Hauptauftrag vorgegebenen Kriterien nicht erfüllt.

(6) Die Haftung des Auftragnehmers gegenüber dem Auftraggeber bleibt von den Vorschriften dieser Verordnung zur Unterauftragsvergabe unberührt.

## Teil 2 Vergabeverfahren

## § 10 Grundsätze des Vergabeverfahrens

(1) Für die Berücksichtigung mittelständischer Interessen gilt § 97 Absatz 3 des Gesetzes gegen Wettbewerbsbeschränkungen. Mehrere Teil- oder Fachlose dürfen gemäß § 97 Absatz 3 Satz 3 des Gesetzes gegen Wettbewerbsbeschränkungen zusammen vergeben werden, wenn wirtschaftliche oder technische Gründe dies erfordern, insbesondere weil die Leistungsbeschreibung die Systemfähigkeit der Leistung verlangt und dies durch den Auftragsgegenstand gerechtfertigt ist.

(2) Hat ein Bieter oder Bewerber vor Einleitung des Vergabeverfahrens den Auftraggeber beraten oder sonst unterstützt, so hat der Auftraggeber sicherzustellen, dass der Wettbewerb durch die Teilnahme des Bieters oder Bewerbers nicht verfälscht wird.

(3) Die Allgemeinen Vertragsbedingungen für die Ausführung von Leistungen (VOL/B) sind grundsätzlich zum Vertragsgegenstand zu machen.

(4) Die Durchführung von Vergabeverfahren zur Markterkundung und zum Zwecke der Ertragsberechnung ist unzulässig.

(5) Bei der Vergabe sind die Vorschriften über die Preise bei öffentlichen Aufträgen zu beachten.

# Anhang

## § 11 Arten der Vergabe von Liefer- und Dienstleistungsaufträgen

(1) Die Vergabe von Liefer- und Dienstleistungsaufträgen erfolgt im nicht offenen Verfahren oder im Verhandlungsverfahren mit Teilnahmewettbewerb. In begründeten Ausnahmefällen ist ein Verhandlungsverfahren ohne Teilnahmewettbewerb oder ein wettbewerblicher Dialog zulässig.

(2) Verhandlungen im nicht offenen Verfahren sind unzulässig.

(3) Auftraggeber können vorsehen, dass das Verhandlungsverfahren mit Teilnahmewettbewerb in verschiedenen aufeinanderfolgenden Phasen abgewickelt wird, um so die Zahl der Angebote, über die verhandelt wird, anhand der in der Bekanntmachung oder den Vergabeunterlagen angegebenen Zuschlagskriterien zu verringern. Wenn Auftraggeber dies vorsehen, geben sie dies in der Bekanntmachung oder den Vergabeunterlagen an. In der Schlussphase des Verfahrens müssen so viele Angebote vorliegen, dass ein echter Wettbewerb gewährleistet ist, sofern eine ausreichende Anzahl geeigneter Bewerber vorhanden ist.

## § 12 Verhandlungsverfahren ohne Teilnahmewettbewerb

(1) Ein Verhandlungsverfahren ohne Teilnahmewettbewerb ist zulässig

1. bei Liefer- und Dienstleistungsaufträgen,

    a) wenn in einem nicht offenen Verfahren, in einem Verhandlungsverfahren mit Teilnahmewettbewerb oder in einem wettbewerblichen Dialog

    aa) keine oder keine geeigneten Angebote oder keine Bewerbungen abgegeben worden sind, sofern die ursprünglichen Bedingungen des Auftrags nicht grundlegend geändert werden;

    bb) keine ordnungsgemäßen Angebote oder nur Angebote abgegeben worden sind, die nach dem geltenden Vergaberecht oder nach den im Vergabeverfahren zu beachtenden Rechtsvorschriften unannehmbar sind, sofern die ursprünglichen Bedingungen des Auftrags nicht grundlegend geändert werden und wenn alle und nur die Bieter einbezogen werden, die die Eignungskriterien erfüllen und im Verlauf des vorangegangenen Vergabeverfahrens Angebote eingereicht haben, die den formalen Voraussetzungen für das Vergabeverfahren entsprechen;

    b) wenn die Fristen, auch die verkürzten Fristen gemäß § 20 Absatz 2 Satz 2 und Absatz 3 Satz 2, die für das nicht offene Verfahren und das Verhandlungsverfahren mit Teilnahmewettbewerb vorgeschrieben sind, nicht eingehalten werden können, weil

    aa) dringliche Gründe im Zusammenhang mit einer Krise es nicht zulassen oder

    bb) dringliche, zwingende Gründe im Zusammenhang mit Ereignissen, die die Auftraggeber nicht voraussehen konnten, dies nicht zulassen. Umstände, die die zwingende Dringlichkeit begründen, dürfen nicht dem Verhalten der Auftraggeber zuzuschreiben sein;

    c) wenn der Auftrag wegen seiner technischen Besonderheiten oder aufgrund des Schutzes von Ausschließlichkeitsrechten wie zum Beispiel des Patent- oder Urheberrechts nur von einem bestimmten Unternehmen durchgeführt werden kann;

    d) wenn es sich um Forschungs- und Entwicklungsleistungen handelt;

e) wenn es sich um Güter handelt, die ausschließlich zum Zwecke von Forschung und Entwicklung hergestellt werden; dies gilt nicht für Serienfertigungen zum Nachweis der Marktfähigkeit oder zur Deckung der Forschungs- und Entwicklungskosten;

2. bei Lieferaufträgen

a) über zusätzliche Lieferungen eines Auftragnehmers, die entweder zur teilweisen Erneuerung von gelieferten marktüblichen Gütern oder zur Erweiterung von Lieferungen oder bestehenden Einrichtungen bestimmt sind, wenn ein Wechsel des Unternehmers dazu führen würde, dass der Auftraggeber Güter mit unterschiedlichen technischen Merkmalen kaufen müsste und dies zu einer technischen Unvereinbarkeit oder unverhältnismäßigen technischen Schwierigkeiten bei Gebrauch und Wartung führen würde. Die Laufzeit solcher Aufträge oder Daueraufträge darf fünf Jahre nicht überschreiten, abgesehen von Ausnahmefällen, die unter Berücksichtigung der zu erwartenden Nutzungsdauer gelieferter Güter, Anlagen oder Systeme und den durch einen Wechsel des Unternehmens entstehenden technischen Schwierigkeiten bestimmt werden;

b) bei auf einer Warenbörse notierten und gekauften Ware;

c) wenn Güter zu besonders günstigen Bedingungen bei Lieferanten, die ihre Geschäftstätigkeit endgültig einstellen, oder bei Insolvenzverwaltern im Rahmen eines Insolvenzverfahrens oder eines in den Vorschriften eines anderen Mitgliedstaats vorgesehenen gleichartigen Verfahrens erworben werden;

3. bei Dienstleistungsaufträgen

a) für zusätzliche Dienstleistungen, die weder in dem der Vergabe zugrunde liegenden Entwurf noch im ursprünglich geschlossenen Vertrag vorgesehen sind, die aber wegen eines unvorhergesehenen Ereignisses zur Ausführung der darin beschriebenen Dienstleistung erforderlich sind, sofern der Auftrag an den Unternehmer vergeben wird, der diese Dienstleistung erbringt, wenn der Gesamtwert der Aufträge für die zusätzlichen Dienstleistungen 50 Prozent des Wertes des ursprünglichen Auftrags nicht überschreitet und

aa) sich diese zusätzlichen Dienstleistungen in technischer und wirtschaftlicher Hinsicht nicht ohne wesentlichen Nachteil für den Auftraggeber vom ursprünglichen Auftrag trennen lassen oder

bb) diese Dienstleistungen zwar von der Ausführung des ursprünglichen Auftrags getrennt werden können, aber für dessen Vollendung unbedingt erforderlich sind;

b) bei neuen Dienstleistungsaufträgen, welche Dienstleistungen wiederholen, die durch denselben Auftraggeber an denselben Auftragnehmer vergeben wurden, sofern sie einem Grundentwurf entsprechen und dieser Entwurf Gegenstand des ursprünglichen Auftrags war, der in einem nicht offenen Verfahren, einem Verhandlungsverfahren mit Teilnahmewettbewerb oder im wettbewerblichen Dialog vergeben wurde. Der Auftraggeber muss die Möglichkeit der Anwendung dieses Verfahrens bereits beim Aufruf zum Wettbewerb für das erste Vorhaben angeben; der für die Fortführung der Dienstleistungen in Aussicht genommene Gesamtauftragswert wird vom Auftraggeber bei der Anwendung des § 1 Absatz 2 berücksichtigt. Dieses Verfahren darf nur binnen fünf Jahren nach Abschluss des ursprünglichen Auftrags angewandt werden, abgesehen von Ausnahmefällen, die durch die Berücksichtigung der zu erwartenden Nutzungsdauer gelieferter Güter, Anlagen oder

Systeme und den durch einen Wechsel des Unternehmens entstehenden technischen Schwierigkeiten bestimmt werden;

4. für Aufträge im Zusammenhang mit der Bereitstellung von Luft- und Seeverkehrsdienstleistungen für die Streit- oder Sicherheitskräfte, die im Ausland eingesetzt werden oder eingesetzt werden sollen, wenn der Auftraggeber diese Dienste bei Unternehmen beschaffen muss, die die Gültigkeit ihrer Angebote nur für so kurze Zeit garantieren, dass auch die verkürzte Frist für das nicht offene Verfahren oder das Verhandlungsverfahren mit Teilnahmewettbewerb einschließlich der verkürzten Fristen gemäß § 20 Absatz 2 Satz 2 und Absatz 3 Satz 2 nicht eingehalten werden kann.

(2) Die Auftraggeber müssen die Anwendung des Verhandlungsverfahrens ohne Teilnahmewettbewerb in der Bekanntmachung gemäß § 35 begründen.

## § 13 Wettbewerblicher Dialog

(1) Auftraggeber im Sinne des § 98 Nummer 1 bis 3 des Gesetzes gegen Wettbewerbsbeschränkungen können einen wettbewerblichen Dialog gemäß § 101 Absatz 4 Satz 1 des Gesetzes gegen Wettbewerbsbeschränkungen zur Vergabe besonders komplexer Aufträge durchführen, sofern sie objektiv nicht in der Lage sind,

1. die technischen Mittel anzugeben, mit denen ihre Bedürfnisse und Ziele erfüllt werden können oder
2. die rechtlichen oder finanziellen Bedingungen des Vorhabens anzugeben.

(2) Im wettbewerblichen Dialog erfolgen gemäß § 101 Absatz 4 Satz 2 des Gesetzes gegen Wettbewerbsbeschränkungen eine Aufforderung zur Teilnahme und anschließende Verhandlungen mit ausgewählten Unternehmen über alle Einzelheiten des Auftrags. Im Einzelnen gehen die Auftraggeber wie folgt vor:

1. Die Auftraggeber müssen ihre Bedürfnisse und Anforderungen bekannt machen und erläutern. Die Erläuterung erfolgt in der Bekanntmachung oder der Leistungsbeschreibung.
2. Mit den nach §§ 6, 7, 8 und 21 bis 28 ausgewählten geeigneten Unternehmen eröffnen die Auftraggeber einen Dialog, in dem sie ermitteln und festlegen, wie ihre Bedürfnisse am besten erfüllt werden können. Dabei können sie mit den ausgewählten Unternehmen alle Einzelheiten des Auftrags erörtern. Die Auftraggeber müssen alle Unternehmen bei dem Dialog gleich behandeln. Insbesondere enthalten sie sich jeder diskriminierenden Weitergabe von Informationen, durch die bestimmte Bieter gegenüber anderen begünstigt werden können. Der Auftraggeber darf Lösungsvorschläge oder vertrauliche Informationen eines Unternehmens nicht ohne dessen Zustimmung an die anderen Unternehmen weitergeben.
3. Die Auftraggeber können vorsehen, dass der Dialog in verschiedenen aufeinanderfolgenden Phasen abgewickelt wird, um die Zahl der in der Dialogphase zu erörternden Lösungsvorschläge anhand der in der Bekanntmachung oder in den Vergabeunterlagen angegebenen Zuschlagskriterien zu verringern. In der Bekanntmachung oder in der Leistungsbeschreibung ist anzugeben, ob diese Möglichkeit in Anspruch genommen wird. In der Schlussphase müssen noch so viele Angebote vorliegen, dass ein echter Wettbewerb gewährleistet ist, sofern eine ausreichende Zahl von Lösungen vorhanden ist. Die Unternehmen, deren Lösungen nicht für die nächstfolgende Dialogphase vorgesehen sind, werden darüber informiert.

4. Die Auftraggeber erklären den Dialog für abgeschlossen, wenn eine oder mehrere Lösungen gefunden worden sind, die ihre Bedürfnisse erfüllen oder erkennbar ist, dass keine Lösung gefunden werden kann. Im Fall der ersten Alternative fordern sie die Unternehmen auf, auf der Grundlage der eingereichten und in der Dialogphase näher ausgeführten Lösungen ihr endgültiges Angebot vorzulegen, das alle zur Ausführung des Projekts erforderlichen Einzelheiten enthalten muss. Die Auftraggeber können verlangen, dass Präzisierungen, Klarstellungen und Ergänzungen zu diesen Angeboten gemacht werden. Diese Präzisierungen, Klarstellungen oder Ergänzungen dürfen jedoch keine Änderung der grundlegenden Elemente des Angebots oder der Ausschreibung zur Folge haben, die den Wettbewerb verfälschen oder diskriminierend wirken könnte.

5. Die Auftraggeber müssen die Angebote aufgrund der in der Bekanntmachung oder in den Vergabeunterlagen festgelegten Zuschlagskriterien bewerten. Der Zuschlag darf ausschließlich auf das wirtschaftlichste Angebot erfolgen. Auftraggeber dürfen das Unternehmen, dessen Angebot als das wirtschaftlichste ermittelt wurde, auffordern, bestimmte Einzelheiten des Angebots näher zu erläutern oder im Angebot enthaltene Zusagen zu bestätigen. Dies darf nicht dazu führen, dass wesentliche Aspekte des Angebots oder der Ausschreibung geändert werden, und dass der Wettbewerb verzerrt wird oder andere am Verfahren beteiligte Unternehmen diskriminiert werden.

6. Verlangen die Auftraggeber, dass die am wettbewerblichen Dialog teilnehmenden Unternehmen Entwürfe, Pläne, Zeichnungen, Berechnungen oder andere Unterlagen ausarbeiten, müssen sie einheitlich für alle Unternehmen, die die geforderte Unterlage rechtzeitig vorgelegt haben, eine angemessene Kostenerstattung hierfür gewähren.

## § 14 Rahmenvereinbarungen

(1) Für den Abschluss einer Rahmenvereinbarung im Sinne des § 4 Absatz 2 befolgen die Auftraggeber die Verfahrensvorschriften dieser Verordnung. Für die Auswahl des Auftragnehmers gelten die Zuschlagskriterien gemäß § 34. Auftraggeber dürfen das Instrument einer Rahmenvereinbarung nicht missbräuchlich oder in einer Weise anwenden, durch die der Wettbewerb behindert, eingeschränkt oder verfälscht wird. Auftraggeber dürfen für dieselbe Leistung nicht mehrere Rahmenvereinbarungen abschließen.

(2) Auftraggeber vergeben Einzelaufträge nach dem in den Absätzen 3 bis 5 vorgesehenen Verfahren. Die Vergabe darf nur erfolgen durch Auftraggeber, die ihren voraussichtlichen Bedarf für das Vergabeverfahren gemeldet haben, an Unternehmen, mit denen die Rahmenvereinbarungen abgeschlossen wurden. Bei der Vergabe der Einzelaufträge dürfen die Parteien keine wesentliche Änderungen an den Bedingungen dieser Rahmenvereinbarung vornehmen. Dies gilt insbesondere für den Fall, dass die Rahmenvereinbarung mit einem einzigen Unternehmen geschlossen wurde.

(3) Wird eine Rahmenvereinbarung mit einem einzigen Unternehmen geschlossen, so werden die auf dieser Rahmenvereinbarung beruhenden Einzelaufträge entsprechend den Bedingungen der Rahmenvereinbarung vergeben. Vor der Vergabe der Einzelaufträge können die Auftraggeber das an der Rahmenvereinbarung beteiligte Unternehmen schriftlich befragen und dabei auffordern, sein Angebot erforderlichenfalls zu vervollständigen.

(4) Wird eine Rahmenvereinbarung mit mehreren Unternehmen geschlossen, so müssen mindestens drei Unternehmen beteiligt sein, sofern eine ausreichend große Zahl von Unternehmen die

Eignungskriterien oder eine ausreichend große Zahl von zulässigen Angeboten die Zuschlagskriterien erfüllt.

(5) Die Vergabe von Einzelaufträgen, die auf einer mit mehreren Unternehmen geschlossenen Rahmenvereinbarung beruhen, erfolgt, sofern

1. alle Bedingungen festgelegt sind, nach den Bedingungen der Rahmenvereinbarung ohne erneuten Aufruf zum Wettbewerb oder
2. nicht alle Bedingungen in der Rahmenvereinbarung festgelegt sind, nach erneutem Aufruf der Parteien zum Wettbewerb zu denselben Bedingungen, die erforderlichenfalls zu präzisieren sind, oder nach anderen in den Vergabeunterlagen zur Rahmenvereinbarung genannten Bedingungen. Dabei ist folgendes Verfahren einzuhalten:
   a) Vor Vergabe jedes Einzelauftrags befragen die Auftraggeber schriftlich die Unternehmen, ob sie in der Lage sind, den Einzelauftrag auszuführen.
   b) Auftraggeber setzen eine angemessene Frist für die Abgabe der Angebote für jeden Einzelauftrag; dabei berücksichtigen sie insbesondere die Komplexität des Auftragsgegenstands und die für die Übermittlung der Angebote erforderliche Zeit.
   c) Auftraggeber geben an, in welcher Form die Angebote einzureichen sind, der Inhalt der Angebote ist bis zum Ablauf der Angebotsfrist geheim zu halten.
   d) Die Auftraggeber vergeben die einzelnen Aufträge an das Unternehmen, das auf der Grundlage der in der Rahmenvereinbarung aufgestellten Zuschlagskriterien das wirtschaftlichste Angebot abgegeben hat.

(6) Die Laufzeit einer Rahmenvereinbarung darf sieben Jahre nicht überschreiten. Dies gilt nicht in Sonderfällen, in denen aufgrund der zu erwartenden Nutzungsdauer gelieferter Güter, Anlagen oder Systeme und der durch einen Wechsel des Unternehmens entstehenden technischen Schwierigkeiten eine längere Laufzeit gerechtfertigt ist. Die Auftraggeber begründen die längere Laufzeit in der Bekanntmachung gemäß § 35.

## § 15 Leistungsbeschreibung und technische Anforderungen

(1) Die Auftraggeber stellen sicher, dass die Leistungsbeschreibung allen Bewerbern und Bietern gleichermaßen zugänglich ist und die Öffnung des nationalen Beschaffungsmarktes für den Wettbewerb durch Anbieter aus anderen EU-Mitgliedstaaten nicht in ungerechtfertigter Weise behindert wird.

(2) Die Leistung ist eindeutig und vollständig zu beschreiben, sodass die Vergleichbarkeit der Angebote gewährleistet ist. Technische Anforderungen im Sinne des Anhangs III Nummer 1 Buchstabe b der Richtlinie 2009/81/EG sind zum Gegenstand der Bekanntmachung oder der Vergabeunterlagen zu machen.

(3) Unbeschadet zwingender technischer Vorschriften einschließlich solcher zur Produktsicherheit und technischer Anforderungen, die laut internationaler Standardisierungsvereinbarungen zur Gewährleistung der in diesen Vereinbarungen geforderten Interoperabilität zu erfüllen sind, sind technischen Anforderungen in der Leistungsbeschreibung wie folgt festzulegen:

1. unter Bezugnahme auf die in Anhang III der Richtlinie 2009/81/EG definierten technischen Anforderungen in folgender Rangfolge, wobei jede dieser Bezugnahmen mit dem Zusatz „oder gleichwertig" zu versehen ist:

## Anhang

a) zivile Normen, mit denen europäische Normen umgesetzt werden,

b) europäische technische Zulassungen,

c) gemeinsame zivile technische Spezifikationen,

d) zivile Normen, mit denen internationale Normen umgesetzt werden,

e) andere internationale zivile Normen,

f) andere technische Bezugssysteme, die von den europäischen Normungsgremien erarbeitet wurden, oder, falls solche Normen und Spezifikationen fehlen, andere nationale zivile Normen, nationale technische Zulassungen oder nationale technische Spezifikationen für die Planung und Berechnung und Ausführungen von Erzeugnissen sowie den Einsatz von Produkten,

g) zivile technische Spezifikationen, die von der Industrie entwickelt wurden und von ihr allgemein anerkannt werden, oder

h) wehrtechnische Normen im Sinne des Anhang III Nummer 3 der Richtlinie 2009/81/EG und Spezifikationen für Verteidigungsgüter, die diesen Normen entsprechen,

2. oder in Form von Leistungs- oder Funktionsanforderungen, die auch Umwelteigenschaften umfassen können. Diese Anforderungen müssen so klar formuliert werden, dass sie den Bewerbern und Bietern den Auftragsgegenstand eindeutig und abschließend erläutern und den Auftraggebern die Erteilung des Zuschlags ermöglichen,

3. oder als Kombination der Nummern 1 und 2,

a) entweder in Form von Leistungs- oder Funktionsanforderungen gemäß Nummer 2 unter Bezugnahme auf die in Anhang III der Richtlinie 2009/81/EG definierten technischen Anforderungen gemäß Nummer 1 als Mittel zur Vermutung der Konformität mit diesen Leistungs- und Funktionsanforderungen oder

b) hinsichtlich bestimmter Merkmale unter Bezugnahme auf die in Anhang III der Richtlinie 2009/81/EG definierten technischen Anforderungen gemäß Nummer 1 und hinsichtlich anderer Merkmale unter Bezugnahme auf die Leistungs- und Funktionsanforderungen gemäß Nummer 2.

(4) Verweisen die Auftraggeber auf die in Absatz 3 Nummer 1 genannten technischen Anforderungen, dürfen sie ein Angebot nicht mit der Begründung ablehnen, die angebotenen Güter und Dienstleistungen entsprächen nicht den von ihnen herangezogenen Anforderungen, sofern die Unternehmen in ihrem Angebot den Auftraggebern mit geeigneten Mitteln nachweisen, dass die von ihnen vorgeschlagenen Lösungen den technischen Anforderungen, auf die Bezug genommen wurde, gleichermaßen entsprechen. Als geeignetes Mittel gelten insbesondere eine technische Beschreibung des Herstellers oder ein Prüfbericht einer anerkannten Stelle.

(5) Legt der Auftraggeber die technischen Anforderungen nach Absatz 3 Nummer 2 in Form von Leistungs- oder Funktionsanforderungen fest, so darf er ein Angebot, das einer Norm, mit der eine europäische Norm umgesetzt wird, oder einer europäischen technischen Zulassung, einer gemeinsamen technischen Spezifikation, einer internationalen Norm oder einem technischen Bezugssystem, das von den europäischen Normungsgremien erarbeitet wurde, entspricht, nicht zurückweisen, wenn diese Spezifikationen die von ihm geforderten Leistungs- oder Funktionsanforderungen betreffen. Die Bieter müssen in ihren Angeboten dem Auftraggeber mit allen geeigneten Mitteln nachweisen, dass die der Norm entsprechende jeweilige Ware oder Dienst-

leistung den Leistungs- oder Funktionsanforderungen des Auftraggebers entspricht. Als geeignetes Mittel kann eine technische Beschreibung des Herstellers oder ein Prüfbericht einer anerkannten Stelle gelten.

(6) Schreiben die Auftraggeber Umwelteigenschaften in Form von Leistungs- oder Funktionsanforderungen gemäß Absatz 3 Nummer 2 vor, so können sie ganz oder teilweise die Spezifikationen verwenden, die in europäischen, multinationalen, nationalen oder anderen Umweltzeichen definiert sind, wenn

1. diese sich zur Definition der Merkmale der Güter oder Dienstleistungen eignen, die Gegenstand des Auftrags sind,
2. die Anforderungen an das Umweltzeichen auf der Grundlage von wissenschaftlich abgesicherten Informationen ausgearbeitet werden,
3. die Umweltzeichen im Rahmen eines Verfahrens erlassen werden, an dem interessierte Kreise teilnehmen können, und
4. das Umweltzeichen für alle Betroffenen zugänglich und verfügbar ist.

Die Auftraggeber können in der Leistungsbeschreibung angeben, dass bei Gütern oder Dienstleistungen, die mit einem Umweltzeichen ausgestattet sind, vermutet wird, dass diese den in der Leistungsbeschreibung festgelegten technischen Anforderungen genügen. Die Auftraggeber müssen jedes andere geeignete Beweismittel wie technische Unterlagen des Herstellers oder Prüfberichte anerkannter Stellen zulassen.

(7) Anerkannte Stellen sind die Prüf- und Eichlaboratorien im Sinne des Eichgesetzes sowie die Inspektions- und Zertifizierungsstellen, die den Anforderungen der jeweils anwendbaren europäischen Normen entsprechen. Die Auftraggeber erkennen Bescheinigungen von in anderen Mitgliedstaaten ansässigen anerkannten Stellen an.

(8) Soweit es nicht durch den Auftragsgegenstand gerechtfertigt ist, darf in der Leistungsbeschreibung nicht auf eine bestimmte Produktion oder Herkunft oder ein besonderes Verfahren oder auf Marken, Patente, Typen, einen bestimmten Ursprung oder eine bestimmte Produktion verwiesen werden, wenn dadurch bestimmte Unternehmen oder bestimmte Güter begünstigt oder ausgeschlossen werden. Solche Verweise sind jedoch ausnahmsweise zulässig, wenn der Auftragsgegenstand nach den Absätzen 2 und 3 nicht eindeutig und vollständig beschrieben werden kann; solche Verweise sind mit dem Zusatz „oder gleichwertig" zu versehen.

## § 16 Vergabeunterlagen

(1) Die Vergabeunterlagen umfassen alle Angaben, die erforderlich sind, um eine Entscheidung zur Teilnahme am Vergabeverfahren oder zur Angebotsabgabe zu ermöglichen. Sie bestehen in der Regel aus

1. dem Anschreiben (Aufforderung zur Teilnahme oder Angebotsabgabe oder Begleitschreiben für die Abgabe der angeforderten Unterlagen),
2. der Beschreibung der Einzelheiten der Durchführung des Verfahrens (Bewerbungsbedingungen), einschließlich der Angabe der Zuschlagskriterien und deren Gewichtung oder der absteigenden Reihenfolge der diesen Kriterien zuerkannten Bedeutung, sofern nicht in der Bekanntmachung bereits genannt,

3. den Vertragsunterlagen, die aus Leistungsbeschreibung und Vertragsbedingungen bestehen, und

4. Name und Anschrift der Vergabekammer, die für die Nachprüfung zuständig ist.

(2) Sofern die Auftraggeber Nachweise verlangen, haben sie diese in einer abschließenden Liste zusammenzustellen.

## § 17 Vorinformation

(1) Auftraggeber können durch Vorinformation, die von der Europäischen Kommission oder von ihnen selbst in ihrem Beschafferprofil veröffentlicht wird, den geschätzten Gesamtwert der Aufträge oder der Rahmenvereinbarungen mitteilen, die sie in den kommenden zwölf Monaten zu vergeben oder abzuschließen beabsichtigen.

1. Lieferaufträge sind nach Warengruppen unter Bezugnahme auf das Gemeinsame Vokabular für öffentliche Aufträge gemäß der Verordnung (EG) Nr. 213/2008 der Europäischen Kommission vom 28. November 2007 zur Änderung der Verordnung (EG) Nr. 2195/2002 des Europäischen Parlaments und des Rates über das Gemeinsame Vokabular für öffentliche Aufträge (CPV) und der Vergaberichtlinien des Europäischen Parlaments und des Rates 2004/17/EG und 2004/18/EG im Hinblick auf die Überarbeitung des Vokabulars (ABl. L 74 vom 15.3.2008, S. 1) in der jeweils geltenden Fassung,

2. Dienstleistungsaufträge sind nach den in Anhang I der Richtlinie 2009/81/EG genannten Kategorien

aufzuschlüsseln.

(2) Die Mitteilungen nach Absatz 1 werden unverzüglich nach der Entscheidung über die Genehmigung des Projekts, für das die Auftraggeber beabsichtigen, Aufträge zu erteilen oder Rahmenvereinbarungen abzuschließen, an die Europäische Kommission übermittelt oder im Beschafferprofil veröffentlicht. Veröffentlicht ein Auftraggeber eine Vorinformation in seinem Beschafferprofil, so meldet er dies der Europäischen Kommission unter Beachtung der Muster und Modalitäten für die elektronische Übermittlung von Bekanntmachungen nach Anhang VI Nummer 3 der Richtlinie 2009/81/EG. Die Vorinformationen dürfen nicht in einem Beschafferprofil veröffentlicht werden, bevor die Ankündigung dieser Veröffentlichung an die Europäische Kommission abgesendet wurde. Das Datum der Absendung muss im Beschafferprofil angegeben werden.

(3) Auftraggeber sind zur Veröffentlichung verpflichtet, wenn sie beabsichtigen, von der Möglichkeit einer Verkürzung der Fristen für den Eingang der Angebote gemäß § 20 Absatz 3 Satz 3 und 4 Gebrauch zu machen.

(4) Die Absätze 1, 2 und 3 gelten nicht für das Verhandlungsverfahren ohne Teilnahmewettbewerb.

## § 18 Bekanntmachung von Vergabeverfahren

(1) Auftraggeber, die einen Auftrag oder eine Rahmenvereinbarung im Wege eines nicht offenen Verfahrens, eines Verhandlungsverfahrens mit Teilnahmewettbewerb oder eines wettbewerblichen Dialogs zu vergeben beabsichtigen, müssen dies durch eine Bekanntmachung mitteilen.

(2) Die Bekanntmachung muss zumindest die in Anhang IV der Richtlinie 2009/81/EG aufgeführten Informationen enthalten. Sie wird nach dem in Anhang XV bis XVIII der Durchfüh-

rungsverordnung (EU) Nr. 842/2011 der Europäischen Kommission vom 19. August 2011 zur Einführung von Standardformularen für die Veröffentlichung von Vergabebekanntmachungen auf dem Gebiet der öffentlichen Aufträge und zur Aufhebung der Verordnung (EG) Nr. 1564/2005 (ABl. L 222 vom 27.8.2011, S. 1) enthaltenen Muster in der jeweils geltenden Fassung erstellt.

(3) Auftraggeber müssen in der Bekanntmachung insbesondere angeben:

1. bei der Vergabe im nicht offenen Verfahren oder Verhandlungsverfahren mit Teilnahmewettbewerb, welche Eignungsanforderungen gelten und welche Eignungsnachweise vorzulegen sind.
2. gemäß § 9 Absatz 4, ob gemäß § 9 Absatz 1 oder 3 Anforderungen an die Vergabe von Unteraufträgen gestellt werden und welchen Inhalt diese haben,
3. ob beabsichtigt ist, ein Verhandlungsverfahren mit Teilnahmewettbewerb oder einen wettbewerblichen Dialog in verschiedenen Phasen abzuwickeln, um die Zahl der Angebote zu verringern, und
4. Namen und Anschrift der Vergabekammer, die für die Nachprüfung zuständig ist.

(4) Die Bekanntmachung ist unter Beachtung der Muster und Modalitäten für die elektronische Übermittlung von Bekanntmachungen nach Anhang VI Nummer 3 der Richtlinie 2009/81/EG oder auf anderem Wege unverzüglich dem Amt für amtliche Veröffentlichungen der Europäischen Union zu übermitteln. Im beschleunigten Verfahren nach § 20 Absatz 2 Satz 2 und § 20 Absatz 3 Satz 2 muss die Bekanntmachung unter Beachtung der Muster und Modalitäten für die elektronische Übermittlung von Bekanntmachungen nach Anhang VI Nummer 3 der Richtlinie 2009/81/EG mittels Telefax oder auf elektronischem Weg übermittelt werden. Die Auftraggeber müssen den Tag der Absendung nachweisen können.

(5) Die Bekanntmachung und ihr Inhalt dürfen auf nationaler Ebene oder in einem Beschafferprofil nicht vor dem Tag der Absendung an das Amt für amtliche Veröffentlichungen der Europäischen Union veröffentlicht werden. Die Veröffentlichung auf nationaler Ebene darf keine anderen Angaben enthalten als die Bekanntmachung an das Amt für amtliche Veröffentlichungen der Europäischen Union oder die Veröffentlichung im Beschafferprofil. Auf das Datum der Absendung der europaweiten Bekanntmachung an das Amt für amtliche Veröffentlichungen der Europäischen Union oder der Veröffentlichung im Beschafferprofil ist in der nationalen Bekanntmachung hinzuweisen.

## § 19 Informationsübermittlung

(1) Die Auftraggeber geben in der Bekanntmachung oder den Vergabeunterlagen an, ob Informationen auf dem Postweg, mittels Telefax, elektronisch, telefonisch oder durch eine Kombination dieser Kommunikationsmittel zu übermitteln sind.

(2) Das gewählte Kommunikationsmittel muss allgemein verfügbar sein und darf den Zugang der Unternehmen zu dem Vergabeverfahren nicht beschränken.

(3) Die Auftraggeber haben bei der Mitteilung oder Übermittlung und Speicherung von Informationen die Unversehrtheit der Daten und die Vertraulichkeit der Angebote und Teilnahmeanträge zu gewährleisten. Auftraggeber dürfen vom Inhalt der Angebote und Teilnahmeanträge erst nach Ablauf der Frist für ihre Einreichung Kenntnis nehmen. Auf dem Postweg oder direkt zu übermittelnde Angebote sind in einem verschlossenen Umschlag einzureichen, als solche zu kennzeichnen und bis zum Ablauf der Angebotsfrist unter Verschluss zu halten. Bei elektronisch zu

übermittelnden Angeboten ist die Unversehrtheit durch entsprechende organisatorische und technische Lösungen nach den Anforderungen des Auftraggebers und die Vertraulichkeit durch Verschlüsselung sicherzustellen. Die Verschlüsselung muss bis zum Ablauf der Angebotsfrist aufrechterhalten bleiben.

(4) Bei elektronischen Kommunikationsmitteln müssen die technischen Merkmale allgemein zugänglich, kompatibel mit den allgemein verbreiteten Geräten der Informations- und Kommunikationstechnologie und nicht diskriminierend sein. Die Auftraggeber haben dafür Sorge zu tragen, dass den interessierten Unternehmen die Informationen über die Spezifikationen, die für die elektronische Übermittlung der Anträge auf Teilnahme und der Angebote erforderlich sind, einschließlich der Verschlüsselung, zugänglich sind. Außerdem muss gewährleistet sein, dass die Vorrichtungen für den elektronischen Eingang der Angebote und Teilnahmeanträge den Anforderungen des Anhangs VIII der Richtlinie 2009/81/EG genügen.

(5) Neben den Hinweisen nach Absatz 1 geben die Auftraggeber in der Bekanntmachung an, in welcher Form Anträge auf Teilnahme am Vergabeverfahren oder Angebote einzureichen sind. Insbesondere können sie festlegen, welche elektronische Signatur nach § 2 des Signaturgesetzes für die Teilnahmeanträge im Fall der elektronischen Übermittlung zu verwenden ist. Anträge auf Teilnahme am Vergabeverfahren können schriftlich oder telefonisch gestellt werden. Wird ein solcher Antrag telefonisch gestellt, ist dieser vor Ablauf der Frist für den Eingang der Anträge in Schriftform zu bestätigen. Die Auftraggeber können verlangen, dass per Telefax gestellte Anträge in Schriftform oder elektronischer Form bestätigt werden, sofern dies für das Vorliegen eines gesetzlich gültigen Nachweises erforderlich ist. In diesem Fall geben die Auftraggeber in der Bekanntmachung diese Anforderung zusammen mit der Frist für die Übermittlung der Bestätigung an.

### § 20 Fristen für den Eingang von Anträgen auf Teilnahme und Eingang der Angebote

(1) Bei der Festsetzung der Fristen für den Eingang der Angebote und der Anträge auf Teilnahme berücksichtigen die Auftraggeber unbeschadet der nachstehend festgelegten Mindestfristen insbesondere die Komplexität des Auftrags und die Zeit, die für die Ausarbeitung der Angebote erforderlich ist.

(2) Beim nicht offenen Verfahren, im Verhandlungsverfahren mit Teilnahmewettbewerb und im wettbewerblichen Dialog beträgt die von den Auftraggebern festzusetzende Frist für den Eingang der Anträge auf Teilnahme mindestens 37 Tage ab dem Tag der Absendung der Bekanntmachung. In Fällen besonderer Dringlichkeit (beschleunigtes Verfahren) beim nicht offenen Verfahren und Verhandlungsverfahren mit Teilnahmewettbewerb beträgt diese Frist mindestens 15 Tage oder mindestens zehn Tage bei elektronischer Übermittlung[3], jeweils gerechnet vom Tag der Absendung der Bekanntmachung an.

(3) Die von den Auftraggebern festzusetzende Angebotsfrist beim nicht offenen Verfahren beträgt mindestens 40 Tage, gerechnet vom Tag der Absendung der Aufforderung zur Angebotsabgabe an. Im beschleunigten Verfahren beträgt die Frist mindestens zehn Tage, gerechnet vom Tage der Absendung der Aufforderung zur Angebotsabgabe an. Haben die Auftraggeber eine Vorinformation gemäß § 17 veröffentlicht, können sie die Frist für den Eingang der Angebote in der Regel auf 36 Tage ab dem Tag der Absendung der Aufforderung zur Angebotsabgabe, jedoch

---

3  Das Muster und die Modalitäten für die elektronische Übermittlung der Bekanntmachungen sind unter der Internetadresse http://simap.europa.eu abrufbar, vgl. Anhang VI Nummer 3 der Richtlinie 2009/81/EG.

keinesfalls weniger als 22 Tage festsetzen. Diese verkürzte Frist ist zulässig, sofern die Vorinformation alle die für die Bekanntmachung nach Anhang IV der Richtlinie 2009/81/EG geforderten Informationen – soweit diese zum Zeitpunkt der Veröffentlichung der Bekanntmachung vorlagen – enthielt und die Vorinformation spätestens 52 Tage und frühestens zwölf Monate vor dem Tag der Absendung der Bekanntmachung zur Veröffentlichung übermittelt wurde.

(4) Bei elektronisch erstellten und übermittelten Bekanntmachungen können die Auftraggeber die Frist nach Absatz 2 Satz 1 um sieben Tage verkürzen. Die Auftraggeber können die Frist für den Eingang der Angebote nach Absatz 3 Satz 1 um weitere fünf Tage verkürzen, wenn sie ab der Veröffentlichung der Bekanntmachung die Vergabeunterlagen und unterstützende Unterlagen entsprechend der Angaben in Anhang VI der Richtlinie 2009/81/EG elektronisch frei, direkt und vollständig verfügbar machen; in der Bekanntmachung ist die Internetadresse anzugeben, unter der diese Unterlagen abrufbar sind. Diese Verkürzung nach Satz 2 kann mit der in Satz 1 genannten Verkürzung verbunden werden.

(5) Die Auftraggeber müssen rechtzeitig angeforderte zusätzliche Informationen über die Vergabeunterlagen, die Beschreibung oder die unterstützenden Unterlagen im Falle des nicht offenen Verfahrens spätestens sechs Tage oder im Falle des beschleunigten Verhandlungsverfahrens spätestens vier Tage vor Ablauf der für die Einreichung von Angeboten festgelegten Frist übermitteln.

(6) Können die Angebote nur nach einer Ortsbesichtigung oder Einsichtnahme in nicht übersandte Vergabeunterlagen erstellt werden oder konnten die Fristen nach Absatz 5 nicht eingehalten werden, so sind die Angebotsfristen entsprechend zu verlängern, und zwar so, dass alle betroffenen Unternehmen von allen Informationen, die für die Erstellung des Angebots notwendig sind, Kenntnis nehmen können.

(7) Bis zum Ablauf der Angebotsfrist können Bieter ihre Angebote zurückziehen. Dabei sind die für die Einreichung der Angebote maßgeblichen Formerfordernisse zu beachten.

## § 21 Eignung und Auswahl der Bewerber

(1) Aufträge werden unter Wahrung der Eignungsanforderungen des § 97 Absatz 4 Satz 1 des Gesetzes gegen Wettbewerbsbeschränkungen vergeben.

(2) Auftraggeber können Mindestanforderungen an die Eignung stellen, denen die Bewerber genügen müssen. Diese Mindestanforderungen müssen mit dem Auftragsgegenstand im sachlichen Zusammenhang stehen und durch ihn gerechtfertigt sein. Die Mindestanforderungen werden in der Bekanntmachung oder den Vergabeunterlagen angegeben.

(3) Im nicht offenen Verfahren, Verhandlungsverfahren mit Teilnahmewettbewerb und im wettbewerblichen Dialog dürfen Auftraggeber die Zahl der geeigneten Bewerber begrenzen, die zur Abgabe eines Angebots aufgefordert werden. Dazu geben die Auftraggeber in der Bekanntmachung die von ihnen vorgesehenen objektiven und nicht diskriminierenden Anforderungen sowie die vorgesehene Mindestzahl und gegebenenfalls auch die Höchstzahl an Bewerbern an. Die Mindestzahl der Bewerber darf nicht niedriger als drei sein.

1. Sofern geeignete Bewerber in ausreichender Zahl zur Verfügung stehen, wird das Verfahren mit der Anzahl von Bewerbern fortgeführt, die der festgelegten Mindestzahl an Bewerbern entspricht.
2. Sofern die Zahl geeigneter Bewerber unter der Mindestanzahl liegt, kann der Auftraggeber das Verfahren fortführen. Ist der Auftraggeber der Auffassung, dass die Zahl der geeigneten

Bewerber zu gering ist, um einen echten Wettbewerb zu gewährleisten, so kann er das Verfahren aussetzen und die erste Bekanntmachung gemäß § 18 zur Festsetzung einer neuen Frist für die Einreichung von Anträgen auf Teilnahme erneut veröffentlichen. In diesem Fall wird das Verfahren mit den nach der ersten sowie mit den nach der zweiten Bekanntmachung ausgewählten Bewerbern gemäß § 29 fortgeführt. Die Möglichkeit, das laufende Vergabeverfahren einzustellen und ein neues Verfahren einzuleiten, bleibt unberührt.

(4) Bewerber oder Bieter, die gemäß den Rechtsvorschriften des EU-Mitgliedstaats, in dem sie ihre Niederlassung haben, zur Erbringung der betreffenden Leistung berechtigt sind, dürfen nicht allein deshalb zurückgewiesen werden, weil sie gemäß den einschlägigen deutschen Rechtsvorschriften eine natürliche oder juristische Person sein müssten. Im Falle zusätzlicher Dienstleistungen bei Lieferaufträgen und im Falle von Dienstleistungsaufträgen können juristische Personen verpflichtet werden, in ihrem Antrag auf Teilnahme oder Angebot die Namen und die berufliche Qualifikationen der Personen anzugeben, die für die Durchführung des Auftrags als verantwortlich vorgesehen sind.

(5) Bewerber- und Bietergemeinschaften sind wie Einzelbewerber und -bieter zu behandeln. Auftraggeber dürfen nicht verlangen, dass nur Gruppen von Unternehmen, die eine bestimmte Rechtsform haben, einen Teilnahmeantrag stellen oder ein Angebot abgeben dürfen. Für den Fall der Auftragserteilung können die Auftraggeber verlangen, dass eine Bietergemeinschaft eine bestimmte Rechtsform annimmt, sofern dies für die ordnungsgemäße Durchführung des Auftrags notwendig ist.

### § 22 Allgemeine Vorgaben zum Nachweis der Eignung

(1) Auftraggeber müssen in der Bekanntmachung oder im Verhandlungsverfahren ohne Teilnahmewettbewerb in den Vergabeunterlagen angeben, mit welchen Nachweisen gemäß den §§ 6, 7, 8 und 23 bis 28 Unternehmen ihre Eignung nachzuweisen haben. Auftraggeber dürfen von den Bewerbern oder Bietern zum Nachweis ihrer Eignung nur Unterlagen und Angaben fordern, die durch den Gegenstand des Auftrags gerechtfertigt sind.

(2) Soweit mit den vom Auftragsgegenstand betroffenen Verteidigungs- und Sicherheitsinteressen vereinbar, können Auftraggeber zulassen, dass Bewerber oder Bieter ihre Eignung durch die Vorlage einer Erklärung belegen, dass sie die vom Auftraggeber verlangten Eignungskriterien erfüllen und die festgelegten Nachweise auf Aufforderung unverzüglich beibringen können (Eigenerklärung). § 24 Absatz 1 Nummer 7 findet Anwendung.

(3) Erbringen Bewerber oder Bieter den Nachweis für die an die Eignung gestellten Mindestanforderungen nicht, werden sie im Rahmen eines nicht offenen Verfahrens, Verhandlungsverfahrens mit Teilnahmewettbewerb oder wettbewerblichen Dialogs nicht zur Abgabe eines Angebots aufgefordert. Wenn Bewerber oder Bieter im Verhandlungsverfahren ohne Teilnahmewettbewerb ein Angebot abgegeben haben, wird dieses nicht gewertet.

(4) Unternehmen sind verpflichtet, die geforderten Nachweise

1. beim nicht offenen Verfahren und Verhandlungsverfahren mit Teilnahmewettbewerb vor Ablauf der Teilnahmefrist,

2. beim Verhandlungsverfahren ohne Teilnahmewettbewerb vor Ablauf der Angebotsfrist,

3. bei einer Rahmenvereinbarung entsprechend der gewählten Verfahrensart gemäß den Nummern 1 und 2,

4. beim wettbewerblichen Dialog vor Ablauf der Teilnahmefrist

vorzulegen, es sei denn, der jeweilige Nachweis ist elektronisch verfügbar.

(5) Im nicht offenen Verfahren und Verhandlungsverfahren mit Teilnahmewettbewerb dürfen die Vergabeunterlagen nur an geeignete Unternehmen übersandt werden. Im Verhandlungsverfahren ohne Teilnahmewettbewerb dürfen die Vergabeunterlagen an die Unternehmen übermittelt werden, die vom Auftraggeber unter Beachtung der §§ 6 und 7 ausgewählt wurden.

(6) Erklärungen und sonstige Unterlagen, die als Nachweis im Teilnahmewettbewerb oder mit dem Angebot einzureichen sind und auf Anforderung der Auftraggeber nicht bis zum Ablauf der maßgeblichen Frist vorgelegt wurden, können bis zum Ablauf einer zu bestimmenden Nachfrist nachgefordert werden. Werden die Nachweise und sonstigen Unterlagen nicht innerhalb der Nachfrist vorgelegt, ist der Bewerber oder Bieter auszuschließen.

## § 23 Zwingender Ausschluss mangels Eignung

(1) Ein Bewerber oder Bieter ist wegen Unzuverlässigkeit von der Teilnahme an einem Vergabeverfahren auszuschließen, wenn der Auftraggeber Kenntnis davon hat, dass eine Person, deren Verhalten dem Unternehmen zuzurechnen ist, rechtskräftig verurteilt worden ist wegen:

1. § 129 des Strafgesetzbuchs (Bildung krimineller Vereinigungen), § 129a des Strafgesetzbuchs (Bildung terroristischer Vereinigungen), § 129b des Strafgesetzbuchs (kriminelle und terroristische Vereinigungen im Ausland);
2. § 261 des Strafgesetzbuchs (Geldwäsche; Verschleierung unrechtmäßig erlangter Vermögenswerte);
3. § 263 des Strafgesetzbuchs (Betrug), soweit sich die Straftat gegen den Haushalt der Europäischen Union oder gegen Haushalte richtet, die von der Europäischen Union oder in ihrem Auftrag verwaltet werden;
4. § 264 des Strafgesetzbuchs (Subventionsbetrug), soweit sich die Straftat gegen den Haushalt der Europäischen Union oder gegen Haushalte richtet, die von der Europäischen Union oder in ihrem Auftrag verwaltet werden;
5. § 299 des Strafgesetzbuchs (Bestechlichkeit und Bestechung im geschäftlichen Verkehr);
6. § 334 des Strafgesetzbuchs (Bestechung), auch in Verbindung mit Artikel 2 des EU-Bestechungsgesetzes, Artikel 2 §§ 1 und 2 des Gesetzes zur Bekämpfung internationaler Bestechung, § 1 Absatz 1 Ziffer 7 Nummer 10 des NATO-Truppen-Schutzgesetzes und § 2 des Gesetzes über das Ruhen der Verfolgungsverjährung und die Gleichstellung der Richter und Bediensteten des Internationalen Strafgerichtshofes.

(2) Einem Verstoß gegen die in Absatz 1 genannten Vorschriften gleichgesetzt sind Verstöße gegen entsprechende Strafnormen anderer Mitgliedstaaten.

(3) § 21 des Arbeitnehmerentsendegesetzes, § 16 des Mindestarbeitsbedingungsgesetzes und § 98c des Aufenthaltsgesetzes bleiben unberührt.

(4) Das Verhalten einer rechtskräftig verurteilten Person ist einem Unternehmen zuzurechnen, wenn sie für dieses Unternehmen als vertretungsberechtigtes Organ oder als Mitglied eines solchen Organs gehandelt hat oder ein Aufsichts- oder Organisationsverschulden gemäß § 130 des Gesetzes über Ordnungswidrigkeiten einer Person im Hinblick auf das Verhalten einer anderen für das Unternehmen handelnden, rechtskräftig verurteilten Person vorliegt.

(5) Von einem Ausschluss nach Absatz 1 kann nur abgesehen werden, wenn zwingende Gründe des Allgemeininteresses vorliegen und andere Unternehmen die Leistung nicht angemessen erbringen können oder aufgrund besonderer Umstände des Einzelfalls die Zuverlässigkeit des Unternehmens durch den Verstoß nicht in Frage gestellt wird.

(6) Zur Anwendung des Absatzes 1 kann der öffentliche Auftraggeber die erforderlichen Informationen über die persönliche Lage der Bewerber oder Bieter bei den zuständigen Behörden einholen, wenn er Bedenken in Bezug auf deren persönliche Eignung hat. Betreffen die Informationen einen Bewerber oder Bieter, der in einem anderen Mitgliedstaat als der Auftraggeber ansässig ist, so kann dieser die zuständigen Behörden um Mitarbeit ersuchen. Nach Maßgabe des nationalen Rechts des Mitgliedstaats, in dem der Bewerber oder Bieter ansässig ist, betreffen diese Ersuchen juristische und natürliche Personen, gegebenenfalls auch die jeweiligen Unternehmensleiter oder jede andere Person, die befugt ist, den Bewerber oder Bieter zu vertreten, in seinem Namen Entscheidungen zu treffen oder ihn zu kontrollieren.

(7) Als ausreichenden Nachweis dafür, dass die in Absatz 1 genannten Fälle auf das Unternehmen nicht zutreffen, erkennt der Auftraggeber einen Auszug aus dem Strafregister oder – in Ermangelung eines solchen – eine gleichwertige Urkunde einer zuständigen Gerichts- oder Verwaltungsbehörde des Herkunftslands an, aus der hervorgeht, dass die Anforderungen an die Zuverlässigkeit des Unternehmens erfüllt sind.

(8) Wird eine Urkunde oder Bescheinigung von dem Herkunftsland des Bewerbers oder Bieters nicht ausgestellt oder werden darin nicht alle vorgesehenen Fälle erwähnt, so kann sie durch eine Versicherung an Eides statt ersetzt werden. In den Mitgliedstaaten, in denen es keine Versicherung an Eides statt gibt, darf die Versicherung an Eides statt durch eine förmliche Erklärung ersetzt werden, die ein Vertreter des betreffenden Unternehmens vor einer zuständigen Gerichts- oder Verwaltungsbehörde, einem Notar oder einer dafür qualifizierten Berufsorganisation des Herkunftslands abgibt.

## § 24 Fakultativer Ausschluss mangels Eignung

(1) Von der Teilnahme am Vergabeverfahren können Bewerber oder Bieter ausgeschlossen werden,

1. über deren Vermögen die Eröffnung eines Insolvenzverfahrens oder eines vergleichbaren Verfahrens beantragt oder ein solches Verfahren bereits eröffnet worden oder wenn die Eröffnung eines solchen Verfahrens mangels Masse abgelehnt worden ist;
2. die sich im Verfahren der Liquidation befinden;
3. die aufgrund eines rechtskräftigen Urteils wegen eines Deliktes bestraft worden sind, das ihre berufliche Zuverlässigkeit in Frage stellt, insbesondere wegen eines Verstoßes gegen Rechtsvorschriften über die Ausfuhr von Verteidigungs- oder Sicherheitsgütern;
4. die im Rahmen ihrer beruflichen Tätigkeit eine schwere Verfehlung begangen haben, die vom Auftraggeber nachweislich festgestellt wurde, insbesondere eine Verletzung der Pflicht zur Gewährleistung der Informations- oder Versorgungssicherheit im Rahmen eines früheren Auftrags;
5. die nicht die erforderliche Vertrauenswürdigkeit aufweisen, um Risiken für die nationale Sicherheit auszuschließen; der Nachweis, dass Risiken für die nationale Sicherheit nicht auszuschließen sind, kann auch mithilfe geschützter Datenquellen erfolgen;

6. die ihre Verpflichtung zur Zahlung von Sozialbeiträgen, Steuern und Abgaben nachweislich nicht erfüllt haben, § 23 Absatz 3 gilt entsprechend;

7. die sich bei der Erteilung von Auskünften, die gemäß der Nummern 1 bis 6 sowie der §§ 7, 8, 25 bis 28 zum Nachweis der Eignung eingeholt werden können, in erheblichem Ausmaß falscher Erklärungen schuldig gemacht haben oder diese Auskünfte nicht erteilt haben.

(2) Als ausreichenden Nachweis dafür, dass die in Absatz 1 Nummer 1, 2, 3 und 6 genannten Fälle auf das Unternehmen nicht zutreffen, erkennt der Auftraggeber an

1. im Fall von Absatz 1 Nummer 1, 2 und 3 den Auszug eines Registers gemäß der unverbindlichen Liste in Anhang VII Teil B und C der Richtlinie 2009/81/EG oder eines Strafregisters oder – in Ermangelung eines solchen – eine gleichwertige Urkunde einer zuständigen Gerichts- oder Verwaltungsbehörde des Herkunftslands, aus der hervorgeht, dass diese Anforderungen erfüllt sind;

2. im Fall von Absatz 1 Nummer 6 eine von der zuständigen Behörde des betreffenden Mitgliedstaats ausgestellte Bescheinigung.

(3) Wird eine in Absatz 2 Nummer 1 genannte Urkunde oder Bescheinigung im Herkunftsland des Unternehmens nicht ausgestellt oder werden darin nicht alle in Absatz 1 Nummer 1 bis 3 vorgesehenen Fälle erwähnt, so kann sie durch eine Versicherung an Eides statt ersetzt werden. In den Mitgliedstaaten, in denen es keine Versicherung an Eides statt gibt, gilt § 23 Absatz 8 Satz 2 entsprechend.

## § 25 Nachweis der Erlaubnis zur Berufsausübung

(1) Die Auftraggeber können die Bewerber oder Bieter auffordern, als Nachweis für die Erlaubnis zur Berufsausübung

1. den Auszug eines Berufs- oder Handelsregisters gemäß der unverbindlichen Liste des Anhangs VII Teil B und C der Richtlinie 2009/81/EG vorzulegen, wenn die Eintragung gemäß den Vorschriften des Mitgliedstaats ihrer Herkunft oder Niederlassung Voraussetzung für die Berufsausübung ist,

2. darüber eine Erklärung unter Eid abzugeben oder

3. eine sonstige Bescheinigung vorzulegen.

(2) Müssen Bewerber oder Bieter eine bestimmte Berechtigung besitzen oder Mitglied einer bestimmten Organisation sein, um eine Dienstleistung in ihrem Herkunftsmitgliedstaat erbringen zu können, können Auftraggeber Bewerber oder Bieter auffordern, darüber den Nachweis zu erbringen.

## § 26 Nachweis der wirtschaftlichen und finanziellen Leistungsfähigkeit

(1) Auftraggeber können je nach Art, Verwendungszweck und Menge der zu liefernden Güter oder dem Umfang der zu erbringenden Dienstleistungen angemessene Nachweise der finanziellen und wirtschaftlichen Leistungsfähigkeit der Bewerber oder Bieter verlangen, insbesondere die Vorlage

1. entsprechender Bankerklärungen oder des Nachweises einer entsprechenden Berufshaftpflichtversicherung,

2. von Bilanzen oder Bilanzauszügen, falls deren Veröffentlichung in dem Land, in dem der Bewerber oder Bieter ansässig ist, gesetzlich vorgeschrieben ist,

3. einer Erklärung über den Gesamtumsatz und den Umsatz für den durch den Auftragsgegenstand vorausgesetzten Tätigkeitsbereich, jedoch höchstens für die letzten drei Geschäftsjahre, entsprechend dem Gründungsdatum oder dem Datum der Tätigkeitsaufnahme des Unternehmens, sofern entsprechende Angaben verfügbar sind.

(2) Können Bewerber oder Bieter aus einem berechtigten Grund die geforderten Nachweise nicht beibringen, so kann der Auftraggeber die Vorlage jedes anderen geeigneten Nachweises zulassen.

(3) Bewerber oder Bieter können sich für einen bestimmten Auftrag auf die Leistungsfähigkeit anderer Unternehmen berufen, wenn sie nachweisen, dass ihnen dadurch die erforderlichen Mittel zur Verfügung stehen. Dies gilt auch für Bewerber- oder Bietergemeinschaften.

### § 27 Nachweis der fachlichen und technischen Leistungsfähigkeit

(1) Auftraggeber können je nach Art, Verwendungszweck und Menge der zu liefernden Güter oder dem Umfang der zu erbringenden Dienstleistungen angemessene Nachweise der fachlichen und technischen Leistungsfähigkeit verlangen. Insbesondere können die Auftraggeber verlangen:

1. bei Lieferaufträgen

    a) eine Liste der wesentlichen in den letzten fünf Jahren erbrachten Lieferungen;

    b) Muster, Beschreibungen oder Fotografien der zu liefernden Güter, deren Echtheit nach Aufforderung durch den Auftraggeber nachzuweisen ist;

    c) Bescheinigungen, die von zuständigen Instituten oder amtlichen Stellen für Qualitätskontrolle ausgestellt wurden, mit denen bestätigt wird, dass die durch entsprechende Bezugnahmen genau bezeichneten Güter bestimmten Spezifikationen oder Normen entsprechen;

    d) die Angabe der technischen Fachkräfte oder der technischen Stellen, unabhängig davon, ob diese dem Unternehmen angeschlossen sind oder nicht, und zwar insbesondere derjenigen, die mit der Qualitätskontrolle beauftragt sind;

    e) eine Beschreibung der technischen Ausrüstung, der Maßnahmen des Unternehmens zur Qualitätssicherung und der Untersuchungs- und Forschungsmöglichkeiten des Unternehmens sowie der internen Vorschriften in Bezug auf gewerbliche Schutzrechte;

    f) bei komplexer Art der zu liefernden Güter oder solchen, die ausnahmsweise einen besonderen Zweck dienen, eine Kontrolle, die vom Auftraggeber oder in dessen Namen von einer zuständigen amtlichen Stelle im Herkunftsland des Unternehmens durchgeführt wird. Diese Kontrolle betrifft Produktionskapazitäten und erforderlichenfalls die Untersuchungs- und Forschungsmöglichkeiten des Unternehmens sowie die von diesem für die Qualitätskontrolle getroffenen Vorkehrungen;

    g) im Falle zusätzlicher Dienst- oder Bauleistungen die Studien- und Ausbildungsnachweise sowie Bescheinigungen darüber, dass das Unternehmen die Erlaubnis zur Berufsausübung sowie die Führungskräfte des Unternehmens und insbesondere die für die Erbringung der Dienst- oder Bauleistung verantwortlichen Personen die erforderliche berufliche Befähigung besitzen;

h) eine Erklärung, aus der die durchschnittliche jährliche Beschäftigtenzahl des Unternehmens und die Zahl seiner Führungskräfte in den letzten drei Jahren ersichtlich ist;

i) eine Beschreibung der Ausstattung, der Geräte, der technischen Ausrüstung sowie die Angabe der Anzahl der Mitarbeiter und ihrer Kenntnisse sowie die Angabe der Zulieferer, auf die das Unternehmen zurückgreifen kann, um den Auftrag auszuführen und einen etwaigen steigenden Bedarf des Auftraggebers infolge einer Krise zu decken oder die Wartung, Modernisierung oder Anpassung der im Rahmen des Auftrags gelieferten Güter sicherzustellen. Zur Angabe der Zulieferer gehört die Angabe des geografischen Standortes, falls diese Zulieferer außerhalb der Europäischen Union ansässig sind;

2. bei Dienstleistungsaufträgen

a) eine Liste der wesentlichen in den letzten fünf Jahren erbrachten Dienstleistungen;

b) Muster, Beschreibungen oder Fotografien der zu erbringenden Dienstleistungen, deren Echtheit nach Aufforderung durch den Auftraggeber nachzuweisen ist;

c) Studien- und Ausbildungsnachweise sowie Bescheinigungen darüber, dass das Unternehmen die Erlaubnis zur Berufsausübung sowie die Führungskräfte des Unternehmens und insbesondere die für die Erbringung der Dienstleistung verantwortlichen Personen die erforderliche berufliche Befähigung besitzen;

d) die Angabe der technischen Fachkräfte oder der technischen Stellen, unabhängig davon, ob diese dem Unternehmen angeschlossen sind oder nicht, und zwar insbesondere derjenigen, die mit der Qualitätskontrolle beauftragt sind;

e) bei Dienstleistungen komplexer Art oder solchen, die ausnahmsweise einen besonderen Zweck dienen, eine Kontrolle, die vom Auftraggeber oder in dessen Namen von einer zuständigen amtlichen Stelle im Herkunftsland des Unternehmens durchgeführt wird. Diese Kontrolle betrifft die technische Leistungsfähigkeit und erforderlichenfalls die Untersuchungs- und Forschungsmöglichkeiten des Unternehmens sowie die von diesem für die Qualitätskontrolle getroffenen Vorkehrungen;

f) im Falle zusätzlicher Bauleistungen die Studien- und Ausbildungsnachweise sowie Bescheinigungen darüber, dass das Unternehmen die Erlaubnis zur Berufsausübung sowie die Führungskräfte des Unternehmens und insbesondere die für die Ausführung der Bauleistung verantwortlichen Personen die erforderliche berufliche Befähigung besitzen;

g) die Angabe der durch den Auftragsgegenstand erforderlichen Umweltmanagementmaßnahmen;

h) eine Erklärung, aus der die durchschnittliche jährliche Beschäftigtenzahl des Unternehmens und die Zahl seiner Führungskräfte in den letzten drei Jahren ersichtlich ist;

i) eine Beschreibung der Ausstattung, der Geräte, der technischen Ausrüstung sowie die Angabe der Anzahl der Mitarbeiter und ihrer Kenntnisse sowie die Angabe der Zulieferer, auf die das Unternehmen zurückgreifen kann, um den Auftrag auszuführen und einen etwaigen steigenden Bedarf des Auftraggebers infolge einer Krise zu decken. Zur Angabe der Zulieferer gehört die Angabe ihres geografischen Standortes, falls diese Zulieferer außerhalb der Europäischen Union ansässig sind.

# Anhang

(2) Verlangt der Auftraggeber Angaben zu erbrachten Liefer- und Dienstleistungen im Sinne des Absatzes 1 Nummer 1 Buchstabe a und Nummer 2 Buchstabe a über erbrachte Leistungen, so sind diese zu erbringen

1. bei Leistungen an öffentliche Auftraggeber durch eine von der zuständigen Behörde ausgestellte Bescheinigung, die beglaubigt werden kann, oder

2. bei Leistungen an private Auftraggeber durch eine von diesen ausgestellte Bescheinigung oder, falls eine solche Bescheinigung nicht erhältlich ist, durch einfache Erklärung.

(3) Auskünfte im Sinne des Absatzes 2 enthalten mindestens die folgenden Angaben:

1. Name der Auskunftsperson;
2. Wert der Leistung;
3. Zeit der Leistungserbringung;
4. Angabe, ob die Lieferleistung sachmangelfrei und ordnungsgemäß oder die Dienstleistung fachgerecht und ordnungsgemäß ausgeführt wurde.

(4) Bewerber oder Bieter können sich für einen bestimmten Auftrag auf die Leistungsfähigkeit anderer Unternehmen berufen, wenn sie nachweisen, dass diese ihnen die für die Auftragsausführung erforderlichen Mittel zur Verfügung stellen. Dies gilt auch für Bewerber- oder Bietergemeinschaften. Der Nachweis kann auch durch Zusage der Unternehmen erfolgen, die dem Bewerber oder Bieter die für die Auftragsausführung erforderlichen Mittel zur Verfügung stellen. Die Zusage muss in Schriftform oder elektronisch mindestens mittels einer fortgeschrittenen elektronischen Signatur im Sinne des Signaturgesetzes erfolgen.

(5) Können Bewerber oder Bieter aus einem berechtigten Grund die geforderten Nachweise ihrer fachlichen und technischen Leistungsfähigkeit nicht beibringen, so kann der Auftraggeber die Vorlage jedes anderen geeigneten Nachweises zulassen.

## § 28 Nachweis für die Einhaltung von Normen des Qualitäts- und Umweltmanagements

(1) Verlangen Auftraggeber zum Nachweis dafür, dass Bewerber oder Bieter bestimmte Normen des Qualitätsmanagements erfüllen, die Vorlage von Bescheinigungen unabhängiger und akkreditierter Stellen, so beziehen sich Auftraggeber auf Qualitätsmanagementsysteme, die

1. den einschlägigen europäischen Normen genügen und
2. von unabhängigen akkreditierten Stellen zertifiziert sind, die den europäischen Normen für die Akkreditierung und Zertifizierung entsprechen.

Auftraggeber erkennen gleichwertige Bescheinigungen von unabhängigen akkreditierten Stellen aus anderen Mitgliedstaaten und andere Nachweise für gleichwertige Qualitätsmanagementsysteme an.

(2) Verlangen Auftraggeber bei der Vergabe von Dienstleistungsaufträgen als Nachweis der technischen Leistungsfähigkeit, dass Bewerber oder Bieter bestimmte Normen für das Umweltmanagement erfüllen, die Vorlage von Bescheinigungen unabhängiger Stellen, so beziehen sich Auftraggeber

1. entweder auf das Gemeinschaftssystem für das Umweltmanagement und die Umweltbetriebsprüfung (EMAS) oder

2. auf Normen für das Umweltmanagement, die auf den einschlägigen europäischen oder internationalen Normen beruhen und von entsprechenden Stellen zertifiziert sind, die dem Gemeinschaftsrecht oder europäischen oder internationalen Zertifizierungsnormen entsprechen.

Gleichwertige Bescheinigungen von Stellen in anderen Mitgliedstaaten sind anzuerkennen. Auftraggeber erkennen auch andere Nachweise für gleichwertige Umweltmanagementmaßnahmen an, die von Bewerbern oder Bietern vorgelegt werden.

### § 29 Aufforderung zur Abgabe eines Angebots

(1) Beim nicht offenen Verfahren, Verhandlungsverfahren mit Teilnahmewettbewerb und wettbewerblichen Dialog fordern Auftraggeber die Bewerber mit der Benachrichtigung über die Auswahl schriftlich auf, ihre Angebote einzureichen oder zu verhandeln oder – im Falle des wettbewerblichen Dialogs – am Dialog teilzunehmen.

(2) Die Aufforderung enthält die Vergabeunterlagen und alle unterstützenden Unterlagen oder die Angabe, wie darauf gemäß § 20 Absatz 4 Satz 2 elektronisch zugegriffen werden kann.

(3) Hält eine andere Stelle als der für das Vergabeverfahren zuständige Auftraggeber die Unterlagen bereit, gibt der Auftraggeber in der Aufforderung die Anschrift dieser Stelle an und den Zeitpunkt, bis zu dem die Unterlagen angefordert werden können. Darüber hinaus sind der Betrag, der für den Erhalt der Unterlagen zu entrichten ist, und die Zahlungsbedingungen anzugeben. Die Unternehmen erhalten die Unterlagen unverzüglich nach Zugang der Anforderung.

(4) Veröffentlicht der Auftraggeber zusätzliche Informationen über die Vergabeunterlagen und sonstige ergänzende Unterlagen, so gilt § 20 Absatz 5.

(5) Die Aufforderung enthält über die in den Absätzen 2, 3 und 4 genannten Angaben mindestens:

1. den Hinweis auf die veröffentlichte Bekanntmachung;

2. den Tag, bis zu dem die Angebote eingehen müssen, die Anschrift der Stelle, bei der sie einzureichen sind, sowie die Sprache, in der sie abzufassen sind. Im Fall eines wettbewerblichen Dialogs ist diese Information nicht in der Aufforderung zur Teilnahme am Dialog, sondern in der Aufforderung zur Angebotsabgabe aufzuführen;

3. beim wettbewerblichen Dialog den Termin und den Ort des Beginns der Konsultationsphase sowie die verwendeten Sprachen;

4. die Liste der beizufügenden Eignungsnachweise im Falle des Verhandlungsverfahrens ohne Teilnahmewettbewerb;

5. die Gewichtung der Zuschlagskriterien oder die absteigende Reihenfolge der diesen Kriterien zuerkannten Bedeutung, anhand derer das wirtschaftlichste Angebot bestimmt wird, wenn diese nicht bereits in der Bekanntmachung enthalten sind.

(6) Auftraggeber können verlangen, dass Bieter im Angebot angeben, ob für den Gegenstand des Angebots gewerbliche Schutzrechte bestehen oder von den Bietern oder Dritten beantragt sind. Bieter haben stets anzugeben, ob sie erwägen, Angaben aus ihrem Angebot für die Anmeldung eines gewerblichen Schutzrechtes zu verwerten.

(7) Bietergemeinschaften haben im Angebot jeweils die Mitglieder sowie eines ihrer Mitglieder als bevollmächtigten Vertreter für den Abschluss und die Durchführung des Vertrags zu benennen.

# Anhang

Fehlt eine dieser Angaben im Angebot, so ist sie vor der Zuschlagserteilung beizubringen. § 22 Absatz 6 gilt entsprechend.

## § 30 Öffnung der Angebote

(1) Auf dem Postweg und direkt übermittelte Angebote sind ungeöffnet zu lassen, mit Eingangsvermerk zu versehen und bis zum Zeitpunkt der Öffnung unter Verschluss zu halten. Elektronische Angebote sind auf geeignete Weise zu kennzeichnen und verschlüsselt aufzubewahren. Mittels Telefax eingereichte Angebote sind ebenfalls entsprechend zu kennzeichnen und auf geeignete Weise unter Verschluss zu halten.

(2) Die Öffnung der Angebote wird von mindestens zwei Vertretern des Auftraggebers gemeinsam durchgeführt und dokumentiert. Bieter sind nicht zugelassen. Dabei wird mindestens festgehalten:

1. Name und Anschrift der Bieter,
2. die Endbeträge ihrer Angebote und andere den Preis betreffenden Angaben,
3. ob und von wem Nebenangebote eingereicht worden sind.

(3) Die Angebote und ihre Anlagen sowie die Dokumentation über die Angebotsöffnung sind auch nach Abschluss des Vergabeverfahrens sorgfältig zu verwahren und vertraulich zu behandeln.

## § 31 Prüfung der Angebote

(1) Die Angebote sind auf Vollständigkeit sowie auf fachliche und rechnerische Richtigkeit zu prüfen.

(2) Ausgeschlossen werden:

1. Angebote, die nicht die geforderten oder nachgeforderten Erklärungen und Nachweise enthalten;
2. Angebote, die nicht unterschrieben oder nicht mindestens durch fortgeschrittene elektronische Signatur im Sinne des Signaturgesetzes signiert sind;
3. Angebote, in denen Änderungen des Bieters an seinen Eintragungen nicht zweifelsfrei sind;
4. Angebote, bei denen Änderungen oder Ergänzungen an den Vergabeunterlagen vorgenommen worden sind;
5. Angebote, die nicht form- oder fristgerecht eingegangen sind, es sei denn, der Bieter hat dies nicht zu vertreten;
6. Angebote von Bietern, die in Bezug auf die Vergabe eine unzulässige, wettbewerbsbeschränkende Abrede getroffen haben;
7. Angebote von Bietern, die auch als Bewerber gemäß § 24 von der Teilnahme am Wettbewerb hätten ausgeschlossen werden können;
8. Angebote, die nicht die erforderlichen Preisangaben enthalten, es sei denn, es handelt sich um unwesentliche Einzelpositionen, deren Einzelpreise den Gesamtpreis nicht verändern oder die Wertungsreihenfolge und den Wettbewerb nicht beeinträchtigen.

## § 32 Nebenangebote

(1) Auftraggeber können Nebenangebote in der Bekanntmachung zulassen. In diesem Fall geben Auftraggeber in den Vergabeunterlagen an, welche Mindestanforderungen für Nebenangebote gelten und in welcher Art und Weise Nebenangebote einzureichen sind. Auftraggeber berücksichtigen nur Nebenangebote, die den in den Vergabeunterlagen festgelegten Mindestanforderungen entsprechen. Nebenangebote sind auszuschließen, wenn sie in der Bekanntmachung nicht ausdrücklich zugelassen sind.

(2) Auftraggeber dürfen ein Nebenangebot nicht deshalb zurückweisen, weil es im Falle des Zuschlags zu einem Dienstleistungsauftrag anstelle eines Lieferauftrags oder zu einem Lieferauftrag anstelle eines Dienstleistungsauftrags führen würde.

## § 33 Ungewöhnlich niedrige Angebote

(1) Erscheint ein Angebot im Verhältnis zu der zu erbringenden Leistung ungewöhnlich niedrig, verlangen die Auftraggeber vor Ablehnung dieses Angebots vom Bieter schriftlich Aufklärung über dessen Einzelpositionen. Auf Angebote, deren Preise in offenbarem Missverhältnis zur Leistung stehen, darf der Zuschlag nicht erteilt werden.

(2) Auftraggeber prüfen die Zusammensetzung des Angebots und berücksichtigen die gelieferten Nachweise. Sie können Bieter zur Aufklärung betreffend der Einzelpositionen des Angebots auffordern.

(3) Angebote, die aufgrund einer staatlichen Beihilfe im Sinne des Artikels 107 des Vertrags über die Arbeitsweise der Europäischen Union ungewöhnlich niedrig sind, dürfen aus diesem Grund nur abgelehnt werden, wenn das Unternehmen nach Aufforderung innerhalb einer von den Auftraggebern festzulegenden ausreichenden Frist nicht nachweisen kann, dass die betreffende Beihilfe rechtmäßig gewährt wurde. Auftraggeber, die unter diesen Umständen ein Angebot ablehnen, müssen dies der Europäischen Kommission mitteilen.

## § 34 Wertung der Angebote und Zuschlag

(1) Die Annahme eines Angebots (Zuschlag) erfolgt in Schriftform oder elektronisch mindestens mittels einer fortgeschrittenen elektronischen Signatur im Sinne des Signaturgesetzes. Bei Übermittlung durch Telefax genügt die Unterschrift auf der Telefaxvorlage.

(2) Der Zuschlag wird erteilt auf das wirtschaftlichste Angebot.

(3) Zur Ermittlung des wirtschaftlichsten Angebots wendet der Auftraggeber die in der Bekanntmachung oder den Vergabeunterlagen angegebenen Zuschlagskriterien in der festgelegten Gewichtung oder in der absteigenden Reihenfolge der ihnen zuerkannten Bedeutung an. Diese Zuschlagskriterien müssen sachlich durch den Auftragsgegenstand gerechtfertigt sein. Insbesondere können folgende Kriterien erfasst sein:

1. Qualität,
2. Preis,
3. Zweckmäßigkeit,
4. technischer Wert, Kundendienst und technische Hilfe,
5. Betriebskosten, Rentabilität, Lebenszykluskosten,

6. Interoperabilität und Eigenschaften beim Einsatz,
7. Umwelteigenschaften,
8. Lieferfrist oder Ausführungsdauer und
9. Versorgungssicherheit.

### § 35 Bekanntmachung über die Auftragserteilung

(1) Die Auftraggeber sind verpflichtet, die Vergabe eines Auftrags oder den Abschluss einer Rahmenvereinbarung innerhalb von 48 Tagen durch Mitteilung nach dem Standardformular in Anhang XVII der Durchführungsverordnung (EU) Nr. 842/2011 der Europäischen Kommission vom 19. August 2011 zur Einführung von Standardformularen für die Veröffentlichung von Vergabebekanntmachungen auf dem Gebiet der öffentlichen Aufträge und zur Aufhebung der Verordnung (EG) Nr. 1564/2005 (ABl. L 222 vom 27.8.2011, S. 1) in der jeweils geltenden Fassung an das Amt für amtliche Veröffentlichungen der Europäischen Union bekannt zu machen. Diese Pflicht besteht nicht für die Vergabe von Einzelaufträgen, die aufgrund einer Rahmenvereinbarung erfolgen.

(2) Die Auftraggeber müssen eine Auftragsvergabe oder den Abschluss einer Rahmenvereinbarungen nicht bekannt geben, soweit deren Offenlegung den Gesetzesvollzug behindern, dies dem öffentlichen Interesse, insbesondere Verteidigungs- oder Sicherheitsinteressen zuwiderlaufen, die berechtigten geschäftlichen Interessen öffentlicher oder privater Unternehmen schädigen oder den lauteren Wettbewerb zwischen ihnen beeinträchtigen könnte.

### § 36 Unterrichtung der Bewerber und Bieter

(1) Unbeschadet der Verpflichtung nach § 101a des Gesetzes gegen Wettbewerbsbeschränkungen unterrichten die Auftraggeber auf Verlangen des Betroffenen und vorbehaltlich des Absatzes 2 unverzüglich, spätestens 15 Tage nach Eingang eines entsprechenden schriftlichen Antrags,

1. jeden nicht erfolgreichen Bewerber über die Gründe für die Ablehnung der Bewerbung;
2. jeden nicht berücksichtigten Bieter über die Gründe für die Ablehnung des Angebots, insbesondere die Gründe dafür, dass keine Gleichwertigkeit im Sinne des § 15 Absatz 4 und 5 dieser Verordnung vorliegt oder dass die Lieferungen oder Dienstleistungen nicht den Leistungs- oder Funktionsanforderungen entsprechen, und in den Fällen der §§ 7 und 8 über die Gründe dafür, dass keine Gleichwertigkeit bezüglich der Anforderungen an den Schutz von Verschlusssachen oder an die Versorgungssicherheit durch Unternehmen vorliegt;
3. jeden Bieter, der ein ordnungsgemäßes Angebot eingereicht hat, das jedoch abgelehnt worden ist, über die Merkmale und Vorteile des ausgewählten Angebots sowie über den Namen des Zuschlagsempfängers oder der Vertragspartner der Rahmenvereinbarung.

(2) Der Auftraggeber darf darauf verzichten, Informationen über die Auftragserteilung oder den Abschluss von Rahmenvereinbarungen mitzuteilen, wenn auch gemäß § 35 Absatz 2 auf eine Bekanntmachung verzichtet werden könnte.

### § 37 Aufhebung und Einstellung des Vergabeverfahrens

(1) Die Vergabeverfahren können ganz oder bei Vergabe nach Losen auch teilweise aufgehoben werden, wenn

1. kein Angebot eingegangen ist, das den Bewerbungsbedingungen entspricht,
2. sich die Grundlagen der Vergabeverfahren wesentlich geändert haben,
3. sie kein wirtschaftliches Ergebnis gehabt haben oder
4. andere schwerwiegende Gründe bestehen.

(2) Die Auftraggeber teilen den Bewerbern oder Bietern nach Aufhebung des Vergabeverfahrens mindestens in Textform im Sinne des § 126b des Bürgerlichen Gesetzbuchs unverzüglich die Gründe für ihre Entscheidung mit, auf die Vergabe eines bekannt gemachten Auftrages zu verzichten oder das Vergabeverfahren erneut einzuleiten.

## Teil 3 Unterauftragsvergabe

### § 38 Allgemeine Vorgaben zur Unterauftragsvergabe

(1) In den Fällen des § 9 Absatz 3 Nummer 1 und 2 vergeben Auftragnehmer, die keine öffentlichen Auftraggeber im Sinne des § 98 des Gesetzes gegen Wettbewerbsbeschränkungen oder vergleichbarer Normen anderer Mitgliedstaaten der Europäischen Union sind, Unteraufträge an Dritte nach den Vorschriften dieses Teils. Die Auftragnehmer vergeben Unteraufträge im Wege transparenter Verfahren und behandeln sämtliche potenzielle Unterauftragnehmer gleich und in nicht diskriminierender Weise.

(2) Für die Zwecke von Absatz 1 gelten Bietergemeinschaften oder mit dem Auftragnehmer verbundene Unternehmen nicht als Unterauftragnehmer im Sinne dieses Teils. Der Bieter fügt dem Angebot eine vollständige Liste dieser Unternehmen bei. Ergeben sich Änderungen in den Beziehungen zwischen den Unternehmen, ist dem Auftraggeber darüber eine aktualisierte Liste zur Verfügung zu stellen.

(3) Auftragnehmer, die öffentliche Auftraggeber sind, halten bei der Unterauftragsvergabe die Vorschriften dieser Verordnung über die Vergabe von Hauptaufträgen ein.

(4) Für die Schätzung des Wertes von Unteraufträgen gilt § 3 entsprechend.

### § 39 Bekanntmachung

(1) Der Auftragnehmer veröffentlicht seine Absicht, einen Unterauftrag zu vergeben, in Form einer Bekanntmachung. Die Bekanntmachung enthält zumindest die in Anhang IV der Richtlinie 2009/81/EG aufgeführten Informationen sowie die Auswahlkriterien des § 40 Absatz 1. Für die Bekanntmachung ist die Einwilligung des Auftraggebers einzuholen. Die Bekanntmachung ist gemäß den Mustern der Europäischen Kommission für Standardformulare abzufassen und wird gemäß § 18 Absatz 4 und 5 veröffentlicht.

(2) Eine Bekanntmachung über Unteraufträge ist nicht erforderlich, wenn in entsprechender Anwendung des § 12 eine Bekanntmachung verzichtbar ist, weil ein Verhandlungsverfahren ohne Teilnahmewettbewerb zulässig wäre.

### § 40 Kriterien zur Auswahl der Unterauftragsnehmer

(1) In der Bekanntmachung für den Unterauftrag gibt der Auftragnehmer die vom Auftraggeber festgelegten Eignungskriterien sowie alle anderen Kriterien an, die er für die Auswahl der Unterauftragnehmer anwenden wird. Diese Kriterien müssen objektiv und nichtdiskriminierend sein und im Einklang mit den Kriterien stehen, die der Auftraggeber für die Auswahl der Bieter für den

Hauptauftrag angewandt hat. Die geforderte Leistungsfähigkeit muss in unmittelbarem Zusammenhang mit dem Gegenstand des Unterauftrags stehen und das Niveau der geforderten Fähigkeiten muss dem Gegenstand des Unterauftrags angemessen sein.

(2) Der Auftraggeber darf vom Auftragnehmer nicht verlangen, einen Unterauftrag zu vergeben, wenn dieser nachweist, dass keiner der Unterauftragnehmer, die an dem Wettbewerb teilnehmen, oder keines der eingereichten Angebote die in der Bekanntmachung über den Unterauftrag genannten Kriterien erfüllt und es daher dem erfolgreichen Bieter unmöglich wäre, die Anforderungen des Hauptauftrags zu erfüllen.

### § 41 Unteraufträge aufgrund einer Rahmenvereinbarung

(1) Der Auftragnehmer kann die Anforderungen an die Vergabe von Unteraufträgen im Sinne des § 9 Absatz 3 Nummer 1 und 2 erfüllen, indem er Unteraufträge auf der Grundlage einer Rahmenvereinbarung vergibt, die unter Einhaltung des § 38 Absatz 1 Satz 2, der §§ 39 und 40 geschlossen wurde. Unteraufträge auf der Grundlage einer solchen Rahmenvereinbarung werden gemäß den Bedingungen der Rahmenvereinbarung vergeben. Sie dürfen nur an Unternehmen vergeben werden, die von Anfang an Parteien der Rahmenvereinbarung waren.

(2) Für die durch den Auftragnehmer geschlossene Rahmenvereinbarung gilt § 14 Absatz 1 Satz 2 und Absatz 6 Satz 1 und 2 entsprechend.

### Teil 4 Besondere Bestimmungen
### § 42 Ausgeschlossene Personen

(1) Als Organmitglied oder Mitarbeiter eines Auftraggebers oder als Beauftragter oder als Mitarbeiter eines Beauftragten eines Auftraggebers dürfen bei Entscheidungen in einem Vergabeverfahren für einen Auftraggeber als voreingenommen geltende natürliche Personen nicht mitwirken, soweit sie in diesem Verfahren

1. Bieter oder Bewerber sind,
2. einen Bieter oder Bewerber beraten oder sonst unterstützen oder als gesetzlicher Vertreter oder nur in dem Vergabeverfahren vertreten,
3. beschäftigt oder tätig sind
    a) bei einem Bieter oder Bewerber gegen Entgelt oder bei ihm als Mitglied des Vorstandes, Aufsichtsrates oder gleichartigen Organs,
    b) für ein in das Vergabeverfahren eingeschaltetes Unternehmen, wenn dieses Unternehmen zugleich geschäftliche Beziehungen zum Auftraggeber und zum Bieter oder Bewerber hat,

es sei denn, dass daraus kein Interessenkonflikt für die Person entsteht oder sich die Tätigkeiten nicht auf die Entscheidungen in dem Vergabeverfahren auswirken.

(2) Als voreingenommen gelten auch die Personen, deren Angehörige die Voraussetzungen nach Absatz 1 Nummer 1 bis 3 erfüllen. Angehörige sind der Verlobte, der Ehegatte, Lebenspartner, Verwandte und Verschwägerte gerader Linie, Geschwister, Kinder der Geschwister, Ehegatten und Lebenspartner der Geschwister und Geschwister der Ehegatten und Lebenspartner, Geschwister der Eltern sowie Pflegeeltern und Pflegekinder.

## § 43 Dokumentations- und Aufbewahrungspflichten

(1) Das Vergabeverfahren ist von Beginn an in einem Vergabevermerk fortlaufend zu dokumentieren, um die einzelnen Stufen des Verfahrens, die einzelnen Maßnahmen sowie die Begründung der einzelnen Entscheidungen festzuhalten.

(2) Der Vergabevermerk umfasst zumindest:

1. den Namen und die Anschrift des öffentlichen Auftraggebers, Gegenstand und Wert des Auftrags oder der Rahmenvereinbarung,
2. die Namen der berücksichtigten Bewerber oder Bieter und die Gründe für ihre Auswahl,
3. die Namen der nicht berücksichtigten Bewerber oder Bieter und die Gründe für ihre Ablehnung,
4. die Gründe für die Ablehnung von ungewöhnlich niedrigen Angeboten,
5. den Namen des erfolgreichen Bieters und die Gründe für die Auswahl seines Angebots sowie, falls bekannt, den Anteil am Auftrag oder an der Rahmenvereinbarung, den der Zuschlagsempfänger an Dritte weiterzugeben beabsichtigt oder verpflichtet ist, weiterzugeben,
6. beim Verhandlungsverfahren ohne Teilnahmewettbewerb und wettbewerblichen Dialog die in dieser Verordnung jeweils genannten Umstände oder Gründe, die die Anwendung dieser Verfahren rechtfertigen; gegebenenfalls die Begründung für die Überschreitung der Fristen gemäß § 12 Absatz 1 Nummer 2 Buchstabe a Satz 2 und Nummer 3 Buchstabe b Satz 3 sowie für die Überschreitung der Schwelle von 50 Prozent gemäß § 12 Absatz 1 Nummer 3 Buchstabe a,
7. gegebenenfalls die Gründe, aus denen die Auftraggeber auf die Vergabe eines Auftrags oder den Abschluss einer Rahmenvereinbarung verzichtet haben,
8. die Gründe, aufgrund derer mehrere Teil- oder Fachlose zusammen vergeben werden sollen,
9. die Gründe, warum der Gegenstand des Auftrags die Vorlage von Eigenerklärungen oder von Eignungsnachweisen erfordert,
10. die Gründe der Nichtangabe der Gewichtung der Zuschlagskriterien,
11. gegebenenfalls die Gründe, die eine über sieben Jahre hinausgehende Laufzeit einer Rahmenvereinbarung rechtfertigen, und
12. die Gründe für die Ablehnung von Angeboten.

(3) Die Auftraggeber müssen geeignete Maßnahmen treffen, um den Ablauf der mit elektronischen Mitteln durchgeführten Vergabeverfahren zu dokumentieren.

(4) Auf Ersuchen der Europäischen Kommission müssen die Auftraggeber den Vermerk in Kopie übermitteln oder dessen wesentlichen Inhalt mitteilen.

## § 44 Melde- und Berichtspflichten

(1) Die Auftraggeber sind verpflichtet, dem Bundesministerium für Wirtschaft und Technologie bis zum 31. August jedes Jahres eine Aufstellung der im vorangegangenen Kalenderjahr vergebenen Aufträge zu übermitteln. Die Aufstellung erfolgt getrennt nach öffentlichen Liefer-, Dienstleistungs- und Bauaufträgen.

(2) Für jeden Auftraggeber enthält die Aufstellung mindestens die Anzahl und den Wert der vergebenen Aufträge. Die Daten werden wie folgt aufgeschlüsselt:

1. nach den jeweiligen Vergabeverfahren,
2. nach Waren, Dienstleistungen und Bauarbeiten gemäß den Kategorien der CPV-Nomenklatur gemäß Verordnung (EG) Nr. 213/2008 der Europäischen Kommission vom 28. November 2007 zur Änderung der Verordnung (EG) Nr. 2195/2002 des Europäischen Parlaments und des Rates über das Gemeinsame Vokabular für öffentliche Aufträge (CPV) und der Vergaberichtlinien des Europäischen Parlaments und des Rates 2004/17/EG und 2004/18/EG im Hinblick auf die Überarbeitung des Vokabulars (ABl. L 74 vom 15.3.2008, S. 1) in der jeweils geltenden Fassung und
3. nach der Staatsangehörigkeit oder dem Sitz des Bieters, an den der Auftrag vergeben wurde.

(3) Werden die Aufträge im Verhandlungsverfahren ohne Teilnahmewettbewerb vergeben, so sind die Daten auch entsprechend der in § 12 Absatz 1 genannten Fallgruppen aufzuschlüsseln.

(4) Die statistischen Aufstellungen für oberste und obere Bundesbehörden und vergleichbare Bundeseinrichtungen enthalten auch Anzahl und Gesamtwert der Aufträge, die aufgrund der Ausnahmeregelungen zum im Rahmen der Welthandelsorganisation geschlossenen Beschaffungsübereinkommen vergeben wurden.

(5) Im Verhältnis zu Auftraggebern im Sinne des § 98 Nummer 1 bis 4 des Gesetzes gegen Wettbewerbsbeschränkungen setzt das Bundesministerium für Wirtschaft und Technologie durch Allgemeinverfügung fest, in welcher Form die statistischen Angaben vorzunehmen sind. Die Allgemeinverfügung wird im Bundesanzeiger bekannt gemacht.

## Teil 5 Übergangs- und Schlussbestimmungen
### § 45 Übergangsbestimmung

Vergabeverfahren, die vor dem Inkrafttreten der Verordnung begonnen haben, werden einschließlich der sich an diese anschließenden Nachprüfungsverfahren nach dem Recht zu Ende geführt, das zum Zeitpunkt der Einleitung des Verfahrens galt.

### § 46 Inkrafttreten

Die Verordnung tritt am Tag nach der Verkündung in Kraft.